GUIA VISUAL · FOLHA DE S.PAULO

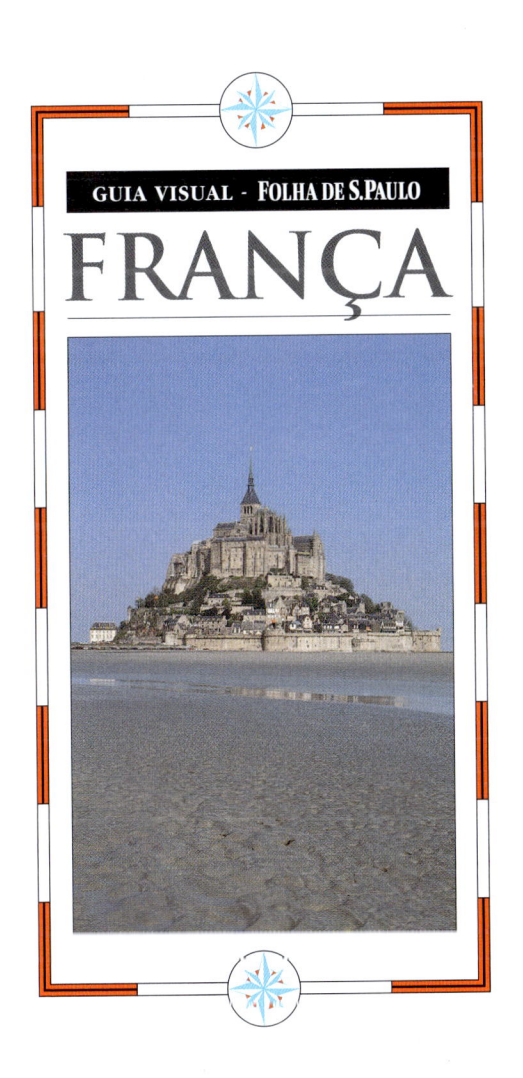

# FRANÇA

**GUIA VISUAL · FOLHA DE S.PAULO**

# FRANÇA

**PubliFolha**

## UM LIVRO DORLING KINDERSLEY
www.dk.com

Copyright © 1996, 2012 Dorling Kindersley Limited, Londres, uma companhia da Penguin. "Eyewitness Travel Guide – France" foi publicado originalmente na Grã-Bretanha em 1994 pela Dorling Kindersley Limited, 80 Strand, Londres, WC2R 0RL, Inglaterra.

Copyright © 1996 Publifolha – Divisão de Publicações da Empresa Folha da Manhã S.A.
13ª edição brasileira: 2012; 1ª reimpressão: 2013

**ISBN 978-85-7402-107-2**

Todos os direitos reservados. Nenhuma parte desta publicação pode ser reproduzida, arquivada ou transmitida de nenhuma forma ou por nenhum meio sem permissão expressa e por escrito da Empresa Folha da Manhã S.A., por sua divisão de publicações Publifolha.

*Proibida a comercialização fora do território brasileiro.*

**PUBLIFOLHA**
Divisão de Publicações do Grupo Folha
Al. Barão de Limeira, 401, 6º andar
CEP 01202-900, São Paulo, SP
Tel.: (11) 3224-2186/2187/2197
www.publifolha.com.br

COORDENAÇÃO DO PROJETO
PUBLIFOLHA
ASSISTÊNCIA EDITORIAL: Fernanda Diamant
ASSISTÊNCIA DE PRODUÇÃO GRÁFICA: Soraia Pauli Scarpa

PRODUÇÃO EDITORIAL
AF COMUNICAÇÕES
EDITORES: Adriana Salles Gomes, Fernando Moreira Leal
TRADUÇÃO: Lilia Astiz
CONSULTORIA: Federico Mengozzi

PRODUÇÃO GRÁFICA
ADESIGN
DIREÇÃO DE ARTE: Carin Ades
COORDENAÇÃO: Luciana Rodrigues
ASSISTÊNCIA: Fabiana Sant'Anna

Atualização da 13ª edição: Página Viva

DORLING KINDERSLEY
EDIÇÃO DE PROJETO: Rosemary Bailey
EDIÇÃO DE ARTE: Janis Utton
EDIÇÃO: Tanya Colbourne, Fiona Morgan, Anna Streiffert, Celia Woolfrey
DIAGRAMAÇÃO: Joy FitzSimmons, Erika Lang, Clare Sullivan
FOTOGRAFIAS: Max Alexander, Neil Lukas, John Parker, Kim Sayer
ILUSTRAÇÕES: Stephen Conlin, John Lawrence, Maltings Partnership, John Woodcock
COORDENAÇÃO DE MAPAS: Simon Farbrother, David Pugh
PESQUISA: Philippa Richmond

Impresso na South China, China.

Este livro segue as regras do Acordo Ortográfico da Língua Portuguesa (1990), em vigor desde 1º de janeiro de 2009.

*Foi feito o possível para garantir que as informações deste livro fossem as mais atualizadas disponíveis até o momento da impressão. No entanto, alguns dados como telefones, preços, horários de funcionamento e informações de viagem estão sujeitos a mudanças. Os editores não podem se responsabilizar por qualquer consequência do uso deste guia, nem garantir a validade das informações contidas nos sites indicados.*

*Os leitores interessados em fazer sugestões ou comunicar eventuais correções podem escrever para a Publifolha, Al. Barão de Limeira, 401, 6º andar, CEP 01202-001, São Paulo, SP, enviar um fax para: (11) 3224-2163 ou um e-mail para: atendimento@publifolha.com.br*

*Imagem principal da capa: Aloxe-Corton, na Borgonha*

◁ Alameda de álamos, Parc de Marly, nos arredores ao oeste de Paris

# SUMÁRIO

COMO USAR
ESTE GUIA **6**

Busto de Carlos Magno

## INTRODUÇÃO À FRANÇA

DESCUBRA A FRANÇA
**10**

FRANÇA DENTRO
DO MAPA **14**

RETRATO DA
FRANÇA **18**

FRANÇA
MÊS A MÊS **36**

A HISTÓRIA
DA FRANÇA **42**

## PARIS E ÎLE DE FRANCE

INTRODUÇÃO A PARIS E
ÎLE DE FRANCE **72**

PARIS VISTA DO
SENA **74**

ÎLE DE LA CITÉ,
MARAIS E
BEAUBOURG **80**

TUILERIES E OPÉRA **94**

CHAMPS-ELYSÉES
E INVALIDES **104**

RIVE GAUCHE **116**

FORA DO CENTRO **128**

COMPRAS EM PARIS **140**

DIVERSÃO EM PARIS **150**

GUIA DE RUAS DE PARIS **154**

ÎLE DE FRANCE **170**

## NORDESTE DA FRANÇA

INTRODUÇÃO AO NORDESTE DA FRANÇA **184**

NORTE E PICARDIA **192**

CHAMPAGNE **206**

ALSÁCIA E LORENA **218**

Colheita de uva, na Alsácia

## OESTE DA FRANÇA

INTRODUÇÃO AO OESTE DA FRANÇA **236**

NORMANDIA **246**

BRETANHA **268**

VALE DO LOIRE **286**

Vila de pescadores de St-Jean-de-Luz, nos Pireneus

## CENTRO DA FRANÇA E ALPES

INTRODUÇÃO AO CENTRO DA FRANÇA E AOS ALPES **316**

BORGONHA E FRANCHE-COMTÉ **326**

MASSIF CENTRAL **352**

VALE DO RÓDANO E ALPES FRANCESES **372**

## SUDOESTE DA FRANÇA

INTRODUÇÃO AO SUDOESTE DA FRANÇA **394**

POITOU E AQUITÂNIA **404**

PÉRIGORD, QUERCY E GASCONHA **426**

PIRENEUS **448**

## SUL DA FRANÇA

INTRODUÇÃO AO SUL DA FRANÇA **466**

LANGUEDOC--ROUSSILLON **476**

PROVENÇA E CÔTE D'AZUR **498**

CÓRSEGA **532**

## INDICAÇÕES AO TURISTA

ONDE FICAR **546**

ONDE COMER **596**

COMPRAS **652**

DIVERSÃO **656**

INTERESSES ESPECIAIS E ATIVIDADES AO AR LIVRE **660**

## MANUAL DE SOBREVIVÊNCIA

INFORMAÇÕES ÚTEIS **668**

INFORMAÇÃO DE VIAGEM **678**

ÍNDICE GERAL **690**

FRASES **719**

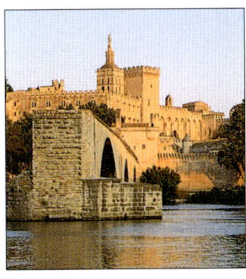

Palais des Papes, Avignon

# COMO USAR ESTE GUIA

Este guia vai ajudá-lo a aproveitar ao máximo sua viagem à França, pois oferece tanto informações especializadas quanto dicas práticas. *Introdução à França* localiza o país geograficamente e mostra sua história e cultura. Os quinze capítulos regionais, mais *Paris e Île de France*, trazem as principais atrações do país, com mapas, fotografias e ilustrações. Textos especiais abordam temas como gastronomia, vinhos, cultura e praias. Hotéis e restaurantes estão em *Indicações ao Turista*, e o *Manual de Sobrevivência* ensina como usar o telefone, o transporte público e outros serviços.

## PARIS E ÎLE DE FRANCE

O centro de Paris foi dividido em cinco áreas de interesse. Cada uma tem um capítulo próprio, que começa com uma lista das atrações descritas. Outra seção é dedicada à Île de France. Todas as atrações têm um número, que aparece também no mapa da área. Seguem-se informações detalhadas sobre cada uma, em ordem numérica, facilitando sua localização.

**Principais Atrações** lista as atrações do capítulo por categoria: igrejas, museus e galerias, edifícios históricos, praças e jardins.

**Todas as páginas** sobre Paris e Île de France têm marcadores em verde.

**Localize-se** mostra onde você está em relação a outras áreas do centro da cidade.

**1 Mapa da Área**
*Os pontos turísticos estão numerados e localizados em um mapa. Atrações do centro da cidade também têm destaque no Guia de Ruas de Paris (pp. 154-69).*

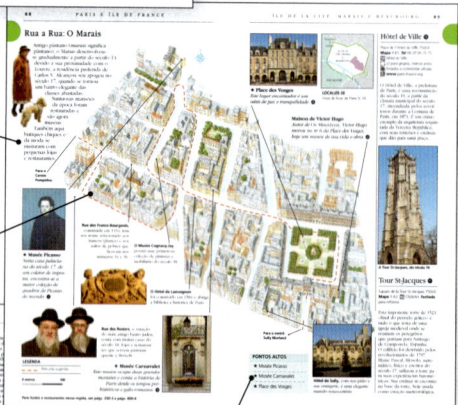

**2 Mapa Rua a Rua**
*Mostra uma vista aérea das principais áreas de cada capítulo.*

**Sugestões de passeios** a pé aparecem em vermelho.

**Estrelas** indicam atrações que todo visitante deve conhecer.

**3 Informação Detalhada**
*Cada atração de Paris e da Île de France é descrita individualmente. Endereços, números de telefone, horários de funcionamento e informações sobre ingressos e acesso a cadeiras de rodas também constam.*

# REGIÃO POR REGIÃO

Além de Paris e Île de France, a França foi dividida em quinze regiões, com um capítulo dedicado a cada uma. As cidades e lugares mais interessantes estão numerados e aparecem no *Mapa Ilustrado*.

## 1 Introdução
*A paisagem, a história e a personalidade de cada região são apresentadas aqui. Também é mostrado como a região se desenvolveu ao longo dos séculos e o que oferece ao visitante hoje.*

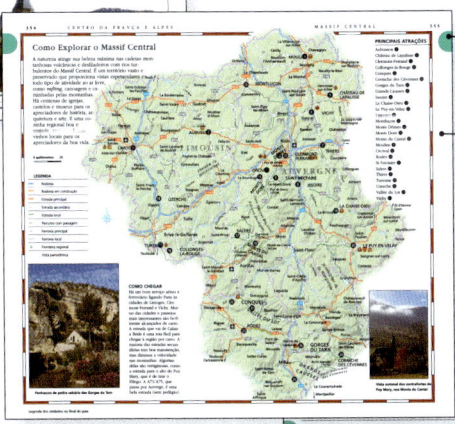

**Cada região** da França é identificada por um código de cores, logo no início do guia.

## 2 Mapa Ilustrado
*Este mapa mostra a malha rodoviária e oferece uma visão geral ilustrada de toda a região. Todos os lugares interessantes estão numerados e há também dicas úteis sobre como se locomover de carro ou trem.*

## 3 Informação Detalhada
*Todas as cidades e lugares interessantes são descritos individualmente e aparecem listados segundo a numeração do* Mapa Ilustrado. *Há informações específicas sobre edifícios importantes e outras atrações de cada vila ou cidade.*

**Textos em destaque** contam aspectos interessantes sobre os principais pontos turísticos.

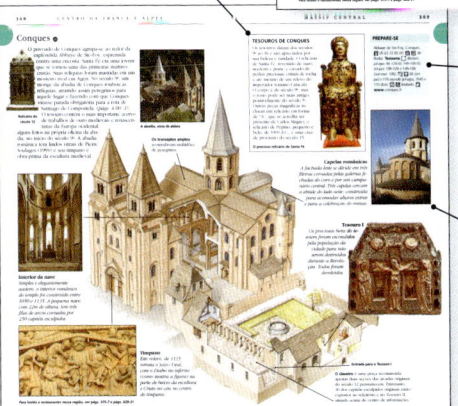

**Prepare-se** inclui toda a informação necessária para planejar a visita a cada uma das principais atrações.

## 4 Principais Pontos Turísticos da França
*Estas atrações ocupam duas ou mais páginas, que revelam o interior de edifícios históricos ou mostram vistas aéreas de cidades, destacando e descrevendo suas características.*

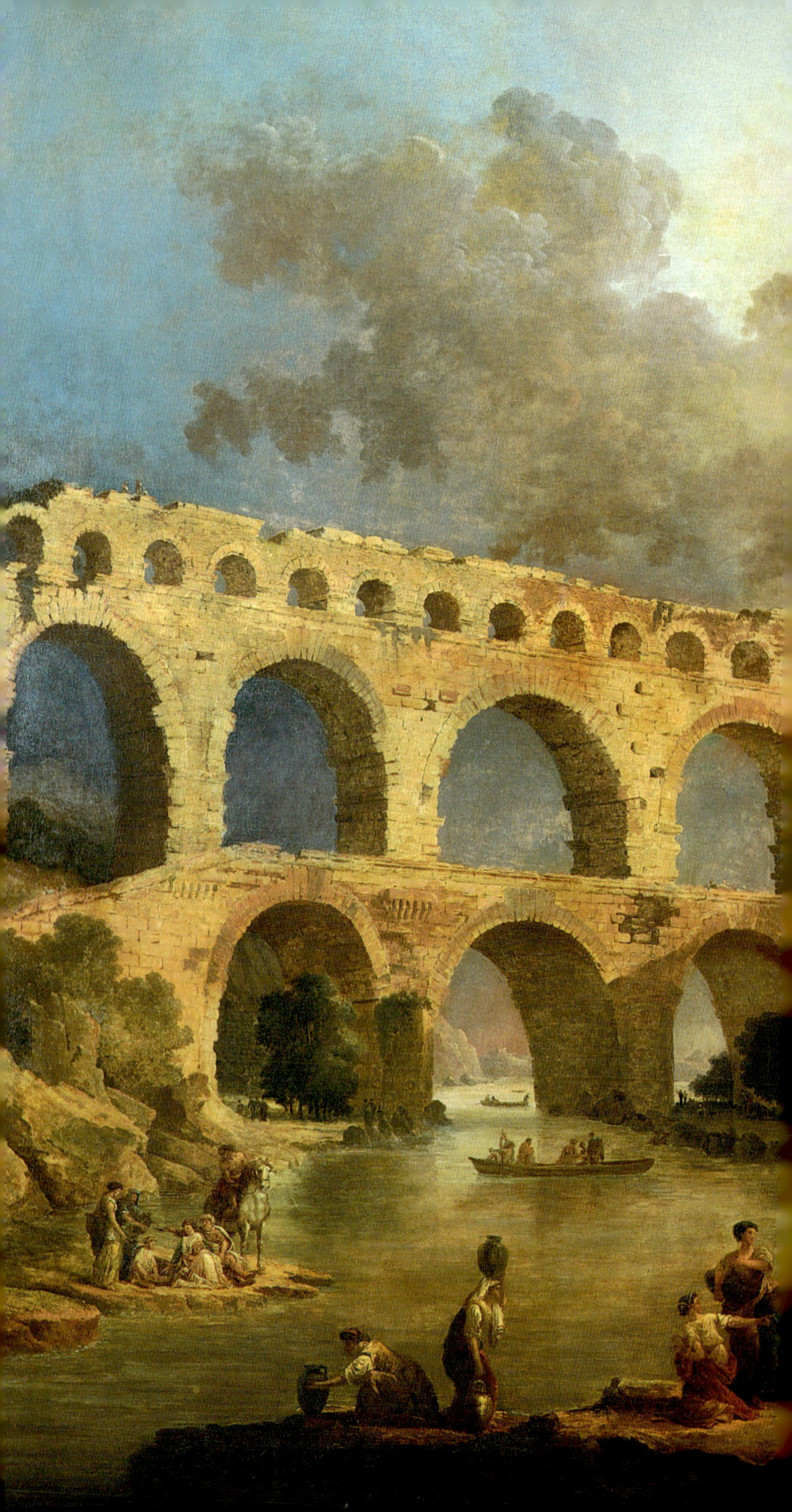

# INTRODUÇÃO À FRANÇA

DESCUBRA A FRANÇA 10-13

FRANÇA DENTRO DO MAPA 14-17

RETRATO DA FRANÇA 18-35

FRANÇA MÊS A MÊS 36-41

A HISTÓRIA DA FRANÇA 42-69

# DESCUBRA A FRANÇA

Os capítulos deste livro foram divididos em dezesseis regiões codificadas por cores, que refletem bem a diversidade da França. Elas se baseiam nas regiões históricas do país que costumavam ser definidas por sua geografia e também por sua influência e poder. Cada uma dessas regiões desenvolveu seu próprio sabor: sua arquitetura, cozinha, costumes, música, trajes, dialeto e até mesmo língua. As páginas a seguir dão uma ideia dessas áreas e mostram o que há para se ver e fazer em cada uma delas.

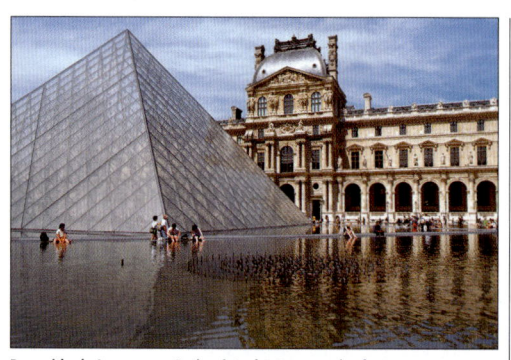

Detalhe gótico da região Le Nord

Pyramide du Louvre, em Paris, vista dos tanques das fontes

## PARIS E A ÎLE DE FRANCE

- Arte fantástica no Louvre
- A vida nos cafés
- A cativante Versailles

Os prazeres de Paris podem ser apreciados em qualquer época do ano. O **Louvre** (pp. 100-3), o **Museu Picasso** (pp. 90-1) e o **Centro Pompidou** (pp. 92-3) costumam estar no itinerário ideal de muitas pessoas, mas outras podem querer subir na **Torre Eiffel** (p. 113) e fazer compras nos *grands boulevards*, ou seguir os passos dos famosos desde **Montmartre** (pp. 132-3) até o **Cemitério Père Lachaise** (p. 135). Seja qual for sua fantasia, há cafés e brasseries para alegrar a atmosfera, em especial na **Rive Gauche** (pp. 116-127) e no **Marais** (pp. 80-93). Para um passeio de um dia, há muitos châteaux para visitar, e o principal é o fabuloso palácio de Luís XIV em **Versailles** (pp. 174-7).

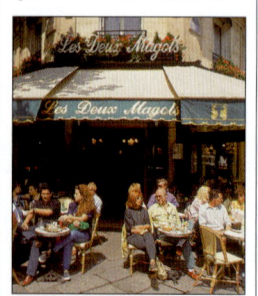

Les Deux Magots, um dos mais famosos cafés de Paris

## NORTE E PICARDIA

- Agitados portos no canal
- Altivas catedrais góticas
- Coleção de arte de Lille

A região do campo ao norte de Paris ondula em direção a Flandres e aos rochedos e praias em volta dos portos do Canal, como **Dunkerque** (p. 197), **Calais** (pp. 196-7) e **Boulogne-sur-Mer** (p. 196). Você pode tentar a sorte nas corridas, em **Chantilly** (pp. 204-5) e **Le Touquet** (p. 196), ou ir até os lagos e bosques do **Vale do Somme** (p. 199), nome que lembra a fatídica luta de trincheiras da Primeira Guerra Mundial. Destaques são as grandes catedrais góticas, como **Amiens** (p. 200), a maior da França, e a cidade de **Lille** (p. 198), que tem uma das melhores galerias de arte do país.

## CHAMPAGNE

- Produtores de champanhe espumante
- A real Reims
- Igrejas góticas em Troyes

Rótulo do Champagne Heidsieck

Champagne significa apenas uma coisa: vinho branco espumante. Visite as adegas dos produtores em **Épernay** (p. 211) e as instalações das *grandes marques* em Reims (pp. 210-1), onde você encontrará também uma boa parte da história da França na **Catedral de Reims** (pp. 212-3). **Troyes** (pp. 216-7), antiga capital da região, é uma cidade agradável com muitas igrejas góticas, e a fortaleza de **Chaumont** (p. 217) faz rememorar seus antigos moradores, os condes da Champagne. Na parte silvestre fica o **Vallée de la Meuse** (p. 214), na rochosa Ardennes, enquanto a região do **Lac du Der-Chantecog** (p. 215) é conhecida por suas igrejas em madeira.

◁ *A Pont du Gard, Nîmes*, por Hubert Robert

# DESCUBRA A FRANÇA

## ALSÁCIA E LORENA

- **A rota do vinho na Alsácia**
- **Cidades de casas com estrutura de madeira**
- **Estrasburgo, encruzilhada da Europa**

Na fronteira com a Alemanha e a Suíça, esta é uma tranquila região rural de vinhedos e pomares, e belas cidades de casas com estrutura de madeira, como **Colmar** *(p. 227)*, que são vistas a partir dos 180km da **Route du Vin** *(pp. 232-3)*. As montanhas **Vosges** *(p. 225)* atraem esquiadores, e perto daqui fica o **lago Gérardmer** *(p. 225)*, para esportes aquáticos de verão. A região é cheia de fortes e castelos, como o romântico **Château du Haut-Koenigsbourg** *(pp. 228-9)*. A principal cidade é **Estrasburgo** *(pp. 230-1)*.

A velha Estrasburgo, que pode ser explorada por seus belos canais

## NORMANDIA

- **As praias do Dia D**
- **Sidras e calvados**
- **O magnífico Mont-St-Michel**

Visite o jardim de Claude Monet em **Giverny** *(p. 266)* e veja o lago de lírios e a ponte, tais como ele os pintou. Os céus e mares da Normandia inspiraram os impressionistas que visitaram **Dieppe** *(p. 263)*, **Le Havre** *(p. 262)* e a bela **Honfleur** *(p. 262)*, enquanto *tout* Paris costumava invadir as estâncias de **Cabourg** *(p. 255)*, **Deauville** *(p. 255)* e **Trouville** *(p. 255)*. Suas praias sediaram os desembarques do Dia D na Segunda Guerra Mundial. As fazendas locais são renomadas pelas sidras, calvados (conhaques de sidra), manteigas e queijos. Não deixe de ver a **Abbaye de Mont-St-Michel** *(pp. 256-61)* e a **Catedral de Rouen** *(pp. 264-5)*.

Mont-St-Michel, Normandia, uma das atrações mais adoráveis da França

## BRETANHA

- **Belas praias**
- **A misteriosa Carnac**
- **Agradáveis portos de pesca**

Bem a noroeste, este canto céltico da França é uma terra de língua e cultura próprias. Açoitados pelo Atlântico, seu litoral rochoso e suas praias salpicados de pitorescos portos pesqueiros, fazem dela uma boa opção para férias familiares. Respira-se aqui um ar de pré-história, e há muitos sítios de megálitos, como as misteriosas formações rochosas de **Carnac** *(p. 278)*.

Para se embeber dessa cultura bretã, visite **Quimper** *(p. 274)*, coma crêpes, tome sidra e vá até um *pardon*, festas de um santo local nas quais as pessoas vestem trajes tradicionais, que acontecem entre março e outubro. Informe-se a respeito no **Musée de Bretagne** *(p. 285)* na capital da região, Rennes.

## VALE DO LOIRE

- **Castelo renascentista de contos de fada**
- **Catedral de Chartres**
- **A corrida de Le Mans**

O fabuloso castelo do Loire capta toda a elegância e cultura da França. Aqui os nobres franceses reviviam a Renascença no estilo. Vinhos tornaram algumas cidades famosas, como **Saumur** *(p. 292)*. Entre os centros históricos estão **Tours** *(pp. 296-7)* e **Chartres** *(pp. 307-311)*, com os espetaculares vitrais da sua magnífica catedral, e **Orléans** *(pp. 312-3)*, que foi salva dos ingleses por Joana d'Arc, celebrada numa festa de dez dias que termina com o aniversário da libertação da cidade em 8 de maio. Ao norte fica **Le Mans** *(p. 291)*, outra adorável cidade antiga, mais conhecida por sua pista de automobilismo. A corrida 24 Horas de Le Mans é realizada em junho.

Château de Chenonceau, no vale do Loire, junto ao rio Cher

Vinhedo Côte de Nuits, na Borgonha, parte da região da Côte d'Or

## BORGONHA E FRANCHE-COMTÉ

- Paraíso gastronômico
- Majestosas abadias
- Trekking e esqui

A Borgonha é a França mais encorpada, que faz lembrar o *boeuf bourguignon* e os deliciosos vinhos, entre os mais caros do mundo. A herança dos duques da Borgonha é a esplêndida **Dijon** *(pp. 340-3)*, mas a verdadeira joia de arquitetura é o **Hôtel-Dieu** em Beaune *(pp. 346-7)*. A riqueza da Igreja fica evidente nas harmoniosas igrejas e abadias românicas, como **Vézelay** *(pp. 336-7)*. Os lagos, montanhas, bosques e cachoeiras de **Franche-Comté** *(pp. 349-51)* são perfeitos para trekking, canoagem e esqui.

## MASSIF CENTRAL

- Paisagens silvestres
- As Gorges du Tarn
- Os tesouros de Ste-Foy

Este é um local para quem gosta da vida ao ar livre. Neste planalto de vulcões extintos, spas e lagos, a paisagem alcança alturas vertiginosas nas **Gorges du Tarn** *(pp. 370-1)*. **Cèrvennes** *(p. 353)*, uma das partes menos populosas do país, é conhecida por suas flores silvestres e pássaros predadores. Vilas remotas e velhas igrejas cobrem o topo de colinas ou se espremem nos vales. A Abadia de Ste-Foy em **Conques** *(pp. 368-9)* guarda uma das mais celebradas relíquias da cristandade.

## VALE DO RÓDANO E ALPES FRANCESES

- Os bouchons de Lyon
- Grenoble e o esqui
- A elegante Évian-les-Bains

O Sul da França começa em **Lyon** *(pp. 380-1)*, segunda maior cidade do país, onde o rio Saône se une ao Ródano e o Mediterrâneo começa a perfumar o ar. A capital comercial e militar da Gália romana é hoje uma capital gastronômica conhecida por seus *bouchons* (bistrôs) e vinhos locais, de **Beaujolais** *(p. 377)*, assim como do Rhône. Entre as atrações naturais da região estão a impressionante **Ardèche** *(pp. 384-5)*, cheia de cavernas, e, a leste, **Grenoble** *(pp. 388-9)* e os Alpes, onde você encontra a elegante cidade-spa de **Evian-les-Bains** *(p. 391)*, ao lado do lago Léman.

Vinho do Vale do Rhône

## POITOU E AQUITÂNIA

- Canais de Marais Poitevin
- A histórica Poitiers
- Castelos de vinho Bordeaux

Disposta numa longa costa de praias, esta região quase toda plana vai do porto de **La Rochelle** *(p. 416)* e da popular ilha de férias de **Île d'Oléron** *(p. 417)* até o País Basco. Quando La Rochelle estiver cheia no verão, fuja para **Marais Poitevin** *(pp. 408-9)*, uma rede de canais com lírios nas margens. Há dois centros históricos: **Poitiers** *(pp. 412-3)*, cuja catedral tem as cadeiras de coro entalhadas mais antigas da França, e **Bordeaux** *(pp. 420-3)*, junto ao rio Garonne. Esta última é famosa como um porto de vinhos que atende os magníficos *châteaux* produtores da região.

## PÉRIGORD, QUERCY E GASCONHA

- Feira de Sarlat
- Cavernas de Lascaux
- Parque Espacial de Toulouse

Cortada pelos rios Lot, Tarn e Dordogne, esta é a região da França bucólica, onde atividades aquáticas aliviam o sol de verão. Toda cidade tem uma feira semanal com produtos locais, como *foie gras* e as ameixas de **Agen** *(p. 440)*. A mais famosa é a feira de **Sarlat-la-Caneda** *(pp. 432-3)*, às quartas, mas sua arquitetura compensa a visita em qualquer dia. **Rocamadour** *(pp. 436-7)* e **Moissac** *(pp. 442-3)* são outros destaques em arquitetura. Já o homem pré-histórico deixou sua marca nas famosas **cavernas de Lascaux** *(pp. 402-3)*. **Toulouse** *(pp. 446-7)* é a maior cidade. Prove suas salsichas e visite seu Parque Espacial *hi-tech*.

A feira de Sarlat, famosa pelo *foie gras* e pelas nozes

## PIRENEUS

- As praias de Biarritz
- Vida selvagem no Parc National des Pyrénées
- O santuário de Lourdes

As montanhas dos Pireneus estendem-se do Atlântico ao Mediterrâneo, formando uma fronteira natural com a Espanha. Na costa atlântica fica o **país Basco** *(p. 449)*, onde **Bayonne** *(p. 452)* é famosa por seu presunto, e **Biarritz** *(p. 452)*, cidade de surfistas, é renomada por suas glórias passadas como estância dos reis. O **Parc National des Pyrénées** *(pp. 460-1)* fica no coração das montanhas, espetaculares para caminhadas e *trekking*. Os esquiadores aparecem no inverno. **Lourdes** *(pp. 458-9)* atrai peregrinos o ano inteiro.

Flores, borboletas e pássaros animam as trilhas dos Pireneus

## LANGUEDOC-ROUSSILLON

- Collioure, reduto de artistas
- Carcassonne, cidade murada de conto de fadas
- Pont du Gard, um triunfo romano

Estas são terras ensolaradas, onduladas, com oliveiras, vinhas, ciprestes e girassóis, e velhas casas rurais tostadas pelo sol. É aqui que os Pireneus chegam ao Mediterrâneo, na **Côte Vermeille** *(p. 482)*, onde a estância mais linda é **Collioure** *(p. 483)*, há muito conhecida dos artistas. Para o norte fica **Carcassonne** *(pp. 488-9)*, uma cidade fortificada e muito bem restaurada, com aparência de sonho. Os românticos também vão querer ver o **Montségur** *(p. 463)*, último reduto dos cátaros, uma seita perseguida. **Nîmes** *(pp. 496-7)* era uma grande cidade romana, tem um bem conservado anfiteatro e um aqueduto impressionante, a **Pont du Gard** *(p. 495)*. Foi a maior ponte erguida pelos romanos.

Carrassonne, restaurada no século XIX, lembra um conto de fadas

## PROVENÇA E CÔTE D'AZUR

- Riviera Francesa
- Festival de Cannes
- Cassino de Monte-Carlo

**St-Tropez** *(p. 516)*, **Nice** *(pp. 526-7)*, **Menton** *(p. 529)* – a Riviera Francesa é a mais fabulosa orla marítima do mundo. Admire grandes iates em **Antibes** *(p. 521)*, veja estrelas em ascensão no **Festival de Cinema de Cannes** *(p. 520)* e quebre a banca em **Monte-Carlo** *(pp. 530-1)*. Há muito a fazer aqui o ano inteiro, por isso é melhor evitar agosto, quando pode haver gente demais. Longe do litoral há gloriosas cidades antigas, de **Avignon** *(p. 503)*, onde os papas ergueram um palácio, e **Aix** *(p. 511)*, onde o bom rei Renée governou, à romana **Arles** *(pp. 508-9)* e ao campo de vaqueiros da **Camargue** *(pp. 510-1)*.

## CÓRSEGA

- Bosques de murta
- Belas praias
- Cidades fortificadas

Ilha montanhosa com enseadas e praias, a Córsega é um bom local para caminhadas, em especial na primavera, quando bosques de murta exalam seu perfume. No litoral há cidades fortificadas como **Bonifacio** *(p. 543)* e **Porto** *(p. 541)*, situada numa baía mágica. Napoleão nasceu em **Ajaccio** *(p. 542)*. Descubra mais sobre a história e costumes da ilha no Musée de la Corse em **Corte** *(p. 540)*, um bom ponto de partida para explorar a encantadora Castagniccia.

Porto de St-Tropez, a mais glamurosa estância da costa da Provença

# França Dentro do Mapa

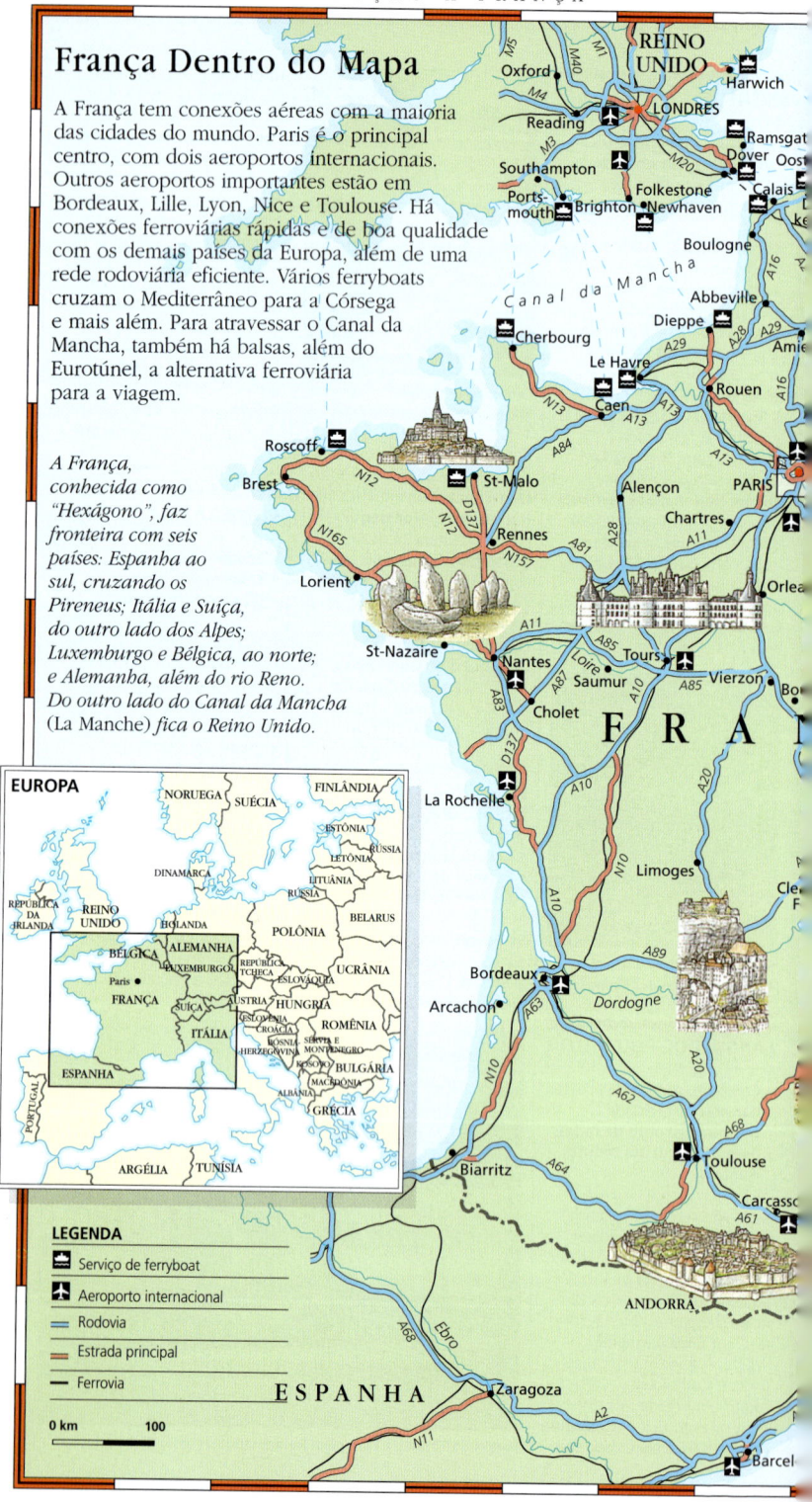

A França tem conexões aéreas com a maioria das cidades do mundo. Paris é o principal centro, com dois aeroportos internacionais. Outros aeroportos importantes estão em Bordeaux, Lille, Lyon, Nice e Toulouse. Há conexões ferroviárias rápidas e de boa qualidade com os demais países da Europa, além de uma rede rodoviária eficiente. Vários ferryboats cruzam o Mediterrâneo para a Córsega e mais além. Para atravessar o Canal da Mancha, também há balsas, além do Eurotúnel, a alternativa ferroviária para a viagem.

*A França, conhecida como "Hexágono", faz fronteira com seis países: Espanha ao sul, cruzando os Pireneus; Itália e Suíça, do outro lado dos Alpes; Luxemburgo e Bélgica, ao norte; e Alemanha, além do rio Reno. Do outro lado do Canal da Mancha (La Manche) fica o Reino Unido.*

### LEGENDA

- Serviço de ferryboat
- Aeroporto internacional
- Rodovia
- Estrada principal
- Ferrovia

0 km 100

## GRANDE PARIS

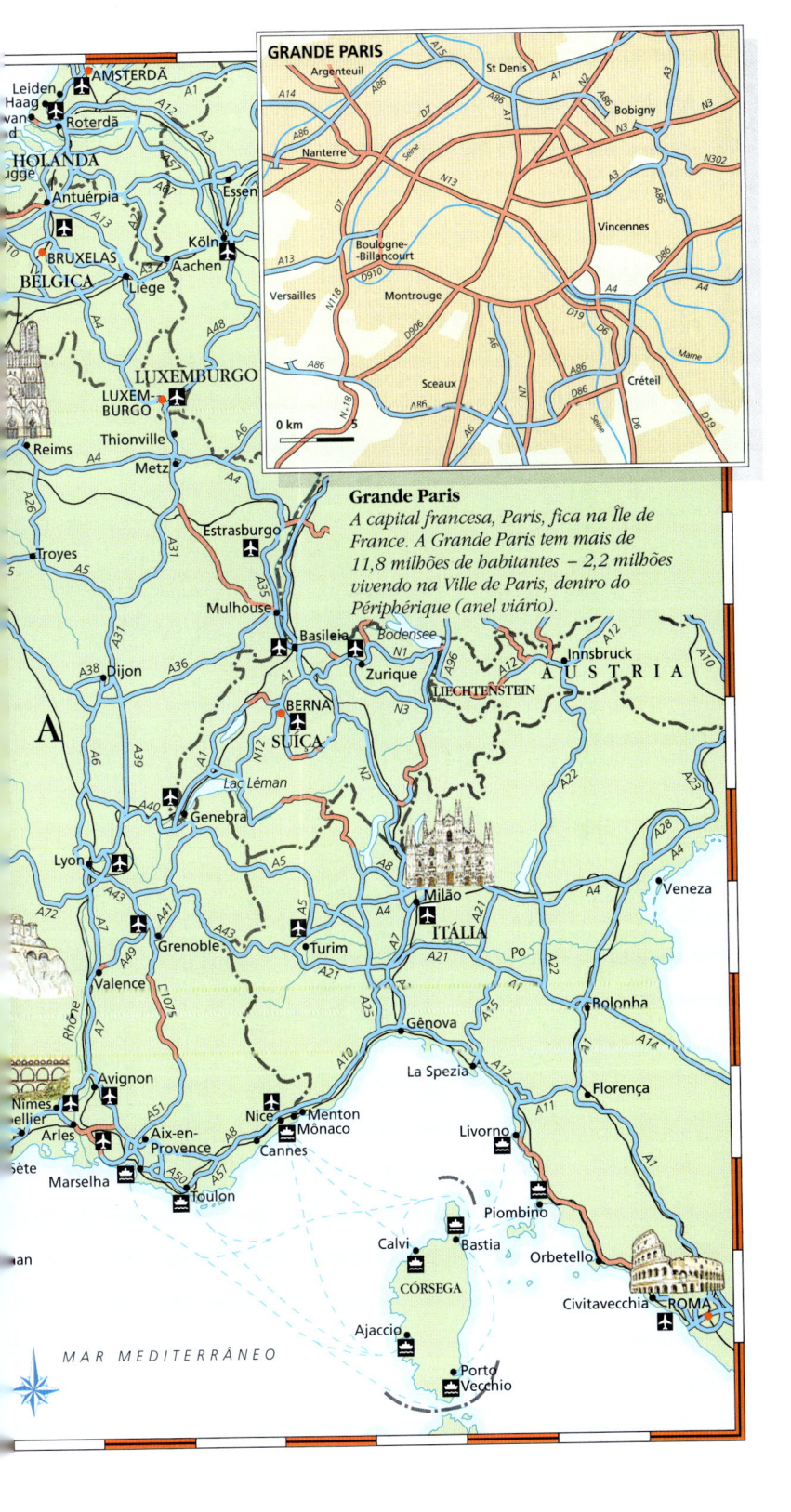

### Grande Paris

*A capital francesa, Paris, fica na Île de France. A Grande Paris tem mais de 11,8 milhões de habitantes – 2,2 milhões vivendo na Ville de Paris, dentro do Périphérique (anel viário).*

MAR MEDITERRÂNEO

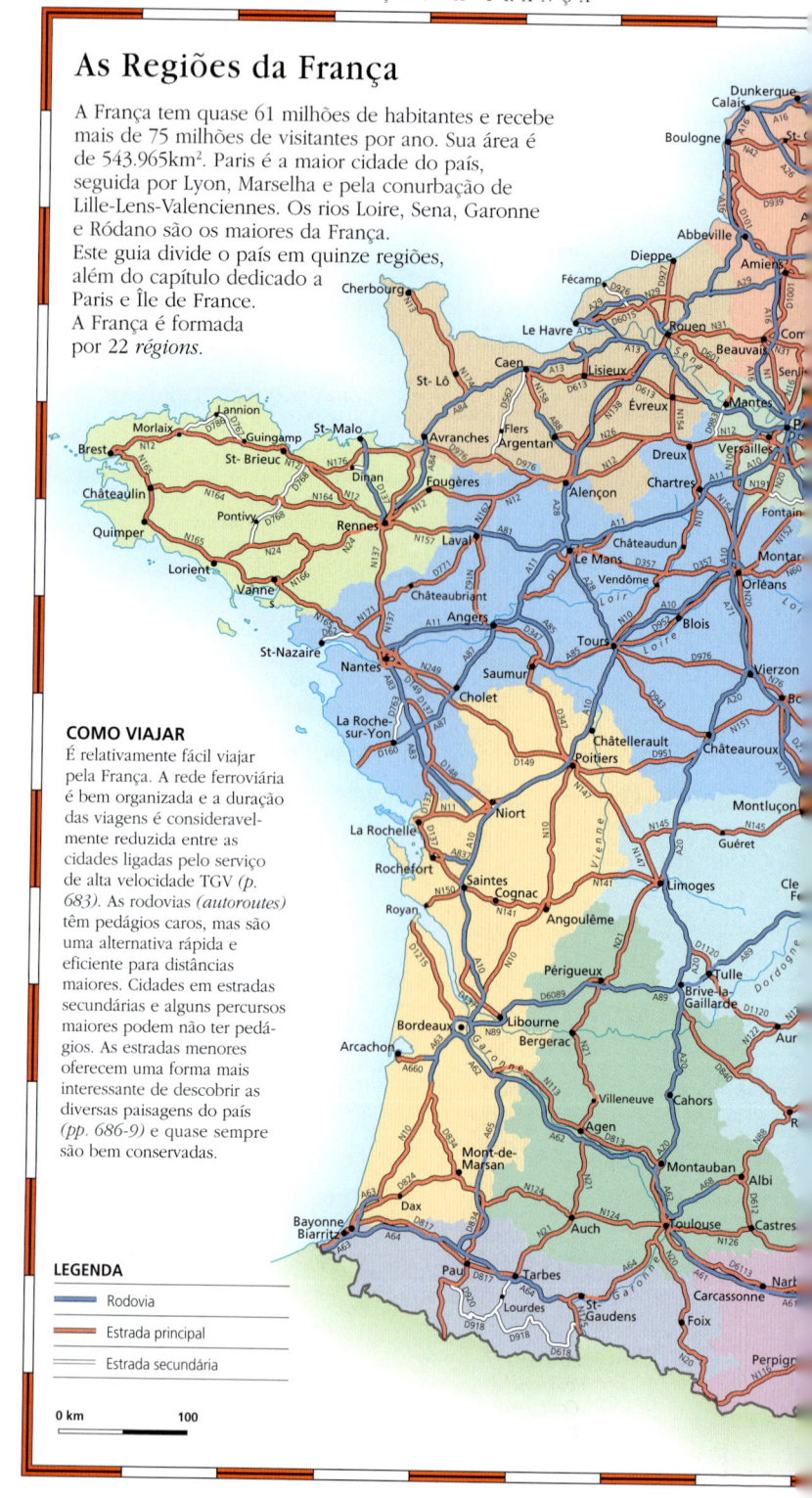

# As Regiões da França

A França tem quase 61 milhões de habitantes e recebe mais de 75 milhões de visitantes por ano. Sua área é de 543.965km². Paris é a maior cidade do país, seguida por Lyon, Marselha e pela conurbação de Lille-Lens-Valenciennes. Os rios Loire, Sena, Garonne e Ródano são os maiores da França.
Este guia divide o país em quinze regiões, além do capítulo dedicado a Paris e Île de France.
A França é formada por 22 *régions*.

## COMO VIAJAR

É relativamente fácil viajar pela França. A rede ferroviária é bem organizada e a duração das viagens é consideravelmente reduzida entre as cidades ligadas pelo serviço de alta velocidade TGV (*p. 683*). As rodovias (*autoroutes*) têm pedágios caros, mas são uma alternativa rápida e eficiente para distâncias maiores. Cidades em estradas secundárias e alguns percursos maiores podem não ter pedágios. As estradas menores oferecem uma forma mais interessante de descobrir as diversas paisagens do país (*pp. 686-9*) e quase sempre são bem conservadas.

## LEGENDA

- Rodovia
- Estrada principal
- Estrada secundária

0 km     100

FRANÇA DENTRO DO MAPA  **17**

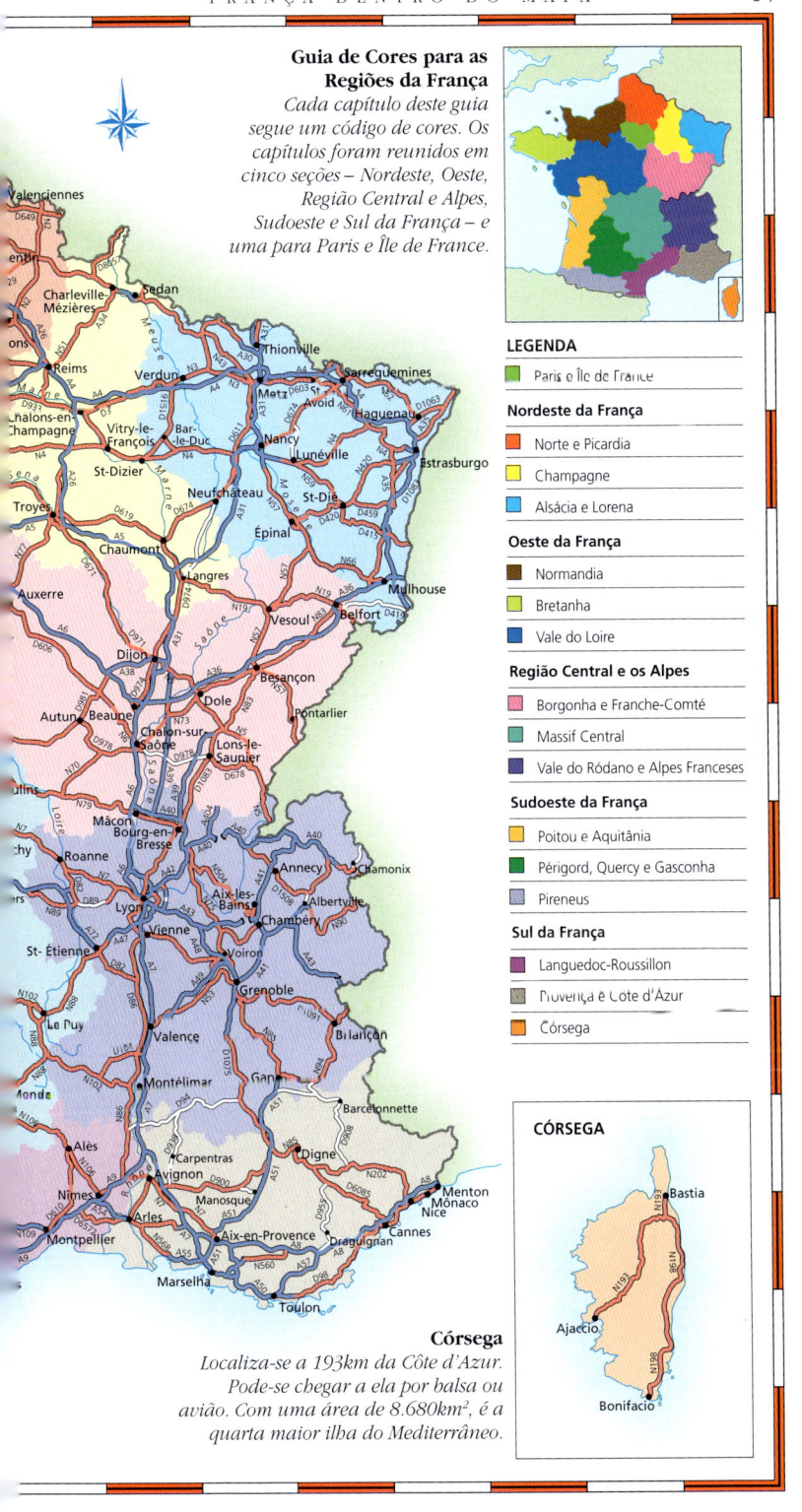

## Guia de Cores para as Regiões da França

*Cada capítulo deste guia segue um código de cores. Os capítulos foram reunidos em cinco seções – Nordeste, Oeste, Região Central e Alpes, Sudoeste e Sul da França – e uma para Paris e Île de France.*

### LEGENDA

- Paris e Île de France

**Nordeste da França**
- Norte e Picardia
- Champagne
- Alsácia e Lorena

**Oeste da França**
- Normandia
- Bretanha
- Vale do Loire

**Região Central e os Alpes**
- Borgonha e Franche-Comté
- Massif Central
- Vale do Ródano e Alpes Franceses

**Sudoeste da França**
- Poitou e Aquitânia
- Périgord, Quercy e Gasconha
- Pireneus

**Sul da França**
- Languedoc-Roussillon
- Provença e Côte d'Azur
- Córsega

### CÓRSEGA

**Córsega**
*Localiza-se a 193km da Côte d'Azur. Pode-se chegar a ela por balsa ou avião. Com uma área de 8.680km², é a quarta maior ilha do Mediterrâneo.*

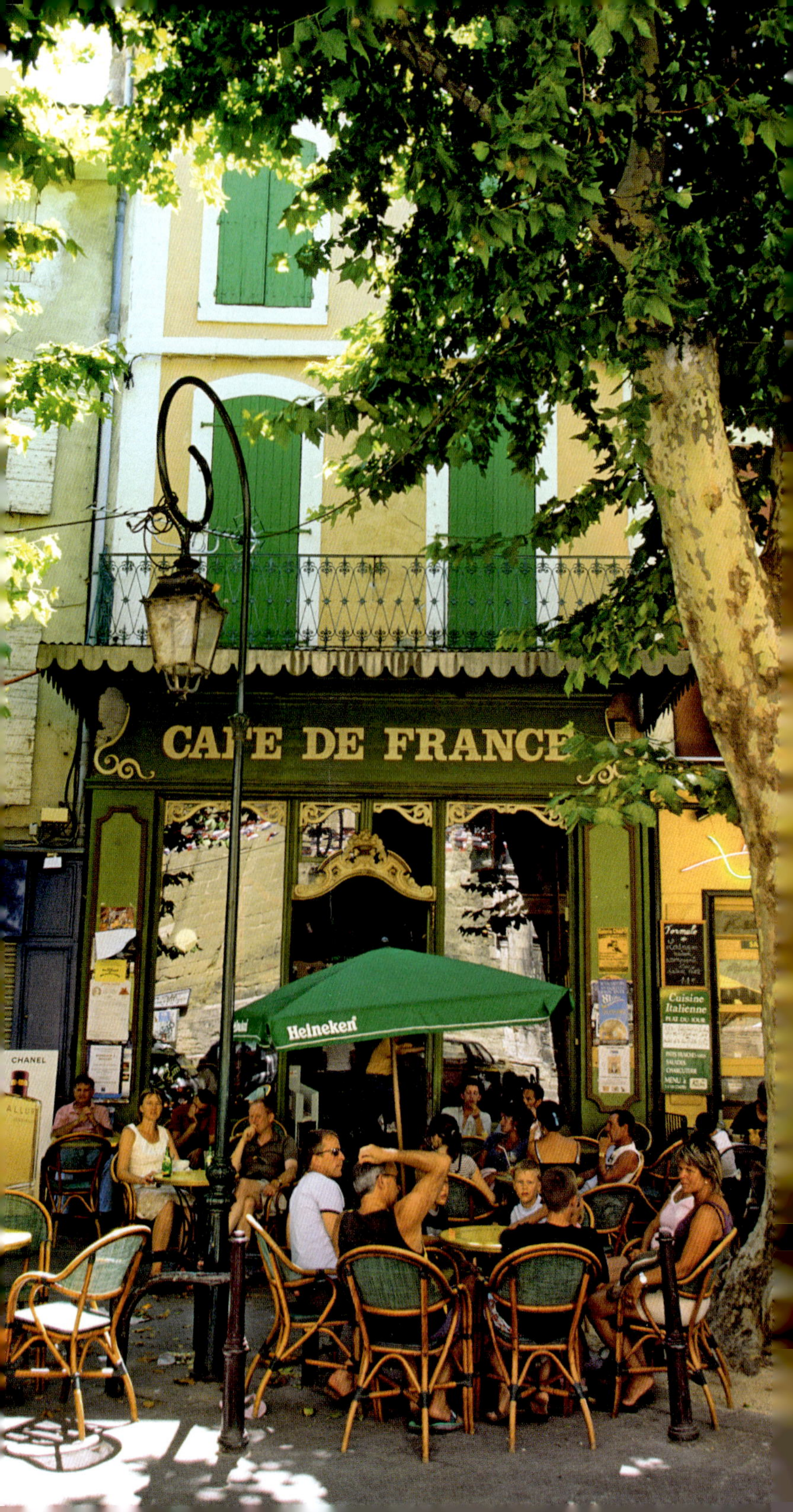
CAFE DE FRANCE
Heineken
CHANEL
Cuisine
Italienne

# RETRATO DA FRANÇA

*Os franceses têm certeza de que seu modo de vida é o melhor e de que a França é o lugar mais civilizado do planeta. Dezenas de milhões de turistas concordam com eles. A comida e o vinho são celebrados. A cultura, a literatura, a arte, o cinema e a arquitetura podem ser tão profundos quanto provocativos. Intelectual, sensual ou informal, a França é um país onde todos se sentem em casa.*

As paisagens da França variam das montanhas aos vales verdejantes, das vilas tradicionais aos bulevares. As identidades regionais são igualmente diversas. O país pertence tanto ao norte quanto ao sul da Europa, e compreende a Bretanha, com sua herança celta e marítima, a ensolarada costa mediterrânea, a germânica Alsácia-Lorena e as escarpas das regiões montanhosas de Auvergne e dos Pireneus. Paris se destaca como centro do país, com seus cidadãos impacientes e seu ritmo intenso. Outras cidades podem ser tanto conglomerados industriais, como Lille, no norte, ou portos, como o de Marselha, o maior do mar Mediterrâneo. As diferenças entre o norte e o sul e entre o campo e a cidade são bem marcadas e até cultivadas, apesar da determinação dos decididos franceses em ligar o país por meio de trens de alta velocidade e da informatização. Avanços tecnológicos como esses têm provocado manifestações contrárias. À medida que a vida na França se torna mais urbana, também cresce o desejo de preservar as tradições e valorizar a vida rural.

A ideia da vida no campo – *douceur de vivre* (a boa vida), com longas mesas servidas ao sol para que fluam o vinho e as histórias – continua sedutora como sempre, tanto para os franceses quanto para os visitantes. No entanto, o modo de vida rural vem mudando. Em 1945, uma

Marianne, símbolo da França

Château de Saumur, um dos castelos mais românticos e bem conservados de Loire

◁ Frequentar cafés, como este em L'Isle sur la Sorgue, é um dos grandes prazeres do país em cada três pessoas trabalhava na terra. Hoje essa proporção é de uma em cada 25. Os principais produtos de exportação franceses eram itens de luxo como perfumes e conhaque; atualmente, são carros, aviões, equipamentos para telecomunicações e estações geradoras de energia nuclear.

Apesar disso, as pessoas se mantêm comprometidas com suas raízes e frequentemente possuem uma casa no campo para passar as férias ou para se mudar quando chegar a aposentadoria. Na média, mais franceses têm uma segunda residência do que cidadãos de qualquer outro país. E em muitas regiões, como a Provença, vilas que estavam em decadência têm ganhado vida nova como refúgios de verão para parisienses e estrangeiros. Muitos artistas e artesãos vêm se mudando para o campo, e empreendedores abrem seus negócios em localidades menores, iniciativas facilitadas pela internet.

O declínio da influência da Igreja Católica resultou em mudanças sociais. Atualmente, apenas 9% da população vai à missa regularmente. Muitos casais vivem junto e têm o mesmo status de um casal unido legalmente. O aborto agora é legal.

As mulheres, como as cidadãs da União Europeia, hoje têm a igualdade de direitos garantida por lei. Mas, na prática, algumas atitudes permanecem tradicionais.

Pareceu um marco importante quando Edith Cresson tornou-se, em 1991, a primeira mulher a ocupar o cargo de primeiro-ministro do país. No entanto, sua alta impopularidade e uma acusação de corrupção em 1999 retardaram a luta pela igualdade entre os sexos na política francesa. Ségolène Royal restabeleceu o lugar das mulheres na política quando obteve 47% dos votos nas eleições presidenciais de 2007; o mesmo fez Martine Aubry, ao se tornar líder do Partido Socialista, em 2008.

**COSTUMES SOCIAIS E POLÍTICA**

A vida social francesa, exceto entre amigos íntimos, foi sempre marcada pela formalidade – apertos de mão, uso de títulos *("Bonjour, Monsieur le President")*, preferência pelo tratamento cerimonioso *vous* em lugar do informal *tu*. Isso tem mudado, principalmente entre os mais jovens, que se chamam pelo

A popular motoneta

Perfume Chanel

O movimento de maio de 1968 provocou mudanças profundas na França

Uma fazenda na Alsácia e Lorena

nome. As roupas estão mais informais, mas os franceses ainda se vestem bem.

Apesar de tudo, a formalidade sobrevive, e a França se mantém legalista – seja no ato de comprar uma casa, seja no de exportar um produto. Mas os franceses fazem pouco-caso das regras, que existem para ser burladas, reinterpretadas ou humanizadas. Esse "esporte" de evitar a burocracia tem até nome *(le système D)*.

Desde o fim da Guerra Fria, a acentuada polarização esquerda/direita na sociedade francesa deu lugar ao centrismo pragmático. Ao longo dos catorze anos em que esteve no poder, o presidente François Miterrand – eleito em 1981 por uma coalizão socialista-comunista – foi consistentemente adotando uma agenda política de centro. Em 1995, ele foi substituído por Jacques Chirac, cuja plataforma se baseava em políticas de direita – mas Chirac também se aproximou do centro. Nas eleições presidenciais de 2002, o temor quanto à imigração e à insegurança, as quebras de promessas eleitorais e a corrupção política disseminaram a sensação de desencanto e levaram a uma mudança na Frente Nacional. O resultado foi a derrota do premiê socialista Lionel Jospin e a reeleição de Chirac. Novo descontentamento eleitoral foi manifestado na rejeição à Constituição Europeia, em 2005.

Em 2007, o primeiro-ministro Nicolas Sarkozy, ligado a Chirac, venceu a corrida presidencial ao catalisar os temores da sociedade e prometer o combate à corrupção no meio político. Ele estabeleceu uma relação mais próxima com os EUA, reengajou a França na UE e abriu seu governo a ministros de esquerda. Mas a popularidade de Sarkozy diminuiu em 2010, quando seus planos para aumentar a idade da aposentadoria dos franceses provocaram greves e quando recebeu críticas de outros países europeus pela deportação de ciganos.

Charles de Gaulle

## A CULTURA E AS ARTES

A cultura é levada a sério na França, e escritores, intelectuais, artistas e estilistas têm grande projeção social. O Estado financiou uma ampla rede de centros de arte regionais e tradicionalmente con-

O estilista Thierry Mugler em desfile parisiense

cede subsídios que têm permitido o experimentalismo na arte e no design. Os franceses têm orgulho de sua tradição cinematográfica e estão determinados a defendê-la contra as pressões de Hollywood. Outras atividades culturais, como a música, também suscitam algumas medidas protecionistas.

A arte e literatura de vanguarda e a arquitetura moderna desfrutam de um forte mecenato na França. Entre os muitos projetos arquitetônicos do país, estão surpreendentes edifícios em Paris – como a pirâmide do Musée du Louvre e La Grande Arche (Grande Arcada) em La Défense – e projetos residenciais pós-modernos localizados, por exemplo, nas cidades de Nîmes, Montpellier e Marselha, na região Sul da França.

Roupas tradicionais usadas em festivais bretões

## VIDA MODERNA

Enquanto metade dos franceses iniciou o novo milênio num verdadeiro espírito francês, a outra metade passou-o imersa na escuridão causada pelas piores tempestades europeias de todos os tempos. Esta é uma boa imagem para representar a ambivalência da França ante a modernidade. A agropecuária francesa é uma das mais modernas do mundo, mas o fazendeiro tradicional continua sendo venerado. A França ambiciona o papel principal nos acontecimentos internacionais, o que não impede que o país praticamente feche durante todo o mês de agosto, quando os franceses pegam a estrada e se refugiam em balneários. Entretanto, dois fatores forçaram uma mudança: a popularização da internet e o euro, que conseguiu em um só golpe banir o franco – a mais velha moeda decimal da Europa.

Os franceses são consumidores exigentes. Até as menores cidades têm

Vista da base de La Grande Arche, parte de um grande complexo de escritórios em Paris

O tradicional jogo de *boules* ou *pétanque* ainda é muito popular, especialmente no sul da França

lojas de roupas e feiras que oferecem o melhor da produção local. Ao mesmo tempo, a França possui os maiores hipermercados da Europa, que vêm substituindo os mercados locais e as lojas de esquina. Estes permanecem nacionalistas nos produtos que oferecem: um balcão pode chegar a ter cem ou mais tipos de queijo e *charcuterie* (frios). A variedade de verduras, legumes, ervas e frutas frescas lembra o papel que esses itens ocupam na culinária do país.

Produtos do Sul: melões, pêssegos e abricós

No entanto, sob a pressão dos tempos modernos, os hábitos têm se modificado. Os franceses costumavam comer bem todos os dias. Atualmente muitos têm pressa e a maioria das refeições durante a semana consiste em um prato rápido de carne ou massa em casa, ou um lanche na cidade – daí a onda de fast-food que desafia a tradição nacional. Mas as refeições permanecem uma parte importante do lazer não só pela comida e pelo vinho em si, mas também pelo prazer das reuniões sem pressa e da boa conversa à mesa com a família ou os amigos. Eles reservam sua gastronomia para uma ou duas ocasiões especiais por semana, talvez uma reunião de amigos para jantar ou um grande almoço de domingo em família – ainda um importante ritual. É nessas ocasiões que o entusiasmo dos franceses pela boa vida se manifesta.

Fazenda isolada: lembrança nostálgica da vida rural

# O Menu Francês Clássico

A refeição francesa tradicional tem pelo menos três pratos. A entrada (*les entrées* ou *hors d'oeuvre*) inclui sopas, pratos à base de ovos, saladas ou *charcuterie* (frios). Pode ser servido peixe antes dos pratos principais. Se não, os pratos principais (*les plats*) poderão ser à base de peixe ou carne, em geral com um molho, acompanhados por batatas, arroz ou massa e legumes. O queijo vem antes da sobremesa, que pode ser sorvete, tortas de frutas ou de creme, doces de chocolate ou *pâtisserie* (doces em geral). O menu a preço fixo é a opção mais barata. Informações sobre restaurantes franceses estão nas pp. 596-9.

### HORS D'OEUVRE
*Soupe de poissons*
*Escargots à la Bourguignonne*
*Salade frisée aux lardons*
*Crottin chaud en salade*
*Cèps à la Bordelaise*

### POISSONS
*Moules marinières*
*Loup au fenouil*
*Coquilles St-Jacques*

### VIANDES
*Lapin chasseur*
*Noisettes d'agneau*
*Bifteck au poivre*
*Blanquette de veau*
*Magret de canard*
*Côte de porc*
*Ris de veau*

*Gratin Dauphinoise*
*Carottes Vichy*

- Sopa de peixe
- Salada de endívias com cubinhos de bacon frito
- Queijo de cabra derretido sobre torrada e salada
- Cogumelos sautée com alho e salsinha
- Peixe grelhado sobre erva-doce, flambado
- Escalopes
- Coelho à caçadora com cogumelos
- Medalhões de carneiro
- Filé ao molho de pimenta-rosa
- Cozido de vitela enriquecido com ovo e creme
- Peito de pato
- Costeletas de porco
- Moleja de vitela

**Escargots à la Bourguignonne** *Na Borgonha, servem-se os caracóis na casca, com salsinha, alho e manteiga.*

**Moules marinières** *Prato clássico de mexilhões cozidos em vinho branco seco com cebolinha e salsinha.*

**Gratin dauphinois** *Camadas de batatas e creme, com queijo Gruyère por cima, no fogo lento.*

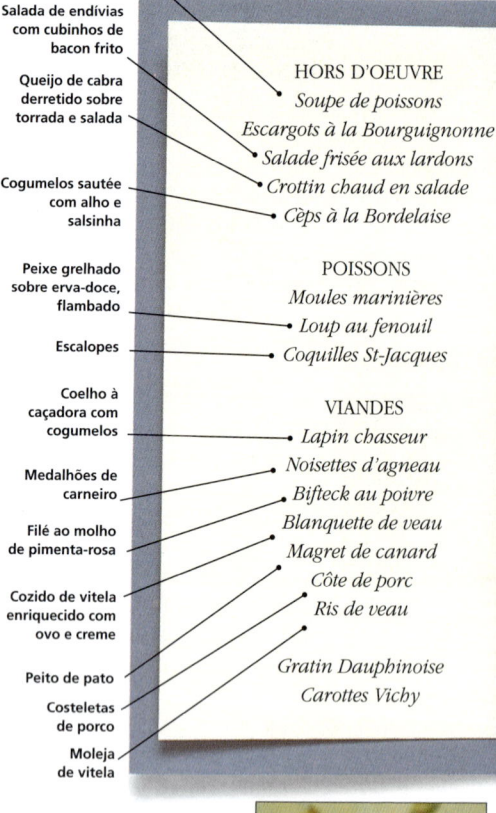

**Carottes Vichy** *Cozidas em água de Vichy com açúcar, as cenouras ganham uma deliciosa cobertura doce. São servidas com salsinha.*

## CAFÉ DA MANHÃ

O café da manhã dos franceses tem grande variedade de pães, com manteiga e geleia. Entre eles os *croissants* – pães folhados e amanteigados em forma de meia-lua –, a tradicional baguete – pão fino e comprido que cortado ao meio e com manteiga e geleia torna-se uma *tartine* –, o *pain au chocolat* – de forma quadrada e recheado com um tablete de chocolate derretido – e o brioche – pãozinho aerado com fermento e enriquecido com ovos. São acompanhados de chá, *café* ou chocolate quente, para as crianças. O *café au lait* – expresso com leite morno – é o tipo de café mais comum dos franceses. Hotéis servem sucos de frutas.

Típico café da manhã francês

Menu à €20
- Céleri rémoulade
- Salade de pissenlits
- Soupe à l'oignon
- Cuisses de grenouilles
- Quenelles de brochet
- Boeuf bourguignon
- Andouillettes
- Coq au vin

Fromage ou dessert

Café

Fromage

### DESSERTS
- Tarte Tatin
- Ile flottante
- Crêpes flambées
- Clafoutis
- Crème caramel
- Crème brulée

- Menu do dia a preço fixo
- Aipo gratinado com maionese picante
- Salada de dente-de-leão
- Sopa de cebola, substanciosa, com pão e queijo gratinado
- Pernas de rã
- Bolinhos leves e macios de peixe cozido
- Pequenas linguiças grelhadas
- Torta de maçã virada para baixo
- Merengues flutuando sobre molho cremoso
- Crêpes açucarados flambados no licor
- Sobremesa de frutas cozidas e massa, em geral com cerejas
- Creme de ovos com calda de caramelo

**Boeuf Bourguignon** *Bife cozido em vinho tinto da Borgonha com bacon, cebola e cogumelos.*

**Coq au vin** *Frango flambado em conhaque, depois cozido no vinho com cogumelos e cebolas.*

**Fromage** *Qualquer restaurante francês se orgulha de oferecer uma boa seleção de queijos regionais perfeitamente curados, incluindo os de leite de vaca, ovelha e cabra, e variedades de blue cheese.*

**Crème Brulée** *Um rico e saboroso creme coberto com açúcar mascavo, grelhado para formar uma crosta.*

# O Vinho Francês

A produção de vinho na França começou antes dos romanos, mas foram eles os responsáveis pela disseminação do cultivo da uva e da fabricação de vinho em todo o país. A variedade, a qualidade e a reputação dos vinhos finos franceses os tornam modelos mundiais, em especial os Bordeaux, Bourgogne, Rhône e Champagne – o vinho é associado à região de origem. Os vinhos correntes franceses também podem ser muito bons, e hoje diversos vinhos de boa qualidade estão surgindo no sul do país.

*Instrumento de colheita*

**Tradicional cultivo de uvas**

## REGIÕES VINÍCOLAS

Cada uma das dez principais regiões tem identidade própria, baseada nas variedades de uva, clima e *terroir* (solo). Leis de *appellation contrôlée* (origem controlada) garantem a origem e os métodos de produção do vinho.

### LEGENDA

- Bordeaux
- Bourgogne (Borgonha)
- Champagne (Champanhe)
- Alsace (Alsácia)
- Loire
- Provence (Provença)
- Jura e Savoie
- Sudoeste
- Languedoc-Roussillon
- Rhône (Ródano)

## COMO LER UM RÓTULO DE VINHO

Mesmo o mais simples rótulo identifica o vinho e indica sua qualidade. Traz o nome do vinho, seu produtor, sua safra (se for o caso) e sua procedência: se vem de uma área bem definida (*appellation contrôlée*) ou se é um vinho mais genérico, IGP (*indication géographique protégée*) ou *vin de France*. Pode apresentar, ainda, uma classificação regional, a exemplo dos *crus classés* de Bordeaux. A forma e a cor da garrafa também indicam o tipo de vinho. Garrafas verdes são muito usadas, porque ajudam a proteger da luz.

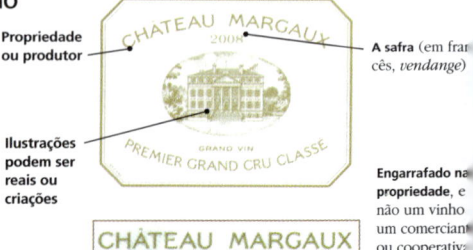

- **Propriedade ou produtor**
- **Ilustrações podem ser reais ou criações**
- **Appellation contrôlée do vinho**
- **A safra** (em francês, *vendange*)
- **Engarrafado na propriedade**, e não um vinho um comerciante ou cooperativa
- **Capacidade da garrafa**

## COMO É FEITO O VINHO

O vinho é o produto do suco das uvas frescas depois que fermentos naturais ou cultivados transformaram os açúcares da fruta em álcool durante o processo de fermentação. Normalmente, a borra é filtrada antes do engarrafamento.

**VINHO BRANCO**    **VINHO TINTO**

**Antiga prensa**

**As uvas recém-colhidas**, *rosadas ou brancas, são suavemente amassadas para fazer com que o suco rico em açúcares entre em contato com o fermento presente na casca.*

**A estrutura do vinho tinto** *se deve aos taninos presentes nas cascas das uvas tintas. Os engaços também têm a substância, mas de tipo mais forte. Muitos produtores retiram os engaços das uvas antes de esmagá-las.*

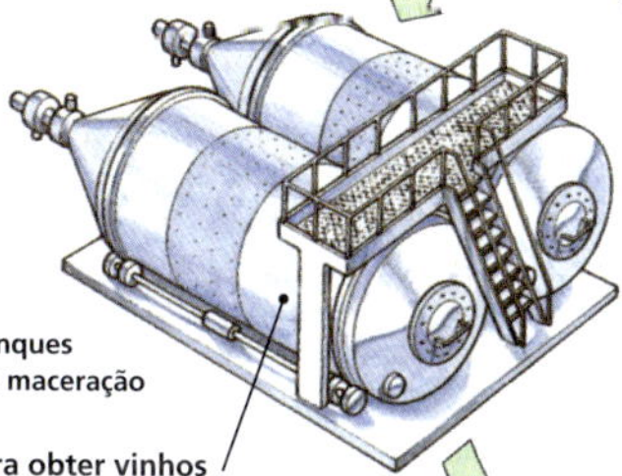

**Tanques de maceração**

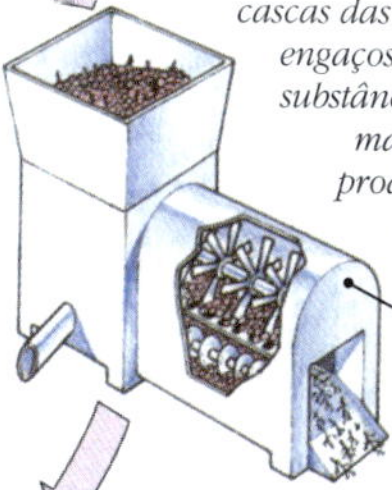

**Esmagador de uvas**

**Para obter vinhos brancos** *jovens e alguns tintos (como os Beaujolais mais simples) que não melhoram com o envelhecimento, o suco da uva amassada pode ser macerado com as cascas algumas horas para ganhar aroma e sabor.*

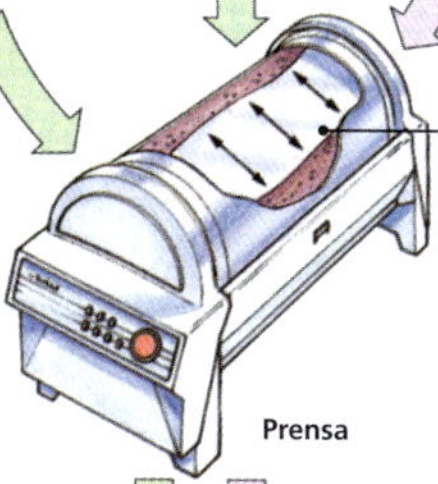

**O vinho branco** *utiliza o suco naturalmente escorrido ou suavemente espremido para obter sabores mais frescos e frutados. No vinho tinto, as uvas são prensadas após a fermentação. Este vin de presse, com taninos e outros elementos, pode ser mesclado de volta ao vinho.*

**Prensa**

**A fermentação** *é um processo natural, mas pode ser imprevisível. Atualmente, muitos produtores usam fermentos cultivados e tanques de aço inoxidável higienizados e com temperatura controlada para monitorar a fermentação e garantir resultados uniformes.*

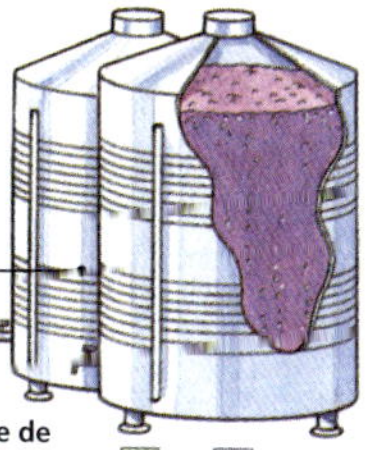

**Vinhos jovens** *podem ser filtrados diretamente em suas garrafas, mas muitos vinhos finos são envelhecidos em barris. Sabores introduzidos pelo carvalho são parte integrante da identidade de muitos deles, caso do toque de tabaco e serragem característico dos Bordeaux tintos.*

**Tanque de fermentação**

**Barris de carvalhos**

**Diferentes tons de vidro identificam as regiões vinícolas**

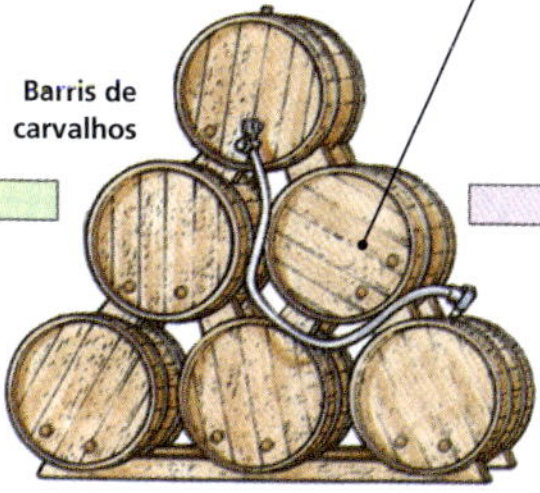

**Garrafas típicas dos tintos Bordeaux (à esq.) e Bourgogne**

# Artistas na França

A França sempre inspirou os artistas, especialmente desde que as paisagens se tornaram um assunto aceitável para a arte no século XIX. Arte e turismo estão relacionados há mais de um século, quando pintores se estabeleceram nas florestas de Fontainebleau, na Bretanha e no sul da França, e tornaram essas localidades atraentes para os visitantes. Atualmente, um dos prazeres de viajar pelo campo é reconhecer paisagens que ficaram famosas em quadros.

**Seguidor da** *tradição clássica francesa de pintura de paisagem, Jean-Baptiste-Camille Corot fez* O campanário de Douai *(1871).*

**Gustave Courbet,** *socialista e líder da escola realista de pintura, captou esta paisagem em* Os penhascos de Etrêtat depois de uma tempestade *(1869).*

*Normandia*

*Bretanha*

*Vale do Loire*

**Emile Bernard** *foi fascinado pela paisagem da Bretanha e por seus habitantes. Ele fez parte do grupo de artistas baseado em Pont Aven. Seu quadro* A Ronda Bretã, *de 1892, retrata costumes celtas.*

*Poitou e Aquitânia*

**Paul Signac,** *neoimpressionista e expoente do pontilhismo, cultivou seu amor por temas marítimos.* Entrada para o Porto em La Rochelle *(1921) utiliza milhares de pontos de cor para representar a natureza.*

*Périgord, Quercy e Gasconha*

*Pireneus*

**Théodore Rousseau,** *expoente da escola de de Barbizon (p. 181) de paisagistas, visitou Auvergne em 1830. Foi lá que começou a pintar* en plein air *(ao ar livre). O resultado pode ser apreciado nesta cena:* Pôr do sol, Auvergne *(c.1830).*

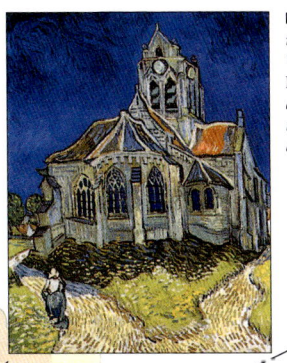

RETRATO DA FRANÇA 29

**Poucos meses** *antes de sua morte, em julho de 1890, Vincent Van Gogh pintou* Igreja em Auver-sur-Oise. *Ele anotou que o edifício "parece ter uma nuance violeta de azul, puro cobalto".*

**Robert Delaunay** *investigou as qualidades abstratas da cor em* Torre Eiffel *(1926). Sua mulher, a artista Sonia Delaunay, disse: "A Torre Eiffel e o universo eram um só e o mesmo para ele".*

**O cotidiano** *era tratado com realismo por Gustave Courbet, como neste* Moças da cidade dando esmola a uma pastora em um vale perto de Ornans *(1851-2).*

Alsácia e Lorena

Champagne

Borgonha e Franche-Comté

**Maurice Utrillo** *pintou* A igreja de St-Bernard no verão *(1924) quando estava hospedado na casa de sua mãe. O tom sombrio e o vazio da cena refletem sua vida infeliz.*

Massif Central

Vale do Ródano e Alpes franceses

Provença e Côte d'Azur

**Paisagem em Collioure** *(1905) capta as cores vivas desta pequena vila de pescadores catalã. Foi aqui que Henri Matisse fundou o movimento dos Fauves (feras), que usavam cores excepcionalmente vivas e expressivas.*

**A Riviera Francesa** *atraiu muitos artistas (pp. 472-3). Raoul Dufy apreciava a região, vista aqui nesta típica cena de céu azul e palmeiras,* Caminhada no Molhe em Nice, *de 1928.*

0 km    100

# Escritores na França

Escritores e intelectuais tradicionalmente desfrutam de prestígio na França. Uma das mais conceituadas instituições francesas é a Academie Française, cujos 40 membros, a maioria escritores, pronunciam-se sobre os acontecimentos nacionais e, eventualmente, ocupam cargos públicos. A obra de muitos romancistas franceses tem profundas raízes em suas regiões de origem, da Normandia de Gustave Flaubert à Provença de Jean Giono. Além de seu mérito literário, os romances proporcionam um guia singular para conhecer as identidades regionais.

Monumento a Baudelaire

Casa de Colette, na Borgonha

## ROMANCE

Fazenda de Beauce, na qual Zola se baseou para escrever seu *La Terre*

O primeiro grande escritor francês foi Rabelais, no século XVI, um áspero satirista defensor da vida *(p. 295)*. Muitos escritores do Iluminismo enfatizaram em sua obra a tradição clássica da razão, da clareza e da objetividade. O século XIX foi a era de ouro do romance humanista francês. São exemplos Balzac, – com sua vasta galeria sobre a sociedade da época –, Stendhal – um feroz crítico das fragilidades da ambição em *O vermelho e o negro* – e Victor Hugo, conhecido por épicos como *Os miseráveis*. George Sand foi pioneira com seus romances, como *Pântano do diabo*, que retratava a vida dos camponeses, embora de maneira idealizada. Gustave Flaubert escreveu sua obra-prima, *Madame Bovary*, um estudo do provincianismo e do desencontro amoroso. Zola escreveu *Germinal*, *La Terre* e outros estudos sobre a vida das classes baixas.

Marcel Proust combinou a evocação poética de sua infância com o retrato da alta sociedade em seu longo romance *Em busca do tempo perdido*.

Marcel Proust, autor de *Em busca do tempo perdido*

Outros autores escreveram sobre a infância, como Colette em *La Maison de Claudine*.

Um novo estilo de romance surgiu após a Primeira Guerra Mundial. O excelente *Thérèse Desqueyroux*, de François Mauriac, explorou o impacto da paisagem sobre o caráter humano. Mauriac e também George Bernanos, em seu *Diário de um pároco de aldeia*, têm como tema a luta espiritual solitária. O livre pensador André Gide foi outro autor de destaque no período entreguerras com obras como *Os subterrâneos do Vaticano* e *Os moedeiros falsos*.

Na década de 1960, Alain Robbe-Grillet e outros autores cultivaram um estilo experimental conhecido como Nouveau Roman (Novo Romance), que subordina personagens e enredos a descrições físicas detalhadas. Os críticos dizem que ele contribuiu para a decadência do romance. Apesar disso, o prêmio Nobel de literatura de 2008 foi dado ao franco-mauriciano Jean-Marie Gustave Le Clézio.

*Os miseráveis*, de Victor Hugo, virou musical nos anos 1980

## TEATRO

Os três dramaturgos clássicos da literatura francesa – Racine, Molière e Corneille – viveram no século XVII. As comédias de Molière satirizavam as vaidades e pequenas fraquezas da natureza humana. Corneille e Racine escreveram tragédias em verso. A eles se seguiram, no século XVIII, Marivaux, autor de comédias românticas, e Beaumarchais, cujas obras *O barbeiro de Sevilha* e *As bodas de fígaro* foram transformadas em óperas. Os dramas de Victor Hugo foram o mais vigoroso legado do século XIX. Entre os escritores do século XX estão Jean Anouilh, autor de comédias filosóficas urbanas, e Jean Genet, ex-preso e crítico do *establishment*. Na década de 1960, o romeno Eugène Ionesco e o irlandês Samuel Beckett foram os pioneiros de um novo gênero: o teatro do absurdo. Não surgiu, desde então, um nome de destaque na dramaturgia francesa, mas o experimentalismo floresce subsidiado pelo governo.

**Molière, dramaturgo do século XVII**

## POESIA

O mais importante entre os primeiros poetas franceses foi Ronsard, que escreveu sonetos sobre a natureza e o amor no século XVI. Lamartine, um grande poeta do início do século XIX, também tinha a natureza como um de seus temas. Posteriormente, Baudelaire (*As flores do mal*) e Rimbaud (*Uma temporada no inferno*) foram considerados provocativos. Frédéric Mistral (Prêmio Nobel em 1904) escreveu em seu dialeto provençal natal. Paul Valéry, de obra profundamente filosófica, é considerado o maior poeta do século XX.

## FILOSOFIA

A França deu ao mundo grandes filósofos da tradição humanista europeia. Montaigne foi um dos primeiros, no

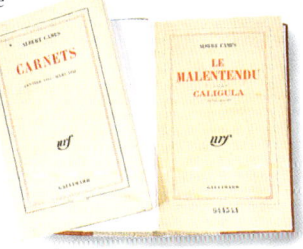

**Romances de Albert Camus, que recebeu o Nobel em 1957**

**Sartre e Beauvoir no restaurante La Coupole, em Paris, em 1969**

século XVI. Seguiram-no Descartes, mestre da lógica, e Pascal. No século XVIII, vieram o liberal Voltaire e Rousseau, defensor da influência harmonizadora da vida próxima à natureza. No século XX, Sartre, Beauvoir e Camus usaram a novela como veículo filosófico. Sartre liderou o movimento existencialista na Paris do início da década de 1940 com sua obra *A náusea* e com seu tratado *O ser e o nada*. O romance de Camus sobre a alienação, *O estrangeiro*, foi igualmente influente.

Nas décadas de 1970 e 1980, surgiram os estruturalistas, como Foucault e Barthes, com seus ideais radicais. Nos anos 1990, a abordagem racionalista foi dando lugar ao pós-estruturalismo de Derrida, Kristeva, Deleuze e Lyotard. No início do século XXI, Badiou, conhecido por suas ideias políticas, tornou-se um dos mais importantes filósofos da França.

## ESCRITORES ESTRANGEIROS

Diversos escritores estrangeiros visitaram e se inspiraram na França – de Petrarca, na Avignon do século XIV, a Goethe, na Alsácia em 1770-1. No século XX, a Riviera atraiu os romancistas Somerset Maugham, Katherine Mansfield, Ernest Hemingway e Graham Greene. Em 1919, a norte-americana Sylvia Beach abriu em Paris a primeira livraria Shakespeare & Company, que se tornou centro cultural para escritores expatriados. Ela foi a primeira a publicar a obra-prima de James Joyce, *Ulisses*, em 1922.

**Hemingway com Sylvia Beach e amigos (Paris, 1923)**

# Arquitetura Românica e Gótica na França

A França é rica em arquitetura medieval e conserva desde pequenas igrejas românicas até grandes catedrais góticas. À medida que o país emergiu da Idade Média, no século XI, houve uma onda de construções românicas, baseadas no modelo romano de paredes grossas, arcos arredondados e abóbadas. Os franceses melhoraram esta estrutura básica, propiciando o surgimento do gótico no século XIII. Arcos em forma de ogiva e arcobotantes foram invenções que permitiram construir edifícios mais altos, com janelas maiores.

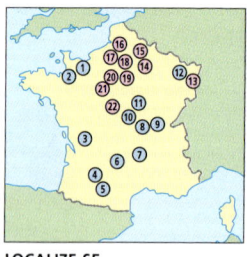

**LOCALIZE-SE**
① Abadias e igrejas românicas
⑬ Catedrais góticas

## CARACTERÍSTICAS ROMÂNICAS

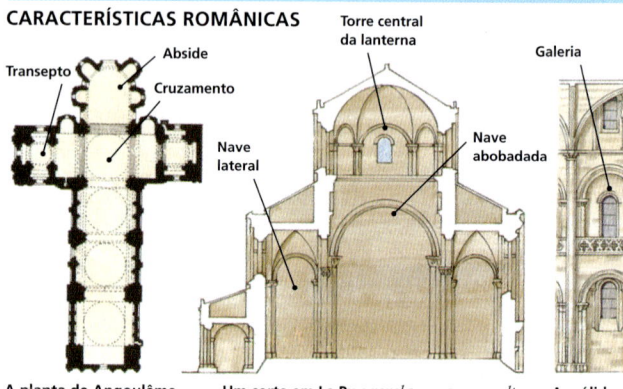

Rótulos: Transepto, Abside, Cruzamento, Nave lateral, Torre central da lanterna, Nave abobadada, Clerestório, Galeria, Arcada

**A planta de Angoulême** mostra a cruz e a abside arredondada, que são típicas da arquitetura românica.

**Um corte em Le Puy** revela uma nave alta com abóbada semicilíndrica e arcos arredondados, e naves laterais mais baixas. A luz podia entrar pelas janelas das naves laterais e pela torre central da lanterna.

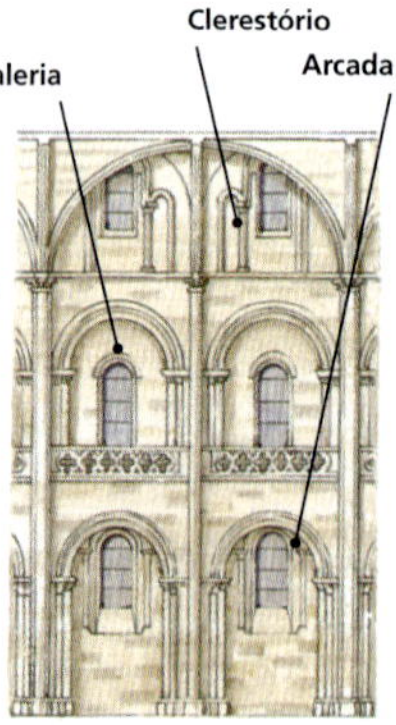

**As sólidas paredes** de St-Etienne sustentam uma estrutura de três andares que inclui arcadas, galeria e clerestório.

## CARACTERÍSTICAS GÓTICAS

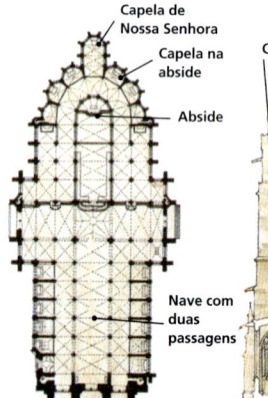

Rótulos: Capela de Nossa Senhora, Capela na abside, Abside, Nave com duas passagens, Abóbada com nervuras, Contraforte, Arcobotante, Trifório, Rendilhado em pedra, Arcos em ogiva

**A planta de Amiens** mostra nave e abside ladeadas por uma sucessão de capelas.

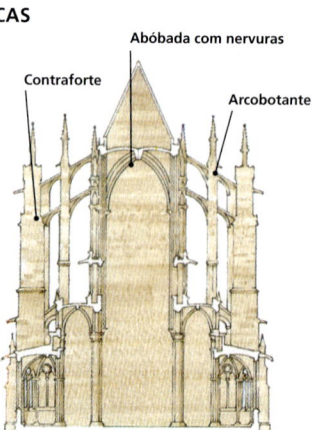

**Um corte em Beauvais** mostra como a nave ergue-se a alturas surpreendentes graças ao suporte exterior dos arcobotantes.

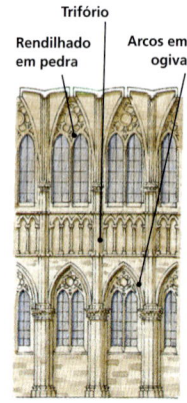

**Arcos ogivais** suportam maior tensão e janelas maiores, como em Reims.

## ONDE ENCONTRAR ARQUITETURA ROMÂNICA

1. St-Etienne, Caen *p. 254*
2. Mont-St-Michel *pp. 258-9*
3. St-Pierre, Angoulême *p. 419*
4. Notre-Dame, Le Puy *p. 365*
5. St-Pierre, Moissac *pp. 442-3*
6. St-Sernin, Toulouse *pp. 446-7*
7. Ste-Foy, Conques *pp. 368-9*
8. Sacré-Coeur, Paray-le-Monial *p. 345*
9. St-Philibert, Tournus *p. 344*
10. St-Etienne, Nevers *p. 338*
11. Ste-Madeleine, Vézelay *pp. 336-7*
12. Marmoutier, Saverne *p. 233*

## ONDE ENCONTRAR ARQUITETURA GÓTICA

13. Notre-Dame, Estrasburgo *p. 231*
14. Notre-Dame, Reims *pp. 212-3*
15. Notre-Dame, Laon *p. 205*
16. Notre-Dame, Amiens *pp. 202-3*
17. St-Pierre, Beauvais *p. 200*
18. St-Denis, Île de France *p. 172*
19. Sainte-Chapelle, Paris *pp. 84-5*
20. Notre-Dame, Paris *pp. 86-7*
21. Notre-Dame, Chartres *pp. 308-11*
22. St-Etienne, Bourges *p. 313*

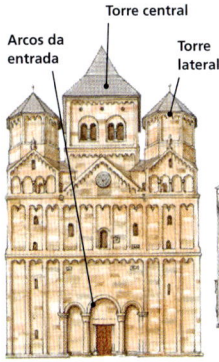

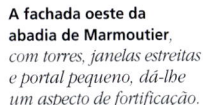

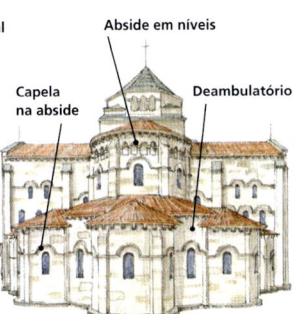

**A fachada oeste da abadia de Marmoutier**, com torres, janelas estreitas e portal pequeno, dá-lhe um aspecto de fortificação.

**O extremo leste de Nevers** tem uma abside arredondada cercada por uma nave semicircular de onde se projetam as capelas, construídas para obter espaço para os altares.

**A fachada oeste de Laon** tem portais decorativos esculpidos e uma rosácea característica do estilo gótico.

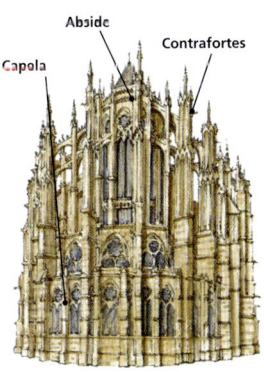

**O extremo leste de Beauvais**, com seus delicados contrafortes coroados por pináculos, representa o auge do gótico.

## TERMOS UTILIZADOS NO GUIA

**Basílica**: Igreja antiga com duas naves laterais e uma central iluminadas pela luz que entra pelas janelas do clerestório.

**Clerestório**: Uma fileira de janelas próximas ao teto que iluminam a nave.

**Rosácea**: Janela circular com vitrais.

**Contraforte**: Estrutura de argamassa e pedra construída para sustentar paredes.

**Arcobotantes**: Estrutura de arcos que apoia o prédio transferindo o peso para baixo.

**Portal**: Entrada monumental de um edifício, geralmente decorada.

**Tímpano**: Espaço decorado, geralmente entalhado, acima de uma porta ou lintel de janela.

**Abóbada**: Teto arqueado de pedra.

**Transepto**: Duas alas de uma igreja com planta em cruz, posicionadas em ângulo reto em relação à nave.

**Cruzamento**: Local onde a nave e o transepto se encontram.

**Lanterna**: Pequena torre, frequentemente em forma de abóbada, com janelas que levam luz ao interior.

**Trifório**: Andar intermediário entre as arcadas e o clerestório.

**Abside**: Parte no extremo das igrejas, geralmente semicircular.

**Deambulatório**: Galeria semicircular atrás do altar-mor.

**Arcada**: Conjunto de arcos e de colunas que os sustentam.

**Arco com nervuras**: Arco sustentado por nervuras de pedra.

**Gárgula**: Figura grotesca esculpida na pedra por onde pode escoar água.

**Rendilhado**: Padrão entalhado na pedra das janelas góticas.

**Gótico *Flamboyant***: Ornamento entalhado na pedra que lembra labaredas.

**Capitel**: Topo de uma coluna, geralmente entalhado.

# Arquitetura Rural

As casas rurais da França são construídas com pedras, barro ou madeira, dependendo da disponibilidade de materiais em cada região. A arquitetura se modifica com a topografia, encontrando-se desde telhados acentuadamente inclinados, cobertos com telhas planas, no norte, até telhados largos, cobertos com telhas em forma de canaletas, típicos do sul.

Há três categorias básicas de casas francesas no campo: a *maison bloc* – em que casa e anexos compartilham o mesmo teto –, a casa alta – com aposentos no andar de cima e estábulos ou adegas no térreo – e a organizada em volta de um pátio.

Janela com persiana, na Alsácia

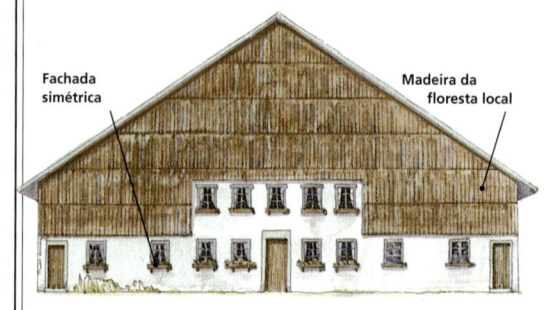

**Fachada simétrica**

**Madeira da floresta local**

**O chalé** *é típico das montanhas do Jura, dos Alpes e dos Vosges. Durante o inverno, a* maison bloc *abrigava tanto a família quanto os animais. Fendas na junção da parede com o telhado permitiam que o ar circulasse no sótão onde era armazenada a colheita. Na parte de trás, uma rampa dava acesso às carroças.*

**Estrutura de madeira normanda**

**Telhado revestido com telhas planas**

**Casas com madeirame à vista** *são típicas da Normandia, Alsácia, Champagne, Picardia, Landes e País Basco. O espaço entre as vigas era de pau-a-pique, reboco ou, em alguns casos, tijolos. O arranjo das madeiras é diferente em cada região e expressa o estilo local.*

**Pombal revestido com telhas planas**

**Fundações elevadas de pedra**

**Degraus para a porta principal**

**Local para abrigar animais ou guardar vinho**

**A casa alta** *destaca-se no sudeste, é geralmente de pedra, tem uma escadaria e uma varanda. Os barris de vinho podiam ser guardados no térreo, que também servia de abrigo para os animais. Casas altas no vale do rio Lot frequentemente têm um pombal.*

# RETRATO DA FRANÇA

**A casa comprida** *é a mais antiga forma de* **maison bloc**, *e abrigava a família e os animais em extremos opostos da construção – originalmente composta por um só ambiente. Na versão bretã, portas dividem a casa do estábulo. Uma parede divisória só se tornou comum no século XIX.*

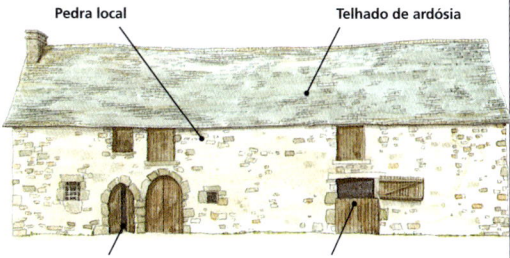

- Pedra local
- Telhado de ardósia
- Entrada para a casa
- Entrada para o estábulo

- Pombal revestido de telhas em forma de canaleta
- Bege e ocre, as cores do sul
- Fachada de argamassa

**A palavra** *"mas" geralmente denomina qualquer casa rural da Provença. Na Camarga e no Crau, é uma casa de fazenda para criação de ovelhas, construída em estilo "aglomerado". As dependências de trabalho e serviço, embora unidas, têm diferentes alturas. Com frequência há um pombal.*

| | | |
|---|---|---|
| Parede de tijolos e seixos |  Parede de madeirame e tijolos |  Parede prensada: pisé |
|  Tijolos de argila seca ao sol |  Seixos e argamassa de cal |  Tijolos, sílex e greda |

## PAREDES

Calcário, granito, arenito e seixos eram usados na construção de paredes. Se não havia pedra disponível, extraía-se argila para erguer casas com madeirame à vista. A alternativa era usar uma mistura prensada *(pisé)* em blocos em um processo denominado *banchange*. Os tijolos de argila seca ao sol (adobe) também eram usados, mas o tijolo cozido não era comum e custava caro queimá-lo. Esse tijolo era empregado como adorno, ou combinado com greda ou seixos. As paredes geralmente levavam argamassa.

| | | |
|---|---|---|
| Telhas planas de terracota |  Telhas utilizadas nas Flandres e na Picardia |  Telhas de barro acanaladas do sul |

## TELHADOS

Dois tipos de telhado diferenciam o norte e o sul. Os telhados do norte são bastante inclinados, de forma que a água da chuva escorre facilmente. No sul, os telhados têm inclinação menor, para que as telhas, acanaladas, não escorreguem.

# FRANÇA MÊS A MÊS

Os franceses, com suas raízes no campo, são muito atentos à mudança das estações, e o clima ameno permite que eles festejem ao ar livre durante a maior parte do ano.

A história e as tradições são celebradas em *fêtes*, como a do Dia da Bastilha (14 de julho). Há também muitos festivais de arte, do enorme Festival de Teatro de Avignon até os pequenos eventos nas vilas. Grandes acontecimentos esportivos nacionais, como a corrida ciclística Tour de France, são importantes no calendário. Ao longo do ano, festivais celebram a comida e o vinho. No verão, as cidades ficam vazias e os franceses e visitantes vão para as praias e para o campo.

## PRIMAVERA

A vida ao ar livre na França recomeça na primavera, e os cafés com mesas nas calçadas ficam cheios quando faz sol. A Páscoa é época de procissões católicas e música sacra. O Festival de Cinema de Cannes (maio) é o mais conhecido evento da temporada de convenções e feiras.

## MARÇO

**Meia Maratona Internacional,** com largada e chegada em Château de Vincennes.
**Tinta' Mars** *(quinzenal)*, Langres. Musicais e cabaré em vários locais. **Grenoble Jazz Festival** *(quinzenal mar)*. Concertos de jazz. **Banlieues Blues Jazz Festival** *(mar)*, Saint-Denis. Concertos de jazz.
**Six Nations Rugby Tournament** Stade de France, Paris. **Festival d'Amiens**

Bola de rúgbi

Grande Prêmio de Mônaco de Fórmula 1

*(meados mar-início abr).* Jazz em vários locais. **Europa Jazz Festival** *(fim mar-início abr)* Le Mans. Festival internacional de jazz.

## ABRIL

**Festival de Pâques** *(semana da Páscoa).* Música de câmara, Deauville (p. 255).
**Feria Pascale** *(semana da Páscoa).* Início da estação das touradas em Arles (p. 508-9).
**Peregrinação de Lourdes** *(dom Palmas-15 out, pág 459)*
**Floréal Musical Espinal** *(início abr-meados mai)* Festival com gêneros musicais variados. **Les**

Procissão de La Bravade em homenagem a Saint Tropez, que dá nome ao lugar

Aspargos da primavera

**Printemps de Bourges** *(fim abr-início mai, p. 313).* Festival de música moderna.
**Festival Joana d'Arc** *(fim abr-início mai)*, cortejo e serviço religioso na catedral, Orléans (p. 312). **Maratona Internacional de Paris** de Place de la Concorde a Avenue Foch.

## MAIO

**Colheita de aspargos,** especialmente no Loire. **Grande Prêmio de Mônaco** *(Ascensão, p. 530).* **La Bravade** *(16-18 mai),* St-Tropez (p. 516). **Festival de Cinema de Cannes** *(2ª e 3ª semanas).*

**Peregrinação** Cigana *(fim mai)*, Stes-Maries-de-la-Mer *(p. 510)*. **Fête de la Transhumane** *(fim mai)*. Rebanhos são levados às pastagens de verão. **Festival Internacional de Jardinagem** *(mai-meados out)*, Chaumont sur Loire. **Feria de Nîmes** *(Pentecostes)*, touradas e festival de música de rua *(p. 496-7)*. **Grandes Eaux Musicales** *(abr-out: dom; jul-set: sab, dom)*, Versailles. Música clássica nos jardins do castelo. **Puy-du-Fou Pageant**

Tradicional migração dos rebanhos para as pastagens de verão

*(mai-set)*. Visitas guiadas, fogos de artifício e encenações de corrida de cavalos evocam o estilo de vida francês *(p. 290)*. **Final da copa de futebol** *(2ª semana)*, Stade de France, Paris. **Le Printemps des Arts** *(meados mai-jun)*, Nantes. Música e dança barrocas.

## VERÃO

A temporada francesa de férias começa em meados de julho e a volta ao trabalho e às aulas ocorre no início de setembro. Praias, marinas e campings ficam lotados. Cada vila tem sua *fête*, e também ocorrem festivais, eventos esportivos e mercados de pulgas.

## JUNHO

**Aberto de Tênis da França** *(últ semana mai-1ª semana jun)*, Roland Garros, Paris. **Festival Internacional de Música de Estrasburgo** *(jun-jul)*. **Semana Internacional de Vela** *(início jun)*, La Rochelle. **24 Horas de Le Mans** *(2º ou 3º sáb-dom, p. 291)*. **Fête de la Musique** *(21 jun)*, em toda França. **Fête de St-Jean** *(24 jun)*, música, fogueiras e fogos de artifício em todo o país. **Parada do Orgulho Gay** *(23 jun)*, evento que toma Paris. **Festival de Tarascon** *(últ semana)*, Tarascon *(p. 507)*.

Rosa da estação floresce

## JULHO

**Festival de Aix** *(jun-jul)*, Aix-en-Provence *(p. 511)*. **Festival de Teatro de Avignon** *(todo o mês, p. 503)*. **Paris-Plage** *(meados jul-meados ago)*. Todo ano Paris e outras cidades ganham uma praia temporária. **Tombées de la Nuit** *(1ª semana)*, Rennes. Festival de artes. **Tromónic** *(2º dom jun)*, Locronan. Procissão de penitentes *(p. 273)*. **Festival de Comminges** *(jul-fim ago, p. 462)*. **Nice Jazz Festival** *(fim jul)*. **Féria de Mont-de-Marsan** *(3ª semana)*. Touradas e música *(p. 425)*. **Festival Internacional de Jazz** *(2ª quinzena)*, l'Antibes e Juan-les-Pins *(p. 521)*. **Jazz Vienne** *(duas 1ªs semanas)*, Vienne *(p. 382)*. **Fête de St-Louis** *(em torno 25 ago)*, Sète *(p. 492)*. **Corrida ciclística Tour de France** *(1ªs três semanas)*, a final é na Champs-Elysées, Paris. **Francofolies** *(meados jul)*, festival de música em La Rochelle.

Tourada, em Mont-de-Marsan

Competidores na etapa final da corrida ciclística Tour de France

*Veranistas em praia lotada de Cannes, na Côte d'Azur*

## AGOSTO

**Festival Pablo Casals** (*fim jul-meados ago*). Prades (*p. 480*). **Les Rendez-Vous de l'Erdre** (*últ fim de semana*), Nantes. Jazz e canoagem (*p. 290*). **Mimos** (*1ª semana*), Périgueux. Festival internacional de teatro. **Fête du Jasmin** (*1º fim de semana*). Grasse (*p. 517*). Desfile, música e dança na cidade. **Foire aux Sorciers** (*1º dom*). Bué (perto de Bourges), festival de dia das bruxas e grupos folclóricos. **Festival da Lavanda** (*1º ou 2º fim de semana*), Digne (*p. 517*). **Fête de la Véraison** (*1º ou 2º fim de semana*). Comemoração medieval da ação de graças pela abundância na colheita de frutas, Châteauneuf-du-Pape (*p. 502*). **Festival Intercelta** (*2ª semana*). Arte, artesanato e música tradicionais celtas, Lorient. **Féria de Dax** (*meados ago*), tourada (*p. 425*). **Festa Basca de St-Jean-Pied-de-Port** (*meados ago, p. 454*).

*Ator do Festival de Teatro de Avignon*

## OUTONO

Nas regiões vinícolas, a época da colheita da uva é motivo de alegria comunitária e em todas as vilas produtoras há festivais de vinho. Em novembro, quando o novo vinho fica pronto, há mais festas. A temporada de caça ao cervo se inicia. No sudoeste, aves migratórias são aprisionadas em redes.

### SETEMBRO

**Festival du Cinéma Américain de Deauville** (*1ª quinzena*). **Festival das Catedrais na Picardia** (*meados set*), concertos clássicos nas catedrais da região. **"Musicades"** (*1ª quinzena*), Lyon. Música erudita. **"Roi de l'Oiseau" de Le Puy** (*3ª semana*), festival de estilo renascentista (*p. 365*). **Colheita da uva**, em todas as regiões vinícolas. **Journées du Patri** (*3º fim de semana*). Pode-se visitar mais de 14 mil prédios históricos, muitos só neste período.

*Cerimônia de apresentação de novos cavaleiros no Hospice de Beaune*

### OUTUBRO

**Festival Dinard de filmes ingleses** (*1ª sem*). **Nuit Blanche** (*1º sáb*), museus abertos a noite toda, Paris. **Prix de l'Arc de Triomphe** (*1º dom*), corrida de cavalo em Longchamp, Paris. **Festival do Pimentão de Espelette** (*últ fim de sem, p. 453*). **Festival de Lanvellec e Trégor** (*meados out*), Festival de música barroca.

### NOVEMBRO

**Festival Internacional de Comida e Vinho de Dijon** (*1ª duas semanas*). Feira gastronômica. **Festival da Maçã** (*meados nov*), Le Havre. **Leilão de vinhos e Les Trois Glorieuses** (*3º fim de semana*), Beaune (*p. 346*). **Temporada de trufas** (*até mar*), Périgord, Quercy e Provença.

*Violoncelo*

## INVERNO

*Guirlanda de Natal*

No Natal, têm lugar nas igrejas representações sobre a Natividade, e feiras e mercados ocorrem em toda a França. As pistas de esqui ficam lotadas nos Alpes e nos Pireneus, e até nos Vosges e no Massif Central. Antes da Quaresma, em Flandres e em Nice, acontecem carnavais.

## DEZEMBRO

**Critérium International de la Première Neige** *(início dez)*, Val d'Isère. Primeira competição de esqui da estação.

## JANEIRO

**Rali de Monte-Carlo** *(meados jan, p. 530)*.
**Folia de Limoux** *(até mar)*. Festival de rua que vem desde a Idade Média.

*Esquiador nas pistas dos Alpes franceses*

*Recriação do Taj Mahal no Festival dos Limões, em Menton*

**Desfiles de Moda**. Coleções de verão, Paris.
**Festival du Cirque** *(fim jan)*, Mônaco. **Festival de la Bande Dessinée** *(últ fim de semana)*, mostra de HQ, em Angoulême.

## FEVEREIRO

**Festival do Limão** *(meados fev-mar)*, Menton *(p. 529)*.
**Carnaval de Nice e Batalha das Flores** *(fim fev-início mar, p. 526)*. **Carnaval do Paris** *(variável)*, Quartier St-Fargeau.
**Fête de Mimosa** *(3º dom)*, Bormes-les-Mimosas.

*Brincando o Carnaval de Nice e a Batalha das Flores*

*Desfile do Dia da Bastilha depois de passar pelo Arc de Triomphe*

## FERIADOS

**Ano-Novo** (1º jan).
**Domingo e Segunda-feira de Páscoa Ascensão** (6ª qui após Páscoa).
**Segunda-feira de Pentecostes** (2ª seg após a Ascensão). **Dia do Trabalho** (1º mai). **Dia da Vitória** (8 mai). **Dia da Bastilha** (14 jul). **Assunção** (15 ago). **Dia de Todos os Santos** (1º nov). **Dia da Recordação** (11 nov). **Natal** (25 dez).

# O Clima da França

Localizada no extremo oeste da Europa, a França tem clima temperado. A influência do oceano Atlântico prevalece no noroeste, onde ventos marítimos trazem umidade e garantem invernos amenos. No leste, de influência continental, as temperaturas podem ser extremas, com geadas no inverno e tempestades no verão. No sul, de clima mediterrâneo, os verões são quentes e secos e os invernos, suaves.

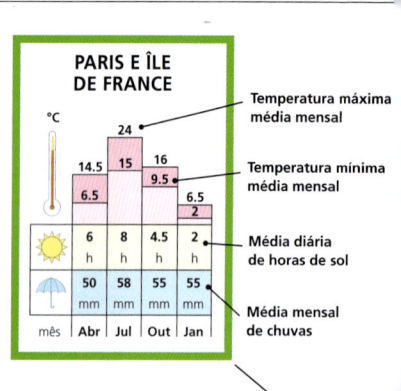

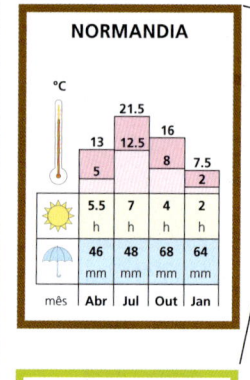

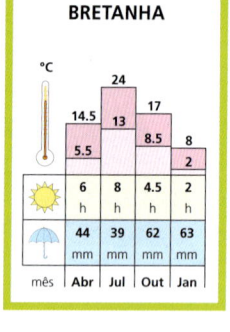

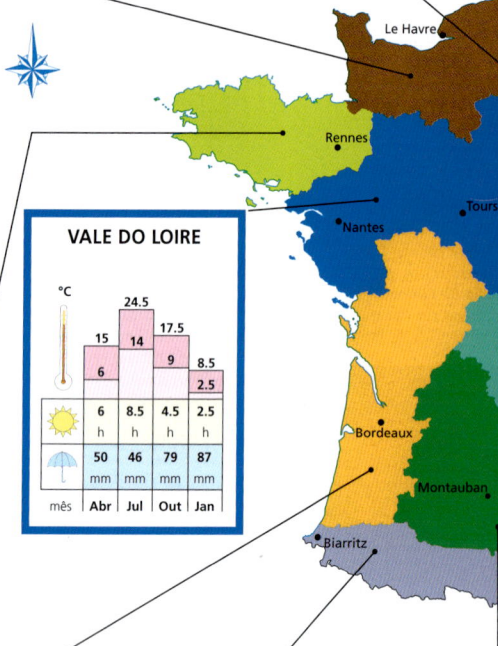

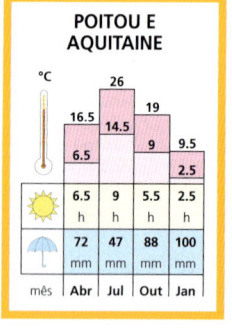

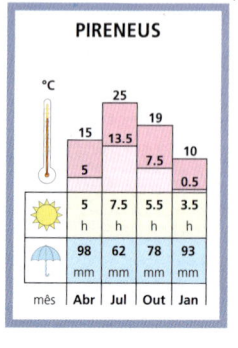

## PARIS E ÎLE DE FRANCE

| °C | Abr | Jul | Out | Jan |
|---|---|---|---|---|
| máx | 14.5 | 24 | 16 | 6.5 |
| mín | 6.5 | 15 | 9.5 | 2 |
| sol | 6 h | 8 h | 4.5 h | 2 h |
| chuva | 50 mm | 58 mm | 55 mm | 55 mm |

- Temperatura máxima média mensal
- Temperatura mínima média mensal
- Média diária de horas de sol
- Média mensal de chuvas

## NORMANDIA

| °C | Abr | Jul | Out | Jan |
|---|---|---|---|---|
| máx | 13 | 21.5 | 16 | 7.5 |
| mín | 5 | 12.5 | 8 | 2 |
| sol | 5.5 h | 7 h | 4 h | 2 h |
| chuva | 46 mm | 48 mm | 68 mm | 64 mm |

## BRETANHA

| °C | Abr | Jul | Out | Jan |
|---|---|---|---|---|
| máx | 14.5 | 24 | 17 | 8 |
| mín | 5.5 | 13 | 8.5 | 2 |
| sol | 6 h | 8 h | 4.5 h | 2 h |
| chuva | 44 mm | 39 mm | 62 mm | 63 mm |

## VALE DO LOIRE

| °C | Abr | Jul | Out | Jan |
|---|---|---|---|---|
| máx | 15 | 24.5 | 17.5 | 8.5 |
| mín | 6 | 14 | 9 | 2.5 |
| sol | 6 h | 8.5 h | 4.5 h | 2.5 h |
| chuva | 50 mm | 46 mm | 79 mm | 87 mm |

## POITOU E AQUITAINE

| °C | Abr | Jul | Out | Jan |
|---|---|---|---|---|
| máx | 16.5 | 26 | 19 | 9.5 |
| mín | 6.5 | 14.5 | 9 | 2.5 |
| sol | 6.5 h | 9 h | 5.5 h | 2.5 h |
| chuva | 72 mm | 47 mm | 88 mm | 100 mm |

## PIRENEUS

| °C | Abr | Jul | Out | Jan |
|---|---|---|---|---|
| máx | 15 | 25 | 19 | 10 |
| mín | 5 | 13.5 | 7.5 | 0.5 |
| sol | 5 h | 7.5 h | 5.5 h | 3.5 h |
| chuva | 98 mm | 62 mm | 78 mm | 93 mm |

## PÉRIGORD, QUERCY E GASCONY

| °C | Abr | Jul | Out | Jan |
|---|---|---|---|---|
| máx | 15 | 27 | 19 | 8.5 |
| mín | 6 | 14.5 | 9 | 2 |
| sol | 6 h | 9 h | 4.5 h | 2.5 h |
| chuva | 60 mm | 50 mm | 57 mm | 66 mm |

# FRANÇA MÊS A MÊS

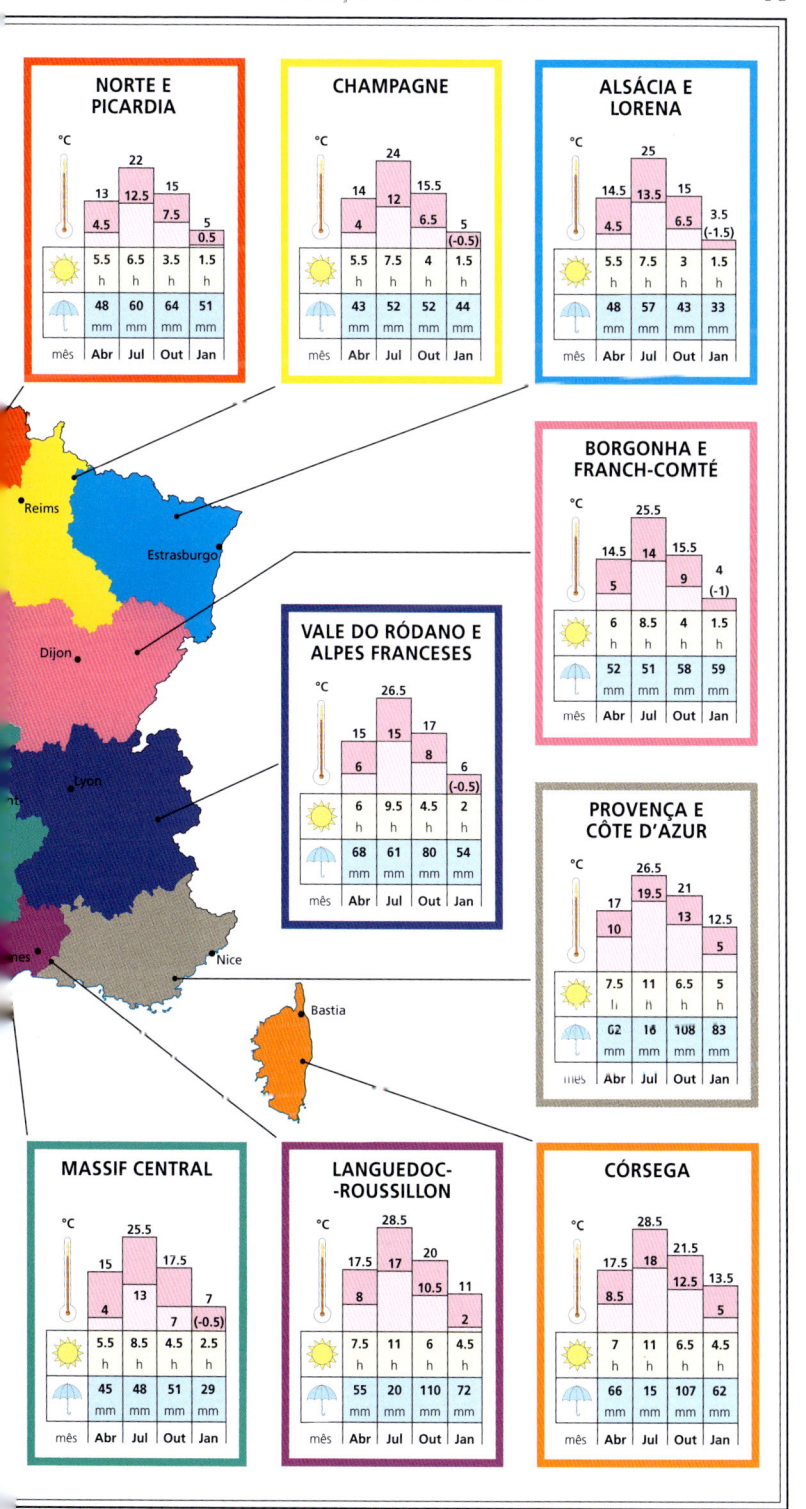

## NORTE E PICARDIA

| °C | | | | |
|---|---|---|---|---|
| | | 22 | | |
| | 13 | 12.5 | 15 | |
| | 4.5 | 7.5 | 7.5 | 5 |
| | | | | 0.5 |
| ☀ | 5.5 h | 6.5 h | 3.5 h | 1.5 h |
| ☂ | 48 mm | 60 mm | 64 mm | 51 mm |
| mês | Abr | Jul | Out | Jan |

## CHAMPAGNE

| °C | | | | |
|---|---|---|---|---|
| | | 24 | | |
| | 14 | 12 | 15.5 | |
| | 4 | | 6.5 | 5 |
| | | | | (-0.5) |
| ☀ | 5.5 h | 7.5 h | 4 h | 1.5 h |
| ☂ | 43 mm | 52 mm | 52 mm | 44 mm |
| mês | Abr | Jul | Out | Jan |

## ALSÁCIA E LORENA

| °C | | | | |
|---|---|---|---|---|
| | | 25 | | |
| | 14.5 | 13.5 | 15 | |
| | 4.5 | | 6.5 | 3.5 |
| | | | | (-1.5) |
| ☀ | 5.5 h | 7.5 h | 3 h | 1.5 h |
| ☂ | 48 mm | 57 mm | 43 mm | 33 mm |
| mês | Abr | Jul | Out | Jan |

## BORGONHA E FRANCH-COMTÉ

| °C | | | | |
|---|---|---|---|---|
| | | 25.5 | | |
| | 14.5 | 14 | 15.5 | |
| | 5 | | 9 | 4 |
| | | | | (-1) |
| ☀ | 6 h | 8.5 h | 4 h | 1.5 h |
| ☂ | 52 mm | 51 mm | 58 mm | 59 mm |
| mês | Abr | Jul | Out | Jan |

## VALE DO RÓDANO E ALPES FRANCESES

| °C | | | | |
|---|---|---|---|---|
| | | 26.5 | | |
| | 15 | 15 | 17 | |
| | 6 | | 8 | 6 |
| | | | | (-0.5) |
| ☀ | 6 h | 9.5 h | 4.5 h | 2 h |
| ☂ | 68 mm | 61 mm | 80 mm | 54 mm |
| mês | Abr | Jul | Out | Jan |

## PROVENÇA E CÔTE D'AZUR

| °C | | | | |
|---|---|---|---|---|
| | | 26.5 | | |
| | 17 | 19.5 | 21 | |
| | 10 | | 13 | 12.5 |
| | | | | 5 |
| ☀ | 7.5 h | 11 h | 6.5 h | 5 h |
| ☂ | 62 mm | 16 mm | 108 mm | 83 mm |
| mês | Abr | Jul | Out | Jan |

## MASSIF CENTRAL

| °C | | | | |
|---|---|---|---|---|
| | | 25.5 | | |
| | 15 | 13 | 17.5 | |
| | 4 | | 7 | 7 |
| | | | | (-0.5) |
| ☀ | 5.5 h | 8.5 h | 4.5 h | 2.5 h |
| ☂ | 45 mm | 48 mm | 51 mm | 29 mm |
| mês | Abr | Jul | Out | Jan |

## LANGUEDOC-ROUSSILLON

| °C | | | | |
|---|---|---|---|---|
| | | 28.5 | | |
| | 17.5 | 17 | 20 | |
| | 8 | | 10.5 | 11 |
| | | | | 2 |
| ☀ | 7.5 h | 11 h | 6 h | 4.5 h |
| ☂ | 55 mm | 20 mm | 110 mm | 72 mm |
| mês | Abr | Jul | Out | Jan |

## CÓRSEGA

| °C | | | | |
|---|---|---|---|---|
| | | 28.5 | | |
| | 17.5 | 18 | 21.5 | |
| | 8.5 | | 12.5 | 13.5 |
| | | | | 5 |
| ☀ | 7 h | 11 h | 6.5 h | 4.5 h |
| ☂ | 66 mm | 15 mm | 107 mm | 62 mm |
| mês | Abr | Jul | Out | Jan |

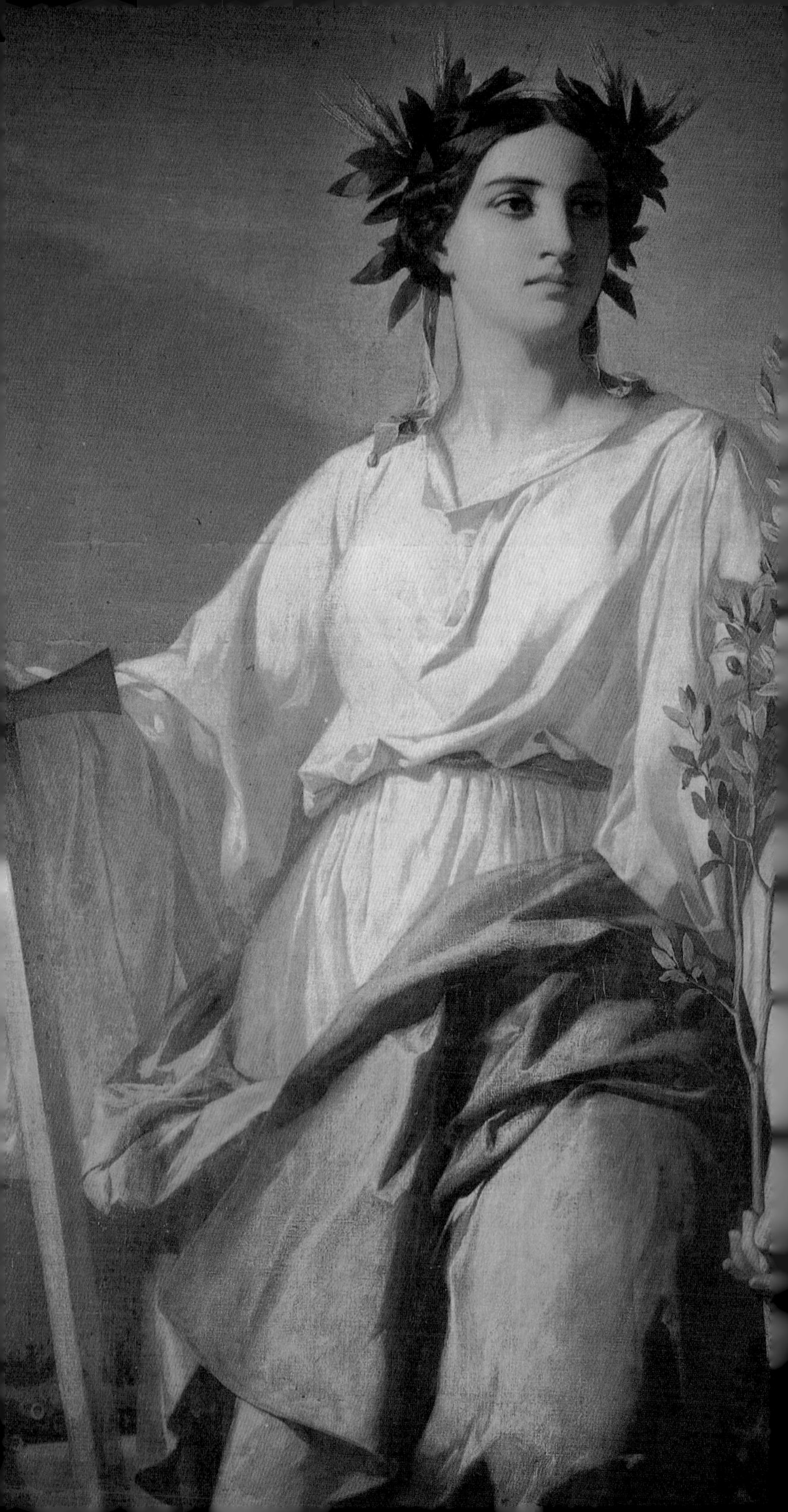

# A HISTÓRIA DA FRANÇA

Único país europeu banhado tanto pelo Mar do Norte quanto pelo Mediterrâneo, a França sofreu influências variadas. Embora famoso pelo apego às raízes característico de sua população rural, o país também tem sido um caldeirão de culturas, desde antes da chegada dos celtas gauleses, séculos antes de Cristo, até as imigrações mediterrâneas do século XX.

A conquista romana liderada por Júlio César teve impacto duradouro. Entre os séculos IV e V d.C., entretanto, as invasões bárbaras destruíram muito do legado romano. Os franco-germânicos exerceram a liderança política nos séculos seguintes, mas quando sua linhagem desapareceu, no fim do século X, a França era um país social e politicamente fragmentado.

**A flor-de-lis, emblema real**

### A FORMAÇÃO DA FRANÇA

A dinastia dos Capetos reuniu gradualmente os "pedaços" da França durante a Idade Média, período de grande prosperidade econômica e vitalidade cultural. A Peste Negra e a Guerra dos Cem Anos provocaram retrocessos e o poder dessa dinastia foi seriamente ameaçado pelos rivais duques de Borgonha. Mas a França se recuperou e, a despeito das guerras religiosas, voltou a florescer durante o Renascimento, ao qual se seguiu o grandioso reinado de Luís XIV. Durante o Iluminismo, no século XVIII, a cultura francesa foi invejada na Europa. A Revolução de 1789 extinguiu a monarquia absoluta e introduziu importantes reformas sociais e institucionais, muitas das quais referendadas e consolidadas por Napoleão. A Revolução também inaugurou a instabilidade na política francesa: de 1789 até De Gaulle e a Quinta República, em 1958, o país teve quatro repúblicas, dois impérios e três casas reais, além de um governo em Vichy na Segunda Guerra Mundial.

Ferrovias, serviço militar e reformas educacionais foram ingredientes cruciais na formação de um senso de identidade francesa entre os cidadãos.

A rivalidade com a Alemanha dominou a política francesa durante grande parte do fim do século XIX e início do século XX. As perdas humanas na Primeira Guerra Mundial foram traumáticas para o país, ocupado novamente pelos alemães de 1940 a 1944. Ainda assim, França e Alemanha têm sido, desde 1945, a espinha dorsal da União Europeia.

**Tampo de mesa de mármore incrustado mostra o mapa da França em 1684**

◁ *La République*, pintado por Charles Landelle em 1848

# A França Pré-Histórica

Os mais antigos vestígios de vida humana na França datam de cerca de 2 milhões de anos a.C. Cerca de 40 mil anos a.C., *Homo sapiens* nômades ali viviam como caçadores. Em 6.000 a.C., aproximadamente, após o fim da Idade do Gelo, essas populações se fixaram para criar animais e para o cultivo. Com o trabalho em metal, instrumentos e armas mais eficientes foram desenvolvidos. A Idade do Ferro está relacionada particularmente aos celtas, que chegaram do leste durante o primeiro milênio a.C. Surgiu uma hierarquia social mais complexa, com guerreiros, fazendeiros, artesãos e druidas.

**Vaso da Idade do Bronze, Bretanha**

**A FRANÇA EM 8.000 A.C**
- Antiga costa
- Contorno atual do continente

**Estas cabeças** de cavalos foram encontradas nos Pireneus e datam de cerca de 9.000 a.C.

**Monolitos de Pedra de Carnac** *(4.500-4.000 a.C.)*
*Os monolitos perto de Carnac (pp. 278-9) eram utilizados, provavelmente, em rituais pagãos ou como calendário astronômico.*

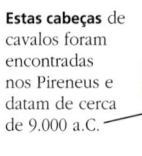

**O mamute**, aqui talhado em osso, era um gigante de couro grosso que sumiu após o fim da Idade do Gelo.

**Homem de Cro-Magnon**
*Este crânio, de cerca de 25 mil a.C., foi descoberto em 1868, em Cro-Magnon (Dordogne). Comparado com seus ancestrais, o Homem de Cro-Magnon era alto, robusto e tinha cabeça grande – não muito diferente de nós.*

### ARTE PRÉ-HISTÓRICA
O rico acervo de arte pré-histórica da França só foi considerado autêntico há pouco mais de cem anos. Há pinturas rupestres e também objetos esculpidos. Figuras femininas, talhadas com objetos de pedra, tinham, provavelmente, finalidades rituais e religiosas, não eróticas.

## CRONOLOGIA

**2.000.000 a.C.** Primeiras sociedades de hominídeos

**30.000** Homem de Cro-Magnon

*Pinturas de touros, em Lascaux*

| 2.000.000 a.C. | 30.000 | 25.000 | 20.000 |
|---|---|---|---|

**400.000** Descoberta do fogo pelo *Homo erectus*

**28.000** Primeiras esculturas de Vênus, provavelmente representando deusas da fertilidade

*Instrumento de pedra primitivo*

# A HISTÓRIA DA FRANÇA

**Portal, Roquepertuse**
*A religião era um aspecto importante na vida dos celtas, povo que cultuava cabeças cortadas – provavelmente dos inimigos –, como se vê nesta porta de santuário do século III a.C..*

## ONDE VER A FRANÇA PRÉ-HISTÓRICA

As pinturas rupestres de Lascaux, Périgord *(p. 434)*, estão entre as melhores do mundo. Outras cavernas decoradas podem ser visitadas em Les Eyzies *(pp. 434-5)*; em Vallée des Merveilles, perto de Tendes nos Alpes-Maritimes *(p. 529)*; e na Grotte du Pech-Merle, no vale do rio Lot *(p. 438)*. Os menires de Filitosa, na Córsega *(pp. 542-3)*, têm 4 mil anos.

**Em Lascaux** *há pinturas rupestres de touros e mamutes que datam de 16.000-14.000 a.C.*

**A presa** do caçador é representada aqui por um rebanho de cabras-montesas talhado em um pedaço de osso.

**Este osso talhado**, encontrado em Laugerie Basse, Dordogne, mostra um bisão perseguido por um homem com lança.

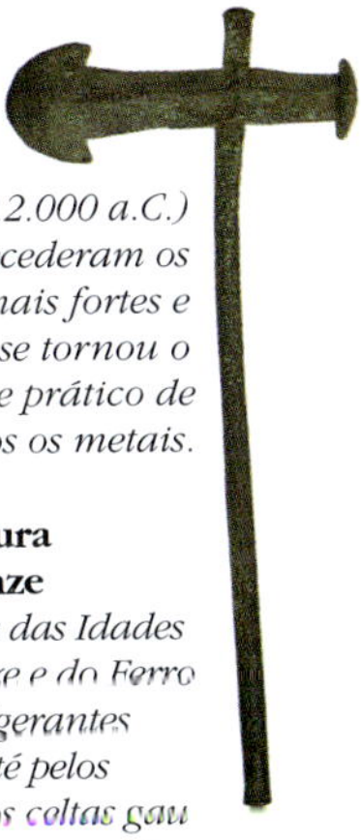

**Machado de cobre** *(c.2.000 a.C.)*
*Instrumentos de cobre precederam os de liga de bronze, mais fortes e maleáveis. O ferro se tornou o mais duro e prático de todos os metais.*

**Armadura de bronze**
*Os povos das Idades do Bronze e do Ferro eram beligerantes. Temidos até pelos romanos, os celtas gauleses usavam armaduras de proteção como esta – leve mas eficiente – de 750-475 a.C.*

**Esta figura feminina** bastante estilizada, uma Vênus encontrada na região sudoeste da França, deve datar de 20.000 a.C.

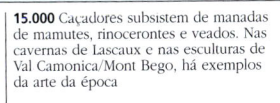

---

**15.000** Caçadores subsistem de manadas de mamutes, rinocerontes e veados. Nas cavernas de Lascaux e nas esculturas de Val Camonica/Mont Bego, há exemplos da arte da época

**7.000-4.500** Revolução neolítica: cultivos, megálitos e menires de pedra

**600** Colônia grega em Marselha. Produtos de luxo do Mediterrâneo são trocados por estanho, cobre, ferro e escravos. Primeiras urbanizações

| 15.000 | 10.000 | 5.000 |
|---|---|---|

**10.000** Fim da Idade do Gelo. Mais regiões tornam-se habitáveis

**10.000-6.000** Mamutes desaparecem e caçadores passam a depender de animais da floresta, incluindo javalis e auroques selvagens

**1.200-700** Chegada dos celtas durante as Idades do Bronze e do Ferro

**500** Nobres celtas enterram seus mortos com tesouros como o de Vix *(p. 334)*

*Capacete celta*

# A Gália Romana

Os romanos anexaram a porção sul da França em cerca de 125-121 a.C. Júlio César dominou o restante da Gália nas Guerras Gálicas (58-51 a.C.). A província prosperou. Foram desenvolvidos bons sistemas de comunicação e uma malha de cidades repletas de edifícios públicos e instalações para o lazer, como os banhos e os anfiteatros. No campo, fundaram-se vilas. Por volta do século III d.C., ataques de bárbaros da Alemanha já causavam danos cada vez maiores. A partir do século V, esses povos começaram a se fixar por toda a Gália.

**Mosaico romano de Vienne**

**A FRANÇA EM 58 A.C.**
☐ Gália Romana

**O imperador Augusto**, considerado um deus vivo, era idolatrado neste altar.

**Dolce Vita Romana**
*Os romanos introduziram o conforto material e o luxo, e a vinicultura foi disseminada. Este quadro do século XIX, de Couture, mostra uma visão contemporânea da decadência romana.*

**Vercingetórix**
*O chefe celta Vercingetórix foi o maior adversário militar de Júlio César. Esta estátua de bronze está em Alise-Sainte-Reine (p. 324), última resistência gaulesa em 51 a.C.*

## LA TURBIE
*Este monumento perto de Mônaco foi construído em 6 a.C. para comemorar a vitória de Augusto sobre tribos alpinas em 14-13 a.C. Saqueado por suas pedras, começou a ser restaurado nos anos 1920.*

## CRONOLOGIA

| 200 a.C. | 100 | 0 | 100 d.C |
|---|---|---|---|
| | **125-121 a.C.** Colonização romana do sul da Gália | **31 a.C.** Fronteiras das Três Gálias (*Gallia Celtica, Gallia Aquitania* e *Gallia Belgica*) são fixadas por Augusto | *Augusto* |
| | **58-51 a.C.** Guerras Gálicas de Júlio César resultam na fundação da Gália Romana | **16 a.C.** Templo de Maison Carrée é construído em Nîmes (pp. 496-7) | **43 d.C** Lugdunum (Lyon) torna-se capital das Três Gálias |
| *Júlio César* | | **52-51 a.C.** Revolta de Vercingetórix | |

# A HISTÓRIA DA FRANÇA

### Menina Dançando
*A arte celta permaneceu impermeável aos ideais naturalistas romanos. Esta pequena escultura de bronze data de entre o 1º e o 2º século d.C.*

## ONDE VER A FRANÇA GALO-ROMANA
Há ruínas galo-romanas em toda a França, e muitas delas na Provença. Além de La Turbie (p. 529), há um anfiteatro romano em Arles (pp. 508-9) e um teatro e um arco triunfal em Orange (p. 502). Em Autun, Borgonha, há ruínas (p. 339); em Vienne está o Templo de Augusto e Lívia (p. 382); em Nîmes, a Arena (pp. 496-7); e em Périgord, vestígios da colônia romana de Vesunna (p. 431).

**A Arena de Nîmes**, construída no fim do século I d.C., ainda está em uso.

**Estátua de Augusto** foi colocada no topo do monumento original.

### Broche Esmaltado
*Este broche galo-romano data da segunda metade do século I a.C.*

### As Tábulas de Cláudio
*Em 48 d.C., o imperador Cláudio convenceu o senado a conceder cidadania romana aos gauleses, que registraram o fato em tábulas de pedra.*

**As 44 tribos** subjugadas por Augusto estão inscritas aqui, com uma exaltação ao imperador.

### Imperador Augusto
*Primeiro dos imperadores romanos (27 a.C.-14 d.C.), estabeleceu a Pax Romana, acordo que permitiu aos gauleses se concentrarem em cultura, e não em guerra.*

---

**177** Primeira execução de mártires cristãos, em Lyon. Santa Blandina é jogada aos leões, que não a atacam

*Santa Blandina*

**360** Juliano, governador da Gália, é proclamado imperador. Lutécia passa a se chamar Paris

| 200 | 300 | 400 |
|---|---|---|

**275** Primeiros ataques bárbaros

**313** O cristianismo é oficialmente reconhecido como religião sob Constantino, primeiro imperador cristão

**406** Invasão bárbara a partir do leste. Tribos francas e germânicas se estabelecem

**476** Queda do último imperador romano precipita o fim do Império Romano do Ocidente

# O Domínio Monástico

Ao colapso do Império Romano seguiu-se um período de instabilidade e invasões. As dinastias francas dos merovíngios (486-751) e dos carolíngios (751-987) foram incapazes de promover mais do que esporádicos períodos de tranquilidade política. A Igreja proporcionou, ao longo desta época turbulenta, um elemento de continuidade. Os mosteiros – centros para estudiosos e artistas cristãos – ajudaram a recuperar os valores do mundo antigo. Desenvolveram o cultivo da terra e a vinicultura. Alguns foram poderosos, dominando o país econômica e espiritualmente.

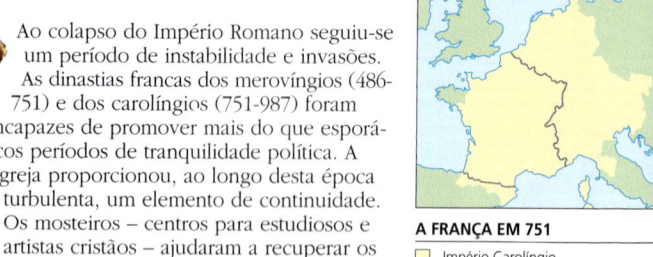

**Cálice do século IX**

**A FRANÇA EM 751**
☐ Império Carolíngio

**Carlos Magno** *(742-814)*
*Mais importante rei carolíngio, criou um império apoiado no domínio autocrático. Carismático e poderoso, não sabia ler nem escrever.*

**Estábulo com aposentos para irmãos leigos**

**Padaria**

**A grande sala da enfermaria** podia acomodar cerca de cem pacientes e ficava ao lado da capela de Nossa Senhora.

**São Bento**
*O santo criou a ordem beneditina, em que os monges deveriam dividir seu tempo entre trabalho e oração.*

## MOSTEIRO DE CLUNY
A abadia beneditina de Cluny (p. 345) foi fundada em 910, com o objetivo de propiciar grandes reformas monásticas. Este importante centro religioso exerceu grande influência sobre centenas de mosteiros por toda a Europa.

## CRONOLOGIA

**481** Clóvis, o Franco, torna-se o primeiro rei merovíngio

**508** Paris torna-se capital do reino franco

**c.590** São Columbano introduz o monasticismo irlandês na França

**732** Batalha de Poitiers: Carlos Martelo repele invasores árabes

| 500 | 600 | 700 |

**496** Clóvis, rei dos francos, converte-se ao cristianismo

**629-37** Dagoberto I, último rei da dinastia merovíngia, unifica temporariamente o reino franco

*Dagoberto I*

**751** Pepino torna-se primeiro rei da dinastia carolíngia

# A HISTÓRIA DA FRANÇA

### Batismo de Clóvis
*O franco Clóvis foi o primeiro líder bárbaro a se converter ao cristianismo. Ele foi batizado na cidade de Reims, em 496.*

**A igreja da abadia**, iniciada em 1088, foi a maior da Europa até a construção de São Pedro, em Roma, no século XVI.

**Capela do cemitério**

## ONDE VER A FRANÇA MONÁSTICA

A época do domínio monástico permanece viva nas austeras abadias cistercienses na Borgonha, como Fontenay *(pp. 332-3)*. Pouco foi preservado de Cluny, mas ainda se pode apreciar alguns capitéis *(p. 345)*. Um modo de viver a França monástica é percorrer os passos dos peregrinos medievais e visitar centros monásticos no caminho para Santiago de Compostela *(pp. 400-1)*, como Vézelay *(pp. 336-7)*, Le Puy *(pp. 364-5)*, Conques *(pp. 368-9)*, Moissac *(pp. 442-3)* e St-Sernin *(pp. 446-7)*.

**Capitel de Cluny**

### Artes Monásticas
*Nos scriptoriums, artistas talentosos se dedicavam à meticulosa arte das iluminuras e a copiar manuscritos para as bibliotecas.*

### Trabalho Monástico
*Os monges cistercienses eram conhecidos por seu comprometimento com o trabalho braçal, como o do cultivo da terra e o da produção de vinhos e licores.*

---

Soldados carolíngios

**987** Hugo Capeto, primeiro rei capeto

**1066** Conquista da Inglaterra pelos normandos

**1096** Primeira Cruzada

| 800 | 900 | 1000 |

**800** Coroação de Carlos Magno como Sacro Imperador Romano

**843** Tratado de Verdun: divisão do Império Carolíngio em três partes, com a França Ocidental

**910** Fundação do mosteiro beneditino de Cluny

**1077** Tapeçaria de Bayeux

*Guilherme, o Conquistador, conduz seu barco nesta tapeçaria de Bayeux*

# A França Gótica

O estilo gótico das catedrais que se erguem em direção aos céus *(pp. 32-3)* surgiu no século XII, época de crescente prosperidade e conhecimento, das Cruzadas e de monarquias dominadoras. As cortes da Borgonha *(p. 343)* e francesa, rivais, tornaram-se modelo de moda e etiqueta. *Chansons de gestes* (poemas épicos) exaltavam o cavalheirismo.

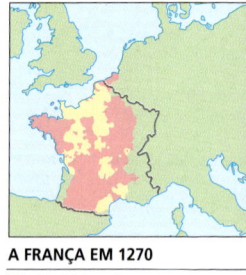

**Cavaleiros medievais em combate**

**A FRANÇA EM 1270**
- Território real
- Outros feudos

### Cibório de Alpais
*Alpais, joalheiro de Limoges do século XII, criou este maravilhoso cibório, usado para guardar hóstias para a comunhão.*

**Roldana para erguer blocos de pedra**

### Amor Cortês
*Segundo seu código de honra, um cavaleiro dedicava sua vida a uma dama ideal, mas inatingível. O cortejo e o romance foram introduzidos na arte e na música.*

**O rei** supervisionava a construção da catedral acompanhado do arquiteto.

### Vitral do Comerciante de Fazendas
*O comércio de têxteis se beneficiou da prosperidade urbana. Este vitral de uma igreja de Semur-en-Auxois (p. 335) mostra a lavagem da lã.*

## CRONOLOGIA

**c.1100** Primeira edição do poema épico *Canção de Rolando*

**1117** Casamento secreto do teólogo Abelardo com sua aluna Heloísa. O tio dela, o cônego Fulbert, reprova a união e força Abelardo a se tornar monge e Heloísa, freira

**1154** Criado o Império Angevino pela dinastia anglo-normanda iniciada com Henrique Plantageneta, conde de Anjou e rei da Inglaterra (como Henrique II)

| 1100 | 1125 | 1150 | 1175 |

**1115** São Bernardo funda a abadia cisterciense de Clairvaux

**1120** Reconstrução da abadia de St-Denis; nascimento do estilo gótico

**1180-1223** Reinado de Filipe Augusto

*Rei Filipe Augusto, que adotou a flor-de-lis como emblema*

# A HISTÓRIA DA FRANÇA

### As Cruzadas
*Na tentativa de recuperar a Terra Santa dos turcos, Filipe Augusto partiu na Terceira Cruzada (1189) com Ricardo, Coração de Leão, da Inglaterra, e com o Sacro Imperador Romano Frederico Barba-Roxa.*

## ELEONORA DE AQUITÂNIA
Eleonora, a determinada e vivaz duquesa da Aquitânia independente, contribuiu para o conflito entre França e Inglaterra. Em 1137, casou-se com o piedoso Luís VII da França. Ao retornar de uma Cruzada, Luís descobriu que o casamento havia sido desfeito. Após a anulação, em 1152, Eleonora casou-se com Henrique de Anjou e levou consigo seu ducado. Dois anos mais tarde, Henrique pleiteou com sucesso o trono da Inglaterra. A Aquitânia tornou-se domínio inglês, iniciando o Império Angevino.

**Fachadas de igrejas** góticas eram esculpidas até parecerem rendas.

**Pedreiros** cortavam as pedras na obra.

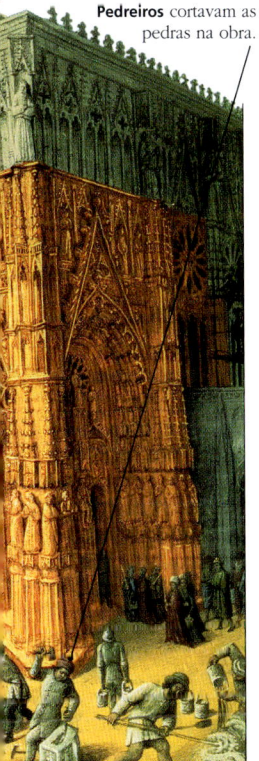

**Eleonora** e Henrique II, sepultados em Fontevraud (p. 294).

***São Bernardo*** *(1090-1153) Personagem-chave da ordem cisterciense e conselheiro do papa, São Bernardo pregava uma vida rigorosa e simples.*

### Relíquias Sagradas
*Ao longo da Idade Média, a maioria das igrejas podia exibir pelo menos uma relíquia de algum santo. O culto às relíquias trazia peregrinos e mais riquezas.*

## CONSTRUÇÃO DE UMA CATEDRAL
Nas cidades comerciais, pedreiros experientes construíam altas catedrais góticas de formas revolucionárias, como Chartres *(pp. 308-11)* e Amiens *(pp. 202-3)*. Altas e "leves", eram testemunho de fé e prosperidade.

---

*Luís IX em seu leito de morte*

**1226** Luís IX é coroado

**1270** Morte de Luís IX em Túnis durante a Oitava Cruzada

**1305** O papado é estabelecido em Avignon

| 1225 | 1250 | 1275 | 1300 |

**1214** Batalha de Bouvines. Filipe Augusto inicia a expulsão dos ingleses da França

**1259** Normandia, Maine, Anjou e Poitou são conquistadas pela Inglaterra

**1285** Filipe, o Justo, é coroado

**1297** Luís IX é canonizado e torna-se São Luís

# A Guerra dos Cem Anos

A Guerra dos Cem Anos (1337-1453), na qual Inglaterra e França se enfrentaram pelo controle do território francês, teve efeitos devastadores. Os danos provocados pelos combates foram agravados pela fome e pela peste bubônica, que precedeu a Peste Negra de 1348. A França esteve perto de ser definitivamente dividida entre o rei da Inglaterra e o duque da Borgonha. Em 1429-30, a jovem Joana d'Arc ajudou a reorganizar as forças da França, e os ingleses foram expulsos no período de uma geração.

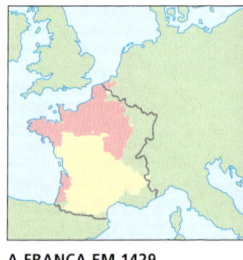

**Execução pública, em obra de Froissart, do século XIV**

**A FRANÇA EM 1429**
- França
- Anglo-Borgonha

**Anjos** com trombetas anunciam o Juízo Final.

### Homens da Guerra
*Uma das razões pelas quais os homens se alistavam era a esperança de poder pilhar. Os exércitos francês e inglês viviam à custa dos camponeses.*

**Os eleitos**, ressuscitados de seus túmulos, são conduzidos ao céu.

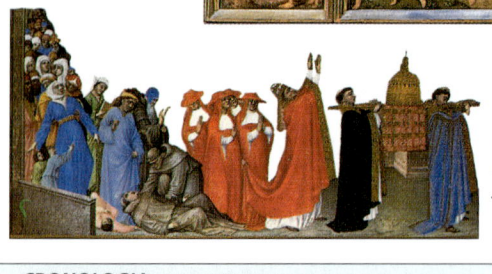

### A Peste Negra
*A praga de 1348-52 matou de 4 milhões a 5 milhões de pessoas, 25% da população francesa. Na falta de remédios, o povo se entregava às orações e às procissões.*

## CRONOLOGIA

**1346** Batalha de Crécy: os franceses são derrotados pelos ingleses

**1328** Filipe VI é o primeiro monarca Valois

**1356** Derrota francesa na Batalha de Poitiers

*Atirador de f[lecha] do sécu[lo]*

1325 — 1350 — 1375

**1337** Início da Guerra dos Cem Anos

*Vítimas da peste*

**1348-52** Peste Negra

**1358** Levante burguês em Paris é liderado por Etienne Marcel. No Norte da França, ocorre a revolta camponesa Jacquerie

# A HISTÓRIA DA FRANÇA

### Medicina Medieval
*Acreditava-se que a configuração dos céus influenciava os elementos terrenos, como a saúde, e diagnósticos baseados no zodíaco eram considerados confiáveis. Sangria era uma prática comum para curar todo tipo de doença.*

### O Arco Inglês
*Os soldados do rei lutaram contra a Inglaterra, mas os vários ducados franceses apoiavam o lado que lhes parecesse mais favorável. Nas confusas batalhas, destacavam-se os arqueiros ingleses. Seus arcos longos levavam o caos à cavalaria francesa.*

**Cristo como Juiz Supremo** é ladeado por anjos que levam os instrumentos da Paixão.

**O arcanjo Miguel**, reluzente e com asas de pavão, segura a balança do julgamento. O peso dos pecadores supera o dos eleitos.

**João Batista** é acompanhado pelos doze apóstolos e pela Virgem Maria, vestida de azul.

**Os condenados**, com expressões contorcidas, caem no inferno.

## O JUÍZO FINAL
Entre a guerra, a peste e a fome, muitos acreditavam que o fim do mundo estava próximo. Pinturas religiosas, como este retábulo do século XV de Rogier van der Weyden, no Hôtel-Dieu, em Beaune *(pp. 346-7)*, ilustram o fervor moral da época.

### Ataque à Heresia
*A ansiedade geral foi canalizada para o antissemitismo e ataque a supostos hereges, que eram queimados na fogueira.*

---

**1415** Batalha de Agincourt. Franceses são derrotados por Henrique V, da Inglaterra

**1429** Intervenção de Joana d'Arc: Carlos VII é coroado

**1453** Fim da Guerra dos Cem Anos. Somente Calais permanece sob domínio inglês

| 1400 | 1425 | 1450 |

**1411** Livro de preces *Riquíssimas horas do Duc du Berry*, de Paul e Jean de Limbourg *(pp. 204-5)*

**1419** Carlos VI, da França, faz de Henrique V, da Inglaterra, seu herdeiro

**1431** Joana d'Arc, acusada de bruxaria, é queimada pelos ingleses

*Joana d'Arc*

# A França do Renascimento

Como resultado da invasão francesa da Itália em 1494, os ideais e a estética da Renascença italiana se propagaram pela França, atingindo o apogeu durante o reinado de Francisco I. Verdadeiro príncipe renascentista, ele foi educado para as letras e artes, bem como para os esportes e a guerra. Artistas italianos como Leonardo da Vinci e Cellini foram convidados para sua corte, onde ele desfrutava as histórias obscenas de Rabelais. Outra italiana influente foi Catarina de Medici (1519-89). Viúva de Henrique II, Catarina foi a verdadeira governante da França por meio de seus filhos Francisco II, Carlos IX e Henrique III.

**Músico mascarado**

### A FRANÇA EM 1527
- Território real
- Outros feudos

**As torres** são elementos góticos transformados em pura decoração pela leveza do toque italiano.

**Galeria Francisco I, Fontainebleau**
*Artistas da Escola de Fontainebleau fundiram o Renascimento italiano tardio com elementos franceses.*

**O Poder Atrás do Trono**
*Catarina de Medici dominou a política francesa de 1559 a 1589.*

### AZAY-LE-RIDEAU
Azay, um dos mais encantadores castelos do Loire, foi iniciado em 1518 *(p. 296)* e tem visíveis influências italianas. Fica claro que a construção destinava-se mais ao prazer do que à defesa.

## CRONOLOGIA

**1470** Primeiras prensas da França são inauguradas

*Projeto de tanque de Leonardo da Vinci*

**1519** Leonardo da Vinci morre nos braços de Francisco I na corte francesa de Amboise

**1536** *Instituições da Religião Cristã*, Calvino, inaugura nova forma de protestantismo

| 1470 | 1480 | 1490 | 1500 | 1510 | 1520 | 153 |

**1477** Derrota final dos duques da Borgonha, que buscavam estabelecer um reino entre a França e a Alemanha

**1494-1559** França e Áustria lutam por territórios italianos durante as Guerras Italianas

**1515** Começa o reinado de Francisco I

*Moeda de ouro com flor-de-lis e salamandra de França*

# A HISTÓRIA DA FRANÇA

### Recipiente de Ouro
*Recipientes com ervas de perfume adocicado, âmbar e canela eram utilizados em tempos de praga para limpar o ar ruim, considerado responsável pelo contágio.*

**A escadaria** foi construída segundo a nova moda italiana, com dois lances de escadas em vez de uma espiral.

**Salão de baile com tapeçarias flamengas**

**O Salão Vermelho**

### ONDE VER A FRANÇA DO RENASCIMENTO

Muitas igrejas e a impressionante Place des Vosges, em Paris *(p. 89)*, são do Renascimento. Há inúmeros *châteaux* do século XVI nos vales do rio Loire e na Borgonha. Chenonceau *(pp. 298-9)* e Tanlay *(p. 331)* estão entre os mais bonitos. Salers *(p. 363)* é uma cidade renascentista intacta. Em Toulouse *(pp. 446-7)* há palácios renascentistas.

**Lareira** do quarto de Francisco I no Château de Chenonceau.

### Francisco I e a Influência Italiana
*Francisco I, recebendo aqui o quadro A Sagrada Família, de Rafael, em 1518, colecionava arte italiana em Fontainebleau. Michelangelo, Leonardo e Tiziano estavam entre seus pintores favoritos.*

### Nova França
*A expansão da França começou com a expedição de Cartier ao Canadá, em 1534 (p. 282).*

---

**1559** Tratado de Cateau-Cambrésis encerra as Guerras Italianas

**1572** Massacre de protestantes na Noite de São Bartolomeu, em Paris

**1589** Henrique III é assassinado. O huguenote Henrique IV torna-se o primeiro rei francês da dinastia Bourbon

**1598** Edito de Nantes: tolerância para o protestantismo

**1608** Fundação de Quebec

| 1550 | 1560 | 1570 | 1580 | 1590 | 1600 |

O Edito de Villers-Cotterêts torna o francês a língua oficial do Estado

**1562** Começam guerras religiosas entre católicos e protestantes

*Massacre da Noite de São Bartolomeu*

**1593** Henrique IV se converte ao catolicismo e encerra as Guerras Religiosas

# O Grand Siècle

O fim das guerras religiosas iniciou um período de grande influência e poder da França. Os ministros cardeais Richelieu e Mazarin tornaram possível a monarquia absoluta de Luís XIV. Paralelamente, desenvolveram-se estilos artísticos de sofisticação sem precedentes: enormes edifícios barrocos, o drama de Molière e Racine e a música de Lully. Versalhes *(pp. 174-7)*, construído sob a supervisão do ministro das Finanças, Colbert, tornou-se a glória da Europa. Mas o custo da obra e as guerras de Luís XIV foram onerosos. Ao fim do reinado, a miséria havia se disseminado pela França.

**Símbolo do Rei Sol**

**A FRANÇA EM 1661**
- Território real
- Avignon (território papal)

**Madame (casada com Monsieur) como Flora**

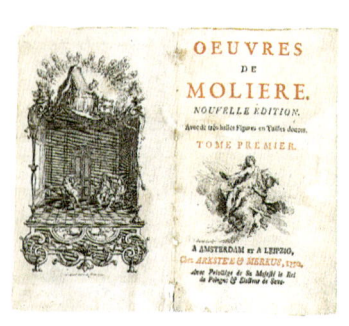

**Molière** *(1622-73)*
O ator e dramaturgo encenou várias peças para Luís XIV e sua corte, mas teve algumas sátiras censuradas. Após sua morte, sua companhia se tornou a base da Comédie Française, companhia financiada pelo Estado.

**Monsieur, o irmão do rei**

**Madame de Maintenon**
Em 1683, após a morte de sua primeira mulher, Maria Teresa, Luís casou-se em segredo com sua amante, Madame de Maintenon, então com 49 anos.

## O REI SOL E SUA FAMÍLIA
Alegando ser rei por direito divino, Luís XIV encomendou esta cena alegórica a Jean Nocret, pintor da corte, em 1665. Cercado por sua família, o rei aparece retratado como Apolo, o deus do Sol.

## CRONOLOGIA

*Cardeal Richelieu*

**1610-7** Maria de Medici é regente de Luís XIII

**1617** Luís XIII sobe ao trono com 17 anos

**1624** O cardeal Richelieu torna-se o principal ministro

**1631** Fundação do *La Gazette*, primeiro jornal da França

**1634** Fundação da sociedade literária da Academia Francesa

**1635** Richelieu envolve a França na Guerra dos Trinta Anos

**1637** *Discurso do método*, de Descartes

**1642-3** Morte de Luís XIII e do cardeal Richelieu. Luís XIV sobe ao trono com Mazarin como principal ministro

**1648-52** Guerras civis francesas

| 1610 | 1620 | 1630 | 1640 | 1650 |

## Livro das Horas de Luís XIV

Após uma juventude libertina, Luís XIV ficou cada vez mais religioso. Seu Livro das horas *(1688-93)* está no Musée Condé *(p. 205)*.

## Casamento Real

Luís XIII e Ana da Áustria casaram-se em 1615. Após a morte do rei, Ana tornou-se regente do jovem Luís XIV, tendo o cardeal Mazarin como ministro.

**Luís XIV como Apolo**

**Ana da Áustria como Cibele**

## Figura Barroca

A glória real também se refletia nas artes. Este *objet d'art* traz Cristo sobre um pedestal, adornado por querubins dourados e rico acabamento em esmalte.

### ONDE VER A ARQUITETURA DO GRAND SIÈCLE

Há em Paris muitos edifícios do Grand Siècle, como o Hôtel des Invalides *(p. 114)*, a Église du Dôme *(p. 115)* e o Palais du Luxembourg *(pp. 126-7)*. O melhor do período é o Palácio de Versailles *(pp. 174-7)*. São também dessa época o Palais Lascaris, em Nice *(p. 526)*, e a Corderie Royale, em Rochefort *(p. 417)*. Do mesmo período, há ainda fortificações do arquiteto militar Vauban, como Neuf-Brisach *(pp. 226-7)*.

**Delfim, o filho do rei**

**Grande Mademoiselle, a prima do rei, como Diana**

**Marie-Thérèse como Juno**

*Versailles*, cujo interior é um típico exemplo do barroco.

---

*Dramaturgo Jean Racine (1639-99)*

**1661** Morte de Mazarin: Luís XIV torna-se seu próprio ministro

**1662** Colbert, ministro das Finanças, reforma as finanças e a economia

**1680** Criação da companhia Comédie Française

**1682** Corte muda-se para Versailles

**1685** Revogação do Edito de Nantes de 1598: o protestantismo é proibido

**1686** É aberto o Café Le Procope, o primeiro café de Paris

**1689** Começam guerras de Luís XIV

**1709** Última grande fome na França

| 1660 | 1670 | 1680 | 1690 | 1700 |

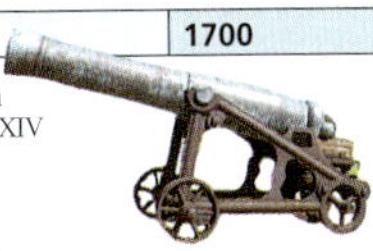

*Canhão do século XVII*

# Iluminismo e Revolução

No século XVIII, filósofos iluministas como Voltaire e Rousseau redefiniram o lugar do homem dentro de uma estrutura de princípios naturais, desafiando a antiga ordem aristocrática. Seus ensaios foram lidos por toda a Europa e nas colônias norte-americanas. Embora a França exportasse tanto produtos quanto ideias, as dívidas do Estado, cada vez maiores, geraram desordem social e deram início à Revolução de 1789. Sob o lema "Liberdade, Igualdade, Fraternidade", a nova República teve grande impacto no restante da Europa.

Prato mostrando a execução de Luís XVI

**A FRANÇA EM 1789**
- Território real
- Avignon (território papal)

**Voltaire** (1694-1778)
*Mestre da sátira e autor de diversos ensaios e do romance* Cândido. *Suas críticas o levaram várias vezes ao exílio.*

Clube Jacobino

Assembleia Nacional

**A Guilhotina**
*Esta terrível invenção foi apresentada em 1792 como uma alternativa mais humana a outras formas de pena capital, que geralmente envolviam tortura.*

**Place de la Révolution**
(p. 98) é o local onde ocorreu a execução de Luís XVI em 1793.

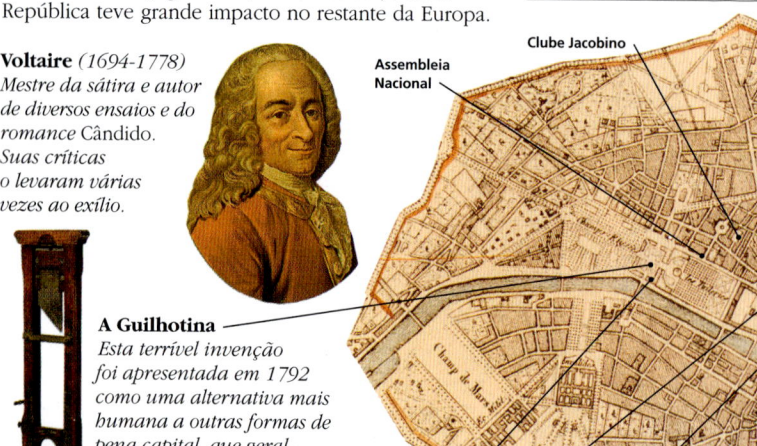

**As Tuileries**

**Café Le Procope** era frequentado por Voltaire e Rousseau.

**Palais Royal**
*Residência do duque de Orléans, o Palais Royal (p. 99) tornou-se centro da agitação revolucionária a partir de 1789. Também ficavam no local diversas prensas.*

## CRONOLOGIA

**1715** Morte de Luís XIV, Luís XV sobe ao trono

**1720** Peste na França dizima a população de Marselha

*Roupas protetoras usadas por médicos durante a peste*

**1743-64** Madame de Pompadour, favorita de Luís XV, usa sua influência para financiar artistas e filósofos durante sua época na corte

**1751** Publicação do primeiro volume da *Encyclopaedia*, de Diderot

**1756-63** Guerra dos Sete Anos: França perde Canadá e outras possessões coloniais

# A HISTÓRIA DA FRANÇA

### Símbolos Revolucionários
*Os motivos da Revolução, como o azul, o branco e o vermelho, apareceram até em papéis de parede por volta de 1790.*

## ONDE VER A FRANÇA DO SÉCULO XVIII

O Palais de l'Elysée, construído em 1718 (p. 108), é um exemplo notável da arquitetura parisiense do século XVIII. Exemplos em outras localidades da França incluem a curiosa Saline Royale, em Arc-et-Senans (p. 350); o Grand Théâtre, em Bordeaux (p. 422); as elegantes casas em Condom (p. 440); e as casas de comerciantes em Ciboure (p. 453). O Château de Laàs, em Sauveterre de Béarn (p. 454), mostra arte e mobília da época.

**O Grand Théâtre** *em Bordeaux é um excelente exemplo da elegante arquitetura do século XVIII.*

### Rainha Maria Antonieta
*Seu comportamento frívolo contribuiu para desacreditar a monarquia. Em 1793 foi aprisionada na Conciergerie e decapitada.*

**O Marais**, bairro aristocrático, começou a se deteriorar após a Revolução.

**Bastilha**

## A PARIS REVOLUCIONÁRIA

A partir de 1789, Paris abrigou diversas agremiações políticas, como a dos jacobinos, de esquerda. A marcha militar A Marselhesa, trazida por voluntários do sul, era ouvida em toda parte.

### Calendário Revolucionário
*Surgiu um novo calendário, com os meses evocando eventos sazonais. Esta gravura mostra Messidor, o mês da colheita.*

---

**1768** Anexação da Córsega

**1789** Invasão da Bastilha e criação da monarquia constitucional: abolição das leis feudais

**1783** Irmãos Montgolfier fazem voo de balão

*Maquete da Bastilha*

| 1765 | 1775 | 1785 | 1795 |

**1774** Luís XVI sobe ao trono

*Cartão de eleitor para a Convenção de 1792*

**1794** Deposição de Robespierre e fim do Terror

**1762** Publicados *Emílio* e *Contrato Social*, de Rousseau

**1778-83** França auxilia as treze Colônias na Guerra da Independência Americana

**1792** Deposição de Luís XVI. Criação da Primeira República

# A França Napoleônica

Duas gerações de Napoleões dominaram a França de 1800 a 1870. Napoleão Bonaparte assumiu o título de imperador Napoleão I. Estendeu seus domínios pela maior parte da Europa ocidental, colocando seus irmãos e irmãs nos tronos dos países conquistados. Derrotado em 1814 e substituído pela dinastia Bourbon, à qual se seguiu a Revolução de 1830 e a chamada Monarquia de Julho, o clã napoleônico voltou ao poder em 1848. O sobrinho de Napoleão I, Luís Napoleão, tornou-se presidente da Segunda República e depois se autoproclamou imperador como Napoleão III. Durante seu reinado, Paris foi modernizada e iniciou-se a transformação industrial da França.

**Légion d'Honneur**

**A EUROPA EM 1812**
- Domínio napoleônico
- Estados dependentes

**O laurel, coroa dos imperadores romanos**

**Napoleão,** como primeiro-cônsul, é coroado por Cronos, deus do Tempo.

**Musée du Louvre**
*O museu havia sido inaugurado em 1792, mas floresceu durante o reinado de Napoleão. Ele assumiu pessoalmente tanto as aquisições quanto sua organização.*

**A bandeira revolucionária** tricolor foi mantida durante o império.

**Insígnia Imperial**
*Napoleão I criou uma nova aristocracia com títulos, que tinha direito a brasões. Apenas a sua família, no entanto, podia utilizar o símbolo da coroa. A águia foi adotada em 1800, como uma referência à Roma Imperial.*

**Medalha da Legião de Honra**

## CRONOLOGIA

**1800** Criação do Banco da França

**1802** Tratado de Amiens traz paz temporária à Europa

**1802** Criação da Legião de Honra

**1803** Retomada das guerras para criar o Império Napoleônico

**1804** Napoleão é coroado imperador. Promulgado o código civil napoleônico

*Cama de Josefina, em Malmaison*

**1806** O Arc de Triomphe é encomendado

**1809** Napoleão e Josefina se divorciam. Ela detém o Château Malmaison (p. 173)

**1814** Derrota de Napoleão pelos aliados (Inglaterra, Rússia, Áustria e Prússia). Napoleão se exila em Elba

**1815** Os "Cem Dias": Napoleão volta de Elba, é derrotado em Waterloo e exilado em Santa Helena

# A HISTÓRIA DA FRANÇA

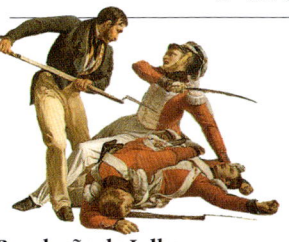

**Revolução de Julho**
Três dias de lutas nas ruas em julho de 1830 puseram fim ao regime impopular dos Bourbons.

**Os Napoleões**
*Este retrato fictício mostra Napoleão I (sentado), seu filho Napoleão II (à dir.), que nunca chegou a governar, seu sobrinho Luís Napoleão (Napoleão III) e o filho deste último.*

**O Código Civil** criado por Napoleão aparece aqui como uma tábua.

**Napoleão em Campanha**
*General confiante e corajoso por volta de 1790, foi um notável comandante militar ao longo de seu reinado.*

## MODA DO IMPÉRIO

Ideais romanos e gregos eram evidentes na arquitetura, na mobília, no design e na moda. As mulheres usavam túnicas leves e clássicas, deixando o ombro ou todo o colo à mostra. David e Gérard foram dois retratistas da moda, enquanto Delacroix e Géricault criaram diversas obras-primas românticas.

## GLÓRIA NAPOLEÔNICA

Embora se dissesse um verdadeiro revolucionário, Napoleão tomou gosto pela pompa imperial. No entanto, ele também promoveu reformas duradouras como o Código Civil, o novo sistema educacional e o Banco da França.

**Madame Récamier** *tinha um salão muito popular e era famosa pela beleza e inteligência. David a pintou em 1800.*

---

**1832** Começa a epidemia de cólera

**1838** Daguerre faz experiências com a fotografia

**1848** Revolução de 1848: fim da Monarquia de Julho e instalação da Segunda República

**1851** Luís Napoleão dá golpe de Estado

**1852** Luís Napoleão é coroado imperador como Napoleão III

| 1830 | 1840 | 1850 | 1860 |
|---|---|---|---|

**1830** Revolução de 1830: o Bourbon Carlos X é substituído pela Monarquia de Julho do rei Luís Filipe

**1840** *Boom* de ferrovias

**1853** Modernização de Paris por Haussmann

**1857** Baudelaire (*As flores do mal*) e Flaubert (*Madame Bovary*) são perseguidos por imoralidade

**1859-60** Anexação de Nice e Savoia

*Trem da linha Paris-St-Germain*

# A Belle Époque

As décadas que antecederam a Primeira Guerra Mundial foram a Belle Époque dos franceses. Mas foram também um período de turbulência política, com a militância da classe trabalhadora, os movimentos socialistas e o caso Dreyfus polarizando o país entre a esquerda e a direita antissemita. Invenções como a eletricidade e a vacinação contra doenças tornaram a vida mais fácil em todos os níveis sociais. A vida cultural fervilhava, assumindo novas formas com o Impressionismo e a Art Nouveau, os romances realistas de Gustave Flaubert e Émile Zola, o cabaré e o cancã e o nascimento do cinema em 1895.

**Vaso art nouveau de Lalique**

**A FRANÇA EM 1871**
- Sob a Terceira República
- Alsácia e Lorena

**Estátua de Apolo, de Aimé Millet**

**Cúpula de cobre pintado de verde**

**Palco**

### Exposição Universal
3,2 milhões de pessoas compareceram à Exposição Universal de 1889, em Paris. A impressionante estrutura de ferro do engenheiro Eiffel dominou o evento e causou grande controvérsia.

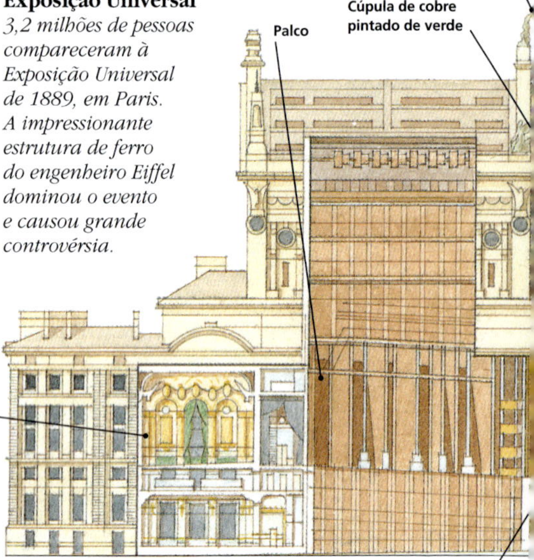

**Fundo do palco**

### Carro Peugeot (1899)
Carros e bicicletas trouxeram uma nova liberdade e se tornaram parte do lazer. Peugeot, Renault e Citroën foram fundadas antes da Primeira Guerra Mundial.

**O auditório,** decorado em ouro e violeta, acomoda 2 mil pessoas.

## CRONOLOGIA

*Mulher nas barricadas em 1871*

- **1869** Inauguração do canal de Suez, construído por Ferdinand de Lesseps
- **1871** A Comuna de Paris leva à Terceira República
- **1880s** Início da disputa pelas colônias na África e na Ásia
- **1889** Exposição Universal de Paris; construção da Torre Eiffel

| 1865 | 1870 | 1875 | 1880 | 1885 |

- **1870-1** Guerra Franco-Prussiana: derrota e deposição de Napoleão III. A França cede a Alsácia e Lorena à Alemanha
- **1874** Início do movimento impressionista
- **1881-6** Reformas educacionais de Jules Ferry
- **1885** Pasteur cria a vacina contra a raiva, primeira a ser testada em pessoas
- **1890** Peugeot cria um dos primeiros automóveis

# A HISTÓRIA DA FRANÇA

### A Arte do Pôster
*O pôster foi revolucionado pela Art Nouveau, e os desenhos de Alphonse Mucha são particularmente populares. Este, de 1897, homenageia a cerveja, a bebida da região da Alsácia e Lorena que se tornou "patriótica".*

## ONDE VER A FRANÇA DA BELLE ÉPOQUE
Entre os edifícios belle époque estão o Hotel Negresco, em Nice (p. 526); o Grand Casino, em Monte Carlo (p. 530); e o Palais Hotel, em Biarritz (p. 452). O Musée d'Orsay, em Paris, exibe objetos de arte e mobília art nouveau.

**Escadaria da Opéra**
*A imponente escadaria, com colunas de mármore colorido e teto pintado, era uma vitrine para a alta sociedade da época, como mostra a pintura de 1887 de Beroud.*

**Guimard** *é o criador da típica entrada do metrô parisiense, exemplo da Art Nouveau.*

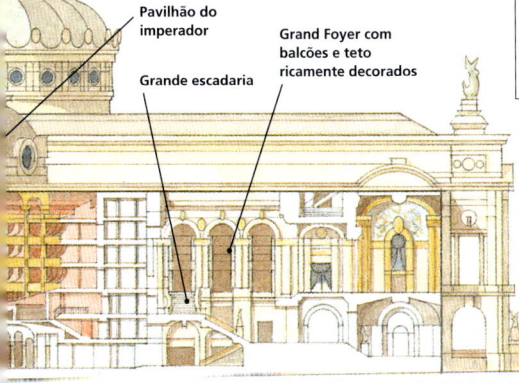

Pavilhão do imperador
Grande escadaria
Grand Foyer com balcões e teto ricamente decorados

## OPÉRA NATIONAL GARNIER
Inaugurada por Napoleão III em 1862, a nova ópera foi aberta ao público em 1875 e se tornou centro da vida social da Belle Époque. Criada por Charles Garnier, tinha uma decoração suntuosa que combinava com a extravagância do exterior.

**A Divina Sarah**
*A atriz Sarah Bernhardt (1844-1923) trabalhou em todos os gêneros do teatro, dominando os palcos parisienses.*

---

**1895** Irmãos Lumière abrem o primeiro cinema

*Caricatura de Zola*

**1894-1906** Suposta traição de Dreyfus inicia o "Caso Dreyfus", envolvendo o escritor Zola, entre outros

**1909** Blériot voa sobre o Canal da Mancha

**1918** A Alemanha pede armistício pelo fim da guerra

**1917** Motins no exército são sufocados por Pétain

**1916** Batalha de Verdun

| 1895 | 1900 | 1905 | 1910 | 1915 |

**1905** Separação oficial entre Igreja e Estado

**1913** Publicação do primeiro volume da obra *Em busca do tempo perdido*, de Proust

**1898** Marie e Pierre Curie descobrem o rádio

**1914** Começa a Primeira Guerra Mundial

**1919** Tratado de Versalhes

*Recruta francês, 1916*

# A França na Avant-Garde

Apesar da destruição provocada por duas guerras mundiais, a França manteve sua fama de centro da vanguarda. Paris, em especial, atraía escritores, artistas e músicos experimentais. Os cafés ficavam repletos de autores e jazzistas norte-americanos, surrealistas franceses e cineastas. A Riviera Francesa também recebia comunidades de escritores e artistas, de Matisse e Picasso a Hemingway e Scott Fitzgerald, que chegavam com os ricos industriais e aristocratas em automóveis ou no famoso Train Bleu. A partir de 1936, a remuneração das férias permitiu que os trabalhadores também desfrutassem a nova moda de tomar sol.

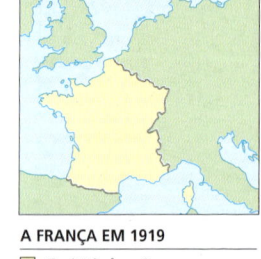

**A FRANÇA EM 1919**
Território francês

**Deuses africanos da Criação**

### Art Déco 1925
*A Exposição Internacional de Paris de 1925 lançou o estilo art déco: formas geométricas e designs utilitários, adaptados à produção em massa.*

**Bailarinos usando pesados figurinos de cartão**

### A Era do Jazz
*Paris deu as boas-vindas aos jazzistas norte-americanos, como Sidney Bechet, em 1925, e Dizzy Gillespie (à esq.), um dos reis do bebop.*

### O carro da Citroën (1956)
*Este elegante modelo se tornou ícone do consumismo francês nas décadas de 1950 e 60.*

**Os figurinos** e o cenário do cubista Léger foram criados para parecer, em parte, mecânicos.

## CRONOLOGIA

**1920** Criação do Partido Comunista Francês. Publicação do *Manifesto dadaísta*, de Tristan Tzara

**1924** Jogos Olímpicos de Paris. André Breton publica o *Manifesto surrealista*

*Detalhe do pôster das Olimpíadas de 1924*

**1928** Estreia de *Um cão andaluz*, de Luis Buñuel e Salvador Dalí

*Aeronave da Air France, 1937*

**1933** Início das operações da Air France

**1936-8** A "Frente Popular": programa social radical entra em vigor, incluindo férias remuneradas

**1929-39** A Depressão

**1937** Estreia de *A grande ilusão*, de Jean Renoir

**1938** Conferência de Munique, auge da conciliaç[ão]

## Coco Chanel (1883-1971)
Chanel, fotografada aqui por Man Ray, revolucionou a moda na década de 1920 com suas roupas elegantes, mas confortáveis.

### Par avion
A França foi pioneira no uso do correio aéreo.

## SEGUNDA GUERRA MUNDIAL

Após o colapso da Terceira República, em 1940, Paris e o norte e oeste da França foram ocupados pelos alemães até a Libertação, em 1944. No sudeste do país foi formado o governo colaboracionista de Vichy, liderado pelo marechal Pétain e por Pierre Laval. O movimento França Livre tinha à frente Charles de Gaulle. Jean Moulin coordenava as operações de diversas facções da Resistência.

**Soldados alemães** *gostavam de posar em frente à Torre Eiffel durante a ocupação de Paris.*

Primeiros homem e mulher

## LA CREATION DU MONDE (1923)
A experimentação artística triunfou no início do século XX. *A criação do mundo*, dos Les Ballets Suédois, incluía figurinos de Léger e música de Milhaud. Os Ballets Russes, de Diaghilev, também disputavam artistas de vanguarda como Cocteau, Satie e Picabia.

**Temas africanos** baseados no texto de Blaise Cendrars.

### Josephine Baker (1906-1975)
*Os musicais floresceram na década de 1920, tendo Mistinguett e Josephine Baker como suas rainhas.*

| | | |
|---|---|---|
| **1940** A queda da França. Pétain lidera governo de Vichy. De Gaulle luta a partir de Londres | **1949** Criação da Otan. Fundação do Conselho Europeu | **1958** A Quinta República começa com o presidente De Gaulle |
| **1942** Toda a França está sob controle da Alemanha | | **1956** Edith Piaf coroa sua carreira de sucesso no Carnegie Hall, Nova York |
| **1940** | | **1950** |
| **1944** Dia D: aliados aportam na Normandia (junho). Libertação de Paris (agosto) | **1946** Sartre funda *Les Temps Modernes*. Primeiro Festival de Cannes | **1954** A França se retira da Indochina após a Batalha de Dien Bien Phu. Início da insurreição na Argélia |
| 39 Declaração Segunda Guerra | **1945** Fim da guerra. Início da Quarta República. Voto feminino | |

# A França Moderna

Após a década de 1950, as bases tradicionais da sociedade francesa se modificaram: o número de famílias na agricultura diminuiu, antigas indústrias entraram em decadência, empregos nos setores de serviços e indústria de alta tecnologia aumentaram e os franceses passaram a aproveitar os benefícios da cultura de massa e do consumismo. Projetos como o Concorde, o TGV, La Défense e o Centre Pompidou foram aclamados internacionalmente. Esforços no sentido da integração europeia e o Eurotúnel visam estreitar as relações com os países vizinhos.

**Espremedor de limão, de Philippe Starck**

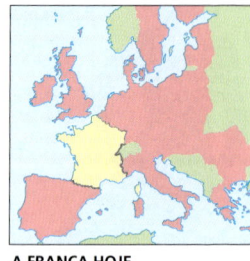

**A FRANÇA HOJE**
- França
- União Europeia

**Centre Pompidou** *(1977)*
*O polêmico edifício do Centre Pompidou modificou a aparência do bairro histórico do Beaubourg. Este grande centro cultural revitalizou a região, que estava em decadência* (pp. 92-3).

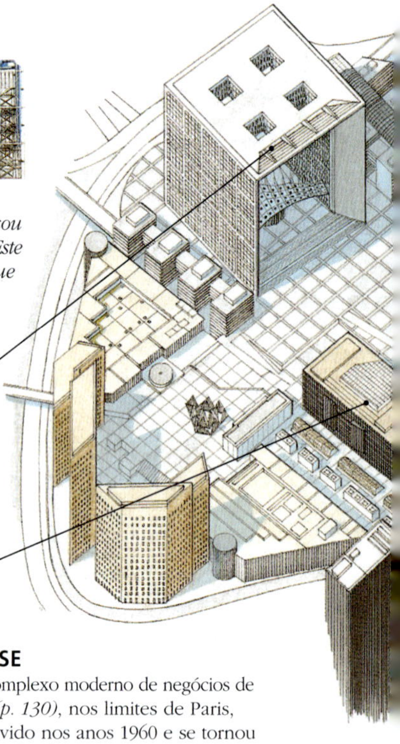

**La Grande Arche.** A obra foi inaugurada em 1989 para comemorar o bicentenário da Revolução.

**Shopping center**

**Nouvelle Vague**
*Diretores como Godard e Truffaut lançaram seu estilo, como em* Uma mulher para dois (Jules et Jim), *1961.*

## LA DÉFENSE

O enorme complexo moderno de negócios de La Défense *(p. 130)*, nos limites de Paris, foi desenvolvido nos anos 1960 e se tornou o local preferido de empresas multinacionais para instalar seus escritórios centrais.

## CRONOLOGIA

**1960** Primeira bomba atômica francesa. Descolonização da África negra

**1962** Negociações de Evian levam à independência da Argélia

**1963** Primeira usina nuclear da França

**1967** Política agrícola comum subsidia produtores europeus

**1968** Protestos de maio

**1969** Pompidou substitui De Gaulle na Presidência

**1973** Ampliação do Mercado Comum de seis para nove países

**1976** Primeiro voo comercial do Concorde

**1974** Giscard d'Estaing é eleito presidente

**1977** Jacques Chirac torna-se prefeito de Paris. Inauguração do Centre Pompidou

**1980** Giverny, o jardim de Monet, é aberto ao público *(p. 266)*

**1981** O socialista Mitterrand torna-se presidente por catorze anos

**1987** Mitterrand e Thatcher assinam acordo do Eurotúnel. Julgamento do ex-oficial da SS Klaus Barbie, em Lyon

**1989** Comemoração bicentenário da Revolução Francesa

| 1960 | 1970 | 1980 |

*François Mit...*

# A HISTÓRIA DA FRANÇA

**Bandeira da UE**
A França tem sido líder na União Europeia desde que começou o movimento por uma maior colaboração na Europa, na década de 1950.

**TGV**
O *TGV* (Train à Grande Vitesse) é um dos trens mais rápidos do mundo (pp. 682-4) e mostra o compromisso do governo francês com a tecnologia e a melhoria dos transportes.

**A Torre Areva (Fiat)** é um dos mais altos edifícios europeus, com 178m.

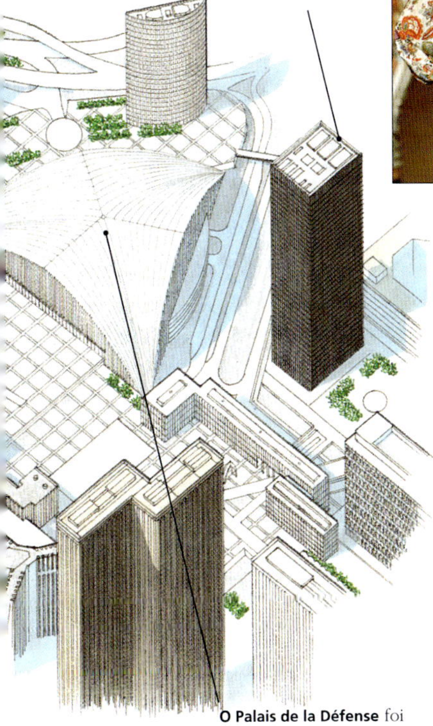

**Moda de Lacroix**
Apesar da menor demanda pela alta-costura, Paris ainda é um importante centro de moda. Os modelos exibidos nas passarelas, como este de Lacroix, reafirmam a fama dos estilistas franceses.

### MAIO DE 1968

Os acontecimentos de maio de 1968 começaram como uma revolta política de estudantes de esquerda contra a ordem vigente e tiveram profunda influência sobre a sociedade francesa. Cerca de 9 milhões de trabalhadores, além de líderes intelectuais, juntaram-se ao movimento, exigindo melhores salários, melhores condições para a educação e a revisão dos valores e das instituições tradicionais.

**Manifestações estudantis** desencadearam protestos por todo o país e causaram inquietação na indústria.

**O Palais de la Défense** foi construído primeiro e abriga o centro para a indústria.

---

**1994** Inauguração do Eurotúnel

**2002** A Frente Nacional derrota os socialistas no 1º turno das eleições. A França reelege Jacques Chirac

*O príncipe Albert II*

**2008** Jean-Marie Gustave Le Clézio ganha o prêmio Nobel de literatura

**2010** Encontrada a cabeça do rei Henrique IV, desaparecida desde 1793.

| 2000 | 2010 | 2020 |

**1** Edith Cresson primeira mulher a ocupar o cargo de primeiro-ministro

**2002** Euro substitui o franco como moeda oficial

**1996** A França chora a morte de Mitterrand

**2007** Nicolas Sarkozy, de centro-direita, é eleito presidente

**2005** Morre o príncipe Rainier III de Mônaco. É sucedido por seu único filho, príncipe Albert II

# Reis e Imperadores da França

Após o colapso do Império Romano, o rei franco Clóvis consolidou a dinastia merovíngia. Depois vieram carolíngios e os reis Capetos. Estes criaram o poder real, que passou para o ramo dos Valois no século XIV e para os Bourbons no fim do século XVI, depois das Guerras Religiosas. A Revolução de 1789 parecia ter colocado fim à dinastia dos Bourbons, mas eles retornaram ao poder pelo curto período de 1814 a 1830. O século XIX foi dominado por Napoleão I e Napoleão III, ambos Bonaparte. Desde a deposição de Napoleão III, em 1870, a França é uma República.

**768-814** Carlos Magno

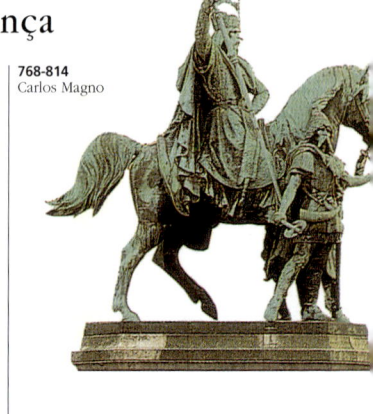

**447-458** Meroveu
**458-482** Childerico I
**482-511** Clóvis I
**511-558** Childeberto I
**558-562** Clotário I
**562-566** Cariberto
**566-584** Chilperico I
**584-628** Clotário II
**628-637** Dagoberto I
**637-655** Clóvis II
**655-668** Clotário III
**668-674** Childerico II
**674-691** Thierri III
**691-695** Clóvis III
**695-711** Childeberto II
**711-716** Dagoberto III
**716-721** Chilperico II
**721-737** Thierri IV
**743-751** Childerico III

**DINASTIA MEROVÍNGIA** (400–700)

**751-768** Pepino, o Breve
**814-840** Luís I, o Piedoso
**840-877** Carlos I, o Calvo
**877-879** Luís II, o Gago
**879-882** Luís III
**882-884** Carlomano
**884-888** Carlos II, o Gordo
**888-898** Odo, conde de Paris
**898-929** Carlos III, o Simples
**936-954** Luís IV, o Estrangeiro
**954-986** Lotário
**986-987** Luís V

**DINASTIA CAROLÍNGIA** (700–1000)

**987-996** Hugo Capeto
**996-1031** Roberto II, o Piedoso
**1031-60** Henrique
**1060-1108** Filipe I
**1108-37** Luís VI, o Gordo
**1137-80** Luís

**DINASTIA DOS** (1000–)

# A HISTÓRIA DA FRANÇA

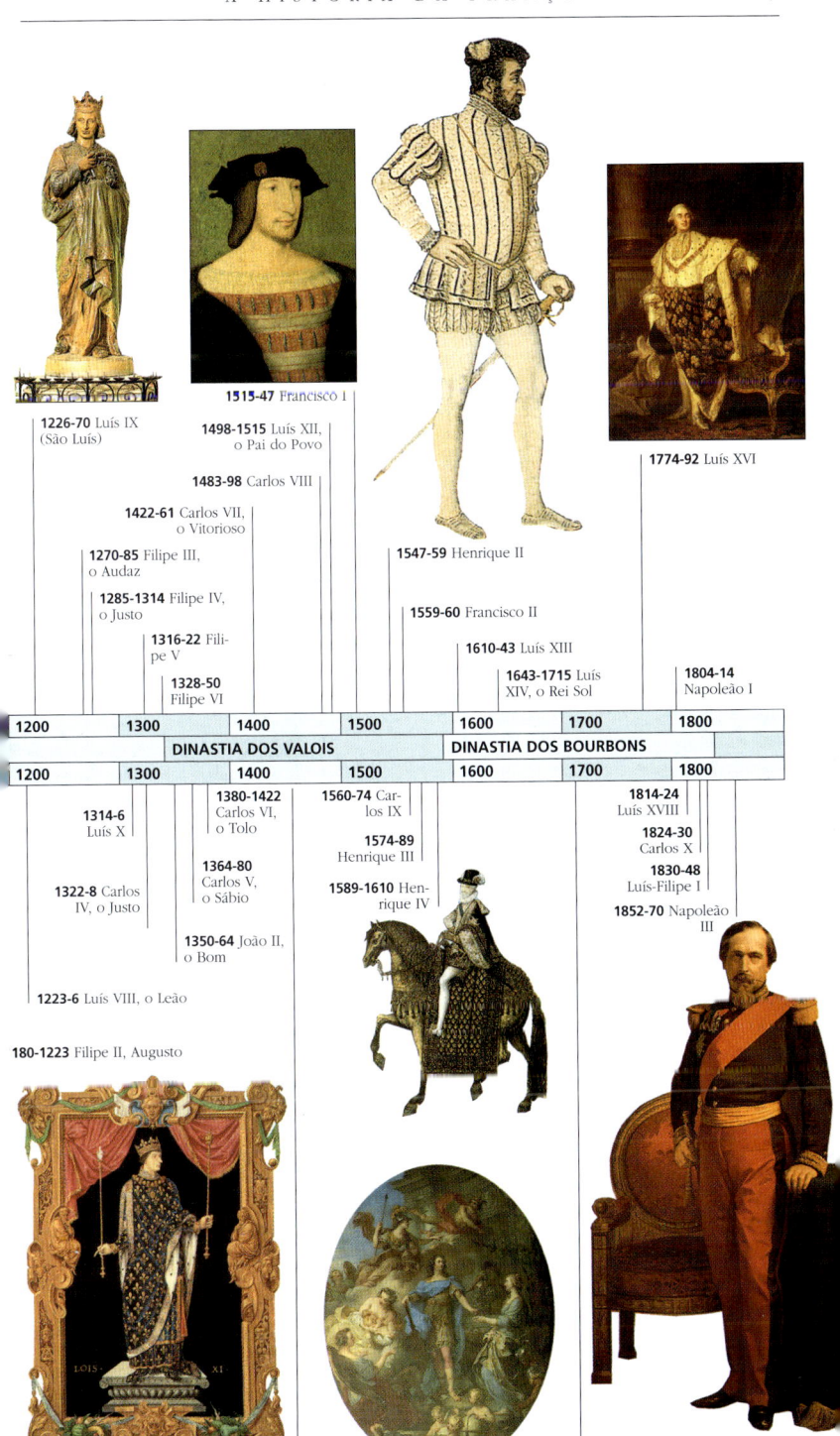

**1226-70** Luís IX (São Luís)

**1515-47** Francisco I

**1498-1515** Luís XII, o Pai do Povo

**1483-98** Carlos VIII

**1422-61** Carlos VII, o Vitorioso

**1270-85** Filipe III, o Audaz

**1547-59** Henrique II

**1774-92** Luís XVI

**1285-1314** Filipe IV, o Justo

**1559-60** Francisco II

**1316-22** Filipe V

**1610-43** Luís XIII

**1328-50** Filipe VI

**1643-1715** Luís XIV, o Rei Sol

**1804-14** Napoleão I

| 1200 | 1300 | 1400 | 1500 | 1600 | 1700 | 1800 |
|------|------|------|------|------|------|------|
| | | DINASTIA DOS VALOIS | | DINASTIA DOS BOURBONS | | |
| 1200 | 1300 | 1400 | 1500 | 1600 | 1700 | 1800 |

**1380-1422** Carlos VI, o Tolo

**1560-74** Carlos IX

**1814-24** Luís XVIII

**1314-6** Luís X

**1574-89** Henrique III

**1824-30** Carlos X

**1364-80** Carlos V, o Sábio

**1830-48** Luís-Filipe I

**1322-8** Carlos IV, o Justo

**1589-1610** Henrique IV

**1852-70** Napoleão III

**1350-64** João II, o Bom

**1223-6** Luís VIII, o Leão

**1180-1223** Filipe II, Augusto

**1461-83** Luís XI, a Aranha

**1715-74** Luís XV

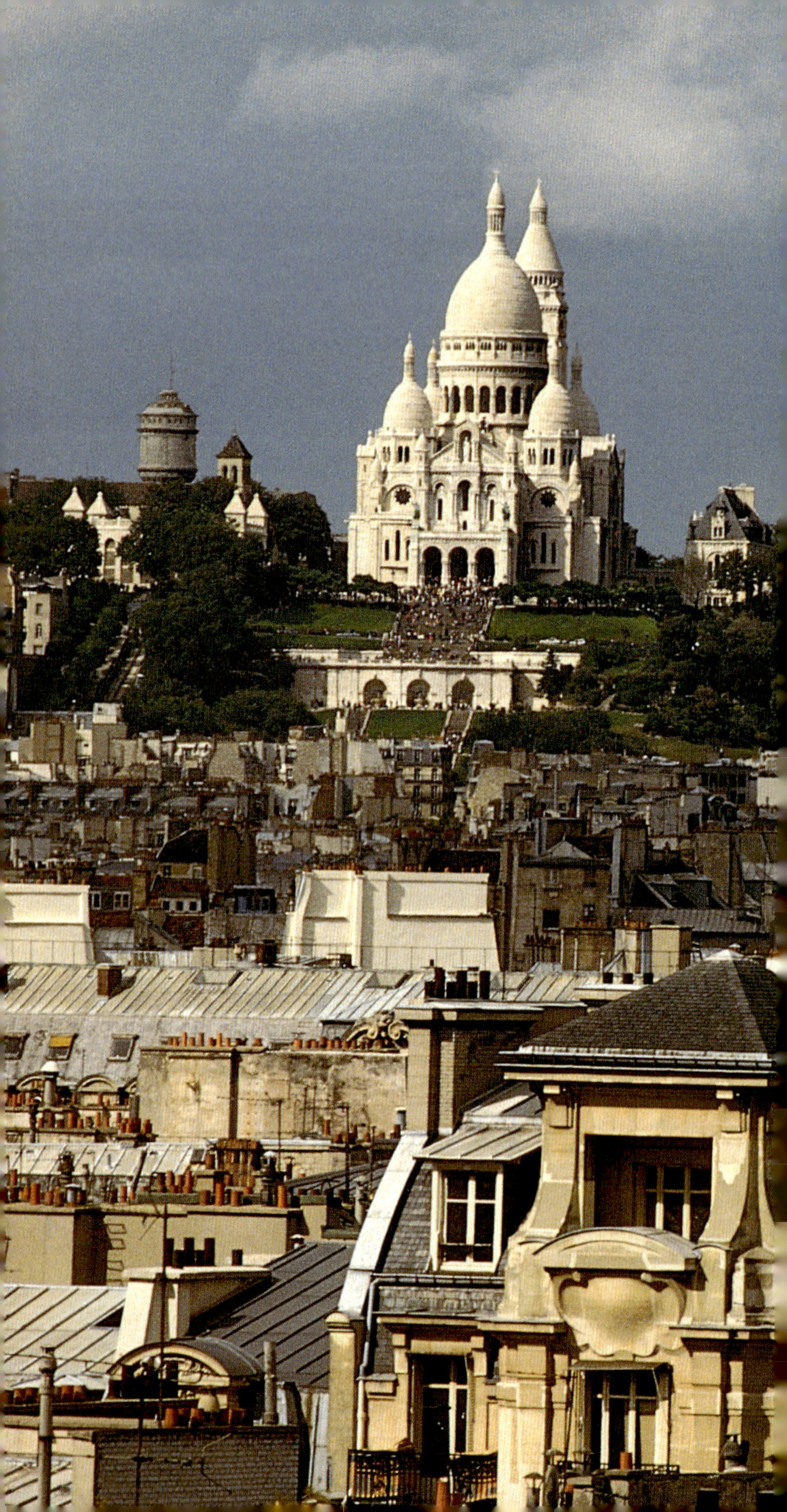

# PARIS E ÎLE DE FRANCE

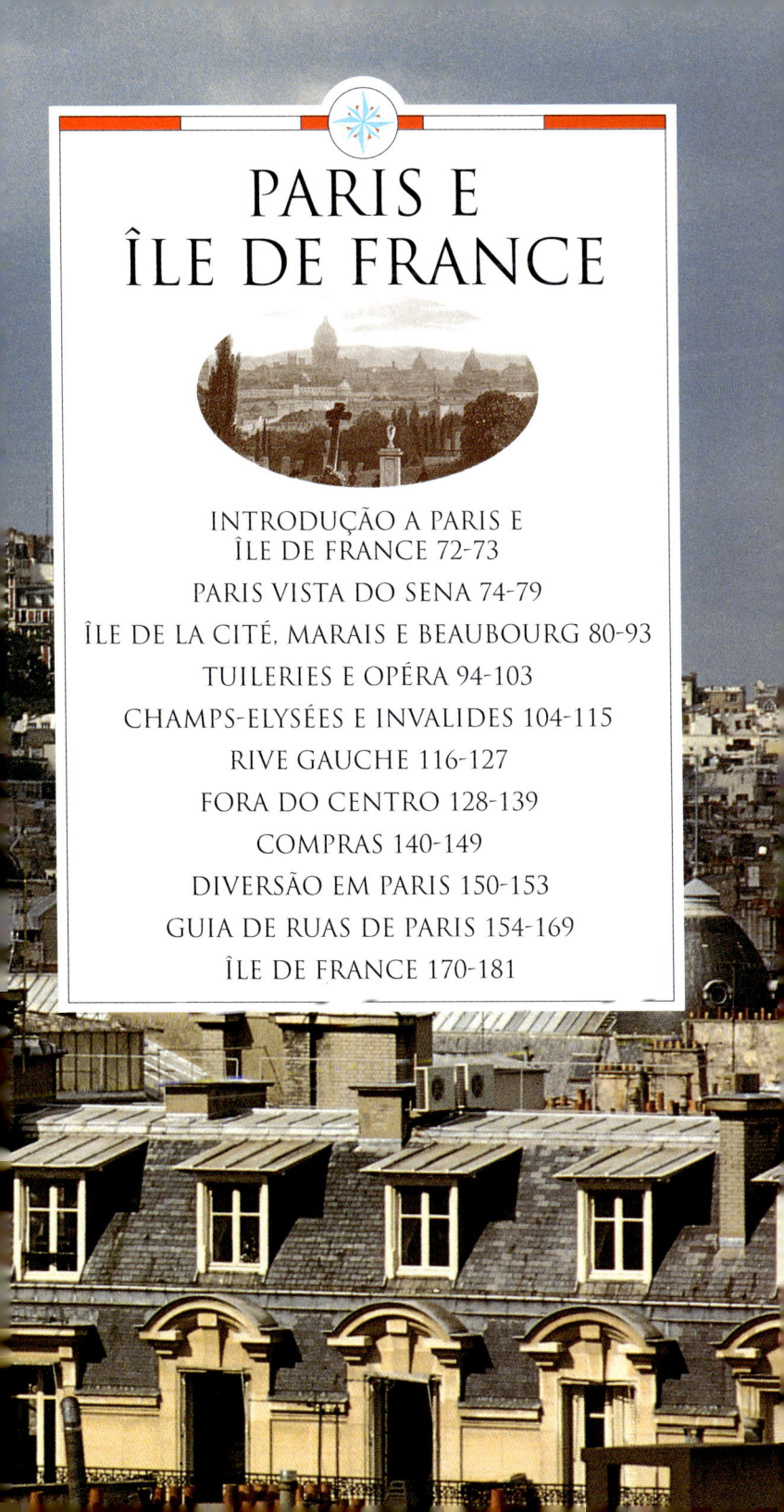

INTRODUÇÃO A PARIS E
ÎLE DE FRANCE 72-73
PARIS VISTA DO SENA 74-79
ÎLE DE LA CITÉ, MARAIS E BEAUBOURG 80-93
TUILERIES E OPÉRA 94-103
CHAMPS-ELYSÉES E INVALIDES 104-115
RIVE GAUCHE 116-127
FORA DO CENTRO 128-139
COMPRAS 140-149
DIVERSÃO EM PARIS 150-153
GUIA DE RUAS DE PARIS 154-169
ÎLE DE FRANCE 170-181

# Introdução a Paris e Île de France

A capital francesa é rica em museus, galerias de arte e monumentos. O Louvre, a Torre Eiffel e o Centre Pompidou estão entre os pontos de interesse mais famosos. Circundando Paris, a Île de France se estende por 12 mil km² de bairros e cidades-dormitórios pontilhados de castelos, sendo Versailles o mais conhecido. Mais adiante, as concentrações urbanas dão lugar a terras agrícolas, a florestas e ao magnífico palácio de Fontainebleau.

**Arc de Triomphe**

**Opéra Ga**

CHAMPS-ELYSÉES
E INVALIDES
pp. 104-15

**Torre Eiffel**

**Musée d'Orsay**

**A Torre Eiffel**, *projetada para a Exposição Universal de 1889, escandalizou os críticos contemporâneos, mas hoje é o ponto de referência mais famoso da capital* (p. 113).

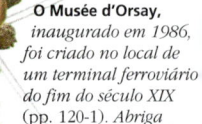

**O Musée d'Orsay**, *inaugurado em 1986, foi criado no local de um terminal ferroviário do fim do século XIX* (pp. 120-1). *Abriga uma bela coleção de arte do século XIX e início do século XX, incluindo* Os quatro cantos do mundo, *de Jean-Baptiste Carpeaux* (1872).

◁ Vista dos telhados da Sacré-Coeur e Montmartre

INTRODUÇÃO A PARIS E ÎLE DE FRANCE

## ÎLE DE FRANCE
*pp. 170-81*

Versailles

Fontainebleau

TUILERIES E OPÉRA
*pp. 94-103*

ÎLE DE LA CITÉ, MARAIS E BEAUBOURG
*pp. 80-93*

Centre Pompidou

Notre Dame

RIVE GAUCHE
*pp. 116-27*

Musée de Cluny

**O Centre Pompidou** *(1977) é famoso por seu design inovador e pelas obras-primas de Picasso, Matisse e Miró (pp. 92-3).*

**Notre-Dame**, *excepcional exemplo da arquitetura gótica, cuja construção começou em 1163 e levou dois séculos para ser concluída (pp. 86-7). O arquiteto Viollet-le-Duc projetou o pináculo no século XIX.*

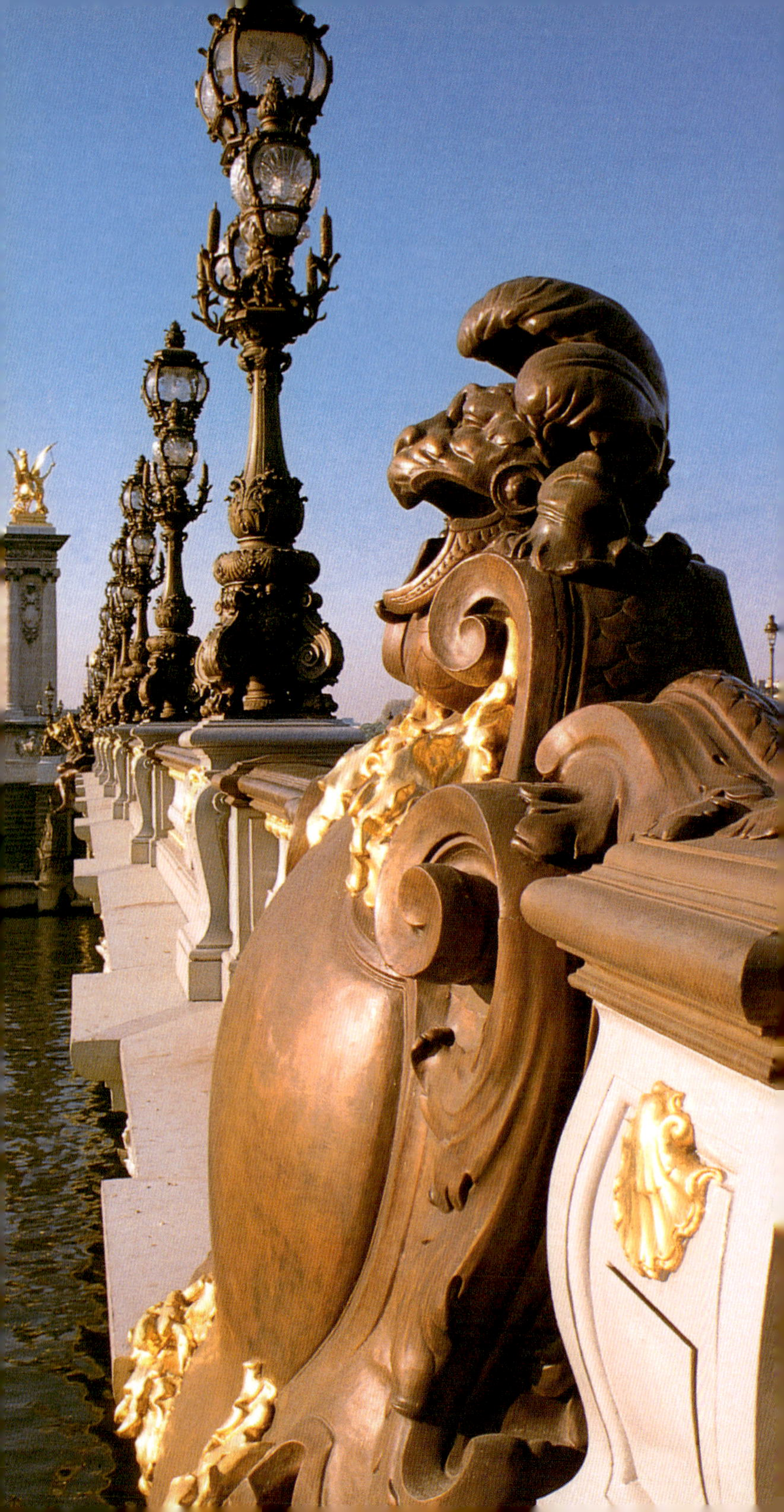

# PARIS VISTA DO SENA

**Escultura na Pont Alexandre III**

A estrela francesa de musicais Mistinguett descreveu o Sena como "uma linda loira de olhos sorridentes". O rio tem seus encantos, mas o relacionamento entre ele e a cidade está longe de ser apenas um flerte.

Nenhuma outra cidade europeia é definida pelo rio como Paris. O Sena é o ponto de referência indiscutível da cidade: as distâncias são medidas a partir dele e os números de rua determinados por ele. Além disso, o rio divide a capital em duas áreas bem nítidas – a Rive Droite (margem direita) no lado norte e a Rive Gauche (margem esquerda) no lado sul. As duas são muito bem marcadas, como qualquer fronteira oficial. A cidade também está dividida historicamente: o leste ligado às antigas raízes da cidade e o oeste, aos séculos XIX e XX. Praticamente todo edifício importante de Paris encontra-se ao longo do rio ou perto dele. Apartamentos finos, magníficas residências, museus de renome mundial e grandes monumentos são vizinhos do Sena.

Acima de tudo, o rio é cheio de vida. Durante séculos, frotas de pequenos barcos utilizaram o rio, porém o tráfego motorizado em suas margens substituiu o murmúrio daquelas embarcações. Hoje o rio apresenta o movimento das barcaças comerciais e numerosos barcos de lazer, os *bateaux-mouches,* com turistas subindo e descendo o rio.

**O Cais do Quartier Latin** encontra-se na margem esquerda do Sena. Associado a instituições de saber desde a Idade Média, ganhou este nome devido aos estudantes que falavam latim.

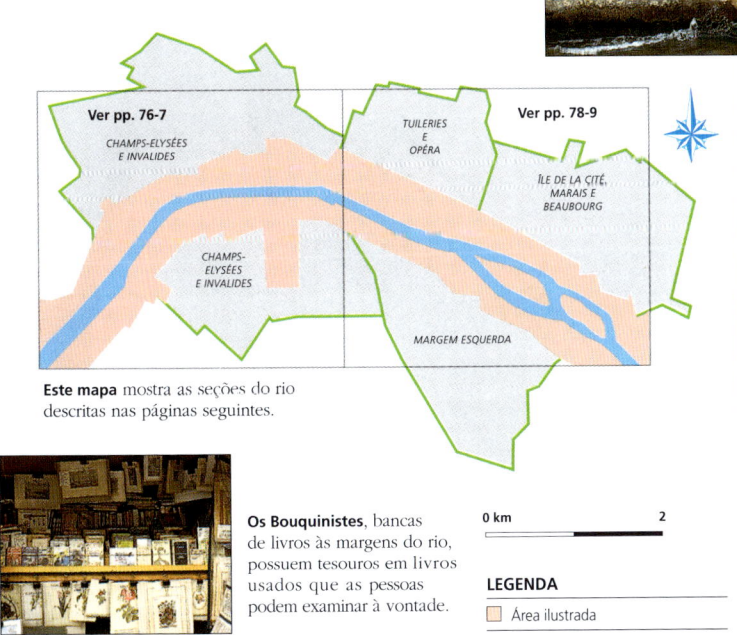

**Este mapa** mostra as seções do rio descritas nas páginas seguintes.

Ver pp. 76-7 — CHAMPS-ELYSÉES E INVALIDES

TUILERIES E OPÉRA

Ver pp. 78-9 — ÎLE DE LA CITÉ, MARAIS E BEAUBOURG

CHAMPS-ELYSÉES E INVALIDES

MARGEM ESQUERDA

**Os Bouquinistes**, bancas de livros às margens do rio, possuem tesouros em livros usados que as pessoas podem examinar à vontade.

0 km    2

**LEGENDA**
Área ilustrada

◁ **Pont Alexandre III, repleta de belas esculturas**

# Da Pont de Grenelle à Pont de la Concorde

Os grandes monumentos ao longo deste trecho do rio são remanescentes da era napoleônica e da Revolução Industrial. A elegância da Torre Eiffel, do Petit Palais e do Grand Palais faz eco com edifícios mais recentes, como o Palais de Chaillot e o Musée du Quai Branly.

**Palais de Chaillot**
*Construído para a Exposição de 1937, suas extraordinárias alas em colunata alojam vários museus e um teatro* (pp. 110-1).

**O Palais de Tokyo** é enfeitado com figuras de Bourdelle (p. 110).

**A Pont de Bir-Hakeim** tem no extremo norte uma escultura dinâmica de Wederkinch.

Bateaux Parisiens
Tour Eiffel
Vedettes de Paris
Île de France

Trocadéro

Passerelle Debilly

Pont d'Iéna

**Maison Radio France,** um edifício circular inaugurado em 1963, aloja estúdios e um museu do rádio.

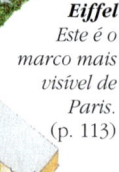

Passy

Champ de Mars
Tour Eiffel

**Torre Eiffel**
*Este é o marco mais visível de Paris.* (p. 113)

Prés. Kennedy
Radio France

Pont de Bir-Hakeim

Bir-Hakeim

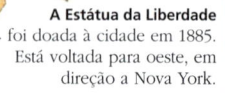

**A Estátua da Liberdade** foi doada à cidade em 1885. Está voltada para oeste, em direção a Nova York.

Pont de Grenelle

**LEGENDA**

| | |
|---|---|
| M | Estação de metrô |
| RER | Estação de trem |
| ◯ | Embarque de batobus |
| ⛴ | Embarque de passeios de barco |

PARIS VISTA DO SENA 77

**Grand Palais**
Abriga importantes exposições e um museu da ciência (pp. 108-9).

**Petit Palais**
*Hoje um museu de belas--artes, foi inicialmente concebido para formar um conjunto com o Grand Palais (pp. 108-9).*

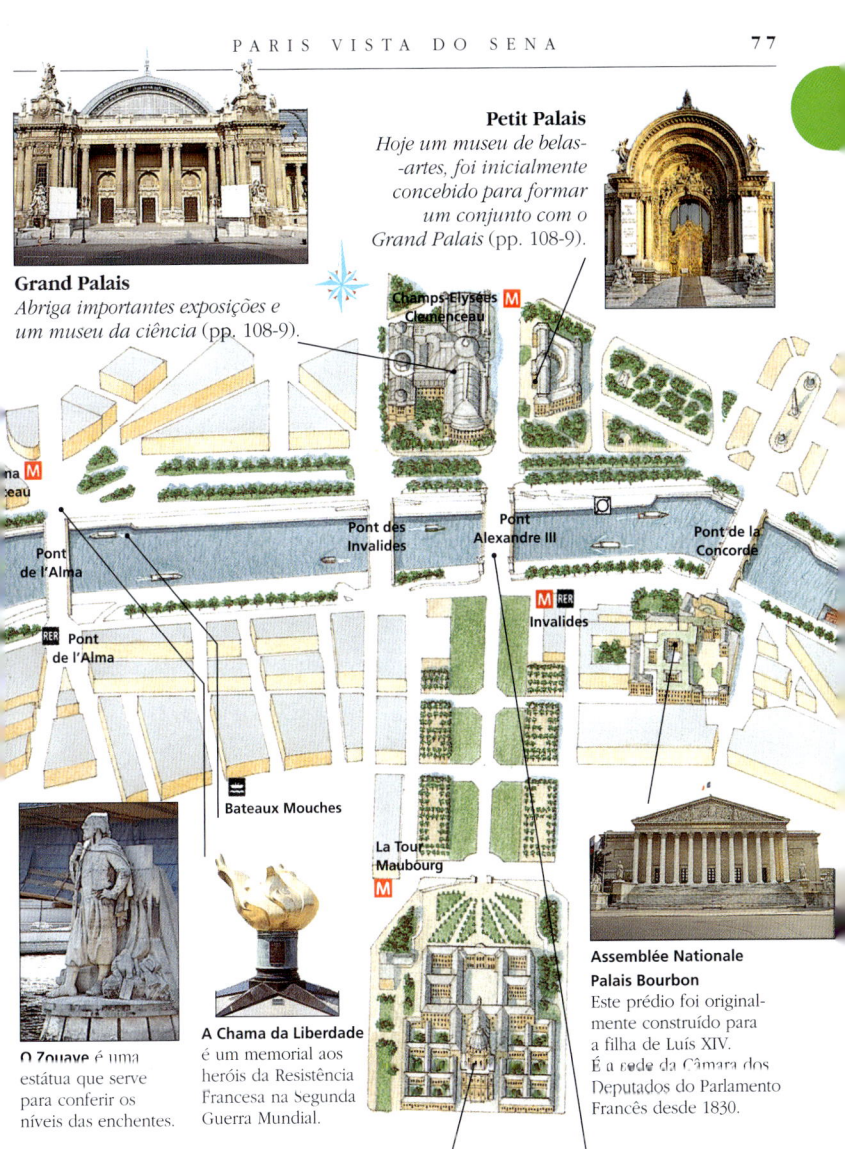

Champs-Élysées Clemenceau

Pont de l'Alma

Pont de l'Alma

Pont des Invalides

Pont Alexandre III

Pont de la Concorde

Invalides

Bateaux Mouches

La Tour Maubourg

**Assemblée Nationale Palais Bourbon**
Este prédio foi originalmente construído para a filha de Luís XIV. É a sede da Câmara dos Deputados do Parlamento Francês desde 1830.

**O Zouave** é uma estátua que serve para conferir os níveis das enchentes.

**A Chama da Liberdade** é um memorial aos heróis da Resistência Francesa na Segunda Guerra Mundial.

**Le Dôme**
*A cúpula dourada desta igreja pode ser vista (p. 115) da Pont Alexandre III. O túmulo de Napoleão encontra-se na cripta.*

**Pont Alexandre III**
*Estátuas adornam a ponte mais enfeitada de Paris (p. 109).*

# Da Pont de la Concorde à Pont du Sully

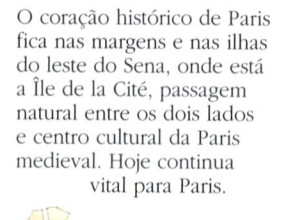

O coração histórico de Paris fica nas margens e nas ilhas do leste do Sena, onde está a Île de la Cité, passagem natural entre os dois lados e centro cultural da Paris medieval. Hoje continua vital para Paris.

**Jardin des Tuileries**
*Seguem um estilo formal* (pp. 98-9).

**Musée du Louvre**
*Antes de se tornar o maior museu do mundo e a casa da Mona Lisa, este era o maior palácio real europeu* (pp. 100-3).

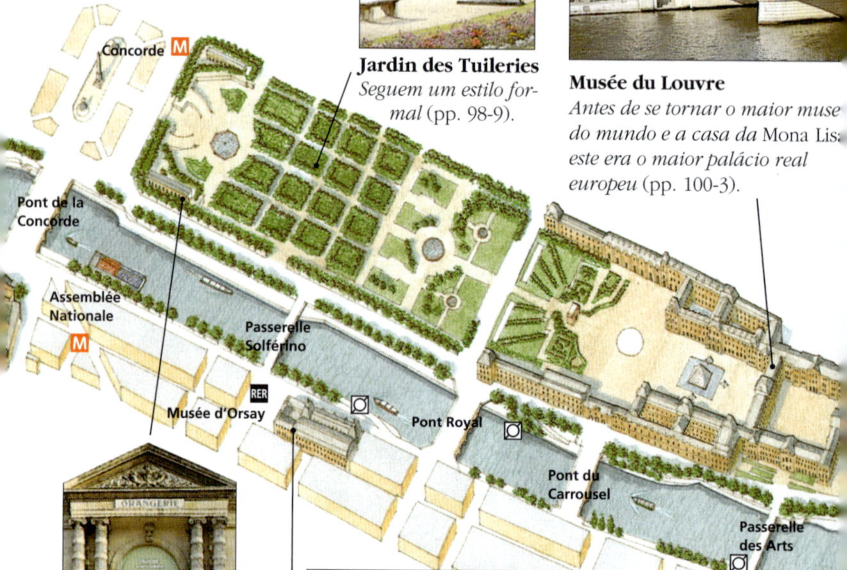

**Musée de la Orangerie**
*Expõe uma coleção de importantes quadros do século XIX* (p. 98).

**Musée d'Orsay**
*Antiga estação de trem, abriga a principal coleção de arte impressionista de Paris* (pp. 120-1).

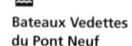

**A Passerelle des Arts**, de 1984, é a reconstrução da primeira ponte de ferro fundido de Paris (1804).

**Hôtel des Monnaies**, a Casa da Moeda, foi construído em 1778 e possui uma valiosa coleção de moedas e medalhões em suas antigas oficinas.

### CRUZEIROS BATOBUS

Embarque: **Torre Eiffel. Mapa** 6 D3. M Bir Hakeim. **Champs-Elysées. Mapa** 7 A1. M Champs-Elysées-Clemenceau. **Musée d'Orsay. Mapa** 8 D2. M Assemblée Nationale. **Louvre. Mapa** 8 D2. M Palais Royal-Musée du Louvre. **Hôtel de Ville. Mapa** 9 B4. M Hôtel de Ville. **Notre-Dame. Mapa** 9 B4. M St-Michel. **St-Germain des Prés. Mapa** 8 E3. M St-Germain des Prés. **Jardin des Plantes. Mapa** 13 C1. M Jussieu. *Partidas* meados fev-meados mar, meados nov-meados dez: 10h30-16h30 (17h30 meados dez-começo jan); meados mar-mai, 11 set-nov: 10h-19h (21h30 jun-ago), a cada 15-30min diariam. www.batobus.com

*Veja hotéis e restaurantes desta região nas pp. 550-5 e 600-6*

## COMO FAZER UM PASSEIO PELO SENA

### Bateaux Vedettes du Pont-Neuf
**Passeio pelo Sena**
Ponto de embarque:
**Square du Vert-Galant** (Pont Neuf). **Mapa** 8 F3. **Tel** 01 46 33 98 38.
M Pont Neuf.
RER Châtelet, St-Michel.
27, 58, 67, 70, 72, 74, 75. **Partidas** 15 mar-31 out: 10h30, 11h15, 12h, 13h30-22h30 diariam (a cada 30min); nov-14 mar: 10h30, 11h15, 12h, 14h-18h30 (a cada 45min), 20h, 21h, 22h seg-qui; 10h30, 11h15, 12h, 14h-18h30, 20h, 21h-22h (a cada 30min) sex-dom. **Duração** 1h. Aperitivos.

### Bateaux-Mouche
**Passeio pelo Sena**
Ponto de embarque:
**Pont de l'Alma**. **Mapa** 6 F1. **Tel** 01 42 25 96 10.
M Alma-Marceau.
RER Pont de l'Alma.
28, 42, 63, 72, 80, 81, 92. **Partidas** abr-set: 10h15-23h diariam (a cada 20-45 min); out-mar: 10h15-21h diariam (a cada 30-60 min). **Duração** 1h15 min. **Com almoço** 13h sáb, dom e feriados (embarque 12h15). **Com jantar** embarque 19h30-20h30 diariam **Duração** 2h15. Traje formal.
www.bateaux-mouches.fr

### Vedettes de Paris Île de France
**Passeio pelo Sena**
Principal ponto de embarque: **Port du Suffren**. **Mapa** 6 D3. **Tel** 01 44 18 19 50. M Bir-Hakeim, Trocadéro. RER Champ-de-Mars–Tour Eiffel. 22, 30, 32, 42, 44, 63, 69, 72, 82, 87. **Partidas** 10h30-22h diariam (11h-19h15 out-abr até 21h sáb-dom) (a cada 20-45 min). **Duração** 1h.
**Cruzeiro Champagne** 18h qui-sáb. Experimente três champanhes em 1h de viagem. **Com jantar** 20h sáb. **Duração** 2h30.
www.vedettesdeparis.com

### Bateaux-Parisiens Torre Eiffel
**Passeio pelo Sena**
Ponto de embarque:
**Pont d'Iéna** e **Quai de Montbello** (abr-nov).
**Mapa** 6 D2.**Tel** 0825010 101. M Trocadéro, Bir-Hakeim. RER Champ-de--Mars-Tour Eiffel. 42, 82. **Partidas** abr-set: 10h-22h30; out-mar: 10h30-22h (a cada 30 min). **Com almoço** 12h15 diariam. **Duração** 2h15. **Com jantar** Embarque 19h15-20h15 diariam. **Duração** 3h. Traje formal.
www.bateauxparisiens.com

---

### Île de la Cité
*Esta pequena ilha no Sena foi primeiramente habitada ao redor de 200 a.C. por uma tribo celta, os Parisii (pp. 82-3).*

### Conciergerie
*Durante a Revolução, este edifício, com suas torres características, foi uma prisão famosa (p. 83).*

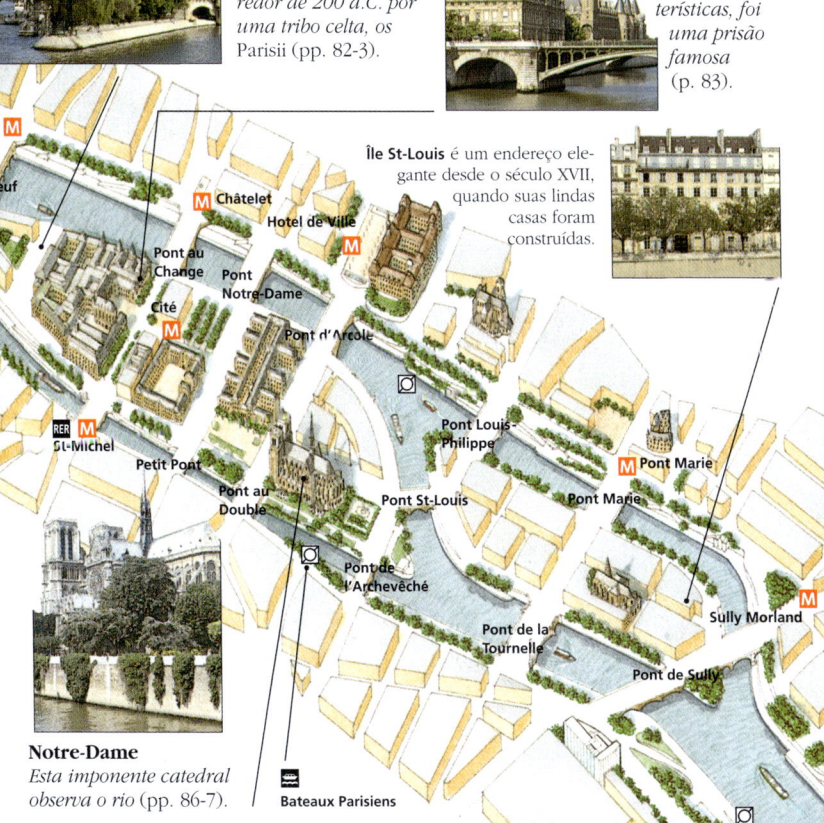

**Île St-Louis** é um endereço elegante desde o século XVII, quando suas lindas casas foram construídas.

### Notre-Dame
*Esta imponente catedral observa o rio (pp. 86-7).*

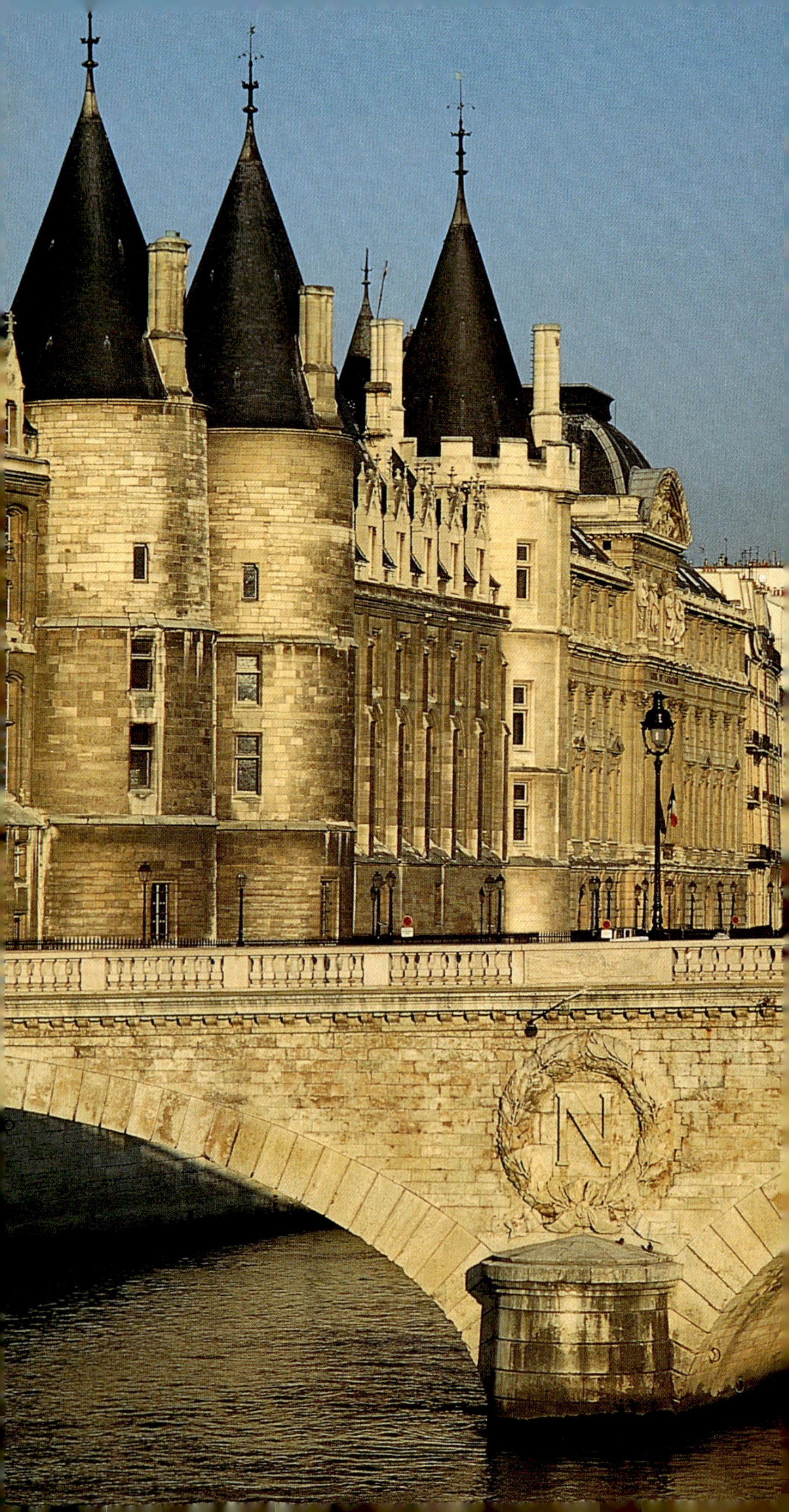

PARIS E ÎLE DE FRANCE 81

# ÎLE DE LA CITÉ, MARAIS E BEAUBOURG

O moderno Forum des Halles e o Centre Pompidou, no bairro de Beaubourg, dominam a Rive Droite. Eles estão em uma das áreas públicas mais movimentadas de Paris, por onde circulam milhões de turistas, consumidores e estudantes, que se alternam entre os dois pontos. Os jovens se encontram em Les Halles para comprar a última moda, mas evite a área à noite. As reformas para melhorias da região devem estar terminadas em 2017. Todos os caminhos aqui parecem levar ao Centre Pompidou, um conjunto *avant-garde* de tubos, dutos e cabos onde se encontra o Musée Nationale d'Art Moderne. Nas ruas pequenas ao redor desse centro há muitas galerias de arte, que ocupam prédios com frontões curvados e empenados. O Marais, nas proximidades, foi abandonado por seus residentes reais durante a Revolução, até ser resgatado na década de 1960. Desde essa época, é um endereço elegante, embora pequenos cafés, padarias e artesãos ainda ocupem as ruas. A Catedral de Notre-Dame, o Palais de Justice e a Sainte-Chapelle atraem os turistas à Île de la Cité, apesar da remodelação da ilha no século passado. No extremo leste, uma ponte a liga com a Île St-Louis, uma área residencial e arborizada, com mansões, que foi outrora um pântano utilizado para pastagens.

O emblema da cidade de Paris

## PRINCIPAIS ATRAÇÕES

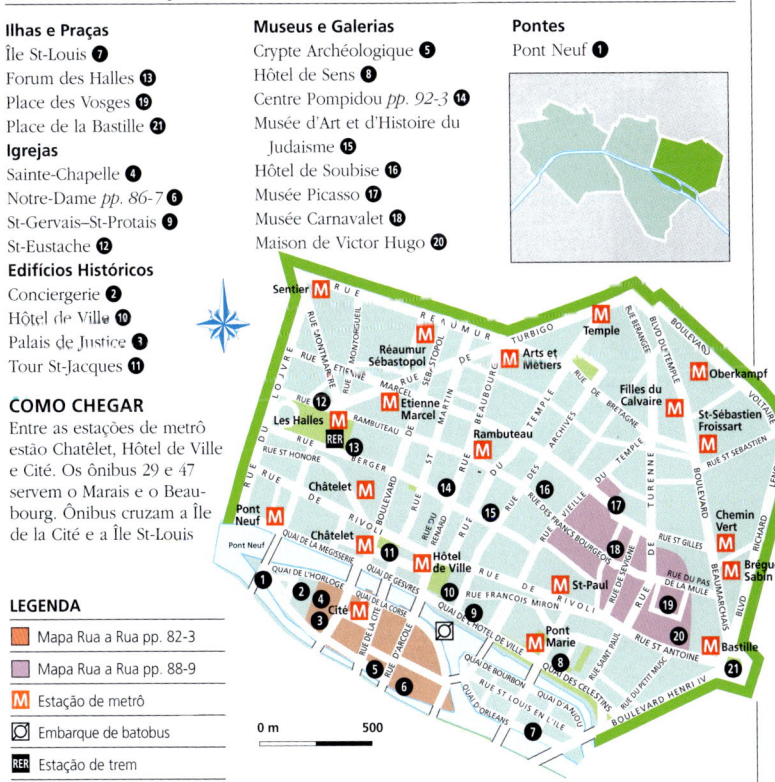

**Ilhas e Praças**
Île St-Louis ❼
Forum des Halles ❸
Place des Vosges ❶❾
Place de la Bastille ❷❶

**Igrejas**
Sainte-Chapelle ❹
Notre-Dame *pp. 86-7* ❻
St-Gervais–St-Protais ❾
St-Eustache ❷

**Edifícios Históricos**
Conciergerie ❷
Hôtel de Ville ❿
Palais de Justice ❸
Tour St-Jacques ⓫

**Museus e Galerias**
Crypte Archéologique ❺
Hôtel de Sens ❽
Centre Pompidou *pp. 92-3* ⓮
Musée d'Art et d'Histoire du Judaisme ⓯
Hôtel de Soubise ⓰
Musée Picasso ⓱
Musée Carnavalet ⓲
Maison de Victor Hugo ⓴

**Pontes**
Pont Neuf ❶

## COMO CHEGAR

Entre as estações de metrô estão Châtelet, Hôtel de Ville e Cité. Os ônibus 29 e 47 servem o Marais e o Beaubourg. Ônibus cruzam a Île de la Cité e a Île St-Louis

### LEGENDA

| | |
|---|---|
| 🟧 | Mapa Rua a Rua pp. 82-3 |
| 🟪 | Mapa Rua a Rua pp. 88-9 |
| Ⓜ | Estação de metrô |
| 🅱 | Embarque de batobus |
| RER | Estação de trem |

◁ Vista da Conciergerie e da Pont au Change

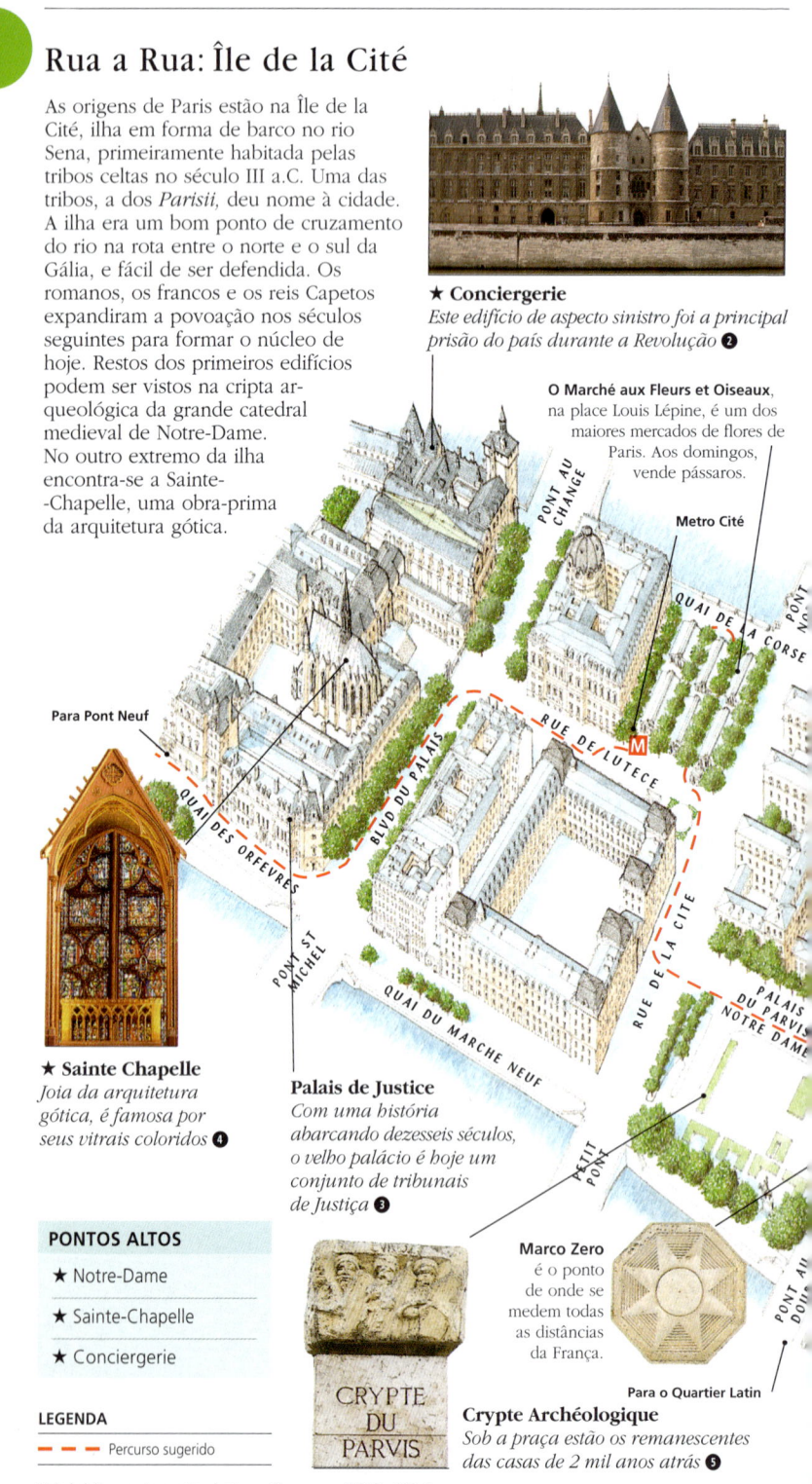

# Rua a Rua: Île de la Cité

As origens de Paris estão na Île de la Cité, ilha em forma de barco no rio Sena, primeiramente habitada pelas tribos celtas no século III a.C. Uma das tribos, a dos *Parisii*, deu nome à cidade. A ilha era um bom ponto de cruzamento do rio na rota entre o norte e o sul da Gália, e fácil de ser defendida. Os romanos, os francos e os reis Capetos expandiram a povoação nos séculos seguintes para formar o núcleo de hoje. Restos dos primeiros edifícios podem ser vistos na cripta arqueológica da grande catedral medieval de Notre-Dame. No outro extremo da ilha encontra-se a Sainte-Chapelle, uma obra-prima da arquitetura gótica.

★ **Conciergerie**
*Este edifício de aspecto sinistro foi a principal prisão do país durante a Revolução* ❷

O **Marché aux Fleurs et Oiseaux**, na place Louis Lépine, é um dos maiores mercados de flores de Paris. Aos domingos, vende pássaros.

**Metro Cité**

**Para Pont Neuf**

★ **Sainte Chapelle**
*Joia da arquitetura gótica, é famosa por seus vitrais coloridos* ❹

**Palais de Justice**
*Com uma história abarcando dezesseis séculos, o velho palácio é hoje um conjunto de tribunais de Justiça* ❸

**Marco Zero** é o ponto de onde se medem todas as distâncias da França.

**Para o Quartier Latin**

**Crypte Archéologique**
*Sob a praça estão os remanescentes das casas de 2 mil anos atrás* ❺

### PONTOS ALTOS
- ★ Notre-Dame
- ★ Sainte-Chapelle
- ★ Conciergerie

### LEGENDA
--- Percurso sugerido

*Veja hotéis e restaurantes desta região nas pp. 550-5 e 600-6*

# ÎLE DE LA CITÉ, MARAIS E BEAUBOURG

**O Hôtel Dieu**, o mais antigo hospital de Paris, foi fundado em 651 por São Landri, bispo de Paris.

**LOCALIZE-SE**
Guia de Ruas de Paris 8, 9

★ **Notre-Dame**
*Esta catedral, com sua magnífica rosácea na face sul e impressionantes gárgulas, é um dos mais belos exemplos da arquitetura gótica francesa* ❻

**Square Jean XXIII**, jardim com uma fonte neogótica inaugurada em 1844, oferece uma vista privilegiada do lado leste da catedral.

Pont Neuf, a mais velha da cidade

## Pont Neuf ❶

75001. **Mapa** 8 F3. Ⓜ *Pont Neuf, Cité.*

Apesar do seu nome (Ponte Nova), é a mais velha de Paris e foi imortalizada pelas mais importantes figuras literárias e artísticas desde a sua construção. A pedra fundamental foi lançada por Henrique III em 1578, mas foi Henrique IV quem a inaugurou e deu seu nome em 1607.

## Conciergerie ❷

1 Bd du Palais 75001. **Mapa** 9 A3. **Tel** 01 53 40 60 80. Ⓜ *Cité.* 9h30-18h diariam (9h-17h nov-fev) (última admissão 17h30). 1º jan, 1º mai, 25 dez. Disponíveis ingressos combinados com Sainte-Chapelle (p. 84) ligar antes.

Fazendo parte do Palais de Justice e ocupando a parte norte do velho palácio dos Capetos, a histórica Conciergerie serviu de prisão de 1391 a 1914. François Ravaillac, o assassino de Henrique IV, foi preso e torturado aqui em 1610.

Durante a Revolução, ela esteve superlotada, com mais de 4 mil prisioneiros, entre eles Maria Antonieta, presa em uma pequena cela até o dia de sua execução, em 1793. Aqui esteve presa também Charlotte Corday, que apunhalou o líder revolucionário Marat.

Apresenta *hall* gótico onde os guardas reais moraram. O edifício, reformado durante o século XIX, mantém a câmara de tortura do século XI e a torre do relógio do século XIV.

Relevo esculpido, no Palais de Justice

## Palais de Justice ❸

4 Boulevard du Palais (entrada pela 8 bd du Palais) 75001. **Mapa** 9 A3. **Tel** 01 44 32 52 52. Ⓜ Cité. ◯ 9h-18h seg.-sex. ● recesso ago; feriados.

Este grande bloco de edifícios que constituem os tribunais de Paris se estende ao longo de toda a Île de la Cité. O conjunto é esplêndido, com suas torres góticas ao longo da margem do rio. Desde a época dos romanos, quando foi a residência do governador, o local é ocupado. Foi sede do poder real até que Carlos V transferiu a corte para a região do Marais, após a sangrenta revolta de 1358. Em abril de 1793, o famoso Tribunal Revolucionário começou a realizar julgamentos na Première Chambre Civile. Hoje o local personifica o grande legado de Napoleão – o sistema judiciário francês.

## Crypte Archéologique ❺

Parvis Notre-Dame-Pl Jean Paul II 75004. **Mapa** 9 A4. **Tel** 01 55 42 50 10. Ⓜ Cité. ◯ 10h-18h ter-dom (últ. admissão 30min antes). ● 1º jan, 1º e 8 mai, 1º e 11 nov, 25 dez.

Situada sob o *parvis* (praça principal) de Notre-Dame e estendendo-se ao longo de 120m subterrâneos, a cripta foi inaugurada em 1980 como o museu de arqueologia de Paris.
Nela se encontram ruas e casas do período galo-romano, com sistema de aquecimento subterrâneo, partes da muralha defensiva da Lutécia romana do século III a.C. e ruínas da catedral. Maquetes explicam o desenvolvimento histórico de Paris desde o estabelecimento dos *Parisii*, a tribo celta que habitou a ilha há 2 mil anos e que deu nome à cidade.

## Notre-Dame ❻

*pp. 86-7.*

## Sainte-Chapelle ❹

6 bd du Palais 75001. **Mapa** 9 A3. 01 53 40 60 80. Ⓜ Cité. ◯ mar-out: 9h30-18h diariam; nov-fev: 9h-17h diariam. ● 1º jan, 1º mai, 25 dez. Disponíveis ingressos combinados com Conciergerie (p. 83). Proibidos objetos pontiagudos.

Etérea e mágica, Sainte-Chapelle tem sido aclamada como uma das maiores obras de arte do mundo ocidental. Era "um portão para o céu" para os devotos da Idade Média. Hoje o visitante se sente transportado pela luz intensa de seus quinze maravilhosos vitrais, separados por colunas muito finas que se erguem 15m até o teto pontilhado de estrelas. Eles representam mais de mil cenas bíblicas em um caleidoscópio de vermelho, ouro, verde e azul. Começando à esquerda, perto da entrada e no sentido do relógio, é possível reconstituir as escrituras desde a Gênese até a Crucificação e o Apocalipse.

A capela foi terminada em 1248 por Luís XI para abrigar o que se acreditava ser a Coroa de Espinhos de Cristo e fragmentos da verdadeira Cruz, agora no tesouro de Notre-Dame. O rei piedoso, que foi canonizado por suas boas obras, comprou essas relíquias sagradas do imperador de Constantinopla, pagando três vezes mais por elas do que toda a construção da capela.

O edifício hoje tem duas capelas separadas. A capela inferior, sombria, era usada pelos criados e funcionários menos credenciados da corte, enquanto a magnífica capela superior, alcançada por uma escada em espiral, estava reservada para a família real e os membros da corte. Uma janela muito discreta permitia que o rei participasse das celebrações sem ser visto.

Durante a Revolução, o edifício foi muito danificado e tornou-se um depósito. A Sainte-Chapelle foi restaurada um século mais tarde pelo arquiteto Viollet-le-Duc.

Hoje são realizados regularmente na capela concertos vespertinos de música clássica por sua excelente acústica.

O magnífico interior da Sainte-Chapelle

*Veja hotéis e restaurantes desta região nas pp. 550-5 e 600-6*

# Île St-Louis ❼

75004. **Mapa** 9 B-C4-5. Ⓜ *Pont Marie, Sully Morland.* **St-Louis-en-l'Île** 19 bis rue Saint-Louis en l'Île. **Tel** 01 46 34 11 60. ⏲ 9h30-13h, 14h-19h30 (19h dom e feriados). ⏲ feriados. **Concertos** www.saintlouisenlile.com

Passando a Pont St-Louis, da Île de la Cité, está a Île St-Louis, um pequeno conjunto de ruas calmas e ancoradouros na beira do rio. Luxuosos restaurantes e lojas são algumas das atrações da ilha, que também é sede da famosa sorveteria Berthellon.

Quase tudo na Île foi construído no século XVII, em estilo clássico. A igreja de **St-Louis-en-l'Île**, que terminou de ser construída em 1726, tem o interior em estilo barroco, decorado em mármore e dourado. O projeto foi feito pelo arquiteto da coroa, Louis de Vau, que também habitava a ilha.

A igreja está oficialmente unida à catedral de Cartago, na Tunísia, onde o corpo de São Luís está enterrado.

**Interior de St-Louis-en-l'Île**

# Hôtel de Sens ❽

1 rue du Figuier 75004. **Mapa** 9 C4. **Tel** 01 42 78 14 60. Ⓜ *Pont-Marie.* ⏲ 10h-19h30 qua-qui (a partir das 13h ter, sex, sáb). ⏲ feriados.

Um dos poucos edifícios medievais existentes em Paris, o Hôtel de Sens sedia a biblioteca de arte Forney. Durante o período da Liga Católica, no século XVI, tornou-se uma mansão fortificada e ocupada pelos Bourbons, pelos Guises e pelo cardeal de Pellevé, respectivamente.

# St-Gervais–St-Protais ❾

Pl St-Gervais 75004. **Mapa** 9 B3. **Tel** 01 48 87 32 02. Ⓜ *Hôtel de Ville.* ⏲ 5h30-21h diariam. **Concertos de órgão**

As origens desta igreja magnífica remontam ao século VI. Seu nome se deve a dois soldados romanos, Gervásio e Protásio, martirizados por Nero. Orgulha-se de ter uma das primeiras fachadas clássicas de Paris, de 1621, com um arranjo de três tipos de colunas: dórica, jônica e coríntia.

Atrás da fachada encontra-se uma igreja gótica tardia, famosa por sua música religiosa. Foi para o órgão dessa igreja que François Couperin (1668-1733) compôs suas missas.

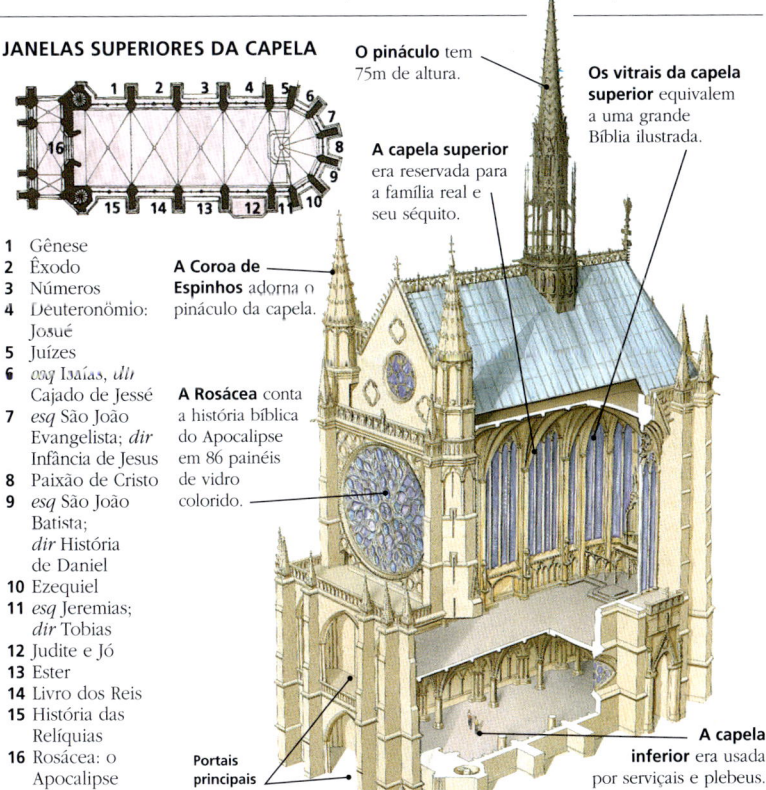

## JANELAS SUPERIORES DA CAPELA

1. Gênese
2. Êxodo
3. Números
4. Deuteronômio: Josué
5. Juízes
6. *esq* Isaías; *dir* Cajado de Jessé
7. *esq* São João Evangelista; *dir* Infância de Jesus
8. Paixão de Cristo
9. *esq* São João Batista; *dir* História de Daniel
10. Ezequiel
11. *esq* Jeremias; *dir* Tobias
12. Judite e Jó
13. Ester
14. Livro dos Reis
15. História das Relíquias
16. Rosácea: o Apocalipse

**O pináculo** tem 75m de altura.

**Os vitrais da capela superior** equivalem a uma grande Bíblia ilustrada.

**A capela superior** era reservada para a família real e seu séquito.

**A Coroa de Espinhos** adorna o pináculo da capela.

**A Rosácea** conta a história bíblica do Apocalipse em 86 painéis de vidro colorido.

**Portais principais**

**A capela inferior** era usada por serviçais e plebeus.

# Notre-Dame ❻

Nenhum outro edifício resume a história de Paris melhor do que a Notre-Dame. Construída no lugar de um templo romano, a catedral foi encomendada pelo bispo de Sully em 1159. A pedra fundamental foi lançada em 1163, dando início a dois séculos de trabalho por parte de exércitos de arquitetos e artesãos medievais. A catedral foi testemunha de grandes eventos da história francesa desde aquela época, inclusive a coroação de Henrique VI, em 1422, e Napoleão Bonaparte, em 1804. Durante a Revolução, o prédio foi profanado e rebatizado como Templo da Razão. Grandes reformas (inclusive o acréscimo de dois pináculos e de gárgulas) foram realizadas no século XIX.

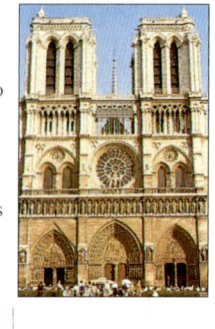

★ **Fachada Oeste**
*A fachada oeste, com sua bela proporção, é uma obra-prima da arquitetura gótica francesa.*

**387 degraus** conduzem ao topo da torre sul, onde se encontra o famoso sino Emanuel.

★ **Galerie des Chimères**
*As legendárias gárgulas* (chimères) *observam ameaçadoramente.*

★ **Rosácea Oeste**
*Um medalhão rico em vermelho e azul retrata a Virgem.*

### PONTOS ALTOS

- ★ Fachada Oeste e Portais
- ★ Arcobotantes
- ★ Rosáceas
- ★ Galerie des Chimères

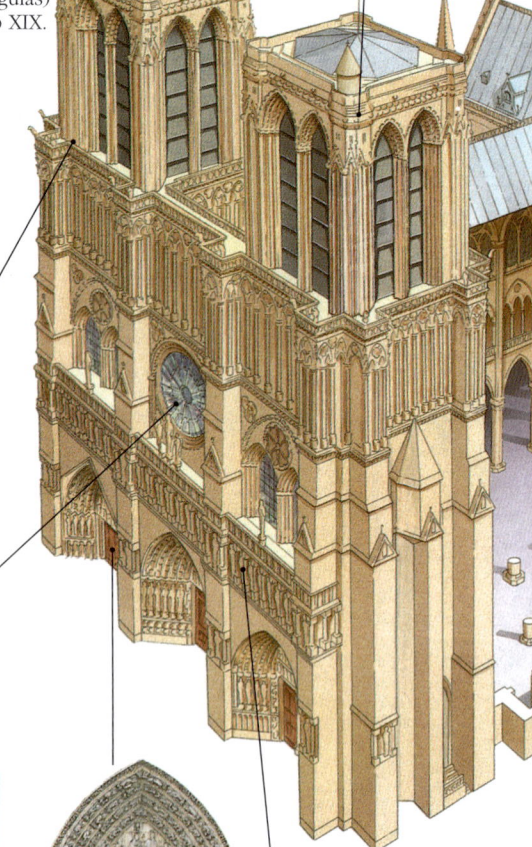

**A Galeria dos Reis** tem 28 imagens de pedra dos reis de Judá.

**Portal da Virgem**
*A Virgem, os santos e os reis que a cercam constituem uma bela composição do século XIII.*

Veja hotéis e restaurantes desta região nas pp. 550-5 e 600-6

ÎLE DE LA CITÉ, MARAIS E BEAUBOURG **8 7**

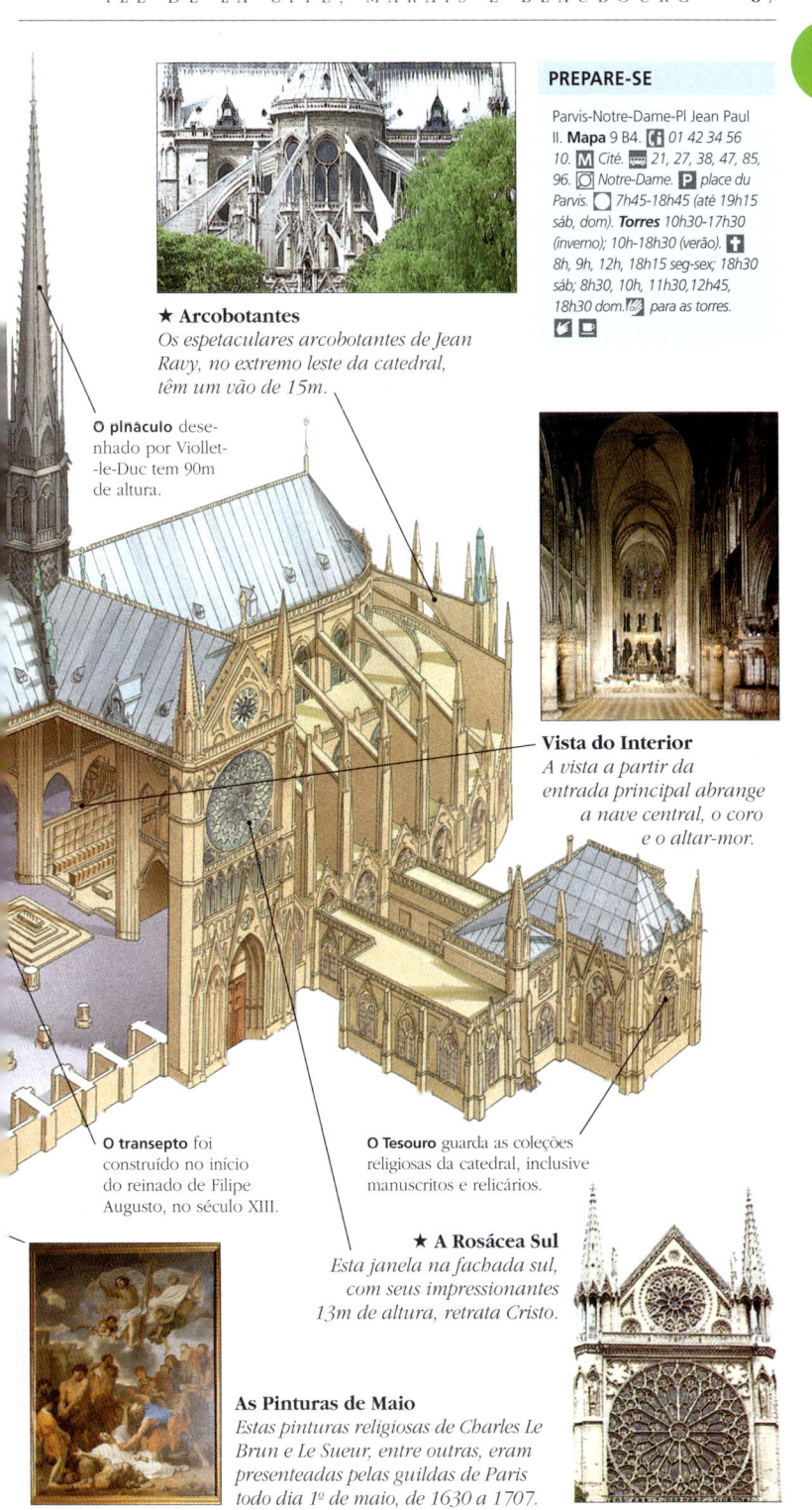

### ★ Arcobotantes
*Os espetaculares arcobotantes de Jean Ravy, no extremo leste da catedral, têm um vão de 15m.*

### PREPARE-SE

Parvis-Notre-Dame-Pl Jean Paul II. **Mapa** 9 B4. *01 42 34 56 10.* **M** *Cité.* 21, 27, 38, 47, 85, 96. *Notre-Dame.* **P** *place du Parvis.* 7h45-18h45 *(até 19h15 sáb, dom).* **Torres** *10h30-17h30 (inverno); 10h-18h30 (verão).* 8h, 9h, 12h, 18h15 seg-sex; 18h30 sáb; 8h30, 10h, 11h30,12h45, 18h30 dom. *para as torres.*

**O pináculo** desenhado por Viollet--le-Duc tem 90m de altura.

### Vista do Interior
*A vista a partir da entrada principal abrange a nave central, o coro e o altar-mor.*

**O transepto** foi construído no início do reinado de Filipe Augusto, no século XIII.

**O Tesouro** guarda as coleções religiosas da catedral, inclusive manuscritos e relicários.

### ★ A Rosácea Sul
*Esta janela na fachada sul, com seus impressionantes 13m de altura, retrata Cristo.*

### As Pinturas de Maio
*Estas pinturas religiosas de Charles Le Brun e Le Sueur, entre outras, eram presenteadas pelas guildas de Paris todo dia 1º de maio, de 1630 a 1707.*

# Rua a Rua: O Marais

Antigo pântano (*marais* significa pântano), o Marais desenvolveu-se gradualmente a partir do século XIV devido à sua proximidade com o Louvre, a residência preferida de Carlos V. Alcançou seu apogeu no século XVII, quando se tornou um bairro elegante das classes abastadas. Suntuosas mansões da época foram restauradas e são agora museus. Também aqui butiques chiques e da moda se misturam com pequenas lojas e restaurantes.

Para o Centre Pompidou

★ **Musée Picasso**
*Esta casa palaciana do século XVII, de um coletor de impostos, abriga a maior coleção de quadros de Picasso do mundo.* ❶

**Rue des Francs-Bourgeois,** construída em 1334, tem seu nome relacionado aos francos (*francs*) e aos asilos de pobres que ficavam nos números 34 e 36.

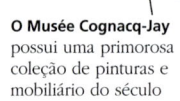

**O Musée Cognacq-Jay** possui uma primorosa coleção de pinturas e mobiliário do século

**O Hôtel de Lamoignon** foi construído em 1584 e abriga a biblioteca histórica de Paris.

**Rue des Rosiers,** o coração do mais antigo bairro judeu, conta com muitas casas do século XVIII, lojas e cafés que servem pratos como pastrami quente e *borscht*.

### LEGENDA

- - - Percurso sugerido

0 m            100

★ **Musée Carnavalet**
*Este museu ocupa duas grandes mansões e conta a história de Paris desde os tempos pré-históricos e galo-romanos.* ❶

*Veja hotéis e restaurantes desta região nas pp. 550-5 e 600-6*

# ÎLE DE LA CITÉ, MARAIS E BEAUBOURG

★ **Place des Vosges**
*Este lugar encantador é um oásis de paz e tranquilidade.* ⓫

**LOCALIZE-SE**
Guia de Ruas de Paris 9, 10

**Maison de Victor Hugo**
*Autor de* Os miseráveis, *Victor Hugo morou no nº 6 da Place des Vosges, hoje um museu de sua vida e obra.* ⓴

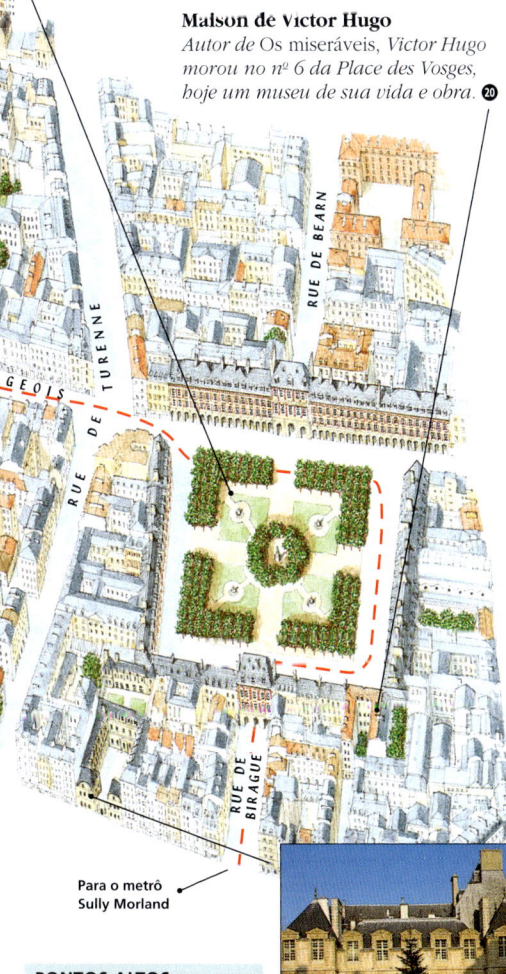

Para o metrô Sully Morland

**PONTOS ALTOS**

★ Musée Picasso

★ Musée Carnavalet

★ Place des Vosges

**Hôtel de Sully,** com seu pátio e sua *orangerie*, é uma elegante mansão renascentista.

## Hôtel de Ville ❿

Place de l'Hôtel de Ville 75004.
**Mapa** 9 B3. **Tel** *01 42 76 40 40*.
Ⓜ *Hôtel de Ville*.
⭘ *só para grupos: marcar antes (01 42 76 54 04).*
⬤ *feriados e cerimônias oficiais.* ♿

O Hôtel de Ville, a prefeitura de Paris, é uma reconstrução do século XIX, a partir da câmara municipal do século XVII, incendiada pelos revoltosos durante a Comuna de Paris, em 1871. É um ótimo exemplo da arquitetura requintada da Terceira República, com seus torreões e estátuas que dão para uma praça.

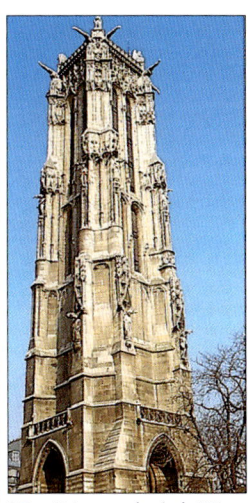

A Tour St-Jacques, do século XVI

## Tour St-Jacques ⓫

Square de la Tour St-Jacques 75004.
**Mapa** 9 A3. Ⓜ *Châtelet*.
⭘ *somente jardins.*

Esta imponente torre de 1523 – final do período gótico – é tudo o que resta de uma igreja medieval onde se reuniam os peregrinos que partiam para Santiago de Compostela, Espanha. O edifício foi destruído pelos revolucionários de 1797. Blaise Pascal, filósofo, matemático, físico e escritor do século XVII, utilizou a torre para suas experiências barométricas. Sua estátua se encontra na base da torre, hoje usada como estação meteorológica.

## St-Eustache ⓬

2 impasse St-Eustache 75001. **Mapa** 9 A1. **Tel** 01 12 36 31 05. Ⓜ *Les Halles.* 🚆 *Châtelet-Les-Halles.* ⓞ *9h30-19h seg-sex, 10h-19h sáb-dom.* ✝ *12h30 seg-sex, 18h sáb, 11h, 18h dom.* **Concertos**. www.saint-eustache.org

A planta gótica e a decoração renascentista fazem de St-Eustache uma das igrejas mais lindas de Paris. O interior monumental, as cinco naves e as capelas laterais e radiais lembram Notre-Dame. Os 105 anos de sua construção (1532-1637) assistiram ao florescimento do estilo renascentista na França, presente nos arcos, pilares e colunas.

St-Eustache foi cenário de muitos eventos importantes, inclusive o batismo do cardeal Richelieu, Madame de Pompadour e do dramaturgo Molière, os funerais de La Fontaine, Colbert (primeiro-ministro de Luís XIV) e o revolucionário Mirabeau. Foi aqui que Berlioz executou pela primeira vez o *Te Deum*, em 1885, e Liszt, sua *Missa Solene*, em 1886.

Hoje grupos de corais de talento se apresentam regularmente em St-Eustache e recitais de órgão são realizados aqui.

## Forum des Halles ⓭

75001. **Mapa** 13 A2. Ⓜ *Les Halles.* 🚆 *Châtelet-Les-Halles.* **Le Forum des Images**: *2 Rue du Cinéma.* ⓞ *12h30-23h30 ter-sex, 14h-23h30 sáb, dom.*

Conhecido simplesmente como Les Halles e construído em meio a muita controvérsia, no local onde funcionava antes o antigo mercado de frutas e verduras, o complexo ocupa uma área de 70 mil m², sendo em parte subterrâneo, e tem fama de ser um local perigoso, especialmente à noite. Os andares 2 e 3 no subsolo são ocupados por grande variedade de lojas – de butiques a enormes lojas de departamentos –, duas salas de cinema e um centro de pesquisa cinematográfico, Le Forum des Images. No nível da rua, há jardins, pérgolas e pequenos pavilhões. Para melhorar a área, uma grande reforma teve início em 2011.

St-Eustache e a escultura *A escuta*, de Henri de Miller

## Centre Pompidou ⓮

*pp. 92-3.*

## Musée d'Art et d'Histoire du Judaisme ⓯

Hôtel de St-Aignan, 71 rue du Temple 75003. **Mapa** 13 B2. **Tel** 01 53 01 86 60. Ⓜ *Rambuteau.* ⓞ *11h-18h seg-sex, 10h-18h dom.* ⓞ *feriados judaicos.* www.mahj.org

Este museu, instalado em uma mansão do Marais (o elegante Hôtel de St-Aignan), reúne acervos antes espalhados pela cidade e celebra a cultura judaica francesa, desde a Idade Média até o presente. Os visitantes aprendem que a comunidade judaica na França é relativamente grande desde o Império Romano e que alguns dos maiores sábios judeus – Rashi, Rabenu Tam, os Tosafistas – foram franceses. O museu exibe objetos tradicionais e religiosos, raros e artesanais, como prataria sofisticada, capas de Torá e tecidos feitos para uso na sinagoga e em casa. Fotografias, pinturas, desenhos e documentos históricos, incluindo alguns sobre o caso Dreyfus, também fazem parte da exposição.

## Hôtel de Soubise ⓰

60 rue des Francs-Bourgeois 75003. **Mapa** 9 C2. Ⓜ *Rambuteau.* ⓞ *10h-12h30, 14-17h30 seg, qua-sex; 14-17h30 sáb-dom.* ⓞ *feriados.*

Esta imponente mansão, construída de 1705 a 1709 para a princesa de Rohan, é um dos dois principais edifícios que abrigam os arquivos nacionais (o outro é o Hôtel de Rohan). O pátio é majestoso, e o interior foi decorado pelos melhores artistas de sua época.

Entre os itens mais notáveis aqui estão um trabalho em *rocaille* situado no salão oval e o testamento de Napoleão. Infelizmente, só se pode visitar o interior da mansão depois de obter permissão dos pesquisadores históricos.

## Musée Picasso ⓱

Hôtel Salé, 5 rue de Thorigny, 75003. **Mapa** 10 D2. 📞 *01 42 71 25 21.* Ⓜ *St-Sébastien Froissart.* ⓞ *9h30-17h30 qua-seg (18h abr-set).* ⓞ *1º jan, 25 dez.* 📷 ♿ *grupos somente com hora marcada.* www.musee-picasso.fr

Por ocasião da morte do artista espanhol Pablo Picasso (1881-1973), que passou a maior parte de sua vida na França, o Estado francês herdou um quarto de suas obras em lugar dos impostos de inventário. Estes trabalhos deram origem ao Musée Picasso inaugurado

*Mulher lendo* (1932), de Pablo Picasso

*Veja hotéis e restaurantes desta região nas pp. 550-5 e 600-6*

em 1986. O museu encontra-se instalado em um dos mais belos edifícios do Marais, o Hôtel de Salé. O prédio foi construído em 1656 para Aubert de Fontenay, coletor do temível imposto sobre o sal (*salé* quer dizer salgado).

O acervo conta com 200 quadros, 158 esculturas, 88 peças de cerâmica e cerca de 3 mil esboços e gravuras, uma coleção sem paralelo que ilustra a grande variedade da obra de Picasso, além de exemplos das suas fases azul, rosa e cubista.

Entre os destaques estão o *Autorretrato* do período azul, pintado aos 20 anos; *Natureza-morta com cadeira de bambu*, que introduziu a colagem no cubismo; o neoclássico *Flautas de Pan*, *A crucificação*.

O museu frequentemente cede peças para exposições, por isso algumas obras podem estar faltando. O museu fechou para reformas em agosto de 2009, e deve reabrir no fim de 2012.

Um magnífico teto pintado por Charles Le Brun no século XVII

## Musée Carnavalet ⓲

23 rue de Sevigné 75003. **Mapa** 10 D3. **Tel** 01 44 59 58 58. Ⓜ St-Paul. 10h-18h ter-dom (quartos abrem em rodízio; ligue para checar). feriados. com hora marcada. www.carnavalet.paris.fr

Dedicado à história de Paris desde a época dos romanos, este museu ocupa duas mansões contíguas. São salas totalmente decoradas, revestidas de painéis dourados, mobília e *objets d'art*, e muitas obras de arte, como pinturas, esculturas de personalidades importantes e gravuras que mostram como Paris foi construída.

O edifício principal é o Hôtel Carnavalet, de 1548, construído por Nicolas Dupuis. A famosa anfitriã dos literatos, Madame de Sévigné, morou aqui entre 1677 e 1696, recebendo a intelectualidade e escrevendo suas famosas cartas. Muitos de seus pertences podem ser vistos em exposição no primeiro andar, que abrange a era de Luís XIV.

O Hôtel le Peletier, do século XVII, inaugurado em 1989, exibe reconstruções maravilhosas de interiores do início do século XX e objetos da Revolução Francesa e da era napo- leônica. O pomar abriga uma nova seção dedicada a Paris pré-histórica e galo-romana. O acervo inclui embarcações descobertas em 1992 durante uma escavação arqueológica no Parc de Bercy, que desenterrou uma aldeia neolítica.

## Place des Vosges ⓳

75003, 75004. **Mapa** 10 D3. Ⓜ Bastille, St-Paul.

É uma praça perfeitamente simétrica, construída em 1605 por Henrique IV, considerada entre as mais belas do mundo. Trinta e seis casas, nove de cada lado, foram construídas sobre arcadas que hoje alojam o comércio de antiguidades e cafés elegantes. A praça já foi cenário de muitos eventos históricos ao longo dos séculos, inclusive um torneio de três dias para celebrar o casamento de Luís XIII com Ana da Áustria em 1615.

## Maison de Victor Hugo ⓴

6 place des Vosges 75004. **Mapa** 10 D4. **Tel** 01 42 72 10 16. Ⓜ Bastille. 10h-18h ter-dom. feriados. *Biblioteca* www.musee-hugo.paris.fr

O poeta, dramaturgo e romancista francês morou no segundo andar do antigo Hôtel de Rohan-Guéménée, a maior casa da Place des Vosges, de 1832 a 1848, e foi aqui que ele escreveu a maior parte de *Os miseráveis*. Alguns quartos em que ele morou foram reconstruídos, com sua escrivaninha, a mobília que fez seus desenhos a bico de pena e outros objetos que lembram alguns momentos cruciais de sua vida, da infância ao exílio, entre 1852 e 1870.

Há também exposições temporárias regularmente.

**Busto de mármore de Victor Hugo, por Rodin**

## Place de la Bastille ㉑

75004. **Mapa** 10 E4. Ⓜ Bastille.

Nada resta da prisão infame atacada pelos revolucionários em 14 de julho de 1789 – o estopim da Revolução Francesa.

A Colonne de Juillet, de 50m, encontra-se em meio ao tráfego atravancado da praça construída em honra das vítimas da revolução de julho de 1830. Do lado sul da praça (120 rue de Lyon), encontra-se a **Opéra National Bastille**, concluída em 1989, no bicentenário da Revolução Francesa.

A estátua do "gênio da liberdade", no alto da Collone de Juillet

# Centre Pompidou ⓮

O Pompidou é um edifício do avesso: escadas rolantes, elevadores, tubulações de ar e água e até as enormes vigas de aço que formam o esqueleto do prédio ficam à mostra. Isso permitiu que os arquitetos Richard Rogers, Renzo Piano e Gianfranco Franchini criassem uma área flexível para exposições. Entre os artistas expostos no museu estão Matisse, Picasso, Miró e Pollock, representando o Fovismo, o Cubismo e o Surrealismo. O Pompidou também apresenta com frequência exposições temporárias. Do lado de fora, na praça, multidões se reúnem para assistir artistas de rua.

**LEGENDA**
- Áreas com exposição
- Áreas sem exposição

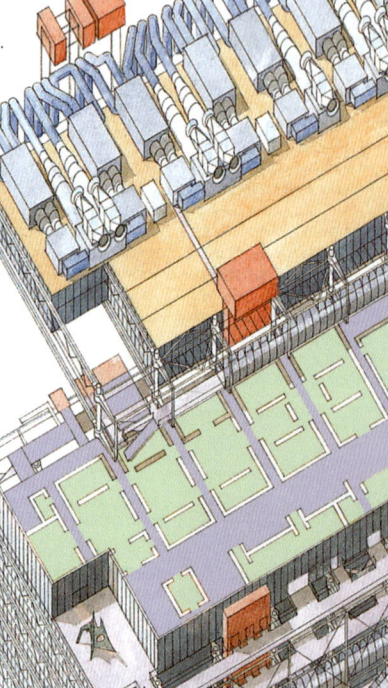

**De 1977**, este conjunto de vidro e aço, conhecido como Beaubourg, é a maior atração turística de Paris, atraindo mais de 7 milhões de visitantes por ano.

**Móbile em Dois Planos**
*(1955) O norte-americano Alexander Calder fez do móbile uma forma de arte.*

Para o Atelier Brancusi

## GUIA DO MUSEU
*No quinto andar ficam os trabalhos de 1905-60; arte contemporânea fica no quarto andar. No primeiro e no sexto andares ficam as mostras temporárias. A biblioteca se estende pelo segundo e terceiro andares. "The Forum" é um espaço público no subsolo, com cinema, lojas e áreas reservadas a workshops para crianças e apresentações.*

**Tristeza do Rei** *(1952)*
*Colagem criada por Matisse usando pedaços de papel pintados a guache.*

Veja hotéis e restaurantes desta região nas pp. 550-5 e 600-6

ÎLE DE LA CITÉ, MARAIS E BEAUBOURG

## PREPARE-SE

Centre d'Art et de Culture Georges Pompidou, pl G Pompidou, 75004. **Mapa** 9 B2. **Tel** 01 44 78 12 33. Rambuteau, Châtelet, Hôtel de Ville. 21, 29, 38, 47, 58, 69, 70, 72, 74, 75, 76, 81, 85, 96. Châtelet-Les-Halles. Centre G Pompidou. MNAM e mostras: 11h-22h qua-seg; Atelier Brancusi: 14h-18h seg, qua-sex; Biblioteca: 12h-22h qua-seg, 11h-22h sáb-dom.
www.cnac-gp.fr

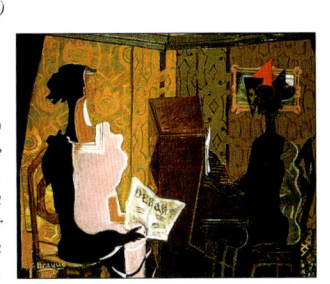

*Basin* e terraço de esculturas

**Retrato da Jornalista Sylvia von Harden** *(1926) A precisão do estilo de Otto Dix faz desta tela uma áspera caricatura.*

**Le Duo** *(1937) Braque, juntamente com Picasso, desenvolveu a técnica cubista de mostrar várias visões de um tema na mesma tela.*

**Com o Arco Negro** *(1912) A transição para o Abstracionismo, uma das principais formas de arte do século XX, pode ser apreciada nas obras de Wassily Kandinsky.*

**Fonte Stravinsky**
*Esta fonte, inaugurada em 1983, fica na place Igor Stravinsky perto do Centre Pompidou. Foi projetada pelos escultores Jean Tinguely e Niki de Saint Phalle – ambos estão representados no Centre Pompidou.*

## O ATELIÊ DE BRANCUSI

O Atelier Brancusi, na praça, no lado da rue Rambuteau, é uma reconstrução do ateliê do artista romeno Constantin Brancusi (1876-1957), que viveu e trabalhou em Paris. Ele legou toda sua coleção de obras para o Estado francês com a condição de que seu ateliê fosse reconstruído exatamente como era. O acervo inclui mais de 200 esculturas e colunas, 1.600 fotografias e as ferramentas que Brancusi utilizava para criar suas obras. Também estão expostos alguns de seus itens mais pessoais, como documentos, peças de mobília e sua coleção de livros.

**Interior do ateliê de Brancusi, projetado por Renzo Piano**

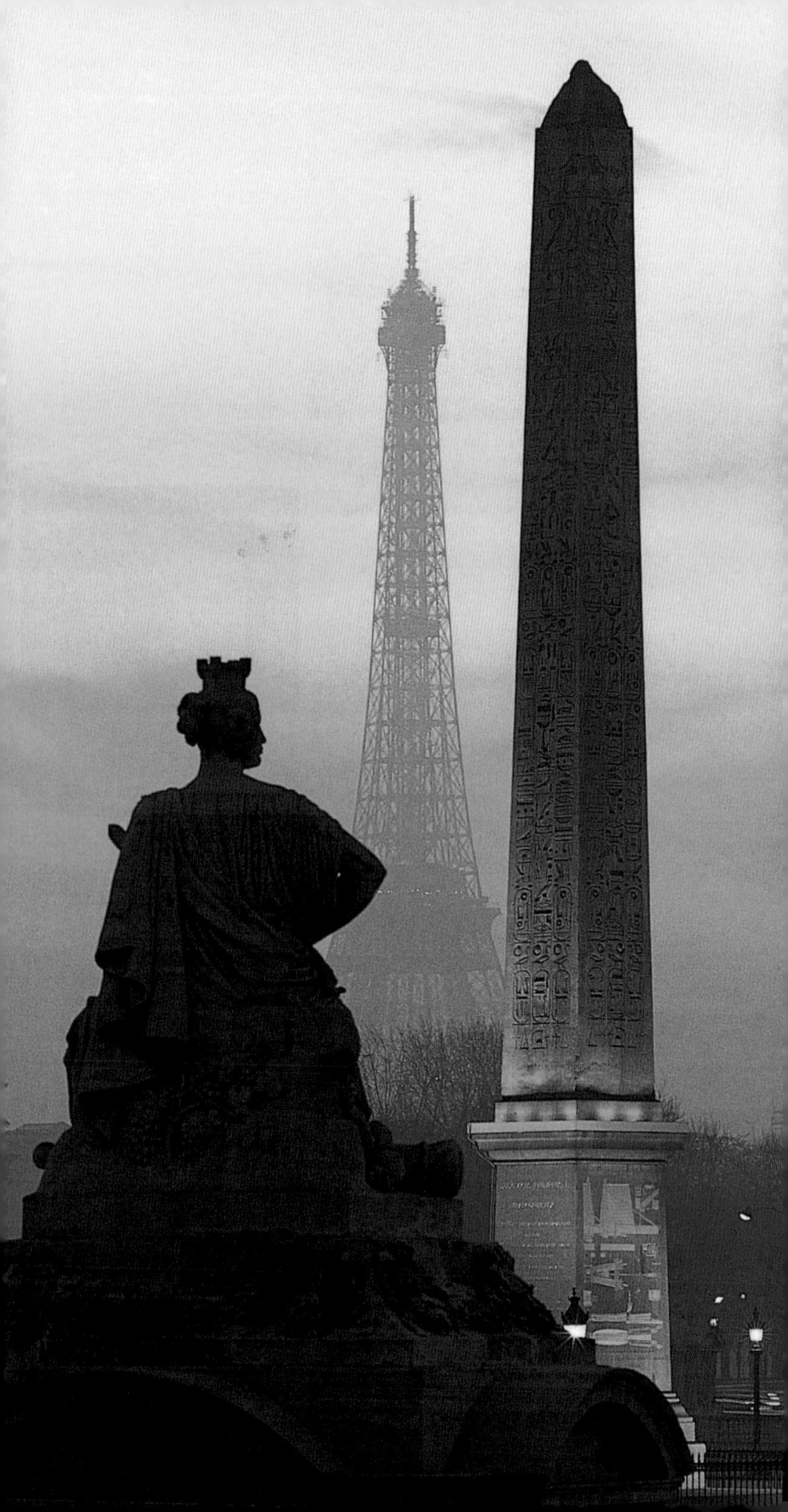

# TUILERIES E OPÉRA

A grandiosidade dos *grands boulevards* do século XIX do barão Haussmann serve de contraponto ao alvoroço dos banqueiros, público de teatro, compradores e turistas que passam pela área em volta da Opéra. A profusão de lojas e grandes magazines, que vão do muito caro ao popular, atrai multidões. Grande parte da área mais antiga de comércio se encontra nas arcadas do século XIX, de aço e com telhados de vidro. São conhecidas como *galleries* ou *passages* e foram restauradas na década de 1970. A Gallerie Vivienne, a mais elegante, tem o chão decorado com mosaicos. A Passage des Panoramas, a Passage Verdeau e a pequena Passage dos Princes lembram o velho estilo parisiense. Essas ruas têm curiosas lojas de todo o tipo, oferecendo de comidas saborosíssimas a livros e selos antigos.

As Tuileries ficam entre a Opéra e o rio – uma área limitada pela enorme Place de la Concorde a oeste e pelo Musée du Louvre a leste. O Louvre combina as maiores coleções de arte do mundo com a moderna pirâmide de vidro de I.M. Pei. Praças elegantes e jardins dão à região das Tuileries um caráter especial. Monumentos dedicados à monarquia e às artes coexistem com o luxo moderno. A Place Vendôme, onde ficam as mais finas lojas de joias e o luxuoso Hotel Ritz, é uma mistura de riqueza e elegância. Paralelas ao Jardin des Tuileries estão duas famosas ruas comerciais de Paris: a rue de Rivoli e a rue St-Honoré, que são repletas de butiques caras e livrarias, além de hotéis de luxo.

*Poste de luz com vestal, do lado de fora da Opéra*

## PRINCIPAIS ATRAÇÕES

**Museus e Galerias**
Galerie Nationale du Jeu de Paume ❻
Musée des Arts Décoratifs ⓫
Musée Grévin ❸
Musée du Louvre *pp. 100-3* ⓮
Musée de l'Orangerie ❽

**Praças, Parques e Jardins**
Jardin des Tuileries ❾
Place de la Concorde ❼
Place Vendôme ❺

**Monumentos**
Arc de Triomphe du Carrousel ⓬

**Edifícios Históricos**
Opéra National de Paris Garnier ❷
Palais Royal ⓭

**Igrejas**
La Madeleine ❶
St-Roch ❿

**Lojas**
Les Passages ❹

### COMO CHEGAR

Esta área é bem servida pelo sistema de metrô, com estações em Tuileries, Pyramides, Palais Royal, Madeleine e Opéra, entre outras. O ônibus 72 passa ao longo da Rue de Rivoli e quai du Louvre, enquanto os ônibus 21, 27, 29 e 81 servem a avenue de l'Opéra.

### LEGENDA

- Mapa Rua a Rua *pp. 96-7*
- M Estação de metrô
- ℹ Informação turística

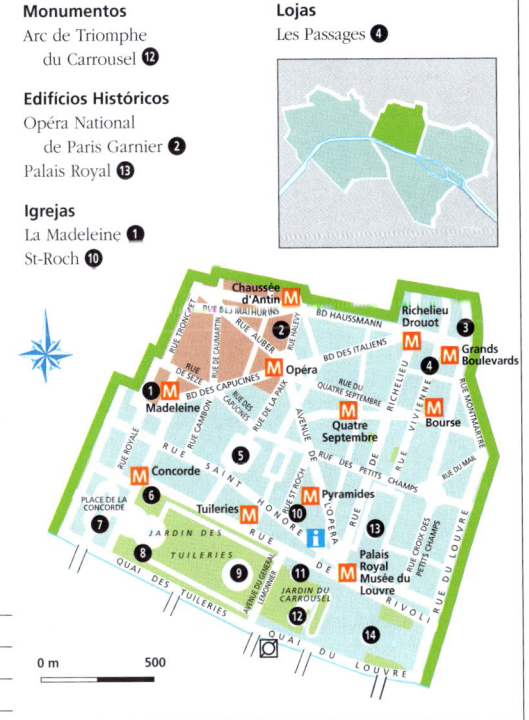

◁ **Vista da Place de la Concorde e do Obelisco**

# Rua a Rua: a Opéra

Dizem que, se uma pessoa se sentar por algum tempo no Café de la Paix, em frente à Opéra National Garnier, verá o mundo inteiro passar. Durante o dia, a área é um centro de comércio, turismo e compras, com enormes lojas de departamentos ao longo dos *grands boulevards*. À noite, os clubes e teatros atraem um público diferente, e os cafés ao longo do boulevard des Capucines vibram de animação.

**Estátua feita por Gumery, na Opéra**

★ **Opéra National de Paris Garnier**
*Inaugurada em 1875, esta imponente casa de ópera é o símbolo da opulência do Segundo Império.* ❷

## PONTOS ALTOS

★ La Madeleine

★ Opéra National de Paris Garnier

**No nº 26 da Place de la Madeleine** fica a Fouchon, a mais exclusiva loja de alimentos de Paris.

**Metrô Madeleine**

★ **La Madeleine**
*O modelo original da Madeleine está exposto no Musée Carnavalet (p. 91).* ❶

**Boulevard des Capucines** (nº 14), onde os irmãos Lumière fizeram a primeira apresentação cinematográfica pública no dia 28 de dezembro de 1895.

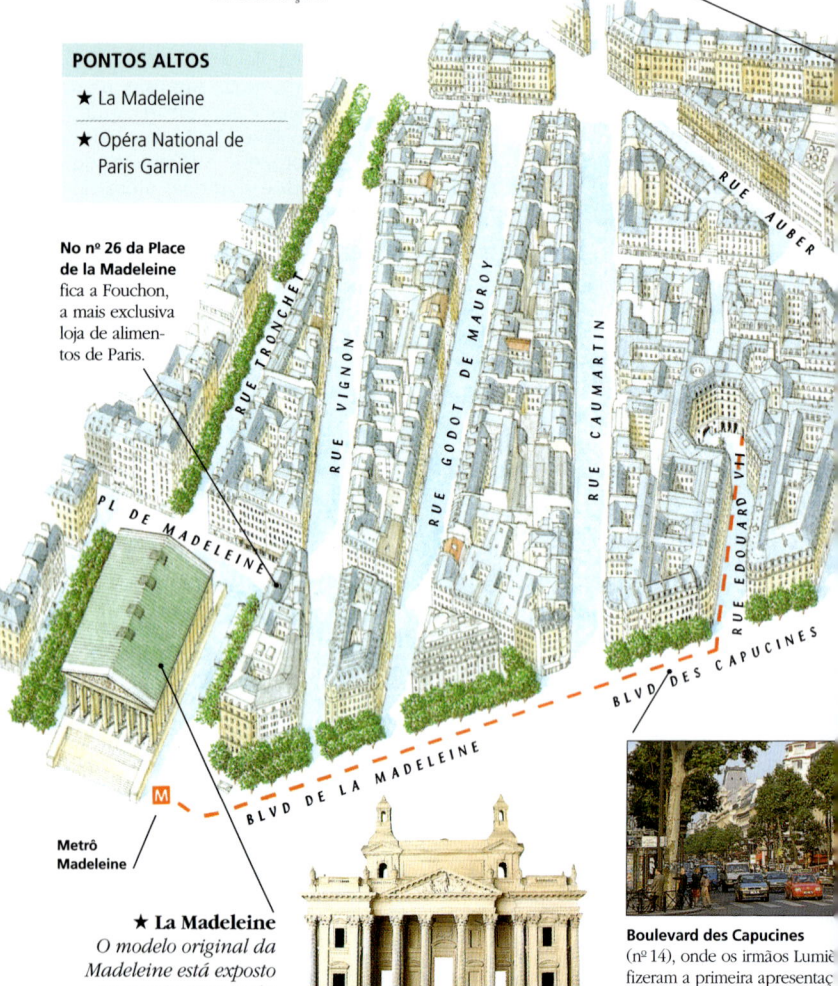

*Veja hotéis e restaurantes desta região nas pp. 550-5 e 600-6*

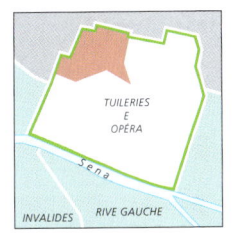

# TUILERIES E OPÉRA

**LOCALIZE-SE**
Guia de Ruas de Paris
4, 7 e 8

**Musée de l'Opéra** preserva as partituras de todos os balés e óperas representados aqui, além de objetos, como as sapatilhas usadas por Nijinsky.

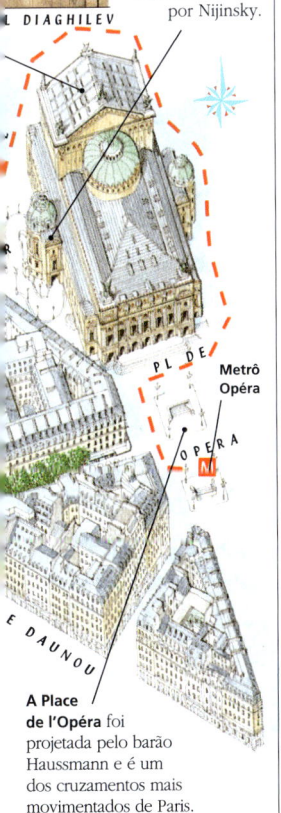

*Assunção de Maria Madalena, de Marochetti, na Madeleine*

## La Madeleine ❶

Pl de la Madeleine 75008. **Mapa** 3 C5. **Tel** 01 44 51 69 00. M Madeleine. ◯ 9h30-19h diariam. ✝ 12h30, 18h30 qui-sex, 18h sáb, 9h30, 11h, 19h dom.
📷 🚫 Concertos

Projetada como um templo grego, La Madeleine começou a ser construída em 1764, mas não foi consagrada até 1845. Durante esse período, cogitou-se transformá-la em banco, bolsa de valores ou teatro. Colunas coríntias circundam o edifício e sustentam um friso ornamentado com esculturas. Três domos coroam o interior, que é ricamente decorado com belas esculturas, mármore rosado e douraduras.

*Cartaz no Grévin*

## Opéra National de Paris Garnier ❷

Pl de l'Opéra 75009. **Mapa** 4 DF. 📞 08 92 89 90 90. M Opéra. ◯ 10h-16h30 diariam (até 21h30 jun-set e 12h30 nos dias de matinê). ● feriados. 🚫 www.operadeparis.fr

Projetado por Charles Garnier para Napoleão III em 1862, este extravagante edifício é comparado a um gigantesco bolo de noiva. A Guerra da Prússia e o levante de 1871 retardaram sua inauguração até 1875. O interior é famoso por sua magnífica escadaria de mármore de Carrara coroada por um imenso lustre, por seu auditório de cinco fileiras ornadas com veludo vermelho e dourado e pelo teto falso pintado por Chagall em 1964. Restaurada, recuperou seu esplendor. É usada principalmente para dança, mas divide as produções operísticas com a Opéra Bastille *(p. 150)*.

## Musée Grévin ❸

10 bd Montmartre 75009. **Mapa** 4 F4. **Tel** 01 47 70 85 05. M Grands Boulevards. ◯ 10h-18h30 seg-sex (19h sáb, dom e feriados). 🚫 www.grevin.com

Fundado em 1882, este museu de cera é hoje um marco em Paris, assim como o Madame Tussaud, em Londres. Exibe figuras em cenas históricas, como Luís XIV em Versalhes e a prisão de Luís XVI. Há também personalidades das artes, política, cinema e esportes. No primeiro andar fica um museu holográfico dedicado a "truques ópticos". O museu também tem um teatro com 320 cadeiras.

## Les Passages ❹

75002. **Mapa** 4 F5. M Bourse.

Entre o boulevard Montmartre e a rue St-Marc se concentram as arcadas de telhado de vidro do início do século XIX, conhecidas como *galeries* ou *passages*. O comércio é variado, uma mistura eclética de pequenas lojas que vendem desde joias de designers até livros raros.
A mais encantadora é a Galerie Vivienne (rue des Petits Champs), com chão de mosaico e ótima casa de chá.

---

A **Place de l'Opéra** foi projetada pelo barão Haussmann e é um dos cruzamentos mais movimentados de Paris.

**LEGENDA**

- - - Percurso sugerido

0 m        100

## Place Vendôme ❺

75001. **Mapa** 8 D1. Ⓜ *Tuileries.*

Talvez o melhor exemplo da elegância do século XVIII em Paris, o projeto da praça real do arquiteto Jules Hardouin-Mansart começou a ser colocado em prática em 1698. O plano original previa academias e embaixadas atrás das arcadas, mas os banqueiros foram chegando e construindo suntuosas mansões. Entre os "moradores" mais famosos estão Frédéric Chopin, que morreu em 1849 no nº 12, e César Ritz, que estabeleceu seu famoso hotel no nº 15.

*Ninfeias*, de Monet, no Musée de l'Orangerie

## Galerie Nationale du Jeu de Paume ❻

Jardin des Tuileries, place de la Concorde 75008. **Mapa** 7 C1. **Tel** 01 47 03 12 50. Ⓜ *Concorde.* 12h-21h ter, 12h-19h qua-sex, 10h-19h sáb. 1º jan, 1º mai, 25 dez. www.jeudepaume.org

O Jeu de Paume (jogo de palma) foi construído por Napoleão III, em 1851, originalmente como um par de quadras de tênis, na parte norte do jardim do Palais des Tuileries. Os pátios depois foram transformados em galeria de arte e espaço para exposição. O Jeu de Paume tem exposições temporárias de arte contemporânea e abriga o Centre National de la Photographie.

## Place de la Concorde ❼

75008. **Mapa** 7 C1. Ⓜ *Concorde.*

Uma das praças mais suntuosas e históricas da Europa, foi um pântano até meados do século XVIII. Tornou-se a praça Luís XV em 1775, quando o rei solicitou ao arquiteto real Jacques-Ange Gabriel que projetasse um local adequado para sua estátua equestre.

O monumento durou menos de vinte anos – foi substituído pela guilhotina (a Viúva Negra, como ficou conhecida) – e a praça passou a ser chamada de Place de la Révolution. No dia 21 de janeiro de 1793, Luís XVI foi decapitado na praça, seguido por outras 1.300 vítimas, como Maria Antonieta, Madame du Barry, Charlotte Corday (a assassina de Marat) e até mesmo os líderes revolucionários Danton e Robespierre.

A praça banhada em sangue foi denominada, com otimismo, "da Concórdia", depois do fim do Reinado do Terror, em 1794. Algumas décadas depois, o obelisco de Luxor, de 3.200 anos, foi doado ao rei Luís Filipe como um presente do vice-rei do Egito (o mesmo que doou a Agulha de Cleópatra, que está em Londres).

No lado norte da Place de la Concorde, na rue Royale, há duas das mansões neoclássicas de Gabriel: o Hôtel de la Marine e o imperdível Hôtel Crillon.

*Obelisco de Luxor, de 3.200 anos*

## Musée de l'Orangerie ❽

Jardin des Tuileries, place de la Concorde 75001. **Mapa** 7 C1. **Tel** 01 44 77 80 07. Ⓜ *Concorde.* 9h-18h qua-seg. 1º mai, 25 dez. com hora marcada. www.musee-orangerie.fr

As pinturas do auge da carreira de Monet, parte da série de ninfeias, encontram-se em dois salões ovais no piso superior. Conhecidas como *Ninfeias*, elas foram pintadas, em sua maioria, entre 1899 e 1921, no jardim do artista em Giverny.

Este maravilhoso trabalho está complementado pela coleção Walter-Guillaume, com 27 telas de Renoir, incluindo o célebre *Moças ao piano*, obras expressivas de Soutine e catorze Cézannes, entre eles O *rochedo vermelho*. Picasso está representado por alguns de seus primeiros trabalhos, caso de *As banhistas*, e Rousseau por nove quadros. Há também obras de Matisse, Derain, Utrillo e Modigliani.

## Jardin des Tuileries ❾

75001. **Mapa** 8 D1. Ⓜ *Tuileries, Concorde.* 7h-21h abr-mai; 7h-23h jun-ago; 7h-21h set; 7h30-19h30 out-mar.

Estes jardins pertenciam ao Palais des Tuileries, arrasado pelos revolucionários da Comuna, em 1871. André Le Nôtre desenhou os jardins no século

XVII e criou uma avenida central larga e enfeitada com plantas agrupadas em desenhos geométricos. Uma reforma em curso criou um novo jardim, com limoeiros e castanheiras, além de modernas esculturas.

## St-Roch ❿

284 rue St-Honoré 75001. **Mapa** 8 E1. **Tel** *01 42 44 13 20.* Tuileries. 8h30-19h diariam. feriados não religiosos. **Concertos**

Trata-se de uma igreja enorme desenhada por Jacques Lemercier, arquiteto do Louvre. Sua pedra fundamental foi lançada por Luís XIV em 1653. É um tesouro em obras de arte, sendo que muitas peças vieram de igrejas e monastérios que desapareceram. Os túmulos do dramaturgo Corneille, de Le Nôtre e do filósofo Diderot se encontram aqui.

*St-Denis pregando aos gauleses, de Vien (1767), em St-Roch*

## Musée des Arts Décoratifs ⓫

Palais du Louvre, 107 rue de Rivoli 75001. **Mapa** 8 E2. **Tel** *01 44 55 57 50.* Palais Royal, Tuileries. 11h-18h ter-dom (até 21h qui). **Biblioteca** feriados. **www**.lesartsdecoratifs.fr

Este museu ocupa a ala noroeste do Palais du Louvre (com o Musée de la Publicité e com o Musée de la Mode et du Textile) e oferece uma mistura eclética de arte decorativa e design, da Idade Média aos dias de hoje. Olhe as salas em Art Déco e Art Nouveau, inclusive a reconstrução da casa da costureira Jeanne Lanvin. Outros andares exibem estilos de decoração e mobília Luís XIV, XV e XVI. Designers contemporâneos também estão representados. O restaurante tem uma vista dos jardins da Tuileries de tirar o fôlego.

*As Colunas de Buren, no pátio principal do Palais Royal*

## Arc de Triomphe du Carrousel ⓬

Place du Carrousel 75001. **Mapa** 8 E2. Palais Royal.

Este arco de mármore rosa foi construído por Napoleão para celebrar vários triunfos militares, especialmente a batalha de Austerlitz, em 1805. As estátuas que coroam o arco foram acrescentadas em 1828 e são cópias dos cavalos de São Marcos, que Napoleão roubou de Veneza e foi obrigado a devolver após a derrota na batalha de Waterloo, em 1815.

## Palais Royal ⓭

Place du Palais Royal 75001. **Mapa** 8 E1. Palais Royal. **Prédios** ao público.

A história deste palácio real foi turbulenta. Construído pelo cardeal Richelieu no início do século XVII, passou à coroa por ocasião de sua morte e foi a residência de Luís XIV quando criança. Durante o século XVIII, sob as ordens dos duques de Orléans, passou a ser lugar de encontros brilhantes, entremeados de períodos de jogatina e libertinagem. Daqui soou o toque de clarim da Revolução, levantando a multidão que atacou a Bastilha em 14 de julho de 1789.

Hoje a parte sul do prédio abriga os Conselhos de Estado e o Ministério da Cultura. A oeste do palácio, no nº 2 da rue de Richelieu, está a Comédie Française, criada por Luís XIV em 1680. A parte posterior do palácio é ocupada por lojas de luxo, onde nomes famosos, como Colette e Cocteau, moraram.

*A vitória e sua carruagem, sobre o Arc de Triomphe du Carrousel*

## Musée du Louvre ⓮

O Louvre tem uma das mais importantes coleções de arte do mundo, e sua história vem dos tempos medievais. Foi uma fortaleza construída em 1190 pelo rei Filipe Augusto para proteger Paris dos ataques vikings. Francisco I substituiu a torre de prisão por um edifício em estilo renascentista. Depois, quatro séculos de reis e imperadores melhoraram e ampliaram o museu. Os visitantes devem solicitar no balcão de informações a grade de horários de abertura das salas, pois algumas delas ficam fechadas em dias determinados.

Fachada leste do Louvre, de frente para St-Germain l'Auxerrois

**O Jardin du Carrousel** foi outrora o acesso ao Palais de Tuileries, que pegou fogo em 1871, por obra dos insurgentes da Comuna de Paris.

### CONSTRUINDO O LOUVRE

O Louvre foi ampliado por uma sucessão de governantes.

**PRINCIPAIS ALTERAÇÕES**

- Francisco I (1515-47)
- Catarina de Medici (c. 1560)
- Henrique IV (1589-1610)
- Luís XIII (1610-43)
- Luís XIV (1643-1715)
- Napoleão I (1804-15)
- Napoleão III (1852-70)
- I.M. Pei (1989) – arquiteto

**O Carrousel du Louvre**, um conjunto subterrâneo para visitantes com galerias, vestiários, lojas, banheiros, estacionamento e balcão de informações, está sob o Arc de Triomphe du Carrousel.

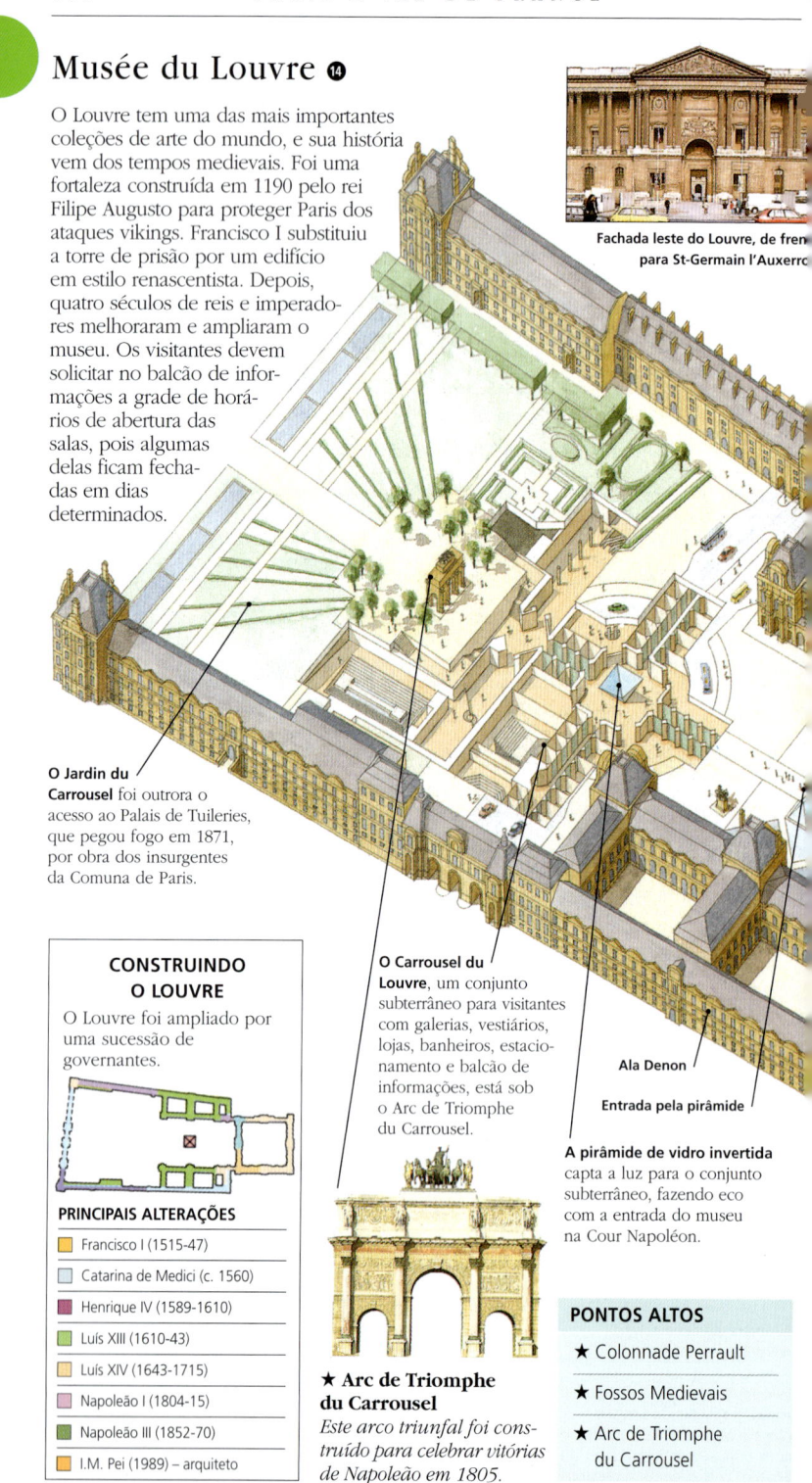

**Ala Denon**

**Entrada pela pirâmide**

**A pirâmide de vidro invertida** capta a luz para o conjunto subterrâneo, fazendo eco com a entrada do museu na Cour Napoléon.

★ **Arc de Triomphe du Carrousel**
*Este arco triunfal foi construído para celebrar vitórias de Napoleão em 1805.*

### PONTOS ALTOS

★ Colonnade Perrault

★ Fossos Medievais

★ Arc de Triomphe du Carrousel

*Veja hotéis e restaurantes desta região nas pp. 550-5 e 600-6*

## A PIRÂMIDE DE VIDRO

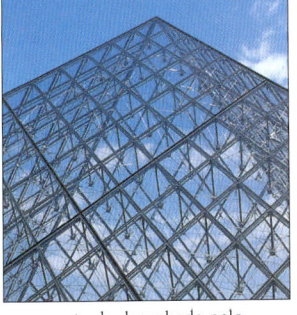

Os primeiros planos para a modernização e expansão do Louvre foram idealizados em 1981. Previam a transferência do Ministério das Finanças da ala Richelieu do Louvre para novos escritórios em outro lugar, assim como uma nova entrada desenhada pelo arquiteto I.M. Pei em 1989. Feita de metal e vidro, a pirâmide permite que o visitante veja os edifícios ao redor do palácio, além de iluminar a área de recepção no subsolo.

### PREPARE-SE

**Mapa** 12 E2. *Venda automática de ingressos no Carrousel du Louvre, 99, rue de Rivoli, 75001.* Ⓜ *Palais Royal, Musée du Louvre.* 🚌 *21, 24, 27, 39, 48, 68, 69, 72, 81, 95.* RER *Châtelet-Les-Halles.* *Louvre.* Ⓟ *Carrousel du Louvre (entrada pela ave du General Lemonnier); pl du Louvre, rue St-Honoré.* ⌚ *9h-18h seg, qui, sáb-dom; 9h-22h qua e sex. Salas que contam a história do Louvre somente sáb.* ✖ *1º jan, 1º mai, 25 dez.* 🎟 *grátis 1º dom de cada mês, menores de 18. Preço reduzido Noturnas depois das 18h.* ♿ *parcial 01 40 20 59 90.* ✉ *marcar hora 01 40 20 52 09.* *conferências, filmes, concertos 01 40 20 55 55.* 🍴 📖 💻
**www.louvre.fr Reservas:**
**www.ticketweb.com**

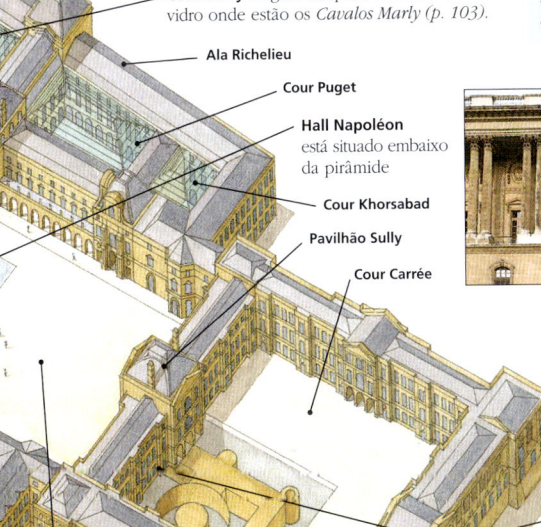

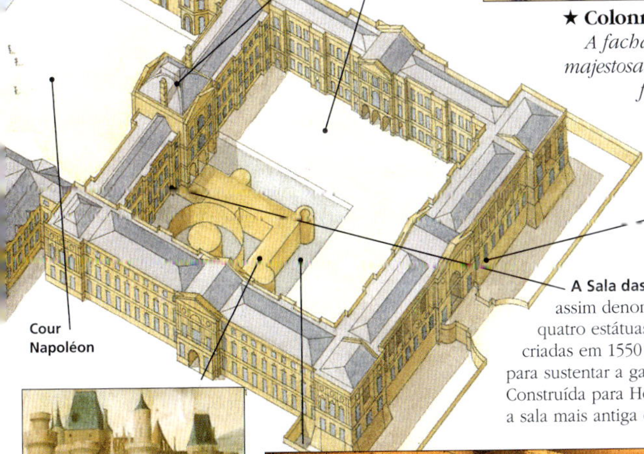

**Cour Marly** é agora um pátio com teto de vidro onde estão os *Cavalos Marly (p. 103).*

**Ala Richelieu**

**Cour Puget**

**Hall Napoléon** está situado embaixo da pirâmide

**Cour Khorsabad**

**Pavilhão Sully**

**Cour Carrée**

**Cour Napoléon**

### ★ Colonnade de Perrault
*A fachada leste com sua majestosa fileira de colunas foi construída por Claude Perrault, que trabalhou com Louis Le Vau em meados do século XVII.*

**A Sala das Cariátides** é assim denominada devido às quatro estátuas monumentais criadas em 1550 por Jean Goujon para sustentar a galeria superior. Construída para Henrique II, é a sala mais antiga do palácio.

**O Louvre de Carlos V**
*Por volta de 1360, Carlos V transformou a fortaleza de Filipe Augusto em uma residência real.*

### ★ Fossos Medievais
*A base das torres gêmeas e o apoio da ponte elevadiça da fortaleza de Filipe Augusto ainda podem ser vistos.*

# O Acervo do Louvre

Devido ao tamanho da coleção do Louvre, é interessante estabelecer uma hierarquia antes de começar. A coleção de pinturas europeias (1400-1848) é abrangente, com mais da metade das obras de artistas franceses. As coleções de antiguidades orientais, egípcias, gregas, etruscas e romanas foram renovadas, com numerosas aquisições e tesouros raros. Entre os *objets d'art* expostos estão mobiliário e joias.

*A balsa da Medusa*, de Théodore Géricault (1819)

As obras posteriores estão no Musée d'Orsay *(pp. 120-1)*. Um quadro que chama a atenção é o retrato de Carlos VII, de Jean Fouquet. O pintor da melancolia do século XVIII, J.A. Watteau, está presente, assim como J.H. Fragonard, mestre do rococó, cujo interesse por assuntos frívolos fica claro em *As banhistas*, de 1770.

## ESCULTURA EUROPEIA: 1100 A 1848

As esculturas da coleção, flamengas e alemãs, são obras-primas, tais como o trabalho de Tilman Riemenschneider, *Virgem da anunciação*, do fim do século XV, e um nu em tamanho natural da penitente Maria Madalena, de Gregor Erhart (início do século XVI). Uma obra importante de Adrian de Vries, *Mercúrio e psique*, de 1593, foi originalmente feita para a corte de Rodolfo II em Praga.

A seção francesa começa com trabalhos românicos como a figura de Cristo de um escultor da Borgonha do século XII e a cabeça de São Pedro. Com seus oito pranteadores encapuzados, a tumba de Philippe Pot (um alto funcionário da Borgonha) é uma das peças extraordinárias. Diana de Poitiers, amante de Henrique II, tinha uma estátua grande de sua homônima Diana, deusa da caça, no pátio de de seu castelo no oeste de Paris. Hoje essa estátua está exposta no Louvre.

## PINTURA EUROPEIA: 1200 A 1848

A pintura do norte e centro da Europa (flamenga, holandesa, alemã e inglesa) está bem representada. Um dos trabalhos flamengos mais antigos é de Jan van Eyck: *A Virgem de Autun* (c.1435) retrata o chanceler Rolin, da Borgonha, ajoelhado em oração perante a Virgem e o Menino. O quadro de Hieronymus Bosch, *Barco dos loucos* (1500), é uma sátira à futilidade da existência humana. Na coleção holandesa destacam-se o *Autorretrato* de Rembrandt e seus *Discípulos em Emmaús* (1648) e *Betsebá* (1654).

Os três mais importantes pintores alemães dos séculos XV e XVI estão representados por obras importantes: um *Autorretrato* (1493), de Albrecht Dürer, a *Vênus* (1529), de Lucas Cranach, e o *Retrato de Erasmo* (o grande humanista), de Hans Holbein.

A coleção de quadros italianos é grande e abrange o período de 1200 até 1800. Os pais dos primórdios da Renascença, Cimabue e Giotto, estão representados, assim como Fra Angélico, com *A coroação da Virgem* (1430), e Rafael, com o grandioso retrato do conde Baldassare Castiglione (1514-5). Várias pinturas de Leonardo da Vinci, como *A Virgem com o Menino Jesus e Santa Ana*, são tão encantadoras quanto a *Mona Lisa*. A coleção de telas francesas do Louvre vai do século XIV a 1848.

*Mona Lisa* (c.1504), de Leonardo da Vinci

Tumba de Philippe Pot (fim do século XV), de Antoine le Moiturier

**Os famosos *Cavalos de Marly* (1745), de Guillaume Coustou**

Trabalhos do escultor francês Pierre Puget (1620-94) estão reunidos no pátio Puget. Eles incluem a figura de Milón de Crotona – o atleta grego cuja mão ficou presa em uma fenda de um toco de árvore e foi devorado por um leão. Os *Cavalos de Marly* estão no pátio Marly, com outras obras-primas da escultura francesa, incluindo bustos de homens famosos, como Diderot e Voltaire, de autoria de Jean-Antoine Houdon (século XIX). A coleção de escultura italiana inclui obras esplêndidas, como os dois escravos de Michelangelo e a *Ninfa de Fontainebleau*, de Benvenuto Cellini.

## ANTIGUIDADES EGÍPCIAS, GREGAS, ETRUSCAS E ROMANAS

O Louvre passou por uma revisão que renovou o acervo de antiguidades. Há objetos do período neolítico até a queda do Império Romano. Entre as peças em exposição estão vidrarias de 600 a.C. Peças importantes de arte da Mesopotâmia incluem um dos mais antigos documentos legais do mundo, um bloco de basalto com um código do rei Hamurabi da Babilônia, de 1700 a.C.

Os guerreiros assírios estão representados por delicadas talhas e uma espetacular reconstrução de parte do palácio de Sargão II (722-705 a.C.), com seus enormes touros alados. Belos exemplos de arte persa são os tijolos esmaltados representando a guarda pessoal de arqueiros do rei da Pérsia (século V a.C.).

A maior parte da arte egípcia era feita para os mortos, que tinham tudo o que fosse necessário para a vida futura.

Exemplos incluem vários retratos funerários em tamanho real, como o *Escriba Sentado* e esculturas de casais.

O departamento de antiguidades gregas, romanas e etruscas contém um vasta coleção de fragmentos, com algumas peças excepcionais. Há uma cabeça geométrica das Cíclades (2700 a.C.) e uma tigela elegante com um pescoço de cisne, martelada em folha de ouro (2500 a.C.). As duas estátuas gregas mais famosas são a *Vitória da Samotrácia* e a *Vênus de Milo*, ambas do período helenístico (fim do século III e II a.C.), quando se produziram formas humanas mais naturais.

A estrela indiscutível da coleção etrusca é um sarcófago em terracota de um casal que parece estar presente a um eterno banquete, enquanto o destaque da seção romana é a cabeça de bronze do imperador romano Adriano, do século II.

**Vênus de Milo (Grécia, final do século II a.C.)**

**Escriba sentado (c. 2.500 a.C.), uma escultura funerária em tamanho natural**

## OBJETOS DE ARTE

Este termo abrange uma grande variedade de itens: joias, relógios de parede, relógios de pulso, tapeçaria, miniaturas, prataria e objetos de vidro, talheres, marfim talhado bizantino e parisiense, esmaltados de Limoges, porcelana, objetos de pedra franceses e italianos, tapetes, caixas de rapé, instrumentos científicos e armaduras. O Louvre possui mais de 8 mil peças de muitas idades e regiões. Muitos desses objetos preciosos vieram da Abbaye de St-Denis, onde eram coroados os reis da França. Os tesouros incluíam um prato serpentiforme de pedra do século I d.C. com uma borda de ouro e pedras preciosas do século IX, um vaso de pórfiro decorado em prata dourada sob a forma de uma águia, que pertenceu a Suger, abade de St-Denis, e o cetro de ouro do rei Carlos V (c. 1380). Entre as joias da coroa francesa estão as coroas da coroação de Luís XV e Napoleão, cetros, espadas e outros acessórios das cerimônias. Encontra-se em exposição o Regente, um dos diamantes mais puros do mundo, que Luís XV usou quando foi coroado em 1722.

Uma sala inteira está reservada para uma série de tapeçarias denominadas *Caçadas de Maximiliano*, originalmente executadas para o imperador Carlos V, da Espanha, em 1530. A grande coleção de móveis vai do século XVI ao XIX e está organizada por época ou em salas reservadas às doações de eminentes colecionadores. Há peças de excepcionais fabricantes de móveis, como Charles Boule, marceneiro de Luís XIV, que trabalhou no Louvre do fim do século XVII até meados do século XVIII.

Estátuas de bronze dourado de autoria de vários escultores decoram a praça central do Palais de Chaillot

… PARIS E ÎLE DE FRANCE

# CHAMPS-ELYSÉES E INVALIDES

O rio Sena divide esta área, em grande parte construída em escala monumental, desde os imponentes edifícios do século XVIII dos Invalides às avenidas em estilo art nouveau que circundam a Torre Eiffel. Duas das maiores avenidas de Paris dominam a vizinhança ao norte do Sena: a Champs-Elysées – com seus hotéis e lojas elegantes, mas com um comércio menos importante, enquanto a Faubourg St-Honoré, a mais chique, se orgulha do Palais de l'Elysée, sede do governo francês. A vila de Chaillot foi incorporada à cidade no século XIX, e a maioria das mansões do Segundo Império hoje são embaixadas e sedes de empresas. As ruas ao redor da Place du Trocadéro e do Palais de Chaillot têm muitos museus e elegantes cafés.

*Poste ornamentado da Pont Alexandre III*

## PRINCIPAIS ATRAÇÕES

**Edifícios Históricos e Ruas**
Avenue des Champs-Elysées ❷
Palais de l'Elysée ❸
No 29 Avenue Rapp ❼
Champ-de-Mars ❽
École Militaire ❾
Hôtel des Invalides ㉑
Les Égouts ⑭

**Museus e Galerias**
Petit Palais ❹
Grand Palais ❺
Musée d'Art Moderne de la Ville de Paris ❼
Musée Galliera ❽
Musée National des Arts Asiatiques Guimet ❾
Cité de L'Architecture et du Patrimoine ❿
Musée Dapper ⓫
Palais de Chaillot ⓭
Musée du Quai Branly ⓯
Musée de l'Armée ㉒
Musée Rodin ㉕
Musée Maillol ㉗

**Igrejas**
St-Louis-des-Invalides ㉓
Église du Dôme ㉔
Sainte-Clotilde ㉖

**Monumentos e Fontes**
Arc de Triomphe ❶
Torre Eiffel *p. 113* ⓰

**Arquitetura Moderna**
Unesco ⓴

**Jardins**
Jardins du Trocadéro ⓬

**Pontes**
Pont Alexandre III ❻

## COMO CHEGAR

As estações de metrô desta área são Étoile Trocadéro e Champs-Elysées. Os ônibus 42 e 73 servem a Champs-Elysées; os ônibus 82 e 69 servem respectivamente à avenue de Suffren e à rue St-Dominique.

### LEGENDA

| | |
|---|---|
| ▬ | Mapa Rua a Rua *pp. 106-7* |
| Ⓜ | Estação de metrô |
| RER | Estação de trem |
| ⊠ | Embarque de batobus |
| ℹ | Informação turística |

# Rua a Rua: Champs-Elysées

Os jardins que acompanham a Champs-Elysées da Place de la Concorde ao Rond Point mudaram muito pouco desde que foram projetados pelo arquiteto Jacques Hittorff em 1838. Os jardins foram utilizados como cenário para a Exposição Universal de 1855, que incluía o Palais de l'Industrie, a resposta parisiense ao Crystal Palace de Londres. O palácio foi mais tarde substituído pelo Grand Palais e pelo Petit Palais, criados como amostras da Terceira República para a Exposição de 1900. Estão situados um de frente para o outro. Entre eles, a avenue Winston Churchill oferece impressionantes vistas, seja em direção à place Clémenceau, seja até a elegante curva da Pont Alexandre III, com suas quatro imponentes colunas voltadas para os Invalides.

**Théâtre du Rond Point**, um dos primeiros edifícios da Champs-Elysées, apresenta o trabalho de autores vivos.

**Metrô Franklin D. Roosevelt**

★ **Avenue des Champs-Elysées**
*Após as duas Guerras Mundiais, foi o cenário das duas paradas da vitória* ❷

★ **Grand Palais**
*Projetado por Charles Girault e construído entre 1897 e 1900, este elaborado pavilhão de exposições possui um belo domo de vidro e é usado para grandes mostras* ❺

**O Lasserre** é um restaurante decorado como um transatlântico de luxo de 1930.

**Palais de la Découverte**, museu das descobertas científicas, foi originalmente inaugurado no Grand Palais para a Exposição Universal de 1937.

### PONTOS ALTOS

★ Avenue des Champs-Elysées

★ Grand Palais

★ Petit Palais

**LEGENDA**

- - - Percurso sugerido

0 m       100

*Veja hotéis e restaurantes desta região nas pp. 550-5 e 600-6*

CHAMPS-ELYSÉES E INVALIDES

**Os Jardins des Champs-Elysées**, com suas fontes, canteiros e pavilhões de recreio, são muito frequentados desde o século XIX.

**LOCALIZE-SE**
Guia de Ruas de Paris 2, 3, 6, 7

Metrô Champs-Elysées-Clémenceau

Para a Place de la Concorde

★ **Petit Palais**
As coleções de arte do município de Paris encontram-se aqui. Entre as obras de arte do século XIX, há desde objetos até pinturas da Escola de Barbizon ❹

Para os Invalides

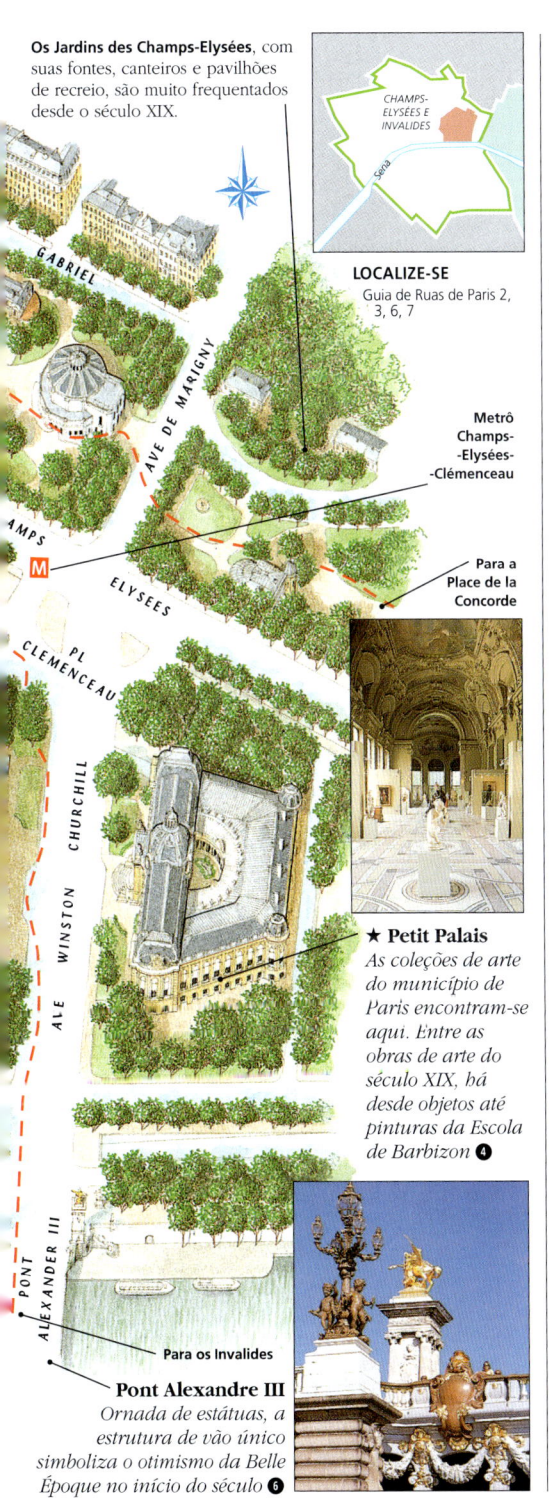

**Pont Alexandre III**
Ornada de estátuas, a estrutura de vão único simboliza o otimismo da Belle Époque no início do século ❻

Fachada leste do Arc de Triomphe

## Arc de Triomphe ❶

Place Charles de Gaulle, 75008. **Mapa** 2 D4. Charles de Gaulle-Étoile. **Tel** 01 55 37 73 77. **Museu** abr-set: 10h-23h diariam; out-mar: 10h-22h30 diariam (últ adm 30min antes). 1º jan, 1º mai, 8 mai, 14 jul, 11 nov, 25 dez.

Napoleão prometeu a seus homens que eles "voltariam para casa sob arcos triunfais" após a batalha de Austerlitz, em 1805. A pedra fundamental do que seria o maior arco triunfal do mundo foi lançada no ano seguinte. Problemas com os planos do arquiteto Jean Chalgrin combinados com a queda de Napoleão retardaram a construção desta obra até 1836. São 50m de altura, e o arco é trabalhado com relevos, escudos, esculturas e listas de batalhas vitoriosas. A vista da plataforma de observação ao alto é ótima.

Em 11 de novembro de 1920, o corpo do Soldado Desconhecido foi colocado sob o arco para homenagear os mortos da Primeira Guerra Mundial. A chama eterna é acesa toda noite.

Alto-relevo de J.P. Corot celebra o triunfo de Napoleão

## BARÃO HAUSSMANN

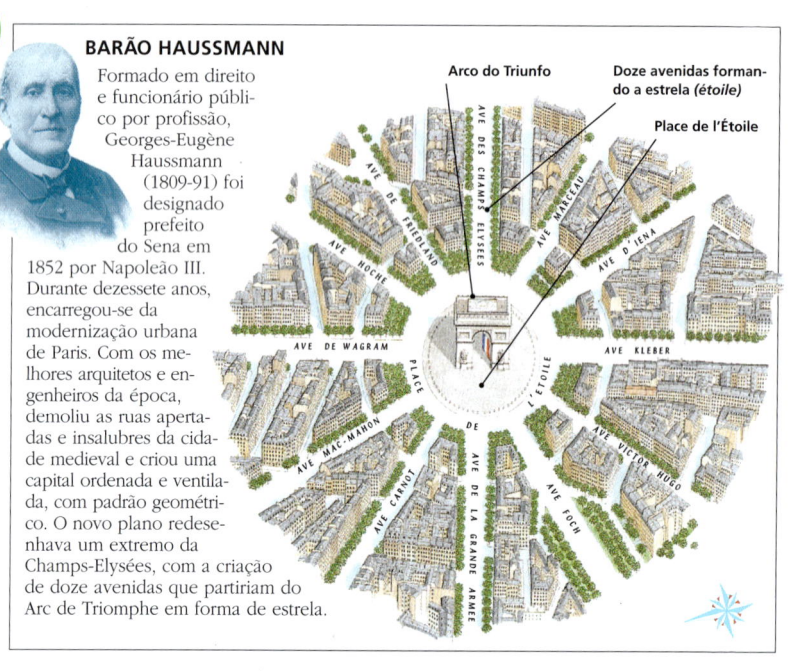

Formado em direito e funcionário público por profissão, Georges-Eugène Haussmann (1809-91) foi designado prefeito do Sena em 1852 por Napoleão III. Durante dezessete anos, encarregou-se da modernização urbana de Paris. Com os melhores arquitetos e engenheiros da época, demoliu as ruas apertadas e insalubres da cidade medieval e criou uma capital ordenada e ventilada, com padrão geométrico. O novo plano redesenhava um extremo da Champs-Elysées, com a criação de doze avenidas que partiriam do Arc de Triomphe em forma de estrela.

- Arco do Triunfo
- Doze avenidas formando a estrela (*étoile*)
- Place de l'Étoile

## Avenue des Champs-Elysées ❷

75008. **Mapa** 3 A5. **M** *Charles de Gaulle-Étoile, George V, Franklin D Roosevelt, Champs-Elysées-Clemenceau, Concorde.*

O nome desta majestosa avenida se refere ao paraíso dos heróis da mitologia grega. Surgida na década de 1660 pelas mãos do paisagista André Le Nôtre, é uma linha reta de 3km que liga a enorme Place de la Concorde ao Arc de Triomphe. O século XIX a viu se transformar de pista de corrida de cavalos em bulevar. Hoje é uma avenida cheia de turistas e com tráfego intenso. Apesar disso, é um lugar especial no coração de Paris e mantém o estilo e as memórias. É aqui que ocorrem as paradas nacionais, o fim do Tour de France de bicicleta e, acima de tudo, é onde os franceses instintivamente vêm quando há grandes comemorações.

**Guarda do Elysée**

## Palais de l'Elysée ❸

55 rue du Faubourg-St-Honoré 75008. **Map** 3 B5. **M** *St-Philippe-du-Roule.* ao público

Cercado por um esplêndido jardim, o Palais de l'Elysée foi construído em 1718 por Molet e tem sido a residência oficial do presidente da República desde 1848. Ao longo dos séculos passou por várias reformas. Madame de Pompadour, amante de Luís XV, aumentou-o. Foi parque de entretenimento público depois da Revolução. No século XIX foi ocupado por Carolina Murat, irmã de Napoleão. Hoje os apartamentos do presidente estão no primeiro andar.

## Petit Palais ❹

Av Winston Churchill 75008. **Mapa** 7 B1. **Tel** *53 43 40 00.* **M** *Champs-Elysées-Clemenceau.* 10h-18h ter-dom. feriados. em exposições. www.petitpalais.paris.fr

Construído para a Exposição Universal de 1900, para comportar uma importante exposição de arte francesa, este belo edifício hoje é sede do Musée des Beaux-Arts da cidade de Paris. Charles Girault distribuiu o espaço ao redor de um pátio e de um

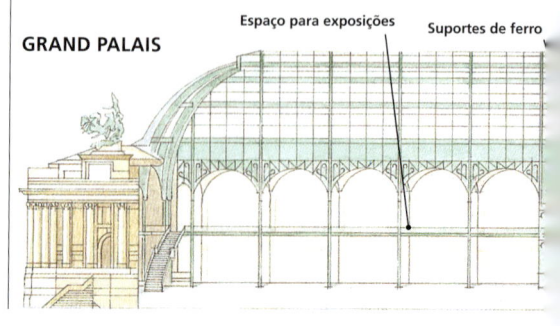

### GRAND PALAIS

- Espaço para exposições
- Suportes de ferro

*Veja hotéis e restaurantes desta região nas pp. 550-5 e 600-6*

Pont Alexandre III, construída entre 1896 e 1900 para a Exposição Universal

jardim semicircular, em estilo semelhante ao do Grand Palais. Entre as exposições permanentes alojadas no lado da Champs-Elysées estão a coleção Dutuit de *objets d'art*; pinturas e desenhos medievais e renascentistas; a coleção Tuck de *objets d'art* e mobiliário do século XVIII; e o acervo da Cidade de Paris, com obras dos artistas franceses Ingres, Delacroix e Courbet, e de pintores de paisagens da Escola de Barbizon.

## Grand Palais ❺

Porte A, av Général Eisenhower 75008. **Mapa** 7 A1. **Tel** 01 44 13 17 17. Ⓜ *Champs-Elysées-Clémenceau.* ☐ *para exposições temporárias; 10h-20h qua-seg.* ● *1º mai, 25 dez.* **Palais de la Découverte:** av Franklin D. Roosevelt 75008. **Tel** 01 56 43 20 21. Ⓜ *Franklin D. Roosevelt.* ☐ *9h30-18h ter-sáb, 10h-19h dom e feriados.* www.grandpalais.fr

Construído ao mesmo tempo que o Petit Palais, do lado oposto, apresenta uma bela fachada em estilo clássico, um conjunto de estátuas e decoração art nouveau em ferro. Cavalos alados e carruagens de bronze adornam seus quatro cantos. A cúpula de vidro e o grande salão podem ser admirados durante as primorosas exposições de arte do palácio. Do lado oeste do prédio, com entrada própria, o **Palais de la Decouverte** é um criativo e popular museu de ciências voltado para crianças.

## Pont Alexandre III ❻

75008. **Mapa** 7 A1. Ⓜ *Champs-Elysées-Clémenceau.*

Esta é a mais bela ponte de Paris, com a exuberante decoração art nouveau de lampiões, querubins, ninfas e cavalos alados dourados em seus dois extremos. Foi construída entre 1896 e 1900 para comemorar a aliança franco-russa de 1892 e a Exposição Universal de 1900. Seu nome é uma homenagem ao czar Alexandre III (pai de Nicolau II), que colocou a pedra fundamental em outubro de 1896.

O estilo da ponte combina com o do Grand Palais, ao qual ela conduz, na margem direita do Sena. É uma das maravilhas da engenharia do século XIX, consistindo em um único arco de aço de 6m de altura que cruza o Sena em vão aberto.

O projeto arquitetônico da ponte foi rigorosamente controlado pelas autoridades de Paris para que ela não atrapalhasse a vista da Champs-Elysées ou dos Invalides, magnífica até hoje.

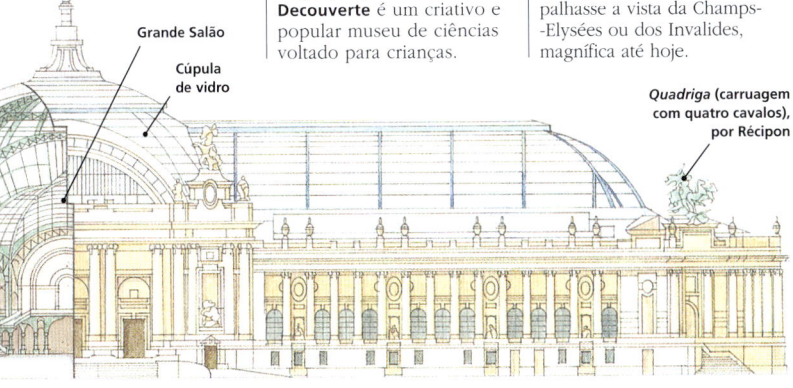

**Entrada para o Petit Palais**

Grande Salão

Cúpula de vidro

*Quadriga* (carruagem com quatro cavalos), por Récipon

## Musée d'Art Moderwne de la Ville de Paris ❼

Palais de Tokyo,11 av du Président Wilson 75116. **Mapa** 6 E1. **Tel** 01 53 67 40 00. Ⓜ *Léna Alma-Marceau.* ⌾ *10h-18h ter-dom (22h qui nas exposições temporárias).* ⬤ *1º jan, 25 dez.* ⍟ *exposições temporárias.* ⚙ 🖼 🅿 **www**.mam.paris.fr

Este alegre museu cobre as principais tendências da arte do século XX e ocupa a ala leste do Palais de Tokyo. Os fauvistas e os cubistas estão particularmente bem representados. Os destaques são o mural gigantesco de Raoul Dufy, *O espírito da eletricidade*, idealizado para a Feira Mundial de 1937, e *A dança* (1932), de Matisse. Há também uma coleção de mobiliário art déco.

## Musée Galliera ❽

10 av Pierre 1er de Serbie 75116. **Mapa** 6 D1. **Tel** 01 56 52 86 00. Ⓜ *léna, Alma-Marceau.* ⌾ *10h-18h diariam e 14h-18h em alguns feriados (verifique no site).* ⬤ *para reformas até a primavera de 2012.* 🎭 **Sala de Recreação**. www.galliera.paris.fr

Dedicado à evolução da moda, este museu, também conhecido como Musée de la Mode et du Costume, fica em um palácio de estilo renascentista de reconhecida elegância, construído pela duquesa Maria de Ferrari Galliera em 1892. A coleção tem mais de 100 mil trajes e acessórios de moda, do século XVIII aos dias de hoje. Alguns dos mais recentes trajes foram presentes de mulheres de reconhecida elegância, como a baronesa Helène de Rothschild e a princesa Grace de Mônaco. Costureiros famosos como Balmain e Balenciaga doaram alguns desenhos. A fragilidade das peças determina que as exposições sejam revezadas, em geral em duas grandes exposições anuais, frequentemente temáticas.

**Fontes do Trocadéro, em frente do Palais de Chaillot**

## Musée Dapper ⓫

35 bis rue Paul-Valéry, 75016. **Mapa** 2 D5 **Tel** 01 45 00 91 75. Ⓜ *Víctor Hugo.* ⌾ *11h-19h qua-seg.* 🎭 www.dapper.com.fr

Mais que um museu, este centro de pesquisa etnográfica de primeira classe aloja um dos maiores acervos de cultura e arte africana da França. Situado em um prédio bonito, com um jardim "africano", expõe obras das nações negras, repletas de significados e cores vibrantes, com destaque para a arte folclórica pré-colonial – esculturas, entalhes e peças tribais. O ponto alto são as máscaras tribais, com um conjunto de intrincadas máscaras funerárias e ritualísticas, e também teatrais, usadas em apresentações cômicas, simbólicas e mágicas.

## Jardins du Trocadéro ⓬

75016. **Mapa** 6 D2. Ⓜ *Trocadéro. Cinéaqua* **Tel** 01 40 69 23 23. ⌾ *10h-20h diariam.* ⬤ *14 jul.* 🎭

Estes lindos jardins se estendem por 10 mil m², tendo como centro um lago ornamental retangular, com bordas de pedra e estátuas de bronze dourado que têm uma aparência espetacular quando as fontes são iluminadas à noite. Entre elas estão as estátuas *Mulher*, de Georges Braque, e *Cavalo*, de Georges Lucien Guyot. As encostas da colina de Chaillot que ladeiam o lago levam ao Sena e à Pont d'Iéna. O Cinéaqua, um moderno aquário, tem cerca de 40 tubarões e, para as crianças, um divertido aquário de filhotes.

## Palais de Chaillot ⓭

Pl du Trocadéro 75016. **Mapa** 5 C2. **Tel** 01 44 05 39 10. Ⓜ *Trocadéro.* **Théâtre National de Chaillot Tel** 01 53 65 30 00. **Musée de l'Homme Tel** 01 44 05 72 72. ⌾ *qua-seg.* **Musée de la Marine Tel** 01 53 65 69 69. ⌾ *qua-seg.* ⬤ *1º jan, 1º mai, 25 dez.*

Característico por suas enormes alas de colunatas, que se curvam e terminam em um imenso pavilhão, Chaillot abriga três museus e um teatro. Projetado em estilo neoclássico para a Exposição de Paris de 1937 por Azéma, Louis-Auguste Boileau e Jacques Carlu, é ornamentado com esculturas e baixos-relevos. Nas paredes dos pavilhões, há inscrições em ouro escritas pelo poeta e ensaísta Paul Valéry. O *parvis* (praça) situado entre os dois pavilhões é decorado com

*Veja hotéis e restaurantes desta região nas pp. 550-5 e 600-6*

## Musée National des Arts Asiatiques Guimet ❾

6 pl d'Iéna 75016. **Mapa** 6 D1. **Tel** 01 56 52 53 00. Ⓜ Iéna. ⏱ 10h-18h qua-seg. 🏛📷♿🏪 Panthéon Bouddhique, 19 av d'Iéna. **Tel** 01 40 73 88 00. www.guimet.fr

O Musée Guimet, um dos principais museus de arte asiática do mundo, tem a mais importante coleção de arte do Camboja (Khmer) do Ocidente. Organizada em Lyon, em 1889, pelo industrial Émile Guimet, a coleção foi transferida posteriormente para Paris. O museu tem um centro de pesquisas.

**Cabeça de Buda, do Musée Guimet**

## Cité de l'Achitecture et du Patrimoine ❿

Palais de Chaillot, pl du Trocadéro 75016. **Mapa** 5 C2. **Tel** 01 58 51 52 00. Ⓜ Trocadéro. ⏱ 11h-19h qua-seg (até 21h qui). ⬤ 1º jan, 1º mai, 25 dez. 🏛📷🍴♿ www.citechaillot.fr

Este museu mapeia a arquitetura francesa através dos séculos e inclui modelos de maravilhosas catedrais francesas, como a Chartres *(ver pp. 308-11)*. Há também a reconstrução de um apartamento projetado por Le Corbusier.

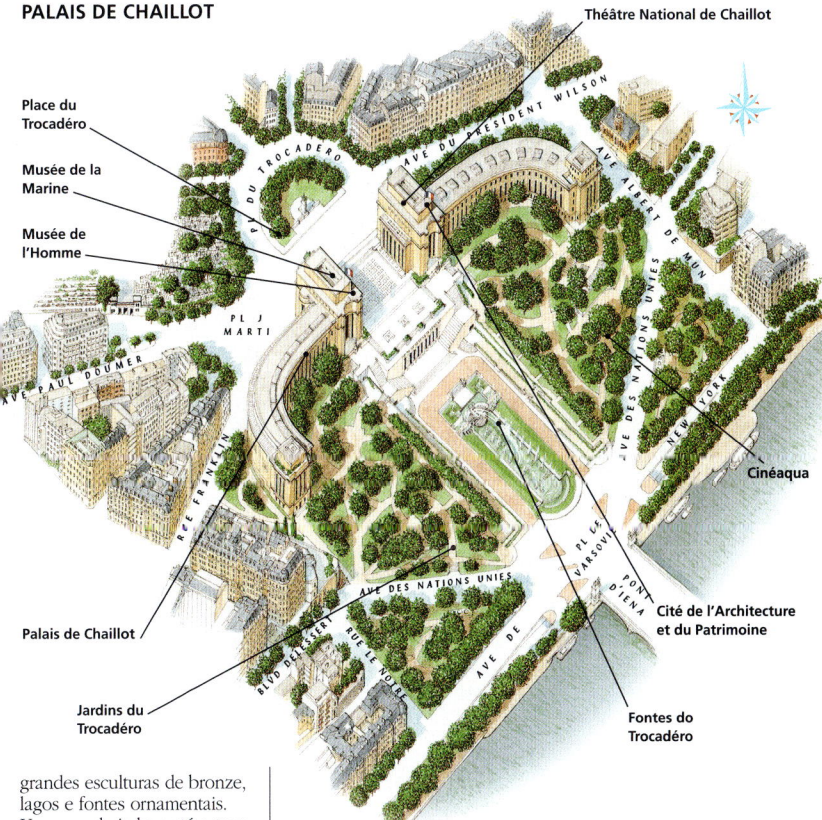

## PALAIS DE CHAILLOT

- Théâtre National de Chaillot
- Place du Trocadéro
- Musée de la Marine
- Musée de l'Homme
- Cinéaqua
- Cité de l'Architecture et du Patrimoine
- Palais de Chaillot
- Jardins du Trocadéro
- Fontes do Trocadéro

grandes esculturas de bronze, lagos e fontes ornamentais. Uma escadaria leva até o terraço do **Théâtre Nationale de Chaillot**, onde se veem peças experimentais em produções cobrindo todos os gêneros.

Na ala oeste o **Musée de l'Homme** abriga exibições temporárias mostrando o desenvolvimento da humanidade por meio de uma série de achados arqueológicos. O museu está atualmente sob uma grande reforma. Ao lado está o **Musée de la Marine**, dedicado à história naval francesa e à marinha moderna. Na ala leste está a **Cité de l'Architecture et du Patrimoine** *(veja acima)*.

## Les Égouts ⓮

Do lado oposto da 93 quai d'Orsay 75007. **Mapa** 6 F2. **☎** 01 53 68 27 81 (em inglês). **Ⓜ** Alma-Marceau. **RER** Pont-de-l'Alma. ◐ 11h-16h (17h verão) sáb-qua. ⬤ três últ semanas jan.

Uma das maiores realizações do barão Haussmann foram os esgotos (*égouts*) de Paris, que datam do Segundo Império. Medidos de ponta a ponta, perfazem 2.400km, a distância de Paris a Istambul, na Turquia. As excursões para esta atração turística popular estão limitadas a uma área em volta do quai d'Orsay, e os passeios são a pé. Os visitantes podem descobrir os mistérios dos subterrâneos de Paris e ver como mudou o maquinário empregado no sistema de esgotos.

## Musée du Quai Branly ⓯

37 quay Branly 75007. **Mapa** 6 E2. **Tel** 01 56 61 70 00. **Ⓜ** Alma-Marceau. **RER** Pont-de-l'Alma. ◐ 11h-19h ter, qua e dom; 11h-21h qui, sex e sáb. ⬤ 1º mai, 25 dez. 1º domo do mês e para 18-25 anos após 18h sáb. *Exposições, teatro, filmes, biblioteca.* www.quaibranly.fr

Construído para proporcionar às artes da África, Ásia, Oceania e Américas uma plataforma tão brilhante quanto as das artes europeias na cidade, este museu tem uma maciça coleção de mais de 300 mil objetos. Abriga muitas peças da África, como máscaras de pedra, madeira e marfim, bem como artefatos cerimoniais. A construção em pilotis, por si só, tem seu valor, enquanto o engenhoso uso de vidros nesta construção permite que o verde em torno atue como pano de fundo.

## Torre Eiffel ⓰

Ver p. 113.

**Porta original em art nouveau no nº 29 da avenue Rapp**

## Nº 29 Avenue Rapp ⓱

75005. **Mapa** 6 E2. **Ⓜ** Alma-Marceau. **RER** Pont-de-l'Alma.

Este exemplo maravilhoso de arquitetura art nouveau encontra-se no nº 29 da avenue Rapp. A obra ganhou o primeiro prêmio no Concurso de Fachadas de Paris em 1901. Os detalhes decorativos da fachada, de cerâmica e alvenaria, têm motivos animais e florais e são entremeados por figuras femininas. A sobreposição dos elementos visava produzir um efeito erótico, certamente tido como subversiva em sua época. Vale a pena visitar também o prédio Lavirotte, que fica perto, na avenue Rapp. Ele tem uma torre de vigia.

**Máscara asteca, Musée du Quai Branly**

## Champ-de-Mars ⓲

75007. **Mapa** 6 E3. **Ⓜ** École-Militaire. **RER** Champ-de-Mars-Tour-Eiffel.

Os amplos jardins que se estendem da Torre Eiffel à École-Militaire originalmente serviam para os desfiles dos jovens cadetes. Hoje a área tem sido usada para corrida de cavalos, subida de balões e cerimônias de grande público para celebrar o aniversário da Revolução Francesa (14 de julho). A primeira cerimônia ocorreu em 1790, na presença do rei deposto, Luís XVI. Exposições gigantescas eram realizadas aqui no fim do século XIX, entre elas a Exposição Universal de 1889.

## École Militaire ⓳

1 pl Joffre 75007. **Mapa** 6 F4. **Ⓜ** École-Militaire. **Visitas** com licença especial – contato com o comandante por escrito.

A Academia Real Militar de Luís XV foi fundada em 1751 para educar 500 filhos de oficiais que haviam empobrecido. O rei Luís XV e sua amante, a Madame de Pompadour, encarregaram o arquiteto Jacques-Ange Gabriel do projeto do edifício, que devia rivalizar com o Hôtel des Invalides, de Luís XIV. O financiamento da obra tornou-se um problema, e o Estado francês teve de recorrer a soluções criativas: criou uma loteria e aumentou o imposto sobre o jogo de cartas. Um dos pontos altos da École é o pavilhão central – um magnífico exemplo do estilo clássico francês. O relatório de admissão de Napoleão, um de seus primeiros cadetes, dizia: "Posso ir longe se as circunstâncias forem certas".

**Uma gravura de 1751 que mostra o planejamento da École Militaire**

*Veja hotéis e restaurantes desta região nas pp. 550-5 e 600-6*

# Torre Eiffel ⓰

Construída para a Exposição Universal de 1889 e para comemorar o centenário da Revolução, esta torre de 324m de altura foi projetada por Gustave Eiffel como um monumento temporário. Sua criação foi deplorada pelos estetas do século XIX. Manteve-se como o edifício mais alto do mundo até 1931, ano em que foi inaugurado o Empire State Building, de Nova York.

**Torre Eiffel vista do Trocadéro**

### PREPARE-SE

Champ-de-Mars–Tour-Eiffel, 75007 **Mapa** 6 D3. **Tel** 08 92 70 12 39. Ⓜ Bir-Hakeim. 🚍 42, 69, 72, 82, 87, para Champ-de-Mars. RER Champ-de-Mars. ⓘ Tour Eiffel. ⓘ set-meados jun: 9h30-23h45 diariam; meados jun-ago: 9h-0h45. 🍴 🛍 ♿ www.tour-eiffel.fr

**O terceiro nível** fica a 276m acima do solo e pode aguentar 400 pessoas de cada vez.

### PROEZA E OUSADIA

A torre sempre inspirou façanhas. Em 1901, o brasileiro Santos Dumont deu a volta à torre com um dirigível. Em 1911, o alfaiate Reichelt atirou-se lá de cima para voar e morreu diante da multidão.

**O alfaiate Reichelt**

★ **Terraço Panorâmico**
*Em dias claros, é possível ver até 72km de distância, inclusive a catedral de Chartres.*

**Os elevadores de dois andares** têm uma capacidade limitada e durante a temporada turística a espera pode ser grande. Para entrar na fila é preciso ter paciência e, para subir, não ter medo de altura.

### PONTOS ALTOS

★ Busto de Eiffel

★ Terraço Panorâmico

**O segundo andar** fica 116m acima do solo, separado do primeiro por 359 degraus ou por uma curta viagem de elevador.

### Cineiffel
*Este pequeno museu audiovisual conta a história da torre em um filme curto.*

**O restaurante Júlio Verne** é um dos melhores em Paris, oferecendo excelente comida e vista panorâmica sem igual.

★ **Busto de Eiffel**
*O empreendimento de Eiffel (1832-1923) foi homenageado por Antoine Bourdelle. O busto do engenheiro fica sob a torre desde 1929.*

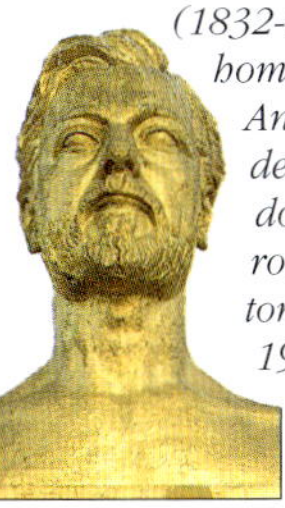

**O primeiro nível**, com 57m de altura, pode ser alcançado de elevador ou subindo 345 degraus. Há um correio aqui.

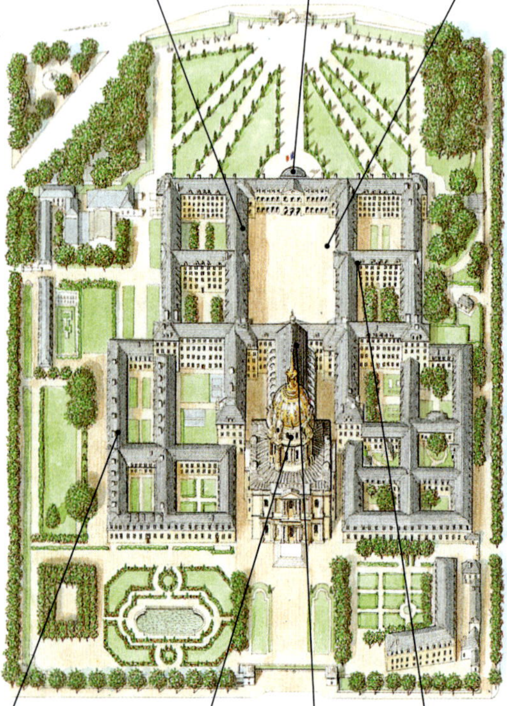


## Unesco 20

7 pl de Fontenoy 75007. **Mapa** 6 F5. *01 45 68 10 60 (em inglês).* *Ségur, Cambronne.* *apenas para visitas guiadas pré-agendadas: 15h seg (francês), 15h qua (inglês).* *feriados.* **www**.unesco.org

Esta é a sede da Unesco (United Nations Educational, Scientific and Cultural Organization). Seu objetivo é contribuir para a paz e a segurança internacionais por meio de educação, ciência e cultura.

A Unesco tem um verdadeiro tesouro em obras de arte moderna, inclusive um enorme mural de Picasso. Outros destaques são as cerâmicas de Joan Miró, as esculturas de Henry Moore e o jardim japonês de Nogushi. Também há exposições e filmes.

## Hôtel des Invalides 21

75007. **Mapa** 7 A3. ***Tel*** *01 44 42 38 77.* *Latour-Maubourg, Invalides, Varenne.* *10h-18h diariam (17h inverno).* *1º jan, 1º mai, 1º nov, 25 dez.* *reserve no 01 44 42 37 72.* **www**.invalides.org

O imponente edifício que dá nome ao lugar foi encomendado por Luís XIV em 1670 para os veteranos de guerra feridos e sem lar. Projetado por Libéral Bruand, foi concluído em 1676 por Jules Hardouin-Mansart. Mais tarde, ele incorporou a Église du Dôme com seu telhado dourado, construído como capela particular de Luís XIV. Seis mil soldados já residiram aqui. Hoje há menos de cem. Sua fachada clássica, harmoniosa, é uma das vistas mais impressionantes de Paris. Os edifícios abrigam o Musée de l'Armée e o Musée de l'Ordre de la Libération. Este último foi organizado para homenagear atos de heroísmo durante a Segunda Guerra Mundial, sob o comando de Charles de Gaulle. A história é contada por meio de filmes, fotografias e lembranças. O Musée des Plans-Reliefs abriga uma coleção de plantas de fortes e cidades fortificadas.

## Musée de l'Armée 22

129 rue Grenelle 75007. **Mapa** 7 A3. ***Tel*** *08 10 11 33 99.* *Varenne, Latour-Maubourg, Invalides.* RER *Invalides.* *10h-18h (19h qui, 17h out-mar) diariam.* *1ª seg do mês, 1º jan 1º mai, 1º nov e 25 dez.* **www**.invalides.org

Um dos mais abrangentes museus da história militar do mundo, com exposições que vão da Idade da Pedra à Segunda Guerra Mundial, este museu ocupa duas galerias de cada lado do magnífico pátio do Hôtel des Invalides.

Uma coleção relembra a história das vitórias e derrotas da França, principalmente as da era napoleônica. Estão expostas a máscara mortuária de Napoleão e seu cavalo empalhado, Vizier. Também em exposição estão as trompas de caça de Francisco I, armas japonesas e uma maquete do desembarque na Normandia, em 1944.

**A fachada do Musée de l'Armée**

*Veja hotéis e restaurantes desta região nas pp. 550-5 e 600-6*

**Altar de St-Louis-des-Invalides com os estandartes das batalhas**

## St-Louis-des-Invalides ㉓

Hôtel des Invalides 75007. **Mapa** 7 A3. Ⓜ *Invalides, Latour-Maubourg, Varenne.* **Tel** *01 44 42 37 65.* ◐ *10h-17h30 (16h30 inverno) diariam.* **www**.*invalides.org*

Conhecida como a "igreja dos soldados", esta é a capela do Hôtel des Invalides. Foi construída entre 1679 e 1708 por Jules Hardouin-Mansart, de acordo com o projeto de Bruand. O interior, clássico e sóbrio, é bem proporcionado e simétrico, desenhado na forma da cruz grega.

No belo órgão do século XVII Berlioz tocou pela primeira vez seu *Réquiem*, em 1837, acompanhado de orquestra e uma fajada de artilharia.

## Église du Dôme ㉔

Hôtel des Invalides, 129 rue de Grenelle, 75007. **Mapa** 7 A3. **Tel** *01 44 42 38 77.* Ⓜ *Latour-Maubourg, Varenne, Invalides.* 🚌 *82, 92 para Les Invalides.* RER *Invalides.* ◯ *Tour Eiffel.* ◐ *out-mar: 10h-17h; abr-set: 10h-18h diariam (jul-ago: até 19h).* ● *1º seg mês, 1º jan, 1º mai, 17 jun, 1º nov, 25 dez* 📷 ♿ *restrito.* 📷 💻 🎧 **www**.*invalides.org*

Luís XIV, o Rei Sol, pediu a Jules Hardouin-Mansart, em 1676, para construir uma igreja como complemento dos edifícios existentes no refúgio militar dos Invalides, projetado por Libéral Bruand. Seria de uso exclusivo do Rei Sol e alojaria os túmulos reais.

A maior atração da Dôme hoje é o túmulo de Napoleão – vinte anos após a sua morte, na ilha de Santa Helena, Luís Filipe autorizou a volta de seu corpo. Seus restos foram instalados na cripta, em um sarcófago de pórfiro vermelho que fica sobre um pedestal de granito. Seu filho e seus irmãos, Jérome e Joseph, também se encontram aqui, bem como o marechal Foch, comandante das tropas aliadas na Primeira Guerra Mundial. A igreja também abriga os restos de Sébastien le Prestre de Vauban, o comandante militar de Luís XIV.

**Cúpula da Dôme, dourada pela primeira vez em 1715**

## Musée Rodin ㉕

79 rue de Varenne 75007. **Mapa** 7 B3. **Tel** *01 44186110.* Ⓜ *Varenne.* ◐ *10h-17h45 ter-dom.* ● *1º jan, 1º mai, 25 dez.* 🎟 *grátis 1º dom do mês e para jovens de 18 a 26 anos sáb depois das 18h* ♿ *restrito.* **www**.*musee-rodin.fr*

Auguste Rodin (1840-1917), considerado um dos maiores escultores franceses, viveu e trabalhou no Hôtel Biron, elegante mansão do século XVIII, desde 1908 até sua morte. Em troca de um apartamento e um estúdio, de propriedade do Estado, Rodin legou ao país sua obra, aqui exposta. Alguns de seus trabalhos mais conhecidos se encontram no jardim: *Os burgueses de Calais, O pensador, A porta do inferno* (p. 120) e *Balzac*.

As peças no interior seguem ordem cronológica, abrangendo toda a carreira de Rodin. Entre os destaques da coleção estão *O beijo* e *Eva*.

## Sainte-Clotilde ㉖

23 bis rue Las Cases 75007. **Mapa** 7 B3. 📞 *01 44 18 62 60.* Ⓜ *Solférino, Varenne, Invalides.* ◐ *9h-19h30 seg-sex, 10h-20h sáb-dom.* ● *feriados não religiosos.* **Concertos**.

Projetada pelo arquiteto alemão Franz Christian Gau e construída entre 1846 e 1856, esta igreja neogótica foi inspirada pelo entusiasmo que a Idade Média despertou nos intelectuais do século XIX, personalidades como o escritor Victor Hugo. A igreja é conhecida por suas torres gêmeas, visíveis do outro lado do Sena.

A decoração interna inclui pinturas de James Pradier e vitrais com cenas relacionadas à sua santa padroeira, Santa Clotilde. O compositor César Franck foi organista da igreja de 1858 a 1890.

## Musée Maillol ㉗

61 rue de Grenelle 75007. **Mapa** 7 C4. **Tel** *01 42 22 59 58.* Ⓜ *Rue du Bac, Sèvres-Babylone.* ◐ *10h30-19h (21h30 sex).* ● *feriados.* ♿ 💻 🎧 **www**.*museemaillol.com*

Este museu foi criado por Dina Vierny, modelo e musa de Aristide Maillol. Nele estão desenhos, pinturas, esculturas e objetos decorativos. O museu também abriga duas grandes exposições temporárias por ano. Figuras alegóricas de Paris e das quatro estações decoram a fonte de Bouchardon.

*O pensador*, no Musée Rodin

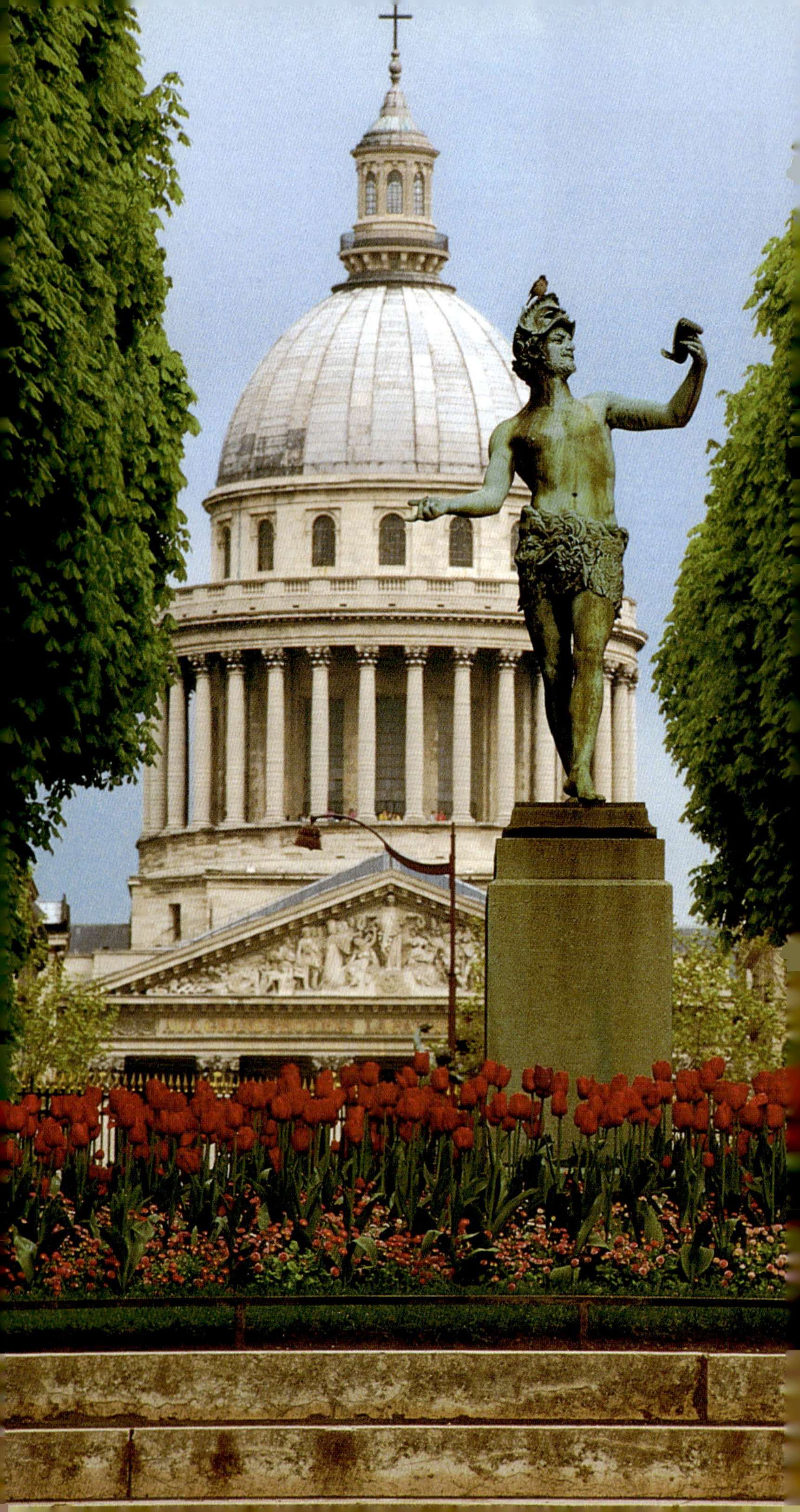

# RIVE GAUCHE

A Rive Gauche sempre esteve associada a poetas, filósofos, artistas e aos mais variados pensadores radicais. Ela ainda mantém o espírito boêmio e os cafés nas calçadas, mas a alta sociedade se instalou aqui, patrocinando Yves St--Laurent e as lojas de design da rue Jacob.

O Quartier Latin, que fica entre o Sena e os Jardins du Luxembourg, é a área mais antiga, hoje repleta de livrarias, galerias de arte e cafés. O boulevard St-Michel, acompanhando o Quartier Latin e St-Germain-des--Prés, está repleto de *fast-foods*. O labirinto de ruas estreitas e pavimentadas de pedra dos arredores mantém o seu charme com lojas étnicas e teatros de vanguarda.

A região é dominada pela fachada da Sorbonne, a primeira universidade francesa, de 1253. Muitos parisienses sonham morar perto dos Jardins du Luxembourg, uma área tranquila, com ruas antigas, jardins e avenidas arborizadas. Nos dias mais quentes, os estudantes batem papo, enquanto os velhos jogam xadrez ou o tradicional jogo de *boules*.

*Relógio do Musée d'Orsay*

## PRINCIPAIS ATRAÇÕES

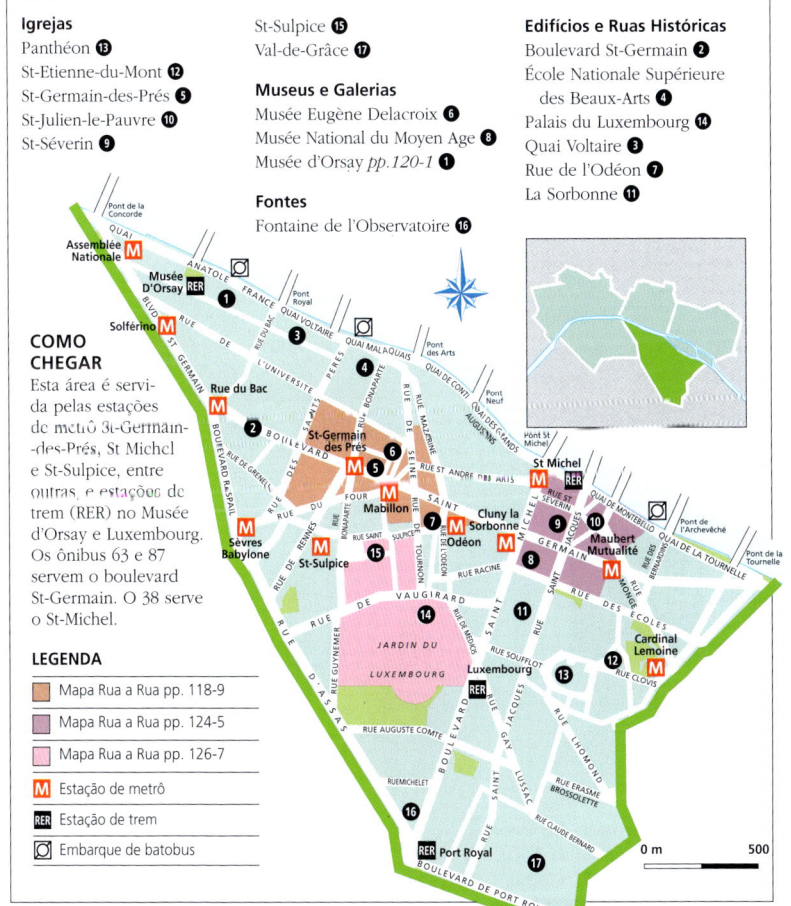

**Igrejas**
Panthéon ⑬
St-Etienne-du-Mont ⑫
St-Germain-des-Prés ⑤
St-Julien-le-Pauvre ⑩
St-Séverin ⑨
St-Sulpice ⑮
Val-de-Grâce ⑰

**Museus e Galerias**
Musée Eugène Delacroix ⑥
Musée National du Moyen Age ⑧
Musée d'Orsay *pp.120-1* ①

**Fontes**
Fontaine de l'Observatoire ⑯

**Edifícios e Ruas Históricas**
Boulevard St-Germain ②
École Nationale Supérieure des Beaux-Arts ④
Palais du Luxembourg ⑭
Quai Voltaire ③
Rue de l'Odéon ⑦
La Sorbonne ⑪

### COMO CHEGAR

Esta área é servida pelas estações de metrô St-Germain--des-Prés, St Michel e St-Sulpice, entre outras, e estações de trem (RER) no Musée d'Orsay e Luxembourg. Os ônibus 63 e 87 servem o boulevard St-Germain. O 38 serve o St-Michel.

### LEGENDA

- Mapa Rua a Rua pp. 118-9
- Mapa Rua a Rua pp. 124-5
- Mapa Rua a Rua pp. 126-7
- M Estação de metrô
- RER Estação de trem
- Embarque de batobus

◁ *Jardin du Luxembourg e Panthéon*

## Rua a Rua: St-Germain-des-Prés

Depois da Segunda Guerra Mundial, St-Germain se tornou sinônimo da vida intelectual, concentrada em seus bares e cafés. Filósofos, escritores, atores e músicos se misturavam nos bares instalados em porões e nas *brasseries*, onde a filosofia existencialista convivia com o jazz americano. Hoje o bairro é mais elegante do que nos tempos de Jean-Paul Sartre e Simone de Beauvoir, da cantora Juliette Greco e dos cineastas da Nouvelle Vague. Os escritores ainda frequentam a área, desfrutando do prazer de se sentar no Les Deux Magots, no Café de Flore e outros pontos famosos. As construções do século XVII também sobreviveram, mas os diversos sinais de mudanças são visíveis nas lojas de antiguidades, livros e roupas.

**Realejo em St--Germain-des-Prés**

**Les Deux Magots**, famoso como centro da boemia e atividade literária na década de 1920.

**Café de Flore**, antigamente o lugar preferido de Jean-Paul Sartre, Simone de Beauvoir e outros intelectuais, mantém a decoração art déco.

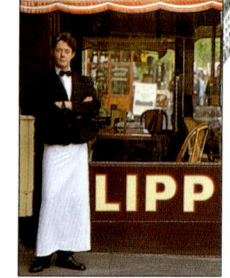

**Brasserie Lipp**, frequentada por políticos, é decorada com cerâmicas coloridas.

**Metrô St-Germain--des-Prés**

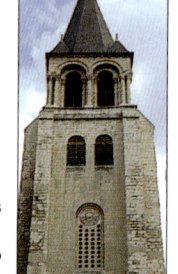

★ **St-Germain-des-Prés**
*A mais antiga igreja de Paris, onde está enterrado o filósofo René Descartes* ❺

★ **Boulevard St-Germain**
*Cafés, butiques, cinemas, restaurantes e livrarias marcam o centro da principal rua da Rive Gauche do Sena* ❷

Veja hotéis e restaurantes desta região nas pp. 550-5 e 600-6

# RIVE GAUCHE

## PONTOS ALTOS

★ St-Germain-des-Prés

★ Boulevard St-Germain

★ Musée Delacroix

**LEGENDA**

– – – Percurso sugerido

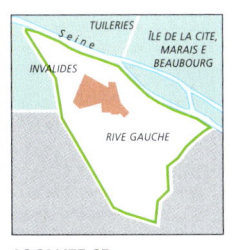

**LOCALIZE-SE**
Guia de Ruas de Paris 7 e 8

★ **Musée Delacroix**
*Residência do pintor român-tico Eugène Delacroix (1798-1863), é hoje um museu dedicado à sua arte* ❻

**Palais Abbatial** foi residência de abades de 1586 até a Revolução de 1789.

**Rue de Buci** foi durante séculos uma rua importante, sede de quadras reais de tênis. Hoje é um animado mercado.

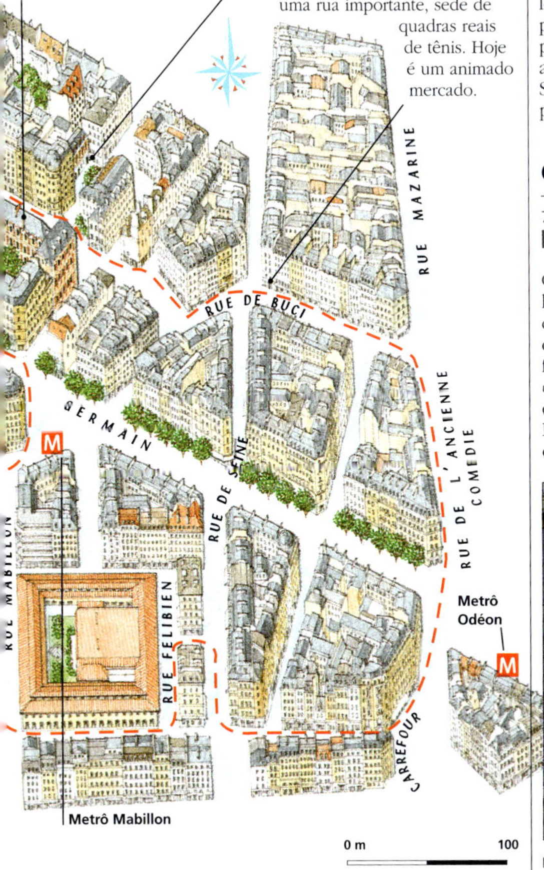

Metrô Mabillon

Metrô Odéon

0 m     100

## Musée d'Orsay ❶

*pp. 120-1.*

## Boulevard St-Germain ❷

75006, 75007. **Mapa** 8 D4. Ⓜ *Solférino, rue du Bac, St-Germain-des--Prés, Mabillon, Odéon, Cluny-La Sorbonne, Maubert-Mutualité.*

A mais importante via pública da Rive Gauche percorre em curva três distritos, da Île St--Louis à Pont de la Concorde. A arquitetura é homogênea porque o boulevard fez parte do planejamento urbano do barão Haussmann no século XIX, mas abrange diferentes estilos de vida, do boêmio ao burguês.

A partir do leste, o bou-levard St-Germain passa pelo Musée de Cluny e pela Sorbonne. É mais animado do que o boulevard St-Michel, principalmente pelos cafés.

## Quai Voltaire ❸

75006, 75007. **Mapa** 8 D3. Ⓜ *Rue du Bac.* RER *Museé d'Orsay.*

O quai Voltaire concentra hoje os mais importantes comerciantes de antiguida-des de Paris. Muitas pessoas famosas moraram em suas casas do século XVIII, entre elas Voltaire, no n° 27, e Richard Wagner, Jean Sibelius e Oscar Wilde, no n° 19.

Placa indica casa onde Voltaire morreu, em 1778

# Musée d'Orsay ❶

Em 1986, depois de permanecer desativada por 47 anos, a magnífica estação de trem projetada por Victor Laloux na virada do século reabriu como o Musée d'Orsay. Era um terminal da estrada de ferro de Orléans no coração de Paris e por pouco não foi demolida em 1970. Manteve-se muito da arquitetura original durante a adaptação para museu. O museu apresenta a rica diversidade das artes visuais de 1848 a 1914 e explica o contexto social e tecnológico no qual foram criadas. Entre os itens expostos estão quadros, esculturas, mobiliário e artes decorativas. O museu também oferece um programa de concertos de música clássica. Exposições e o acesso a certos andares estão sujeitos a alterações devido à realização de uma grande reforma.

*Jovem dançarina de 14 anos* **(1881), por Degas**

**A Porta do Inferno**
*(1880-1917)*
*Rodin incluiu figuras que ele já havia criado, tais como* O pensador *e* O beijo.

**O Baile no Moulin de la Galette** *(1876)*
*Para captar a luz que se filtrava através das árvores, Renoir pintou este quadro vibrante ao ar livre.*

**A Dança** *(1867-8)*
*Esta escultura dinâmica de Carpeaux causou escândalo quando apresentada em 1869.*

### LEGENDA

- Arquitetura e artes decorativas
- Escultura
- Pintura anterior a 1870
- Impressionismo
- Neoimpressionismo
- Naturalismo e Simbolismo
- Art Nouveau
- Exposições temáticas
- Espaço sem exposição

*Veja hotéis e restaurantes desta região nas pp. 550-5 e 600-6*

**Doutor Paul Gachet** *(1890)*
*Este é um dos três retratos pintados por Van Gogh no ano em que ele morreu.*

## GUIA DO MUSEU

*O andar térreo apresenta obras de meados a fim do século XIX. O andar do meio exibe arte decorativa art nouveau e pinturas e esculturas do fim do século XIX e início do século XX. O andar superior está temporariamente fechado ao público.*

### PREPARE-SE

Quai Anatole France, 75007. **Mapa** 8 D2. **Tel** 01 40 49 48 14. M Solférino. 24, 68, 69, 84 ao quai A. France; 73 para rue de la Légion d'Honneur; 63, 83, 84, 94 para bd St-Germain. RER Musée d'Orsay. P Quai A. France. 9h30-18h ter-dom (21h45 qui). Última entrada 1h antes de fechar. 1º jan, 1º mai, 25 dez.
**Concertos Tel** 01 40 49 47 50. **www**.musee-orsay.fr

- Andar superior
- Andar do meio
- Entrada
- Andar térreo
- Loja

## O ACERVO DO MUSÉE D'ORSAY

Muitas das peças expostas no Musée d'Orsay vieram do Louvre e da coleção do Jeu de Paume. Pinturas anteriores a 1870 estão no andar térreo, como o famoso quadro de Thomas Couture, *Romanos da decadência*. Obras-primas neoclássicas, como *A fonte*, de Ingres, estão ao lado de obras românticas, como a *Caça aos leões*, de Delacroix. Estas visões exóticas contrastam com os trabalhos realistas de Courbet e as primeiras telas de Degas e Manet, inclusive a célebre *Olympia*, do último.

O corredor central do Musée d'Orsay abriga esculturas, desde os bustos de parlamentares franceses satirizados por Daumier até *A dança*, de Carpeaux, e *A porta do Inferno*, de Rodin. Artes decorativas e arquitetura estão no piso do meio, onde também se podem ver obras art

*Ninfeias azuis* **(1919), de Claude Monet**

nouveau – peças de vidro de René Lalique e desenhos de Hector Guimard, o responsável pela fachada do metrô de Paris. Entre os destaques dos impressionistas, no andar superior, há a série de catedrais de Rouen, de Monet *(p. 267)*, e *O baile no Moulin de la Galette*, de Renoir. A coleção dos pós-impressionistas no andar do meio inclui *A igreja de Auvers-sur-Oise*, de Van Gogh, composições pontilhistas como *O circo*, de Seurat, quadros simbolistas e coloridos de Gauguin e as representações de Toulouse-Lautrec da vida noturna parisiense. Entre os pontos altos da exposição pós-1900 está Matisse, com *Luxo, calma e voluptuosidade*. Algumas obras podem mudar de lugar durante a reforma.

*Almoço na relva* **(1863), de Edouard Manet**

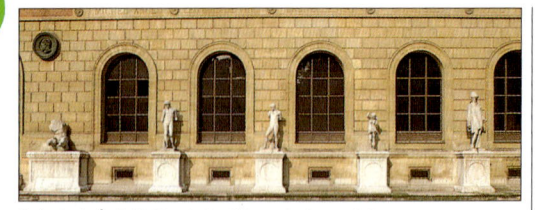

**Fachada da École Nationale Supérieure des Beaux-Arts**

## École Nationale Supérieure des Beaux-Arts ❹

14 rue Bonaparte 75006. **Mapa** 8 E3. **Tel** 01 47 03 50 00. Ⓜ St-Germain-des-Prés. ◯ grupos apenas com hora marcada (01 47 03 50 00 para agendar) 📷 💻 **Biblioteca** www.ensba.fr

A principal escola francesa de belas-artes está situada em um lugar invejável, na esquina da rue Bonaparte com o quai Malaquais, ao longo do rio. Ocupa vários edifícios, sendo que o principal deles é o Palais des Études, construído no século XIX. Muitos pintores e arquitetos promissores, franceses e estrangeiros, atravessaram o amplo pátio, que contém uma capela do século XVII, para estudar nos ateliês da escola. Muitos arquitetos americanos estudaram aqui no século XX.

## St-Germain-des-Prés ❺

3 pl St-Germain-des-Prés 75006. **Mapa** 8 E4. **Tel** 01 55 42 81 33. Ⓜ St-Germain-des-Prés. ◯ 8h-19h diariam. **Concertos** 20h ter, qui. www.eglise-sgp.org

A mais antiga igreja de Paris foi criada em 542 como uma basílica para guardar relíquias sagradas. Tornou-se uma poderosa abadia beneditina, reconstruída no século XI. Mas grande parte dela foi destruída por um incêndio em 1794. A principal restauração ocorreu no século XIX. Uma das três torres originais está de pé, com um dos mais velhos campanários da França. O interior é uma mistura de vários estilos, com colunas do século 6º, teto abobadado gótico e arcos românicos. Entre os túmulos famosos está o do filósofo René Descartes.

## Musée Eugène Delacroix ❻

6 rue de Fürstenberg 75006. **Mapa** 8 E4. **Tel** 01 44 41 86 50. Ⓜ St-Germain-des-Prés. ◯ 9h30-17h qua-seg. ⬤ 1º jan, 1º mai, 25 dez. 🎟 grátis 1º dom mês. 📷 💻 www.musee-delacroix.fr

Eugène Delacroix, principal pintor romântico francês, morou e trabalhou aqui de 1857 até sua morte em 1863. Também aqui pintou o *Sepultamento de Cristo* e *Caminho para o calvário* (que o museu exibe). O artista criou ainda murais para a capela dos Anjos Sagrados, próxima à igreja de St-Sulpice. Seu apartamento e estúdio, ligados por uma escada, têm um retrato de George Sand, autorretratos e esboços.

**Jacó lutando com o anjo**, de Delacroix, em St-Sulpice (p. 127)

## Rue de l'Odéon ❼

75006. **Mapa** 8 F5. Ⓜ Odéon.

Inaugurada em 1779, para melhorar o acesso ao teatro Odéon, esta foi a primeira rua de Paris a ter calçadas e bueiros, e ainda mantém muitas casas do século XVIII. A livraria de Sylvia Beach, a primeira Shakespeare & Company, esteve no nº 12 de 1921 a 1940. Era o ponto de encontro de escritores como James Joyce, Ezra Pound e Ernest Hemingway.

## Musée National du Moyen Âge ❽

6 pl Paul-Painlevé. **Mapa** 9 A5. **Tel** 01 53 73 78 16. Ⓜ St-Michel, Odéon, Cluny. 🚆 St-Michel. ◯ 9h15-17h45 qua-seg. ⬤ 1º jan, 1º mai, 25 dez. 🎟 📷 💻 **Concertos.** www.musee-moyenage.fr

O museu é uma combinação ímpar de ruínas galo-roma-

**Cabeças dos reis de Judá esculpidas em pedra (c. 1220)**

## St-Séverin ❾

1 rue-des-Prêtres-St-Séverin 75005. **Mapa** 9 A4. **Tel** 01 42 34 93 50. Ⓜ St-Michel. ◯ 11h-19h30 seg-sáb, 9h-20h30 dom 💻

Uma das mais belas igrejas de Paris leva o nome de um eremita que morou na região no século VI, e é um perfeito exemplo do estilo gótico flamboyant. Sua construção terminou no começo do século XVI e incluía uma nave lateral dupla que circundava o coro. No jardim fica uma casa medieval com ossuário, pertencente à igreja.

**Gárgulas de construção em estilo gótico flamboyant em St-Séverin**

*Veja hotéis e restaurantes desta região nas pp. 550-5 e 600-6*

*A escola, trabalho em madeira (Inglaterra, início do século XVI)*

nas, incorporadas a uma mansão medieval, é uma das melhores coleções do mundo em arte e artesanato medieval. O nome do museu se deve ao abade de Cluny, na Borgonha, Pierre de Chalus, que adquiriu as ruínas em 1330. O edifício de hoje foi construído entre 1485-98. Entre os pontos altos estão as tapeçarias, notáveis pela sua qualidade, idade e estado de conservação. Na seção de escultura, o destaque é para a Galeria dos Reis, enquanto um dos itens mais preciosos, a *Rosa dourada da Basileia*, de 1330, está entre as joias e trabalhos em metal. Outros tesouros incluem vitrais, entalhes em madeira, Livros das Horas e trabalhos esmaltados.

### A SENHORA COM O UNICÓRNIO

Trata-se de um conjunto de seis extraordinárias tapeçarias, exemplos do estilo *millefleurs*, desenvolvido nos séculos XV e XVI. É conhecido pela graça com que mostra animais e pessoas e pelas cores estimulantes e harmoniosas.

*A elegância poética do unicórnio na sexta tapeçaria*

## St-Julien-le-Pauvre ❿

1 rue St-Julien-le-Pauvre 75005. **Mapa** 9 A4. **Tel** *01 43 54 52 16*. Ⓜ *St-Michel*. 🅡 *St-Michel*. ⬜ *9h30-13h, 15h-18h30 diariam.* ✝ *10h, 11h, 18h dom.* **Concertos**.

A igreja é uma das mais antigas de Paris, construída entre 1165 e 1220. A Universidade de Paris fez suas reuniões oficiais aqui até 1524, quando um protesto dos estudantes causou tanto estrago que tais encontros foram proibidos pelo Parlamento. Desde 1889 pertence à seita melchita da Igreja Ortodoxa Grega e hoje é utilizada para concertos clássicos e religiosos.

## La Sorbonne ⓫

47 rue des Écoles 75005. **Mapa** 9 A5. **Tel** *01 40 46 22 11*. Ⓜ *Cluny-La Sorbonne, Maubert-Mutualité.* 📧 *hora marcada. Escrever para Service des Visites.* **www**.paris-sorbonne.fr

A Sorbonne, sede da Universidade de Paris até 1969, foi fundada em 1253 por Robert de Sorbon, confessor de Luís IX, para que dezesseis letrados pobres pudessem estudar teologia. Apesar da origem tão modesta, tornou-se um centro de teologia escolástica. Em 1469, três prensas foram trazidas de Mainz (Alemanha) e a primeira editora da França começou a trabalhar. A oposição da Universidade às ideias filosóficas liberais do século XVIII, durante a Revolução, determinou o seu fechamento. Foi restabelecida por Napoleão em 1806 e edifícios do século XVII foram substituídos. Em 1969 foi dividida em treze unidades. No prédio original ainda há palestras.

### ST-ETIENNE-DU-MONT

**Campanário do século XVI**

**Tribuna**

## St-Etienne-du-Mont ⓬

Pl Ste-Geneviève 75005. **Mapa** 13 A1. **Tel** *01 43 54 11 79*. Ⓜ *Cardinal Lemoine.* ⬜ *8h45-19h30, ter-dom* ⬤ *na hora do almoço sáb e dom.* 📷 🚫

Nesta extraordinária igreja se encontra o santuário de Santa Genoveva, padroeira de Paris, bem como os restos de grandes figuras literárias, como Racine e Pascal. Algumas partes da igreja são góticas e outras renascentistas, inclusive o biombo.

**Janela medieval**

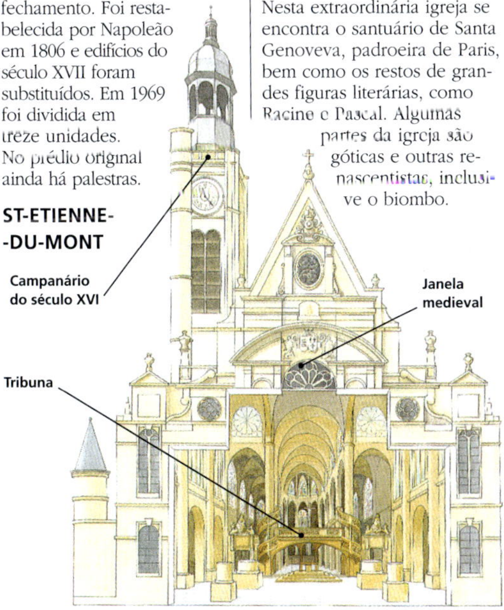

# Rua a Rua: Quartier Latin

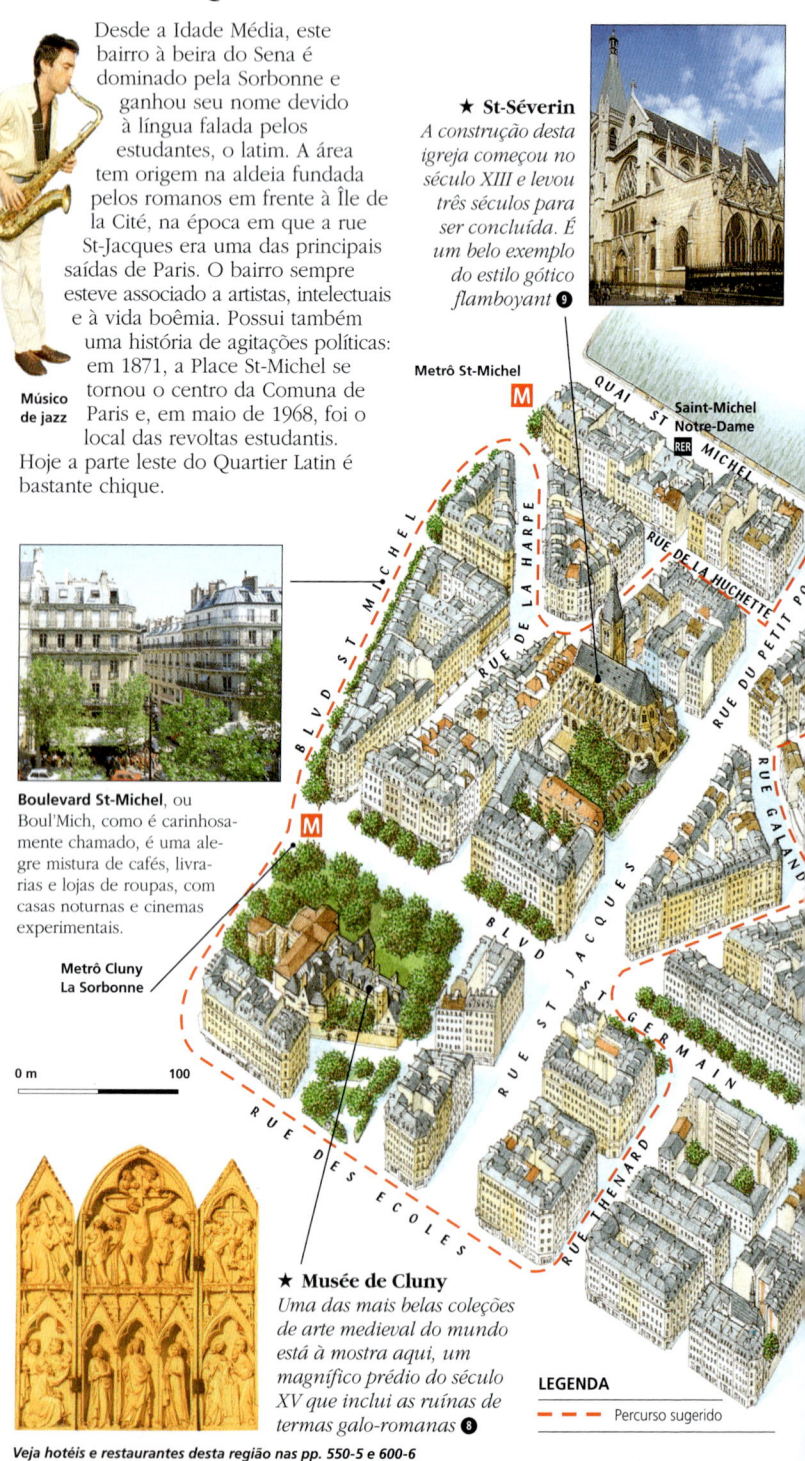

Desde a Idade Média, este bairro à beira do Sena é dominado pela Sorbonne e ganhou seu nome devido à língua falada pelos estudantes, o latim. A área tem origem na aldeia fundada pelos romanos em frente à Île de la Cité, na época em que a rue St-Jacques era uma das principais saídas de Paris. O bairro sempre esteve associado a artistas, intelectuais e à vida boêmia. Possui também uma história de agitações políticas: em 1871, a Place St-Michel se tornou o centro da Comuna de Paris e, em maio de 1968, foi o local das revoltas estudantis. Hoje a parte leste do Quartier Latin é bastante chique.

**Músico de jazz**

★ **St-Séverin**
*A construção desta igreja começou no século XIII e levou três séculos para ser concluída. É um belo exemplo do estilo gótico flamboyant* ❾

Metrô St-Michel

Saint-Michel Notre-Dame

**Boulevard St-Michel**, ou Boul'Mich, como é carinhosamente chamado, é uma alegre mistura de cafés, livrarias e lojas de roupas, com casas noturnas e cinemas experimentais.

Metrô Cluny La Sorbonne

0 m     100

★ **Musée de Cluny**
*Uma das mais belas coleções de arte medieval do mundo está à mostra aqui, um magnífico prédio do século XV que inclui as ruínas de termas galo-romanas* ❽

**LEGENDA**

- - - - Percurso sugerido

*Veja hotéis e restaurantes desta região nas pp. 550-5 e 600-6*

# RIVE GAUCHE

**LOCALIZE-SE**
Guia de Ruas de Paris 8, 9, 12 e 13

★ **St-Julien-le-Pauvre**
*Reconstruída no século XVII, esta igreja serviu para estocar ração para animais durante a Revolução*

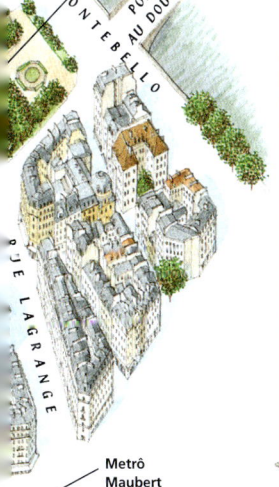

**PONTOS ALTOS**

★ Musée de Cluny

★ St-Séverin

★ St-Julien-le-Pauvre

## Panthéon ⓭

Pl du Panthéon 75005. **Mapa** 13 A1. **Tel** 01 44 32 18 00. Ⓜ Maubert-Mutualité, Cardinal-Lemoine. RER Luxembourg. ◯ abr-set: 10h-18h30; out-mar: 10h-18h diariam. ● 1º jan, 1º mai, 25 dez.
http://pantheon.monuments-nationaux.fr

Em 1744, quando Luís XV se recuperou de uma grave doença, ficou tão agradecido que idealizou uma magnífica igreja para reverenciar Santa Genoveva, a padroeira de Paris. O projeto foi confiado ao arquiteto francês Jacques-Germain Soufflot, que planejou uma igreja em estilo neoclássico. O trabalho começou em 1790, sob a supervisão de Guillaume Rondelet, dez anos após a morte de Soufflot. Com a Revolução Francesa, a igreja se tornou um panteão para abrigar os túmulos dos grandes heróis do país. Napoleão devolveu o prédio à Igreja em 1806. O Panthéon ainda foi tomado e devolvido aos religiosos mais uma vez antes de se tornar público em 1885.

A fachada, inspirada no panteão de Roma, tem um frontão em relevo representando a mãe-pátria (a França) concedendo lauréis a seus grandes homens. Voltaire, Rousseau e Zola estão aqui, bem como as cinzas de Pierre e Marie Curie, Dumas e André Malraux.

**O interior do Panthéon**
*O interior tem quatro naves laterais distribuídas em forma de cruz grega. Do centro, sai a grande cúpula.*

**Cúpula com moldura de ferro**
*O afresco da abóbada de pedra da cúpula representa a Glorificação de Santa Genoveva e foi encomendado por Napoleão em 1811.*

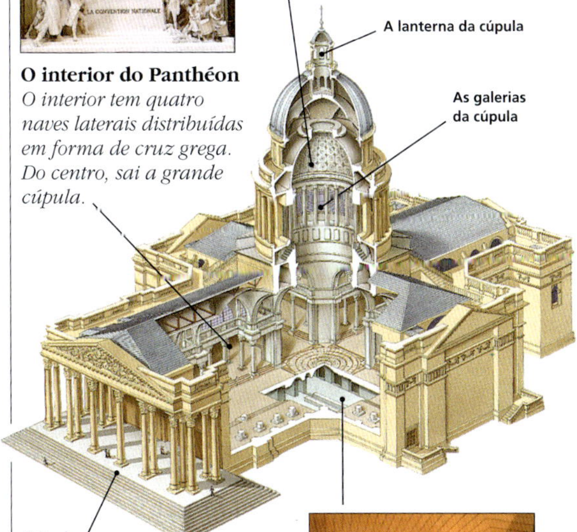

A lanterna da cúpula

As galerias da cúpula

Entrada

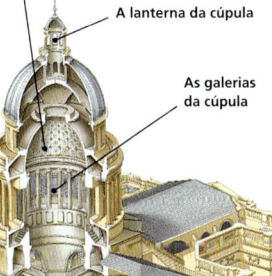

Metrô Maubert Mutualité

**Cripta**
*Sob o edifício há uma enorme cripta dividida em galerias. Personalidades importantes, como Voltaire e Zola, estão enterradas aqui.*

# Rua a Rua: Luxembourg

Situada a apenas poucos passos do movimento e do barulho de St-Germain-des-Prés, esta histórica e simpática área é um refúgio de paz no coração da cidade moderna. O Jardin du Luxembourg e o Palais de Luxembourg dominam o cenário. O jardim foi inteiramente aberto ao público no século XIX, quando o dono, o conde de Provença (mais tarde Luís XVIII), permitiu que, em troca de um pequeno pagamento, visitantes pudessem entrar e provar as frutas do pomar. Os jardins, o palácio e as casas situadas ao norte foram preservados e atraem muitos turistas.

**PONTOS ALTOS**

★ St-Sulpice

★ Palais du Luxembourg

**A Place St-Sulpice**, cercada por castanheiras, começou a ser construída em 1754.

Para St-Germain-des-Prés

★ **St-Sulpice**
*Obra de seis arquitetos, levou mais de um século para ser construída* ⓯

**O Jardin du Luxembourg** é um local muito procurado para relaxar, tomar sol ou admirar uma das belas estátuas do século XIX.

0 m  100

★ **Palais du Luxembourg**
*Construído como residência real, foi prisão e até quartel-general alemão. Esta fachada, que dá para o jardim, foi acrescentada em 1841* ⓮

**LEGENDA**
- - - Percurso sugerido

*Veja hotéis e restaurantes desta região nas pp. 550-5 e 600-6*

# RIVE GAUCHE

**LOCALIZE-SE**
Guia de Ruas de Paris 8, 12 e 13

**A Fontaine de Medicis** é uma fonte do século XVII, no estilo de uma gruta italiana, provavelmente projetada por Salomon de Brosse.

**Santa Genoveva**, padroeira de Paris, cujas orações salvaram a cidade dos hunos em 451, foi esculpida por Michel-Louis Victor (1845).

## Palais du Luxembourg ⑭

15 rue de Vaugirard 75006. **Mapa** 8 E5. **Tel** *01 44 54 19 49.* Ⓜ *Odéon.* RER *Luxembourg.* grupos: seg, sex, sáb (ligar com 3 meses de antecedência); individuais: 1 sáb por mês. **Tel** *01 44 54 19 49.* www.senat.fr **Museu** *diariam durante exposições.* www.museeduluxenbourg.fr

Hoje sede do Senado, este palácio foi construído para Maria de Medici, viúva de Henrique IV, lembrar de sua cidade natal, Florença. O Musée du Luxembourg, na galeria leste, apresenta exposições organizadas pelo Senado. Quando foi concluído, Maria de Medici já havia sido banida de Paris, mas continuou sendo um palácio real até a Revolução. Durante a Segunda Guerra, serviu como quartel-general alemão. Projetado por Salomon de Brosse, segue o estilo do palácio Pitti.

## St-Sulpice ⑮

Place St-Sulpice 75006. **Mapa** 8 E5. **Tel** *01 42 34 59 98.* Ⓜ *St-Sulpice.* 7h30-19h30 diariam. **Concertos**.

Esta enorme e imponente igreja começou a ser construída em 1646 e levou mais de um século para ser concluída. O resultado é uma fachada simples com duas fileiras de colunas e duas torres desiguais. Grandes janelas em arco deixam entrar a luz no vasto interior.
Na capela à direita há murais de Eugène Delacroix, como *Jacó lutando com o anjo (p. 122)* e *Heliodoro sendo expulso do templo*.

**A clássica fachada de dois andares de St-Sulpice, com suas duas torres**

**Escultura de Carpeaux**

## Fontaine de l'Observatoire ⑯

Pl Ernest Denis, av de l'Observatoire 7500. **Mapa** 12 E2. RER *Port Royal.*

Situada no extremo sul do Jardin du Luxembourg, é uma das mais belas fontes de Paris. A escultura central de Jean-Baptiste Carpeaux é de 1873. Feita de bronze, tem quatro mulheres carregando um globo e representando os quatro continentes – o quinto, a Oceania, foi deixado de fora por uma questão de simetria. Há também figuras secundárias como delfins, cavalos e uma tartaruga.

## Val-de-Grâce ⑰

1 pl Alphonse Laveran 75005. **Mapa** 12 F2. **Tel** *01 40 51 51 92.* Ⓜ *Gobelins.* RER *Port Royal.* 12h-18h ter-dom. ago. exceto nave.

É uma das mais belas igrejas da França e faz parte de um complexo de hospital militar. Construída para Ana da Áustria (mulher de Luís XIII) em agradecimento ao nascimento de seu filho. O próprio Luís XIV, quando jovem, lançou a pedra fundamental, em 1645.
A igreja tem a cúpula de ferro dourado, onde há um afresco de Pierre Mignard com 200 enormes figuras. As colunas de mármore do altar são semelhantes às de Bernini na Basílica de São Pedro, em Roma.

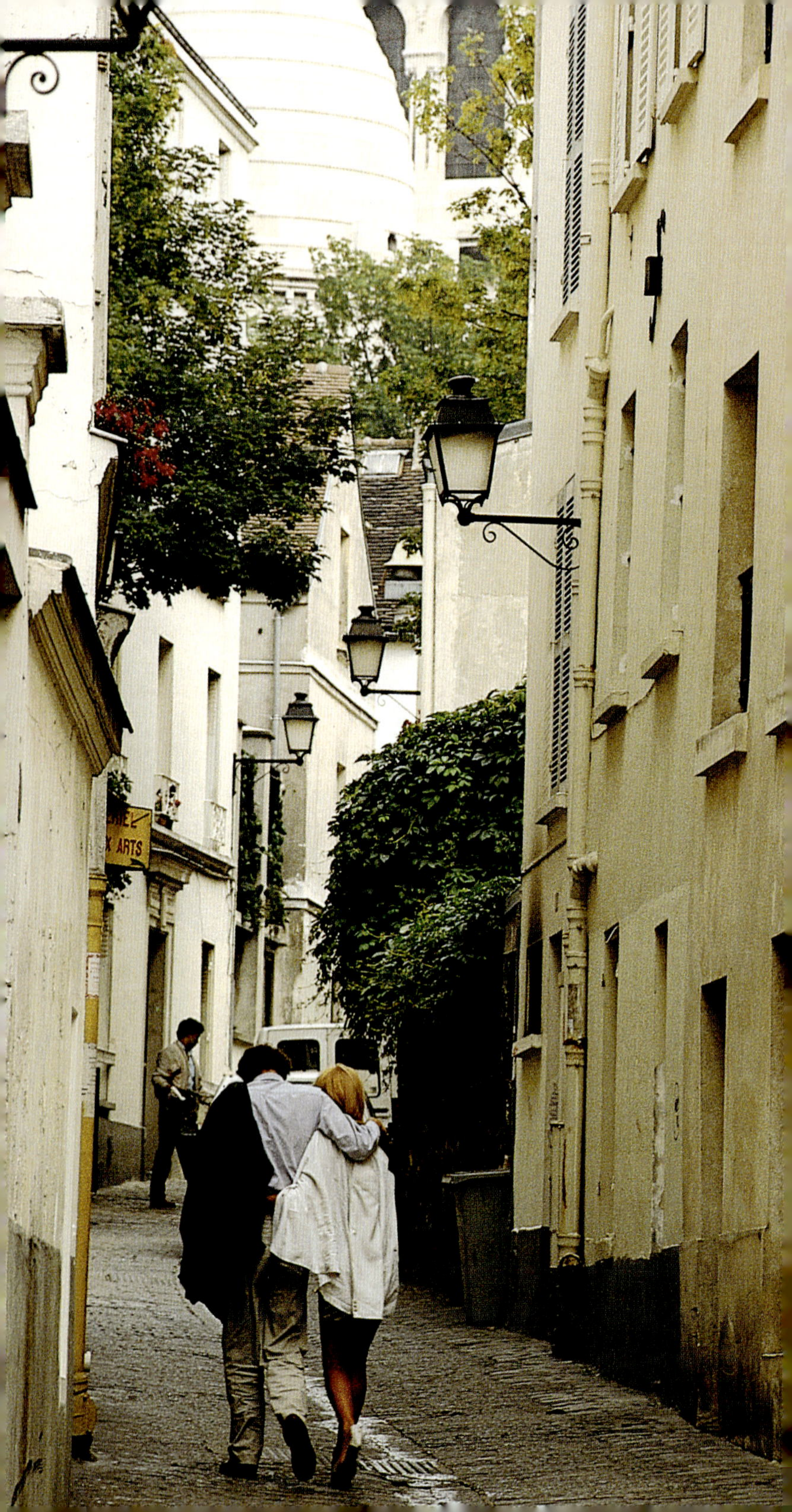
ARTS

PARIS E ÎLE DE FRANCE  129

# FORA DO CENTRO

Muitos dos pontos turísticos famosos de Paris estão fora do centro. Montmartre, durante muito tempo a meca de artistas e escritores, ainda mantém uma certa atmosfera boêmia e Montparnasse está cheio de cafés movimentados e aficionados do teatro. O conhecido Cimetière du Père Lachaise, com seu parque e jardins, é um refúgio de tranquilidade onde repousam Chopin, Oscar Wilde e Jim Morrison, entre outras personalidades. A arquitetura moderna pode ser apreciada na Fondation Le Corbusier e em La Défense. Há muitos museus para visitar, incluindo o La Villete, especializado em ciência e um programa ideal para a família.

## PRINCIPAIS ATRAÇÕES

**Museus e Galerias**
Musée Marmottan-Claude Monet ❺
Musée du Cristal de Baccarat ❻
Musée Gustave Moreau ❾
Cité des Sciences et de l'Industrie *pp. 136-7* ⓯
Cité Nationale de l'Histoire de l'Immigration ⓴
Musée National d'Histoire Naturelle ㉔

**Igrejas e Mesquitas**
St-Alexandre-Nevsky ❼
Sacré-Coeur ⓫
Mosquée de Paris ㉗

**Parques e Jardins**
Bois de Boulogne ❷
Parc Monceau ❽
Parc des Buttes-Chaumont ⓱
Parc Montsouris ㉓

Jardin des Plantes ㉕
Parc André Citroën ㉘

**Cemitérios**
Cimetière de Montmartre ⓭
Cimetière du Père Lachaise ⓲
Cimetière du Montparnasse ㉚

**Bairros Históricos**
Montmartre *pp. 132-3* ❿
Canal St-Martin ⓰
Montparnasse ㉙

**Edifícios e Ruas Históricas**
Rue La Fontaine ❹
Moulin Rouge ⓬

Château de Vincennes ㉑
Catacombes ㉛

**Arquitetura Moderna**
La Défense ❶
Fondation Le Corbusier ❸
Bercy ⓳
Bibliothèque Nationale de France ㉒
Institut du Monde Arabe ㉖

**Mercados**
Marché aux Puces de St-Ouen ⓮

### LEGENDA

▨ Principais pontos turísticos
═ Principais estradas

0 km    4

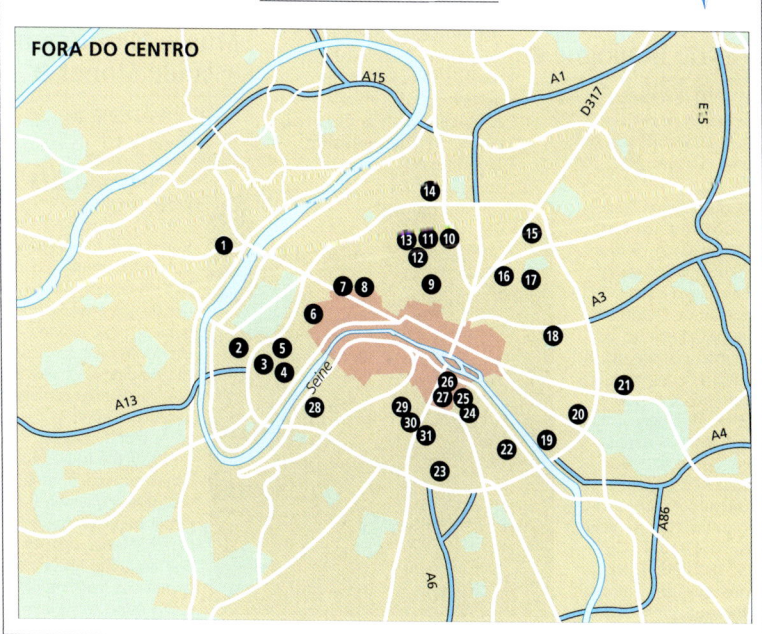

**FORA DO CENTRO**

◁ **St-Rustique, rua estreita subindo a colina de Sacré-Coeur**

# Oeste da cidade

## La Défense ❶

La Grande Arche. **Tel** 01 49 07 27 55. RER *La Défense.* ⬤ *para reformas; ligue antes.* Ver **A História da França** pp. 66-7. www.grandearche.com

Este enorme centro empresarial é o maior conjunto de escritórios da Europa, verdadeira cidade de negócios no extremo oeste de Paris. La Grande Arche é um cubo oco grande o bastante para conter a Catedral de Notre-Dame. Foi projetado no fim dos anos 1980 e conta com uma galeria e um centro de conferências, além de uma fantástica vista.

**La Grande Arche, La Défense**

## Bois de Boulogne ❷

75016. M *Porte Maillot, Porte Dauphine, Porte d'Auteuil, Sablons.* ⬤ *24h diariam.* ⬤ *para jardins especiais e museu.*

Situado entre os limites da zona oeste de Paris e o rio Sena, este parque de 8,65 milhões de m² oferece uma vasta extensão de área verde para passeios a pé, de bicicleta, a cavalo, de barco, além de piqueniques e corridas de cavalo. O Bois de Boulogne é tudo o que resta da imensa Fôret du Rouvre. No século XIX, Napoleão III mandou o barão Haussmann fazer um projeto nos moldes do Hyde Park, de Londres. São vários parques dentro do bosque, entre eles o Jardin d'Acclimatation, um divertido parque para crianças e os jardins Pré-Catalan e Bagatelle, com uma série de extravagâncias arquitetônicas e uma vila do século XVIII, famosa pelo roseiral. A vila foi construída em 64 dias, após uma aposta entre o conde d'Artois e Maria Antonieta.

Durante o dia o Bois de Boulogne é bastante movimentado, mas durante a noite é perigoso, por isso deve ser evitado.

## Fondation Le Corbusier ❸

10 square du Docteur-Blanche 75016. **Tel** 01 42 88 41 53. M *Jasmin.* ⬤ *13h30-18h seg; 10h-18h ter-qui, 10h-17h sex-sáb.* ⬤ *feriados, ago, 24 dez-2 jan.* **Filmes, vídeos.** www.fondationlecorbusier.asso.fr

Este é um lugar tranquilo de Auteuil onde estão as vilas de La Roche e Jeanneret, as primeiras casas parisienses construídas por um dos mais brilhantes e influentes arquitetos deste século, Charles-Edouard Jeanneret, conhecido como Le Corbusier. Do começo dos anos 1920, elas destacam o uso revolucionário do concreto branco em formas cubistas. As salas se fundem, permitindo maior luminosidade, e as casas têm janelas em toda a extensão. A vila La Roche pertenceu ao patrono das artes Raoul La Roche. Hoje as duas vilas oferecem palestras sobre Le Corbusier.

**Ilha planejada, no Bois de Boulogne**

**Janela art nouveau na rue La Fontaine**

## Rue La Fontaine ❹

75016. **Mapa** 5 A4. M *Michel-Ange-Auteuil, Jasmin.* RER *Radio-France.*

A rue La Fontaine e as ruas vizinhas são uma vitrine para alguns dos mais interessantes trabalhos do começo do século XX, caracterizados por uma arquitetura de baixo custo e detalhes sinuosos. No nº 14 fica o Castel Bérenger, que firmou a reputação do arquiteto Hector Guimard. Ele desenhou, mais tarde, as entradas art nouveau do metrô de Paris.

## Musée Marmottan-Claude Monet ❺

2 rue Louis Boilly 75016. **Tel** 01 44 96 50 33. M *Muette.* ⬤ *11h-18h ter-dom (até 21h ter).* ⬤ *1º jan, 1º mai, 25 dez.* www.marmottan.com

Este museu foi instalado na mansão do século XIX do famoso historiador de arte Paul Marmottan, em 1932, quando ele doou sua casa e coleção de pinturas e móveis nos estilos renascentista, consular e império ao Institut de France.

Em 1966 o museu incorporou uma fabulosa coleção do trabalho do pintor impressionista Claude Monet, doadas pelo seu filho Michel. Algumas das mais importantes obras de Monet estão aqui, entre elas

*Veja hotéis e restaurantes desta região nas pp. 550-5 e 600-6*

*Impressão, sol nascente* (que deu origem ao termo impressionismo), uma pintura da catedral de Rouen *(p. 267)* e vários quadros da série *Ninféias (p. 98)*. Aqui se encontra também uma boa parte da obra de seus últimos anos de vida em Giverny, tais como *A ponte japonesa* e *O salgueiro*. As pinceladas enérgicas e as cores desses dois quadros ressaltam a sua importância.

Parte da coleção particular do pintor impressionista também chegou até o museu. São obras de seus colegas Camille Pissarro, Pierre Auguste Renoir e Alfred Sisley.

O museu possui ainda iluminuras e tapeçarias o século XVI provenientes da Borgonha. Concertos de piano e música de câmara são realizados na terceira terça-feira de cada mês.

## Musée du Cristal de Baccarat

11 pl des Etats Unis 75016. **Tel** *01 40 22 11 00.* M *Boissière.* ☐ 10h-18h30 (última entrada 18h) seg, qua-sáb. ● feriados. 🎫 📷 marcar hora. **www**.baccarat.fr

Este museu, também conhecido como Galerie-Musée Baccarat, exibe mais de 400 artigos produzidos pela companhia Baccarat, fundada em 1764 em Lorraine, no leste da França. Entre as peças, destacam-se aparelhos de jantar criados para as cortes reais e imperiais da Europa e muitas das melhores peças contemporâneas fabricadas nas oficinas, como vasos, candelabros, decantadores e vidros de perfume finos, bem como relógios e joalheria.

Nos trabalhos de vidro podem-se ver algumas das técnicas empregadas para dar forma e ornamentar os cristais – corte, gravação circular, douração e esmaltagem.

**Vaso da Abissínia, feito de cristal Baccarat e bronze**

Colunata ao lado do lago romano *(naumaquia)*, no Parc Monceau

## Norte da cidade

**Catedral de St-Alexandre-Nevsky**

## St-Alexandre-Nevsky

12 rue Daru 75008. **Mapa** 2 F3. **Tel** *01 42 27 37 34.* M *Courcelles, Ternes.* ☐ 15h-17h ter e sex, 10h-12h30, 15h-18h dom. 🎫 🕆 18h sáb, 10h30 dom.

A majestosa catedral ortodoxa russa com suas cinco cúpulas de cobre dourado assinala a presença dessa comunidade em Paris. Foi projetada por membros da Academia de Belas-Artes de São Petersburgo e financiada pelo czar Alexandre II e pela própria comunidade russa. Em 1861 a catedral ficou pronta. No interior, uma parede de ícones divide a igreja em duas. O plano em cruz grega e os belos mosaicos e afrescos são em estilo neobizantino, enquanto o exterior, bem como as cúpulas douradas, segue o estilo tradicional russo ortodoxo.

## Parc Monceau

Bd de Courcelles 75017. **Mapa** 3 A3. **Tel** *01 42 27 08 64.* M *Monceau.* ☐ 7h-20h diariam (22h verão). 🎫 marcar hora.

Este refúgio data de 1778, quando o duque de Chartres encomendou um jardim ao pintor, escritor e paisagista amador Louis Carmontelle. O resultado foi uma paisagem exótica, com algumas loucuras arquitetônicas dentro dos estilos inglês e alemão.

Em 1852 o jardim se transformou em um elegante parque público. Características originais permaneceram, entre elas a *naumaquia* – uma versão ornamental de um lago romano usado para simular batalhas navais.

## Musée Gustave Moreau

14 rue de la Rochefoucauld 75009. **Mapa** 4 E3. **Tel** *01 48 74 38 50.* M *Trinité.* ☐ 10h-12h45, 14h-17h15 qua-seg. ● alguns feriados. 🎫 📷 🕆 **www**.musee-moreau.fr

O pintor simbolista Gustave Moreau (1826-98), conhecido pelos trabalhos simbólicos que retratam fantasias bíblicas e mitológicas, morou e trabalhou nesta elegante casa no fim do século XIX. Aqui se encontra uma de suas melhores obras – *Júpiter e Sêmele* –, além de outros quadros importantes, cerca de 7 mil desenhos, mil telas pintadas a óleo e aquarelas doadas por Moreau ao Estado.

# Montmartre ⓾

Há 200 anos a colina de Montmartre é procurada pelos artistas. Théodore Géricault e Camille Corot aqui chegaram no início do século XIX, e no século XX Maurice Utrillo imortalizou as ruas do bairro em seu trabalho. Hoje, os artistas de rua vivem do comércio turístico, mas grande parte desta área ainda mantém aquele ambiente indefinido de vila do pré-guerra. O nome é atribuído aos mártires, aqui torturados e mortos em 250, donde o nome *mons martyrium*.

**Pintor de rua**

**Os Vinhedos de Montmartre**
*Este é o último vinhedo parisiense. Sua colheita é celebrada no primeiro sábado de outubro.*

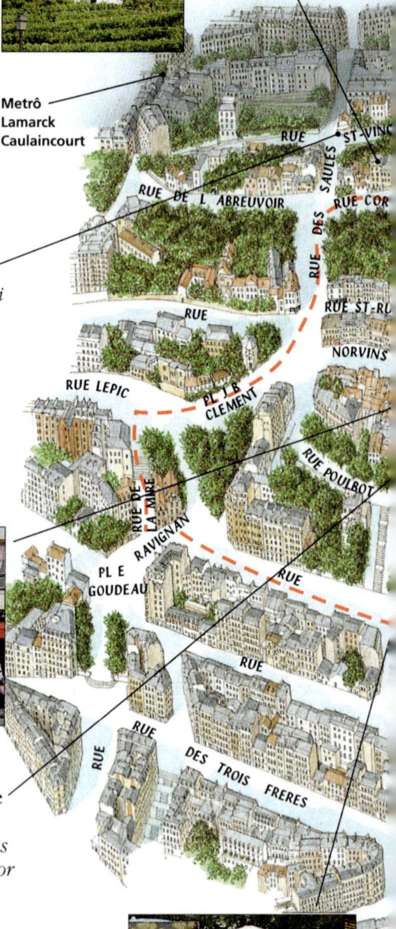

Metrô Lamarck Caulaincourt

**Au Lapin Agile**
*"O Coelho Ágil" foi ponto de encontro literário e hoje é uma casa noturna.*

**A la Mère Cathérine**
*Restaurante favorito dos cossacos russos que gritavam "Bistrô!" (rápido). Esta é a origem do nome bistrô.*

**Espace Montmartre Salvador Dalí**
*Cerca de 330 obras do pintor e escultor surrealista estão expostas aqui.*

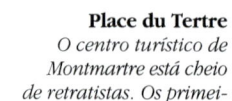

**Place du Tertre**
*O centro turístico de Montmartre está cheio de retratistas. Os primeiros artistas exibiram suas obras no século XIX.*

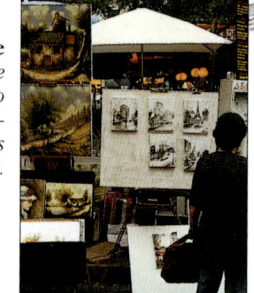

### LEGENDA

- - - - Percurso sugerido

0 m          100

*Veja hotéis e restaurantes desta região nas pp. 550-5 e 600-6*

FORA DO CENTRO　　　　　133

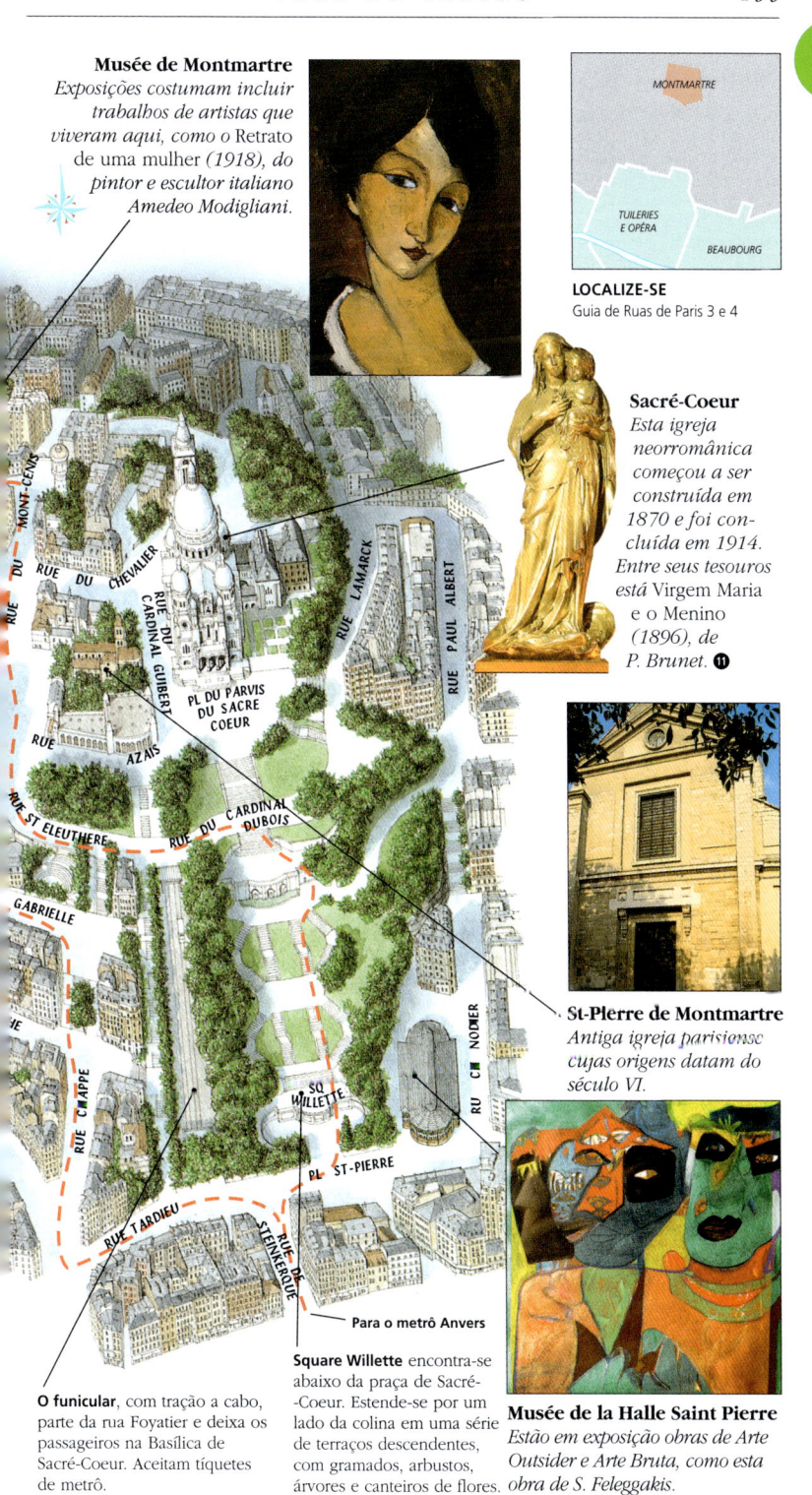

**Musée de Montmartre**
*Exposições costumam incluir trabalhos de artistas que viveram aqui, como o Retrato de uma mulher (1918), do pintor e escultor italiano Amedeo Modigliani.*

**LOCALIZE-SE**
Guia de Ruas de Paris 3 e 4

**Sacré-Coeur**
*Esta igreja neorromânica começou a ser construída em 1870 e foi concluída em 1914. Entre seus tesouros está Virgem Maria e o Menino (1896), de P. Brunet.* ⓫

**St-Pierre de Montmartre**
*Antiga igreja parisiense cujas origens datam do século VI.*

**Para o metrô Anvers**

**O funicular**, com tração a cabo, parte da rua Foyatier e deixa os passageiros na Basílica de Sacré-Coeur. Aceitam tíquetes de metrô.

**Square Willette** encontra-se abaixo da praça de Sacré-Coeur. Estende-se por um lado da colina em uma série de terraços descendentes, com gramados, arbustos, árvores e canteiros de flores.

**Musée de la Halle Saint Pierre**
*Estão em exposição obras de Arte Outsider e Arte Bruta, como esta obra de S. Feleggakis.*

## Sacré-Coeur ⓫

Parvis de Notre-Dame 75018. **Mapa** 4 F1. **Tel** 01 53 41 89 00. **M** Abbesses (depois funicular para escadaria da Sacré-Coeur), Anvers. 30, 31, 80, 85. **P** blvd de Clichy, rue Custine. **Basílica** 6h-22h30 diariam. **Cúpula e cripta** 9h-18h diariam. 7h, 11h15, 18h30; 22h seg-qui, sáb; 15h sex; 11h, 18h, 22h dom (vespertinas 4h). www.sacre-coeur-montmartre.com

**A galeria de vitrais** permite ver todo o interior.

**O Grande Mosaico de** Cristo (1912-22), de Luc Olivier Merson, destaca-se na abóbada do coro.

**A cúpula oval** é o segundo ponto mais alto de Paris, depois da Torre Eiffel.

**As portas de bronze** mostram a Última Ceia e outras cenas bíblicas.

A basílica, em louvor ao Sagrado Coração de Jesus, consagrada em 1919, foi erguida por causa de uma promessa feita no início da Guerra Franco-Prussiana. Dois comerciantes, Alexandre Legentil e Rohault de Fleury, prometeram financiar a basílica se a França fosse poupada. Apesar da guerra e do cerco de Paris, a invasão foi evitada e as obras começaram em 1875, seguindo projeto de Paul Abadie. A basílica nunca foi considerada especialmente bonita, mas é enorme e majestosa e constitui um dos prédios católicos mais importantes da França.

**Nas arcadas da cripta** uma capela guarda em uma urna de pedra o coração de Alexandre Legentil.

## Moulin Rouge ⓬

82 bd de Clichy 75018. **Mapa** 4 E1. **Tel** 01 53 09 82 82. **M** Blanche. **Shows** 21h e 23h diariam; 2 matinés por mês 13h dom. www.moulinrouge.fr

Erigido em 1885, o Moulin Rouge tornou-se palco de musicais em 1900. O pintor Henri de Toulouse-Lautrec imortalizou os espetáculos divertidos e coloridos do cancã em cartazes e desenhos de dançarinas famosas, como Jane Avril. Hoje ainda existem os chutes para o alto, em peças ao estilo de Las Vegas.

## Cimetière de Montmartre ⓭

20 av Rachel 75018. **Mapa** 4 D1. **Tel** 01 53423630. **M** Place de Clichy. 8h30-17h30 seg-sáb, 9h-17h30 dom (18h verão).

Muitas celebridades do meio artístico têm sido enterradas aqui desde o início do século XIX. Os compositores Hector Berlioz e Jacques Offenbach (que compôs o famoso hino do cancã), o bailarino e coreógrafo russo Vaslaw Nijinsky e o cineasta francês François Truffaut são alguns dos famosos artistas enterrados no Montmartre.

Há também o cemitério de Montmartre próximo da praça Roland-Dorgelès, chamado cemitério de St--Vincent, onde foi sepultado o corpo do pintor francês Maurice Utrillo.

**Banca africana, no Marché aux Puces de St-Ouen**

## Marché aux Puces de St-Ouen ⓮

Rue des Rosiers, St-Ouen 93406. **M** Porte-de-Clignancourt. 9h-18h sáb-seg. Ver **Lojas e Mercados** p.149. www.les-puces.com

É o maior e mais antigo mercado de pulgas de Paris, que ocupa 60 mil m², perto da Porte de Clignancourt. No século XIX, mercadores de tapetes e mendigos aglomeravam-se fora das muralhas que demarcavam a cidade para oferecer seus produtos. Hoje o local está dividido em mercados separados e é conhecido pelos enfeites e pelos móveis do Segundo Império. É difícil encontrar pechinchas, o que não impede o movimento intenso no fim de semana.

## Cité des Sciences et de l'Industrie ⓯

pp. 136-7.

*Veja hotéis e restaurantes desta região nas pp. 550-5 e 600-6*

## Canal St-Martin [16]

[M] Jaurès, J Bonsergent, Goncourt.

Basta andar pelo cais do Canal St-Martin para ter uma ideia de como era esta zona industrial próspera habitada pela classe operária no fim do século XIX. O canal, de 5km, foi inaugurado em 1825 e criou um atalho para o tráfego fluvial entre os meandros do Sena. Dessa época restam algumas olarias, fábricas de ferro ao longo do quai de Jemmapes e o lendário Hôtel du Nord, que apareceu no filme homônimo de 1930 de Marcel Carné. O canal está sempre movimentado, com barcaças e pescadores. Às suas margens, há os cais arborizados, com lojas sofisticadas e cafés, passarelas de ferro e jardins públicos. Em Jaurès, o canal encontra o Canal de l'Ourcq, que propicia um agradável passeio pelo Parc de la Villette (p. 136).

## Parc des Buttes--Chaumont [17]

Place Armand Carrel 75019. [M] Botzaris, Buttes-Chaumont. out-abr: 7h-21h diariam; mai-set: 7h-22h diariam.

Para muitos, este é o parque mais agradável de Paris. Na década de 1860, o urbanista barão Georges Haussmann transformou em jardins no estilo inglês esta colina, que era depósito de lixo e pedreira com uma prisão no sopé. Seu parceiro foi o paisagista Adolphe Alphand, que na mesma década se tornaria o principal responsável pelo projeto de calçadas para as avenidas de Paris, com bancos, postes de iluminação, quiosques e sanitários públicos.

Outros participantes na criação deste famoso parque foram o engenheiro Darcel e o paisagista Barillet-Deschamps. Eles fizeram um lago, uma ilha com pedras naturais e artificiais, erigiram um templo em estilo romano e acrescentaram uma cascata, córregos e passarelas que levam à ilha. Hoje, no verão, os turistas

**Barcos no Port de l'Arsenal**

dispõem de barcos, de passeios em pôneis e de belos gramados.

## *Leste da cidade*

### Cimetière du Père Lachaise [18]

16 rue du Repos,75020. **Tel** 01 55 25 82 10. [M] P. Lachaise, A. Dumas. 60, 69, 102 para pl Gambetta. [P] pl Gambetta. 8h-17h30 diariam (18h abr-nov; abre 9h dom e feriados). www.pere-lachaise.com

O cemitério mais famoso de Paris fica em uma colina arborizada com vista para a cidade. O terreno pertencia a Père de la Chaise, confessor de Luís XIV, e foi comprado por ordem de Napoleão, em 1803, para a criação de um cemitério. O lugar se tornou tão procurado pela burguesia parisiense que seus limites se ampliaram seis vezes no século XIX. Foram sepultados aqui o escritor Honoré de Balzac, o compositor Frédéric Chopin, o cantor Jim Morrison e os atores Simone Signoret e Yves Montand.

## Bercy [19]

75012. [M] Bercy, Cour St-Emilion. 24, 64, 87. **Cinématèque Française**: 51 rue de Bercy. **Tel** 01 71 19 32 00. 12h-19h seg-sáb, 10h-20h dom. (ligar 01 71 19 33 33).

Este antigo distrito de comércio de vinhos, perto do centro da cidade, com armazéns e barracões antes austeros e cortiços à beira do rio, foi transformado em um bairro supermoderno junto ao Sena. Uma nova linha automática do metrô (linha 14) faz a ligação com o centro da cidade.

A maior atração do bairro é o Palais d'Omnisports de Paris--Bercy (POPB), que é o principal local para os concertos e também o melhor estádio. A enorme construção piramidal, com as laterais cobertas de grama verdadeira, tornou-se um marco da zona leste de Paris.

Outros edifícios comerciais ousados se destacam na paisagem, principalmente o prédio do Ministério das Finanças, de Chemetov, e o American Center, de Frank Gehry, que abriga a **Cinémathèque Française**, um museu do cinema com exibições de filmes, uma biblioteca e acervo sobre o trabalho dos diretores.

À volta desses edifícios, o criativo Parc de Bercy, de 70 mil m², é uma área verde acolhedora. Reformados, os antigos depósitos e adegas de vinho da Cours St Emilion viraram restaurantes, bares e lojas. De alguns dos armazéns surgiram os Pavillons de Bercy, um dos quais abriga o Musée des Arts Forains (Museu de Artes Circenses).

**O belo American Center de Bercy, projetado pelo americano Frank Gehry**

## Cité des Sciences et de l'Industrie ⓯

Este enorme museu de ciência e tecnologia, que hoje ocupa o maior dos antigos matadouros Villette, é agora parte de um enorme parque urbano. Adrien Fainsilber criou um intercâmbio imaginativo de luz, vegetação e água, de alta tecnologia, em um edifício de cinco andares com 40m de altura ocupando 30 mil m². No centro do museu, a exposição Explora é um guia fascinante ao mundo da ciência e tecnologia. Os visitantes podem participar de jogos computadorizados no espaço, na terra e no oceano. Nos outros andares, há uma cidade da ciência para crianças, cinemas, uma sala de novidades da ciência, biblioteca e lojas.

**Modernidade no Parc de la Villette**

**Planetário**
*No auditório de 260 lugares você pode assistir a eclipses e voar sobre as paisagens de Marte graças ao seu sistema de vídeo 3D.*

### Le Nautile
*Este modelo em escala real do Nautile, submarino de exploração de alta tecnologia francês, representa uma das mais sofisticadas máquinas do mundo.*

### ★ História do Universo
*Esta exploração do nascimento do cosmo leva o visitante a 13,7 bilhões de anos atrás, quando surgiu o primeiro átomo.*

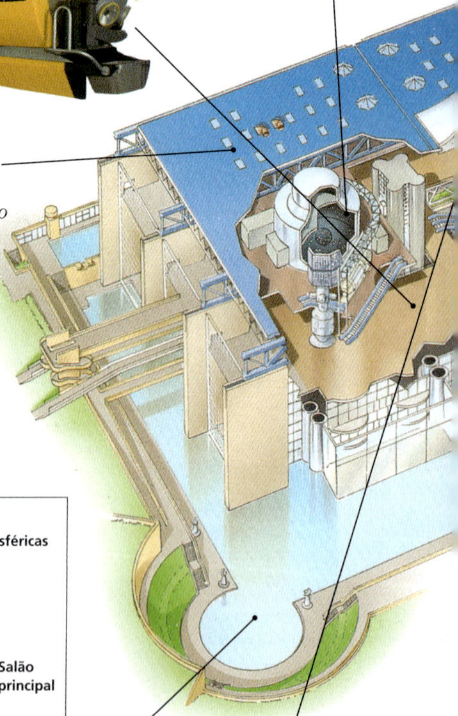

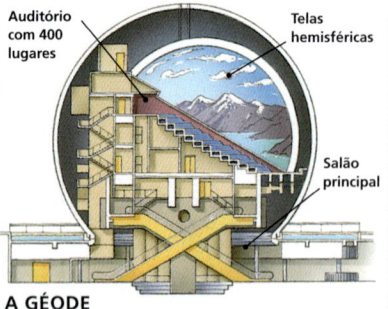

**Auditório com 400 lugares**

**Telas hemisféricas**

**Salão principal**

### A GÉODE
Gigantesca esfera para diversão, tem um cinema com uma enorme tela hemisférica de 1.000m² para projetar filmes IMAX sobre natureza, viagens, história e espaço.

**O fosso** foi projetado por Fainsilber para que a luz natural penetrasse nos níveis mais baixos do edifício.

**O salão principal** lembra a atmosfera de uma enorme catedral com uma rede de hastes, pontes, escadas rolantes e balcões.

*Veja hotéis e restaurantes desta região nas pp. 550-5 e 600-6*

FORA DO CENTRO 137

## PONTOS ALTOS

★ Cidade das Crianças

★ História do Universo

★ La Géode

### Cúpulas
*As duas cúpulas de vidro de 17m de diâmetro filtram a luz natural que penetra no salão principal.*

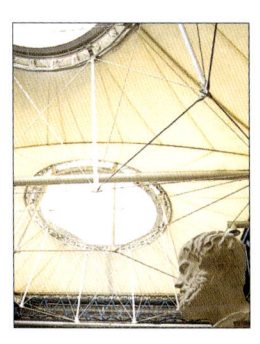

## PREPARE-SE

30 av Corentin-Cariou 75019. *01 40 05 80 00.* M *Porte de la Villette.* 139, 150, 152, 249, 375, PC2. 10h-18h ter-sáb (19h dom). **Shows, filmes, vídeos, biblioteca, centro de conferências.** www.cite-sciences.fr

**A estufa é quadrada**, tem 32m de altura e de largura e liga o parque ao edifício.

### O caça Mirage
*Um modelo em tamanho real do caça francês é um exemplo dos avanços tecnológicos.*

Para La Géode

### Passarelas
*As passarelas cruzam o fosso que circunda o museu e ligam seus vários andares à Géode e ao parque.*

### ★ Cidade das Crianças
*Nesta área grande e agitada, as crianças podem testar e brincar com máquinas que mostram como funcionam os princípios científicos.*

**Bibliothèque Nationale de France** ㉒

Quai François-Mauriac 75704.
**Tel** 01 53 79 59 59. Ⓜ *Bibliothèque François Bourse Mitterrand.* ◯ 10h-19h ter-sáb, 13h-19h dom. ⬤ *feriados e 2 sem. meados set.* www.bnf.fr

As quatro torres em forma de livro abrigam 10 milhões de volumes. As bibliotecas oferecem mais de 400 mil títulos. Outros recursos incluem ilustrações digitalizadas, arquivos de som e CD-ROMs.

## *Sul da cidade*

### Parc Montsouris ㉓

Bd Jourdan 75014. **Tel** 01 40 71 75 60. Ⓜ *Pte d'Orléans.* RER *Cité Universitaire.* ◯ 8h-20h30 diariam (17h30 inverno).

Este parque em estilo inglês, o segundo maior de Paris, foi projetado pelo arquiteto Adolphe Alphand e construído entre 1865-78. Preferido por estudantes e crianças, possui um restaurante, gramados e um lago – lar de muitas aves.

*Crânio do réptil dimetrodonte*

### Musée National d'Histoire Naturelle ㉔

36 rue Geoffroy Saint-Hilaire 75006. **Mapa** 14 D1. **Tel** 01 40 79 54 79. Ⓜ *Jussieu, Austerlitz.* ◯ 10h-18h qua-seg (18h verão). ⬤ *1º mai. restrito.* *Biblioteca* www.mnhn.fr

O grande destaque do museu de história natural é a Grande Galerie de l'Evolution. Existem outros quatro departamentos: paleontologia, que traz esqueletos, réplicas de vários animais e uma exposição sobre a evolução do esqueleto dos seres vertebrados; paleobotânica, dedicado às plantas fósseis; mineralogia, dedicado às rochas e pedras preciosas; e entomologia, que tem alguns dos mais antigos insetos fossilizados. A livraria fica na casa em que o naturalista Buffon morou de 1772 até sua morte em 1788.

### Jardin des Plantes ㉕

57 rue Cuvier 75005. **Mapa** 13 C1. **Tel** 01 40 79 56 01 Ⓜ *Jussieu, Austerlitz.* ◯ 8h-17h30 diariam.

O Jardim Botânico foi criado em 1626, quando Jean Hérouard e Guy de la Brosse, médicos de Luís XIII, receberam autorização para instalar no local um jardim real de ervas medicinais. Seguiu-se uma escola de botânica, história natural e farmácia, e em 1640 o jardim foi aberto ao público. É um dos grandes parques da cidade, com um museu de história natural, escola de botânica e um zoológico.

Além de vistas muito bonitas, o parque possui passeios ladeados por estátuas, um parque alpino, com plantas da Córsega, Marrocos, Alpes e Himalaia, e uma notável coleção de ervas e plantas. O primeiro cedro-do-líbano plantado na França é originário do Kew Gardens, de Londres.

*Bibliothèque Nationale de France*

## Cité Nationale de l'Histoire de l'Immigration ⑳

293 av Daumesnil 75012. **Tel** 01 53 59 58 60. Ⓜ *Porte Dorée.* ◯ 10h-17h30 ter-sex (19h sáb-dom). ⬤ *1º mai, 14 jul, 25 dez. restrito.*

Localizado no Palais de la Porte Dorée, este é um museu dedicado à imigração na França. O próprio palácio é art déco, projetado pelos arquitetos Albert Laprade e Léon Jaussely para a exposição colonial da cidade, em 1931. O porão também abriga uma coleção de peixes tropicais, tartarugas e crocodilos.

## Château de Vincennes ㉑

Av de Paris 94300 Vincennes. **Tel** 01 48 08 31 20. Ⓜ *Château de Vincennes.* RER *Vincennes.* ◯ 10h-17h diariam (18h mai-ago). ⬤ *1º jan, 1º mai, 1º nov, 11 nov, 25 dez.* *Capela e donjon somente.* www.chateau-vincennes.fr

O Château de Vincennes foi a primeira residência real permanente até o século XVII, antes que a corte se mudasse para Versailles. O donjon – o mais alto castelo medieval construído na Europa –, a capela gótica, os pavilhões do século XVII e o fosso estão abertos à visitação.

Além do fosso do castelo está o bosque de Vincennes. Antigamente o bosque era um lugar de caça, mas hoje é uma área com lagos ornamentais, cascatas e uma pista de corrida.

*Rue Mouffetard, um dos mercados perto do Jardin des Plantes*

*Veja hotéis e restaurantes desta região nas pp. 550-5 e 600-6*

## Institut du Monde Arabe ㉖

1 rue des Fossés St-Bernard, Pl Mohammed V 75005. **Mapa** 9 C5. **Tel** 01 40 51 38 38. Ⓜ *Jussieu, Cardinal-Lemoine.* **Museu e exposições temporárias** ⏲ *10h-18h ter-dom.* **Biblioteca** ⏲ *13h-20h ter-sáb.* www.imarabe.org

Este magnífico edifício foi projetado pelo arquiteto francês Jean Nouvel e combina detalhes de alta tecnologia com o espírito tradicional da arquitetura árabe.

Do quarto ao sétimo andar há uma exposição abrangente de arte islâmica dos séculos IX ao XIX com obras em vidro, cerâmica e esculturas. Um dos destaques do museu é a excelente coleção de astrolábios, tão apreciados pelos antigos astrônomos árabes.

## Mosquée de Paris ㉗

2 pl du Puits de l'Ermite 75005. **Tel** 01 45 35 97 33. Ⓜ *Place Monge.* ⏲ *9h-12h, 14h-18h sáb-qui.* ● *feriados muçulmanos.* **Biblioteca** www.mosquee-de-paris.com

Construído nos anos 1920 no estilo hispano-mourisco, este grupo de edifícios é o centro da comunidade muçulmana de Paris. Já foi usado apenas por estudiosos, mas a mesquita cresceu e hoje oferece alguns saudáveis e divertidos banhos turcos, um ótimo restaurante e um lindo salão de chá.

## Parc André Citroën ㉘

Quai André Citroën 75015. **Tel** 01 40 71 75 60. Ⓜ *Javel, Balard.* ⏲ *mar-out: 9h-anoitecer (nov-fev: até 17h) diariam.*

Este parque, projetado por paisagistas e arquitetos, é uma fascinante mistura de estilos, que vão da campina silvestre, ao norte, ao sofisticado minério monocrômico e às esculturas de jardins na seção mais ao sul. Esculturas aquáticas modernas pontuam o parque.

**Institut du Monde Arabe, protegido por painéis fotossensíveis**

**Torre Montparnasse**

## Montparnasse ㉙

75014 & 75015. **Mapa** 11 e 12. Ⓜ *Montparnasse, Vavin, Raspail, Edgar Quinet.* **Torre Montparnasse** ⏲ *abr-set: 9h30-23h30; out-mar: 9h30-22h30 (23h sex-sáb).*

O nome Montparnasse foi usado pela primeira vez, ironicamente, no século XVII, quando um grupo de estudantes de artes fez o seu trabalho sobre um "monte" de entulho. Na antiga Grécia, o monte Parnaso era consagrado à poesia, música e beleza. No século XIX, as pessoas eram atraídas aos cabarés e bares locais pelos preços sem impostos. Nas décadas de 1920 e 30, a combinação de arte e vida extravagante prevalecia, e artistas como Hemingway, Picasso, Cocteau, Giacometti, Matisse e Modigliani eram os "Montparnos", como eram conhecidos. Agora o *quartier* é dominado pela **Torre Montparnasse**, odiada por muitos, mas com uma vista espetacular do 56º andar.

## Cimetière du Montparnasse ㉚

3 bd Edgar Quinet 75014. **Mapa** 12 D3. **Tel** 01 44 10 86 50. Ⓜ *Edgar Quinet.* ⏲ *meados mar-nov: 8h-18h seg-sex; 8h30-18h sáb; 9h-18h dom; dez-meados mar: fecha às 17h30.*

O cemitério de Montparnasse foi inaugurado em 1824. Entre as pessoas famosas enterradas aqui estão o cantor Serge Gainsbourg, o poeta Baudelaire, Jean-Paul Sartre, Simone de Beauvoir e o escritor Guy de Maupassant.

## Catacombes ㉛

1 av du Colonel Henri Rol-Tanguy 75014. **Mapa** 12 E3. **Tel** 01 43 22 47 63. Ⓜ *Denfert-Rochereau.* ⏲ *10h-17h ter-dom.* ● *feriados.* www.catacombes-de-paris.fr

Cavadas em pedra na época do Império Romano, as *catacombes* hoje guardam ossos e crânios antigos. Milhares de corpos em decomposição foram trazidos para cá na década de 1780, para absorver o excesso insalubre do cemitério de Les Halles.

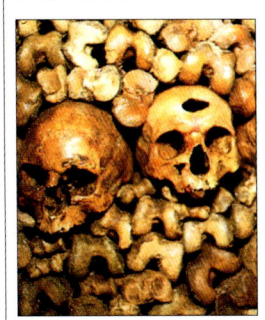

**Crânios e ossos guardados nas catacumbas**

# COMPRAS EM PARIS

Para muitas pessoas, Paris é símbolo de luxo e bem viver. Homens e mulheres em roupas sofisticadas tomam vinho às margens do Sena, tendo ao fundo a esplêndida arquitetura francesa, ou fazem compras em pequenas lojas especializadas. O jeito mais barato de se juntar aos chiques é criar um estilo francês com acessórios ou bijuterias. Ou tentar comprar nas liquidações de janeiro ou julho. Se seu bolso permitir, aproveite a oportunidade para comprar artigos franceses famosos no mundo todo ou saborear as maravilhas da cozinha francesa, sempre servidas com muita arte. As ruas de compras e mercados parisienses são o lugar ideal para se entregar ao costume francês de sair com o propósito exclusivo de olhar e ser visto. Para as últimas criações da alta moda, a rue du Faubourg-St-Honoré é insuperável, com suas sofisticadas vitrines. Outro passatempo francês é vasculhar as bancas de livros ao longo do Sena. Veja a seguir sugestões dos melhores e mais famosos locais de compras.

**Compras na avenue Montaigne**

## HORÁRIO COMERCIAL

As lojas em geral abrem das 10h às 19h, de segunda a sábado, mas os horários podem variar. Muitas lojas de departamentos ficam abertas até mais tarde às quintas, e as butiques podem fechar por uma ou duas horas ao almoço. Mercados e lojas de bairro em geral fecham às segundas. Alguns lugares fecham no verão, em geral em agosto, mas costumam deixar uma nota na porta sugerindo um equivalente aberto nos arredores.

## PAGAMENTO E IMPOSTO

Pode-se sacar dinheiro dos caixas automáticos da maioria dos bancos, com cartões de débito ou crédito. MasterCard e Visa são os mais aceitos.

Um imposto sobre vendas (TVA) de 5,5 a 19,6% é cobrado da maioria dos bens e serviços nos países da UE. Não residentes na UE que façam compras na França podem ter o reembolso desse valor se gastarem no mínimo 175 euros em uma loja em um dia. Você deve estar residindo na França há menos de seis meses e/ou levar as mercadorias com você para fora do país dentro de três meses a partir da compra, ou conseguir que a loja as despache para você. Lojas maiores em geral fornecem um formulário (*bordereau de détaxe ou bordereau de vente*) e podem ajudar você a preenchê-lo. Ao deixar a França ou a UE você deverá apresentar o formulário à alfândega, que pode fazer com que você seja reembolsado na hora, ou passar seu pedido para o lugar onde você fez a compra; então, a própria loja lhe enviará o reembolso.

## LIQUIDAÇÕES

As melhores liquidações (*soldes*) ocorrem em janeiro e julho, mas você acha boas ofertas antes do Natal. Mercadorias com a etiqueta *Stock* são itens com preço menor, para renovação do estoque. *Dégriffé* significa que se trata de um item de grife (em geral do ano anterior e do qual se tirou a etiqueta) a preço menor. *Fripes* indica roupas de segunda mão.

**Logo da Chanel, conhecido mundialmente**

### O CENTRO DA COSTURA FRANCESA

As casas de alta-costura ficam concentradas na Rive Droite, em volta da rue du Faubourg-St-Honoré e da avenue Montaigne.

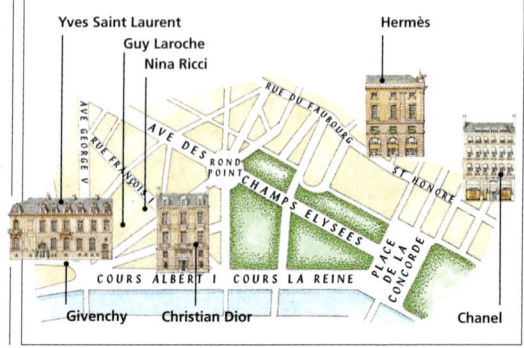

- Yves Saint Laurent
- Guy Laroche
- Nina Ricci
- Hermès
- Givenchy
- Christian Dior
- Chanel

## LOJAS DE DEPARTAMENTOS

Muito do prazer de comprar em Paris está nas pequenas lojas especializadas. Mas se tiver pouco tempo, vá até os *grands magasins* (lojas de departamentos). Algumas ainda usam um sistema de notas para vender. A balconista preenche uma nota com os bens que você comprou, você vai até um dos caixas, paga e volta com o recibo validado para pegar sua compra. Isso pode consumir tempo, por isso vá de manhã cedo e não faça compras no sábado, quando há muita

A fachada de 1865 da loja de departamentos Au Printemps

A grife de roupas Kenzo, na place des Victoires

gente. Os franceses não ligam muito para filas, por isso seja assertivo! Uma peculiaridade é que os seguranças podem pedir para inspecionar suas sacolas quando você sair. São revistas aleatórias e não devem ser mal interpretadas.

Todas as lojas de departamentos têm locais para comer, mas cada uma dá ênfase maior ou menor a esse aspecto. A **Au Printemps** se destaca por sua inovadora seção de artigos domésticos, pela linha de cosméticos e pela grande seção de roupas masculinas. As seções de roupas para mulheres e crianças têm bons estoques. Desfiles de moda são realizados às 10h às terças (e toda sexta-feira de abril a outubro: apenas com convite). O bonito restaurante com abóbada costuma sediar festas privadas à noite, mas vale a pena visitar o restaurante no horário comercial.

O **BHV** (Le Bazar de l'Hôtel de Ville) é um paraíso para os fãs do faça-você-mesmo e vende uma grande variedade de outros itens de decoração. O **Le Bon Marché**, na Rive Gauche, foi a primeira loja de departamentos de Paris e hoje é a mais chique. As seções de roupa de grife são bem variadas, os acessórios finos são ótimos e a roupa de cama e mesa de sua própria marca tem boa relação custo-benefício. A seção de fast-food serve alimentos de qualidade para viagem.

As **Galeries Lafayette** são talvez a loja de departamentos mais conhecida e tem grande variedade de roupas para todos os bolsos. A seção de novidades do térreo tem muitas grifes novas. **Galeries Lafayette Gourmet**, um espaço de alimentação, vende grande variedade de produtos finos franceses e estrangeiros. Do outro lado da rua, fica a unidade de utensílios domésticos, com destaque para os equipamentos de cozinha.

A **Virgin Megastore** fica aberta até tarde e tem uma excelente seção de discos e uma impressionante seção de livros. A **FNAC** é especializada em discos, livros (edições estrangeiras podem ser encontradas em Les Halles) e equipamentos eletrônicos, enquanto a **FNAC Odéon** vende equipamento tecnológico de última geração.

Cartier, uma das lojas mais exclusivas do mundo

## ENDEREÇOS

**Au Printemps**
64 bd Haussman 75009.
**Mapa** 4 D4. **Tel** 01 42 82 50 00.

**BHV**
55 rue de la Verrerie 75004.
**Mapa** 9 B3. **Tel** 01 42 74 90 00.
www.bhv.com

**Le Bon Marché**
24 rue de Sèvres 75007.
**Mapa** 7 C5. **Tel** 01 44 39 80 00
www.lebonmarche.com

**FNAC**
Forum des Halles, 1 rue Pierre Lescot 75001. **Mapa** 9 A2.
**Tel** 0825 020 020.
www.fnac.com

**FNAC Odéon**
77-81 bd St-Germain 75006.
**Mapa** 9 A5. **Tel** 01 531 04 44 40.

**Galeries Lafayette**
40 bd Haussmann 75009.
**Mapa** 4 E4. **Tel** 01 42 82 34 56.
www.galerieslafayette.com

**Virgin Megastore**
52-60 av des Champs-Elysées 75008. **Mapa** 2 F5.
**Tel** 01 49 53 50 00.
www.virginmegastore.fr

# Roupas e Acessórios

Para muitas pessoas Paris é sinônimo de moda, e o estilo parisiense é o que há de mais chique. Em Paris, as mulheres parecem estar em dia com as últimas tendências, e quando chega uma nova estação todas adotam ao mesmo tempo a nova aparência. Embora sejam menos conscientes das tendências, os homens em Paris têm noção do estilo, combinando padrões e cores com *élan*. Achar as roupas certas pelo preço justo implica saber onde comprar. Para cada butique de luxo da avenue Montaigne há dez lojas de designers jovens à espera de se tornar o próximo Jean-Paul Gaultier – e centenas de outras vendendo imitações.

## HAUTE COUTURE

Paris é o centro da *haute couture*. As roupas originais de *couture*, ao contrário das imitações e adaptações, são criações únicas, desenhadas por uma das nove casas de *haute couture* listadas pela Fédération Française de la Couture. As regras para integrar essa lista são muito rigorosas, e vários grandes designers de moda não estão nela. Os preços astronômicos colocam a *haute couture* fora do alcance da maioria, mas ela ainda é a seiva vital da indústria da moda, inspirando o mercado de massa.

## ROUPAS FEMININAS

A maioria das casas de *couture* fica na região da rue du Faubourg-St-Honoré e da avenue Montaigne: **Christian Dior**, **Pierre Cardin**, **Chanel**, **Christian Lacroix**, **Versace**, **Givenchy**, **Nina Ricci**, **Giorgio Armani** e **Yves Saint Laurent**.

A **Hermès** tem o chique clássico. A elegância italiana da **MaxMara's** é popular na França e ninguém resiste a um terno Giorgio Armani. A lendária **Prada** fixou-se na Margem Direita, mas várias casas de moda preferem a Margem Esquerda.

Muitos designers têm uma filial na Margem Esquerda além da matriz na Margem Direita, e todos têm lojas de roupa *prêt-à-porter*. Para uma qualidade máxima há a **Georges Rech**, e a **Jil Sander** tem estilo extravagante. Tente a **Sonia Rykiel** para roupa tricotada, e a **Barbara Bui** para roupas femininas delicadas.

A **Comptoir des Cotonniers**, com filiais em toda a cidade, tem ótimo estoque de básicos, e a **Vanessa Bruno** é extremamente atraente para o gosto feminino.

Para *prêt-à-porter* vá até a place des Victoires. **Kenzo** fica aqui (e tem outra loja em Pont Neuf), junto com outros designers japoneses da **Comme des Garçons**, com sua singular moda para ambos os sexos. Perto daqui, na rue du Jour, você encontra a elegância atemporal da **Agnès B**.

O Marais é um paraíso para os novos designers. Uma das melhores ruas é a Rue des Rosiers, que inclui a maravilhosa **L'Eclaireur**, de Issey Miyake. **Anne Fontaine** fica na vizinha rue des Francs-Bourgeois, e o ousado design de **Azzedine Alaïa** fica dobrando a esquina.

Bastille tem butiques da moda, nomes consagrados, como **Jean-Paul Gaultier**, e lojas mais acessíveis, como a **Petit Bateau**. A butique **Isabel Marant's** é famosa por sua originalidade. Para roupas de designers jovens há **Colette**, **Stella Cadente** e **Zadig**.

## ROUPA INFANTIL

Há muitas opções para crianças em vários estilos e faixas de preço. Muitos designers de roupa adulta têm também butiques para crianças. É o caso de **Kenzo**, **Baby Dior**, **Agnès B**. Lojas de roupa *prêt-à-porter* como **Jacadi** e **Du Pareil au Même** são práticas e têm muitas opções. As roupas muito vendidas da **Tartine et Chocolat's** estão por toda parte. A **Bonpoint** tem roupas muito chiques para crianças. A **Petit Bateau** é procurada tanto por crianças como por adultos. E o inevitável aconteceu: as crianças têm sua própria loja-conceito em **Bonton**.

Para pés pequenos, a **Froment-Leroyer** provavelmente oferece as melhores opções em sapatos clássicos.

## ROUPAS MASCULINAS

Os homens não dispõem do luxo de roupas *haute couture* e sua escolha fica limitada ao *prêt-à-porter*. Na Margem Direita ficam **Giorgio Armani**, **Pierre Cardin**, **Lanvin** (boa também para acessórios) e Yves Saint Laurent. Na Margem Esquerda, **Michel Axel** e **Jean-Charles de Castelbajac** são famosas por suas gravatas, e as elegantes criações da **Francesco Smalto** são usadas por grandes astros do cinema. As roupas de Yohji Yamamoto da **Y3** são para quem leva moda a sério, enquanto **Gianni Versace** é clássico, suave e de estilo italiano.

O mais atual em estilo parisiense para homens, no entanto, é um terno, camisa sob medida ou gravata de seda da **Charvet**.

## LOJAS VINTAGE E DE ROUPA USADA

A loucura vintage atingiu Paris há algum tempo e há várias lojas maravilhosas para quem procura um *look* retrô. A melhor é a **Didier Ludot**, que exibe uma elegante variedade de roupa *haute couture* chique. O **Depôt-Vente de Buci-Bourbon** é outro bom lugar para quem está atrás de pechinchas. Uma opção mais barata ainda é ir até uma loja de roupa usada. Os parisienses chiques livram-se de suas roupas ao mudar a estação, por isso é fácil achar coisas de qualidade, em ótimas condições, em locais como **Récipoque** em Passy ou **Alternatives** no Marais.

Uma opção mais barata para peças avulsas e roupas de estoque pode ser encontrada na **Le Mouton à Cinq Pattes**.

## JOALHERIA

As casas de *couture* têm provavelmente o melhor em joias e lenços. As joias da **Chanel** são clássicas e as da **Christian Lacroix** são divertidas. A **Boutique YSL** é um ótimo local para acessórios.

Os locais de lojas mais caros de Paris são **Boucheron**, **Mauboussin** e **Poiray**. Eles são para os clientes de joias sérios. Outros varejistas de alto nível são **Harry Winston** e **Cartier**. A **Dinh Van** tem algumas peças singulares, enquanto a **Mikimoto** é o local para pérolas; a **H Stern** tem algumas peças inovadoras usando pedras preciosas e semipreciosas. Para uma linha de joias e acessórios menos usuais, visite a **Swarovski**

**Boutique**, propriedade da família Swarovksi, famosa por seus cristais.

## SAPATOS E BOLSAS

Tanto para os sapatos clássicos quanto para os arrojados, a **Miu Miu** é imbatível. Para os *sexy stilettos*, **Rodolphe Ménudier** e **Christian Louboutin** são os principais endereços. A **Carel** tem básicos atraentes e a **Jonak** é obrigatória para imitações de calçados de grife.

Para bolsas de senhora, ninguém supera a **Chanel** ou a **Dior**, seguidas de perto pela **Goyard**. Uma ótima solução de meio-termo são as bolsas da **Furla**. Bolsas de tecido da **Jamin Puech** ou da

**Vanessa Bruno** são destaque no guarda-roupa da parisiense chique. Quem pode gastar menos vai encontrar bolsas mais baratas, alegres e estilosas na **Lollipops**.

## LINGERIE

Para lingerie moderna vá até a **Fifi Chachnil**. **La Boîte à Bas** vende meias francesas finas, e a **Princesse Tam Tam** oferece peças de qualidade por preço razoável. Você encontra roupa íntima divina, de grife, na loja *cult* **Sabbia Rosa**. O que há de mais atual em lingerie parisiense pode ser comprado fora das seções de roupa em série ou encomendado na **Cadolle**, a loja que inventou o sutiã.

# AGENDA

### ROUPAS FEMININAS

**Agnès B.**
2-3-6-19 rue du Jour 75001. **Mapa** 9 A1.
**Tel** *01 45 08 56 56.*
*Uma de várias filiais.*

**Anne Fontaine**
12 rue des Francs--Bourgeois 75004.
**Mapa** 10 D3.
**Tel** *01 44 59 81 59.*
*Uma de várias filiais.*

**Azzedine Alaïa**
7 rue de Moussy 75004.
**Mapa** 9 C3.
**Tel** *01 42 72 19 19.*

**Barbara Bui**
23 rue Etienne-Marcel 75001. **Mapa** 9 A1.
**Tel** *01 40 26 43 65.*
www.barbarabui.com
*Uma de várias filiais.*

**Chanel**
42 av Montaigne 75008.
**Mapa** 3 A5.
**Tel** *01 47 23 47 12.*
*Uma de várias filiais.*
www.chanel.com

**Christian Dior**
30 av Montaigne 75008.
**Mapa** 6 F1.**Tel** *01 40 73 73 73.* www.dior.com

**Christian Lacroix**
73 rue du Faubourg-St--Honoré 75008. **Mapa** 3 B5. **Tel** *01 42 68 79 04.*
www.christian-lacroix.fr

**Colette**
213 rue St-Honoré 75001.
**Mapa** 8 D1.
**Tel** *01 55 35 33 90.*
www.colette.fr

**Comme des Garçons**
54 rue du Faubourg-St--Honoré 75008. **Mapa** 2 E3. **Tel** *01 53 30 2727.*

**Comptoir des Cotonniers**
12 pl St-Sulpice 75006.
**Mapa** 10 D4.
**Tel** *01 43 26 07 56.*
*Uma de várias filiais.*

**Georges Rech**
54 rue Bonaparte 75006.
**Mapa** 8 E3.
**Tel** *01 43 26 84 11.*
www.georges-rech.fr
*Uma de várias filiais.*

**Giorgio Armani**
18 ave Montaigne 75008.
**Mapa** 2 E3.
**Tel** *01 42 61 55 09.*
www.giorgioarmani.com

**Givenchy**
3 av Georges V 75008.
**Mapa** 2 E5.
**Tel** *01 77 31 50 00.*
www.givenchy.com

**Hermès**
24 rue du Faubourg-St--Honoré 75008. **Mapa** 3 C5. **Tel** *01 40 17 47 17.*
www.hermes.com
*Uma de duas filiais.*

**Isabel Marant**
16 rue de Charonne 75011. **Mapa** 10 F4.
**Tel** *01 49 29 71 55.*

**Jean-Paul Gaultier**
6 rue Vivienne 75002.
**Mapa** 8 F1.
**Tel** *01 42 86 05 05.*
*Uma de duas filiais.*

**Jil Sander**
56 av Montaigne 75008.
**Mapa** 6 F1.
**Tel** *01 44 95 06 70.*

**Kenzo**
3 pl des Victoires 75001.
**Mapa** 8 F1.
**Tel** *01 40 39 72 00.*
*Uma de várias filiais.*

**L'Eclaireur**
3 ter rue des Rosiers 75004. **Mapa** 9 C3.
**Tel** *01 48 87 10 22.*

**MaxMara**
31 av Montaigne 75008.
**Mapa** 6 F1.
**Tel** *01 47 20 61 13.*
**Tel** *01 42 77 41 20.*
*Uma de várias filiais.*

**Nina Ricci**
39 av Montaigne 75008.
**Mapa** 6 F1.
**Tel** *01 40 88 67 60.*
www.ninaricci.fr

**Pierre Cardin**
27 av de Marigny 75008.
**Mapa** 3 B5.
**Tel** *01 42 66 68 98.*
www.pierrecardin.com
*Uma de várias filiais.*

**Prada**
10 av Montaigne 75008. **Mapa** 6 F1.
**Tel** *01 53 23 99 40.*

**Sonia Rykiel**
175 bd St-Germain 75006. **Mapa** 8 D4.
**Tel** *01 49 54 60 60.*
www.soniarykiel.com
*Uma de várias filiais.*

**Stella Cadente**
93 quai de Valmy 75010.
**Mapa** 4 D4.
**Tel** *01 42 09 66 60.*
www.stella-cadente.com

**Vanessa Bruno**
25 rue St-Sulpice 75006.
**Mapa** 8 E5.
**Tel** *01 43 54 41 04.*

**Versace**
41 rue François 1er 75008. **Mapa** 2 F5.
**Tel** *01 47 42 88 02.*
www.versace.com

**Yves Saint Laurent**
38 rue du Faubourg-St--Honoré 75008.
**Mapa** 3 C5.
**Tel** *01 42 65 74 59.*
*Uma de várias filiais.*

**Zadig & Voltaire**
9 rue du 29 Juillet 75001.
**Mapa** 8 D1.
**Tel** *01 42 92 00 80.*
*Uma de várias filiais*

# AGENDA

## ROUPAS INFANTIS

**Bonpoint**
320 rue St-Honoré 75001.
**Mapa** 9 A2.
*Tel 01 49 27 94 82.*
www.bonpoint.com

**Bonton**
1 rue St-Denis 75001.
**Mapa** 9 B3
*Tel 01 42 36 07 57.*
www.bonton.fr

**Du Pareil au Même**
15-17 rue des Mathurins
75008. **Mapa** 4 D4.
*Tel 01 42 66 93 80.*
www.dpam.com

**Froment-Leroyer**
7 rue Vavin 75006.
**Mapa** 12 E1.
*Tel 01 43 54 33 15.*
www.froment-leroyer.fr

**Jacadi**
17 rue Tronchet 75008.
**Mapa** 3 C5.
*Tel 01 42 65 84 98.*
www.jacadi.fr

**Petit Bateau**
116 av des Champs
Elysées 75008. **Mapa** 2 E4.
*Tel 01 40 74 02 03.*
www.petit-bateau.fr

**Tartine et Chocolat**
84 rue du Faubourg-St-
-Honoré 75008. **Mapa** 3
B5. *Tel 01 45 62 44 04.*
www.tartine-et-Chocolat.fr

## ROUPAS MASCULINAS

**Charvet**
28 pl Vendôme
75001. **Mapa** 4 D5.
*Tel 01 42 60 30 70.*

**Francesco Smalto**
44 rue François 1er 75008.
**Mapa** 2 F5.
*Tel 01 47 20 96 04.*
www.smalto.com

**Gianni Versace**
45 av Montaigne 75008.
**Mapa** 2 F5.
*Tel 01 47 42 88 02.*
www.versace.com

**Giorgio Armani**
p. 143

**Jean-Charles de Castelbajac**
61 rue des Saints Pères
75006. **Mapa** 8 D4.
*Tel 09 64 48 48 54.*
www.jc-de-castelbajac.com

**Kenzo**
p. 143

**Lanvin**
15 rue du Faubourg St-
-Honoré 75008.
**Mapa** 10 F4.
*Tel 01 44 71 31 35.*
www.lanvin.com

**Michel Axel**
44 rue du Dragon 75006.
**Mapa** 8 E4.
*Tel 01 42 84 13 86.*

**Pierre Cardin**
p. 143

**Y3**
47 rue Etienne
Marcel 75001.
**Mapa** 9 A1.
*Tel 01 45 08 82 45.*

**Yves Saint Laurent**
12 pl St-Sulpice 75006.
**Mapa** 8 D4.
*Tel 01 43 26 84 40.*

## LOJAS VINTAGE E DE ROUPA USADA

**Alternatives**
18 rue du Roi-de-Sicile
75004.
**Mapa** 9 C3.
*Tel 01 42 78 31 50*

**Depôt-Vente de Buci-Bourbon**
6 rue de Bourbon-le-
-Château 75006.
**Mapa** 8 E4.
*Tel 01 46 34 45 05.*

**Didier Ludot**
24 Galerie Montpensier
75001. **Mapa** 8 E1.
*Tel 01 42 96 06 56.*
www.didierludot.fr

**Le Mouton à Cinq Pattes**
8 rue St-Placide 75006.
**Mapa** 8 D5.
*Tel 01 45 48 86 26.*

**Réciproque**
95 rue de la Pompe
75016.
**Mapa** 5 A1.
*Tel 01 47 04 30 28.*
www.reciproque.fr

## JOALHERIA

**Boucheron**
26 pl Vendôme 75001.
**Mapa** 4 D5.
*Tel 01 42 61 58 16.*
www.boucheron.com

**Cartier**
13 rue de la Paix 75002.
**Mapa** 4 D5.
*Tel 01 58 18 23 00.*
www.cartier.fr

**Dinh Van**
16 rue de la Paix 75002.
**Mapa** 4 D5.
*Tel 01 42 61 74 49.*
www.dinhvan.com

**H Stern**
3 rue Castiglione 75001.
**Mapa** 8 D1.
*Tel 01 42 60 22 27.*
www.hstern.net

**Harry Winston**
29 av Montaigne 75008
**Mapa** 6 F1.
*Tel 01 47 20 03 09*
www.harrywinston.com

**Mauboussin**
20 pl Vendôme 75001.
**Mapa** 4 D5.
*Tel 01 44 55 10 00.*
www.mauboussin.com

**Mikimoto**
8 pl Vendôme 75001.
**Mapa** 4 D5.
*Tel 01 42 60 33 55.*
www.mikimoto.fr

**Poiray**
1 rue de la Paix 75002.
**Mapa** 4 D5.
*Tel 01 42 61 70 58.*
www.poiray.com

**Swarovski Boutique**
146 av des Champs
Elysées 75008. **Mapa** 2 E4.
*Tel 01 45 61 13 80.*
www.swarovski.com

## SAPATOS E BOLSAS

**Carel**
4 rue Tronchet 75008.
**Mapa** 4 D4.
*Tel 01 42 66 21 58.*
www.carel.fr

**Christian Louboutin**
38-40 rue de Grenelle
75007. **Mapa** 6 F3.
*Tel 01 42 22 33 07.*
www.christianlouboutin.com

**Furla**
8 rue de Sevres 75006.
**Mapa** 7 C5.
*Tel 01 40 49 06 44.*
www.furla.com

**Goyard**
233 rue St-Honoré 75001.
**Mapa** 3 C5.
*Tel 01 42 60 57 04.*

**Jamin Puech**
26 rue Cambon 75001.
**Mapa** 4 D5.
*Tel 01 40 20 40 28.*

**Jonak**
70 rue de Rennes 75006.
**Mapa** 12 D1.
*Tel 01 45 48 27 11.*

**Lollipops**
60 rue Tiquetonne 75002.
**Mapa** 9 A1. *Tel 01 42 33 15 72.* www.lollipops.fr

**Miu Miu**
219 rue St-Honoré 75001.
**Mapa** 8 D1.
*Tel 01 58 62 53 20.*
www.miumiu.com

**Rodolphe Ménudier**
14 rue de Castiglione
75001. **Mapa** 8 D1.
*Tel 01 42 60 86 27.*

**Vanessa Bruno**
25 rue St-Sulpice 75006.
**Mapa** 8 E5.
*Tel 01 43 54 41 04.*
www.vanessabruno.com

## LINGERIE

**La Boîte à Bas**
27 rue Boissy-d'Anglas
75008. **Mapa** 3 C5.
*Tel 01 42 66 26 85.*

**Cadolle**
4 rue Cambon 75001.
**Mapa** 4 D5.
*Tel 01 42 60 94 22.*

**Fifi Chachnil**
231 rue St-Honoré 75001.
**Mapa** 8 D1.
*Tel 01 42 61 21 83.*
www.fifichachnil.com

**Princesse Tam Tam**
52 bd St-Michel 75006.
**Mapa** 8 F5. *Tel 01 42 34 99 31.* www.princessetamtam.com

**Sabbia Rosa**
73 rue des Sts-Pères
75006. **Mapa** 8 D4.
*Tel 01 45 48 88 37.*

# Presentes e Suvenires

Paris tem muitas opções de presentes, de acessórios de grife a miniaturas da Torre Eiffel. Lojas na rue de Rivoli e em volta das principais atrações turísticas oferecem produtos de férias baratos, mas você pode também ir a uma loja de suvenires como a **Les Drapeaux de France**.

## PERFUMES

Muitas lojas vendem perfumes com desconto, como a **Eiffel Shopping** junto à Torre Eiffel. A rede **Sephora** tem boas opções, e as lojas de departamentos têm uma série de marcas de beleza difíceis de achar em outra parte.

A **Parfums Caron** tem várias essências criadas na virada do século XIX que você não acha em outro lugar. Perfumes de essências naturais, em belas embalagens, estão à venda na **Annick Goutal**. A **Guerlain** tem o mais recente em produtos de beleza, e o forte das elegantes lojas da **L'Artisan Parfumeur** são essências em embalagens exóticas, evocando memórias

## ARTIGOS DOMÉSTICOS

Paris tem alguns dos mais elegantes objetos de mesa do mundo. Há muitas lojas de artigos domésticos de luxo na rue Royale. A **Lalique's** têm objetos de vidro art nouveau e art déco recolhidos do mundo todo. Prataria impecável você compra na **Christofle**.

Para uma boa economia em cristais e porcelanas, tente a **Lumicristal**, que tem estoques de cristais Baccarat, Daum e Limoges, ou vá até a própria **Baccarat**. A **La Chaise Longue** tem uma série de divertidas ideias para presentes para quase todos os gostos.
A **BoConcept** tem uma ampla linha de objetos contemporâneos para qualquer casa.

## LIVROS

Algumas lojas de departamentos têm seções de livros, e há várias lojas de livros em inglês, como a **W H Smith** e a **Brentano's**. A aconchegante **Shakespeare & Company** e a **Red Wheelbarrow** são boas para folhear livros e bater papo. Para livros em francês há a **La Hune**, especializada em arte, cinema, moda e fotografia, e a **Gilbert Joseph**, que vende livros sobre educação.

## LOJAS ESPECIALIZADAS

**A La Civette** é talvez a tabacaria mais bonita de Paris e vende ampla variedade de charutos em vitrines especialmente umidificadas.

Uma das mais famosas e interessantes lojas de brinquedos do mundo é a **Au Nain Bleu**, e o nome **Cassegrain** é sinônimo de produtos de papelaria de alta qualidade.

---

# AGENDA

## LOJAS DE SUVENIRES

**Les Drapeaux de France**
1 pl Colette 75001.
**Mapa** 8 E1.
**Tel** 01 40 20 00 11.

## PERFUMES

**Annick Goutal**
16 rue de Bellechasse 75007. **Mapa** 7 C3.
**Tel** 01 45 51 36 13.
www.annickgoutal.com

**L'Artisan Parfumeur**
24 bd Raspail 75007.
**Mapa** 12 D1.
**Tel** 01 42 22 23 32.
Uma de várias filiais.

**Eiffel Shopping**
9 av de Suffren 75007.
**Mapa** 6 D3.
**Tel** 01 45 66 55 30.

**Guerlain**
68 av des Champs-Elysées 75008. **Mapa** 2 F5.
**Tel** 01 45 62 52 57.
www.guerlain.com

**Parfums Caron**
34 av Montaigne 75008.
**Mapa** 6 F1.
**Tel** 01 47 23 40 82.
www.parfumscaron.com

**Sephora**
70 av des Champs-Elysées 75008. **Mapa** 7 B1.
**Tel** 01 53 93 22 50.
www.sephora.fr

## ARTIGOS DOMÉSTICOS

**Baccarat**
11 pl de la Madeleine 75008. **Mapa** 3 C5.
**Tel** 01 42 65 36 26.

**BoConcept**
8 bd Sebastopol 75004.
**Mapa** 9 A3.
**Tel** 01 42 78 66 66.

**La Chaise Longue**
30 rue Croix-des-Petits--Champs 75001. **Mapa** 8 F1. **Tel** 01 42 96 32 14.

**Christofle**
24 rue de la Paix 75002.
**Mapa** 4 D5.
**Tel** 01 42 65 62 43.

**Lalique**
11 rue Royale 75008.
**Mapa** 3 C5.
**Tel** 01 53 05 12 12.

**Lumicristal**
22 bis rue de Paradis 75010.
**Tel** 01 42 46 60 29.

## LIVROS

**Brentano's**
37 av de l'Opéra 75002.
**Mapa** 4 E5.
**Tel** 01 42 60 87 37.
www.brentanos.fr

**Gibert Joseph**
26 bd St-Michel
75006. **Mapa** 8 F5.
**Tel** 01 44 41 88 88.

**La Hune**
170 bd St-Germain 75006.
**Mapa** 8 D4.
**Tel** 01 45 48 35 85.

**Red Wheelbarrow Bookstore**
22 rue St-Paul 75004.
**Mapa** 10 D4.
**Tel** 01 48 04 75 08.
www.thewheelbarrow.fr

**Shakespeare & Company**
37 rue de la Bûcherie 75005. **Mapa** 9 A4.
**Tel** 01 43 25 40 93.
www.shakespeareandcompany.com

**W H Smith**
248 rue de Rivoli 75001.
**Mapa** 7 C1.
**Tel** 01 44 77 88 99.
www.whsmith.fr

## LOJAS ESPECIALIZADAS

**A La Civette**
157 rue St-Honoré
75001.
**Mapa** 8 F2.
**Tel** 01 42 96 04 99.

**Au Nain Bleu**
5 bd Malesherbes
75008. **Mapa** 3 C5.
**Tel** 01 42 65 20 00.
www.aunainbleu.com

**Cassegrain**
422 rue St-Honoré
75008. **Mapa** 3 C5.
**Tel** 01 42 60 20 08.
www.cassegrain.fr

# Comida e Bebida

Paris é tão famosa pela sua comida como o é pela moda. Entre os destaques gastronômicos estão o *foie gras*, frios da *charcuterie*, queijos e vinhos. Entre as várias alternativas para lojas de alimentos em Paris você tem a rue Montorgueil *(ver Mapa 9 A1)* e a rue Rambuteau, que corre pelos dois lados do Centro Pompidou e oferece uma maravilhosa fileira de peixarias e pequenas mercearias.

## PÃES E BOLOS

Há uma vasta gama de pães e doces na capital francesa. A *baguette* é um pão francês conhecido em boa parte do mundo; o *bâtard* é similar, mas mais grosso; e a *ficelle* é mais fina. A *fougasse* é um pão achatado, crocante, às vezes recheado com cebola, queijo, ervas ou temperos.

Você compra croissants *ordinaire* ou *au beurre* – amanteigados. O *pain au chocolat* é uma massa recheada com chocolate servida no café da manhã, e o *chausson aux pommes* tem recheio de maçã. Há ainda variações com pera, ameixa e ruibarbo. O *pain aux raisins* é uma rosca com recheio de passas.

A **Poilâne** vende o único pão de Paris conhecido pelo nome de seu padeiro (o falecido Lionel, irmão de Max), e seus saborosos pães de trigo integral são muito populares.

Para muitos, a **Ganachaud** faz o melhor pão de Paris – trinta variedades, com ingredientes como nozes e frutas, feitas em fornos antigos.

**Les Panetons** é uma boa rede de padarias. Os destaques aqui são o pão de cinco grãos, os enrolados de gergelim e o *mouchoir aux pommes*, variação do tradicional *chausson*.

As lojas de alimentos judaicas têm os melhores pães de centeio da cidade. Uma das melhores é a **Finkelsztajn**.

**Le Moulin de la Vierge** usa forno a lenha para fazer pães orgânicos e bolo inglês.

A **J L Poujauran** é famosa por seu pão de azeitonas pretas e pelos pães integrais de castanhas e passas.

**Pierre Hermé** é para os bolos o que a Chanel é para a moda, e o *macaroon* da **Ladurée** é legendário.

## CHOCOLATE

Como toda a comida na França, o chocolate deve ser saboreado. As criações de **Christian Constant** com pouco açúcar são feitas com cacau puro e apreciadas pelos *connoisseurs*. A **Dalloyau** faz todo tipo de chocolate e não é muito cara (também é conhecida pelos seus doces e frios). A **Fauchon** é famosa no mundo todo por seus alimentos refinados. Seus chocolates são excelentes, assim como os doces. Robert Linxe da **La Maison du Chocolat** está sempre inventando chocolates frescos, ricos, com ingredientes exóticos de dar água na boca. A **Richart** tem chocolates com bela apresentação e muito caros, em geral recobertos com chocolate escuro ou recheados com licor.

## CHARCUTERIE E FOIE GRAS

As *charcuteries* costumam vender queijo, escargots, trufas, salmão defumado, caviar e vinho, além de frios. A **Fauchon** tem uma boa mercearia, assim como a loja de departamentos **Le Bon Marché**. A **Hédiard** é uma loja fina similar à Fauchon, e a **Maison de la Truffe** vende *foie gras* e linguiças, além de trufas. Para caviar de Beluga, chá da Geórgia e vodca russa procure a **Petrossian**.

As regiões francesas de Lyon e Auvergne são as mais famosas pela sua *charcuterie* e a **Jean-Jacques Chretienne** é especializada nisso. A **Maison Pou** é uma loja limpíssima e popular que vende *pâté en croute* (pâté com massa), *boudins* (pudins), linguiças de Lyon, presunto e *foie gras*. Ao lado dos Champs-Elysées, a **Vignon** tem *foie gras* e linguiças de Lyon soberbos, além de pratos populares.

Além das trufas e do caviar, o *foie gras* é o máximo em comida para gourmets. Embora a maioria das lojas especializadas venda *foie gras*, você pode ter certeza da qualidade na **Comtesse du Barry**, que tem seis filiais em Paris. A **Divay** é relativamente barata e despacha para o exterior. A **Labeyrie** tem uma linha de *foie gras* com belas embalagens, boas para presentes.

## QUEIJOS

Embora o camembert seja o favorito, há uma incrível variedade de queijos à venda – um *fromager* amistoso sempre poderá ajudá-lo a escolher. **Marie-Anne Cantin** é uma das líderes da defesa dos métodos tradicionais de produção, e seus queijos finos estão à venda na loja que herdou do pai. Para alguns a **Alléosse** é a melhor loja de queijos de Paris – todos os queijos são feitos pelos métodos tradicionais. A **Crèmerie Quatrehomme** vende queijos de fazenda, muitos dos quais correm risco de extinção, como o raro e delicioso Brie de trufas (só na estação). A **Le Jardin Fromager** é uma das melhores lojas de Paris para todos os tipos de queijo – o *chèvre* (queijo de cabra) é particularmente bom, assim como o *camemberts au lait cru* (queijo feito com leite não pasteurizado). A **Barthelemy** na rue de Grenelle tem um Roquefort verdadeiramente excepcional. A **Androuët** é uma instituição parisiense com várias filiais pela cidade. Tente o forte Munster ou um Brie verdadeiramente maduro. Uma charmosa loja de queijos, **La Fermette** oferece uma grande linha de laticínios, que os atendentes acondicionam em plástico para levar para casa, o que é obrigatório quando se precisa passar com queijos pela alfândega.

Os ricos da cidade fazem fila na rua para comprar o *livarot* (um queijo exsudante) e o forte *chèvre* na **La Fromagerie d'Auteuil**.

## VINHOS

A cadeia de lojas que praticamente monopolizou o mercado de bebidas alcoólicas do dia a dia é a **Nicolas** – há uma filial em cada bairro com vinhos para todos os bolsos. Como regra, os atendentes são atenciosos e conhecem bem os produtos. Tente o charmoso **Legrand Filles et Fils** para uma seleção cuidadosamente escolhida de champanhes de primeira linha. A **Caves Taillevent** na Rue du Faubourg-St-Honoré vale uma visita. É uma adega imensa, com alguns dos vinhos mais caros do mundo. A **Cave Péret** na Rue Daguerre tem uma vasta seleção de vinhos e oferece aconselhamento pessoal em suas compras. A bela **Ryst-Dupeyron**, no bairro de St-Germain, vende uísque, vinho, vinho do Porto e o Armagnac do próprio Monsieur Ryst. Ele pode até personalizar uma garrafa para esta ocasião especial.

Outras grandes lojas de vinhos são a **Lavinia**, a maior da Europa, em absoluto contraste com a **Renaud Michel**, na Place de la Nation, cuja pequena loja tem bom estoque e boa clientela, além da **Les Caves Augé**, que tem pessoal que conhece muito de vinhos e é superatencioso.

## AGENDA

### PÃES E BOLOS

**Ganachaud**
226 rue des Pyrénées 75020. **Tel** 01 43 58 42 62.

**J L Poujauran**
18 rue Jean-Nicot 75007. **Mapa** 6 F2.
**Tel** 01 43 17 35 20.

**Ladurée**
75 av des Champs-Elysées 75008. **Mapa** 2 F5. **Tel** 01 40 75 08 75.

**Le Moulin de la Vierge**
105 rue Vercingétorix 75014. **Mapa** 11 A4.
**Tel** 01 45 43 09 84.

**Les Panetons**
113 rue Mouffetard 75005. **Mapa** 13 B2.
**Tel** 01 47 07 12 08.

**Pierre Hermé**
72 rue Bonaparte 75006. **Mapa** 8 E4.
**Tel** 01 43 54 47 77.

**Poilâne**
8 rue du Cherche-Midi 75006. **Mapa** 8 D4.
**Tel** 01 45 48 42 59.

**Sacha Finkelsztajn**
27 rue des Rosiers 75004. **Mapa** 9 C3.
**Tel** 01 42 72 78 91.

### CHOCOLATE

**Christian Constant**
37 rue d'Assas 75006. **Mapa** 12 E1.
**Tel** 01 53 63 15 15.

**Dalloyau**
101 rue du Faubourg- -St-Honoré 75008. **Mapa** 3 B5.
**Tel** 01 42 99 90 00.

**Fauchon**
26 pl de la Madeleine 75008. **Mapa** 3 C5.
**Tel** 01 70 39 38 00.

**La Maison du Chocolat**
225 rue du Faubourg-St- -Honoré 75008. **Mapa** 2 E3.
**Tel** 01 42 27 39 44.

**Richart**
258 bd St-Germain 75007. **Mapa** 7 C2.
**Tel** 01 45 55 66 00.

### CHARCUTERIE E FOIE GRAS

**Comtesse du Barry**
1 rue de Sèvres 75006. **Mapa** 8 D4.
**Tel** 01 45 48 32 04.

**Divay**
4 rue Bayen 75017. **Mapa** 2 D2. **Tel** 01 43 80 16 97.

**Hédiard**
21 pl de la Madeleine 75008. **Map** 3 C5.
**Tel** 01 43 12 88 88.

**Jean-Jacques Chretienne**
58 rue des Martyrs 75009. **Mapa** 4 F2.
**Tel** 01 48 78 96 45.

**Labeyrie**
11 rue d'Auteuil 75016. **Mapa** 5 A5.
**Tel** 01 42 24 17 62.

**Le Bon Marché**
24 rue de Sèvres 75007. **Mapa** 7 C5.
**Tel** 01 44 39 80 00.

**Maison de la Truffe**
19 pl de la Madeleine 75008. **Mapa** 3 C5.
**Tel** 01 42 65 53 22.

**Maison Pou**
16 av des Ternes 75017. **Mapa** 2 D3.
**Tel** 01 43 80 19 24.

**Petrossian**
18 bd Latour-Maubourg 75007. **Mapa** 7 A2.
**Tel** 01 44 11 32 22.

**Vignon**
13 rue Clément-Marot 75008. **Mapa** 2 E5.
**Tel** 01 47 20 10 01.

### QUEIJOS

**Alléosse**
13 rue Poncelet 75017. **Mapa** 2 E3.
**Tel** 01 46 22 50 45.

**Androuët**
134 rue Mouffetard 75005. **Mapa** 13 B1.
**Tel** 01 45 97 86 65.

**Barthelemy**
51 rue de Grenelle 75007. **Mapa** 8 D4.
**Tel** 01 45 48 56 75.

**Crèmerie Quatrehomme**
62 rue de Sèvres 75007. **Mapa** 7 C5.
**Tel** 01 47 34 33 45.

**La Fermette**
86 rue Montorgeuil 75002. **Mapa** 9 A1.
**Tel** 01 42 36 70 96.

**La Fromagerie d'Auteuil**
58 rue d'Auteuil 75016. **Mapa** 5 A5.
**Tel** 01 45 25 07 10.

**Le Jardin Fromager**
53 rue Oberkampf 75011. **Mapa** 10 E1.
**Tel** 01 48 05 19 96.

**Marie-Anne Cantin**
12 rue du Champ-de-Mars 75007. **Mapa** 6 F3.
**Tel** 01 45 50 43 94.

### VINHOS

**Les Caves Augé**
116 bd Haussman 75008. **Mapa** 3 C4.
**Tel** 01 45 22 16 97.

**Cave Péret**
6 rue Daguerre 75014. **Mapa** 12 D4.
**Tel** 01 43 22 08 64.

**Caves Taillevent**
199 rue du Faubourg-St- -Honoré 75008. **Mapa** 2 F3.
**Tel** 01 45 61 14 09.

**Renaud Michel**
12 pl de la Nation 75012. **Mapa** 5 A3.
**Tel** 01 43 07 98 93.

**Lavinia**
3-5 bd de la Madeleine 75008. Mapa 4 D5.
**Tel** 01 42 97 20 20.

**Legrand Filles et Fils**
1 rue de la Banque 75002. **Mapa** 8 F1.
**Tel** 01 42 60 07 12.

**Nicolas**
35 bd Malesherbes 75008. **Mapa** 3 C5.
**Tel** 01 42 65 00 85.

**Ryst-Dupeyron**
79 rue du Bac 75007. **Mapa** 8 D3.
**Tel** 01 45 48 80 93.

# Artes e Antiguidades

Em Paris você compra arte e antiguidades em lojas e galerias de reputação estabelecida, ou em mercados e galerias de vanguarda. Muitas das renomadas lojas e galerias de antiguidades ficam na área da Rue du Faubourg-St-Honoré e merecem uma visita mesmo que não compre nada. Na Margem Esquerda fica a Le Carré Rive Gauche, organização que reúne trinta antiquários.

## EXPORTAÇÃO

*Objets d'art* com mais de 50 anos, acima de certo preço, exigem um *Certificat pour un bien culturel* para saírem do país (fornecido por quem vende), mais uma *licence d'exportation* para países fora da UE. Procure orientação profissional nas grandes lojas de antiguidades. O **Centre des Renseignements des Douanes** tem um livreto, *Bulletin Officiel des Douanes*, com todos os detalhes.

## ANTIGUIDADES

Para comprar antiguidades é bom andar pelas áreas onde ficam as principais galerias – no Le Carré Rive Gauche em volta do quai Malaquais, tente a **L'Arc en Seine** e a **Anne-Sophie Duval** para art nouveau e art déco. A Rue Jacob ainda é um dos melhores locais para procurar objetos antigos ou modernos. Perto do Louvre, a **Louvre des Antiquaires** reúne 250 lojas que vendem principalmente móveis caros, de qualidade. Muitas das lojas de antiguidades de prestígio ficam junto à rue du Faubourg-St-Honoré, incluindo a **Didier Aaron**, especializada em mobília dos séculos XVII e XVIII. A **Village St-Paul** é o grupo mais charmoso de lojas de antiguidades e abre também aos domingos. No sul da cidade, **Le Village Suisse** também agrupa muitos comerciantes de artes e antiguidades.

## GALERIAS DE ARTE

Galerias de arte estabelecidas ficam na ou em volta da avenue Montaigne. A galeria **Louise Leiris** foi fundada por D.H. Kahnweiler, *marchand* que "descobriu" Georges Braque e Pablo Picasso. A galeria ainda abriga obras-primas cubistas.

Na Margem Esquerda, a Galerie Maeght tem grande acervo de pinturas a preços compatíveis com todos os bolsos; também publica excelentes livros de arte.

A Rue Louise-Weiss, conhecida como Scène Est, virou a área da criatividade e inovação mais radical. A galeria **Air de Paris** é bem popular.

No Maraism procure a **Yvon Lambert** e a **Galerie du Jour Agnès B.**; na Bastille, a **Lavignes-Bastille** e a **L et M Durand-Dessert**, também um bom local para comprar catálogos sobre novos artistas, ou mesmo as suas obras.

## LEILÕES

O grande centro de leilões de Paris, desde 1858, é o **Drouot-Richelieu**. Os lances podem intimidar, pois a maior parte é de comerciantes. Cuidado com o ritmo acelerado do leiloeiro. O *La Gazette de L'Hôtel Drouot* diz quais leilões vão ser realizados e quando. O Drouot-Richelieu publica seu próprio catálogo. A casa só aceita dinheiro vivo e cheques da França, mas há uma ótima agência de câmbio no local. A casa cobra comissão de 10 a 15%, por isso lembre-se de incluí-la no preço. Você pode olhar as peças entre 11h-18h do dia anterior à venda, e das 11h ao meio-dia na manhã do leilão.

---

## AGENDA

### EXPORTAÇÃO

**Centre des Renseignements des Douanes**
Tel 08 11 20 44 44.
www.douane.gouv.fr

### ANTIGUIDADES

**Anne-Sophie Duval**
5 Quai Malaquais 75006.
**Mapa** 8 E3.
**Tel** 01 43 54 51 16.
www.annesophieduval.com

**L'Arc en Seine**
31 rue de Seine 75006.
**Mapa** 8 E3.
**Tel** 01 43 29 11 02.

**Didier Aaron**
118 rue du Faubourg-St-Honoré 75008. **Mapa** 3 C5. **Tel** 01 47 42 47 34.
www.didieraaron-cie.com

**Louvre des Antiquaires**
2 pl du Palais Royal 75001.
**Mapa** 8 E2.
**Tel** 01 42 97 27 27.

**Village St-Paul**
Entre a quai des Célestins, a rue St-Paul e a rue Charlemagne 75004.
**Mapa** 9 C4.

**Le Village Suisse**
78 av de Suffren 75015.
**Mapa** 6 E4.
www.levillagesuisse.com

### GALERIAS DE ARTE

**Air de Paris**
32 rue Louise-Weiss 75013. **Mapa** 14 E4.
**Tel** 01 44 23 02 77.

**Galerie du Jour Agnès B.**
44 rue Quincampoix 75004. **Mapa** 9 B2.
**Tel** 01 44 54 55 90.

**Galerie Maeght**
42 rue du Bac 75007.
**Mapa** 8 D3.
**Tel** 01 45 48 45 15.

**L et M Durand-Dessert**
28 rue de Lappe 75011.
**Mapa** 10 F4.
**Tel** 01 48 06 92 23.

**Lavignes-Bastille**
27 rue de Charonne 75011. **Mapa** 10 F4.
**Tel** 01 47 00 88 18.

**Louise Leiris**
47 rue de Monceau 75008. **Mapa** 3 A3.
**Tel** 01 45 63 28 85.

**Yvon Lambert**
108 rue Vieille-du-Temple 75003. **Mapa** 10 D2.
**Tel** 01 42 71 09 33.

### LEILÕES

**Drouot-Richelieu**
9 rue Drouot 75009.
**Mapa** 4 F4.
**Tel** 01 48 00 20 20.
www.drouot.fr

# Mercados

Para vistas de comida de encher os olhos ou curtir uma animada atmosfera de compras, nada melhor que um mercado de Paris. Há grandes mercados de alimentos cobertos; mercados com bancas que mudam regularmente; e mercados permanentes de rua. Alguns dos mercados mais famosos, com horários aproximados, estão a seguir. Enquanto passear pelas bancas, fique de olho no seu dinheiro e não esqueça de pechinchar.

## MERCADOS DE ALIMENTOS

Os franceses vão às compras todo dia, por isso os mercados de alimentos estão sempre cheios. A maioria dos mercados de frutas e verduras abre entre 8h-13h e 16h-19h de terça a sábado, e entre 9h-13h aos domingos. Cuidado com produtos vencidos – compre solto, não em caixas. Um pouco de vocabulário é útil para especificar *pas trop mûr* (não muito maduro), ou *pour manger ce soir* (para comer hoje à noite).

## MERCADOS DE PULGAS

Alguns dizem que não há mais pechinchas nos mercados de pulgas de Paris. Embora isso possa ser verdade, ainda vale a pena ir a um deles pelo simples prazer de olhar. Conseguir ou não alguma pechincha é questão tanto de sorte como de avaliação pessoal. É comum os próprios vendedores não terem ideia do valor preciso do que vendem – o que pode trabalhar a seu favor ou contra. O mercado maior e mais famoso, que incorpora vários outros menores, é o Marché aux Puces de St-Ouen. Fique de olho na sua bolsa, pois os batedores de carteira são comuns.

### Marché d'Aligre

Place d'Aligre 75012. **Mapa** 10 F5. **M** Ledru-Rollin. 9h-13h e 16h-19h30 ter-sáb, 9h-13h30 dom.

Lembrando um bazar marroquino, este deve ser o mais barato e animado mercado da cidade. Aqui, vendem-se ingredientes como azeitonas do norte da África, ervas e pimentas-vermelhas, e há também alguns poucos açougueiros de halal. As bancas na praça vendem roupas usadas e quinquilharias. Esta é uma área menos rica da cidade, com poucos turistas e muitos parisienses.

### Marché Enfant Rouges

39 rue de Bretagne 75003. **Mapa** 10 D2. **M** Temple, Filles-du-Calvaire. 8h30-13h, 16h-19h30 ter-sáb (até 20h sex e sáb), 8h30-14h dom.

Este mercado de frutas e verduras parcialmente coberto data de 1620. É famoso pelo frescor de seus produtos, e nas manhãs de domingo cantores de rua e acordeonistas ajudam a animar o ambiente. Abriga também vários locais para refeições baratas.

### Marché Raspail

75006. **Mapa** 8 D4. **M** Rennes. 7h-14h30 ter e sex, 9h-15h dom

Bem situado, entre Montparnasse e St-Germain, o mercado Raspail oferece produtos frescos durante toda a semana e produtos orgânicos apenas aos domingos.

### Marché St-Germain

Rue Lobineau 75004-8. **Mapa** 8 E4. **M** Mabillon. 10h-19h30 seg-sáb.

St-Germain é um dos poucos mercados cobertos que sobraram em Paris. Aqui você compra comida italiana, mexicana, grega, asiática e produtos orgânicos. Os preços são altos.

### Rue Montorgueil

75001 e 75002. **Mapa** 9 A1. **M** Les Halles. 9h-19h diariam (sujeito a mudança).

A rue Montorgueil é o que resta do velho mercado Les Halles. Você pode comprar frutas e legumes exóticos, como banana-verde e inhame, ou provar amostras das mercearias. Os preços são altos.

### Rue Mouffetard

75005. **Mapa** 13 B2. **M** pl Monge. 8h-13h ter-dom.

Este é um dos mais velhos mercados de rua de Paris, e apesar de ter virado ponto turístico ainda tem seu charme e muita comida de qualidade. Ele inclui um animado mercado africano em uma rua lateral, a rue Daubenton.

### Rue Poncelet

75017. **Mapa** 2 E3. **M** Ternes. 8h-12h, 16h-19h30 ter-sáb, 8h-12h30 dom.

Longe das principais áreas de turismo, este mercado de rua vale a visita por sua autêntica atmosfera francesa. Tem muitas padarias, confeitarias e *charcuteries*.

### Marché de la Porte de Vanves

Av Georges-Lafenestre e av Marc-Sangnier 75014. **M** Porte-de-Vanves. 7h-15h ou 17h, e 7h-17h sáb e dom respectivamente.

Porte de Vanves é um pequeno mercado brechó de boa qualidade que vende também mobília usada. Chegue cedo na manhã de sábado para ter mais escolha.

### Marché aux Puces de Montreuil

Porte de Montreuil, 93 Montreuil 75020. **M** Porte-de-Montreuil. 8h-18h sáb, dom e seg

Vá cedo ao mercado da Porte de Montreuil, para ter mais chance de encontrar pechinchas. Uma boa seção de roupas usadas atrai muitos jovens. As bancas vendem de tudo, de bicicletas e quinquilharias a temperos exóticos.

### Marché aux Puces de St-Ouen

p. 134

É o mais famoso, mais cheio e mais caro dos mercados de usados de Paris. Inclui várias feiras, gente local negociando da caçamba dos carros e vários prédios cheios de bancas. Alguns têm produtos de qualidade, outros vendem tranqueiras. O *Guide des Puces* (guias dos mercados) pode ser obtido no quiosque de informações do Marché Biron na rue des Rosiers.

### Rue de Seine e Rue de Buci

75006. **Mapa** 8 E4. **M** Odéon. 8h-13h, 16h-19h ter-sáb, 9h-13h dom.

As bancas são caras e cheias de gente, mas as frutas e verduras são de qualidade. Inclui uma grande floricultura e duas confeitarias.

# DIVERSÃO EM PARIS

Não importa qual é sua preferência, Paris tem de tudo: teatro clássico, teatro de vanguarda, balé, ópera ou jazz, cinema ou dança a noite inteira. Há também muita diversão gratuita, desde os artistas que se apresentam em frente ao Centre Pompidou até os músicos que tocam no metrô.

Para um parisiense, não há nada melhor do que passear pelos bulevares ou passar o tempo em um café, bebendo alguma coisa enquanto vê o mundo passar. Para quem está procurando uma Paris mais divertida, entretanto, o melhor é ir a uma das famosas casas noturnas da cidade.

Os que gostam de esportes têm várias opções: tênis, o Tour de France e as corridas de cavalos. Centros de recreação e ginástica atendem os mais ativos.

No verão, o teatro de rua está presente em áreas como o Centre Pompidou, Les Halles e St-Germain-des-Prés. Shakespeare e peças clássicas francesas são encenadas ao ar livre no Jardim Shakespeare, no Bois de Boulogne.

**Fachada de vidro da Opéra Bastille**

## COMPRA DE INGRESSOS

Dependendo do evento, os ingressos podem ser comprados na hora, mas para os grandes shows é preferível comprá-los com antecedência nas lojas **FNAC** ou **Virgin Megastore**. As bilheterias dos teatros abrem diariamente das 11h às 19h. A maioria aceita reservas por telefone com cartão de crédito.

## TEATRO

As opções de teatro em Paris vão da grandiosa **Comédie Française** às peças de vanguarda. Fundada em 1680, a Comédie Française é o baluarte do teatro francês. Seu objetivo é manter o teatro clássico e representar obras dos melhores dramaturgos modernos. O **Odéon Théâtre de l'Europe**, antigamente o segundo teatro da Comédie Française, especializou-se em peças de outros países, apresentadas no idioma de origem. Em um grande auditório do subsolo do Palais de Chaillot, o **Théâtre National de Chaillot** encena produções das principais correntes clássicas europeias.

O **Théâtre Nationale de La Colline** dispõe de dois espaços e o seu forte é o teatro contemporâneo.

Entre os mais importantes teatros independentes está a **Comédie des Champs-Elysées**. Durante mais de cem anos, o **Palais Royal** tem sido o templo da farsa picante. Os cafés-teatros, como o **Théâtre d'Edgar** e **Le Point Virgule**, oferecem uma boa oportunidade para conhecer novos talentos.

## MÚSICA CLÁSSICA

Paris tem muitos programas de primeira classe, de excelente variedade, desde óperas até produções de música clássica e contemporânea. Inaugurada em 1989, a elegante **Opéra National de la Bastille**, com 2.700 lugares, encena óperas clássicas e modernas. A **Opéra National Garnier** foi lindamente restaurada e encena principalmente balé.

A **Salle Playel** é a principal sala de concertos da cidade, abrigando a Orquestra de Paris e a Orquestra Filarmônica da Rádio Francesa. Tanto o **Théâtre des Champs-Elysées** quanto o **Théâtre du Châtelet** são recomendados pelos programas variados e de alta qualidade. As principais casas para música de câmara e recitais são o **Théâtre de la Ville** e a **Salle Gaveau**. A

### GUIAS DE PROGRAMAÇÃO

*Pariscope*, *Zurbane* e *L'Officiel des Spectacles* são as melhores revistas de programação. São publicadas às quartas e encontradas em todas as bancas. *Le Figaro* também tem uma boa seção de programas às quartas. *The City*, em inglês, é trimestral e pode ser encontrado nas bancas ou na **WH Smith** *(p. 145)*.

# DIVERSÃO EM PARIS

A famosa silhueta da casa noturna Moulin Rouge

nova **Cité de la Musique**, no Parc de La Villette, é uma das salas de concerto mais vibrantes de Paris. O lugar é famoso por sua eclética programação musical e seus workshops, enquanto o museu mostra a história da música e exibe mais de 4 mil instrumentos.

## DANÇA

Os franceses são muito sinceros em relação a um espetaculo de dança. Caso não agrade, o público reclama, vaia e sai no meio da apresentação.

A grandiosa **Opéra National Garnier** é a sede do Ballet da Opéra de Paris, uma das melhores companhias de balé clássico do mundo, e tem espaço no palco para 450 artistas. Os subsídios do governo têm ajudado o **Théâtre de la Ville** a ser o mais importante centro de dança moderna e a oferecer entradas a um custo mais baixo.

A **Maison des Arts de Créteil** encena companhias estrangeiras, bem como suas mais importantes produções.

## CLUBES E CABARÉS

A música nos clubes de Paris segue as tendências da Inglaterra e dos EUA. Poucos clubes, como o **Balajo**, antigamente frequentado por Edith Piaf, e o *hype* **Showcase**, embaixo da ponte Alexandre III, tocam músicas "do momento" francesas.

O **Showcase** atrai uma multidão jovem com suas noites embaladas por DJs famosos. **Le Baron** é uma casa noturna da moda frequentada por pessoas do mundo *fashion* e do *show business*. Para um ambiente mais latino, vá à **La Java**. A pista de dança, onde Edith Piaf um dia cantou, hoje toca música cubana e brasileira.

Quando se trata de escolher um cabaré, a regra é ficar com os lugares mais conhecidos. O **Folies-Bergère** é a sala de shows mais antiga de Paris e provavelmente a mais famosa do mundo. Suas rivais mais próximas são o **Lido** e o **Moulin Rouge**, o berço do cancã. O **Paradis Latin** é o cabaré mais francês da cidade. Com uma série de quadros variados, as cenas são animadas por efeitos e cenários especiais.

## ROCK, JAZZ E WORLD MUSIC

Os grandes shows internacionais são apresentados em enormes arenas como as do **Palais d'Omnisports Paris-Bercy** ou do **Zénith**. Em uma atmosfera mais aconchegante, o lendário Olympia garante lugares livres e boa acústica. Para ouvir os grupos de rock locais, como Les Negresses Vertes e Mano Negra, é bom ir ao **La Cigale** ou ao **Elysée-Montmartre**, na área de Pigalle.

Os clubes que tocam jazz estão sempre lotados e apresentam talentos todas as noites. Os grandes músicos de jazz já passaram pelo **New Morning**, onde também se ouve música brasileira e africana. Para ouvir Dixieland, o melhor é **Le Petit Journal St-Michel**.

Os fãs de world music e jazz também podem ver ótimos shows e dançar no **Chapelle des Lombards**.

A fachada espetacular da Opéra National Garnier

## CINEMA

Paris é a capital mundial dos fãs de cinema e foi berço do cinematógrafo há cem anos. No fim dos anos 1950 e começo dos 1960, a cidade viveu o movimento da vanguarda parisiense da Nouvelle Vague, quando diretores como François Truffaut e Jean-Luc Godard revolucionaram a maneira de fazer filmes e de como entendê-los.

Há mais de 370 telas dentro dos limites de Paris, distribuídas por mais de cem cinemas. A maior parte destes se localiza em áreas próximas a restaurantes e lojas.

A área da Champs-Elysées tem a maior concentração de cinemas da cidade. Nela é possível assistir ao maior sucesso de Hollywood ou a um filme francês, ou ainda a reprises de clássicos.

Nas proximidades da Opéra de Paris Garnier, os cinemas dos *grands boulevards* incluem três marcos: o **Le Grand Rex**, com 2.800 assentos e decoração barroca, e o **Max Linder Panorama**, completamente reformado nos anos 1980. A place de Clichy é o último baluarte parisiense da tradicional Pathé. A atração da Rive Droite está no shopping Forum des Halles. A maior tela da França é a **La Géode**.

Na Rive Gauche, o Odéon-St-Germain-des-Prés superou o Quartier Latin como centro de arte e exibição de filmes antigos. O novo e imenso **MK2 Bibliotèque** possui catorze telas, um bar, lojas e área de exposições.

A cúpula do cinema Le Grand Rex, que possui 2.800 lugares

## ESPORTES

Paris é centro de grandes eventos esportivos. A cidade vive momentos de euforia com a chegada dos ciclistas do Tour de France, em julho. Desde o fim de maio até meados de junho, os parisienses convivem com os jogos de tênis em **Roland Garros**. O Prix de l'Arc de Triomphe é o prêmio máximo no **Hippodrome de Longchamps**, na primeira semana de outubro, e uma oportunidade de ver pessoas elegantes e uma bela corrida.

O **Palais d'Omnisports de Paris-Bercy** reúne vários eventos, incluindo o torneio aberto de tênis de Paris, ciclismo e shows de rock, assim como o **Stade de France** na St-Denis. O **Parc des Princes** é a sede do melhor time de futebol da cidade, o Paris St-Germain, que conta com jogadores brasileiros.

### OS FAMOSOS CAFÉS DE PARIS

Uma das eternas imagens de Paris, os cafés da Margem Esquerda reuniram grandes artistas, escritores e intelectuais eminentes. Até a Primeira Guerra Mundial, grande número de russos revolucionários, inclusive Lenin e Trotsky, passavam seus dias na Rotonde e no Dôme, em Montparnasse. Nos anos 1920, os surrealistas dominaram a cena. Mais tarde, vieram os escritores norte-americanos Ernest Hemingway e Scott Fitzgerald. La Coupole era um de seus lugares preferidos. Depois da Segunda Guerra, Jean-Paul Sartre e outros existencialistas levaram o cenário cultural para St-Germain.

Ler jornal ainda é passatempo comum nos cafés

# AGENDA

## COMPRA DE INGRESSOS

### FNAC
26-30 av des Ternes 75017. **Mapa** 2 D3. **Tel** 0825 020 020. Forum Les Halles, 1 rue Pierre Lescot 75001. **Mapa** 9 A2.
**Tel** 08 25 020 020.
www.fnac.com

### Virgin Megastore
52-60 av des Champs--Elysées 75008. **Mapa** 2 F5. **Tel** 01 49 53 50 00.
www.virginmegastore.fr

## TEATRO

### Comédie des Champs-Elysées
15 av Montaigne 75008. **Mapa** 6 F1.
**Tel** 01 53 23 99 19.

### Comédie Française
1 pl Colette 75001. **Mapa** 8 E1. **Tel** 08 25 10 16 80.
www.comediefrancaise.fr

### Le Point Virgule
7 rue Ste-Croix de la Bretonnerie 75004. **Mapa** 9 C3. **Tel** 01 42 78 67 03.

### Odéon Théâtre de l'Europe
Place de l'Odéon 75006. **Mapa** 12 F5.
**Tel** 01 44 85 40 40.
www.theatre-odeon.fr

### Palais Royal
38 rue Montpensier 75001. **Mapa** 8 E1.
**Tel** 01 42 97 40 00.

### Théâtre d'Edgar
58 bd Edgar-Quinet 75014. **Mapa** 12 D2.
**Tel** 01 42 79 97 97.

### Théâtre National de Chaillot
Pl du Trocadéro 75016. **Mapa** 5 C2.
**Tel** 01 53 65 30 00.
www.theatre-chaillot.fr

### Théâtre National de la Colline
15 rue Malte-Brun 75020.
**Tel** 01 44 62 52 52.
www.colline.fr

## MÚSICA CLÁSSICA

### Cité de la Musique
221 av Jean-Jaurès 75019.
**Tel** 01 44 84 44 84.
www.cite-musique.fr

### Opéra National de Paris Bastille
120 rue de Lyon 75012. **Mapa** 10 E4.
**Tel** 08 92 89 90 90.
www.operadeparis.fr

### Opéra National de Paris Garnier
Pl de l'Opera 75009. **Mapa** 4 E5. **Tel** 08 92 89 90 90.

### Salle Gaveau
45 rue la Boétie 75008. **Mapa** 3 B4.
**Tel** 01 49 53 05 07.
www.sallegaveau.com

### Salle Pleyel
252 rue du Faubourg St--Honoré 75008.
**Mapa** 2 E3.
**Tel** 01 42 56 13 13
www.sallepleyel.fr

### Théâtre des Champs-Elysées
15 av Montaigne 75008. **Mapa** 6 F1.
**Tel** 01 49 52 50 00.
www.theatredeschamps elysees.fr

### Théâtre du Châtelet
Pl du Châtelet 75001. **Mapa** 9 A3.
**Tel** 01 40 28 28 40.
www.chatelet-theatre.com

### Théâtre de la Ville
2 pl du Châtelet 75004. **Mapa** 9 A3.
**Tel** 01 42 74 22 77.
www.theatredelavilleparis.com

## DANÇA

### Maison des Arts de Créteil
Pl Salvador Allende 94000 Créteil.
**Tel** 01 45 13 19 19.
www.maccreteil.com

### Opéra Garnier
(Ver Música Clássica)

### Théâtre de la Ville
(Ver Música Clássica)

## CLUBES E CABARÉS

### Balajo
9 rue de Lappe 75011. **Mapa** 10 E4. **Tel** 09 54 94 54 09. www.balajo.fr

### Le Baron
6 av Marceau 75008.
**Mapa** 6 E1.
**Tel** 01 47 20 04 01.

### Folies-Bergère
32 rue Richer 75009.
**Tel** 08 92 68 16 50.
www.foliesbergere.com

### La Java
105 rue du Faubourg-du--Temple 75010.
**Tel** 01 42 02 20 52.

### Lido
116 bis av des Champs--Elysées 75008. **Mapa** 2 E4.
**Tel** 01 40 76 56 10.
www.lido.fr

### La Machine du Moulin Rouge
90 bd de Clichy 75018.
**Mapa** 4 D1.
**Tel** 01 56 55 52 04.

### Moulin Rouge
82 bd de Clichy 75018.
**Mapa** 4 E1.
**Tel** 01 53 09 82 82.
www.moulinrouge.fr

### Paradis Latin
28 rue du Cardinal-Lemoine 75005. **Mapa** 9 B5.
**Tel** 01 43 25 28 28.

### Showcase
Porte des Champs-Elysées 75008. **Mapa** 7 A1.
**Tel** 01 45 61 25 43
www.showcase.fr

## ROCK, JAZZ E WORLD MUSIC

### Chapelle des Lombards
19 rue de Lappe 75011.
**Mapa** 10 E4.
**Tel** 01 43 57 24 24.

### La Cigale
120 bd Rochechouart 75018. **Mapa** 4 F2.
**Tel** 01 49 25 89 99.

### Elysée-Montmartre
72 bd Rochechouart 75018. **Mapa** 4 F2.
**Tel** 01 44 92 45 36.

### New Morning
7-9 rues des Petites-Ecuries 75010. **Tel** 01 45 23 51 41.

### Olympia
28 bd des Capucines 75009. **Mapa** 4 D5.
**Tel** 08 92 68 33 68.
www.olympiahall.com

### Palais Omnisports Paris-Bercy
8 bd de Bercy 75012.
**Mapa** 14 F2.
**Tel** 08 92 39 04 90.
www.bercy.fr

### Le Petit Journal St-Michel
71 bd St-Michel 75005.
**Mapa** 12 F1.
**Tel** 01 43 26 28 59.

### Zénith
211 av de Jean-Jaurès 75019.
**Tel** 08 90 71 02 07.
www.zenith-paris.com

## CINEMA

### La Géode
26 av Corentin-Cariou 75019.
08 92 68 45 40.
www.lageode.fr

### Le Grand Rex
1 bd Poissonnière 75002.
08 92 68 05 96.
www.legrandrex.com

### Max Linder Panorama
24 bd Poissonnière 75009.
08 92 68 00 31.

### MK2 Bibliothèque
128-162 av de France 75013.
08 92 69 84 84.
www.mk2.com

## ESPORTES

### Hippodrome de Longchamp
Route des Tribunes 75016.
**Tel** 01 44 30 75 00.

### Palais Omnisports Paris-Bercy
(Ver Rock)

### Parc des Princes
24 rue du Commandant--Guilbaud 75016.
**Tel** 3275.

### Stade de France
La Plaine St-Denis 93210
**Tel** 08 92 70 09 00.
www.stadedefrance.fr

### Stade Roland Garros
2 av Gordon-Bennett 75016.
**Tel** 01 47 43 48 00.
www.fft.fr/rolandgarros

# GUIA DE RUAS DE PARIS

As referências de mapas dadas em todos os pontos turísticos, lojas e locais de diversão descritos na seção de Paris deste guia referem-se aos mapas das páginas seguintes. Há também mapas de referência para hotéis *(pp. 546-9)*, restaurantes *(pp. 596-9)* e endereços úteis nas seções *Indicações ao Turista* e *Manual de Sobrevivência*. Os mapas incluem não só os principais pontos turísticos da área, mas os mais importantes bairros, hotéis, restaurantes e onde comprar e se divertir. O mapa abaixo mostra a área de Paris coberta pelo *Guia de Ruas* com os respectivos números dos *arrondissements*. Os símbolos usados para indicar os pontos listados nos mapas estão na página ao lado.

**Paris** se divide em vinte distritos delineados no pontilhado laranja e numerados neste mapa.

**LEGENDA**

- - - Limites dos *arrondissements*

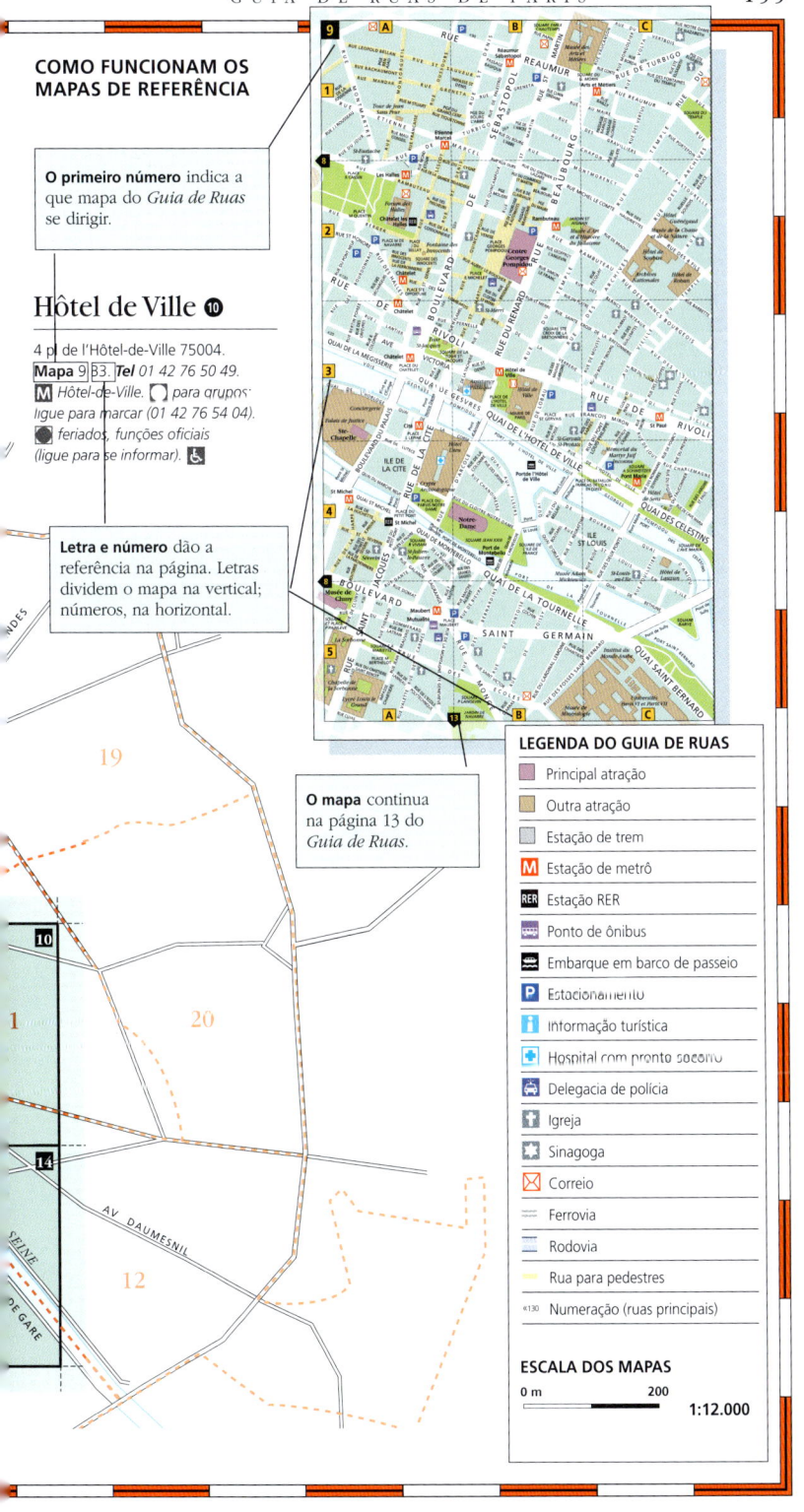

# GUIA DE RUAS DE PARIS

## COMO FUNCIONAM OS MAPAS DE REFERÊNCIA

**O primeiro número** indica a que mapa do *Guia de Ruas* se dirigir.

## Hôtel de Ville ❿

4 pl de l'Hôtel-de-Ville 75004.
**Mapa** 9 B3. *Tel* 01 42 76 50 49.
M *Hôtel-de-Ville*. 🚌 *para grupos: ligue para marcar (01 42 76 54 04).*
⚫ *feriados, funções oficiais (ligue para se informar).* ♿

**Letra e número** dão a referência na página. Letras dividem o mapa na vertical; números, na horizontal.

**O mapa** continua na página 13 do *Guia de Ruas*.

### LEGENDA DO GUIA DE RUAS

| | |
|---|---|
| 🟥 | Principal atração |
| 🟧 | Outra atração |
| ⬜ | Estação de trem |
| Ⓜ | Estação de metrô |
| RER | Estação RER |
| 🚌 | Ponto de ônibus |
| ⛴ | Embarque em barco de passeio |
| 🅿 | Estacionamento |
| ℹ | Informação turística |
| ✚ | Hospital com pronto socorro |
| 🚓 | Delegacia de polícia |
| ✝ | Igreja |
| ✡ | Sinagoga |
| ✉ | Correio |
| = | Ferrovia |
| = | Rodovia |
| | Rua para pedestres |
| «130 | Numeração (ruas principais) |

### ESCALA DOS MAPAS

0 m — 200
1:12.000

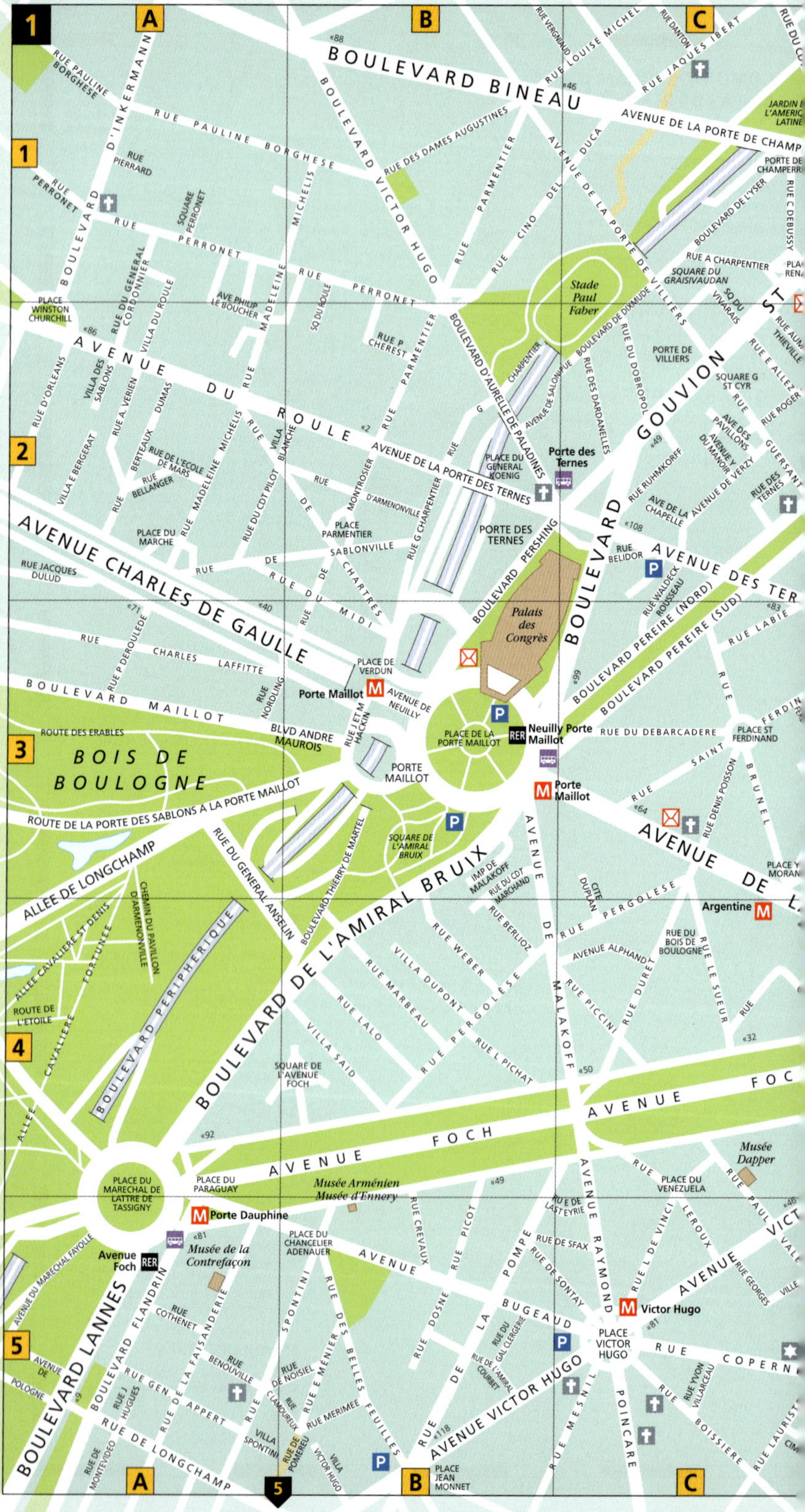

2
D
E
F
PORTE DE COURCELLES
SQUARE STE ODILE
AVENUE STEPHANE MALLARME
BOULEVARD BERTHIER
AVENUE P ADAM
RUE DE SENLIS
RUE ALFRED ROLL
RUE VERNIQUET
RUE P. DELORME
PLACE DE WAGRAM
AVENUE DES CHASSEURS
BOULEVARD MALESHERBES
RUE CERNUSCHI
RUE E FLACHAT
PLACE PAUL LEAUTAUD
BOULEVARD PEREIRE
(NORD)
(SUD)
RUE PUVIS DE CHAVANNES
RUE A DE NEUVILLE
RUE G DORE
AVENUE DE WAGRAM
SQUARE J BELLAT
Porte de Champerret
PLACE STUART MERRILL
RUE J MOREAS
RUE CATULLE MENDES
RUE A SAMAIN
RUE DE COURCELLES
RUE LE CHATELIER
AVENUE GOURGAUD
PLACE DU MARECHAL JUIN
SQUARE A BESNARD
RER Péreire-Levallois
Péreire
RUE AMPERE
PLACE D'ISRAEL
AVENUE
RUE D'HELIOPOLIS
RUE DESCOMBES
RUE LAUGIER
RUE GUILLAUME TELL
GALVANI
RUE NIEL
RUE DE VILLIERS
RUE BREMONTIER
RUE JOUFFROY
RUE VIETE
Wagram
PLACE DU BRESIL
RUE J B DUMAS
RUE RENNEQUIN
RUE BALNY D'AVRICOURT
RUE PIERRE DEMOURS
VILLA MONCEAU
RUE GOUNOD
RUE DE PRONY
RUE MEISSONIER
RUE E DETAILLE
RUE CARDINET
RUE FORTUNY
BOULEVARD PEREIRE
RUE BAYEN
VILLA AUBLET
VILLA LAUGIER
RUE FARADAY
RUE SENOCK
RUE DE ST SENOCH
RUE DU SERGT HOFF
AVENUE NIEL
RUE THEATRE DE BANVILLE
RUE DES RENAUDES
RUE IMP ROUX
RUE G FLAUBERT
RUE LEBON
RUE TORRICELLI
RUE PIERRE DEMOURS
RUE FOURCROY
RUE L COGNIET
RUE BARYE
RUE MEDERIC
RUE JADIN
RUE HENRI ROCHEFORT
RUE LEON JOST
RUE CHAZELLES
RUE MARGUERITTE
RUE THEODULE RIBOT
RUE MARCEL RENAULT
RUE VILLEBOIS MAREUIL
RUE SAUSSIER LEROY
RUE PONCELET
AVENUE DE WAGRAM
BOULEVARD DE COURCELLES
PARC MONCEAU
Courcelles
RUE A DE VIGNY
AVENUE VAN DYCK
PLACE TRISTAN BERNARD
AVENUE DES TERNES
Ternes
PLACE DES TERNES
RUE DE LA NEVA
RUE PIERRE LE GRAND
RUE DARU
Cathédrale Russe St Alexandre Nevsky
PLACE GEN. BROCARD
RUE MURILLO
RUE DE COURCELLES
RUE D'ARMAILLE
RUE DES ACACIAS
VILLA GUIZOT
RUE DE L'ARC DE TRIOMPHE
AVENUE MACMAHON
RUE DE MONTENOTTE
RUE DE L'ETOILE
RUE BREY
RUE DU FAUBOURG ST HONORE
AVENUE BEAUCOUR
AVENUE HOCHE
AVENUE CARNOT
RUE ANATOLE DE LA FORGE
RUE DU GAL LANREZAC
RUE TROYON
AVENUE BERTIE ALBRECHT
RUE BALZAC
RUE BERRYER
RUE DE MONCEAU
AVENUE DE LA GRANDE ARMEE
RUE DE TILSITT
RUE BEAUJON
AVENUE HOCHE
PLACE G GUILLAUMIN
AVENUE DE FRIEDLAND
RUE RUDE
PLACE CHARLES DE GAULLE
Arco do Triunfo
Charles de Gaulle Etoile
Arc de Triomphe
RUE ARSENE HOUSSAYE
RUE DE CHATEAUBRIAND
RUE LORD BYRON
RUE LAMENNAIS
Chambre de Commerce et d'Industrie de Paris
RUE WASHINGTON
RUE D'ARTOIS
RUE BERRI
RUE FREDERIC BASTIAT
RUE DE TRAKTIR
AVENUE VICTOR HUGO
RUE DE PRESBOURG
AVENUE DES CHAMPS ELYSEES
RUE VERNET
RUE GALILEE
George V
RUE DE PONTHIEU
RUE P BAUDRY
GALERIE DES CHAMPS
ARCADES DU LIDO
GALERIE DU CLARIDGE
RUE LA BOETIE
Kléber
AVENUE KLEBER
RUE LAURISTON
RUE DU DOME
RUE LA PEROUSE
RUE D'URVILLE
AVE DES PORTUGAIS
Centre de Conférences Internationales
AVENUE D'IENA
RUE NEWTON
RUE VACQUERIE
AVENUE MARCEAU
RUE EULER
RUE DE BASSANO
RUE MAGELLAN
AVENUE GEORGE V
RUE BAUCHART
RUE LINCOLN
RUE PIERRE CHARRON
RUE DUMONT D'URVILLE
RUE AUGUSTE VACQUERIE
RUE GALILEE
RUE KEPPLER
RUE JEAN GIRAUDOUX
RUE C COLOMB
RUE QUENTIN BAUCHART
RUE FRANCOIS 1er
RUE MARBEUF
RUE DE MARIGNAN
RUE VALERY
RUE DE BELLOY
RUE HAMELIN
RUE GALILEE
PLACE DES ETATS UNIS
Musée du Cristal
PLACE AMIRAL DE GRASSE
RUE G BIZET
RUE DE CHAILLOT
RUE DE BASSANO
Cathédrale Américaine
AVE PIERRE 1er DE SERBIE
RUE DE CERISOLES
RUE C MAROT
RUE MARBEUF
1
2
3
4
5
6

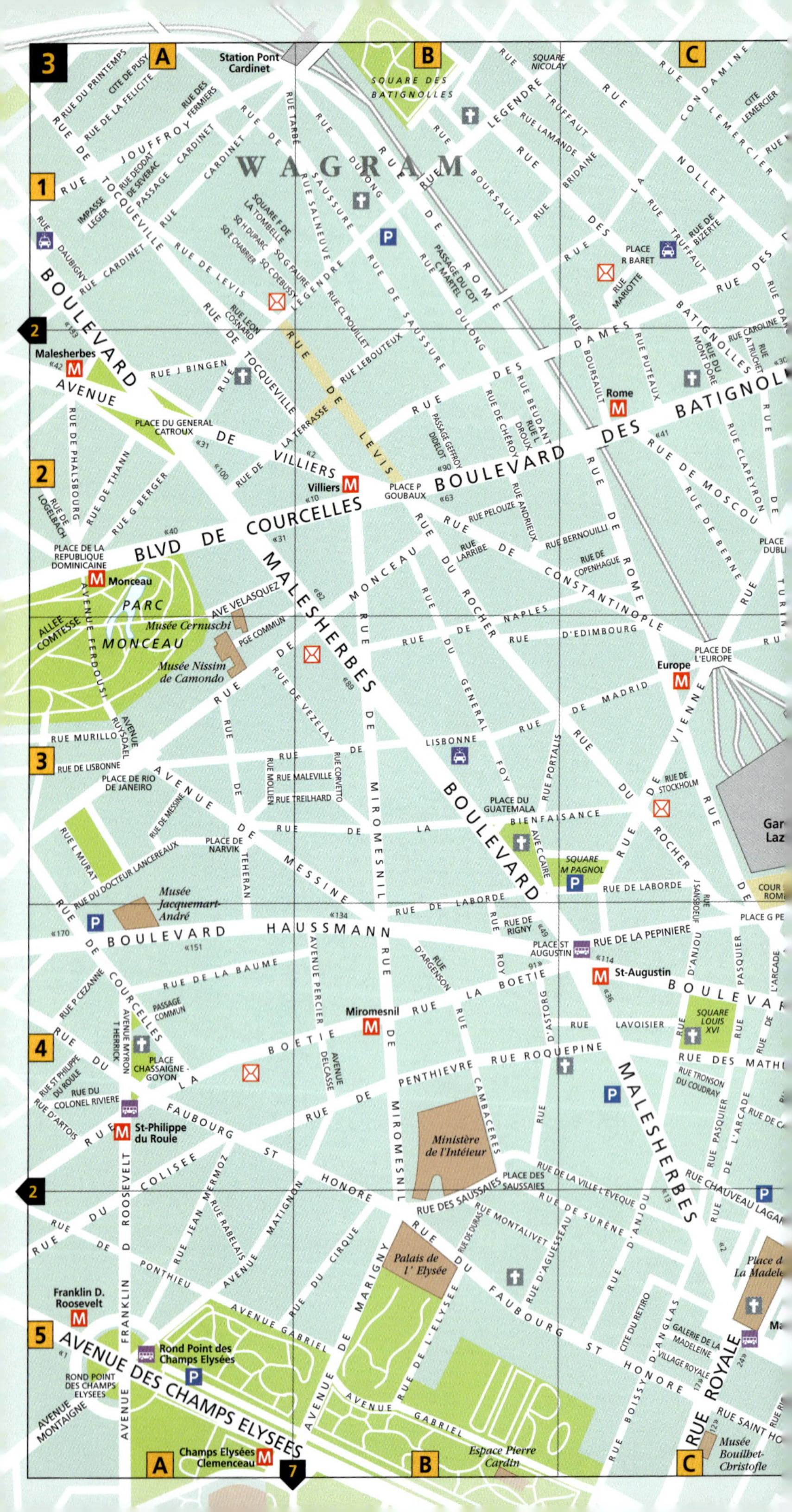

3
A
B
C
Station Pont Cardinet
SQUARE DES BATIGNOLLES
SQUARE NICOLAY
WAGRAM
RUE DU PRINTEMPS
CITE DE PUSY
RUE DE LA FELICITE
RUE DES FERMIERS
JOUFFROY
RUE DEODAT DE SEVERAC
PASSAGE CARDINET
RUE DE TOCQUEVILLE
IMPASSE LEGER
RUE DAUBIGNY
RUE CARDINET
RUE DE LEVIS
SQUARE F DE LA TOMBELLE
SQ H DUPARC
SQ E CHABRIER
SQ C DEBUSSY
SQ G FAURE
RUE LEGENDRE
RUE TARBE
RUE DULONG
RUE SAUSSURE
RUE SALNEUVE
RUE CL POUILLET
RUE DE SAUSSURE
RUE DE ROME
PASSAGE DU CDT C MARTEL
RUE BOURSAULT
RUE TRUFFAUT
RUE LAMANDE
RUE BRIDAINE
RUE DES DAMES
RUE LA CONDAMINE
RUE LEMERCIER
CITE LEMERCIER
RUE NOLLET
RUE DE BIZERTE
PLACE R BARET
RUE MARIOTTE
RUE LEON COSNARD
BOULEVARD MALESHERBES
Malesherbes
AVENUE DE VILLIERS
RUE J BINGEN
PLACE DU GENERAL CATROUX
RUE DE PHALSBOURG
RUE DE LOGELBACH
RUE DE THANN
RUE G BERGER
LA TERRASSE
RUE LEBOUTEUX
PASSAGE GEFFROY DIDELOT
RUE DE CHEROY
RUE BEAUDANT
RUE L DROUX
Rome
RUE PUTEAUX
RUE BATIGNOLLES
RUE DU MONT DORE
RUE CAROLINE
RUE LA TRUCHET
BOULEVARD DES BATIGNOLLES
RUE DE MOSCOU
RUE CLAPEYRON
RUE DE BERNE
PLACE DUBLIN
Villiers
PLACE P GOUBAUX
BLVD DE COURCELLES
BOULEVARD
PLACE DE LA REPUBLIQUE DOMINICAINE
Monceau
PARC MONCEAU
ALLEE COMTESSE
AVENUE FERDOUSI
Musée Cernuschi
AVE VELASQUEZ
PGE COMMUN
Musée Nissim de Camondo
RUE PELOUZE
RUE LARRIBE
RUE ANDRIEUX
RUE BERNOUILLI
RUE DE COPENHAGUE
RUE DE CONSTANTINOPLE
RUE DE MONCEAU
RUE DU ROCHER
RUE DE NAPLES
RUE D'EDIMBOURG
RUE DE TURIN
PLACE DE L'EUROPE
Europe
RUE DE MADRID
RUE DE VIENNE
RUE DE VEZELAY
RUE DU GENERAL FOY
RUE MURILLO
AVENUE RUYSDAEL
RUE DE LISBONNE
PLACE DE RIO DE JANEIRO
RUE MOLLIEN
RUE MALEVILLE
RUE TREILHARD
RUE CORVETTO
RUE DE MIROMESNIL
LISBONNE
RUE PORTALIS
RUE DE STOCKHOLM
Gare Lazare
AVENUE DE MESSINE
RUE DE MESSINE
RUE DE TEHERAN
PLACE DE NARVIK
RUE DE LA BIENFAISANCE
PLACE DU GUATEMALA
AVE CAIRE
SQUARE M PAGNOL
RUE DE LABORDE
RUE L MURAT
RUE DU DOCTEUR LANCEREAUX
Musée Jacquemart-André
RUE J SANSBOEUF
COUR DE ROME
PLACE G PE
BOULEVARD HAUSSMANN
RUE DE RIGNY
PLACE ST AUGUSTIN
RUE DE LA PEPINIERE
St-Augustin
RUE DE COURCELLES
RUE DE LA BAUME
RUE P CEZANNE
PASSAGE COMMUN
AVENUE PERCIER
RUE D'ARGENSON
RUE LA BOETIE
RUE ROY
RUE D'ASTORG
RUE LAVOISIER
SQUARE LOUIS XVI
RUE D'ANJOU
RUE PASQUIER
RUE DE L'ARCADE
Miromesnil
AVENUE MYRON T HERRICK
PLACE CHASSAIGNE-GOYON
AVENUE DELCASSE
RUE ROQUEPINE
RUE DES MATHURINS
RUE TRONSON DU COUDRAY
RUE ST PHILIPPE DU ROULE
RUE DU COLONEL RIVIERE
RUE D'ARTOIS
St-Philippe du Roule
RUE DU FAUBOURG ST HONORE
RUE DE PENTHIEVRE
RUE CAMBACERES
Ministère de l'Intéieur
PLACE DES SAUSSAIES
RUE DES SAUSSAIES
RUE DE LA VILLE L'EVEQUE
RUE CHAUVEAU LAGARDE
RUE DU COLISEE
RUE JEAN MERMOZ
RUE RABELAIS
AVENUE MATIGNON
RUE DE PONTHIEU
RUE MONTALIVET
RUE DE DURAS
RUE DE SURENE
RUE D'AGUESSEAU
AVENUE DE MARIGNY
RUE DU CIRQUE
Palais de l' Elysée
RUE DE L'ELYSEE
Franklin D. Roosevelt
AVENUE FRANKLIN D ROOSEVELT
Rond Point des Champs Elysées
ROND POINT DES CHAMPS ELYSEES
AVENUE MONTAIGNE
AVENUE DES CHAMPS ELYSEES
AVENUE GABRIEL
CITE DU RETIRO
RUE BOISSY D'ANGLAS
GALERIE DE LA MADELEINE
VILLAGE ROYALE
RUE ROYALE
Place de la Madeleine
RUE SAINT HONORE
Musée Bouilbet-Christofle
Champs Elysées Clemenceau
Espace Pierre Cardin
1
2
3
4
5
7

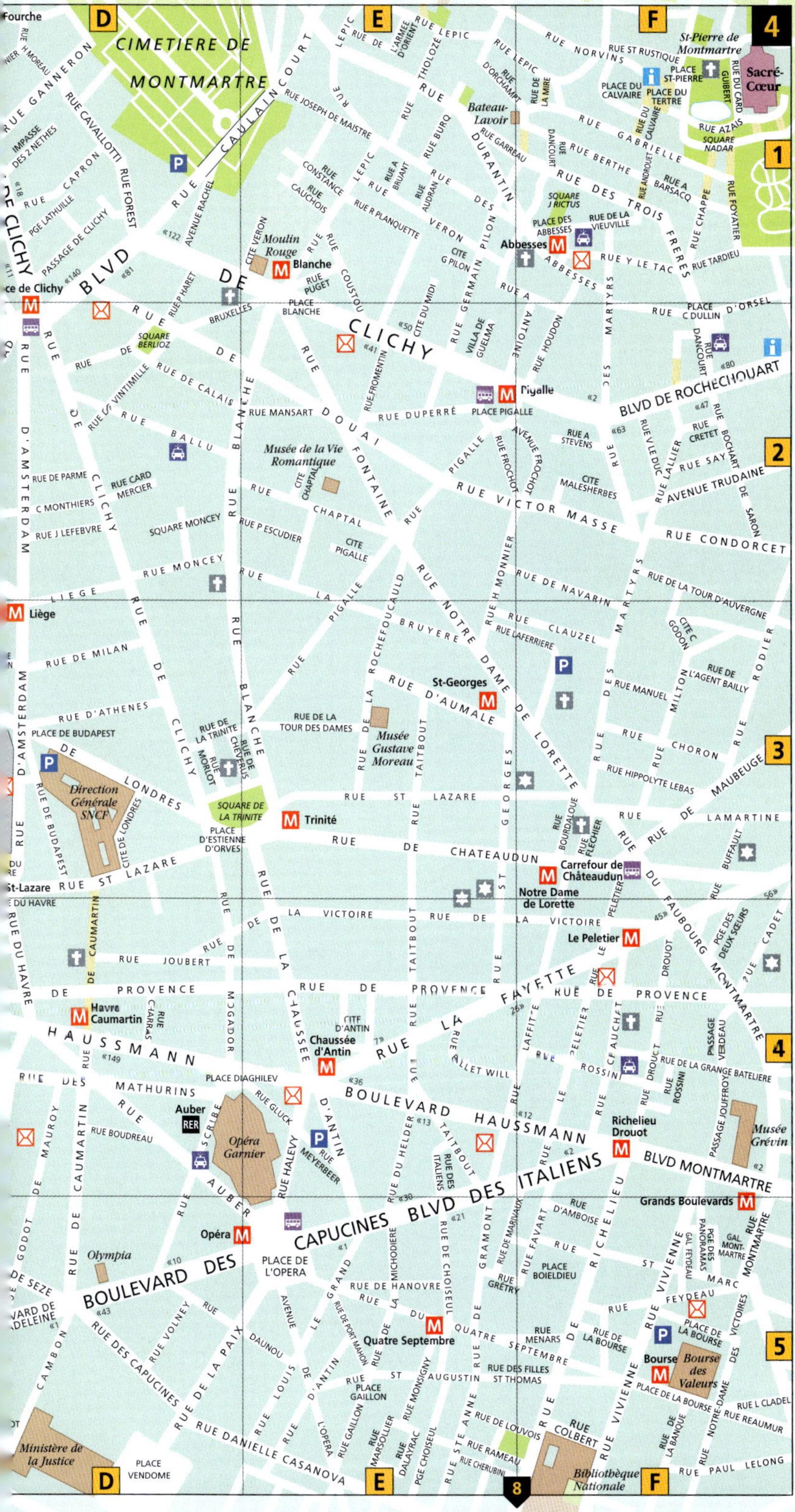

D
E
F
4
1
2
3
4
5
8
CIMETIERE DE MONTMARTRE
Fourche
RUE GANNERON
RUE CAVALLOTTI
IMPASSE DES 2 NETHES
RUE CAPRON
RUE FOREST
PGE LATHUILLE
PASSAGE DE CLICHY
RUE CAULAINCOURT
RUE JOSEPH DE MAISTRE
AVENUE RACHEL
BLVD DE CLICHY
Place de Clichy
Moulin Rouge
Blanche
CITE VERON
RUE PUGET
PLACE BLANCHE
RUE COUSTOU
RUE LEPIC
RUE DE L'ARMEE D'ORIENT
RUE THOLOZE
RUE CONSTANCE
RUE CAUCHOIS
RUE A BRUANT
RUE AUDRAN
RUE R PLANQUETTE
RUE VERON
CITE G PILON
RUE GERMAIN PILON
RUE DURANTIN
RUE BURQ
RUE GARREAU
Bateau-Lavoir
RUE D'ORCHAMPT
RUE DE LA MIRE
RUE NORVINS
RUE ST RUSTIQUE
St-Pierre de Montmartre
Sacré-Cœur
PLACE DU CALVAIRE
PLACE DU TERTRE
PLACE ST-PIERRE
RUE DU CARD GUIBERT
RUE AZAIS
SQUARE NADAR
RUE GABRIELLE
RUE DU CALVAIRE
RUE BERTHE
RUE DANCOURT
RUE DES TROIS FRERES
RUE A BARSACQ
RUE ANDROUET
RUE CHAPPE
RUE FOYATIER
SQUARE J RICTUS
PLACE DES ABBESSES
RUE DE LA VIEUVILLE
Abbesses
RUE DES ABBESSES
RUE Y LE TAC
RUE TARDIEU
RUE A ANTOINE
RUE DES MARTYRS
PLACE C DULLIN
RUE D'ORSEL
RUE DANCOURT
BLVD DE ROCHECHOUART
RUE DE BRUXELLES
SQUARE BERLIOZ
RUE DE CALAIS
RUE DE DOUAI
RUE DES DAMES
RUE VINTIMILLE
RUE BALLU
RUE BLANCHE
RUE FONTAINE
CITE DU MIDI
VILLA DE GUELMA
RUE HOUDON
RUE FROMENTIN
RUE MANSART
RUE DUPERRÉ
Pigalle
PLACE PIGALLE
RUE A STEVENS
RUE VIOLLET LE DUC
RUE LALLIER
RUE CRETET
RUE BOCHART DE SARON
RUE SAY
AVENUE TRUDAINE
RUE DE PARME
RUE CARD MERCIER
C MONTHIERS
RUE J LEFEBVRE
SQUARE MONCEY
RUE MONCEY
RUE DE CLICHY
RUE D'AMSTERDAM
Musée de la Vie Romantique
CITE CHAPTAL
RUE CHAPTAL
RUE P ESCUDIER
CITE PIGALLE
RUE PIGALLE
RUE FROCHOT
AVENUE FROCHOT
CITE MALESHERBES
RUE VICTOR MASSE
RUE CONDORCET
RUE H MONNIER
RUE DE NAVARIN
RUE DE LA TOUR D'AUVERGNE
RUE DE LIEGE
Liège
RUE DE MILAN
RUE DE LA BRUYERE
RUE LA ROCHEFOUCAULD
RUE NOTRE DAME DE LORETTE
RUE CLAUZEL
RUE LAFERRIERE
CITE C GODON
RUE DE L'AGENT BAILLY
RUE RODIER
RUE MANUEL
RUE MILTON
St-Georges
RUE D'AUMALE
RUE D'ATHENES
PLACE DE BUDAPEST
RUE DE LA TRINITE
RUE DE LA TOUR DES DAMES
Musée Gustave Moreau
RUE TAITBOUT
RUE ST GEORGES
RUE CHORON
RUE HIPPOLYTE LEBAS
RUE DE MAUBEUGE
RUE MORLOT
RUE DE CHEVERUS
RUE DE LONDRES
Direction Générale SNCF
RUE DE BUDAPEST
CITE DE LONDRES
SQUARE DE LA TRINITE
Trinité
RUE ST LAZARE
PLACE D'ESTIENNE D'ORVES
RUE DE CHATEAUDUN
RUE BOURDALOUE
RUE FLECHIER
RUE LAMARTINE
RUE BUFFAULT
Carrefour de Châteaudun
Notre Dame de Lorette
RUE DU FAUBOURG MONTMARTRE
St-Lazare
RUE DU HAVRE
RUE DE CAUMARTIN
RUE DE LA VICTOIRE
RUE DE LA CHAUSSEE D'ANTIN
RUE JOUBERT
RUE DE MOGADOR
Le Peletier
RUE LE PELETIER
PGE DES DEUX SŒURS
RUE CADET
RUE DROUOT
RUE DE PROVENCE
Havre Caumartin
RUE CHARRAS
CITE D'ANTIN
Chaussée d'Antin
RUE LA FAYETTE
RUE LAFFITTE
RUE PELETIER
RUE CHAUCHAT
RUE ROSSINI
RUE DE LA GRANGE BATELIERE
PASSAGE VERDEAU
HAUSSMANN
RUE DES MATHURINS
PLACE DIAGHILEV
RUE GLUCK
RUE BOUDREAU
Auber
RER
RUE SCRIBE
Opéra Garnier
RUE MEYERBEER
RUE HALEVY
BOULEVARD HAUSSMANN
RUE DU HELDER
RUE TAITBOUT
RUE DES ITALIENS
RUE LE PELETIER
RUE DE RICHELIEU
Richelieu Drouot
BLVD MONTMARTRE
PASSAGE JOUFFROY
Musée Grévin
Grands Boulevards
RUE MONTMARTRE
RUE DE MAUROY
RUE AUBER
Opéra
BLVD DES ITALIENS
BOULEVARD DES CAPUCINES
PLACE DE L'OPERA
Olympia
RUE GODOT DE MAUROY
RUE DE SEZE
BLVD DE LA MADELEINE
RUE DE LA MICHODIERE
RUE DE CHOISEUL
RUE DE GRAMONT
RUE DE MARIVAUX
RUE FAVART
RUE D'AMBOISE
PLACE BOIELDIEU
RUE GRETRY
RUE ST MARC
RUE VIVIENNE
PGE DES PANORAMAS
GAL MONTMARTRE
GAL FEYDEAU
RUE FEYDEAU
RUE DE HANOVRE
RUE DE PORT MAHON
RUE DU QUATRE SEPTEMBRE
Quatre Septembre
RUE DE LA BOURSE
RUE MENARS
PLACE DE LA BOURSE
Bourse
Bourse des Valeurs
RUE DES VICTOIRES
RUE NOTRE-DAME DES VICTOIRES
RUE VOLNEY
RUE DAUNOU
AVENUE DE L'OPERA
RUE DE LA PAIX
RUE LOUIS LE GRAND
RUE D'ANTIN
RUE ST AUGUSTIN
PLACE GAILLON
RUE DE MONSIGNY
RUE DES FILLES ST THOMAS
RUE GAILLON
RUE MARSOLLIER
RUE DALAYRAC
PGE CHOISEUL
RUE STE ANNE
RUE DE LOUVOIS
RUE RAMEAU
RUE CHERUBINI
RUE COLBERT
Bibliothèque Nationale
RUE DE LA BANQUE
RUE L CLADEL
RUE REAUMUR
RUE PAUL LELONG
RUE CAMBON
RUE DES CAPUCINES
RUE DANIELLE CASANOVA
Ministère de la Justice
PLACE VENDOME

5
A
B
C
1
2
3
4
5
PASSY
CHAILLOT
AVENUE VICTOR HUGO
AVENUE HENRI MARTIN
AVENUE GEORGES MANDEL
AVENUE PAUL DOUMER
AVENUE DU PRESIDENT KENNEDY
AVENUE DE VERSAILLES
QUAI DE GRENELLE
QUAI ANDRE CITROEN
RUE DE LA POMPE
RUE DE LONGCHAMP
RUE DE PASSY
RUE DE LA TOUR
RUE DE BOULAINVILLIERS
RUE DU RANELAGH
RUE RAYNOUARD
RUE SINGER
RUE DES VIGNES
RUE DE L'ANNONCIATION
RUE DE L'ASSOMPTION
RUE LA FONTAINE
BOULEVARD DELESSERT
BOULEVARD EMILE AUGIER
BOULEVARD FLANDRIN
BLVD JULES SANDEAU
AVENUE MOZART
AVENUE RAYMOND POINCARE
AVENUE D'EYLAU
RUE FRANKLIN
RUE SCHEFFER
RUE CORTAMBERT
RUE NICOLO
RUE DESBORDES VALMORE
RUE DELACROIX
RUE GENERAL LANGLOIS
RUE DECAMPS
RUE GREUZE
RUE DES SABLONS
RUE DES BELLES FEUILLES
RUE SAINT DIDIER
RUE DE LA FAISANDERIE
RUE DUFRENOY
RUE DE MONTEVIDEO
RUE DE LOTA
RUE MONY
RUE THIERS
RUE HERRAN
RUE GUSTAVE COURBET
PLACE DE MEXICO
IMPASSE DES PRETRES
VILLA JOCELYN
VILLA HERRAN
AVENUE DE MONTESPAN
SQUARE LAMARTINE
Rue de la Pompe
Ave Henri Martin
RUE MIGNARD
AVE RODIN
RUE GUY DE MAUPASSANT
RUE E ABOUT
RUE DE SIAM
RUE J RICHEPIN
RUE JULES CLARETIE
VILLA GUIBERT
RUE LOUIS DAVID
SQUARE PETRARQUE
RUE BELLINI
RUE PETRARQUE
SQUARE MIGNOT
SQUARE DU TROCADERO
RUE DU PASTEUR M BOEGNER
CIMETIERE DE PASSY
PLACE DU TROCADERO ET DU 11 NOVEMBRE
Trocadéro
Musée de la Marine
Palais de Chaillot
Musée de l'Homme
PLACE JOSE MARTI
SQUARE YORKTOWN
RUE DU CDT SCHLŒSING
JARDINS DU TROCADERO
RUE VINEUSE
RUE LE TASSE
AVE DES NATIONS
RUE LE NOTRE
RUE CHARDIN
RUE BEETHOVEN
PLACE DE COSTA RICA
Passy
Musée du Vin
SQUARE CHARLES DICKENS
RUE CHARLES DICKENS
SQUARE L'ALBONI
RUE DE L'ALBONI
RUE DES EAUX
AVE FREMIET
AVE RENE BOYLESVE
AVENUE MARCEL PROUST
RUE MASPERO
RUE DU CONSEILLER COLLIGNON
RUE G NADAUD
RUE FAUSTIN HELIE
PLACE POSSOZ
RUE VITAL
RUE PAUL SAUNIERE
RUE F SARCEY
RUE E MANUEL
RUE GAVARNI
RUE MASSENET
RUE PAUL DELAROCHE
RUE GUICHARD
RUE F PONSARD
La Muette
RUE LARGILLIERE
RUE BOIS LE VENT
PLACE DE PASSY
RUE TALMA
RUE DUBAN
RUE LEKAIN
RUE BOLOGNE
RUE DE L'ABBE GILLET
RUE LYAUTEY
AVENUE ALPHONSE XIII
RUE CHERNOVIZ
RUE PAJOU
RUE MARIETTA MARTIN
RUE DU GAL AUBE
Boulainvilliers
PASSAGE SINGER
PLACE CHOPIN
RUE DES BAUCHES
RUE GUSTAVE ZEDE
RUE ROBERT LE COIN
RUE ALFRED BRUNEAU
AVENUE DU COL BONNET
Maison de Balzac
RUE BERTON
RUE D'ANKARA
AVENUE DE LAMBALLE
RUE MANGIN
AVE DU GEN
RUE DU DR GERMAIN SEE
RUE DES MARRONNIERS
HAMEAU DE BOULAINVILLIERS
PORT AUTONOME DE PARIS
Bir Hakeim
Pont de Bir Hakeim
VOIE GEORGES POMPIDOU
PORT DE PASSY
ALLEE DES CYGNES
PLACE DU DOCTEUR HAYEM
Maison de Radio - France
Ave du Président Kennedy Maison de Radio-France
AVENUE DU RECTEUR POINCARE
SQUARE DU PRE AUX CHEVAUX
RUE AGAR
RUE GROS
PLACE CLEMENT ADER
RUE MAURICE BOURDET
Pont de Grenelle
Statue de la Liberté
RUE NOCARD
RUE NELATON
RUE DU DOCTEUR FINLAY
SQUARE BELA BARTOK
PLACE DE BRAZZAVILLE
RUE EMERIAU
RUE SCHUTZENBERGER
RUE SEXTIUS MICHEL
RUE DE LA VILLA PATRICE BOUDART
RUE F MILLET
AVENUE THEOPHILE GAUTIER
RUE DAVID
RUE PIERRE LOUYS
RUE FLORENCE BLUMENTHAL
RUE PAUL DUPUY
RUE FELICIEN DAVID
RUE DES PATURES
RUE DEGAS
AVE PERRICHONT
RUE DE REMUSAT
Mirabeau
QUAI LOUIS BLERIOT
VOIE D'AUTEUIL
PORT D'AUTEUIL
PORT DE JAVEL
PLACE FERNAND FOREST
RUE ROBERT DE FLERS
RUE DE L'INGENIEUR
RUE KELLER
RUE LINOIS
RUE G DE CAILLAVET
SQUARE HERICART
RUE HERICART
PLACE ST CHARLES
RUE SAINT CHARLES
RUE DU THEATRE
RUE BEAUGRENELLE
RUE GINOUX

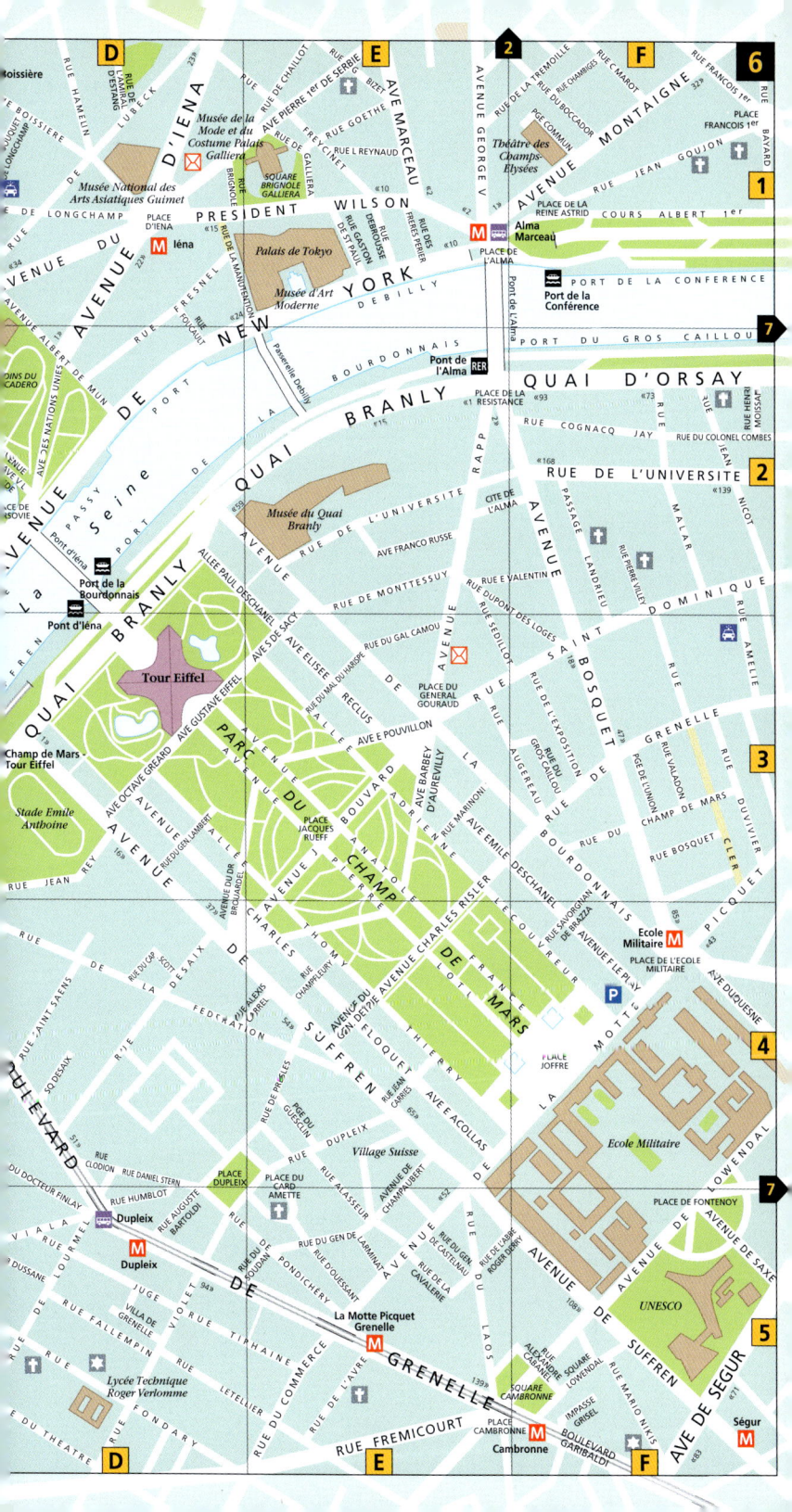

# Paris Map — 7th Arrondissement / Eiffel Tower area

**Grid references:** D, E, F (columns) × 1, 2, 3, 4, 5 (rows); markers 6 and 7 on right edge

## Landmarks and Points of Interest

- Musée National des Arts Asiatiques Guimet
- Musée de la Mode et du Costume Palais Galliera
- SQUARE BRIGNOLE GALLIERA
- Palais de Tokyo
- Musée d'Art Moderne
- Théâtre des Champs-Élysées
- PLACE FRANÇOIS 1er
- PLACE DE LA REINE ASTRID
- PLACE DE L'ALMA
- PLACE D'IÉNA
- Pont de l'Alma
- Pont de la Conférence
- Port de la Conférence
- Port du Gros Caillou
- Passerelle Debilly
- PLACE DE LA RÉSISTANCE
- Musée du Quai Branly
- CITÉ DE L'ALMA
- Tour Eiffel
- Champ de Mars - Tour Eiffel
- Stade Émile Anthoine
- PLACE JACQUES RUEFF
- Parc du Champ de Mars
- Pont d'Iéna
- Pont de la Bourdonnais
- Pont d'Alma
- École Militaire
- PLACE DE L'ÉCOLE MILITAIRE
- PLACE JOFFRE
- PLACE DE FONTENOY
- UNESCO
- Village Suisse
- PLACE DUPLEIX
- PLACE DU CARD. AMETTE
- Lycée Technique Roger Verlomme
- La Motte Picquet Grenelle
- SQUARE CAMBRONNE
- PLACE CAMBRONNE

## Métro / RER Stations

- M Iéna
- M Alma Marceau
- RER Pont de l'Alma
- M École Militaire
- M Dupleix
- M La Motte Picquet Grenelle
- M Cambronne
- M Ségur

## Major Streets / Avenues

- AVENUE DU PRÉSIDENT WILSON
- AVENUE DE NEW YORK
- AVENUE GEORGE V
- AVENUE MONTAIGNE
- AVENUE MARCEAU
- AVENUE D'IÉNA
- AVENUE DE LONGCHAMP (RUE DE LONGCHAMP)
- COURS ALBERT 1er
- QUAI D'ORSAY
- QUAI BRANLY
- RUE DE L'UNIVERSITÉ
- AVENUE RAPP
- AVENUE BOSQUET
- AVENUE DE LA BOURDONNAIS
- AVENUE DE SUFFREN
- AVENUE DE LA MOTTE PICQUET
- AVENUE DE SAXE
- AVENUE DE SÉGUR
- AVENUE DUQUESNE
- AVENUE LOWENDAL
- AVENUE DE TOURVILLE
- BOULEVARD DE GRENELLE
- BOULEVARD GARIBALDI
- RUE SAINT-DOMINIQUE
- RUE DE GRENELLE
- RUE DU COMMERCE
- RUE FREMICOURT
- RUE LETELLIER
- RUE DU THÉÂTRE
- RUE DE LOURMEL
- RUE SAINT-CHARLES
- RUE VIOLET
- RUE FONDARY
- BOULEVARD DU DOCTEUR FINLAY
- RUE HUMBLOT
- RUE CLODION
- RUE DANIEL STERN
- RUE DE LA FÉDÉRATION
- RUE JEAN REY
- AVENUE OCTAVE GRÉARD
- AVENUE GUSTAVE EIFFEL
- AVENUE CHARLES RISLER
- AVENUE EMILE POUVILLON
- AVENUE DE LA BOURDONNAIS
- AVENUE ÉLISÉE RECLUS
- AVENUE DU GÉNÉRAL GOURAUD
- AVENUE JOSEPH BOUVARD
- AVENUE PIERRE LOTI
- AVENUE THIERRY
- AVENUE DE LA MOTTE PICQUET
- AVENUE F. LE PLAY
- AVENUE DE BRAZZA
- AVENUE DE LA BOURDONNAIS
- RUE SAINT-SAËNS
- RUE DESAIX
- RUE VIALA
- RUE DUSSANE
- RUE DU DOCTEUR FINLAY
- RUE JUGE
- RUE FALLEMPIN
- RUE TIPHAINE
- RUE DU LAOS
- RUE ALASSEUR
- RUE DE CHAMPAUBERT
- RUE DESSAUX
- RUE ALEXIS OBEL
- RUE DU GAL CAMOU
- RUE DU MAL D'HARISPE
- RUE DE SACY
- RUE DUPONT DES LOGES
- RUE E. VALENTIN
- RUE SEDILLOT
- RUE PIERRE VILLEY
- RUE AMÉLIE
- RUE GROS CAILLOU
- RUE AUGEREAU
- RUE DE L'EXPOSITION
- RUE MALAR
- RUE SAINT-DOMINIQUE
- RUE JEAN NICOT
- RUE HENRI DE JOUVENEL
- RUE COGNACQ JAY
- RUE DU COLONEL COMBES
- RUE DE MONTTESSUY
- RUE FRANCO RUSSE
- ALLÉE PAUL DESCHANEL
- BOULEVARD ADRIEN LA LAURIE
- AVENUE BARBEY D'AUREVILLY
- AVENUE MARINONI
- AVENUE ÉMILE DESCHANEL
- AVENUE DE LA FRANCE-LIBRE
- AVENUE CHARLES FLOQUET
- AVENUE DE SUFFREN
- AVENUE DE TOURVILLE
- AVENUE BOSQUET
- AVENUE DUVIVIER
- RUE CLER
- RUE DE GRENELLE
- RUE VALADON
- RUE DE L'UNION
- CHAMP DE MARS
- PGE. VALADON
- RUE SAVORGNAN DE BRAZZA
- AVENUE E. ACOLLAS
- RUE E. CARRIÈRES
- RUE DE PRESLES
- RUE DU GUESCLIN
- RUE DUPLEIX
- RUE DE PONDICHÉRY
- RUE DU MOUDAN
- RUE DU GÉN. DE CASTELNAU
- RUE DU GÉN. DE LARMINAT
- RUE OUESSANT
- RUE DE LA CAVALERIE
- RUE DE L'ABBÉ ROGER DERRY
- RUE ALEXANDRE CABANEL
- SQUARE CABANEL
- RUE MARIO NIKIS
- IMPASSE GRISEL
- RUE FRANÇOIS 1er
- RUE BAYARD
- RUE JEAN GOUJON
- RUE FRANÇOIS BAYARD
- RUE LA TRÉMOILLE
- RUE DU BOCCADOR
- RUE CHAMBIGES
- RUE C. MAROT
- RUE PIERRE 1er DE SERBIE
- RUE BIZET
- RUE FREYCINET
- RUE GOETHE
- RUE L. REYNAUD
- RUE DEBROUSSE
- RUE GASTON DE SAINT-PAUL
- RUE DES FRÈRES PÉRIER
- RUE DE CHAILLOT
- RUE DE L'AMIRAL D'ESTAING
- RUE DE LUBECK
- RUE HAMELIN
- RUE BOISSIÈRE

Map of Paris — Invalides / Champs-Élysées area

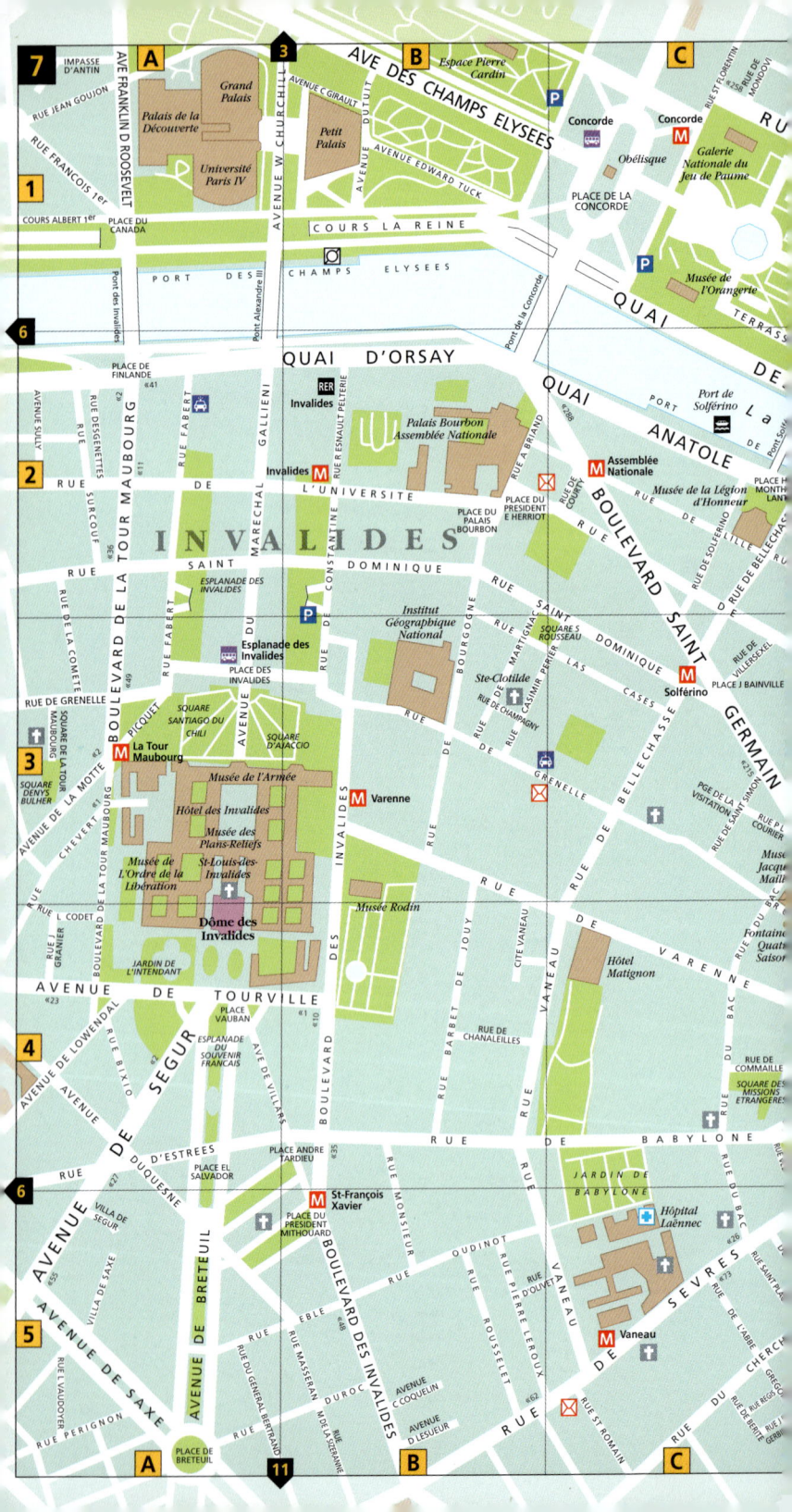

Grid references: A, B, C (columns); 1, 2, 3, 4, 5 (rows); markers 7, 3, 6, 11

**Column A / Row 1:**
- IMPASSE D'ANTIN
- AVE FRANKLIN D ROOSEVELT
- RUE JEAN GOUJON
- RUE FRANÇOIS 1er
- COURS ALBERT 1er
- PLACE DU CANADA
- Pont des Invalides
- Palais de la Découverte
- Université Paris IV

**Column B / Row 1:**
- Grand Palais
- AVENUE C GIRAULT
- Petit Palais
- AVENUE DUTUIT
- AVENUE EDWARD TUCK
- AVE DES CHAMPS ELYSEES
- Espace Pierre Cardin
- AVENUE W CHURCHILL
- PORT DES CHAMPS ELYSEES
- Pont Alexandre III
- COURS LA REINE

**Column C / Row 1:**
- RUE ST-FLORENTIN
- RUE DE MONDOVI
- Concorde (bus)
- Concorde (M)
- Obélisque
- Galerie Nationale du Jeu de Paume
- PLACE DE LA CONCORDE
- Musée de l'Orangerie
- Pont de la Concorde
- QUAI DE... TERRASSE

**Row 2 (Invalides area):**
- PLACE DE FINLANDE
- AVENUE SULLY
- RUE DESGENETTES
- RUE SURCOUF
- RUE FABERT
- BOULEVARD DE LA TOUR MAUBOURG
- AVENUE DE LA MOTTE PICQUET
- RUE MARÉCHAL GALLIENI
- RUE ESNAULT PELTERIE
- QUAI D'ORSAY
- RER Invalides
- Invalides (M)
- Palais Bourbon / Assemblée Nationale
- RUE DE L'UNIVERSITÉ
- PLACE DU PALAIS BOURBON
- RUE A BRIAND
- RUE DE COURTY
- Assemblée Nationale (M)
- Musée de la Légion d'Honneur
- PLACE DU PRESIDENT E HERRIOT
- RUE DE SOLFERINO
- RUE DE LILLE
- RUE DE BELLECHASSE
- RUE DE VILLERSEXEL
- BOULEVARD SAINT GERMAIN
- Port de Solférino
- QUAI ANATOLE
- RUE MONTH... LANT...

**INVALIDES** (Esplanade)
- RUE SAINT DOMINIQUE
- ESPLANADE DES INVALIDES
- RUE DE CONSTANTINE
- Institut Géographique National
- RUE DE BOURGOGNE
- RUE DE MARTIGNAC
- RUE DE MARTIGNAC
- Ste-Clotilde
- RUE CASIMIR PERIER
- RUE S ROUSSEAU
- RUE LAS CASES
- Solférino (M)
- RUE P J BAINVILLE
- Esplanade des Invalides (P)
- PLACE DES INVALIDES
- RUE DE CHAMPAGNY
- RUE DE GRENELLE

**Row 3 (Column A/B):**
- RUE DE GRENELLE
- SQUARE DE LA TOUR MAUBOURG
- SQUARE DENYS BULHER
- AVENUE DE LA MOTTE
- AVENUE DE LA TOUR MAUBOURG
- La Tour Maubourg (M)
- SQUARE SANTIAGO DU CHILI
- SQUARE D'AJACCIO
- AVENUE DE TRÉVISE / CHEVERT
- Musée de l'Armée
- Hôtel des Invalides
- Musée des Plans-Reliefs
- St-Louis-des-Invalides
- Musée de L'Ordre de la Libération
- BOULEVARD DE LA TOUR MAUBOURG
- AVENUE DES INVALIDES
- Varenne (M)
- RUE DE VARENNE
- Musée Rodin
- PGE DE LA VISITATION
- RUE DE ST-SIMON
- RUE DU COURIER
- Musée Jacques... Maill...

**Row 4:**
- Dôme des Invalides
- JARDIN DE L'INTENDANT
- RUE L CODET
- RUE GRANIER
- AVENUE DE LOWENDAL
- AVENUE DE TOURVILLE
- PLACE VAUBAN
- ESPLANADE DU SOUVENIR FRANÇAIS
- AVE DE VILLARS
- BOULEVARD DES INVALIDES
- RUE DE BARBET DE JOUY
- CITÉ VANEAU
- Hôtel Matignon
- RUE VANEAU
- Fontaine Quatre Saison
- RUE DE BAC
- AVENUE DE SEGUR
- RUE BIXIO
- BOULEVARD DE CHANALEILLES
- RUE DE COMMAILLE
- SQUARE DES MISSIONS ÉTRANGÈRES

**Row 5:**
- AVENUE DE LOWENDAL
- AVENUE DE SAXE
- RUE PERIGNON
- RUE L'VALLOYER
- VILLA DE SEGUR
- VILLA DE SAXE
- AVENUE DE BRETEUIL
- PLACE DE BRETEUIL
- RUE DUROC
- RUE MASSERAN
- RUE DE LA VIZERNIE
- AVENUE C COQUELIN
- BOULEVARD DES INVALIDES
- AVENUE D'LESUEUR
- RUE EBLE
- RUE DU GENERAL BERTRAND
- RUE D'ESTRÉES
- RUE DE DUQUESNE
- PLACE EL SALVADOR
- PLACE ANDRE TARDIEU
- PLACE DU PRESIDENT MITHOUARD
- St-François Xavier (M)
- RUE MONSIEUR
- RUE OUDINOT
- RUE ROUSSELET
- RUE D'OLIVET
- RUE PIERRE LEROUX
- RUE SAINT PAUL
- Hôpital Laënnec
- JARDIN DE BABYLONE
- RUE DE BABYLONE
- RUE DE SÈVRES
- Vaneau (M)
- RUE DU BAC
- RUE DE L'ABBÉ
- RUE CHERCHE
- RUE REGIS
- RUE DE BERTIE
- RUE ST ROMAIN

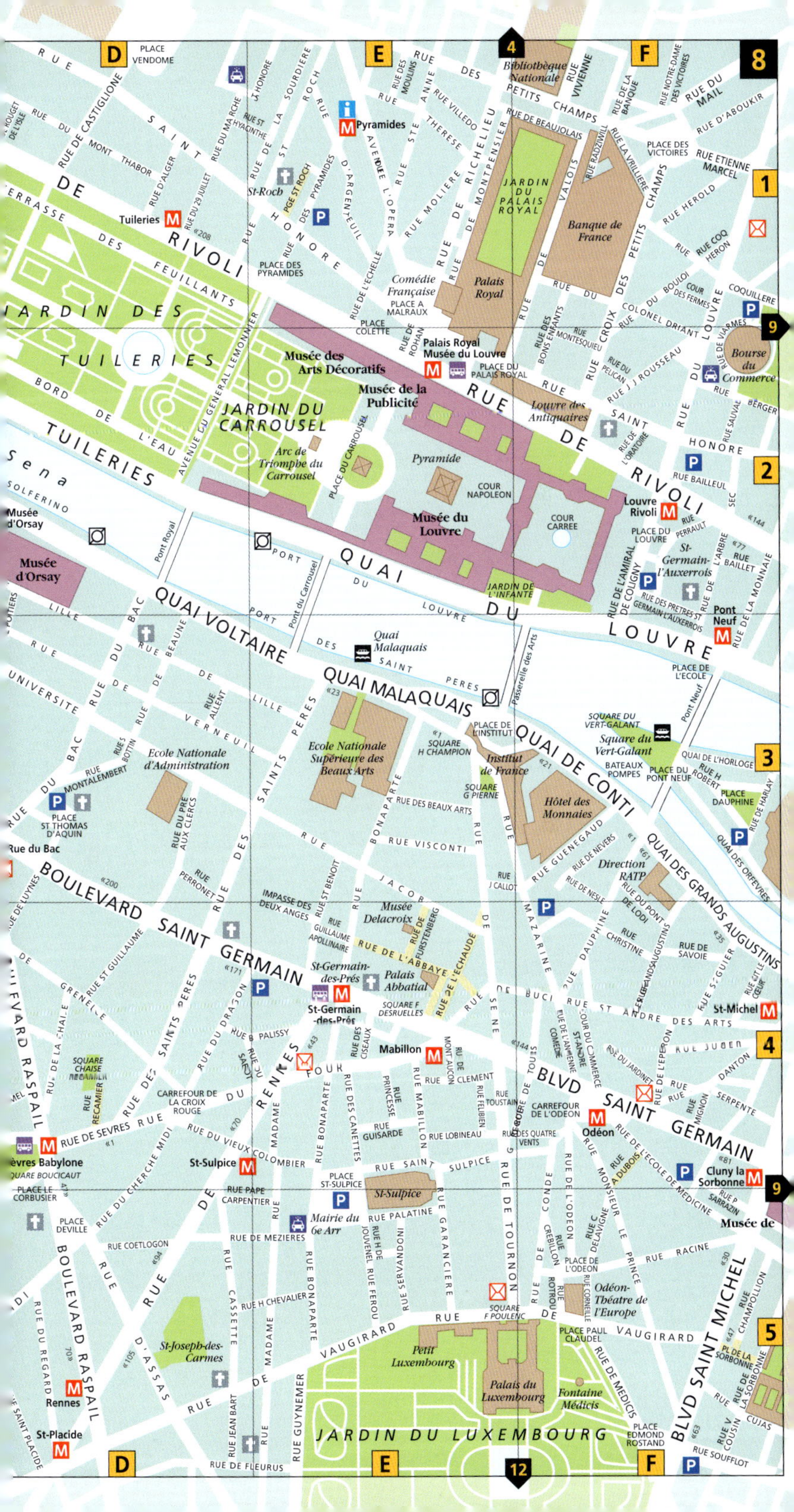
8
D
E
F
4
1
2
3
4
5
9
12
PLACE VENDOME
Pyramides
Bibliothèque Nationale
RUE VIVIENNE
PETITS CHAMPS
RUE DE BEAUJOLAIS
PLACE DES VICTOIRES
RUE ETIENNE MARCEL
RUE DU MAIL
RUE D'ABOUKIR
RUE DE CASTIGLIONE
MONT THABOR
RUE D'ALGER
RUE DU 29 JUILLET
RUE DU MARCHE
St-Roch
PGE ST ROCH
Tuileries
RUE DE RIVOLI
JARDIN DU PALAIS ROYAL
Banque de France
PLACE DES PYRAMIDES
TERRASSE DES FEUILLANTS
Comédie Française
PLACE A MALRAUX
Palais Royal
PLACE COLETTE
JARDIN DES TUILERIES
Musée des Arts Décoratifs
Palais Royal Musée du Louvre
PLACE DU PALAIS ROYAL
Musée de la Publicité
Louvre des Antiquaires
Bourse du Commerce
RUE HONORE
JARDIN DU CARROUSEL
Arc de Triomphe du Carrousel
PLACE DU CARROUSEL
Pyramide
COUR NAPOLEON
AVENUE DU GENERAL LEMONNIER
QUAI DES TUILERIES
Sena
SOLFERINO
Musée d'Orsay
Pont Royal
Musée du Louvre
COUR CARREE
Louvre Rivoli
PLACE DU LOUVRE
St-Germain-l'Auxerrois
RUE DE L'AMIRAL DE COLIGNY
JARDIN DE L'INFANTE
PORT DU LOUVRE
Pont du Carrousel
QUAI DU LOUVRE
QUAI VOLTAIRE
Quai Malaquais
Passerelle des Arts
Pont Neuf
PLACE DE L'ECOLE
QUAI MALAQUAIS
PLACE DE L'INSTITUT
SQUARE DU VERT-GALANT
Square du Vert-Galant
BATEAUX POMPES
PLACE DU PONT NEUF
QUAI DE L'HORLOGE
PLACE DAUPHINE
RUE DE L'UNIVERSITE
RUE DE LILLE
RUE DU BAC
RUE DE VERNEUIL
Ecole Nationale d'Administration
Ecole Nationale Supérieure des Beaux Arts
SQUARE H CHAMPION
Institut de France
QUAI DE CONTI
Hôtel des Monnaies
SQUARE G PIERNE
RUE DES BEAUX ARTS
RUE BONAPARTE
RUE VISCONTI
PLACE ST THOMAS D'AQUIN
Rue du Bac
RUE MONTALEMBERT
RUE DU PRE AUX CLERCS
RUE DES SAINTS PERES
RUE JACOB
RUE GUENEGAUD
Direction RATP
QUAI DES GRANDS AUGUSTINS
QUAI DES ORFEVRES
BOULEVARD SAINT GERMAIN
IMPASSE DES DEUX ANGES
RUE ST BENOIT
Musée Delacroix
RUE DE FURSTENBERG
RUE GUILLAUME APOLLINAIRE
RUE DE L'ABBAYE
St-Germain-des-Prés
Palais Abbatial
RUE DE L'ECHAUDE
RUE MAZARINE
RUE DAUPHINE
RUE CHRISTINE
RUE DE SAVOIE
RUE ST ANDRE DES ARTS
St-Michel
SQUARE F DESRUELLES
RUE DU DRAGON
RUE B PALISSY
RUE DE GRENELLE
RUE DE LA CHAISE
SQUARE CHAISE RECAMIER
RUE DE RENNES
RUE DU FOUR
Mabillon
RUE CLEMENT
BLVD SAINT GERMAIN
RUE DE L'ANCIENNE COMEDIE
CARREFOUR DE L'ODEON
Odéon
RUE DANTON
RUE SERPENTE
CARREFOUR DE LA CROIX ROUGE
RUE DE SEVRES
Sèvres Babylone
SQUARE BOUCICAUT
PLACE LE CORBUSIER
RUE DU VIEUX COLOMBIER
St-Sulpice
RUE DES CANETTES
RUE GUISARDE
RUE LOBINEAU
RUE DES QUATRE VENTS
RUE DE L'ECOLE DE MEDECINE
Cluny la Sorbonne
Musée de
PLACE ST-SULPICE
St-Sulpice
RUE PALATINE
RUE PAPE CARPENTIER
Mairie du 6e Arr
RUE DE MEZIERES
PLACE DEVILLE
RUE COETLOGON
RUE DU CHERCHE MIDI
BOULEVARD RASPAIL
RUE DE CONDE
RUE DE L'ODEON
RUE MONSIEUR LE PRINCE
RUE RACINE
PLACE DE L'ODEON
Odéon-Théatre de l'Europe
RUE H CHEVALIER
RUE DE TOURNON
SQUARE F POULENC
PLACE PAUL CLAUDEL
RUE DE VAUGIRARD
BLVD SAINT MICHEL
PL DE LA SORBONNE
RUE CHAMPOLLION
St-Joseph-des-Carmes
RUE D'ASSAS
Petit Luxembourg
Palais du Luxembourg
Fontaine Médicis
RUE DE MEDICIS
PLACE EDMOND ROSTAND
RUE DU REGARD
Rennes
St-Placide
JARDIN DU LUXEMBOURG
RUE GUYNEMER
RUE JEAN BART
RUE DE FLEURUS
RUE SOUFFLOT
RUE CUJAS

A
B
C
1
2
3
4
5
8
Sentier
Réaumur Sébastopol
Arts et Métiers
Musée des Arts et Métiers
SQUARE EMILE CHAUTEMPS
RUE PAPIN
RUE REAUMUR
RUE DE TURBIGO
RUE ST DENIS
BOULEVARD DE SEBASTOPOL
RUE ST MARTIN
RUE BEAUBOURG
RUE DU TEMPLE
RUE LEOPOLD BELLAN
RUE ST SAUVEUR
RUE BACHAUMONT
RUE MANDAR
RUE GRENETA
RUE MONTORGUEIL
RUE MONTMARTRE
RUE DUSSOUBS
Tour de Jean Sans Peur
RUE ETIENNE MARCEL
Etienne Marcel
RUE J J ROUSSEAU
RUE DU JOUR
St-Eustache
PLACE R CASSIN
Les Halles
RUE RAMBUTEAU
Forum des Halles
Châtelet les Halles
RER
PLACE M QUENTIN
RUE BERGER
RUE ST HONORE
PLACE M DE NAVARRE
Fontaine des Innocents
SQUARE DES INNOCENTS
RUE DE LA FERRONNERIE
Châtelet
RUE DE RIVOLI
BOULEVARD DE SEBASTOPOL
RUE QUINCAMPOIX
PLACE GEORGES POMPIDOU
Centre Georges Pompidou
Rambuteau
RUE DU RENARD
RUE AUBRY LE BOUCHER
PLACE E MICHELET
St-Merri
RUE MICHEL LE COMTE
JARDIN ST AIGNAN
Musée d'Art et d'Histoire du Judaïsme
Hôtel Guénégaud
Musée de la Chasse et de la Nature
Hôtel de Soubise
Archives Nationales
Hôtel de Rohan
RUE DES FRANCS BOURGEOIS
RUE DES ARCHIVES
RUE STE CROIX DE LA BRETONNERIE
SQUARE STE CROIX DE LA BRETONNERIE
RUE DE LA VERRERIE
RUE VIEILLE DU TEMPLE
RUE DES ROSIERS
RUE DU ROI DE SICILE
Tour St-Jacques
SQUARE DE LA TOUR ST-JACQUES
AVE VICTORIA
QUAI DE LA MEGISSERIE
Châtelet
PLACE DU CHATELET
Hôtel de Ville
Assistance Publique
PLACE DE L'HOTEL DE VILLE
MAIRIE DE PARIS
RUE DE LOBAU
RUE FRANCOIS MIRON
St-Paul
RUE DE RIVOLI
QUAI DE GESVRES
QUAI DE L'HOTEL DE VILLE
St-Gervais St-Protais
Mémorial du Martyr Juif Inconnu
SQUARE A SCHWEITZER
Pont Marie
Hôtel de Sens
QUAI DES CELESTINS
QUAI DE L'HORLOGE
Conciergerie
Palais de Justice
Ste-Chapelle
BOULEVARD DU PALAIS
Cité
PLACE L LEPINE
ILE DE LA CITE
RUE DE LA CITE
Hôtel Dieu
Crypte Archéologique
PLACE DU PARVIS NOTRE DAME
Notre-Dame
SQUARE JEAN XXIII
RUE DU CLOITRE-NOTRE-DAME
Portde l'Hôtel de Ville
PLACE DU BATAILLON FRANÇAIS DE L'O.N.U. EN CORÉE
ILE ST-LOUIS
QUAI DE BOURBON
QUAI D'ORLEANS
RUE ST LOUIS EN L'ILE
St-Louis-en-l'Ile
Hôtel de Lauzun
QUAI D'ANJOU
QUAI DE BETHUNE
Musée Adam Mickiewicz
SQUARE DE L'ILE DE FRANCE
St-Michel
QUAI ST MICHEL
PLACE DU PETIT PONT
RER St-Michel
RUE DE LA HUCHETTE
RUE DE LA HARPE
St-Séverin
St-Julien-le-Pauvre
SQUARE R VIVIANI
QUAI DE MONTEBELLO
Port de Montebello
QUAI DE LA TOURNELLE
BOULEVARD ST GERMAIN
Musée de Cluny
Maubert
Mutualité
PLACE MAUBERT
RUE SAINT JACQUES
La Sorbonne
SQUARE ET PLACE P PAINLEVE
SQUARE F A MARIETTE
PLACE M BERTHELOT
Chapelle de la Sorbonne
Lycée Louis le Grand
QUARTIER LATIN
RUE DE LA MONTAGNE STE GENEVIEVE
RUE DES ECOLES
RUE MONGE
SQUARE P LANGEVIN
JARDIN DE NAVARRE
RUE DU CARDINAL LEMOINE
RUE DES FOSSES SAINT BERNARD
Institut du Monde Arabe
Universités Paris VI et Paris VII
Musée de Minéralogie
QUAI SAINT BERNARD
SQUARE BARYE
Pont de Sully
PORT SAINT BERNARD
RUE CUJAS

D
E
F
1
2
3
4
5
14
Place de la République
Temple
Rue de Malte
Avenue de la République
Boulevard du Temple
Boulevard Voltaire
Boulevard Richard Lenoir
Rue Oberkampf
Oberkampf
Parmentier
St-Maur
Rue Saint Maur
Avenue Parmentier
Rue Jean Pierre Timbaud
Rue des Trois Bornes
Rue de Crussol
Rue Amelot
Rue du Grand Prieuré
Rue de Nemours
Rue Gambey
Rue Ternaux
Rue de la Folie Méricourt
Passage Beslay
Rue Béranger
Rue Charlot
Rue de Turenne
Rue de Saintonge
Rue de Bretagne
Rue de Picardie
Carreau du Temple
Filles du Calvaire
Rue des Filles du Calvaire
Blvd des Filles du Calvaire
Place Pasdeloup
Rue St Pierre Amelot
Passage St Pierre Amelot
Rue St Sébastien
Passage St Sébastien
Impasse St Sébastien
St-Sébastien Froissart
Rue Froissart
Rue du Pont aux Choux
Rue Commines
Rue de Poitou
Rue Vieille du Temple
Rue Debelleyme
Square Richard Lenoir
St-Ambroise
Boulevard Richard Lenoir
Rue Saint Ambroise
Cour Popincourt
Rue du Pasteur
Rue Lacharrière
MARAIS
Rue St Claude
Rue de Thorigny
Place de Thorigny
Hôtel Libéral Bruand
Rue du Roi Doré
Rue Ste Anastase
Rue de Hesre
Rue du Grand Veneur
Rue des Arquebusiers
Boulevard Beaumarchais
Richard Lenoir
Impasse Truillot
Rue de l'Asile Popincourt
Rue Pelée
Allée Verte
Rue Gaby Sylvia
Pge Ste Anne Popincourt
Rue Moufle
Chemin Vert
Villa Marcès
Impasse Popincourt
Rue Popincourt
Rue Sedaine
Rue du Parc Royal
Square Léopold Achille
Square G Cain
Musée Carnavalet
Rue de Sévigné
Rue St Gilles
Rue des Minimes
Rue du Foin
Chemin Vert
Rue Saint Sabin
Square Bréguet Sabin
Bréguet Sabin
Rue Froment
Rue Bréguet
Rue Boulle
Pge Salarnier
Rue des Francs Bourgeois
Place des Vosges
Square Louis XIII
Rue du Pas de la Mule
Impasse Jean Beausire
Maison de Victor Hugo
Rue des Tournelles
Rue de la Roquette
Rue Basfroi
Passage Charles Dallery
Passage Bullourde
Rue Keller
Rue des Taillandiers
Rue Daval
Cour Damoye
Passage Thiéré
Rue de Lappe
Rue de Charonne
Avenue Ledru Rollin
Rue Dallery
Hôtel de Sully
Rue St Antoine
Rue de Birague
Cour Bérard
Rue Jean Beausire
Rue de la Bastille
Bastille
Place de la Bastille
Colonne de Juillet
Pge du Cheval Blanc
Cour St Joseph
Rue Beautreillis
Rue du Petit Musc
Rue Charles V
Rue des Lions St Paul
Rue de Lesdiguières
Rue Jacques Coeur
Rue du Faubourg St Antoine
Opéra Bastille
Port de l'Arsenal
Cour des Trois Frères
Ledru Rollin
Pge de la Bonne Graine
Passage de la Main d'Or
Boulevard Henri IV
Sully Morland
Rue de Sully
Boulevard Morland
Préfecture de Paris
Rue Agrippa d'Aubigné
Quai Henri IV
Rue Mornay
Rue Crillon
Boulevard Bourdon
Port de Plaisance
Rue de Paris Arsenal
Boulevard de la Bastille
Rue de Lyon
Rue Biscornet
Rue Lacuée
Rue Jules César
Avenue Daumesnil
Viaduc des Arts
Rue de Charenton
Rue Moreau
Rue Saint Nicolas
Rue Traversière
Rue de Prague
Rue Emilio Castelar
Square Trousseau
Rue Trousseau
Rue Antoine Vollon
Marché d'Aligre
Place d'Aligre
Rue d'Aligre
Rue de Cotte
Rue de Bercy
Avenue Ledru Rollin
Rue d'Austerlitz
Rue Abel

11
A
B
C
1
2
3
4
5
7
MONTPARNASSE
Sèvres Lecourbe
Duroc
Hôpital Necker Enfants Malades
Falguière
Montparnasse Bienvenüe
Musée Montparnasse
Musée Bourdelle
Pasteur
Volontaires
Musée de la Poste
Tour Montparnasse
Gare Montparnasse
Mémorial du Maréchal Leclerc
JARDIN ATLANTIQUE
SQUARE MAX HYMANS
Institut Pasteur
Gaîté
PLACE DE CATALOGNE
LES COLONNES
JARDIN ALLERAY - LABROUSTE
Pernety
SQUARE STE LEONIE
JARDIN DU MOULIN DE LA VIERGE
Plaisance
SQUARE ALESIA RIDDER
SQUARE LOSSERAND SUISSES
SQUARE DU CHANOINE VIOLLET
Hôpital Broussais la Charité
PLACE L P FARGUE
PLACE HENRI QUEUILLE
PLACE DU 18 JUIN 1940
PLACE BIENVENUE
PLACE R DAUTRY
SQUARE GASTON BATY
PARVIS D TEMPLIER
PLACE CONSTANTIN BRANCUSI
PLACE DE L'ABBE J LEBEUF
PLACE FALGUIERE
PLACE DU GENERAL MONCLAR
PLACE DE MORO GIAFFERI
PLACE GILBERT PERROY
AVE DE SUFFREN
RUE DE SEVRES
BOULEVARD DU MONTPARNASSE
AVENUE DE BRETEUIL
AVENUE DU SAXE
RUE DE VAUGIRARD
BLVD DE VAUGIRARD
RUE LECOURBE
BOULEVARD PASTEUR
RUE BLOMET
RUE FALGUIERE
AVENUE DU MAINE
RUE DE L'ARRIVEE
RUE DU DEPART
RUE DU CHERCHE MIDI
RUE ANTOINE BOURDELLE
RUE DU DR ROUX
RUE DES VOLONTAIRES
RUE DU COTENTIN
RUE D'ARSONVAL
RUE DE L'ARMORIQUE
RUE VERCINGETORIX
RUE JEAN ZAY
RUE DE L'OUEST
RUE RAYMOND LOSSERAND
RUE DU CHATEAU
RUE PERNETY
RUE D'ALLERAY
RUE DE VOUILLE
RUE D'ALESIA
RUE DIDOT
RUE DES PLANTES
RUE DE CHATILLON
RUE ANTOINE CHANTIN
RUE DES ARBUSTES
RUE DES MARINIERS
BLVD BRUNE
RUE LABROUSTE
RUE CASTAGNARY
RUE GEORGES PITARD
RUE ALPHONSE BERTILLON
RUE SAINT AMAND
RUE DE LA PROCESSION
RUE DE GERGOVIE
AVENUE VILLEMAIN
RUE DE PLAISANCE
RUE DES THERMOPYLES
RUE BOYER BARRET
RUE DE LA SABLIERE
RUE BENARD
RUE MAURICE RIPOCHE
RUE DE L'EURE
RUE MOULIN VERT
RUE LEONIDAS
RUE OLIVIER NOYER
RUE HIPPOLYTE MAINDRON
RUE DE L'ABBE CARTON
RUE JONQUOY
RUE PIERRE LAROUSSE
RUE DES SUISSES
RUE LOUIS MORARD
VILLA D'ALESIA
RUE JACQUIER
RUE BARDINET
RUE BOULITTE
VILLA JAMOT
VILLA DESHAYES
RUE LEDION
VILLA COLLET
RUE DE RIDDER
RUE MAURICE ROUVIER
RUE DES JONQUILLES
RUE GUILLEMINOT
RUE CROCE SPINELLI
RUE NIEPCE
RUE DE TEXEL
RUE DU CDT RENE MOUCHOTTE
TERRASSE MODIGLIANI
RUE VANDAMME
RUE DE LA GAITE
RUE DE LAROCHELLE
RUE DU MAINE
RUE POINSOT
RUE JOLIVET
PASSAGE MONTPARNASSE
RUE LEBOUIS
RUE J GUESDE
RUE EDOUARD JACQUES
PGE DES ARTS
RUE MAISON DIEU
RUE ASSELINE
PGE DE LA TOUR DE VANVES
SQUARE DE L'AIDE SOCIALE
RUE PLUMET
RUE DUTOT
RUE VIGEE LEBRUN
RUE A PAYEN
RUE PLATON
RUE ANDRE GIDE
RUE BARGUE
RUE EMILE DUCLAUX
RUE ERNEST RENAN
RUE DE STAEL
RUE ROSA BONHEUR
RUE BARTHELEMY
RUE BOUCHUT
PGE DES CHARBONNIERS
IMPASSE DE L'ENFANT JESUS
RUE DULAC
RUE N CHARLET
RUE DALOU
RUE MIZON
RUE BROWN SEQUARD
GALERIE VAUGIRARD
RUE ARMAND MOISANT
VILLA GABRIEL
VILLA GARNIER
IMPASSE DU MONT TONNERRE
IMPASSE DE L'ASTROLABE
RUE D'ALENCON
RUE MAYET
RUE LITTRE
RUE BLAISE DESGOFFE
RUE J FERRANDI
PONT DES CINQ MARTYRS DU LYCEE BUFFON
RUE ALAIN
PASSAGE DE GERGOVIE
RUE DECRES
RUE DU MOULIN DE LA VIERGE
RUE DE LA CANGE
RUE DESPREZ
RUE FR DE PRESSENSE
CITE BAUER
RUE DELBET
RUE CH WEISS
RUE DU GAL BERTRAND
RUE PAULY
RUE SEVERO
RUE R SACHE
AVE JEAN MOULIN

12
D
E
F
8
1
2
3
4
5
13
Alliance Française
Notre Dame des Champs
JARDIN DU LUXEMBOURG
Ecole Nationale Supérieure des Mines
PLACE A HONNORAT
RUE AUGUSTE COMTE
Luxembourg
BOULEVARD SAINT MICHEL
RUE DE L'ABBE DE L'EPEE
RUE DES URSULINES
RUE GAY LUSSAC
RUE SAINT JACQUES
RUE ROYER COLLARD
IMPASSE ROYER COLLARD
RUE MALEBRANCHE
RUE LE GOFF
RUE HUYSMANS
RUE DUGUAY TROUIN
RUE MADAME
RUE GUYNEMER
RUE VAVIN
AVE VAVIN
RUE D'ASSAS
Musée Zadkine
RUE MICHELET
RUE HERSCHEL
JARDIN R CAVELIER DE-LA-SALLE
JARDIN MARCO POLO
AVENUE DE L'OBSERVATOIRE
RUE DES CHARTREUX
RUE JOSEPH BARA
RUE LE VERRIER
PLACE E DENIS
Fontaine de l'Observatoire
PLACE CAMILLE JULLIAN
AVE GEORGES BERNANOS
RUE HENRI BARBUSSE
RUE DU VAL DE GRACE
RUE DES FEUILLANTINES
PLACE A LAVERAN
RUE P NICOLE
RUE FUSTEL DE COULANGES
Val-de-Grâce
PLACE P LAFUE
RUE STANISLAS
RUE DE CICE
RUE STE BEUVE
RUE BREA
PLACE ET SQUARE OZANAM
RUE PEGUY
BOULEVARD RASPAIL
RUE JULES CHAPLAIN
RUE DE LA GRANDE CHAUMIERE
BOULEVARD DU MONTPARNASSE
Vavin
RUE DELAMBRE
PLACE P PICASSO
RUE DE CHEVREUSE
RUE PAUL SEJOURNE
RUE DES CHAMPS
RUE HUYGHENS
RUE L ROBERT
RUE CAMPAGNE-PREMIERE
RUE EDGAR QUINET
Port Royal
BOULEVARD DE PORT ROYAL
Raspail
PASSAGE D'ENFER
RUE BOISSONADE
St-Vincent de Paul
Fondation Cartier
CIMETIERE DU MONTPARNASSE
RUE EMILE RICHARD
AVENUE DENFERT ROCHEREAU
RUE CASSINI
Observatoire de Paris
RUE DU FAUBOURG SAINT JACQUES
Hôpital Cochin
RUE DE LA SANTE
SQUARE DE PORT ROYAL
RUE MECHAIN
RUE FROIDEVAUX
RUE SCHOELCHER
RUE VICTOR CONSIDERANT
DENFERT
SQ J ANTOINE
SQUARE GEORGES LAMARQUE
Catacombes
PLACE DENFERT ROCHEREAU
BOULEVARD ARAGO
PLACE DE L'ILE DE SEIN
SQUARE CLAUDE-NICOLAS LEDOUX
Denfert Rochereau
SQUARE DE L'ABBE MIGNE
RUE LECLERC
RUE JEAN DOLENT
PLACE SAINT JACQUES
BOULEVARD SAINT JACQUES
St-Jacques
RUE GASSENDI
RUE DANVILLE
RUE LALANDE
RUE LIANCOURT
RUE DAGUERRE
RUE DE GRANCEY
RUE BOULARD
RUE SIVEL
RUE CHARLES DIVRY
RUE ERNEST CRESSON
SQUARE HENRI DE ORMEL
PLACE ET SQUARE FERDINAND BRUNOT
RUE MOUTON DUVERNET
AVENUE DU GENERAL LECLERC
VILLA ADRIENNE
AVENUE RENE COTY
VILLA ST JACQUES
RUE DE LA TOMBE ISSOIRE
RUE EMILE DUBOIS
RUE DAREAU
PGE DAREAU
RUE FERRUS
RUE CABANIS
RUE BREZIN
RUE SOPHIE GERMAIN
Mouton Duvernet
RUE HALLE
RUE DU COUEDIC
RUE THIBAUD
RUE REMY DUMONCEL
RUE D'ALEMBERT
ROCHEREAU
PASSAGE RIMBAUT
RUE MONTBRUN
PASSAGE MONTBRUN
VILLA D'ORLEANS
BEZOUT
RUE DU COMMANDEUR
RUE DE LA SAONE
RUE DE BIGORRE
RUE DU SAINT GOTHARD
RUE BROUSSAIS
PASSAGE V MARCHAND
RUE BOUTIN
Alésia
PLACE VICTOR BASCH
RUE D'ALESIA
RUE MARGUERIN
RUE DU LUNAIN
RUE DU LOING
RUE COUCHE
RUE SARRETTE
RUE DE L'AUDE
RUE LENEVEUX
RUE DE LA GLACIERE

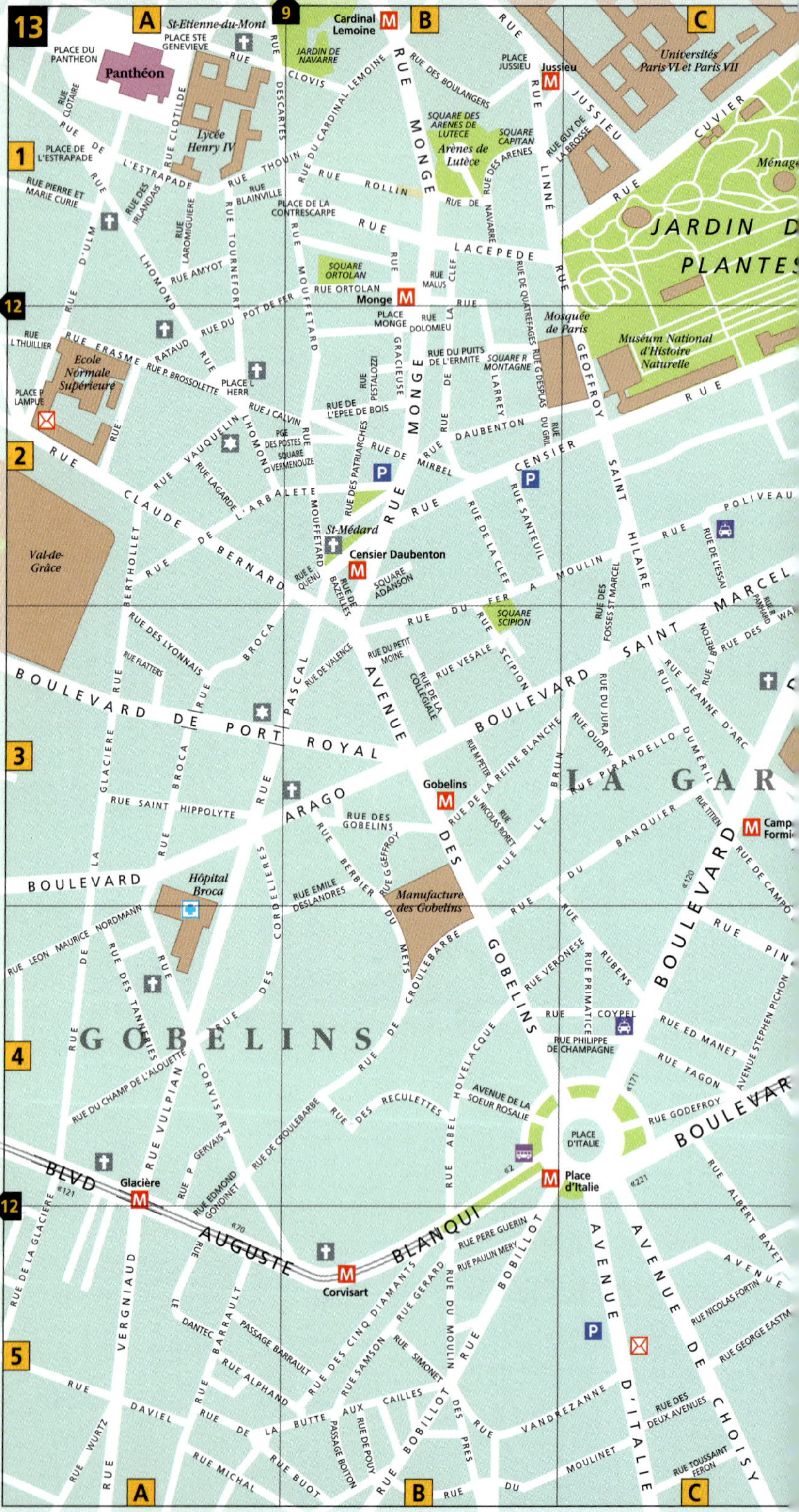
13
A
B
C
1
2
3
4
5
9
12
St-Etienne-du-Mont
Place Ste Genevieve
Place du Panthéon
Panthéon
Lycée Henry IV
Cardinal Lemoine
Jardin de Navarre
Place Jussieu
Jussieu
Universités Paris VI et Paris VII
Rue Clovis
Rue Descartes
Rue du Cardinal Lemoine
Rue Monge
Rue des Boulangers
Rue Jussieu
Rue Cuvier
Ménage
Rue Clotaire
Rue Clotilde
Place de l'Estrapade
Rue de l'Estrapade
Rue Thouin
Rue Rollin
Square des Arènes de Lutèce
Arènes de Lutèce
Square Capitan
Rue des Arènes
Rue Guy de la Brosse
Rue Linné
Jardin des Plantes
Rue Pierre et Marie Curie
Rue des Irlandais
Rue Laromiguière
Rue Blainville
Place de la Contrescarpe
Rue de Navarre
Rue Lacepede
Rue d'Ulm
Rue Lhomond
Rue Amyot
Rue Tournefort
Rue Mouffetard
Square Ortolan
Rue Ortolan
Rue Malus
Rue de la Clef
Rue de Quatrefages
Rue du Pot de Fer
Monge
Place Monge
Rue Dolomieu
Rue du Puits de l'Ermite
Square R Montagne
Rue G Desplas
Mosquée de Paris
Muséum National d'Histoire Naturelle
Rue Geoffroy
Rue L Thuillier
Rue Erasme
Ecole Normale Supérieure
Rue Rataud
Rue P. Brossolette
Place L Herr
Rue Gracieuse
Rue Pestalozzi
Place P Lampue
Rue J Calvin
Rue de l'Epee de Bois
Rue Larrey
Rue Daubenton
Rue du Gril
Rue Vauquelin
Pge des Postes
Square Vermenouze
Rue des Patriarches
Rue de Mirbel
Rue Censier
Rue Saint Hilaire
Rue Poliveau
Rue Claude Bernard
Rue Lagarde
Rue de l'Arbalete
Rue Santeuil
Rue de l'Essai
Val-de-Grâce
Rue Bertholet
St-Médard
Censier Daubenton
Rue E Quenu
Rue de Bazeilles
Square Adanson
Rue du Fer à Moulin
Rue des Fosses St Marcel
Rue Scipion
Square Scipion
Boulevard Saint Marcel
Rue Panhard
Rue des Lyonnais
Rue Broca
Rue Flatters
Rue Pascal
Rue de Valence
Rue du Petit Moine
Rue de la Collégiale
Rue Vesale
Rue J Bretonneau
Rue Jeanne d'Arc
Boulevard de Port Royal
Rue Oudry
Rue du Jura
Rue Pirandello
Rue Duméril
Rue de la Glacière
Avenue des Gobelins
Rue M Peter
Rue de la Reine Blanche
Rue Le Brun
La Gare
Rue Saint Hippolyte
Rue Arago
Gobelins
Rue des Gobelins
Rue Nicolas Roret
Rue du Banquier
Rue Titien
Campo Formio
Boulevard
Hôpital Broca
Rue Emile Deslandres
Rue Berbier du Mets
Rue G Geffroy
Manufacture des Gobelins
Rue des Cordelieres
Rue Leon Maurice Nordmann
Rue des Tanneries
Rue de Croulebarbe
Rue Veronese
Rue Primatice
Rue Rubens
Boulevard de l'Hôpital
Rue Pinel
Rue Coypel
Rue Philippe de Champagne
Rue Ed Manet
Avenue Stephen Pichon
Rue Fagon
Gobelins
Rue du Champ de l'Alouette
Rue Vulpian
Rue Corvisart
Rue des Reculettes
Rue Hovelacque
Avenue de la Soeur Rosalie
Rue Godefroy
Place d'Italie
Rue P Gervais
Rue Edmond Gondinet
Rue Abel
Glacière
Blvd Auguste Blanqui
Corvisart
Rue Pere Guerin
Rue Paulin Mery
Rue Bobillot
Avenue d'Italie
Avenue de Choisy
Rue Albert Bayet
Rue Vergniaud
Rue Le Dantec
Rue Barrault
Passage Barrault
Rue des Cinq Diamants
Rue Gerard
Rue du Moulin des Prés
Rue Nicolas Fortin
Rue George Eastman
Rue Alphand
Rue Samson
Rue Simonet
Rue Vandrezanne
Rue des Deux Avenues
Rue Daviel
Rue de la Butte aux Cailles
Rue de Pouy
Passage Boiton
Rue Wurtz
Rue Michal
Rue Buot
Rue du Moulinet
Rue Toussaint Féron
«120
«171
«221
«121
«70
«2

14
10
D
E
F
1
2
3
4
5
Quai de la Rapée
PLACE MAZAS
AVENUE LEDRU ROLLIN
RUE CREMIEUX
RUE TRAVERSIERE
RUE DE LYON
RUE EMILE GILBERT
RUE M CHASLES
RUE ABEL
RUE LEGRAVEREND
AVENUE DAUMESNIL
BOULEVARD DIDEROT
RUE HECTOR MALOT
RUE JEAN BOUTON
RUE GUILLAUMOT
COUR L ARMAND
COUR DIDEROT
Gare de Lyon
RER
Gare de Lyon
COUR DE CHALON
RUE DE CHALON
PASSAGE BRUNOY
PGE RAGUINOT
PLACE RUTEBEUF
PORT SAINT BERNARD
QUAI ST BERNARD
PLACE VALHUBERT
Pont d'Austerlitz
VOIE MAZAS
RUE DE BERCY
QUAI DE LA RAPEE
RUE VAN GOGH
ALLEE DE BERCY
BERCY
RUE BUFFON
Gare d'Austerlitz
Gare d'Austerlitz
PORT DE LA RAPÉE
Pont C de Gaulle
La Seine
PORT D'AUSTERLITZ
QUAI D'AUSTERLITZ
RUE JILLIOT
BD DE L'HOPITAL
SQUARE MARIE CURIE
Ministère de l'Economie et Ministère des Finances
QUAI DE BERCY
BLVD DE BERCY
Palais Omnisports de Paris Bercy
Marcel
RUE EDMOND FLAMAND
RUE FULTON
RUE DE BELLIEVRE
RUE GIFFARD
Quai de la Gare
Pont de Bercy
PORT DE BERCY
Hôpital Pitié Salpêtrière
RUE GEORGE BALANCHINE
JARDIN J. JOYCE
PLACE J. VILAR
RUE BRAUDEL
RUE RAYMOND ARON
QUAI F MAURIAC
RUE DE LA GARE
Chevaleret
BD VINCENT AURIOL
RUE BRUANT
RUE JENNER
AVENUE DE FRANCE
Bibliothèque Nationale de France
RUE LOUISE WEISS
RUE DU CHEVALERET
SQUARE G MESUREUR
Nationale
RUE CLISSON
RUE BAUDRAN
RUE DUNOIS
RUE DUCHEFDELAVILLE
SQUARE HELOISE ET ABELARD
RUE GOURDAULT
RUE CHARCOT
RUE NATIONALE
RUE DU DR C RICHET
RUE DU DR V HUTINEL
RUE YEO THOMAS
RUE J S BACH
RUE JEANNE D'ARC
RUE NEUVE TOLBIAC
RUE CLISSON
RUE DOMREMY
PLACE JEANNE D'ARC
RUE XAINTRAILLES
Bibliothèque François Mitterand
RUE LAHIRE
RUE DU CHATEAU DES RENTIERS
PLACE NATIONALE
PLACE SOUHAM
RUE DE REIMS
RUE DE TOLBIAC
RUE EDISON
RUE JEAN COLLY
RUE DU DESSOUS DES BERGES
RUE LEREDDE
RUE BAUDRICOURT
RUE HAUTES FORMES
RUE B RENARD
RUE DE RICHEMONT
RUE DE PATAY
RUE CANTAGREL
SQUARE F BLUMENTHAL
PLACE DU DR NAVARRE
RUE CHARLES MOUREU
RUE ALBERT

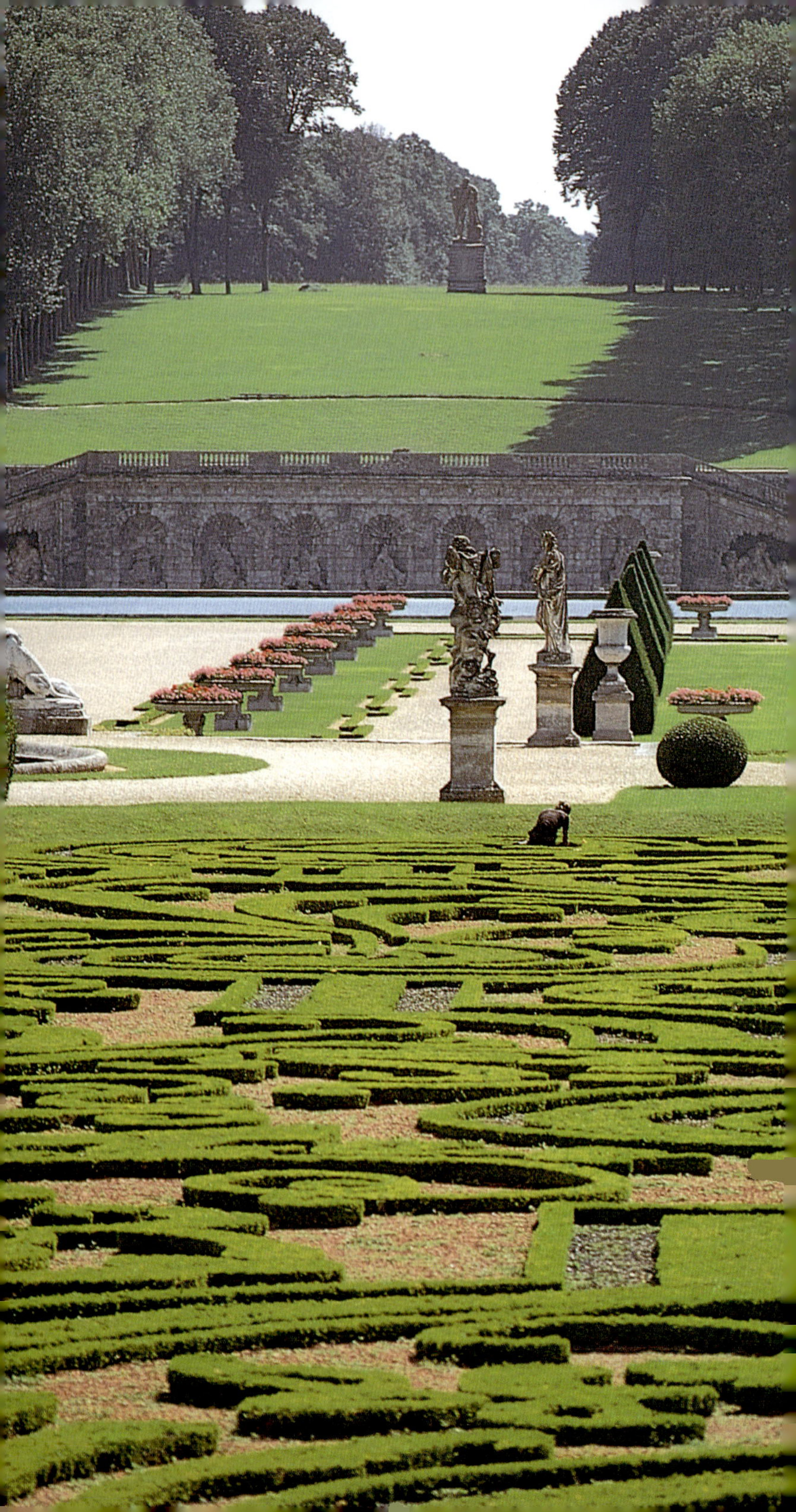

# ÎLE DE FRANCE

Situada no coração da França e tendo Paris em seu centro, a Île de France estende-se muito além dos subúrbios densamente povoados da cidade. Engloba uma rica zona rural e históricas propriedades reais de fundamental importância para "la gloire de la France".

A Île de France tornou-se a região favorita da realeza francesa depois que Francisco I transformou Fontainebleau, em 1528, em um palácio renascentista. Luís XIV manteve a Île de France como o eixo político do país quando deu início à construção de Versalhes, em 1661. Esse palácio clássico, projetado pela combinação de gênios – Le Nôtre, Le Vau, Le Brun e Jules Hardouin-Mansart –, é o ponto turístico mais visitado da França. É um monumento ao poder do Rei Sol, ainda usado em cerimônias de Estado. Rambouillet, também ligado a Luís XIV, é a residência de verão do presidente francês, enquanto Malmaison era a preferida da imperatriz Josefina. Ao norte, o Château d'Ecouen é uma vitrine da vida renascentista e, ao sul, Vaux-le-Vicomte mostra os mais lindos jardins da França. Fertilizada pelos rios Sena e Marne, a Île de France é uma colcha de retalhos de planícies, trigais e florestas. As avenidas arborizadas e o charme rústico da região inspiraram pintores como Corot, Rousseau, Pissarro e Cézanne.

## PRINCIPAIS ATRAÇÕES

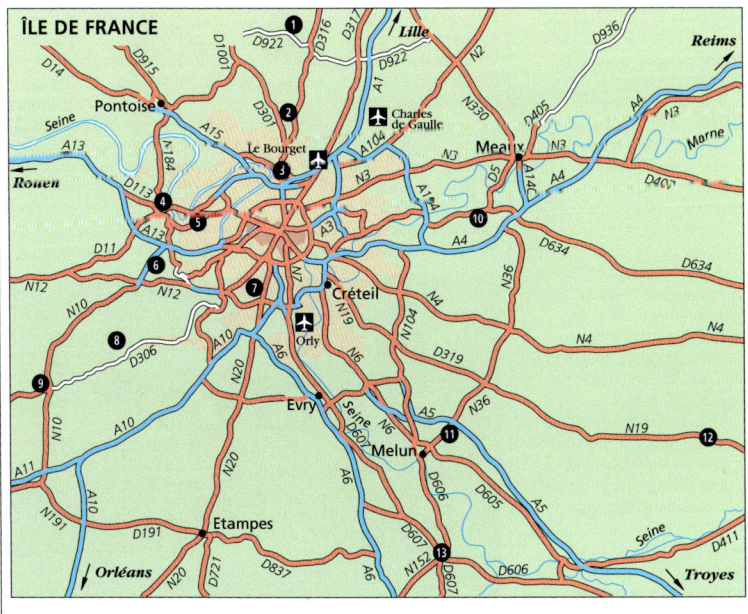

**Castelos e Museus**
Château de Dampierre ❽
Château de Fontainebleau ⓭
Château de Malmaison ❺
Château de Rambouillet ❾
Château de Sceaux ❼
Château de Vaux-le-Vicomte ⓫
Palácio de Versalhes ❻
Musée National de la Renaissance ❷

**Cidades**
Provins ⓬
St-Germain-en-Laye ❹

**Abadias e Igrejas**
Abbaye de Royaumont ❶
Basilique St-Denis ❸

**Parques Temáticos**
Disneyland Resort Paris ❿

### LEGENDA
- Grande Paris
- Paris central
- ✈ Aeroporto internacional
- Rodovia
- Estrada principal
- Estrada secundária

0 km  20

◁ **Magníficos jardins do Château de Vaux-le-Vicomte**

Abóbadas góticas do refeitório da Abbaye de Royaumont

## Abbaye de Royaumont ❶

Fondation Royaumont, Asnières-sur-Oise, Val-d'Oise. **Tel** 01 30 35 59 70. ◯ *diariam.* **Tel** 01 30 35 59 00. **Concertos.** www.royaumont.com

A mais bela abadia cisterciense da Île de France encontra-se a 35km de Paris, entre bosques, "perto d'água e longe da multidão". Suas pedras e linhas simples refletem os ensinamentos de São Bernardo, mas, diferentemente das abadias da Borgonha, Royaumont é monumental. Foi fundada em 1228 por Luís IX, "São Luís", que a encheu de riquezas e determinou que seu corpo fosse enterrado aqui.

A abadia manteve vínculos reais até a Revolução, quando grande parte dela foi destruída. Depois, arrastou-se como um cotonifício e orfanato, até sua restauração como centro cultural. Os pilares originais e uma das torres permanecem, assim como os claustros que encerram um jardim clássico. As dependências monásticas acompanham um lado do claustro e abrigam a capela particular de São Luís, em abóbadas góticas.

O Château de Royaumont, palácio do abade terminado às vésperas da Revolução, fica um pouco mais além e lembra uma vila italiana. Em volta, há as oficinas dos monges, o lago e os canais cistercienses.

No verão, há concertos na abadia nos fins de semana (01 34 68 05 50 para detalhes).

## Musée National de la Renaissance ❷

Château d'Ecouen, Val-d'Oise. **Tel** 01 34 38 38 50. ◯ *qua-seg.* ● *1º jan, 1º mai, 25 dez.* **Parque** ◯ *abr-set: 8h-19h (out-mar: 18h).* www.musee-renaissance.fr

Este imponente castelo, cercado por um fosso, está curiosamente à deriva a meio caminho entre Royaumont e St--Denis. Hoje um museu da Renascença, Ecouen é, com seu magnífico exterior, o cenário ideal para uma belíssima coleção de pinturas, tapeçarias, cofres, portas entalhadas e escadarias salvas de outros castelos do século XVI.

Ecouen foi construído em 1538 para Anne de Montmorency, conselheiro de Francisco I e comandante em chefe de seus exércitos. Como era a segunda pessoa mais importante no reino, ele empregou artistas da Escola de Fontainebleau e artesãos para embelezar o castelo. Sua influência é visível nas lareiras pintadas com cenas bíblicas e clássicas, envoltas em paisagens misteriosas. A sala mais extraordinária é a capela que contém uma galeria de trovadores e tetos abobadados pintados com o brasão de Montmorency.

No andar de cima há uma galeria comprida com uma das melhores séries de tapeçarias da França. Também são obrigatórios os apartamentos principescos, a biblioteca com manuscritos valiosos, cerâmicas de Lyon, Nevers, Veneza, Faenza e Iznik, além de instrumentos matemáticos e relógios antigos.

🏛 **Musée National de la Renaissance**
As recentes aquisições incluem 153 gravuras dos séculos 16 e 17 da França, Itália, Alemanha e Holanda.

## Basilique St-Denis ❸

1 rue de la Légion d'Honneur, St--Denis, Seine-St-Denis. **Tel** 01 48 09 83 54. Ⓜ 13 *Basilique de St-Denis* ◯ *diariam.* ● *1º jan, 1º mai, 25 dez.* ✝ *8h30-10h dom.*

De acordo com a lenda, mesmo depois de ter sido decapitado, São Dionísio lutou aqui, e uma abadia foi erguida no local em memória do bispo mártir. Em 638, após o sepultamento de Dagoberto I na basílica, foi estabelecido um elo de doze séculos entre ela e o poder real, segundo o qual a maioria dos reis franceses era enterrada e as rainhas coroadas em St--Denis. Esta basílica em estilo gótico primitivo

Estátua de Luís XVI em St-Denis

apoia-se sobre criptas carolíngias e românicas. Das efígies medievais, as mais impressionantes são as de Carlos V (1364) e as de cobre esmaltado de Blanche da França (século XII), que mostram semelhan-

Ala oeste do Musée National de la Renaissance

*Veja hotéis e restaurantes desta região nas pp. 550-5 e 600-6*

ÎLE DE FRANCE

O túmulo renascentista de Luís XII e Ana da Bretanha, em St-Denis

ças entre ela e seu cachorro. A serenidade da máscara mortuária dessas efígies contrasta com a representação renascentista realista da agonia, estampada no mausoléu grotesco de Luís XII e Ana da Bretanha. Ambos estão representados nus no tabernáculo, suas faces retratando a proximidade da morte. Acima, o casal real, totalmente vestido, contempla sua nudez. Como reflexão do ser humano ante a morte, os túmulos de St-Denis não têm rivais à altura.

## St-Germain--en-Laye ❹

Yvelines. 42.200. Maison Claude Debussy, 38 rue au Pain. **Tel** 01 34 51 05 12. ter-qua, sex-dom

O Château St-Germain é a construção principal da place Général de Gaulle neste subúrbio chique onde nasceu Luís XIV. Luís VI construiu a primeira fortificação em 1122. Da época, só a torre do forte e a capela St-Louis permanecem. Com Francisco I e Henrique II, as fileiras medievais superiores foram demolidas, restando apenas um pentágono. Henrique IV construiu o pavilhão e os terraços que vão até o Sena. Luís XIV encarregou Le Nôtre de fazer os jardins antes de mudar para Versailles, em 1682.

Hoje o castelo é a sede do **Musée des Antiquités Nationales,** que exibe achados arqueológicos desde a Pré-história até a Idade Média. Criado por Napoleão III, inclui uma escultura feminina de 22 mil anos, um túmulo megalítico, um capacete de bronze do século III a.C. e joias celtas. O pavimento de mosaicos galo-romanos é um dos tesouros.

**🏛 Musée des Antiquités Nationales**
Château de St-Germain-en-Laye. **Tel** 01 39 10 13 00. 10h-17h15 qua-seg.
www.musee-antiquesnationales.fr

## Château de Malmaison ❺

Rueil-Malmaison, Hauts-de-Seine. **Tel** 01 41 29 05 55. abr-set: 10h-17h45 qua-seg (18h15 sáb e dom); out-mar: 10h-17h15 qua-seg (17h45 sáb e dom). 1º jan, 25 dez. restr.
www.chateau-malmaison.fr

Situada 15km a oeste de Paris, a propriedade do cardeal Richelieu, do século XVII, é hoje mais conhecida pelas referências napoleônicas. Adquirida por Josefina para ser um refúgio da formalidade das residências do imperador nas Tuileries e em Fontainebleau, ainda mantém o encanto das zonas rurais. Enquanto Josefina adorava esta mansão campestre, Napoleão desprezava a entrada principal, dizendo que era adequada aos empregados. Por isso, preferia usar uma ponte levadiça na parte posterior do castelo, que construiu somente para isso.

As salas mais belas são a biblioteca abobadada com afrescos, a sala de campanha com pálio e a ensolarada sala de música. É sensível o contraste do quarto de Napoleão, em amarelo, e o quarto em que Josefina morreu, decorado em vermelho. Vários quartos dão para o jardim inglês e o famoso roseiral cultivado por Josefina depois do divórcio. Há muita história aqui, de águias-imperiais até o retrato de Napoleão de mau humor, pintado por David, ou o quadro de Josefina, de Gérard. O Château Bois Préau é um museu dedicado ao exílio e morte de Napoleão.

A cama da imperatriz Josefina, no Château de Malmaison

# Palácio de Versailles ❻

O palácio atual, iniciado por Luís XIV em 1668, surgiu de uma série de acréscimos ao redor do pavilhão de caça de Luís XIII. O arquiteto Le Vau construiu a primeira parte, que se estendeu ao redor de um pátio aumentado. Jules Hardouin-Mansart prosseguiu em 1678, acrescentando o Salão dos Espelhos e duas alas enormes, ao norte e ao sul. Ele também projetou a capela, concluída em 1710. A Opéra foi acrescentada por Luís XV em 1770. André Le Nôtre aumentou os jardins e desfez a monotonia do *layout* simétrico com extensões de água e desníveis de terreno. Oposto ao château, fica o Academie du Spectacle Equestre, onde são apresentados shows de adestramento.

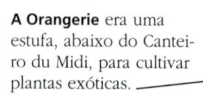

**Estátua de flautista**

★ **Jardins**
*O desenho geométrico de trilhas e arbustos é característico dos jardins.*

**A Orangerie** era uma estufa, abaixo do Canteiro du Midi, para cultivar plantas exóticas.

**Fonte de Latona**
*Bacias de mármore valorizam a estátua da deusa Latona, de Balthazar Marsy.*

**Canteiro das Águas**

★ **Palácio**
*Luís XIV transformou Versailles no centro do poder político na França.*

**Fonte do Dragão**
*A principal figura da fonte é um monstro alado.*

*Veja hotéis e restaurantes desta região nas pp. 550-5 e 600-6*

ÎLE DE FRANCE

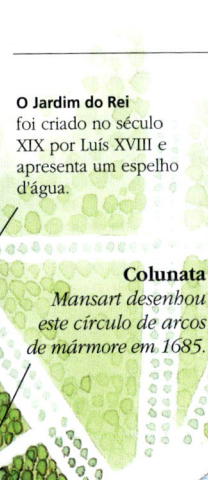

**O Jardim do Rei** foi criado no século XIX por Luís XVIII e apresenta um espelho d'água.

**Colunata**
Mansart desenhou este círculo de arcos de mármore em 1685.

## PREPARE-SE

Versailles, Yvelines. *Tel* 01 30 83 78 00. 171 de Paris. Versailles Rive Gauche. Versailles Chantiers, Versailles Rive Droite. **Château** 9h-18h30 (17h30 nov-mar) ter-dom. alguns feriados, ligar antes. **Grand Trianon e Petit Trianon** 12h-19h (17h30 inverno) diariam (última admissão: 30min antes de fechar). 1º jan, 1º mai, 25 dez. **Academie du Spectacle Equestre** qui, sáb, dom. com ingresso do Château. Les Fêtes de Nuit (ago-set); Les Grandes Eaux Nocturnes (abr-set: sáb).
www.chateauversailles.fr

**O Grande Canal** era o cenário para as festas a bordo de Luís XIV.

**Petit Trianon**
Construído em 1762 por Luís XV, este pequeno castelo tornou-se o preferido de Maria Antonieta.

**Fonte de Netuno**
Grupos de esculturas lançam espetaculares jatos d'água na fonte do século XVII de Le Nôtre.

### PONTOS ALTOS

★ Palácio

★ Jardins

★ Grand Trianon

★ **Grand Trianon**
Luís XIV mandou erguer este pequeno palácio de pedra e mármore rosa em 1687 para fugir dos rigores da vida da corte e desfrutar a companhia da amante, Madame de Maintenon.

# O Interior do Palácio de Versailles

Os suntuosos salões principais estão no primeiro andar do enorme conjunto que forma o palácio. Ao redor do Pátio de Mármore estão os aposentos particulares do rei e da rainha. Do lado do jardim ficam as salas de governo, onde se realizavam as atividades oficiais da corte. Elas foram decoradas por Charles Le Brun, com mármores coloridos, entalhes em pedra e madeira, murais, veludos e mobília prateada e dourada. A partir do Salão de Hércules, cada uma das salas é dedicada a um deus do Olimpo. O ponto alto é o Salão dos Espelhos, onde dezessete espelhos estão de frente para as altas janelas arqueadas. Nem todas as salas abrem ao mesmo tempo, cheque ao chegar.

### ★ Quarto da Rainha
*Neste quarto as rainhas da França davam à luz a seus filhos, na frente da corte.*

### LEGENDA
- ⬜ Ala sul
- ⬜ Salão de coroção
- ⬜ Aposentos de Madame de Maintenon
- ⬜ Aposentos e suíte particular da rainha
- ⬜ Salas de governo
- ⬜ Aposentos e suíte particular do rei
- ⬜ Ala norte
- ⬜ Nenhuma exposição

**O Pátio de Mármore** é rodeado por uma varanda dourada.

**O Salão da Coroação** tem enormes quadros de Napoleão feitos por Jacques-Louis David.

### ★ Salão de Vênus
*A estátua de Luís XIV faz parte da decoração de mármore deste salão.*

Escada para recepção, no andar térreo

### ★ Capela Real
*O primeiro andar da capela era reservado à família real e o térreo, à sua corte. O interior é decorado com colunas coríntias, murais barrocos e mármore branco.*

### PONTOS ALTOS
- ★ Capela Real
- ★ Salão de Vênus
- ★ Salão dos Espelhos
- ★ Quarto da Rainha

*Veja hotéis e restaurantes desta região nas pp. 550-5 e 600-6*

ÎLE DE FRANCE

### ★ Salão dos Espelhos
*Importantes cerimônias oficiais foram realizadas neste salão de 70m, do lado oeste. Aqui foi ratificado o Tratado de Versalhes, que encerrou a Primeira Guerra Mundial, em 1919.*

**Oeil-de-Boeuf**

**No Quarto do Rei** morreu Luís XIV, em 1715.

**Gabinete do Conselho**
Aqui o rei recebia seus ministros e seus familiares.

### Salão da Guerra
*O tema militar é destacado pelo relevo de Antoine Coysevox, que mostra Luís XIV rumo à vitória.*

**A biblioteca de Luís XVI** tem lambris neoclássicos e o globo terrestre do rei.

**Salão de Hércules**

### Salão de Apolo
*Desenhado por Le Brun e dedicado ao deus Apolo, era a sala do trono de Luís XIV. Aqui se encontra uma réplica do famoso retrato do rei (1701), de Hyacinthe Rigaud.*

## CRONOLOGIA

| 1650 | 1700 | 1750 | 1800 | 1850 |
|---|---|---|---|---|
| **1667** Início do Grande Canal | *Luís XV* | | **1793** Luís XVI e Maria Antonieta são executados | **1833** Luís Filipe transforma o palácio em museu |
| **1668** Construção do novo palácio por Le Vau | **1722** Luís XV, com 12 anos, ocupa Versailles | | | |
| **1671** Início da decoração do interior por Le Brun | **1715** Morte de Luís XIV. A corte abandona Versailles | | **1789** Rei e rainha obrigados a deixar Versailles | **1919** Tratado de Versalhes assinado em 28 de junho |
| **1661** Luís XIV aumenta o castelo | **1682** Luís XIV e Maria Teresa mudam para Versailles | | **1774** Luís XVI e Maria Antonieta moram em Versailles | |

## Château de Sceaux ⑦

Sceaux, Hauts-de-Seine. **Tel** 01 41 87 29 50. ☐ abr-out: 10h-18h qua-seg (18h30 dom); nov-mar: 10h-17h qua-seg. ● feriados e horário de almoço. ♿ 🎥
www.domainede-sceaux.fr

O Parc de Sceaux, cercado por elegantes vilas, é uma mistura interessante de jardins aristocráticos, árvores e água, resultando nos jardins clássicos desenhados por Le Nôtre. Nos jardins se usa a água para obter grandes efeitos – cascatas em diferentes níveis e fontes como uma escada em movimento que termina em uma bacia octogonal. Essas águas correm para o Grande Canal, de onde se pode avistar o Pavillon de Hanovre. Esse elegante pavilhão é um dos muitos que enfeitam o parque, onde também se encontra a clássica Orangerie de Mansart.

O castelo original, construído por Colbert em 1670, foi demolido. O atual castelo, construído no lugar dele em 1856 em estilo Luís XIII, é hoje o Musée de l'Île de France, onde as paisagens e os castelos da região são enaltecidos por quadros, mobília, esculturas e cerâmicas.

## Château de Dampierre ⑧

Dampierre-en-Yvelines, Yvelines. **Tel** 01 30 52 53 24. ☐ abr-meados out: diariam ● dom almoço. 🎥 ♿ restrito. 🎥 **11** www.chateau-de-dampierre.fr

Depois de Versalhes e Rambouillet, Dampierre é o mais importante castelo a sudoeste de Paris. Ele foi construído para o duque de Chevreuse em 1675.

A parte exterior do castelo é uma composição harmoniosa de Hardouin-Mansart de tijolos rosados e pedra. Em contraste, o suntuoso interior lembra Versalhes, especialmente os apartamentos reais e a sala de jantar de Luís XIV. O salão mais importante de Dampierre é a Salle de Fêtes, com afrescos em estilo triunfal romano, reformada no século XIX. As salas dão para o jardim de Le Nôtre, que se estende ao redor do canal.

**Château de Rambouillet**

## Château de Rambouillet ⑨

Rambouillet, Yvelines. **Tel** 01 34 83 00 25. ☐ qua-seg. ● 1º jan, 1º mai, 1º e 11 nov, 25 dez e nas estadas do presidente e horário de almoço. 🎥 ♿
http://chateau-rambouillet.monuments-nationaux.fr

Este castelo está no limite da Fôret de Rambouillet, antigamente uma das áreas de caça preferidas dos reis. Feito de tijolos vermelhos e coberto de hera, é talvez mais interessante do que propriamente bonito. Já foi castelo feudal, propriedade rural, palácio real e residência imperial – um resumo da história da França. Desde 1897 é a residência de verão do presidente.

O interior é decorado com salas revestidas de madeira, mobília do estilo império e tapeçarias Aubusson. A fachada principal dá para caminhos que levam ao jardim aquático. Perto, fica a fazendinha de Maria Antonieta, presente de Luís XVI, para que ela pudesse brincar de ordenhar vacas.

### Arredores
Cerca de 28km ao norte da D11 está o **Château de Thoiry**, com parque tipo safári e área para as crianças brincarem.

## Disneyland Resort Paris ⑩

Marne-la-Vallée, Seine-et-Marne. **Tel** 08 25 30 02 22. ☐ diariam. 🚆 Marne-la-Vallée-Chessy. 🚆 TGV de Lille ou Lyon. 🚌 dos dois aeroportos. 🎥 ♿ www.disneylandparis.com

Dineyland Resort Paris ocupa 2 milhões de m² e conta com dois parques temáticos, sete hotéis, facilidades para compras, comida, lazer e centros de convenção. O que mais interessa são os parques – o primeiro, dividido em cinco temas, oferece uma diversidade de experiências mágicas, especialmente no Castelo da Bela Adormecida e nos novos estúdios Walt Disney.

**Minnie Mouse**

## Château de Vaux--le-Vicomte ⑪

Maincy, Seine-et-Marne. **Tel** 01 64 14 41 90. 🚌 fretado da estação de trem Melun. ☐ meados mar-início nov. ● qua (exceto jul e ago). 🎥 **11** www.vaux-le-vicomte.com

Situado ao norte de Melun, perto de Fontainebleau, o cas-

---

### PORCELANA DE SÈVRES
Em 1756 Madame de Pompadour e Luís XV inauguraram uma fábrica de porcelana em Sèvres, perto de Versalhes, para suprir as residências reais com utensílios de mesa e *objets d'art*. Esse foi o começo dos extraordinários serviços de louça, estatuetas, vasos em estilo etrusco, camafeus e porcelanas pintadas representando *châteaux* ou cenas mitológicas. A porcelana de Sèvres se caracteriza por ser translúcida, durável e de poucas cores.

*Le Pugilat* (1832), um vaso de Sèvres

---

*Veja hotéis e restaurantes desta região nas pp. 550-5 e 600-6*

## ANDRÉ LE NÔTRE

Como o maior paisagista da França, Le Nôtre (1613-1700) criou verdadeiras obras-primas nos jardins dos castelos de todo o país. Sua visão clássica modelou vários na Île de France, como Versailles, Dampierre, Sceaux e Vaux-le-Vicomte. No último, aperfeiçoou o conceito do *jardin à la française:* avenidas ladeadas por estátuas e cercas vivas, jardins aquáticos com fontes e lagos ornados, terraços graciosos e *parterres* (canteiros) geométricos "bordados" com motivos. Seu gênio lhe garantia uma visão arquitetônica de conjunto e um grande senso de simetria, exemplificados nos jardins de Versailles.

telo está cercado por uma zona rural. Nicolas Fouquet, poderoso financista da corte de Luís XIV, desafiou o arquiteto Le Vau e o decorador Le Brun a criar o mais suntuoso palácio da época. Um dos mais belos castelos franceses do século XVII, ele foi o responsável pela queda de Fouquet. O rei e seus ministros acharam que aquele luxo fazia sombra aos castelos da realeza e resolveram prender Fouquet.

O interior é uma pura demonstração de ostentação, usando ouro, afrescos, estuque, cariátides e bustos gigantescos. O Salon des Muses se orgulha do magnífico teto com afrescos de ninfas e esfinges poéticas.

La Grande Chambre Carré é decorada em estilo Luís XIII, com paredes revestidas de painéis e um friso triunfal impressionante, lembrando Roma. Entretanto, os numerosos quartos têm um toque íntimo e um tamanho aceitável.

A fama de Vaux-le-Vicomte se deve, no entanto, ao extraordinário jardim de Le Nôtre. A formação de Le Nôtre como pintor é bem evidente na magnífica sucessão de terraços, lagos ornamentais e fontes que descem até um canal.

De maio a outubro, nas noites de sábado, o castelo é iluminado por mais de 2 mil velas e há música tocando nos jardins.

## Provins ⑫

Seine-et-Marne. 12.000. *Chemin de Villecran (01 64 60 26 26).* sáb. **www**.provins.net

Como posto avançado romano, Provins guardava a fronteira entre Île de France e Champanhe. Hoje a localidade oferece uma visão coerente do mundo medieval. Ville Haute, a cidade de cima, é um agrupamento de casas cercado por muralhas do século XII e completado com estruturas de ameias e fossos de defesa. As muralhas a oeste estão mais bem conservadas. Aqui, entre Porte de Jouy e Porte St-Jean, as fortificações possuem torres quadradas, redondas e retangulares.

A Tour César domina a cidade. É uma torre de menagem robusta, flanqueada por quatro torrezinhas e coroada por um telhado em forma de pirâmide. O fosso e as fortificações foram acrescentados pelos ingleses durante a Guerra dos Cem Anos. A sala da guarda, em abóbada, dá para uma galeria de onde se avista a place du Chatel, uma praça de casas medievais e os trigais.

Provins orgulha-se de suas rosas vermelhas. Em junho, sedia um festival medieval com falcoaria.

Château de Vaux-le-Vicomte visto do jardim desenhado por Le Nôtre

# Château de Fontainebleau ⓭

**Detalhe do teto da Salle de Bal**

Fontainebleau é o resultado de um conjunto confuso de estilos de diferentes períodos. Luís VII construiu uma abadia no local, consagrada por Thomas Beckett em 1169. Existe ainda uma torre medieval, mas o atual castelo remete a Francisco I. Atraído pelas caçadas, o rei renascentista criou um *château* decorativo, copiando os estilos florentino e romano.

O charme permanente de Fontainebleau reside em sua relativa informalidade e na floresta à sua volta. Os *grands appartements* fazem a apresentação deste palácio suntuoso. É impossível visitá-lo em um só dia.

**Andar térreo**

**Jardin de Diane**
*Hoje mais romântico do que clássico, o jardim tem uma fonte de bronze de Diana Caçadora.*

**★ Escalier du Fer-à-Cheval**
*Esta imponente escadaria em forma de ferradura, arquitetada por Jean Androuet du Cerceau e construída em 1634, está em um extremo da Cour du Cheval Blanc. O projeto permitia que as carruagens passassem por baixo dos dois arcos.*

### LEGENDA

- Petits Appartements
- Galerie des Cerfs
- Musée Chinois
- Musée Napoléon
- Grands Appartements
- Salle Renaissance
- Appartements de Madame de Maintenon
- Grands Appartements des Souverains
- Escalier de la Reine/ Appartements des Chasses
- Chapelle de la Trinité
- Appartement Intérieur de l'Empereur

**Cour du Cheval Blanc** era apenas um pátio fechado. Foi transformado por Francisco I na principal via de acesso ao castelo.

**Entrada do museu**

### PONTOS ALTOS

- ★ Escadaria do Fer-à-Cheval
- ★ Salão de Baile
- ★ Galerie Francisco I

**A Capela de la Sainte Trinité** foi desenhada por Henrique II em 1550. A capela adquiriu seu teto com afrescos sob Henrique IV e foi terminada por Luís XIII.

*Veja hotéis e restaurantes desta região nas pp. 550-5 e 600-6*

## Porte Dorée

Antigo portão medieval, foi transformado no pavilhão de entrada da floresta por Gilles Le Breton, a pedido de Francisco I.

**Pátio oval**

**Primeiro andar**

### PREPARE-SE

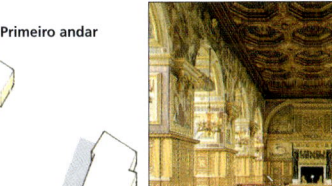

Seine-et-Marne. **Tel** *01 60 71 50 70*. ◯ *9h30-17h (18h abr-set) qua-seg.* 🖼️ ♿ 📷 🏛️ **Jardins** ◯ *9h-17h (18h mar-abr e out, 19h mai-set).* ⬤ *1º jan, 1º mai, 25 dez.* **www**.chateaude fontainebleau.fr

### ★ Salão de Baile

*O salão de baile renascentista desenhado por Primaticcio (1552) foi terminado sob Henrique II, cujos emblemas enfeitam o teto de nogueira, formando um padrão refletido no assoalho de parquete.*

**Os aposentos de Napoleão I** alojam o fantástico trono do imperador na Sala do Trono, antigamente Quarto do Rei.

**Cour de la Fontaine**

**O Jardin Anglais** e a versão romântica de um jardim inglês com ciprestes e outras árvores. Foi redesenhado no século XIX por Maximilien-Joseph Hurtault.

### ★ Galerie Francisco I

*Esta galeria dourada é um tributo aos artistas italianos da Escola de Fontainebleau. Os afrescos alegóricos de Rosso Fiorentino atendem ao desejo do rei de "criar uma segunda Roma".*

### A ESCOLA DE BARBIZON

Os artistas foram atraídos pelas áreas de vegetação mais densa de Fontainebleau desde 1840, quando pintores de paisagens decididos a inspirar-se na natureza se reuniram em torno de Théodore Rousseau e Millet e se instalaram no vilarejo de Barbizon. Hoje o ateliê de Rousseau é um museu dedicado à Escola de Barbizon.

*Primavera em Barbizon*, pintado por Jean-François Millet (1814-75)

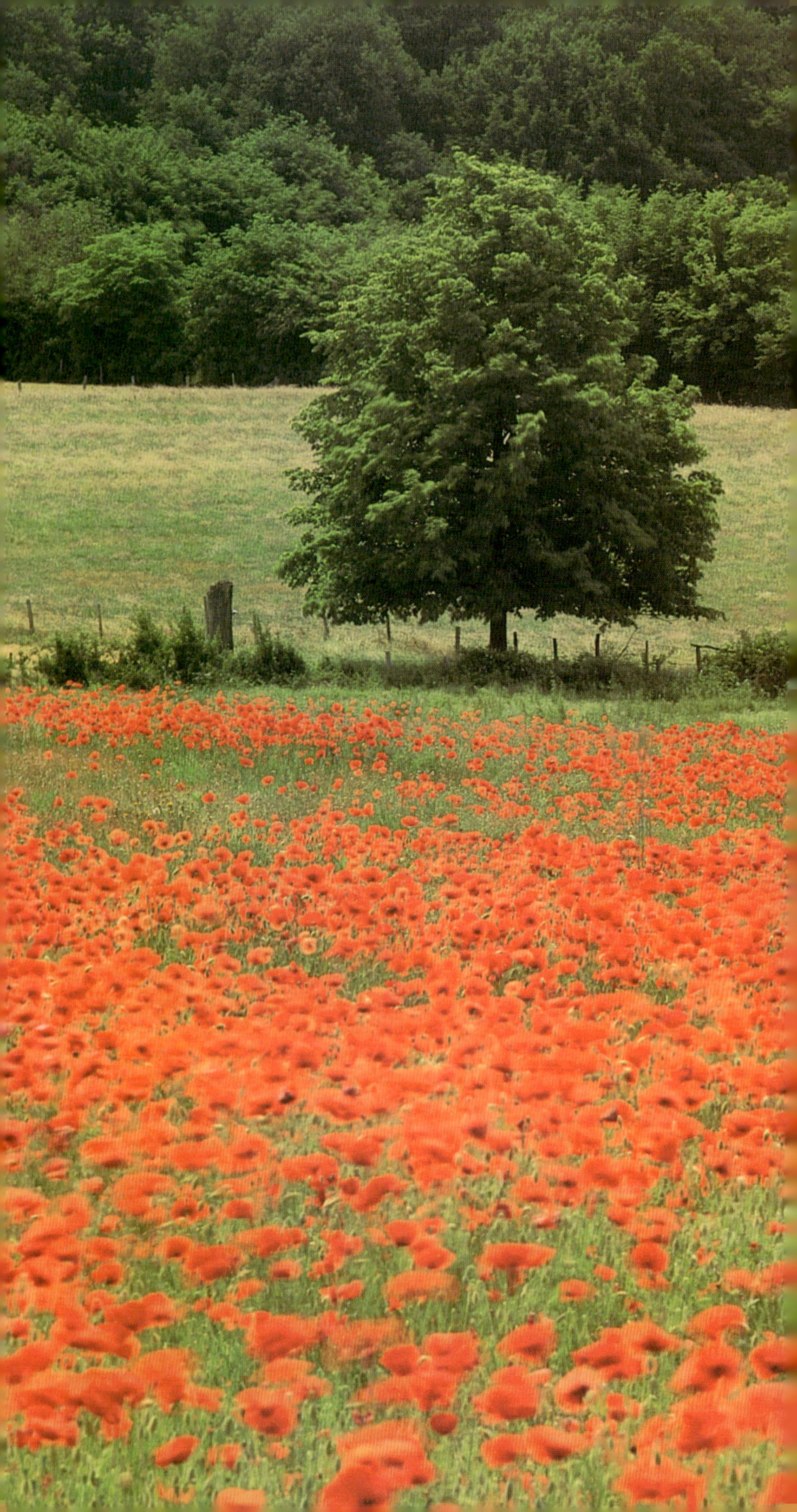

# NORDESTE DA FRANÇA

INTRODUÇÃO AO NORDESTE DA FRANÇA 184-191

NORTE E PICARDIA 192-205

CHAMPAGNE 206-217

ALSÁCIA E LORENA 218-233

# Introdução ao Nordeste da França

As planícies abertas e planas do Nordeste são limitadas pelas montanhas Vosges e pelas florestas das Ardennes. A área é conhecida pelos excelentes vinhos da Champanhe e da Alsácia, por algumas das mais belas catedrais góticas francesas e por lembranças de batalhas. As tradicionais indústrias do carvão, aço e têxtil já não são mais as mesmas, mas a produção de trigo e de vinho prospera e o Eurotúnel promete reativar a economia. O mapa abaixo mostra alguns pontos altos da região.

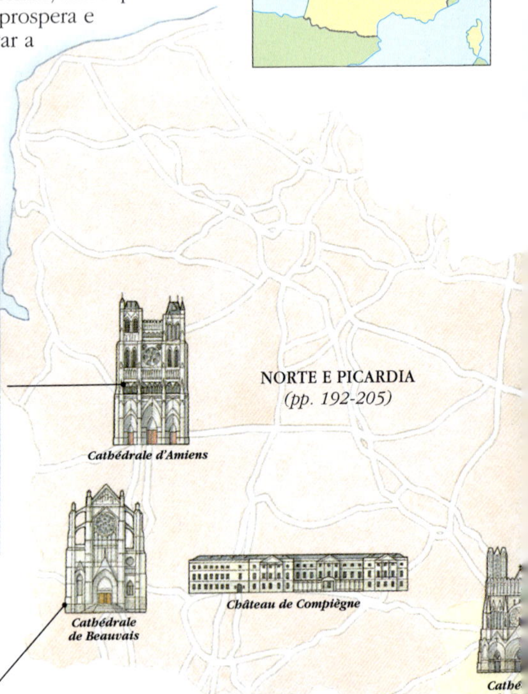

**NORTE E PICARDIA**
*(pp. 192-205)*

*Cathédrale d'Amiens*

**Cathédrale d'Amiens** *tem lindas talhas em madeira e a mais alta nave da França (pp. 202-3).*

*Cathédrale de Beauvais*

*Château de Compiègne*

*Cathédrale de Reims*

*Cathédrale de Troyes*

**Orgulhos de Beauvais** *são a catedral gótica e o relógio astronômico (p. 200), que escaparam do bombardeio da Segunda Guerra.*

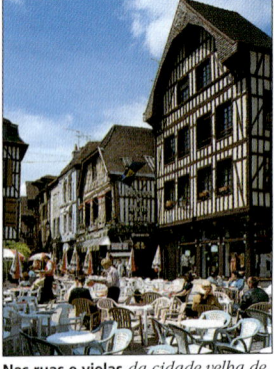

**Nas ruas e vielas** *da cidade velha de Troyes encontram-se casas decoradas com madeira e mansões renascentistas (p. 216) reconstruídas depois do grande incêndio de 1524. Sua catedral é famosa pelos vitrais.*

# INTRODUÇÃO AO NORDESTE DA FRANÇA

**O legado da Primeira Guerra** nesta antiga área de batalha é enorme. O Memorial Douaumont, nos arredores de Verdun (p. 222), tem 15 mil túmulos e é apenas um dos muitos cemitérios e memoriais locais.

**Haut-Koenigsbourg**, castelo arduamente reconstruído pelo rei Guilherme II quando Alsácia e Lorena estavam sob domínio alemão, é uma das atrações (p. 228).

**Estrasburgo**, sede do Conselho da Europa, possui uma bela catedral gótica (pp. 230-1), cercada de edifícios históricos.

*Memorial Douaumont*

*Porte Chaussée, Verdun*

*Place Stanislas, Nancy*

*Cathédrale de Estrasburgo*

*Haut-Koenigsbourg*

CHAMPANHE
(pp. 206-17)

ALSÁCIA E LORENA
(pp. 218-33)

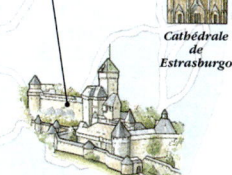

0 km     50

# A Cozinha do Nordeste da França

A cozinha do nordeste da França é forte e quente, com ricos cozidos de carne, leitão, salsichas e presuntos, pratos de bolinhos e de *sauerkraut,* alguns lembrando especialidades alemãs ou holandesas. Há bons peixes do Atlântico e de lagos e rios. Legumes, verduras e frutas são produzidos em abundância e servidos em tortas salgadas e doces, das quais a mais conhecida é a *quiche lorraine*, com bacon, ovos e creme. Bolos são populares, especialmente o *Kougelhopf*, bolo de passas e amêndoas em forma de rosca, embebido em *Kirsch* (aguardente de cereja), e o pão de ló tipo madeleine.

**Alho-poró de um mercado local**

**Ameixas douradas mirabelle, junto com as da variedade mais comum**

## NORTE E PICARDIA

A costa norte oferece vários pratos a base de peixe, como mexilhões no vapor servidos com fritas, arenques em conserva, a escabeche, grelhados ou defumados e camarões do Mar do Norte fritos e comidos inteiros. O frango pode ser cozido na cerveja, o pato comparece em tortas e terrinas e a enguia é servida defumada como entrada. As feiras *(hortillons)* da Picardia são famosas pelos legumes e verduras, que dão deliciosas sopas. Alho-poró ou chicória, no vapor ou gratinado, acompanha vários pratos. Os queijos típicos da região são fortes, sem casca, como o Maroilles.

Costuma-se tomar cerveja nas refeições no nordeste, local de pequenas cervejarias de técnicas tradicionais.

## CHAMPAGNE

Champagne tem planícies cultiváveis, bosques e vinhedos, e produz caça, *charcuterie* e deliciosos peixes de água doce. Mas nada pode competir com seu produto mais famoso, o Champanhe, usado com frequência como ingrediente culinário de luxo, além, é claro, de ser apreciado por si. Javali, gamo, coelho, lebre,

**Siegle (centeio)** — **Brioche** — **Ancienne** — **Madeleines** — **Boule de campagne Poilane**

**Tarte d'abricots**

### PRATOS E ESPECIALIDADES REGIONAIS

**Beterraba**

O prato clássico da região é o *choucroute garni*, uma travessa com repolho em conserva, zimbro, cozidos com vinho branco, bacon e lombo de porco defumado. Salsichas defumadas Montbeliard e Strasbourg são acrescentadas quase no final do cozimento. Há variações nas salsichas, das *saucisses de Strasbourg* às *bratwurst,* feitas de vitela e carne de porco, *lewerzurscht* (salsicha de fígado), *andouillettes* (salsichas picantes de miúdos), *boudin noir* (morcela preta) e *boudin blanc* (linguiça de porco branca). Há também presuntos defumados, cozidos e terrinas, como o *presskopf* (carne de porco em gelatina) e a terrina de gelatina de carne branca, *potjevleesch*. *Langue lucullus* é língua de boi defumada recheada com *foie gras*, uma especialidade de Valenciennes.

**Ficelle picardie** *Panquecas recheadas com cogumelos, presunto e creme* fraîche, *com queijo gratinado.*

# INTRODUÇÃO AO NORDESTE DA FRANÇA

**Amostras de frios tradicionais do norte da França**

codorna e perdiz, são todos encontrados nas Ardennes e viram patês e terrinas, ou assados e cozidos. As Ardennes também se destacam por seu presunto defumado de alta qualidade e pelo *jambon de Reims,* presunto cozido com mostarda, champanhe e vinagre de Reims. Troyes é famosa por suas *andouillettes,* em geral servidas com cebola ou assadas em um molho de mostarda cremoso. O peixe vem dos pequenos lagos a leste de Troyes e a truta é abundante nos limpos riachos das Ardennes. Os dois melhores queijos da Champagne são o Chaource e o Langres.

## ALSÁCIA E LORENA

Pastos, pomares, florestas de pinheiros e rios produzem os ingredientes da cozinha alsaciana. A carne é importante, em especial a de porco, assada ou como presunto ou salsicha. No inverno come-se muito cozido de caça. Há uma forte tradição de criar gansos, afinal a produção de *foie gras* originou-se em Estrasburgo. Os rios são boa fonte de lúcios, trutas, lagostins e carpas, muitas vezes cozidos na cerveja e servidos em ocasiões festivas. Há boa produção local de repolho, batatas e nabos, e as frutas incluem arando, marmelo, groselha e a ameixa dourada mirabelle da Lorena, apreciada tanto em geleia como na *eau de vie* (aguardente de fruta). O queijo mais conhecido é o Munster, queijo suave, de vaca.

Os vinhos brancos da Alsácia vão do extremamente seco Riesling (melhor variedade da região) ao aromático Muscat Gerwurztraminer. Veja mais sobre os vinhos da Alsácia nas pp. 232-3.

**Compras no mercado de peixe do porto de Boulogne**

### SOBRE O MENU

**Anguille au vert** Enguia assada com ervas e batatas.

**Cassolette de petits gris** Caracóis no molho champanhe.

**Flamiche aux poireaux** Torta de alho-poró.

**Flammekueche** Torta no estilo pizza, coberta com bacon, creme *fraîche* e cebolas.

**Marcassin à l'Ardennaise** Javali com aipo.

**Potée champenoise** Cozido de carne de porco, presunto, linguiça, feijão e legumes.

**Potée Lorraine** Casserole de carne de porco com legumes.

**Zewelwai** Rica torta de cebola.

---

**Truite à l'Ardennaise** *Truta recheada com crosta de pão e presunto Ardennes cortado fino, depois assada.*

**Carbonnade de boeuf** *Carne e cebolas caramelizadas, cobertas com cerveja e cozinhadas por três horas.*

**Babas au rhum** *Bolos espumosos secos, de passas, ovos e manteiga, molhados no rum e servidos com creme.*

# A Região Vinícola de Champagne

Desde a "invenção" do monge Dom Pérignon, no século XVII, nenhum outro vinho compete com o champanhe como símbolo de luxo e celebração. Apenas os vinhos da região feitos pelo *Méthode Champagnoise* podem ser chamados de champanhe (pp. 210-1). A maioria deles não é produto de safra: a habilidade dos misturadores, que usam reservas de vinhos mais velhos, é que produz consistência e superioridade a cada ano. Os grandes nomes *(grandes marques)* comandam o prestígio e os preços, mas pequenos produtores e cooperativas também fazem excelentes vinhos.

**Barril decorado, Épernay**

### LOCALIZE-SE
Região de Champagne

### REGIÕES VINÍCOLAS
Champagne é uma região vinícola compacta, a maior parte no *département* do Marne. Algumas áreas são identificadas com tipos particulares de vinho. Aube produz 25% de todo o champanhe, assim como o exclusivo Rosé des Riceys.

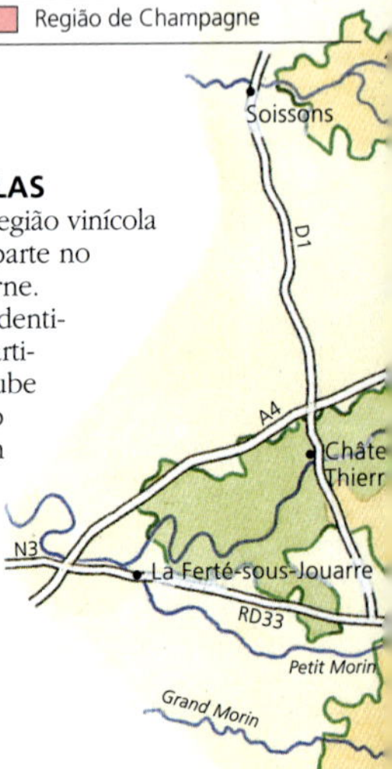

**Transporte de uvas, em Montagne de Reims**

## FATOS IMPORTANTES SOBRE CHAMPAGNE

### Localização e Clima
O clima fresco cria a delicadeza que outros vinhos espumantes se esforçam para obter, mas raramente conseguem. Solos calcários com face para o leste e norte contribuem para a alta acidez.

### Variedades de Uva
Cultivam-se três tipos: as tintas **Pinot Noir** e **Pinot Meunier** e a branca **Chardonnay**. A maioria dos champanhes é a mistura das três, mas o *Blanc de Blancs* é 100% Chardonnay e o *Blanc de Noirs*, embora seja branco, é feito de uvas tintas.

### Bons Produtores
*Grandes Marques:* Bollinger, Gosset, Krug, Möet et Chandon, Joseph Perrier, Louis Roederer, Pol Roger, Billecart-Salmon, Veuve Clicquot, Taittinger, Ruinart, Laurent Perrier, Salon.
*Negociantes, cooperativas e produtores:* Boizel, M. Arnould, Cattier, Bricout, Drappier, Ployez-Jacquemart, H. Blin, Gimmonet, Andre Jacquart, Chartogne-Taillet, Vilmart, Alfred Gratien, Emile Hamm, B. Paillard, P. Gerbais.

### Boas Safras
2005, 2003, 2000, 1998, 1996, 1990.

Conhecido até por quem não bebe vinho, este é o brut (seco). Mais seco, só o brut non dosage ou brut sauvage.

### LEGENDA
- Área de *appellation* Champagne
- Distrito Vale do Marne
- Distrito Montagne de Reims
- Distrito Côte de Sézanne
- Distrito Côte des Blancs
- Distrito de Aube

0 km 15

# INTRODUÇÃO AO NORDESTE DA FRANÇA 189

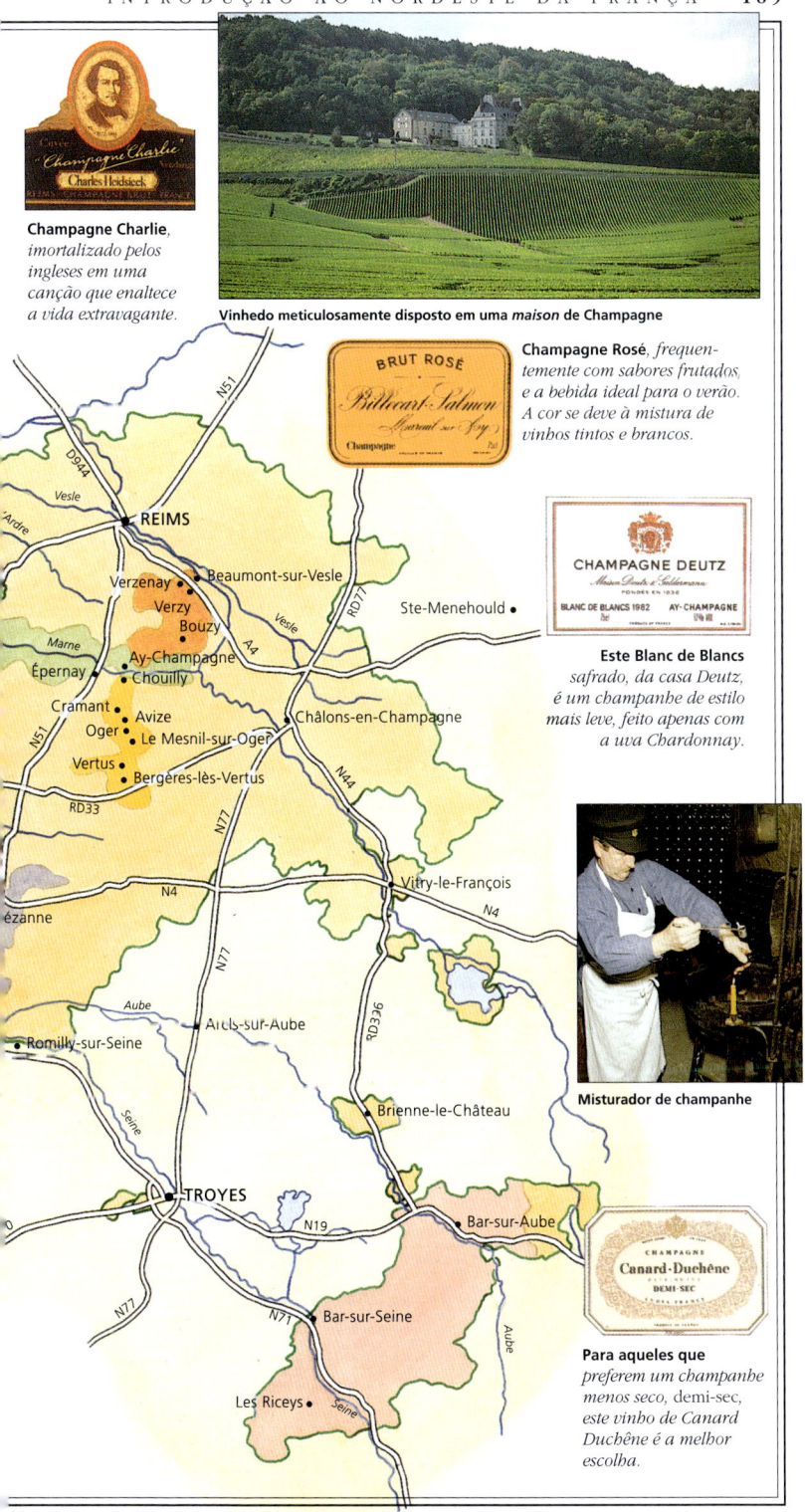

**Champagne Charlie**, *imortalizado pelos ingleses em uma canção que enaltece a vida extravagante.*

Vinhedo meticulosamente disposto em uma *maison* de Champagne

**Champagne Rosé**, *frequentemente com sabores frutados, e a bebida ideal para o verão. A cor se deve à mistura de vinhos tintos e brancos.*

**Este Blanc de Blancs** *safrado, da casa Deutz, é um champanhe de estilo mais leve, feito apenas com a uva Chardonnay.*

Misturador de champanhe

**Para aqueles que** *preferem um champanhe menos seco, demi-sec, este vinho de Canard Duchêne é a melhor escolha.*

# A Batalha do Somme

Os cemitérios que cobrem a região do Somme lembram de maneira comovente a mortandade que ocorreu na frente ocidental durante a Primeira Guerra Mundial, encerrada com o armistício de 11 de novembro de 1918. Entre 10 de julho e 21 de novembro de 1916, as forças aliadas perderam mais de 600 mil homens e os alemães, 465 mil. A batalha do Somme, uma série de ataques dos exércitos ingleses e franceses a posições alemãs, aliviou a pressão sofrida pelos franceses em Verdun. Mas a esperança de uma abertura na linha de frente nunca se concretizou, e os aliados só conseguiram avançar 16km por dia.

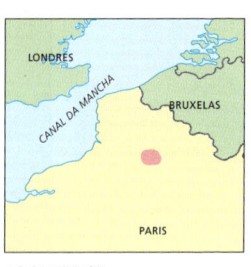

**Soldado inglês da Primeira Guerra Mundial**

**LOCALIZE-SE**

■ Campo de batalha de Somme

**Memorial Beaumont Hamel**, homenagem ao Regimento Real da Terra Nova, mostra um enorme cervo de bronze.

**O Memorial Thiepval** *foi desenhado por Sir Edwin Lutyens. Domina a paisagem de Thiepval, uma das áreas de batalha mais renhidas, selecionada como memorial em homenagem aos 73.367 soldados desconhecidos ingleses.*

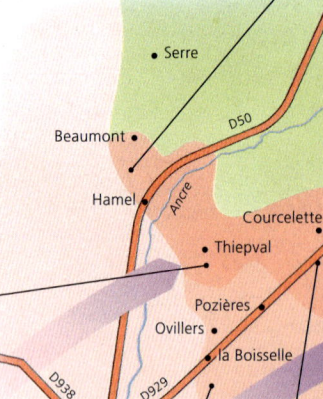

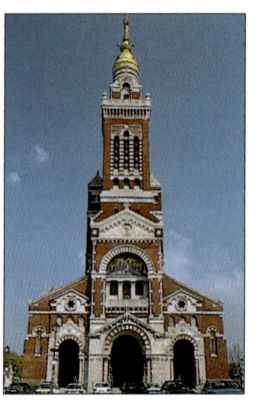

**Albert** foi muito castigada pelos bombardeios da artilharia alemã em 1916. Hoje, a cidade é um centro de visitação aos campos de batalha. A basílica de Albert, com sua Virgem inclinada, sofreu danos, mas já está restaurada. Era referência para milhares de soldados.

**Cratera de Lochnager**, formada na explosão da maior mina britânica, em 1º de julho de 1916, perto de La Boiselle.

**O Memorial do Tanque Britânico** *fica na estrada principal de Albert para Bapaume. Comemora a primeira vez em que se usou tanques de guerra, em 15 de setembro de 1916. O ataque não teve muito sucesso – os tanques da Primeira Guerra Mundial eram muito poucos antes de 1918 para transformar uma campanha baseada em artilharia e metralhadoras.*

*Veja hotéis e restaurantes desta região nas pp. 556-62 e 607-14*

# INTRODUÇÃO AO NORDESTE DA FRANÇA

**A propaganda na Primeira Guerra Mundial** *foi usada pelos dois lados. Este cartaz francês com uma imagem para consumo popular mostra um soldado moribundo beijando a bandeira sob o terno olhar de uma enfermeira, afirmando a sua fé na causa.*

**Delville Wood**, Museu e Memorial Sul-Africano, reflete a importância das forças da Commonwealth no Somme.

## PREPARE-SE

D929, D938 de Albert. *30 pl de la République, 80800 Corbie.* **Tel** *03 22 96 95 76.* **www**.tourisme-albert.net **Albert Basilique, P. Memorial Beaumont Hamel, Delville Wood, La Boiselle, mem.s de Thiepval e Pozières** ◯ *diariam.* **Torre de Ulster** ◯ *fev-mar: ter-dom; abr-nov: diariam.* **Museu Memorial Sul-Africano**, Delville Wood, Longueval. **Tel** *03 22 85 02 17.* ◯ *fev-nov: ter-dom.* ● *feriados.* **Historial de Péronne** **Tel** *03 22 83 14 18.* ◯ *mai-set: diariam; out-abr: ter-dom.* ● *meados dez-meados jan.* www.historial.org

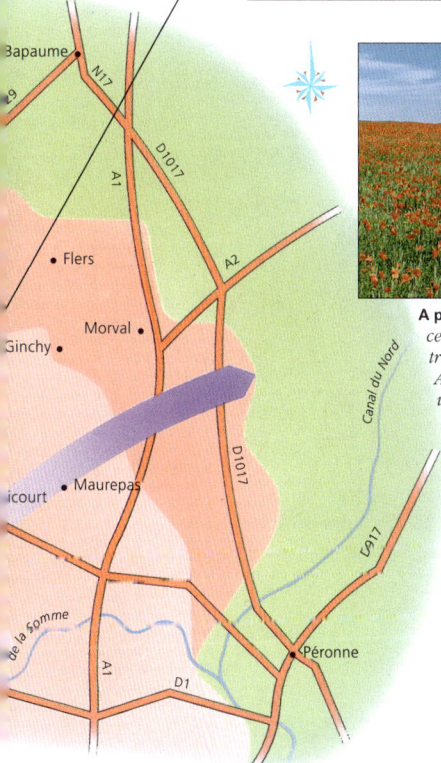

**A papoula** *era uma das poucas plantas a crescer nos campos de batalha. Gengis Khan trouxe a primeira papoula-branca da China. A lenda diz que se tornou vermelha após uma batalha. Hoje simboliza lembrança.*

### LEGENDA

- Forças aliadas
- Forças alemãs
- Linha de frente antes de 1º de julho de 1916
- Progresso da linha de frente julho-setembro 1916
- Progresso da linha de frente setembro-novembro 1916

0 km — 5

**As trincheiras da linha de frente** *iam do Mar do Norte até a fronteira com a Suíça. Só abrigando-se sob a terra os soldados poderiam sobreviver a condições tão adversas. Algumas trincheiras estão no Parque Hamel Beaumont.*

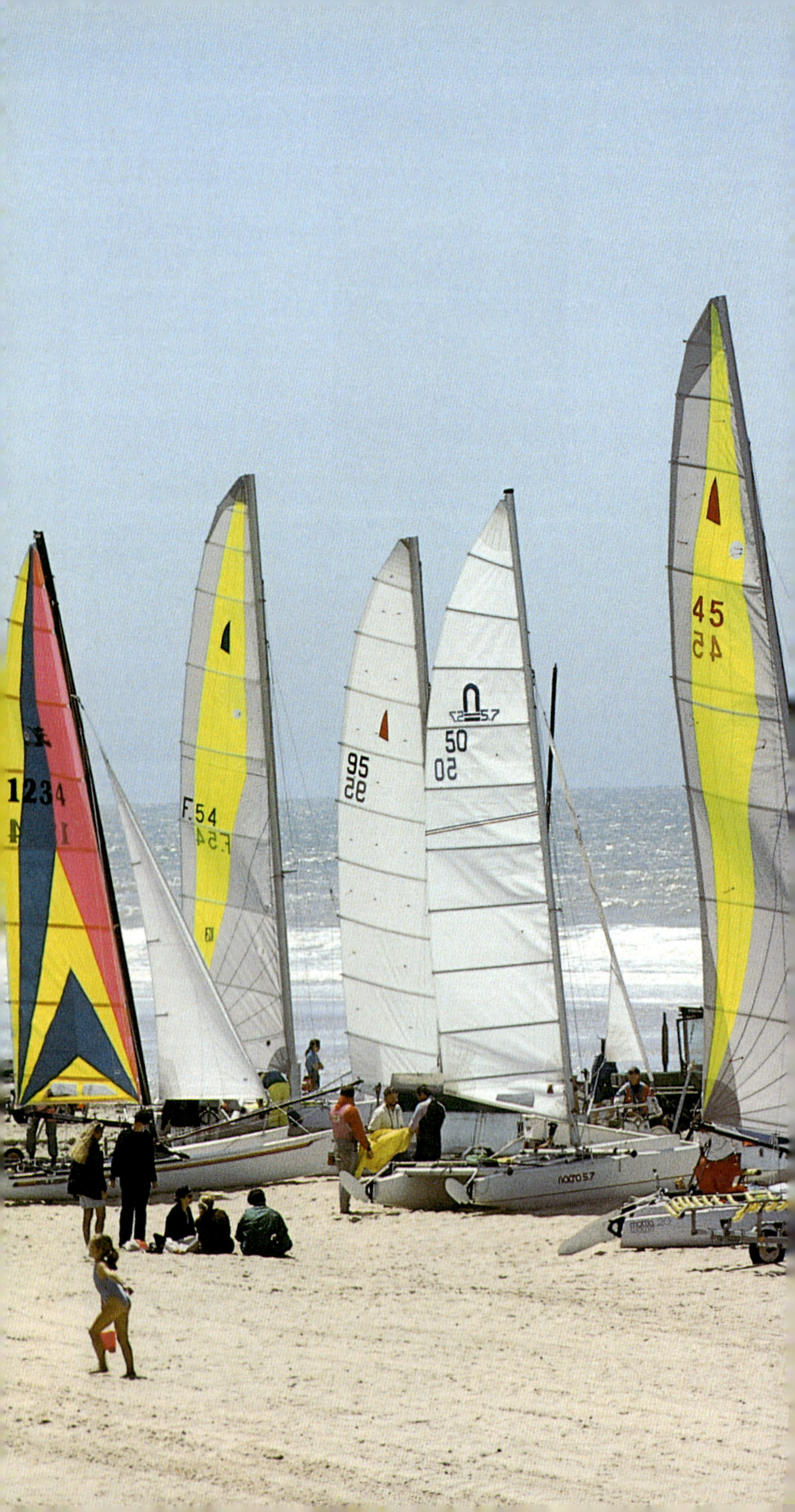
1234
F.54
95
50
45

… NORDESTE DA FRANÇA …

# NORTE E PICARDIA

PAS DE CALAIS · NORD · SOMME · OISE · AISNE

Sob a roupagem moderna da região mais setentrional da França, paisagens e monumentos são testemunhos dos triunfos e da turbulência do passado: catedrais góticas, châteaux majestosos ao longo do rio Oise e os campos de batalha e memoriais da Primeira Guerra Mundial.

Os portos de Dunquerque, Calais e Boulogne, no Canal da Mancha, e o refinado *resort* de Le Touquet são as atrações especiais ao longo da movimentada linha que separa o estuário do Somme da fronteira belga. Boulogne tem um genuíno sabor marítimo e as falésias brancas que vão até Calais providenciam um cenário estonteante para a Côte d'Opale.

A cultura flamenga está presente ao longo da fronteira com a Bélgica: uma França diferente, com moinhos de vento e canais, preferência por cerveja, cozidos e festivais. Lille é a cidade mais importante, uma metrópole moderna e ampla, com muita história e um excelente museu de arte. A sudoeste há a graciosa arquitetura flamenga, dignamente representada na praça central de Arras, a capital de Artois. A partir daqui, até o vale do Somme, o legado da Primeira Guerra Mundial com seus cemitérios memoriais e campos de batalha com papoulas oferece um cenário obrigatório.

As catedrais são as maiores atrações da Picardia. Em Amiens, a capital, a Catedral de Notre-Dame é a máxima expressão do estilo gótico – sua magnificência ecoa nas grandes realizações Beauvais, mais ao sul. Maravilhosas catedrais em Noyon, Senlis e a encantadora cidade de Laon, no topo da colina, mostram a evolução do gótico. Nas proximidades de Paris, dois castelos chamam a atenção. Chantilly, o centro da equitação francesa, orgulha-se dos jardins de Le Nôtre. O rebuscado castelo de Compiègne, construído no século XIX e emoldurado por uma enorme floresta, foi favorecido pelos governantes franceses, de Luís XV até Napoleão III.

Cemitério no vale do Somme, uma área ainda perseguida pelas lembranças da Primeira Guerra Mundial

◁ Catamarãs na movimentada praia de Le Touquet

# Como Explorar o Norte e a Picardia

A parte norte da França, com negócios e indústrias em franco progresso e a importante cidade de Lille, centro de cultura e alta tecnologia voltado para a Europa, é a porta para a Inglaterra e a Bélgica. Mesmo assim é possível encontrar tranquilidade. A costa entre o histórico porto de Boulogne-sur-Mer e o vale do Somme é rica em pássaros e perfeita para um descanso à beira-mar. Para o interior, as várias catedrais góticas, como as de Amiens e Beauvais, são um passeio interessante. Os campos de batalha da Primeira Guerra Mundial e os memoriais oferecem uma visão importante da história do século XX. Para o sul, os grandes castelos de Compiègne e Chantilly, que inclui o fascinante Musée Condé, podem ser visitados no caminho para Paris ou voltando da capital francesa.

**LEGENDA**

- Rodovia
- Estrada principal
- Estrada secundária
- Estrada local
- Percurso com paisagem
- Ferrovia principal
- Ferrovia local
- Fronteira internacional
- Fronteira regional

Animado café de rua na histórica Grand Place de Arras

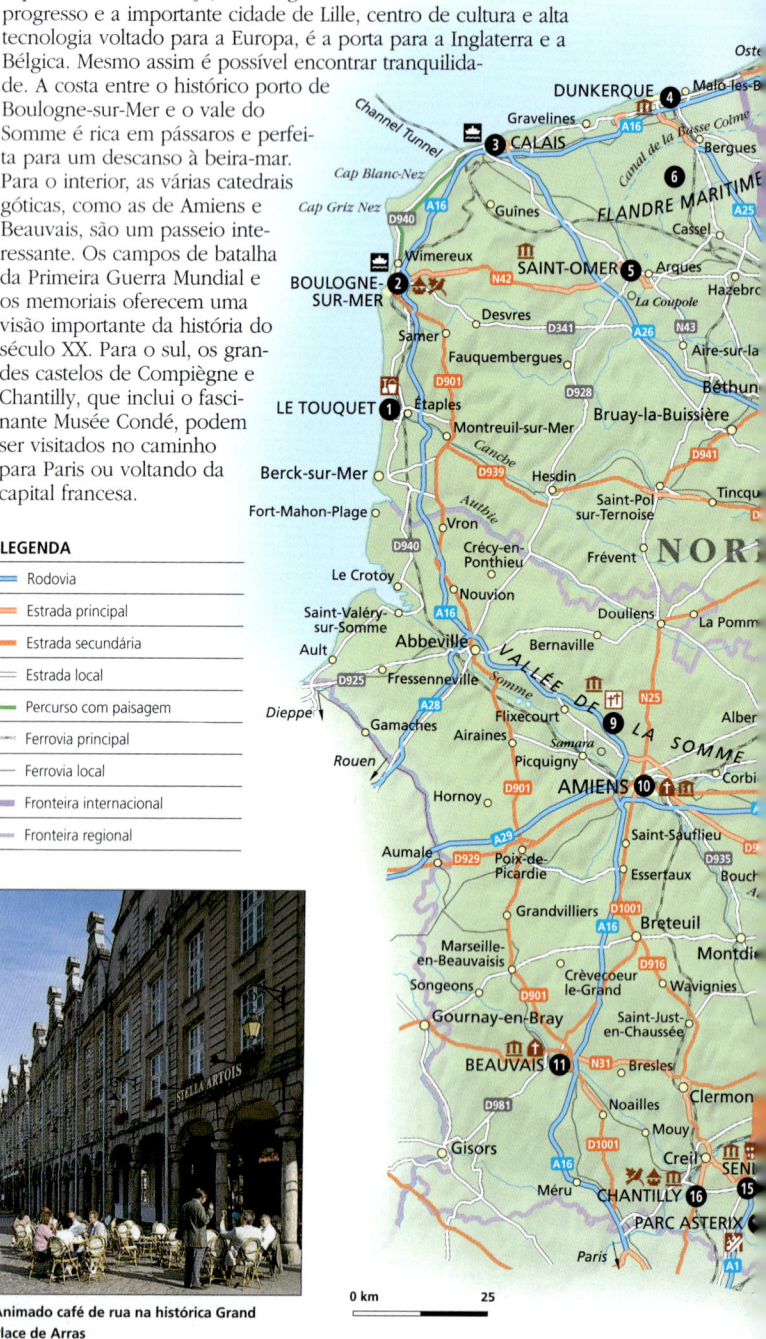

Legenda dos símbolos *no final do guia*

# NORTE E PICARDIA

## PRINCIPAIS ATRAÇÕES

Amiens ❿
Arras ❽
Beauvais ⓫
Boulogne-sur-Mer ❷
Calais ❸
Chantilly ⓰
Château de Pierrefonds ⓴
Compiègne ⓭
Dunkerque ❹
Flandre Maritime ❻
Laon ⓲
Le Touquet ❶
Lille ❼
Noyon ⓬
Parc Astérix ⓱
St-Omer ❺
Senlis ⓯
Vallée de la Somme ❾

Os meandros das águas do vale do Somme

## COMO CHEGAR

A entrada principal para esta região é Calais (e o terminal do Eurotúnel, 3km ao sul). Daqui, as estradas A16 e A26/A1, várias das estradas N e D, e linhas de trem principais ligam a Paris. Além disso, o TGV passa por Calais-Frethun, Lille e Paris. O complexo de estradas é denso na região. Lille e Amiens oferecem serviços de ônibus para as cidades mais importantes da região e para Paris. A rodovia A26 *(Autoroute des Anglais)* vai de Calais a Troyes via Arras e Laon, dando acesso fácil a Picardy oriental. É também uma boa alternativa se você quiser evitar Paris quando estiver indo para o sul.

As papoulas, símbolo dos campos de batalha da Primeira Guerra Mundial, no vale do Somme

Praia de Le Touquet na maré baixa

## Le Touquet ●

Pas de Calais. 🚶 5.500. 🚌 🚆
ℹ️ *Palais de l'Europe (03 21 06 72 00).*
🛍️ *qui e sáb (jun-meados set: também seg).* **www**.letouquet.com

Conhecido como Le Touquet Paris-Plage, este balneário foi criado no século XIX e se tornou um lugar da moda por ser frequentado por pessoas ricas e famosas no período entre guerras.

Uma grande floresta de pinheiros, plantada em 1855, ocupa o lado leste da cidade, protegendo as *villas* do vento. Para oeste, uma série de bons hotéis, residências de veraneio, lojas sofisticadas e restaurantes acompanham a praia. Há também uma pista de corrida de cavalos e um cassino, bem como dois excelentes campos de golfe, passeios a cavalo e ancoradouro para iates. Mais para o interior, no alto de uma colina, a cidade de Montreuil tem casas caiadas de branco do século XVII e restaurantes.

## Boulogne-sur-Mer ●

Pas de Calais. 🚶 45.000. 🚌 🚆
ℹ️ *Parvis de Nausicaa (03 21 10 88 10).* 🛍️ *qua e sáb (place Dalton), dom (pl Vignon).* **www**.tourisme-boulognesurmer.com

Importante porto pesqueiro, e também uma marina movimentada, Boulogne sabe recompensar seus visitantes. As atrações históricas estão cercadas pelas muralhas de Haute Ville, e a Porte des Dunes dá para um conjunto dos séculos XVII a XIX que inclui o Palais de Justice, a Bibliothèque e o Hôtel de Ville na **place de la Résistance**.

A **Basílica de Notre-Dame**, do século XIX, tem uma enorme cúpula que se vê à distância. No seu interior há uma imagem da padroeira, Notre-Dame de Boulogne, de madeira e enfeitada com joias. Ela usa um *soleil*, um adereço de cabeça também usado pelas mulheres da cidade durante a *Grande Procession*, realizada uma vez por ano em homenagem à padroeira. O poderoso **Château** do século XIII, erigido pelos condes de Boulogne, é hoje um museu histórico.

No centro há lojas, hotéis e restaurantes de peixe, ao longo do cais Gambetta, na margem leste do rio Liane. Em direção ao norte, encontra-se a praia de Boulogne e **Nausicaä**, um aquário e centro marítimo.

Ao norte da cidade fica a **Colonne de la Grande Armée**, erguida em 1841 como monumento a Napoleão I, celebrando a primeira invasão planejada da Inglaterra, em 1803-5. Do alto, tem-se uma visão panorâmica da costa em direção a Calais, um dos trechos mais bonitos da Côte d'Opale, com os cabos **Gris-Nez** e **Blanc-Nez** oferecendo ampla vista do outro lado do canal.

🏛️ **Château**
Rue de Bernet. **Tel** *03 21 10 02 20.*
⏰ *ter-dom.* 🚫 *1º jan, 1º mai, 24-25 dez.*

🐟 **Nausicaä**
Bd Sainte-Beuve. **Tel** *03 21 30 99 99.* ⏰ *diariam.* 🚫 *3 semanas jan, 25 dez.* **www**.nausicaaa.fr

## Calais ●

Pas de Calais. 🚶 76.000. 🚌 🚆
ℹ️ *12 bd Clémenceau (03 21 96 62 40).* 🛍️ *qua, qui e sáb.*
**www**.calais-cotedopale.com

Calais é um porto movimentado, com uma praia de areia a oeste. Reconstruída de maneira desajeitada após a Segunda Guerra Mundial, a cidade parece não ter muito a oferecer à primeira vista. Os corajosos podem se aventurar no shopping center, ao lado do Eurotúnel.

O **Musée des Beaux-Arts** tem trabalhos das escolas flamenga e holandesa. Há ainda estudos de Auguste Rodin para a famosa estátua *Os burgueses de Ca-*

O cabo Blanc-Nez, na Côte d'Opale, de onde se vê o outro lado do canal

*Veja hotéis e restaurantes desta região nas pp. 556-8 e 607-10*

*Os burgueses de Calais*, de Auguste Rodin (1895)

lais (1895), que se encontra do lado de fora do Hôtel de Ville (sul da cidade). A estátua se refere ao fato de seis burgueses terem oferecido a vida para salvar a população durante o cerco de Eduardo II (1347).

A **Cité de la Dentelle** relembra a indústria de rendas da cidade (será aberta em 2009).

O **Musée de la Guerre** mostra detalhes de acontecimentos locais durante a Segunda Guerra Mundial.

**🏛 Musée des Beaux-Arts**
25 rue Richelieu. *Tel 03 21 46 48 40.* ☐ ter-dom à tarde. ● feriados. 📷 ♿

**🏛 Cité de la Dentelle**
Quai du Commerce. *Tel 03 21 46 43 14.* ☐ qua-dom. 📷

**🏛 Musée de la Guerre**
Parc Saint Pierre. *Tel 03 21 34 21 57.* ☐ ligar antes. 📷 ♿

## Dunquerque ❹

Nord. 👥 376.000. 🚆 🚌 ⛴ ℹ
*Rue Amiral Ronarc'h (03 28 66 79 21).*
⛴ qua e sáb. www.ot-dunkerque.fr

Dunquerque, importante porto industrial, tem muitas características flamengas. Comece o passeio pela place du Minck, com suas barracas de peixe. O **Musée Portuaire** se encarrega da história marítima do local. No centro da cidade está a estátua do herói Jean Bart, um corsário do século XVII, enterrado na **Église St-Eloi**. O campanário (1440) oferece linda vista.

O **Le Mémorial du Souvenir** tem uma exposição comovente sobre a retirada de 350 mil soldados ingleses e franceses, em 1940. O **Lieu d'Art et d'Action Contemporaine (LAAC)** exibe cerâmica e vidraria.

**🏛 Musée Portuaire**
9 quai de la Citadelle. *Tel 03 28 63 33 39.* ☐ qua-seg. ● 1º jan, 1º mai, 25 dez. 📷 ♿

*O porto de Dunquerque*

**🏛 Le Memorial du Souvenir**
32 Courtines du Bastion. *Tel 03 28 66 79 21.* ☐ qua-seg. ● 1º jan, 1º nov, 25 dez. 📷 ♿ no térreo.

**🏛 Lieu d'Art et d'Action Contemporaine**
Av des Bains. *Tel 03 28 29 56 00.*
☐ ter-dom. ● feriados. 📷 ♿

## St-Omer ❺

Pas de Calais. 👥 15.000. 🚆 🚌 ℹ
*4 rue Lion d'Or (03 21 98 08 51).*
⛴ sáb. www.tourisme-saintomer.com

A refinada St-Omer parece intocada. Pilastras adornam as casas dos séculos XVII e XVIII ao longo de ruas pavimentadas com pedra. O **Hôtel Sandelin** é um museu de belas-artes e artes decorativas. A catedral possui belos trabalhos de arte, incluindo azulejos originais do século XIII e um enorme órgão clássico. A **Bibliothèque Municipale** tem manuscritos raros da Abadia St-Bertin, a oeste da cidade.

**La Coupole**, a 5km de St-Omer, é um museu sobre a Segunda Guerra Mundial.

**🏛 Hôtel Sandelin**
14 rue Carnot. *Tel 03 21 38 00 94.* ☐ qua-dom. 📷 ♿ só térreo.

**🏛 Bibliothèque Municipale**
40 rue Gambetta. *Tel 03 21 38 35 08.* ☐ ter-sáb. ● feriados.

**🏛 La Coupole**
*Tel 03 21 12 27 27.* ☐ diariam.
● últ. sem dez-1ª sem jan.

---

### TRAVESSIA DO CANAL

Calais, a apenas 36km a sudeste da costa inglesa e travessia das águas do Canal – que os franceses conhecem como La Manche –, inspirou muitos aventureiros. A primeira travessia de balão foi em 1785, por Jean-Pierre Blanchard; o capitão M. Webb atravessou-o a nado em 1875 e o voo pioneiro de Louis Blériot se seguiu em 1909. Planos para um túnel sob o mar datam de 1751, e somente foram realizados em 1994, com a abertura da conexão ferroviária entre Fréthun e Folkestone.

*Crianças olham Louis Blériot voar (1909)*

## Flandre Maritime ❻

Nord. 5.000. Lille. Bergues. Dunkerque. Bergues, Le Beffroi, pl Henri Billiaert (03 28 68 71 06).

Ao sul de Dunquerque estende-se uma planície cultivada, com típica paisagem flamenga – canais, ciclistas e moinhos antigos. O **Noordmeulen**, erguido ao norte de Hondschoote em 1127, talvez seja o moinho mais antigo da Europa.

De Hondschoote, a D3 segue o canal de La Basse Colme para oeste até Bergues, cidade fortificada que comerciava lã, com muitas obras flamengas dos séculos XVI e XVII no **Musée Municipal**. Ao sul, está a cidade de **Cassel**, em um morro, com a Grande place pavimentada com pedras, prédios dos séculos XVI a XVIII e vistas de Flandres e da Bélgica a partir do Jardim Público.

### 🏛 Musée Municipal
1 rue du Mont de Piété, Bergues. **Tel** 03 28 68 13 30. qui-seg. out-abr.

## Lille ❼

Nord. 232.000. Palais Rihour (03 59 57 94 00). diariam. www.lilletourism.com

Transformada recentemente, ainda mais com o advento do Eurostar e a eleição da Cidade Cultural Europeia de 2004, Lille tem lojas e mercados excelentes e forte consciência de sua identidade histórica flamenga – ainda se usa o nome flamengo, Rijssel, e alguns de seu um milhão de habitantes falam um dialeto franco-flamengo. Com o declínio da indústria pesada, a cidade se voltou para a alta tecnologia. O moderno distrito comercial, que conta com o shopping Euralille, é vizinho da estação Lille Europe, a interligação ferroviária TGV/Eurostar/ Thalys. O "metrô" de Lille, VAL, é um trem com piloto automático.

O charme está no centro histórico, a Vieux Lille – um amontoado de praças e ruas estreitas cheias de lojas, cafés e restaurantes. A place du Général de Gaulle é o centro da cidade, cercada por lindas fachadas art déco, como a da **Vieille Bourse** (Velha Bolsa de Valores), do século XVII. Perto, a **Nouvelle Bourse** (Nova Bolsa) e a **Opéra** são do início do século XX. Vale a pena também visitar a Citadel, de Vautran, feita de tijolos.

**Músicos na place du Général de Gaulle, no centro da Vieux Lille**

**Banca de flores nas arcadas da Vieille Bourse, em Lille**

### 🏛 Musée de l'Hospice Comtesse
32 rue de la Monnaie. **Tel** 03 28 36 84 00. qua-dom, seg à tarde.
Aqui funcionou um asilo fundado em 1237. Hoje os edifícios dos séculos XV e XVII abrigam exposições. A Sala dos Doentes (1470) tem teto abobadado e a cozinha da Ala da Comunidade é de azulejos de Delft. Há também instrumentos musicais antigos.

### 🏛 Palais des Beaux-Arts
Pl de la République. **Tel** 03 20 06 78 00. qua-dom, seg à tarde.
Um dos melhores acervos fora de Paris, é forte em obras flamengas, como Rubens e Van Dyck. Outros destaques são *Paraíso e inferno*, de Dirk Bouts; *Os patinadores*, de Van Goyen; *A carta*, de Goya; *Medeia*, de Delacroix, obras de Courbet e de impressionistas.

*Veja hotéis e restaurantes desta região nas pp. 556-8 e 607-10*

# Arras

Pas de Calais. 45.000. 
*Hôtel de Ville, place des Héros (03 21 51 26 95).* qua e sáb. www.ot-arras.fr

O centro de Arras, capital da região de Artois, exibe duas belas praças cercadas por 155 casas com fachadas flamengas do século XVII. Foi uma façanha da reconstrução do pós-guerra: cada residência da **Grand place** e da place des Héros, menor, tem projeto ligeiramente diferente, e ainda se veem algumas placas de lojas originais.

O monumental **Hôtel de Ville**, reconstruído em estilo gótico flamboyant, está no extremo oeste da place des Héros. No saguão do hotel, há dois gigantes, Colas Dédé e Jacqueline, que "se vangloriam" pela cidade durante os festivais locais. No subsolo, você pode pegar o elevador até o campanário, que permite ótimas vistas da cidade, ou fazer uma visita guiada pelo labirinto de subterrâneos (*les boves*) no subsolo de Arras. Escavados no calcário no século X, eles sempre serviram de abrigo, e durante a Segunda Guerra viraram quartel militar.

A enorme abadia de St-Vaast possui uma catedral neoclássica construída nos séculos XVIII e XIX e o **Musée des Beaux-Arts**. Entre as esculturas medievais, há dois anjos entalhados do século XIII. Estão expostas também *arras* (tapeçarias de parede) feitas na cidade e obras do século XIX da Escola de Arras, grupo de paisagistas do realismo influenciados por Corot.

**Hôtel de Ville**
Pl des Héros. **Tel** 03 21 51 26 95. jul-ago diariam. obrigatória nos túneis.

**Musée des Beaux-Arts**
22 rue Paul Doumer. **Tel** 03 21 71 26 43. feriados. feriados.

# Vallée de la Somme

Somme. Amiens. 16 pl André Audinot, Péronne (03 22 84 42 38). www.somme-tourisme.com

O nome Somme permanece sinônimo da carnificina e do terror dos combates da Primeira Guerra Mundial (pp. 190-1). Porém, o vale do Somme também significa campos bonitos, vastos alagados na foz do rio e vida animal abundante. Pequenos lagos e bosques fazem do vale uma área atraente para acampar, caminhar e pescar. Os campos de batalha ficam ao longo do rio e seus afluentes, a norte e nordeste de Amiens, e vão até o norte de Arras. Bem cuidados cemitérios britânicos da guerra espalham-se pela região. Uma visita ao **Historial de la Grande Guerre** serve de

Remo, no rio Somme

Santuário no vale do Somme

boa introdução. Parc Mémorial Beaumont-Hamel, perto de Albert, é um campo de batalha que se descaracteriza aos poucos. Vá ao Vimy Ridge Canadian Memorial, perto de Arras, para ver o local de um combate sangrento preservado como era, e a Notre-Dame de Lorette, marco do Cemitério Nacional Francês.

A oeste de Amiens, **Samara**, nome galo-romano de Amiens, é o maior parque arqueológico da França, com reconstruções de moradias pré-históricas e exposições que explicam as antigas técnicas de lascar pedras e moer cereais. Descendo o rio, a velha **Église St-Vulfran**, em Abbeville, é famosa pela fachada oeste gótica, cujas portas têm painéis entalhados no século XVI.

St-Valery-sur-Somme é um balneário com cidade histórica e esplanada arborizada que dá vista para o estuário. Quem gosta de aves deve visitar a Maison de l'Oiseau, na D3, ou o Parc Ornitologique de Marquenterre, na outra margem, perto da linda Le Crotoy. No verão, um trenzinho liga os dois lados, cruzando dunas e mangues.

**Historial de la Grande Guerre**
Château de Péronne. **Tel** 03 22 83 14 18. out-mar: ter-dom; abr-set: diariam. meados dez-meados jan. www.historial.org

**Samara**
La Chaussée-Tirancourt. **Tel** 03 22 51 82 83. meados mar-meados nov: diariam. www.samara.fr

Entalhes (século XVI) na Église St-Vulfran, em Abeville

## Amiens ❿

Somme. 130.000. 🚉 🚌
**ℹ** 6 bis rue Dusevel (03 22 71 60 50). 🏛 qua e sáb.
www.amiens-tourisme.com

Há mais em Amiens, capital da Picardia, do que a sua famosa **Catedral de Notre-Dame** (pp. 202-3). O pitoresco bairro de St-Leu é hoje uma área para pedestres com casas baixas, canais enfeitados com flores, restaurantes, bares e lojas de artesanato. A leste encontram-se **Les Hortillonnages**, uma combinação colorida de terra pantanosa e hortas, que antigamente eram cuidadas por fazendeiros e hoje são protegidas como sítio ecológico.

O **Musée de Picardie** exibe arte medieval, esculturas do século XIX e pinturas dos séculos XVI a XX, incluindo uma coleção de retratos do século XVI, encomendados como presentes à catedral. Ao sul, existe um circo criado pelo escritor Júlio Verne (1828-1905). Em sua casa, à **Maison de Jules Verne**, recentemente reformada, há mais de 700 objetos dispostos nos quatro andares lembrando o famoso artista que aqui viveu de 1882 a 1900.

🏛 **Musée de Picardie**
48 rue de la République. **Tel** 03 22 97 14 00. ⊙ ter-dom. ⊙ 1º jan, 1º mai, 1º e 11 nov, 25 dez. 💶

🏛 **Maison de Jules Verne**
2 rue Charles Dubois. **Tel** 03 22 45 45 75. ⊙ Páscoa-meados out: diariam; meados out-Páscoa: qua-seg. 💶

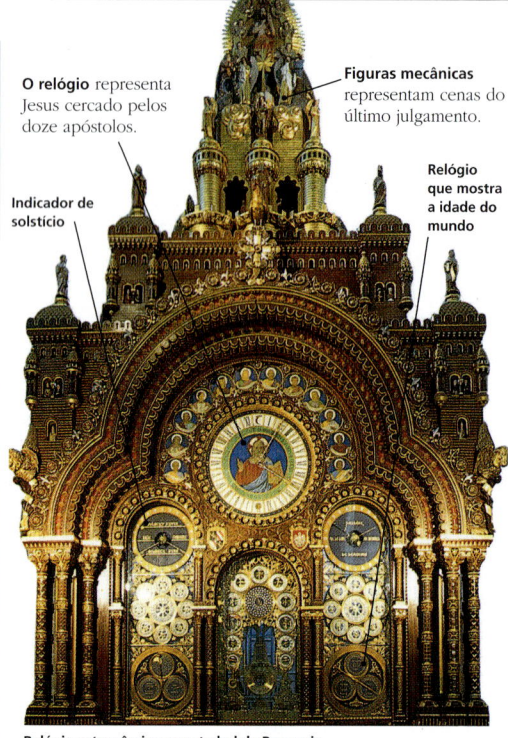

O **relógio** representa Jesus cercado pelos doze apóstolos.

**Indicador de solstício**

**Figuras mecânicas** representam cenas do último julgamento.

**Relógio** que mostra a idade do mundo

*Relógio astronômico na catedral de Beauvais*

## Beauvais ⓫

Oise. 61.000. ✈ 🚉 🚌 ℹ 1 rue Beauregard (03 44 15 30 30). 🏛 qua e sáb. www.beauvaistourisme.fr

Beauvais foi muito bombardeada durante a Segunda Guerra Mundial, mas hoje é uma cidade moderna, com uma joia ímpar: a **Catedral de St-Pierre**.

Embora nunca tenha sido terminada, essa igreja dedicada a São Pedro impressiona pela altura da abóbada e pela técnica que criou as grandes catedrais góticas. A construção começou em 1227, com o objetivo de subir muito mais alto do que as catedrais precedentes, mas o telhado da capela-mor afundou duas vezes por falta de apoio, antes que ficasse pronta no século XIV. Atrasado pelas guerras e falta de recursos, o transepto só foi terminado em 1550. Em 1573, o cruzamento caiu depois que a torre e a agulha foram acrescidas. O que resta hoje é uma obra-prima de 48m de altura. No transepto, os vitrais ainda são os originais do século XVI. Perto da porta norte há um relógio astronômico de 90 mil peças, montado por volta de 1860. A parte que caberia à nave possui vestígios da igreja do século X, conhecida como Basse-Oeuvre.

O antigo palácio do bispo hoje é o **Musée Départemental de l'Oise**. A coleção inclui achados arqueológicos, esculturas medievais, tapeçarias e cerâmica local. Beauvais tem longa tradição em tapeçaria, e

---

### VIOLLET-LE-DUC

O renomado teórico da arquitetura Viollet-le-Duc (1814-79) foi o primeiro a realmente apreciar a arquitetura gótica. Seu dicionário de 1854 louvava as técnicas de construção medievais, mostrando que os arcos e o rendilhado góticos eram soluções para os problemas arquitetônicos, e não mera decoração. Ele restaurou o Château de Pierrefonds, Notre-Dame de Paris (pp. 86-7) e Carcassone (pp. 488-9).

**Arquitetos medievais, por Viollet-le-Duc**

---

*Veja hotéis e restaurantes desta região nas pp. 556-8 e 607-10*

exemplos da coleção nacional francesa são exibidos na **Galerie National de la Tapisserie**.

### 🏛 Musée Départemental de l'Oise
Ancien Palais Episcopal, 1 rue du Musée. **Tel** 03 44 10 40 50. ⭘ qua-seg. ⬤ 1º jan, Páscoa, 1º mai, 9 jun, 1º mai, 25 dez.

### 🏛 Galerie Nationale de la Tapisserie
22 rue St-Pierre. **Tel** 03 44 15 39 10. ⭘ ter-dom. ⬤ 1º jan, 1º mai, 25 dez.

## Noyon ⓬

Oise. 🏠 15.200. 🚉 🚌 pl de l'Hôtel de Ville (03 44 44 21 88). 🛒 qua e sáb, 1ª ter mês. www.noyon-tourisme.com

Noyon é há muito tempo um centro religioso. A **Catedral de Notre-Dame**, a quinta a ser construída neste local, começou a ser erguida em 1150 e foi concluída em 1290. É uma transição agradável entre o estilo românico e o gótico. No extremo leste da catedral existe um exemplo raro de biblioteca no qual se fez uso de madeirame aparente, em 1506. O museu de história local, o **Musée du Noyonnais**, ocupa parte do antigo palácio do bispo.

O teólogo protestante João Calvino, um dos líderes da Reforma, nasceu aqui, em 1509, e é lembrado no **Musée Jean Calvin**.

### 🏛 Musée du Noyonnais
Ancien Palais Episcopal, 7 rue de l'Evêché. **Tel** 03 44 09 43 41. ⭘ qua-seg. ⬤ 1º jan, 11 nov, 25 dez.

Nave com abóbada em nervuras, na Catedral de Notre-Dame, em Noyon

Floresta de Compiègne

## Compiègne ⓭

Oise. 🏠 70.000. 🚉 🚌 🚌 pl de l'Hôtel de Ville (03 44 40 01 00). 🛒 qua e sáb. www.compiegne-tourisme.fr

Foi em Compiègne que os borgonheses prenderam Joana d'Arc, em 1430. O Hôtel de Ville, do século XVI, domina o centro com seu grande campanário, mas a cidade é famosa por seu **Château** real.

Projetado como residência de verão de Luís XV por Jacques-Anges Gabriel, o castelo foi concluído por Luís XVI e restaurado por Napoleão I. Mais tarde, tornou-se a residência favorita de Napoleão III e da imperatriz Eugênia. A visita guiada pelos aposentos imperiais passa pelos aposentos de Napoleão I e Maria Luísa.

Dentro do castelo, o **Musée du Second Empire** e o **Musée de l'Impératrice** exibem mobília, retratos e material histórico. O **Musée de la Voiture** é uma coleção de carruagens históricas, bicicletas e os primeiros carros a motor.

Ao sul e a leste da cidade encontra-se a **Forêt de Compiègne**, que se estende até Pierrefonds, ideal para caminhadas e piqueniques debaixo de carvalhos. A leste da D130, Les Beaux Monts oferecem uma linda vista do castelo.

Ao norte, na N13, a **Clairière de l'Armistice** marca o lugar onde se assinou o armistício que encerrou a Primeira Guerra Mundial, no dia 11 de novembro de 1918.

O pequeno **Musée Wagon de l'Armistice** tem a réplica do vagão de trem no qual se realizou a cerimônia. O vagão foi usado na Segunda Guerra Mundial, por Hitler, como instrumento de humilhação, na assinatura da rendição francesa, em 1940.

### ♜ Château de Compiègne
Pl du Général de Gaulle. **Tel** 03 44 38 47 02. ⭘ qua-seg. ⬤ 1º jan, 1º mai, 25 dez. www.musee-chateau-compiegne.fr

### 🏛 Musée Wagon de l'Armistice
Clairière de l'Armistice (direção Soissons). **Tel** 03 44 85 14 18. ⭘ qua-seg. ⬤ jan e fev manhã, 1º jan, 25 dez.

Château de Pierrefonds

## Château de Pierrefonds ⓮

Oise. **Tel** 03 44 42 72 72. ⭘ diariam. ⬤ seg (5 set-abr), 1º jan, 1º mai, 1º e 11 nov, 25 dez. 🎵 **Concertos**

O imenso Château de Pierrefonds domina a pequena vila no sopé da colina. Este poderoso castelo foi construído aqui por Luís de Orléans no século XIV, mas em 1813 não era mais que uma ruína comprada por Napoleão I por menos de 3.000 francos.

Em 1857, Napoleão III chamou o arquiteto Viollet-le-Duc para restaurá-lo, e em 1884 Pierrefonds ressurgiu como museu sobre fortes. O exterior – com fosso, ponte levadiça, torres e caminho duplo para a sentinela – é uma bela reconstrução da arquitetura medieval militar. O interior, no entanto, é enriquecido com fantasias românticas de Viollet-le-Duc e seu patrono. Há visitas guiadas em Pierrefonds e uma exposição histórica.

# Cathédrale d'Amiens

Os trabalhos na maior catedral da França começaram por volta de 1220. A catedral teria sido construída para guardar a cabeça de São João Batista, trazida pelos cruzados em 1206 e ainda hoje em exposição nela. Em 50 anos, Notre-Dame foi terminada, uma obra-prima que levou a arquitetura gótica ao clímax. Restaurada em 1850, por Viollet-le-Duc *(p. 200)*, e tendo se salvado milagrosamente das duas Guerras, a catedral é famosa por suas estátuas e relevos que inspiraram *A Bíblia de Amiens*, de John Ruskin, em 1884. O show anual de luz e som *La Cathédrale en Couleurs* recria as cores originais das estátuas ao redor da porta oeste.

### ★ Fachada Oeste
*A Galeria do Rei, ao longo da fachada oeste, apresenta 22 estátuas colossais representando os reis da França. É possível que simbolizem também os reis de Judá.*

**Portal de St-Firmin**
Decorado com figuras e cenas da vida de São Firmino, o mártir que trouxe o cristianismo para a Picardia e foi o primeiro bispo de Amiens.

**O Calendário** mostra os signos do zodíaco e os correspondentes trabalhos mensais abaixo. É uma representação da vida diária no século XIII.

**Anjo Chorando**
*Obra de Nicolas Blasset, de 1628, esta estátua sentimental na nave lateral tornou-se uma imagem muito procurada na Primeira Guerra Mundial.*

**Portal do Centro**
*Cenas do Juízo Final adornam o tímpano com o Beau Dieu, uma estátua de Cristo entre as portas.*

| PONTOS ALTOS |
|---|
| ★ Fachada oeste |
| ★ Nave |
| ★ Coro |
| ★ Biombos do coro |

*Veja hotéis e restaurantes desta região nas pp. 556-8 e 607-10*

## Torres

*Duas torres desiguais emolduram a fachada oeste. A torre sul foi completada em 1366; a norte, em 1402. A agulha foi substituída duas vezes, em 1627 e 1887.*

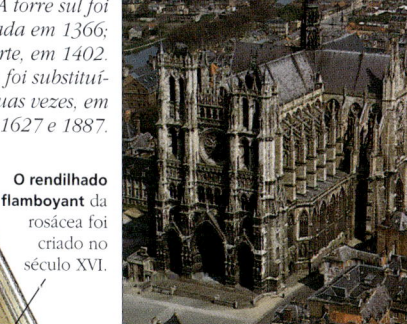

**PREPARE-SE**

Cathédrale Notre-Dame, pl Notre-Dame. **Tel** *03 22 71 60 50.* abr-set: 8h30-18h15; out-mar: 8h30-17h15. Jun-dez (todas as noites): show de luz e som La Cathédrale en Couleurs. 1º jan, últ dom de set. 9h diariam (12h qua); 9h, 10h15, 11h30, 18h dom. www.amiens-cathedrale.fr

**O rendilhado flamboyant** da rosácea foi criado no século XVI.

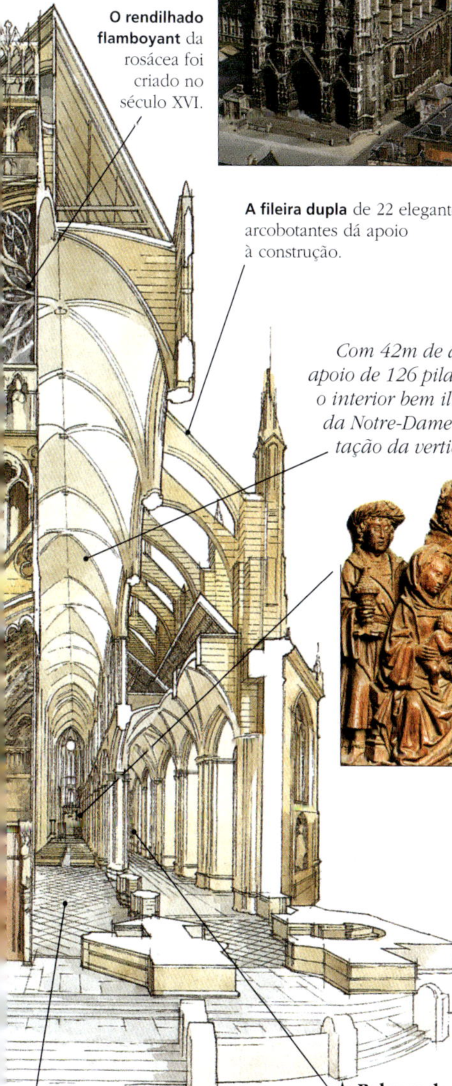

**A fileira dupla** de 22 elegantes arcobotantes dá apoio à construção.

★ **Nave**
*Com 42m de altura e o apoio de 126 pilares finos, o interior bem iluminado da Notre-Dame é a exaltação da verticalidade.*

★ **Coro**
*Os 110 assentos do coro (1508-19) são delicadamente entalhados com mais de 4 mil figuras bíblicas, míticas e da vida real.*

**O piso** foi feito em 1288 e montado novamente no século XIX. Os fiéis, de joelhos, acompanhavam a sua forma em labirinto.

★ **Relevos do Coro**
*Cenas realistas da vida de São Firmino e São João, feitas no século XVI, enfeitam a nave lateral.*

## Senlis ⓯

Oise. 17.000. 🚉 🚌 🛈 *place du Parvis Notre-Dame (03 44 53 06 40).* 🕒 *ter e sex.* www.senlis-tourisme.fr

Senlis, 10km a leste de Chantilly, merece uma visita devido à sua catedral gótica e às ruas históricas bem conservadas da cidade velha. A sua **Cathédrale Notre-Dame** foi construída no século XII e a porta central entalhada da fachada oeste, mostrando a Assunção da Virgem, influenciou mais tarde outras catedrais, como a de Amiens *(pp. 202-3)*. A agulha da torre sul data do século XIII, enquanto o transepto sul, em estilo flamboyant do século XVI, contrasta com a austeridade dos anos anteriores. Do lado oposto da fachada oeste, um portão leva às ruínas do Château Royal e seus jardins. Aqui, o **Musée de la Vénerie**, no antigo priorado, celebra a caça com pinturas, armas antigas e troféus.

O **Musée d'Art** relembra o passado galo-romano da cidade e apresenta uma excelente coleção de escultura gótica antiga.

🏛 **Musée de la Vénerie**
Château Royal, pl du Parvis Notre-Dame. **Tel** *03 44 32 00 81.* 🔲 *seg, qua à tarde, qui, dom.* ⬤ *1º jan, 1º mai, 25 dez.* 📷 🎟 *obrigatória.*

🏛 **Musée d'Art et d'Archéologie**
Ancien Evêché, 2 pl Notre-Dame. **Tel** *03 44 32 00 81.* 🔲 *seg, qua à tarde, qui, dom.* ⬤ *1º jan, 1º mai, 25 dez.* 📷

*Riquíssimas horas do duque de Berry, em exibição em Chantilly*

## Chantilly ⓰

Oise. 11.200. 🚉 🚌 🛈 *60 av du Maréchal Joffre (03 44 67 37 37).* 🕒 *qua e sáb.* www.chantilly-tourisme.com

Chantilly é a capital das corridas de cavalos da França. Uma combinação de castelo, parque e floresta há muito faz deste lugar um passeio agradável. Suas origens remontam à época galo-romana. O castelo atual começou a tomar forma em 1528, quando Anne de Montmorency, condestável da França, reformou a velha fortaleza e acrescentou o Petit Château. Na época do grande príncipe de Condé (1621-86), os trabalhos de reforma continuaram e Le Nôtre criou o parque e as fontes que deixaram Luís XIV com inveja.

---

### CORRIDAS DE CAVALOS DE CHANTILLY

Chantilly é a capital das corridas de cavalos de raça na França, santuário da forte relação entre a classe alta francesa e o mundo dos cavalos. O príncipe Luís Henrique de Bourbon, fundador da monumental Grandes Ecuries de Chantilly, acreditava piamente que um dia ele seria reencarnado em um cavalo. As corridas foram introduzidas a partir da Inglaterra, por volta de 1830, e tornaram-se muito bem aceitas. A primeira corrida oficial foi em 1834 e hoje cerca de 3 mil cavalos são treinados nos bosques e campos vizinhos. Durante o mês de junho, Chantilly passa a ser o centro da *saison* social e das corridas, quando os melhores jóqueis e seus cavalos concorrem a dois troféus históricos: o Prix du Jockey Club e o Prix de Diane-Hermès.

**Prix Equipage de Hermès, famosa corrida de Chantilly**

---

*Veja hotéis e restaurantes desta região nas pp. 556-8 e 607-10*

Destruído durante a Revolução, o Grand Château foi reconstruído e suas festas e reuniões de caça eram frequentadas pela alta sociedade de 1820 a 1830. Deu lugar a um castelo de estilo renascentista no fim do século XIX.

O Grand e o Petit Châteaux formam hoje o **Musée Condé**, que exibe tesouros de arte colecionados pelo último proprietário, o duque de Aumale. Entre eles, obras de Rafael, Botticelli, Poussin e Ingres, além de uma interessante galeria com retratos feitos pelos irmãos Clouet no século XVI. Entre as peças mais valiosas está o manuscrito do século XV, *Riquíssimas horas do duque de Berry*, com reproduções em exposição. Pode-se visitar os majestosos salões com diferentes estilos decorativos, que mostram desde macacos brincalhões até triunfos militares.

Ambos os castelos são um pouco ofuscados pelas magníficas estrebarias *(Grandes Ecuries)*, um palácio equestre projetado por Jean Aubert em 1719, capaz de acomodar 240 cavalos e 500 cachorros. O **Musée Vivant du Cheval** tem várias raças de cavalos e pôneis e exibições de equitação.

🏛 **Musée Condé**
Château de Chantilly. **Tel** 03 44 62 62 62. qua-seg.

🐎 **Musée Vivant du Cheval**
Grandes Ecuries du Prince de Condé, Chantilly. **Tel** 03 44 27 31 80. ligar antes.

## Parc Astérix 🟠

Plailly. 08 26 30 10 40. jun-ago diariam e feriados escolares franceses (ligar). www.parcasterix.fr

Perto do aeroporto Charles de Gaulle, há um vilarejo gaulês fortificado que tem alfândega, moeda e rádio (Menhir FM) próprios. Dos mais populares parques temáticos da França, é dedicado a Astérix, o Gaulês, e aos personagens da história em quadrinhos de Goscinny e Uderzo: Obelix, Cacofonix, Getafix e outros. Os romanos vão à loucura ao tentar dominar esses extraordinários gauleses, que perseguem os centuriões em patrulha. São encenadas batalhas hilariantes.

O parque tem muito da história francesa e dos quadrinhos. A Via Antiqua e a Cidade Romana são divertidas, mas muito educativas. A rue de Paris mostra a cidade ao longo dos séculos, como na construção da Catedral de Notre-Dame. Há também atrações não históricas, caso do dolfinário e da montanha-russa Trovão de Zeus, superveloz. Procure se informar sobre as atrações – há sempre alguma coisa nova todos os anos.

**Astérix e amigos, no Parc Astérix**

## Laon 🟠

Aisne. 27.000. 🚉 ℹ Hôtel-Dieu, pl du Parvis Gauthier de Montagne (03 23 20 28 62). qua, qui e sáb.
www.tourisme-paysdelaon.com

A capital do *département* de Aisne, Laon, ocupa um lugar espetacular no alto de uma longa serra cercada de planícies. Chega-se à cidade velha, no topo da montanha, partindo de Poma por um teleférico que sobe da estação para a place du Général Leclerc. A rue Châtelaine, um calçadão, conduz à magnífica **Cathédrale de Notre-Dame**. Concluída em 1235, a catedral perdeu duas das sete torres originais durante a Revolução, mas mesmo assim mantém o imponente estilo gótico.

Entre os detalhes importantes estão os pórticos profundos da fachada oeste, a nave de quatro andares e os biombos renascentistas entalhados, que encerram as capelas laterais. Na abside, a enorme rosácea do século XIII representa de maneira magnífica a glória da Igreja. Das torres a oeste projetam-se estatuas que homenageiam os bois usados para içar as pedras até o alto durante a construção.

O restante da Laon medieval merece uma caminhada: para leste, uma calçada circunda a **Citadelle**, do século XVI. Para o sul, seguindo as muralhas e passando pela Porte de Ardon e pela Porte des Chenizelles, chega-se à **Église de St-Martin**. Esta igreja oferece uma vista da catedral por cima dos telhados, a partir da rue Thibesard.

Ao sul de Laon encontra-se o Chemin des Dames, em memória das filhas do rei Luís XV, que passavam por aqui. Hoje, porém, o Chemin, com cemitérios e memoriais, é mais lembrado como campo de batalha da Primeira Guerra Mundial.

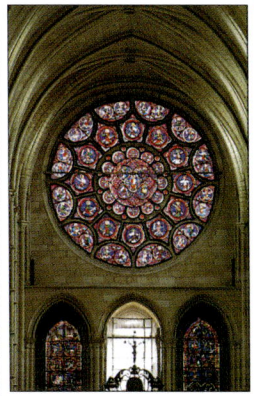

**Rosácea da Cathédrale de Notre-Dame, do século XIII, em Laon**

**O calçadão da rue Châtelaine, principal rua de compras de Laon**

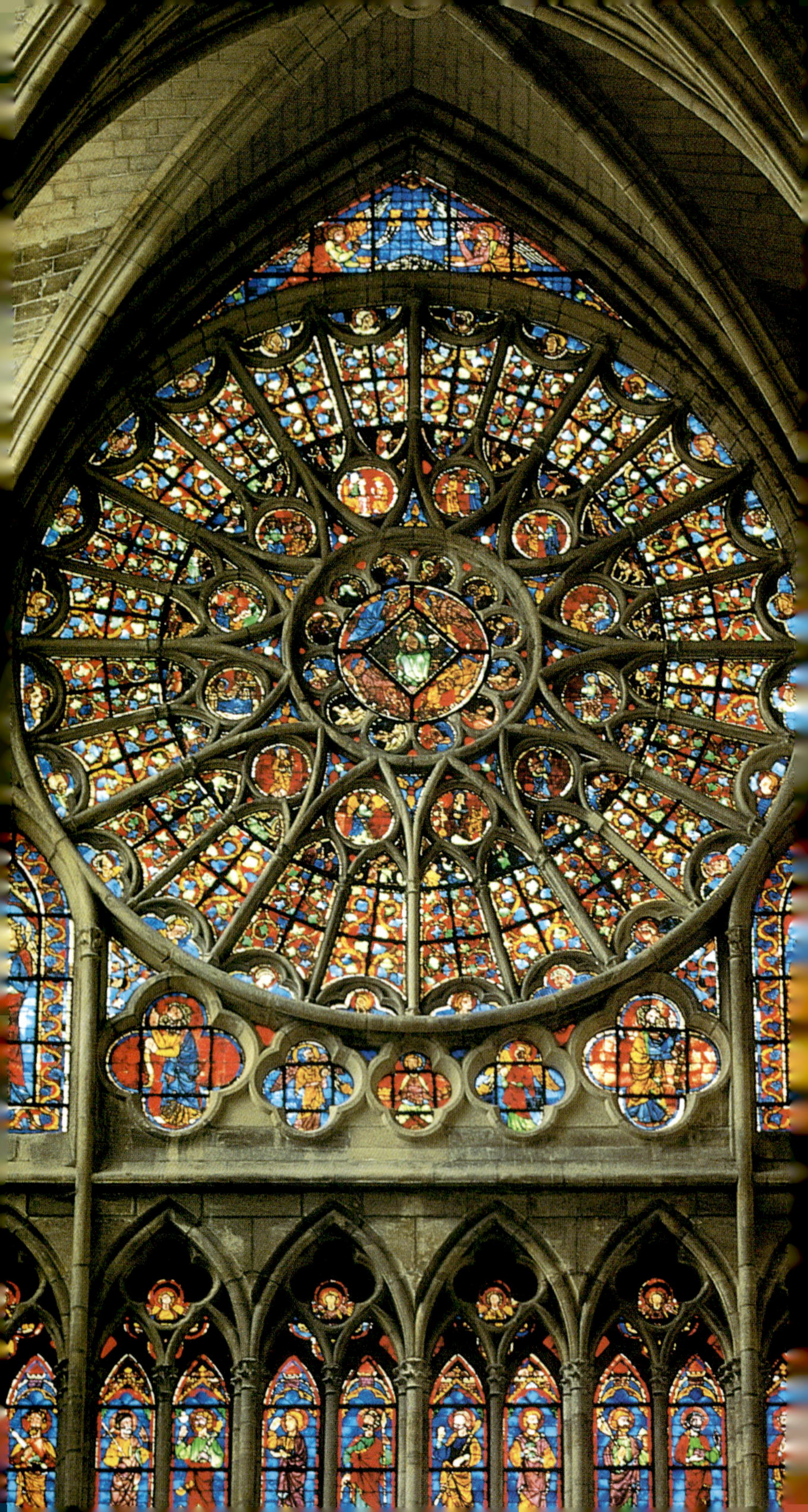

# CHAMPAGNE

MARNE · ARDENNES · AUBE · HAUTE-MARNE

*Champagne é um nome de grande ressonância que traz à mente tanto as imagens de comemorações e brindes quanto a mundialmente famosa Cathédrale de Reims. Além de toda essa magia, permanece o idílio rural criado por duas paisagens contrastantes: as planícies da Champagne, com lagos e campinas alagadas ao sul, e as densas florestas e colinas das Ardennes ao norte.*

O famoso "triângulo sagrado da Champagne", ligando Epernay, Reims e Châlons-en-Champagne, é um ímã para os amantes do vinho. Aqui, a experiência de beber um excelente champanhe é realçada por refeições de gourmet, com pratos de trutas recheadas, presunto das Ardennes e as famosas salsichas *andouillettes*.

O letreiro *route touristique du champagne* serpenteia pelos vinhedos em direção às intermináveis planícies cultivadas com cereais, que se estendem para o sul até a "região dos lagos", uma área de florestas de carvalhos, campinas alagadas e riachos.

As Ardennes, nome que em celta quer dizer floresta fechada, estão na fronteira da França com a Bélgica. Esta zona selvagem, com vales espetaculares, florestas e colinas, é cortada pelo rio Meuse. Entre as fortificações fronteiriças estão a enorme cidadela de Sedan e a cidade-fortaleza de Rocroi, em forma de estrela, bem como os postos avançados da Linha Maginot, construídos antes da Segunda Guerra.

As Ardennes oferecem atraentes paisagens campestres, mas a Champagne é culturalmente superior. Tem magníficas cidades que restauraram seus centros históricos, algumas igrejas imponentes, como a majestosa catedral gótica de Reims, e até a rusticidade encantadora das típicas igrejas de madeira, as *champenoises*. Essas igrejas possuem vitrais muito coloridos, da famosa Escola de Troyes.

**Igreja de estrutura de madeira *champenoise*, em Lac du Der-Chantecoq**

◁ **Cathédrale St-Etienne, em Châlonsen-Champagne**

# Como Explorar a Champagne

O champanhe borbulhante conduz os amantes do vinho ao triângulo sagrado entre Epernay, Reims e Châlons-en-Champagne, mas a região também atrai por sua cultura, representada por grandes igrejas, como a catedral de Reims. E, se Reims é conhecida por sua gastronomia, Troyes, antiga capital da Champagne, é o ponto de partida ideal. Embora a região seja plana, as áreas florestais selvagens das Ardennes, ao norte, atraem os amantes da natureza. A partir de Rethel, ao norte de Reims, o canal das Ardennes pode ser navegado em barcos de lazer. Para o sul, os esportes aquáticos são populares nos lagos a leste de Troyes.

**Pesca no canal em Montier-en-Der perto do lago**

## COMO CHEGAR

Voos internacionais para o aeroporto de Reims-Champagne geralmente demandam troca de avião em Paris. Por terra, chega-se a Reims pela via expressa A4, vindo da Alsácia ou de Paris. Saindo de Paris de TGV, são 45min até lá. O transporte ferroviário na região é razoavelmente bom, assim como as estradas.

As sutilezas da paisagem produtora de vinhos pode ser explorada a partir de Reims, seguindo as indicações nas estradas "Route de Champagne".

**Moinho em Verzenay, Parc Naturel de la Montagne de Reims**

*Legenda dos símbolos no final do guia*

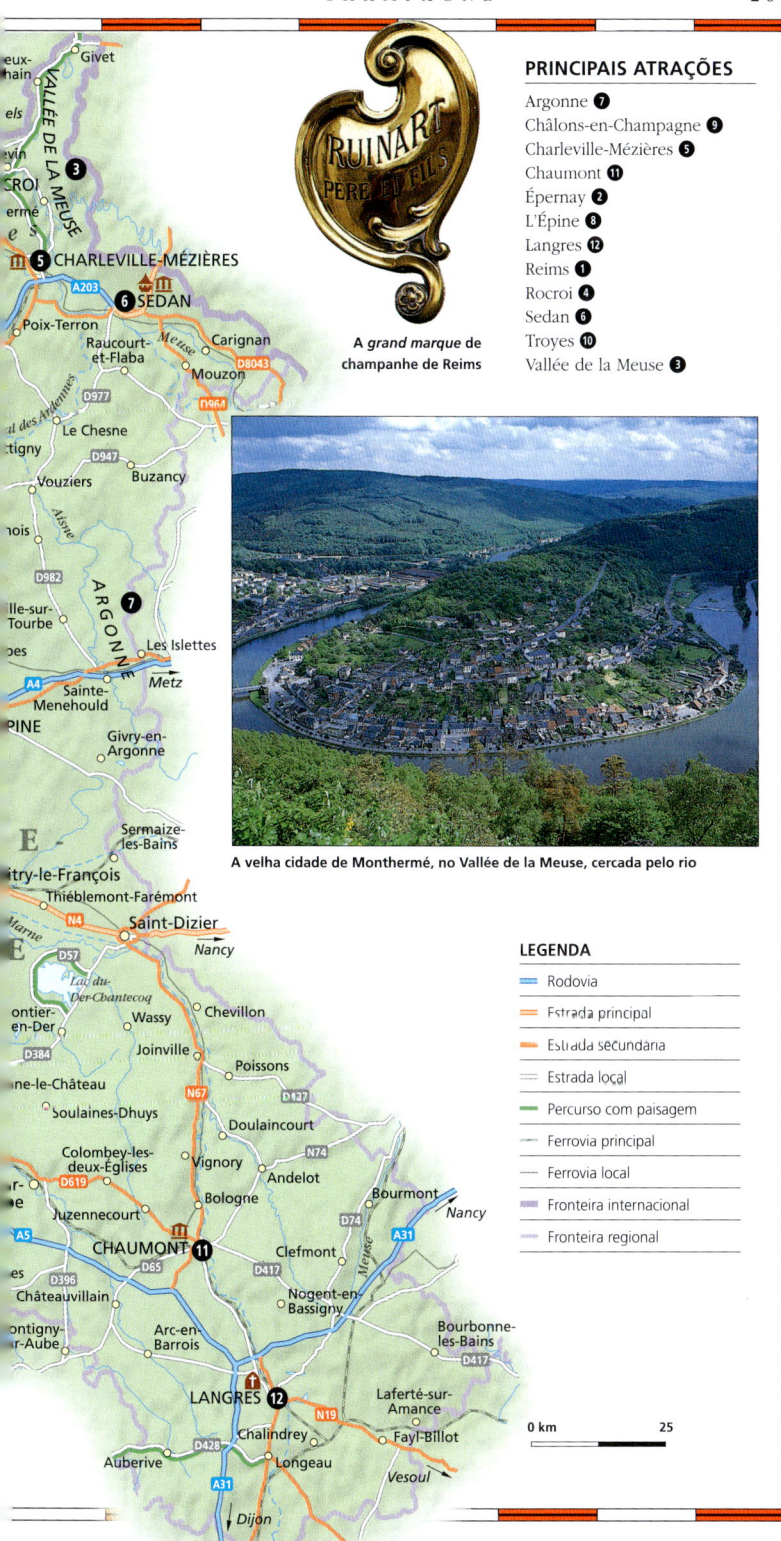

# CHAMPAGNE

## PRINCIPAIS ATRAÇÕES

Argonne ❼
Châlons-en-Champagne ❾
Charleville-Mézières ❺
Chaumont ⓫
Épernay ❷
L'Épine ❽
Langres ⓬
Reims ❶
Rocroi ❹
Sedan ❻
Troyes ❿
Vallée de la Meuse ❸

A *grand marque* de champanhe de Reims

A velha cidade de Monthermé, no Vallée de la Meuse, cercada pelo rio

## LEGENDA

— Rodovia
— Estrada principal
— Estrada secundária
— Estrada local
— Percurso com paisagem
--- Ferrovia principal
--- Ferrovia local
▬ Fronteira internacional
— Fronteira regional

0 km   25

Relicário com o corpo de São Remígio, na basílica de St-Remi

# Reims ❶

Marne. 185.000. 🚉 🚌
🛈 *2 rue Guillaume de Machault
(08 92 70 13 51).* ⊙ *diariam.*
www.reims-tourisme.com

Pronunciada como a palavra francesa *"prince"*, mas sem a letra "p", Reims é a sede das melhores *grandes marques* da Champagne. A fama da cidade, no entanto, é anterior: desde o século XI todos os reis da França vinham à "cidade da coroação" para receber a coroa na extraordinária **Catedral Notre-Dame** *(pp. 202-3)*, gótica.

Embora os bombardeios da Segunda Guerra Mundial tenham destruído muito da coerência arquitetônica de Reims, ainda restam alguns monumentos extraordinários. O **Criptopórtico** (parte do fórum) e a **Porte Mars** (arco triunfal da era de Augusto) lembram o passado de Roma. Em 1945, a rendição alemã foi no atual **Musée de la Reddition**, quartel-general de Eisenhower durante a guerra. O **Musée des Beaux-Arts** abriga uma bela coleção de pinturas dos séculos XV e XVI, com cenas bíblicas, retratos de Cranach, obras dos impressionistas da Escola de Barbizon, de mestres modernos e mais de vinte paisagens de Corot. Além disso, tem *A morte de Marat*, de David.

Em 1996, Reims comemorou os 1.500 anos do batismo de Clóvis, rei dos francos, na catedral da cidade.

### 🏛 Ancien Collège des Jésuites e Planetarium
*1 pl Museux.* **Tel** *03 26 35 34 70.*
**Collège** 🛇 *Planetário.*

Fundado em 1606, este colégio foi um abrigo para desamparados até 1976. Suas videiras de 300 anos, as adegas de vinho românicas e o seu interior barroco aparecem em filmes como *Germinal* (1992) e *A rainha Margot* (1993), com Isabelle Adjani, mas os destaques são o teto, em marchetaria, e a cozinha, o único lugar onde eram permitidas lareiras em um estabelecimento jesuíta austero. Uma escada dupla em espiral leva a uma biblioteca barroca com um teto semelhante a um barco virado para baixo. Instalado no mesmo prédio desde 1979, este planetário tem vista para o céu de todos os lugares do mundo.

### 🔒 Basilique St-Remi
Pl St-Remi. ⊙ *diariam.* ♿

Hoje isolada em um bairro moderno, esta abadia beneditina, a mais velha de Reims, começou como uma basílica carolíngia dedicada ao primeiro

Porte Mars relembra os tempos romanos de Reims

---

**MÉTODO CHAMPENOISE**

Para produzir as características borbulhas, o champanhe tem de passar por um processo de fermentação dupla.
**Primeira fermentação:** o vinho-base feito de uvas ácidas é fermentado a 20°C-22°C em tanques de aço inoxidável ou às vezes em barris de carvalho. Depois é retirado com sifão dos sedimentos e mantido em temperaturas mais frias para clarear completamente, antes de ser levado e misturado com vinhos de outras áreas e anos (exceto no caso de champanhe safrado). O vinho é engarrafado e o *liqueur de tirage* (açúcar, vinho e fermento) é acrescentado. **Segunda fermentação:** as garrafas são armazenadas durante um ano ou mais em frescas adegas de calcário. O fermento transforma o açúcar em álcool e óxido de carbono, que produz as borbulhas. As células de fermento morrem deixando um depósito. As garrafas são viradas e batidas de leve diariamente (*remuage*) para levar os depósitos para o gargalo. Finalmente, os depósitos são expelidos pelo processo de *dégorgement*. Adiciona-se um pouco de calda de açúcar (*liqueur d'expédition*) para adoçar antes da última rolha.

Champanhe Mumm, de Reims

---

*Veja hotéis e restaurantes desta região nas pp. 558-61 e 610-2*

bispo da cidade, São Remígio (440-533). Dentro, encontra-se um coro gótico e capelas, além de capitéis românicos no transepto norte.

### 🏛 Musée St-Remi

53 rue Simon. **Tel** *03 26 85 00 01*. ☐ *diariam à tarde.* ● *1º jan, 1º mai, 14 jul, 1º e 11 nov, 25 dez.*
Instalado na antiga abadia, o museu adjacente encerra a casa paroquial original em estilo gótico dentro de seu claustro do século XVII. No interior do museu, estão expostos artefatos arqueológicos, tapeçarias do século XV que mostram a vida de Saint Remi e uma coleção com armas dos séculos XVI ao XIX.

### 🏛 Fort de la Pompelle

8km a sudeste de Reims. **Tel** *03 26 49 11 85.* ☐ *qua-seg.*
Construído para proteger Reims após a Guerra Franco-Prussiana, este forte abriga um museu de capacetes militares da Alemanha imperial.

## Épernay ❷

Marne. 👥 *25.000.* 🚉 ℹ️ *7 av de Champagne (03 26 53 33 00).* 🛒 *qua, sáb e dom.* **www.**ot-epernay.net
A única razão para visitar Épernay é meter-se nas *caves* de calcário e provar o champanhe.

**O dégorgement** *é a última remoção dos depósitos de fermento da garrafa. O gargalo é mergulhado em salmoura a ponto de congelamento e o bloco de sedimento congelado é removido.*

**Estátua de dom Perignon, na Moët**

Esta cidade domina a indústria do champanhe e tem a renda *per capita* mais alta da França. Prova disso são as mansões em estilo renascentista de imitação da avenue de Champagne. A **Moët & Chandon**, que data de 1743, tem a maior e mais bela *maison* e é a estrela do plantel Moët-Hennessy.

O grupo possui outras marcas, tais como Mercier, Krug, Pommery, Veuve Clicquot e Canard Duchêne.

Há pouco que escolher entre uma visita às adegas Moët e Chandon ou **Mercier** – ambas estão na avenue de Champagne. A Mercier apresenta um tonel gigante criado para a Exposição de Paris de 1889 e leva os visitantes pelas *caves* de trem elétrico.

**De Castellane**, na avenue de Verdun, oferece uma excursão mais personalizada, seguida de uma boa degustação.

### 🍾 Moët & Chandon

18 av de Champagne. **Tel** *03 26 51 20 20.* ☐ *fim mar meados de nov. diariam; meados nov-dez, fev-fim mar: seg-sex.* 📷 🚫 *obrig.* **www.**moet.com

### 🍾 Mercier

70 av de Champagne. **Tel** *03 26 51 22 22.* ☐ *meados mar-nov diariam; dez-meados mar: qui-seg.* 📷 ♿ 🚫 *obrig.* **www.**champagnemercier.com

### 🍾 De Castellane

57 rue de Verdun. **Tel** *03 26 51 19 19.* ☐ *diariam (jan-mar. somente sáb e dom).* 📷 ♿ *restrito.* 🚫 *obrig.* **www.**castellane.com

**O marketing sedutor** *do champanhe, desde o século passado, vem garantindo o seu sucesso.*

**As borbulhas no champanhe** *são produzidas durante a segunda fermentação. O envelhecimento por vários anos melhora a qualidade do produto.*

# Catedral de Reims

A catedral gótica de Notre-Dame, em Reims, é famosa por sua harmonia e monumentalidade. Está no mesmo local desde o ano 401, mas o edifício atual começou a ser construído em 1211. Reims foi cenário de coroações desde a época medieval até 1825. A coroação de Carlos VII, em 1429, foi assistida por Joana d'Arc.

Durante a Revolução, o biombo e as janelas foram destruídos, mas o trabalho de cantaria resistiu. Os estragos da Primeira Guerra Mundial foram finalmente restaurados em 1996, coincidindo com a comemoração de 1.500 anos do batismo de Clóvis, rei dos francos, em Reims. Essa cerimônia foi considerada a primeira coroação de um rei francês.

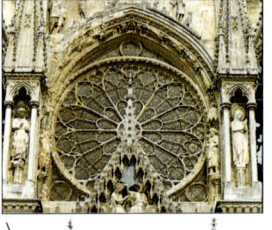

### ★ Grande Rosácea
*Esta janela do século XIII mostra a Virgem cercada por apóstolos e anjos músicos. Ela está dentro de outra janela maior, o que era comum no século XIII. A melhor hora para observá-la é ao pôr do sol.*

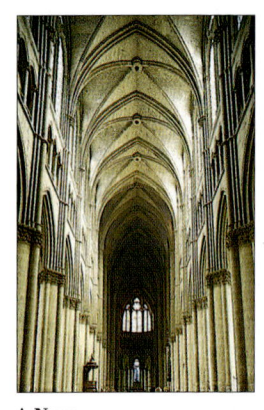

### A Nave
*Comparada com a nave de Chartres (pp. 308-11), a de Reims é mais alta. Seus elegantes capitéis estão decorados com motivos florais, como hera e pequenos frutos.*

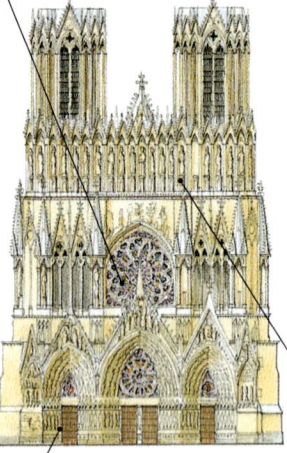

**FACHADA OESTE**

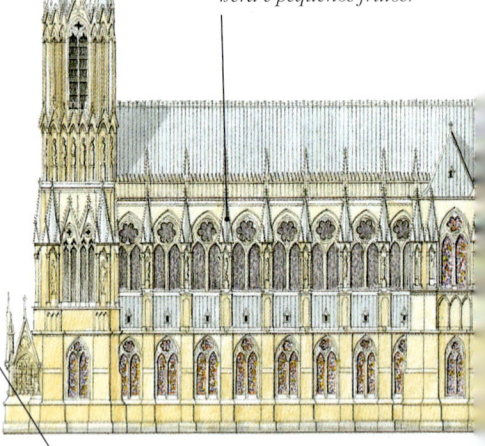

**FACHADA SUL**

### ★ Anjo Sorridente
*Reims é frequentemente chamada de "a catedral dos anjos". Acima do portal esquerdo (norte), este anjo enigmático de asas abertas é muito apreciado. Outros tantos decoram o edifício.*

### ★ Galeria dos Reis
*A bela fachada oeste, decorada com mais de 2.300 estátuas, é um dos traços mais característicos de Reims. São 56 efígies de pedra de reis franceses.*

*Veja hotéis e restaurantes desta região nas pp. 558-61 e 610-2*

## PALAIS DU TAU

O palácio do arcebispo, contíguo à catedral, é assim conhecido pelo projeto em T (*tau*, em grego), baseado nas primitivas cruzes episcopais. O palácio, construído em 1690 por Mansart e Robert de Cotte, tem como destaques a capela gótica, a Salle du Tau, do século XV, e dependências associadas às coroações francesas. Na véspera da coroação, o rei passava a noite no palácio. Depois de coroado na catedral, ele oferecia um lauto banquete no palácio. A Salle du Tau é o salão de banquete, o mais belo aposento do palácio, com um teto abobadado e as paredes forradas com tapeçarias de Arras, do século XV.

Hoje é um museu de estatuária e tapeçarias da catedral. Possui uma tapeçaria do século XV que retrata o batismo de Clóvis, o primeiro rei cristão.

**Salle du Tau, o salão de banquete**

## PREPARE-SE

Cathédrale Notre-Dame, pl du Cardinal Luçon. **Tel** 03 26 47 55 34. 7h30-19h30 diariam. 8h e 19h seg, qua e sex; 8h ter, qui e sáb; 9h30 e 11h dom. marcar hora.
www.cathedrale-reims.com
**Palais du Tau Tel** 03 26 47 81 79. ter-dom. 1º jan, 1º mai, 1º e 11 nov, 25 dez.

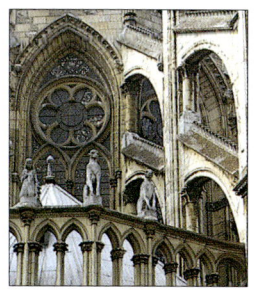

### A Galeria da Abside
*Restaurada em* claire-voie *(trabalho aberto) na abside, é coroada por estátuas de animais mitológicos.*

**Transepto sul**

**As capelas** a partir da abside são apoiadas por arcobotantes e estão enfeitadas por agulhas octogonais.

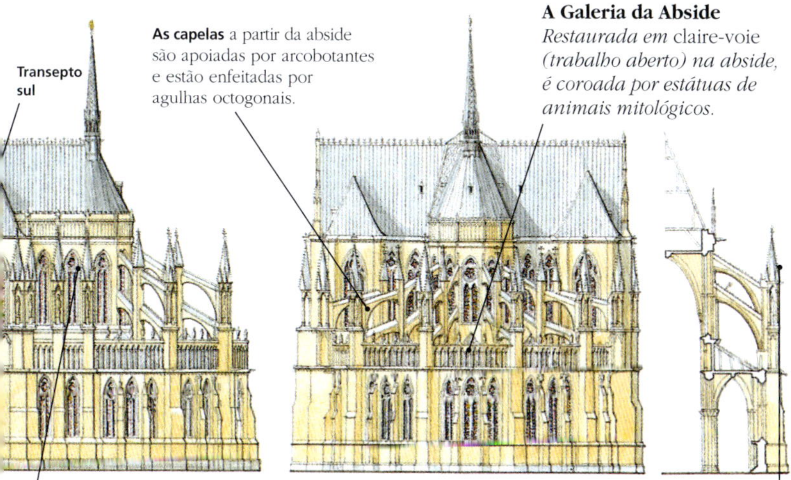

**ABSIDE**

**SEÇÃO LATERAL**

**As janelas do clerestório** foram as pioneiras do rendilhado gótico, criando um novo padrão de interseção e um novo aspecto decorativo.

**Agulhas** nos arcobotantes protegem os anjos guardiães, símbolos protetores da catedral.

## PONTOS ALTOS

★ Galeria dos reis

★ Anjo sorridente

★ Grande rosácea

### Vitral de Chagall
*Os vitrais na capela axial foram desenhados por Marc Chagall e realizados por artesãos locais. Esta janela representa a Crucificação e o Sacrifício de Isaac.*

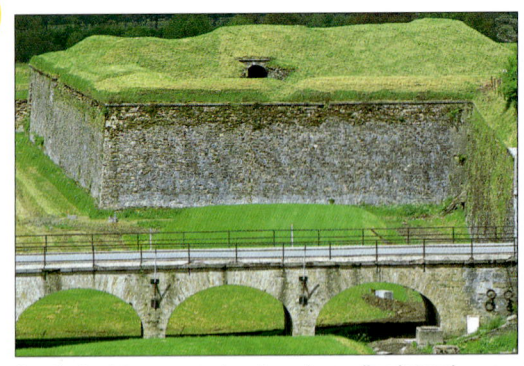

*O sentier touristique, um passeio ao longo das muralhas de Rocroi*

## Vallée de la Meuse ❸

Ardennes. 8.900. Revin. 65 quai Edgar Quinet, Revin (03 24 40 19 59). www.meuselavallee.org

O rio Meuse serpenteia pelas Ardennes em um cenário de desfiladeiros selvagens, bosques e formações rochosas arqueadas de granito e xisto.

Espetacularmente localizada no vale do rio Meuse, **Revin** não é tão importante quanto seu sítio, com a Vielle Ville desdobrando-se ao norte. Do cais vê-se o **Mont Malgré Tout** coberto de vegetação e a estrada salpicada de pontos de observação e trilhas íngremes. Logo ao sul, as **Dames de la Meuse**, afloramento rochoso sobre o desfiladeiro do rio.

**Monthermé** se estende em duas margens, com a Vielle Ville na esquerda. Os desfiladeiros rochosos ao redor de **Roche à Sept Heures**, um pouco mais adiante, ao longo das margens, convidam alpinistas e os que gostam de passear. A crista recortada do **Rocher des Quatre Fils d'Aymon** lembra a silhueta de quatro legendários cavaleiros do lugar.

## Rocroi ❹

Ardennes. 2.430. Revin. 14 pl d'Armes (03 24 54 20 06). ter e 1ª seg de cada mês. www.otrocroi.com.

Uma cidadela em forma de estrela, no planalto das Ardennes, Rocroi foi construída por Henrique II em 1555 e tornada à prova de invasões por Vauban em 1675 *(p. 226)*. Sua atração principal é o *sentier touristique*, uma caminhada ao longo das muralhas, com início na Porte de France, o portão ao sul. A reserva de Riezes tem orquídeas e plantas carnívoras.

## Charleville- -Mézières ❺

Ardennes. 58.000. 4 pl Ducale (03 24 55 69 90). ter, qui e sáb. www.charlevillemeziers.com

Conhecida como a porta das Ardennes, este ponto de passagem ao longo do rio foi, originalmente, duas cidades. A sombria cidadela medieval de Mézières só se uniu à clássica cidade de Charleville em 1966. Mézières, situada em uma curva do rio, possui casas com telhados irregulares de ardósia. Fortificações danificadas e portões podem ser vistos da avenue de St-Julien. Aninhada dentro de muralhas encontra-se a igreja gótica, bastante reformada, de **Notre-Dame de l'Espérance.**

O centro de Charleville é a **place Ducal**, modelo de planejamento urbano de Luís XIII, lembrando a place des Vosges, em Paris *(p. 91)*. O poeta Arthur Rimbaud nasceu aqui perto, em 1854, no nº 12 da rue Thiers, e passou sua infância à beira do Meuse, no nº 7 da quai Arthur Rimbaud.

Ao longo do cais está o Vieux Moulin, casa que inspirou *Le Bateau Ivre* (O barco ébrio), poema de Rimbaud. Aqui fica o **Musée Rimbaud**, com manuscritos e fotografias.

🏛 **Musée Rimbaud**
Quai Arthur Rimbaud. **Tel** 03 24 32 44 65. ter-dom. 1º jan, 1º mai, 25 dez. grátis 1º dom cada mês.

## Sedan ❻

Ardennes. 20.000. 32 rue du Menil (03 24 27 73 73). qua e sáb. www.tourisme-sedan.com

Logo a leste de Charleville encontra-se o **Château de Sedan**, o maior castelo fortificado da Europa. Desde o século XI, cada conflito na região significou uma fileira a mais de defesas para Sedan.

Em 1870, durante a Guerra Franco-Prussiana, 700 canhões apontados para Sedan fizeram com que Napoleão III se rendesse aos prussianos e 83 mil prisioneiros franceses fossem deportados para a Prússia. Em maio de 1940, as forças alemãs dominaram Sedan e logo alcançaram a costa.

Esta muralha de sete andares contém desde partes medievais até algumas do século XVI. Os destaques de qualquer visita são as muralhas, as fortifica-

*O poeta Rimbaud, do século XIX, que nasceu e viveu em Charleville*

*Veja hotéis e restaurantes desta região nas pp. 558-61 e 610-2*

ções do século XVI e os beirais do século XV, em uma das torres. O **Musée du Château,** na ala sul, é um pouco confuso, mas tem uma seção dedicada a campanhas militares.

Este baluarte está cercado por casas de telhados de ardósia do século XVII que abraçam as margens do Meuse. Tudo reflete a época de prosperidade do antigo centro huguenote.

### 🏛 Musée du Château
1 pl du Château. **Tel** *03 24 27 73 73.* ☐ *Jul-ago: diariam; set-meados mar: ter-dom.* ⌘ *ter-sex à tarde.*

### Arredores
Mais ao sul está o **Fort de Villy-la-Ferté**, um dos poucos fortes da Linha Maginot conquistados pelo inimigo, em 1940, na Segunda Guerra Mundial, em um violento combate.

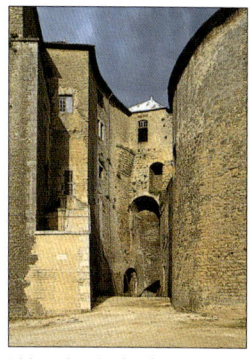

Pátio no interior fortificado do Château de Sedan

Gárgula da basílica de Notre-Dame de l'Epine

## Argonne ❼

Ardennes e Meuse. 🚆 *Châlons.* 🚌 *Ste-Menehould.* 🛈 *5 pl du Général Leclerc, Ste-Menehould (03 26 60 85 83).* **www**.argonne.fr

A leste de Reims, Argonne é uma região compacta com pitorescos vales e florestas, pontilhada de priorados, trincheiras e cemitérios de guerra.

Coberta por vegetação densa entre dois priorados rivais, o de Champagne e o da Lorena, Argonne foi sempre uma região de abadias e dioceses. Hoje em ruínas, a abadia de **Beaulieu-en-Argonne** tem uma prensa de vinho do século XIII e belas paisagens da floresta. Logo ao norte está **Les Islettes**, conhecida por suas peças de faiança e azulejos. Esta área irregular foi campo de batalha da Guerra Franco-Prussiana e da Primeira Guerra Mundial. **Butte de Vauquois**, ao norte de Les Islettes, tem um memorial de guerra.

## L'Épine ❽

Marne. 🏠 *670.* 🚆 *Châlons.* 🛈 *Mairie (03 26 66 96 99).*

L'épine vale a pena ser visitada por sua **Basilique de Notre-Dame de l'Épine**, cercada de trigais. Projetada em escala de catedral, esta igreja do século XV, em estilo gótico flamboyant, tem sido um centro de peregrinação desde a Idade Média. Até os reis franceses vieram aqui para venerar sua "milagrosa" estátua da Virgem.

Na fachada, três portais com frontões são equilibrados com um rendilhado flutuante, tendo um efeito de transparência que lembra a Catedral de Reims. Ao redor, gárgulas medonhas simbolizam os maus espíritos e os pecados mortais, afugentados pela presença santificada que emana da igreja. As esculturas mais ousadas foram julgadas obscenas e destruídas no século XIX. No interior gótico, destacam-se a tribuna do século XV e a famosa estátua da Virgem.

### AS IGREJAS DE MADEIRA DA CHAMPAGNE

Ao redor do Lac du Der-Chantecoq, a vegetação é de bosques, campinas alagadiças e doze igrejas em estilo românico e renascentista. Elas possuem madeirame à vista, frontões pontiagudos e *caquetoirs*, como são chamados seus pequenos alpendres de madeira. Algumas esconden lindos interiores trabalhados em madeira, com vitrais em cores vivas da Escola de Troyes.
Estradas rurais ligam as igrejas de Bailly-le-Franc, Chatillon-sur-Broué, Lentilles, Vignory, Outines, Chavanges e Montier-en-Der.

Igreja do século XVI, em Lentilles

## Châlons-en-Champagne ❾

Marne. 48.000.
3 quai des Arts (03 26 65 17 89).
qua, sex manhã, sáb e dom manhã.
www.chalons-tourisme.com

Cercada pelo rio Marne e por canais menores, Châlons tem o encanto burguês indolente das casas com madeirame à vista e jardins que se refletem nos canais. Nos arredores, seus vinhedos produzem o Blanc de Blancs.

Do cais de Notre-Dame, veem-se as pontes antigas, as torres de **Notre-Dame-en-Vaux**, uma obra-prima do românico-gótico. Atrás da igreja está o bairro medieval restaurado e o **Musée du Cloître**, que guarda claustros românicos.

A **Cathédrale St-Etienne**, perto do canal, é gótica, mas tem portal barroco, cripta românica e belos vitrais medievais. Um pouco além está o **Petit Jard**, um jardim ao longo do rio que dá para o Château du Marché, como é chamada a torre de pedágio construída por Henrique IV. Agradáveis passeios pelo rio da cidade são oferecidos no posto de informação turística.

### 🏛 Musée du Cloître de Notre-Dame-en-Vaux
Rue Nicolas Durand. **Tel** 03 26 69 38 53. qua-seg. 1º jan, 1º mai, 1º e 11 nov, 25 dez.

## Troyes ❿

Aube. 63.000. 16 bd Carnot (03 25 82 62 70). diariam.
www.tourisme-troyes.com

Troyes é um encanto. Uma cidade com belas igrejas góticas e lindos pátios do século XVI, em um centro histórico que tem a forma de uma rolha de champanhe. A cidade é famosa pelos seus vitrais e *andouillettes* (chouriços), indústria de malhas de lã e lojas de fábrica.

A fachada oeste da **Cathédrale de St-Pierre-et-St-Paul**, em gótico flamboyant, está danificada, porém o interior abobadado é esplêndido. A nave é banhada por raios cor de malva, avermelhados, que

Estatuária da Catedral de St-Pierre-et-St-Paul, em Troyes

partem da rosácea do século XVI, complementados pelo tom turquesa da janela com a Árvore de Jessé e com o intenso azul das janelas medievais da abside.

Perto dali está a **Église St-Nizier**, com telhado de cerâmica borgonhesa, que brilha em meio às casas desbotadas atrás da catedral. Seu interior é iluminado por uma gama de tons de malva e azul.

A **Basilique de St-Urbain**, em harmonioso estilo gótico, possui grandes arcobotantes e belos vitrais do século XIII.

A **Église de Ste-Madeleine** é conhecida por seu anteparo rendado com motivos de folhagens, uvas e figos. Atrás há uma parede de vitrais em tons de marrom, vermelho e azul. A ruelle des Chats, uma interessante passagem coberta, liga a rue Charbonnet à rue Champeaux.

Localizada em um dos bairros mais preservados da cidade está a **Église de St-Pantaléon**, de frente para uma mansão renascentista. Seu interior mistura os estilos gótico e renascentista. Destacam-se a estatuária do século XVI e os vitrais em *grisaille* austero.

### 🏛 Musée d'Art Moderne
14 pl St-Pierre. **Tel** 03 25 76 26 80. ter-dom. feriados.

Ao lado da catedral, o antigo palácio episcopal é hoje um museu de arte moderna. Possui uma escultura de Auguste Rodin, uma boa coleção de pinturas fauvistas e outras obras modernas.

### 🏛 Hôtel du Petit Louvre
Rue de la Montée St-Pierre.
*Só pátio* diariam.

Situado perto do quai Dampierre, este *hôtel particulier*, recentemente restaurado, tem telhado em escama de peixe, torre medieval, pátio renascentista, escadaria e poço. A fachada está decorada com caras engraçadas e multicoloridas.

Rue Larivey, uma rua típica de casas com madeirame, em Troyes

*Veja hotéis e restaurantes desta região nas pp. 558-61 e 610-2*

### Arredores

O *playground* verde de Troyes está 25km a leste da cidade, no **Lac et Fôret d'Orient**. A floresta tem pântanos, reservas ecológicas e pequenos lagos. O Lac d'Orient, o maior lago artificial da Europa, é procurado por velejadores; o Lac Amance, por praticantes de esqui aquático; e o Lac du Temple, por pescadores.

## Chaumont ⓫

Haute-Marne. 26.000. 37 rue de Verdun (03 25 03 80 80). qua e sáb www.tourisme-chaumont-champagne.com

Antiga residência dos condes de Champagne, esta cidade feudal teve grande prestígio no século XIII. Em um extremo do desfiladeiro, sobre um terreno acidentado, está construída a cidade velha, dominada pelo Palais de Justice e um castelo fortificado. O castelo lembra que este tranquilo centro administrativo teve um passado terrível.

A **Basilique de St-Jean-Baptiste**, igreja *champenois* de pedra cinza, é o monumento mais importante. O interior é realçado pela construção abobadada em teia de aranha, uma escada torreada e galerias renascentistas. Perto da entrada, há uma pequena capela com a perturbadora escultura *O sepultamento* (1471), um grupo de dez pranteadores de pedra, de várias cores, em volta de Cristo no túmulo. No transepto à esquerda, uma estranha, mas divertida, Árvore de Jessé. Esse relevo renascentista de pedra, mal iluminado, mostra uma árvore brotando de Jesus.

### Arredores

23km a noroeste de Chaumont encontra-se **Colombey-les-Deux-Églises**, cidade para sempre associada ao general Charles de Gaulle (1890-1970). Os De Gaulle compraram sua casa, **La Boisserie**, em 1933, mas tiveram de abandoná-la durante a guerra, quando foi seriamente danificada. Após a reforma, De Gaulle voltaria para La Boisserie todos os fins de semana para escrever suas memórias. Ele morreu aqui,

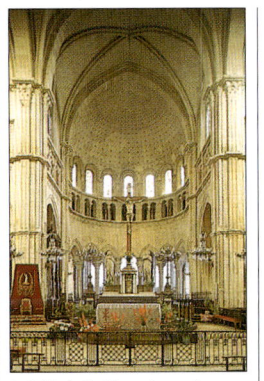

Cathédrale St-Mammès, em Langres

em novembro de 1970. A casa hoje é um museu e, no cemitério da cidade, o general e presidente da França (1958-69) ocupa um túmulo simples.

Há, no entanto, um grandioso memorial para o general De Gaulle, condizente com a sua noção de *la gloire*. É a grande cruz de Lorena, erguida em granito em 1972, que domina o horizonte da cidade. Na base fica um novo museu dedicado à vida de De Gaulle.

### 🏛 La Boisserie
Colombey-les-Deux-Églises. **Tel** 03 25 01 52 52. meados out-meados abr: qua-seg; meados abr-meados out; diariam.

### 🏛 Mémorial Charles de Gaulle
**Tel** 03 25 30 90 80. out-abr: qua-seg; mai-set: diariam. www.memorial-charlesdegaulle.fr

## Langres ⓬

Haute-Marne. 9.000. square Olivier Lahalle (03 25 87 67 67). sex. www.tourisme-langres.com

Situada sobre um contraforte rochoso, Langres se encontra além de Chaumont, em uma região mais atrasada do sul de Champagne. Esta antiga diocese era um dos portões de acesso à Borgonha e terra natal do enciclopedista Denis Diderot (1713-84). Langres se promove com suas fontes d'água e por sua proximidade das nascentes do Sena e do Marne, o que lhe concederia poderes místicos.

A grande atração de Langres é, no entanto, a muralha medieval que a circunda. Uma sucessão de torres e parapeitos permite ver os românticos portões da cidade e as mansões renascentistas esculpidas, com vista panorâmica do vale do Marne, do planalto de Langres, dos Vosges e, em dias claros, até do Mont Blanc.

Perto da Porte Henri IV está a **Cathédrale St-Mammès**, muito reformada. O interior escuro, mais românico borgonhês, é compensado pelos capitéis esculpidos da abside, copiados de um templo de Júpiter.

A animada temporada de verão de Langres inclui reencenações históricas, teatro e fogos de artifício.

Memorial do general de Gaulle, em Colombey-les-Églises

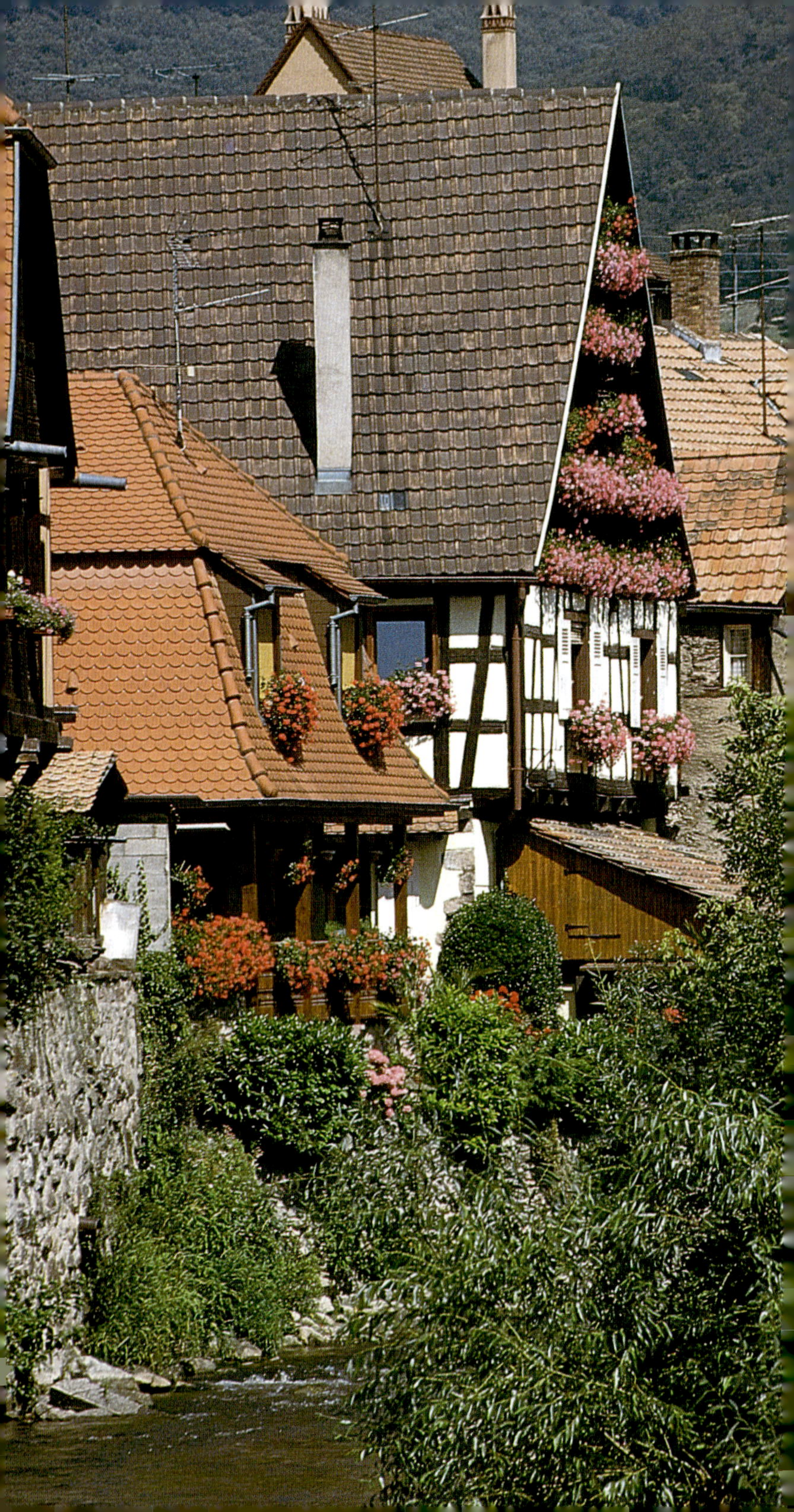

# ALSÁCIA E LORENA

MEURTHE-ET-MOSELLE · MEUSE · MOSELLE · BAS-RHIN
HAUT-RHIN · VOSGES

Como regiões fronteiriças, Alsácia e Lorena têm sido disputadas durante séculos por França, Alemanha e Áustria. Por seu passado tumultuado, a região é lembrada por muitos como fortaleza militar e cemitério. Hoje apresenta um aspecto pacífico, com vilas pintadas em tom pastel, cidades fortificadas e vinhedos sossegados.

Na fronteira nordeste da França, limitada pelo Reno, a Alsácia forma um fértil divisor de águas entre os Vosges e a Floresta Negra, na Alemanha. A Lorena, com suas paisagens onduladas do outro lado das montanhas, é a prima mais pobre, mas sem dúvida mais francesa de espírito.

### TERRITÓRIO AMEAÇADO

Apanhadas pelas guerras entre a França e a Alemanha, a Alsácia e parte da Lorena já trocaram de nacionalidade quatro vezes desde 1871. Séculos de luta fizeram de Metz, Toul e Verdun, na Lorena, cidadelas de fronteira, enquanto a Alsácia possui muitos castelos, desde Haut-Koenigsburg, à fortaleza arruinada de Saverne, construída para controlar o passo estratégico dos Vosges. No entanto, a região tem uma identidade própria forte, orgulhando-se dos costumes locais, das tradições e dos dialetos. Na Alsácia, os vinhedos da Rota do Vinho misturam-se com as lindas vilas no sopé das colinas dos Vosges. Estrasburgo, a capital, é uma cidade cosmopolita, com um centro do século XVI, enquanto Nancy, capital histórica da Lorena, apresenta a arquitetura elegante do século XVIII e o planejamento urbano.

Muito dos atrativos desta região está na sua *cuisine*. A Lorena oferece cerveja e a *quiche lorraine*. Na Alsácia, aconchegantes *winstubs*, ou adegas de vinho, servem chucrute e vinhos brancos como Riesling e Gewürztraminer. Há também ótimos restaurantes na região.

Aldeões desfrutam a vista de sua janela em Hunspach, norte de Estrasburgo, nos Vosges do norte

◁ Casas com madeirame à vista e varandas floridas ao longo da Rota do Vinho, na Alsácia

# Como Explorar a Alsácia e a Lorena

Visitantes interessados em arte e arquitetura ficarão encantados com as cidades medievais e museus da região. A Lorena, ainda pouco conhecida, é o lugar para visitar as fortalezas militares, andar pela zona rural e desacelerar em um spa. Por outro lado, a Alsácia oferece florestas e montanhas escarpadas dos Vosges, pitorescas vilas e vinhos generosos. A Rota do Vinho *(pp. 232-3)* tem algumas das mais belas paisagens da região e é muito popular nos festivais da colheita de uvas, mas vale a visita em qualquer estação.

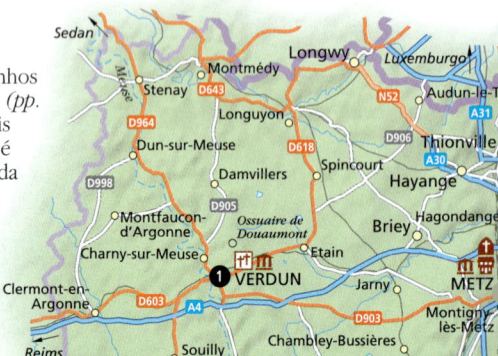

## PRINCIPAIS ATRAÇÕES

Betschdorf ⓘ8
Château du Haut-
   -Koenigsbourg ⓘ3
Colmar ⓘ0
Eguisheim ❾
Gérardmer ❺
Guebwiller ❼
Metz ❸
Mulhouse ❻
Nancy ❹
Neuf-Brisach ❽
Obernai ⓘ5
Ribeauvillé ⓘ2
Riquewihr ⓘ1
Saverne ⓘ7
Sélestat ⓘ4
Estrasburgo ⓘ6
Toul ❷
Verdun ❶

Plantação de girassóis nos arredores da vila de Turckheim

**Legenda dos símbolos** *no final do guia*

# ALSÁCIA E LORENA

A pitoresca vila de Riquewihr, na Rota do Vinho

## COMO CHEGAR

Há boas conexões rodoviárias e ferroviárias entre as cidades de Estrasburgo, Colmar, Metz e Nancy e para Suíça e Alemanha. As principais estradas que passam pela região, ou levam até ela, são: N4, A31 e A35; a A4 leva a Paris e a N59 e o túnel que passa por baixo dos Vosges. Viagens pelos Vosges e pela Rota do Vinho devem ser feitas de carro ou em passeios organizados a partir de Colmar ou Estrasburgo. O TGV de Paris leva 2 horas e 20 minutos.

### LEGENDA

- Rodovia
- Estrada principal
- Estrada secundária
- Estrada local
- Percurso com paisagem
- Ferrovia principal
- Ferrovia local
- Fronteira internacional
- Fronteira regional
- △ Cume

O Ossuaire de Douaumont, com os restos de soldados mortos nos campos de batalha de Verdun

## Verdun ❶

Meuse. 21.000. pl de la Nation (03 29 86 14 18). sex. www.verdun-tourisme.com

Verdun será para sempre lembrada por causa dos horrores da batalha de mesmo nome, em 1916 e 1917, durante a qual cerca de um milhão de soldados morreram em quase um ano de combate na Primeira Guerra Mundial. Os alemães pretendiam arrasar o moral francês destruindo os fortes de Douaumont e Vaux (construídos para evitar a repetição da humilhante derrota francesa na Guerra Franco-Prussiana de 1870) e terminando por ocupar Verdun, cidadela do nordeste da França. Os franceses lutaram apenas para impedir a queda da cidade. O impasse e a matança continuaram aqui até o fim da guerra, e apenas em 1918 os alemães recuaram de suas posições a exatos 5km da cidade.

No lado norte do morro, na periferia de Verdun, você pode visitar museus, memoriais, campos de batalha e cemitérios comoventes. Nessa região devastada, nove vilas foram riscadas do mapa. O **Musée Memorial de Fleury** conta a história delas. Perto daí, o **Ossuaire de Douaumont** guarda os restos não identificados de mais de 300 mil franceses e alemães mortos em combate. Um dos mais impressionantes monumentos da batalha de Verdun é o memorial feito por Rodin, na própria Verdun. Retrata a figura alada da Vitória, que não consegue alçar voo porque ficou presa aos restos mortais de um soldado.

A cidade de Verdun foi sempre fortificada ao longo dos séculos. A **Porte Chausée**, um portão fluvial medieval com ameias, ainda guarda a entrada oriental da cidade e é a mais marcante das fortificações remanescentes.

Embora destruída na guerra, a **Citadelle Souterraine** ainda ostenta uma torre do século XII, única relíquia da abadia original que Vauban, arquiteto de Luís XIV, incorporou ao seu projeto militar. Hoje é um museu da guerra, o **Musée de la Citadelle Militaire**, que recria por meio de um audiovisual o papel de Verdun na Primeira Guerra Mundial. As casamatas da fortaleza ganham vida na forma de trincheiras sinistras e, no fim da apresentação, mostra como o "Soldado Desconhecido" foi escolhido para o túmulo simbólico sob o Arc de Triomphe, em Paris *(p. 107)*.

Na catedral do centro descobriram-se traços românicos após os bombardeios de 1916.

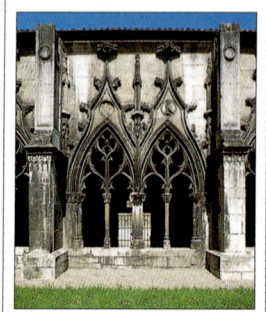

Claustros do século XVI da Église St-Gengoult, em Toul

**🏛 Citadelle Souterraine**
Ave du 5ième R.A.P. **Tel** 03 29 86 14 18. diariam. jan e 25 dez.

## Toul ❷

Meurthe-et-Moselle. 17.000. 1 pl Charles de Gaulle (03 83 64 90 60). qua e sex. www.lepredenancy.fr

Situada nas florestas escuras a oeste de Nancy, a fortaleza octogonal de Toul é circundada pelo Moselle e pelo canal do Marne. Com Metz e Verdun, Toul foi uma das dioceses do século IV. No século XVIII, Vauban erigiu a cidadela, da qual restam o anel de canais defensivos, as muralhas octogonais e a **Porte de Metz**.

A **Cathédrale St-Etienne**, iniciada no século XIII, levou 300 anos para ser construída. Foi danificada na Segunda Guerra Mundial, mas a pureza do estilo champanhês persiste, especialmente no interior alto, com galerias abobadadas. A imponente fachada em gótico *flamboyant* é ladeada por duas torres octogonais. Na rue du Général-Gengoult, atrás da **Église de St-Gengoult**, existe uma série de casas renascentistas com esculturas.

Logo ao norte da cidade estão os vinhedos que produzem os vinhos Côtes de Toul.

### Arredores

O sul de Toul, próximo à cidade de Neufchâteau, é o local de nascimento de Joana d'Arc, em **Domrémy-La-Pucelle**. Ao lado da casa onde ela nasceu há uma exposição sobre

*Veja hotéis e restaurantes desta região nas pp. 561-2 e 612-4*

sua história extraordinária. O enorme **Parc Régional de Lorraine** inclui chalés de telha vermelha, vinhedos, florestas, terras de cultivo, terras altas de pastagem, pântanos e lagos. As pousadas aqui são famosas pela *quiche* e pela *potée lorraine*. Esta última leva bacon.

*Júpiter matando um monstro*, na Coluna de Merten, na Cour d'Or

## Metz ❸

Moselle. 125.000. pl d'Armes (03 87 55 53 76). sáb. www.tourism.metz.fr

Situada na confluência do rio Moselle com o Seille, Metz é uma cidade austera e bela. Vinte pontes cruzam seus rios e canais, e há lindos passeios ao longo das águas. Cidade galo-romana e hoje capital da Lorena, sempre foi um peão na dança das fronteiras – anexada pela Alemanha em 1871, voltou à França em 1918.

Localizada em uma colina sobre o Moselle, a **Cathédrale St-Etienne** dá vista para o centro histórico. No interior, há vitrais, inclusive alguns de Chagall.

A noroeste da catedral, uma ponte estreita de madeira conduz à Île Petit Saulcy, local do mais antigo teatro francês ainda em uso. Do outro lado da catedral, a **Porte des Allemands**, que cruza o rio, mais parece um castelo medieval, por causa da ponte, das torres e do portão do século XIII com torres que lembram saleiros.

Na Vielle Ville, a bela place St-Louis está rodeada de mansões do século XIV, altas e com arcadas. A **Église de St-Pierre-aux-Nonnains** é tida como uma das mais antigas da França. As paredes externas e a fachada danificada são da época dos romanos, enquanto outras partes pertencem a um convento do século VII. Perto daí encontra-se a **Chapelle des Templiers**, construída no século XIII pelos cavaleiros templários.

### 🏛 Centre Pompidou Metz
1 parvis des Droits de l'Homme. **Tel** 03 87 15 39 39. seg-qua. 1º mai.
Este museu é um anexo do Centre Pompidou, em Paris *(pp. 92-3)*. Exibe arte moderna europeia em um singular edifício hexagonal.

### 🏛 Musée de la Cour d'Or
2 rue du Haut-Poirier. **Tel** 03 87 20 13 20. qua-seg. feriados.
Também conhecido como Musée d'Art et d'Histoire, este museu com ótimo acervo está instalado no mosteiro dessacralizado Petits-Carmes, do século XVII, ao qual foram incorporadas as termas galo-romanas e a casa de coleta do dízimo. O museu exibe pedras entalhadas dos merovíngios, tetos góticos e pinturas alemãs, flamengas e francesas.

### CEGONHAS-BRANCAS

As cegonhas-brancas, símbolo de boa sorte na Alsácia, eram sempre vistas no nordeste da França. Elas passam o inverno na África e migram para o norte para se reproduzir. No entanto, a drenagem contínua das terras alagadas, os pesticidas e a rede de cabos elétricos ameaçam a sobrevivência dessas aves. Um programa para trazer as cegonhas de volta à Alsácia-Lorena criou centros de reprodução, como em Molsheim e Turkheim, e elas já são vistas de novo na região.

A Chapelle des Templiers, do século XIII, com afrescos restaurados, em Metz

Place Stanislas, em Nancy, com a estátua de Luís XV, sogro do duque da Lorena, Stanislas Leczinski

# Nancy

Meurthe-et-Moselle. 108.000. 14 pl Stanislas (03 83 35 22 41). ter-sáb. www.ot-nancy.fr

A capital histórica da Lorena dá para o canal do Marne e o rio Meurthe. Stanislas Leczinski, duque da Lorena (*p. 302*), embelezou a cidade de Nancy a tal ponto que a tornou um modelo de planejamento urbano da "idade do ouro" do século XVIII.

A segunda "idade do ouro" ocorreu na virada do século XX, quando o fabricante de vidros Emile Gallé fundou a Escola de Nancy, precursora do movimento Art Nouveau na França.

A **place Stanislas** é o mais renomado ponto de referência de Nancy. Projetada por volta de 1750, esta praça de proporções elegantes está cercada por portões dourados, trabalhados em ferro, e grades, que têm sido restauradas. Acompanhando a praça há *hôtels particuliers* e restaurantes chiques.

Um Arc de Triomphe conduz à place de la Carrière, graciosa e arborizada. No outro extremo, ladeado por arcadas semicirculares, está o **Palais du Gouvernement**, em estilo gótico. Ao lado, no Parc de la Pépinière, fica a estátua de Claude Lorrain, o pintor de paisagens nascido perto de Nancy, executada por Rodin.

A Grande Rue dá uma ideia da Nancy medieval. Das fortificações originais restou apenas a Porte de la Craffe, que foi prisão depois da Revolução.

### Église et Couvent des Cordeliers et Musée Régional des Arts et Traditions Populaires

64 e 66 grande rue. **Tel** *03 83 32 18 74*. ter-dom. 1º jan, dom de Páscoa, 1º mai, 14 jul, 1º nov, 25 dez.

Os duques da Lorena estão enterrados na cripta e o mosteiro ao lado é hoje o Musée Régional des Arts et Traditions Populaires, exibindo folclore, mobiliário, vestuário e artesanato.

### Musée des Beaux-Arts

3 pl Stanislas. **Tel** *03 83 85 30 72*. qua-seg. alguns feriados.

Este museu de belas-artes foi restaurado e ampliado recentemente, permitindo que 40% a mais de seu expressivo acervo de arte europeia dos séculos XIV ao XX fique exposto. São obras de Delacroix, Manet, Monet, Berthe Morisot, Utrillo, Dufy e Modigliani. A coleção de artigos de vidro é formidável.

### Musée Historique Lorraine

Palais Ducal, 64 grande rue. **Tel** *03 83 32 18 74*. ter-dom. 1º jan, 1º mai, 14 jul, 1º nov, 25 dez.

O museu da história da Lorena conta com uma coleção importante de achados arqueológicos, esculturas e pinturas, inclusive duas de Georges de la Tour.

### Musée de l'École de Nancy

36-38 rue de Sergent Blandan. **Tel** *03 83 40 14 86*. qua-dom. 1º jan, 1º mai, 14 jul, 1º nov, 25 dez.

Este museu exibe, em ambientes reconstruídos, mobiliário, tecidos e joias, assim como vidros de Emile Gallé, fundador da Escola de Nancy.

Arc de Triomphe na place Stanislas, que conduz à place de la Carrière

## A ROUTES DES CRÊTES

Esta estratégica estrada de montanha (83km) liga os vales dos Vosges do Col du Bonhomme a Cernay, a leste de Thann, geralmente através de bosques. Colada na encosta ocidental dos Vosges, a Routes des Crêtes foi aberta durante a Primeira Guerra Mundial para evitar que os alemães observassem os movimentos das tropas francesas. Quando não envoltas em brumas, as vistas são extraordinárias a partir de suas muitas *crêtes* (belvederes naturais).

Paisagem dos Vosges vista da Routes des Crêtes

*Veja hotéis e restaurantes desta região nas pp. 561-2 e 612-4*

# Gérardmer

Vosges. 10.000.
4 place des Déportés (03 29 27 27 27). qui e sáb.
www.gerardmer.net

Aninhada na encosta dos Vosges do lado da Lorena, na beira de um magnífico lago, Gérardmer é mais um cenário do que uma cidade. Em novembro de 1944, pouco antes da libertação, Gérardmer foi aniquilada pelos nazistas, de acordo com a tática de "terra arrasada", mas o lugar foi reconstituído. O comércio local baseia-se nas serrarias e no artesanato de madeira, e o turismo está rapidamente substituindo a indústria têxtil.

Gérardmer é hoje um balneário muito procurado. No inverno, as encostas íngremes dos Vosges Cristallines, ao redor da cidade, transformam-se em uma estação de esqui, enquanto o lago é usado para esportes aquáticos no verão. Outras atrações da cidade são caminhadas ao longo do lago, passeios de barco e o queijo Géromée, semelhante ao Munster, do lado alsaciano. Gérardmer tem o mais antigo centro de informação turística do país, de 1875.

No entanto, são as paisagens vistas de passeios de carro e as caminhadas pelos Vosges que atraem os mais aventureiros. A maior parte sai em direção à fronteira alsaciana e a **Routes de Crêtes**, que pode ser alcançada em Col de la Schlucht

Recriando o artesanato das vilas no Ecomusée d'Alsace, em Ungersheim

# Mulhouse

Haut Rhin. 115.000.
9 av du Maréchal Foch (03 89 35 48 48). ter, qui e sáb.
www.turisme-mulhouse.com

Próxima da fronteira com a Suíça, Mulhouse é uma cidade industrial que foi terrivelmente danificada durante a Segunda Guerra Mundial. No entanto, há diversos museus técnicos e lojas, além de tavernas alsacianas e bares de vinho suíços. Muitos visitantes usam a cidade como base para explorar as colinas de Sundgau, na fronteira suíça.

O **Musée de l'Impression sur Etoffes**, na 14 rue Jean-Jaques Henner, dedica-se a têxteis e pintura em tecidos, enquanto o **Musée du Chemin de Fer**, na 2 rue Alfred Glehn, tem uma coleção de locomotivas a vapor e elétricas. O **Musée National de l'Automobile**, na 192 avenue de Colmar, orgulha-se de ter cem Bugattis, algumas Mercedes e o Rolls-Royce de Charles Chaplin. Na place de la République, parte mais animada da cidade, encontra-se o Musée Historique.

Porco-preto-alsaciano no Ecomusée d'Alsace, em Ungersheim

### Arredores

Em Ungersheim, ao norte de Mulhouse, o **Ecomusée d'Alsace** preserva e mostra as heranças rurais da região. A casa fortificada do século XII, em Mulhouse, tem até jardim gótico. As fazendas funcionam de acordo com os sistemas tradicionais, com animais como o porco-preto-alsaciano. O artesanato rural pode ser visto em seu ambiente.

🏛 **Ecomusée d'Alsace**
Chemin du Grosswald. **Tel** 03 89 74 44 65. abr-out e dez: diariam.

O lago de Gérardmer oferece atividades esportivas e lazer

## Guebwiller ❼

Haut Rhin. 12.000. 73 rue de la République (03 89 76 10 63). ter e sex.
www.tourisme-guebwiller.fr

Cercada de vinhedos e vales cobertos de flores, Guebwiller é conhecida como "a porta para o vale das flores". No entanto, como cidade industrial produtora de têxteis e ferramentas, está desvinculada do campo. Há até casas monumentais, mas são as *caves* e igrejas que merecem visita.
Na bela praça encontra-se a **Église de Notre-Dame**, onde o barroco e o neoclássico se alternam com elegância, enquanto a **Église des Dominicains** ostenta afrescos góticos. A **Église de St-Léger** é ricamente decorada em estilo românico. Destacam-se a fachada, o pórtico triplo e o portal.

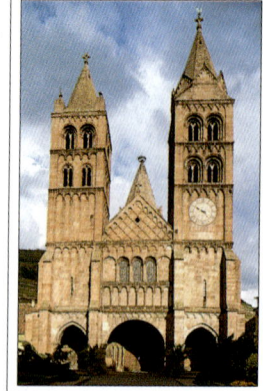

**Église St-Léger, em Guebwiller**

### Arredores
O vale do Lauch, a noroeste de Guebwiller, é conhecido como "Le Florival" pela variedade de flores que possui.
**Lautenbach** é o ponto de partida para caminhadas nesta reconhecida região de tranquilidade. A igreja da vila, românica, é de cor rosa forte e o portal retrata a paixão humana e a luta entre o bem e o mal. A praça conduz a uma pequena represa, a um *lavoir* (lugar público para se lavar) e a casas que se debruçam sobre as águas.

## Neuf-Brisach ❽

Haut Rhin. 2.100. Palais du Gouverneur, 6 pl d'Armes (03 89 72 56 66). sáb.
www.tourisme-rhin.com

Localizada perto da fronteira com a Alemanha, esta cidadela octogonal é a obra-prima do estrategista militar Vauban. Construída entre 1698 e 1707, segue um padrão em estrela, com torres simétricas encerrando 48 quadrados. Do centro, de onde se irradiam ruas retas para facilitar a defesa, está a place d'Armes e a Église de St-

## A CIDADELA DE NEUF-BRISACH

**Um círculo de defesa** foi construído ao redor dos fossos.

**Porte de Bâle**

**Place d'Armes,** antigamente usada para revista de tropas, oferecia refúgio.

**A Porte de Strasbourg** originalmente foi protegida por uma ponte levadiça.

**Bastião**

**A fortaleza** divide-se em 48 quadrados ou *ilôts*.

**As paredes da fortaleza** têm 5m de altura e 4,5m de largura na base

**A Porte de Belfort** abriga o Musée Vauban. A Porte de Belfort se comunica com a Porte de Colmar.

**Porte de Colmar**

ALSÁCIA E LORENA

*O famoso Retábulo de Issenheim, de Matthias Grünewald, em Colmar*

-Louis, construída em 1731-6. Com a obra, Vauban homenageou seu patrono, Luís XV, insinuando que a igreja era dedicada ao rei, e não exatamente ao santo homônimo.

Na Porte de Belfort está o **Musée Vauban**, que possui um modelo da cidade em relevo mostrando as defesas exteriores, agora cobertas pela vegetação. Elas representam as primeiras barreiras da fortaleza e são a razão pela qual a cidadela nunca foi tomada pelos inimigos.

**🏛 Musée Vauban**
Pl Porte de Belfort. **Tel** 03 89 72 03 93. ◯ mai-out: qua-seg; nov-abr: somente grupos com hora marcada.

## Eguisheim ❾

Haut Rhin. 👥 1.600. 🚌 🚏 22d grand'rue (03 89 23 40 33). www.ot-eguisheim.fr

Eguisheim é uma cidade muito especial, projetada em três círculos concêntricos de muralhas. Envolvido em muralhas do século XIII, o grupo de fortificações austeras e a elegância local fazem um conjunto harmonioso.

No centro da cidade está o **castelo feudal** octogonal dos condes de Eguisheim. Uma fonte renascentista em frente ao castelo ostenta a estátua de Bruno Eguisheim, nascido aqui em 1002, mais tarde papa Leão IX e posteriormente canonizado.

Na grand'rue alinham-se casas com madeirame à vista, muitas ostentando o ano de construção. Perto do castelo está **Marbacherhof**, um celeiro monástico que recebia o dízimo e estocava o milho. Em um largo vizinho, a igreja paroquial moderna mantém o tímpano original esculpido em estilo românico.

O resto da cidade mantém um ar de João e Maria. Nos pátios, oferecem-se vinhos *grands crus* para degustação. A partir da rue de Hautvilliers, um caminho fora das muralhas leva aos vinhedos.

## Colmar ❿

Haut Rhin. 👥 68.000. 🚇 🚌 🚏 4 rue d'Unterlinden (03 89 20 68 92). 🛒 seg, qua, qui e sáb. www.ot-colmar.fr

Colmar é a cidade mais bem preservada da Alsácia. Como posto de comércio e porto fluvial, teve seu apogeu no século XVI, quando os comerciantes de vinho embarcavam o produto que era enviado pelos canais, hoje conhecidos como **Petite Venise**. Atualmente, este passeio pode ser feito de barco, e o levará do bairro dos curtumes até a rue des Tanneurs. Ao lado fica a place l'Alsacienne Douane, dominada pela **Koifhüs**, uma alfândega em galeria, com telhas da Borgonha. Ela dá para casas com madeirame à vista, em tons pastel, e com pilares esculpidos.

Nas cercanias está a place de la Cathédrale, um quarteirão cheio de casas do século XVI. A gótica **Église de St-Martin** tem um portal sul digno de nota. A oeste fica a place des Dominicains, seus cafés e a enorme **Église Dominicaine**. Aqui está *La Vierge aux Brisson de Roses* (1473), também conhecida como "A Virgem da Roseira", de Martin Schongauer, resplandecente em vermelho e dourado. Schongauer é um renomado pintor de Colmar.

Na praça vizinha, place d'Unterlinden, encontra-se o **Musée d'Unterlinden**, antigo mosteiro dominicano que exibe quadros renanos. O destaque é o *Retábulo de Issenheim*, obra-prima de grande intensidade emocional que faz parte dos painéis alsacianos do início do século XVI, de Matthias Grünewald.

No centro histórico destaca-se a pitoresca rue des Têtes, com sua antiga bolsa de vinhos, uma casa renascentista conhecida como Maison des Têtes, devido às fisionomias fazendo caretas na fachada em frontão. Na rue Mercière fica a **Maison Pfister**, com sua torre delgada e as varandas típicas, decoradas com flores.

*Cais de la Poissonerie, na Petite Venise, área de Colmar*

*Veja hotéis e restaurantes desta região nas pp. 561-2 e 612-4*

## Riquewihr ⓫

Haut Rhin. 1.300.
2 rue de 1ère Armée (03 89 73 23 23). sex.
www.ribeauville-riquewihr.com

Os vinhedos chegam até as muralhas de Riquewihr, a mais linda vila na Rota do Vinho (pp. 232-3). Muito pragmáticos, os produtores de vinho plantam uma roseira no fim de cada fileira de videiras não só pelo efeito estético, como também para detectar parasitas a tempo. A vila pertenceu aos condes de Wurtemberg até a Revolução e prosperou com o vinho, de Tokay e Pinot Gris a Gewürztraminer e Riesling. Virtualmente um museu ao ar livre, Riquewihr tem muitas vielas de pedra, varandas enfeitadas com flor, pátios circundados por galerias, românticas muralhas e torres de vigia.

A partir do Hôtel de Ville, este **rue du Général de Gaulle** sobe suavemente, passando por casas medievais e renascentistas, casas com madeirame à vista, de pedra ou providas de mísulas. Balcões envidraçados competem com portais esculpidos e letreiros medievais. À direita está a **place des Trois Églises**. Uma passagem através das muralhas leva até os vinhedos. Mais adiante, encontra-se o **Dolder**, um campanário do século XIII, seguido da **Tour des Voleurs** (os dois são museus, e o segundo tem uma câmara de tortura medieval), assinalando a segunda fileira de muralhas. Além do portão, estão os **Cours des Bergers**, jardins dispostos ao redor das muralhas do século XVI. Os visitantes são mais numerosos do que a população local no verão e na época do mercado de Natal.

A linda e muito procurada vila de Riquewihr, em meio a vinhedos

## Ribeauvillé ⓬

Haut Rhin. 5.000.
1 grand'rue (03 89 73 23 23). sáb. www.ribeauville-riquewihr.com

Vigiada por três castelos em ruínas, Ribeauvillé é encantadora, como é de esperar de uma cidade favorecida pela Rota do Vinho. Esse status se deve, em parte, às boas vendas dos vinhos *grands crus* da Alsácia, especialmente o Riesling. Há vários pontos de degustação, principalmente perto do parque, na parte baixa da cidade (pp. 232-3). Na grand'rue (no nº 14) está a **Pfifferhüs**, a casa do menestrel, hoje um restaurante regional. Como dizem os cozinheiros locais, Ribeauvillé é a capital do *kougelhopf*, o famoso bolo de amêndoas alsaciano, de sabor leve.

Tortuosas ruelas se dobram quando passam pelas casas dos artesãos e dos *vignerons*, na parte alta da cidade. Pouco além existe fontes renascentistas, fachadas pintadas e **St-Grégoire-le-Grand**, uma igreja gótica. Daqui, uma trilha sinalizada leva até os vinhedos.

## Château du Haut-Koenigsbourg ⓭

Orschwiller. **Tel** 03 88 82 50 60.
diariam. 1º jan, 1º mai, 25 dez.
www.haut-koenigsbourg.fr

Pairando sobre a linda vila de St-Hippolyte, este castelo é a atração mais popular da Alsácia. Em 1114, o imperador da Suábia, Frederick de Hohenstaufen, construiu seu primeiro castelo teutônico aqui, destruído em 1462. Reconstruído e aumentado sob os Habsburgos, pegou fogo em 1633. No final do século XIX, o kaiser Guilherme II chamou o arquiteto Bodo Erhardt para restaurar o castelo. O resultado do trabalho foi a reconstrução exata do prédio original.

Com uma ponte levadiça, uma masmorra ameaçadora e as fortificações, este edifício híbrido de arenito é um sofisticado castelo feudal. A Cour d'Honneur é uma recriação, com uma pequena torre pontiaguda e galerias em arcadas. Dentro do castelo há câmaras góticas sombrias e salas renascentistas mais arejadas. A Grande Salle é a mais enfeitada, com uma galeria neogótica e revestimento em painéis. A partir das ameias, tem-se um belo panorama das terras do Reno fazendo divisa com a Floresta Negra e os Alpes. Do outro lado há vistas extensas, dos altos Vosges às vilas e vinhedos abaixo.

- Jardim superior
- Bastião oeste
- Ala oeste
- Paredes externas

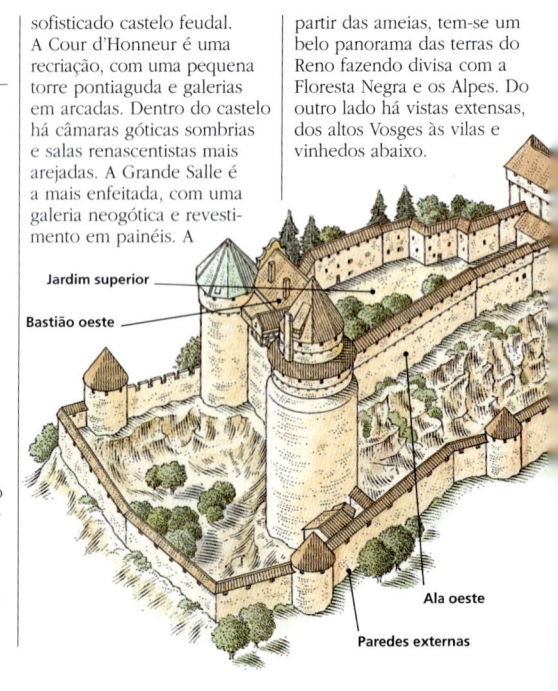

# ALSÁCIA E LORENA

Chapelle St-Sébastien, fora de Dambach-la-Ville, ao longo da Rota do Vinho

## Sélestat ⓮

Bas Rhin. 🏠 *17.000*. 🚉 🚌 ℹ️ *Commanderie Saint Jean, bd du Général Leclerc (03 88 58 87 20).* 🛒 *ter e sáb.* www.selestat-tourisme.com

Durante a Renascença, Sélestat foi o centro intelectual da Alsácia, com uma tradição humanística promovida por Beatus Rhenanus, amigo de Erasmo. A **Bibliothèque Humaniste** tem uma magnífica coleção de edições de alguns dos primeiros livros impressos, incluindo o primeiro livro citando a América, de 1507. Perto está a Cour des Prélats, uma mansão coberta de hera, e a Tour de l'Horloge, medieval. A **Église de St-Foy** é do século XII e tem um campanário octogonal. Do lado oposto, a **Église de St-Georges** tem telhas borgonhesas verdes e vermelhas.

### 🏛 Bibliothèque Humaniste
1 rue de la Bibliothèque. **Tel** 03 88 58 07 20. ⬜ seg, qua-sáb manhã; (jul-ago: qua-seg, menos dom manhã). ⬤ feriados. 🌐 www.bibliotheque-humaniste.eu

### Arredores
A medieval **Dambach-la-Ville** está ligada a Andlau e a Itterswiller, cidade das telhas vermelhas, por uma bela estrada rural que atravessa os vinhedos.

**Ebersmunster** é um pitoresco vilarejo. Sua abadia tem cúpulas em forma de cebola e um interior barroco suntuoso, em estuque dourado.

## Obernai ⓯

Bas Rhin. 🏠 *11.000*. 🚉 🚌 ℹ️ *pl du Beffroi (03 88 95 64 13).* 🛒 qui. www.obernai.fr

No extremo norte da Rota do Vinho, Obernai mantém o sabor da autêntica Alsácia: os residentes falam alsaciano, nas festas as mulheres vestem trajes tradicionais e os serviços religiosos na neogótica **Église de St-Pierre-et-St-Paul** são muito frequentados. A place du Marché está bem conservada, bem como o **Halle aux Blés**, edifício com frontão do século XVI (hoje restaurante), que armazenava milho, com a fachada enfeitada com cabeças de vacas e dragões. A place de la Chapelle tem uma fonte renascentista, o **Hôtel de Ville**, do século XVI, e o **Kapellturm**, o campanário com galerias góticas. As ruas laterais têm casas medievais e renascentistas com madeirame à vista. Um passeio pelos cafés da rue du Marché acaba no parque ao lado das muralhas.

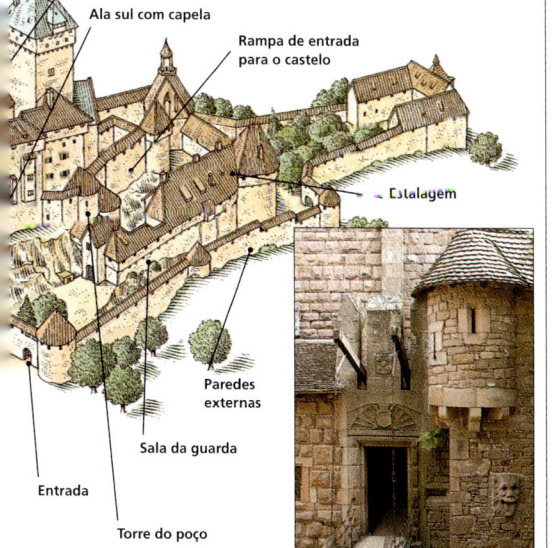

*Jovens alsaciens com trajes tradicionais*

### Arredores
Odila, a santa padroeira da Alsácia, do século VII, nasceu em Obernai, mas é venerada no **Mont Sainte-Odile**, a oeste.

**Molsheim**, antiga diocese e cidade fortificada, 10km ao norte, chama a atenção por Metzig, salão da associação dos açougueiros, renascentista. O **Memorial de l'Alsace-Moselle** em Schirmeck relembra os 10 mil mortos no campo de concentração de Struthof, no vale.

---

- Ala norte com cozinha
- Ala sul com capela
- Rampa de entrada para o castelo
- Estalagem
- Paredes externas
- Sala da guarda
- Entrada
- Torre do poço

Ponte levadiça dentro das muralhas do Château du Haut-Koenigsbourg

*Veja hotéis e restaurantes desta região nas pp. 561-2 e 612-4*

# Estrasburgo ⓖ

A meio caminho entre Paris e Praga, Estrasburgo é conhecida como a "encruzilhada da Europa". A cidade ostenta com desembaraço um ar cosmopolita europeu – afinal de contas, a famosa catedral já atendeu tanto congregações católicas quanto protestantes – e, como uma das capitais da União Europeia, ergueu o futurístico prédio do Parlamento Europeu nos arredores do centro histórico. As atrações tradicionais podem ser muito bem observadas quando se faz um passeio de barco pelos canais que circundam a cidade velha. Durante a excursão, veem-se as Ponts Couverts (pontes cobertas), ligadas a torres de vigia medievais que permitiam observar os quatro canais do rio Ill e a Petite France, um dos bairros onde se curtiam couros, pontilhado de fábricas e atravessado por muitas pontes.

**Estátua da catedral**

**Barco no canal**

**O portal central da fachada oeste da catedral**

### 🏛 Cathédrale Notre-Dame

Uma obra-prima de trabalho rendilhado em pedra, esta catedral de arenito "ergue-se como a mais sublime árvore de Deus, com amplos e abobadados galhos", como observou Goethe. Embora a construção tenha começado no fim do século XI (o coro é românico; a nave, gótica), só foi terminada em 1439, quando se concluiu a belíssima fachada oeste, iniciada em 1277. Os três portais estão ornamentados com estátuas. A glória maior é a rosácea.

O portal sul leva ao Pilier des Anges (Pilar dos Anjos), gótico, construído em cerca de 1230, ao lado do relógio astronômico. Aqui figuras mecânicas aparecem diariamente às 12h31, acompanhadas de um carrilhão. Na plataforma de observação da catedral, descobre-se a cidade. Nas noites de verão há concertos de órgão.

Na place de la Cathédrale está a Maison Kammerzell, antiga casa de um rico comerciante, com elaborados entalhes em madeira dos séculos XV e XVI.

### 🏛 Palais Rohan

2 pl du Château. **Tel** 03 88 80 50 50. ◯ qua-seg. ◼ 1º jan, Sexta-feira Santa, 1º mai, 1º e 11 nov, 25 dez. ◼ ◼ www.musee-stasbourg.org

Desenhado por Robert de Cotte, arquiteto do rei, este grande palácio clássico foi destinado aos príncipes-bispos de Estrasburgo. Ele abriga três museus: Musée des Beaux-Arts, Musée Archéologique e Musée des Arts Décoratifs. Este último é famoso pelos apartamentos oficiais e por uma das melhores coleções de cerâmica da França.

*Veja hotéis e restaurantes desta região nas pp. 561-2 e 612-4*

ALSÁCIA E LORENA

O Musée d'Art Moderne et Contemporain à beira do rio, em Estrasburgo

## PREPARE-SE

Bas Rhin. 500.000. 12 km sudoeste de Estrasburgo. place de la Gare (08 92 35 35 35). place des Halles (03 88 23 43 23). 17 place de la Cathédrale (03 88 52 28 28). qua, sex e sáb. Festival Internacional de Música (jun-jul). www.ot-strasbourg.fr

### CENTRO DE ESTRASBURGO

Cathédrale Notre-Dame ④
Maison Kammerzell ③
Musée Alsacien ⑦
Musée de l'Oeuvre
Notre-Dame ⑤
Palais Rohan ⑥
Petite France ②
Ponts-Couverts ①

0 m        250

**Legenda dos símbolos** *no final do guia*

### 🏛 Musée de l'Oeuvre Notre-Dame

3 place du Château. **Tel** 03 88 52 50 00. ter-dom. 1º jan, Sexta-feira, 1º mai, 1º nov, 25 dez. só térreo.

O impressionante museu da catedral possui muitas esculturas e vitrais originais do século XI.

A coleção de arte medieval e renascentista da Alsácia também está em exposição nesta casa sombria.

### 🏛 Musée d'Art Moderne et Contemporain

1 pl Hans-Jean Arp. **Tel** 03 88 23 31 31. ter-dom. 1º jan, Sexta-feira, 1º mai, 1º e 11 nov, 25 dez. *Concertos, cinema*.

Os vidros e a iluminação do prédio deste museu, projetado por Adrien Fainsilber, chamam a atenção, em especial à noite, quando o edifício parece um navio flutuando no rio. Expõe uma magnífica coleção com obras de 1860 até os dias de hoje. O Art Café é excelente para uma pausa.

### 🏛 Musée Historique

3 pl de la Grande Boucherie. **Tel** 03 88 52 50 00. ter-dom. 1º jan, Sexta-feira, 1º mai, 1º e 11 nov, 25 dez.

O museu ocupa um matadouro do século XVI e se concentra na história política, econômica e militar de Estrasburgo.

### 🏛 Musée Alsacien

23 quai St-Nicolas. **Tel** 03 88 525000. qua-seg. 1º jan, Sexta-feira, 1º mai, 1º nov, 25 dez.

Ocupa uma série de prédios renascentistas, com exposições sobre as tradições locais, arte e artesanato popular.

Ponts-Couverts, com vigias medievais sobre os canais

# Rota do Vinho da Alsácia

Seguindo os 180km do caminho em meandros de Marlenheim a Thann, esta pitoresca Rota do Vinho abriga cidades históricas com ruas de pedra, casas medievais com madeirame à vista e fontes renascentistas. Adegas (*winstubs*) romanticamente indicadas oferecem o *choucroute garnie* e vinhos alsacianos brancos florais. Amantes do vinho poderiam passar facilmente dois ou três dias percorrendo o itinerário, descansando ou fazendo viagens menores, em diferentes direções, para Colmar ou a partir da cidade. De vez em quando, vale a pena deixar de lado o charme um tanto constante presente nas diversas cidades e vilas para seguir os *sentiers viticoles* – belas trilhas que cortam os muitos vinhedos da região.

**Mestre da Alsácia**

**Colheita de uvas, na Alsácia**

### Molsheim ①
Prédios renascentistas, vinhedos de Riesling e um museu de carros Bugatti são as atrações.

### Obernai ②
O Kapellturm data dos séculos XIII a XVI e fica na place du Marché.

### Dambach-la-Ville ③
Carroças de vinhateiros agora servem de decoração nesta linda cidade medieval, famosa pelo *grand cru* Frankstein.

### Ribeauvillé ④
Famosa pelo Riesling, a cidade celebra o dia do tocador de gaita no primeiro domingo de setembro, com muito vinho.

### Riquewihr ⑤
Vitrine de casas medievais e renascentistas, é uma das cidades mais visitadas da França.

### Turckheim ⑥
Prédios antigos circundam a place Turenne desta cidade renascentista famosa por seu vinho Brand.

### Eguisheim ⑦
Esta antiga cidade rodeada de casas medievais produz dois *grands crus*, Eichberg (Colina do Carvalho) e Pfersigberg (Colina do Pêssego).

### Guebwiller ⑧
A Église St-Léger é da Idade Média, quando Guebwiller, hoje um centro têxtil, enriqueceu com o vinho.

0 km — 5

## LEGENDA
— Rota do vinho
= Outras estradas

ALSÁCIA E LORENA

## VINHO DA ALSÁCIA

Os vinhos da Alsácia são, em geral, aromáticos, secos e encorpados. E brancos, salvo o Pinot Noir (tinto leve).

Clássico alsaciano de colheita tardia

### FATOS IMPORTANTES

**Localização e clima**
Protegida pelos Vosges, a Alsácia tem o menor índice pluviométrico da França.

**Variedades de uva**
Os vinhos daqui são famosos pela variedade de uvas. O *Gewürztraminer,* com sua personalidade exótica de pétala de rosa, é tipicamente alsaciano, mas o *Riesling* é o melhor. O *Muscat* é outra variedade aromática. Fragrante, mas menos agressivo que o Gewürztraminer, o *Pinot Gris* e o mais fresco e seco *Pinot Blanc* acompanham bem a comida. A *Pinot Noir* é a única variedade de uva tinta. De colheita tardia, ricas e doces, são especialidade da Alsácia.

**Bons produtores**
Albert Boxler, Marcel Deiss, Rolly Gassmann, Beyer, Meyer-Fonne, Kuentz-Bas, Domaine Weinbach, Dopff & Irion, Olivier Zind-Humbrecht, Charles Schléret, Domaines Schlumberger, Domaine Ostertag, Domaine Trimbach, Hugel & Fils, Cave de Turckheim.

**Boas safras**
2008, 2004, 2001, 1998, 1996, 1995.

Capela do século XII do Château de Haut-Barr, perto de Saverne

## Saverne ⑰

Bas Rhin. 12.300. 
37 grand rue (03 88 91 80 47).
ter e qui. www.ot-saverne.fr

Cercada por colinas e situada sobre o rio Zorn e o canal Marne-Reno, Saverne é um lindo lugar. A cidade era um feudo dos príncipes, bispos de Estrasburgo, e o seu Château de Rohan de arenito era muito apreciado como residência de verão. Hoje é a sede do **Musée du Château des Rohan**, cujas coleções relembram o passado da cidade. No outro extremo do château, fica a grand'rue com restaurantes de *gourmet* e casas renascentistas.

**🏛 Musée du Château des Rohan**
Château des Rohan.
**Tel** 03 88 91 06 28. jan-meados jun e meados set-dez: seg-sex tarde, 10h-18h sáb e dom; meados jun-meados set: 10h-18h diariam.
ter. restrito.

**Arredores**
A sudoeste, no alto de uma rocha saliente, o arruinado **Château du Haut-Barr**, "O Olho da Alsácia", outrora controlou o vital Col de Saverne. **Maormoutier**, a 6km ao sul, sitia uma famosa abadia com fachada românica-lombarda e torres octogonais.

## Betschdorf ⑱

Bas Rhin. 4.000. La Mairie (03 88 54 44 92). www.betschdorf.com

A vila de Betschdorf faz limite com a floresta de Haguenau, 45km ao norte de Estrasburgo. Muitos moradores possuem casas com madeirame à vista do século XVIII, época em que a vila prosperou com a cerâmica. A técnica desta cerâmica cinza-azulada passa de geração para geração e às mulheres cabe a pintura em azul-cobalto. Um museu de cerâmica com um ateliê ao lado expõe a cerâmica rural. Betschdorf é um bom lugar para experimentar as *tartes flambées,* uma massa crocante quente com queijo ou fruta.

Vaso de Betschdorf

**Arredores**
**Soufflenheim**, 10km a sudeste, é outra cidade da região conhecida pela cerâmica cor de terra, geralmente pintada com flores coloridas e exuberantes. Ao norte, próximo da fronteira com a Alemanha, a pitoresca cidade de **Wissembourg** exibe suas casas construídas também com madeira e a segunda maior igreja da Alsácia, depois da Cathedral de Strasbourg, a Église St. Pierre et St. Paul.

*Veja hotéis e restaurantes desta região nas pp. 561-2 e 612-4*

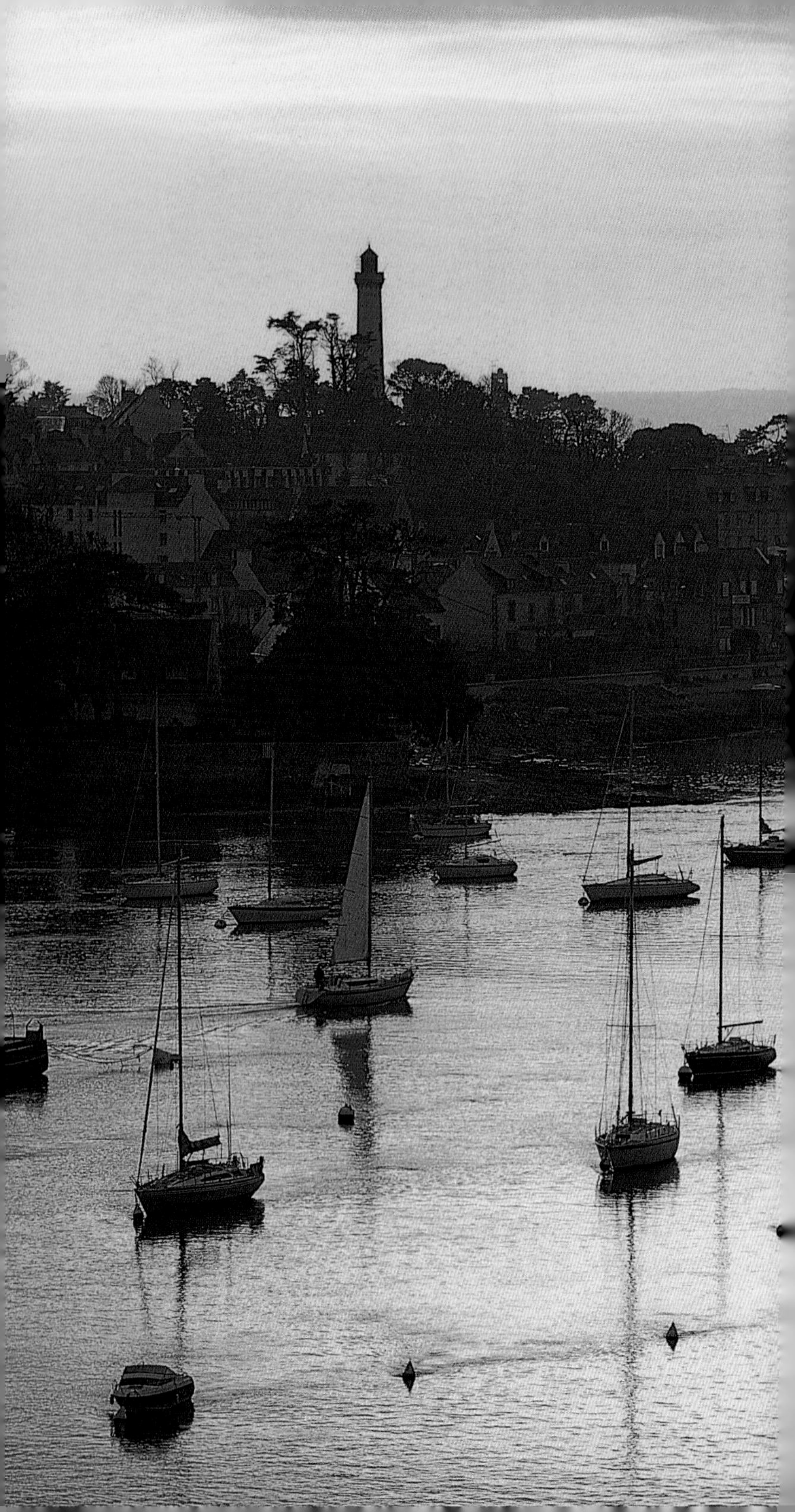

# OESTE DA FRANÇA

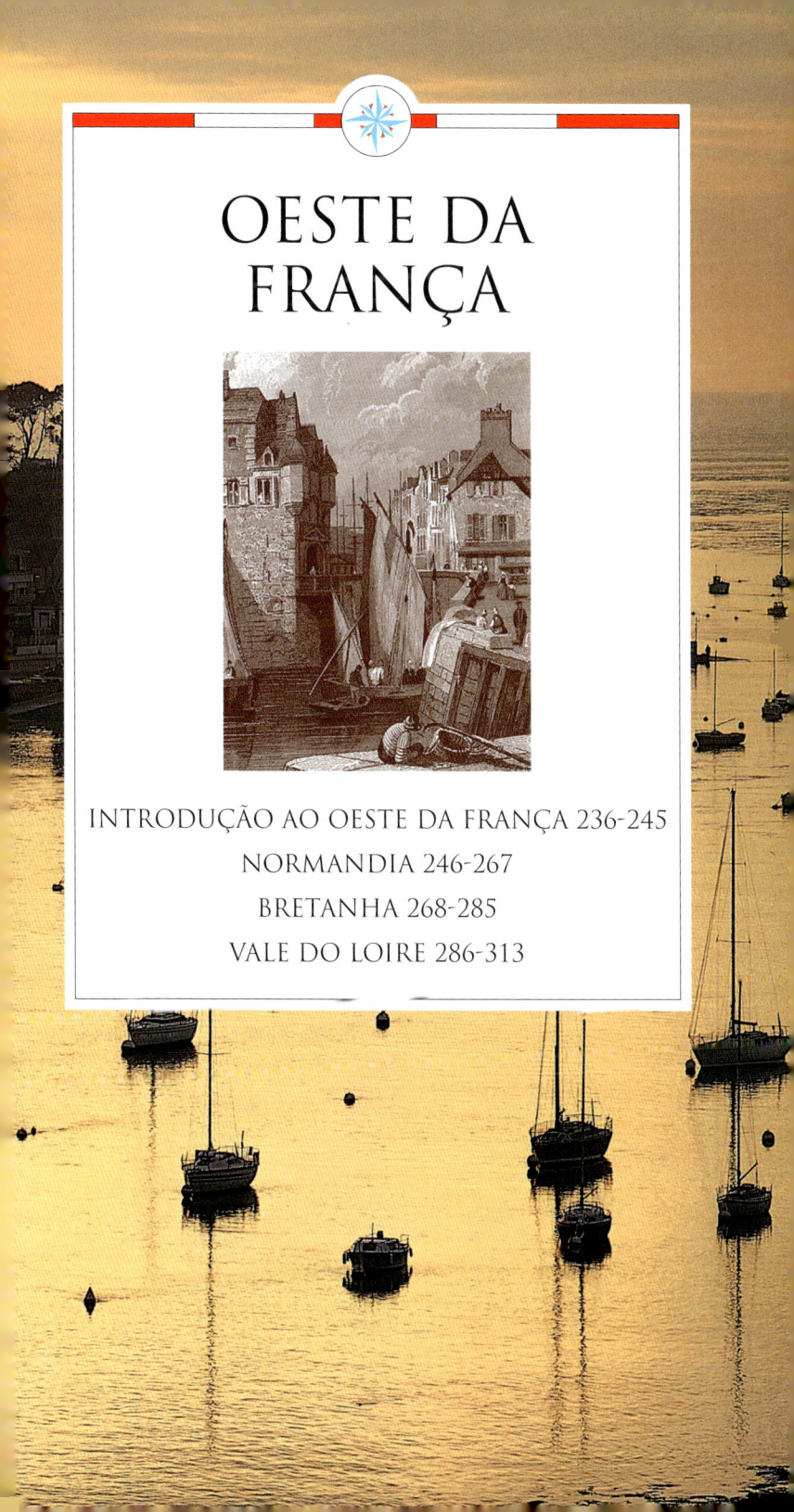

INTRODUÇÃO AO OESTE DA FRANÇA 236-245

NORMANDIA 246-267

BRETANHA 268-285

VALE DO LOIRE 286-313

# Introdução ao Oeste da França

As regiões do oeste da França desempenharam diversos papéis ao longo da história, desde o vale do Loire, coração da realeza, até a Bretanha celta, separatista. São regiões ricas em agricultura e com grande atividade pesqueira na costa. A indústria pesada e as refinarias de petróleo concentram-se ao redor de Rouen e Le Havre. As praias, as áreas rurais e os castelos são muito procurados pelos turistas. Este mapa apresenta algumas das paisagens mais belas da região.

**A silhueta do Mont-Saint-Michel** *dá as boas-vindas aos peregrinos que recebe desde o século XI. Todo ano, 1 milhão de visitantes andam pela passagem até a ilha da abadia* (pp. 256-61).

*Conjunto Paroquial de Guimiliau*

*Mont-St-Michel*

**BRETANHA**
*(pp. 268-85)*

*Megálitos de Carnac*

**Os megálitos de Carnac** *são evidências dos primeiros habitantes da Bretanha. Estes blocos de granito dispostos irregularmente datam de 4000 a.C., e teriam tido usos religiosos ou astronômicos* (p. 279).

Legenda dos símbolos *no final do guia*

INTRODUÇÃO AO OESTE DA FRANÇA 237

**A tapeçaria de Bayeux** (pp. 252-3) *mostra a invasão da Inglaterra por Guilherme, o Conquistador, do ponto de vista dos franceses, em 58 cenas. Os principais acontecimentos são retratados com vigor e sutileza, como a batalha de Hastings, em 1066. Aqui, dois mensageiros correm ao encontro de Guilherme.*

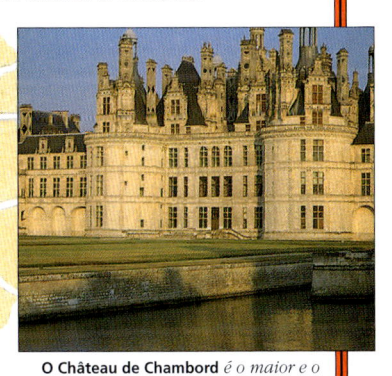

Catedral de Rouen

Tapeçaria de Bayeux

**O Château de Chambord** *é o maior e o mais extravagante castelo do Loire (pp. 302-3). Francisco I transformou, em 1519, uma antiga cabana de caça em um luxuoso castelo com fosso. Seu esplendor foi completado por Luís XIV, em 1685. Nos 440 aposentos aparece a salamandra, emblema de Francisco I, e há 365 lareiras, uma para cada dia do ano.*

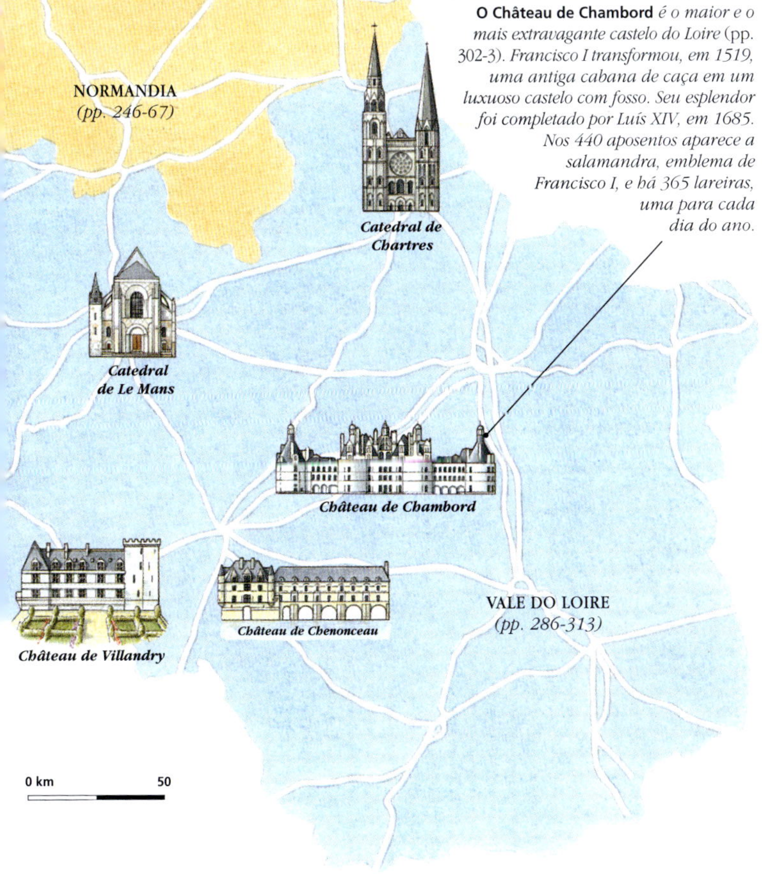

NORMANDIA
(pp. 246-67)

Catedral de Chartres

Catedral de Le Mans

Château de Chambord

Château de Villandry

Château de Chenonceau

VALE DO LOIRE
(pp. 286-313)

0 km    50

# A Cozinha do Oeste da França

A costa do Atlântico, as ricas terras agrícolas do interior com suas fazendas de laticínios, pomares e campos de hortaliças e os rios do vale do Loire combinam-se para produzir alguns dos pratos mais apreciados da França. Hortaliças são abundantes na Bretanha e nos solos de aluvião do Loire, e os pomares da Normandia são fartos. Peixes da costa da Bretanha ou dos portos de canal da Normandia têm papel-chave na cozinha. Os pratos de carne vão do celebrado pato de Rouen ao coelho e à carne de caça da Sologne, no Loire. Aqui são feitos ótimos queijos, e a manteiga é um dos meios preferidos para cozinhar.

Maçãs da Normandia

ras, e há muitos cogumelos nos prados encharcados e bosques no outono. O peixe é uma produção importante, com linguado, cavalinha, arraia e arenque, além de 80% das vieiras da França e maior variedade de mariscos.

O Camembert é o queijo mais famoso da Normandia; e há ainda o Pont l'Évêque, o aromático Livarot, o rico Brillat-Savarin e o Petit-Suisse, um pequeno queijo branco fresco comido com açúcar.

As maçãs são o símbolo da Normandia, e a sidra é a bebida tradicional servida com a comida, enquanto o calvados, conhaque de maçã, é servido com pratos como o *Le trou normand*.

## BRETANHA

A longa costa do litoral fornece muito peixe e frutos do mar, especialmente ostras e mexilhões. Pesca-se atum,

Produtor de queijo normando exibe seus produtos

## NORMANDIA

Os belos pastos daqui, com suas vacas marrons e brancas, e pomares cheios de maçãs garantem um suprimento de vitela, leite, queijo, nata, manteiga, maçãs e peras. O pato é uma especialidade, assim como o cordeiro *pre-salé* dos ricos brejos salgados em volta do Mont-St-Michel. Cultivam-se legumes e verdu-

Alcachofras — Aspargos — Chalotas — Agrião — Brócolis — Rabanetes

Alguns dos legumes e verduras preferidos no oeste da França

### PRATOS E ESPECIALIDADES REGIONAIS

O peixe é a base dos menus, e o mais espetacular é o *plateau de fruits de mer*, com ostras, caranguejos, lagostins, camarões e amêijoas, sobre uma cama de gelo. As ostras são servidas com limão ou vinagre de cebolinha, e às vezes gratinadas ou à milanesa. O peixe fresco vem grelhado, assado na água do mar (o *sel de Guérande* é o melhor), cozido na sidra ou servido com *beurre blanc* (molho de "manteiga branca" com cebolinha, vinagre de vinho e creme). A lagosta costuma ser servida *à l'Armoricaine*. O *Cotriade*, cozido de peixe bretão, combina uma seleção de pesca do dia com cebola e batata. *Moules marinières* (mexilhões marinados no vinho branco com cebola e manteiga) são um clássico. Para variar, prove o *gigot de sept heures* – cordeiro cozido por sete horas.

Peras

**Homard à l'armoricaine**
Lagosta, servida em molho de tomate com ervas e cebola, enriquecido com conhaque.

**Soberbas ostras da Bretanha à venda em um mercado de peixe da região**

sardinhas, vieiras e lagostas. A criação de porcos é importante, e você vai encontrar porco assado, linguiça, presunto e *boudin noir* (morcela) deliciosos, servidos com maçãs. Uma grande iguaria é o cordeiro *pré-salé* da Île de Ouessant, servido com feijão. Alcachofras são o símbolo da Bretanha, o que mostra a importância que se dá aos vegetais, em especial os produzidos no inverno, como couve-flor, cebola e batata.

*Crêpes* (panquecas), doces e salgadas, são elemento-chave da dieta bretã. Elas vêm como *galettes* de trigo-sarraceno, com sabores salgados – presunto, queijo, espinafre ou cogumelos –, ou como sobremesas, com recheio doce e conhecidas como *crêpes dentelles* (*dentelle* quer dizer "renda"),

## O VALE DO LOIRE

Esta imensa região tem inúmeras especialidades. Cria-se gado alimentado no pasto em Anjou e carneiros na região de Berry. Ótimos frangos caipiras, *poulet*

**Queijo e charcuterie no mercado de Loches, no vale do Loire**

*fermier Loué* são criados em Touraine e Orléanais. As florestas e lagos de Sologne fornecem cervo, javali, faisão, perdiz, lebre e pato. A *charcuterie* inclui *rillettes*, (tiras de carne de porco em conserva) e presunto de Vendée. A costa atlântica dá muito peixe, e o Loire fornece lúcio, sável, tenca, salmão, enguia e lampreia. Cultivam-se cogumelos nas cavernas de calcário perto de Saumur, e de todos os legumes o melhor é o aspargo de Sologne. Entre os excelentes queijos de cabra estão o St Maure de Touraine, o Valençay de casca cinza e o pequeno Crottins de Chavignol.

### SOBRE O MENU

**Alose à l'oseille** Sável no molho de azeda.

**Côte de veau vallée d'Auge** Vitela com cogumelos, creme e sidra ou calvados.

**Far aux pruneaux** Pudim de ovos com ameixas.

**Kig ha farz** Carne e legumes cozidos com guarnição de bolinhos de trigo-sarraceno.

**Marmite dieppoise** Guisado de peixes variados na sidra ou vinho branco, com creme.

**Tergeule** Pudim cremoso de arroz com canela.

**Tripes à la mode de Caen** Tripa com perna de bezerro, cebola ou alho-poró e sidra.

**Sole normande** *Linguado assado no molho de ovo e creme, com mexilhões, ostras, cogumelos e camarões.*

**Canard rouennais** *Pato parcialmente assado e depois cozido em molho de fígado de pato e cebolinha.*

**Tarte tatin** *Torta de maçã caramelizada virada para baixo, feita originalmente no Hotel Tatin, no vale do Loire.*

# A Região Vinícola do Loire

Com poucas exceções, o Loire é uma região de bons e não de grandes vinhos. Os solos férteis das planícies do "Jardim da França" são excelentes para frutas e verduras, e não necessariamente para produção de grandes vinhos. No entanto, o clima fresco do norte, influenciado pelo Atlântico, produz vinhos tintos refrescantes, rosés de verão e brancos secos e adocicados, além de vinhos espumantes revigorantes. Aqui predominam os vinhos brancos secos, para ser consumidos jovens. No Loire, portanto, as safras são menos importantes do que nas clássicas regiões de vinhos tintos.

**Cabernet Franc, uva tinta do Loire**

**LOCALIZE-SE**

Região vinícola do Loire

**O vinho doce** de Quarts de Chaume, chamado Coteaux du Layon, é pouco conhecido fora da França.

**O Muscadet**, com sur lie no rótulo, indica que foi envelhecido ainda com depósitos da fermentação (p. 27), o que lhe dá mais sabor.

## REGIÕES VINÍCOLAS

O rio Loire, com cerca de 1.000km, liga as mais importantes áreas vinícolas do vale. De sua nascente em Ardèche segue para o norte, passando pelos vinhedos de Sancerre e Pouilly Fumé na região central da França. Depois corre para oeste por Touraine e Anjou e chega às planícies costeiras do Pays Nantais – terra do Muscadet.

**Clos de l'Echo (Chinon), produtor de um vinho tinto fino e herbáceo**

**LEGENDA**

- Pays Nantais
- Anjou-Saumur
- Haut-Poitou
- Touraine
- Vinhedos centrais

0 km — 15

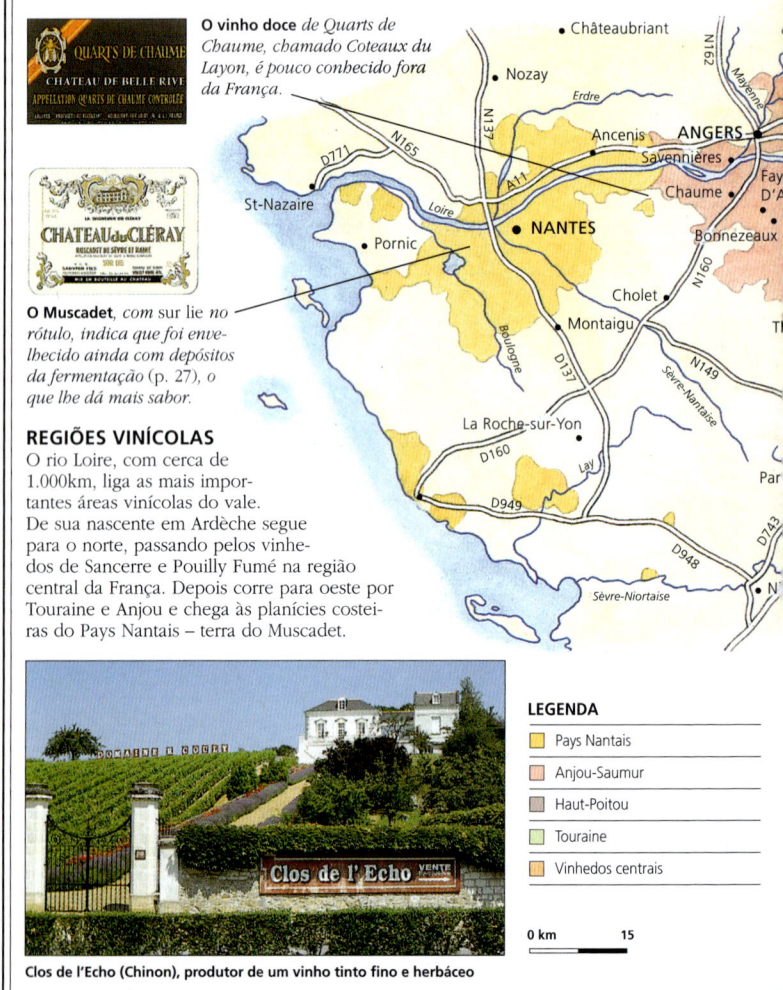

# INTRODUÇÃO AO OESTE DA FRANÇA

**ste vinho tinto**
*i* feito com uvas das *elle vignes, as melhores* deiras da propriedade *o* produtor.

Vinhedos, em Bourgueil

**Vouvray** *produz vinho branco de mesa e espumante envelhecido em adegas de calcário parecidas com as da Champagne.*

**Vinho clássico**, *o Pouilly Fumé é reverenciado por sua personalidade única e leve toque de queimado.*

## FATOS IMPORTANTES SOBRE OS VINHOS DO LOIRE

### Localização e Clima
Cultivam-se frutas, verduras, cereais e uvas nos solos férteis da região. O clima é ameno, graças ao Atlântico, o que dá aos vinhos uma certa acidez refrescante.

### Variedades de Uva
A **Melon de Bourgogne** produz vinhos brancos secos. A **Sauvignon**, brancos secos cujo sabor lembra groselha. Seus melhores vinhos estão em Sancerre e Pouilly Fumé, seguidos dos de Touraine. A **Chénin Blanc** tem vinhos Anjou, Savennières, Vouvray, Montlouis e Saumur, secos e médios; Vouvray e Saumur espumantes e os doces Bonnezeau. Vouvray e Quarts de Chaume. Os tintos de verão usam uva **Gamay** e a herbácea **Cabernet Franc**.

### Bons Produtores
*Muscadet*: Sauvion, Guy Bossard, Michel Bregeon. *Anjou, Savennières, Vouvray*: Richou, Nicolas Joly, Huet, Domaine des Aubuissières, Bourillon-Dorléans, Jacky Blot, Domaine Gessey. *Touraine* (branco): Pibaleau. *Saumur* (tinto): Filliatreau, Château du Hureau. *Chinon/Bourgueil* (tinto): Couly-Dutheil, Yves Loiseau. *Sancerre, Pouilly Fumé, Ménétou-Salon*: Francis Cotat, Vacheron, Mellot, Vincent Pinard.

# Da Defesa à Decoração

Os grandes castelos do vale do Loire evoluíram gradativamente de simples fortalezas a palácios decorativos. Com a introdução das armas de fogo, os castelos perderam sua função defensiva e o conforto e o bom gosto passaram a dominar. Elementos de defesa como torres, fossos e portões foram mantidos como símbolos de classe social e linhagem. Acréscimos renascentistas, como galerias, davam a elegância.

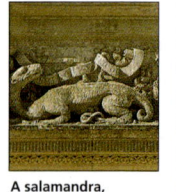

A salamandra, emblema de Francisco I

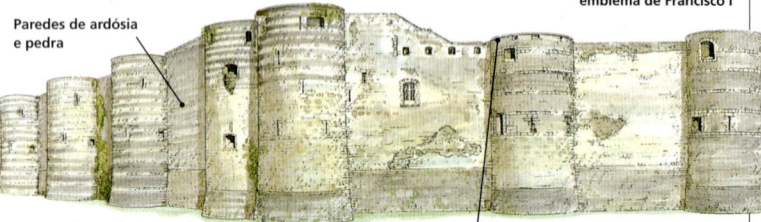

**Paredes de ardósia e pedra**

**Angers** (p. 291) *é uma fortaleza construída em uma colina rochosa, de 1230-40, por Luís IX. Em 1585 Henrique III acabou com as torres em pimenteira de dezessete pontos de defesa na muralha, que mediam 30m de altura.*

**Fortificações com torres em pimenteira foram removidas**

**Torre circular, antigamente defensiva**

**Passagens com suporte, muito úteis durante as batalhas**

**Chaumont** (p. 306) *foi reconstruído em 1445-1510, em estilo renascentista, pela família Amboise. Embora pareça uma fortaleza, com torres circulares e um portão, estes são apenas elementos decorativos. O castelo foi restaurado depois de 1833.*

**Torreão decorado**

**Azay-le-Rideau** (p. 296), *considerado um dos mais elegantes e bem projetados castelos renascentistas, foi construído pelo ministro das Finanças Gilles Berthelot (1518-27) e sua mulher Philippa Lesbahy. É uma mistura de torreões, pilastras e agulhas renascentistas. Mais sensacional é a escada interior, com três andares de aberturas ogivais duplas e um frontão muito decorado.*

**Torre cilíndrica**

**Águas-furtadas**

**Janelas renascentistas esculpidas**

**Pilastras (colunas)**

**Ussé** (p. 295) *foi construída em 1462 por Jean Bueil como uma fortaleza com parapeitos que contêm abertura para canhões e ameias. A família Espinay, de tesoureiros de Luís XI e Carlos VIII, comprou o castelo e mudou as paredes que davam para o pátio principal para o estilo renascentista, com águas-furtadas e pilastras. No século XVII, a ala norte foi demolida para criar terraços palacianos.*

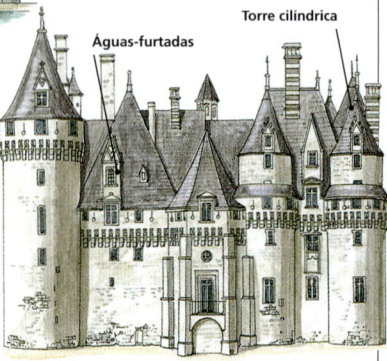

# Tradições Bretãs

A Bretanha foi batizada como Breiz Izel (Pequena Bretanha) pelos migrantes galeses e córnicos nos séculos V e VI d.C., impondo costumes, língua e religião aos gauleses. A Bretanha resistiu às alianças de Carlos Magno, dos vikings, dos normandos, dos ingleses e ao domínio francês até 1532. Ensina-se o idioma bretão em algumas escolas, e a Bretanha mantém contato com seu passado e com outras regiões celtas.

**Touca de renda bigouden**

*A música bretã tem vínculos com os celtas. Instrumentos como o biniou, semelhante à gaita de foles, e a bombarda (espécie de oboé) são tocados nos festivais locais.*

**Pardon** *é uma festa religiosa anual em honra de um santo local. O nome vem da concessão de indulgências para perdoar os pecados do ano que passou. Alguns pardons, como os de Ste-Anne-d'Auray e Ste-Anne-la-Palud, atraem milhares de peregrinos, que carregam estandartes pelas ruas. A maioria dos pardons ocorre entre abril e setembro.*

Touca de renda — Chapéu de feltro — Touca de linho — Touca pequena

Tamancos — Avental bordado — Calças baggy bretãs

**Os trajes bretões**, *ainda vistos nos pardons e casamentos, variam, já que cada área possui diferentes coiffes (toucas femininas). Artistas como Gauguin pintaram os trajes. Há boas coleções de trajes em Quimper (p. 274) e Point l'Abbé, no Pays Bigouden (p. 273).*

# A Vida Selvagem da Costa Bretã

Com seus penhascos de granito, extensas baías e estuários profundos, a costa da Bretanha possui grande diversidade de hábitats da vida animal. Partes da costa têm variação de maré de mais de 50m, a maior na França, e esta grande variação do nível do mar divide a vida marinha em zonas distintas. A maioria dos mariscos – inclusive mexilhões, moluscos bivalves e ostras – vive no litoral mais baixo, nas pedras ou na areia lamacenta onde ficam submersos a maior parte do dia. As zonas mais altas são de domínio dos chapéus-chineses e cracas e de algas marinhas que sobrevivem fora d'água por longos períodos. Penhascos sobre o mar abrigam aves marinhas e flores silvestres.

**Estrela-do-mar**

**Penhascos na Pointe du Raz**

**Île de Bréhat, durante a maré baixa**

## CARACTERÍSTICAS DA COSTA

Este cenário mostra alguns dos hábitats da vida animal encontrados na costa da Bretanha. Ao explorar o litoral, anote as horas das marés, especialmente se a intenção é andar ao longo dos penhascos.

**Nas dunas** cresce um capim de praia que estabiliza a areia.

**A lama e a areia** são habitadas por moluscos bivalves (semelhantes ao rala-coco do Brasil).

**Colunas rochosas** abrigam ninhos de aves marinhas.

**Flores de salga** vicejam no ver

## VIVEIRO DE OSTRAS

Como a maior parte dos moluscos marinhos, as ostras começam suas vidas como pequenas larvas flutuantes. O primeiro passo no cultivo da ostra é arrumar um lugar para que as larvas se estabeleçam, geralmente telhas submersas. As ostras que se desenvolvem são transferidas para viveiros, nos quais ficam até amadurecer.

**Viveiro de ostras em Cancale**

**A vegetação do alto** dos penhascos tem uma faixa estreita de flores silvestres entre os campos e o mar.

**As piscinas nas pedras** são inundadas pela maré duas vezes por dia. Moluscos, anêmonas e esponjas moram aqui.

## VIDA ANIMAL NA COSTA

A estrutura desse litoral determina a vida animal daqui. Em um mundo assediado por ventos e ondas, as pedras oferecem base sólida para as plantas e hábitat seguro para muitos animais pequenos. As areias lamacentas são ricas em nutrientes. Nelas a vida é mais abundante, embora a maior parte dos animais esteja escondida sob a superfície.

### Penhascos

**A pomba-dos-rochedos**, habitante dos penhascos, é a ancestral da pomba doméstica.

**A rosa-do-penhasco** é flor comum de primavera nas saliências perto do mar.

### Rochedos e piscinas nas pedras

**Algas marinhas** de diversos tipos são expostas a cada dia pela maré vazante.

**O chapéu-chinês** tem movimentos lentos e raspa pequenas plantas das rochas.

**O amboré**, com visão aguda, busca proteção ao primeiro sinal de movimento.

### Lama e Areia

**Os caranguejos** vivem em diferentes profundidades. Algumas espécies nadam bem.

**Moluscos bivalves** vivem logo abaixo da superfície de areia lamacenta.

**O maçarico** tem bico semelhante a um fórceps para extrair moluscos do chão.

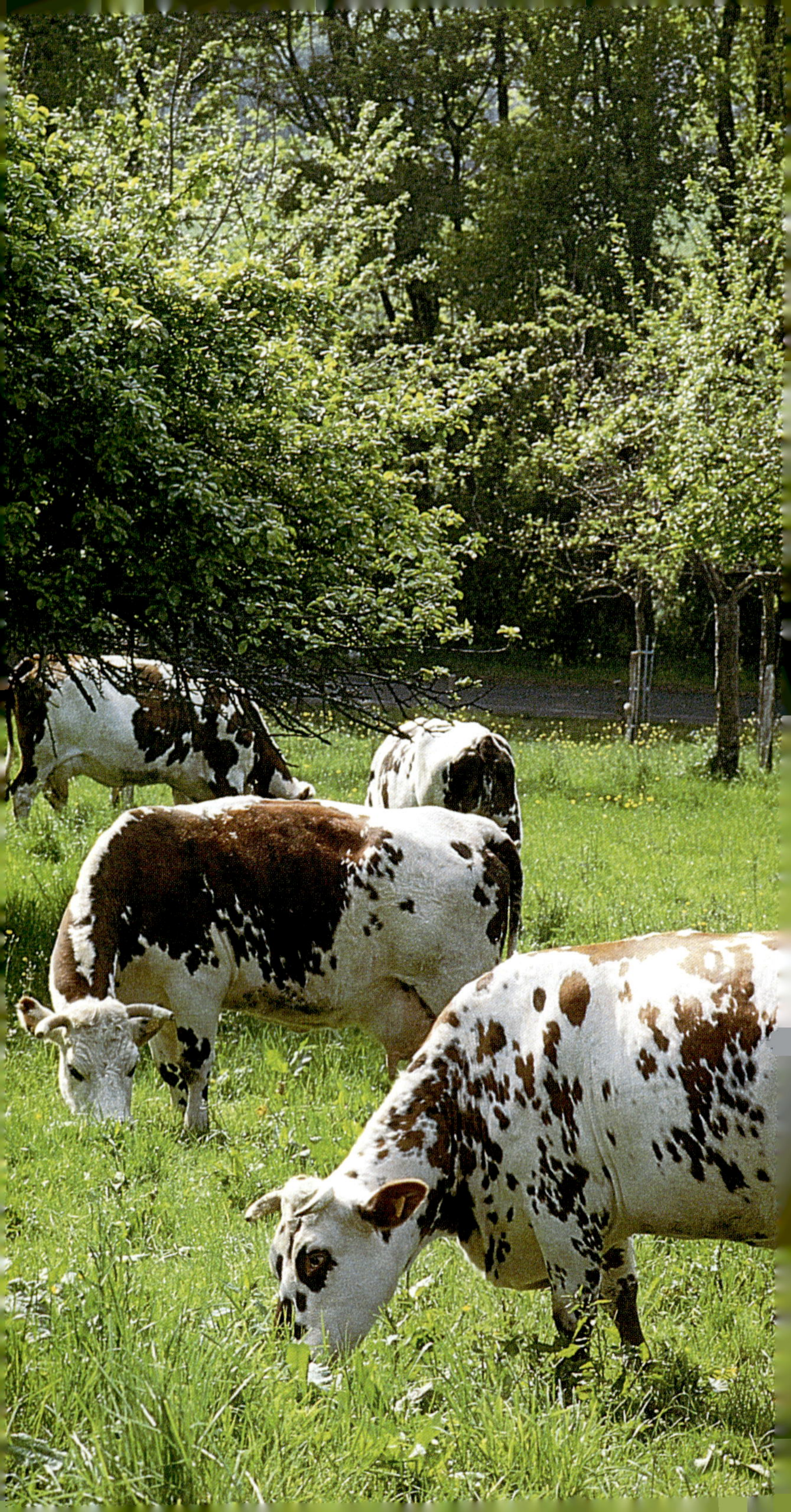

# NORMANDIA

EURE · SEINE-MARITIME · MANCHE · CALVADOS · ORNE

*A Normandia é uma região de pastagens viçosas, pomares de macieiras, vacas, sidra e queijos. Mas a região conta também com praias de ventos fortes, como as de Cotentin, e bosques nas margens do vale do rio Sena. Entre as atrações da região, destacam-se as grandes abadias de Caen, a impressionante ilha de Mont-St-Michel e o jardim de Monet, em Giverny.*

O nome Normandia tem origem nos vikings que subiram o rio Sena no século IX. Saqueadores que viraram colonos, eles construíram sua capital em Rouen – atualmente a cidade que domina a parte leste da região. Aqui, o Sena, que corre em direção ao mar, passa por antigas abadias em Jumièges e St-Wandrille e chega à costa que se tornou o estúdio ao ar livre dos pintores impressionistas em meados e fins do século XIX.

Ao norte de Rouen, encontram-se os penhascos calcários da Côte d'Albâtre. O ambiente fica mais suave no porto de Honfleur e nos balneários da Côte Fleurie, a oeste. Mais para o interior está Pays d'Auge, com suas casas senhoriais de madeirame à vista e suas vacas malhadas. A porção oeste da Normandia é predominantemente rural, formada de pequenos bosques, altas cercas vivas e faias que protegem do vento. Vale a pena visitar a moderna cidade de Caen por suas duas grandes abadias do século XI, construídas por Guilherme, o Conquistador, e por sua rainha, Matilde. Nas proximidades, em Bayeux, a história da invasão da Inglaterra por Guilherme é contada com detalhes na famosa tapeçaria da cidade. Lembranças de outra invasão, a do Dia D, ainda permanecem ao longo da Côte de Nacre e da península de Cotentin. Milhares de soldados aliados aportaram nestas praias no fim da Segunda Guerra Mundial. O porto de Cherbourg, uma base naval estratégica, coroa a península de Cotentin. A oeste está uma das maiores atrações da França: a ilha-mosteiro do Mont-St-Michel.

Casa senhorial com madeirame à vista na vila de Beuvron-en-Auge, perto de Lisieux

◁ Pastagens férteis e gado normando marrom e branco, riquezas tradicionais da província

# Como Explorar a Normandia

As atrações históricas e paisagens da Normandia fazem da região um lugar ideal para viajar de carro ou de bicicleta. Passeios ao longo da costa e praias batidas pelo vento da Côte d'Albâtre e da península do Cotentin valem a pena. Mais ao sul, encontra-se o Mont-St-Michel, um dos lugares mais visitados da França. Para o interior, siga o Sena, passando pelos pomares de maçã e casas com madeirame à vista, visite a histórica Rouen e o jardim de Monet, em Giverny.

**Macieiras em flor em Pays d'Auge**

### LEGENDA

- Rodovia
- Estrada principal
- Estrada secundária
- Estrada local
- Percurso com paisagem
- Ferrovia principal
- Ferrovia local
- Fronteira regional

### PRINCIPAIS ATRAÇÕES

- Avranches ❺
- Basse-Seine ⓲
- Bayeux ❽
- Caen ❾
- Cherbourg ❷
- Côte d'Albâtre ⓰
- Côte Fleurie ⓬
- Côte de Nacre ❼
- Cotentin ❶
- Coutances ❸
- Dieppe ⓱
- Évreux ㉒
- Giverny ㉑
- Granville ❹
- Haute-Seine ⓴
- Honfleur ⓮
- Le Havre ⓯
- Mont-St-Michel ❻
- Parc Naturel Régional de Normandie-Maine ⓫
- Pays d'Auge ⓭
- Rouen ⓳
- Suisse Normande ❿

**O litoral em Côte d'Albâtre**

*Legenda dos símbolos no final do guia*

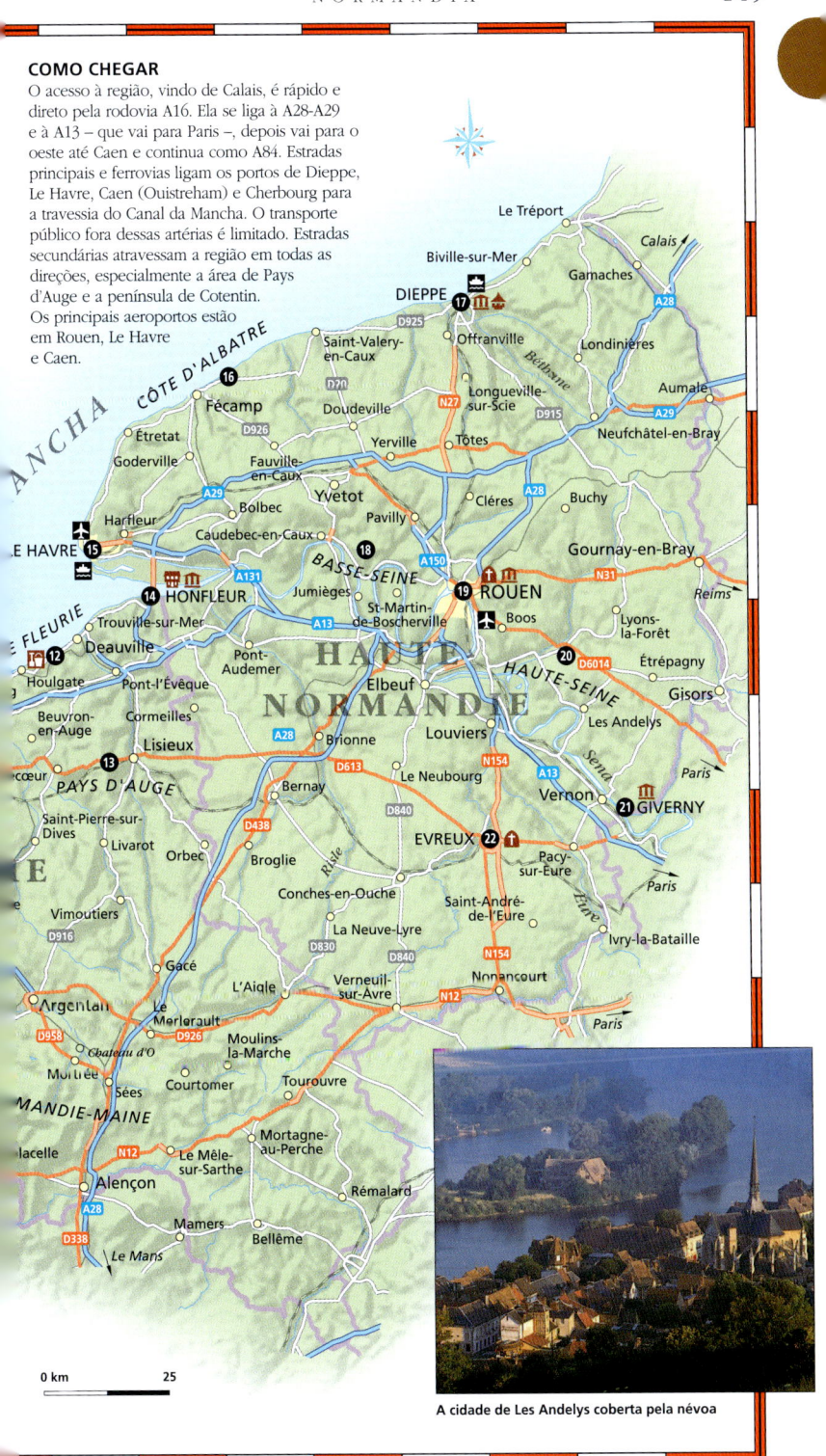

# NORMANDIA

**249**

## COMO CHEGAR

O acesso à região, vindo de Calais, é rápido e direto pela rodovia A16. Ela se liga à A28-A29 e à A13 – que vai para Paris –, depois vai para o oeste até Caen e continua como A84. Estradas principais e ferrovias ligam os portos de Dieppe, Le Havre, Caen (Ouistreham) e Cherbourg para a travessia do Canal da Mancha. O transporte público fora dessas artérias é limitado. Estradas secundárias atravessam a região em todas as direções, especialmente a área de Pays d'Auge e a península de Cotentin. Os principais aeroportos estão em Rouen, Le Havre e Caen.

A cidade de Les Andelys coberta pela névoa

Costa escarpada da península de Cotentin

## Cotentin ❶

Manche. ✈ 🚆 ⛴ *Cherbourg.*
🛈 *2 quai Alexandre III, Cherbourg (02 33 93 52 02).*
**www**.manchetourisme.com

Avançando sobre o Canal da Mancha, a península de Cotentin tem um relevo semelhante ao da Bretanha. As longas praias arenosas revelam promontórios batidos pelo vento ao redor do cabo de Le Hague e de Nez Jobourg. Este último é o popular entre os que gostam de observar aves – alcatrazes e cagarrazes passam voando em bandos. Para o leste estende-se a praia de Utah, onde desembarcaram os soldados norte-americanos durante a invasão dos aliados, em 6 de junho de 1944. Para o interior, em Ste-Mère-Eglise, este evento é comemorado no pungente **Musée Airborne**. Perto de Ste-Mère-Église, o **Ferme Musée du Cotentin** tem animais da fazenda e atividades que mostram a vida rural do início do século, enquanto mais ao norte, na cidade-mercado de Valognes, o **Musée Régional du Cidre et du Calvados** apresenta o talento local para a fabricação da sidra e do *calvados*.

Dois portos pesqueiros comandam o nordeste da península: Barfleur e St-Vaast-la-Hougue, este último famoso pelas ostras e excursões de barco à Île de Tatihou. O Val de Saire é ideal para um passeio, especialmente em La Pernelle, o melhor lugar para observar a costa. Do lado oeste da península está o balneário de Barneville-Carteret, com belas praias e excursões às ilhas do canal no verão. A paisagem pantanosa a leste de Carentan é o centro do Parc Régional des Marais du Cotentin e do Bessin.

🏛 **Musée Airborne**
14 rue Eisenhower, Ste-Mère-Eglise. **Tel** *02 33 41 41 35.* ⬜ *fev-nov: diariam e feriados Natal.* ⬛ *dez-jan.* 📷 ♿ **www**.airborne-museum.org

🏛 **Ferme Musée du Cotentin**
Rte de Beauvais, Ste-Mère-Eglise. **Tel** *02 33 95 40 20.* ⬜ *jun-set: diariam; férias escolares fev-mai e férias escolares out: diariam à tarde.* 📷

🏛 **Musée Régional du Cidre et du Calvados**
Rue du Petit-Versailles, Valognes. **Tel** *02 33 40 22 73.* ⬜ *abr-set: qua-seg (jul-ago: diariam).* ⬛ *dom manhã.* 📷

## Cherbourg ❷

Manche. 🏠 *44.100.* ✈ 🚆 🚌 ⛴
🛈 *2 quai Alexandre III (02 33 93 52 02).* 🛒 *ter, qui e sáb.*
**www**.otcherbourgcotentin.fr

Cherbourg é um porto estratégico e base naval desde meados do século XIX. A Marinha francesa ainda usa o seu porto, bem como os navios transatlânticos e *ferries* que atravessam o canal vindos da Irlanda e da Inglaterra. Para uma vista boa do porto, dirija-se até o **Fort du Roule**, no alto da colina, onde está o **Musée du Roule** lembrando a invasão do Dia D, seguida da liberação de Cherbourg. O movimento da cidade concentra-se na florida praça do mercado, a place Général de Gaulle, e ao longo das ruas de lojas, como a rue Tour-Carré e rue de la Paix. A coleção de arte está no **Musée Thomas Henry** e inclui obras flamengas do século XVII e retratos de Jean-François Milliet, nascido em Gréville-Hague. O **Parc Emmanuel Liais** tem jardim botânico e um **Musée d'Histoire Naturelle**.

A **Cité de La Mer**, um completo centro bilingue, exibe um aquário marinho cilíndrico abissal, o maior submarino visitável do mundo e outras maravilhas.

🏛 **Musée de la Libération**
Fort du Roule. **Tel** *02 33 20 14 12.* ⬜ *mai-set: seg-sáb e dom à tarde; out-abr: qua-dom à tarde.* ⬛ *feriados.* 📷 *grátis dom.*

🏛 **Musée Thomas-Henry**
Rue Vastel. **Tel** *02 33 23 39 30.* ⬜ *mai-set: ter-sáb e dom à tarde; out-abr: ter-dom à tarde.* ⬛ *feriados.* ♿

🏛 **La Cité de la Mer**
Gare Maritime Transatlantique. **Tel** *02 33 20 26 69.* ⬜ *fev-out: diariam; nov-dez: ter-dom.* ⬛ *25 dez, jan.* 📷 🍴 ♿ **www**.citedelamer.com

Centro da cidade de Cherbourg

## Coutances ❸

Manche. 🏠 *11.500.* 🚆 🚌 🛈 *pl Georges Leclerc (02 33 19 08 10).* 🛒 *qui.* **www**.coutances.fr

Desde a época dos romanos até a Revolução, a cidade de Coutances, no alto da colina, foi a capital do Cotentin. A esguia **Cathédrale Notre-Dame** é um belo exemplo de arquitetura gótica normanda, com uma torre de 66m. Fundada em 1040 pelo bispo Geoffroi de Montbray, foi financiada pela família de Hauteville, que usou recursos conseguidos na Sicília, onde haviam construído um império alguns anos antes. A cidade foi muito prejudicada durante a Segunda Guerra

*Veja hotéis e restaurantes desta região nas pp. 563-6 e 614-8*

Mundial, mas a catedral, as igrejas de São Nicolas e São Pedro e o jardim público de plantas raras sobreviveram.

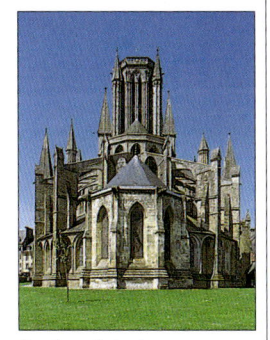

*A parte posterior da catedral de Coutances*

## Granville ❹

Manche. 🚂 *13.500.* 🚌 🚉 ⛴
🛈 *4 cours Jonville (02 33 91 30 03).*
📅 *sáb.* www.ville-granville.fr

Baluartes encerram a parte superior da cidade de Granville, situada sobre uma rocha que se abre para a baía do Mont-Saint-Michel. A cidade murada surgiu como uma fortificação construída pelos ingleses em 1439. O **Musée de Vieux Granville** fica no portão de entrada e recorda a tradição marítima da cidade. As paredes da capela da **Église de Notre-Dame** estão forradas com tributos dos pescadores locais à padroeira Notre-Dame du Cap Lihou.

A parte inferior da cidade é um balneário com cassino, calçadas, jardins e diversões. A partir do porto é possível fazer passeios de barco às Îles Chausey, um conjunto de ilhas de granito baixas.
**Le Musée Christian Dior**, em Les Rhumbs, é lugar de jardins íngremes onde o designer de moda passou a infância.

🏛 **Musée de Vieux Granville**
2 rue Le Carpentier. **Tel** *02 33 50 44 10.* ◯ *abr-set: qua-seg; out mar: qua, sáb e dom à tarde.* ⬤ *1º nov, 22 dez-jan.* 🎟

🏛 **Musée Christian Dior**
Villa les Rhumbs. **Tel** *02 33 61 48 21.* ◯ *meados mai-set: diariam; jardins abertos o ano todo.* 🎟

---

## O DESEMBARQUE DO DIA D

Nas primeiras horas do dia 6 de junho de 1944 as forças aliadas começaram a desembarcar nas costas da Normandia, o primeiro passo da planejada invasão da França ocupada pelos alemães, conhecida como Operação Overlord. Paraquedistas saltaram perto de Ste-Mére-Église e da ponte Pegasus, e vários ataques foram feitos ao longo das praias com nomes em código. Os soldados norte-americanos desembarcaram nas praias de Utah e Omaha, a oeste, enquanto os ingleses e canadenses, entre eles um contingente de franceses, foram para Gold, Juno e Sword. Essas praias ainda são citadas com esses nomes. A ponte Pegasus, onde a primeira casa foi libertada, é o melhor lugar para começar a excursão pelos pontos turísticos e memoriais. Em Arromanches-les-Bains, há ruínas do porto artificial rebocado da Inglaterra. Em Bayeux, Caen, Ste-Mère-Église e Cherbourg, museus mostram a história do Dia D e da batalha da Normandia.

*Tropas norte-americanas descendo a praia durante a invasão aliada*

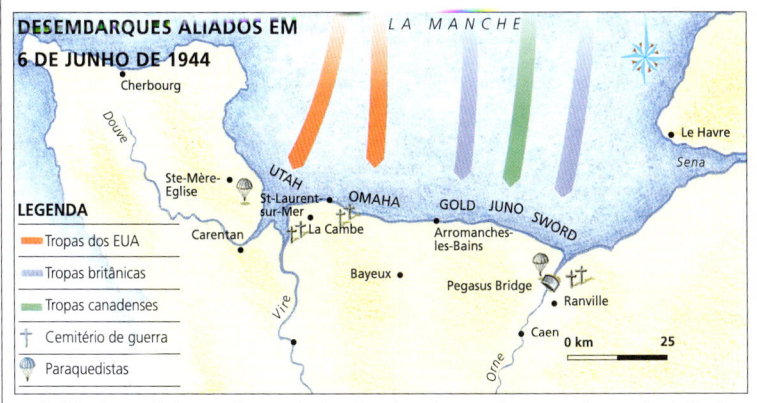

**DESEMBARQUES ALIADOS EM 6 DE JUNHO DE 1944**

LEGENDA
▬ Tropas dos EUA
▬ Tropas britânicas
▬ Tropas canadenses
† Cemitério de guerra
🪂 Paraquedistas

No final do Dia D, mais de 135 mil homens haviam desembarcado nas praias, com perdas ao redor de 10 mil

## Avranches ❺

Manche. 9.500. 2 rue Général-de-Gaulle (02 33 58 00 22).
sáb. www.ot-avranches.com

Avranches é um centro religioso desde o século VI e é mais conhecido como a última escala dos visitantes que se dirigem à Abbaye de Mont-St-Michel. A origem dessa famosa abadia remonta a uma visão de Aubert, bispo de Avranches. Diz a lenda que uma noite, em 708, o arcanjo Miguel o instruiu a erguer uma igreja na ilha próxima. O crânio de Aubert, com um furo "feito" pelo anjo, pode ser visto no tesouro da **Église de St-Gervais**, em Avranches.

A melhor vista de Mont-St-Michel é a partir do **Jardin des Plantes**, onde são realizados espetaculares shows de luzes nas noites de verão. Depois da Revolução, 203 iluminuras foram recuperadas da abadia. Essas e outras 14 mil estão no **Musée des Manuscrits du Mont-St-Michel**. O **Musée d'Art et d'Histoire**, nas proximidades, mostra a vida em Cotentin no passado, com uma coleção dedicada ao Mont-St-Michel.

**🏛 Musée d'Art et d'Histoire**
Place Jean de Saint-Avit.
⊙ jun-set: diariam.

**🏛 Musée des Manuscrits du Mont-St-Michel**
Pl d'Estouteville. **Tel** 02 33 79 57 00.
⊙ ter-dom (jul-ago: diariam).
● jan, 1º mai, 1º nov, 25 dez

Ruínas do porto de Mulberry, da Segunda Guerra, perto de Côte de Nacre

## Mont-St-Michel ❻

pp. 256-9.

## Côte de Nacre ❼

Calvados. Caen. Caen, Bayeux. Caen-Ouistreham. pl St-Pierre, Caen (02 31 27 14 14).
sex, dom. www.tourisme.caen.fr

A faixa de litoral entre a foz do rio Orne e a do rio Vire foi apelidada de Côte de Nacre (Costa de Madrepérola) no século XIX. Mais recentemente, tornou-se conhecida como o local das invasões do Dia D, onde os soldados dos países aliados desembarcaram no início da Operação Overlord *(p. 251)*. Cemitérios, memoriais, museus e as ruínas do porto de Mulberry, em Arromanches-les-Bains, são pontos que valem uma visita. A costa também é procurada durante as férias de verão, pelas suas longas praias e balneários, como, por exemplo, Courseulles-sur-Mer e Luc-sur-Mer, ambos mais informais que a Côte Fleurie, que fica mais a leste.

## Bayeux ❽

Calvados. 15.500.
Pont-St-Jean (02 31 51 28 28).
qua e sáb.
www.bessin-normandie.com

Bayeux foi a primeira cidade a ser libertada pelos aliados em 1944 e escapou dos estragos da guerra. Há um atraente e conservado núcleo de arquitetura dos séculos XV a XIX nas proximidades das principais ruas centrais, rue St-Martin e rue St-Jean. A última, exclusiva para pedestres no verão, é ladeada

---

### TAPEÇARIA DE BAYEUX

Provavelmente encomendada pelo bispo Odo de Bayeux, esta "história em quadrinhos" bordada tem 70m de comprimento e conta a invasão da Inglaterra por Guilherme, o Conquistador. Aspectos do cotidiano do século XI são observados na peça, que relata a derrota de Haroldo, rei da Inglaterra, na batalha de Hastings. É uma obra de arte, um documento histórico e uma leitura interessante.

**Comitiva de Haroldo** parte para a França para contar a Guilherme que ele é o sucessor do trono britânico.

**Árvores com** troncos entrelaçados são utilizadas para dividir as 58 cenas da tapeçaria.

*Veja hotéis e restaurantes desta região nas pp. 563-6 e 614-8*

por lojas e cafés. Acima da cidade erguem-se as torres e a cúpula da **Cathédrale Notre-Dame**, em estilo gótico. O interior, datado do século XI, tem proporções harmoniosas, e na cripta há afrescos restaurados do século XV que mostram anjos tocando instrumentos musicais. A igreja românica original que se erguia no local foi consagrada em 1077. A famosa Tapeçaria de Bayeux provavelmente foi encomendada para a ocasião por um dos principais personagens do evento, o bispo Odo.

A tapeçaria está em exposição no **Centre Guillaume-le-Conquérant-Tapisserie de Bayeux**, um seminário reformado onde é exibido um audiovisual sobre a conquista da Normandia. No lado sudoeste da estrada que circunda a cidade está o restaurado **Musée Mémorial de la Bataille de Normandie**, que recupera fatos da batalha da Normandia na Segunda Guerra Mundial, incluindo um filme feito a partir de cinejornais da época.

🏛 **Centre Guillaume-le-Conquérant-Tapisserie**
Rue de Nesmond. **Tel** 02 31 51 25 50. ⬤ diariam. ⬤ 1ª semana jan, 25-26 dez. 
www.tapisserie-bayeux.fr

🏛 **Musée Mémorial de la Bataille de Normandie**
Bd Fabian-Ware. **Tel** 02 31 51 46 90. ⬤ mar-dez: diariam. ⬤ 1º jan, 25-26 dez.

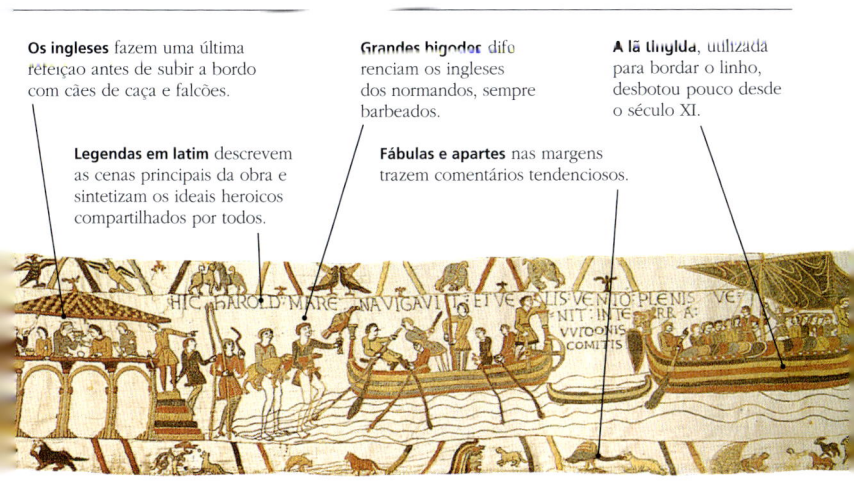

A Abbaye-aux-Hommes, em Caen

## Caen ❾

Calvados. 117.200. 
pl St-Pierre (02 31 27 14 14). sex e dom. www.tourisme.caen.fr

Em meados do século XI, Caen se tornou a residência favorita de Guilherme, o Conquistador, e sua mulher, a rainha Matilde. Apesar de dois terços da cidade terem sido destruídos durante a Segunda Guerra Mundial, ainda existe muito do que foi criado por eles. Destacam-se duas abadias e um castelo na margem norte do rio Orne que fazem de Caen um núcleo de interesse histórico que justifica penetrar suas propriedades industriais e habitações do pós-guerra. A **Église St-Pierre**, construída no lado sul do castelo, nos séculos XIII e XIV, é muito querida pelos moradores de Caen. A parte leste, renascentista, foi construída no início do século XVI e ornamentada de maneira impressionante. A torre do sino, copiada com frequência, é do século XIV e está restaurada. A rue du Vaugeux é a rua central do pequeno Vieux Quartier (bairro antigo) de Caen. É exclusiva para pedestres e conserva construções encantadoras com madeirame à vista. A rue St-Pierre ou o boulevard du Maréchal Leclerc levam à principal área de compras.

---

**Os ingleses** fazem uma última refeição antes de subir a bordo com cães de caça e falcões.

**Legendas em latim** descrevem as cenas principais da obra e sintetizam os ideais heroicos compartilhados por todos.

**Grandes bigodes** diferenciavam os ingleses dos normandos, sempre barbeados.

**Fábulas e apartes** nas margens trazem comentários tendenciosos.

**A lã tingida**, utilizada para bordar o linho, desbotou pouco desde o século XI.

# CENTRO DE CAEN

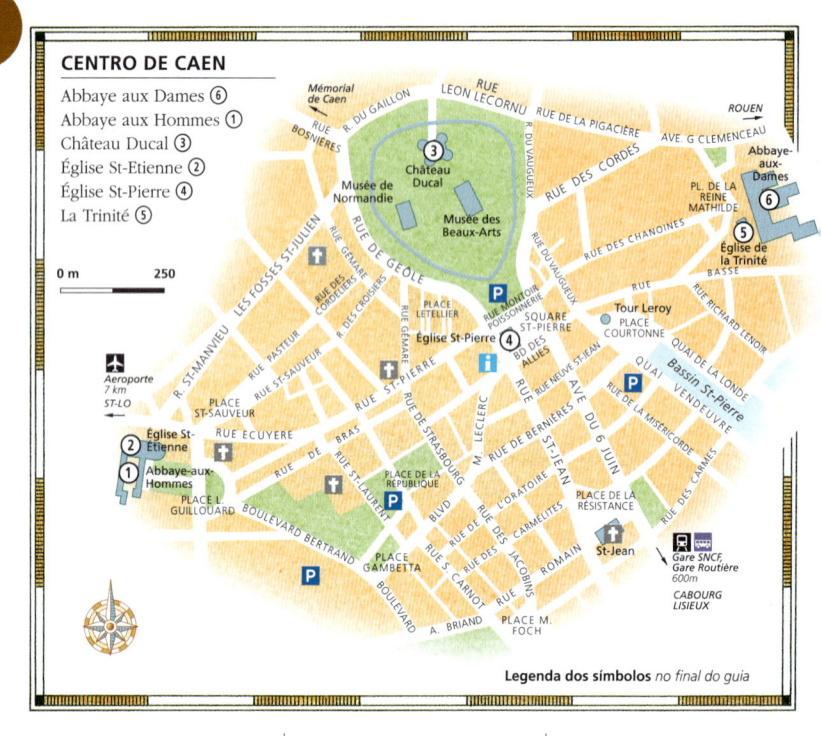

Abbaye aux Dames ⑥
Abbaye aux Hommes ①
Château Ducal ③
Église St-Etienne ②
Église St-Pierre ④
La Trinité ⑤

---

### 🏛 Abbaye-aux-Hommes
Esplanade Jean-Marie Louvel. **Tel** 02 31 30 42 81. ☐ *diariam.* ● *1º jan, 1º mai, 25 dez.* 📷 restrito. 📷 obrigatório.
A abadia dos Homens, de Guilherme, o Conquistador, começou a ser erguida em 1063 e vinte anos depois, quando morreu, estava quase pronta. A igreja-abadia, **Église St-Etienne**, é uma obra-prima do estilo românico normando com uma frente oeste coroada por treze agulhas. A nave pouco decorada foi coberta no século XII com uma abóbada de pedra, antecipando o estilo gótico.

### 🏛 Abbaye-aux-Dames
Pl de la Reine Mathilde. **Tel** 02 31 06 98 98. ☐ *diariam tarde.* ● *1º jan, 1º mai, 25 dez.* 📷 obrigatório. ♿
Como a de Guilherme, a abadia de Matilde para mulheres também tem uma igreja, **La Trinité**, em estilo românico normando, flanqueada por dois edifícios do século XVIII. Iniciada em 1060, foi consagrada em 1066, um pouco antes de Guilherme invadir a Inglaterra. A rainha Matilde está enterrada no coro, sob uma laje de mármore preto, e sua abadia de pedra de Caen clara, restaurada, é um mausoléu sereno.

### 🏛 Château Ducal
Esplanade du Château. **Musée des Beaux-Arts Tel** 02 31 30 47 70. ☐ *qua-dom.* **Musée de Normandie Tel** 02 31 30 47 60. ☐ *nov-mai: qua-seg; jun-out: diariam.* ● *1º jan, Páscoa, 1º mai, Ascensão, 1º nov, 25 dez (ambos os museus).* 📷 ♿
As ruínas do castelo de Caen, um dos mais bem protegidos da Europa, têm amplos gramados, museus e, dos baluartes, vistas da cidade. Uma coleção de arte, especialmente pintura francesa e italiana do século XVII, está exposta no **Musée des Beaux-Arts**. O **Musée de Normandie** lembra a vida tradicional na região, com objetos ligados a agricultura e bordado.

### 🏛 Mémorial de Caen
Esplanade Dwight-Eisenhower. **Tel** 02 31 06 06 44. ☐ *meados de fev-out: diariam; nov-meados fev; ter-dom.* ● *25 dez, 3 semanas jan.* 📷 ♿ www.memorial-caen.fr
A noroeste de Caen, perto do anel rodoviário N13 (saída 7), este museu dedicado à paz coloca no contexto os eventos do Dia D da Segunda Guerra e outros conflitos usando técnicas interativas e audiovisuais, como compilações de arquivo e filmes de ficção.
Uma ampliação recente dá uma perspectiva mais ampla nos aspectos culturais, religiosos, territoriais e ecológicos da segunda metade do século XX.

*O exuberante valle d'Orne, na Suisse Normande*

*Veja hotéis e restaurantes desta região nas pp. 563-6 e 614-8*

## Suisse Normande ⓾

Calvados e Orne. ✈ Caen. 🚆 🚌 Caen, Argentan. 🛈 *2 pl St-Saveur, Thury-Harcourt (02 31 79 70 45).* **www**.ot-suisse-normande.com

Embora diferente das montanhas da Suíça, as escarpas e vales cortados pelo rio Orne, ao serpentear em direção norte para Caen, tornaram-se muito procurados para caminhadas, acampamentos e esportes fluviais. É ideal para passear de carro. O ponto mais interessante do passeio é a pedra Oëtre, saindo da D329, onde se pode observar os desfiladeiros escavados pelo rio Rouvre.

## Parc Naturel Régional de Normandie- -Maine ⓫

Orne e Manche. ✈ Alençon. 🚆 🚌 Argentan. 🛈 *Carrouges (02 33 26 78 43).* **www**.parc-naturel- normandie-maine.fr

A orla meridional da Normandia central foi incorporada ao maior parque regional da França. Em meio a terras cultiváveis e florestas de carvalhos e faias, encontram-se várias cidadezinhas, como **Domfront**, sobre um esporão do rio Varenne; **Bagnoles-de- -l'Orne**, spa que oferece um cassino e vários esportes e **Sées**, com uma catedral gótica.

A **Maison du Parc**, em Carrouges, dá informações sobre caminhadas, passeios de bicicleta e canoagem.

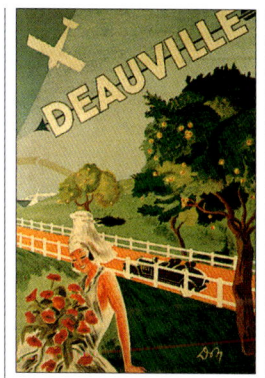

Poster de Deauville, cerca de 1930

### 🏛 Maison du Parc

Carrouges. **Tel** *02 33 81 13 33.* ⏲ *out-mai: seg-sex, sáb e dom tarde; jun-set: diariam.* ⬤ *feriados.*

### Arredores

Ao norte do parque, fora de Mortrée, está o castelo renascentista **Château d'O**, cercado por um fosso, com afrescos do século XVII. Perto fica o haras nacional da França, o **Haras du Pin**, conhecido como "Versalhes dos cavalos" por sua grandiosidade e arquitetura do século XVII. Durante o ano, há shows e excursões.

## Côte Fleurie ⓬

Calvados. ✈ 🚆 🚌 *Deauville.* 🛈 *pl de la Mairie, Deauville (02 31 14 40 00).* **www**.deauville.org

A Côte Fleurie (Costa Florida), entre Villerville e Cabourg, está pontilhada por balneários chiques que revivem a cada verão.

**Trouville**, outrora uma simples vila de pescadores, chamou a atenção dos escritores Gustave Flaubert e Alexandre Dumas em meados do século XIX. Em 1870 Trouville ganhou grandes hotéis, uma estação de trem e vilas pseudossuíças à beira-mar. Já faz bastante tempo que Trouville perdeu seu status para **Deauville**, criada pelo duque de Morny por volta de 1860. O balneário tem cassino, corridas de cavalos, marinas e as famosas passarelas de praia, Les Planches.

Para oeste, há balneários menos movimentados e menores, como Villers-sur-Mer ou Houlgate. **Cabourg** é dominado pelo Grand Hôtel, do início do século, onde Marcel Proust passou muitos verões. Proust usou o balneário como modelo para o imaginário Balbec na sua obra-prima *Em Busca do Tempo Perdido*.

## Pays d'Auge ⓭

Calvados. ✈ *Deauville.* 🚆 🚌 *Lisieux.* 🛈 *11 rue d'Alençon, Lisieux (02 31 48 18 10).* **www**.lisieux-tourisme.com

Pays d'Auge é o clássico campo normando, com prados, vales com bosques, pomares de maçã, fazendas de gado leiteiro e casas senhoriais. Sua capital é **Lisieux**, cuja catedral é Santa Teresa de Lisieux, canonizada em 1925, e que atrai centenas de milhares de peregrinos a cada ano. Lisieux é o ponto de partida para explorar a região, mas as cidades- -mercados próximas, tais como St-Pierre-sur-Dives e Orbec, são menores e mais atraentes.

A melhor maneira de desfrutar do Pays d'Auge é percorrer as estradas secundárias. Dois caminhos turísticos têm locais de venda de sidra e queijos, com solares de madeirame, mansões e castelos que testemunham a riqueza vinda da terra fértil. A casa senhorial **St-Germain-de Livet** aceita visitas, assim como **Crèvecoeur-en-Auge**, com o Schlumberger, museu de pinturas a óleo. **Beuvron-en- -Auge**, com casas de madeirame, é charmosa.

---

### MAÇÃS E SIDRAS

Pomares de maçã são característicos do campo normando, e a fruta é um ingrediente fundamental no repertório gastronômico da região. Nenhuma *pâtisserie* que se preze deixaria de apresentar uma *tarte normande* (torta de maçã) e qualquer caminho no campo parece indicar a venda da sidra – *"Ici vent cidre"*. Uma grande parte da colheita é matéria- -prima da sidra e do calvados, um conhaque envelhecido em barris de carvalho no mínimo durante dois anos. A região é também conhecida pelo *poiré*, um vinho de peras.

**Uma variedade de maçãs de sidra ácidas a maçãs doces para comer**

# Mont-St-Michel

Envolta pela névoa, cercada pelo mar, orgulhosa sobre as areias resplandecentes, a silhueta de Mont-St--Michel é uma das mais encantadoras vistas da França. Atualmente unida ao continente por uma passarela, a ilha de Mont-Tombe (Túmulo na Colina) fica na foz do rio Couesnon, coroada por uma abadia fortificada, que tem quase o dobro de sua altura. Estrategicamente localizada na fronteira entre a Normandia e a Bretanha, Mont-St--Michel passou de humilde oratório no século VIII a mosteiro beneditino e viveu o ápice de sua influência nos séculos XII e XIII. Chamados *miquelots*, peregrinos viajavam para cultuar são Miguel, e o mosteiro era um centro de instrução na Idade Média. Grandes obras de engenharia para reverter o assoreamento do mar causado pelas marés devem ser concluídas em 2015.

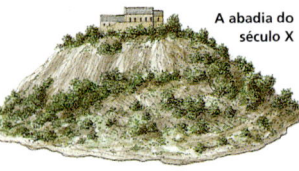

St-Michael

A abadia do século X

A abadia do século XI

A abadia do século XVIII

**Chapelle St-Aubert**
*No século XV, uma pequena capela foi construída em homenagem a Aubert, fundador de Mont-St-Michel.*

**★ Torre de Gabriel**
*Três andares de canhões que apontam para todas as direções em uma imponente torre do século XVI.*

Entrada

## CRONOLOGIA

| 700 | 1000 | 1300 | 1600 | 1900 |
|---|---|---|---|---|
| | **966** Duque Ricardo I funda abadia beneditina | **1211-28** Construção de La Merveille | **1434** Último ataque dos ingleses. Muralhas rodeiam a cidade | **1789** Revolução Francesa: a abadia se torna prisão política | **1874** Abadia é feita monumento nacional |
| | | **1017** Começa construção da igreja da abadia | **1516** Abadia entra em decadência | **1877-9** Construção da passarela | **1922** Abadia volta a ter cerimônias |
| **708** St-Aubert constrói o oratório em Mont-Tombe | | **1067-70** Mont-St-Michel aparece na Tapeçaria de Bayeux *Tapeçaria de Bayeux* | | | **1895-7** Campanário, agulha e estátua de São Miguel |
| | | | | | **2007** Os monges beneditinos deixam a abadia; são substituídos pela Fraternité de Jérusalem |

*Veja hotéis e restaurantes desta região nas pp. 563-6 e 614-8*

# NORMANDIA

## PREPARE-SE

🚌 *para Pontorson, mais ônibus.* 
ℹ️ *bd de l'Avancée (02 33 60 14 30).* www.ot-montsaintmichel.com **Abadia Tel** *02 33 89 80 00.* 🕐 *mai-ago: 9h-19h; set-abr 9h30-18h. Visitas noturnas durante o verão (recomendadas).* 🚫 *1º jan, 1º mai, 25 dez.* ✝️ *12h15 ter-sáb, 11h30 dom.* 📷 
www.mont-saint-michel.monuments-nationaux.fr

### As Marés de Mont-St-Michel
*As marés na baía do Mont-St-Michel são muito fortes e funcionam como defesa natural. Sobem e baixam com o calendário lunar e podem atingir 10km/h na primavera.*

### ★ Abbaye
*Protegidas por muros altos, a abadia e sua igreja ocupam uma posição inexpugnável na ilha.*

### Salto de Gautier
*No alto da escadaria interna, o terraço tem o nome do prisioneiro que saltou dali para a morte.*

**Église St-Pierre**

**Torre da Liberdade**

**A torre da abadia** tinha acomodações para soldados do abade.

**Torre do Rei**

## PONTOS ALTOS

★ Abbaye

★ Muralhas

★ Grande Rue

### ★ Grande Rue
*Hoje repleto de restaurantes, o caminho dos peregrinos, percorrido desde o século XII, passa pela Église St-Pierre e vai até os portões da abadia.*

# Abbaye du Mont-St-Michel

As construções de hoje são testemunhas do tempo em que a abadia serviu tanto como mosteiro beneditino quanto como prisão política – durante 73 anos após a Revolução. Em 1017, foi iniciada a construção de uma igreja românica no ponto mais alto da ilha, a atual Notre-Dame-sous-Terre, cujas fundações são do século X. Construído em três níveis, o mosteiro de La Merveille (O Milagre) foi acrescentado ao lado norte da igreja no início do século XIII.

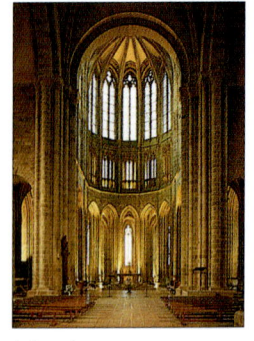

**Cruz do coro**

★ **Igreja**
Quatro segmentos da nave românica ainda existem. Três foram derrubados em 1776, criando o Terraço Oeste.

★ **La Merveille**
O complexo em três níveis que forma o mosteiro, construído em apenas dezesseis anos, é uma obra-prima gótica.

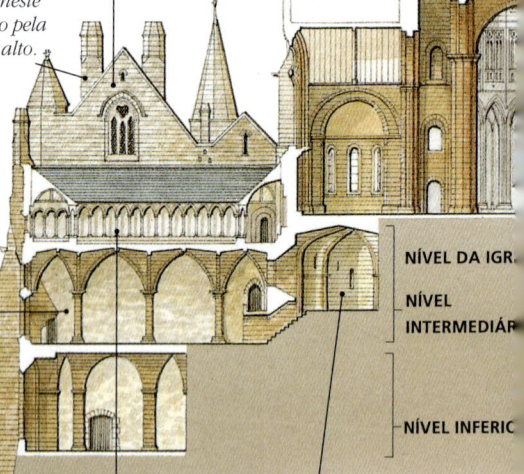

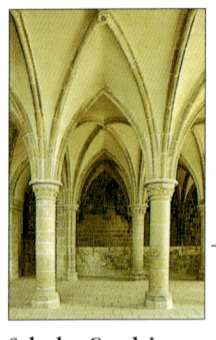

**Refeitório**
Os monges faziam as refeições neste recinto longo e estreito, banhado pela luz que entra pelas janelas, no alto.

**Sala dos Cavaleiros**
Os arcos e os capitéis, bem decorados, são tipicamente góticos.

NÍVEL DA IGR.
NÍVEL INTERMEDIÁR
NÍVEL INFERIC

**A Cripta das 30 Velas** uma das duas criptas construídas no século XI para sustentar os transeptos da igreja principal.

★ **Claustro**
O claustro, com suas elegantes colunas em fileiras alternadas, é um belo exemplo da arquitetura anglo-normanda do início do século XIII.

## COMO VISITAR A ABADIA

*Os três níveis da abadia refletem a hierarquia monástica. Os monges viviam no nível mais alto, em um mundo fechado, formado pela igreja, o claustro e o refeitório. O abade recebia os nobres em visita no nível intermediário. Soldados e peregrinos – situados mais abaixo na pirâmide social – eram atendidos no nível inferior. As visitas guiadas começam no Terraço Oeste, no nível da igreja, e terminam na esmolaria, onde os pobres recebiam esmolas. No local, funciona hoje uma livraria e uma loja de suvenires.*

**NÍVEL DA IGREJA**
- Igreja da abadia
- Claustro
- Refeitório
- Terraço Oeste
- Salto de Gautier
- Grande Escadaria Interior

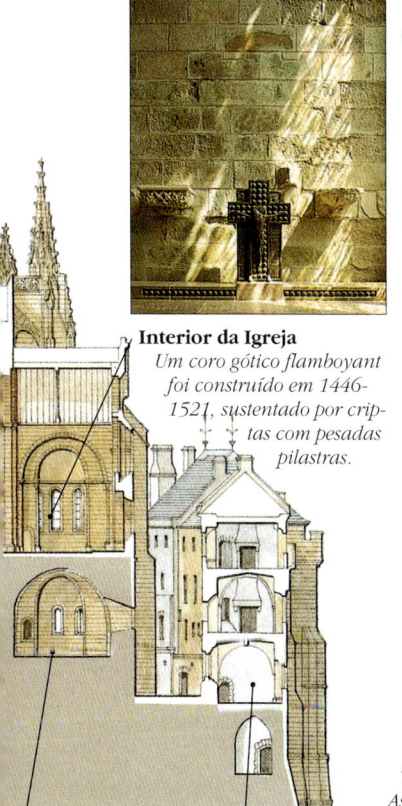

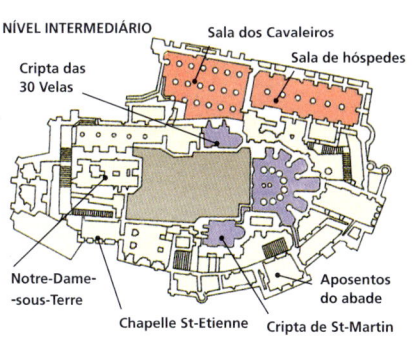

**NÍVEL INTERMEDIÁRIO**
- Cripta das 30 Velas
- Sala dos Cavaleiros
- Sala de hóspedes
- Notre-Dame-sous-Terre
- Chapelle St-Etienne
- Aposentos do abade
- Cripta de St-Martin

**NÍVEL INFERIOR**
- Armazém
- Esmolaria
- Jardins da abadia
- Aposentos do abade
- Sala da Guarda

### Interior da Igreja
*Um coro gótico flamboyant foi construído em 1446-1521, sustentado por criptas com pesadas pilastras.*

**A Cripta de St-Martin** *é uma capela do século XI, de abóbada semicilíndrica, que preserva as formas da abadia românica original.*

**Os aposentos do abade**, *que recebia visitantes ilustres na sala de hóspedes, ficam perto da entrada da abadia. Os peregrinos mais pobres eram atendidos na esmolaria.*

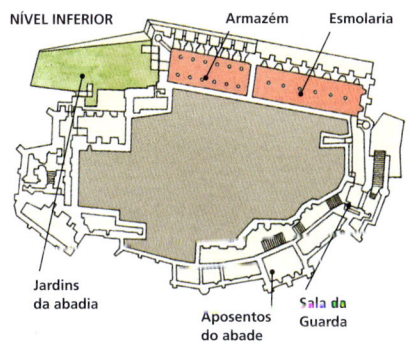

### Terraço Oeste
*As visitas guiadas começam aqui, no terraço oeste. A Fraternité de Jérusalem, pequena comunidade monástica, vive na abadia e recebe os visitantes.*

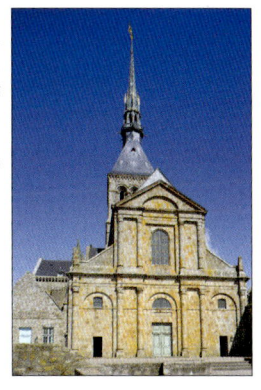

### PONTOS ALTOS
★ Igreja
★ La Merveille
★ Claustro

Mont-St-Michel, à noite ▷

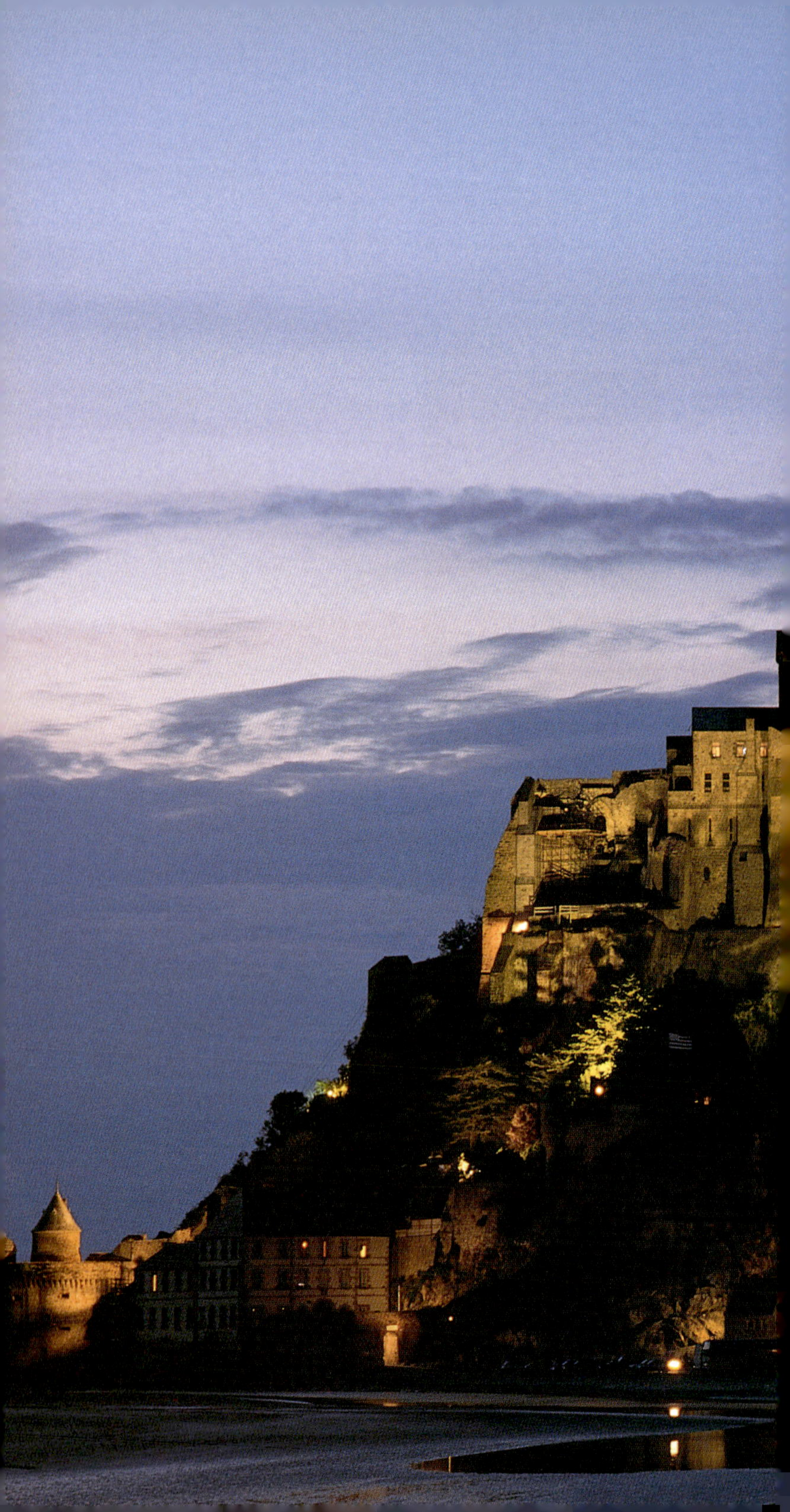

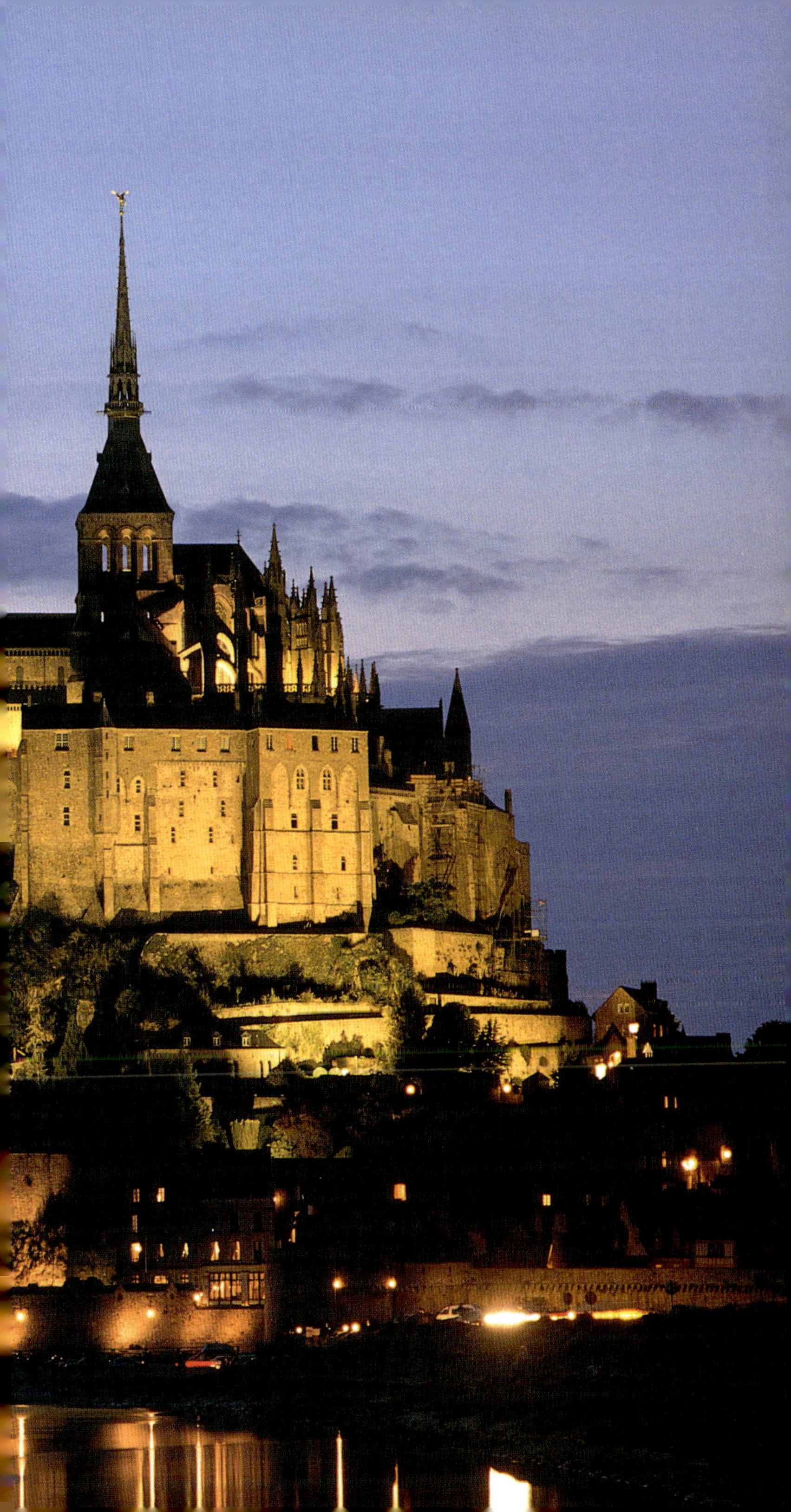

## Honfleur [14]

Calvados. 8.500. Deauville.
quai Lepaulmier (02 31 89 23 30).
qua, sáb; qui, dom: mercado de peixe no porto. www.ot-honfleur.fr

Honfleur, importante porto defensivo no século XV, tornou-se uma das mais atraentes enseadas da Normandia. No centro da cidade está o Vieux Bassin (Antiga Doca), do século XVII, com belas casas de seis ou sete andares. Honfleur se transformou, no século XIX, em núcleo das artes. Eugène Boudin, o pintor de paisagens marinhas, nasceu aqui em 1824, assim como Erik Satie, em 1866. Courbet, Sisley, Pissarro, Renoir e Cézanne reuniam-se sempre no Ferme St-Siméon, hoje hotel de luxo. Artistas ainda trabalham no cais, e as exposições acontecem no **Greniers à Sel** – dois armazéns erguidos em 1670 para guardar sal. Essas construções ficam a leste do Vieux Bassin, em uma área conhecida como l'Enclos, coração fortificado da cidade no século XIII.

O **Musée d'Ethnographie et d'Art Populaire Normand** lembra o passado náutico de Honfleur. Um labirinto de salas em estilo normando é parte da antiga prisão. Na place Ste-Catherine há uma igreja construída no século XV. O **Musée Eugène-Boudin** documenta o apelo artístico de Honfleur e do estuário do Sena, com obras de Eugène Boudin a Raoul Dufy. **Les Maisons Satie** usa trechos das músicas de Satie para guiar o visitante por entre as salas.

**Greniers à Sel**
Rue de la Ville. 02 31 89 23 30.
para exposições e visitas guiadas. obrigatória, menos em exposições de verão.

**Musée d'Ethnographie et d'Art Populaire Normand**
Quai St Etienne. Tel 02 31 89 14 12.
meados fev-mar, out-meados nov: ter-sex (tarde), sáb, dom; abr-set: ter-dom. 1º mai.

**Musée Eugène-Boudin**
Pl Erik Satie, rue de l'Homme de Bois. Tel 02 31 89 54 00. meados mar-set: qua-seg; out-dez e meados fev-meados mar: qua-seg à tarde, sáb, dom. 1º mai, 14 jul, 25 dez.

**Les Maisons Satie**
67 Blvd Charles V. Tel 02 31 89 11 11.
meados fev-dez: qua-seg. feriados.

Cais em Honfleur

## Le Havre [15]

Seine-Maritime. 194.000.
186 bd Clemenceau (02 32 74 04 04). diariam.
www.lehavretourisme.com

Estrategicamente localizada no estuário do Sena, Le Havre (o porto) foi criada em 1517 por Francisco I depois que o porto de Honfleur foi assoreado. Durante a Segunda Guerra Mundial, a cidade foi praticamente destruída pelos bombardeios dos aliados. Há uma zona industrial ao lado do porto, mas a cidade ainda tem seus encantos. É um importante centro de iatismo, e a praia é muito limpa. Boa parte do centro antigo foi reconstruído nas décadas de 1950 e 1960 por August Perret, cuja **Église St-Joseph** (patrimônio histórico da Unesco) marca a silhueta da cidade. Em frente ao mar fica o **Musée Malraux**, com uma magnífica coleção de obras do artista local Raoul Dufy, entre outros, e a maior pista de skate da França.

**Musée Malraux**
2 bd Clemenceau. Tel 02 35 19 62 62. qua-seg. feriados.

## Côte d'Albâtre [16]

Seine-Maritime. quai du Carénage, Dieppe (02 32 14 40 60). www.dieppetourisme.com

O nome "costa de alabastro" deve-se aos penhascos calcários e à água de aparência leitosa que caracterizam a costa da Normandia entre Le Havre e Le Tréport. É famosa a **Falaise d'Aval**, a oeste de Etretat, onde a erosão cavou um arco. O escritor Guy de Maupassant, nascido perto de Dieppe em 1850, comparou os penhascos a um elefante molhando-se no mar. A partir de Etretat, várias estradas costeiras sobem e descem em curvas acentuadas, atravessando cabos e vales com bosques em direção a Dieppe, a leste.

**Fécamp** é a única cidade importante neste trajeto. A abadia beneditina já foi um famoso local de peregrinação, depois que um suposto tronco manchado com o sangue de Cristo foi jogado à costa neste local no século VII. Essa relíquia está em um santuário na entrada da Chapelle Notre-Dame em La Trinité, a igreja da abadia.

Em estilo neogótico-renascentista, o grande **Palais Bénédictine** é uma homenagem a Alexander Le Grand, um comerciante de vinho local que descobriu a receita dos monges para o famoso licor Bénédictine. Construído

*Mulher com sombrinha (1880), de Boudin, no Musée Eugène-Boudin*

Veja hotéis e restaurantes desta região nas pp. 563-6 e 614-8

O penhasco em Falaise d'Aval, que lembra um elefante mergulhando a tromba no mar

em 1882, anexou uma destilaria e um museu cheio de tesouros de arte e curiosidades. Há explicações sobre as 27 ervas e especiarias utilizadas no licor, com degustação.

**🏛 Palais Bénédictine**
110 rue Alexandre Le Grand, Fécamp.
**Tel** 02 35 10 26 10. ⏵ diariam.
● jan, 1º mai, 1º dez.

Vista de Dieppe a partir do castelo e museu no alto da cidade

## Dieppe ⑰

Seine-Maritime. 36.000.
Pont Jean Ango (02 32 14 40 60). ter-qui e especialmente sáb.
www.dieppetourisme.com

Dieppe conquistou prestígio histórico como forte, porto e local de veraneio no Canal da Mancha. A prosperidade chegou nos séculos XVI e XVII, quando Jehan Ango, um corsário local, atacou as frotas portuguesa e inglesa, e um entreposto chamado Petit Dieppe foi fundado na costa da África Ocidental. Naquela época, a população de Dieppe já era de 30 mil pessoas, com uma comunidade de 300 artesãos que esculpiam marfim importado. Este passado marítimo é o tema do **Le Château-Musée**, um castelo do século XV no alto de um promontório a oeste da cidade. Há mapas históricos e miniaturas de navios, uma coleção de marfins de Dieppe (a mais importante da Europa) e quadros que evocam o desenvolvimento da cidade como balneário da moda, no século XIX. Dieppe tinha as praias mais próximas de Paris e serve a passeios à beira-mar e às curas e tratamentos com água do mar.

Atualmente, a ampla praia da cidade está entregue a gramados, parques de diversões e estacionamentos. Suas ruas mais agitadas estão ao sul, à volta da **Église St-Jacques**, marcada por batalhas. Se o tempo estiver ruim, vá à nova **L'Estran-La Cité de la Mer**, um centro de exposições com maquetes sobre temas marítimos e diversões para crianças.

**🏛 Le Château-Musée**
**Tel** 02 35 06 61 99, ⏵ jun-set: diariam; out-mai: qua-seg.
● 1º jan, 1º mai, 1º nov, 25 dez.
www.mairie-dieppe.fr

**🏛 L'Estran-La Cité de la Mer**
37 rue de l'Asile Thomas.
**Tel** 02 35 06 93 20. ⏵ diariam.
● 1º jan, 25 dez.

## Basse-Seine ⑱

Seine-Maritime e Eure. ✈ Le Havre, Rouen. Yvetot. Le Havre.
ℹ Yvetot (02 35 95 08 40).

De Rouen a Le Havre, o rio Sena corre em meandros em direção ao mar. Três pontes espetaculares o atravessam nesse trecho: Pont de Brotonne, Pont de Tancarville e Pont de Normandie (inaugurada em 1995, une Le Havre e Honfleur). A graça e ousadia dessas modernas obras são tão importantes quanto as elevadas aspirações das abadias fundadas nas margens do rio nos séculos VII e VIII, e que atualmente proporcionam um roteiro para explorar o vale do Baixo Sena.

A oeste de Rouen fica a bem-proporcionada Église de St-Georges, em **St-Martin-de-Boscherville**, que, até a Revolução, era a igreja de uma pequena abadia cercada por muralhas. A casa paroquial, do século XII, tem notáveis estátuas bíblicas e capitéis esculpidos. A partir daqui, a D67 leva ao sul, para a vila de La Bouille, à beira do rio.

Para o norte há uma balsa que faz a travessia, de hora em hora, até as colossais ruínas da **Abbaye de Jumièges**. Fundada em 654, já abrigou 900 monges e 1.500 criados. A principal igreja data do século XI. Sua consagração, em 1067, foi um importante evento, que contou com a presença de Guilherme, o Conquistador.

A D913 atravessa os bosques de carvalhos e faias do Parc Régional de Brotonne e leva à **Abbaye de St-Wandrille**, do século VII. O Musée de la Marine de Seine, em **Caudebec-en-Caux**, relata a vida nesse grande rio a partir do final do século XIX.

Monge da Abbaye de St-Wandrille

# Rouen

Rouen foi fundada no ponto mais baixo do rio Sena, onde era possível construir uma ponte, e prosperou com o comércio marítimo e a industrialização, tornando-se uma cidade rica e refinada. Apesar dos estragos da Segunda Guerra Mundial, a cidade se orgulha dos muitos pontos turísticos da margem direita, a poucos passos da Cathédrale Notre-Dame, pintada por Monet. Gradativamente, de um posto de comércio celta, forte romano e colônia viking, Rouen virou capital do ducado normando em 911. Henrique V a capturou em 1419 depois de um cerco durante a Guerra dos Cem Anos. Em 1431 Joana d'Arc foi queimada em uma fogueira na place du Vieux-Marché.

**Rouen, próspera cidade portuária às margens do Sena**

## Como Explorar Rouen

A partir da catedral, a rue du Gros Horloge se estende sob o grande relógio da cidade até a place du Vieux Marché e a Église Ste-Jeanne-d'Arc. A rue aux Juifs passa pelo **Palais de Justice**, construção gótica do século XV, antigo Parlamento normando, até as lojas elegantes e cafés na rue des Carmes. Mais adiante, entre as igrejas de St-Maclou e St-Ouen, ficam a rue Damiette e a rue Eau de Robec, com suas casas com madeirame à vista. Ao norte, na place Général de Gaulle, encontra-se o **Hôtel de Ville**, do século XVIII.

## Cathédrale Notre-Dame

Esta obra-prima da arte gótica é conhecida pela sua fachada oeste (p. 267), pintada por Monet, emoldurada por duas torres – a Tour St-Romain e a Tour du Beurre, provavelmente paga com impostos sobre o consumo da manteiga durante a Quaresma. Acima da lanterna da torre central fica a agulha neogótica em ferro fundido erguida em 1876. O Portail des Libraires, do século XIV, ao norte, e o Portail de la Calende, do século XIV, ao sul, recentemente restaurados, valem a pena ser vistos pelas esculturas e pelo delicado rendilhado. Os tesouros da igreja são acessíveis apenas em visitas guiadas. Destacam-se o túmulo de Ricardo, Coração de Leão, cujo coração foi enterrado aqui, e o salão semicircular da cripta do século XI, redescoberto em 1934. A chuva de 1999 danificou o coro/cancela.

**Catedral Notre-Dame, Rouen**

## Église St-Maclou

Esta igreja gótica *flamboyant* possui uma fachada oeste muito decorada, com um pór-

*Veja hotéis e restaurantes desta região nas pp. 563-6 e 614-8*

# NORMANDIA

## PRINCIPAIS ATRAÇÕES

Aître St-Maclou ⑨
Cathédrale Notre-Dame ⑦
Église St-Maclou ⑧
Église St-Ouen ⑩
Gros-Horloge ②
Hôtel de Ville ⑪
Musée des Beaux Arts ⑤
Musée de la Céramique ④
Musée d'Histoire Naturelle ⑫
Musée le Secq des Tournelles ⑥
Palais de Justice ③
Place du Vieux-Marché ①

cios em volta do pátio quadrangular estão esculpidas com caveiras sorridentes, ossos, caixões, relógios de areia, baldes, camas e utensílios usados pelos coveiros.

### 🏛 Musée d'Histoire Naturelle
198 rue Beauvoisine. **Tel** 02 35 71 41 50. ⬚ ter-dom à tarde.
O Musée d'Histoire Naturelle é o segundo maior da França do gênero e possui mais de 800 mil objetos.

### 🔒 Église St-Ouen
St-Ouen faz parte de uma extraordinária abadia beneditina. É uma sólida igreja gótica com um interior elevado, sem decoração, muito bonito graças aos vitrais restaurados do século XIV. Atrás da igreja há um parque agradável, ideal para piqueniques.

### 🏛 Musée des Beaux-Arts
Square Verdrel. **Tel** 02 35 71 28 40. ⬚ qua-seg. ● feriados menos Páscoa e Pentecostes.
A coleção da cidade inclui obras de arte importantes: obras-primas de Caravaggio e Velásquez e pinturas de artistas da Normandia como Théodore Géricault, Eugène Boudin e Raoul Dufy. Também está em exposição *A catedral de Rouen*, de Monet.

### 🏛 Musée de la Céramique
Hôtel d'Hocqueville, 1 rue Faucon. **Tel** 02 35 07 31 74. ⬚ qua-seg. ● feriados.

## PREPARE-SE

Seine Maritime. 108.800.
✈ 11km sudeste de Rouen.
🚆 gare rive droite, pl Bernard Tissot (08 92 35 35 35). 🚌 25 rue des Charrettes (0825 076 027).
ℹ 25 pl de la Cathédrale (02 32 08 32 40). ● ter-dom.
🎉 Festa de Joana d'Arc (fim mai).
www.rouenvalleedeseine.com

Cerca de mil peças de faiança – cerâmica colorida vitrificada – de Rouen e outras peças de louça francesa e estrangeira estão à mostra em uma casa do século XVII. Os trabalhos traçam a história da cerâmica até seu apogeu, no século XVIII.

### 🏛 Musée le Secq des Tournelles
Rue Jacques-Villon. **Tel** 02 35 88 42 92. ⬚ qua-seg. ● feriados. ♿ só térreo.
Situada em uma igreja do século XV, a coleção em ferro batido ilustra o trabalho dos ferreiros, desde chaves até saca-rolhas, colheres galo-romanas até grandes letreiros de tavernas.

### 🏛 Musée Flaubert
51 rue de Lecat.
**Tel** 02 35 15 59 95. ⬚ ter-sáb. ● feriados.
O pai de Flaubert era cirurgião no hospital de Rouen e a casa onde morou com a família contém objetos pessoais, o impressionante equipamento médico dos séculos XVII-XIX.

### GUSTAVE FLAUBERT

O romancista Gustave Flaubert (1821-80) nasceu e cresceu em Rouen, e a cidade é o pano de fundo para memoráveis cenas de sua obra-prima *Madame Bovary*. De 1857, este estudo realista da mulher de um médico do interior levada ao desespero devido a seus casos amorosos provocou um escândalo que deu fama ao autor. Seu famoso papagaio empalhado, que está no Musée Flaubert, ficava sempre em sua escrivaninha.

**Papagaio de Flaubert**

tico com cinco janelas em ogiva e portas de madeira entalhadas representando cenas bíblicas. Atrás da igreja está seu *aître*, ou ossuário, um raro exemplo de cemitério medieval para as vítimas da peste. As madeiras dos edifí-

**Legenda dos símbolos** *no final do guia*

O Château Gaillard e a vila de Les Andelys, em uma curva do rio Sena

## Haute-Seine ⑳

Eure. ✈ Rouen. 🚆 Vernon, Val de Reuil. 🚌 Gisors, Les Andelys. ℹ Les Andelys (02 32 54 41 93). http://office-tourisme.ville-andelys.fr

A sudeste de Rouen, o curso do rio Sena faz muitas curvas, e a maioria das localidades interessantes fica na margem norte. No centro da Forêt de Lyons, antiga propriedade de caça dos duques da Normandia, fica a cidade rural de **Lyons-la-Fôret**, com suas casas de madeirame à vista e um mercado coberto do século XVIII.

Em direção ao sul, a D313 acompanha as curvas do Sena até a cidade de **Les Andelys**. No alto estão as ruínas do Château Gaillard, construído por Ricardo, Coração de Leão, em 1197 para defender Rouen dos franceses, que finalmente tomaram o castelo em 1204, invadindo-o pelas latrinas.

## Giverny ㉑

Eure. 🚆 600. ℹ 36 rue Carnot, Vernon (02 32 51 39 60). www.cape-tourisme.fr

O pintor impressionista Claude Monet alugou uma casa na pequena vila de Giverny em 1883, onde trabalhou até sua morte, aos 86 anos. A casa, conhecida como **Fondation Claude Monet**, e seus magníficos jardins estão abertos ao público. A casa está decorada com as cores originais que Monet apreciava e os jardins são famosos por terem servido de tema para estudos do pintor. Exibem-se apenas cópias dos quadros, mas há originais dos séculos XIX e XX no **Musée des Impressionnismes**, nas proximidades.

🏛 **Fondation Claude Monet**
Giverny, Gasny. **Tel** 02 32 51 28 21. ☐ abr-out: diariam. www.fondation-monet.fr

🏛 **Musée des Impressionnismes**
99 rue Claude Monet, Giverny. **Tel** 02 32 51 94 65. ☐ abr-out.

## Évreux ㉒

1 Eure. 🚆 55.000. 🚌 ℹ 1ter pl du Général de Gaulle (02 32 24 04 43). 🛒 qua e sáb. www.grandevreuxtourisme.fr

Embora tenha sido muito danificada na Segunda Guerra Mundial, Evreux é uma agradável cidade, em uma região de amplas planícies agrícolas, e com a **Cathédrale Notre-Dame**, conhecida por seus vitrais dos séculos XIV e XV. A construção é predominantemente gótica, mas há arcos românicos na nave e as capelas são adornadas por biombos renascentistas. O antigo Palais Episcopal, ao lado, abriga hoje o **Musée de l'Ancien Evêché**, cujo acervo inclui estátuas de bronze romanas de Júpiter e Apolo e arte decorativa.

O jardim de Monet em Giverny foi restaurado e recuperou seu encanto

*Veja hotéis e restaurantes desta região nas pp. 563-6 e 614-8*

# As Catedrais de Monet

Na última década do século XIX, Claude Monet pintou cerca de 30 quadros sobre a Catedral de Rouen – muitos dos quais estão no Musée d'Orsay, em Paris *(pp. 120-1)*. Ele estudou os efeitos das mudanças de luz sobre as fachadas da igreja, privilegiando a cor em relação ao desenho. O pintor impressionista disse que concebeu essa série quando observava os efeitos da luz em uma igreja rural "à medida que os raios de sol lentamente dissolviam a névoa que envolvia a pedra dourada em um manto vaporoso".

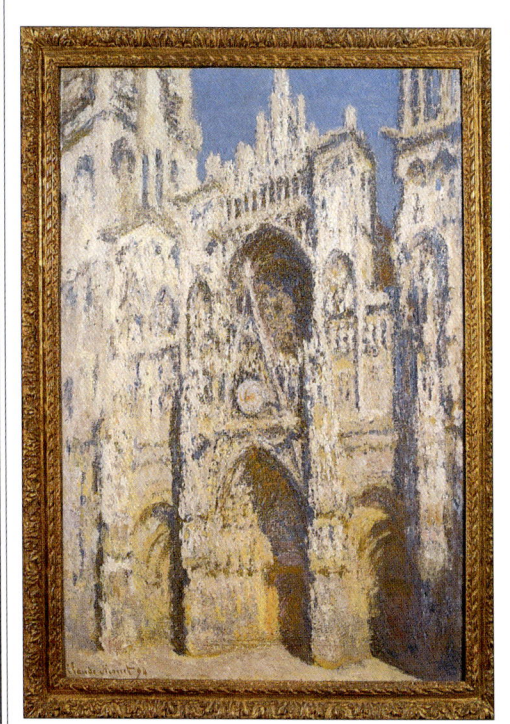

## HARMONIA EM AZUL E DOURADO *(1894)*

Monet escolheu para a série um ponto de visão próximo e gostava muito deste ângulo, o sudoeste. O sol derramava sombras vespertinas na frente oeste, acentuando os profundos portais e as grandes rosáceas.

**O Esboço de Monet** *se compara à luminosidade trêmula do quadro.*

**Harmonia em Marrom** *(1894) é a única versão acabada de uma visão frontal da fachada oeste. Uma análise revelou que a obra começou como vista sudoeste.*

**Harmonia em Azul** *(1894), comparada com Harmonia em Azul e Dourado, mostra a pedra da fachada oeste suavizada pela luz difusa de uma manhã enevoada.*

**O Pórtico, Tempo Nublado** *(1894), foi uma das diversas telas em tons acinzentados mostrando a fachada da catedral na suave luz de um dia nublado.*

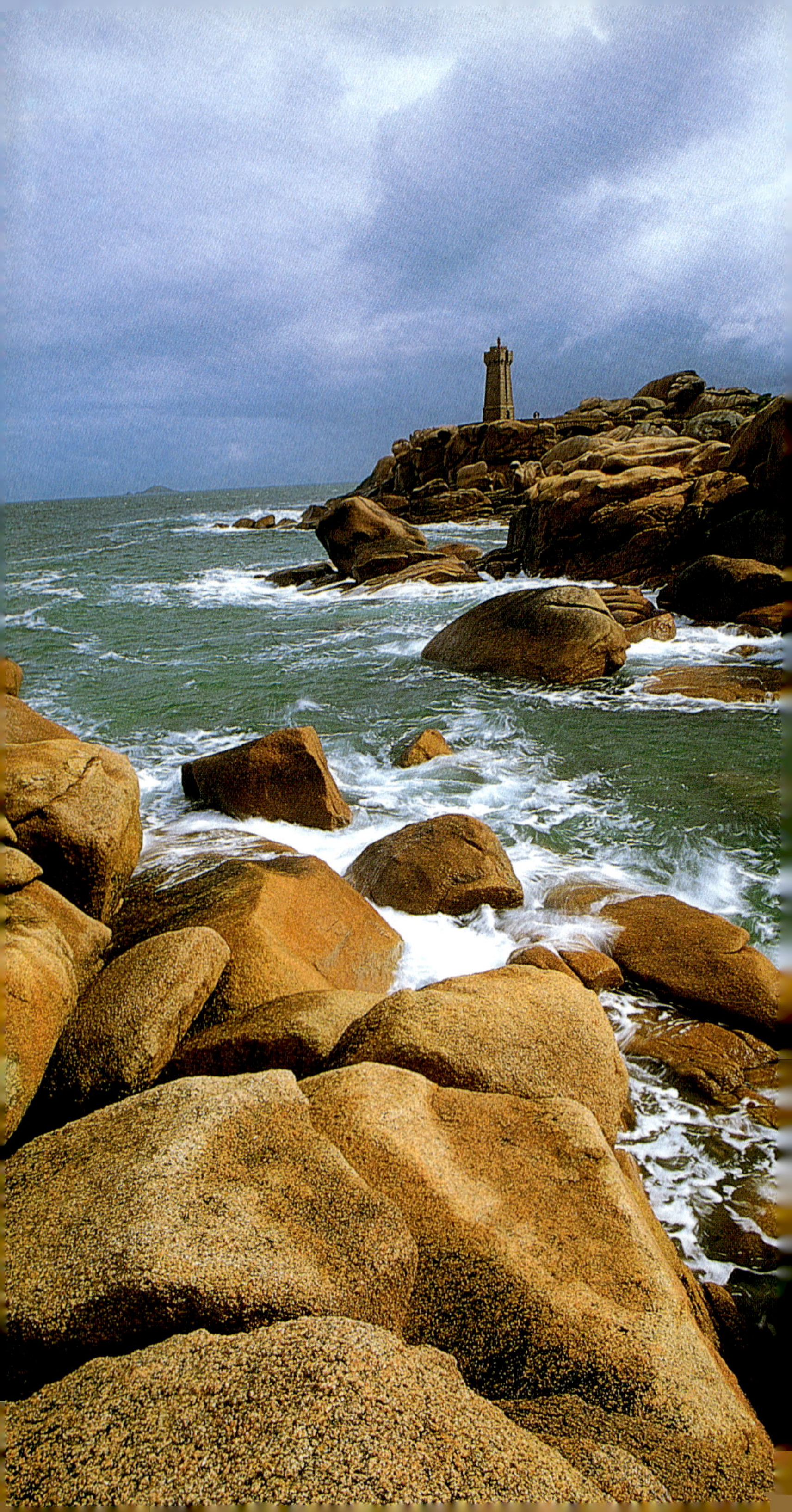

# BRETANHA

FINISTÈRE · CÔTES D'ARMOR · MORBIHAN · ILLE-ET-VILAINE

*Avançando desafiadoramente sobre o Atlântico, a região noroeste da França sempre se distinguiu do resto do país. Denominada pelos celtas de Armórica – a terra do mar –, a Bretanha fervilha com lendas de cidades submersas e de florestas da época do rei Artur. Megálitos pré-históricos surgem misteriosamente da terra e do mar, e o medieval ainda se confunde com o moderno.*

Uma costa longa e recortada é a maior atração da região. Ao norte, há praias magníficas, de marés violentas, onde se encontram balneários, importantes portos pesqueiros e muitos criadouros de ostras. A costa sul é mais suave, com vales arborizados e um clima mais temperado, enquanto a costa oeste, exposta aos ventos do Atlântico, tem uma intensidade que justifica o seu nome: Finistère – O Fim da Terra.

Mais para o interior está a região de Argoat, que já foi conhecida como a região dos bosques e que hoje em dia é uma colcha de retalhos de campos ondulantes e florestas. O Parc Régional d'Armorique ocupa grande parte da região central de Finistère, e é na Bretanha ocidental onde a cultura bretã permanece mais viva. Em Quimper e no Pays Bigouden, crepes e sidra, costumes tradicionais e música celta ainda são parte integrante do estilo de vida bretão. A Bretanha oriental apresenta características mais convencionais. Vannes, Dinan e Rennes (capital da Bretanha) têm bairros medievais bem conservados, nos quais *construções* de madeirame aparente abrigam convidativos mercados, lojas, crêperies e restaurantes. O porto de St-Malo – cercado por muralhas – evoca as façanhas marítimas da região. Os castelos de Fougères e Vitré lembram as poderosas fortalezas que defenderam a fronteira oriental da região antes da sua união à França, em 1532.

Mulheres usando o traje tradicional bretão e a *coiffe*, um adereço de cabeça feito de renda

◁ Penhascos de granito rosa na Côte de Granit Rose, no norte da Bretanha

# Como Explorar a Bretanha

A Bretanha é o lugar ideal para passar férias. A região oferece passeios agradáveis ao longo das praias da Côte d'Emeraude e Côte de Granit Rose, ao norte. A costa sul se orgulha de seus vales cobertos de bosques, dos sítios pré-históricos de Carnac e do Golfe du Morbihan. As paróquias *(pp. 276-7)* oferecem uma visão mais profunda da cultura bretã, assim como a cidade de Quimper e sua catedral. Vale a pena visitar Rennes, capital da região, o castelo de Fougères e, no verão, fazer um passeio de barco às ilhas da Bretanha.

## PRINCIPAIS ATRAÇÕES

- Belle-Île-en-Mer ㉑
- Brest ❷
- Cancale ㉘
- Carnac ⑲
- Combourg ㉚
- Concarneau ❾
- Côte d'Emeraude ㉖
- Côte de Granit Rose ⑯
- Dinan ㉙
- Douarnenez ❹
- Forêt de Paimpont ㉕
- Fougères ㉜
- Golfe du Morbihan ㉓
- Guimiliau ⑭
- Île de Bréhat ⑱
- Île d'Ouessant ❶
- Josselin ㉔
- Lampaul-Guimiliau ⑮
- Le Pouldu ⑪
- Locronan ❺
- Parc Naturel Régional d'Armorique ❸
- Pays Bigouden ❼
- Pointe du Raz ❻
- Pont-Aven ⑩
- Presqu'île de Quiberon ⑳
- Quimper ❽
- Rennes ㉛
- Roscoff ⑫
- St-Malo ㉗
- St-Thégonnec ⑬
- Tréguier ⑰
- Vannes ㉒
- Vitré ㉝

## LEGENDA

- Rodovias
- Estrada principal
- Estrada secundária
- Estrada local
- Percurso com paisagem
- Ferrovia principal
- Ferrovia local
- Fronteira regional

**Legenda dos símbolos** *no final do guia*

# BRETANHA

**Farol na ilha de Bréhat, na Côte de Granit Rose**

## COMO CHEGAR

As rodovias N12 e N165 circundam a região, permitindo fácil acesso às áreas costeiras, ao passo que a N12 e a N24 levam diretamente à capital, Rennes. Pode-se chegar à Bretanha de avião (nos aeroportos de Brest, Nantes e Rennes), de barco (a partir da Inglaterra até St-Malo e Roscoff), de carro (a partir da Normandia, do vale do Loire e de Paris, pela A11) ou de TGV (a partir de Paris e Lille).

**Casas com madeirame à vista na parte medieval de Rennes**

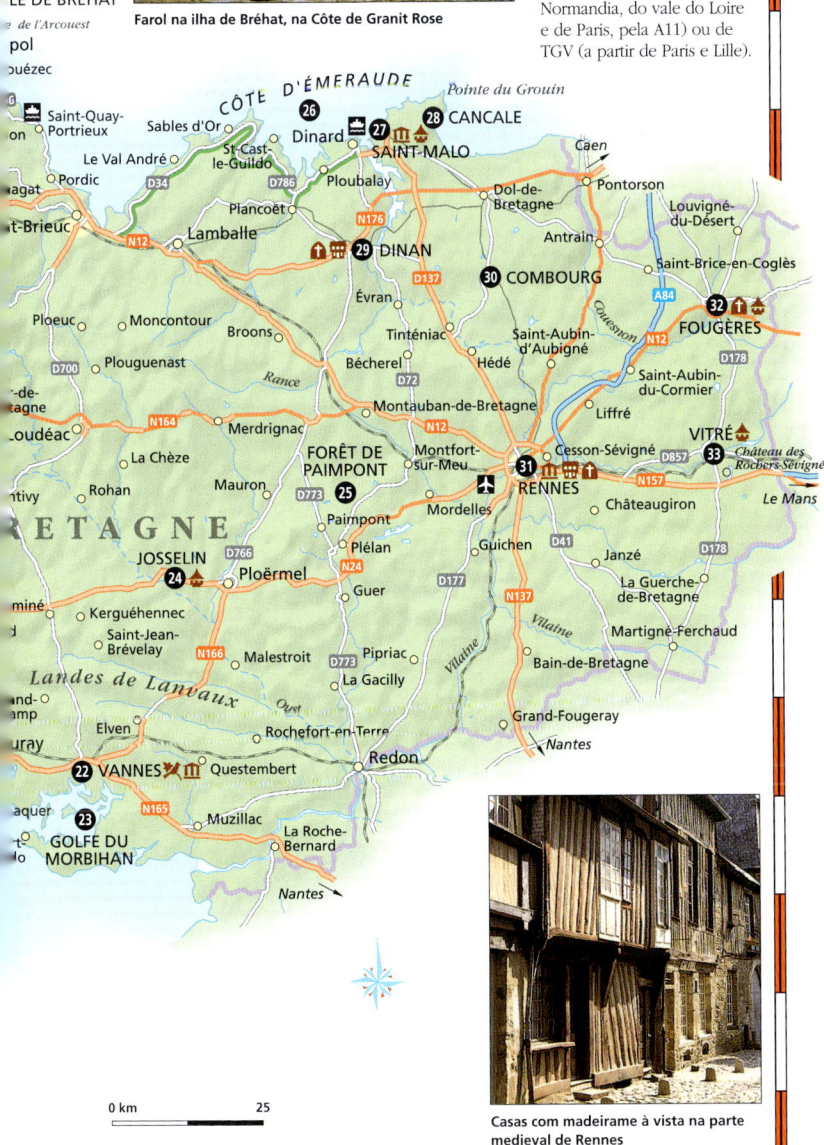

## Île d'Ouessant ❶

Finistère. ✈ 930. ⊠ Ouessant (via Brest). 🚢 Brest, depois barco. 🚢 Le Conquet, depois barco. ℹ pl de l'Eglise, Lampaul (02 98 48 85 83). www.ot-ouessant.fr

Um conhecido provérbio bretão diz: "Quem vê Ouessant, vê sangue". Também conhecida como Ushant, a ilha é famosa entre os marinheiros pelas suas violentas tormentas e fortes correntezas. Extremo oeste da França, tem um clima agradável no verão e, embora seja um lugar descampado e chuvoso, pode ser prazeroso no inverno. Parte do Parc Naturel Régional d'Armorique, esta ilha batida pelo vento é local de parada para as aves migratórias. Elas e uma pequena população de focas podem ser observadas dos promontórios de Pern e Pen-ar-Roc'h.

Dois museus guardam sua história de desafios, naufrágios e tragédias. Em Niou Uhella, o **Ecomusée d'Ouessant** exibe mobília feita com madeira proveniente de naufrágios e, em geral, pintada de azul e branco em louvor a Nossa Senhora. Em Phare du Créac'h, o **Musée des Phares et Balises** mostra a história dos muitos faróis da Bretanha e dos faroleiros.

🏛 **Ecomusée d'Ouessant**
Maison du Niou. **Tel** 02 98 48 86 37. ⬜ abr-set: diariam; out-mar: ter-dom, só à tarde. ⬜

🏛 **Musée des Phares et Balises**
Pointe de Créac'h. **Tel** 02 98 48 80 70. ⬜ abr-set: diariam; out-mar: ter-dom à tarde. ⬜

## Brest ❷

Finistère. ✈ 153.000. 🚆 🚌 🚢 apenas para as ilhas. ℹ place de la Liberté (02 98 44 24 96). 🛍 diariam. www.brestmetropole-tourisme.fr

Brest é um porto natural, protegido pela Presqu'île de Crozon, com a mais rica história marítima da França. A cidade foi duramente bombardeada na Segunda Guerra Mundial e hoje é um centro moderno e comercial, com um porto repleto de navios mercantes, iates e pesqueiros. Do passeio Cours Dajot tem-se bela vista da Rade de Brest. O **Château** abriga um museu naval que possui pinturas marítimas, mapas históricos, navios em miniatura, esculturas de madeira e instrumentos náuticos. Cruzando o rio Penfeld – pela Pont de Recouvrance, a maior ponte levadiça da Europa –, está a **Tour de la Motte Tanguy**, do século XIV. No Port de Plaisance fica **Océanopolis**, um "centro marítimo", com três pavilhões (polar, temperado e tropical), que simula ecossistemas submarinos.

⚓ **Château de Brest**
**Tel** 02 98 22 12 39. ⬜ abr-set: diariam; out-dez e fev-mar: só à tarde. ⬜ 1º jan, 25 dez. 🎟

🏰 **Tour de la Motte Tanguy**
Sq Pierre Peron. **Tel** 02 98 00 88 60. ⬜ jun-set: diariam; out-mai qua-qui, sab-dom à tarde. ⬜ 1º jan, 1º mai, 25 dez.

🐠 **Océanopolis**
Port de Plaisance du Moulin Blanc. **Tel** 02 98 34 40 40. ⬜ meados abr-set: diariam; out-meados abr: ter-dom. ⬜ 2 semanas jan, 25 dez. ♿ 🍴 🛍 www.oceanopolis.com

Vegetação rasteira perto de Ménez-Meur, no Parc Régional d'Armorique

## Parc Naturel Régional d'Armorique ❸

Finistère. ✈ Brest. 🚆 Chateaulin, Landernau. 🚌 Le Faou, Huelgoat, Carhaix. ℹ Le Faou (02 98 81 90 08).

O Parque Regional Natural da Armórica estende-se em direção oeste das charnecas de Monts d'Arrée até a Presqu'île de Crozon e a Île d'Ouessant. Dentro desta área protegida há uma mistura de terras cultivadas, vegetação rasteira, restos de florestas de carvalho e espaços abertos. O parque e a costa são ideais para caminhadas, passeios a cavalo, de bicicleta ou de carro.

**Huelgoat** é um bom ponto de partida para caminhadas e de **Ménez-Hom** (330m), na península de Crozon, se tem uma excelente vista.

O principal centro de informações do parque está em **Le Faou**. Perto, no **Ménez-Meur**, há uma propriedade arborizada com animais silvestres e domésticos, e um museu do cavalo bretão. Dentro do parque há dezesseis museus, sobre diferentes assuntos das tradições da terra. O **Musée de l'Ecole Rurale**, em Trégarven, recria uma escola rural do começo do século XX, enquanto outros museus se dedicam a assuntos como a vida monástica medieval ou o estilo de vida de um padre bretão. Obras de artistas contemporâneos e de artesãos estão na **Maison des Artisans**, em Brasparts.

Estaleiro tradicional em Le Port Musée, Douarnenez

*Veja hotéis e restaurantes desta região nas pp. 566-8 e 618-20*

## Douarnenez

Finistère. 16.700.
2 rue du Docteur Mével (02 98 92 13 35). seg-sáb.
www.douarnenez-tourisme.com

No começo do século, Douarnenez era o principal porto pesqueiro de sardinha da França, com uma frota de cerca de mil navios. Ainda se dedica à pesca, mas é também um balneário turístico, com praias nas duas margens do estuário Pouldavid.

Perto da cidade está a pequena **Île Tristan**, conhecida pela trágica história de amor de Tristão e Isolda. No século XVI, foi fortaleza do famoso bandido La Fontenelle.

O **Port du Rosmeur** oferece cafés, restaurantes e viagens de barco pela baía, além de um animado *criée* (pregão de peixes), de manhã cedo no Nouveau Port. O Port-Rhu virou museu, **Le Port Musée**, com mais de cem barcos e vários estaleiros. Barcos podem ser visitados na alta estação.

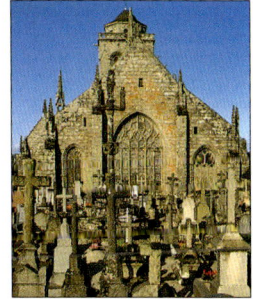

### ⛫ Le Port Musée
Pl de l'Enfer. **Tel** 02 98 92 65 20.
jul-ago: diariam; set-jun: qua-seg. www.port-musee.org

Os impressionantes rochedos de Pointe du Raz

A igreja de St-Ronan, do século XV, em Locronan, vista do adro

## Locronan

Finistère. 1.000. pl de la Mairie (02 98 91 70 14).
www.locronan.org

Durante os séculos XV a XVII, Locronan desenvolveu-se muito devido ao comércio de pano para velas. Depois que Luís XIV terminou com este monopólio bretão, a cidade entrou em declínio – deixando prédios renascentistas que atraem os visitantes. Na praça central da cidade – com calçamento de pedra –, há uma igreja que data do fim do século XV, dedicada ao missionário irlandês St-Ronan. Descendo a rue Moal se encontra a bela **Chapelle Notre--Dame-de-Bonne-Nouvelle**.

No mês de junho, Locronan serve de palco à *Troménie*, uma procissão em honra a St-Ronan. Uma versão maior – a *Grande Troménie* – acontece de seis em seis anos.

## Pointe du Raz

Finistère. Quimper. Quimper, depois ônibus. Audierne (02 98 70 12 20); Maison du Site (02 98 70 67 18). www.pointeduraz.com

A Pointe du Raz, de cerca de 80m de altura, é um promontório que invade o Atlântico na extremidade de Cap Sizun. A visão das ondas batendo nos rochedos é inesquecível. Mais adiante está a Île de Sein, plana e sem árvores, e à frente dela o farol de Ar Men. Embora esteja apenas a 1,5m do nível do mar, a Île de Senin é um lar para seus fiéis 260 habitantes. Pode ser visitada tomando-se um navio que sai de Audierne e leva uma hora de travessia.

## Pays Bigouden

Finistère. Pont l'Abbé.
Pont l'Abbé (02 98 82 37 99).
www.ot-pontlabbe29.fr

O extremo sul da Bretanha é denominado Pays Bigouden, uma península batida pelo vento e orgulhosa das suas tradições. A região é famosa pelas grandes *coiffes* femininas que ainda são usadas nos festivais e *pardons* (p. 243), que podem também ser vistos no **Musée Bigouden**.

Em torno da baía d'Audierne há uma região repleta de aldeias e capelas isoladas. O cruzeiro do século XV de **Notre-Dame-de-Tronoën** é o mais antigo da Bretanha. Um lindo panorama marítimo pode ser apreciado da **Pointe de la Torche** e do **farol Eckmühl**.

### ⛫ Musée Bigouden
Le Château, Pont l'Abbé. **Tel** 02 98 66 00 40. abr-mai: ter-dom tarde; jun-set: diariam. 1º mai.

## Quimper ⑧

Finistère. 67.250.
**i** pl de la Résistance
(02 98 53 04 05). qua, sáb.
www.quimper-tourisme.com

A antiga capital da Cornualha, Quimper, tem um aspecto totalmente bretão. Aqui é possível encontrar lojas que vendem livros e discos em bretão, comprar um traje típico e saborear os melhores crepes e a melhor sidra da região. A palavra Quimper vem de *kemper*, palavra bretã que significa "confluência de dois rios": os rios Steir e Odet ainda banham esta tranquila cidade, dominada pela catedral.

Do lado oeste da catedral, há uma área para pedestres conhecida como **Vieux Quimper**, cheia de lojas, *crêperies* e casas de madeirame aparente. A rue Kéréon é a mais conhecida, juntamente com a place au Beurre e os pitorescos *hôtels particuliers* (mansões) da rue des Gentilshommes.

Quimper produz faiança, elegante cerâmica pintada à mão, desde 1690. Os desenhos são, em geral, de flores e animais com contornos azuis e amarelos. Criada para uso diário e agora usada como decoração, a faiança é atualmente exportada para colecionadores do mundo inteiro. No sudeste da cidade está a fábrica mais antiga, a **Faïenceries HB-Henriot**, aberta para visitas o ano todo.

### 🛈 Cathédrale St-Corentin

A Catedral de Quimper é dedicada ao bispo que fundou a cidade, São Corentino. Iniciada em 1240 – seu interior colorido foi restaurado –, é a primeira construção gótica da Baixa Bretanha e possui uma forma estranha, com o coro em ângulo com a nave, talvez para se adaptar a algumas construções já desaparecidas. As duas torres da fachada ocidental foram acrescentadas em 1856. Entre elas, há a estátua equestre do rei Gradlon, o mítico fundador da cidade submersa de Ys. Depois da batalha, ele escolheu Quimper como sua nova capital e São Corentino como guia espiritual.

*O martírio de St-Triphine* (1910), de Sérusier da Escola de Pont-Aven

### 🏛 Musée des Beaux-Arts

40 place St-Corentin. **Tel** 02 98 95 45 20. *jul-ago: diariam; set-jun: qua-seg.* maior parte dos feriados; nov-mar: dom manhã.
www.musee-beauxarts.quimper.fr

O museu de arte de Quimper é um dos melhores da região. O forte da coleção são as obras de artistas do fim do século XIX e do começo do XX. Entre elas, *Visita a St-Marie de Bénodet*, de Jean-Eugène Buland, mostra como os pintores perpetuaram uma visão romântica da Bretanha. Tem ainda obras de integrantes da Escola de Pont-Aven e de artistas locais como J.J. Lemordant e Max Jacob.

*Típico prato de faiança de Quimper.*

### 🏛 Musée Départemental Breton

1 rue de Roi-Gradlon. **Tel** 02 98 95 21 60. *jun-set: diariam; out-mai: ter-sáb, dom à tarde.*

O palácio do bispo, do século XVI, possui uma coleção de roupas, móveis e faiança da Bretanha, sofisticadas *coiffes* de arredores da Cornualha, camas, guarda-roupas de madeira entalhada e pôsteres na Bretanha da virada do século XX.

## Concarneau ⑨

Finistère. 20.000.
só para ilhas. **i** quai d'Aiguillon
(02 98 97 01 44). seg e sex.
www.tourismeconcarneau.fr

Concarneau, um importante porto pesqueiro, tem como atração principal sua **Ville Close** (cidade rodeada de muralhas), do século XIV, construída em uma ilha no porto e rodeada por imensos muros de granito cobertos de líquens. A entrada é através da ponte que começa na place Jean Jaurès. É possível caminhar em partes dessas muralhas. O **Musée de la Pêche**, situado no antigo quartel do porto, mostra as técnicas locais e a história da pesca marítima.

### 🏛 Musée de la Pêche

31 Rue Vauban. **Tel** 02 98 97 10 20. *fev-set: diariam.* feriados.

Barcos pesqueiros no movimentado porto de Concarneau

*Veja hotéis e restaurantes desta região nas pp. 566-8 e 618-20*

# Pont-Aven ❿

Finistère. 3.000. 5 place de l'Hôtel de Ville (02 98 06 04 70). ter, sáb. www.pontaven.com

Um antigo mercado de "catorze moinhos e quinze casas", Pont-Aven atraía muitos artistas no final do século XIX, principalmente por sua localização no arborizado estuário de Aven.

Em 1888, Paul Gauguin, juntamente com alguns colegas pintores como Émile Bernard e Paul Sérusier, desenvolveu um estilo colorido, conhecido como sintetismo. Buscando inspiração na paisagem e povo bretões, os artistas da Escola de Pont-Aven trabalharam aqui e perto de Le Pouldou até 1896.

A cidade continua dedicada à arte e tem aproximadamente 50 galerias particulares, além do **Musée de Pont-Aven**, com obras da Escola de Pont-Aven. As florestas próximas foram fonte de inspiração para os artistas e oferecem agradáveis passeios que seguem as mesmas trilhas que eles percorreram – uma delas atravessa o Bois d'Amour até a **Chapelle de Trémalo**, onde está o Cristo de madeira pintado por Gauguin em *O Cristo amarelo*.

### 🏛 Musée de Pont-Aven
Pl de l'Hôtel de Ville. **Tel** 02 98 06 14 43. diariam. início jan-meados fev; entre as exposições.

*Notre-Dame-de-Kroaz-Baz, Roscoff*

# Le Pouldu ⓫

Finistère. 4.000. Pouldou Place, rue C (02 98 39 93 42).

Le Pouldu é um porto tranquilo no rio Laïta. Tem uma pequena praia e oferece bons passeios na costa e na beira do rio. Sua principal atração é a **Maison Musée du Pouldu**, uma reconstrução da pousada onde Paul Gauguin e outros artistas se hospedaram entre 1889 e 1893. Eles cobriram a parede da sala de jantar com autorretratos, caricaturas e naturezas-mortas – redescobertos em 1924 sob o papel de parede.

### 🏛 Maison Musée du Pouldu
10 rue des Grands Sables. **Tel** 02 98 39 98 51. abr-out (ligar antes). www.museedupouldu.clohars-carnoet.fr

# Roscoff ⓬

Finistère. 3.690. Quai d'Auxerre (02 98 61 12 13). qua. www.roscoff-tourisme.com

Roscoff já foi refúgio de corsários e hoje é um balneário e porto do Canal da Mancha. Sinais do seu passado marítimo podem ser encontrados no antigo porto, na rue Amiral Réveillère e na place Lacaze-Duthiers. Aqui, as fachadas de granito das mansões dos séculos XVI e XVII dos proprietários de navios, além das caravelas e do canhão que decoram a **Église de Notre-Dame-de-Kroaz-Baz**, do século XVI, são testemunhas de que os capitães de Roscoff eram tão importantes quanto os de St-Malo *(p. 282)*.

Os famosos vendedores franceses de cebola (Johnnies) cruzaram o canal pela primeira vez em 1828 e venderam cebolas de porta em porta. A **Maison des Johnnies** conta essa história. O **Thalado** mostra algas marinhas. Do porto, pode-se fazer um passeio de barco até a tranquila **Île de Batz**. Perto da Pointe de Bloscon ficam os jardins tropicais.

### 🏛 Maison des Johnnies
48 rue Brizeux. **Tel** 02 98 61 25 48. meados jun-meados set: seg, ter, qui e sex à tarde. jan.

### 🏛 Thalado
5 rue Victor Hugo. **Tel** 02 98 69 77 05. diariam. set-meados jul: dom

---

## PAUL GAUGUIN NA BRETANHA

*Escultura, Chapelle de Trémalo*

A história de Paul Gauguin (1848-1903) parece uma novela romântica. Quando tinha 35 anos, abandonou sua carreira de corretor de bolsa e se tornou pintor em tempo integral. De 1886 a 1894, morou e trabalhou na Bretanha, em Pont-Aven e Le Pouldu, onde pintou as paisagens e o povo da região. Ele se concentrou na qualidade intensa e quase "primitiva" da fé católica bretã, tentando mostrá-la no seu trabalho. Isso fica evidente em *O Cristo amarelo*, inspirado em uma escultura de madeira da capela de Trémalo. No trabalho de Gauguin, a crucificação é uma realidade no meio da paisagem bretã contemporânea, muito mais do que um acontecimento remoto ou simbólico. Esse tema volta a aparecer em outras obras desse período, como *Jacó lutando com o anjo* (1888).

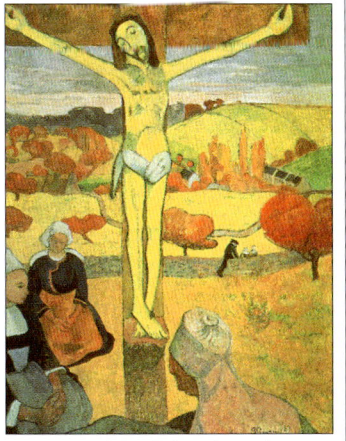

*O Cristo amarelo* (1889), de Paul Gauguin

## St-Thégonnec ⓭

Finistère. 🚉 ⭘ *diariam.* ♿

Este é um dos conjuntos paroquiais mais completos da Bretanha. Ao passar pelo seu arco triunfal, o ossário está à esquerda. O cruzeiro, bem na frente, foi construído em 1610 e ilustra perfeitamente a extraordinária habilidade desenvolvida pelos escultores bretões para trabalhar o granito local. Entre as figuras que rodeiam a cruz central, um nicho contém uma imagem de St-Thégonnec em uma carruagem puxada por lobos.

## Guimiliau ⓮

Finistère. ⭘ *diariam.* ♿

Aproximadamente 200 figuras adornam o trabalhado cruzeiro de Guimiliau (1581-8), muitas utilizando roupas do século XVI. Entre elas estão o lendário martírio de Katell Gollet, uma jovem empregada torturada por um demônio por ter roubado uma hóstia consagrada para agradar seu amante.

A igreja é dedicada a St-Miliau e tem o pátio decorado. O baldaquino de carvalho trabalhado do batistério é de 1675.

**Baldaquino de 1675 (Guimiliau)**

## Lampaul--Guimiliau ⓯

Finistère. ⭘ *diariam.* ♿

Entrando pelo portão monumental, a capela e o ossário ficam à esquerda e o cruzeiro, à direita. No entanto, neste conjunto o mais notável é a igreja. O interior está cuidadosamente pintado e esculpido, incluindo algumas cenas naif representando a Paixão de Cristo que aparecem na viga em forma de cruz que divide a nave e o coro.

# Conjuntos Paroquiais

Refletindo o fervor religioso dos bretões, os Enclos Paroissiaux (conjuntos paroquiais) foram construídos nos séculos XV a XVIII. Na época, a Bretanha tinha poucos centros urbanos, mas muitos assentamentos rurais ricos, que se beneficiavam do comércio marítimo e da fabricação de pano para velas. Grandes monumentos religiosos – alguns levaram mais de 200 anos para ser terminados – foram construídos por pequenas aldeias inspiradas pelo zelo espiritual e pelo desejo de rivalizar com os vizinhos. Alguns dos melhores conjuntos estão no vale do Elorn, formando o bem sinalizado Circuit des Enclos Paroissiaux.

**O perímetro**, *a área santificada, está rodeada por um muro de pedra e os visitantes são dirigidos para o arco triunfal, como neste exemplo de Pleyben.*

**O pequeno cemitério** reflete o tamanho da comunidade que construiu estas enormes igrejas.

### CONJUNTO PAROQUIAL DE GUIMILIAU

As três características essenciais de um conjunto paroquial são o arco triunfal marcando a entrada em um lugar santo, um cruzeiro mostrando cenas da Paixão e da Crucificação e um ossário atrás do adro da igreja.

**O cruzeiro** *é específico da Bretanha e pode ter se inspirado nas cruzes colocadas pelos primeiros cristãos no alto dos menires (p. 279). Proporcionam uma lição viva da Bíblia, às vezes mostrando os personagens vestidos conforme a moda do século XVII, como neste, de St-Thégonnec.*

---

*Veja hotéis e restaurantes desta região nas pp. 566-8 e 618-20*

# BRETANHA

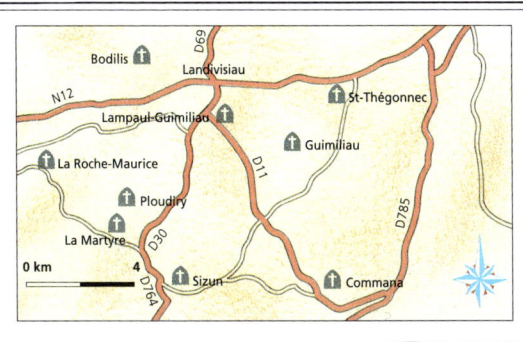

**Os conjuntos paroquiais da Bretanha** estão principalmente no vale do Elorn. Além de Thégonnec, Lampaul-Guimiliau e Guimiliau, outros conjuntos podem ser visitados, entre eles Bodilis, La Martyre, La Roche-Maurice, Ploudiry, Sizun e Commana. Fora do circuito estão Plougastel-Daoulas e Playben, e Guéhenno (em Moribihan).
*Rue de Kerven, Landivisiau (02 98 68 33 33).*

**Os interiores das igrejas** em geral estão adornados com representações dos santos locais e cenas das suas vidas, juntamente com vigas e mobília ricamente entalhadas. Este é o retábulo de Guimiliau.

**O ossário** servia para guardar os ossos exumados do cemitério. Construído próximo à entrada da igreja, era considerado uma ponte entre os vivos e os mortos.

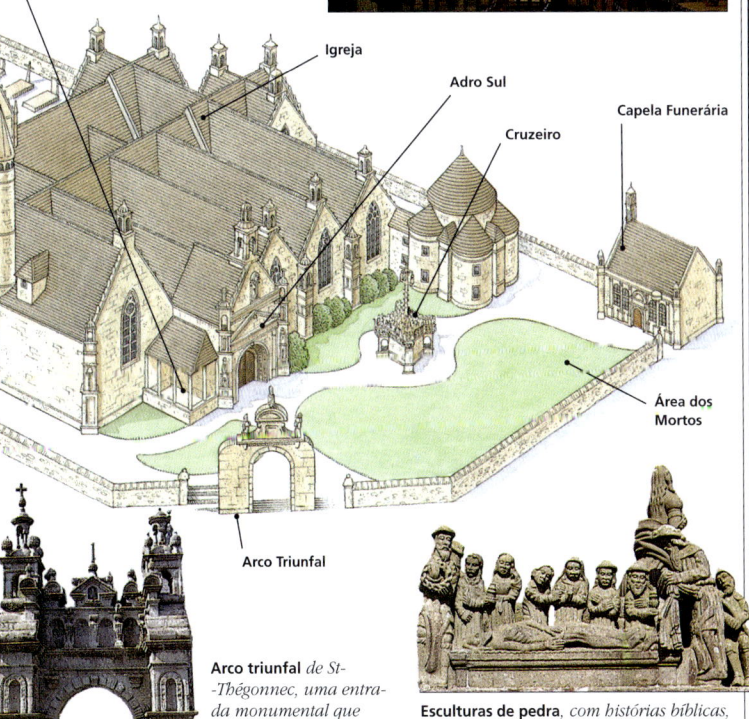

- Igreja
- Adro Sul
- Cruzeiro
- Capela Funerária
- Área dos Mortos
- Arco Triunfal

**Arco triunfal** de St-Thégonnec, uma entrada monumental que anuncia a chegada a um território santo, da mesma forma que os justos entrarão no céu.

**Esculturas de pedra**, com histórias bíblicas, serviam para instruir e inspirar os visitantes. Sua mensagem acaba sendo prejudicada pela ação do tempo. Este conjunto de St-Thégonnec, porém, está conservado.

A capela de Notre-Dame, no alto de um penhasco na praia de Port-Blanc, Côte de Granit Rose

## Côte de Granit Rose ⓰

Côtes d'Armor. ✈ 🚌 🚆 Lannion.
🛈 Lannion (02 96 46 41 00). 🛒 qui. www.ot-lannion.fr

A costa entre Paimpol e Trébeurden é conhecida como a Côte de Granit Rose devido aos penhascos róseos. O melhor lugar para vê-los é entre Trégastel e Trébeurden. O granito cor-de-rosa é também usado em cidades da área. A costa entre Trébeurden e Perros-Guirec é um dos lugares da Bretanha mais procurados pelas famílias para férias.

Há praias mais sossegadas e enseadas em **Trévou--Tréguignec** e **Port-Blanc**. Além de Tréguier, Paimpol é um porto pesqueiro que antigamente enviava frotas para pescar bacalhau e baleias nas costas da Terra Nova e Islândia.

## Tréguier ⓱

Côtes d'Armor. 👥 2.950.
🛈 13 pl de l'Eglise, Penvenan (02 96 92 81 09). 🛒 qua.

Com vista para o estuário dos rios Jaundy e Guindy, Tréguier se diferencia dos demais balneários da Côte de Granit Rose. É uma típica cidade--mercado bretã, com uma atração central, a **Cathédrale de St-Tugdual**, dos séculos XIV e XV. Possui três torres – uma gótica, uma românica e uma do século XVIII. A última, financiada por Luís XVI com ganhos na loteria de Paris, tem orifícios com forma de naipes.

**Arredores**
A Chapelle St-Gonery em Plougrescant tem um pináculo principal inclinado e o teto de madeira pintada.

## Île de Bréhat ⓲

Côtes d'Armor. 👥 420.
🚌 Paimpol, depois de ônibus para Pointe de l'Arcouest (seg-sáb inverno, diariam verão), depois de barco.
🛈 Paimpol (02 96 20 83 16).
www.paimpol-goelo.com

São quinze minutos de travessia entre Pointe de L'Arcouest e a Île de Bréhat, duas ilhas unidas por uma ponte pequena, as quais não têm mais de 3,5km de comprimento. Carros são proibidos, e o clima suave, com flores e árvores frutíferas, é um ambiente ideal para descanso. Na cidade de **Port-Clos**, bicicletas de aluguel e excursões de barco percorrem as ilhas. É possível ir até o ponto mais alto da ilha, onde está a **Chapelle St-Michel**.

Chapelle St-Michel, um marco na Île de Bréhat.

## Carnac ⓳

Morbihan. 👥 4.600. 🚌 🛈 74 avenue des Druides (02 97 52 13 52). www.ot-carnac.fr

Carnac é um concorrido balneário e um dos maiores sítios pré-históricos do mundo, com quase 3 mil menires em filas paralelas, ao norte do centro da cidade, e um ótimo **Musée de Préhistoire**.

A **Église de St-Cornély**, do século XVII, é dedicada a São Cornélio, santo dos animais com chifres. Sua vida é representada no teto da igreja.

🏛 **Maison des Megaliths**
**Tel** 02 97 52 29 81. ⏰ diariam. 🚫 só no verão. 🔔 obrigatória abr-set.

🏛 **Musée de Préhistoire**
10 pl de la Chapelle. **Tel** 02 97 52 22 04. ⏰ fev-jun/set-dez: qua-seg; jul-ago: diariam. 🚫 jan, 1º mai, 25 dez. 🎫 ♿

## Presqu'île de Quiberon ⓴

Morbihan. 👥 5.200. ✈ Quiberon (via Lorient). 🚌 jul-ago. 🚆 Quiberon. 🛈 Quiberon (08 25 13 56 00). 🛒 sáb, qua (verão). www.quiberon.com

Situada em uma esguia península, Quiberon já foi ilha. A costa oeste, feita de penhascos, castigada pelo mar e pelos ventos, é conhecida como a Côte Sauvage. A leste ficam as praias calmas. No extremo sul ficam o balneário e o porto pesqueiro de **Quiberon**, de onde sai o *ferryboat* para Belle--Île. Em 1795, 10 mil monarquistas foram mortos aqui ao tentar reverter a Revolução.

# Monumentos Pré-históricos da Bretanha

Em Carnac, milhares de rochas antigas foram dispostas em fileiras e arranjos misteriosos por tribos megalíticas em 4000 a.C. Seu objetivo original permanece obscuro: o significado talvez fosse religioso, mas o padrão regular lembra um dos primeiros calendários astronômicos. Os celtas, os romanos e os cristãos adaptaram-nos a suas crenças.

**Túmulo de Gavrinis, golfo de Morbihan**

## MEGÁLITOS

Há muitas formações diferentes de megálitos, todos com um propósito especial. Palavras na língua bretã, tais como *men* (pedra), *dole* (mesa) e *hir* (comprido), ainda são usadas para descrevê-las.

**Menires**, *os megálitos mais comuns, são pedras em posição vertical, dispostas em fileiras. Em círculos, denominam-se* cromlechs.

**Dólmen** *são duas pedras verticais e uma terceira em cima, usadas como câmara mortuária, como a Mesa do Mercador (Locmariaquer).*

**O corredor coberto**, *com pedras verticais dispostas em fila, pode ser visto em Carnac.*

**O túmulo (tumulus)** *é um dólmen coberto com pedras e terra para formar uma espécie de outeiro.*

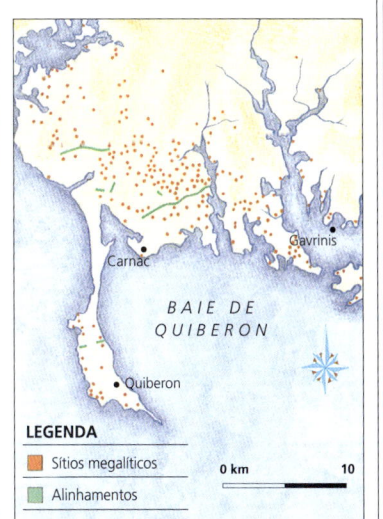

### LEGENDA
- Sítios megalíticos
- Alinhamentos

0 km — 10

**Principais sítios megalíticos da Bretanha**

**Alinhamento em Carnac**

**Menires de todas as formas em um campo perto de Carnac**

## Belle-Île-en-Mer ㉑

Morbihan. 5.200. Quiberon (via Lorient). de Quiberon. quai Bonnelle, Le Palais (02 97 31 81 93). diariam. www.belle-ile.com

A maior ilha da Bretanha está situada 14km ao sul de Quiberon, com acesso por *ferryboat* – travessia de 45 minutos –, partindo de Quiberon. Sua costa tem rochedos e boas praias, enquanto o interior combina montanhas íngremes e vales. A principal cidade é Le Palais, onde fica a **Citadelle Vauban**, uma fortaleza do século XVI em formato de estrela. A Côte Sauvage é excelente para passeios a pé.

Claustros de St-Pierre, em Vannes

## Vannes ㉒

Morbihan. 58.000. 1 quai Tabarly (08 25 13 56 10). qua e sáb. www.tourisme-vannes.com

Situada na cabeceira do golfo de Morbihan, Vannes foi a capital dos Vênetos, uma tribo de grandes navegantes da Armórica que foi vencida por César em 56 a.C. No século IX, Nominoë, o primeiro duque da Bretanha, fez aqui sua fortaleza. A cidade manteve sua influência até a assinatura da união com a França, em 1532, quando Rennes se tornou capital da Bretanha.

Atualmente é uma ativa cidade comercial, com um bairro medieval bem conservado, e serve de base para conhecer o golfo de Morbihan.

As impressionantes muralhas orientais da antiga Vannes podem ser vistas do passeio de La Garenne. Ainda existem duas das antigas portas da cidade: Porte-Prison ao norte e Porte-Poterne ao sul; perto desta última há algumas lavanderias do século XVII.

Marinheiro bretão, em Belle-Île

Um passeio a partir da Porte St-Vincent leva às velhas praças do mercado da cidade, ainda em uso. A **place des Lices** era antigamente o cenário de torneios medievais, e as ruas próximas à rue de la Monnaie têm muitas casas bem conservadas do século XVI.

A **Cathédrale St-Pierre**, cuja construção começou no século XIII, tem passado por uma remodelação e reconstrução completas. A capela do Santíssimo Sacramento contém o venerado túmulo de Vicente Ferrer, um santo espanhol que morreu em Vannes, em 1419.

Em frente ao lado oeste da catedral está o antigo mercado coberto, denominado **La Cohue** (que significa aglomeração ou multidão), que já foi o maior ponto de encontro da cidade. Partes da construção datam do século XIII, e no seu interior há um pequeno museu que exibe arte e utensílios relacionados com a história da região. No Château Gaillard, do século XV, o **Musée d'Histoire** guarda rica coleção de objetos encontrados nos sítios pré-históricos de Morbihan, como joias e armas. Há uma galeria de *objets d'art* medievais e renascentistas.

**🏛 Musée d'Histoire**
Château Gaillard, 2 rue Noé. **Tel** 02 97 01 63 00. jun-set: diariam. feriados.

### Arredores
No sul da cidade, o **Parc du Golfe** tem muitas atrações, um museu de borboletas, um museu de bonecos autômatos e um aquário com mais de 400 espécies. A nordeste, ao lado da N166, estão as românticas ruínas das **Tours d'Elven**, do século XV.

## Golfe du Morbihan ㉓

Morbihan. Lorient. Vannes. Vannes (08 25 13 56 10). www.tourisme-vannes.com

Morbihan em bretão significa "pequeno mar", uma excelente descrição para esta extensão de água afetada pelas marés. Ligado ao Atlântico por um pequeno canal entre as penínsulas de Locmariaquer e Rhuys, o golfo é pontilhado de ilhas. Cerca de 40 delas são habitadas, e as maiores são **d'Arz** e **aux Moines**. O transporte até elas é feito por *ferryboats* que saem de Conleau e de Port-Blanc, respectivamente.

Na costa do golfo, os portos sobrevivem de pesca, criação

O pitoresco porto pesqueiro de Le Bono, no golfo de Morbihan

*Veja hotéis e restaurantes desta região nas pp. 566-8 e 618-20*

Crianças brincam na praia de Dinard, balneário tradicional da Costa de Esmeralda

de ostras e turismo. Há sítios megalíticos principalmente na ilha de **Gavrinis**, onde a escavação de um túmulo revelou entalhes em pedra *(p. 279)*. Pode-se fazer passeios de barco saindo de Larmor-Baden, Locmariaquer, Auray, Vannes e Port-Navalo.

Château de Josselin, da época medieval, na beira do rio Oust

## Josselin

Morbihan. 2.500. 26 rue de Trente (02 97 22 36 43). sáb. www.josselin-communaute.fr

À beira do rio Oust, a cidade de Josselin é dominada por um **Château** medieval do fim do século XV. Quatro das nove torres originais sobreviveram. A fachada interna de granito é muito trabalhada e incorpora a letra "A" – um tributo à duquesa Ana da Bretanha (1477-1514), que governou a Bretanha durante a "Idade de Ouro".

O interior, do século XIX, foi completamente restaurado e pode ser visitado. Nos antigos estábulos há um Musée des Poupées com 600 bonecas. Na cidade, a **Basilique Notre-Dame-du-Roncier** contém o mausoléu do mais famoso habitante do castelo: Olivier de Clisson (1336-1407). Em Kerguéhennec, a oeste de Josselin, um castelo do século XVIII teve seus arredores transformados em um interessante parque de esculturas modernas.

**♠ Château de Josselin**
**Tel** 02 97 22 36 45. abr-set: diariam (abr-meados jul: à tarde); out: à tarde sáb, dom.
www.chateaudejosselin.com

## Forêt de Paimpont

Ille-et-Vilaine. Rennes. Montfort-sur-Meu. Rennes. Montauban de Bretagne (02 99 06 86 07).

Também conhecida como Forêt de Brocéliande, esta floresta é o que restou das densas matas primitivas que cobriam a maior parte da região. Tem sido relacionada às lendas do rei Artur, e os visitantes ainda procuram a nascente mágica onde o

O lendário feiticeiro Merlim e Viviane, a Senhora do Lago

feiticeiro Merlim encontrou pela primeira vez Viviane, a Senhora do Lago. A vila de **Paimpont** pode servir como excelente base para explorar a floresta e seus mitos.

## Côte d'Emeraude

Ille et Vilaine e Côtes d'Armor. Dinard-St-Malo. Dinard (02 99 46 94 12). www.ot-dinard.com

Entre Le Val-André e Pointe du Grouin, perto de Cancale, praias de areias finas, rochedos e balneários tradicionais ocupam a costa norte da Bretanha. Conhecida como Costa de Esmeralda, sua atração mais conhecida é o aristocrático balneário de **Dinard**, "descoberto" por volta de 1850 e que ainda hospeda ricos visitantes de todos os países.

Na direção oeste, o espírito das férias de verão é mantido por balneários como St-Jacut-de-la-Mer, St-Cast-le-Guiedo, Sables d'Or-les-Pins e Erquy, com ótimas praias. Na baía de la Frênaye, o **Fort La Latte**, medieval, e o farol que domina **Cap Fréhel**, logo adiante, oferecem ótimas vistas.

Ao leste de Dinard, a D186 atravessa o **Barrage de la Rance** até St-Malo. De 1966, foi a primeira represa do mundo a produzir eletricidade utilizando a força das marés. Além de St-Malo, cavernas e praias rodeiam La Guimorais. Em volta da Pointe du Grouin, a cor do mar é mesmo verde-esmeralda.

## OS MARINHEIROS DE ST-MALO

St-Malo deve sua fama e sua riqueza aos feitos dos seus marinheiros e navegadores. Em 1534, Jacques Cartier, nascido na cidade vizinha de Rothéneuf, descobriu a foz do rio São Lourenço, no Canadá, e ocupou o território em nome da França. Foram marinheiros bretões que viajaram para a América do Sul em 1698 para colonizar as ilhas Malouines, conhecidas hoje como Malvinas ou Falkland. No século XVII, St-Malo era o maior porto francês, famoso pelos seus corsários – capitães com licença do rei para atacar navios estrangeiros. Os mais ilustres foram René Duguay-Trouin (1673-1736), que saqueou o Rio de Janeiro em 1711, e Robert Surcouf (1773-1827), cujos navios acossavam os navios ingleses da Companhia das Índias Orientais. As riquezas conseguidas pelo comércio e pela pirataria permitiram aos proprietários de navios de St-Malo construir grandes mansões, as *malouinières*.

O explorador Jacques Cartier (1491-1557)

# St-Malo ㉗

Ille-et-Vilaine. 53.000. esplanade St-Vincent (08 25 13 52 00). ter e sex.
www.saint-malo-tourisme.com

A cidade de St-Malo, que já foi uma ilha fortificada, ocupa uma posição privilegiada na foz do rio Rance.

O nome da cidade é uma homenagem a Maclou, um monge do País de Gales que passou pela cidade no século VI para pregar a fé cristã. Dos séculos XVI a XIX, o porto trouxe riqueza e prosperidade devido às façanhas de seus marinheiros. St-Malo sofreu intensos bombardeios em 1944, mas foi cuidadosamente restaurada e atualmente é um porto importante e terminal de *ferryboats*, além de balneário.

A cidade antiga é rodeada por muralhas das quais se divisa um maravilhoso panorama de St-Malo e das suas ilhas. Subindo as escadas da **Porte St-Vincent** e caminhando no sentido horário, encontra-se a **Grande Porte**, do século XV.

O interior da cidade é um labirinto de ruas estreitas com calçamento de pedra e altas edificações do século XVIII que abrigam lojas de suvenires, restaurantes de frutos do mar e *crêperies*. A rue Porcon-de-la-Barbinais leva até a **Cathédrale St-Vincent**, com sua sombria nave do século XII contrastando com os bri-

De um portão do Fort National vê-se St-Malo na maré baixa

lhantes e modernos vitrais do coro. Na *cour* de La Houssaye fica a mansão do século XV

### ⚜ Château de St-Malo
Pl Châteaubriand, próxima à marina. **Tel** 02 99 40 71 57. abr-set: diariam; out-mar: ter-dom. 1º jan, 1º mai, 1º e 11 nov, 25 dez.

O castelo de St-Malo data dos séculos XIV e XV. A grande fortaleza abriga um museu da história da cidade e das aventuras de seus corsários, patrocinados pelo Estado. Das torres de vigilância se vê um impressionante panorama da costa. Perto do castelo, na place Vauban, um aquário tropical foi construído dentro dos muros, e no topo da cidade o Grand Aquarium tem um tanque de tubarões em formato de anel e um simulador de passeio de submarino em águas profundas.

### 🏰 Fort National
jun-set: diariam na maré baixa.

Forte construído em 1689 por Vauban, arquiteto militar de Luís XIV. O acesso pode ser feito a pé, durante a maré baixa, e oferece uma boa visão de St-Malo e da fortaleza. Na maré baixa, é possível andar até **Petit Bé Fort** (Páscoa-meados nov) e **Grand Bé**, onde o escritor René de Chateaubriand, de St-Malo, está sepultado. Do topo se tem a vista de toda a Costa de Esmeralda *(p. 281)*.

### 🏰 Tour Solidor
St-Servan. **Tel** 02 99 40 71 58. abr-out: diariam; nov-mar: ter-dom. 1º jan, 1º mai, 1º e 11 nov, 25 dez.

A oeste de St-Malo, em St-Servan, encontra-se a Tour Solidor, com três torres, construída em 1382. Antiga prisão, abriga um museu sobre os navios e marinheiros que cruzaram o cabo Horn. Expõe cartas, miniaturas e instrumentos.

### Arredores

Com a maré baixa, há boas praias em volta de St-Malo e dos subúrbios próximos de St-Servan e Paramé. Um *ferryboat* faz a travessia até Dinard no verão *(p. 281)* e até as ilhas do canal. Há também passeios de barco subindo o rio Rance até Dinan e descendo até as ilhas Chausey, de Cézembre e Cap Fréhel.

Em Rothéneuf pode-se visitar o **Manoir Limoëlou**, casa do navegador Jacques Cartier. Perto, na costa, estão Les

*Veja hotéis e restaurantes desta região nas pp. 566-8 e 618-20*

Ostras de Cancale, apreciadas desde a época dos romanos

Rochers Sculptés, rostos e figuras esculpidos nos rochedos pelo sacerdote local, abade Fouré, no fim do século XIX.

### 🏠 Manoir Limoëlou
Rue D Macdonald-Stuart, Limoëlou-Rothéneuf. **Tel** 02 99 40 97 73. ⏰ jul-ago: diariam. ⬛ feriados. 🏷️ 📷 obrigatória. ♿

## Cancale ㉘

Ille-et-Vilaine. 👥 5 350. 🚌 🚉 ℹ️ 44, rue du Port (02 99 89 63 72). 🛒 dom. www.cancale-tourisme.fr

Cancale, um pequeno porto do qual se divisa a baía du Mont-St-Michel, dedica-se por completo à criação e ao consumo de ostras. Apreciadas pelos romanos, as ostras de Cancale têm sabor atribuído à força das marés da região. É possível ver os viveiros a partir de um *sentier des douaniers* (trilha dos guardas-costeiros, a GR34), que corta os rochedos.

Há muitas formas de apreciar as especialidades locais nos bares e restaurantes que se encontram no Port de la Houle, que é onde chegam os navios pesqueiros na maré alta. Os apreciadores devem visitar o **Musée de l'Huître, du Coquillage et de la Mer**.

### 🏛️ Musée de l'Huître, du Coquillage et de la Mer – La Ferme Marine
Aurore. **Tel** 02 99 89 69 99. ⏰ meados fev-jun e meados set-out: seg-sex à tarde; jul-meados set: diariam. 🏷️ 📷

## Dinan ㉙

Côtes d'Armor. 👥 10.000. 🚌 🚉 ℹ️ 9 rue du Château (02 96 87 69 76). 🛒 qui. www.dinan-tourisme.com

Localizada em uma colina sobre o arborizado vale do Rance, Dinan é uma moderna cidade-mercado com um coração medieval rodeada por muralhas. As bem conservadas casas com madeirame aparente e as ruas de calçamento de pedra da sua Vieille Ville têm uma unidade impressionante e natural, que pode ser melhor apreciada subindo até o topo da **Tour d'Horloge**, do século XV, na rue de l'Horloge. Um pouco mais adiante, a **Basilique St-Sauveur** guarda o coração do filho mais ilustre de Dinan, o guerreiro do século XIV Bertrand du Guesclin.

Atrás da igreja, Les Jardins Anglais têm uma boa vista do rio Rance e do viaduto que o atravessa. Mais ao norte, encontra-se a rue du Jerzual, adornada com gerânios, que desce atravessando a porta da cidade, construída no século XIV, até o porto. No passado, o porto era muito movimentado, devido ao comércio de pano para velas. Hoje é um lugar tranquilo, onde se pode fazer um passeio de barco ou uma caminhada até as ruínas da **Abbaye St-Magloire**, do século XVII.

O **Musée du Château** mostra um pouco da história da cidade. De lá podem ser feitos passeios ao lado da fortaleza, seguindo o promenade des Petits Fossés e o promenade des Grands Fossés.

### ♜ Musée du Château
Château de la Duchesse Anne, rue du Château. **Tel** 02 96 39 45 20. ⏰ Diariam (out-mai: à tarde). ⬛ jan, 1ª sem fev, feriados. 📷

O escritor e diplomata François-René de Chateaubriand (1768-1848)

## Combourg ㉚

Ille-et-Vilaine. 👥 5.000. 🚌 🚉 ℹ️ 23 pl Albert Parent (02 99 73 13 93). 🛒 seg www.combourg.org

Combourg é uma pequena e sonolenta cidade à beira de um lago. É dominada pelo enorme e assustador **Château de Combourg**, cuja primeira construção data do século XI. As edificações que podemos apreciar hoje são dos séculos XIV e XV. Em 1761 o château foi comprado pelo conde de Chateaubriand e a melancólica infância aí passada por seu filho, o escritor e diplomata François-René de Chateaubriand (1768-1848), é descrita na crônica *Mémoires d'Outre-Tombe*.

Desabitado depois da Revolução, o château foi restaurado no fim do século XIX e hoje está aberto para visitação de grupos com guia. Uma sala contém papéis e móveis do escritor.

### ♜ Château de Combourg
23 rue des Princes. **Tel** 02 99 73 22 95. ⏰ abr-jun e set-out: seg-sex e dom à tarde; jul-ago: diariam. 🏷️ 📷 www.combourg.net

Vista de Dinan e do viaduto gótico que atravessa o rio Rance

## CENTRO DE RENNES

Cathédrale St-Pierre ②
Église St-Germain ⑧
Église St-Sauveur ③
Hôtel de Ville ④
Musée des Beaux-Arts ⑨
Palais du Parlement de Bretagne ⑥
Parc du Thabor ⑦
Portes Mordelaises ①
Théâtre de Rennes ⑤

Legenda dos símbolos *no final do guia*

# Rennes ㉛

Ille-et-Vilaine. 214.800. 11 rue St-Yves (02 99 67 11 11). ter-sáb. www.tourisme-rennes.com

Fundada pelos gauleses e colonizada pelos romanos, Rennes está estrategicamente localizada no encontro dos rios Vilaine e Ille. Depois que a Bretanha se uniu à França, em 1532, a cidade se tornou capital regional. Em 1720, um incêndio de seis dias arrasou a cidade. Restou apenas uma parte da cidade medieval e o traçado quadriculado do século XVIII, que surgiu das cinzas. Em torno deste núcleo histórico estão as fábricas de alta tecnologia da Rennes moderna – uma cidade confiante, com duas universidades e intensa vida cultural.

Andando pelas ruas que saem da place des Lices e da place Ste-Anne, é possível calcular como era Rennes antes do grande incêndio. Quase todas as ruas estão reservadas para pedestres, e esta área é hoje o coração jovem da cidade, cheia de bares, *crêperies* e lojas de design. No extremo ocidental da rue de la Monnaie estão as **Portes Mordelaises**, do século XV, antigas muralhas da cidade.

Muito próximo está a **Cathédrale St-Pierre**, concluída em 1844 e a terceira erguida neste local. Observe a escultura de altar flamengo, do século XVI. Perto está a **Église St-Sauveur**, do século XVIII. Ao sul da rue St-George fica a **Église St-Germain**, com sua torre bretã e teto abobadado de madeira. Na place de la Mairie fica o **Hôtel de Ville** (século XVIII) e o **Opéra de Rennes** (neoclássico). O **Parc du Thabor**, antes parte de um mosteiro beneditino, é ótimo para caminhadas e piqueniques.

O movimentado mercado na place des Lices, centro de Rennes

Casa com madeirame à vista em uma das estreitas ruas de Rennes

### 🏛 Palais du Parlement de Bretagne

Pl du Parlement. ☐ *visitas organizadas pelo Escritório de Turismo (02 99 67 1166).* www.tourisme-rennes.com
Os tribunais de Rennes, construídos em 1618-55 e projetados por Salomon de Brosse, foram sede do governo regional até a Revolução. Partes do edifício, danificadas pelo fogo nos protestos contra o preço do peixe em 1994, já estão restauradas, incluindo o excepcional teto em caixotões e o trabalho de talha em madeira dourada da Grande Chambre. O Salle des Pas Perdus, com seu teto

*Veja hotéis e restaurantes desta região nas pp. 566-8 e 618-20*

abobadado, já pode ser admirado de novo.

### 🏛 Musée des Beaux-Arts
20 quai Zola. **Tel** 02 23 62 17 45. ⭘ ter-dom. ⬤ feriados. www.mbar.org. **Musée Bretagne** 10 cours des Alliés. **Tel** 02 23 40 66 70. ⭘ ter-dom à tarde. ⬤ feriados. ♿ www.musee-bretagne.fr

O **Musée des Beaux-Arts** possui peças do século XIV até o presente e uma sala de arte bretã. Há quadros de Gauguin, Bernard e outros membros da Escola de Pont-Aven *(p. 275)*, além de três obras de Picasso, incluindo *A banhista*, pintado em Dinard em 1928.

Instalado no centro cultural de Rennes, ao lado do Science Museum e do Planetário, o **Musée de Bretagne** inclui peças do tradicional mobiliário e vestimentas bretãs e expõe megálitos pré-históricos da região, a história do crescimento de Rennes, artesanato rural e itens da indústria pesqueira.

### Arredores
Logo ao sul de Rennes, o **Ecomusée du Pays de Rennes** recorda a história de uma fazenda local desde o século XVII. A quase 16km a sudoeste de Rennes fica **Châteaugiron**, uma vila medieval, com um castelo e casas que preservaram seus beirais de madeira.

### 🏛 Ecomusée du Pays de Rennes
Ferme de la Bintinais, rte de Châtillon-sur-Seiche. **Tel** 02 99 51 38 15. ⭘ abr-set: ter-dom; out/mar. ter-sex (sab, dom à tarde). ⬤ feriados. ♿ www.ecomusee-rennes-metropole.fr

### ⛫ Château de Châteaugiron
**Tel** 02 99 37 89 02. ⭘ meados jun-meados set: diariam; ligue 02 99 37 89 02.

## Fougères ㉜

Ille-et-Vilaine. 👥 23.000. 🚌
ℹ *2 rue Nationale (02 99 94 12 20).*
🛒 sáb. www.ot-fougeres.fr

Cidade-fortaleza próxima à fronteira da Bretanha, Fougères está situada sobre uma colina com vista para o rio Nançon. Uma de suas principais atrações se encontra no vale abaixo (ao qual continua ligada por uma série de muralhas antigas): o poderoso **Château de Fougères**, construído entre os séculos XI e XV. Para ter uma boa visão do castelo é preciso ir até a place aux Arbres, atrás da **Église de St-Léonard**, do século XVI. Deste ponto é possível descer até o rio e ver as casas medievais em volta da place du Machix. Vale a pena ainda visitar a **Église de St-Sulpice** com interior forrado de madeira e retábulos de granito do século XVIII.

Um passeio em volta do castelo revela a ambição do projeto, com treze torres e paredes de 3m de espessura. É possível subir as muralhas e ter uma ideia de como era viver dentro deste local de defesa. Muito da ação do romance *A Bretanha em 1799* (1829), de Balzac, se passa em Fougères, no castelo e nos arredores.

### ⛫ Château de Fougères
Pl Pierre-Simon. **Tel** 02 99 99 79 59. ⭘ fev-dez: diariam. www.chateau-fougeres.com

*As poderosas fortificações do Château de Fougères*

## Vitré ㉝

Ille-et-Vilaine. 👥 16.000. 🚆 🚌
ℹ *pl Général de Gaulle (02 99 75 04 46).* 🛒 seg e sáb.
www.ot-vitre.frx

A cidade fortificada de Vitré está no alto de uma colina com vista para o vale do Vilaine. O **castelo** medieval apresenta torreões muito finos e edifícios pitorescos dos séculos XV-XVI. O castelo foi reconstruído nos séculos XIV-XV segundo um plano triangular e com alguns baluartes onde é possível andar. Na Tour St-Laurent há um museu.

A leste, na rue Beaudrairie e rue d'Embas, encontram-se casas com madeirame em padrões surpreendentes.

A **Cathédrale Notre-Dame**, construída em estilo gótico *flamboyant*, apresenta uma fachada sul elaborada e um púlpito exterior de pedra. Mais adiante, na rue Notre-Dame, a promenade du Val contorna os baluartes da cidade.

A sudeste de Vitré, na estrada D88, encontra-se o magnífico **Château des Rochers-Sévigné**, casa de Madame Sévigné (1626-96), famosa por suas cartas e crônicas da corte de Luís XIV. O parque, a capela e algumas salas estão abertas ao público.

### ⛫ Château de Vitré
**Tel** 02 99 75 04 54. ⭘ abr-set: diariam; out-mar: qua-seg (fechado dom de manhã). ⬤ 1º jan, Páscoa, 1º nov, 25 dez.

### ⛫ Château des Rochers-Sévigné
**Tel** 02 99 96 76 51. ⭘ abr-set: diariam; out-mar: sex-dom à tarde ♿ restrito.

*Casas com madeirame projetadas sobre a rue Beaudrairie, Vitré*

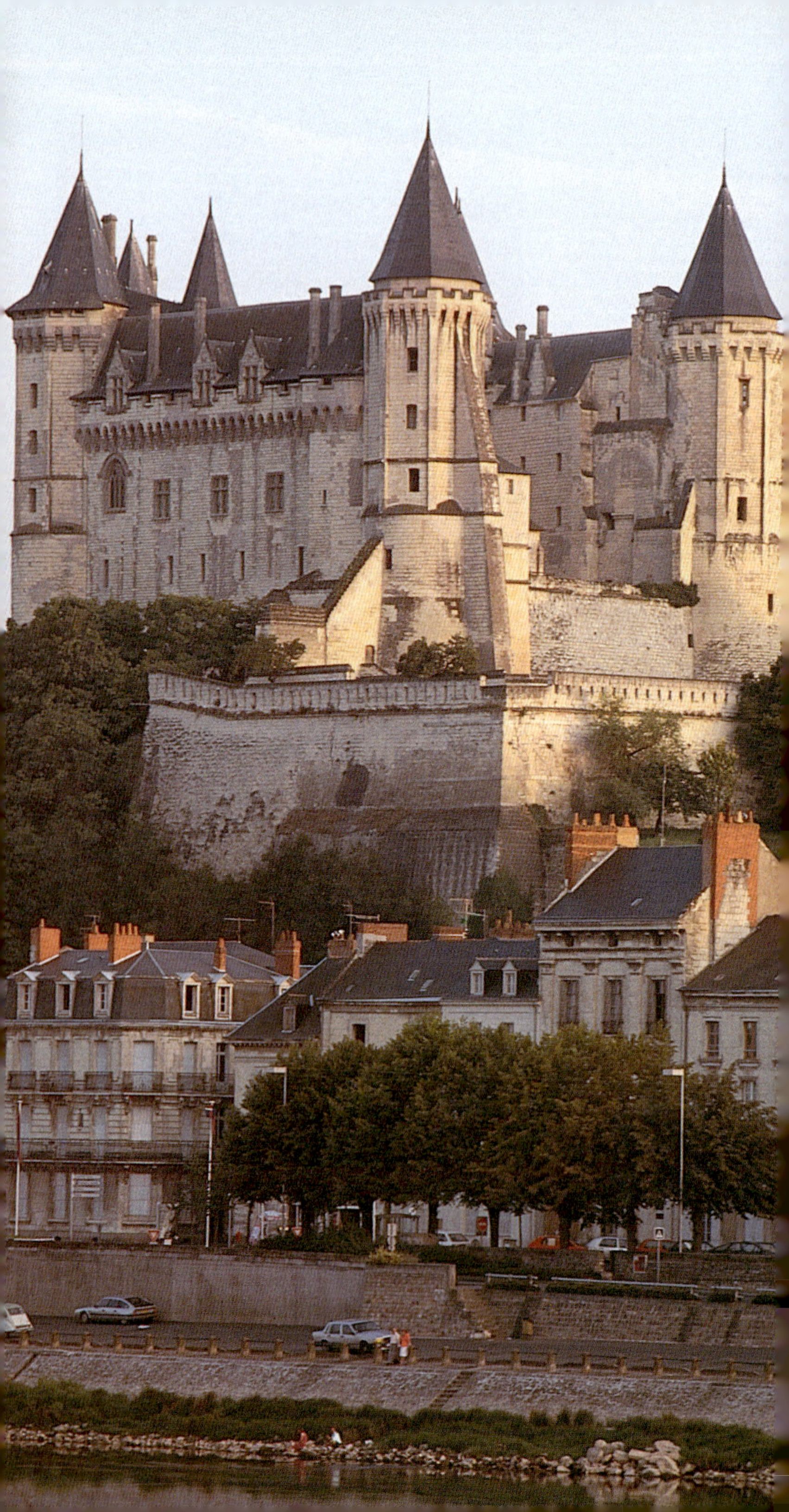

# VALE DO LOIRE

INDRE · INDRE-ET-LOIRE · LOIR-ET-CHER · LOIRET · EURE-ET-LOIR
CHER · VENDÉE · MAINE-ET-LOIRE · LOIRE-ATLANTIQUE · SARTHE

*amoso por seus suntuosos châteaux, o glorioso vale do Loire, agora classificado como Patrimônio da Humanidade pela Unesco, é rico em história e arquitetura. Como o rio Loire, esta vasta região representa o verdadeiro estilo de vida francês. Suas cidades sofisticadas, paisagens maravilhosas e excelentes vinhos e cozinha constituem um paraíso burguês.*

O vale do Loire é extraordinário. Orléans foi a capital intelectual da França no século XIII, atraindo poetas e trovadores à corte real. Mas a corte medieval nunca ficava muito tempo no mesmo lugar, o que ocasionou a construção de magníficos *châteaux* ao longo do rio Loire. Chambord e Chenonceau, os dois *châteaux* renascentistas, permanecem como símbolos do poder real e resplandecem entre vastas florestas de caça e cursos de rios.

Devido à localização central, sua cultura e sua maravilhosa cozinha, Tours é a capital natural de todos os visitantes. Angers vem em segundo lugar, mas muito mais autênticas são as cidades históricas de Saumur, Amboise, Blois e Beaugency, dispostas como joias à beira do rio. Este é o vale do Loire clássico, um circuito de castelos que inclui os jardins renascentistas de Villandry e as torres de conto de fadas de Ussé. Mais ao norte, Venture e as cidades de Mains e Chartres reinam absolutas, com seus centros medievais circundados por muralhas galo-romanas e suas catedrais. Nantes, na parte oeste, é uma cidade portuária e saída da região para o Atlântico.

Mais ao sul está Vendée, circundada por praias selvagens que são o paraíso para os velejadores e amantes da natureza. No interior, os afluentes do Loire e o caudaloso Sologne devem ser explorados. Também vale a pena explorar cavernas pré-históricas, aldeias e pequenas igrejas românicas com afrescos. Pousadas oferecem caça, peixe e grande variedade de verduras frescas. Tudo para ser acompanhado por um leve vinho branco Vouvray ou por um Bourgueil, frutado. Cair em tentação não é pecado nesta rica região.

O rio Loire em Montsoreau, ao sudeste de Saumur

◁ **O** *château* de Saumur, que parece saído de um conto de fadas, domina a cidade do mesmo nome e o rio Loire

# Como Explorar o Vale do Loire

A região é pontilhada pelos maiores castelos da França. Numerosos cruzeiros pelo rio Loire são oferecidos, enquanto as costas do Atlântico apresentam belas praias. Vendée e os vales de Loir e Indre são recomendados para quem procura típicas férias no campo. Excursões relacionadas ao vinho focalizam o Bourgueil, Chinon, Muscadet, Saumur e Vouvray. Os lugares mais charmosos da região são Amboise, Blois, Beaugency e Saumur. Para aqueles atraídos pela cultura, a região tem muito a oferecer.

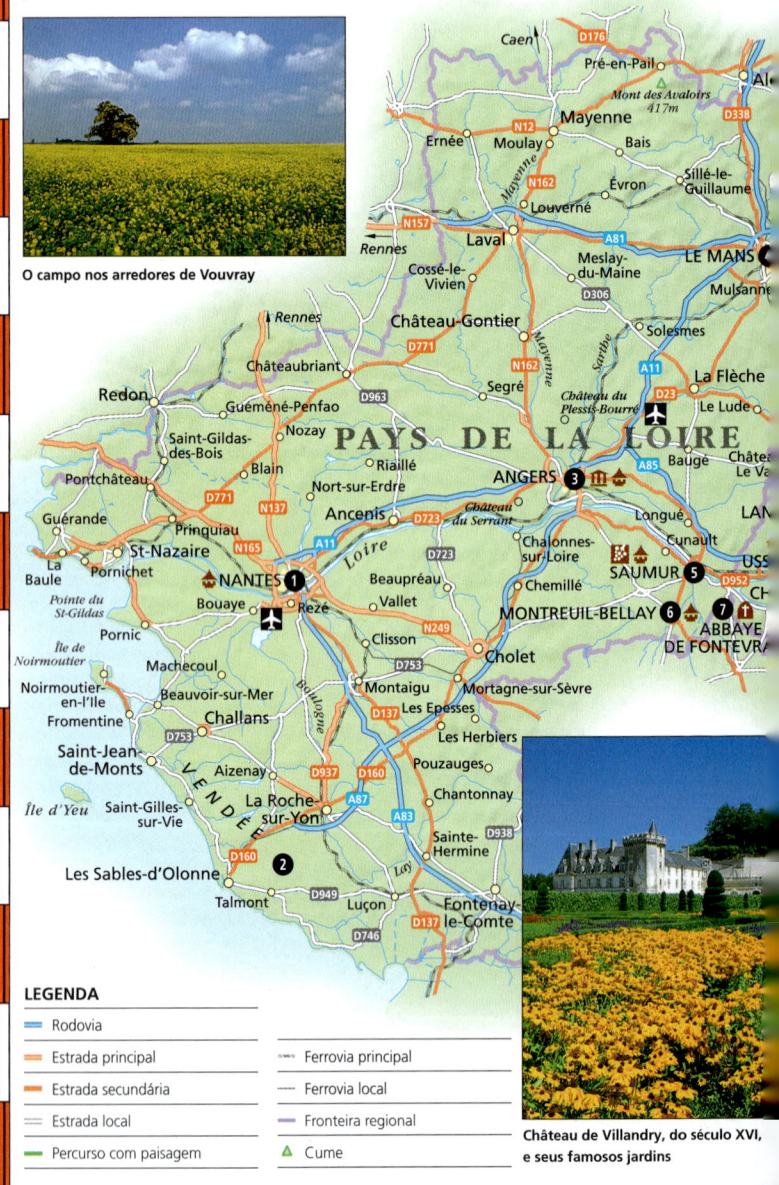

O campo nos arredores de Vouvray

**LEGENDA**

- Rodovia
- Estrada principal
- Estrada secundária
- Estrada local
- Percurso com paisagem
- Ferrovia principal
- Ferrovia local
- Fronteira regional
- △ Cume

Château de Villandry, do século XVI, e seus famosos jardins

**Legenda dos símbolos** *no final do guia*

# VALE DO LOIRE

## PRINCIPAIS ATRAÇÕES

Abbaye Royale de Fontevraud ❼
Amboise ⓲
Angers ❸
Azay-le-Rideau ⓫
Beaugency ㉑
Blois ⓴
Bourges ㉗
Chambord ⓳
Chartres ㉔
Chenonceau ⓱
Chinon ❽
Langeais ❿
Le Mans ❹
Loches ⓯
O Loir ㉓
Montrésor ⓰
Montreuil-Bellay ❻
Nantes ❶
Orléans ㉕
St-Benoît-sur-Loire ㉖
Saumur ❺
Tours ⓭
Ussé ❾
A Vendée ❷
Vendôme ㉒
Villandry ⓬
Vouvray ⓮

## COMO CHEGAR

A região é bem servida por ligações de transportes. Os aeroportos de Nantes e Tours têm voos internacionais; o aeroporto de Tours também serve Marseille e Figari (Córsega). Chartres, Le Mans, Angers e Nantes estão ligadas a Paris pela A11, e a A10 liga Orléans, Blois e Tours. O TGV vai de Paris a Le Mans (1h), Tours (1h), Angers (1h30) e Nantes (2h). Existe também uma linha de TGV que sai de Lille (conexão com Eurostar). É difícil chegar aos castelos menores por transporte público, mas há, quase sempre, excursões nos principais centros turísticos.

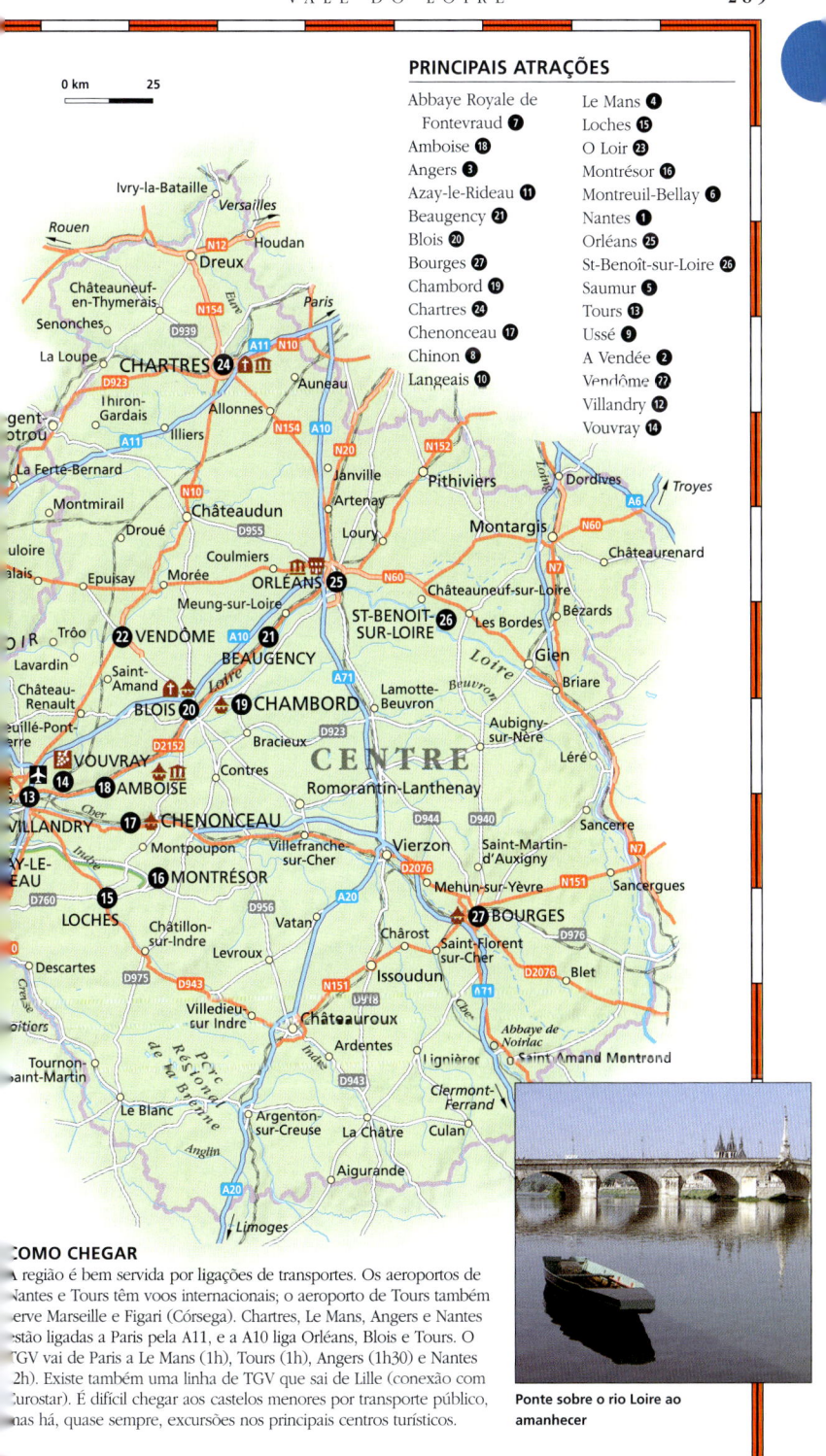

**Ponte sobre o rio Loire ao amanhecer**

*Túmulo de Francisco II e a esposa, Margarida de Foix (Catedral de St-Pierre)*

## Nantes ❶

Loire-Atlantique. 270.000. cours Olivier-de-Clisson (08 92 46 40 44). ter-dom.
www.nantes-tourisme.com

### ⚓ Château des Ducs de Bretagne
Pl Marc Elder. **Tel** 08 11 46 46 44.
jul-ago: diariam; set-jun: qua-seg.
1º jan, 1º mai, 1º nov, 25 dez.

Durante séculos, Nantes disputou com Rennes o título de capital da Bretanha. Mas sua relação com os Plantagenetas e com Henrique IV também a ligou ao "real" rio Loire. Na última década do século XVIII, deixou oficialmente de ser parte da Bretanha e, embora bretã de coração, é agora a capital do Pays de la Loire.

A paisagem urbana de Nantes é variada, com arranha-céus perto do porto, canais e praças art nouveau e sofisticados bares e restaurantes no centro medieval, cujos limites são a place de St-Croix e o castelo.

A **Cathédrale de St-Pierre et St-Paul**, terminada em 1893, destaca-se por seus portais góticos esculpidos e pelo túmulo renascentista de Francisco II, o último duque da Bretanha.

Ainda mais impressionante é o **Château des Ducs de Bretagne**, onde nasceu Ana da Bretanha em 1477 e onde o Edito de Nantes foi assinado por Henrique IV, em 1598, garantindo liberdade religiosa aos protestantes. Depois de uma ampla restauração, o *château* abriga o interativo **Musée d'Histoire** – museu que conta a história de Nantes em 32 salas, incluindo o quadro de Turner das margens do Loire e uma visita virtual à cidade de 1757.

### Arredores
Saindo de Nantes, há barcos que fazem passeios pelos rios Erdre e Sèvre Nantaise, passando por castelos, recantos pitorescos e vinhedos. Cerca de 30km ao sudeste de Nantes fica **Clisson**, cidade destruída durante o Levante de Vendée (1793) e depois reconstruída em linhas italianas, com vilas neoclássicas. Ainda no rio Sèvre Nantaise estão as ruínas do **Château de Clisson** (século XIII).

### ⚓ Château de Clisson
**Tel** 02 40 54 02 22.
qua-seg (out-abr: qua-seg somente à tarde); 1º mai, feriados de Natal.

## A Vendée ❷

Vendée and Maine-et-Loire.
Nantes. La Roche-sur-Yon.
La Roche-sur-Yon (02 51 36 00 85)
www.vendee-tourisme.com

O movimento contrarrevolucionário que varreu o oeste da França entre 1793 e 1799 começou como uma série de levantes na Vendée. Como um bastião do *Ancien Régime*, a região se rebelou contra os valores burgueses da República. Em 1793, um violento massacre deixou 80 mil monarquistas mortos em apenas um dia, quando estes tentavam atravessar o Loire em St--Florent-le-Vieil. Os agricultores de la Vendée eram monarquistas ferrenhos e, embora tenham sido derrotados, a região continua repleta de conservadorismo e fervor religioso.

Essa história é teatralmente retratada no **Le Puy du Fou**, em Les Epesses, sul de Cholet, no show ao vivo das noites de verão, o "Cinéscenie". Versões mais sóbrias podem ser vistas no Logis de La Chabotterie, perto de St-Sulpice-de-Verdon. E também no Musée du Textile, em Cholet, que mostra os lenços usados pelos heróis monarquistas: primeiro brancos e depois vermelhos-sangue.

Hoje em dia a tranquila Vendée oferece turismo ecológico, como a *bocage vendéen*, uma represa com trilhas para cavalo e passeios. A costa do Atlântico entre Loire e Poitou tem longas praias de areia, mas o único grande balneário é **Les Sables d'Olonne**, com passeios de barco até as salinas ou até a **Île d'Yeu**. A **Île de**

*O porto na ilha de Noirmoutier, na Vendée*

*Veja hotéis e restaurantes desta região nas pp. 568-72 e 620-5*

VALE DO LOIRE 291

**Noirmoutier** é ligada ao continente durante a maré baixa pela estrada de Gois.

No interior fica **Marais Poitevin** *(p. 408)*, com santuários de aves e belas igrejas (Maillezais, Vix, Maillé) que ficam em vilas cercadas por canais. É o maior complexo de canais feito pelo homem na França e usado pelos agricultores do oeste. Enquanto isso, o leste é o paraíso dos amantes da natureza. Coulon é o local principal de aluguel de botes para passear nos canais.

Tapeçaria do Apocalipse (Angers)

## Angers ❸

Maine-et-Loire. 156.300.
✈ 🚌 🚂 🛈 7 pl Kennedy (02 41 23 50 00). 🛒 ter-dom.
www.angersloiretourisme.com

Histórica capital de Anjou, berço dos Plantagenetas e entrada do Vale do Loire, Angers tem um impressionante **Château** do século XIII *(p. 242)*. Nele se encontra a mais longa (103m) e uma das melhores tapeçarias medievais do mundo. Conta a história do Apocalipse, através das batalhas entre as hidras e os anjos.

Um pouco adiante do castelo está a **Cathédrale St-Maurice**, com fachada e vitrais do século XIII. Perto, a Maison d'Adan, com entalhes mostrando a árvore da vida. Nas ruínas de uma igreja do século XIII, que foram cobertas de vidro, está o **Galerie David d'Angers**, que homenageia o escultor homônimo nascido aqui no século XIX. Atravessando o Maine, está o Hôpital St-Jean, que entre 1174 e 1854 atendeu aos pobres e que hoje abriga o **Musée Jean Lurçat** e a tapeçaria *Canto do Mundo*, de Lurçat (1957). No mesmo edifício fica **Le Musée de la Tapisserie Contemporaine**, com cerâmicas e pinturas.

### ♣ Château d'Angers
*Tel* 02 41 86 48 77. ⬜ diariam.
⬛ 1º jan, 1º mai, 1º e 11 nov, 25 dez.

### 🏛 Galerie David d'Angers
33 bis rue Toussaint. *Tel* 02 41 05 38 90. ⬜ jun-set: diariam; out-mai: ter-dom. ⬛ maioria dos feriados

### 🏛 Musée Jean Lurçat/Le Musée de la Tapisserie Contemporaine
4 bd Arago. *Tel* 02 41 24 18 45. ⬜ jun-set: diariam; out-mai: ter-dom. ⬛ maioria dos feriados

### Arredores
A 20km de Angers, estão o **Château de Serrant** e o **Château du Plessis-Bourré**. Acompanhe o Loire na direção leste, siga os bancos de areia e os diques, e aproveite para conhecer os restaurantes que servem peixes e talvez jogar o típico *boule de fort*.

### ♣ Château de Serrant
St-Georges-sur-Loire. *Tel* 02 41 39 13 01. ⬜ ligue para saber os horários de funcionamento. ⬛ obrigat.
www.chateau-serrant.net

### ♣ Château du Plessis-Bourré
Ecuillé. *Tel* 02 41 32 06 72. ⬜ jul-ago: diariam; abr-jun e set: qui à tarde-ter (fev, mar, out, nov: qui-ter só à tarde). ⬛ obrigatória.
www.plessis-bourre.com

## Le Mans ❹

Sarthe. 150.000. ✈ 🚌 🚂
🛈 rue de l'Etoile (02 43 28 17 22).
🛒 ter-dom.
www.lemanstourisme.com

Desde que Monsieur Bollée se tornou o primeiro projetista a colocar um motor embaixo do capô de um carro, Le Mans tem sido sinônimo de automóvel. Seu filho criou o primeiro Grand Prix *(p. 37)* e a partir de então a corrida e o **Musée Au-**

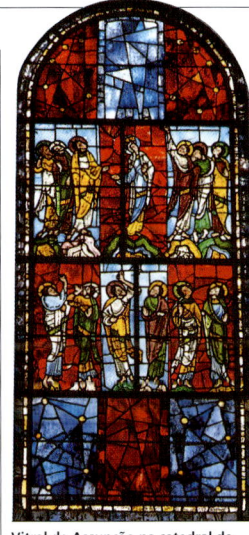

Vitral da Assunção na catedral de St-Julien, em Le Mans

**tomobile** são as principais atrações da cidade. A Cité Plantagenêt, o antigo centro fortificado, está rodeada pelas maiores muralhas romanas da França, que podem ser melhor vistas do quai Louis Blanc. Antes considerada insalubre, a área foi restaurada e hoje serve para filmar épicos como *Cyrano de Bergerac* nas mansões renascentistas, nas casas com madeirame à vista, nos becos e pequenos pátios. A atração principal é a gótica **Cathédrale St-Julien**, com seu portal românico, que rivaliza com o da Catedral de Chartres. No interior, a nave termina em um coro gótico, adornado com capitéis esculpidos e um vitral da Assunção (século XII).

### 🏛 Musée Automobile de la Sarthe
9 pl Luigi Chinetti. *Tel* 02 43 72 72 24. ⬜ diariam (ligue para saber os horários).

Corrida de Le Mans: edição de 1933 da revista francesa *Illustration*

## Saumur ❺

Maine-et-Loire. 32.000. pl de la Bilange (02 41 40 20 60). qui, sáb. www.saumur-tourisme.com

Saumur é conhecida por um castelo de conto de fadas, pela escola de equitação, pelos cogumelos e pelo vinho frisante. As mansões de pedra lembram o auge da cidade, no século XVII, quando era um bastião do protestantismo e competia com Angers para ser a capital intelectual de Anjou.

O **Château de Saumur**, com torretas, destaca-se da cidade e do rio. A estrutura atual foi iniciada no século XIV por Luís I de Anjou e reformada pelo neto dele, rei René. No acervo estão esculturas, cerâmicas medievais e objetos equestres.

A Escola Militar de Cavalaria, aberta em Saumur em 1814, levou à criação do **Musée des Blindés**, que exibe 150 veículos blindados diferentes, e do famoso curso de equitação Cadre Noir. Na **École Nationale d'Équitation**, pode-se visitar os estábulos e acompanhar os treinamentos matinais e as ocasionais apresentações noturnas.

Vale a pena visitar o **Parc Pierre et Lumière**, subterrâneo, com esculturas nas paredes de tufo calcário retratando os principais pontos turísticos do local, e ainda, em Bagneux, o maior dólmen da Europa e o acervo de ferramentas agrícolas.

Antes de ir embora, faça questão de experimentar em uma das várias adegas ou na Maison des Vins, na cidade, o vinho frisante feito de acordo com o *méthode champenoise* – o melhor da França depois do de Champagne.

*O Château de Saumur e a agulha de St-Pierre vistos do Loire*

*Brasão de armas do rei René*

### Château de Saumur
**Tel** 02 41 40 24 40. Para reforma (ligue para detalhes).

### École Nationale d'Equitation
St-Hilaire-St-Florent. **Tel** 02 41 53 50 60. ligar para ter horário das apresentações. feriados. obrigatória
www.cadrenoir.fr

### Arredores

A encantadora **Église Notre-Dame**, em Cunault, priorado românico do século XI, tem uma bela porta e capitéis esculpidos, e no **Château de Brézé** você pode ver um forte subterrâneo impressionante, com diversas grutas e túneis.

## Montreuil-Bellay ❻

Maine-et-Loire. 4.500. pl du Concorde (02 41 52 32 39). ter (meados jun-meados set: ter e dom). www.ville-montreuil-bellay.fr

Às margens do rio Thouet, 17km ao sul de Saumur, Montreuil-Bellay é uma das cidadezinhas mais bonitas da região. Serve de base ideal para explorar Anjou. Os altos telhados da capela gótica elevam-se acima das mansões muradas e dos vinhedos dos arredores (experimente os vinhos).

A **Chapelle St-Jean** foi asilo e centro de peregrinação.

O imponente **Château de Montreuil-Bellay**, concluído em 1025, é uma verdadeira fortaleza, com treze torres interligadas, antemuros e muralhas. Por trás das fortificações, há uma bela casa do século XV, com cozinha medieval abobadada, adegas e um oratório decorado com afrescos do mesmo século.

### Château de Montreuil-Bellay
**Tel** 02 41 52 33 06. abr-out: qua-seg (jul-ago: diariam).

---

### MORADIAS PRÉ-HISTÓRICAS

Algumas das mais benfeitas habitações pré-históricas da França foram escavadas na rocha calcária do vale do Loire, especialmente nos arredores de Saumur, Vouvray e nas margens do rio Loir. As cavernas, escavadas nas paredes dos rochedos ou embaixo da terra, foram durante séculos uma opção de moradia barata e segura. Hoje são populares como *résidences secondaires* ou utilizadas para armazenar vinhos ou cultivar cogumelos. Algumas servem de restaurantes ou hotéis. Uma antiga pedreira, em Doué-la-Fontaine, abriga um zoológico e um anfiteatro do século XV. Em Rochemenier, perto de Saumur, existe uma aldeia pré-histórica bem conservada transformada em museu. Denunciada pelas chaminés, uma aldeia subterrânea perto de La Fosse foi habitada até o final do século XX por três famílias e hoje é museu da vida subterrânea familiar.

*Típica moradia pré-histórica*

# A Vida na Corte durante a Renascença

O reinado de Francisco I, de 1515 a 1547, testemunhou o apogeu da Renascença francesa, caracterizada por um intenso período de construção de castelos e interesse pelo humanismo e pelas artes. A corte itinerante viajava entre os agradáveis palácios de Amboise, Blois e Chambord, no Loire. Os dias eram dedicados à caça, falcoaria, *fêtes champêtres* (festivais no campo) ou *jeu de paume*, um precursor do tênis. As noites eram passadas em banquetes, bailes e tarefas poéticas e românticas.

**O alaúde e o mandolim** *estavam na moda, assim como o teatro italiano e os bailes de máscaras. Os músicos tocavam em bailes, nos quais se dançava a pavana e a galharda.*

**Triboulet e Caillette,** *bufões de Francisco I, divertiam a corte. Mas eram maltratados: os cortesãos pregavam as orelhas de Caillette em um poste e o obrigavam a ficar em silêncio.*

## BANQUETES RENASCENTISTAS

Normalmente, o jantar era servido antes das 19h, acompanhado por música italiana. Eram lidos em voz alta textos humanistas, e os bufões do rei divertiam os cortesãos.

**Os cortesãos** utilizavam as próprias facas. Os garfos eram raros, mas seu uso, originário da Itália, começava a se estender.

**Um jantar real típico** tinha enguia defumada, carne salgada, patê de veado, sopas de ovos e açafrão, caça assada e carnes cozidas, assim como peixe com molho de limão ou de groselha.

**O custo** das roupas de brocado, cetim e seda fazia com que, muitas vezes, os cortesãos se endividassem.

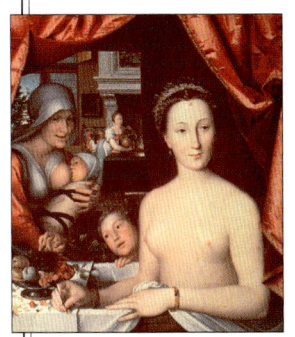

**Diana de Poitiers** *(1499-1566) tornou-se amante do futuro Henrique II quando ele tinha 12 anos. Dois anos mais tarde, ele se casou com Catarina de Medici, mas Diana continuou sendo sua favorita até a morte.*

**Os artistas** *representavam o amor de várias formas na Renascença. Aqui os corações alados cumprem essa função.*

Claustro do Grand Moûtie

## Abbaye Royale de Fontevraud ❼

Maine-et-Loire. 🚌 desde Saumur. **Tel** 02 41 51 73 52. 🕒 meados abr-dez: diariam; fev-meados abr: ter-dom. 🔒 jan, 25 dez. www.abbaye-fontevraud.com

A Abbaye Royale de Fontevraud é a maior e mais notável abadia medieval intacta na Europa. Foi fundada no começo do século XII por Robert d'Arbrissel, um pregador itinerante e visionário que fundou uma comunidade benedinita de monges, freiras, nobres, leprosos e vagabundos.

O fundador confiou a administração da abadia a uma abadessa, que vinha normalmente de uma família nobre, e Fontevraud se tornou celebrado santuário favorito da aristocracia feminina francesa, incluindo Eleonora da Aquitânia.

De 1804 a 1963, a abadia foi utilizada como prisão, e desde então suas edificações vêm sendo restauradas pelo governo francês.

Passear pelo complexo religioso e pelos jardins dá uma ideia de como era a vida monástica. O ponto alto do conjunto fica por conta da igreja românica, consagrada em 1119. Possui capitéis extraordinariamente esculpidos e uma imensa nave com quatro domos, o melhor exemplo de nave com cúpula em toda a França. Dentro ficam as efígies pintadas dos Plantagenetas, do início do século XIII: Henrique II; sua mulher Eleonora da Aquitânia; o irmão cruzado, que não falava inglês; Ricardo, Coração de Leão; e Isabel de Angoulême, viúva de seu infame irmão, o rei João da Inglaterra. As freiras da abadia viviam em torno do **claustro do Grand Moûtier**, formando um dos maiores conventos do país. A colônia de leprosos era alojada no **convento de St-Lazare**, hoje o hotel local *(p. 569)*. Nada restou da vizinhança monástica original de St-Jean de l'Habit. Seus destaques são a cozinha octogonal com suas lareiras e chaminés na **Tour Evraud**, que é um raro exemplo de arquitetura românica não religiosa.

Fontevraud hoje é um importante centro cultural, com concertos e exposições.

### OS PLANTAGENETAS

Os lendários condes d'Anjou receberam seu nome do *gênet*, o galho de giesta que Geoffrey Plantagenet usava no chapéu. Ele casou-se com Matilde, filha de Henrique I, da Inglaterra. Em 1154, quando seu filho Henrique – casado com Eleonora da Aquitânia *(p. 51)* – ocupou o trono, teve começo a dinastia inglesa dos Plantagenetas, que uniu os destinos de França e Inglaterra durante 300 anos.

Efígies de Henrique II, rei da dinastia Plantageneta, e Eleonora da Aquitânia

**TOUR EVRAUD**

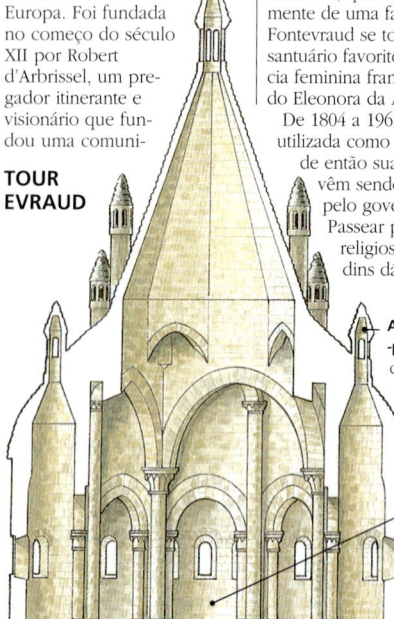

As chaminés-pimenteiras das torres da cozinha foram restauradas no século XX.

Alcovas que continham os fornos parecem capelas laterais.

## Chinon ❽

Indre-et-Loire. 🚶 9.000. 🚌 🚉 **ℹ** place Hofheim (02 47 93 17 85). 🛒 qui. www.chinon-valdeloire.com

O castelo de Chinon é um importante polo de peregrinação. Foi aqui que, em 1429, Joana d'Arc reconheceu o delfim da França, o futuro Carlos VII, apesar de ele estar disfarçado. Ele, então, lhe confiou um exército para expulsar os ingleses do país. Antes disso, Chinon era o castelo preferido dos reis da casa dos Plantagenetas. Embora a maior parte do **château** se encontre em ruínas, suas fortificações são impressionantes quando vistas do outro lado do rio Vienne. O centro da cidade parece o cenário de um filme sobre a Idade Média. A **rue Voltaire** tem casas dos séculos XV e XVI e, ladeada pelas muralhas do castelo, ilustra a história de Chinon. No nº 12 está o **Musée Animé du Vin**, onde bonecos contam a história do vinho. O nº 44, que abriga o **Musée d'Art et d'Histoire**, é uma mansão de pedra onde Ricardo, Coração de Leão, teria morrido em 1199.

Vendedora no mercado Chinon

*Veja hotéis e restaurantes desta região nas pp. 568-72 e 620-5*

Vinhedo na região vinícola de Chinon

A maior mansão da rua é o **Palais du Gouverneur**, com escadaria dupla. Mais charmosa é a **Maison Rouge**, no Grand Carroi, recoberta com tijolos vermelhos que têm o padrão de espinha de peixe.

A **Hostellerie Gargantua**, do século XV, onde o pai de Rabelais atuava como advogado, é atualmente uma agradável pousada *(p. 569)*. O escritor renascentista morou aqui perto, na rue de La Lamproie.

O mercado medieval de 1900 é imperdível (3º sáb ago). Os cocheiros se vestem com roupas típicas, e as ruas são tomadas por dança folclórica e muita música.

**🏛 Musée Animé du Vin**
12 rue Voltaire. **Tel** *02 47 93 25 63*. ⬚ *Páscoa-meados set: diariam.*

**Arredores**
A cerca de 5km a sudoeste de Chinon se encontra **La Devinière**, onde, no século XVI, nasceu o escritor François Rabelais, também médico, padre e humanista.

**🏛 La Devinière**
Seuilly. **Tel** *02 47 95 91 18*. ⬚ *qua-seg.* ⬛ *1º jan, 25 dez.*

## Château d'Ussé ❾

Indre-et-Loire. 🚉 *Chinon, depois táxi.* **Tel** *02 47 95 54 05.* ⬚ *meados fev-meados nov: diariam.*
www.chateaudusse.fr

O Château d'Ussé faz parte de um cenário bucólico rodeado pelo rio Indre. Seus românticos torreões brancos, torres pontiagudas e chaminés serviram de inspiração para a história da *Bela adormecida*, de Charles Perrault.

Construído no século XV, o conjunto foi sendo transformado aos poucos em um aristocrático castelo, ainda particular *(p. 242)*. O interior escuro e úmido decepciona, e os quadros da *Bela adormecida* são apresentados de forma pouco organizada. Sua capela renascentista perdeu as tapeçarias de Aubusson, mas tem uma linda imagem da Virgem em terracota de Della Robbia.

## Château de Langeais ❿

Indre-et-Loire. 🚉 *Langeais.* **Tel** *02 47 96 72 60.* ⬚ *diariam.* ⬛ *1º jan 25 dez.*
www.chateau-de-langeais.com

Comparada com as cidades vizinhas, Langeais tem pouco apelo turístico, mas é acolhedora e despretensiosa. Seu castelo é feudal, construído estritamente para defesa, com ponte levadiça, grade levadiça e sem nenhuma concessão ao estilo renascentista. Foi construído por Luís XI em apenas quatro anos (1465-9) e quase não sofreu alterações. As ruínas da torre, construída por Foulques Nerra em 994, estão no pequeno pátio interno do castelo.

O *son et lumière* representa o casamento de Carlos VIII e Ana da Bretanha (1491) na Salle de la Chapelle. Muitas salas têm design intrigante, com pisos de azulejos decorados, e todas têm tapeçarias flamengas e de Aubusson (séculos XV-XVI).

---

**FRANÇOIS RABELAIS**

Rabelais, nascido em 1494, foi sacerdote, médico, diplomata e erudito humanista, conhecido por sua sabedoria e tolerância. É mais lembrado por suas sátiras, como as histórias de *Pantagruel e Gargantua*, sobre um gigante e seu filho, ambientadas em Chinon, onde Rabelais foi criado.

Pantagruel, por Doré (1854), recebeu o leite de 4.200 vacas

## Château d'Azay-le-Rideau ⓫

Indre-et-Loire. 🚗 🚉 *Azay-le-Rideau*. **Tel** *02 47 45 42 04*. ⭕ *diariam.* ⬤ *1º jan, 1º mai, 25 dez.* 📷 **Son et Lumière**: *jul-ago.*

Balzac chamava Azay-le-Rideau de "diamante do Indre". É o mais interessante e feminino dos *châteaux* do Loire, criado no século XVI por Philippa Lesbahy, mulher do corrupto ministro das Finanças de Francisco I. Apesar de superficialmente gótico, mostra a transição para o Renascimento *(pp. 54-5, 242)* com clareza: as torres são puramente decorativas e os fossos, piscinas pitorescas. Azay era um palácio para o prazer, ocupado durante o verão e abandonado no inverno.

O interior é encantador, arejado, com perfume suave de cedro e cheio de detalhes domésticos cuidadosamente recriados. O primeiro andar apresenta mobiliário em estilo renascentista, com um maravilhoso modelo de escrivaninha portátil espanhola e requintados tapetes. No térreo, encontram-se mobílias do século XIX, que datam do período da restauração do *château*. A grande escadaria é incomum para a época, reta em vez de espiral.

Há muitas oportunidades para experimentar vinho na vila próxima dos vinhedos. Ao contrário de outras vilas do Loire, Azay é muito animada à noite, graças ao *son et lumière* do *château*.

*Jardin d'ornament* do Château de Villandry

## Château de Villandry ⓬

Indre-et-Loire. 🚉 *Tours, depois táxi.* **Tel** *02 47 50 02 09.* ⭕ **Château:** *meados fev-meados nov e meados dez-início jan: diariam.* **Jardins:** *diariam.* 📷 ⬤ ⓫ *mar-out.* **www**.chateauvillandry.com

Villandry foi o último grande château renascentista construído no vale do Loire, exemplo perfeito de arquitetura do século XVI. Seus magníficos jardins voltaram ao esplendor da Renascença no início do século com o dr. Joachim Carvallo e ainda hoje são mantidos por seu neto.

É uma colcha de retalhos sob a forma de arbustos e flores em três andares: *o jardin potager* ou jardim da cozinha, o *jardin d'ornament* ou jardim ornamental e o *jardin d'eau* ou jardim de água. Há tabuletas para explicar a história e o significado de cada planta: o repolho, por exemplo, simboliza corrupção sexual e espiritual. As plantas também eram prezadas por suas propriedades médicas: acreditava-se que o repolho ajudava a curar ressacas e que o pimentão era digestivo.

As raízes delicadas das árvores e plantas que enfeitam cada pedaço dos 52km de jardins necessitam de cuidado manual.

**Um *chocolatier* de Tours**

## Tours ⓭

Indre-et-Loire. 🚶 *140.000.* ✈ 🚉 🚌 ℹ *78 rue Bernard Palissy (02 47 70 37 37).* 🛒 *ter-dom.* **www**.ligeris.com

Tours é a mais atraente das cidades importantes do Loire devido a sua prosperidade econômica, a um inteligente programa de restauração e uma animada população universitária. Foi construída sobre uma antiga cidade romana, tornando-se um importante centro do cristianismo no século IV sob São Martinho, bispo de Tours. Em 1461, Luís XI fez de Tours a capital francesa, e a cidade prosperou com armas e tecidos. No entanto, durante o reinado de Henrique IV, a cidade deixou de ser a favorita da monarquia e a capital passou a ser Paris. Bombardeada pelos prussianos em 1870 e durante a Segunda Guerra Mundial,

**Château d'Azay-le-Rideau, refletido no rio Indre**

*Veja hotéis e restaurantes desta região nas pp. 568-72 e 620-5*

Tours foi muito danificada. Em 1960 a classe média havia deixado o centro histórico, e este se tornou um cortiço, com a alvenaria medieval caindo aos pedaços. O prefeito de 1958 a 1996, Jean Royer, conseguiu recuperar a cidade com políticas populares.

A **place Plumereau**, no centro medieval da cidade, só para pedestres, é muito procurada e está cheia de cafés, butiques e galerias. A rue Briçonnet é conhecida pelas casas com madeirame, pátios escondidos e torres vergadas. Um portão leva à place St-Pierre-le-Puellier, uma praça rebaixada com ruínas galo-romanas e uma igreja românica convertida num café. A poucos quarteirões daí encontra-se a Place de Châteauneuf, com a **torre românica de Carlos Magno**, tudo o que resta da primeira igreja de St-Martin. A oeste fica o bairro de artesãos, concentrados na rue du Petit St-Martin.

No setor leste da cidade está a **Cathédrale St-Gatien**, iniciada no século XIII e concluída no século XVI. A fachada em gótico *flamboyant* está escurecida e caindo aos pedaços, mas ainda impressiona, assim como seus vitrais.

*Cathédrale St-Gatien, em Tours*

O **Musée des Beaux-Arts**, localizado no antigo palácio do arcebispo, tem jardins clássicos e um grande cedro-do-líbano. O destaque fica com os quadros *A ressurreição e Cristo no Jardim das Oliveiras*, de Mantegna, e uma ala dedicada ao artista moderno Olivier Debré.

A oeste daqui fica a **Église St-Julien**, cujas celas monásticas góticas contêm um museu do vinho. O **Musée du Compagnonnage** ao lado expõe obras de mestres artesãos das guildas.

Do outro lado da rue Nationale fica o **Hôtel Goüin**, que regularmente abriga exposições de arte.

🏛 **Musée des Beaux Arts**
18 pl François Sicard. **Tel** 02 47 05 68 73. ◯ qua-seg. ● 1º jan, 1º mai, 14 jul, 1º e 11 nov, 25 dez.

🏛 **Musée du Compagnonnage**
8 rue Nationale. **Tel** 02 47 21 62 20. ◯ meados jun-meados set: diariam; meados set-meados jun: qua-seg. ● 1º jan, 1º mai, 14 jul, 1 e 11 nov, 25 dez.

### Arredores

Depois de Céré la Ronde, na D764 de Montrichard para Loches, fica o **Château de Montpoupon**, do século XV, e seu Musée du Veneur, voltado para o papel dos cavalos na caça.

*Jogadores de gamão na place Plumereau, em Tours*

## CENTRO DE TOURS

Cathédrale St-Gatien ⑤
Château Royal ④
Église St-Julien ③
Hôtel Goüin ②
Musée des Beaux-Arts ⑥
Tour Charlemagne ①

# Château de Chenonceau ⓱

Um romântico palácio, Chenonceau foi construído a partir da Renascença por uma série de mulheres aristocráticas. Uma magnífica avenida bordeada por plátanos conduz a jardins simétricos e a uma paisagem serena que, segundo Flaubert, parecia "flutuar no ar e na água". O rio Cher passa por dentro do castelo, em uma galeria de 60m de extensão construída sobre arcadas, cuja elegante beleza se reflete nas águas lentas. A grandiosidade continua no interior do castelo, em belas salas mobiliadas, quartos arejados, lindas pinturas e tapeçarias.

**Pavilhão das Torres**
*Foi construído entre 1513 e 1521 por Catherine Briçonnet e o marido, sobre as fundações de um antigo moinho.*

**Chapelle**
*A capela tem o teto abobadado e pilastras esculpidas com folhas de acanto e conchas. O vitral, destruído por uma bomba em 1944, foi substituído em 1953.*

**Jardim de Catarina de Medici**
*Elegantes recepções da corte e bailes de travestis eram organizados aqui por Catarina.*

## CRONOLOGIA

| 1500 | 1600 | 1700 | 1800 |
|---|---|---|---|
| **1513** Thomas Bohier compra um Chenonceau medieval. Sua mulher, Catherine Briçonnet, torna-o renascentista | **1533** Casamento de Catarina de Medici (1519-89) com Henrique II (1519-59). Chenonceau torna-se o palácio real do Loire | **1730-99** Madame Dupin, "esposa de um fazendeiro", faz de Chenonceau um salão para escritores e filósofos | **1789** Chenonceau é poupado durante a Revolução Francesa, graças a Madame Dupin |
| | **1547** Henrique II oferece Chenonceau a Diana de Poitiers, sua amante | | **1863** Madame Pelou restaura o castelo sua forma origi |
| | **1559** Com a morte de Henrique, Catarina obriga Diana, que cairá em desgraça, a aceitar o Château de Chaumont em troca de Chenonceau | | |
| | **1575** Luísa de Lorena (1554-1601) casa-se com Henrique III, filho favorito de Catarina | | |

*Catarina de Medici*

## VALE DO LOIRE

### PREPARE-SE

Chenonceaux. de Tours.
**Tel** 02 47 23 90 07. diariam.
só no térreo.
Música clássica: jun-ago
**www**.chenonceau.com

## A Criação de Chenonceau

Cada uma das mulheres responsáveis por Chenonceau deixou nele sua marca. Catherine Briçonnet, mulher do primeiro proprietário, construiu o pavilhão das torres e a escadaria de um lance. A amante de Henrique II, Diana de Poitiers, acrescentou os jardins e a ponte sobre arcos no rio Cher. Catarina de Medici fez da ponte uma galeria de estilo italiano; Luísa de Lorena, desolada mulher de Henrique III, herdou o castelo em 1590 e pintou de preto e branco o teto de seu quarto (cores do luto real). Madame Dupin, culta castelã do século XVIII, salvou o castelo de ser destruído durante a Revolução, e Madame Pelouze providenciou sua completa restauração em 1863.

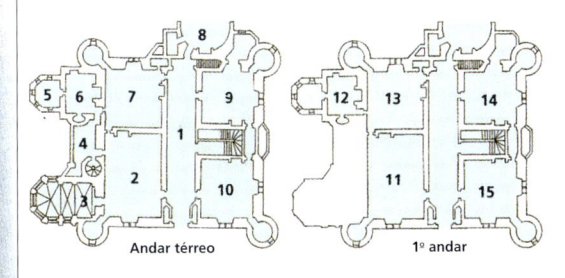

**Andar térreo**   **1º andar**

### GUIA DO CASTELO

*A principal área residencial ficava no pavilhão das torres, de formato quadrangular, situado no meio do rio Cher. Quatro salas principais se abrem para a Vestibule no térreo: a Salle des Gardes e a Chambre de Diana de Poitiers, ambas adornadas com tapeçarias flamengas do século XVI; a Chambre de Francisco I, com quadro de Van Loo; e o Salon Luís XIV. No primeiro andar, com acesso pela escadaria italiana, há suntuosos aposentos, incluindo a Chambre de Catarina de Medici e a Chambre de Vendôme.*

1. Vestíbulo
2. Salle des Gardes
3. Capela
4. Terraçe
5. Biblioteca de Catarina de Medici
6. Cabinet Vert
7. Chambre de Diana de Poitiers
8. Grande Galerie
9. Chambre de Francisco I
10. Salon Louis XIV
11. Chambre des Cinq Reines
12. Cabinet des Estampes
13. Chambre de Catarina de Medici
14. Chambre de Vendôme
15. Chambre de Gabrielle d'Estrées

**Grande Galerie**
*A elegante galeria sobre a ponte, de estilo florentino, foi criada por Catarina de Medici entre 1570 e 1576.*

**1913** O *château* é comprado pela família Menier, os *chocolatiers*, que são seus donos até hoje

**1941** A capela do castelo é danificada durante um bombardeio

*Diana de Poitiers*

***Chambre** (quarto) de Catarina de Medici*

## Vouvray ⓮

Indre-et-Loire. 3.500. ℹ 12 rue Rabelais (02 47 52 68 73). ter e sex.
www.tourismevouvray-valdeloire.com

A leste de Tours está a cidazinha de Vouvray, local de origem do vinho branco que o autor renascentista Rabelais comparava ao veludo.

A qualidade dos vinhos de Vouvray continua a mesma. O ponto alto dos vinhedos é **Huet**, que, desde 1990, planta suas uvas de acordo com métodos biodinâmicos: semeadura manual, uso de fertilizantes naturais e ausência de produtos químicos. No prefácio de seu romance *Quentin Durward*, Sir Walter Scott elogiou as características da região, destacando os vinhos brancos secos que ainda são fermentados em barris de carvalho. Com o apoio dos vinicultores locais, Gaston Huet foi manchete em 1990, ao protestar contra a estrada de ferro que atravessaria os vinhedos. O governo decidiu escavar túneis sob as colinas de vinhas.

O Château de Moncontour, onde as primeiras vinhas foram plantadas no século IV, tem um museu sobre a arte de se fazer vinho, situado em impressionantes adegas do século X.

**A cidade medieval de Loches**

### Huet
11-13 rue de la Croix-Buisée. **Tel** 02 47 52 78 87. jul-ago: degustação de vinhos: seg-sáb; adega: com hora marcada. feriados.

### ⚜ Château de Moncontour
Route de Rochecorbon. **Tel** 02 47 52 60 77. Páscoa-set: diariam; out-antes da Páscoa: seg-sex. visitas podem incluir degustação.
www.moncontour.com

## Loches ⓯

Indre-et-Loire. 7.000. ℹ pl de la Marne (02 47 91 82 82). qua e sáb.
www.loches-tourainecotesud.com

Intacta, esta cidade medieval está um pouco afastada do circuito dos castelos, no vale do Indre. É tranquila, com portões de gótico tardio e fachadas esculpidas. Sua masmorra *(donjon)* domina a paisagem e teria os piores calabouços do Loire, segundo a lenda. A história da Logis Royal está relacionada com Carlos VII e sua amante, Agnès Sorel. Foi também aqui que Joana d'Arc rogou ao rei que fosse a Reims para ser coroado. A capela de Ana da Bretanha é decorada com arminhos e guarda uma efígie de Agnès Sorel.

### ⚜ Logis Royal de Loches
**Tel** 02 47 59 01 32. diariam. 1º jan, 25 dez.

---

## A HEROÍNA DA FRANÇA

Joana d'Arc é a heroína francesa por excelência: guerreira virginal, mártir e representação da França. Sua campanha com ajuda divina para "expulsar os ingleses da França" durante a Guerra dos Cem Anos vem inspirando peças de teatro, poesia e filmes, de Voltaire a Cecil B. de Mille. Atendendo a vozes celestiais, ela entrou em cena como defensora do Delfim, o rei não coroado Carlos VII, que, depois de enfrentar uma aliança anglo-borgonhesa, que uniu a maior parte do norte da França, tinha se refugiado no castelo real no Loire. Joana o convenceu da sua missão, conseguiu o comando das tropas francesas e, em maio de 1429, venceu os ingleses em Orléans. Após essa vitória, pediu ao indeciso Carlos que fosse a Reims para ser coroado. Em 1430 foi presa e entregue aos ingleses. Acusada de bruxaria, foi queimada na fogueira em Rouen, em 1431, aos 19 anos. Sua coragem e martírio levaram-na à canonização em 1920.

**Primeiro desenho conhecido de Joana d'Arc (1429)**

**Retrato de Joana d'Arc**, *na Maison Jeanne d'Arc, em Orléans (p. 312). Ela resgatou a cidade dos ingleses em 8 de maio de 1429, data que Orléans celebra anualmente.*

## Montrésor ⓰

Indre-et-Loire. 🏠 400. 🛈 43 grande rue (02 47 92 70 71). www.tourisme-valdindrois-montresor.com

Considerada a cidadezinha mais bonita da França, Montrésor não desaponta. Situada junto ao rio Indrois, no vale de Touraine, tornou-se um assentamento polonês por volta de 1840. Em 1849, um nobre polonês, o conde Branicki, comprou o **Château** do século XV, erguido no local de uma fortificação do século XI. Desde então pertence à mesma família. Seu interior está intacto desde Branicki.

♠ **Château de Montrésor**
*Tel 02 47 92 60 04.* ◯ *abr-11 nov: diariam; meados nov-mar: sáb e dom à tarde.*

## Château de Chenonceau ⓱

*pp. 298-9.*

## Amboise ⓲

Indre-et-Loire. 🏠 12.000. 🛈 quai du Général de Gaulle (02 47 57 09 28). 🛒 sex e dom manhã. www.amboise-valdeloire.com

Há poucos edifícios na França com a importância histórica do **Château d'Amboise**. Luís XI morou neste castelo; Carlos VII nasceu e morreu nele; Francisco I foi criado aqui, assim como os dez filhos de Catarina de Medici. Foi também cenário para a Conspiração Amboise, em 1560, malogrado complô dos huguenotes contra Francisco II. Ganchos na fachada do castelo serviram de forca para doze dos 1.200 conspiradores mortos.

A **Tour des Minimes**, a entrada original do castelo, é famosa por sua ampla rampa em espiral, para a subida de homens a cavalo.

Nas muralhas fica a **Chapelle St-Hubert**, onde está enterrado Leonardo da Vinci. Com o apoio de Francisco I, o artista passou seus últimos anos na casa vizinha de **Clos-Lucé**, cujo jardim mostra invenções de Leonardo feitas a partir de seus desenhos.

*Château d'Amboise visto do Loire*

♠ **Château d'Amboise**
*Tel 02 47 57 00 98.* ◯ *diariam.* ● *1º jan, 25 dez.* www.chateau-amboise.com

🏛 **Clos-Lucé**
2 rue de Clos-Lucé.
*Tel 02 47 57 00 73.* ◯ *diariam* ● *1º jan, 25 dez* ♿ *restrito.* www.vinci-closluce.com

*Casa de fazenda e plantação de papoulas perto de Montrésor*

---

**Uma heroína romântica:** *Joana d'Arc foi um tema que inspirou muitos artistas. Este retrato é de François Léon Benouville (1821-59).*

**Queimada na fogueira** – *cena do filme* Santa Joana. *Este épico de 1957, de Otto Preminger, foi estrelado por Jean Seberg.*

# Château de Chambord

Henry James disse: "Chambord é verdadeiramente real – em seu enorme tamanho, seu ar de grandeza e sua indiferença às questões cotidianas". A maior das residências reais do Loire, obra do extravagante Francisco I, começou como um pavilhão de caça na Forêt de Boulogne. Em 1519, o edifício foi demolido e começou a criação do Chambord atual, partindo-se de um desenho provavelmente realizado por Leonardo da Vinci. Em 1537, torres, fortaleza e terraços já haviam sido terminados. Tinham trabalhado nessa obra 1.800 operários. A essa altura, Francisco I sugeriu que o Loire fosse desviado para passar na frente do castelo, mas aceitou redirecionar o rio Cosson. Seu filho Henrique II continuou seu trabalho e Luís XIV o concluiu, em 1685.

O Château de Chambord, com o rio Cosson, afluente do Loire

**A capela** foi começada por Francisco I, em 1547. Henrique II acrescentou o segundo andar e Luís XIV, o telhado.

**A Salamandra**
*Francisco I escolheu a salamandra como seu enigmático emblema. Ela aparece mais de 800 vezes em todo o castelo.*

★ **Terraços**
*Este perfil de delicadas cúpulas imitava uma miniatura oriental de cidade. Os terraços sobre os telhados incluem uma floresta de longas chaminés, agulhas em miniatura e cúpulas em forma de concha.*

## PONTOS ALTOS

★ Terraços

★ Salas da guarda

★ Grande escadaria

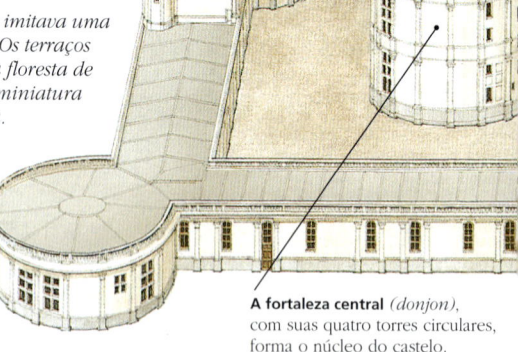

**A fortaleza central** *(donjon)*, com suas quatro torres circulares, forma o núcleo do castelo.

## CRONOLOGIA

**1519-47** O pavilhão de caça do conde de Blois é demolido por Francisco I e o *château* começa a ser construído

**1547-59** Henrique II acrescenta a ala oeste e o segundo andar da capela

**1547** Morre Francisco I

**1669-85** Luís XIV finaliza a construção e a abandona

**1670** A peça *O burguês fidalgo*, de Molière, é encenada em Chambord

**1725-33** Stanislas Leczinski, rei exilado da Polônia, vem para cá e é nomeado duque de Lorraine

**1748** O marechal de Saxe compra Chambord. Dois anos após sua morte, o *château* entra de novo em declínio

**1840** Chambord é declarado *monumento histórico*

**1970s** Chambord é restaurado, remobiliado e os fossos são reescavados

*Molière*

## ★ Salas da Guarda

*Dispostas em cruz grega ao redor da Grande Escadaria, as salas de guarda abobadadas serviam de palco para os bailes reais e representações teatrais. Seus tetos são decorados com o motivo da salamandra.*

**A torre do farol** tem 32m de altura. Colocada no terraço, foi construída sobre fundações em arco e arrematada por uma flor de lis.

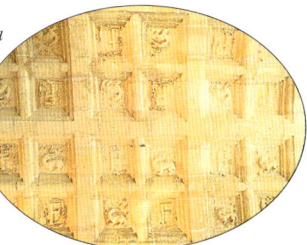

### Quarto de Francisco I
Foi aqui que o rei, magoado por um romance malsucedido, escreveu esta mensagem sobre um painel de vidro: "As mulheres são inconstantes, e aquele que confia nelas é um tolo".

### PREPARE-SE

Blois, depois táxi ou ônibus. **Tel** 02 54 50 40 00. jan-mar: 10h-17h diariam; abr-set: 9h-18h diariam; out-dez: 10h-17h diariam. 1º jan, 1º mai, 25 dez. **Son et Lumière** "Rêve de Lumières" (show de som e luz) meados jul-meados ago: à noite. www.chambord.org

### Escritório de Francisco I
*O estúdio (escritório) abobadado na torre norte exterior foi transformado em um oratório durante o século XVIII pela rainha Catherine Opalinska, mulher de Stalislas Leczinski (sogro de Luís XV).*

## ★ Grande Escadaria
*Esta inovadora escada dupla em espiral teria sido projetada por Leonardo da Vinci. Quem sobe nunca cruza com quem está descendo.*

### Quarto de Luís XIV
*O quarto de Luís XIV está situado dentro do conjunto de aposentos do Rei Sol que ocupavam a maior área do château.*

*Veja hotéis e restaurantes desta região nas pp. 568-72 e 620-5*

*Cathédrale St-Louis e Hôtel de Ville vistos do outro lado do Loire*

## Blois [20]

Loir-et-Cher. 60.000.
23 pl du Château (02 54 90 41 41). sex (produtos orgânicos), sáb.
www.bloispaysdechambord.com

A cidade, que já foi feudo dos condes de Blois, alcançou status de domínio real no século XV, conservando suas fachadas históricas e sua elegante atmosfera até os dias de hoje. Há muitas obras arquitetônicas interessantes a ser vistas na Vieux Blois, uma região cheia de ladeiras e parcialmente reservada aos pedestres cujos limites são o *château*, a catedral e o rio. Quatro percursos a pé muito bem sinalizados são uma boa introdução a nobres mansões e românticos pátios que enfeitam a cidade mais atraente do Loire.

Afastado da margem norte do rio, o **Château Royal de Blois** foi a principal residência dos reis até que, em 1598, Henrique IV transferiu a corte para Paris. Versalhes *(pp. 174-7)*, a criação de Luís XIV, marcou definitivamente o eclipse de Blois. As quatro diferentes alas do castelo formam um conjunto harmonioso. A Salle des États Généraux, a única parte da construção do século XIII que se conserva até hoje, era sede do conselho e da corte. É a maior e mais bem conservada sala gótica da França. A ala adjacente, conhecida como Luís XII, que abriga o **Musée des Beaux-Arts**, é do fim do século XV e mistura o desenho gótico com o espírito renascentista, representado pelo porco-espinho, símbolo do rei.

A ala Francisco I, do século XVI, é uma obra-prima da Renascença francesa e contém uma monumental escadaria em espiral dentro de uma torre octogonal. Como contraste, a ala Gaston d'Orléans, do século XVII, é um modelo de sobriedade clássica. A mobília de Blois é autêntica, e os quadros pendurados por toda parte atestam seu passado agitado.

*Porco-espinho, símbolo de Luís XII*

Entre eles, há um retrato do assassinato do duque de Guise, em 1588. Suspeito de ter liderado um complô dos católicos contra Henrique III, foi apunhalado até a morte

### Escadaria de Francisco I

*Construída entre 1515 e 1524, esta escadaria octogonal é uma obra-prima da Renascença francesa.*

**O terraço** era o local ideal para se observar as recepções, que tinham lugar no pátio interno.

**A salamandra**, símbolo de Francisco I, enfeita as balaustradas.

**A escadaria** dentro da torre é muito mais íngreme do que as balaustradas.

*A ala Luís XII do Château Royal de Blois*

*Veja hotéis e restaurantes desta região nas pp. 568-72 e 620-5*

pelos guardas no quarto do rei. A sala mais misteriosa é o estúdio de Catarina de Medici, com 237 armários de madeira, dos quais quatro são compartimentos secretos onde ela guardava seus venenos.

Dominando o setor leste da cidade, a **Catedral de St-Louis** é uma reconstrução do século XVII de uma igreja gótica que foi praticamente destruída por um furacão em 1678. Atrás da catedral, o antigo palácio do bispo, de 1700, é o **Hôtel de Ville** (prefeitura). À sua volta, os terraços com jardins oferecem um maravilhoso panorama da cidade e do rio. Do lado oposto da catedral fica a **Maison des Acrobates**, esculpida com personagens das farsas medievais.

A Place St-Louis XII, praça do mercado, está rodeada de esplêndidas fachadas do século XVII. A rue Pierre de Blois, um gracioso beco aberto por uma passagem gótica, desce a colina até o gueto judeu medieval. A rue des Juifs tem diversos *hôtels particuliers* (mansões), incluindo o **Hôtel de Condé**, com seus jardins e arcos, e o **Hôtel Jassaud**, com baixos-relevos do século XVI acima da porta. Na rue do Puits-Châtel fica o renascentista **Hôtel Sardini**.

A Place Vauvert é a mais charmosa da Vieux Blois, com belas casas de madeirame.

#### ♣ Château Royal de Blois
**Tel** *02 54 90 33 33.* jan-mar e nov-dez: 9h-12h30, 13h30-17h30 diariam; abr-jun e set: 9h-18h30 diariam; jul-ago: 9h-19h diariam; out: 9h-18h diariam. 1º jan, 25 dez.

Passagem gótica coberta, na rue Pierre de Blois

A nave da abadia de Notre-Dame, em Beaugency

## Beaugency ㉑

Loiret. 7.500. 3 pl de Docteur-Hyvernaud (02 38 44 54 42). sáb. www.beaugency.fr

Beaugency sempre foi a entrada oriental para o Loire. Esta compacta cidade medieval é uma base tranquila para se explorar a região de Orléans. Excepcionalmente, em se tratando do Loire, é possível caminhar pelas margens do rio e dos diques de pedra. O quai de l'Abbaye oferece uma excelente vista da ponte do século XI que, até a era moderna, era a única via de passagem entre Blois e Orléans. Alvo óbvio para um ataque inimigo, a ponte foi capturada quatro vezes pelos ingleses durante a Guerra dos Cem Anos, antes de ser retomada por Joana d'Arc em 1429. O centro da cidade é dominado por uma torre de observação em ruínas do século XI. Está situada na **place St-Firmin**, juntamente com um campanário do século XVI (a igreja foi destruída durante a Revolução) e uma estátua equestre de Joana d'Arc. Mais para baixo fica o **Château Dunois**, construído por um dos *compagnon d'armes* de Joana d'Arc no lugar do castelo feudal. Abriga um museu regional que apresenta antiguidades como roupas, móveis e brinquedos.

Em frente ao Château Dunois está **Notre-Dame**, uma abadia românica que testemunhou a anulação do casamento de Eleonora da Aquitânia e Luís VII em 1152, o que a deixou livre para se casar com o futuro Henrique II, da Inglaterra.

Na rue du Change estão a torre medieval do relógio e o renascentista **Hôtel de Ville**, com fachada adornada com as armas da cidade. São charmosos os riachos e canteiros do bairro dos moinhos, entre a rue du Pont e a rue du Rü.

#### ♣ Château Dunois (Musée Daniel Vannier)
3 pl Dunois. **Tel** *02 38 44 54 42.* ligar para detalhes. obrig.

# Castelos de Sologne

A misteriosa Sologne é uma paisagem de bosques e pântanos ladeada de vinhedos. Pode-se provar os vinhos do vale do Loire acompanhados de um suculento prato de carne de caça selvagem das florestas, terras de caça há séculos. A Sologne é o paraíso dos caçadores e os que se dedicam a esse esporte ainda hoje podem ver os cães de caça ativos, bem como os troféus de caça do passado.

Este percurso sugere cinco dos castelos mais variados do vale do Loire. Os cinco castelos requerem alguns dias de visita, mas resumem a encantadora arquitetura regional. Todos os estilos estão representados, desde o poder medieval à graça renascentista. Muitas ainda servem de moradia, mas podem ser visitados.

**Château de Beauregard** ②
Construído ao redor de 1520 como casa de caça de Francisco I, contém uma galeria com 327 retratos da realeza.

**Château de Chaumont** ①
Chaumont é um castelo feudal com ornamentação renascentista e uma bela vista do Loire *(p. 242)*.

**LEGENDA**
- Percurso de excursão
- Outras estradas

## Vendôme ㉒

Loir-et-Cher. 18.500. rue Poterie (02 54 77 05 07). sex e dom. www.vendome.eu

Outrora uma importante parada para os peregrinos a caminho de Santiago de Compostela, na Espanha, hoje Vendôme é procurada pelos peregrinos modernos, que chegam de trem de alta velocidade. Embora muitos parisienses morem aqui e viajem diariamente a Paris, a cidade mantém o encanto provinciano. O rio Loir envolve os velhos prédios de pedra, jardins exuberantes e restaurantes chiques, que se refletem na água.

O maior monumento da cidade é a abadia de **La Trinité**, fundada em 1034. O campanário românico (o único que resta da estrutura original) é dominado pelo portal da igreja, uma obra-prima em rendilhado gótico *flamboyant*.

O interior está ornamentado com capitéis românicos do século XV. No penhasco sobre o rio Loir fica um *château* em ruínas construído pelos condes de Vendôme nos séculos XIII e XIV. Barcos a remo podem ser alugados nas calmas águas do Loir, passando por um *lavoir* medieval, elegantes prédios e um chorão plantado em 1759.

Rochambeau, filho natural de Vendôme, herói da revolução nos EUA

## O Loir ㉓

Loir-et-Cher. Excursões. Vendôme. Montoire-sur-le-Loir. 16 pl Cleemenceau Montoire-sur-le-Loir (02 54 85 23 30).

Comparado com o rio Loire da realeza, o tranquilo rio Loir, ao norte, tem um charme mais rural. O trecho entre Vendôme e Troo tem cavernas de trogloditas *(p. 292)*, trilhas, degustação de vinhos, pesca e passeios de barco.

**Les Roches-l'Évêque** é uma vila fortificada com moradas cavadas na rocha. Rio abaixo está **Lavardin** com sua igreja românica, casas de madeirame, uma ponte gótica e um *château* em ruínas cercado por muralhas. Em **Montoire-sur-le-Loire**, a Chapelle St-Gilles se orgulha dos afrescos românicos. **Troo** é a principal cidade seguinte, conhecida por sua igreja românica, a de St-Martin, e por um labirinto de moradas

*Veja hotéis e restaurantes desta região nas pp. 568-72 e 620-5*

VALE DO LOIRE

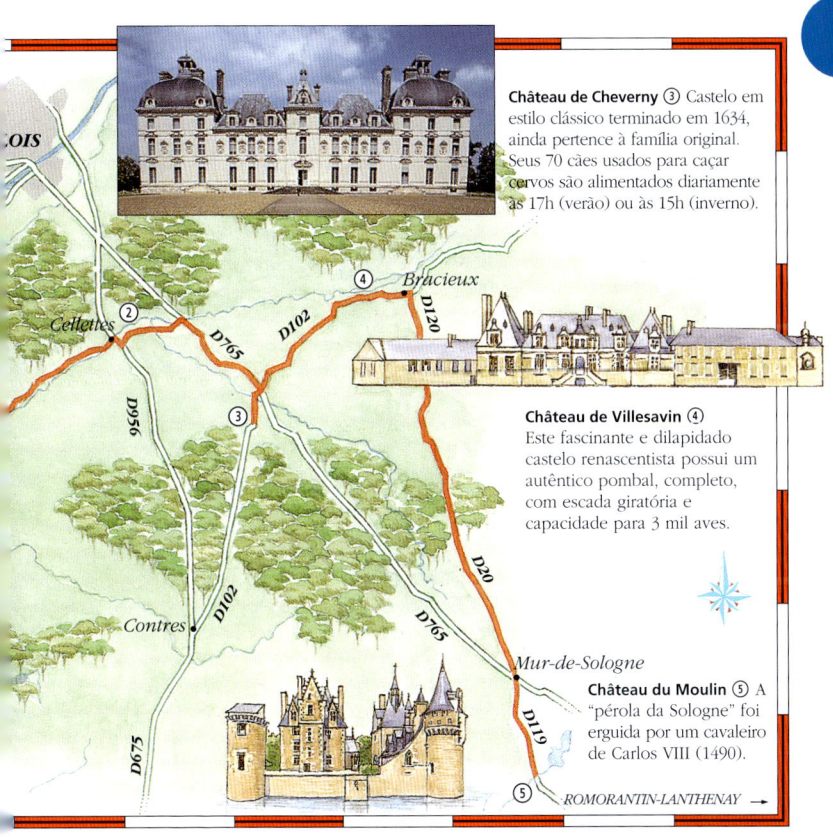

**Château de Cheverny** ③ Castelo em estilo clássico terminado em 1634, ainda pertence à família original. Seus 70 cães usados para caçar cervos são alimentados diariamente às 17h (verão) ou às 15h (inverno).

**Château de Villesavin** ④ Este fascinante e dilapidado castelo renascentista possui um autêntico pombal, completo, com escada giratória e capacidade para 3 mil aves.

**Château du Moulin** ⑤ A "pérola da Sologne" foi erguida por um cavaleiro de Carlos VIII (1490).

trogloditas. Em frente a Troo está a vila de **St-Jacques-des--Guérets**, que tem uma capela românica, assim como **Poncé--sur-le-Loir**. Nas encostas, vinhedos produzem Jasnières e Côteaux du Vendômois. A degustação de vinhos anima as vilas de **Ponce** e **La Chartre-sur-le-Loir**. Os penhascos na margem oposta do rio estão pontilhados de cavernas, frequentemente usadas como adegas.

Para o norte, a **Fôret de Bercé** tem trilhas e riachos, enquanto a oeste a pequena cidade de **Le Lude** tem um romântico *château* do século XV, com belos jardins e fontes.

Cerca de 20km a oeste de Lude encontra-se a cidade de **La Flèche**, cuja principal atração é o Prytanée Nationale Militaire, originalmente um colégio jesuíta fundado por Henrique IV em 1603. O filósofo René Descartes foi um dos mais ilustres alunos.

## Chartres ㉔

Eure-et-Loir. 🚊 42.400. 🚌 🚉 🛈 pl de la Cathédrale (02 37 18 26 26). 📧 ter-dom. www.chartres-tourisme.com

Chartres pode ter a maior catedral gótica da Europa *(pp. 308-11)*, mas as outras igrejas da cidade não devem ser ignoradas. A abadia beneditina de **St-Pierre** tem belos vitrais medievais, enquanto **St-Aignan** e seu interior pintado se escoram em baluartes do século IX. Perto do rio fica a **Église de St-André**, antes românica, agora usada para exposições de arte e concertos de jazz. No **Musée des Beaux--Arts**, no antigo palácio episcopal, há móveis dos séculos XVII e XVIII, adornos renascentistas e obras de Vlaminck.

Chartres fez parte de um dos primeiros projetos de conservação urbana da França. Há muitas casas com madeirame acanalado ao longo de ruas com calçamento de pedra, como a rue des Ecuyers. Escadarias íngremes conhecidas como *tertres* levam ao rio Eure, de onde se veem moinhos, curtumes medievais, pontes de pedra arqueadas, casa de lavar e a catedral.

No Grenier de Loens, ao lado da catedral, fica o Centre International du Vitrail. Os armazéns do século XIII recebem exposições temporárias.

Uma das muitas casas de lavagem de roupas ao longo do rio Eure

🏛 **Musée des Beaux-Arts**
29 cloître Notre-Dame. **Tel** 02 37 90 45 80. ◯ qua-seg. ⬤ dom manhã, 1º jan, 1º e 8 mai, 1º e 11 nov. 25 dez.

# Catedral de Chartres

Segundo Emile Male, especialista em história da arte, "Chartres é a melhor expressão da Idade Média". Sua catedral românica, iniciada em 1020, foi destruída por um incêndio em 1194. Apenas as torres norte e sul, a fachada oeste, o campanário sul e a cripta ficaram em pé. No interior, a relíquia *Véu da Virgem* foi o único tesouro que ficou intacto. Foram os camponeses e nobres que reconstruíram a igreja, em 25 anos. Houve poucas alterações depois de 1250. Chartres foi poupada pelas Guerras Religiosas e pela Revolução. Pela quantidade de vitrais, tem a reputação de ser uma Bíblia feita de pedra.

**Detalhe do vitral de Vendôme**

**As estátuas alongadas** *no Pórtico Real representam figuras do Antigo Testamento.*

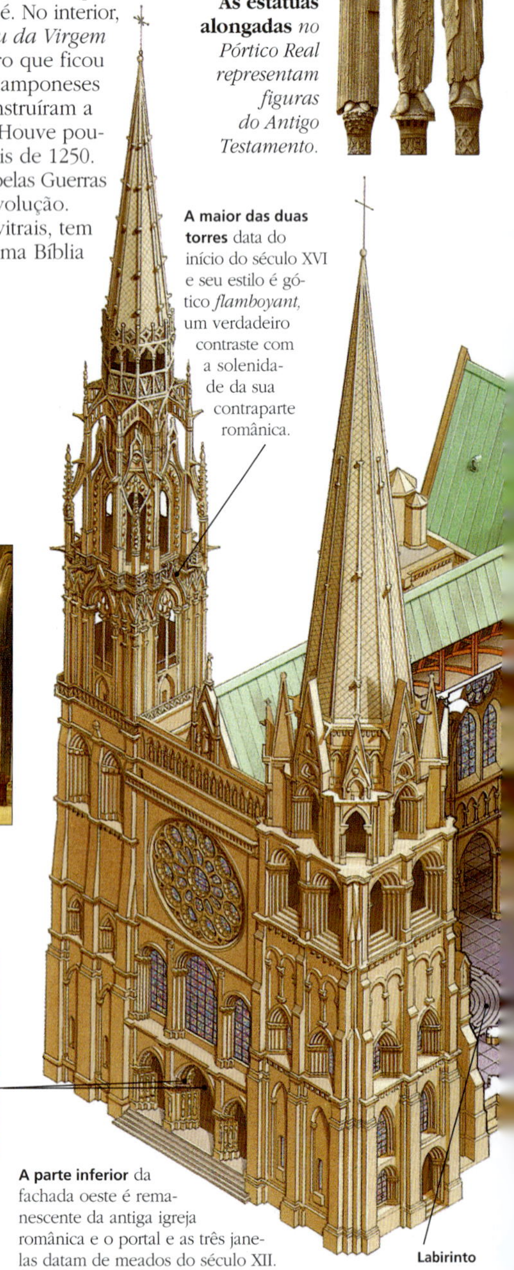

**A maior das duas torres** data do início do século XVI e seu estilo é gótico *flamboyant*, um verdadeiro contraste com a solenidade da sua contraparte românica.

## PONTOS ALTOS

★ Vitrais

★ Portal Sul

★ Pórtico Real

**Nave Gótica**
*Tão ampla quanto a cripta românica embaixo dela, a nave tem 37m de altura.*

**★ Pórtico Real**
*O tímpano central do Pórtico Real (1145-55) mostra Cristo em Majestade.*

**A parte inferior** da fachada oeste é remanescente da antiga igreja românica e o portal e as três janelas datam de meados do século XII.

**Labirinto**

## O LABIRINTO

O labirinto no chão da nave é característico de muitas catedrais medievais. Os peregrinos seguiam a rota de joelhos, ecoando o caminho para Jerusalém e a complexidade da vida, de acordo com os ensinamentos de Jesus Cristo. O percurso de 262m, feito em círculos concêntricos, levava pelo menos uma hora.

## PREPARE-SE

Pl de la Cathédrale. **Tel** 02 37 21 75 02. ◯ 8h30-18h45 diariam. 9h ter e sex; 11h45 e 18h15 seg-sáb (18h sáb); 9h15 (em latim), 9h15, 11h dom.
http://cathedrale.chartres.free.fr

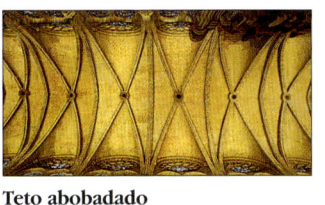

**Teto abobadado**
*Uma rede de vigas suporta o teto abobadado.*

**Nossa Senhora do Pilar**
*Esculpida em madeira escura de pereira, esta réplica da estátua do século XVI fica em um santuário normalmente cercado de velas.*

★ **Vitrais**
*Os vitrais cobrem uma superfície de mais de 2.600m².*

★ **Portal Sul**
*As esculturas do Portal Sul refletem os ensinamentos do Novo Testamento.*

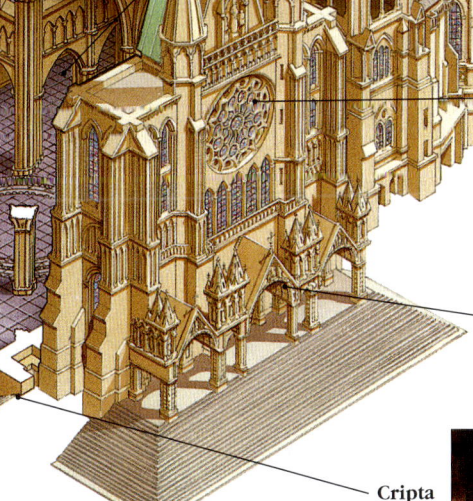

**Cripta**
*Esta é a maior cripta da França e data do começo do século XI. É formada por duas galerias, capelas e a câmara mortuária de São Lubino (século IX).*

## Os Vitrais de Chartres

Doada pela realeza, pela aristocracia, por padres e pelas irmandades de mercadores entre 1210 e 1240, esta magnífica coleção de vitrais é famosa no mundo todo. Os 176 vitrais mostram histórias bíblicas e o cotidiano do século XIII. Durante as duas guerras mundiais, os vitrais foram desmontados peça por peça e guardados em lugar seguro. Há um programa em andamento, iniciado nos anos 1970, para restaurá-los.

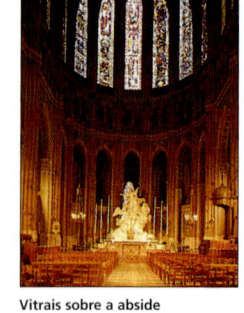

**Vitrais sobre a abside**

### Vitral da Redenção
*Seis cenas ilustram a Paixão de Cristo e sua morte na cruz (c.1210).*

### ★ Árvore de Jessé
*Este vitral do século XII mostra a genealogia de Cristo. A árvore começa com Jessé, pai de Davi, na base, e chega até Cristo, entronizado no topo.*

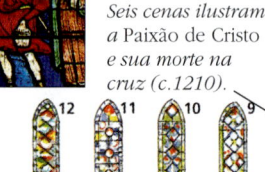

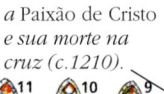

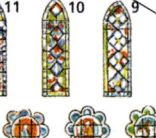

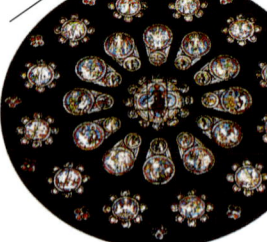

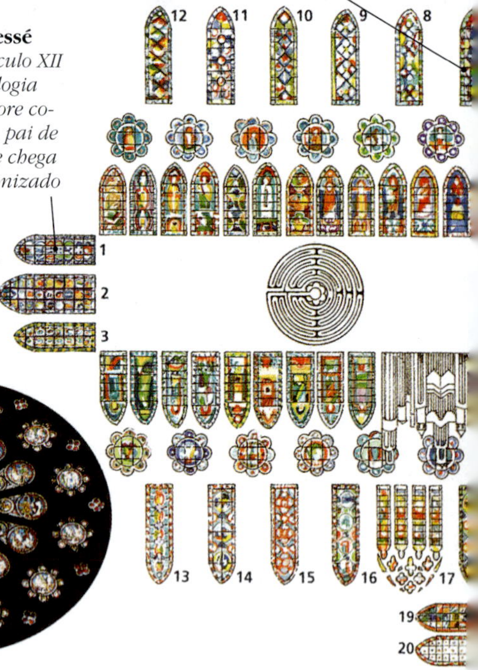

### ★ Rosácea Oeste
*Este vitral (1215), com Cristo sentado no meio, mostra o Juízo Final.*

### LEGENDA

1. Árvore de Jessé
2. Encarnação
3. Paixão e Ressurreição
4. Rosácea Norte
5. Rosácea Oeste
6. Rosácea Sul
7. Vitral da Redenção
8. São Nicolau
9. José
10. Santo Eustáquio
11. São Lubino
12. Noé
13. São João Evangelista
14. Maria Madalena
15. Bom Samaritano e Adão e Eva
16. Assunção
17. Vitrais da Capela Vendôme
18. Milagres de Maria
19. Santo Apolinário
20. Vitral Moderno
21. São Fulberto
22. Santo Antonio e São Paulo
23. Virgem Azul
24. Vida da Virgem
25. Vitral do Zodíaco
26. São Martinho
27. São Tomás Becket
28. Santa Margarete e Santa Catarina
29. São Nicolau
30. São Remígio
31. São Tiago, o Grande
32. Carlos Magno
33. São Teodoro e São Vicente
34. Santo Estêvão
35. St-Cheron
36. São Thomás
37. Vitral da Paz
38. Vitral Moderno
39. Filho Pródigo
40. Ezequiel e Davi
41. Aarão
42. Anunciação-Visitação
43. Isaías e Moisés
44. Daniel e Jeremias

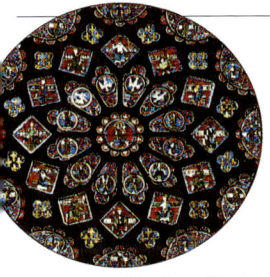

VALE DO LOIRE       311

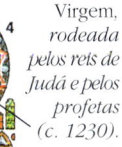

## GUIA PARA ENTENDER OS VITRAIS

Cada vitral está dividido em painéis que, em geral, são lidos da esquerda para a direita e da base até o topo. O número de figuras ou de formas abstratas utilizado é simbólico: o três é a divindade e o quatro simboliza o mundo material ou os quatro elementos.

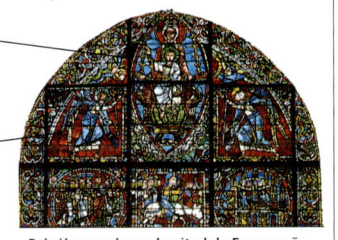

Maria e o Menino no céu (c.1150)

Dois anjos rendendo homenagem diante do trono celestial

Cristo entra triunfante em Jerusalém no Domingo de Ramos

Painéis superiores do vitral da Encarnação

**Rosácea Norte**
*O vitral mostra a Glorificação da Virgem, rodeada pelos reis de Judá e pelos profetas (c. 1230).*

**Rosácea Sul** *mostra o* Apocalipse, *com* Cristo em Majestade *(c.1225).*

### PRINCIPAIS VITRAIS

★ Rosácea Oeste

★ Árvore de Jessé

★ Virgem Azul

★ **Vitral da Virgem Azul**
*Os painéis de baixo do vitral mostram Cristo transformando a água em vinho nas* Bodas de Canaã.

# OESTE DA FRANÇA

## CENTRO DE ORLÉANS

- Cathédrale Sainte-Croix ④
- Hôtel Groslot ②
- Maison de Jeanne d'Arc ①
- Musée des Beaux-Arts ③

**Cathédrale Sainte-Croix, em Orléans**

## Orléans ㉕

Loiret. 112.500.
2 pl Etape (02 38 24 05 05).
ter-dom. **www.tourisme-orleans.com**

A encantadora e contemporânea ponte de Orléans simboliza a crescente importância da cidade como centro geográfico da França e da Europa.

No entanto, o que atrai os turistas é o seu vínculo com o passado e com a vida de Joana d'Arc. Foi aqui que a Donzela de Orléans salvou a França dos ingleses em 1429 (p. 290). Desde o seu martírio em Rouen, em 1431, ela é uma presença forte em Orléans. Todos os dias 29 de abril e 1º, 7 e 8 de maio, a libertação da cidade é reencenada com espetáculo cívico e bênção na catedral.

O centro histórico de Orléans foi muito atingido durante a Segunda Guerra Mundial, mas grande parte foi reconstruída e uma certa grandiosidade permanece na Vieille Orléans, o quarteirão limitado pela catedral, o rio Loire e a **place du Martroi**. Esta praça clássica, batida pelo vento, tem uma estátua equestre da heroína. Perto daqui, a **Maison de Jeanne d'Arc** foi reconstruída em 1961 de acordo com as casas da época, no lugar onde ela se hospedou em 1429. Aqui, audiovisuais reconstituem sua vida.

Da place du Martroi, a rue d'Escures conduz às mansões renascentistas e daí à catedral. O **Hôtel Groslot** é a mais grandiosa – uma mansão do século XVI, na qual os reis Carlos IX, Henrique III e Henrique IV se hospedaram. O rei Francisco II, com apenas 17 anos, morreu aqui em 1560, após assistir a uma reunião dos *États Généraux* com sua noiva Maria Stuart, depois rainha dos escoceses. O edifício funcionou como câmara municipal de Orléans de 1790 a 1982. O interior possui objetos ligados à memória de Joana e ainda é usado para casamentos e cerimônias oficiais.

Do outro lado e ao longo do novo edifício da prefeitura está o **Musée des Beaux-Arts**, com obras francesas dos séculos XVI a XX.

A **Cathédrale Sainte-Croix**, perto do museu, é um edifício imponente do século XIII, destruído pelos huguenotes (protestantes) em 1568 e depois reconstruído, em estilo gótico, entre os séculos XVII e XIX.

### 🏛 Hôtel Groslot
Pl de l'Etape. **Tel** 02 38 79 22 30.
◯ diariam. ● esporadicamente.

### 🏛 Musée des Beaux-Arts
Pl Ste-Croix. **Tel** 02 38 79 21 55.
◯ ter-dom. ● 1º jan, 1º mai, 8 mai, 1º e 11 nov, 25 dez. 🎟 grátis 1º dom mês ♿

### 🏛 Maison de Jeanne d'Arc
3 pl du Général de Gaulle. **Tel** 02 38 52 99 89. ● ligar para maiores informações.

*Veja hotéis e restaurantes desta região nas pp. 568-72 e 620-5*

VALE DO LOIRE 313

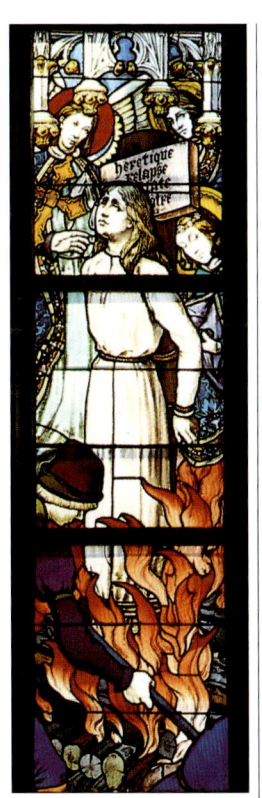

Vitral de Joana d'Arc na Catedral Sainte-Croix, em Orléans

## St-Benoît-sur-Loire ㉖

Loiret. 🏠 2.000. 🚊 🚌 44 rue Orléannaise (02 38 35 79 00).
www.saint-benoit-sur-loire.fr

Situada ao longo do Loire, entre Orléans e Gien, St-Benoît-sur-Loire orgulha-se de uma das mais belas igrejas românicas da França (1067-1108). É o que resta de um importante monastério de 650 que levou o nome do santo padroeiro da Europa, São Benedito. Suas relíquias foram trazidas da Itália no fim do século VII.

O pórtico do campanário da igreja é adornado por capitéis representando cenas bíblicas. O piso do coro é um trabalho extraordinário, com diferentes combinações de mármore italiano. Há missas diárias com canto gregoriano abertas ao público.

## Bourges ㉗

Cher. 🏠 80.000. 🚊 🚌
🛈 21 rue Victor Hugo (02 48 23 02 60). 🛒 ter-dom.
www.bourgestourisme.com

Esta cidade galo-romana ainda mantém suas muralhas originais. É mais conhecida, entretanto, como a cidade de Jacques Coeur, ministro das Relações Exteriores de Carlos VII. Maior comerciante da Idade Média, era também hábil negociante de armas, tradição mantida por quatro séculos, quando, em 1862, Napoleão III mandou construir canhões aqui.

Construído sobre a muralha galo-romana, o **Palais Jacques Coeur** é uma joia gótica e um memorial de seu primeiro proprietário. Foi concluído em 1453, com os emblemas de Coeur, conchas de vieira e corações, e o lema de sua família: *"A vaillant coeur, rien impossible"* – a um coração valente, nada é impossível. Uma visita obrigatória mostra a galeria abobadada cilíndrica, a capela pintada e uma câmara onde ficavam os banhos turcos de Coeur.

Bourges também se destaca como cidade universitária e meca cultural, famosa pelo festival de música na primavera.

A rue Bourbonnoux leva a **St-Etienne**, a igreja gótica mais larga da França e a mais parecida com a Notre-Dame de Paris. A fachada oeste tem cinco portais esculpidos, o do centro com cenas fascinantes do Juízo Final. No coro, as janelas apresentam vitrais do século XIII doados pelas guildas. A cripta guarda o túmulo do duque de Berry, do século XIV, conhecido por ter encomendado a iluminura *Três riquíssimas horas (pp. 204-5)*. Do alto da torre norte é possível ver da parte restaurada da cidade medieval até os pântanos, no horizonte. Ao lado da catedral há um lindo celeiro onde se cobravam os impostos e restos das ruínas galo-romanas. O **Jardin des Prés Fichaux**, ao longo do rio Yèvre, tem lagos e um teatro ao ar livre. Ao norte da cidade fica o **Marais de Bourges**, pântano pelo qual os floricultores transportam seus produtos.

Estátua de Jacques Coeur

Vitral da Cathédrale St-Etienne

🏛 **Palais Jacques Coeur**
Rue Jacques Coeur. **Tel** 02 48 24 79 42. ⏱ diariam. ⏱ 1º jan, 1º mai, 1º e 11 nov, 25 dez.

### Arredores

Cerca de 35km ao sul de Bourges, na região de Berry, fica a **Abbaye de Noirlac**. De 1136, é uma das mais bem preservadas da França.

Estátua no Jardin des Prés Fichaux

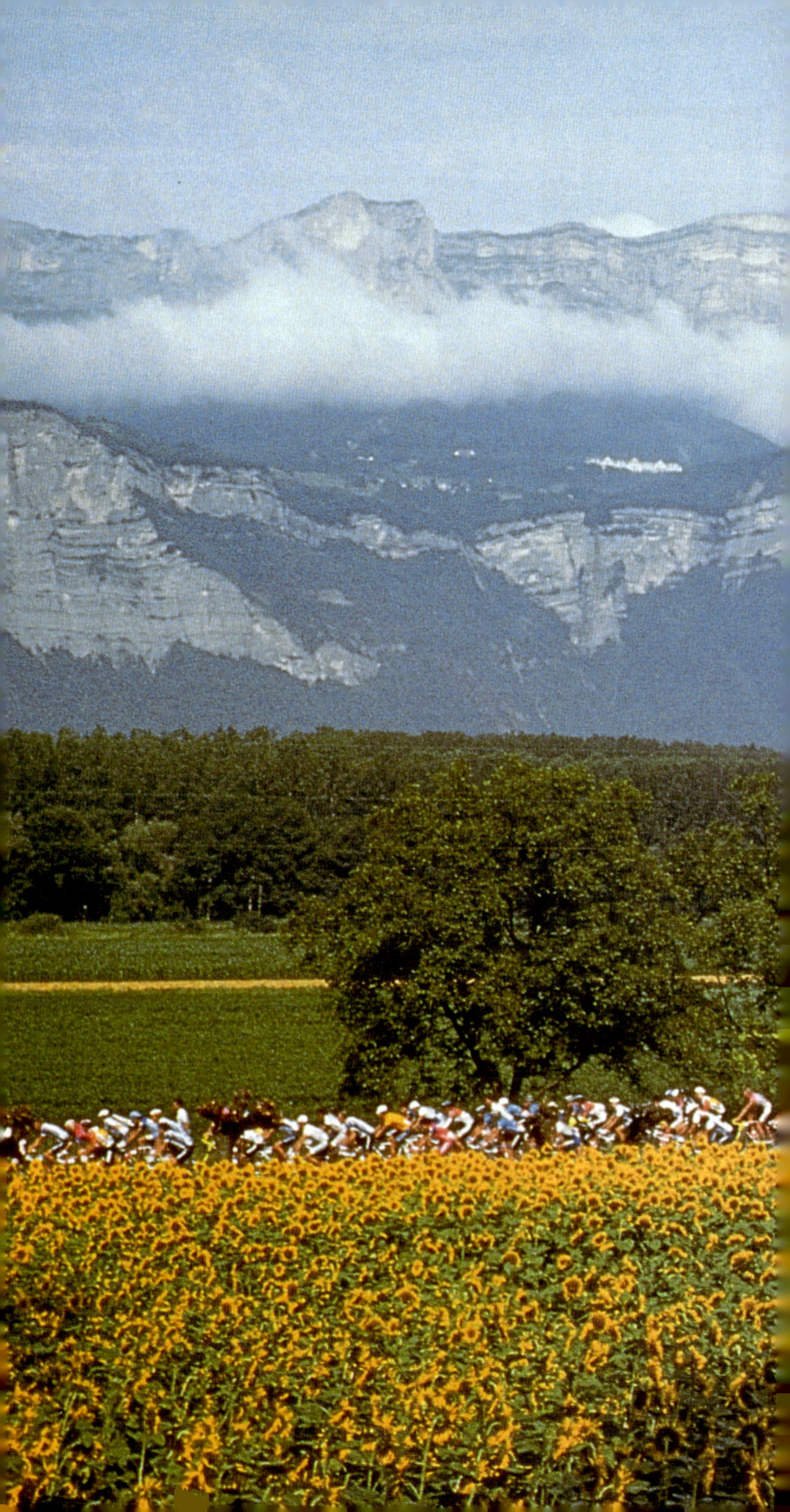

# CENTRO DA FRANÇA E ALPES

INTRODUÇÃO AO CENTRO DA
FRANÇA E AOS ALPES 316-325

BORGONHA E FRANCHE-COMTÉ 326-351

MASSIF CENTRAL 352-371

VALE DO RÓDANO E
ALPES FRANCESES 372-391

# Introdução ao Centro da França e aos Alpes

Os contrastes geológicos desta região refletem sua enorme variedade, da metrópole industrial e gastronômica de Lyon à paisagem predominantemente agrícola da Borgonha. As montanhas do Massif Central e dos Alpes atraem visitantes para os esportes de inverno, fantásticas caminhadas e demais atividades ao ar livre. As principais atrações, tanto naturais quanto arquitetônicas, são apresentadas aqui.

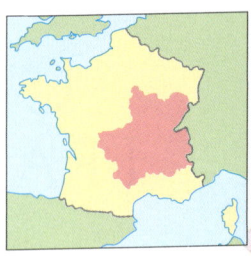

**Basilique Ste-Madeleine**, *a famosa igreja de peregrinação no alto das colinas da aldeia de Vézelay, é uma obra de arte de estilo românico da Borgonha. É famosa por seu tímpano e seus capitéis ricamente decorados (pp. 336-7).*

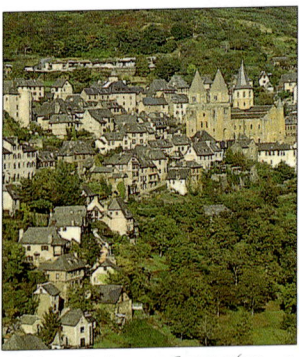

**A Abbaye Ste-Foy**, *em Conques (pp. 368-9), é uma das grandes igrejas de peregrinação da França, com um fabuloso tesouro em relicários de ouro da Idade Média e Renascença.*

**MASSIF CENTRAL** *(pp. 352-71)*

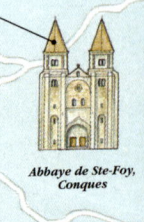

*Abbaye de Ste-Foy, Conques*

**As Gorges du Tarn** *contêm alguns dos cenários naturais mais espetaculares da França. A estrada que acompanha o curso em quedas do rio Tarn oferece vistas impressionantes ao longo do cânion e através dos planaltos de pedra calcária (pp. 370-1).*

# INTRODUÇÃO AO CENTRO E AOS ALPES

**A Abbaye de Fontenay**, *fundada por São Bernardo no início do século XII, é o mais antigo mosteiro cisterciense da França (pp. 332-3). Esta bem preservada abadia românica é um testemunho perfeito do rigoroso ideal da vida cisterciense.*

*Abbaye de Fontenay*

*Madeleine, Vézelay*

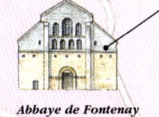

*Palais des Ducs, Dijon*

*Théâtre Romain, Autun*

**BORGONHA E FRANCHE-COMTÉ**
*(pp. 326-51)*

*Igreja e abadia de Brou, Bourg-en-Bresse*

*Mont Blanc*

*Templo de Augusto e Lívia, Vienne*

**VALE DO RÓDANO E ALPES FRANCESES**
*(pp. 372-91)*

*Le Puy*

*Palais Idéal du Facteur Cheval, Hauterives*

*Gorges du Tarn*

0 km  50

# A Cozinha do Centro da França e Alpes

A renomada tradição gastronômica de Lyon e a riqueza do vinho e comida da Borgonha fazem do Centro da França um paraíso dos gourmets. Os *chefs* da região têm ótimos produtos locais à sua escolha: frango de Bresse, carne magra de Charolais e presunto Morvan; aves selvagens e rãs dos pântanos de Dombes; peixes do Saône e do Rhône; e os caracóis chamados de "ostras da Borgonha". Franche-Comté e Jura contribuem com salsichas defumadas, queijos de fazenda, óleo de nogueira e peixes de lagos supridos pelas geleiras. No Massif Central, os pratos regionais destacam presuntos, queijo Cantal, lentilhas verdes de Le Puy e cogumelos.

**Cogumelos chanterelle**

Outras especialidades são o *coq au vin* e os *oeufs en meurette*. A famosa mostarda de Dijon aparece em pratos clássicos com filé e no *moutarde au lapin*, coelho em um cremoso molho de mostarda. Borgonha e Franche-Comté produzem alguns dos mais famosos queijos franceses: o Epoisses, queijo de leite de vaca lavado com *marc de Bourgogne*, o Cîteaux, feito pelos monges, e o magnífico Vacherin-Mont d'Or, um prazer de inverno, comido com colher direto da caixa de madeira. Groselhas-pretas entram nas sobremesas e no famoso Kir: vinho branco com cassis (licor de groselha-preta).

## MASSIF CENTRAL

A cozinha do campo de Auvergne é bem conhecida na França graças aos muitos cafés de Paris geridos por gente daqui, que servem

**Fazendeiro montanhês mostra seu excelente presunto defumado**

## BORGONHA E FRANCHE-COMTÉ

A Borgonha é uma das grandes regiões de vinhos da França, por isso o vinho tem papel-chave tanto na sua cozinha como no seu prato mais famoso, o *boeuf bourguignon*, feito com bife Charolais marinado e cozido em bom vinho tinto, com cebola nova, bacon e cogumelos.

**Tomme de Savoie** · **Fourme d'Ambert** · **Raclette** · **Roquefort** · **St-Nectaire** · **Emmenthal** · **Reblochon**

**Seleção de queijos franceses de dar água na boca**

### PRATOS E ESPECIALIDADES REGIONAIS

A cozinha da França central é rica em molhos à base de vinho, manteiga e creme de leite, que integram vários pratos: caracóis com manteiga e alho; batatas cozidas com queijo e creme de leite; e carne, cordeiro e frango cozidos em densos molhos de vinhos, em geral com creme de leite ou manteiga juntados no final da cocção. Cogumelos são cozidos em molhos cremosos, e o peixe costuma ser cozido e gratinado. O mais curioso de todos é o fondue alpino: vários queijos são derretidos com Kirsch e vinho em um pote de cerâmica especial. Este vai em cima de um fogareiro sobre a mesa, e os cubos de pão são pegos em um espeto comprido e mergulhados no queijo. Segundo uma tradição, quem perde seu pão no pote tem que beijar os demais da mesa.

**Réstia de cebolas**

**Oeufs en meurette** *Prato da Borgonha à base de ovos cozidos em vinho tinto com cebola, cogumelos e bacon.*

Charcuterie tradicional à venda em mercado de Lyon

pratos como carne de porco recheada com repolho ou *aligot*. As lentilhas Le Puy, dos férteis solos vulcânicos da bacia do Puy-en-Velay, vão bem com salsichas ou *petit salé*, ou servidas frias como salada. Boa carne vem do gado Salers de Auvergne ou do Limousin, onde há também muita carne de caça. Cogumelos são muito procurados na estação. Entre os queijos, há o Cantal, um dos mais antigos do país e de gosto similar ao cheddar, e o famoso Roquefort azul, maturado nas cavernas de calcário de Lozère.

## VALE DO RÓDANO E ALPES FRANCESES

Lyon é famosa pelos tradicionais bistrôs, os *bouchons*, onde há muitas cozinheiras mulheres, as *mères*, que fazem comida substancial como sopa de cebola, salsichas lionesas e *charcuterie*. Os mercados de Lyon são também famosos e vendem grande variedade de frutas da região, como abricôs, pêssegos e frutas vermelhas.

Groselhas e amoras-pretas vendidas em cestinhos

Entre os legumes e verduras, cebola, acelga e alcachofra-brava se destacam, e o posto avançado de azeitonas mais ao norte é Nyons. A região de Bresse é famosa por seu frango de alta qualidade.

Os lagos Dombes e os Alpes são boas fontes de peixes, como a perca, a truta e o salmão de lago. A ossuda perca fica mais gostosa nas *quenelles de brochet*, tiras de peixes formando bolinhos, cozidos em molho cremoso. Dos Alpes vêm diversos queijos. São deliciosos para comer frescos, mas também derretidos em *raclettes* ou fondues, ou com fatias de tomate por cima para fazer o rico *gratin dauphinois*.

### SOBRE O MENU

**Chou farci** Repolho cozido com carne de porco e ervas.

**Gigot Brayaude** Perna de cordeiro assada sobre fatias de batata e *lardons* de bacon.

**Gougère** Massa *choux* com queijo, assada em rosca.

**Jambon persillé** Presunto e salsinha em geleia de alfazema.

**Pochouse** Peixe de rio (carpa, perca, enguia e truta) cozida no vinho branco.

**Potée savoyarde** Cozido de legumes, frango, presunto e salsichas.

**Salade auvergnate** Cubos de presunto de Auvergne, queijo Cantal e nozes.

---

**Petit salé** Especialidade de Auvergne, o porco salgado é cozido no vinho com as pequenas lentilhas Puy.

**Aligot** Lascas de queijo Cantal batidas com purê de batata amanteigado e com alho até formarem longas tiras.

**Clafoutis** Geralmente feito com cerejas-pretas, dá uma massa mole, misturada com Kirsch (licor de cereja).

# A Região Vinícola de Bourgogne

Cesta de colheita

A região vinícola de Bourgogne inspira respeito há séculos. A fama de seus vinhos se espalhou pela Europa no século XIV, com os duques de Valois da Borgonha. O sistema que divide as regiões vinícolas em *appellations*, das quais existe um assombroso número, começou em 1935. Até hoje o sistema de classificação continua muito complexo. Esta é uma região que o amante "sério" de vinho não deve perder.

**LOCALIZE-SE**

Região vinícola de Bourgogne

### PRINCIPAIS ÁREAS VINÍCOLAS

Clos de Vougeot, na Côte de Nuits

**LEGENDA**
- Chablis
- Côte de Nuits
- Côte de Beaune
- Côte Chalonnaise
- Mâconnais
- Beaujolais

### REGIÕES VINÍCOLAS

Entre Chablis, ao norte, e Côte Chalonnaise e Mâconnais, ao sul, fica a Côte d'Or, compreendendo Côte de Nuits e Côte de Beaune. A região de Beaujolais *(p. 377)* situa-se abaixo de Mâcon.

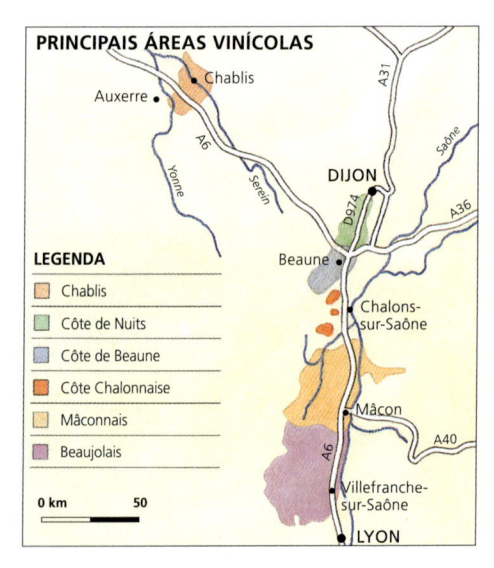

## FATOS IMPORTANTES SOBRE A BOURGOGNE

**Localização e Clima**
O clima continental (invernos frios e verões quentes) varia e é importante para a qualidade das safras. Os melhores vinhedos têm solo calcário e são voltados para o sul ou o leste.

**Variedades de Uva**
A Bourgogne tem uma variedade relativamente simples de uvas. O Bourgogne tinto é feito de **Pinot Noir**, com aromas de framboesas, cerejas e morangos, enquanto a **Gamay** produz o Mâcon e o Beaujolais tintos. **Chardonnay** é a principal variedade branca para o Chablis e o Bourgogne branco. Pequenas quantidades de **Aligoté** e **Pinot Blanc** são cultivadas e **Sauvignon** é uma especialidade de St-Bris.

**Bons Produtores**
*Bourgogne Branco:* Jean-Marie Raveneau, René Dauvissat, La Chablisienne, Comtes Lafon, Guy Roulot, Etienne Sauzet, Pierre Morey, Louis Carillon, Jean-Marc Boillot, André Ramonet, Hubert Lamy, Jean-Marie Guffens-Heynen, Olivier Merlin, Louis Latour, Louis Jadot, Olivier Leflaive.
*Bourgogne Tinto:* Denis Bachelet, Daniel Rion, Domaine Dujac, Armand Rousseau, Joseph Roty, De Montille, Domaine de la Pousse d'Or, Domaine de l'Arlot, Jean-Jacques Confuron, Robert Chevillon, Georges Roumier, Leroy, Drouhin.

**Boas Safras**
*(Tintos)* 2009, 2005, 2002, 1999.
*(Brancos)* 2008, 2005, 2001, 1996.

INTRODUÇÃO AO CENTRO E AOS ALPES   321

**As appellations** de Bourgogne são elaboradas e vinhedos individuais, como Clos la Roche, têm denominação de origem própria.

**Os vinhedos Grand cru** estão no topo da pirâmide de qualidade. E tendem a ocupar aclives superiores da Côte d'Or.

- Marsannay-la-Côte
- Fixin
- Gevrey-Chambertin
- Morey-St-Denis
- Chambolle-Musigny
- Vougeot
- Vosne-Romanée
- Nuits-St-Georges
- Pernand-Vergelesses
- La Doix
- Aloxe-Corton
- Serrigny
- Savigny-lès-Beaune
- Chorey
- BEAUNE
- Pommard
- Volnay
- Monthelie
- Auxey-Duresses
- Meursault
- Blagny
- St-Aubin
- Puligny-Montrachet
- Chassagne-Montrachet
- Dezize-les-Maranges
- Santenay
- Sampigny-lès-Maranges
- Chagny
- Cheilly-les-Maranges
- Bouzeron

Esta "irmandade" de profissionais distingue os melhores vinhos das regiões anualmente

### LEGENDA

- • Appellations comunais
- ▢ Côte de Nuits-Villages
- ▢ Hautes-Côtes de Nuits
- ▢ Hautes-Côtes de Beaune
- ▢ Côte de Beaune-Villages

**As comunas da Borgonha** muitas vezes se apropriaram do nome de seu mais famoso vinhedo. A fama de Montrachet pode beneficiar os vinhos da comuna de Puligny.

### A CÔTE D'OR

A Côte de Nuits e a Côte de Beaune, que juntas formam a Côte d'Or, "de ouro" (p. 344), ficam na cidade de Beaune, que recebe o leilão anual mais famoso do mundo (p. 346). Os vinhos *Hautes-Côtes e Villages*, de diferentes *terroirs*, são os mais comprados após os das afortunadas *appellations* individuais.

Apanhadores de uvas nos vinhedos de Nuits-St-Georges

# Os Alpes Franceses

Em qualquer época, os Alpes são uma das regiões mais espetaculares da França – uma majestosa cadeia de montanhas estendendo-se ao sul, do lago de Genebra, quase ao Mediterrâneo, atingindo seu máximo no pico mais alto da Europa, o Mont Blanc, com 4.800m. A área abrange as regiões antigas de Dauphiné e Savoie, no passado remotas e independentes (Savoie tornou-se parte francesa em 1860). Prosperaram depois que férias e esqui nos Alpes se tornaram populares no século passado, mas ainda são conscientes de sua identidade particular.

**Crianças em trajes tradicionais de Savoie**

**Paisagem alpina no inverno: chalés e esquiadores nas rampas de Courchevel**

## INVERNO

A temporada de esqui em geral começa pouco antes do Natal e termina no final de abril. A maioria das estâncias oferece esqui de fundo e de descida, com muitas pistas ligando duas ou mais estações. Os menos dispostos podem ainda apreciar a paisagem de um dos mais altos teleféricos do mundo.

Das cem ou mais estâncias alpinas francesas, as mais populares incluem **Chamonix-Mont Blanc,** a capital histórica do esqui alpino e local dos primeiros Jogos de Inverno (1924); **Megève,** que se orgulha de uma das melhores escolas de esqui da Europa; **Morzine,** na fronteira suíça, funcionando o ano inteiro; **Avoriaz,** onde carro não entra; a moderna **Albertville,** local dos Jogos de Inverno de 1992; **Les Trois Vallées,** que inclui as glamurosas **Courchevel** e **Méribel** e a menos conhecida **Val Thorens/Les Ménuires**; **Tignes,** também o ano inteiro; **Les Arcs** e **La Plagne** e **Val d'Isère,** favorita dos ricos e famosos.

**Teleférico de Courchevel, parte do complexo de Les Trois Vallées**

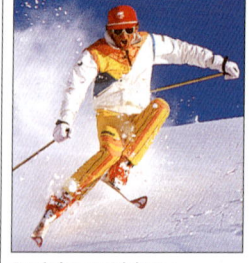

**Esquiador em Val d'Isère**

## FLORES ALPINAS

Na primavera e início de verão, os campos dos Alpes franceses ficam cobertos de flores. Entre elas, gencianas, azuis e amarelas, campânulas, lírios, saxífragas e várias orquídeas. Os campos nas encostas íngremes não podem ser muito cultivados, e a ausência de fertilizantes e agrotóxicos permite às flores desabrocharem.

**Genciana da primavera**

**Lírio-martagão**

Os Alpes franceses na primavera: campos repletos de flores, com vista para picos brancos e brilhantes

## PRIMAVERA E VERÃO

O verão alpino começa no final de junho, estendendo-se até o início de setembro – a maioria das estâncias fecha em outubro e novembro, entre a época das caminhadas e a de esqui. Depois do degelo da primavera, campos cobertos de flores, lagos formados pela neve e uma enorme quantidade de trilhas demarcadas tornam esta área o paraíso dos caminhantes. Somente na região de Chamonix há mais de 310km de trilhas para caminhadas. A rota mais conhecida e longa é o **Tour du Mont Blanc** – dez dias pela França, Itália e Suíça. A **GR5** atravessa os Alpes, passando pelo **Parc National de la Vanoise** e **Parc Régional du Queyras** *(p. 387)* rumo ao sul. Teleféricos dão acesso às trilhas mais altas, das quais a vista é ainda mais impressionante. Certifique-se de trazer bastante roupa quente e impermeável: o tempo pode mudar rapidamente.

Muitas estâncias se dedicam agora a ampliar seus atrativos de verão, oferecendo esportes como golfe, tênis, *mountain bike*, equitação, canoagem e alpinismo.

**Vacas leiteiras com sinos em um pasto alpino**

**Alpinistas escalando as alturas do Mont Blanc**

# Geologia do Massif Central

O Maciço Central, com mais de 250 milhões de anos, cobre quase um quinto da França. A maioria de seus picos sofreu erosão, formando um grande planalto, dividido em dois vales. O coração deste maciço compreende diferentes tipos de pedras, que estão na paisagem e nas edificações. Na Gorges du Tarn as casas são feitas de pedra calcária avermelhada. Sedes de fazendas de granito maciço são características de Limousin, enquanto Le-Puy-en-Velay tem pilares de basalto.

**LOCALIZE-SE**
Extensão do Massif Central

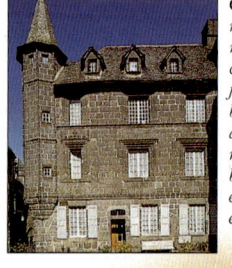

**O basalto** *é uma rocha escura, formada por lava vulcânica. Pedra de uso comum na construção em Auvergne, é frequentemente cortada em blocos e unida por argamassa de cor mais clara. Na cidade medieval de Salers (p. 363), o basalto está na maioria das edificações, inclusive nesta à esquerda, na Grande Place.*

**Este grande portal** *de granito situa-se na igreja românica de Moutier d'Ahun (p. 366). O granito forma grande parte do Massif Central.*

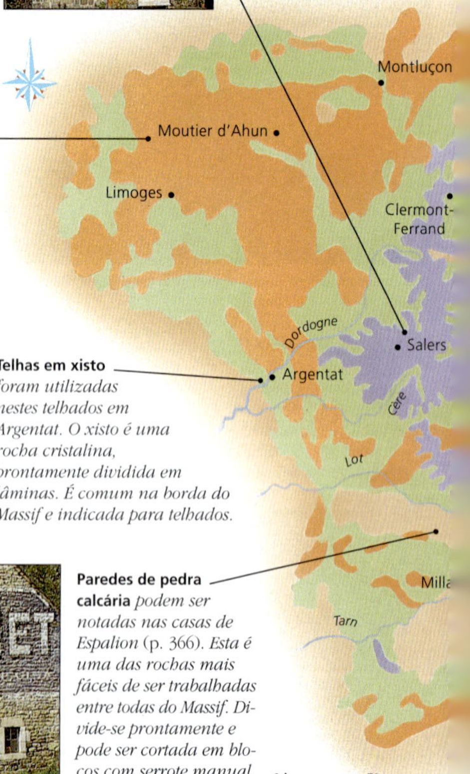

**Telhas em xisto** *foram utilizadas nestes telhados em Argentat. O xisto é uma rocha cristalina, prontamente dividida em lâminas. É comum na borda do Massif e indicada para telhados.*

**Paredes de pedra calcária** *podem ser notadas nas casas de Espalion (p. 366). Esta é uma das rochas mais fáceis de ser trabalhadas entre todas do Massif. Divide-se prontamente e pode ser cortada em blocos com serrote manual. Sua cor e consistência variam conforme a área.*

0 km 50

# INTRODUÇÃO AO CENTRO E AOS ALPES

**Lava cristalizada** *moldou esta cortina de colunas em Prades. Foi formada quando o basalto líquido se infiltrou pelas pedras, dando origem a gigantescos cristais.*

### LEGENDA

- Rocha sedimentar
- Rocha vulcânica de superfície
- Granito
- Rocha metamórfica

**Planaltos de pedra** *calcária (causses) são típicos da região. Os rios penetram as camadas desta pedra solúvel e cortam o Massif Central, formando colos (gorges).*

**O Mont Aigoual** *é o ponto mais alto em Cévennes (p. 367). Divide rios que correm para o Atlântico e o Mediterrâneo. Suas pedras de granito e xisto apresentam erosão.*

## RECONHEÇA AS ROCHAS

Os geólogos dividem as rochas em três grupos: ígneas, como o granito, formadas por atividade vulcânica e expelidas à superfície ou introduzidas em outras pedras sob o solo; sedimentares, produzidas pelo acúmulo de sedimentos; e metamórficas, transformadas por calor ou pressão.

### ROCHA SEDIMENTAR

**A pedra calcária oolítica** *costuma conter fósseis ou quartzo.*

### ROCHA VULCÂNICA

**O basalto,** *que forma lâminas espessas, é a pedra de lava mais comum.*

### GRANITO

**Granito** *rosa é a pedra de granulação grossa, da profundeza da crosta.*

### ROCHA METAMÓRFICA

**Xisto moscovita** *é uma rocha lamelar de granulação média.*

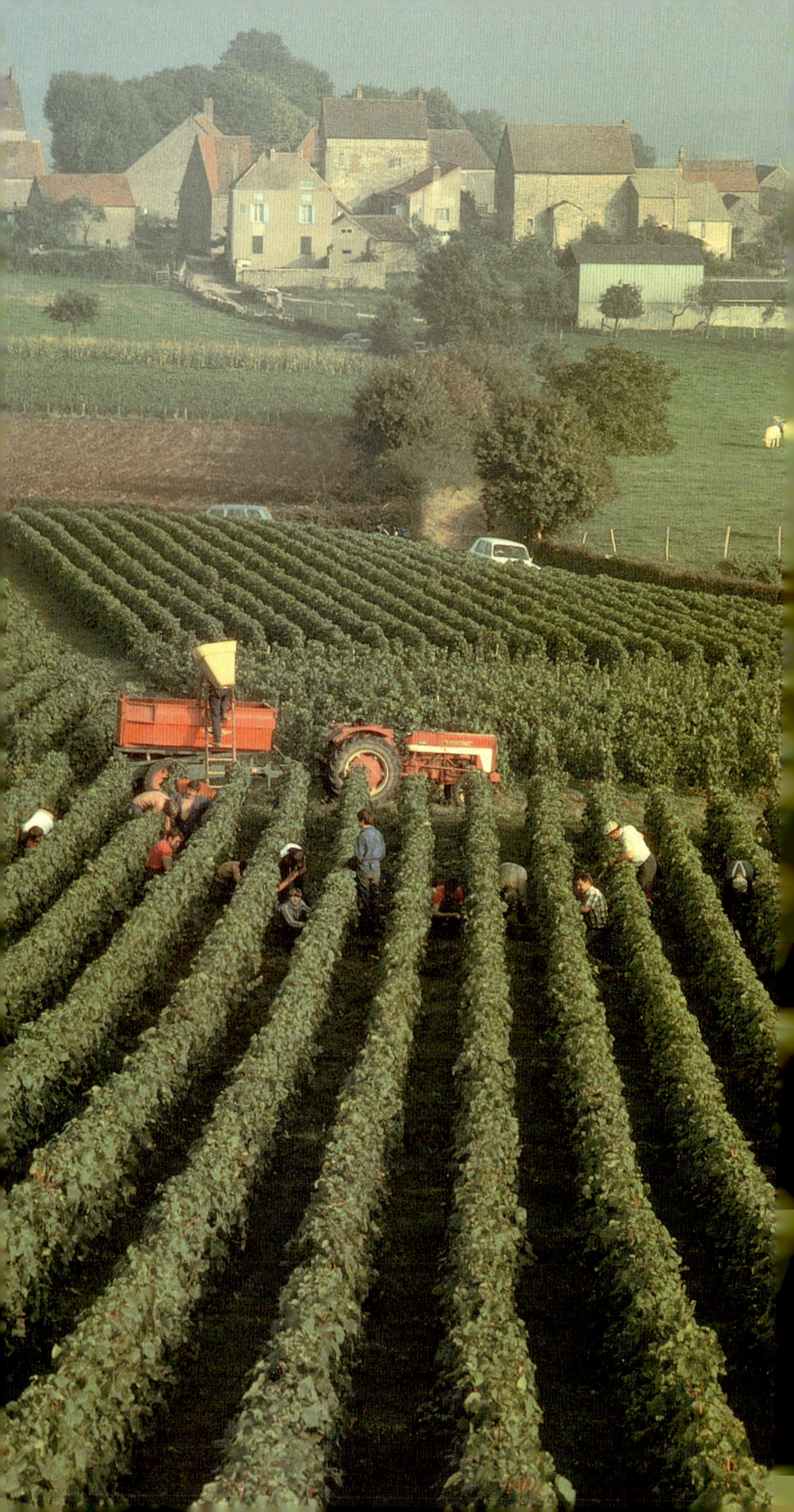

# BORGONHA E FRANCHE-COMTÉ

YONNE · NIÈVRE · CÔTE D'OR · SAÔNE-ET-LOIRE
HAUTE-SAÔNE · DOUBS · JURA

*A Borgonha considera-se o coração da França, região próspera com um vinho mundialmente reconhecido, cozinha simples mas excelente e magnífica arquitetura. A leste, Franche--Comté combina terras cultivadas com imponentes florestas alpinas*

Sob o comando dos duques de Valois, quando seu território se estendia muito além dos atuais limites, a Borgonha chegou a ser o rival mais poderoso da França. No século XVI, entretanto, o ducado foi controlado por governadores nomeados pelo rei francês, embora mantendo privilégios e tradições. Parte da Borgonha, o Franche-Comté – Terra Livre – ainda lutou para permanecer independente da coroa francesa e foi província do Sacro Império Romano até 1674, quando foi anexado por Luís XIV.

A Borgonha é uma região rica e centro de uma fé religiosa medieval que produziu obras-primas da arte românica em Vézelay, Fontenay e Cluny. A capital, Dijon, possui grandes palácios da nobreza borgonhesa e um acervo de magníficos quadros e esculturas no Musée des Beaux-Arts. Os vinhedos da Côte d'Or, Côte de Beaune e Chablis produzem alguns dos mais apreciados vinhos do mundo. Outras paisagens variadas – das matas virgens do Morvan às ricas terras cultivadas de Brionnais – produzem *escargots*, frangos de Bresse e carne do Charolais.

O Franche-Comté não tem a mesma opulência, mas sua capital, Besançon, é uma elegante cidade do século XVII, tradicional na relojoaria. Topograficamente, o Franche-Comté divide-se em dois, com terras cultivadas no vale do Saône e o cenário alpino a leste. Esta região florestal de riachos alpinos repletos de trutas é também produtora de grandes queijos, principalmente Vacherin e Comté, e do característico vinho amarelo de Arbois.

O sítio pré-histórico de Roche de Solutré, perto de Mâcon

◁ Vinhedos de Santenay, na mundialmente famosa região de Côte de Beaune

# Como Explorar a Borgonha e o Franche-Comté

A Borgonha é a mais rica província da França – histórica, cultural, gastronômica e economicamente. Esta viçosa semente de um outrora grande poder concentra arquitetura românica ímpar em Fontenay e Vézelay, além de alguns dos vinhos mais apreciados no mundo. Dijon é obrigatória para os amantes do vinho, da arquitetura e da gastronomia. O Franche-Comté oferece férias ao ar livre, com caminhadas e canoagem em cenário agreste e rios de águas cristalinas.

**Paisagem fluvial próxima a Fontenay**

**Telhas vitrificadas da Borgonha, no Hôtel Aubriot, em Dijon**

## LEGENDA

- Rodovia
- Estrada principal
- Estrada secundária
- Estrada local
- Percurso com paisagem
- Ferrovia principal
- Ferrovia local
- Fronteira internacional
- Fronteira regional
- △ Vista panorâmica

0 km   25

Legenda dos símbolos *no final do guia*

## PRINCIPAIS ATRAÇÕES

Abbaye de Fontenay ❾
Alise-Ste-Reine ❿
Arbois ㉗
Arc-et-Senans ㉙
Autun ⓱
Auxerre ❸
Avallon ⓭
Beaune ⓴
Belfort ㉝
Besançon ㉛
Brionnais ㉔
Cascades du Hérisson ㉖
Chablis ❹
Champlitte ㉚
Château d'Ancy-
 -le-Franc ❼
Château de Tanlay ❻
Châtillon-sur-Seine ❽
Cluny ㉒
Côte d'Or ⓳
Dijon ⓲
Dole ㉘
La Puisaye-
 -Forterre ❷
Mâcon ㉕
Morvan ⓮
Nevers ⓰
Ornans ㉜
Paray-le-Monial ㉓
Ronchamp ㉞
Saulieu ⓯
Semur-en-Auxois ⓫
Sens ❶
Tonnerre ❺
Tournus ㉑
Vézelay ⓬

**Colheita de uvas em Nuits-St-Georges, Côte d'Or**

### COMO CHEGAR

A Borgonha é bem servida pela rodovia A6, que liga Paris a Lyon e Marselha. A ela se une a A31, vinda de Nancy e Dijon (para os portos do Canal vá pela A26), e a A36, vinda de Besançon. Uma rota alternativa de Dijon para Lyon é a A39. Se houver tempo e preferir, as estradas calmas do interior – Borgonha e Franche-Comté – são as mais compensadoras da França. O TGV une Lyon e Mâcon a Paris, Genebra e Marselha. Dijon é um importante centro ferroviário, que também liga outras cidades da região. O aeroporto de Dijon tem conexões com a maioria dos países europeus.

Relicário do tesouro da catedral, em Sens

## Sens ❶

Yonne. 30.000.
*pl Jean-Jaurès (03 86 65 19 49).*
*seg, qua, sex e sáb.*
www.office-de-tourisme-sens.com

A pequena cidade de Sens já era importante bem antes de César chegar à Gália. Na verdade, atribui-se à tribo dos senones a tentativa de saquear o Capitólio romano em 390 a.C., frustrada por um bando de gansos em episódio que entrou para a história.

A **Cathédrale St-Etienne** é a principal glória da cidade. É a mais antiga das principais catedrais góticas do país, com construção iniciada antes de 1140. Sua elegante simplicidade influenciou muitas outras igrejas. Luís IX *(p. 51)*, São Luís, casou-se aqui em 1234.

Os vitrais dos séculos XII a XVI ilustram cenas bíblicas, como a árvore de Jessé e um tributo a São Tomás Becket, que se exilou em Sens. Suas vestes litúrgicas podem ser vistas no rico tesouro, chamado **Musée de la Cathédrale St-Etienne**. Entre outros objetos, há um cofre bizantino do século XI.

### ⛨ Les Musées de Sens
Pl de la Cathédrale. **Tel** 03 86 64 46 22. *jun-set: qua-seg; out-mai: qua, sáb, dom (seg, qui, sex à tarde)*

## La Puisaye--Forterre ❷

Yonne, Nièvre. *Auxerre, Clamecy, Bonny-sur-Loire, Cosne-Cours-sur--Loire.* St-Fargeau, St-Sauveur-en--Puisaye. Charny (03 86 63 65 51).

A floresta secreta de La Puisaye-Forterre foi imortalizada pela escritora Colette (1873-1954), nascida em **St-Sauveur** em "uma casa que sorria somente no jardim...". O *château* do século XVII hoje abriga o **Musée Colette**.

O melhor modo de explorar a região de La Puisaye é a pé ou de bicicleta, passeando por vales de rios, florestas, pomares e campos. Outra opção é o *Transpoyaudin*, um passeio de trem que percorre 27km de St--Sauveur até Villiers St-Benoit. É interessante visitar o **Château de Guédelon**, um projeto que recriou um castelo medieval usando os métodos da época e materiais encontrados na região. Bem perto fica o original **Château de Ratilly**, do século XIII, que tem cerâmica, exposições de arte, concertos e workshops de música. Pode-se encontrar mais cerâmica em **St-Amand**, o centro da típica produção em pedra de La Puisaye, que em grande parte foi fundida no ainda operante forno horizontal do século XVIII, em Moutiers. A cerâmica e os afrescos (veja as igrejas **Moutiers** e **La Ferté-Loupière**)

A escritora Colette, perto de 1880

usam ocre extraído na região, muito exportado no século XIX. O **Château de St-Fargeau** abrigou a exilada Grande Mademoiselle *(p. 57)*.

### ⛨ Musée Colette
Château St-Sauveur-en-Puisaye. **Tel** 03 86 45 61 95. *abr-meados nov: qua-seg.*

## Auxerre ❸

Yonne. 40.000. *1-2 quai de la République (03 86 52 06 19). ter e sex.* www.ot-auxerre.fr

Situada com vista para o rio Yonne, Auxerre tem motivos para se orgulhar de sua bela coleção de igrejas e de uma charmosa praça principal exclusiva de pedestres, a place Charles-Surugue.

A **Cathédrale St-Etienne**, gótica, levou mais de três séculos para ser erguida, ficando pronta por volta de 1560. É famosa por seus complexos vitrais do século XIII. O coro, com suas colunas e colunetas delgadas, é a síntese da elegância e leveza góticas, enquanto os portais da fachada oeste são decorados por delicada escultura em estilo *flamboyant*, melancolicamente mutilada pelas guerras e pelo tempo. A cripta românica é enfeitada por afrescos dos séculos XI a XIII, incluindo uma representação de Cristo montado em um cavalo branco. O tesouro da catedral, bastante reduzido por roubo, é menos impressionante, mas ainda possui uma coleção interessante de manuscritos ornados com iluminuras.

São Germano, mentor de São Patrício e bispo de Au-

Château de St-Fargeau, na região de La Puisaye-Forterre

*Veja hotéis e restaurantes desta região nas pp. 572-5 e 625-9*

xerre no século V, foi sepultado na antiga abadia de **St-Germain**. A abadia foi fundada pela rainha Clotilde, mulher de Clóvis *(pp. 48-9)*, o primeiro rei cristão da França, e é um importante santuário. A cripta é parcialmente carolíngia, com tumbas e afrescos dos séculos XII e XIII. O antigo mosteiro abriga o **Musée St-Germain**; com uma mostra dos achados galo-romanos da região, testemunha a história de Auxerre.

### Musée St-Germain
2 pl St-Germain. *Tel 03 86 18 05 50.* abr-set: qua-dom; out-mai: qua-sex tarde, sáb e dom. alguns feriados.

*A curiosa fonte de Fosse Dionne, em Tonnerre*

*Afresco medieval da Catedral de St-Etienne, em Auxerre*

## Chablis

Yonne. 2.700. 1 rue du Marachel de Lattre de Tassigny (03 86 42 80 80). dom. www.chablis.net

Não há dúvida de que o Chablis é mais bem degustado em Chablis. Embora esta seja uma das mais famosas aldeias vinícolas do mundo, as estreitas ruas de pedra ainda mostram uma adormecida prosperidade. São Vicente, o padroeiro dos vinicultores, ganha procissões em fevereiro, organizadas pela comunidade vinícola de Piliers Chablisiens.

## Tonnerre

Yonne. 6.200. place Marguerite de Bourgogne (03 86 55 14 48). qua, sáb. www.tonnerre.fr

A mística fonte de **Fosse Dionne**, sempre envolta em névoas, é um bom motivo para visitar a pequena cidade de Tonnerre. Um volume impressionante de água esverdeada irrompe da terra para um tanque do século XVIII. Devido à sua profundidade e correnteza, nunca foi muito explorada, e uma serpente lendária vive tranquila no fundo.

O **Hôtel Dieu** é 150 anos mais velho do que o Hôtel-Dieu de Beaune *(pp. 346-7)*. Foi fundado em 1293, com o objetivo de cuidar dos pobres. Na Revolução, perdeu o telhado, mas o teto de carvalho arqueado resistiu.

### Hôtel-Dieu e Musée
Rue du Prieuré. *Tel 03 86 55 14 48.* diariam. out-mar: qua, dom e alguns feriados.

## Château de Tanlay

Tanlay. *Tel 03 86 75 70 61.* abr-meados nov: qua-seg. obrig.

O castelo de Tanlay é um belo exemplo da França renascentista. Foi construído em meados do século XVI, com fosso. Há uma *trompe l'oeil* (pintura que parece realidade) na Grande Galerie e, na torre de esquina, o teto é maravilhosamente pintado pela Escola de Fontainebleau. Divindades representam franceses famosos do século XVI, por exemplo, Diane de Poitiers é Vênus.

*A fachada renascentista e o pátio (cour d'honneur) do castelo de Tanlay*

# Abbaye de Fontenay ❾

Esta tranquila abadia é a mais antiga remanescente da ordem religiosa cisterciense na França e permite rara compreensão de seu modo de vida. Representa o espírito da ordem na sublime sobriedade de sua igreja românica e na simples e elegante capela, em estilo do início da fase gótica. A abadia foi fundada em 1118, por São Bernardo. Nas profundezas da floresta, oferecia a paz e a reclusão buscadas pelos cistercienses. Mantida pela aristocracia local, a abadia floresceu e foi utilizada até a Revolução, quando foi vendida e convertida em fábrica de papel. Em 1906, a abadia ganhou novos donos e foi restaurada à sua aparência original.

**Pombal**
*Um magnífico pombal circular, construído no século XIII, situa-se próximo ao canil onde os valiosos cães caçadores dos duques de Borgonha eram vigiados por serviçais.*

**Os alojamentos** dos abades do século XVII foram feitos quando os reis passaram a indicá-los.

**A padaria** não está mais intacta, mas o forno e a chaminé do século XIII resistiram.

**A hospedaria de visitantes** é onde peregrinos cansados recebiam refeições e abrigo dos monges.

★ **Claustros**
*Para um monge do século XII, andar pelos claustros era uma oportunidade para meditar, além de ser abrigo contra o mau tempo.*

**Sala de aquecimento**

**Nas oficinas**, os monges produziam as próprias ferramentas e instrumentos.

**"Prisão" de Fontenay**
*Esta construção do século XV pode não ter sido usada para prender os infiéis da região, mas para proteger importantes arquivos da abadia do ataque dos ratos.*

**Scriptorium**
*Os manuscritos eram copiados aqui. Na sala contígua, os escrivães aqueciam as mãos.*

Veja hotéis e restaurantes desta região nas pp. 572-5 e 625-9

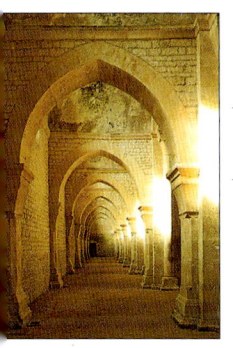

### ★ Igreja
Não há lugar para decoração suntuosa nesta igreja, erguida por volta de 1140. Mas as formas arquitetônicas rígidas, a cor aconchegante da pedra e a luz difusa possuem uma grandeza própria.

**PREPARE-SE**

Marmagne. **Tel** 03 80 92 15 00. Montbard. 10h-18h diariam (meados nov-meados abr: 10h-12h, 14h-17h). www.abbayedefontenay.com

### Dormitório
Os monges dormiam em colchões de palha, em fileiras, neste ambiente não aquecido. O teto trabalhado em madeira é do século

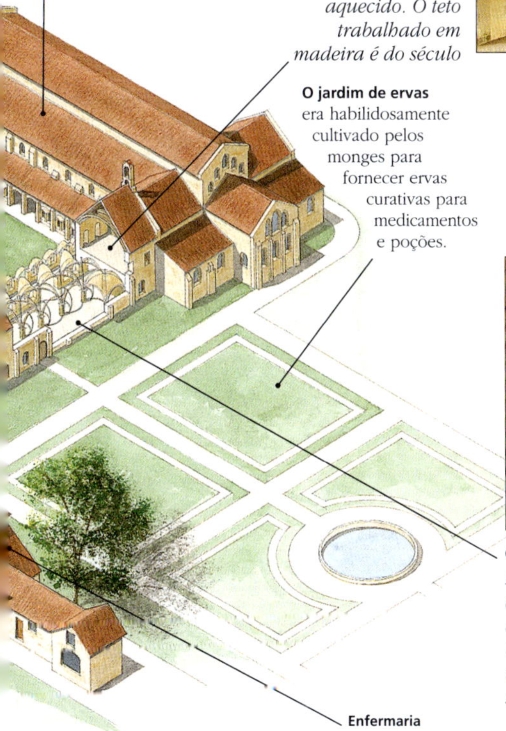

### O jardim de ervas
era habilidosamente cultivado pelos monges para fornecer ervas curativas para medicamentos e poções.

**PONTOS ALTOS**

★ Igreja

★ Claustros

### Casa Paroquial
Diariamente, os monges e o abade se reuniam neste salão para discutir problemas referentes à comunidade. Deve muito de seu charme aos elegantes pilares do século XII e aos tetos em abóbada.

Enfermaria

---

### SÃO BERNARDO E OS CISTERCIENSES

Em 1112, Bernardo, um jovem nobre da Borgonha, entrou para a ordem dos cistercienses. Na época, a ordem ainda era desconhecida, fundada 14 anos antes por um grupo de monges dispostos a abandonar o requintado estilo de vida de Cluny *(pp. 48-9)* e abraçar a pobreza e a simplicidade da vida. Durante a vida de Bernardo, os cistercienses tornaram-se uma das maiores e mais famosas ordens de seu tempo. Parte deste sucesso deveu-se claramente à poderosa personalidade de Bernardo e suas habilidades como escritor, teólogo e estadista. Ele reforçou a opção pela pobreza, rejeitando qualquer forma de ornamentação. Em 1174, apenas 21 anos após sua morte, foi canonizado.

*A Virgem protegendo a Ordem Cisterciense*, por Jean Bellegambe

## Château d'Ancy-le-Franc ❼

Ancy-le-Franc. **Tel** 03 86 75 14 63. meados mar–meados-nov: ter-dom. obrig. www.chateau-ancy.com

A fachada renascentista do Château d'Ancy-le-Franc causa impressão de austeridade. Seu jardim interno, no entanto, possui uma ornamentação surpreendentemente rica. O castelo foi construído por volta de 1540 pelo arquiteto italiano Sebastiano Serlio para o duque de Clermont-Tonnerre. A maior parte da decoração interna é de Primaticcio e outros membros da Escola de Fontainebleau *(pp. 180-1)*. Diane de Poitiers, cunhada do duque e amante de Henrique II, está retratada em *Câmara de Judite e Holofernes*.

O *château* apresenta concertos musicais e workshops de culinária mensalmente.

**A fachada tranquila do Château d'Ancy-le-Franc**

**O vaso de Vix, no Musée Archéologique, em Châtillon-sur-Seine**

## Châtillon-sur-Seine ❽

Côte d'Or. 5.837. *rue du Bourg* (03 80 91 13 19). sáb. www.tourisme-chatillonnais.fr

A Segunda Guerra Mundial fez de Châtillon uma ruína, o que explica o aspecto moderno da cidade. Mas o passado ainda se faz presente no **Musée du Pays du Châtillonnais**, onde o tesouro de Vix está em exibição. Em 1953 a tumba de uma princesa gaulesa do século VI a.C. foi encontrada próxima a Vix, em Mont Lassois. O encontro de joias e artefatos de origem grega incluiu um incrível vaso de bronze, com altura de 164cm e peso de 208kg. A **Église St-Vorles**, românica, possui um Sepultamento com Cristo e pranteadores esculpidos (1527). Há uma bela gruta nas proximidades, na nascente do rio Douix.

🏛 **Musée du Pays du Châtillonnais**
Rue de la Libération. **Tel** 03 80 91 24 67. diariam. 1º jan, 1º mai, 25 dez. www.musee-vix.fr

## Abbaye de Fontenay ❾

*pp. 332-3.*

## Alise-Ste-Reine ❿

Côte d'Or. 3.375. *pl Bingerbrück* (03 80 96 89 13). www.alesia-tourisme.net

Mont Auxois, acima da pequena aldeia de Alise-Ste-Reine, foi o local onde César finalmente venceu o heroico líder gaulês Vercingétorix, em 52 a.C., após um cerco de seis semanas *(p. 46)*. As primeiras escavações aqui foram realizadas em meados do século XIX e revelaram vestígios de uma cidade galo-romana, com teatro, fórum e um bem projetado plano de ruas. O **Musée Alésia** possui um acervo de artefatos, joias e esculturas de bronze do sítio.

Alise é dominada pela gigantesca estátua de Vercingétorix, esculpida por Aimé Millet em 1865 para comemorar as primeiras escavações. Há insinuações de que existiria mais do que uma simples semelhança entre Napoleão III, que financiou a escavação, e o herói gaulês.

🏛 **Musée Alésia**
Rue de l'Hôpital. **Tel** 03 80 96 96 22. diariam. www.alesia.com

**Arredores**
Nas proximidades, situa-se o **Château de Bussy-Rabutin**. O sagaz e malévolo guerreiro Roger de Bussy-Rabutin criou

**Ruínas no sítio romano próximo a Alise-Ste-Reine**

*Veja hotéis e restaurantes desta região nas pp. 572-5 e 625-9*

a altamente individualizada decoração, no exílio da corte de Luís XIV. Uma sala é dedicada aos retratos de suas amantes, incluindo algumas imaginárias.

♣ **Château de Bussy-Rabutin**
Bussy-le-Grand.
***Tel*** *03 80 96 00 03.* ter-dom.
1º jan, 1º e 11 nov, 25 dez.

## Semur-en-Auxois ⓫

Côte d'Or. 5.000. 2 place Gaveau (03 80 97 05 96). dom. www.ville-semur-en-auxois.fr

Vista do oeste, Semur-en-Auxois é uma boa surpresa em uma estrada sem atrativos. Suas muralhas, construídas no século XIV (uma das quais com uma desalentadora fenda), irrompem inesperadamente, coroando a Pont Joly e o rio Armançon.

A **Église Notre-Dame** data dos séculos XIII e XIV, e teve como modelo a Cathédrale de Auxerre. As paredes frágeis e altas precisaram ser restauradas nos séculos XV e XIX. A igreja abriga obras de arte, desde o tímpano ilustrado a lenda do incrédulo São Tomé, na fachada norte, até o *Sepultamento*, de Claus Sluter, do século XV. Os vitrais mostram, entre outras histórias, a lenda de Santa Bárbara e a rotina de diferentes ofícios, como açougueiros e mercadores de tecido.

### Arredores
A aldeia de Epoisses é a sede do **Château d'Epoisses**, construção fortificada erguida entre os séculos XI e XVIII, que mescla torres medievais e detalhes renascentistas. O destaque é um grande pombal do século XV. É também de Epoisses um dos mais apreciados queijos da Borgonha, a ser degustado no café ou *fromagerie* local.

*Vitral da Église de Notre-Dame, em Semur-en-Auxois*

*Semur-en-Auxois, à margem do rio Armançon*

♣ **Château d'Epoisses**
Epoisses. ***Tel*** *03 80 96 40 56.*
jul-ago: qua-seg (jardins: o ano todo). só térreo.

## Vézelay ⓬

pp. 336-7.

## Avallon ⓭

Yonne. 9.000.
6 rue Bocquillot (03 86 34 14 19). qui e sáb.
**www**.avallonnais-tourisme.com

Imponente e antiga cidade fortificada, Avallon situa-se em um contraforte de granito entre dois desfiladeiros ao longo do rio Cousin.

Os efeitos de sucessivas guerras de sarracenos, normandos, ingleses e franceses marcaram Avallon, o que justifica seu aspecto defensivo. Hoje a cidade é tranquila e bonita, cheia de detalhes charmosos. Um passeio ao longo das muralhas oferece boa visão do vale do Cousin. O principal monumento é a **Église St-Lazare**, românica do século XII, com dois magníficos portões de entrada. O maior tem os signos do zodíaco, os trabalhos do mês e os cavaleiros do Apocalipse. A nave é decorada por capitéis com folhas de acanto e esculturas.

O **Musée de l'Avallonnais** realiza exposições com sua grande coleção. Procure o mosaico de Vênus, datado do século II d.C., e a notável coleção de esboços expressionistas de Georges Rouault (1871-1958), chamada *Miserere*.

🏛 **Musée de l'Avallonnais**
*5 rue du College.* ***Tel*** *03 86 34 03 19.*
ligar para informações.

### Arredores
No sudoeste fica o **Château de Bazoches**, do século XII, presente de Luís XIV ao marechal de Vauban, em 1675, que o transformou em um forte.

*Miserere, por Georges Rouault, no Musée de l'Avallonnais, Avallon*

# Vézelay

De longe se distingue a aura dourada da Basilique Ste-Madeleine coroando a montanha de Vézelay. Turistas seguem as pegadas de peregrinos medievais, subindo a estreita rua até a antiga igreja da abadia. No século XII, no ápice de sua glória, a abadia abrigava relíquias de Maria Madalena e era um importante ponto de encontro de peregrinos a caminho de Santiago de Compostela, na Espanha *(pp. 400-1)*. Hoje sua maior atração é a igreja românica, com suas magníficas esculturas e coro gótico.

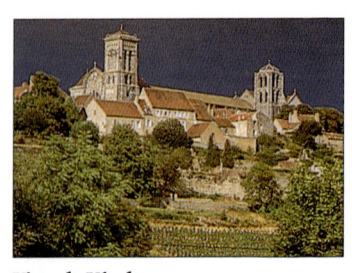

**Capitel esculpido**

**Vista de Vézelay**
*A abadia domina os arredores de Vézelay, como uma vez dominou os assuntos religiosos e mundanos da área.*

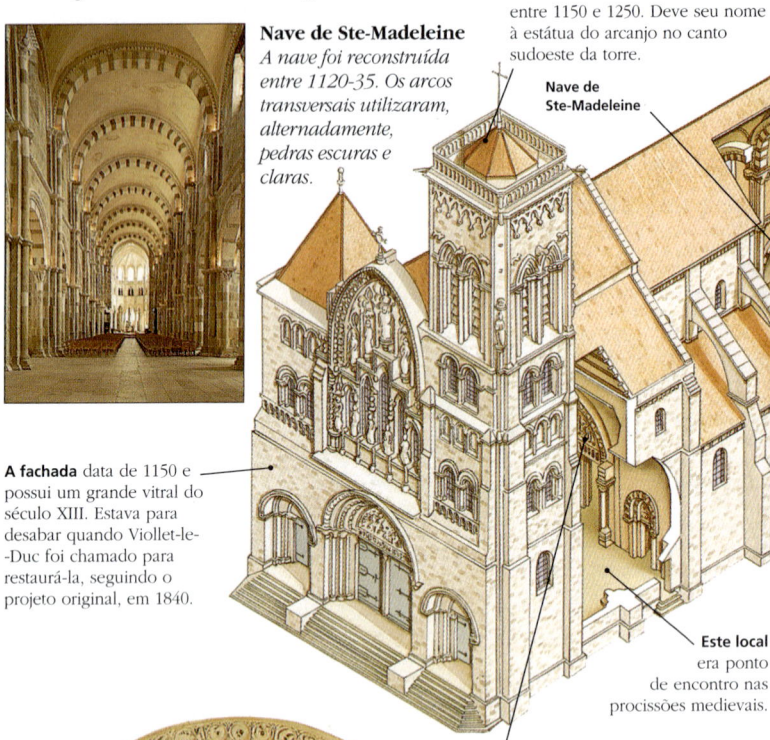

**A Tour St-Michel** foi construída entre 1150 e 1250. Deve seu nome à estátua do arcanjo no canto sudoeste da torre.

**Nave de Ste-Madeleine**
*A nave foi reconstruída entre 1120-35. Os arcos transversais utilizaram, alternadamente, pedras escuras e claras.*

Nave de Ste-Madeleine

**A fachada** data de 1150 e possui um grande vitral do século XIII. Estava para desabar quando Viollet-le-Duc foi chamado para restaurá-la, seguindo o projeto original, em 1840.

**Este local** era ponto de encontro nas procissões medievais.

★ **Tímpano**
*Esta obra-prima em escultura (1120-35) mostra Cristo em seu trono, estendendo suas mãos – das quais partem raios de luz – em direção aos apóstolos.*

| PONTOS ALTOS |
|---|
| ★ Tímpano |
| ★ Capitéis |

*Veja hotéis e restaurantes desta região nas pp. 572-5 e 625-9*

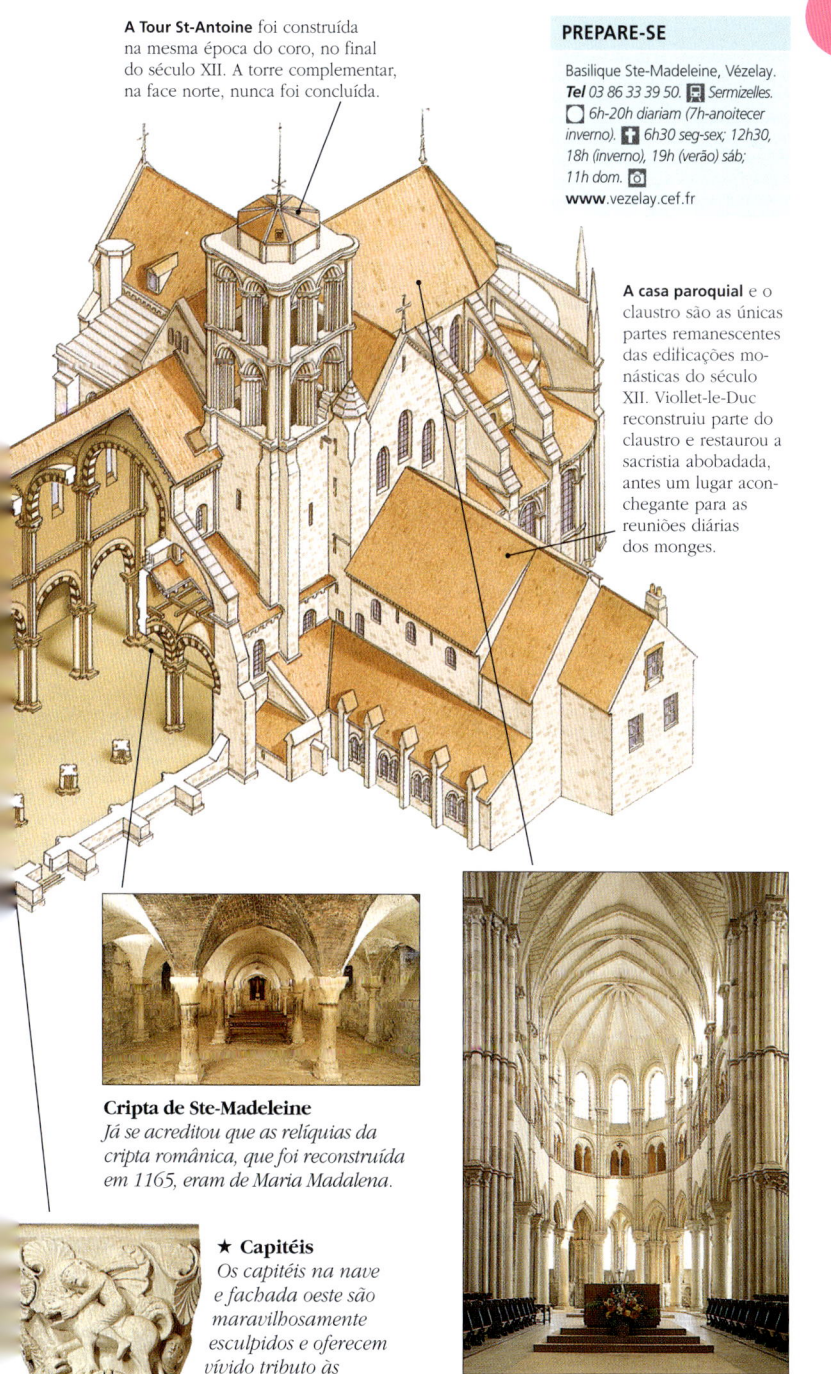

**A Tour St-Antoine** foi construída na mesma época do coro, no final do século XII. A torre complementar, na face norte, nunca foi concluída.

### PREPARE-SE

Basilique Ste-Madeleine, Vézelay. **Tel** 03 86 33 39 50. Sermizelles. 6h-20h diariam (7h-anoitecer inverno). 6h30 seg-sex; 12h30, 18h (inverno), 19h (verão) sáb; 11h dom.
www.vezelay.cef.fr

**A casa paroquial** e o claustro são as únicas partes remanescentes das edificações monásticas do século XII. Viollet-le-Duc reconstruiu parte do claustro e restaurou a sacristia abobadada, antes um lugar aconchegante para as reuniões diárias dos monges.

**Cripta de Ste-Madeleine**
*Já se acreditou que as relíquias da cripta românica, que foi reconstruída em 1165, eram de Maria Madalena.*

★ **Capitéis**
*Os capitéis na nave e fachada oeste são maravilhosamente esculpidos e oferecem vívido tributo às histórias da antiguidade clássica e à Bíblia. O mestre que os criou é desconhecido.*

**Coro de Ste-Madeleine**
*O coro foi reconstruído nos últimos 25 anos do século XII no então moderno estilo gótico da Île de France.*

Morvan, região de rios e florestas, ótima para pescarias e outras atividades ao ar livre

## Morvan ⓮

Yonne, Côte d'Or, Nièvre, Saône e Loire. ✈ Dijon. 🚆 Autun, Moubard. 🚌 Château-Chinon, Saulieu, Avallon. 🛈 6 bd République, Château-Chinon (03 86 85 06 58); Maison du Parc, St-Brisson (03 86 78 79 57). www.parcdumorvan.org

Morvan é uma palavra celta que significa Montanha Negra, boa descrição para esta área vista de longe. A imensa planície de granito e florestas, dispersamente habitada, surge repentinamente no centro das ricas colinas e terras cultivadas da Borgonha. Estendendo-se irregularmente, ganha altitude à medida que avança para o sul, atingindo o ponto culminante de 901m em **Haut-Folin**. As duas fontes de riqueza natural de Morvan são as águas abundantes e as densas florestas de carvalho, faias e coníferas. No passado, a madeira era enviada a Paris flutuando pelo rio Yonne. Hoje, segue por caminhão, e os rios Cure Yonne e Cousin são utilizados na geração de eletricidade.

Morvan sempre foi uma área pobre e afastada. As suas maiores cidades – Château-Chinon, no centro, e Saulieu, nos arredores – mal contabilizam 3 mil habitantes.

Durante a Segunda Guerra Mundial, Morvan foi um baluarte da resistência francesa, devido a suas matas densas. Hoje transformada em Parque Regional Natural, sua principal atração ainda é o estilo selvagem. Informações sobre atividades, incluindo ciclismo, canoagem, esqui, observação de pássaros e passeios a cavalo, são obtidas na **Maison du Parc**, em St-Brisson, onde há também o comovente **Musée de la Résistance**. Há muitas trilhas para caminhadas curtas em toda Morvan, além de dois caminhos de longa distância, bem demarcados: o GR13 (de Vézelay a Autun) e o Tour du Morvan (para os Grands Lacs).

🏛 **Musée de la Résistance**
Maison du Parc, St-Brisson. **Tel** 03 86 78 72 99. ◯ Páscoa-meados nov: qua-seg (jul e ago: diariam).

## Saulieu ⓯

Côte d'Or. 🏠 3.000. 🚆 🚌 🛈 24 rue d'Argentine (03 80 64 00 21). 🛒 sáb. www.saulieu.fr

Saulieu é, desde o século XVII, o santuário da cozinha borgonhesa. No limite de Morvan, a cidade era o ponto de parada de diligências no trajeto Paris-Lyon. Hoje a tradição é mantida pelo mundialmente famoso *chef* Bernard Loiseau, no restaurante **Côte d'Or**. No entanto, Saulieu é mais do que *ris de veau de lait braisé* (prato com vitela) ou *poularde truffée à la vapeur* (prato com frango). A **Basilique St-Andoche**, românica do início do século XII, possui capitéis decorados com representações da Fuga para o Egito e uma versão cômica de Balaão e sua mula interceptados pelo Anjo.

Faiança de Nevers

## Nevers ⓰

Nièvre. 🏠 41.000. 🚆 🚌 🛈 Palais Ducal, rue Sabatier. (03 86 68 46 00). 🛒 sáb. www.nevers-tourisme.com

Como todas as cidades borgonhesas de frente para o Loire, deve-se chegar a Nevers pelo lado oeste do rio para a completa apreciação de sua nobre localização. Apesar da falta de importância histórica, a cidade tem muito a mostrar. Considerado o primeiro dos châteaux do Loire, o Palais Ducal tem uma longa fachada renascentista, com torres poligonais e uma ampla esplanada. A **Église St-Etienne**, puramente românica do século XI, possui graciosas colunas monolíticas e uma série de capelas ao seu redor. Na cripta da **Cathédrale St-Cyr**, gótica, há um interessante *Sepultamento* do século XVI, e as fundações de um batistério do século VI, descoberto em 1944, após intenso bombardeio. Os vitrais contemporâneos também são dignos de nota. A soberania de Nevers passou para a família italiana Gonzaga no século XVI. Eles trouxeram uma escola de artistas hábeis na fabricação de faiança e vidraria. A indústria permaneceu

*Veja hotéis e restaurantes desta região nas pp. 572-5 e 625-9*

na cidade e a cerâmica moderna – ainda nas tradicionais cores branca, azul, amarela e verde – é encantadora com sua curiosa marca registrada, o pequeno nó verde em arabesco, ou *noued vert*. Ela pode ser mais bem apreciada no **Musée Municipal**. Para comprá-la, o melhor local é a **Faïencerie Montagnon**, do século XVII.

**🏛 Musée Municipal Frédéric Blandin**
16 rue Saint-Geneste. **Tel** 03 86 68 44 60. ⬤ Para reforma até meados 2012; ligue para informações.

*A imponente Porte St-André, em Autun, parte da muralha romana*

### Arredores

Logo ao sul de Nevers, observe a **Pont du Guetin**, do século XIX, o canal do Loire e o rio Allier. A igreja de **St-Parize-le-Châtel** possui uma coleção borgonhesa de animais esculpidos nos capitéis da cripta.

*A tentação de Eva, em Autun*

## Autun ⓱

Saône-et-Loire. 🏠 18.000. 🚉 🛈 *13 rue Général Demetz* (03 85 86 80 38). 🏪 qua e sex. **www**.autun-tourisme.com

Agustodunum, a cidade de Augusto, foi fundada no final do século I a.C. Foi um grande centro de saber, com uma população quatro vezes maior do que a atual. Seu teatro, do século I d.C., acomodava 20 mil pessoas.

Hoje Autun ainda é uma delícia, merecendo uma investigação tanto gastronômica quanto cultural.

A mágica **Cathédrale St-Lazare** foi construída no século XII. É especial pela genialidade de suas esculturas, a maioria feita por Gislebertus, misterioso artista do século XII que esculpiu os capitéis do interior e o glorioso tímpano do Juízo Final sobre o portal principal. Esta obra de arte que o escritor André Malraux chamou de "Cézanne românico" foi salva da destruição durante a Revolução por um golpe de sorte. No século XVIII, havia sido coberta de gesso, ficando protegida de qualquer dano. No interior, alguns dos capitéis podem ser vistos de perto em uma sala na torre. Procure também a escultura de Pierre Jeannin e sua mulher. Jeannin foi o presidente do Parlamento de Dijon que evitou que o massacre da Noite de São Bartolomeu (*p. 55*) ocorresse na Borgonha, com a famosa frase: "As ordens de monarcas enraivecidos devem ser obedecidas muito lentamente".

O brilhante acervo de arte medieval do **Musée Rolin** inclui o belo baixo-relevo *A tentação de Eva*, de Gislebertus. Há também a pedra pintada *Virgem de Autun* (século XV) e a *Natividade do cardeal Rolin*, do Mestre de Moulins, de 1480. As monumentais **Porte St-André** e **Porte d'Arrouxis** e as ruínas do **Théâtre Romain** e do **Temple de Janus** são as lembranças romanas de Autun.

**🏛 Musée Rolin**
3 rue des Bancs **Tel** 03 85 52 09 76. ⬤ qua-sáb, dom manhã. ⬤ meados-dez-meados fev, feriados.

*Ruínas do teatro romano em Autun, datadas do século I d.C.*

## Rua a Rua: Dijon ⑱

O centro de Dijon é conhecido por seu esplendor arquitetônico, herança dos duques de Borgonha *(p. 343)*. Parlamentares ricos também mandavam construir elegantes *hôtels particuliers* nos séculos XVII e XVIII. Capital da Borgonha, Dijon tem atualmente uma vida cultural rica e uma famosa universidade. Os grandes tesouros de arte da cidade estão no Palais des Ducs. Dijon é famosa também por sua mostarda *(p. 318)* e *pain d'épices* (pão com gengibre), uma lembrança da posição da cidade na rota das especiarias. Tornou-se um eixo ferroviário durante o século XIX. Hoje o TGV faz Paris-Dijon.

**Hôtel de Vogüé**
*Esta elegante mansão do século XVII foi decorada com guirlandas de repolho e frutas borgonhesas por Hugues Sambin.*

★ **Notre-Dame**
*Esta magnífica igreja gótica do século XIII possui uma fachada com gárgulas, colunas e o famoso relógio Jacquemart. Diz-se que a chouette (coruja), quando tocada, traz boa sorte.*

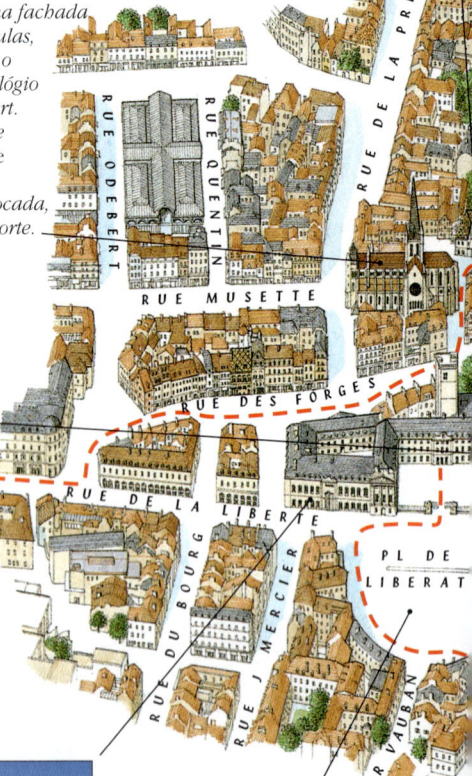

**Musée des Beaux-Arts**
*O acervo dos mestres flamengos do museu inclui este tríptico do século XIV, de Jacques de Baerze e Melchior Broederlam.*

**A place de la Libération** foi criada por Mansart no século XVII.

★ **Palais des Ducs**
*Servia aos convidados dos duques de Borgonha. O atual edifício foi construído principalmente no século XVII, para o Parlamento. Hoje abriga o Musée des Beaux-Arts.*

*Veja hotéis e restaurantes desta região nas pp. 572-5 e 625-9*

# BORGONHA E FRANCHE-COMTÉ

### Rue Verrerie
*Casas com madeirame à vista ficam ao longo desta rua de paralelepípedos no quarteirão do velho mercado. Destacam-se as localizadas nos números 8, 10 e 12.*

### PREPARE-SE

Côte d'Or. 155.000. 5km sul-sudeste de Dijon. cour de la Gare. 15 cour de la Gare e 11 rue des Forges (08 92 70 05 58). ter, sex, sáb. Florissimo (próximo 2015); Festival de Musique (jun); Fêtes de la Vigne (set). **Hôtel de Vogüé** apenas o pátio interno. **Musée Magnin** (03 80 67 11 10) ter-dom. 1º jan, 25 dez. www.visitdijon.com

### ★ St-Michel
*Iniciada no século XV e concluída no século XVII, a fachada de St-Michel combina o gótico flamboyant com detalhes da Renascença. No pórtico ricamente esculpido, anjos e motivos bíblicos mesclam-se com temas mitológicos.*

### Musée Magnin
*Esta mansão do século XVII exibe um acervo de pinturas francesas e estrangeiras dos séculos XVI-XIX e mobiliário de época.*

A **Église St-Etienne** remete ao século XI, mas foi reconstruída muitas vezes. Sua característica lanterna foi acrescentada em 1686.

### PONTOS ALTOS

★ Palais des Ducs

★ Notre-Dame

★ St-Michel

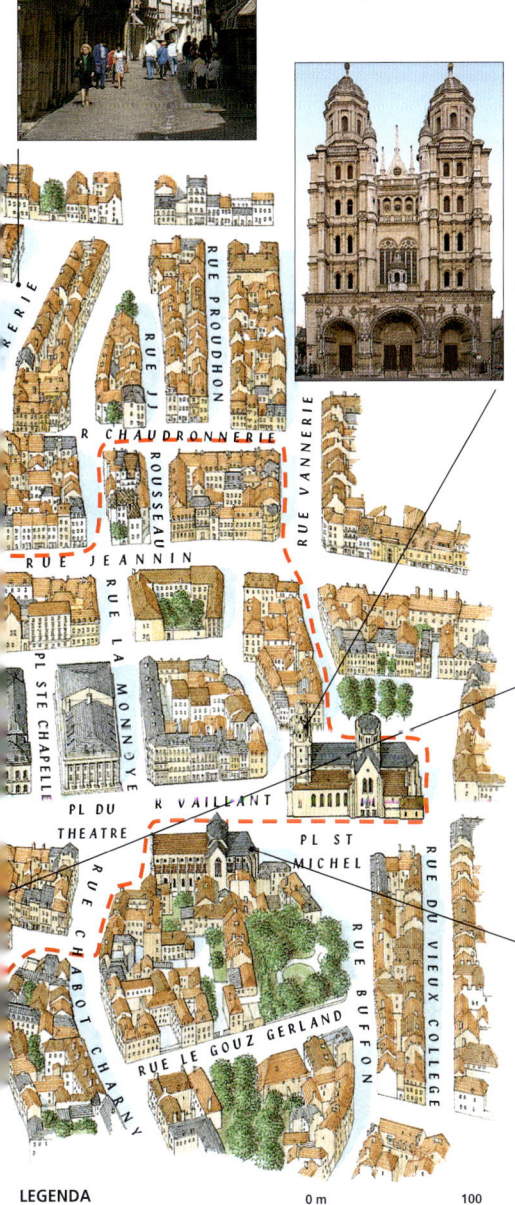

**LEGENDA**

- - - Percurso sugerido

0 m — 100

*Fonte de Moisés*, de Claus Sluter, na Chartreuse de Champmol

## Como explorar Dijon

O centro de Dijon é um interessante emaranhado de pequenas ruas. A rue des Forges, atrás do Palais des Ducs, foi a principal via da cidade até o século XVIII. Seu nome é em homenagem aos joalheiros e ourives que tinham oficinas aqui. O Hôtel Chambellan é em gótico *flamboyant*, com uma escadaria de pedra em espiral e galerias de madeira. No nº 38 fica a Maison Maillard, de 1560, com fachada decorada por Hugues Sambin, pupilo de Leonardo da Vinci. Na rue Vannerie diversas casas devem ser notadas, principalmente a Maison des Cariatides (nº 25), com dez belas cariátides esculpidas em pedra emoldurando as janelas.

Há ainda a place d'Arcy, com hotéis e restaurantes.

### 🏛 Musée des Beaux-Arts

Palais des États de Bourgogne, Cour de Bar. *Tel 03 80 74 52 70.* qua-seg. 1º jan, 1º e 8 mai, 14 jul, 1º e 11 nov, 25 dez. limitado.

O precioso acervo de arte de Dijon está no antigo Palais des Ducs *(p. 340)*. A Salle des Gardes, no primeiro andar, é dominada pelos gigantescos mausoléus dos duques, com túmulos soberbamente esculpidos por Claus Sluter (c. 1345-1405). Outras peças incluem dois magníficos retábulos flamengos dourados e um retrato de Filipe, o Bom, por Rogier van der Weyden.

O acervo de arte conta com muitos mestres holandeses e flamengos e esculturas de Sluter e François Rude. Há uma grande coleção de primitivos suíços e alemães, pinturas francesas dos séculos XVI e XVIII e a Donation Granville de arte francesa, dos séculos XVIII e XIX. Note também as vastas cozinhas ducais, com seis gigantescas lareiras, e a Tour Phillippe le Bon, de 46m de altura e uma bela vista dos telhados borgonheses.

### 🛡 Cathédrale St-Bénigne

Pl Ste-Bénigne. *Tel 03 80 30 39 33.* diariam.

Pouco resta do mosteiro beneditino do século XI em honra a São Benigno. Sob a igreja há uma cripta românica com uma rotunda, enlaçada por três colunas.

### 🏛 Musée Archéologique

5 rue du Docteur Maret. *Tel 03 80 30 88 54.* qua-seg. maioria dos feriados.

O museu situa-se no antigo dormitório do mosteiro beneditino de St-Benigne. O capitel, do século XI, com maciças colunas que sustentam um teto em abóbada, abriga um belo acervo de escultura galo-romana. O andar térreo, com uma abóbada em leque, guarda a famosa cabeça de Cristo de Claus Sluter, originalmente da *Fonte de Moisés*.

### ⛪ Chartreuse de Champmol

1 bd Chanoine Kir. *diariam; marcar hora (08 92 70 05 58).*

Originalmente um cemitério de família construído por Filipe, o Bravo, este local foi destruído durante a Revolução e tudo o que resta é uma porta de capela e a famosa *Fonte de Moisés* de Claus Sluter. Encontra-se agora no terreno de um hospital psiquiátrico, a leste da estação ferroviária de Dijon. É difícil encontrar, mas recompensa o esforço. Não se trata de uma fonte, apesar do nome, mas de um monumento. A parte inferior de outrora era provavelmente cercada de água. Os seis profetas são bem realistas. Sluter é conhecido por sua escultura profunda.

Túmulo de Filipe, o Bravo, de Claus Sluter, na Salle des Gardes do Musée des Beaux-Arts

*Veja hotéis e restaurantes desta região nas pp. 572-5 e 625-9*

# A Idade de Ouro da Borgonha

Enquanto a dinastia francesa dos Capetos lutava contra a Inglaterra na Guerra dos Cem Anos *(pp. 52-3)*, os duques de Borgonha criavam os mais poderosos Estados da Europa, incluindo Flandres e partes da Holanda. Desde a época de Filipe, o Bravo (1342-1404), a corte ducal da Borgonha tornou-se uma potência cultural indiscutível no continente. A Borgonha manteve vários dos melhores artistas europeus, como os pintores Rogier van der Weyden, os irmãos Van Eyck e o escultor Claus Sluter. Os domínios do ducado da Borgonha foram dissolvidos após a morte do duque Carlos, o Bravo, em 1477.

**O túmulo de Filipe, o Bravo**, *em Dijon, foi feito pelo escultor flamengo Claus Sluter, que estava entre os mais brilhantes artistas da era de ouro borgonhesa. O dramático realismo dos acompanhantes do funeral é característica marcante do túmulo, iniciado quando o duque ainda vivia.*

**BORGONHA EM 1477**

☐ Extensão máxima do ducado

## AS BODAS DE FILIPE, O BOM

Filipe, o Bom, duque de 1419-67, casou-se com Isabel de Portugal em 1430. Esta cópia do século XVII de uma pintura de Van Eyck mostra a suntuosa festa das bodas, quando Filipe deu início à Ordem dos Cavaleiros do Tosão de Ouro.

Os duques cercavam-se de luxo, inclusive de fino ouro e prata.

**Isabel de Portugal**

**A duquesa de Bedford, irmã de Filipe.**

**Galgos** eram os cães de caça populares na corte borgonhesa.

**Filipe, o Bom,** em indumentária branca de cerimônia.

**A arte borgonhesa,** como este Livro das horas franco-flamengo, reflete as origens flamengas de muitos dos artistas favoritos dos duques.

**O Palais des Ducs de Dijon** *foi reconstruído em 1450 por Filipe, o Bom, para refletir a glória da corte borgonhesa, centro de artes, cavaleiros e magníficos banquetes. Vazio, depois da morte de Carlos, o Bravo, foi reconstruído no século XVII.*

Colheita nos vinhedos de Nuits-St-Georges, parte da região da Côte d'Or

## Côte d'Or ⑲

Côte d'Or. ✈ Dijon. 🚉 🚌 Dijon, Nuits-St-Georges, Beaune, Santenay. 🛈 Dijon (08 92 70 05 58). www.cotedor-tourisme.com

A região vinícola de Côte d'Or inclui a Côte de Beaune e a Côte de Nuits em uma quase ininterrupta linha de vinhedos de Dijon a Santenay. Espremida entre a planície do Saône, a sudoeste, e um planalto de floresta cerrada, a noroeste, esta estreita escarpa tem cerca de 50km de comprimento. As uvas dos grandes vinhedos da Borgonha crescem no solo dourado-avermelhado da encosta (daí o nome da região).

A classificação das características da terra é fantasticamente técnica e elaborada, mas, para o leigo, se pode dizer resumidamente que 95% dos melhores vinhos estão no lado que sobe a encosta da via N74 (pp. 320-1). Os nomes nas placas habitam os sonhos dos amantes do vinho no mundo todo: Gevrey-Chambertin, Vougeot, Chambolle-Musigny, Vosne-Romanée, Nuits-St-Georges, Aloxe-Corton, Meursault e Chassagne Montrachet.

Cesta de uva típica, no Musée du Vin de Bourgogne, em Beaune

## Beaune ⑳

Côte d'Or. 👥 23.000. 🚉 🚌 🛈 6 bd Perpeuil (03 80 26 21 30). 🛒 qua e sáb. 🎵 Música Barroca (jul). www.ot-beaune.fr

O centro velho de Beaune, acomodado em suas muralhas e baluartes, é fácil de ser explorado a pé. Seu tesouro indiscutível é o Hôtel Dieu (pp. 346-7). O Hôtel des Ducs de Bourgogne, construído nos séculos XIV-XVI, agora abriga o Musée du Vin de Bourgogne. O prédio em si, com fachada flamboyant, é tão interessante quanto sua mostra do equipamento de produção vinícola.

Mais ao norte fica a Collégiale Notre-Dame, cuja construção data do início do século XII. Nesta igreja em grande parte românica estão cinco belas tapeçarias de lã e seda do século XV. Com toques de estilo do início da Renascença, as tapeçarias ilustram a vida da Virgem Maria em dezenove cenas.

🏛 **Musée du Vin de Bourgogne**
Rue d'Enfer. **Tel** 03 80 22 08 19. ⏰ abr-nov: diariam; dez-mar: qua-seg. ⛔ 1º jan, 25 dez.

## Tournus ㉑

Saône-et-Loire. 👥 6.500. 🚉 🚌 🛈 pl de L'Abbaye (03 85 270020). 🛒 sáb. www.tournugeois.fr

A **Abbaye de St-Philibert** é um dos maiores e mais antigos prédios românicos de Borgonha. Foi fundada por monges de Noirmoutier que foram expulsos de sua ilha por normandos invasores no século IX. Trouxeram com eles relíquias do santo padroeiro, Philibert, que permanecem no coro. Reconstruída nos séculos X-XII, a bem fortificada igreja da abadia é feita de bela pedra rosa pálido e abóbada em

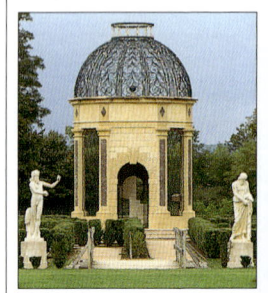

Rua estreita no centro histórico de Beaune

Pombal nos jardins do Château Cormatin, em Mâconnais

Veja hotéis e restaurantes desta região nas pp. 572-5 e 625-9

BORGONHA E FRANCHE-COMTÉ 345

Nave de St-Phillibert, em Tournus

preto e branco. O Hôtel-Dieu, do século XVII, tem as salas originais e mobiliário intactos, incluindo os equipamentos e a farmácia. Abriga também o **Musée Greuze,** dedicado ao artista Jean-Baptiste Greuze (1725-1805).

### Arredores
A sudoeste de Tournus ficam as colinas de Mâconnais, vinhedos, pomares, casarões de fazendas com telhados vermelhos e igrejas românicas. Entre seus locais interessantes, há as aldeias de colinas de **Brancion; Chapaize**, com sua igreja do século XI; e o belo *château* renascentista em **Cormatim**. A aldeia de **Taizé** é o centro de uma comunidade ecumênica mundialmente famosa. No norte, **Chalon-sur-Saône** abriga o Musée Niepce, dedicado ao inventor da fotografia.

## Cluny ❷

Saône-et-Loire. 4.800.
6 rue Mercière (03 85 59 05 34).
sáb. www.cluny-tourisme.com

A cidadezinha de Cluny fica sob a sombra das ruínas de sua grande abadia. A **Ancienne Abbaye de Cluny** foi no passado a mais poderosa fundação monástica da Europa *(pp. 48-9).*

Foi fundada por Guilherme, o Piedoso, duque da Aquitânia em 910. Em 200 anos, Cluny tornou-se a sede de uma importante ordem reformista, com centenas de mosteiros por toda a Europa. Seus abades eram considerados tão poderosos quanto monarcas ou papas, e quatro deles – Odo, Mayeul, Odilon e Hugo – são venerados como santos. No século XIV, contudo, o sistema entrou em rápido declínio. A abadia foi fechada em 1790 e a igreja, derrubada.

A visita guiada mostra o que restou da abadia, principalmente a Clocher de l'Eau Bénite (Campanário da Água Benta). O **Musée d'Art** fica no antigo palácio do abade e tem seus capitéis com figuras exibidos no andar do século XIII. Não perca a **Église St-Marcel**, do século XII. A sudoeste da cidade, a capela **Berzé-la-Ville** é decorada com afrescos do século XII.

**🔒 Ancienne Abbaye de Cluny**
*Tel 03 85 59 15 93.* ☐ *diariam.* ● *1º jan, 25 dez.*

**🏛 Musée d'Art**
Palais Jean de Bourbon. *Tel 03 85 59 15 93.* ☐ *diariam.* ● *1º jan, 1º mai, 1º e 11 nov, 25 dez.*

## Paray-le-Monial ❷

Saône-et-Loire. 10.000.
25 av Jean-Paul II (03 85 81 10 92). sex. www.paraylemonial.fr

Dedicada ao culto do Sagrado Coração de Jesus, a **Basilique du Sacré-Coeur** tornou Paray-le-Monial um dos locais mais importantes de peregrinação na França moderna.

Marguerite-Marie Alacoque, aqui nascida em 1647, tinha visões sangrentas que deram origem ao culto, se espalhando pela França no século XIX. A igreja é uma pequena versão da agora perdida igreja-abadia de Cluny e apresenta particular harmonia e pureza em sua arquitetura românica.

Uma visita ao **Musée de Paul Charnoz** explica muito sobre a produção industrial de azulejos artísticos dos séculos XIX e XX.

A ornamentada **Maison Jayet**, do século XVI, fica na place Guignaud e abriga a prefeitura da cidade.

Basilique du Sacré-Coeur, em Paray-le-Monial

# Hôtel-Dieu

Depois da Guerra dos Cem Anos, muitos dos habitantes de Beaune sofreram os efeitos da pobreza e da fome. O chanceler Nicolas Rolin e sua mulher fundaram, então, uma hospedaria em 1443, inspirada na arquitetura do hospital Valenciennes e projetada pelo mestre flamengo Jehan Wisecrère. Os Rolins ofereciam uma subvenção anual e uma usina de sal como renda. Hoje a hospedaria é uma joia medieval, com seus telhados borgonheses geométricos e coloridos. Tem ainda obras de arte religiosas: a estátua *Cristo em suplício*, entalhada em carvalho, e painéis de Rogier van der Weyden.

**Cristo em suplício**

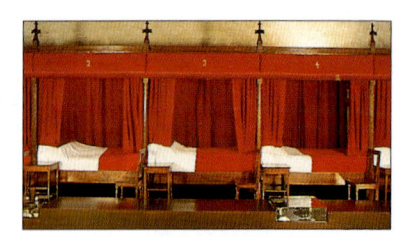

### ★ Grande Hall dos Pobres
*Com seu teto entalhado e pintado, o hall tem 28 camas, usadas por vezes por dois pacientes ao mesmo tempo. As refeições eram servidas em uma mesa central.*

**Tributo à Mulher de Rolin**
*O motivo repetido mostra as letras N e G entrelaçadas, pássaros e estrelas e a palavra "Seulle", referindo-se à mulher de Rolin, Guigone, "uma e única".*

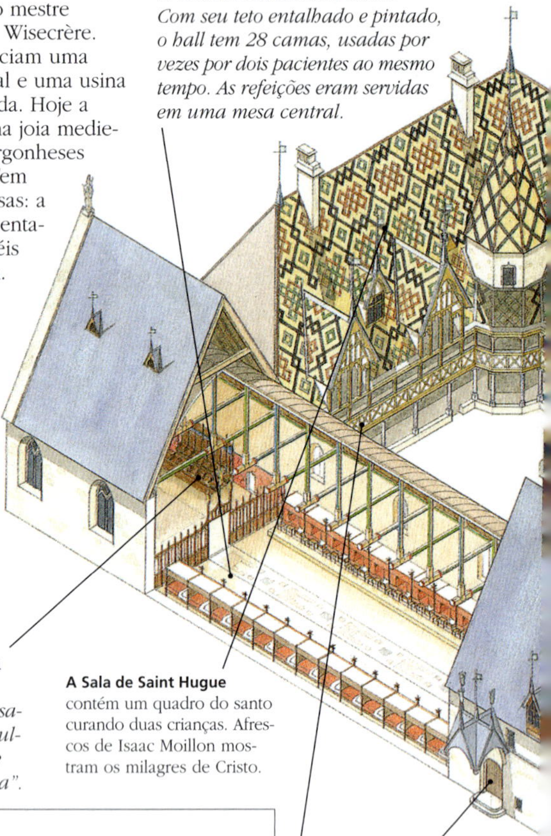

**A Sala de Saint Hugue** contém um quadro do santo curando duas crianças. Afrescos de Isaac Moillon mostram os milagres de Cristo.

**Entrada**

**A Sala de Saint Anne**, com um quadro que mostra freiras trabalhando e uma colorida tapeçaria com motivos de festa.

### LEILÃO DE VINHO
O terceiro domingo de novembro coroa três dias de festividades, conhecidos como *Les Trois Glorieuses*, com um leilão anual de caridade em Beaune. No sábado há o banquete da Confrérie des Chevaliers du Tastevin, no Château Clos de Vougeot. No domingo ocorre o leilão de vinho dos 61ha de vinhedos pertencentes a hospitais próximos. Seus preços são a base para toda a safra. Na segunda-feira, na La Paulée de Meursault, há uma festa na qual os vinicultores trazem as garrafas de suas melhores safras.

**Vinho vendido no famoso leilão**

### PONTOS ALTOS
★ Grande Hall

★ Juízo Final, Painéis de Rogier van der Weyden

*Veja hotéis e restaurantes desta região nas pp. 572-5 e 625-9*

## Cozinha

A parte principal da cozinha é uma lareira gótica com dupla fornalha e um espeto mecânico, feitos em 1698, girado por um robô de madeira.

### PREPARE-SE

Rue de L'Hôtel-Dieu, Beaune. **Tel** 03 80 24 45 00. ☐ abr-meados nov: 9h-18h30 diariam; meados nov-mar: 9h-11h30, 14h-17h30 diariam. **Leilão de vinhos** 3º dom nov: Les Halles de Beaune (03 80 24 45 00). **www**.hospices-de-beaune.com

## Cour d'honneur

Os prédios do Hôtel-Dieu são distribuídos ao redor de um pátio, flanqueado por uma galeria de madeira, acima da qual se erguem altas lucernas, encimadas por setas do cata--vento. O poço no pátio é um belo exemplo de trabalho gótico em ferro fundido.

**Telhas vitrificadas** em padrão geométrico e colorido são a característica mais marcante do Hôtel--Dieu.

## Botica

Poções incomuns, como pó do bicho-de-conta, olhos de camarão e pó de noz, estão guardadas nestes potes de barro. Próximo há um pilão de bronze usado no preparo dos remédios.

Sala St-Louis

## ★ Juízo Final

As figuras nuas dos painéis do século XV de Rogier van der Weyden chegaram a receber roupas no século XIX. Ao mesmo tempo, o altar foi cortado ao meio para que os painéis internos e externos pudessem ser vistos juntos.

Château de Pierreclos, na região de Mâcon

## Brionnais ㉔

Saône-et-Loire. ✈ Mâcon.
🚌 Paray-le-Monial, Roanne.
🚉 Paray-le-Monial.
ℹ Marcigny (03 85 25 39 06).

Brionnais é um pequeno e tranquilo distrito rural, espremido entre o rio Loir e as montanhas de Beaujolais, no extremo sul da Borgonha.

Seu principal destaque agropecuário é a vaca charolesa branca, vista pastando em todos os lugares. Visite a feira de gado de **St-Christophe**, nas tardes de quarta-feira.

A área possui inúmeras igrejas românicas, muitas construídas com a pedra local. A **Église Anzy-le-Duc**, do século XI, possui uma majestosa torre poligonal e magníficos capitéis esculpidos. A **Église Semur-en-Brionnais** foi inspirada no grande mosteiro de Cluny, que não existe mais. Aqui nasceu o famoso abade de Cluny, São Hugo. A igreja em **St-Julien-de-Jonzy** tem como destaque os relevos de seu tímpano. A principal atração de **La Clayette**, pequena cidade ao lado do rio Genette, é um castelo no meio de um lago. Não é aberto ao público, mas possui um museu de carros antigos e no verão recebe o show *son et lumière*. A sudeste de La Clayette, a solitária **Montagne de Dun** ergue-se até pouco mais de 700m e oferece um panorama das colinas suaves e verdes de Brionnais. Este é um dos melhores locais para piquenique na Borgonha, cheio de recantos sonolentos e tranquilos caminhos vicinais.

Capitel em St-Julien-de-Jonzy

## Mâcon ㉕

Saône-et-Loire. 👤 36.000. ✈
🚌 🚉 ℹ 1 pl Saint Pierre
(03 85 21 07 07). 📅 sáb.
**www**.macon-tourism.com

Situada no limite entre a Borgonha e o sul, Mâcon é uma cidade industrial e um centro produtor de vinho no rio Saône.

A inexistência de igrejas se deve ao efervescente anticlericalismo durante a Revolução, quando catorze igrejas foram destruídas. Um convento do século XVII foi transformado no **Musée des Ursulines**. Seu acervo inclui pintura francesa e flamenga e uma coleção de objetos pré-históricos do sítio arqueológico de Solutré. Na place aux Herbes, a praça da feira, destaca-se a **Maison de Bois**, uma casa de madeira do século XV que ostenta entalhes bizarros.

🏛 **Musée des Ursulines**
Allée de Matisco. **Tel** 03 85 39 90 38.
◯ ter-sáb e dom tarde. ◯ 1º jan, 1º mai, 14 jul, 1º nov, 25 dez.

### Arredores

A grandiosa **Roche de Solutré** se impõe sobre os vinhedos de Pouilly-Fuissé, no distrito de Mâcon. Sob ela, fósseis da Idade da Pedra formam um importante sítio arqueológico. A região é também a terra do poeta romântico Lamartine (1790-1869). Ele nasceu em Mâcon e mais tarde viveu no Château de St-Point. O **Château de Pierreclos** é associado a seu poema épico *Jocelyne*.

Gado charolês pastando nas suaves colinas de Brionnais

*Veja hotéis e restaurantes desta região nas pp. 572-5 e 625-9*

# Franche-Comté

Região de bosques e água, Franche-Comté oferece ao visitante uma excepcional natureza, combinada com oportunidades para canoagem, passeios a pé pelas montanhas e esqui. Nesta região, vale a pena conhecer tanto as cidades quanto as matas. Fantásticas paisagens com grutas e cachoeiras são encontradas ao longo de todo o Valée du Doubs. Mais ao sul ficam as magníficas nascentes dos rios Lison e Loue. Reculées é uma área de fantásticas formações montanhosas e cachoeiras, como Baume-les-Messieurs. Na Région des Lacs, lagos tranquilos são cercados por picos e florestas virgens.

## Cascades du Hérisson ㉖

Pays-des-Lacs. *Clairvaux-les-Lacs* (03 84 25 27 47). qua.

A aldeia de Doucier, no sopé de Pic de l'Aigle, é o ponto de partida para o vale do rio Hérisson, um dos melhores cenários naturais no Jura. Deixe o carro no parque perto do Moulin Jacquand e suba a pé a trilha pelo bosque até a Cascade de l'Eventail, uma cachoeira de 65m de altura. Siga em frente até a Cascade du Grand Saut, igualmente impressionante. Esta caminhada é difícil devido ao terreno íngreme e às vezes escorregadio, por isso sapatos apropriados são essenciais.

## Arbois ㉗

Jura. 3.600. *17 rue de l'Hôtel de Ville* (03 84 66 55 50). sex. www.arbois.com

Arbois, a alegre cidade do vinho, fica nas margens cobertas de vinhedos do rio Cuisance. É famosa por seu *vin jaune* (vinho amarelo), assemelhado ao *sherry*. No lado norte da cidade fica a **Maison de Pasteur**, casa e laboratório totalmente preservados do grande cientista Louis Pasteur (1822-95), o primeiro a testar vacinas em pessoas.

### Arredores

A sudoeste de Dole fica o **Château d'Arlay**, do século XVIII, com impecáveis jardins.

## Dole ㉘

Jura. 28.000. *6 pl Grévy* (03 84 72 11 22). ter, qui e sáb. www.tourisme-paysdedole.fr

A grande e agitada cidade de Dole fica onde o Doubs encontra o canal formado pelos rios Reno e Ródano. Antiga capital do Comté, foi sempre símbolo da resistência da região aos franceses. A região se habituara à relativa independência, primeiramente sob os condes de Borgonha e depois como parte do Sacro Império Romano. Embora sempre tenha falado francês, seu povo não gostava da ideia da monarquia absolutista francesa e, em 1636, enfrentou um cerco muito longo. A cidade rendeu-se a Luís XIV, primeiro em 1668 e de novo em 1674.

Há um quarteirão histórico encantador no centro, cheio de vielas, casas do século XV e pátios internos. A place aux Fleurs oferece visão desta parte da cidade e da **Église Notre-Dame**, do século XVI. O charme é o telhado com musgo.

*A pura natureza em Source du Lison, no Franche-Comté*

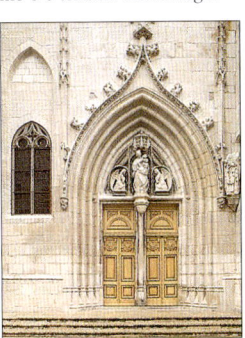

*Virgem e o Menino, no portal norte da Église Notre-Dame, em Dole*

Saline Royale, em Arc-et-Senans

## Arc-et-Senans ❷❾

Doubs. 🚶 *1.400.* 🚉 ℹ️ *Ancienne Saline Royale (03 81 57 43 21).* www.ot-arcetsenans.fr

Designada patrimônio histórico da humanidade desde 1982, a Saline Royal (Usina de Sal) em Arc-et-Senans foi projetada pelo grande arquiteto francês Claude-Nicolas Ledoux (1736-1806). Ele vislumbrou um complexo construído em círculos concêntricos ao redor dos prédios principais. Os únicos a ser completados (1775) foram, contudo, os prédios construídos para a produção de sal. Estes mostram a escala da ideia de Ledoux: água salgada seria transportada por tubos da vizinha Salins-les-Bains e o combustível para fazê-la evaporar viria da floresta de Chaux. O empreendimento terminou em 1895, mas os prédios permanecem.

O **Musée Ledoux** exibe uma série de maquetes deste e de outros projetos imaginados pelo arquiteto do século XVIII.

🏛 **Musée Ledoux Lieu du Sel**
Saline Royale. *Tel 03 81 54 45 45.* ⏱ *diariam.* 🚫 *1º jan, 25 dez.* 🎟 📷 *térreo.*

## Champlitte ❸⓿

Haute Saône. 🚶 *1.900.* 🚉 ℹ️ *33B rue de la République (03 84 67 67 19).*

Na pequena cidade de Champlitte, o **Musée des Arts et Traditions Populaires** foi criado por um pastor da região que colecionava objetos e artefatos ligados a costumes locais que desapareceram. Uma das exposições relembra a emigração de 400 pessoas para o México em meados do século XIX.

🏛 **Musée des Arts et Traditions Populaires**
Pl de l'Eglise. *Tel 03 84 67 82 00.* ⏱ *abr-jun e set: qua-sex (sáb-dom só à tarde); jul-ago: seg-sex (sáb-dom só à tarde); out-mar: qua-seg à tarde.* 🚫 *1º jan, 1º nov, 25 dez.* 🎟 📷

## Besançon ❸❶

Doubs. 🚶 *120.000.* 🚉 ℹ️ *2 pl de la Première Armée Française (03 81 80 92 55).* 📅 *ter-sáb e dom pela manhã.* www.besancon-tourisme.com

Besançon suplantou Dole como capital do Franche-Comté no século XVII. Centro eclesiástico no início, é agora um centro industrial, especializado em engenharia de precisão. A arquitetura imponente da cidade velha, com seu elegante trabalho em ferro batido, é um legado do século XVII.

Atrás da bela fachada renascentista do Palais Granvelle, na grande rue, fica o novo **Musée du Temps**, uma coleção de peças relacionadas ao tempo – um tributo à cidade, famosa por produção de relógios. Uma exposição interativa no 3º andar convida à reflexão sobre a relatividade da noção de tempo.

Mais adiante estão os locais de nascimento do romancista Victor Hugo (1802-85), no nº 140, e dos irmãos Lumière *(p. 63)*, na place Victor Hugo. Atrás da **Porte Noire**, um arco romano, fica a Cathédrale St-Jean, do século XII. Em seu campanário está o **Horloge Astronomique**, com seus autômatos que saltam do relógio.

O **Musée des Beaux-Arts et d'Archéologie** ocupa o velho mercado de milho. Seu acervo inclui Bellini, Cranach, Rubens, Fragonard, Boucher, Ingres, Goya, Matisse e Picasso.

A cidadela de Vauban, com vista para o rio Doubs, abriga o intrigante **Musée Comtois**, com artefatos locais, um aquário e um insetário.

🏛 **Musée du Temps**
Palais Granvelle, 96 grande rue. *Tel 03 81 87 81 50.* ⏱ *ter-dom.* 🚫 *1º jan, 1º mai, 1º nov, 25 dez.* 🎟 📷

⏰ **Horloge Astronomique**
Rue de la Convention. *Tel 03 81 81 12 76.* ⏱ *abr-set: qua-seg (qui-seg inverno).* 🚫 *jan, 1º mai, e 11 nov, 25 dez.* 🎟 📷

🏛 **Musée des Beaux-Arts et d'Archéologie**
1 pl de la Révolution. *Tel 03 81 87 80 49.* ⏱ *qua-seg.* 🎟 *grátis dom.* 📷 ♿

🏛 **Musée Comtois**
La Citadelle, rue des Fusillés de la Résistance. *Tel 03 81 87 83 33.* ⏱ *abr-out: diariam; nov-mar: qua-seg.* 🚫 *1º jan, 25 dez.* 🎟 📷

O fantástico relógio astronômico de Besançon, feito em 1857-60

## Ornans ❸❷

Doubs. 🚶 *4.300.* 🚉 ℹ️ *7 rue Pierre Vernier (03 81 62 21 50).* 📅 *3º ter mês.* www.valleedelaloue.com

O grande pintor realista Gustave Courbet nasceu em Ornans em 1819. Ele pintou a cidade sob todos os modos possíveis. Seu *Enterro em Ornans* comprovou-se uma

*A fantástica Chapelle de Notre-Dame-du-Haut de Le Corbusier, em Ronchamp*

das mais influentes pinturas do século XIX. Suas obras estão expostas em três edifícios históricos, dos quais um foi sua casa na infância, hoje transformada no **Musée Courbet**.

### 🏛 Musée Courbet
Pl Robert Fernier. *Tel 03 81 86 22 88.* ☐ *qua-seg.* ● *1º jan, 1º mai, 1º nov, 25 dez.* 
http://musee-courbet.doubs.fr

### Arredores
Paraíso dos canoeiros, o **Valée de la Loue** é o mais lindo no Jura. A D67 acompanha o rio de Ornans a Ouhans, de onde são apenas quinze minutos de caminhada até sua fantástica nascente. Belvederes oferecem ótima vista da área.

A sudoeste de Ornans, a espetacular **Source du Lison** *(p. 349)* fica a apenas vinte minutos de caminhada de Nans-sous-Ste-Anne.

## Belfort ❸

Territoire de Belfort. 🚶 *52.000.* 🚉
🚌 ℹ️ *2 bis rue Clemenceau (03 84 55 90 90).* 🛒 *qua-dom.*
www.ot-belfort.fr

O símbolo de Belfort é um enorme leão de arenito cor-de-rosa. Foi construído (não esculpido) por Frédéric Bartholdi (1834-1904), artista responsável pela estátua da Liberdade, em Nova York.

A sólida **cidadela** de Belfort, projetada por Vauban sob Luís XIV, resistiu a três cercos em 1814, 1815 e 1870. Hoje esta fantástica série de fortificações proporciona um interessante passeio a pé e ampla vista das redondezas. O **Musée d'Art et d'Histoire**, situado em alguns dos alojamentos, exibe modelos das fortificações originais, bem como arte e artefatos regionais, além de exposições contemporâneas (fecha às terças-feiras no inverno)

## Ronchamp ❸

Haute Saône. 🚶 *3.000.* 🚌 ℹ️ *14 pl du 14 juillet (03 84 63 50 82).* 🛒 *sáb.* www.ot-ronchamp.fr

A fantástica **Chapelle de Notre-Dame-du-Haut**, de Le Corbusier, domina esta antiga cidade de mineiros. Mais uma escultura do que uma construção, sua forma de concreto foi concluída em 1955. Luz, forma e espaço criam uma unidade no interior. Há ainda um **Musée de la Mine**, evocando o trabalho e a vida dos mineiros locais.

*O espelho de Ornans*, no Musée Courbet, Ornans

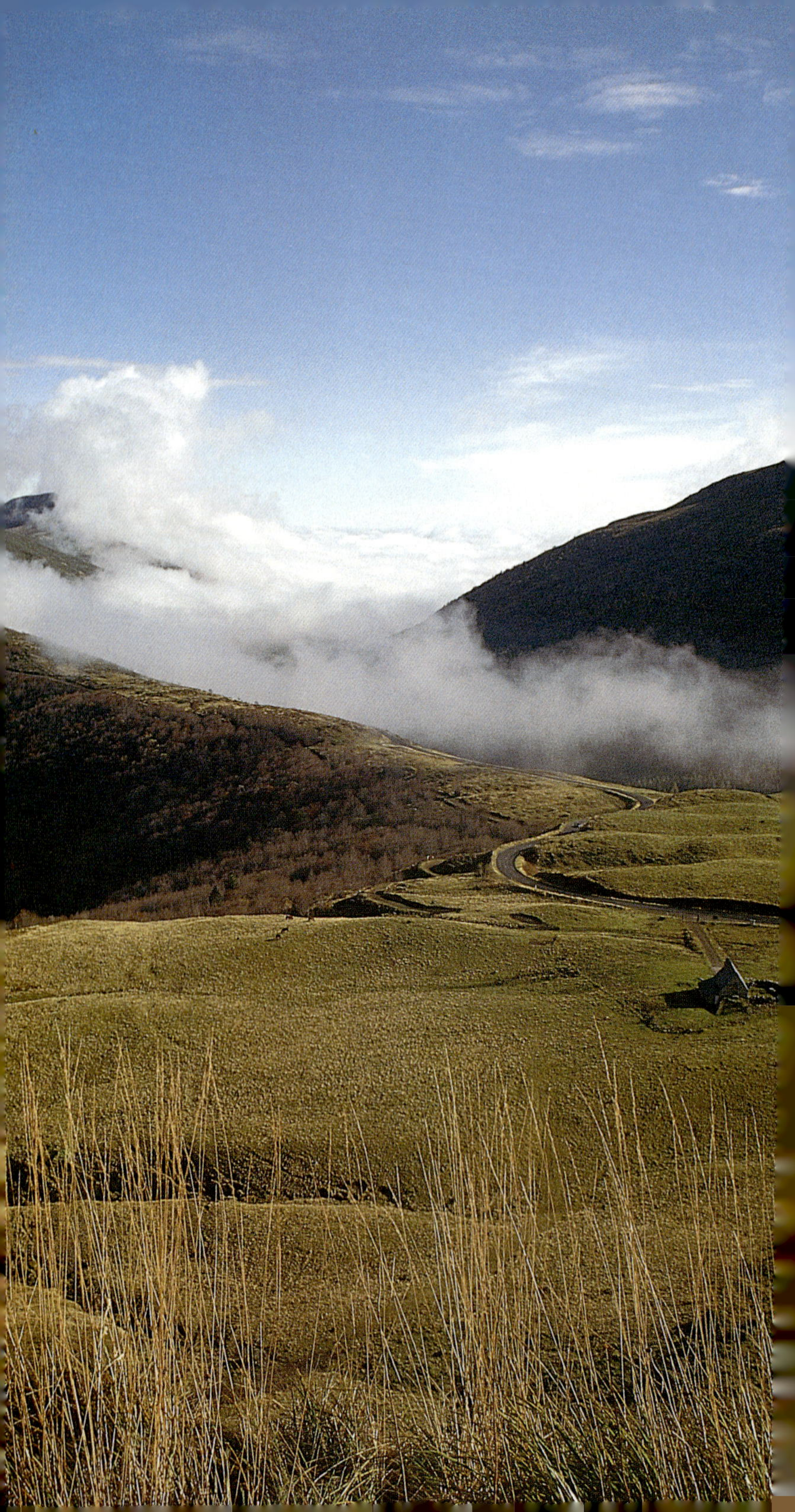

# MASSIF CENTRAL

ALLIER · AVEYRON · CANTAL · CORRÈZE · CREUSE · HÂUTE-LOIRE
HAUTE-VIENNE · LOZÈRE · PUY DE DÔME

*O Massif Central é uma região de beleza selvagem e estranha – um dos segredos mais bem guardados da França. É surpreendentemente pouco conhecido além das águas de suas termas e das principais cidades, como Clermont-Ferrand, Vichy e Limoges. Mas novas estradas começaram a desvendar esta região antes remota.*

O imenso planalto central de antigo granito e rochas cristalinas que formam o Massif Central abrange a impressionante paisagem de Auvergne, Limousin, Aveyron e Lozère. No passado, uma encruzilhada que desafiava os peregrinos, repleta de gigantescos vulcões, é uma região de insuspeitada riqueza, da espetacular cidade de Puy-en-Velay aos exclusivos tesouros de Conques.

Com lagos originados de crateras de vulcões e fontes de água quente, Auvergne é o centro vulcânico do Massif Central, um paraíso ao ar livre que proporciona atividades como caminhadas no verão e esqui no inverno. Possui algumas das igrejas românicas, castelos medievais e palácios renascentistas mais belos da França. A leste, ficam as cadeias montanhosas de Forez, Livardois e Velay; a oeste, estão gigantescas cadeias de vulcões extintos, formadas pelos Monts Dômes, Dore e du Cantal. Limousin, na parte noroeste do Massif Central, apresenta um terreno mais suave, que exibe pastos verdes e estradas agradavelmente vazias. Aveyron expande-se para o sudoeste, a partir das montanhas Aubrac, levando consigo os rios Lot, Aveyron e Tarn por gargantas e vales, com suas aldeias pendendo dos penhascos. A leste, em Lozère, ficam os Grands Causses, a vasta e isolada chapada das Cèvennes. Esses planaltos estéreis proporcionam uma vida pobre aos fazendeiros, mas agradam aos aventureiros.

La Bourboule, estação de águas nos Monts Dore

◁ O pico do Puy Mary, a 1.787m de altura, proporciona bela vista aos que se aventuram a subir

# Como Explorar o Massif Central

A natureza atinge sua beleza máxima nas cadeias montanhosas vulcânicas e desfiladeiros com rios turbulentos do Massif Central. É um território vasto e preservado que proporciona vistas espetaculares e todo tipo de atividade ao ar livre, como *rafting*, canoagem e caminhadas pelas montanhas. Há centenas de igrejas, castelos e museus para os apreciadores de história, arquitetura e arte. E uma cozinha regional boa e variada, com excelentes vinhos locais para os apreciadores da boa vida.

0 km       25

## LEGENDA

- Rodovia
- Estrada principal
- Estrada secundária
- Estrada local
- Percurso com paisagem
- Ferrovia principal
- Ferrovia local
- Fronteira regional
- △ Cume

**Penhascos de pedra calcária das Gorges du Tarn**

## COMO CHEGAR

Há um bom serviço aéreo e ferroviário ligando Paris às cidades de Limoges, Clermont-Ferrand e Vichy. Muitas das cidades e passeios mais interessantes são facilmente alcançados de carro. A estrada que vai de Calais a Bride é uma rota fácil para chegar à região por carro. A maioria das estradas secundárias tem boa manutenção, mas diminua a velocidade nas montanhas. Algumas delas são vertiginosas, como a estrada para o alto do Puy Mary, que é de tirar o fôlego. A A71/A75 (sem pedágio), que passa por Auverge, é uma bela estrada.

**Legenda dos símbolos** *no final do guia*

MASSIF CENTRAL 355

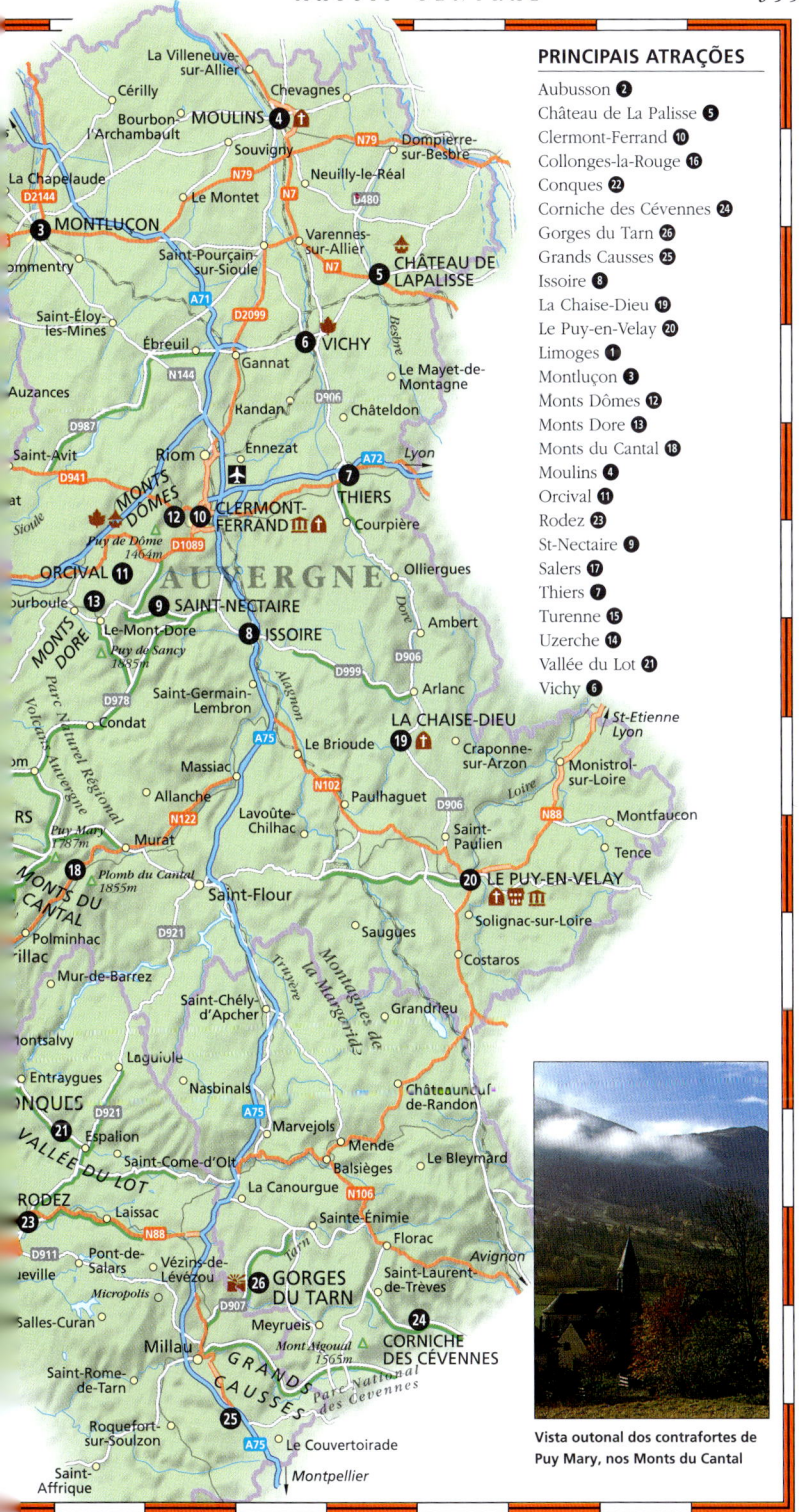

## PRINCIPAIS ATRAÇÕES

Aubusson ❷
Château de La Palisse ❺
Clermont-Ferrand ❿
Collonges-la-Rouge ⓰
Conques ㉒
Corniche des Cévennes ㉔
Gorges du Tarn ㉖
Grands Causses ㉕
Issoire ❽
La Chaise-Dieu ⓳
Le Puy-en-Velay ⓴
Limoges ❶
Montluçon ❸
Monts Dômes ⓬
Monts Dore ⓭
Monts du Cantal ⓲
Moulins ❹
Orcival ⓫
Rodez ㉓
St-Nectaire ❾
Salers ⓱
Thiers ❼
Turenne ⓯
Uzerche ⓮
Vallée du Lot ㉑
Vichy ❻

**Vista outonal dos contrafortes de Puy Mary, nos Monts du Cantal**

*O mau pastor*, placa esmaltada de Limoges

## Limoges ❶

Haute-Vienne. 200.000. ✈
🚂 🚌 *12 bd de Fleurus*
(05 55 34 46 87). 🎪 *diariam.*
www.limoges-tourisme.com

A capital de Limousin tem dois corações: a velha Cité e o rival château, agora centro comercial moderno. A Cité foi devastada pelo Príncipe Negro, Eduardo de Gales, em 1370, durante a Guerra dos Cem Anos. Hoje é tranquila para passeio entre casas de madeirame aparente e ruas estreitas.

Por volta de 1770, Limoges se tornou sinônimo de porcelana. A legendária porcelana local está no **Musée National Adrien-Dubouché**. Mais de 10 mil itens, incluindo peças gregas e chinesas antigas, traçam a história da cerâmica. O **Musée des Beaux-Arts de Limoges** abriga uma coleção egípcia, artefatos arqueológicos que contam a história de Limoges, mais de 600 esmaltes de Limousin e pinturas impressionistas. Esta região era o centro da Resistência na Segunda Guerra Mundial, e o **Musée de la Résistance et de la Déportation** possui artefatos relacionados àquela época.

🏛 **Musée National Adrien-Dubouché**
Pl Winston Churchill. **Tel** 05 55 33 08 50. ⬜ *qua-seg.* ⬛ *1º jan, 1º mai, 25 dez.*
www.musee-adriendebouche.fr

🏛 **Musée des Beaux-Arts de Limoges**
1 pl de l'Evêché. **Tel** 05 55 45 98 10. ⬜ *qua-seg.* ⬛ *1º jan, 1º mai, 1º e 11 nov, 25 dez.* www.museebal.fr

🏛 **Musée de la Résistance et de la Déportation**
Rue de la Règle, Jardin de L'Evêché. **Tel** 05 55 45 98 23. ⬜ *qua-seg* (ligue antes)

### Arredores

A intensa atividade da Resistência em Limousin levou a severas represálias dos alemães. Em 10 de junho de 1944, na aldeia de **Oradour-sur-Glane**, 25km a noroeste de Limoges, a SS queimou toda a população (650 pessoas). As ruínas foram mantidas e uma nova aldeia foi construída com um centro de pesquisas e informações entre as duas. A alegre cidade de St-Junien fabrica luvas desde a Idade Média e continua fornecendo a estilistas suas peças luxuosas de couro.

## Aubusson ❷

Creuse. 🚂 5.000. 🚌
ℹ *rue Vieille* (05 55 66 32 12).
🎪 *sáb.* www.ot-aubusson.fr

Aubusson deve sua fama às águas excepcionalmente puras do Creuse, perfeitas para a produção das tinturas delicadamente coloridas para tapeçarias e tapetes. A produção de tapeçarias culminou nos séculos XVI e XVII, mas até o final do século XVIII a Revolução e o papel de parede decorado tinham acabado com a clientela.

Na década de 1940, Aubusson ressuscitou, em grande parte devido ao artista Jean Lurçat, que convenceu outros artistas modernos a desenharem para tapeçaria. O **Musée Départemental de la Tapisserie** exibe uma coleção permanente desses trabalhos modernos. Visitantes são bem-vindos nos 3 ateliês – na **Manufacture St-Jean** você pode ver tapeçarias e tapetes encomendados sendo feitos à mão.

🏛 **Musée Départemental de la Tapisserie**
Ave des Lissiers. **Tel** 05 55 83 08 30. ⬜ *qua-seg* (ter à tarde jul-ago). ⬛ *1ª semana abr, 1ª semana nov.*

🏛 **Manufacture St-Jean**
3 rue St Jean. **Tel** 05 55 66 10 08. ⬜ *seg-sex.*

### Arredores

Uma única rua de casas do século XV e uma ponte romana compreendem

*Restauração de tapeçaria na Manufacture St-Jean, em Aubusson*

*Veja hotéis e restaurantes desta região nas pp. 575-7 e 629-31*

Igreja românica em Moûtier-d'Ahun, perto de Aubusson

**Moûtier-d'Ahun**, encravada no viçoso vale do Creuse. Vestígios de uma abadia beneditina permanecem na igreja metade românica metade gótica, com seu elaborado portão de pedra. O coro tem cadeiras de madeira e obras de arte do século XVII com motivos de flora e fauna que representam as diferentes faces do bem e do mal. Hoje há um jardim onde antes havia nave da igreja.

## Montluçon ❸

Allier. 45.000. 
67 ter bd de Courtais (04 70 05 11 44).
ter, qui-dom.
www.montlucontourisme.com

Montluçon, pequena cidade industrial de coração medieval, é o centro econômico da região. No centro fica um castelo Bourbon, que hoje abriga exposições temporárias. O **Jardin Wilson**, um agradável *jardin à la française* no bairro medieval, fica sobre os antigos muros de proteção da cidade. Destruídos no século XVIII, pouco restou deles. O jardim de rosas, restaurado, e os canteiros de flores valem uma visita. A **Église St-Pierre**, do século XII, é uma surpresa, com gigantescas colunas de pedra e um enorme teto abobadado.

## Moulins ❹

Allier. 23.000. rue François Péron (04 70 44 14 14). sex, dom. www.moulins-tourisme.com

Capital do Bourbonnais e sede dos duques de Bourbon desde o século X, Moulins prosperou durante o início da Renascença. O mais famoso ponto de Moulins é a **Cathédrale Notre-Dame**, em estilo gótico *flamboyant*, com membros da corte de Bourbon entre os santos nos vitrais dos séculos XV e XVI. O tesouro contém um luminoso tríptico do século XV, *A Virgem e o Menino*, pintado em 1498 pelo Mestre de Moulins. Os patronos Pedro II, duque de Bourbon, e sua mulher, Ana de Beaujeu, ambos adornados com joias, são mostrados junto a uma Madona vestida mais simplesmente.

A torre e a única ala restante do **Vieux Château** de Bourbon abriga um fantástico acervo de esculturas, pinturas e arte decorativa dos séculos XII ao XVI. Esta magnífica coleção de 10 mil trajes se encontra em casernas com forma de calvário.

**Cathédrale Notre-Dame**
Pl de la Déportation. **Tel** 04 70 20 89 65. **Tesouro** ter-sáb.
25 dez.

Vitral da Cathédrale Notre-Dame, em Moulins

## Château de La Palisse ❺

Allier. **Tel** 04 70 99 37 58.
☐ *Páscoa-out: diariam.*

No início do século XVI o marechal da França Jacques II de Chabannes contratou arquitetos florentinos para reconstruir o castelo feudal de Lapalisse, criando um castelo renascentista, habitado desde então por seus descendentes. O *salon doré* (salão dourado) tem vigas no teto contornado em ouro e duas tapeçarias flamengas do século XV que mostram o cruzado Godofredo de Bolonha e o herói grego Heitor, dois dos nove heróis clássicos da lenda dos cavaleiros.

**Arredores**
De Lapalisse, a D480 sobe pelo vale do Besbre, passando por castelos menores e bem preservados, incluindo o **Château de Thoury**.

⌂ **Château de Thoury**
Dompierre. **Tel** 04 70 42 00 41.
**Pátio e área externa** ☐ *abr-mai: sáb, dom e feriados (somente à tarde); jun-nov: qua-seg.*

Teto dourado de La Palisse

## Vichy ❻

Allier. 27.000. 19 rue du Parc (04 70 98 71 94). qua.
**www**.vichytourisme.com

Esta pequena cidade no rio Allier é conhecida desde a era romana por suas termas quentes e frias e reconhecidas curas de reumatismo, artrite e males digestivos. A famosa escritora de cartas Madame de Sévigné e as filhas de Luís XV estiveram aqui no final dos séculos XVII e XVIII – a primeira comparou o jorrar da água a "um ensaio do purgatório".

As visitas de Napoleão III, por volta de 1860, tornaram Vichy conhecida e virou moda beber sua água. A pequena cidade ficou famosa e foi eleita a favorita entre a nobreza francesa e a classe média alta de todo o mundo. Atualmente, o grandioso prédio das Termas, construído em 1900, foi transformado em galerias de compras. Os

Interior do prédio original das Termas, em Vichy

Pôster de Vichy (c. 1930-50), pintado por Badia-Vilato

banhos modernos são sofisticados e estritamente para fins médicos. Todos os tratamentos requerem prescrição médica e reserva com pelo menos 30 dias de antecedência.

A sorte de Vichy mudou novamente na década de 1960: o represamento do Allier criou um enorme lago no meio da cidade, tornando-a um próspero centro de esportes aquáticos e eventos internacionais. Por uma pequena taxa, pode-se praticar de aikidô a esqui aquático ou aprender canoagem no rio artificial de 3km.

O foco das atividades em Vichy é o **Parc des Sources**, no centro da cidade, com seu coreto da virada de século que oferece concertos vespertinos em época de temporada, além das belas galerias de compras com tetos de vidro estilo Belle Époque e o Grand Casino e Teatro. Aqui, há jogo todas as tardes e apresentações musicais noturnas em um ambiente descontraído e alegre. Também abertas ao público, há as lindas torneiras

*Veja hotéis e restaurantes desta região nas pp. 575-7 e 629-31*

MASSIF CENTRAL 359

de bronze da **Source Célestin**, em um parque à beira do rio, com vestígios do convento de mesmo nome. Somente imaginando a cidade em preto e branco, em estilo jornal cinematográfico, é que se pode ter uma ideia de como era Vichy na época da guerra, quando a resistência estava sediada na cidade, entre 1940-4 *(p. 65)*.

🌺 **Source Célestin**
Bd du Président Kennedy.
⬜ diariam. ⬛ dez-jan. ♿

## Thiers ❼

Puy de Dôme. 🚶 *13.500.* 🚌 🚋
ℹ️ Pl de Pirou (04 73 80 65 65). 🛍️
qui e sáb. www.ville-thiers.fr

Segundo o escritor La Bruyère, Thiers "parece pintada na encosta da colina", pendente em uma garganta sobre uma acentuada curva do rio Durolle. A cidade é conhecida por seus talheres desde a Idade Média, quando, segundo a lenda, os cruzados retornavam com técnicas de trabalho em metal do Oriente Médio. Com energia gerada por dezenas de quedas-d'água na margem oposta do rio, Thiers produzia de tudo, de facas de mesa a lâminas de guilhotina. A cutelaria continua sendo a principal atividade industrial – com muitas peças expostas no **Musée de la Coutellerie**.

A Cidade Velha é cheia de partes misteriosas, como a "Esquina da Oportunidade" e o "Buraco do Inferno", com ruas tortuosas e casas dos séculos XIV-XVII bem restauradas. Muitas dispõem de bem elaboradas fachadas de madeira entalhada, como a Maison du Pirou, na place Pirou. A vista oeste do terraço, em direção aos Monts Dômes e Dore, é frequentemente fantástica no pôr do sol.

🏛️ **Musée de la Coutellerie**
rue de la Coutellerie. **Tel** 04 73 80 58 86. ⬜ jun-set: diariam; out-mai: ter-dom. ⬛ 25 jan, 1º mai, 25 dez. 📷 🎫
www.musee-coutellerie-thiers.com

## Issoire ❽

Puy de Dôme. 🚶 *15.000.* 🚌 🚋
ℹ️ 9 pl St-Paul (04 73 89 15 90). 🛍️ sáb. www.sejours-issoire.com

A maior parte da antiga Issoire foi destruída nas guerras religiosas do século XVI. A cidade atual é um importante centro industrial desde o final da Segunda Guerra Mundial. Issoire não só tem uma forte tradição aeronáutica como também atrai pilotos de planadores, que vêm aproveitar as fortes correntes de ar locais.

Issoire, a colorida abadia do século XII de **St-Austremoine**, é uma das grandes igrejas românicas da região. Os capitéis ilustram cenas da vida de Cristo (um dos apóstolos na *Última ceia* dorme à mesa), demônios e bestas imaginários. O afresco do século XV, *Juízo final*, mostra figuras no estilo Bosch – pescadores sendo atirados à boca de um dragão e uma jovem enviada para o inferno dentro de uma cesta de mão. Perto fica a Tour de l'Horloge, que tem cenas da história da Renascença.

### PEREGRINAÇÕES E *OSTENSIONS*

As paróquias de Auvergne e Limousin são famosas por homenagear seus santos em procissões. No Dia da Assunção, pode-se acompanhar a Virgem de Orcival sendo carregada ao alto da aldeia à noite, seguida por ciganos e seus filhos para o batismo. A cada sete anos, uma série de aldeias de Limousin tem *Ostensions*, quando as relíquias dos santos desfilam pelas ruas entrando nos bosques vizinhos. A época da *Ostension* começa no domingo após a Páscoa e vai até junho. O próximo evento no ciclo de sete anos ocorrerá em 2016.

**A Virgem de Orcival, carregada em procissão no alto da aldeia (1903)**

**Thiers vista do sul, estendendo-se pelas encostas sobre o rio Durolle**

## St-Nectaire ❾

Puy de Dôme. 🚶 750. 🚌 ℹ️ *Les Grands Thermes (04 73 88 50 86).* 🛐 *jul-ago dom manhã.* www.sancy.com

Auvergne é famosa por suas igrejas românicas. Altiva e elegante, na aldeia mais alta, chamada St-Nectaire-le-Haut, fica a **Église St-Nectaire**, uma das mais belas entre elas. Seus 103 capitéis de pedra, 22 dos quais multicoloridos, são vivamente esculpidos, e o tesouro inclui um busto de ouro de São Baudímio e uma Nossa Senhora de madeira de Mont-Cornador – duas maravilhas do artesanato do século XII. A aldeia mais baixa, St-Nectaire-le-Bas, é uma estação de águas com mais de 40 fontes quentes e frias.

### Arredores

Cidadela do século XII, o **Château de Murol**, parcialmente em ruínas, tem guias em trajes da época, encenando a vida medieval e dos cavaleiros. Ótimo para crianças.

🏛 **Château de Murol**
Murol. **Tel** *04 73 26 02 00.*
⭕ *abr-set: diariam; out-mar: sáb e dom.* 📷 www.chateaudemurol.fr

Fontaine d'Amboise (1515), em Clermont-Ferrand

## Clermont-Ferrand ❿

Puy de Dôme. 🚶 141.000. ✈️ 🚌 🚆 ℹ️ *pl de la Victoire (04 73 98 65 00).* 🛐 *seg-sáb.* www.clermont-fd.com

Clermont e Ferrand eram duas cidades distintas – e rivais, que se tornaram uma só em 1630. Clermont é um movimentado centro comercial, com agitados cafés, restaurantes e trânsito. Foi um povoado celta antes da era romana. Já no século V possuía uma catedral e em 1095 era suficientemente importante para que o papa lá anunciasse a Primeira Cruzada. Os condes de Auvergne, desafiando o poder episcopal de Clermont, estabeleceram-se no que é hoje a velha Montferrand, a curta distância do centro de Clermont de automóvel. Construída como fortaleza, Montferrand nos faz voltar no tempo, com suas ruas calmas e casas renascentistas.

As origens mais remotas de Clermont estão bem ilustradas no Musée Bargoin, que tem acervo de artefatos domésticos românicos (fecha segunda).

Na place St-Pierre fica o principal mercado de Clermont, com oferta diária de alimentos – especialmente aos sábados. A rue du Port, um calçadão com pequenas lojas enfileiradas em ladeira íngreme, leva da **Fontaine d'Amboise** (1515) à **Basilique Notre-Dame-du-Port**. Trata-se de uma das mais importantes igrejas românicas da região, com seu interior de pedras de belas proporções, um magnífico coro elevado e capitéis vivamente esculpidos. Procure a Generosidade lutando contra a Avareza na forma de dois cavaleiros. A igreja foi beneficiada por uma extensa reforma.

O contraste com a **Cathédrale Notre-Dame-de-l'Assomption**, feita de lava negra, é surpreen-

Coro elevado da Basilique Notre-Dame-du-Port

*Veja hotéis e restaurantes desta região nas pp. 575-7 e 629-31*

## CENTRO DE CLERMONT

Basilique Notre-
-Dame-du-Port ③
Cathédrale Notre-
-Dame-de-
-l'Assomption ④
Fontaine
d'Amboise ②
Place St-Pierre ①

---

dente. Passa-se do austero estilo românico do século XII ao extravagante gótico do século XIII. As elegantes linhas no interior devem-se à resistente pedra local utilizada na construção, que permite pilares mais delgados e uma estrutura mais leve. A pedra vulcânica escura realça os vitrais dos séculos XII-XV, que parecem jóias. Acredita-se que tenham sido criados pela mesma oficina da Sainte-Chapelle, em Paris (pp. 84-5).

A parte antiga de Montferrand se desenvolveu dos séculos XIII ao XVII e sobreviveram muitas das casas – conhecidas como *hôtels particuliers* – construídas por prósperos mercadores. Algumas das melhores, com galerias italianas, janelas com esquadrias e belos pátios internos, enfileiram-se pela antiga **rue Kléber**. Entre Clermont e Montferrand situa-se uma terceira minicidade, dominada pela matriz e pelas fábricas de borracha e pneus da Michelin, aqui fundada em 1830.

**Boneco Michelin**

**Coro da Cathédrale Notre-Dame-de-l'Assomption**

### Arredores

Uma vez rival de Clermont-Ferrand pela supremacia em Auvergne, **Riom** é uma cidade provinciana com casas de pedra negra e fontes de lava. O castelo do duque Jean de Berry, do século XIV, foi demolido no século XIX para a construção do Palais de Justice: o que restou disso foi a Sainte-Chapelle, com belos vitrais do século XV. O tesouro de Riom é uma graciosa Madona segurando uma criança com um pequeno pássaro nas mãos. Está na Église de Notre-Dame-du-Marthuret, do século XIV, mas foi modificada.

## Orcival ⓫

Puy de Dôme. 300.
Le Bourg (04 73 65 89 77).
www.terresdomes-sancy.com

Vale a pena visitar Orcival só por sua igreja românica, a **Basilique d'Orcival**, que muitos diriam ser a melhor da região. Concluída no início do século XII e de estilo tipicamente românico de Auvergne, sua abside é multifacetada e as paredes laterais são sustentadas por contrafortes e arcos. Em seu interior está *A Virgem e o Menino*, de prata e rubro-escarlate (na posição formal, olhando para a frente, conhecida como "em majestade"), enigmática em sua cadeira quadrada e rígida. Com interior iluminado por catorze janelas e espaçosa cripta, o edifício tem proporções particularmente graciosas.

*A Virgem e o Menino*, na **Basilique d'Orcival**

Vista aérea de Puy de Dôme, nos Monts Dômes

## Monts Dômes ⓬

Puy de Dôme. 🚠 🚌
🚆 Clermont-Ferrand.
🛈 Montlosier (04 73 65 64 00).
www.parc-volcans-auvergne.com

A mais nova cadeia de vulcões de Auvergne, com 4.000 anos, os Monts Dômes, ou Chaine des Puys, englobam 112 vulcões extintos alinhados em um trecho de 30km, logo a oeste de Clermont-Ferrand. No centro fica o **Puy de Dôme**, acima de um alto planalto. Uma estrada que sai da N922 serpenteia até o cume, em gradiente constante de 12%, enquanto o caminho romano, mais íngreme, ainda é utilizado por ciclistas. Também há uma ferrovia nas montanhas (tel 04 73 42 21 32, para detalhes).

No cume – mais uma hora de caminhada –, estão as ruínas do templo romano de Mercúrio e uma torre meteorológica de telecomunicações. Em um raro dia claro, a vista do outro lado do vulcão é de tirar o fôlego. O controverso **Parc Européen du Volcanisme, Vulcania**, usa a mais alta tecnologia para simular atividade vulcânica nos seus 2.000m² de percurso subterrâneo.

No canto sudoeste da região dos Monts Dômes fica o **Château de Cordès**, uma propriedade particular do século XV. Os amplos jardins foram projetados por Le Nôtre (p. 179).

🌋 **Vulcania**
D941B, Saint-Ours-les-Roches.
**Tel** 08 20 82 78 28. 🗓 meados mar-ago: diariam; set-meados nov: qua-seg. 🎫 ♿ 🍴 🛍 📷
**Centro de Documentação**
www.vulcania.com

🏰 **Château de Cordès**
Orcival. **Tel** 04 73 65 81 34.
🗓 somente jardins (horários pelo tel 04 73 21 15 89). 🎫 📷

A Tuilière, vulcânica, abaixo do Guéry, nos Monts Dore

## Monts Dore ⓭

Puy de Dôme. 🚠 Clermont-Ferrand.
🚆 🚌 Le Mont-Dore. 🛈 Montlosier, Aydat (04 73 65 64 00).

Três gigantescos vulcões – o Puy de Sancy, o Banne d'Ordanche e o **Puy de l'Aiguiller** – e seus cones secundários formam os Monts Dore: montanhas de um verde-escuro, densamente arborizadas, entrecortadas por rios pontilhados de balneários e estâncias para a prática do esqui, caminhadas, paraglider, canoagem e navegação a vela.

O **Puy de Sanci**, com 1.885m, é o ponto mais elevado da França Central. Seu cume pode ser alcançado tomando-se o teleférico na cidade de Le Mont-Dore e, a seguir, uma longa caminhada por terreno aberto.

De Le Mont-Dore, uma vista inebriante é oferecida aos motoristas pela D36, que conduz ao **vale de Couze de Chambon**, um lindo trecho de terras altas, pantanosas, com cachoeiras.

A região possui duas estâncias famosas: **La Bourboule**, voltada para os males infantis, tendo inclusive um cassino para crianças, e, em Mont-Dore, o **Etablissement Therma**, em estilo virada do século.

Abaixo do Col de Guéry, na D983, as erodidas **Roche Sanadoire** e **Roche Tulière**, vulcânicas, erguem-se como dois pilares gigantes: de seus cumes vê-se o arborizado Cirque de Chausses e o vale em frente.

Igreja em La Bourboule, nos Monts Dore

## Uzerche ⓮

Corrèze. 👥 3.000. 🚆 🚌
🛈 pl de la Libération (05 55 73 15 71). 📅 dia 20 do mês.
www.pays-uzerche.fr

Uzerche é uma vista impressionante: tetos cinza em ardósia; torres e campanários erguem-se de uma colina acima do rio Vézère. E sua próspera cidade jamais capitulou durante os conflitos da Idade Média e, antes disso, suportou sete anos de cerco de forças mouras, em 732. O povo da cidade enviou um banquete para os inimigos – na verdade, seus últimos suprimentos. Os mouros, julgando que tão generosa oferta significasse abundância de suprimentos, desistiram.

A românica **Église St-Pierre** fica no topo da colina. Além de Uzerche, o Vézère passa pelas verdes gargantas de Saillant.

## O QUEIJO CANTAL

Em Auvergne, o gado salers local ainda é mantido em estábulos nos vales durante o inverno e conduzido a pastos na montanha no verão – uma prática tradicional conhecida como transumância. A grama viçosa e as flores – genciana, murta e anêmona – que o gado come produzem um leite aromatizado, base do grande queijo da região, o Cantal. O coalho, no passado, era mexido e coado manualmente com um pano, mas agora prevalecem métodos modernos. O Cantal é o ingrediente básico do *aligot* – purê de batatas e queijo temperado com alho, um dos pratos mais famosos da região.

**O gado salers dispõe de ricos pastos**

## Turenne ⓯

Corrèze. 750.
Le Bourg (05 55 24 08 00).

Turenne é uma das mais atraentes cidades medievais no Corrèze. Em formato de meia-lua e situada na encosta do penhasco, a cidade foi o último feudo independente da França, sob domínio absoluto da família La Tour d'Auvergne até 1738. Henri de la Tour d'Auvergne, seu membro mais ilustre, foi marechal da França sob Luís XIV e um dos maiores soldados da modernidade.

Agora o que resta do **Château de Turenne** são as torres do Relógio, do século XIII, e de César, do século XI, da qual se tem uma fantástica vista de 360° dos Monts du Cantal atravessando até o vale Dordogne. Não muito longe fica a igreja colegiada, do século XVI, e a **Chapelle des Capucins**, do século XVIII.

⌂ **Château de Turenne**
**Tel** 05 55 85 9066. ☐ abr-out: diariam; nov-mar: dom à tarde.
www.chateau-turenne.com.

## Collonges-la--Rouge ⓰

Corrèze. 400. Depois ônibus até Cottage av de l'Auvitrie (05 55 25 47 57).

Há algo de inquietante na exclusiva arquitetura de arenito carmesim de Collonges, bem bonita em casas individuais, ao mesmo tempo austera e fantástica.

Fundada no século VIII, Collonges foi dominada por Turenne, cujos burgueses construíram as sólidas casas com torres nos vinhedos circundantes. Observe o forno público para pão no mercado e a igreja do século XI, posteriormente fortificada com uma torre de vigia. O tímpano incomum da igreja, de pedra calcária esculpida, mostra um homem conduzindo um urso, entre diversas outras figuras.

## Salers ⓱

Cantal. 400. só no verão.
pl Tyssandier d'Escous (04 71 40 58 08). qua. www.salers-tourisme.fr

Cidade sólida e bonita, de casas de lava cinza e baluartes do século XV, Salers situa-se no alto de uma escarpa, na beira dos Monts du Cantal. É uma das poucas aldeias virtualmente intactas da região. A igreja possui um admirável sepultamento policromado, datado de 1495, e cinco tapeçarias de Aubusson, do século XVII.

Da fonte, ruas conduzem à beira do penhasco, com vista panorâmica para os vales vizinhos, sempre ao som dos sinos das vacas, ao longe. A cidade fica muito cheia no verão, mas ainda assim é um bom ponto de partida para o Puy Mary *(p. 364)*, a grande barragem em Bort-les-Orgues, o vizinho Château de Val e o vale do Cère ao sul.

**O medieval Château de Val em Bort-les-Orgues, perto de Salers**

Pico Puy Mary, nos vulcânicos Monts du Cantal

## Monts du Cantal ⑱

Cantal. ✈ Aurillac. 🚍 🚌 Lioran.
🛈 Aurillac (04 71 48 46 58).
www.iaurillac.com

Os Monts du Cantal foram originalmente um enorme vulcão – o maior e mais antigo da Europa, datando do período terciário. Os picos mais altos, o **Plomb du Cantal**, a 1.855m, e o **Puy Mary**, a 1.787m, são rodeados por uma cadeia de cumes e vales de rios profundos. Dirigir pelas estradas estreitas é uma experiência vertiginosa, da qual faz parte um cenário maravilhoso a cada curva. Entre picos e desfiladeiros, o solo montanhoso e fértil favorece, no verão, o pasto para o gado salers (*p. 363*). Do **Pas de Peyrol** – a estrada mais alta do país (a aproximadamente 1.589m de altura) – até o cume do Puy Mary são 25 minutos de caminhada.

### Arredores

O **Château d'Anjony**, um dos mais agradáveis castelos de Auvergne, foi construído por Luís II d'Anjony, defensor de Joana d'Arc (*pp. 300-1*). Destacam-se os afrescos do século XVI: na capela, cenas da Vida e Paixão de Cristo e, no andar superior, a *Salles des Preux* (Sala dos Cavaleiros), uma fascinante série de nove heróis da cavalaria. Ao sul, o pequeno mercado da cidade de **Aurillac**, um bom local para se começar a explorar a região de Cantal.

♜ **Château d'Anjony**
Tournemire. **Tel** 04 71 47 61 67.
◷ meados fev-meados nov: diariam à tarde; jul-ago: diariam.
🎟 ☑ obrig.

## La Chaise-Dieu ⑲

Haute-Loire. 🚹 700. 🚍 🛈 pl de la Mairie (04 71 00 01 16). 🛒 qui.
www.la-chaise-dieu.info

A **Abbaye de St-Robert**, sombria e sólida em seu meio-termo entre o românico e o gótico, é a razão primordial para se visitar o povoado de La Chaise-Dieu. As edificações datam do século XIV e são uma mistura de estilos e gostos. O coro, entretanto, é espetacular: 144 bancos de carvalho com as figuras do Vício e da Virtude entalhadas. Sobre elas, cobrindo as paredes completamente, encontram-se belas tapeçarias da França, feitas em Bruxelas e em Arras, no início do século XVI, retratando cenas do Velho e do Novo Testamentos.

Estátua de Notre-Dame-de-France, em Le Puy

São ricas em cores e detalhes. Nas paredes externas do coro, a pintura *Dança macabra*, do século XV, mostra a Morte, em forma de esqueleto, conduzindo ricos e pobres para o fim inevitável. Do outro lado do claustro fica a Sala do Eco, onde duas pessoas sussurrando em cantos opostos ouvem uma à outra. Um Festival de Música Barroca de meados de agosto a setembro lota o mosteiro.

## Le Puy-en-Velay ⑳

Haute-Loire. 🚹 20.500. ✈ 🚍 🚌
🛈 2 pl de Clauzel (04 71 09 38 41).
🛒 🚩 sáb. set.
www.ot-lepuyenvelay.fr

Localizada na base de um vulcão, a extraordinária cidade de Le Puy oscila entre um afloramento de rochas excepcionalmente belo e gigantescos pilares de basalto. A cidade parece ter três picos, cada um tendo como marco uma igreja ou uma estátua. Vista a distância, é uma das paisagens mais emocionantes da França. Atualmente uma cidade comercial e turística, a atração principal de Le Puy é a sua **Cidade Santa**, que se tornou um local de peregrinações depois que o bispo de Le Puy, Gotescalk, fez uma das primeiras peregrinações para Santiago de Compostela em 962 e construiu a **Chapelle St-Michel**

Detalhe de *Dança macabra*, em La Chaise-Dieu

*Veja hotéis e restaurantes desta região nas pp. 575-7 e 629-31*

## AS MADONAS NEGRAS DE AUVERGNE

O culto da Virgem Maria sempre foi muito forte em Auvergne. Por isso há muitas estátuas da Virgem nesta região. São entalhadas em nogueira ou cedro e ficaram escurecidas com o passar do tempo. Acredita-se que as Madonas têm origem na influência bizantina dos cruzados. Talvez a mais famosa Madona seja a de Le Puy-en-Velay, do século XVII, cópia de outra que pertenceu a Luís IX, na Idade Média.

**A Virgem Negra de Luís IX**

---

d'Aiguilhe na sua volta. Peregrinos do leste da França e da Alemanha, antes de partir para Compostela, reuniam-se na **Cathédrale Notre-Dame**, com sua famosa Madona Negra e a "pedra da febre" – uma pedra de ritual druida, com seus poderes de cura, incrustada em uma das paredes. Construída a princípio em um local pagão, a Cathédrale Notre-Dame é uma estrutura românica imensa. Arcos multiformes, palmeiras entalhadas, desenhos de folhas e uma fachada semelhante a um tabuleiro de xadrez mostram as influências da Espanha moura e indicam o intercâmbio cultural notável que ocorreu na França meridional nos séculos XI e XII. No transepto há afrescos românicos, destacando-se o enorme afresco de São Miguel, dos séculos XI e XII. Na sacristia, o tesouro inclui a Bíblia de Teodolfo, um documento manuscrito da era de Carlos Magno. A catedral é o centro do complexo da Cidade Santa, que domina a cidade alta, abrangendo o batistério, o claustro, a residência do prior e a capela dos Penitentes.

A imensa estátua vermelha de **Notre-Dame-de-France**, no pico Rocher Corneille, foi construída em 1860, com 213 canhões confiscados em Sebastopol, durante a Guerra da Crimeia. Chega-se à estátua através de um caminho íngreme ou por dentro, subindo por uma escada de ferro.

A Chapelle St-Michel, como a catedral, mostra fortes influências mouras na decoração em trevos e nos mosaicos coloridos do arco sobre a entrada principal. Parece emergir como um dedo gigantesco de lava de rocha e pode ser escalada por 268 degraus íngremes. Acredita-se que a igreja esteja localizada no lugar de um templo romano a Mercúrio; sua parte central data do século X, embora a maior parte da edificação tenha sido construída um século depois. O chão foi feito de forma a seguir os contornos da rocha do lugar e o interior é ornamentado com alguns pálidos murais do século X e com vitrais coloridos do século XX.

Na cidade baixa, ruas estreitas com casas dos séculos XV e XVI conduzem ao jardim Vinay e ao **Musée Crozatier**, que possui um acervo de rendados feitos à mão no século XVI, objetos de arte medievais e pinturas do século XV. Quando começar, a reforma vai fechar o museu por vários anos. Ligue antes.

Em meados de setembro, Le Puy veste máscaras e fantasias para o Carnaval renascentista do Festival Pássaro-Rei, que celebra as habilidades dos melhores arqueiros da cidade.

**Chapelle St-Michel d'Aiguilhe**
Aiguilhe. **Tel** 04 71 09 50 03.
meados fev-meados dez: diariam; meados dez-meados fev: só à tarde.
1º jan, 25 dez.

**Notre-Dame-de-France**
Rocher Corneille. **Tel** 04 71 05 45 52. diariam. meados nov-jan (exceto Natal).

**Musée Crozatier**
Jardin Henri Vinay. **Tel** 04 71 06 62 40.
para reforma até 2014.

Chapelle St-Michel d'Aiguilhe, erguendo-se sobre um dedo de rocha de lava

Ruínas do castelo de Calmont d'Olt em Espalion, no Vallée du Lot

## Vallée du Lot ㉑

Aveyron. ✈ Aurillac, Rodez. 🚆 Rodez, Séverac-le-Château. 🚌 Espalion, Rodez. 🛈 Espalion (05 65 44 10 63). www.valleedulot.com

Do Mende e do antigo porto do rio de La Canourgue, o rio Lot (ou Olt, segundo o uso antigo) percorre seus vales férteis, passando por pomares, vinhas e pinheirais. **St Côme d'Olt**, perto das montanhas de Aubrac, é um povoado preservado e fortificado, como uma igreja do século XV rodeada de casas medievais e renascentistas. Em **Espalion**, as casas de tons pastel e um castelo torreado são refletidos em um rio que passa por baixo de uma ponte de pedra em forma de arco, do século XIII. A cidade tem um dos melhores mercados da região, nas manhãs de sexta-feira. Fora da cidade, fica Perse, século XI, igreja cujos capitéis esculpidos retratam cavaleiros em combate e pássaros imaginários bebendo em um cálice.

No passado, **Estaing** foi o feudo de uma das maiores famílias de Rouergue, do século XIII. O povoado aninha-se abaixo de um *château* sólido (abre mai-set), às margens do rio. A estrada passa pelas Gorges du Lot a caminho de **Entraygues** ("entre águas") – o centro velho e a ponte gótica do século XIII merecem uma visita. Depois de Entraygues, o rio se alarga e junta-se ao Garonne.

## Conques ㉒

pp. 368-9.

## Rodez ㉓

Aveyron. 👥 26.000. ✈ 🚆 🚌 🛈 pl Foch (05 65 75 76 77). 🛒 qua e sáb. www.ot-rodez.fr

Como muitas cidades medievais francesas, Rodez era politicamente dividida: as lojas alinhadas da **place du Bourg**, de um lado da cidade, e a **place de la Cité**, perto da catedral, do outro. Essa divisão reflete o conflito entre os interesses laicos e eclesiásticos. O centro comercial de Rodez, o maior da região, agora é provavelmente a principal atração da cidade. Mas a **Cathédrale Notre-Dame** também vale a pena. Com sua enorme construção cor-de-rosa, tem uma fachada com ares de fortaleza e seu magnífico campanário. Os bancos do coro (século XV) mostram criaturas fantásticas, como um leão alado e um sujeito malicioso mostrando o traseiro.

*Sepultamento*, na catedral de Rodez

### Arredores

A 45km a sudoeste fica Sains Léons, terra natal de Jean-Henri Fabre, o famoso etimologista. Aqui fica **Micropolis**, que é parte um museu interativo, parte parque temático, dedicado ao universo dos insetos (fecha nov-meados fev). Pelo menos assista ao fantástico filme de mesmo nome.

---

**ROBERT LOUIS STEVENSON**

Robert Louis Stevenson (1850-94), autor de romances como *A ilha do tesouro* e *O médico e o monstro*, também foi um fantástico escritor de viagens. Em 1878 viajou para as remotas montanhas Cévennes, tendo por companhia apenas um pequeno burro: Modestine. A narrativa dessa viagem, cheia de acontecimentos – *Viagens com um burro nas Cévennes* –, foi publicada no ano seguinte.

Robert Louis Stevenson

---

*Veja hotéis e restaurantes desta região nas pp. 575-7 e 629-31*

Paisagem do Parque Nacional de Corniche des Cévennes

## Corniche des Cévennes ㉔

Lozère, Gard. ✈ Nîmes. 🚆 Alès.
🚌 St-Jean-du-Gard.
ℹ St-Jean-du-Gard (04 66 85 32 11).
www.cevennes-parcnational.fr

A emocionante estrada beirando o penhasco *(corniche)* de Florac, no Tarn, para St-Jean-du-Gard foi cortada no início do século XVIII pelo exército de Luís XIV em perseguição aos *camisards*, rebeldes protestantes que não tinham uniformes e lutavam com suas camisas comuns *(camiso* na *langue d'oc)*. A estrada D983 é espetacular. Uma das razões pelas quais Robert Louis Stevenson dirigiu-se com seu burro Modestine para Cévennes foi o fascínio pela história dos *camisards*, recontada em *Viagens com um burro nas Cévennes*. Em St-Laurent-de-Trèves – onde há fósseis com indícios de dinossauros –, há uma vista majestosa dos Grands Causses e dos picos de Lozère e Aigoual. A *corniche* termina em St-Jean-du-Gard, onde o **Musée des Vallées Cévenoles** retrata a vida do campo em uma estalagem do século XVII.

### 🏛 Musée des Vallées Cévenoles
95 grand' rue, St-Jean-du-Gard.
**Tel** 04 66 85 10 48. ☐ *jul-ago: 10h-19h diariam; abr-jun, set-out: 10h-12h, 14h-19h diariam; nov-mar: ter, qui e dom à tarde.* ● *1º jan, 25 dez.*
🌐 www.museedescevennes.com

## Grands Causses ㉕

Aveyron. ✈ Rodez-Marcillac. 🚆
🚌 Millau. ℹ Millau (05 65 60 02 42).
🛒 qua e sex www.ot-millau.fr

Os Causses são um imenso platô de calcário árido, com vales surpreendentemente férteis e verdejantes. Às vezes, o único sinal de vida por aqui é uma ave no céu, uma fazenda isolada ou a cabana de um pastor. A área é ideal para caminhadas solitárias.

Os quatro Grands Causses – Sauveterre, Méjean, Noir e Larzac – estendem-se a leste da cidade de Millau, que tem a mais alta ponte para carros do mundo. Eles vão de Mende, ao norte, ao vale do rio Vis, ao sul.

Entre as atrações dos Causses estão os *chaos* – formações rochosas que parecem cidades arruinadas e por isso são chamadas assim. Há os *chaos* de **Montpellier-le-Vieux**, **Nîmes-le-Vieux** e **Roquesaltes**. **Aven Armand** e **Dargilan Grotto** são grutas subterrâneas naturais, imensas e profundas.

Um bom lugar para ir no Larzac Causse é o povoado de **La Courvertoirade**, uma cidade fortificada dos cavaleiros templários (século XII). As ruas sem pavimentação e as casas medievais de pedra são vestígios do lado negro da Idade Média. A entrada na cidade é gratuita. Paga-se o passeio pelos fortes.

O povoado mais conhecido do Causse du Larzac é provavelmente **Roquefort-sur-Soulzon**, onde a cor cinza predomina, construído ao lado de um afloramento de calcário fragmentado. Tem uma rua principal e um produto famoso: o **queijo Roquefort**, feito de modo especial. O leite – que é de ovelha e não pasteurizado – recebe um bolor azul, desenvolvido em pedaços de pão, e é transformado em queijo. É envelhecido nas cavernas úmidas acima da cidade.

Vista de Méjean, um dos quatro platôs dos Grands Causses

# Conques

O povoado de Conques agrupa-se ao redor da esplêndida Abbaye de Ste-Foy, espremida contra uma encosta. Santa Fé era uma jovem que se tornou uma das primeiras mártires cristãs. Suas relíquias foram mantidas em um mosteiro rival em Agen. No século IX, um monge da abadia de Conques roubou as relíquias, atraindo assim peregrinos para aquele lugar e fazendo com que Conques virasse parada obrigatória para a rota de Santiago de Compostela (pp. 400-1). O tesouro contém o mais importante acervo de trabalhos de ouro medievais e renascentistas da Europa ocidental, alguns feitos na própria oficina da abadia, no início do século IX. A abadia românica tem lindos vitrais de Pierre Soulages (1994) e seu tímpano é obra-prima da escultura medieval.

**Relicário do século XII**

**A abadia vista da aldeia**

**Os transeptos amplos** acomodavam multidões de peregrinos.

**Interior da nave**
*Simples e elegantemente austero, o interior românico do templo foi construído entre 1050 e 1135. A pequena nave, com 22m de altura, tem três filas de arcos coroados por 250 capitéis esculpidos.*

**Tímpano**
*Este relevo, do começo do século XII, retrata o Juízo Final, com o Diabo no inferno (como mostra a figura) na parte de baixo da escultura e Cristo no céu no centro do tímpano.*

Veja hotéis e restaurantes desta região nas pp. 575-7 e 629-31

MASSIF CENTRAL 369

## TESOUROS DE CONQUES

Os tesouros datam dos séculos IX ao XIX e são apreciados por sua beleza e raridade. O relicário de Santa Fé, revestido de ouro, madeira e prata, é crivado de pedras preciosas, cristais de rocha e até mesmo de um relevo do imperador romano Caracala. O corpo é do século IX, mas o rosto pode ser mais antigo, possivelmente do século V. Outras peças magníficas incluem um relicário em forma de "A", que se acredita ser presente de Carlos Magno; o relicário de Pepino, pequeno e belo, de 1000 d.C.; e uma cruz de procissão do fim do século XVI.

**O precioso relicário de Santa Fé**

### PREPARE-SE

Aveyron. 1.600. de Rodez. Pl de l'Eglise (08 20 82 08 03). **Tesouro/Museu** diariam; abr-set: 9h30-12h30, 14h-18h30; out-mar: 10h-12h e 14h-18h. 8h seg; 8h, 12h05 ter-sáb; 7h30, 11h dom. limitado.
www.conques.fr

### Capelas românicas
*A fachada leste se divide em três fileiras coroadas pelas galerias fechadas do coro e por um campanário central. Três capelas cercam a abside do lado oeste, construída para acomodar altares extras e para a celebração de missas.*

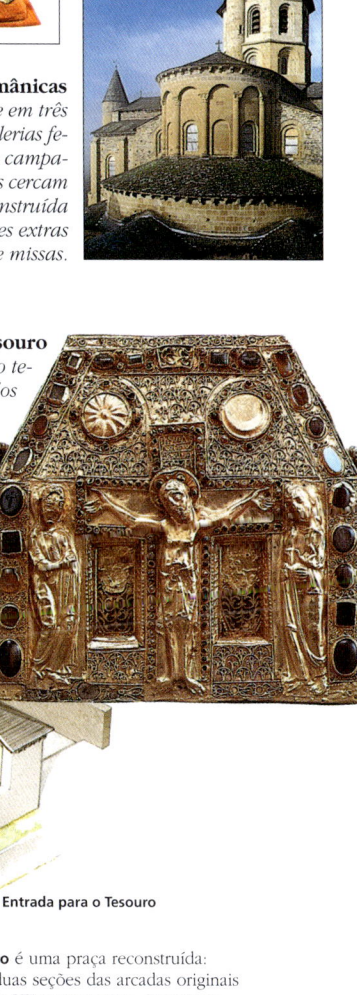

### Tesouro
*Os preciosos bens do tesouro foram escondidos pela população da cidade para não ser destruídos durante a Revolução. Todos foram devolvidos.*

Entrada para o Tesouro

**O claustro** é uma praça reconstruída: apenas duas seções das arcadas originais do século XII permanecem. Entretanto, 30 dos capitéis esculpidos originais estão expostos no refeitório e no Musée Fau.

# Gorges du Tarn ㉖

Próximo ao início de seu curso em direção ao rio Garonne, o Tarn recorta algumas das gargantas mais espetaculares da Europa. Há milhões de anos, o Tarn e seu afluente Jonte abrem caminho pelos planaltos das Cévennes, dando origem a um *canyon* sinuoso de cerca de 25km de comprimento e 400m de profundidade. As gargantas são ladeadas por montanhas rochosas, galgadas por estradas de curvas estonteantes e excepcionais vistas panorâmicas, muito populares na alta estação. Os planaltos adjacentes, ou *causses,* são sinistramente diferentes, formando uma paisagem aberta e austera, seca no verão e coberta de neve no inverno, na qual ovelhas errantes e fazendas são os únicos sinais de vida.

**Point Sublime**
*A partir dos 800m há vistas incríveis de uma grande curva na garganta do Tarn, como o causse Méjean, visível a distância.*

**Atividades ao ar livre**
*As gargantas do Tarn e do Jonte são populares para canoagem e rafting. Embora relativamente plácido no verão, o rio pode ser perigoso na primavera, com a neve derretida.*

**Pas de Souci**
*Localizado logo acima de Les Vignes, o Pas de Souci é um estreito na garganta do rio Tarn, no meio de seu caminho para o norte.*

**Formações de Montpellier-le-Vieux**
*No lado do Causse Noir, saindo da D110, trata-se de um fantástico sítio geológico, com bizarras formações rochosas criadas pela erosão calcária.*

Veja hotéis e restaurantes desta região nas pp. 575-7 e 629-31

## MASSIF CENTRAL

### PREPARE-SE

Lozère. ✈ Rodez-Marcillac. 🚆 Mende, Banassac, Séverac-le--Château. 🚌 Milau. 🛈 Le Rozier (05 65 62 60 89). St-Enimie (04 66 48 53 44).
**www**.ot-gorgesdutarn.com

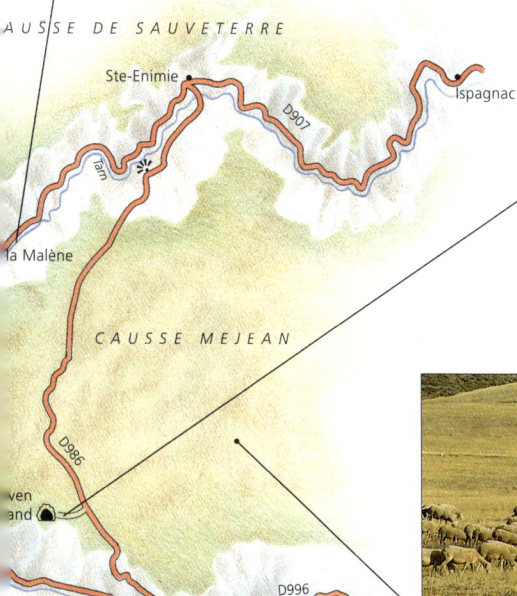

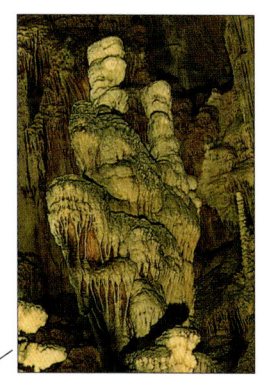

### La Malène
*Antigo ponto de travessia entre os causses Sauveterre e Méjean, esta aldeia, com seu solar fortificado do século XVI, é ponto de partida para passeios de barco*

### Cavernas de Aven Armand
*No Causse Méjean, muitas estalactites nas cavernas são tingidas por minerais depositados pela água, que goteja lentamente.*

### Causse Mejean
*Os causses são o paraíso dos botânicos na primavera e no verão, com mais de 900 espécies de flores silvestres, inclusive orquídeas.*

### AS CÉVENNES AGRESTES

Uma das partes menos povoadas da França, esta região é muito conhecida por suas flores silvestres e aves de rapina. Abutres-grifos (nome popular local) já foram comuns aqui. Gigantescas, mas inofensivas, estas aves desapareceram neste século devido à caça, mas um programa de reintrodução tem levado à sua crescente reprodução nas Gorges de la Jonte.

**Flores silvestres** *encontradas nesta área incluem plantas alpinas raras.* (Espécie de ervilha, Orquídea, Erva-amarela)

**O abutre-grifo** *(nome popular) agora volta à região. Tem envergadura superior a 2,5m.*

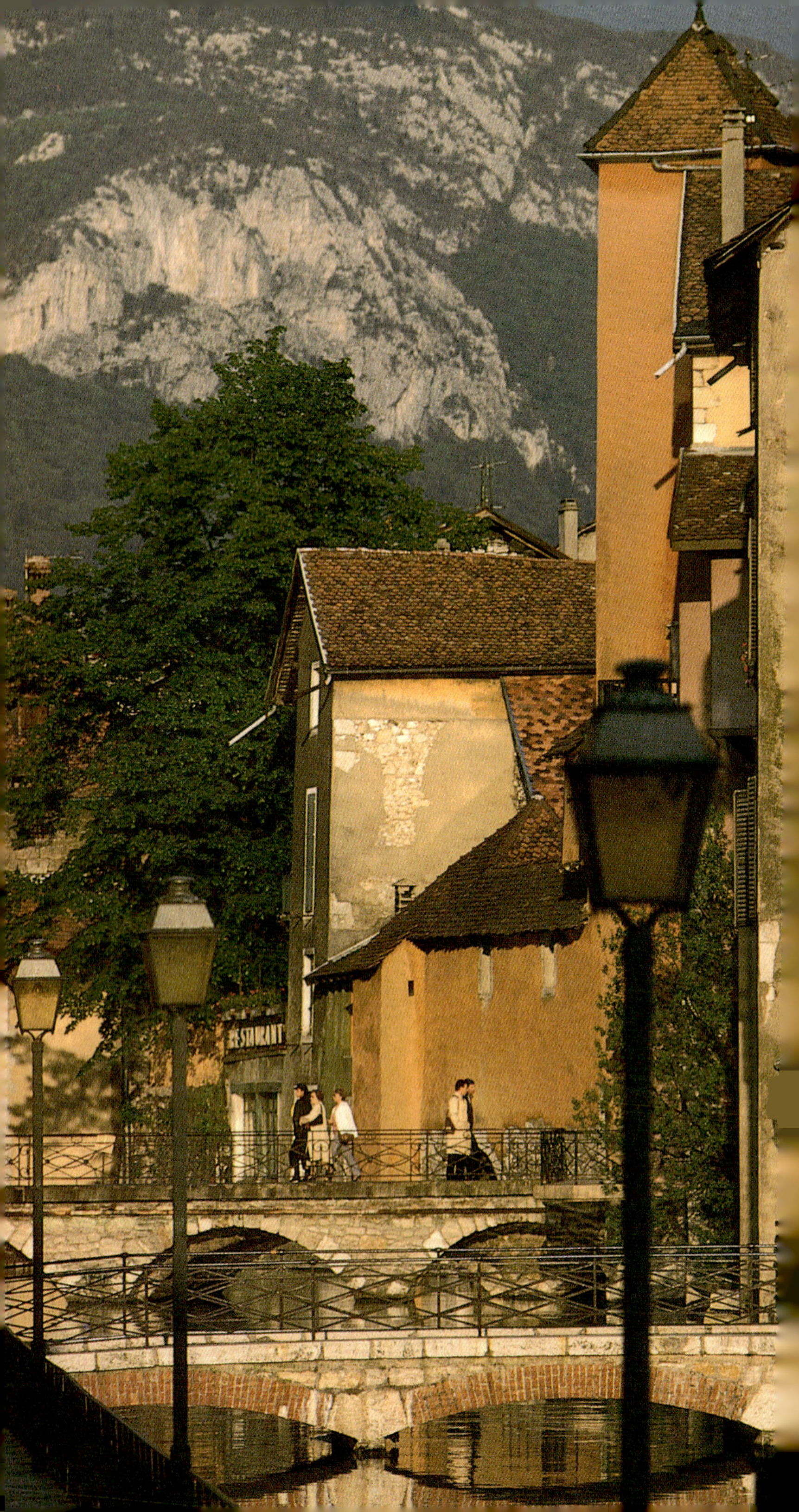

# VALE DO RÓDANO E ALPES FRANCESES

LOIRE · RÓDANO · AIN · ISÈZÈRE · DRÔME
ARDÈCHE · HAUTE-SAVOIE · SAVOIE · HAUTES-ALPES

Os dois perfis geográficos mais importantes da região, os Alpes e o rio Ródano (Rhône), dão nome e emoção ao lugar. O leste é dominado por picos coroados de neve, enquanto o Ródano propicia um meio de transporte vital entre o norte e o sul do país.

Os romanos reconheceram esta rota estratégica quando fundaram Lyon, há mais de 2 mil anos. Hoje Lyon, com seus grandes museus e belas construções renascentistas, é a segunda cidade da França – um dos centros comerciais e culturais mais importantes do país e também a capital indiscutível da gastronomia francesa. Ao norte, ficam os pântanos planos de Dombes e Bresse, a rica planície agrícola. Aqui também há os famosos vinhedos Beaujolais, que, juntamente com os vinhedos do Rhône, tornam a região uma produtora de vinhos muito importante.

Os Alpes franceses estão entre as áreas de estações de veraneio mais importantes do mundo, com estações de esqui internacionalmente renomadas, tais como Chamonix, Mégève e Courchevel, e cidades históricas como Chambéry, que era capital da Savoie antes de unir-se à França. Estâncias hidrominerais elegantes alinham-se nas praias de Lac Léman (lago de Genebra). Grenoble, uma cidade de universidades e centro de alta tecnologia, é rodeada por duas das reservas naturais mais espetaculares da França, a Chartreuse e a Vercors.

Ao sul, campos de girassóis abrem caminho para fileiras de alfazemas entremeadas por vinhas e oliveiras. Castelos e cidades antigas pontilham a paisagem. Montanhas e spas caracterizam Ardèche. Desfiladeiros ao longo do rio Ardèche compõem um dos cenários mais selvagens da França.

A Ferme de la Forêt, restaurada, em St-Trivier-de-Courtes, norte de Bourg-en-Bresse

◁ Bairro medieval de Annecy

# Como Explorar o Vale do Ródano e os Alpes

Lyon é a maior cidade da região, famosa por suas edificações históricas e tradição gastronômica. Os amantes do vinho podem optar entre os vinhedos do Beaujolais, do vale do Ródano e da região do Drôme, ao sul. A oeste, Ardèche oferece paisagens selvagens, canoagem e alpinismo. Amantes de termas de todo o mundo afluem a Evian-les-Bains e Aix-les-Bains, enquanto os Alpes constituem o destino favorito dos fãs de esportes *(pp. 322-3)*.

## PRINCIPAIS ATRAÇÕES

- Aix-les-Bains ㉒
- Annecy ㉓
- Ardèche ⑪
- Bourg-en-Bresse ①
- Briançon ⑯
- Chambéry ㉑
- Chartreuse ⑳
- Dombes ②
- Grenoble ⑱
- Grignan ⑭
- Lago Léman ㉔
- Le Bourg d'Oisans ⑰
- Lyon ④
- Montélimar ⑬
- Nyons ⑮
- Palais Idéal du Facteur Cheval ⑧
- Pérouges ③
- St-Étienne ⑦
- St-Romain-en-Gal ⑥
- Tournon-sur-Rhône ⑨
- Valence ⑩
- Vals-les-Bains ⑫
- Vercors ⑲
- Vienne ⑤

**Pont des Amours, em Annecy**

## LEGENDA

- ▬▬ Rodovia
- ▬▬ Estrada principal
- ▬▬ Estrada secundária
- ═══ Estrada local
- ▬▬ Percurso com paisagem
- ▬▬ Ferrovia principal
- ──── Ferrovia local
- ▬▬ Fronteira internacional
- ▬▬ Fronteira regional
- △ Cume

**Legenda dos símbolos** *no final do guia*

VALE DO RÓDANO E ALPES FRANCESES  **375**

**Pont-en-Royans, em Vercors**

## COMO CHEGAR

Lyon e Genebra são os centros de transportes da região. Para ir a Lyon, mude do Eurostar para o TGV em Lille. Com exceção das regiões alpinas, serviços locais de trem e ônibus tendem a ser lentos e desconfortáveis. Um automóvel é essencial para quem quer fugir do trânsito mais pesado das rodovias – sendo as mais importantes a A7, ligando Lyon a Valence e ao sul, e a A40 e a A43/A41, que se dirigem para o leste, para os Alpes. Os três aeroportos internacionais mais próximos dos Alpes são o Genebra-Cointrin, na Suíça, o de St-Exupéry, perto de Lyon, e o Grenoble Isere. *Passes* (caminhos) altos alpinos podem fechar entre novembro e junho.

**Fazenda de Le Poët Laval, perto de Montélimar**

## Bourg-en-Bresse ❶

Ain. 43.000. 🚆 🚌 ℹ️ Centre Culturel Albert Camus, 6 av Alsace-Lorraine (04 74 22 49 40). 🛒 qua e sáb. www.bourgenbressetourisme.fr

Bourg-en-Bresse é uma movimentada cidade de edificações com madeirame à vista lindamente restauradas. É conhecida por seu saboroso *poulet de Bresse* (frango criado na planície agrícola de Bresse, de *appellation contrôlée – p. 318*) e pela abadia de **Brou**, na margem sudeste da cidade.

A abadia, não mais um local para rezas, tornou-se um dos pontos mais visitados da França. De estilo gótico *flamboyant*, foi construída entre 1505 e 1536 por Margarida da Áustria, após a morte de seu marido Filiberto, duque de Savoia.

Os túmulos do casal, finamente esculpidos em mármore de Carrara, podem ser vistos no coro, juntamente com o túmulo de Margarida de Bourbon, mãe de Filiberto. Note também as cadeiras do coro, com belos entalhes, os vitrais e a tribuna do coro.

Os claustros adjacentes abrigam um pequeno museu com bom acervo dos mestres flamengos e holandeses dos séculos XVI e XVII e obras contemporâneas de artistas locais.

Túmulo de Margarida da Áustria na abadia de Brou, em Bourg-en-Bresse

### Arredores

Cerca de 24km ao norte de Bourg-en-Bresse, em St-Trevier-de-Courtes, fica o **Ferme-Musée de la Forêt**, com vigas restauradas de madeira, estuque e taipa. O museu proporciona uma visão da vida agrícola da região no século XVII. A antiga casa tem uma chaminé localmente conhecida por "sarracena", com uma campânula de tijolos no centro da sala semelhante às construções sicilianas e portuguesas e um acervo de antigos implementos agrícolas.

Frangos de Bresse

🏛 **Ferme-Musée de la Forêt**
**Tel** 04 74 30 71 89. 🕐 jul-set: diariam; abr-jun e out: sáb, dom e feriados. ⬤ seg de manhã. 📷 ♿

## Dombes ❷

Ain. 🚄 Lyon. 🚌 Lyon, Villars les Dombes, Bourg-en-Bresse. 🚐 Villars-les-Dombes (de Bourg-en-Bresse). ℹ️ 3 pl de Hôtel de Ville, Villars-les-Dombes (04 74 98 06 29).

Ao sul de Bourg-en-Bresse, este planalto moldado pelas geleiras é salpicado de pequenas colinas e cerca de mil açudes e pântanos, que o tornam atraente a pescadores e observadores de pássaros.

No centro da região, em **Villars-les-Dombes**, há um parque ornitológico, o **Parc des Oiseaux**. Mais de 400 espécies de aves nativas vivem aqui, incluindo garças, emas, avestruzes e flamingos.

✠ **Parc des Oiseaux**
Route Nationale 83, Villars-les-Dombes. **Tel** 04 74 98 05 54. 🕐 diariam. ⬤ dez-fev. 📷 ♿

## Pérouges ❸

Ain. 900. 🚆 Meximieux-Pérouges. 🚌 ℹ️ 04 74 46 70 84. www.perouges.org

Originalmente habitada por imigrantes de Perúgia (Itália), Pérouges é uma aldeia fortificada no alto de uma colina, repleta de casas medievais e ruas de paralelepípedos. Em seu auge, no século XIII, foi próspero centro de tecelagem de linho, mas encolheu com a mecanização da indústria no século XIX, com uma redução de 1.500 para 90 habitantes.

A restauração de suas edificações históricas e um novo afluxo de artesãos trouxeram nova vida a Pérouges. Não é de surpreender que a aldeia seja usada como cenário para dramas históricos, como *Os três mosqueteiros*. Na praça central da aldeia, a place de la Halle, há uma enorme limeira plantada em 1792 em homenagem à Revolução.

---

*Veja hotéis e restaurantes desta região nas pp. 577-80 e 632-4*

# Um passeio por Beaujolais

Beaujolais é a região ideal para a degustação de vinho, porque oferece um delicioso vinho a preço acessível, com paisagem gloriosa. O sul da região produz a maior parte do Beaujolais Nouveau, lançado diretamente das cantinas na terceira quinta-feira de novembro, todos os anos. No norte estão os dez vinhos *cru*, de qualidade superior – St-Amour, Juliénas, Moulin-à-Vent, Chénas, Fleurie, Chiroubles, Morgon, Brouilly, Côte de Brouilly e Regnié. A maioria pode ser visitada em um dia de carro. As *maisons du pays* possuem acomodações sobre a adega. Quase todas as aldeias têm sua própria *cave* (adega), com degustação da cultura do vinho.

**Côte de Brouilly**

### Juliénas ①
Famosa pelo *coq au vin*, esta aldeia armazena e vende vinho em sua igreja, no *château* du Bois de la Salle e em adegas particulares.

### Moulin-à-Vent ②
Este moinho do século XVII tem linda vista do vale do Saône. Há degustações dos *crus* mais antigos da região nas *caves* vizinhas.

**Vinhedo das uvas Gamay**

### Chiroubles ⑦
O busto na praça da aldeia é de Victor Pulliat, que salvou as vinhas da praga *phylloxera* por volta de 1880, utilizando enxertos americanos.

### Fleurie ③
A capela da Madona (1875) vela pelos vinhedos, e os restaurantes da aldeia servem *andouillettes au Fleurie*, com chouriços locais.

### Villié-Morgon ④
A degustação de vinho acontece nas adegas do *château* Fontcrenne do século XVIII, no centro da aldeia.

### LEGENDA
— Percurso do passeio
— Outras estradas
※ Vista panorâmica

0 km    2

### Beaujeu ⑥
Antiga capital da região, Beaujeu oferece degustação no Hospices de Beaujeu, do século XVII. Esta casa de madeira renascentista abriga uma loja, centro de informações e museu.

### Brouilly ⑤
A colina, com sua pequenina capela de Notre-Dame du Raisin, do século XIX, oferece bela vista e um festival anual de vinho.

# Rua a Rua: Lyon ❹

Na margem oeste do rio Saône, a Vieux Lyon, antiga área restaurada, é um agradável emaranhado de ruas de paralelepípedos, *traboules* (passagens cobertas), palácios renascentistas, restaurantes de primeira classe, animados *bouchons* (bistrôs) e lojas. É também o local da cidade romana de Lugdunum, capital comercial e militar da Gália fundada por Júlio César em 44 a.C. Vestígios desta próspera cidade podem ser notados no soberbo museu galo-romano no alto da colina Fourvière. Dois teatros romanos que foram escavados ainda servem de palco para apresentações de ópera e rock. No pé da colina, encontra-se o melhor em mansões renascentistas da França. O espetacular Musée des Confluences é a nova atração da cidade desde 2013.

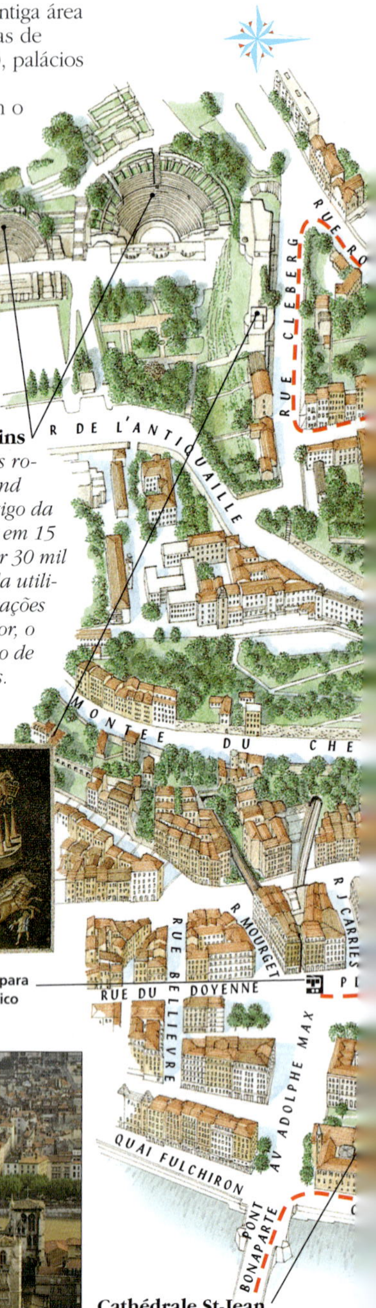

★ **Théatres Romains**
*Há dois anfiteatros romanos aqui: o Grand Théâtre, o mais antigo da França, construído em 15 a.C. para acomodar 30 mil espectadores e ainda utilizado para apresentações modernas, e o menor, o Odéon, com seu piso de motivos geométricos.*

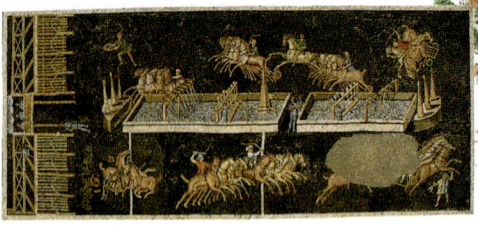

★ **Musée de la Civilisation Gallo-Romaine**
*Este museu subterrâneo contém um rico acervo em estátuas, mosaicos, moedas e inscrições que lembram o passado romano de Lyon.*

Entrada para o teleférico

**Cathédrale St-Jean**
*Iniciada no fim do século XII, e catedral possui relógio astronôco do século XIV, que apresenta dias de festas religiosas até 20?*

### PONTOS ALTOS

- ★ Théatres Romains
- ★ Musée de la Civilisation Gallo-Romaine
- ★ Basilique Notre-Dame de Fourvière

*Veja hotéis e restaurantes desta região nas pp. 577-80 e 632-4*

# VALE DO RÓDANO E ALPES FRANCESES 379

### ★ Basilique Notre-Dame de Fourvière
*Esta rebuscada e falsa criação bizantina – uma disputa entre torres e fendas, mármore e mosaicos – foi construída no fim do século XIX e se tornou um dos símbolos de Lyon.*

### PREPARE-SE

Rhône. 453.000. 25km leste de Lyon. Perrache, Part-Dieu (SNCF 3635). Perrache (SNCF 3635). pl Bellecour (04 72 77 69 69). diariam. Biennale Internationale d'Art Contemporain (set-jan), Biennale Internationale de la Danse (set).
www.lyon-france.com
**Musée de la Civilisation Gallo-Romaine** *Tel* 04 72 38 49 30. ter-dom. www.musees-gallo-romains.com **Hôtel Gadagne** *Tel* 04 37 23 60 45. qua-dom.

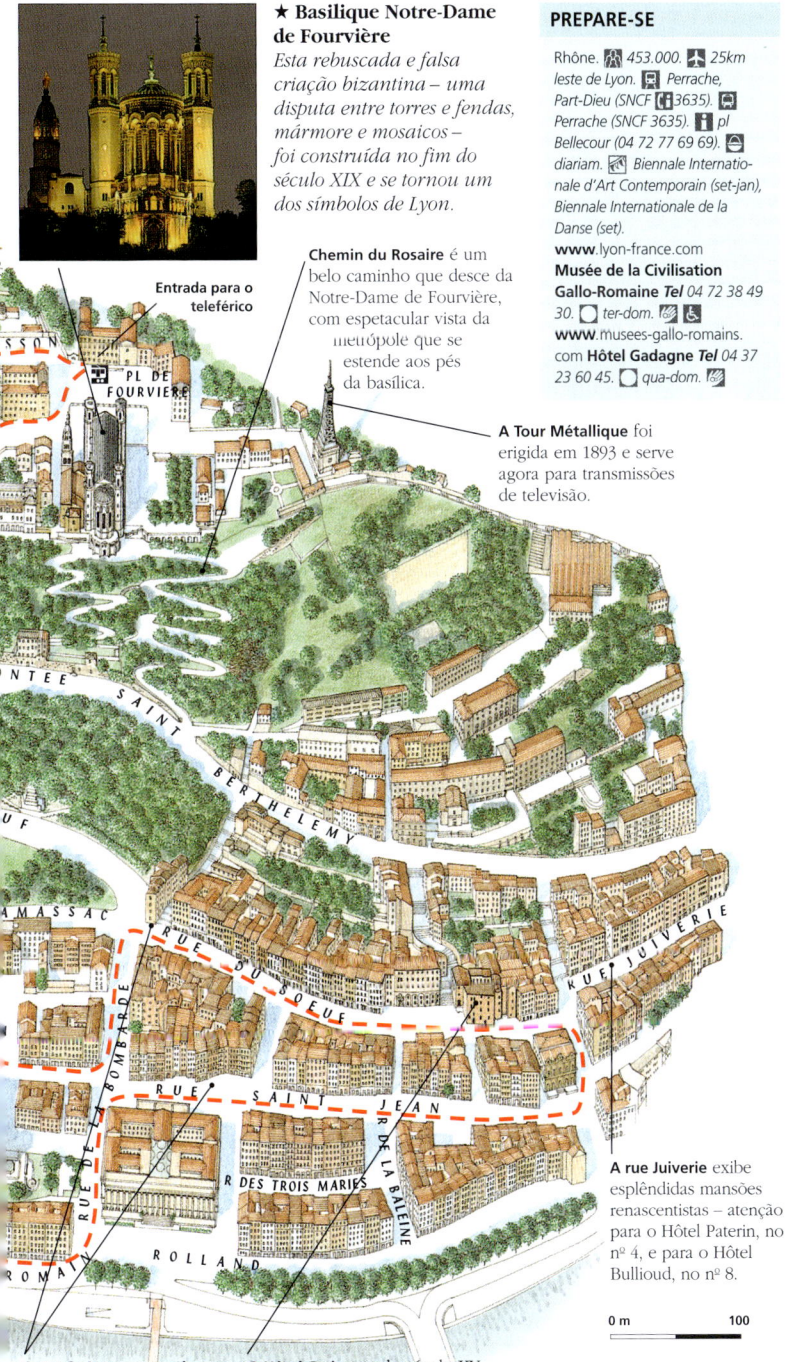

**Entrada para o teleférico**

**Chemin du Rosaire** é um belo caminho que desce da Notre-Dame de Fourvière, com espetacular vista da metrópole que se estende aos pés da basílica.

**A Tour Métallique** foi erigida em 1893 e serve agora para transmissões de televisão.

**A rue Juiverie** exibe esplêndidas mansões renascentistas – atenção para o Hôtel Paterin, no nº 4, e para o Hôtel Bullioud, no nº 8.

**A rue St-Jean e a rue du Boeuf** são tomadas por mansões renascentistas, antes residências de banqueiros e mercadores de seda.

**O Hôtel Gadagne**, do século XV, abriga dois museus: o **Musée Historique de Lyon** e o **Musée des Marionnettes du Monde**, apresentando os famosos bonecos lioneses.

0 m          100

### LEGENDA

– – – Percurso sugerido

## Como Explorar Lyon

A segunda cidade da França, situada às margens dos rios Ródano e Saône, é desde os tempos antigos um portão vital entre o norte e o sul. Imediatamente ao chegar, sente-se um *brin du sud*, um toque do sul. As pessoas não correm como as de Paris e aqui o sol brilha frequentemente, enquanto chove e faz frio no norte. Não obstante sua importância como centro bancário, têxtil e farmacêutico, a maioria dos franceses prontamente a identifica com seu paladar. A cidade é repleta de restaurantes, variando dos simples *bouchons* (bistrôs) a algumas das mais opulentas mesas da França.

**Rue St-Jean, na Vieux Lyon**

### Presqu'île

O coração de Lyon é Presqu'île, estreita península entre os rios Saône e Ródano, logo ao norte de sua confluência. Uma rua para pedestres com lojas, a rue de la République, une o duplo polo da vida cívica: a enorme **place Bellecour**, com sua estátua equestre de Luís XIV ao centro, e a **place des Terraux**. Esta última é vista do ornamentado Hôtel de Ville (prefeitura) de Lyon, do século XVII, e do Palais St-Pierre, antigo convento beneditino, atualmente abrigando o **Musée des Beaux-Arts**. No centro da praça, há uma enorme fonte do século XIX, de Bartholdi, escultor da Estátua da Liberdade, de Nova York.

Atrás da prefeitura, a futurística **Opéra de Lyon**, do arquiteto Jean Nouvel – uma negra abóbada semicilíndrica de aço e vidro envolta em uma concha neoclássica – reabriu suas portas em 1993, sob uma tempestade de críticas.

Poucas quadras ao sul, o **Musée de l'Imprimerie** ilustra a contribuição de Lyon ao início da imprensa, no fim do século XV.

Dois outros museus imperdíveis na Presqu'île são o **Musée des Tissus**, que abriga um extraordinário acervo de sedas e tapeçarias, do início da era cristã até hoje, e o **Musée des Arts Décoratifs**, que exibe uma série de tapeçarias, mobiliário, porcelanas e *objets d'art*.

Perto, a **Abbaye St-Martin d'Ainay** é uma igreja carolíngia, de 1107, impressionantemente restaurada.

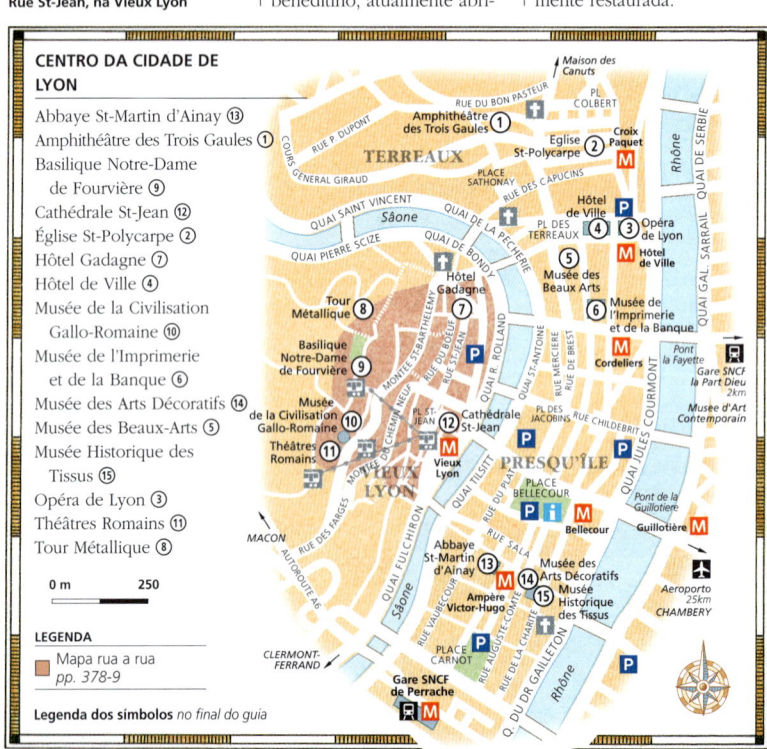

### CENTRO DA CIDADE DE LYON

- Abbaye St-Martin d'Ainay ⑬
- Amphithéâtre des Trois Gaules ①
- Basilique Notre-Dame de Fourvière ⑨
- Cathédrale St-Jean ⑫
- Église St-Polycarpe ②
- Hôtel Gadagne ⑦
- Hôtel de Ville ④
- Musée de la Civilisation Gallo-Romaine ⑩
- Musée de l'Imprimerie et de la Banque ⑥
- Musée des Arts Décoratifs ⑭
- Musée des Beaux-Arts ⑤
- Musée Historique des Tissus ⑮
- Opéra de Lyon ③
- Théâtres Romains ⑪
- Tour Métallique ⑧

**LEGENDA**

Mapa rua a rua *pp. 378-9*

Legenda dos símbolos *no final do guia*

*Veja hotéis e restaurantes desta região nas pp. 577-80 e 632-4*

Mercado no quai St-Antoine

## La Croix-Rousse
Esta área operária, ao norte de Presqu'île, tornou-se o centro da indústria de tecelagem de seda da cidade no século XV. É recortada por passagens cobertas *(traboules)*, usadas pelos tecelões no transporte de tecidos acabados. Para se ter uma ideia da atividade têxtil, entre no nº 6 da place des Terreaux e siga em frente até chegar à **Église St-Polycarpe**. Depois, é uma curta caminhada até as ruínas do **Amphithéatre des Trois Gaulles**, de 19 d.C., e à **Maison des Canuts**, na qual se pode ver um tradicional tear de seda funcionando.

## La Part-Dieu
Nesta moderna área comercial na margem leste do rio Ródano fica a estação do TGV, um imenso centro de compras e o **Auditorium Maurice Ravel**, para eventos culturais.

🏛 **Musée de l'Imprimerie**
13 rue de la Poulaillerie. *Tel 04 78 37 65 98.* qua-dom. feriados.

🏛 **Musée des Tissus**
34 rue de la Charité. *Tel 04 78 38 42 00.* ter-dom. feriados.

🏛 **Musée Arts Décoratifs**
30 rue de la Charité. *Tel 04 78 38 42 00.* ter-dom. feriados.

🏛 **Maison des Canuts**
10-12 rue de d'Ivry. *Tel 04 78 28 62 04.* seg-sáb. feriados.

### Arredores
Bourgoin-Jallieu, à sudoeste de Lyon, continua estampando seda para grandes marcas.

# Musée des Beaux-Arts

O Musée des Beaux-Arts de Lyon possui o maior e, provavelmente, mais importante acervo francês de arte depois do Louvre, em Paris. O museu fica no Palais St-Pierre, do século XVII, antigo convento beneditino para as filhas da nobreza. O Musée d'Art Contemporain, antigamente situado no Palais St-Pierre, fica agora no nº 81 quai Charles de Gaulle, ao norte do Parc Tête d'Or, em um edifício projetado por Renzo Piano. É especializado em obras posteriores ao início do século XX.

## ANTIGUIDADES

Incluídos neste variado acervo estão achados egípcios, estatuetas etruscas e cerâmicas cipriotas de 4 mil anos. O departamento de antiguidades ocupa o andar térreo do museu, às vezes cedido para exposições temporárias.

## ESCULTURAS E OBJETS D'ART

Ocupando a velha capela no andar térreo, o departamento de esculturas inclui obras do período românico francês, da Renascença italiana, do final do século XIX e início do século XX. Rodin e Bourdelle (cujas estátuas também podem ser vistas no pátio), Maillol, Despiau e Pompon, entre outros, estão representados. No enorme acervo de *objets d'art*, no primeiro andar, veja: marfim, bronze e cerâmica, moedas, medalhas, armas, joias, mobiliário e tapeçaria medievais.

*Odalisca*, de Pradier (1841)

## PINTURAS E DESENHOS

O magnífico acervo de quadros do museu ocupa o primeiro e o segundo andares. Cobre todos os períodos e inclui obras de mestres espanhóis e holandeses, as escolas francesas dos séculos XVII, XVIII e XIX, quadros impressionistas e arte moderna, bem como obras da Escola de Lyon, cujas notáveis pinturas de flores inspiraram designers de tecidos de seda por muito tempo. No primeiro andar, o Cabinet d'Arts Graphiques possui mais de 4 mil desenhos e águas-fortes, feitos por artistas como Delacroix, Poussin, Géricault, Degas e Rodin (somente com hora marcada).

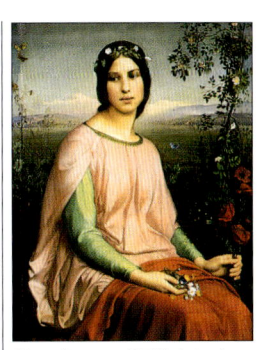

*Flores do campo* (1845), de Louis Janmot, da Escola de Lyon

🏛 **Musée des Beaux Arts**
Palais St-Pierre, 20 pl des Terreaux. *Tel 04 72 10 17 40.* qua-seg. feriados.

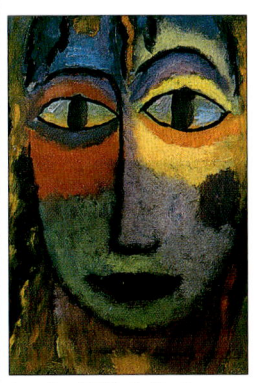

*A medusa* (1923), de Alexeï von Jawlensky

*Châtiment de Lycurgue no Musée Archéologique, St-Romain-en-Gal*

## Vienne ❺

Isère. 30.000. cours Brillier (04 74 53 80 30). sáb. *Festival Internacional de Jazz* (final jun-meados jul). www.vienne-tourisme.com

Nenhuma outra cidade no vale do Ródano oferece tanta concentração da história de arquitetura como Vienne. Localizado em uma bacia natural, este local foi reconhecido tanto por suas vantagens estratégicas quanto estéticas pelos romanos, que expandiram imensamente um povoado existente, quando invadiram a região, no século I a.C.

O centro da cidade romana foi o **Temple d'Auguste et Livie** (10 a.C.), na place du Palais, uma bela estrutura sustentada por colunas coríntias. Perto da place de Miremont, estão os restos do **Jardins Arqueologique de Cybèle**, um templo dedicado à deusa Cibele.

O **Théatre Romain**, ao pé do Mont Pipet, que sai da rue du Cirque, foi um dos maiores anfiteatros romanos da França, capaz de acomodar mais de 13 mil espectadores. Foi restaurado em 1938 e agora é usado para uma variedade de eventos que inclui o festival internacional de jazz.

Outros vestígios romanos interessantes incluem um trecho de uma estrada nos jardins públicos e na extremidade meridional da cidade e a **Pyramide du Cirque**, uma estrutura curiosa de cerca de 20m de altura que foi outrora o centro da pista de corridas de bigas. O **Musée des Beaux--Arts et d'Archéologie** também possui um bom acervo de artefatos galo-romanos, como também faiança francesa do século XVIII. Este museu deve fechar quando o museus da cidade forem rearranjados, ligue antes de visitar.

A **Cathédrale St-Maurice** é o monumento medieval mais importante da cidade. Foi construída entre os séculos XII e XVI, e representa uma mistura rara dos estilos românico e gótico. A catedral passa por restauração: algumas áreas podem estar fechadas.

Duas das primeiras igrejas cristãs de Vienne são a **Église St-André-le-Bas**, erigida no século XII, com capitéis ricamente esculpidos na nave e no claustro, e a **Église St-Pierre**, com partes que datam dos séculos V e VI. A última abriga o **Musée Lapidaire**, um museu de esculturas em pedra com baixos--relevos e estátuas vindos de construções galo-romanas.

🏛 **Musée des Beaux-Arts et d'Archéologie**
Pl de Miremont. *Tel* 04 74 85 50 42. abr-out: ter-dom; nov-mar: ter-sex, sáb e dom à tarde. 1º jan, 1º mai, 1º e 11 nov, 25 dez.

🏛 **Musée Lapidaire**
Pl St-Pierre. *Tel* 04 74 85 20 35. abr-out: ter-dom; nov-mar: ter-sex e sáb-dom à tarde. 1º jan, 1º mai, 1º e 11 nov, 25 dez.

*Temple d'Auguste et Livie (século I a.C.), em Vienne*

*Cathédrale St-Maurice, em Vienne*

## St-Romain-en-Gal ❻

Rhône. 1.300. Vienne. Vienne (04 74 53 80 30).

Em 1967, trabalhos de construção desta cidade comercial – do outro lado do Ródano, a partir de Vienne – revelaram muitos vestígios de uma significativa comunidade romana que datavam de 100 a.C. a 300 d.C. Incluem restos de vários tipos de construção, como termas, lojas e armazéns. A Casa dos Deuses do Oceano é especialmente interessante, com um magnífico piso de mosaicos que mostra Netuno e outras figuras do oceano.

Muito do encontrado nas escavações que se sucederam

---

*Veja hotéis e restaurantes desta região nas pp. 577-80 e 632-4*

está no novo **Musée Archéologique**, ao lado das ruínas. A grande coleção inclui objetos domésticos, murais e mosaicos. O destaque é o Châtiment de Lycurgue, mosaico descoberto em 1907.

🏛 **Musée Archéologique**
**Tel** 04 74 53 74 01. ter-dom. alguns feriados. restrito.
www.musees-galo-romains.com

## St-Étienne ❼

Loire 180.000. 
🛈 16 av de la Libération (04 77 49 39 00). diariam.
www.tourisme-st-etienne.com

A reputação industrial que a mineração de carvão e os armamentos deram à cidade tem sido cada vez menos merecida. A cidade foi replanejada com uma eficiente rede de linhas bonde. O centro, ao redor da place des Peuples, é animado. Perto fica o **Musée d'Art et d'Industrie**, que foi revisto por Jean-Michel Wilmotte e exibe a história industrial da cidade, que inclui o desenvolvimento do tear revolucionário de Jacquard, e grande acervo, entre outras coisas, de máquinas de fazer bicicletas.

Ao norte da cidade, fica o **Musée d'Art Moderne**, com acervo de arte do século XX, incluindo obras de Andy Warhol e Frank Stella.

Detalhe do bizarro Palais Idéal du Facteur Cheval, em Hauterives

🏛 **Musée d'Art et d'Industrie**
2 pl Louis Comte. **Tel** 04 77 49 73 00. qua-seg. alguns feriados.

🏛 **Musée d'Art Moderne**
La Terrasse. **Tel** 04 77 79 52 52.
qua-seg. alguns feriados e quando há troca de exposição.
www.mam-st-etienne.fr

## Palais Idéal du Facteur Cheval ❽

Hauterives, Drôme. Romans--sur-Isère **Tel** 04 75 68 81 19.
diariam. 1º, 15-31 jan, 25 dez. restrito.
www.facteurcheval.com

Em Hauterives, 25km ao norte de Roman-sur-Isère, na D538, fica uma das maiores extravagâncias da França, um palácio de pedras que evoca estilos arquitetônicos egípcios, romanos, astecas e siameses. Foi construído pelo carteiro local Ferdinand Cheval, que colhia as pedras durante suas cavalgadas diárias. Seus vizinhos o julgavam louco, mas o projeto atraiu a atenção de Picasso e do surrealista André Breton.

No interior do palácio de Hauterives há muitas inscrições de lemas de autoria de Cheval. O mais emocionante deles é o que se refere a seus esforços e persistência para realizar a fantasia de toda a sua vida: "1879-1912: 10 mil dias, 93 mil horas, 33 anos de trabalho árduo".

### AS PONTES DO RÓDANO

O Ródano cumpriu um papel decisivo na história da França, transportando exércitos e tráfego comercial entre o norte e o sul. É perigoso há séculos – um desafio para os barqueiros e para os construtores. Em 1825, o brilhante engenheiro Marc Seguin construiu a primeira ponte suspensa, usando cabos de aço. Em seguida, foram construídas outras vinte ao longo da extensão do Ródano, transformando as comunicações entre o leste e o oeste para sempre.

Ponte pênsil sobre o Ródano, em Tournon-sur-Rhône

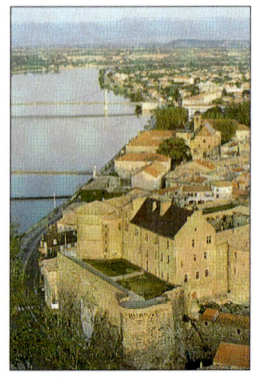

**Cidade de Tournon-sur-Rhône**

## Tournon-sur--Rhône ❾

Ardèche. 10.000. Hôtel de la Tourette (04 75 08 10 23). qua e sáb. www.ville-tournon.com

Situada aos pés de impressionantes colinas de granito, Tournon é uma cidade adorável, com graciosos caminhos arborizados e um **château** imponente dos séculos XI-XVI, que abriga um museu de história local e oferece, de seus terraços, vistas da cidade e do rio.

O **Collègiale St-Julien**, ao lado, com seu campanário e sua fachada bem trabalhada, é um bom exemplo da influência italiana na arquitetura da região durante o século XIV. No interior, encontra-se uma *Ressurreição* pintada em 1576 por Capassin, discípulo de Rafael.

No quai Charles de Gaulle, o **Lycée Gabriel-Fauré** é a escola secundária mais antiga da França (1536).

Do outro lado do Ródano, em direção ao Tournon, o povoado de **Tain l'Hermitage** é famoso por seus vinhedos íngremes, que produzem o Hermitage tinto e branco, os melhores (e mais caros) vinhos das Côtes du Rhône.

### Arredores

Da praça principal de Tournon, a place Jean Jaurès, uma estrada estreita e cheia de curvas com a indicação **Route Panoramique** vai em direção aos povoados de Plats e St-Romain--de-Lerps para St-Péray. O percurso oferece, a cada curva, vistas de tirar o fôlego. Em St--Romain, uma em especial se estende por 13 *départements*.

## Valence ❿

Drôme. 67.000. 11 bd Bancel (08 91 70 70 99). qui e sáb. *Festival de Verão de Música* (jul). **www**.valencetourisme.com

Valence é uma cidade-mercado grande e próspera, localizada na margem leste do Ródano, com vista para os penhascos de Ardèche. Sua principal atração é a catedral românica de **St-Apollinaire**, na place des Clercs, fundada em 1095 e reconstruída no século XVII.

Ao lado da catedral, no antigo palácio do bispo, o pequeno **Musée des Beaux--Arts** possui um acervo de desenhos de Roma em giz, de Hubert Robert, do fim do século XVIII.

Perto daqui, há duas mansões renascentistas. A **maison des Têtes**, no nº 57 da Grande Rue, foi construída em 1532 e é adornada com bustos de grandes nomes da Grécia antiga, como Aristóteles, Homero e Hipócrates. Na rue Pérollerie, a **Maison Dupré-Latour** tem um pórtico e uma escada delicadamente esculpidos.

O **Parc Jouvet**, ao sul da avenue Gambetta, oferece 60 mil metros quadrados de lagos e jardins com vista para o **Château de Crussol**, em ruínas, do outro lado do rio.

🏛 **Musée des Beaux-Arts**
4 place des Ormeaux. **Tel** 04 75 79 20 80. até 2013.

**A pedra Pont d'Arc**

## Ardèche ⓫

Ardèche. Avignon. Montélimar. Montélimar, Vallon Pont d'Arc. Vallon Pont d'Arc (04 75 88 04 01). **www**.vallon-pont-darc.com

Durante o curso de milhares de anos, o vento e a água dotaram esta região do centro-sul da

---

### CÔTES DU RHÔNE

Nascendo nos Alpes suíços e correndo em direção ao sul para o Mediterrâneo, o poderoso Ródano é o ponto comum entre os muitos vinhedos do vale. Uma hierarquia de *appellations* gera três níveis de qualidade: na base, as Côtes du Rhône genéricas fornecem a maioria dos vinhos do Ródano. Em seguida, as Côtes du Rhône-Villages abrangem um número excessivo de povoados. No topo, há 13 *appellations* distintas. As mais famosas são as encostas íngremes de Hermitage e Côte Rôtie, no Ródano norte, e a histórica Châteauneuf-du-Pape, no sul *(pp. 502-3)*. O carro-chefe da produção é o vinho tinto da uva syrah, frequentemente aromático, encorpado e forte.

**Vinhedo nas Côtes du Rhône**

França de uma paisagem selvagem e escarpada que mais lembra o sudoeste norte-americano do que o verde normalmente associado à zona rural da França. Este drama visível também se repete no subsolo, uma vez que Ardèche é infestada de cavernas ornamentadas com estalagmites e estalactites enormes. As mais surpreendentes são **Aven d'Orgnac** (*aven* significa caldeirão), ao sul de Vallon-Port-d'Arc, e a **Grotte de la Madeleine**, que pode ser alcançada por um caminho com sinalização da D290.

Para aqueles que não gostam de ficar no subsolo, o cenário natural mais interessante na região é **Gorges de l'Ardèche**, visto melhor da D290, uma estrada de duas pistas com vários pontos turísticos, que por 32km corre ao longo do rio. Perto da ponta do desfiladeiro, em direção a oeste, fica **Pont d'Arc**, uma ponte natural de calcário criada pela erosão, que se estende sobre o rio.

Canoagem e rafting são os esportes mais populares do local. Todo o equipamento necessário pode ser alugado. Os operadores em Vallon-Pont-d'Arc (entre muitos outros lugares) alugam canoas para duas pessoas e organizam transporte de volta de St-Martin d'Ardèche, 32km rio abaixo. Observe que o rio Ardèche, um dos rios mais rápidos da França, é mais seguro em maio e junho. No outono, as águas são imprevisíveis e perigosas, especialmente para iniciantes.

Gorges de l'Ardèche entre Vallon-Pont-d'Arc e Pont St-Esprit

O povoado de Vogüé, às margens do rio Ardèche

O lado mais agradável da região são os povoados pitorescos e antigos, estâncias hidrominerais graciosas, vinhedos e plantações de castanha espanhola (da qual se produz o *marron glacé*).

A cerca de 13km ao sul de Aubenas, o povoado de **Balazuc**, do século XII, é típico da região, com casas de pedras construídas no topo dos penhascos com vista para os desfiladeiros solitários do rio Ardèche. Há belos panoramas na D294.

A vizinha **Vogüé** aninha-se entre o rio Ardèche e um penhasco de calcário. É um povoado pequenino. O ponto turístico mais imponente é o **Château de Vogüé**, no passado, centro dos barões de Languedoc. Reconstruído no século XVII, abriga um museu com exposições sobre a região.

**♠ Château de Vogüé**
Tel 04 75 37 01 95.
Páscoa-jun: qua-dom; jul-meados set: diariam; meados set-meados nov: qua-dom.
www.chateauduvogue.net

## Vals-les-Bains

Ardèche. 3.700. Montelimar.
rue Jean Jaures (04 75 89 14 97).
qui e dom (ter no verão).

A atração desta pequena estância hidromineral elegante é seu tom agradavelmente antigo. Está situada no vale do Volane, onde há pelo menos 150 fontes, todas frias com exceção de duas. Acredita-se que a água, que contém bicarbonato de sódio e outros minerais, seja boa para problemas digestivos, reumatismo e diabete.

Descoberta por volta de 1600, Vals-les-Bains é uma das poucas termas do sul da França ignoradas pelos romanos. Alcançou o auge de sua popularidade no fim do século XIX e seus parques e arquitetura lembram a Belle Époque. Vals, com seus hotéis e restaurantes variados, é o ponto perfeito para a primeira parada na exploração de Ardèche.

### Arredores
Cerca de 8km a leste de Vals fica a soberba igreja românica de **St-Lulien du Serre**.

Fazenda perto de Le Poët Laval, leste de Montélimar

## Montélimar ⓭

Drôme. 33.000. 🚉 🚌 ℹ️ allées Provençales (04 75 01 00 20). 🛒 qua-sáb. www.montelimar.com

Se você vai fazer um desvio para Montélimar ou não, dependerá em grande parte de seu apetite por doces. A principal atração desta cidade é o centro medieval, cheio de lojas que vendem nougat de amêndoas. Esses bombons maravilhosos são feitos aqui desde o início do século XVII, quando as amendoeiras foram trazidas da Ásia para a França.

Do alto de uma colina a leste, o **Château des Adhémar**, dos séculos XII-XVI, observa a cidade e abriga um centro de arte contemporânea.

### 🏰 Château des Adhémar
**Tel** 04 75 00 62 30. ⬜ abr-out: diariam; nov-mar: qua-seg (apenas para exposições). ⬛ 1º jan, 25 dez. 💶 ♿

### Arredores
A zona rural a leste de Montélimar é cheia de povoados medievais e percursos com belas paisagens. **La Bégude-de-Mazenc** é um pequeno e próspero centro de veraneio, com a cidade antiga localizada no topo de uma colina. Mais adiante, fica **Le Poët Laval**, um povoado medieval, tem vários hotéis pequenos e restaurantes, além de estrutura para tênis, natação e pesca. Ao sul, o povoado de **Taulignan** é conhecido por sua cozinha à base de trufas, uma das delícias locais.

## Grignan ⓮

Drôme. 1.360. 🚌 ℹ️ pl du Jeu de Ballon (04 75 46 56 75). 🛒 ter. www.tourisme-paysdegrignan.com

Situado em uma colina rochosa rodeada por campos de alfazema, este charmoso povoado deve sua fama a Madame de Sévigné (p. 91), que escreveu muitas de suas famosas cartas enquanto esteve no **Château de Grignan**.

Construído durante os séculos XV e XVI, é uma das estruturas renascentistas mais bonitas desta região. Possui um bom acervo de mobiliário Luís XII e tapeçarias de Aubusson.

Do terraço uma vista panorâmica estende-se até as montanhas Vivarais, no Ardèche. Logo abaixo do terraço, na **Église de St-Saveur**, construída por volta de 1530, fica o túmulo de Madame de Sévigné, que morreu aqui em 1696, aos 69 anos.

### 🏰 Château de Grignan
**Tel** 04 75 91 83 55. ⬜ abr-out: diariam; nov-mar: qua-seg. ⬛ 1º jan, 25 dez. 💶 📷

## Nyons ⓯

Drôme. 7.000. 🚌 ℹ️ pl de la Libération (04 75 26 10 35). 🛒 qui. www.paysdenyons.com

Como um dos principais centros de produção de azeitonas, Nyons é sinônimo de oliveiras na França. Todos os produtos de oliva podem ser comprados aqui – no mercado das quintas-feiras, de manhã – de sabonete a *tapenade*, uma pasta de oliva muito popular no Sul.

O **quartier des Forts** é o mais antigo de Nyons – um amontoado de ruas estreitas, sendo que a mais interessante delas é a rue des Grands Forts, toda coberta. Há uma graciosa ponte do século XIII sobre o rio Aygues e, do lado da cidade, vários moinhos antigos transformados em lojas, dos quais se pode observar as enormes prensas que eram usadas antigamente para extrair o azeite de oliva. O **Musée de l'Olivier** explica o cultivo das oliveiras e os diversos usos locais para seus frutos.

Há uma bela vista da área do belvedere acima da cidade. Protegida pelas montanhas, Nyons tem um clima quase exótico e todas as árvores e plantas da Riviera.

### 🏛 Musée de l'Olivier
Pl Olivier de Serres. **Tel** 04 75 26 12 12. ⬜ diariam. 💶 guia. 📷 ♿

### Arredores
De Nyons, a D94 leva, para oeste, a **Suze-la-Rousse**, um povoado vinícola que, durante a Idade Média, foi a cidade mais importante da área. Hoje é mais conhecida como a "universidade do vinho", um centro de enologia muito respeitado, instalado no

No alto da colina, o povoado de Grignan e seu castelo renascentista

*Veja hotéis e restaurantes desta região nas pp. 577-80 e 632-4*

Bosque de oliveiras fora de Nyons

## Château de Suze-la-Rousse

(século XIV), originalmente a cabana de caça dos príncipes de Orange. O pátio do castelo é uma obra-prima renascentista, e muitas das salas preservam a pintura e o trabalho em estuque originais.

**♠ Château de Suze-la-Rousse**
**Tel** 04 75 04 81 44. abr-out: diariam; nov-mar: qua-seg.
1º jan, 25 dez.

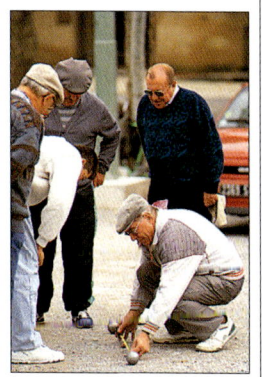

Jogando *boules*, em Nyons

## Briançon ⓰

Hautes Alpes. 12.000.
1 pl du Temple. (04 92 21 08 50).
Wed. *Altitude Jazz Festival* (início fev) www.ot-briancon.fr

Briançon, a cidade mais alta da Europa, a 1.320m de altura, tem sido uma fortaleza importante desde os tempos pré-romanos, protegendo a estrada para Col de Montgenèvre, uma das mais antigas e importantes na direção da Itália. No início do século XVIII, a cidade contava com baluartes e portões – ainda intactos – de Vauban, arquiteto militar de Luís XIV. Se estiver de carro, estacione no Champs de Mars e entre a pé na cidade antiga, rumo à **Porte de Pignerol**.

A Porte de Pignerol conduz à **grande rue**, uma rua estreita e íngreme, com um riacho e belas casas. A **Église de Notre-Dame**, próxima, é de 1718 e também foi construída por Vauban, sempre pensando em proteção. Para conhecer a **cidadela** de Vauban, procure o escritório de turismo, que organiza visitas com guias.

Briançon é um grande centro de esportes, oferecendo esqui no inverno e *rafting*, ciclismo e parapente no verão (*pp. 661-2*).

## Arredores

Logo a oeste de Briançon, o **Parc National des Écrins** é um dos maiores parques nacionais da França, oferecendo picos altos, geleiras e uma variedade magnífica de flores dos Alpes.

De Briançon, chega-se ao **Parc Régional du Queyras** pelo íngreme Col de l'Izoard. Picos de 3.000m separam este bonito e selvagem parque da vizinha Itália.

## Le Bourg d'Oisans ⓱

Isère. 3.000. para Grenoble, para Le Bourg d'Oisans quai Girard (04 76 80 03 25). sáb. www.bourgdoisans.com

Le Bourg d'Oisans é a base ideal para se explorar o vale Romanche e outros vales vizinhos, proporcionando a prática de esportes, como ciclismo, alpinismo e esqui, na estação de veraneio próxima, **L'Alpe d'Huez**.

Extraem-se prata e outros minérios na região desde a Idade Média e, atualmente, a cidade tem reputação científica como centro de geologia e mineralogia. O **Musée des Minéraux et de la Faune des Alpes** é conhecido mundialmente por seu acervo de cristais e pedras preciosas.

**🏛 Musée des Minéraux et de la Faune des Alpes**
Pl de l'Eglise. **Tel** 04 76 80 27 54.
14h-18h qua-sex (jul-ago: 11h-18h). 1º jan, nov, 25 dez.

### VIDA NAS ALTURAS

O cabrito-montês é um dos raros habitantes dos Alpes franceses, vivendo bem acima da linha das árvores, exceto nas épocas frias do ano. Antes da criação do Parc National de la Vanoise (*p. 323*), este "alpinista" foi quase extinto na França. Como resultado do rigoroso trabalho de preservação, agora há mais de 500. Machos e fêmeas têm chifres, que nos machos mais velhos chegam a quase 1m.

Cabrito-montês, no Parc National de la Vanoise

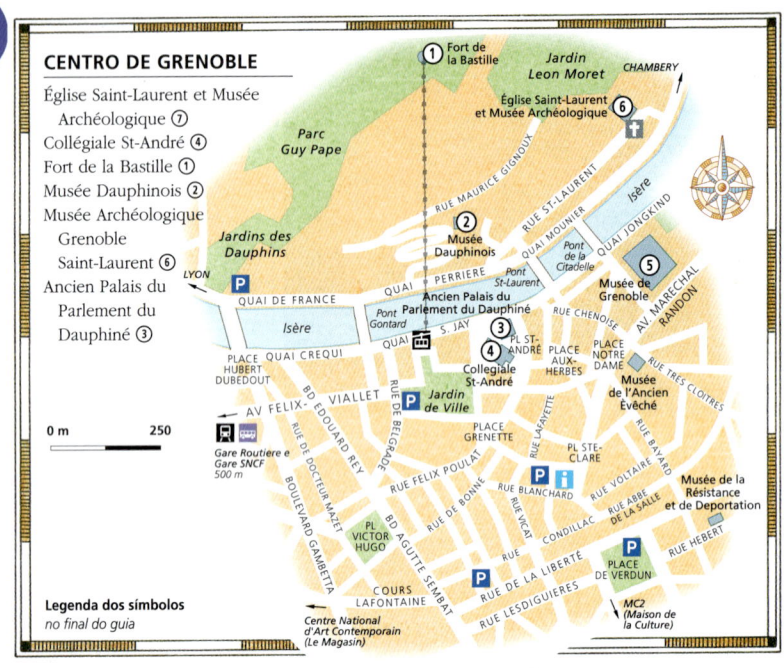

## CENTRO DE GRENOBLE

Église Saint-Laurent et Musée Archéologique ⑦
Collégiale St-André ④
Fort de la Bastille ①
Musée Dauphinois ②
Musée Archéologique Grenoble Saint-Laurent ⑥
Ancien Palais du Parlement du Dauphiné ③

Hôtel Lesdiguières, antiga prefeitura de Grenoble

## Grenoble ⑱

Isère. 165.000. 
14 rue de la République (04 76 42 41 41). ter-dom.
www.grenoble-tourisme.com

Antiga capital da região de Dauphiné e sede dos Jogos Olímpicos de Inverno de 1968, Grenoble prospera, abrigando a Universidade de Grenoble, voltada para a ciência; é também centro de indústrias químicas, eletrônicas e de pesquisa nuclear. Situa-se na confluência dos rios Drac e Isère, entre os maciços de Vercors e Chartreuse.

Um teleférico saindo do quai Stéphane-Jay sobe ao **Fort de la Bastille**, do século XIX, onde se é contemplado com uma bela vista da cidade e das montanhas circundantes. Calçadas descem pelo Parc Guy Pape e Jardin des Dauphins ao **Musée Dauphinois**, um museu regional em um convento do século XVII, dedicado à história, artes e artesanato locais. Perto daqui, o **Musée Archéologique Grenoble Saint-Laurent**, instalado em uma antiga igreja medieval com uma cripta do século VI, exibe artefatos medievais e arte decorativa e religiosa.

Na margem esquerda do Isère a vida se concentra na área de pedestres ao redor da place Grenette. Próxima, a place St-André é o coração da cidade medieval, avistada das edificações mais antigas de Grenoble, inclusive a **Collégiale St-André**, século XIII, e o **Ancien Palais du Parlement du Dauphiné**, século XVI. O **Musée de Grenoble** tem um ótimo acervo com obras de Chagall, Picasso e Matisse, entre outros. Perto fica o **Musée de l'Ancien Evêché**, que reconta a história de Isère e é possível visitar um batistério do século IV. Na rue Hérbert, o **Musée de la Résistance et de la Déportation** tem uma coleção de documentos pertinentes à Resistência francesa.

Exposições de arte contemporânea podem ser vistas no **Le Magasin** (Centre National d'Art Contemporain), um depósito reformado na cours Berriat. No quartier Malherbe, o **MC2** (Maison de la Culture) apresenta espetáculos de dança e concertos.

🏛 **Musée Dauphinois**
30 rue Maurice Gignoux.
**Tel** 04 57 58 89 01. qua-seg.
1º jan, 1º mai, 25 dez.

🏛 **Musée Archéologique Grenoble Saint-Laurent**
Pl St-Laurent. **Tel** 04 76 44 78 68.
ligar para mais detalhes.
www.museearcheologique-grenoble.fr

Teleférico de Grenoble

*Veja hotéis e restaurantes desta região nas pp. 577-80 e 632-4*

## 🏛 Musée de Grenoble
5 pl de Lavalette. **Tel** 04 76 63 44 44. ☐ qua-seq. ● 1º jan, 1º mai, 25 dez.

## 🏛 Musée de l'Ancien Evêché
2 rue Très Cloîtres. **Tel** 04 76 03 15 25. ☐ diariam. ter manhã.

## 🏛 Musée de la Résistance
14 rue Hébert. **Tel** 04 76 42 38 53. ☐ diariam. ● ter de manhã, 1º jan, 1º mai, 25 dez.

## 🏛 Le Magasin (CNAC)
155 cours Berriat. **Tel** 04 76 21 95 84. ☐ tarde ter-dom (durante exposições).

## 🏛 MC2
4 rue Paul Claudel. **Tel** 04 76 00 79 00. ☐ funcionamento varia; checar.
www.mc2grenoble.fr

# Vercors ⓭

Isère e Drôme. ✈ Grenoble. 🚆 Romans-sur-Isère, St-Marcellin, Grenoble. 🚌 Pont-en-Royans, Romans-sur-Isère. 🛈 Pont-en-Royans (04 76 36 09 10).
www.parc-du-vercors.fr

Ao sul e oeste de Grenoble, Vercors é um dos mais fantásticos parques do país – local ermo com pinheirais, montanhas, cachoeiras, cavernas e gargantas profundas e estreitas.

A D531, saindo de Grenoble, atravessa **Villar-de-Lans** – boa base para passeios na área – e segue rumo ao oeste às escuras **Gorges de la Bournes**. Cerca de 8km adiante, a aldeia de **Pont-en Royans** situa-se em uma garganta de calcário muito estreita, com casas de pedra cravadas nas rochas, de ônde se vê o rio Bourne.

Ao sul de Pont-en-Royans, ao longo da D76, a **Route de Combe-Laval** serpenteia por um íngreme penhasco acima do rio que ruge abaixo. **Grands Goulets**, 6,5km a leste, é uma profunda e estreita garganta com vista para íngremes penhascos que ocultam o céu. A montanha mais conhecida do parque é **Mont Aiguille**, um afloramento rochoso de 2.086m.

Vercors foi a base-chave para a Resistência francesa durante a Segunda Guerra Mundial. Em julho de 1944 os alemães atacaram a região, arrasando diversas aldeias. Museus da Resistência podem ser visitados em Vassieux e também em Grenoble.

**Vacas pastando na Chartreuse**

# Chartreuse ⓴

Isère e Savoie. ✈ Grenoble, Chambéry. 🚆 Grenoble, Voiron. 🚌 St-Pierre-de-Chartreuse. 🛈 St-Pierre-de-Chartreuse (04 76 88 64 00).

De Grenoble, a D512 leva ao norte, em direção a Chambéry e a Chartreuse, majestosa região de montanhas e florestas na qual a hidroeletricidade foi inventada no século XIX. O **Monastère de la Grande Chartreuse** é o principal ponto de referência local, logo a oeste de St-Pierre-de-Chartreuse, saindo da D520-B.

Fundado por São Bruno em 1084, o mosteiro deve a fama a seu pegajoso licor verde e amarelo, primeiramente produzido pelos monges em 1605. A receita, baseada em um secreto elixir de ervas com 130 ingredientes, é agora produzida na vizinha Voiron.

O mosteiro é habitado por cerca de 40 monges que vivem reclusos, em silêncio. Fechado a visitas, possui um museu na entrada, o **Musée de la Correrie**, que ilustra fielmente a rotina diária dos monges cartusianos.

## 🏛 Musée de la Correrie
St-Pierre-de-Chartreuse. **Tel** 04 76 88 60 45. ☐ abr-nov: diariam.

**Fazenda nas montanhas com pinheirais, da Chartreuse**

## Chambéry ㉑

Savoie. 61.000.
5 bis pl. Palais de Justice
(04 79 33 42 47). ter, sáb.
www.chambery-tourisme.com

Antiga capital da Savoia, esta cidade tem ar aristocrático e jeito italiano. Seu monumento mais admirado é a esplêndida e extravagante **Fontaine des Éléphants**, na rue de Boigne. Foi construída em 1838 em homenagem ao conde de Boigne, nascido aqui e que deixou para a cidade uma parte da fortuna que acumulou na Índia.

O **Château des Ducs de Savoie**, no outro extremo da rue de Boigne, é do século XIV e agora está quase totalmente ocupado pela prefeitura. Só partes do edifício podem ser visitadas, como a Sainte-Chapelle gótica.

Na extremidade sudeste da cidade fica **Les Charmettes**, uma casa de campo do século XVII na qual o filósofo Rousseau morou com sua amante, Madame de Warens, de 1732 a 1742. Vale a pena ser visitada pelos jardins cobertos de videiras e pelos objetos de Rousseau.

**Les Charmettes**
892 chemin des Charmettes. *Tel* 04 79 33 39 44. qua-seg. feriados.

O Lac du Bourget, em Aix-les-Bains

## Aix-les-Bains ㉒

Savoie. 26.000. pl Maurice Mollard (04 79 88 68 00). qua e sáb manhã. Festival Musilac (jul). www.aixlesbains.com

O grande poeta romântico Lamartine fez versos sobre a beleza do lago du Bourget, local da graciosa estância hidromineral de Aix-les-Bains. O coração da cidade são as **Thermes Nationaux** (século XIX). No subsolo ainda se podem ver restos das termas romanas originais – os romanos foram os primeiros a aproveitar os banhos aqui, há mais de 2 mil anos. As ruínas estão fechadas por questões de segurança, mas o spa Thermes Nationaux fica aberto o ano inteiro. Do lado oposto das termas, o **templo de Diana**, do século II d.C., possui um pequeno acervo de artefatos galo-romanos. Ao lado, o **Musée Faure** abriga um acervo de pinturas impressionistas, incluindo Degas e Sisley, esculturas de Rodin e objetos de Lamartine.

Estátua romana no templo de Diana

**Thermes Nationaux**
Pl Maurice Mollard. *Tel* 04 79 35 38 50. seg-sáb para tratamentos. www.thermaix.com

**Musée Faure**
Villa des Chimères, 10 bd des Côtes. *Tel* 04 79 61 06 57. qua-seg (meados nov-fev: qua-dom). 18 dez-2 jan, feriados.

### Arredores
Barcos partem várias vezes por dia de Aix's Grand Port para a **Abbaye d'Hautecombe**, pelo lago du Bourget. A abadia, beneditina, abriga o mausoléu da dinastia dos Savoias. **Le Revard**, a leste de Aix, na D913, tem trilhas e ótimas vistas do lago e do Mont Blanc.

## Annecy ㉓

Haute Savoie. 51.000.
1 rue Jean Jaurès (04 50 45 00 33). ter, sex-dom. Fêve du Lac (1 sáb ago). www.lac-annecy.com

Annecy é uma das cidades mais charmosas e encantadoras dos Alpes, situada na ex-

Palais de l'Isle, do século 12, em Annecy, com o canal Thiou em primeiro plano

*Veja hotéis e restaurantes desta região nas pp. 577-80 e 632-4*

Andando de bicicleta nas praias do Lac Léman (lago de Genebra)

tremidade norte do Lac d'Annecy e rodeada de montanhas cobertas de neve. Seu bairro medieval é repleto de canais, pontes cobertas de flores e ruas em forma de arcos. O melhor a fazer na cidade é passear, principalmente nos dias de mercado. Há também lugares que vale a pena visitar: o **Palais de l'Isle**, uma prisão do século XII no meio do canal Thiou, e o **Château d'Annecy**, situado no alto de uma colina, acima da cidade, com belas vistas da Vieille Annecy e tendo as águas cristalinas do lago abaixo.

O melhor local para nadar ou para esportes aquáticos fica no fim da avenue d'Albiny, perto do Imperial Palace Hotel. Barcos de cruzeiro partem do quai de Napoléon III.

### Arredores

Uma das melhores maneiras de desfrutar o cenário espetacular da região é pegar um barco de Annecy para **Talloires**, um povoado ao lado de um lago, famoso por seus hotéis e restaurantes. Em frente a Talloires, do outro lado do lago, fica o **Château de Duingt**, do século XV (fechado para visitantes). Na margem oeste do lago, a montanha Semnoz e seu pico, o **Crêt de Châtillon**, oferecem vistas ótimas do Mont Blanc e dos Alpes *(pp. 322-3)*.

## Lago Léman ❷

Haute Savoie e Suíça. 🛪 Geneva. 🚉 Geneva, Thonon-les-Bains, Évian-les-Bains. 🛈 Thonon-les-Bains (04 50 71 55 55). **www**.thononlesbains.com

O cenário e o clima da margem francesa do lago Léman (lago Léman para os franceses) fizeram deste lugar uma estação de veraneio badalada, desde que as primeiras termas foram construídas em Evian-les-Bains, em 1839.

**Yvoire** é um bom lugar para começar a visita da região. Este porto pesqueiro medieval é protegido por um castelo do século XIV, e as casas geminadas têm sempre canteiros floridos.

Mais distante, a leste, ao longo do Lac Léman, fica **Thonon-les-Bains**, cidade de termas prósperas e belas, localizada em um penhasco com vista para o lago. Um teleférico leva o turista para Rives, um porto pequeno ao pé dos penhascos, onde se alugam barcos a vela e se fazem passeios para as cidades suíças de Genebra e Lausanne. Fora da cidade fica o **Château de Ripaille** (século XV), famoso por um de seus moradores, o duque Amadeu VIII, que mais tarde se tornou antipapa (Félix V).

Embora se tenha modernizado e adquirido uma reputação internacional, devido à água de suas fontes, **Evian-les-Bains** ainda exala um delicado charme de *la vie en rose*. A calçada arborizada em frente ao lago é um convite para caminhadas. Os mais ativos podem aproveitar o lugar para praticar esportes como tênis, golfe, vela e esqui aquático. As termas oferecem o que há de mais moderno em tratamentos. O cassino da cidade é bastante movimentado à noite, oferecendo vinte e um, roleta, bacará e outros jogos.

De Evian, há balsas diárias para Lausanne, na Suíça, através do lago de Genebra, além de excursões de ônibus pelas montanhas da região.

Hôtel Royal, em Evian-les-Bains *(p. 578)*

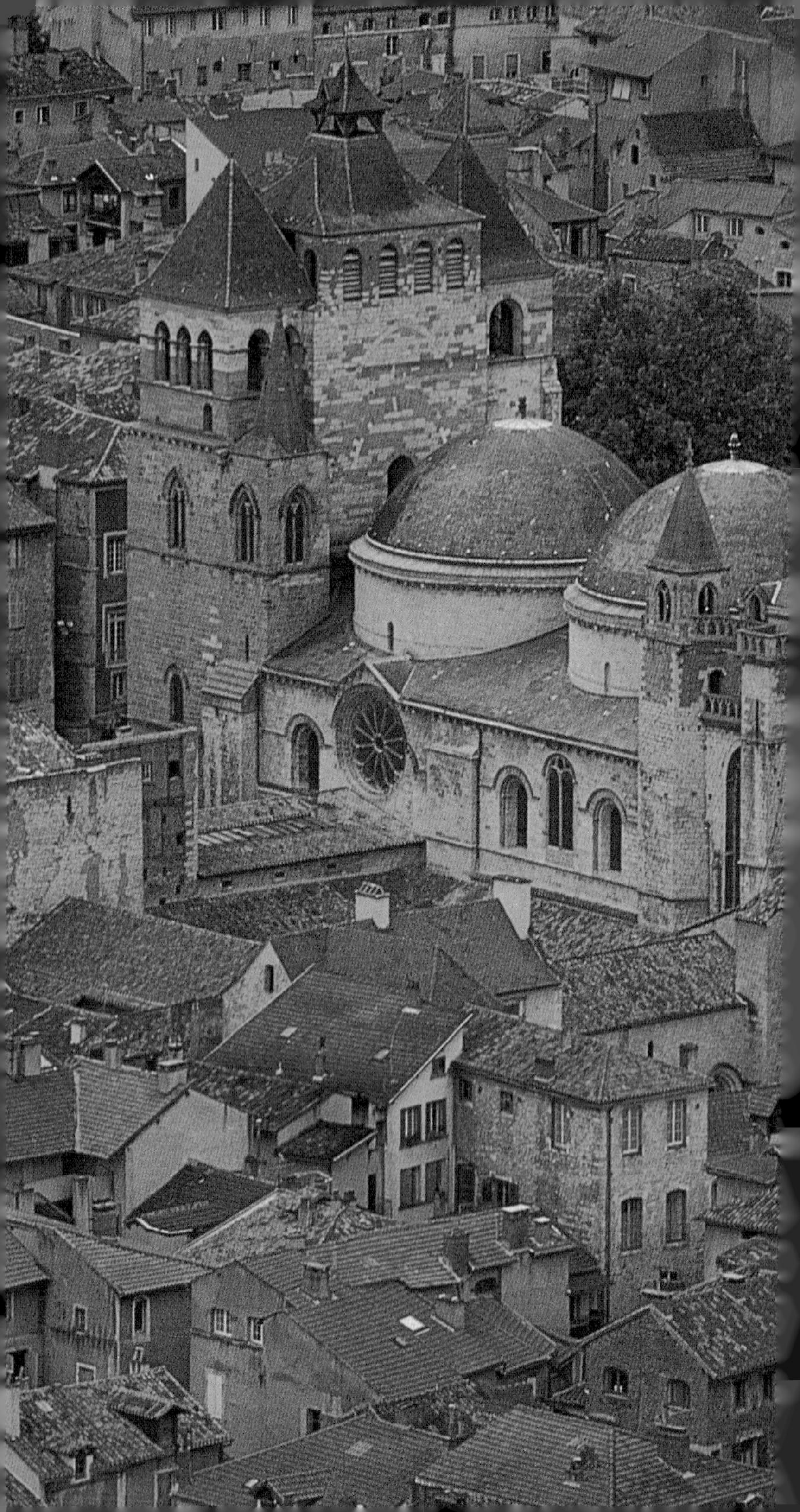

# SUDOESTE DA FRANÇA

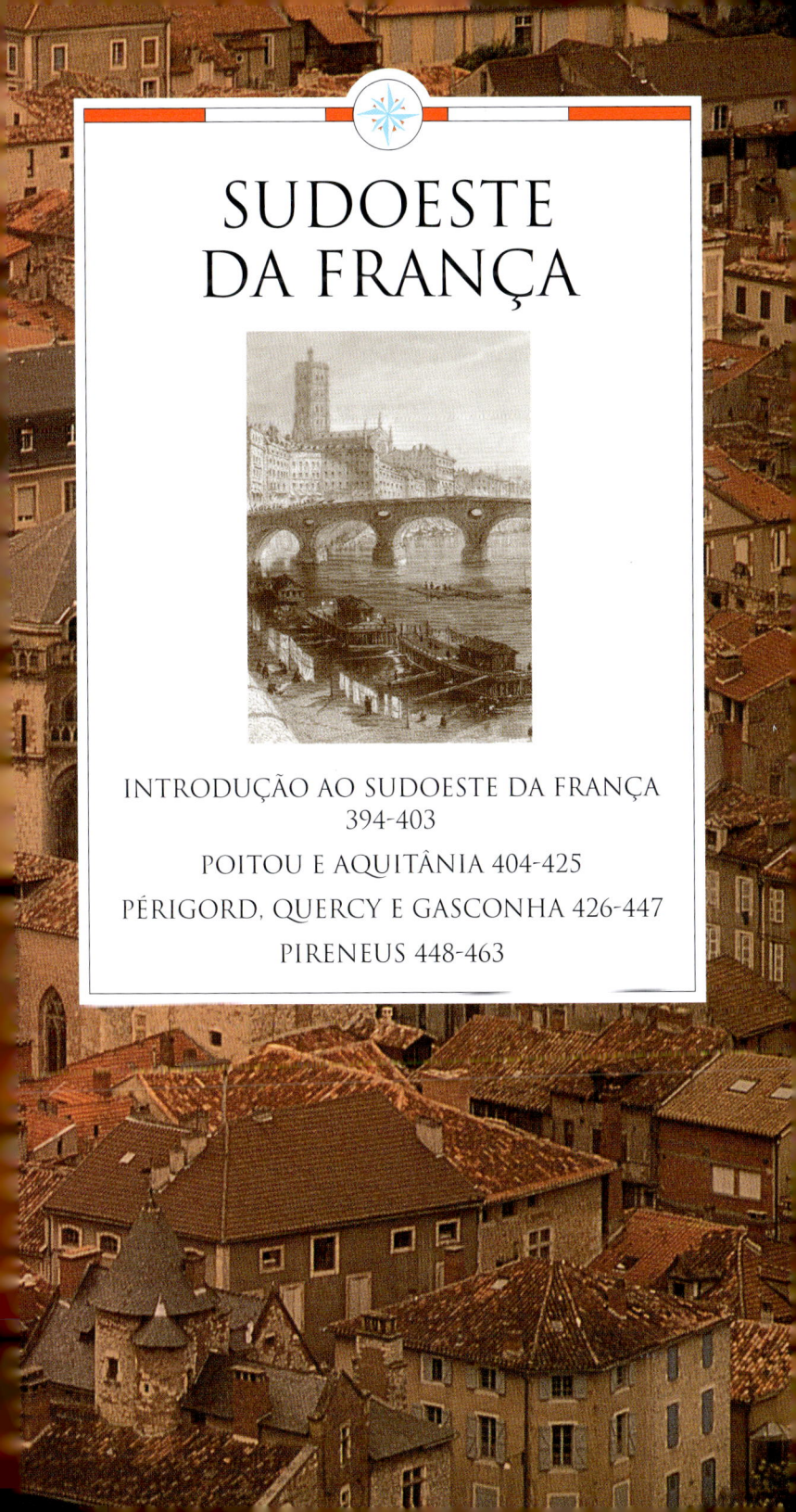

INTRODUÇÃO AO SUDOESTE DA FRANÇA
394-403

POITOU E AQUITÂNIA 404-425

PÉRIGORD, QUERCY E GASCONHA 426-447

PIRENEUS 448-463

# Introdução ao Sudoeste da França

O sudoeste da França é a região agrícola do país, uma terra tranquila e verde onde tudo dá, de girassóis ao *foie gras*. Outros produtos importantes da região são as madeiras das florestas de Landes, os vinhos de Bordeaux e o conhaque *(Cognac)*. As principais indústrias, incluindo a aeroespacial, concentram-se em duas cidades: Bordeaux e Toulouse. Quem visita a região é atraído em especial pelas praias extensas do Atlântico, pelas rampas de esqui dos Pireneus e pela calma rural de Dordogne. Entre as atrações turísticas estão ainda algumas famosas construções românicas do país.

**La Rochelle**, *além de importante porto comercial, é também local de concentração de iates* (p. 416). *Tour de la Chaîne e Tour St-Nicolas protegem a entrada do antigo porto. O centro histórico da cidade está repleto de ruas de pedra e casas de comerciantes.*

**Bordeaux** *é uma cidade de grandes edifícios e monumentos, incluindo o teatro local. O monumento aux Girondins, com lindas estátuas de bronze e fontes, fica na Esplanade des Quinconces, do século XVIII* (pp. 420-1).

*Ruínas Romanas, Saintes*

*Grand Théâtre, Bord*

POITOU E AQUITÂNIA *(pp. 404-25)*

PIRENEUS *(pp. 448-63)*

0 km  50

◁ Vista aérea da catedral e cidade velha de Cahors, no departamento do Lot

# INTRODUÇÃO AO SUDOESTE DA FRANÇA      395

*Notre-Dame-la-Grande, Poitiers*

**Notre-Dame-la-Grande** *é a rainha entre as igrejas de Poitiers (pp. 412-3). Possui belas janelas com vitrais e uma fachada românica esplêndida, ricamente decorada em estilo Poitevin.*

**PÉRIGORD, QUERCY E GASCONHA**
*(pp. 426-47)*

*Lascaux*

*Rocamadour*

**Rocamadour**, *além de um lugar de peregrinação, é um ponto turístico, com suas capelas e relicários "pendurados" nas encostas rochosas (pp. 436-7). Entre as diversas figuras veneradas está a da Virgem Negra com o Menino.*

*Moissac*

*Cathédrale d'Albi*

*St-Sernin, Toulouse*

*Cirque de Gavarnie*

**Abbaye Moissac** *é um mosteiro medieval importante do sudoeste da França (pp. 442-3). O tímpano representa o Apocalipse, e os capitéis do claustro são exemplos relevantes da escultura românica.*

# A Cozinha do Sudoeste da França

"Boa comida e bons vinhos criam o paraíso na terra", disse Henrique IV sobre sua região, a Gasconha. O sudoeste de fato preenche os requisitos dos gurmês mais exigentes. A costa atlântica fornece ótimos frutos do mar; Bordeaux produz alguns dos melhores vinhos franceses para complementar sua rica cozinha; gansos e patos fornecem a gordura, que é crucial para a cozinha local; e os produtos regionais incluem iguarias como o *foie gras*, trufas e cogumelos. Os Pireneus oferecem carne bovina e de cordeiro criados em pastos de montanha, queijos e *charcuterie*, e o País Basco traz os temperos de pimenta e o chocolate.

**Pimentas Espelette**

vêm junto com pequenas salsichas. Aqui também se criam mexilhões, e no mar há grande variedade de peixes. Enguias, lampreias e esturjões são pescados no estuário do Gironde.

Poitou-Charentes é uma das principais áreas de criação de cabras da França e produz queijos como o *chabichou de Poitou*, pequeno, suave, de sabor característico.

**Nozes, um dos produtos mais famosos do sudoeste**

### POITOU E AQUITÂNIA

A costa é famosa pelos frutos do mar. É a principal região produtora de ostras da França, e as de Marennes-Oleron são de altíssima qualidade. As espécies de alga azul das quais se alimentam dão a elas uma cor verde distinta. As ostras são servidas com limão ou vinagre de cebolinha, mas em Bordeaux

### PÉRIGORD, QUERCY E GASCONHA

Patos, gansos e frangos de alta qualidade são a base da cozinha desta região, e sua gordura é um ingrediente-chave de vários pratos, das simples *pommes sarladaises* (batatas cozidas em gordura de ganso) ao *confit*, no qual pernas inteiras são preservadas em sua própria gordura.

**Presunto de javali** — **Saucisson de alho** — **Chorizo** — **Saucisson de trufas** — **Saucisson de javali** — **Presunto Bayonne** — **Saucisson Bilberry**

**Seleção de *charcuterie* tradicional do sudoeste**

### PRATOS E ESPECIALIDADES REGIONAIS

O pato, um dos ingredientes essenciais da cozinha do sudoeste, é servido de várias maneiras. O *magret* é o peito – a melhor parte de um pato criado para *foie gras*. Geralmente servido rosa *(rose)*, tem como acompanhamento uma variedade de molhos, mas seu complemento mais perfeito é o aroma dos cogumelos cèpe locais da estação. O *confit* de pato costuma ser feito com as pernas, mas os miúdos são geralmente conservados dessa maneira. O *foie gras* é o produto mais caro (e controvertido) e resulta do processo de *gavage*, no qual se faz o pato ou ganso comer milho à força para engordar e enriquecer seu fígado. O *foie gras* é consumido recém-cozido, servido com molho ou frutas, ou conservado e servido com torradas ou brioches, acompanhado de vinho branco doce de Sauternes.

**Alhos-rosados**

**Omelette aux truffes** *Esta rica omelete é recheada de trufas-pretas locais, com fatias delas por cima.*

**Gansos de Toulouse engordados, a fonte do *foie gras***

O prato máximo do sudoeste é o *cassoulet*, cozido de pato ou ganso, com carne de porco e feijão-branco e crosta de farinha de rosca por cima; ele desperta forte competição entre os *chefs* da região.

O *cassoulet* é ressaltado por ingredientes de luxo: o óleo de nozes tempera as saladas, e fatias de trufas perfumam molhos ou omeletes. Cogumelos são avidamente procurados na estação e ficam mais deliciosos cozidos simplesmente com alho, cebolinha e salsinha. A região é uma das principais produtoras de alho, que aparece salpicado na carne ou é servido com as cabeças inteiras assadas. As melhores frutas são as *reines-claudes* (ameixa-rainha-cláudia) e as famosas ameixas de Agen, secas como passas ou em pratos de coelho ou lebre.

## OS PIRENEUS

Os pastos das montanhas fornecem carne bovina e de cordeiro de primeira, como o carneiro Barèges, além de truta de rio e ótima *charcuterie*. Fortes queijos de cabra

**Pescador abre ostras em uma festa marítima local**

ou ovelha são servidos com geleia de cerejas-pretas de Itxassou. Um dos pratos mais populares é o *garbure*, forte cozido de repolho, bacon e *confit* de pato ou ganso.

A cozinha basca tem sua própria identidade, com a pimenta Espelette que dá um toque picante ao chorizo, ao *piperade* e aos chipirones (lulas em sua tinta). O suculento presunto Bayonne é feito de porco alimentado com bolotas e castanhas. Bayonne também foi sede dos primeiros *chocolatiers* da França, judeus do século XVII fugidos da Inquisição. A cidade ainda produz chocolate de alta qualidade, escuro e amargo.

### SOBRE O MENU

**Cagouilles à la charentaise** Caracóis com salsicha, ervas e vinho.

**Entrecôte à la bordelaise** Filé ao molho de vinho tinto, com cebolinha e tutano.

**Farçi poitevin** Repolho cozido, carne de porco, bacon e azeda.

**Gasconnade** Perna de cordeiro com alho e anchovas.

**Mouclade** Mexilhões no molho *curry*, do porto de La Rochelle.

**Salade landaise** Salada de *foie gras*, miúdos e *confit*.

**Ttoro** Cozido basco de peixes e mariscos com batatas, tomates e cebolas.

---

**Cassoulet** *Cozido de feijão-branco com uma variedade de linguiças e pedaços de carne de porco ou pato.*

**Piperade** *Ovos adicionados a cozido de pimentão, cebola, tomate e alho, com presunto Bayonne por cima.*

**Croustade** *Massa fina coberta com manteiga derretida e maçãs, perfumadas com Armagnac e baunilha.*

# A Região Vinícola de Bordeaux

Bordeaux é a maior região produtora de vinhos finos do mundo e, quanto a vinhos tintos, certamente a mais conhecida fora da França. Após as bodas de Henrique II com Eleanora de Aquitânia, três séculos de comércio com a Inglaterra garantiram que o *claret* fosse servido nas mais finas mesas do mundo. No século XIX, mercadores sagazes capitalizaram essa fama, trazendo enorme prosperidade financeira à região, juntamente com a famosa Classificação dos Médoc, em 1855, uma tabela de excelência dos châteaux que ainda vigora.

Confecção de barril

**LOCALIZE-SE**

Região vinícola de Bordeaux

**Cos d'Estournel**, *como todos os châteaux incluídos na tabela dos crus classés ("produção classificada") de 1855, divulga orgulhosamente o mérito em seu rótulo.*

## REGIÕES VINÍCOLAS

As grandes áreas produtoras de vinho de Bordeaux abrangem dois grandes rios. A área entre eles (Entre-Deux-Mers) produz principalmente vinhos brancos pouco importantes. Os rios e o próprio porto fluvial de Bordeaux são essenciais no comércio dos vinhos da região. Alguns dos melhores *châteaux* ficam nas margens dos rios, o que facilita o transporte.

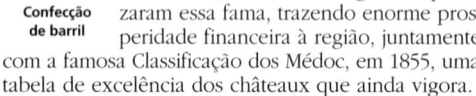

Colheita de uvas tintas Merlot, no Château Palmer

### FATOS SOBRE OS VINHOS DE BORDEAUX

**Localização e Clima**
Condições climáticas podem variar não apenas de ano para ano, mas também na própria região. O solo tende a ser de pedregulhos em Médoc e Graves, e argiloso na margem direita.

**Variedades de Uva**
As principais variedades de uvas tintas são **Cabernet Franc**, **Cabernet Sauvignon**, **Merlot**, **Petit Verdot** e **Malbec**. Cabernet Sauvignon é predominante no oeste do Gironde, e Merlot, no leste. Grande parte dos Bordeaux é uma mescla de uvas. **Sauvignon Blanc** e **Sémillon** são cultivadas e combinadas para vinhos secos e doces.

**Bons Produtores**
(tintos) Latour, Margaux, Haut-Brion, Cos d'Estournel, Léoville Las Cases, Léoville Barton, Lascombes, Pichon Longueville, Pichon Lalande, Lynch-Bages, Palmer, Rausan-Ségla, Duhart Milon, d'Angludet, Léoville Poyferré, Branaire Ducru, Ducru Beaucaillou, Malescot St-Exupéry, Cantemerle, Phélan-Ségur, Chasse-Spleen, Poujeaux, Domaine de Chevalier, Pape Clément, Cheval Blanc, Canon, Pavie, l'Angelus, Troplong Mondot, La Conseillante, Lafleur, Trotanoy.

**Boas Safras**
(tintos) 2009, 2006, 2005, 2003, 2000, 1998, 1996

**O Haut-Brion**, *na divisão superior da classificação dos Bordeaux, foi, e ainda é, o único château de Graves desta liga de Médoc.*

**A inscrição** *que atesta o engarrafamento nos châteaux surgiu em Bordeaux, contra comerciantes inescrupulosos.*

# INTRODUÇÃO AO SUDOESTE DA FRANÇA 399

Uma das diversas propriedades vinícolas do distrito de St-Émilion

**Entre-Deux-Mers**, pouco conhecida, possui alguns bons produtores.

**St-Émilion** *possui sua própria tabela de crus classés. O* Cheval Blanc *está no topo.*

### LEGENDA

- Médoc
- Blaye
- Bourg
- Entre-Deux-Mers
- Graves
- Pessac-Léognan
- Cérons
- Barsac
- Sauternes
- Libournais District
- Pomerol
- St-Émilion

0 km — 15

# O Caminho de Santiago

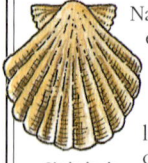

Na Idade Média, milhares de cristãos iam em peregrinação ao santuário de São Tiago (Santiago), em Santiago de Compostela, na Espanha. Atravessavam a França, abrigando-se em mosteiros ou locais simples e levavam de volta uma concha de vieira, símbolo de São Tiago, como lembrança. A maioria dos peregrinos ia na esperança da redenção e muitas vezes passava anos na estrada. Em 1140, um monge chamado Picaud escreveu um dos primeiros guias de viagem do mundo, sobre a peregrinação. Hoje é possível fazer os mesmos caminhos, passando por cidades antigas e santuários, como fez o escritor Paulo Coelho.

**Símbolo da concha de vieira**

**Peregrinos** chegavam em portos como St-Malo.

**A catedral original** de Santiago de Compostela foi construída em 813, por Afonso II, sobre o túmulo de São Tiago. Em 1075, começou a construção da grandiosa igreja românica de hoje, que apresenta, entre outras modificações posteriores, a fachada barroca dos séculos XVII e XVIII.

**Percursos** convergiam para Santiago de Compostela.

**Peregrinos** cruzavam os Pireneus em Roncesvalles.

**O apóstolo Tiago**, o Maior, foi à Espanha para divulgar o Evangelho, segundo a tradição. Ao retornar à Judeia, foi martirizado por Herodes. Seus despojos foram levados de barco à Espanha, permanecendo ocultos por 800 anos.

**O imponente mosteiro de Cluny**, na Borgonha (pp. 48-9), e seus mosteiros anexos eram importantes na organização das peregrinações. Foram construídos abrigos, igrejas e santuários com preciosas relíquias para incentivar os peregrinos em seu percurso.

## O CAMINHO DOS PEREGRINOS

Paris, Vézelay *(pp. 336-7)*, Le Puy *(p. 364)* e Arles são os pontos de encontro dos quatro caminhos "oficiais" através da França. Cruzam os Pireneus em Roncesvalles e Somport e se encontram em Puente la Reina, formando uma estrada que culmina no santuário, na costa da Galícia.

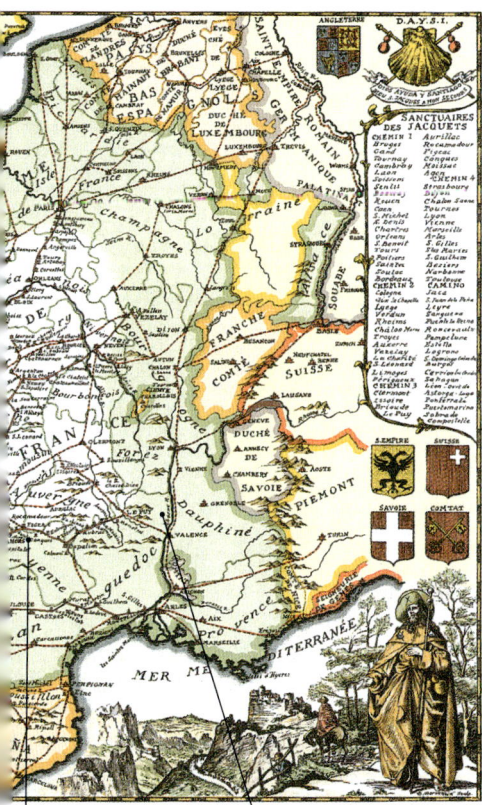

## O QUE VER HOJE

Enormes igrejas românicas, inclusive Ste-Madeleine, em Vézelay *(pp. 336-7)*; Ste-Foy, em Conques *(pp. 368-9)*; e St-Sernin, em Toulouse *(p. 447)*, juntamente com várias pequenas igrejas, foram construídas para acomodar muitos peregrinos.

**Basilique Ste-Madeleine, Vézelay**

**Conques** furtou relíquias para aumentar seu prestígio.

**Le Puy**, é um importante ponto de encontro de peregrinos

**O primeiro peregrino** foi o bispo de Le Puy, em 951. Mas peregrinos provavelmente vinham a Santiago desde 814, logo após ser encontrado o túmulo do santo.

**O relicário** de Ste-Foye, em Conques, um dos vários santuários no percurso, atraía multidões de peregrinos. Poderes miraculosos eram atribuídos às relíquias sagradas.

**O nome** Santiago de Compostela, acredita-se, originou-se do latim campus stellae *(campo de estrelas)*. Misteriosas estrelas teriam sido vistas sobre um campo em 25 de julho de 814, hoje Festa de Santiago, quando os despojos do santo teriam sido encontrados.

# Cavernas do Sudoeste

O sudoeste da França é bem conhecido pelas formações rochosas criadas pelo acúmulo lento de depósitos de minerais dissolvidos. Há abrigos rochosos e cavernas em toda a França. Mas, nas primeiras elevações dos Pireneus e da Dordogne, há algo mais para o visitante: um acervo de extraordinárias pinturas rupestres, algumas datadas do Período Glacial. Essa forma de arte foi criada quando os povos pré-históricos evoluíram e começaram a esculpir, pintar e entalhar. Essa tradição artística excepcional durou mais de 25 mil anos, alcançando o ápice há cerca de 17 mil anos. Alguns belíssimos exemplos de pintura em cavernas ainda são visíveis.

**Pinturas rupestres, em Lascaux**

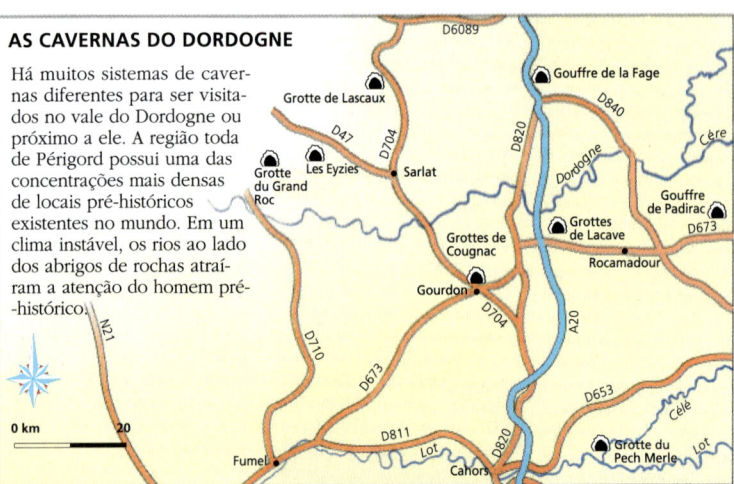

## AS CAVERNAS DO DORDOGNE

Há muitos sistemas de cavernas diferentes para ser visitados no vale do Dordogne ou próximo a ele. A região toda de Périgord possui uma das concentrações mais densas de locais pré-históricos existentes no mundo. Em um clima instável, os rios ao lado dos abrigos de rochas atraíram a atenção do homem pré-histórico.

## AS CAVERNAS

O calcário se dispõe em camadas com fendas que permitem que a água penetre por debaixo da superfície. Por milhares de anos, a água dissolveu a rocha, primeiro formando caldeirões e depois cavernas maiores. As estalactites desenvolvem-se onde a água pinga do teto e as estalagmites crescem do chão.

**Grotte du Grand Roc, no vale do Vézère, Périgord**

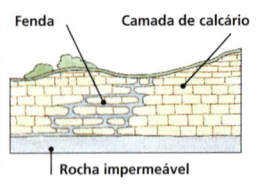

**1** A água infiltra-se pelas fendas lentamente, dissolvendo as rochas ao redor.

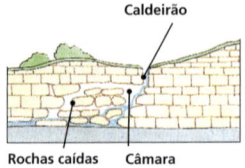

**2** A água produz caldeirões que soltam as rochas, fazendo com que caiam gradualmente.

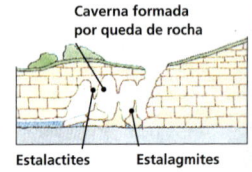

**3** A água gotejando e contendo calcário dissolvido forma estalactites e estalagmites.

## GOUFFRE DE PADIRAC

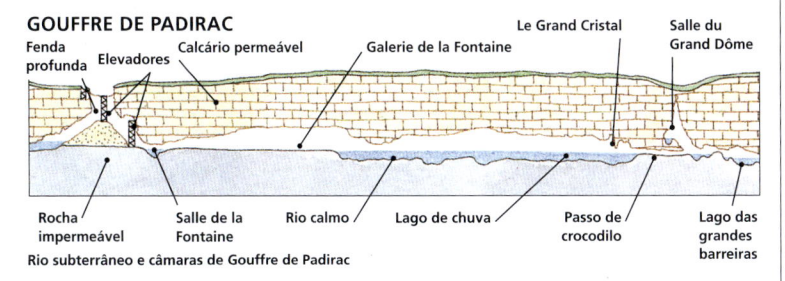

**Rio subterrâneo e câmaras de Gouffre de Padirac**

Labels: Fenda profunda, Elevadores, Calcário permeável, Galerie de la Fontaine, Le Grand Cristal, Salle du Grand Dôme, Rocha impermeável, Salle de la Fontaine, Rio calmo, Lago de chuva, Passo de crocodilo, Lago das grandes barreiras

**Cavernas de Les Eyzies**

## VISITA ÀS CAVERNAS

**Cougnac** possui fendas profundas *(gouffres)*, e as galerias com pinturas pré-históricas incluem figuras humanas. Ao redor de **Les Eyzies** *(pp. 434-5)* ficam as cavernas de **Les Combarelles**, **La Mouthe** e **Font de Gaume**, que têm belos desenhos, pinturas e esculturas pré-históricas, como também **Rouffignac**, com redes de cavernas. **Grand Roc** tem câmaras com uma profusão de estalactites e estalagmites. A nordeste de Les Eyzies fica o abrigo rochoso de **L'Abri du Cap Blanc**, com desenhos rupestres raros de cavalos e bisão feitos há cerca de 14 mil anos.

Na margem sul do Dordogne, um rio e um lago subterrâneos com formações rochosas extraordinárias podem ser vistos em **Lacave**. As fendas profundas e cavernas em Padirac *(p. 438)* são ainda mais espetaculares. Em **Lascaux**, as cavernas com as melhores pinturas rupestres foram fechadas, mas a réplica excepcional de **Lascaux II** *(p. 434)* vale a pena. Mais ao sul, as cavernas de **Pech-Merle** *(p. 438)* têm formações rochosas magníficas. **Niaux**, nos contrafortes dos Pireneus, também pode ser visitada.

## A HISTÓRIA DA ARTE DAS CAVERNAS

As primeiras pinturas pré-históricas em cavernas da Europa foram descobertas a noroeste da Espanha, em 1879. Desde então, mais de 200 cavernas decoradas e abrigos de rochas foram encontrados na Espanha e na França, principalmente na região de Dordogne. Um grande número de pistas, de lanternas feitas de pedra a pegadas milagrosamente preservadas, tem ajudado os estudiosos a reconstituir as técnicas utilizadas pelos artistas das cavernas. Não há dúvida de que as pinturas tinham algum significado simbólico ou mágico. Uma teoria recente sugere que elas seriam trabalho de xamãs.

**As técnicas** *usadas pelos artistas do período das glaciações, que trabalhavam com luz artificial, incluíam contornos em rochas menos consistentes, além do uso dos contornos naturais como parte do desenho. Linhas pretas e sombreamentos eram feitos com carvão vegetal. Tintas coloridas eram aplicadas com pigmentos minerais, tais como caulim e hematita. Mãos eram desenhadas aspirando-se pigmento diluído e soprando-o com o caule de uma planta para dar o efeito de spray.*

Lâmpada de pedra decorada descoberta na caverna de Lascaux

Caulim

Carvão vegetal

Hematita

**O Grande Touro do friso da sala dos Touros, em Lascaux**

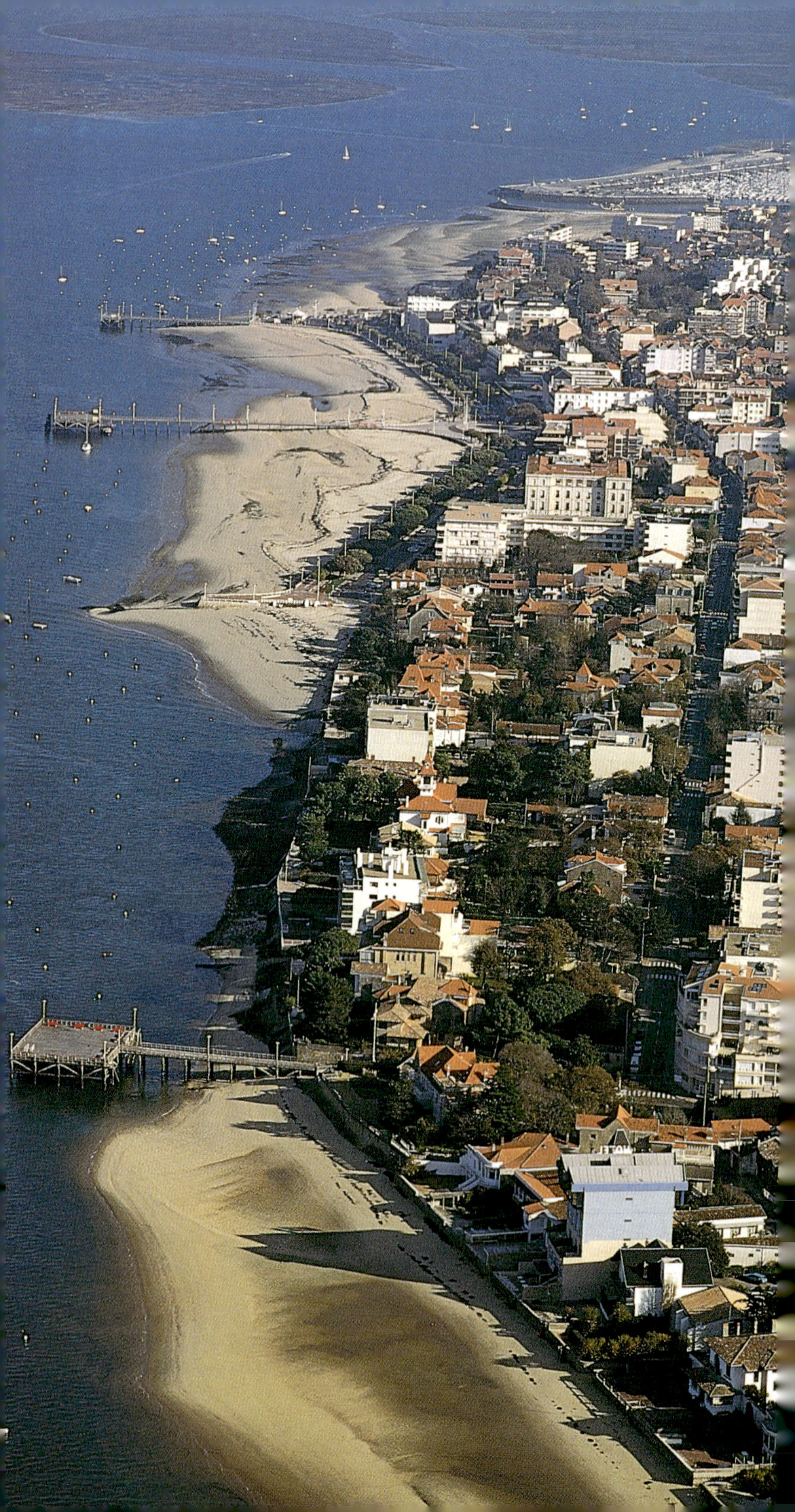

# POITOU E AQUITÂNIA

DEUX-SÈVRES · VIENNE · CHARENTE-MARITIME
CHARENTE · GIRONDE · LANDES

*Esta vasta área do sudoeste da França estende-se por um quarto do litoral Atlântico do país, uma grande extensão de praias arenosas. A região vai dos pântanos de Marais Poitevin às grandes florestas de pinheiros de Landes. No centro desta região fica Bordeaux, famosa por seus vinhos e grandes castelos.*

A turbulenta história de lutas de Poitou e Aquitânia resultou em uma herança arquitetônica e cultural muito rica. O arco e o anfiteatro de Saintes são testemunhas da influência romana nessa área. Na Idade Média, as peregrinações para Santiago de Compostela *(pp. 400-1)* criaram um legado impressionante de igrejas românicas, como as de Poitiers e Parthenay, assim como de pequenas capelas e afrescos. A Guerra dos Cem Anos *(pp. 52-3)* provocou um grande levante, mas também resultou na construção de defesas poderosas mantidas pelos reis ingleses plantagenetas. Com as Guerras Religiosas *(pp. 54-5)*, muitas cidades, igrejas e castelos foram destruídos e reconstruídos. Atualmente Poitiers é um centro comercial próspero. A oeste ficam os portos históricos de La Rochelle e Rochefort. Mais ao sul, a região vinícola de Bordeaux e Cognac, famosa pelo *brandy*, é responsável por uma parte importante da receita local. A cidade de Bordeaux é tão próspera hoje quanto na época romana, combinando o cenário cultural com a arquitetura elegante do século XVIII. Os vinhos complementam a cozinha da região, que tem como destaques lampreias, mexilhões e ostras, do litoral, e cordeiro salgado e queijo de cabra, das pastagens do interior.

**Casas com persianas em St-Martin-de-Ré, na Île de Ré, mais afastada da costa de La Rochelle**

◁ O balneário de Arcachon, perto das dunas de Bassin d'Arcachon

# Como Explorar Poitou e Aquitânia

Abençoada com uma costa atlântica aparentemente infinita, inúmeros cursos navegáveis, excelentes portos e o melhor vinho e conhaque do mundo, a região é ideal para relaxar. Atualmente, no verão, a maioria dos visitantes acorre diretamente às praias, com suas enormes ondas, mas há também o campo, bucólico, com muito a oferecer. Bela arquitetura medieval pode ser notada ao longo da estrada dos peregrinos a Santiago de Compostela (pp. 400-1) e *châteaux* de todas as formas e tamanhos caracterizam os distritos vinícolas circundando Bordeaux. Vale visitar a única cidade moderna importante na região, Bordeaux, por sua elegante arquitetura do século XVIII e sua rica vida cultural. A vasta floresta de Les Landes, plantada pelo homem, também enriquece este subestimado recanto francês.

Vida de praia em Bassin d'Arcachon, na Côte d'Argent

## COMO CHEGAR

A principal estrada da região, a A10, liga Paris e Poitiers com Bordeaux e outras cidades – como Toulouse – a leste, com Rochefort a oeste e com Bayonne e Espanha ao sul. Comportando o tráfego pesado, alivia as excelentes estradas menores. Chega-se a Bordeaux direto de Lille por TGV (conexão com Eurostar), e a linha TGV Paris-Poitiers-Angoulême-Bordeaux reduziu pela metade o tempo de viagem de trem (Paris-Bordeaux 3h15). Bordeaux, Poitiers e La Rochelle têm aeroportos internacionais e Bordeaux tem também transporte rodoviário para a maior parte dos países europeus. Poitiers tem ônibus para diversas cidades próximas.

Legenda dos símbolos *no final do guia*

Um dos pitorescos portos da Île de Ré

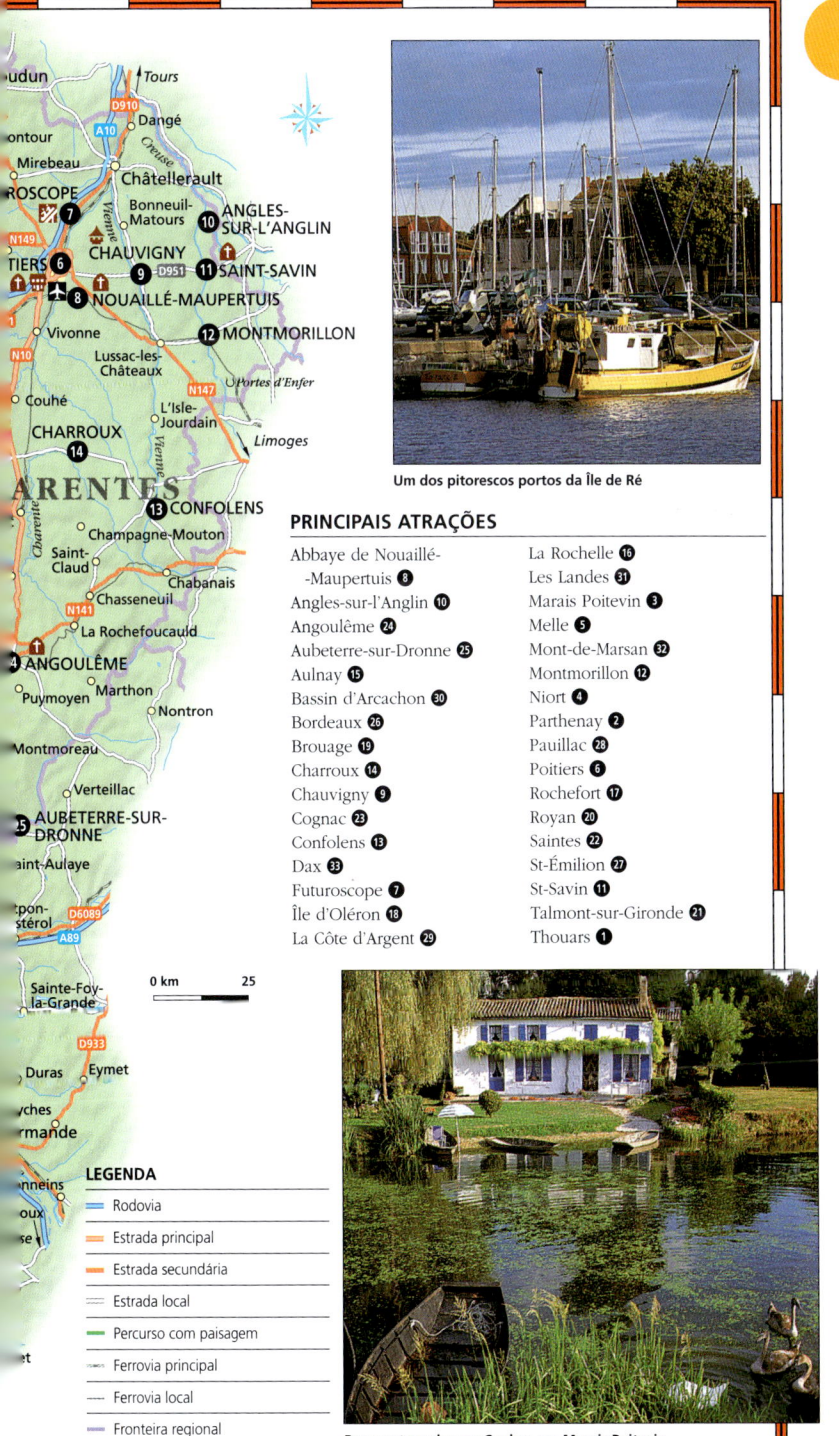

## PRINCIPAIS ATRAÇÕES

Abbaye de Nouaillé-Maupertuis ⑧
Angles-sur-l'Anglin ⑩
Angoulême ㉔
Aubeterre-sur-Dronne ㉕
Aulnay ⑮
Bassin d'Arcachon ㉚
Bordeaux ㉖
Brouage ⑲
Charroux ⑭
Chauvigny ⑨
Cognac ㉓
Confolens ⑬
Dax ㉝
Futuroscope ⑦
Île d'Oléron ⑱
La Côte d'Argent ㉙
La Rochelle ⑯
Les Landes ㉛
Marais Poitevin ③
Melle ⑤
Mont-de-Marsan ㉜
Montmorillon ⑫
Niort ④
Parthenay ②
Pauillac ㉘
Poitiers ⑥
Rochefort ⑰
Royan ⑳
Saintes ㉒
St-Émilion ㉗
St-Savin ⑪
Talmont-sur-Gironde ㉑
Thouars ①

Barcos atracados em Coulon, em Marais Poitevin

### LEGENDA

- Rodovia
- Estrada principal
- Estrada secundária
- Estrada local
- Percurso com paisagem
- Ferrovia principal
- Ferrovia local
- Fronteira regional

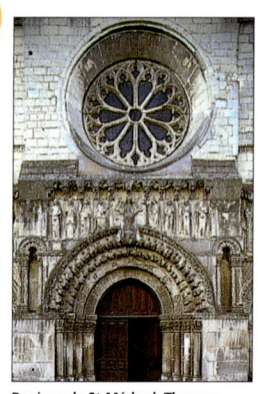

Rosácea de St-Médard, Thouars

## Thouars ❶

Deux-Sèvres. 🏠 10.500. 🚉 🚌
ℹ️ 3 bis bd Pierre Curie (05 49 66 17 65). 🛒 ter e sex.
www.tourisme-pays-thouarsais.fr

Thouars, uma formação rochosa rodeada pelo rio Thouet, está na fronteira entre Anjou e Poitou. Há tanto telhados de ardósia do norte quanto de telhas vermelhas do sul.

No centro fica a **Église St-Médard**. A fachada românica é um exemplo perfeito do estilo Poitevin, que é típico da região *(p. 412)*, embora conte com uma rosácea gótica.
A rue du Château, com construções de madeirame aparente, leva ao Château do século XVII, que domina a região. Agora abriga uma escola e fica aberto ao público durante o verão.

A leste de Thouars fica o **Château d'Oiron**, cercado de fosso, que oferece exposições contemporâneas. Obra-prima da arquitetura da Renascença, foi construído principalmente entre 1518-49.

🏰 **Château d'Oiron**
79100 Oiron. **Tel** 05 49 96 51 25.
⬜ diariam. ⬛ alguns feriados. 📷

## Parthenay ❷

Deux-Sèvres. 🏠 11.000. 🚉 🚌
ℹ️ 8 rue de la Vau-St-Jacques (05 49 94 90 05). 🛒 qua.
www.cc-parthenay.fr

Parthenay é uma cidade provinciana e sonolenta, típica da França ocidental, exceto às quartas de manhã, quando ocorre o segundo maior mercado de gado da França. Na Idade Média, a cidade era uma parada importante no caminho de Santiago de Compostela *(pp. 400-1)*. É fácil imaginar as procissões de peregrinos na região medieval. A rue de la Vau-St-Jacques, íngreme e com pavimentação de pedra, leva às muralhas do século XIII e à fortificada Porte St-Jacques, com sua ponte sobre o rio Thouet.

A oeste de Parthenay, a igreja do século XII de **St-Pierre de Parthenay-le-Vieux** tem uma fachada Poitevin esplêndida, representando Sansão e o Leão e um cavaleiro com um falcão.

## Marais Poitevin ❸

Charente-Maritime, Deux-Sèvres, Vendée. ✈️ La Rochelle. 🚉 Niort, La Rochelle. 🚌 Coulon, Arçais, Marans. ℹ️ Place de la Coutume, Coulon (05 49 35 81 04). www.parc-marais-poitevin.fr

Os pântanos de Poitevin, que foram lentamente drenados com canais e diques por muitos anos, cobrem cerca de 80 mil ha entre Niort e o mar. A área é atualmente um parque regional dividido em duas partes. Ao norte e ao sul do estuário do Sèvre fica o Marais Désséché (pântano seco), onde cereais e outros frutos são cultivados. A enorme faixa de Marais Mouillé (pântano molhado) fica rio acima, em direção a Niort.

Os pântanos molhados, também conhecidos como Venise Verte (Veneza Verde), são de longe os mais interessantes. São marcados por labirintos de canais em ziguezague, obstruídos por ervas daninhas e adornados por íris e nenúfares, com a sombra de choupos e faias, e abriga grande variedade de pássaros e animais silvestres. Os *maraîchins* (habitantes locais) mantêm inexplorada esta floresta inundada.

Os povoados de casas brancas, típicas da região, são construídos em locais mais altos, e o meio de transporte usual é um barco de fundo achatado, conhecido como *platte*.

Coulon, St-Hilaire-la-Palud, La Garette e Arçais, como também Damvix e Maillezais, na Vendée, são pontos de

Casas medievais na rue de la Vau-St-Jacques, em Parthenay

*Veja hotéis e restaurantes desta região nas pp. 580-2 e 635-7*

Barcos de fundo achatado ancorados em Coulon, nos Marais Poitevin

partida para passeios de barco ao redor dos pântanos. Barcos podem ser alugados com ou sem guias. Leve repelente contra insetos.

**Coulon** é o maior e mais bem equipado povoado e o local mais indicado como base para visitar a região. **La Maison du Marais Poitevin** conta como era a vida nos pântanos no passado, com detalhes sobre flora e fauna.

A torre de prisão Plantageneta em Niort, atualmente com um museu

## Niort ❹

Deux-Sèvres. 60.000. Place de la Brèche (05 49 24 18 79). qui e sáb.
www.niortmaraispoitevin.com

No passado um porto próximo às águas verdes do Sèvre, Niort é agora uma cidade industrial grande e próspera, especializada em maquinários, eletrônica, produtos químicos e seguros. A proximidade com os pântanos se evidencia nas especialidades locais: enguias, caracóis e angélica. Essa erva, cultivada há séculos nas terras encharcadas, é usada para tudo, desde licor até sorvete.

A atração principal é a torre de menagem do século XII, que se estende sobre o Vieux Pont. Foi construída por Henrique II e Ricardo, Coração de Leão. Teve um papel importante durante a Guerra dos Cem Anos e mais tarde foi usada como prisão. O pai de Madame de Maintenon *(p. 56)*, que passou sua infância em Niort, foi prisioneiro aqui. Atualmente a torre é um museu que concentra um acervo de arte e artesanato locais e de arqueologia. O **Musée d'Agesci**, na avenida de Limoges, exibe cerâmicas, esculturas e pinturas dos séculos XVI ao XX.

### Arredores
A meio caminho de Poitiers fica a pequena cidade de **St--Maixent-L'École**. Uma maravilha de luz e espaço, a abadia é uma reconstrução gótica *flamboyant*, de François Le Duc (1670), de uma construção destruída durante as Guerras Religiosas. Mais a oeste estão os **túmulos de Bougon**, que consistem em cinco túmulos, o mais antigo de 4.500 a.C.

## Melle ❺

Deux-Sèvres. 4.000. rue E Traver (05 49 29 15 10). sex.
www.ville-melle.fr

A origem de Melle foi uma mina de prata romana que no século IX teve a casa da moeda na Aquitânia. Mais tarde, sua fama se deu com a *baudet du Poitou*, uma mula forte criada na região. Atualmente Melle é conhecida por suas igrejas, das quais a mais bonita é **St-Hilaire**. Com fachada Poitevin do século XII, tem uma estátua equestre do imperador Constantino, sobre a porta norte.

### Arredores
A abadia em **Celles-sur-Belle**, a noroeste, tem entrada moura que contrasta com o resto da igreja, restaurado no século XVII em estilo gótico.

Estátua equestre de Constantino, na fachada de St-Hilaire, em Melle

Canal na região de Venice Verte, Marais Poitevin ▷

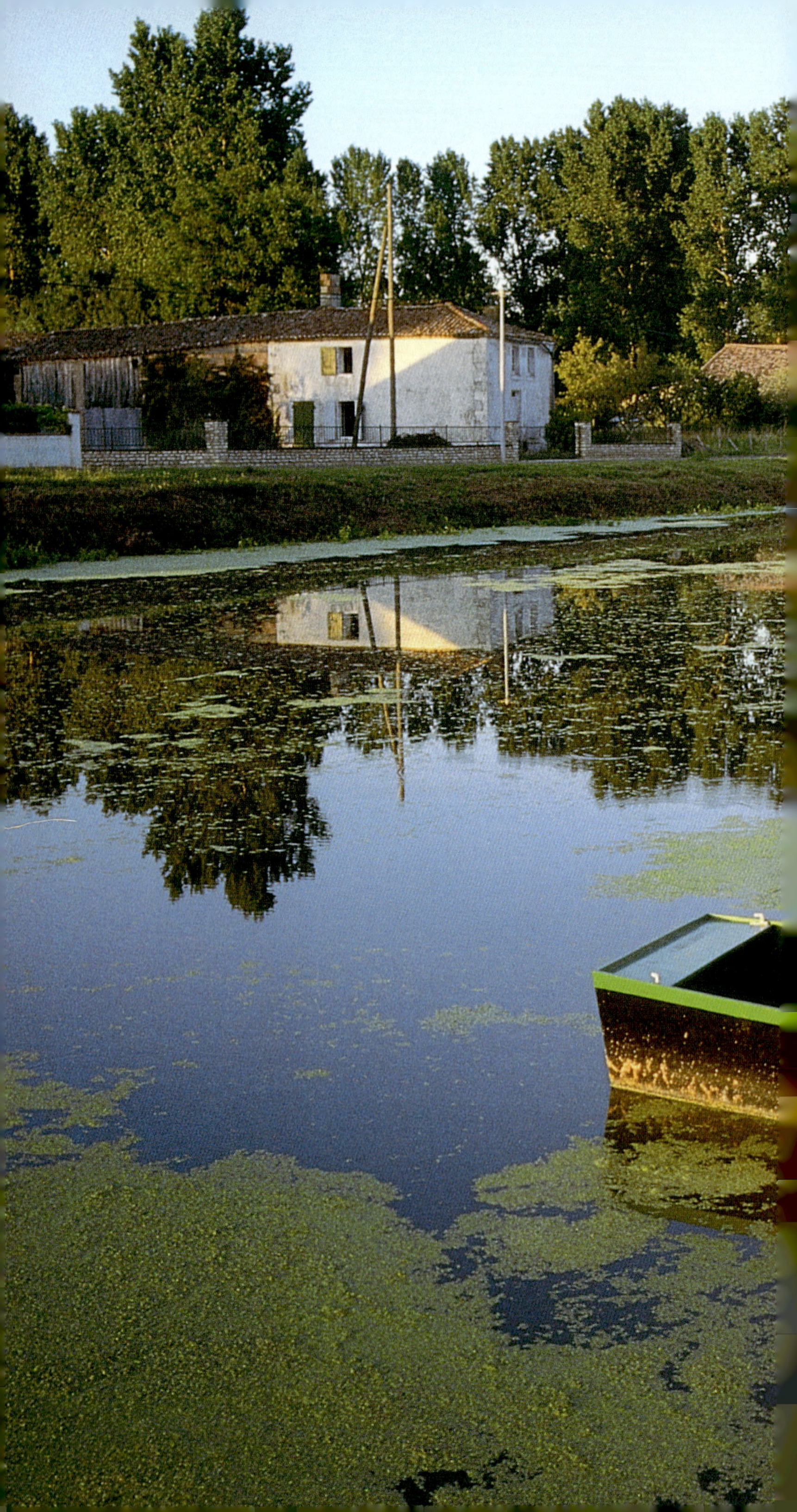

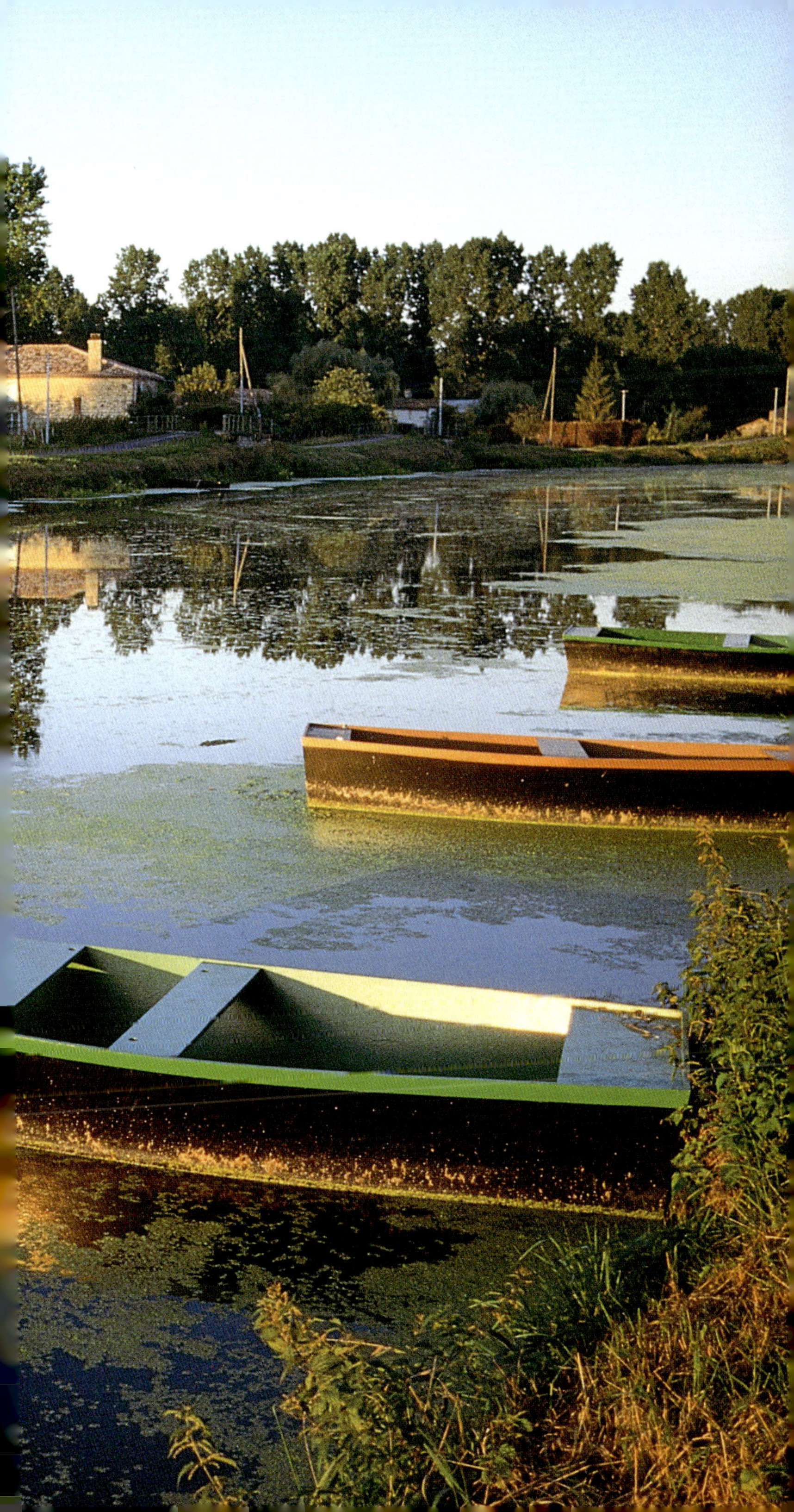

# Poitiers ❻

Três das maiores batalhas da história francesa foram travadas perto de Poitiers, a mais famosa delas em 732, quando Carlos Martelo deteve a invasão árabe. Após dois períodos sob domínio inglês *(pp. 52-3)*, a cidade prosperou no reinado de Jean de Berry (1369-1416), o grande mecenas das artes. A universidade, fundada em 1431, fez da cidade um importante centro intelectual. Entre seus alunos ilustres esteve Rabelais. As Guerras Religiosas deixaram Poitiers em estado caótico e somente no final do século XIX a cidade voltou a se desenvolver. Hoje é uma capital regional moderna e dinâmica, com um centro histórico de rico legado arquitetônico.

*Afresco na Église St-Hilaire-le-Grand*

### 🔒 Notre-Dame-la-Grande
Apesar do nome, Notre-Dame-la-Grande não é uma igreja grande. Um dos maiores centros de peregrinação em Poitiers, é famosa pela vívida escultura Poitevin do século XII. No coro há um afresco românico de Cristo e a Virgem. A maioria das capelas foi construída na Renascença.

### 🏛 Palais de Justice
Pl Alphonse Lepetit. **Tel** *05 49 50 22 00.* ⭘ *seg.-sex.*
Por trás da suave fachada renascentista há o grande *hall* do palácio dos reis angevinos, Henrique II e Ricardo, Coração de Leão, do século XII. Este teria sido o local do exame de Joana d'Arc por um conselho de teólogos, em 1429.

### 🔒 Cathédrale St-Pierre
As cadeiras entalhadas do século XIII do coro de St-Pierre são as mais antigas da França. Observe o enorme vitral leste, do século XII, com a Crucificação. As pequenas figuras dos

*Colunas de padrões geométricos coloridos, em Notre-Dame-la-Grande*

## NOTRE-DAME-LA-GRANDE

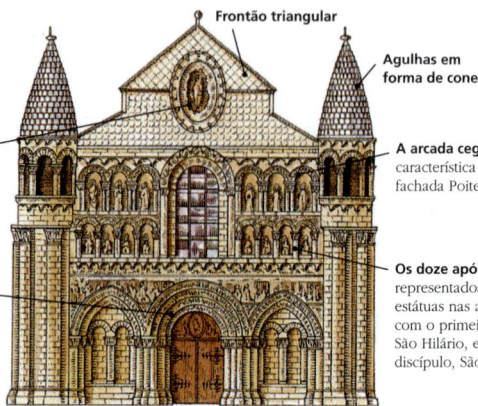

**Frontão triangular**

**Agulhas em forma de cone**

**O Cristo em Majestade**, apresentado no centro do frontão, está cercado por símbolos dos evangelistas.

**A arcada cega** é característica da fachada Poitevin.

**Os portais** na fachada Poitevin são esculpidos profunda e às vezes ricamente, apresentando acentuada influência moura.

**Os doze apóstolos** são representados por estátuas nas arcadas, com o primeiro bispo, São Hilário, e seu discípulo, São Martinho.

*Veja hotéis e restaurantes desta região nas pp. 580-2 e 635-7*

patronos da catedral – Henrique II e Eleonora da Aquitânia – estão inseridas na base da janela. O órgão (1787-91), feito por François-Henri Cliquot, é um dos mais bonitos e famosos da Europa.

### 🏛 Espace Mendés France

1 pl de la Cathédrale. **Tel 05 49 50 33 08.** ⚪ diariam. ⚫ jun-ago: dom; alguns feriados.
Este museu possui um moderno planetário, em que shows de laser ajudam a explicar os mistérios do Universo. Há também eventos e exposições.

### 🔒 Église St-Hilaire-le-Grand

Incêndios e reformas posteriores fizeram de St-Hilaire um mosaico de diferentes estilos. Originalmente do século VI, a igreja exibe ainda um campanário do século XI e uma nave do século XII.

### 🔒 Baptistère St-Jean

Rue Jean Jaurès. ⚪ qua-seg.
St-Jean é um batistério poligonal do século IV e uma das construções mais antigas da França. Muitos dos primeiros cristãos convertidos foram batizados aqui. Agora um museu, possui afrescos românicos – de Cristo e de Constantino – e alguns sarcófagos merovíngios.

### 🏛 Musée Sainte-Croix

3 bis rue Jean Jaurès. **Tel 05 49 41 07 53.** ⚪ ter-dom à tarde. ⚫ alguns feriados.
O Musée Sainte-Croix exibe uma eclética combinação de arqueologia pré-histórica, galo-romana e medieval, e grande variedade de pinturas e esculturas do século XIX. Três estátuas de bronze de Camille Claudel estão expostas aqui, inclusive *A valsa*. Há também uma interessante e variada coleção de arte contemporânea.

### 🏛 Médiathèque François Mitterrand

4 rue de l'Université. **Tel 05 49 52 31 51.** ⚪ ter-sáb. ⚫ feriados.
Este prédio moderno, no bairro histórico, é a **Maison du Moyen Age**, que dispõe de uma coleção de manuscritos, mapas e entalhes medievais.

### PREPARE-SE

Vienne. 92.000. 5km oeste Poitiers. 
45 pl Charles de Gaulle (05 49 41 21 24). sáb, ter e qui.
Les Expressifs (out).
www.ot-poitiers.fr

Kinemax, a atração mais popular de Futuroscope

## Futuroscope ❼

Jaunay-Clan. **Tel 05 49 49 11 12.** ⚪ diariam. ⚫ jan-início fev.
www.futuroscope.com

Futuroscope é um parque temático fantástico, 7km ao norte de Poitiers, que explora a mais moderna tecnologia visual em ambiente futurista. As atrações mudam ano a ano e incluem simuladores, telas 3D e 360 e o cinema "tapete mágico", com uma de suas duas telas colocada no chão, que nos dá a sensação de "voar". O Kinemax cristalino possui a maior tela da Europa.

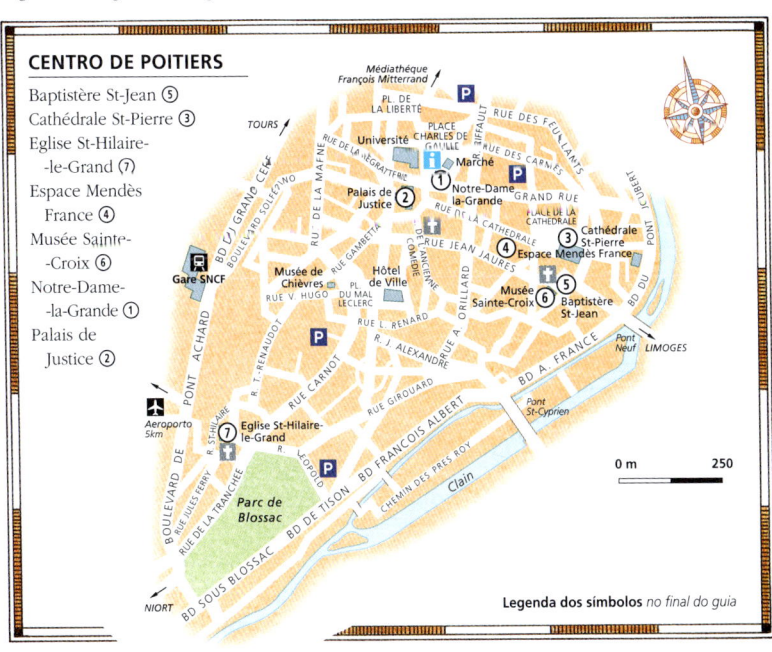

---

### CENTRO DE POITIERS

Baptistère St-Jean ⑤
Cathédrale St-Pierre ③
Eglise St-Hilaire-
 -le-Grand ⑦
Espace Mendès
 France ④
Musée Sainte-
 -Croix ⑥
Notre-Dame-
 -la-Grande ①
Palais de
 Justice ②

As ruínas do castelo de Angles-sur-Anglin, com o antigo moinho em primeiro plano

## Abbaye de Nouaillé-Maupertuis ❽

Nouaillé-Maupertuis. **Tel** 05 49 55 35 69. **Igreja** 9h-18h (até 19h verão). limitado. no verão.

Nas margens do rio Miosson fica a Abbaye de Nouaillé-Maupertuis, cujo primeiro registro data de 780. A abadia tornou-se independente em 808 e seguiu as regras beneditinas. Além da beleza do lugar, vale a pena também visitar a igreja construída nos séculos XI e XII, e reconstruída várias vezes. Atrás do altar fica o sarcófago de St-Junien, do século X, com três grandes águias heráldicas esculpidas na frente.

Mais interessante é o campo de batalha situado nas cercanias, cenário da grande vitória dos ingleses em Poitiers, liderados pelo Príncipe Negro, em 1356. A paisagem mudou pouco desde o século XIV. Pegue a pequena estrada para La Cardinerie (à direita da D142), que leva em direção à travessia do rio em Gué de l'Omme, o epicentro da batalha. Há um monumento na metade do caminho da subida da colina, onde se travou a pior luta e onde o rei francês João II, o Bom, foi capturado. Ele resistiu heroicamente apenas com um machado na mão e com a ajuda de seu filho Filipe, ainda criança, que o avisava de onde vinha o próximo cavaleiro inglês.

## Chauvigny ❾

Vienne. 7.000. 5 rue St-Pierre (05 49 46 39 01). ter, qui e sáb. **www**.chauvigny.fr

Chauvigny, situada em um promontório íngreme que se estende até o rio Vienne, distingue-se pelas ruínas de não menos do que quatro castelos medievais fortificados. Havia tantas pedras na pedreira local que ninguém jamais se preocupou em demolir os castelos para usar o material.

O melhor da cidade, entretanto, é a **Église St-Pierre**, dos séculos XI e XII, cujos capitéis decorados são um verdadeiro tesouro – particularmente os do coro. Os relevos representam cenas bíblicas com monstros, esfinges e sereias. Procure uma que diz *Gofridus me fecit* (Gofridus me fez), com lindas cenas realistas do Dia de Reis.

**Arredores**
Nas proximidades fica o adorável **Château de Touffou**, um sonho renascentista em rosa e ocre às margens do Vienne, com terraços e jardins suspensos. Ao norte fica o povoado de **Bonneuil-Matours**, com belas cadeiras no coro da igreja românica.

**Château de Touffou**
Bonnes. **Tel** 05 49 56 08 48. mai-meados jun: sáb, dom e feriados; meados jun-meados set: qua-seg.

## Angles-sur-Anglin ❿

Vienne. 400. 2 rue du Four Banal (05 49 48 86 87). sáb e dom. **www**.anglessuranglin.com

O povoado de Angles fica às margens do rio Anglin, com a paisagem dominada por ruínas de castelos. Neste lugar charmoso há um velho moinho ao lado do calmo rio, adornado por ninfeias e bambus inclinados. Tente evitar visitá-lo no verão, pois as estreitas ruas ficam desagradavelmente congestionadas.

Angles também é famoso por sua tradição de belos bordados, *jours d'Angles*, mantida ainda hoje com determinação pelas mulheres do local (os ateliês podem ser visitados).

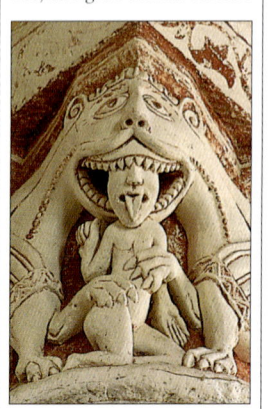

Capitel que retrata um monstro na Église St-Pierre, em Chauvigny

*Veja hotéis e restaurantes desta região nas pp. 580-2 e 635-7*

## St-Savin ⓫

Vienne. 🏠 1.000. 🚇 🛈 *20 pl de la Libération (05 49 84 30 00).* 🗓 *sex.*
www.abbaye-saint-savin.fr

A glória de St-Savin é a abadia do século XI, com suas delgadas agulhas góticas e a enorme nave. A abadia teve grande influência até a Guerra dos Cem Anos, quando foi incendiada. Durante as Guerras Religiosas, foi saqueada várias vezes. Apesar da restauração feita pelos monges nos séculos XVII e XIX, a igreja dá a impressão de ser original.

O interior contém uma das mais magníficas séries de afrescos românicos do século XII. Essas pinturas estiveram entre as primeiras da França a ser classificadas como *Monument Historique*, em 1836. Alguns dos afrescos foram restaurados entre 1967-74 e desde 1983 são protegidos pela Unesco. Uma réplica em grande escala dos murais de St-Savin pode ser vista no Palais de Chaillot, em Paris *(pp. 110-1)*. O museu da abadia explica o contexto histórico e as técnicas utilizadas na feitura destes murais.

**Campanário de St-Savin**

## Montmorillon ⓬

Vienne. 🏠 7.000. 🚇 🛈 *2 pl du Maréchal Leclerc (05 49 91 11 96).* 🗓 *qua.*
www.tourismemontmorillon.fr

Montmorillon, construída sobre o rio Gartempe, tem suas origens no século XI. Como muitas cidades da região, passou por tempos difíceis durante a Guerra dos Cem Anos e as Guerras Religiosas. Algumas construções sobreviveram, como a **Église Notre-Dame**, com afrescos alegres na cripta do século XII (chaves no escritório de turismo). Destacam-se os que retratam a vida de Santa Catarina de Alexandria.

**Arredores**
A meia hora a pé de Pont de Chez Ragon, sul de Montmorillon, fica **Portes d'Enfer**, uma rocha impressionantemente modelada acima das corredeiras do Gartempe.

## Confolens ⓭

Charente. 🏠 3.000. 🚇 🛈 *Rue Fontaine des Jardins (05 45 84 14 08).* 🗓 *qua e sáb.*

Na fronteira com Limousin, Confolens foi antigamente uma importante cidade, mas agora sofre com o êxodo rural. Os esforços para evitar seu isolamento incluem o festival anual de folclore internacional. Todo mês de agosto, a cidade é transformada em uma mistura de música, fantasias e artesanato de toda parte do mundo. De interesse histórico destaca-se a ponte medieval sobre o Vienne, restaurada no início do século XVIII.

## Charroux ⓮

Vienne. 🏠 1.200. 🛈 *2 route de Chatain (05 49 87 60 12).* 🗓 *qui.*
www.charroux-en-poitou.com

A **Abbaye St-Sauveur**, em Charroux, do século VIII, foi no passado uma das abadias mais ricas da região. Hoje não passa de uma ruína a céu aberto (ligue no escritório de turismo para marcar uma visita).

Sua maior contribuição para a história foi no século X, quando o Conselho de Charroux se reuniu aqui para declarar a "Trégua de Deus", talvez a tentativa mais antiga de regularizar a guerra à maneira da convenção de Genebra. As regras incluíam: "Soldados cristãos não devem saquear igrejas, atacar padres ou roubar gado dos camponeses enquanto estiverem em campanha".

A enorme torre no centro da igreja e algumas esculturas do portal original da abadia dão uma ideia da antiga Charroux.

---

### PINTURAS PARIETAIS DE ST-SAVIN

Os afrescos de St-Savin representam a história do Velho Testamento desde a Criação até os Dez Mandamentos. A sequência começa à esquerda da entrada, com a Criação das estrelas e de Eva. Na continuação, há cenas com a Arca de Noé, a Torre de Babel, a história de José e a travessia do Mar Vermelho. Todos os afrescos teriam sido elaborados pelo mesmo grupo de artistas, devido à semelhança de estilos. Suas cores harmoniosas – vermelho e amarelo ocre, verde, preto e branco – esmaeceram com o tempo

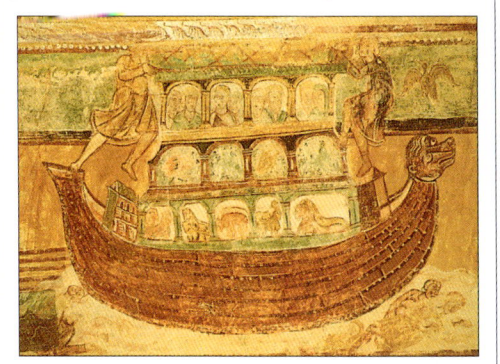

**Arca de Noé, um dos afrescos do século XII de St-Savin**

## Aulnay ⓯

Charente-Maritime. 🏠 1.500. 🛈 290 av de l'Eglise (05 46 33 14 44). 🚌 qui-dom. www.aulnaytourisme.com

Talvez o mais curioso sobre a **Église St-Pierre**, do século XII, em Aulnay, seja o fato de ela ter sido construída toda de uma vez. Não há abside ou transepto mal ajustados acrescentados a uma nave original. Cercada apenas por ciprestes, ela permaneceu igual desde a época das grandes peregrinações.

A igreja é coberta por magníficas esculturas, particularmente na parte externa do transepto sul. É um raro exemplo de fachada românica completa, com filas de monstros e figuras humanas graciosas. Observe o burro com a harpa. Dentro da igreja, destaca-se o pilar decorado com elefantes com a inscrição: "Eis os elefantes".

**Fachada da Église St-Pierre em Aulnay**

## La Rochelle ⓰

Charente-Maritime. 🏠 80.000. ✈ 🚂 🚌 🛈 quai Georges Simenon, Le Gabut (05 46 41 14 68). 🚌 diariam. www.larochelle-tourisme.com

La Rochelle, importante porto e centro comercial desde o século XI, tinha a tendência de ficar do lado errado – ajudando os ingleses e os calvinistas, por exemplo. Isso fez com que o cardeal Richelieu mandasse destruir a cidade em 1628. Nesse período, 23 mil pessoas morreram de fome. Os muros foram destruídos e

**Tour St-Nicolas, em La Rochelle**

os privilégios da cidade, cancelados.

A glória de La Rochelle é o velho porto cercado por prédios imponentes, atualmente o maior centro de iatismo da França na costa do Atlântico. Nas duas laterais de sua entrada, ficam a **Tour de la Chaîne** e a **Tour St-Nicolas**. Uma enorme corrente costumava ser esticada entre elas para repelir ataques vindos do mar.

La Rochelle é fácil de ser explorada a pé, embora suas ruas, pavimentadas por pedras arredondadas com arcadas, possam ficar congestionadas no verão. Para ter uma visão da cidade, suba à **Tour de la Lanterne**, do século XV. Suas paredes internas foram cobertas de inscrições e desenhos de prisioneiros, na maioria marinheiros, nos séculos XVII-XIX.

O gabinete do século XVIII do cientista Clément de Lafaille está preservado no reformado **Muséum d'Histoire Naturelle**, com uma coleção de conchas. Há também animais empalhados e máscaras africanas. O relacionamento da cidade com o Novo Mundo é tratado no **Musée du Nouveau Monde**. A emigração, o comércio e o tráfico de escravos são explicados em mapas, pinturas e objetos.

A fachada do pátio do **Hôtel de Ville**, do século XVI, vale a visita, assim como a coleção de frascos de perfume do **Musée du Flacon à Parfum**, no nº 33 da rue du Temple.

Ao lado do Vieux Port está o enorme **Aquarium**. Túneis transparentes conduzem através de tanques com diferentes animais marinhos, desde tubarões até tartarugas.

🏛 **Tour de la Lanterne**
Rue des Murs, Le Port. **Tel** 05 46 41 56 04. 🚌 diariam. ⬤ 1º jan, 1º mai, 1º e 11 nov, 25 dez.

🏛 **Muséum d'Histoire Naturelle**
28 rue Albert Premier. **Tel** 05 46 41 18 25. 🚌 ter-dom. 🖼 &

🏛 **Musée du Nouveau Monde**
10 rue Fleuriau. **Tel** 05 46 41 46 50. 🚌 qua-seg. ⬤ sáb e dom manhã, 1º jan, 1º mai, 14 jul, 1º e 11 nov, 25 dez. 🖼

🐠 **Aquarium**
Bassin des Grands Yachts, quai Louis Prunier. **Tel** 05 46 34 00 00. 🚌 diariam. 🖼 & 🏠 🏠 🏠
www.aquarium-larochelle.com

**Arredores**

A Île de Ré, também conhecida como Ilha Branca, é uma longa extensão de rochedos calcários íngremes e dunas, com uma rica variedade de aves. Desde 1988, está ligada ao continente por uma ponte de 3km de comprimento, ainda um motivo de disputa local. Dirija-se a **Ars-en-Ré**, no meio, ou a **St-Martin-de-Ré**, principal aldeia da ilha. Além das fortificações do século XVII, há bons restaurantes com ostras do local.

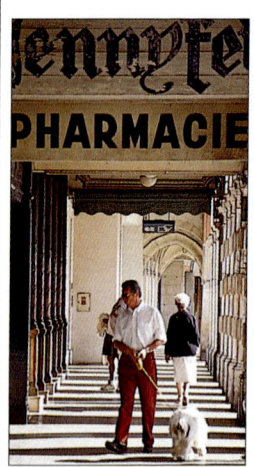

**Arcada na rue du Palais, La Rochelle**

## Rochefort ⓱

Charente-Maritime. 🏠 27.000. 🚂 🚌 🛈 av Sadi-Carnot (05 46 99 08 60). 🚌 ter, qui e sáb. www.rochefort-ocean.com

Rival histórica de La Rochelle, Rochefort foi planejada por Colbert *(pp. 56-7)*, no século

*Veja hotéis e restaurantes desta região nas pp. 580-2 e 635-7*

**Phare des Baleines, na extremidade leste da Île de Ré, oposto a La Rochelle**

XVII, para ser o maior estaleiro da França, produzindo mais de 300 navios por ano.

Hoje esta herança marítima pode ser traçada na **Corderie Royale**. O prédio restaurado abriga uma exposição sobre fabricação de cordas. O **Musée de la Marine** mostra maquetes de todos os navios construídos aqui.

Rochefort é também famosa como a terra natal do escritor Pierre Loti (1850-1923). A extravagante **Maison de Pierre Loti** está repleta de lembranças de suas viagens.

Fora da cidade fica a **Pont Transbordeur**, última ponte transportadora da França, construída em 1897 para ligar Rochefort a pontos ao sul.

#### La Corderie Royale
Centre International de la Mer, rue Audebert. *Tel 05 46 87 01 90.* ☐ diariam. ● 1º, 7-25 jan, 25 dez. 🛇 &
☐ www.corderie-royale.com

#### Musée de la Marine
Place de la Galissonnière.
*Tel 05 46 99 86 57.* ☐ diariam.
● jan, 1º mai, 25 dez. 🛇 ☐
www.musee-marine.fr

#### Maison de Pierre Loti
141 rue Pierre Loti.
*Tel 05 46 99 16 88.* ☐ qua-seg.
● jan, 1º e 11 nov, 25 dez. 🛇

#### Pont Transbordeur
3 av Maurice Chupin, Parc des Fourriers. *Tel 05 46 83 30 86.* ☐ abr-set: diariam; out, fev-mar: qua-dom.
www.pont-transbordeur.fr

### Arredores
**Île d'Aix** é servida por um barco que parte de Fouras, no continente. Napoleão foi mantido aqui durante uma breve temporada antes de ser exilado para a ilha de Santa Helena. Há lembranças napoleônicas no **Musée Napoléonien**. O camelo que ele montou na campanha egípcia está no **Musée Africain**.

#### Musée Napoléonien
30 rue Napoléon. *Tel 05 46 84 66 40.* ☐ qua-seg. ● 1º mai. 🛇

#### Musée Africain
Rue Napoléon. *Tel 05 46 84 66 40.*
☐ qui-ter. ● 1º mai. 🛇 &

**Napoleão, que ficou preso na Île d'Aix em 1814**

## Île d'Oléron ⑱

Charente-Maritime. ✈ *La Rochelle.* 🚆 *Rochefort, La Rochelle, Saintes, depois ônibus.* 🚢 *de La Rochelle (verão).* 🛈 *Bourcefranc (05 46 85 65 23).*
www.ile-oleron-marennes.com

Acessível por uma ponte que sai do continente, Oléron é a segunda maior ilha da França, depois da Córsega, e um popular local de veraneio. Sua costa sul, a **Côte Sauvage**, é formada por dunas e uma floresta de pinheiros, com belas praias em Vert Bois e Grand Plage, perto do porto pesqueiro de La Cotinière. No norte, agricultura e pesca.

O trem que sai de **St-Trojan** faz uma excursão através das dunas e dos bosques até a Pointe de Maumusson.

## Brouage ⑲

Charente-Maritime. 🏠 *580.* 🛈 *2 rue de Québec (05 46 85 19 16).*

A fortaleza do cardeal Richelieu em Brouage, sua base durante o cerco de La Rochelle (1627-8), voltava-se antigamente para um porto próspero. No século XVIII, no entanto, a riqueza e a população da cidade começaram a encolher, à medida que o oceano recuava. Em 1659, Marie Mancini foi enviada para cá em exílio por seu tio, o cardeal Mazarin, que não aprovava sua ligação com Luís XIV. O rei jamais esqueceu a bela Marie. No caminho de volta de seu casamento, ele quis ficar sozinho em Brouage, no quarto um dia ocupado por Marie. Hoje as **muralhas** formam um bonito cenário para caminhar e admirar a paisagem.

### Arredores
Há duas razões para se ir a **Marennes**, a sudoeste de Brouage: as famosas ostras de cor verde e o campanário da Église St-Pierre-de-Sales. O vizinho **Château de la Gataudière**, do século XVIII, tem uma coleção de carruagens.

Uma das cinco praias populares de Royan

## Royan ❷⓿

Charente-Maritime. 🚶 20.000. 🚆
🚢 somente para Verdon. 🛈 1 bd
de la Grandière (05 46 23 00 00).
🎪 ter-dom; no verão diariam.
www.royan-tourisme.com

Muito danificada por bombardeios dos aliados na Segunda Guerra Mundial, Royan é hoje bem moderna e diferente do restante das cidades desta costa bronzeada pelo sol. Com cinco praias de areia clara, aqui chamadas de *conches*, torna-se um local bastante movimentado nos meses de verão.

Erigida entre 1955 e 1958, a **Église Notre-Dame** é um notável exemplo do início da arquitetura de concreto armado. Seu interior é inundado de cor e luz através dos vitrais.

Uma variação de toda a arquitetura moderna é oferecida pelo belíssimo **Phare de Cordouan**, datado da Renascença e visível a distância a partir da costa. Vários faróis foram construídos no local desde o século XI. Este, concluído em 1611, tem uma capela em seu interior. A construção foi reforçada posteriormente e ganhou mais altura. Desde 1789, a única coisa que mudou foi o método de iluminação. No verão, passeios de barco incluem o Phare de Cordouan no roteiro, partindo do porto de Royan.

## Talmont-sur- -Gironde ❷❶

Charente-Maritime. 🚶 83.
🛈 rue de l'Église (05 46 90 16 25).

A pequena **Église Ste- -Radegonde**, em estilo românico, ocupa uma ponta de terra que contempla o Gironde. Construída em 1094, a igreja tem uma única abside, projetada para parecer a proa de um navio – o que é adequado, pois a nave já caiu no estuário. Uma fachada do século XV encerra o que restou. No interior, há colunas decoradas, incluindo uma representação de São Jorge e o Dragão. Talmont é uma aldeia de casinhas brancas e malvas no verão.

## Saintes ❷❷

Charente-Maritime. 🚶 28.000.
🚆 🚌 🛈 *Place Bassompierre*
(05 46 74 23 82). 🎪 ter-dom.
www.ot-saintes.fr

Saintes, capital da região de Saintonge, tem uma rica herança arquitetônica. Por séculos, possuiu a única ponte do baixo Charente, muito usada pelos peregrinos que iam a Santiago de Compostela. A ponte romana não existe mais, mas ainda se pode admirar o magnífico **arco de Germanicus** (19 d.C.), que marcava a entrada da mesma.

Do mesmo lado do rio está a bela **Abbaye aux Dames**. Consagrada em 1047, a igreja foi modernizada no século XII. Nos séculos XVII e XVIII, muitas jovens da nobreza foram educadas aqui. Atenção para o portal e para a cabeça de Cristo, do século XII, na abside.

Na margem esquerda está o anfiteatro romano do século I d.C. Mais adiante fica a joia menos conhecida da cidade, a **Église St-Eutrope**. No século XV esta igreja teve a infelicidade de realizar uma cura milagrosa de hidropisia em Luís XI. Para demonstrar a sua gratidão, ele fez o melhor que pôde para destruí-la com acréscimos de detalhes góticos de mau gosto. Felizmente, seus raros capitéis românicos sobreviveram.

**Arco de Germanicus, em Saintes**

## Cognac ❷❸

Charente. 🚶 20.000. 🚆 🚌 🛈 16
rue du 14 Juillet (05 45 82 10 71).
🎪 ter-dom. www.tourism-cognac.com

Se você encontrar manchas de líquen negro no exterior de uma construção desta cidade, pode ter certeza de que está

*Veja hotéis e restaurantes desta região nas pp. 580-2 e 635-7*

Necrópole na monolítica Église St-Jean, em Aubeterre-sur-Dronne

diante de mais um depósito de conhaque. A mancha se deve à evaporação do álcool.

Uma das boas destilarias de conhaque é a *chez* **Cognac Otard**, no castelo dos séculos XV e XVI onde nasceu Francisco I. A destilaria foi aqui estabelecida em 1795 por um escocês de nome Otard. Grande parte da arquitetura original da Renascença foi poupada e pode ser admirada durante a visita, que inclui degustação.

Conhaque em sua taça tradicional

A matéria-prima para o conhaque é o vinho branco local, que é destilado. A pálida solução alcoólica resultante é envelhecida em barris de carvalho, durante cinco a 40 anos, antes de ser engarrafada. A habilidade do processo está na mistura – por isso, o único guia para a qualidade é o nome e a duração do envelhecimento.

**⚜ Cognac Otard**
Château de Cognac, 127 bd Denfert--Rochereau. **Tel** 05 45 36 88 86.
◯ abr-out: diariam; nov-dez: marcar.
◯ 1º mai e feriados no inverno. 🎥
🎫 obrigatória. **www**.otard.com

## Angoulême ㉔

Charente. 🏠 46.000. 🚉 🚌
ℹ 7 bis rue du Chat (05 45 95 16 84). 🛒 diariam.
**www**.angouleme-tourisme.com

A famosa **Cathédrale St-Pierre**, do século XII, que domina este centro industrial, foi a quarta construída no local. Uma de suas curiosidades é o friso românico na fachada. O arquiteto Abadie realizou no século XIX um trabalho exagerado de restauração. Em sua ansiedade em desfazer os detalhes acrescentados após o século XII, ele destruiu uma cripta do século VII. Infelizmente, ele também foi deixado à vontade no velho castelo, transformando-o em um **Hôtel de Ville** (prefeitura) neogótico. Entretanto, a torre do século XV, onde Margarida de Navarra nasceu em 1492, ainda permanece. Uma estátua sua pode ser vista no jardim. Irmã de Francisco I, ela falava seis línguas, teve papel importante na política internacional e escreveu o romance *Heptaméron*, muito popular.

As muralhas oferecem uma estimulante caminhada com vista do vale do Charente. Uma corrida de carros de uva ocorre em meados de setembro.

Angoulême tornou-se a capital da arte das histórias em quadrinhos *(band dessinée)*, sediando o prestigioso Festival de la Bande Dessinée (jan/fev). O **Cité Internationale de la Bande-Dessinée et de l'Image** possui uma coleção de histórias em quadrinhos e desenhos animados franceses desde 1946. Daqui, uma ponte para pedestres leva ao Musée de la Bande Dessinée, onde se explicam a história, as técnicas e a estética dessa forma de arte.

**🏛 Cité Internationale de la Bande-Dessinée et de l'Image**
121 rue de Bordeaux. **Tel** 05 45 38 65 65. ◯ ter-dom (sáb-dom à tarde). ◯ jan, feriados. 🎥 ♿ 📖 🛒
*Cinema* **www**.cnbdi.fr

## Aubeterre-sur--Dronne ㉕

Charente. 🏠 430. 🚌 ℹ 8 pl du Champ de Foine (05 45 98 57 18). 🛒 qui, dom.
http://aubeterresurdronne.com

A principal atração desta bonita aldeia branca é a fantástica e monolítica **Église St-Jean**. Escavada no branco rochedo calcário que deu seu nome à cidade (Alba Terra – terra alva), algumas de suas partes datam do século VI. Entre a Revolução e 1860, serviu como cemitério da aldeia. Contém uma pia batismal do início do cristianismo e um relicário octogonal.

A românica Église St-Jacques, no alto da aldeia, tem uma bela fachada esculpida.

Detalhe da fachada românica da Cathédrale St-Pierre (Angoulême)

# Rua a Rua: Bordeaux ㉖

Situada em uma curva do rio Garonne, a cidade de Bordeaux é, desde a era pré-romana, um porto importante e por séculos foi polo e ponto de passagem do comércio europeu. Hoje Bordeaux guarda poucas marcas de romanos, francos, ingleses e guerras religiosas que marcaram seu passado. Esta cidade de olhos voltados para o futuro é a sétima maior da França e tem uma extensão marítima e industrial rodeando um nobre centro do século XVIII.

De frente para a água, esta rica metrópole vinícola desfila elegantes fachadas clássicas, inicialmente construídas para ocultar cortiços medievais. A esplanade des Quinconces, o Grand Théâtre e a place de la Bourse são exemplos de seu esplendor.

**Église Notre-Dame,** de 1684-1707

**A École du Vin du CIVB** tem cursos profissionais.

★ **Grand Théâtre**
*Construído em 1773-80, o teatro é uma obra de arte do estilo clássico, coroada por estátuas das musas.*

**PONTOS ALTOS**

★ Grand Théâtre

★ Esplanade des Quinconces

★ Place de la Bourse

**LEGENDA**

--- Percurso sugerido

0 m    100

**Quais**, com graciosas construções, proporcionam um belo passeio ao longo do Garonne.

★ **Place de la Bourse**
*Esta elegante praça é ladeada por duas imponentes edificações do século XVIII, o Palais de la Bourse e o Hôtel des Douanes.*

Veja hotéis e restaurantes desta região nas pp. 580-2 e 635-7

## ★ Esplanade des Quinconces

*No lugar do Château de Trompette, do século XV, este amplo espaço de esplanadas decoradas com estátuas e fontes foi criado entre 1827 e 1858.*

### PREPARE-SE

Gironde. 240.000. 10km O. de Bordeaux. Gare St-Jean, rue Charles Domerq. Allée de Chartres. 12 cours du 30 Juillet (05 56 00 66 00). diariam. Fête le Vin (fim jun, ano par); Fête le Fleuve (idem, ano ímpar). www.bordeaux-tourisme.com

**Quartier des Chartrons**, o antigo distrito dos mercadores, tem belas edificações do século

**O monumento aux Girondins**, ricamente adornado (1804-1902), homenageia os girondinos condenados à guilhotina por Robespierre durante a época do Terror (1793-5).

**Terraços** proporcionam uma bela vista do rio.

### CAPC Musée d'Art Contemporain

*Este museu de arte contemporânea e centro cultural é um antigo depósito do século XIX.*

## O COMÉRCIO DE VINHO

Depois de Marselha, Bordeaux é o porto mais antigo da França. Desde os tempos romanos, a exportação de vinho foi base de modesta prosperidade. Sob o domínio inglês, de 1154 a 1453 *(pp. 50-3)*, mercadores começaram a fazer imensas fortunas com o monopólio de venda de vinho para a Inglaterra. Após a descoberta da América, Bordeaux aproveitou sua posição no Atlântico para ampliar e diversificar seu mercado. Hoje a região produz mais de 60 milhões de caixas de vinho por ano.

Embarque de barris de vinho na Bordeaux do século XIX

## GRAND THÉÂTRE DE BORDEAUX

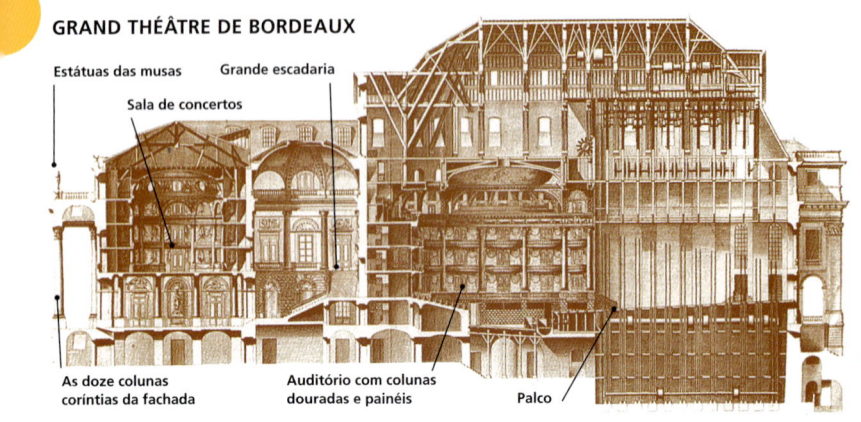

- Estátuas das musas
- Grande escadaria
- Sala de concertos
- As doze colunas coríntias da fachada
- Auditório com colunas douradas e painéis
- Palco

### Explorando Bordeaux
Grande parte da Bourdeaux central são grandes ruas e mansões do século XVIII. O triângulo formado pelos cours de l'Intendance, cours Clemenceau e allées de Tourny tem butiques da moda e os famosos cafés. A região da Cathédrale St-André concentra vários museus. Vale a pena explorar também a área de Chartons, ao redor do Jardin Public.

### 🏛 Grand Théâtre
Place de la Comédie. **Tel** 05 56 00 85 95. ☐ apenas com hora marcada.
Construído pelo arquiteto Victor Louis no século XVIII, o Grand Théâtre é uma das mais belas construções clássicas do seu tipo na França. O auditório é famoso pela acústica. A magnífica escadaria principal foi mais tarde imitada por Garnier na Opéra de Paris *(pp. 96-7)*.

### 🔒 Église St-Seurin
Esta pequena igreja é um pouco caótica, com uma mistura de estilos que vai dos séculos XI ao XVIII. Os destaques são os sarcófagos galo-romanos do século VI, na cripta, e um trono de bispo do século XIV.

### 🔒 Basilique St-Michel
A Basilique St-Michel teve sua construção iniciada em 1350 e demorou 200 anos para ser concluída. Este edifício de três naves tem uma notável estátua de Santa Úrsula com seu rebanho de penitentes. Seu campanário separado, construído em 1472-92, é o mais alto do sul da França (114m).

### 🏛 Musée des Beaux-Arts
20 cours d'Albret. **Tel** 05 56 10 20 56. ☐ qua-seg. ● feriados.
Alojado nas asas norte e sul do Hôtel de Ville, este museu possui uma bela coleção de pinturas, da Renascença até os dias de hoje. Inclui obras de Tiziano, Rubens, Delacroix, Corot, Renoir, Matisse e Boudin.

### 🏛 Musée des Arts Décoratifs
39 rue Bouffard. **Tel** 05 56 10 14 00. ☐ qua-seg. ● feriados.
Se você tem interesse em mobiliário elegante e belas porcelanas, venha visitar essa coleção exposta no refinado Hôtel de Lalande, do século XVIII.

### 🏛 Musée d'Aquitaine
20 cours Pasteur. **Tel** 05 56 01 51 00. ☐ ter-dom. ● feriados.
Este importante museu mostra a vida na região desde a pré-história até os dias de hoje, através de artefatos, móveis e ferramentas de viticultura. Entre seus objetos mais espetaculares estão o tesouro de Tayac, datado do século II a.C., e o tesouro Garonne, uma coleção de mais de 4 mil moedas romanas.

### 🔒 Cathédrale St-André
A nave desta gigante igreja teve sua construção iniciada no século XI e modificada 200 anos mais tarde. O coro e os transeptos góticos foram acrescentados nos séculos XIV-XV. As esculturas medievais na Porte Royale encenam o Juízo Final.

### 🏛 CAPC Musée d'Art Contemporain
Entrepôt Lainé, 7 rue Ferrère. **Tel** 05 56 00 81 50. ☐ ter-dom. ● feriados.
Alojado em um soberbo depósito reformado do século XIX, este museu merece uma visita. Há exposições temporárias e de obras do acervo de arte contemporânea.

## St-Émilion ㉗

Gironde. 🚂 2.100. 🚉 🚌 **i** pl des Créneaux (05 57 55 28 28). ( dom.
**www**.saint-emilion-tourisme.com

Esta charmosa cidade, no meio da prestigiada região que produz o vinho tinto de mesmo nome, surgiu no século VIII, quando o eremita Emiliano escavou em uma rocha uma caverna para morar. Seguiram-se um mosteiro e uma pequena cidade. Ainda se veem casas medievais nas ruas estreitas, e também estão preservadas partes das fortificações do século XII. O mágico interior da igreja

*Rua calma em Bordeaux, ao lado da Porte de la Grosse Cloche*

*Veja hotéis e restaurantes desta região nas pp. 580-2 e 635-7*

monolítica, escavada na rocha calcária pelos seguidores de São Emiliano, após sua morte, infelizmente foi arruinado por colunas de concreto colocadas para evitar o colapso da estrutura.

Entre os *châteaux* famosos do distrito estão os elegantes **Figeac**, **Cheval Blanc** e **Ausone**, todos eles St-Émilion Premiers Grands Crus Classés.

## Pauillac ㉘

Gironde. 🏠 5.400. 🚆 🚌
🛈 La Verrerie (05 56 59 03 08).
🛒 sáb. www.pauillac-medoc.com

Vinhedo próximo a Margaux, na região de Médoc, a oeste de Bordeaux

Uma das mais famosas áreas da região vinícola de Médoc *(pp. 398-9)* é a comuna de Pauillac. Três de seus *châteaux* são Médoc Premiers Grands Crus Classés. O **Château Mouton-Rothschild** tem os rótulos de seus vinhos criados por grandes artistas, o **Château Lafite-Rothschild** tem origem medieval e o **Château Latour** é reconhecível por sua torre de pedra. Todos podem ser visitados com hora marcada (entre em contato com o centro de informações turísticas).

A cidade de Pauillac está situada na margem esquerda do Gironde. No século XIX, era o movimentado ponto de chegada dos navios transatlânticos a vapor, mas agora seu porto desativado é utilizado principalmente por barcos de lazer, dos quais a vista do rio é pitoresca. Há muitos cafés que servem o vinho local.

---

### CHÂTEAUX DE VINHOS BORDEAUX

Em Bordeaux, maior região de vinhos finos do mundo, o *château* está no centro do sistema de qualidade. Um *château* inclui um vinhedo e uma construção que pode variar desde o mais básico ao mais grandioso, tanto histórico quanto moderno. Mas o *château* é também o símbolo de uma tradição e da filosofia de que a qualidade e o caráter de um vinho têm sua origem no solo. Alguns *châteaux* recebem seus visitantes para degustação e compra de vinhos. As principais cidades produtoras de vinho possuem uma Maison du Vin, que fornece informações sobre as visitas aos *châteaux*.

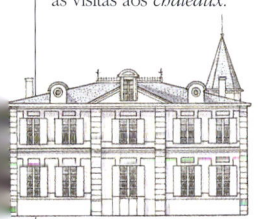

**Latour**, *em Pauillac, é famoso por seus vinhos fortes e pela torre medieval que aparece em seu rótulo.*

**Cheval Blanc**, château *localizado perto de St--Émilion, produz um rico e picante Premier Grand Cru.*

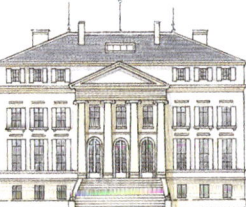

**Margaux**, *construído em 1802, produz o clássico Margaux Premier Cru, com a mesma elegância de sua fachada palladiana.*

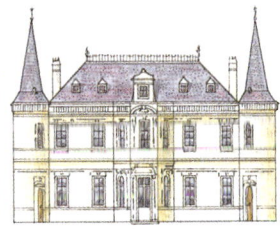

**Palmer**, *que data de 1856, tem um estilo neorrenascentista e produz um ótimo Margaux Troisième Cru.*

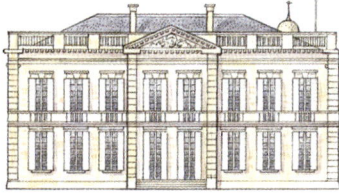

**Gruaud-Larose** *é um* château *de cor creme, com fachada clássica, que se destaca por seu encorpado St-Julien Deuxième Cru Classé.*

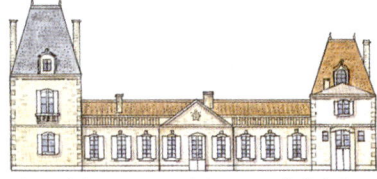

**Vieux Château Certan** *é de propriedade belga e um dos maiores de Pomerol. Seus vinhos ocupam uma posição estável na primeira linha do distrito, desafiados apenas por Pétrus.*

A imensa Dune du Pilat, que se estende por quase 3km, do sul da baía até o Bassin d'Arcachon

## La Côte d'Argent ㉙

Gironde, Landes. ✈ Bordeaux, Biarritz. 🚆 Soulac-sur-Mer, Arcachon, Labenne, Dax. 🚌 Lacanau, Arcachon, Mimizan. ℹ Lacanau (05 56 03 21 01), Mimizan-Plage (05 58 09 11 20), Capbreton (05 58 72 12 11).

A longa faixa litorânea entre Pointe de Grave e Bayonne *(p. 452)* é chamada de La Côte d'Argent – a Costa de Prata. É uma imensa praia com dunas de areia que se deslocam. A plantação de árvores tem retardado o processo.

A costa é dotada de balneários muito frequentados, como **Soulac-sur-Mer**, ao norte, **Lacanau-Océan** e **Mimizan-Plage**. Mais ao sul, ficam **Hossegor**, com seu lago salgado, e **Capbreton**. Misturam-se modernos e antigos locais de veraneio. No interior há uma série de lagos, populares pela pesca e esportes náuticos. São ligados um ao outro e ao oceano por *courants*, correntes de água-viva, como a **Courant d'Huchet**. Há passeios de barcos nesta área protegida por sua flora exótica.

## Bassin d'Arcachon ㉚

Gironde. 👥 12.000. 🚢 para Cap Ferret. 🚆 🚌 ℹ espl Georges Pompidou (05 57 52 97 97). 🛍 diariam. **www**.arcachon.com

No meio da Côte d'Argent, a linha costeira reta de repente forma uma lagoa. Famosa por sua beleza natural, pelas praias e ostras, o Bassin d'Arcachon é uma área protegida, perfeita para veranistas, amantes da navegação e "devoradores" de ostras. Na bacia há pequenos *resorts*, praias e aldeias de pesca e de ostras.

**Cap Ferret**, a ponta de terra ao norte que protege a bacia dos ventos fortes do Atlântico, é uma reserva dos ricos, cujas luxuosas vilas se erguem entre os pinheiros. Observe a pequena estrada sob as árvores, que parte de Lège e conduz à magnífica e selvagem praia de Grand-Crohot.

Entre Cap Ferret e Arcachon, próximo a Gujan-Mestras, o **Parc Ornithologique du Teich** proporciona abrigo e cuidado a aves feridas e espécies em risco. Para o admirador de pássaros há dois passeios fascinantes, cada um cuidadosamente marcado: um introdutório e outro mais extenso. Ambos proporcionam pontos de observação escondidos, dos quais as pessoas podem ver as aves selvagens sem perturbá-las.

**Arcachon** foi criado como um balneário em 1845. Sua popularidade cresceu e, entre o final do século XIX e o início do XX, foram construídas as elegantes vilas da tranquila Ville d'Hiver. A mais animada Ville d'Été, de frente para a lagoa, tem um cassino e instalações esportivas.

A imensa **Dune du Pilat** é a maior duna da Europa. Tem quase 3km de extensão, 104m de altura e 500m de largura. Além de sua vista panorâmica, a duna é um ponto privilegiado para a observação de bandos de aves migratórias no outono, quando passam em seu caminho para o santuário ecológico de Le Teich.

🍴 **Parc Ornithologique du Teich**
Le Teich. **Tel** 05 56 22 80 93. 🕐 diariam. 🎫 ♿ 🅿 🍴 **www**.parc-ornithologique-du-teich.com

Parc Ornithologique du Teich, santuário de aves em Bassin d'Arcachon

*Veja hotéis e restaurantes desta região nas pp. 580-2 e 635-7*

## FLORESTA DE LANDES

A enorme e totalmente artificial floresta de Les Landes é resultado de um ambicioso projeto de aproveitamento de uma área de areia e pântano do século XIX. Pinheiros e grama foram plantados aqui para sustentar as dunas costeiras. As dunas do interior foram estabilizadas com pinheiros, bambus e giestas. Em 1855 a terra foi drenada e agora preserva um delicado equilíbrio ecológico.

**Pinheiros da floresta de Landes**

## Les Landes ❶

Gironde, Landes. Bordeaux, Biarritz. Morcenx, Dax, Mont-de-Marsan. Mont-de-Marsan. Mont-de-Marsan (05 58 05 87 37).

Quase inteiramente coberta por uma imensa floresta de pinheiros, a área de Landes estende-se sobre os *départements* de Gironde e Landes. Até um século atrás, toda a região se tornava um pântano no inverno, devido a uma camada de tufo calcário (rocha porosa) bem abaixo da superfície, que retinha água dos lagos salgados. Qualquer assentamento ou plantação perto do mar era impossível, porque as dunas se deslocavam constantemente. Além disso, a foz do rio Adour continuava se movendo de Capbreton a Vieux-Boucau e vice-versa, em uma distância de 32km.

No século XVI, o Adour foi fixado próximo de Bayonne por um canal. Este foi o início da lenta conquista dos Landes. A plantação de pinheiros finalmente terminou com os pastores migrantes e seus rebanhos. Hoje o Landes do interior é ainda pouco povoado, mas rico por seu bosque de pinheiros e os derivados do pinho. A faixa costeira recebe muitos veranistas.

Em 1970 parte da floresta foi transformada em um parque natural. Na **Marqueze**, no **Écomusée de la Grande Lande**, um típico *airial (clareira)* do século XIX foi reconstruído. Lembra Les Landes antes da drenagem dos pântanos, quando os pastores ainda usavam pernas de pau para viajar. Há *auberges landaises* tradicionais, casas de madeira com tetos inclinados, assim como galinheiros sobre estacas por causa das raposas. Em **Luxey**, um museu recorda as antigas técnicas de sangria e destilação de resina.

**Levignacq**, perto da costa, é uma perfeita aldeia de Les Landes, com uma notável igreja fortificada do século XIV, repleta de afrescos *naïve*.

## Mont-de-Marsan ❷

Landes. 32.000. 6 pl du Général Leclerc (05 58 05 87 37). ter e sáb. www.tourismemontdemarsan.fr

Uma meca das touradas no verão, Mont-de-Marsan atrai todos os grandes toureiros da França e da Espanha. Uma variante local menos sanguinária deste esporte é o *course landaise*. Nele, o objetivo é saltar sobre os chifres e as costas de um boi de carga.

A capital administrativa de Landes é também conhecida por seu hipódromo e pela produção de aves e *foie gras*. Esculturas da primeira metade deste século podem ser vistas no **Musée Despiau-Wlérick**.

## Dax ❸

Landes. 21.500. couts Foch (05 58 56 86 86). sáb, dom manhã. www.dax-tourisme.com

O spa termal de Dax só é superado em importância por Aix-les-Bains *(p. 390)*. Suas fontes quentes, com uma temperatura constante de 64°C e a lama tonificante do Adour, têm aliviado dores desde a época do imperador Augusto.

Com exceção da porta do século XIII, na entrada, a **Cathédrale Notre-Dame** é inteira do século XVII e não oferece grande interesse arquitetônico. Mas o passeio ao longo do rio Adour é encantador e a arena de touros, mundialmente famosa.

*A força* (1937), de Raoul Lamourdieu, em Mont-de-Marsan, capital francesa das touradas

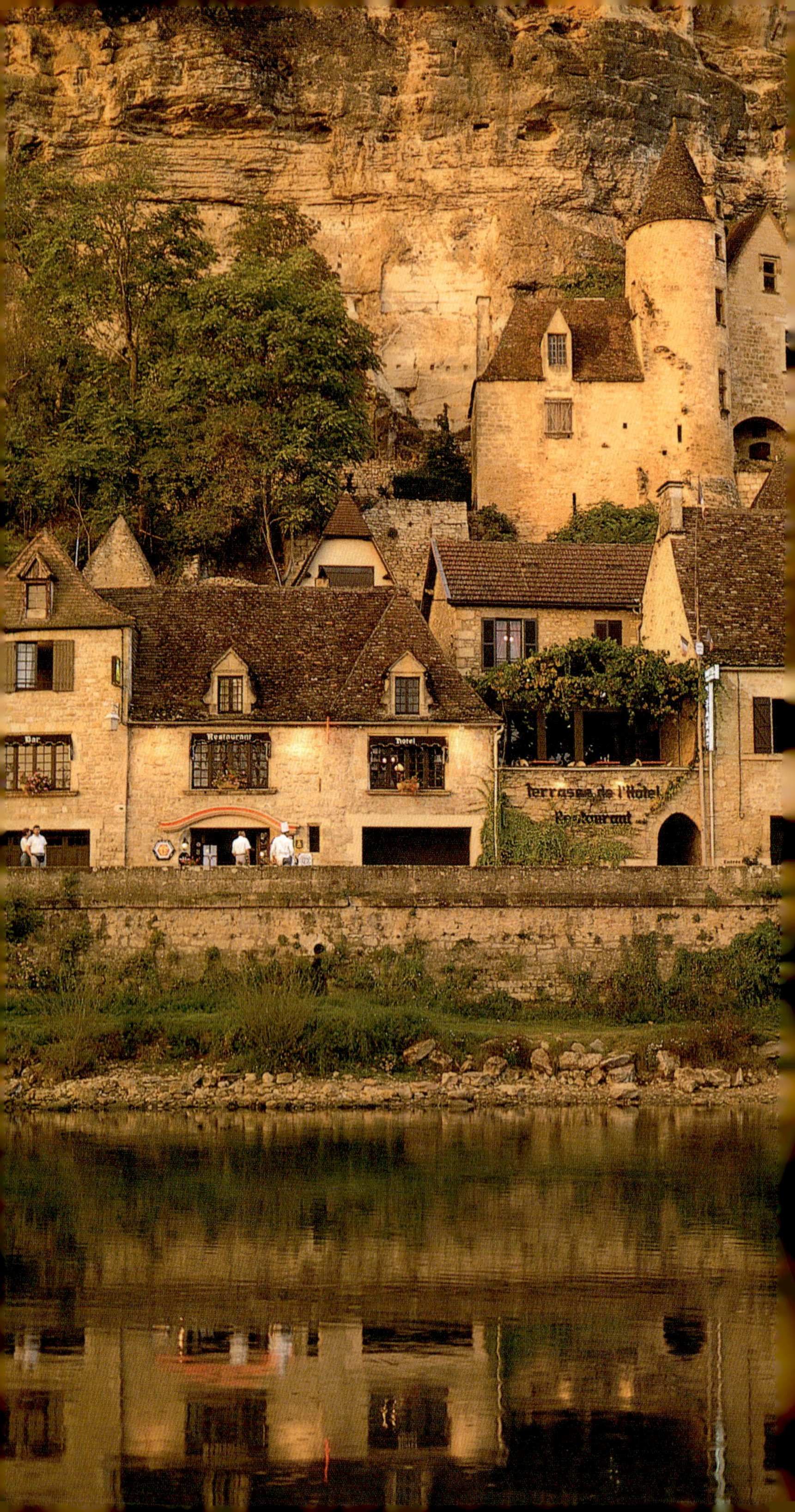
Bar
Restaurant
Hotel
Terrasse de l'Hotel
Restaurant

# PÉRIGORD, QUERCY E GASCONHA

DORDOGNE · LOT · TARN · HAUTE GARONNE · LOT-ET-GARONNE
TARN-ET-GARONNE · GER

*O sudoeste da França é o paraíso dos arqueólogos – a região foi continuamente habitada pelo homem por dezenas de milhares de anos, mais tempo do que qualquer outra área da Europa. A paisagem destas regiões históricas parece ter uma antiga familiaridade, resultante de séculos de harmonia entre as pessoas e a terra.*

Os sítios das grandes cavernas que circundam Les Eyzies e o porto de Lascaux são a mais remota prova que possuímos da arte primitiva. Os castelos, as cidades-bastides *(p. 445)* e as igrejas que enfeitam a paisagem de Périgord aos Pireneus e da baía de Biscaia a Toulouse e além, até o Mediterrâneo, pertencem a um presente muito mais recente. Do advento do cristianismo até o fim do século XVIII, esta linda região foi o campo de batalha de uma série de conflitos. Os ingleses lutaram e perderam aqui a Guerra dos Cem Anos pela Aquitânia (1345-1453). Seguiram-se as constantes Guerras Religiosas, nas quais os católicos lutaram contra os huguenotes (protestantes franceses) em uma série de massacres e guerras de guerrilha *(pp. 52-3)*.

Hoje nada resta dessas lutas, mas muralhas em ruínas, vigias e *bastides*, parte da herança cultural e artística da região, atraem milhares de visitantes todos os anos. Vale lembrar, porém, que todas as grandes atrações daqui, desde a abadia em Moissac, cujo portal do século XII é uma obra-prima da arte românica, até o amedrontador topo do penhasco de Rocamadour, foram em algum momento saqueadas por soldados.

Ao longo dos últimos 50 anos, o sudoeste rural sofreu uma radical mudança demográfica. Registrou-se um firme declínio no velho modo de vida camponês, com cada vez menos gente cultivando a terra. À constante migração dos jovens para os grandes centros somou-se a chegada de pessoas que trabalham na cidade, mas que preferem morar no campo para ter uma vida mais tranquila.

Gansos de Périgord, criados para o famoso *foie gras* da região

◁ La Roque-Gageac, no vale do Dordogne

# Como Explorar Périgord, Quercy e Gasconha

As cidades-mercados de Périgueux, Cahors e Albi são uma boa base para começar a explorar a região, sendo alternativas mais calmas a Toulouse – o único centro urbano importante. As colinas e aldeias da Gasconha e Périgord (também conhecida como Dordogne) agradam principalmente aos amantes do calmo ritmo de vida do interior. Além da tranquilidade e da boa comida, esta região oferece alguns dos melhores exemplos de arquitetura medieval da França e de cavernas pré-históricas da Europa, principalmente Lascaux.

**A cidade medieval de Cordes, no topo de uma colina**

## COMO CHEGAR

A Autoroute des Deux Mers (A62-A61), no sentido oeste-leste, é a principal estrada na região, ligando Bordeaux à costa atlântica e ao Mediterrâneo. A A20, de Montauban para Limoges, oferece acesso a Dordogne e Quercy. Importantes linhas de ônibus e de trem, inclusive o TGV Bordeaux-Marselha, passam ao longo dos dois eixos e encontram-se em Toulouse, de cujo aeroporto internacional chegam e partem voos diários para a maior parte da Europa.

## LEGENDA

- Rodovia
- Estrada principal
- Estrada secundária
- Estrada local
- Percurso com paisagem
- Ferrovia principal
- Ferrovia local
- Fronteira regional

**Legenda dos símbolos** *no final do guia*

PÉRIGORD, QUERCY E GASCONHA    429

## PRINCIPAIS ATRAÇÕES

Agen ⑰
Albi ㉖
Auch ⑳
Autoire ⑮
Auvillar ㉑
Bergerac ⑧
Bourdeilles ④
Brantôme ③
Cahors ⑯
Castres ㉗
Condom ⑲
Cordes ㉕
Domme ⑫
Gorges de l'Aveyron ㉔

Gouffre de Padirac ⑭
Hautefort ②
Larressingle ⑱
Lascaux II ⑦
Les Eyzies ⑨
Moissac ㉒
Montauban ㉓
Périgueux ⑤
Rocamadour ⑬
St-Amand-de-Coly ⑥
St-Jean-de-Côle ①
Sarlat ⑪
Toulouse ㉘
Vale do Dordogne ⑩

**Bourdeilles, no rio Dronne**

## St-Jean-de-Côle ❶

Dordogne. 🏠 350. 🛈 pl du Château (05 53 62 14 15). 🎭 Floralies www.ville-saint-jean-de-cole.fr

Da ponte medieval de St-Jean-de-Côle se tem a melhor vista da adorável vila de Dordogne, localizada em área montanhosa. Casas de pedra e madeira, cobertas com telhas marrom-avermelhadas, características da região, enchem as ruas estreitas em torno da praça principal. Aqui se localiza o velho mercado coberto, o castelo e a igreja do século XII.

A cúpula da igreja foi a maior da região, maior ainda do que a das catedrais. Pelo tamanho, desmoronou duas vezes, nos séculos XVIII e XIX. Na segunda vez que isso ocorreu, os construtores desistiram e, desde então, está fechada por um forro de madeira.

**Praça principal da vila de St-Jean-de-Côle**

## Hautefort ❷

Tel 05 53 50 40 27. **Château** ⬜ abr-set: diariam; out: diariam à tarde; fev, mar e início nov: sáb, dom e feriados, à tarde. ⬛ meados nov-fev. 🎟 📷 obrigatória. ♿ restrito. www.chateau-hautefort.com

Hautefort está agarrada aos lados de uma montanha que tem no topo um compacto château do século XVII – um dos mais belos do sudoeste da França. Parte fortificado, foi construído em homenagem à amante secreta do rei Luís XIII, a irmã da marquesa de Hautefort, Marie. O castelo é cercado por terraços com jardins franceses, com linda vista das colinas do nordeste de Périgord. Na aldeia, o hospício, da mesma época, abriga um museu de instrumentos médicos.

**Abadia de Brantôme e campanário**

## Brantôme ❸

Dordogne. 🏠 2.100. 🚌 🛈 no interior da abadia (05 53 05 80 52). 🛒 sex. www.ville-brantome.fr

Cercada por todos os lados pelo rio Dronne, Brantôme é chamada Veneza de Périgord Vert. A abadia medieval, coroada por um ornamentado campanário do século XI (com fama de ser o mais antigo da França), com a rocha coberta de verde atrás, impõe-se sobre a cidade.

O poeta Pierre de Bourdeille (1540-1614) foi abade aqui na juventude. Segundo rumores, incluía entre suas amantes Mary Stuart, rainha dos escoceses. Depois de uma queda que o deixou aleijado, Bourdeille se retirou para a abadia, em 1569, para escrever picantes memórias. É possível andar pelos claustros e passar do pátio principal para uma série de cavernas nos rochedos. Em uma delas, há uma estranha cena de crucificação, entalhada em pedra no século XVI. Descobertas em 1953, estas cavernas apresentaram extensas e várias camadas de diferentes níveis. Além da formação rochosa espetacular, há maravilhosas pinturas rupestres datadas de 1.700 anos. O renascentista **Château de Puyguilhem** fica 12km a nordeste, assim como a abadia de Boschaud e a **Grotte de Villars**.

🏰 **Château de Puyguilhem**
Villars. **Tel** 05 53 54 82 18. ⬜ abr-set: diariam; out-mar: qua-dom. ⬛ 1º jan, 1º mai, 1º e 11 nov, 25 dez. 🎟 ♿

🏰 **Grote de Villars**
Villars. **Tel** 05 53 54 82 36. ⬜ abr-out diariam. 🎟 📷 obrigatória.

## Bourdeilles ❹

Dordogne. 🏠 800. 🛈 63 Place Tilleuls (05 53 03 42 96).

Esta pequena cidade tem de tudo – uma ponte gótica com as pilastras do quebra-mar estendendo-se sobre o Dronne, um moinho e um castelo medieval. Os acréscimos feitos ao castelo no século XVI foram apressadamente projetados pela *châtelaine* Jacquette de Montbron, que esperava a visita da rainha Catarina de Medici. Quando a visita foi cancelada, as construções também o foram. Destaca-se o salão dourado, decorado nos anos 1560 por Ambroise le Noble, da Escola de Fontainebleau.

🏰 **Château de Bourdeilles**
**Tel** 05 53 03 73 36. ⬜ jul-ago: diariam; set-out e final dez: qua-seg; fev-mar e nov-meados dez: seg, qua, qui e dom. ⬛ jan. 🎟 📷
www.bourdeilles.com

**O impressionante Château de Bourdeilles, que se destaca sobre a cidade**

---

*Veja hotéis e restaurantes desta região nas pp. 582-5 e 637-40*

Cathédrale St-Front, em Périgueux, restaurada no século XIX

## Périgueux ❺

Dordogne. 31.000. 26 pl Francheville (05 53 53 10 63). diariam.
www.tourisme-perigeux.fr

A antiga e verdadeiramente gastronômica cidade de Périgueux, assim como suas vizinhas Bergerac e Riberac, deve ser visitada em dia de mercado, quando as barracas da viva parte medieval da cidade oferecem uma seleção de especialidades locais, incluindo trufas (nov-mar), *charcuterie* (carnes preparadas) e as suculentas tortas chamadas de *pâtés de Périgueux*. Périgueux, por muito tempo a encruzilhada de Périgord, é agora a ativa capital da região. A parte mais antiga é o distrito **La Cité**, que no passado foi o povoado galo-romano de Vesunna. La Domus de Vesonne, um museu de arte galo-românica, foi recentemente aberto aqui. Dos tempos romanos até a Idade Média, era o centro de Périgueux. A maior parte das construções de Vesunna foi derrubada no século III, mas alguns vestígios do templo, da arena e de uma suntuosa vila permanecem. Na mesma área fica também a **Église St-Etienne**, originada no século XII.

Subindo a colina de La Cité em direção à branca catedral da cidade, passa-se por ruas e praças movimentadas, cada uma com suas atividades comerciais. Este é o distrito medieval de **Le Puy St-Front**, que prosperou com a passagem dos peregrinos que se dirigiam a Santiago de Compostela (*pp. 400-1*). Eles trouxeram prestígio e riqueza à área, o que tirou gradualmente a importância política de La Cité.

No alto fica a **Cathédrale St-Front**, a maior do sudoeste da França,

Peça de vidro do século XIX, em St-Front

restaurada no século XIX, quando o arquiteto Paul Abadie acrescentou graciosos domos e cones. St-Front o inspirou a criar a igreja de Sacré-Coeur, em Paris (*p. 134*).

Há outras preciosidades da arquitetura renascentista e medieval: procure pela **Maison Estignard**, no nº 3 da rue Limogeanne, com inusitada escadaria em espiral. Observe também as casas das rues Aubergerie e de la Constitution.

Ainda na área da catedral está o **Musée d'Art et d'Achéologie du Périgord**, um dos mais abrangentes museus pré-históricos da França, com vestígios de funerais de 70 mil anos atrás. Belos mosaicos romanos, além de vidros, cerâmica e outros artefatos de Vesunna, estão no museu galo-românico.

🏛 **Musée d'Art et d'Archéologie du Périgord**
22 cours Tourny. **Tel** 05 53 06 47 85. qua-seg. feriados.

## St-Amand-de-Coly ❻

Dordogne. **Tel** Maison du Patrimoine (05 53 51 04 56, no verão), La Mairie (05 53 51 67 50). diariam.
www.saint-amand-de-coly.org

Esta abadia é um excepcional exemplo da arquitetura de fortalezas. Foi construída nos séculos XII e XIII pelos monges agostinianos para proteger seu mosteiro. Há duas linhas de defesa: um baluarte alto de pedra e, atrás dele, a própria torre da igreja. A torre lembra mais a guarda de um castelo do que um templo e foi dotada de uma série de seteiras.

O interior da igreja é simples e bonito, com linhas puras, abóbada plana nervurada, cúpula do século XII, nave elevada e um chão de pedra inclinado em direção ao altar. Até o interior foi construído para a defesa, com uma galeria da qual era possível atacar os inimigos. St-Amand foi danificada na Guerra dos Cem Anos. Mais tarde, em 1557, sobreviveu a um cerco de 2 mil cavaleiros huguenotes e a um bombardeio de canhão por seis dias. A vida religiosa aqui terminou após a Revolução Francesa.

## Sarlat ⓫

Sarlat-la-Canéda possui a maior concentração de fachadas medievais, renascentistas e do século XVII entre as cidades da França. Sua prosperidade foi um reflexo dos privilégios que recebeu da coroa francesa em troca da sua lealdade na Guerra dos Cem Anos. Atrás da inóspita rue de la République, encontram-se estreitas alamedas e arcadas, e antigas casas urbanas de pedra ocre, ricas em detalhes ornamentais. Tombadas desde 1962, as edificações de Sarlat formam hoje um museu ao ar livre. A cidade é famosa por ter um dos melhores mercados do país.

**Esculturas de gansos, em Sarlat**

**Place de la Liberté**
*O coração renascentista de Sarlat é agora contornado por lojas luxuosas.*

**A rue des Consuls** tem mansões dos séculos XV, XVI e XVII, construídas para os mercadores de classe média, magistrados e representantes da igreja.

**A Jean-Jacques Rousseau** foi a rua principal de Sarlat até que a rue de la République ("La Traverse") fosse construída, no século XIX.

**Nozes, um importante cultivo de Périgord**

### MERCADO DE SARLAT

Toda quarta-feira o grande mercado de Sarlat acontece na place de la Liberté e todos os sábados há uma feira completa, atraindo pessoas de toda a redondeza. Sarlat é o coração do comércio de *foie gras* e de nozes da França. Estes típicos produtos de Périgord absorvem muito da atenção da cidade, respondendo por boa parte de sua renda, como ocorria no auge de Sarlat, nos séculos XIV e XV. Outras especialidades locais são trufas-negras, extraídas dos bosques em janeiro, e cogumelos selvagens. Procure também pelos queijos de todas as formas, idades e colorações, e pela grande variedade de iguarias de porco frescas, defumadas, secas, salgadas, fritas, assadas ou fervidas.

**Alhos-rosados**

**Muros da cidade**

### LEGENDA

--- Percurso sugerido

0 m    50

*Veja hotéis e restaurantes desta região nas pp. 582-5 e 637-40*

PÉRIGORD, QUERCY E GASCONHA

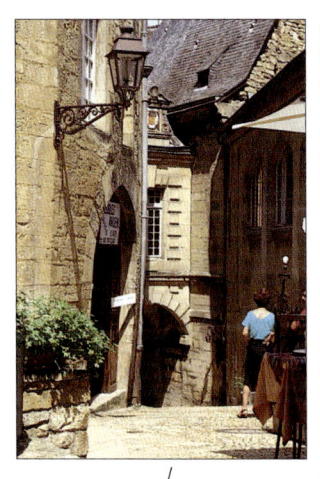

### Rue de la Salamandre
*Esta alameda tem o nome do emblema de Francisco I, presente em muitas das casas do século XVI.*

**PREPARE-SE**

Dordogne. 10.500.
av de la Gare.
3 rue Tourny (05 53 31 45 45). qua e sáb.
Teatro (jul-ago); Filmes (nov).
www.sarlat-tourisme.com

### Lanterne des Morts (Lanterna dos Mortos)
*A torre cônica no cemitério foi construída para celebrar os sermões de São Bernardo em Sarlat, em agosto de 1147.*

### Cathédrale St-Sacerdos
*Construída principalmente nos séculos XVI e XVII, a catedral destaca-se por seu fantástico órgão do século XVIII.*

**A Chapelle des Pénitents Bleus**, construída em puro estilo românico, é o último resquício da abadia do século XII.

**O antigo Palácio do Bispo**, com restos de uma galeria do século XVI e interior renascentista, é agora um escritório de turismo com ótimas exposições no verão.

### Cour des Fontaines
*Aqui, um manancial atraiu os monges que fundaram a primeira abadia, no século IX.*

Pintura de um touro, da caverna original em Lascaux

## Lascaux II ❼

Montignac. **Tel** 05 53 05 65 65. fev-meados nov diariam; meados nov-fev ter-dom; horários variam, checar. jan, 25 dez.
www.lascaux.culture.fr

Lascaux é o mais famoso dos sítios pré-históricos que rodeiam as junções dos rios Vézère e Beune *(pp. 402-3)*. Quatro meninos e seu cachorro, Robot, encontraram as cavernas e suas deslumbrantes pinturas paleolíticas em 1940. A importância da descoberta foi prontamente reconhecida.

Lascaux está fechada ao público desde 1963, devido à deterioração, mas uma cópia exata, conhecida como Lascaux II, foi criada a uma distância de poucos minutos a pé, na encosta da colina. A réplica é bonita e não deve ser desprezada. Alces, bisões, touros e cavalos gordos cobrem as paredes, circundados por flechas e símbolos geométricos com provável significado ritualístico.

## Bergerac ❽

Dordogne. 26.000. 97 rue Neuve d'Argenson (05 53 57 03 11). qua e sáb.
www.bergerac-tourisme.com

Este pequeno porto, um centro comercial e de plantação de tabaco, estende-se pelos dois lados do Dordogne. As maiores atrações são o seu **Musée du Tabac** (Museu do Tabaco), sua cozinha e seu vinho excelentes. O vinho mais famoso de Bergerac é o Monbazillac, um branco doce. Em exposição no pequeno museu estão alguns cachimbos originários da América e raladores de tabaco de marfim.

### 🏛 Musée du Tabac
Maison Peyrarède, pl du Feu. **Tel** 05 53 63 04 13. ter-dom. dom manhã (out-mar: dom), feriados.

## Les Eyzies ❾

Dordogne. 900. 19 av de la Préhistoire (05 53 06 97 05). seg (abr-out).
www.tourisme-vezere.com

Quatro importantes sítios pré-históricos e um grupo de cavernas menores se aglomeram em torno da modesta vila de Les Eyzies. Siga primeiro para o **Musée National de Préhistoire**, em uma nova construção no pé de um castelo do século XVI. Quadros cronológicos e outras apresentações ajudam a contextualizar o vasto acervo de obras pré-históricas. A **Grotte de Font de Gaume** é logicamente o primeiro ponto a ser visitado depois do museu em Les Eyzies. Esta caverna, descoberta em 1901, contém o mais fino acervo de pinturas pré-históricas ainda aberto ao público na França. Nas cercanias há a **Grotte des Combarelles**, com gravuras de bisões, renas, símbolos mágicos e fi-

Les Eyzies, área de concentração de cavernas pré-históricas

guras humanas, e ainda uma grande série de entalhes. A seguir, chega-se ao abrigo **du Cap Blanc**, de rocha, descoberto em 1909, com um friso raro de cavalos e bisões esculpidos na rocha em tamanho natural.

Do outro lado de Les Eyzies ficam as cavernas de **Rouffignac**, polo de excursões desde o século XV. Há 8km de cavernas, dos quais 2,5km são servidos por um trem elétrico. As pinturas incluem desenhos de mamutes e um friso com dois bisões que se desafiam para um combate.

Ingressos para as cavernas acabam rápido, especialmente no verão, portanto chegue cedo. Alguns precisam ser reservados 15 dias antes.

**Vista de Domme da entrada medieval de Porte de la Combe**

**Musée National de Préhistoire**

🏛 **Musée National de Préhistoire**
**Tel** 05 53 06 45 45. ◯ jul-ago: diariam; set-jun: qua-seg. ● 25 dez, 1º jan.
www.musee-prehistoire-elyzies.fr

**Grotte de Font de Gaume**
**Tel** 05 53 06 86 00. ◯ dom-sex com hora marcada (reserve 2 meses antes). ● alguns feriados.

**Grotte des Combarelles**
**Tel** 05 53 06 86 00. ◯ dom-sex (reserve duas semanas antes). ● alguns feriados.

**Abri du Cap Blanc**
Marquay, Les Eyzies. **Tel** 05 53 06 86 00. ◯ abr-out: diariam (fechado em alguns feriados).

**Grotte de Rouffignac**
**Tel** 05 53 05 41 71. ◯ abr-out: diariam.

## Vale do Dordogne ⑩

Dordogne. ✈ Bergerac. 🚂 Bergerac, Le Buisson de Cadouin. 🚌 Beynac. ℹ Le Buisson de Cadouin (05 53 22 06 09)

Provavelmente nenhum rio da França cruza uma paisagem tão variada e com formações geológicas tão diferentes quanto o Dordogne. Começa em gargantas de granito no Massif Central e continua através de vales, para então entrar na região calcária de Causse, nos arredores de Souillac. Ao serpentear para o Garonne, o Dordogne chega a quase 3km de largura. Não desista deste famoso vale devido ao grande número de turistas. Além de ser um conhecido local de férias, é uma linda área para caminhadas. Vários povoados valem uma visita. Limeuil é bonita, assim como Beynac e La Roque-Gageac, onde os visitantes podem embarcar nas achatadas *gabarres* – barcos fluviais (Páscoa-out).

No sudoeste de Sarlat, está o Château de Marqueyssac, do século XVII. Vistas de Domme até Beynac e do Château de Castelnaud podem ser apreciadas de sua topiaria.

## Sarlat ⑪

pp. 432-3.

## Domme ⑫

Dordogne. 🏠 1.030 ℹ pl de la Halle ☎ 05 53 31 71 00). ● qui. www.ot-domme.com

Henry Miller escreveu: "Só um rápido olhar pelos rochedos escarpados por sobre o escuro e misterioso rio em Domme… vale por toda uma vida". Domme é uma limpa cidade-bastide *(p. 445)* de pedras douradas com portões medievais ainda de pé. As pessoas vêm aqui para admirar a vista – que se estende sobre o vale do Dordogne, de Beynac, no oeste, até Montfort, no leste – e passeiam pelos labirintos de velhas ruas dentro das muralhas. Há também uma grande caverna sob o mercado coberto do século XVII, onde os moradores se escondiam durante a Guerra dos Cem Anos e as Guerras Religiosas do século XVI. Apesar de sua aparência irredutível, 30 huguenotes capturaram Domme escalando os rochedos à noite e abrindo seus portões.

**Uma *cingle* (curva) do rio Dordogne, vista da cidade de Domme**

# Rocamadour ⓭

Rocamadour tornou-se um dos mais famosos centros de peregrinação depois da descoberta, em 1166, de um antigo túmulo e sepulcro com um corpo ainda conservado, tido como de Santo Amador, eremita do início do cristianismo. A descoberta desencadeou uma série de milagres, que teriam sido anunciados pelo sino sobre a Virgem Negra e o Menino, na Chapelle de Notre-Dame. Mesmo com o declínio das peregrinações nos séculos XVII e XVIII, a cidade foi bastante restaurada no século XIX. Ainda um santuário sagrado e destino bastante procurado por turistas, a região de Rocamadour, situada sobre um platô acima do vale de Alzou, é fenomenal. As melhores vistas são da plataforma do *château*, que fica na aldeia de L'Hospitalet.

**Virgem Negra e o Menino**

**O castelo** está dentro de um forte que protegia o lado oeste do santuário.

**A capela de St-Michel** contém afrescos bem preservados do século XII.

**A tumba de Santo Amador** guardava o corpo do eremita, chamado *roc amator* (amante das rochas), de quem a cidade tomou o nome.

### Vista panorâmica
*Rocamadour é mais empolgante à luz dos primeiros raios de sol da manhã: o aglomerado de casas medievais, torres e muralhas parece brotar da base do rochedo.*

### Grande Escadaria
*Os peregrinos subiam por este lance de escada, ajoelhados e rezando seus terços. A escadaria leva a uma praça no próximo nível, em torno da qual ficam as principais capelas de peregrinos.*

*Veja hotéis e restaurantes desta região nas pp. 582-5 e 637-40*

# PÉRIGORD, QUERCY E GASCONHA

**A Chapelle de St-Jean Baptiste** fica em frente ao belo portal gótico da Basilique de St-Sauveur.

**A Basilique de St-Sauveur**, santuário do final do século XII, volta-se para a rocha nua.

**A Chapelle de Ste-Anne** data do século XIII e possui um retábulo de altar dourado do século XVII.

Muralha

Cruz de Jerusalém

Chapelle de St-Blaise (século XIII)

## PREPARE-SE

Lot. 670. 5km sudoeste de Rocamadour. Maison du Tourisme (05 65 33 22 00).
**Capela de Notre-Dame**
jun-set: 9h-21h; out-mai: 9h-18h30.
www.rocamadour.com

### Estações da Cruz
*Peregrinos encontram a Cruz de Jerusalém e catorze estações que reproduzem a via-crúcis na escalada pela colina até o castelo.*

### Cidade de Rocamadour
*Agora exclusiva dos pedestres, a rua principal é ladeada de lojas de suvenires, uma tentação para os peregrinos.*

### Chapelle de Notre--Dame (Milagres)
*O corpo de Santo Amador foi encontrado em um rochedo perto da capela da Virgem Negra. No altar fica a estátua da Virgem, supremo objeto de veneração.*

## Gouffre de Padirac ⑭

Lot. **Tel** 05 65 33 64 56.
abr-out: diariam.
www.gouffre-de-padirac.com

Formada a partir do colapso de uma caverna, esta imensa cratera tem 35m de largura e 103m de profundidade. O rio subterrâneo e a impressionante sucessão de galerias *(p. 403)* foram descobertos em 1889. Sua câmara, a Salle du Grand Dôme, ultrapassa as catedrais mais altas. Leve um casaco, pois a temperatura na caverna é de 13°C.

## Autoire ⑮

Lot. 370. **i** Saint Céré (05 65 38 11 85). www.tourisme-saint-cere.com

Este é um dos lugares mais adoráveis de Quercy, a área a leste do Périgord. Não tem grandes monumentos nem foi palco de dramas históricos, mas conservou o seu modo de vida na intocada Gargante Autoire. O **Château de Limarque** na praça principal e o **Château de Busqueille** que o observa foram ambos construídos no estilo típico do lugar, com torreões e torres. Nos campos ou perto das casas encontram-se pombais típicos.

Fora de Autoire, depois de uma cachoeira de 30m, um caminho leva a um anfiteatro rochoso que oferece vistas panorâmicas da região.

*A pitoresca vila de Autoire vista a partir da garganta*

## Cahors ⑯

Lot. 21.200. pl François Mitterrand (05 65 53 20 65). qua e sáb manhã.
www.tourisme-cahors.com

A capital do *département* do Lot, Cahors é famosa por seu vinho escuro e encorpado, cuja produção remonta aos tempos romanos. Também leva fama por ser o local de nascimento do estadista Léon Gambetta (1838-82), que liderou a reconstrução da França após a guerra com a Prússia, em 1870. A principal rua de Cahors – como ocorre em muitas cidades na França – leva o nome de Gambetta.

A **Cathédrale St-Etienne**, fortificada, atrás das ruas estreitas da cidade velha, data de 1119 e exibe belos detalhes medievais. Não perca as figuras vívidas do românico portal norte e o tímpano com relevos da ascensão, ou a

---

## Um Tour por Dois Rios

Ladeados por espetaculares penhascos de calcário, os lindos vales do Lot e do Célé mostram aldeias medievais antigas, gargantas estreitas e cachoeiras ao longo de tranquilos trechos do rio. Um passeio sem pressa por ambos os vales, por cerca de 160km, será melhor em dois dias, para apreciar as delícias gastronômicas e as lindas paisagens. A partir de Cahors, a rota segue o rio Lot e então serpenteia pelo calmo e cinematográfico vale do Célé até alcançar Figeac, uma bela cidade, repleta de lojas, cafés e restaurantes encantadores. O retorno é pelo vale do Lot, mais procurado por possuir mais atrações, entre elas o espetacular povoado de St-Cirq-Lapopie (reserve tempo para estacionar acima ou abaixo da cidade e explore-a a pé).

### Grotte de Pech-Merle ①
Este local pré-histórico fora de Cabrerets, de 25 mil anos, possui enormes câmaras com pinturas de mamutes, cavalos, bisões e figuras humanas.

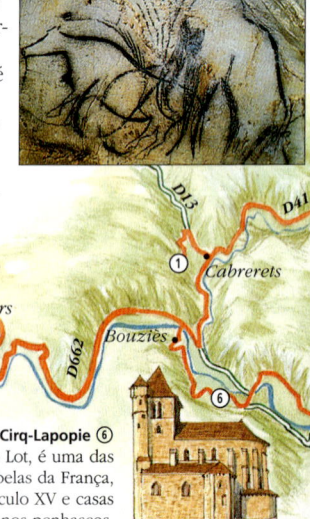

### St-Cirq-Lapopie ⑥
Bem acima do Lot, é uma das aldeias mais belas da França, com igreja do século XV e casas de madeira nos penhascos.

---

*Veja hotéis e restaurantes desta região nas pp. 582-5 e 637-40*

enorme cúpula sobre a nave (que dizem ser a maior da França). Eles são cobertos por afrescos do século XIV que retratam cenas da vida de Santo Estêvão (St-Etienne). Os claustros renascentistas são decorados com intrincados entalhes, hoje danificados.

Vale a pena também procurar na área da catedral a ornamentada **Maison de Roaldès**, do século XVI, com sua fachada norte decorada por árvores, o sol e as rosas dos motivos de Quercy. Foi aqui que Henrique de Navarra (que mais tarde se tornaria o rei Henrique IV) passou uma noite, em 1580, após cercar e capturar Cahors.

O ponto de referência da cidade é a **Pont Valentré**, fortificada, com sete arcos pontiagudos e três torres sobre o rio. Construída entre 1308 e 1360, resistiu a diversos ataques desde então. A ponte é uma visão de tirar o fôlego e, provavelmente, um dos monumentos mais fotografados da França. Uma alternativa para aproveitar o local é pegar um barco lento no ancoradouro perto da ponte e fazer um passeio de 90min pelo lago (abr-out).

A Pont Valentré, fortificada, sobre o rio Lot

### Arredores

Cahors é bom ponto de partida para explorar as atrações do departamento do Lot. Visite a cidade histórica de Figeac, onde nasceu o linguista Jean-François Champollion, que decifrou os hieróglifos egípcios, e a **Grotte de Pech-Merle**, com suas paredes pintadas.

**🏠 Grotte de Pech-Merle**
Cabrerets. **Tel** 05 65 31 27 05.
☐ abr-out: diariam. 
www.pechmerle.com

---

**arcilhac-sur-Célé** ②
ta antiga aldeia
ossui ruínas de uma
adia beneditina do
culo X. Pouco além fica
Grotte de Bellevue, com
as estalagmites e estra-
as formações
chosas sub-
râneas.

**Espagnac-Ste-Eulalie** ③
O convento de Notre-Dame-Ste-Eulalie, do século XII, tem um elaborado campanário.

**Figeac** ④
Aqui se acham excelentes hotéis e restaurantes, bem como o Musée Champollion, com um molde da pedra de Roseta.

**Cajarc** ⑤
Casas medievais ainda sobrevivem nesta aldeia. A curta distância de carro, fica o renascentista *château* Cénevières.

### LEGENDA

▬▬ Percurso do tour
═══ Outras estradas

Pomares e vinhedos nas vizinhanças de Agen

## Agen [17]

Lot-et-Garonne. 35.000.
✈ 🚆 🚌 ℹ️ 38 rue Garonne
(05 53 47 36 09). 🚌 ter-dom.
www.ot-agen.org

Vastos e uniformes pomares de ameixeiras – que produzem o celebrado *pruneaux d'Agen* – formam a paisagem ao redor desta pequena cidade de província. Ao retornar do Oriente Médio no século XI, os cruzados trouxeram a fruta para a França, e os monges no vale do Lote, nas imediações, foram os primeiros a desidratá-la em quantidades comerciais.

O **Musée Municipal des Beaux-Arts** conta com belos quadros de Goya, como *A subida em um balão de ar quente*, além de *Manhã de setembro*, de Sisley, *A lagoa de Ville d'Avray*, de Corot, e trabalhos de Picabia e Caillebotte. Uma joia indiscutível da coleção é o mármore grego *Vénus du Mas*, uma estátua de belas proporções, do século I a.C., descoberta na região em 1876.

🏛️ **Musée Municipal des Beaux-Arts**
Pl du Docteur Esquirol. **Tel** 05 53 69 47 23. ⬜ qua-seg. ⬛ 1º jan, 1º mai, 1º nov, 25 dez. 🎫

### Arredores

A vila fortificada de Moirax fica 8km ao sul de Agen e tem uma bela e simétrica igreja românica do século XII. Destacam-se os capitéis que mostram as histórias bíblicas de Daniel na Cova dos Leões e do Pecado Original.

A cidade-bastide *(p. 445)* de Villeneuve-sur-Lot, 34km ao sul de Agen, fica a cavaleiro do rio Lot. Tem uma torre alta, do século XIV, que funcionava como portão de defesa. A igreja românico-bizantina de Ste-Catherine, de tijolos vermelhos, foi erigida em 1909, mas contém vitrais do século XV restaurados. A leste de Villeneuve, encarapitado em uma colina, fica o belo vilarejo medieval de Penne D'Agenais.

## Larressingle [18]

Gers. 🚶 200. 🚌 para Condom.
ℹ️ Condom (05 62 28 00 80).

Com suas torres de defesa em ruínas, Larressingle é uma pequena vila fortificada do século XIII no meio da paisagem da Gasconha. Trata-se de uma das últimas vilas da Gasconha com muralhas ainda intactas. Seu estado de conservação é único, o que dá ao visitante uma ideia de como deve ter sido a vida das pequenas comunidades locais eternamente preparadas para o combate, que tiveram de viver décadas e mais décadas em estado de guerra.

## Condom [19]

Gers. 🚶 7.500. 🚌 ℹ️ 50 bd de la Libération. 🚌 qua, sáb pela manhã.
www.tourisme-tenareze.com

Há muito um centro para o comércio de Armagnac, Condom é uma cidade-mercado construída em torno da **Cathédrale St-Pierre**, de estilo gótico tardio. Em 1569, durante as Guerras Religiosas, quando o exército huguenote (protestante francês) ameaçou demolir a catedral, os habitantes de Condom pagaram um resgate gigante para impedir que isso acontecesse.

O rio Baïse avança pelo centro da cidade. **O Hôtel de Cugnac**, na rue Jean-Jaurès, destaca-se entre as belas mansões dos séculos XVII e XVIII, com seus antigos *chai* (armazéns de vinhos e bebidas) e destilaria. Do outro lado do centro da cidade, deve-se procurar o **Musée de l'Armagnac** e descobrir qual a diferença entre o conhaque Armagnac e o de Cognac.

🏛️ **Musée de l'Armagnac**
2 rue Jules Ferry. **Tel** 05 62 28 47 17. ⬜ abr-out: qua-seg; nov-mar: qua-dom, à tarde ⬛ jan, feriados. 🎫 ♿

---

### ARMAGNAC

O conhaque Armagnac é um dos mais caros do mundo e também um dos principais produtos do sudoeste da França: 6 milhões de garrafas são produzidas anualmente, 45% dessa produção é exportada para 132 países. Os vinhedos de Armagnac mal ultrapassam os limites entre as regiões de Gers e Lot-et-Garonne e dos Landes. Tem estilo semelhante ao Cognac, seu vizinho famoso, mas possui um sabor mais individualizado. Existe uma única grande destilaria de Armagnac e vários pequenos produtores independentes, que vendem diretamente ao público. Procure pelos cartazes meio escondidos nas fazendas que dizem *Vente Directe*.

O conhaque Armagnac

# PÉRIGORD, QUERCY E GASCONHA

## D'ARTAGNAN

Os locais chamam a Gasconha de "País de D'Artagnan", o alegre herói de *Os três mosqueteiros* (1844), de Alexandre Dumas. O personagem D'Artagnan baseou-se em Charles de Batz, um gascão típico, cuja elegância, paixão e impetuosidade o transformaram no mosqueteiro (guarda-costas dos reis) ideal. A vida de Batz foi tão curta e galante como a do herói de ficção. Ele foi capaz de prender o mais poderoso ministro de Luís XIV sem provocar o menor insulto. Os franceses, contudo, têm outras opiniões sobre a natureza dos gascões. Por exemplo, uma *promessa de gascão* significa para eles uma promessa vã.

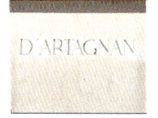

**Estátua de D'Artagnan, o mosqueteiro de Dumas, em Auch**

patriarcas e apóstolos – caracterizadas individualmente e em cores excepcionais. Destacam-se os vitrais da Criação, Crucificação e Ressurreição.

Auch sofreu processo de urbanização no século XVIII quando foram construídas as allées d'Etigny onde ficam o Hôtel de Ville e o Palais de Justice. Algumas belas casas desse período ladeiam a rue Dessoles, destinada a pedestres. Os restaurantes de Auch estão entre os melhores da Gasconha, conhecidos por pratos como o *foie gras de canard* (fígado de pato gordo), servido de muitas formas diferentes.

## Auch [20]

Gers. 23.500. rue Dessoles (05 62 05 22 89). qui e sáb. www.auch-tourisme.com

Auch (pronuncia-se "Osh"), antiga capital do departamento de Gers, há muito tem sido um lugar sonolento, que volta à vida em dias de feira. A cidade nova, perto da estação, não estimula a permanência. Procure, ao contrário, a cidade antiga, no aflorameto com vistas para o rio. Se decidir subir os 234 degraus de pedra que partem do rio, chegará à frente da **Cathédrale Ste-Marie**, em estilo gótico tardio, iniciada em 1489.

É notável o acabamento da catedral: seus pontos altos são as cadeiras entalhadas do coro, que mostram mais de 1.500 personagens bíblicos, históricos e mitológicos, bem como o magnífico vitral do século XV, atribuído a Arnaud de Moles. Os vitrais mostram 360 figuras – como profetas,

**Medalhão da Cathédrale Ste-Marie**

## Auvillar [21]

Tarn-et-Garonne. 1.000. pl de la Halle (05 63 39 89 82).

Complemento à alta emoção de Moissac *(pp. 442-3)*, Auvillar é uma das mais adoráveis vilas em colinas da França. Em seu centro fica a praça de mercado triangular, cujas arcadas têm madeirame à vista e dão ampla visão para a esplanada do rio Garonne. Existem locais para piquenique nesta avenida panorâmica. Mapas de orientação incluem cada detalhe, exceto as chaminés vistas ao longe, que pertencem à usina nuclear de Golfech.

Os girassóis, uma cultura popular no sudoeste da França, são valorizados por suas sementes e seu óleo

# Moissac ㉒

No centro desta cidade ribeirinha, fica a abadia de St-Pierre, obra-prima do Romanesco Francês. Fundada no século VII por um monge beneditino, a abadia foi sucessivamente saqueada pelos árabes, normandos e húngaros. Em 1047 a abadia de Moissac uniu-se ao rico mosteiro de Cluny e prosperou sob a direção do abade Durand de Bredon. No século XII já tinha se tornado o mosteiro mais importante do sudoeste da França. Seu formidável portal sul foi construído nesse período.

**Abbot Durand**

**Abadia de St-Pierre**
*O exterior da igreja pertence a dois períodos: uma parte, de pedra, é românica; a outra, de tijolos, é gótica.*

**Cristo em Majestade**
*A figura de Cristo ocupa o centro da cena, como juiz. Ele segura o Livro da Vida na mão esquerda e eleva a mão direita em bênção.*

**Tímpano**
*A parte inferior do equilibrado e compacto tímpano apresenta os "24 Anciãos com Coroas de Ouro", uma visão de São João.*

**★ Portal Sul**
*Datado de 1100-300, é uma tradução em pedra da dramática visão que São João teve do Apocalipse (Livro da Revelação, caps. 4 e 5). Os evangelistas Mateus, Marcos, Lucas e João aparecem como "quatro bestas cheias de olhos". Detalhes mouros nos batentes das portas refletem o intercâmbio cultural que havia entre França e Espanha na época.*

*Veja hotéis e restaurantes desta região nas pp. 582-5 e 637-40*

## PREPARE-SE

Tarn-et-Garonne. 13.000. 6 place Durand de Bredon (05 63 04 01 85). sáb, dom manhã **Abadia** diariam. **Claustros** diariam (ligar para obter detalhes). 18h30 seg-sex, 19h30 sáb e 10h30 dom. http://tourisme.moissac.fr

### ★ Claustro
*O claustro do fim do século XI é ladeado por colunas alternadamente duplas e simples, de mármore branco, rosa e verde. Há, ao todo, 76 arcos ricamente decorados.*

**PLANTA TÉRREA: IGREJA E CLAUSTRO**

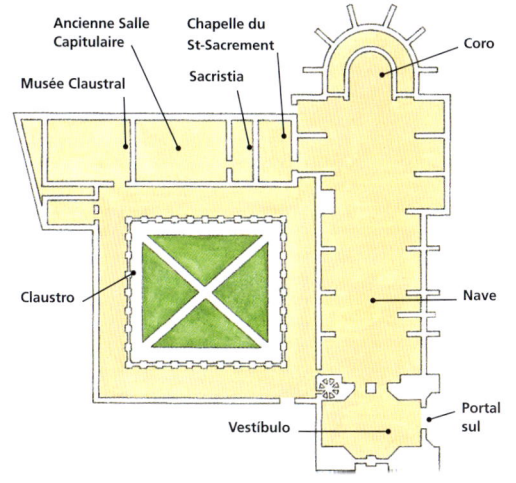

- Ancienne Salle Capitulaire
- Chapelle du St-Sacrement
- Coro
- Musée Claustral
- Sacristia
- Claustro
- Nave
- Vestíbulo
- Portal sul

### PONTOS ALTOS
★ Portal sul

★ Claustro

### Capitéis do claustro
*Flores, bestas e cenas de ambos os Testamentos são destaques nestes capitéis românicos do século XI, soberbamente esculpidos.*

## Montauban ㉓

Tarn-et-Garonne. 58.000. 4 rue du collège (05 63 63 60 60). qua, sáb. www.montauban-tourisme.com

Montauban merece mais atenção do que usualmente recebe, como a irmã caçula e de tijolos róseos de Toulouse e a capital da "República Protestante" do sul da França no século XVII. O pintor Ingres nasceu em Montauban em 1780, e o grande tesouro da cidade é o **Musée Ingres**, um palácio do século XVII com excepcional legado de diversos quadros e 4 mil desenhos, além de trabalhos de Van Dyck, Tintoretto e Courbet e do escultor Emile-Antoine Bourdelle, colaborador de Rodin e também da cidade.

Montauban é um shopping center civilizado, com uma praça principal, construída nos séculos XVII e XVIII, que tem duas arcadas (place Nationale). Perto fica a **Cathédrale Notre-Dame**, construída sob Luís XIV em 1692, em um ato contra a heresia protestante.

**🏛 Musée Ingres**
Palais Episcopal, 13 rue de l'ôtel de Ville. **Tel** 05 63 22 12 91. ter-dom (jul-ago: diariam). 1º jan, 14 jul, 1º e 11 nov, 25 dez.

## Gorges de l'Aveyron ㉔

Tarn-et-Garonne. Toulouse. Montauban, Lexos. Montauban. Mairie, St Antonin-Noble-Val (05 63 30 63 47). www.tourisme-saint-antonin-noble-val.com.

Em Gorges de l'Aveyron, as planícies abafadas de Montauban transformam-se abruptamente em colinas frescas cobertas de nogueiras. Aqui as vilas têm aspecto diferente daquelas de Périgord e Quercy, exibindo uma obsessão com a defesa. O castelo de Bruniquel, fundado no século VI, é construído sobre a borda de um precipício. Mais longe, ao longo da D115, a posição da vila de Penne, no cume de uma rocha gigante e pontiaguda, é ainda mais radical. Aqui a garganta se estreita. A partir de St-Antonin-Noble-Val, o vale vai em direção a Cordes.

# Cordes ㉕

Tarn. 1.050. pl Jeane Ramel-Cals (05 63 56 00 52). sáb. www.cordessurciel.fr

Cordes, localizada no cume de uma montanha acima do rio Cerou, é também chamada como Cordes-sur-Ciel, pois a cidade parece suspensa no céu. Durante as guerras cátaras, no século XIII, toda a cidade foi excomungada. Mais tarde, uma devastadora epidemia levou-a ao declínio e, no início do século passado, a cidade já estava em decadência.

O trabalho de restauração começou na década de 1940, e as fortificações e muitos dos portões foram bem preservados. Também estão intactas construções góticas como a **Maison du Grand Fauconnier**, do século XIV.

Atualmente, Cordes ainda transmite uma sensação de perda. A cidade, sobre a qual um dia Albert Camus escreveu "tudo aqui é bonito, mesmo a tristeza", agora depende do turismo. Há abundância de artesanato "medieval" para visitantes e uma coleção no **Musée d'Art Moderne et Contemporain** evoca a antiga indústria de bordados de Cordes. Há também obras de arte moderna de Picasso e Miró. O **Jardin des Paradis** é um pequeno núcleo de beleza e paz.

### 🏛 Musée d'Art Moderne et Contemporain
Maison du Grand Fauconnier **Tel** 05 63 56 14 79. meados mar-meados nov: diariam. jan.

### TOULOUSE-LAUTREC
O conde Henri de Toulouse-Lautrec nasceu em Albi em 1864. Aleijado aos 15 anos, devido a duas quedas, mudou-se para Paris em 1882 e passou a registrar a vida dos cabarés, bordéis, hipódromos e circos da cidade. Seus cartazes audaciosos foram responsáveis pelo estabelecimento da litografia como arte maior. O alcoolismo e a sífilis o levaram à morte aos 36 anos.

**A modista**, de Lautrec (1900)

Cathédrale Ste-Cécile, situada acima da cidade de Albi

# Albi ㉖

Tarn. 51.275. pl Ste-Cécile (05 63 36 36 00). ter-dom. www.albi-tourisme.fr

Assim como outras grandes cidades nesta região, Albi não apenas é vermelha, mas também quente, e definitivamente não foi feita para visitas à tarde durante o verão. É preciso acordar cedo, na fresca manhã, para caminhar pelas ruas em torno do mercado e da catedral.

Depois vá ao **Musée Henri de Toulouse-Lautrec**, no Palais de la Berbie, antes da multidão. O museu contém o mais completo acervo permanente do artista, incluindo pinturas, desenhos e seus famosos pôsteres do Moulin-Rouge. Telas de Matisse, Dufy e Yves Brayer também são parte da coleção.

Depois de um giro em torno dos belos jardins em declive do Palais de la Berbie, com vista para o rio Tarn, dirija-se à grande **Cathédrale de Ste-Cécile**, de tijolos vermelhos, construída em 1265 em homenagem à Cruzada Albigense. A Cruzada era um aviso aos hereges em potencial de que Igreja significava negócios. A distância, as torres semicirculares e os vitrais da catedral lhes dão a aparência de uma fortaleza, mais do que a de um local religioso. Cada ponto característico, desde o enorme campanário até o apocalíptico afresco do *Juízo Final*, foi feito deliberadamente em escala gigantesca, para reduzir os seres humanos. O efeito é de tirar o fôlego.

### 🏛 Musée Toulouse-Lautrec
Palais de la Berbie. **Tel** 05 63 49 58 97. abr-set: diariam.; out-mar: qua-seg. 1º jan, 1º mai, 1º nov, 25 dez. www.musee-toulouse-lautrec.com

# Castres ㉗

Tarn. 45.000. 2 pl de la République (05 63 62 63 62). ter-dom. www.tourisme-castres.fr

Desde o século XIV, Castres tem sido um centro de confecções. Hoje é também sede de uma das maiores companhias farmacêuticas da França e uma cidade repousante. Na extensa coleção de arte espanhola do **Musée Goya**, o próprio artista está bem representado por uma grande e melancólica cena do conselho e por uma série de gravuras impressionantes, *Os caprichos*. Do lado de fora, os jardins clássicos entre a prefeitura e o rio Agout foram planejados no século XVIII por Le Nôtre *(p. 179)*, o arquiteto de Vaux-le-Vicomte e Versalhes.

### 🏛 Musée Goya
Hôtel de Ville. **Tel** 05 63 71 59 30 ou 05 63 71 59 27. jul-ago: diariam; set-jun: ter-dom. 1º jan, 1º mai, 1º nov, 25 dez.

*Veja hotéis e restaurantes desta região nas pp. 582-5 e 637-40*

# Cidades-Bastides

As cidades-bastides foram construídas no século XIII, por ingleses e franceses, para estimular a povoação de áreas vazias antes da Guerra dos Cem Anos. São o equivalente medieval das "novas cidades". Têm grade planejada de ruas e perímetros fortificados. Mais de 300 cidades e aldeias-bastides ainda sobrevivem entre Périgord e os Pireneus.

**Lauzerte**, *fundada em 1241 pelo conde de Toulouse, é uma típica bastide, composta de casas de pedra cinzenta. A cidade, que foi posto avançado inglês, fica, por segurança, no cume da montanha.*

**Amplo mercado** *com arcos. Esta é a característica principal da maioria das bastides. As arcadas de Montauban ainda abrigam lojas.*

**A igreja** podia ser usada como um refúgio quando as fortificações externas da bastide fossem violadas.

**A praça central** é cercada por uma grade de ruas e alamedas que se intercomunicam. Isso difere muito da desordem usual das ruas e casas das cidades medievais.

**Casas de pedra** protegiam o perímetro.

## MONFLANQUIN
Esta cidade-bastide militar foi construída pela França em 1256 em um caminho estratégico norte-sul. Mudou de mãos muitas vezes durante a Guerra dos Cem Anos.

**Atualmente as bastides** *formam uma rede de cidades comerciais, chamada de route des bastides. É melhor visitá-las em dia de mercado, quando os quarteirões centrais ficam cheios de barracas.*

**A Porte de la Jane**, *em Cordes, é característica da bastide. Portões estreitos eram facilmente fechados por pontes levadiças.*

# Toulouse ❷⁸

Toulouse, a cidade mais importante do sudoeste da França, é a quarta maior do país e distrito industrial e universitário de destaque. A região é famosa também por sua indústria aeroespacial – o Concorde, o Airbus e o foguete Ariane saíram daqui –, como mostra a Cité de l'Espace, logo na saída da cidade. Toulouse tem boa cozinha regional, uma das mais impressionantes igrejas da França e uma Cidade Velha de tijolos rosados que é descrita como "cor-de-rosa ao amanhecer, vermelha ao meio-dia e lilás ao entardecer".

O rio Garonne, atravessado pela Pont Neuf e limitado por três cais alinhados

Barcos-casas em seus ancoradouros, no canal du Midi

## Como Explorar Toulouse

Esta calorosa cidade tem se expandido constantemente de seu local de origem na era romana, na margem direita do Garonne. Foi uma próspera cidade visigoda, depois cidade renascentista de palácios de tijolos, construídos com a riqueza gerada pelo comércio de *pastel* (pigmento azul) e cereais. Os palácios grandiosos sobrevivem na Cidade Velha, que tem a place du Capitole e o **Hôtel de Ville**, do século XVIII, em seu centro. Na place St-Georges e na rue Alsace-Lorraine está a maior concentração de lojas, bares e cafés.

O grande número de estudantes na cidade mantém os preços baixos nos diversos cafés, bares e livrarias, e, no mercado de pulgas, todos os domingos na place St-Sernin.

Um anel de bulevares dos séculos XVIII e XIX rodeia a cidade, por sua vez cercada por uma malha de rodovias mais novas. A margem esquerda do Garonne está sendo reformada (St-Cyprien). Um antigo matadouro foi maravilhosamente transformado em centro de arte moderna e contemporânea, **Le Abattoirs** (qua-dom).

### 🏛 Les Jacobins

A igreja foi iniciada em 1216 e concluída durante os dois séculos seguintes. Foi o primeiro convento dominicano, fundado pelo próprio São Domingos para combater os dissidentes na região. O convento Les Jacobins tornou-se a instituição de fundação da Universidade de Toulouse. Sua igreja é uma obra de arte da arquitetura gótica, com um campanário (1294) sem agulha. As principais características são a altíssima abóbada em forma de palmeira, com 22 folhas na abside. A Chapelle St-Antonin (1337), gótica, tem afrescos de 1341 sobre o Apocalipse.

### 🏛 Musée des Augustins

21 rue de Metz. **Tel** 05 61 22 21 82.
◯ diariam. ● 1º jan, 1º mai, 25 dez.
www.augustins.org

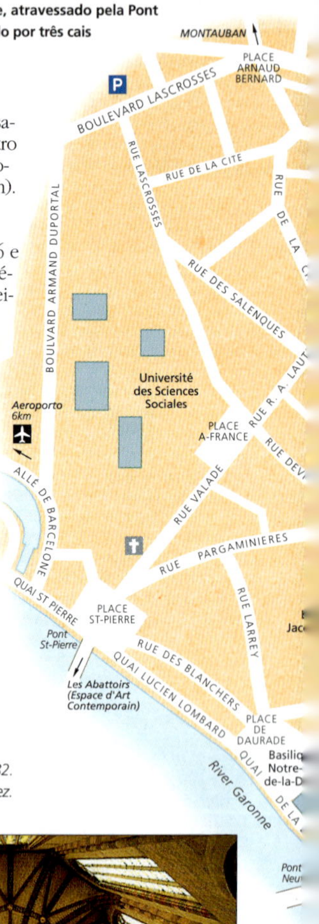

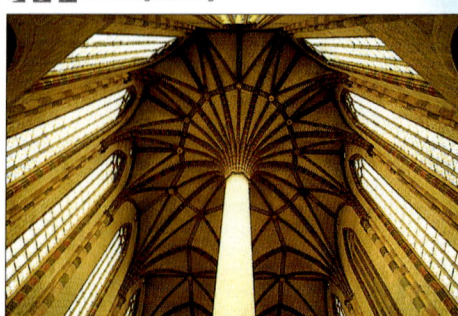

Abóbada em forma de palmeira, na abside de Les Jacobins

*Veja hotéis e restaurantes desta região nas pp. 582-5 e 637-40*

# PÉRIGORD, QUERCY E GASCONHA

Toulouse tornou-se um dos centros da arte românica na Europa devido à sua posição na rota para Santiago de Compostela (p. 410). Este museu exibe esculturas do período e capitéis românicos do século XII, além de claustros de um convento agostiniano do século XIV. Há também pinturas francesas, italianas e flamengas dos séculos XVI a XIX.

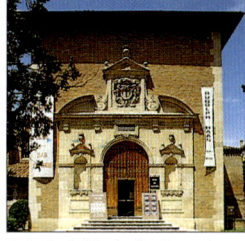

**Fachada do Musée des Augustins**

### ♣ Fondation Bemberg
Hôtel d'Assézat, 7 pl d'Assézat. **Tel** 05 61 12 06 89. ter-dom. 1º jan, 25 dez.
Este palácio do século XVI abriga a coleção de arte de Georges Bemberg, com pinturas da Renascença, *objets d'art* e bronzes, além de pinturas francesas dos séculos XIX e XX.

## PREPARE-SE

Haute-Garonne. 446.500. 6km NO Toulouse. bd Pierre Semard (trens: Gare Matabiau). Donjon du Capitole (05 61 11 02 22). diariam. Piano aux Jacobins (set). **www**.toulouse-tourisme.com

### 🛈 Basilique St-Sernin
Pl St-Sernin. **Tel** 05 61 21 80 45. diariam.
É a maior basílica românica na Europa, construída nos séculos XI e XII para abrigar peregrinos. Destacam-se o campanário octogonal de tijolos, com fileiras de arcos em tijolos coroados por uma agulha extremamente alta. Belos baixos-relevos do século XI de mármore, de Cristo e dos símbolos dos evangelistas, por Bernard Gilduin, encontram-se na galeria.

### 🏛 Cité de l'Espace
Av Jean Gonord. **Tel** 08 20 37 72 23. diariam no verão. jan. **www**.cite-espace.com
A sudoeste do centro da cidade, este "parque espacial" conta com dois planetários, exposições interativas sobre a exploração do espaço, um filme sobre a história da Terra (o Terradome), um cinema Imax e uma réplica do foguete *Ariane 5*. Na sala de controle, os visitantes podem aprender, na teoria, como lançar foguetes e satélites.

## PRINCIPAIS ATRAÇÕES

Basilique St-Sernin ①
Fondation Bemberg ④
Le Capitole ②
Les Jacobins ③
Musée des Augustins ⑤

**A torre em arcos da Basilique St-Sernin, do século XII**

**Legenda dos símbolos** *no final do guia*

KODAK
EN VENTE ICI
La Hutte
EUROPE
INTERSPORT
Hutte
gence
SKIS
Ski
Chalet l'Oustal
SKI & SUMMER HOLIDAYS
LOCATION
Skis
CENTRAL
HOTEL
RESTAURANT
HOTEL

# PIRENEUS

## PYRÉNÉES-ATLANTIQUES · HAUTES-PYRÉNÉES
## ARIÈGE · HAUTE-GARONNE

As montanhas dos Pireneus formam uma fronteira visível no sudoeste da França. Por séculos, essas terras remotas deram abrigo a habitantes tenazes, muitos deles descendentes de imigrantes e refugiados espanhóis. Hoje os Pireneus são a última região selvagem do sul da Europa, hábitat para animais raros.

Rumo ao leste, a partir da costa do Atlântico, as montanhas são luxuriantes depois das planícies da Aquitânia. Quanto mais fundo se penetra nos Pireneus, mais inclinadas se tornam as laterais dos vales e mais gigantescos os picos cobertos de neve. Esta grandiosa região, vazia e perigosa, deve ser abordada com cuidado e respeito. No verão, oferece mais de 1.600km de trilhas para caminhadas, assim como áreas para acampamento, pesca e esqui. No inverno, há montanhismo e esqui nas estações movimentadas ao longo da fronteira, muito mais animadas do que suas contrapartes da Espanha.

Historicamente, os Pireneus são conhecidos como a terra natal de Henrique IV, que pôs fim às Guerras Religiosas em 1593 e uniu a França, embora a região tenha sido mais caracterizada pelos feudos independentes. Os mais antigos habitantes da região, o povo basco (p. 455), mantiveram sua língua e cultura e seus balneários, Bayonne Biarritz e St-Jean-de-Luz. Divertem-se com o mar e com os visitantes do verão.

Em direção ao interior, Pau, Tarbes e Foix dependem do turismo e da indústria de médio porte, enquanto Lourdes recebe 4 milhões de peregrinos por ano. Quanto ao resto, a vida tem sido regulada pela agricultura, embora as atuais dificuldades econômicas estejam provocando o êxodo rural.

Zona rural em torno de St-Lizier, no coração da região dos Pireneus

◁ Barèges, estação de esqui e spa nos Altos Pireneus

# Como Explorar os Pireneus

Os altíssimos Pireneus cortam o sudoeste da França, do Mediterrâneo à costa atlântica, acompanhando a escarpada cidadela de Montségur, o centro de peregrinação de Lourdes, Pau – capital da região das colinas de Béarn – e o porto basco de Bayonne. Esta formidável cadeia, paraíso natural para andarilhos, pescadores e esquiadores, é tão viçosa em seu lado francês quanto árida na Espanha, e tem o lindo e agreste Parc National des Pyrénées. Pela região, visitantes podem esperar por temperaturas frescas e cenário grandioso. Amantes da história e da arquitetura serão ricamente recompensados por St-Bertrand-de-Comminges e St-Jean-de-Luz, entre os importantes cenários da região.

**Doces de marzipã, especialidade do sudoeste da França**

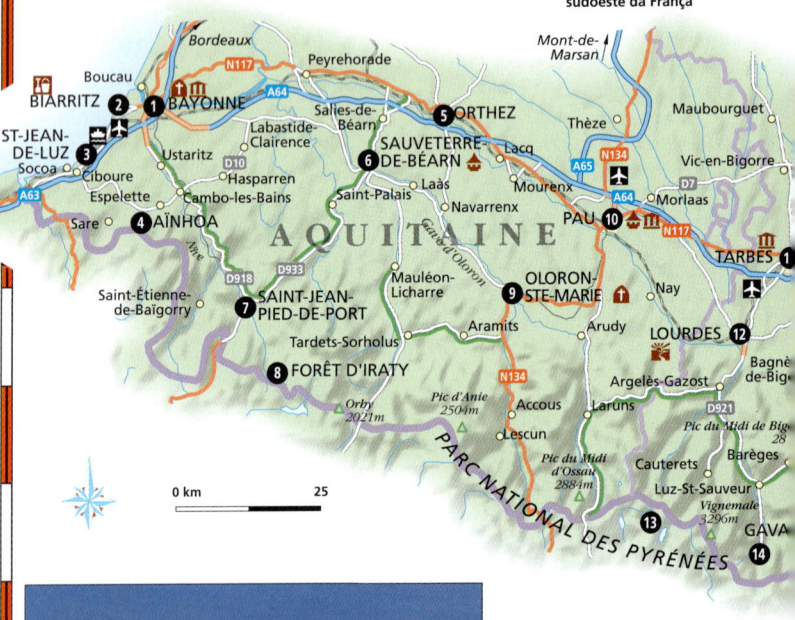

A igreja em galerias na aldeia basca de Espelette

## COMO CHEGAR

O acesso à costa basca no oeste dos Pireneus é pela via A63/N10 de Bordeaux. A totalidade dos Pireneus, incluindo seus vales, é servida pela A64, que vai de Bayonne até Toulouse, passando por Orthez, Pau, Tarbes e St-Gaudens. Uma vez lá em cima, as estradas são estreitas e sinuosas; dirija devagar. A pitoresca mas perigosa estrada D918/D618 atravessa dezoito altas passagens entre o Atlântico e o Mediterrâneo.

Há aeroportos em Biarritz, Pau e Lourdes. Pau e Lourdes, juntamente com Orthez e Tarbes, ficam no traçado ferroviário que ruma para o sul, entre Bordeaux e Toulouse.

*Legenda dos símbolos no final do guia*

## PRINCIPAIS ATRAÇÕES

Ainhoa ❹
Arreau ⓯
Bayonne ❶
Biarritz ❷
Foix ⓲
Forêt d'Iraty ❽
Lourdes ⓬
Luz-St-Sauveur ⓮
Mirepoix ⓴
Montségur ⓳
Oloron-Ste-Marie ❾
Orthez ❺
Parc National des Pyrénées ⓭
Pau ❿
St-Bertrand-de-Comminges ⓰
St-Jean-de-Luz ❸
St-Jean-Pied-de-Port ❼
St-Lizier ⓱
Sauveterre-de-Béarn ❻
Tarbes ⓫

Pôneis selvagens nos campos da Fôret d'Iraty

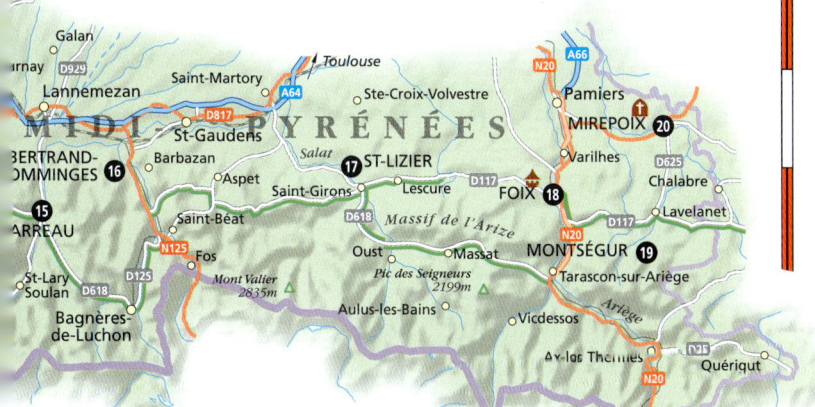

St-Jean-de-Luz vista do Ciboure, do outro lado do estuário do Nivelle

### LEGENDA

| | |
|---|---|
| ═ | Rodovia |
| ─ | Estrada principal |
| ─ | Estrada secundária |
| ═ | Estrada local |
| ─ | Percurso com paisagem |
| ⚌ | Ferrovia principal |
| --- | Ferrovia local |
| ▬ | Fronteira internacional |
| ─ | Fronteira regional |
| △ | Cume |

# Bayonne ❶

Pyrénées-Atlantiques. 46.000. pl des Basques (820 42 64 64). diariam. www.bayonne-tourisme.com

Bayonne, capital do País Basco na França, fica entre dois rios – o turbulento Nive, que vem direto das montanhas, e o amplo e lânguido Adour. Cidade importante desde a época dos romanos devido a seu controle sobre uma das poucas estradas facilmente transitáveis para a Espanha, Bayonne prosperou como um porto livre sob domínio inglês de 1154 a 1451. Desde então, resistiu com êxito a catorze cercos, incluindo um particularmente sangrento comandado por Wellington em 1813.

A Grand Bayonne, o distrito que fica em torno da catedral, pode ser facilmente explorada a pé. A **Cathédrale Ste-Marie**, do século XIII, teve sua construção iniciada sob o domínio inglês e é em estilo gótico nórdico. Observe o claustro e a argola da porta norte, do século XV – se um fugitivo conseguia tocar essa argola, era autorizado a entrar no santuário. As ruas para pedestres em torno da catedral formam uma ativa área de compras, em especial a rue du Port Neuf, coberta de arcadas, com cafés que servem chocolate quente, uma das especialidades de Bayonne (a fabricação de chocolates finos foi introduzida pelos judeus expulsos da Espanha no fim do século XV,

**A Grand Bayonne, agrupada em torno da catedral de duas torres**

**Farol, em Biarritz**

e desde então é uma especialidade de Bayonne). A cidade também é mundialmente conhecida por seu presunto.

A Petit Bayonne fica no lado oposto do cais do rio Nive. O **Musée Basque**, em reforma, mostra costumes e tradições bascas, com reconstruções dos interiores de suas casas e exposições sobre navegação. Perto dele fica o **Musée Bonnat**, com bela galeria de arte. No primeiro andar, obrigatório, há esboços de Da Vinci, Van Dyck, Rembrandt e Rubens, e pinturas de Goya, Corot, Poussin, Ingres e Constable.

🏛 **Musée Basque**
37 quai des Corsaires. **Tel** 05 59 59 08 98. ter-dom (jul-ago diariam). feriados.
www.musee-basque.com

🏛 **Musée Bonnat**
5 rue Jacques Lafitte. **Tel** 05 59 59 08 52. qua-seg. feriados.
www.musee-bonnat.com

# Biarritz ❷

Pyrénées-Atlantiques. 27.000. Javalquinto, square d'Ixelles (05 59 22 37 00). diariam. www.biarritz.fr

Biarritz, a oeste de Bayonne, possui um centro grandioso, mas tem se desenvolvido através de subúrbios residenciais. Começou como um porto baleeiro, mas no século XIX foi transformado em parque de diversões dos europeus ricos. Sua popularidade definiu-se quando a imperatriz Eugênia descobriu seu clima de inverno ameno durante o reinado de seu marido, Napoleão III. A cidade tem três boas praias, com o melhor surfe da Europa, dois cassinos e um dos últimos grandes hotéis de luxo da França, o Palais *(p. 586)*, antiga residência de Eugênia.

No porto de Pêcheurs, o aquário do **Musée de la Mer** é o lar de espécimes de parte da vida marinha encontrada na baía de Biscaia. Abaixo dele, um estreito caminho conduz ao Rocher de la Vièrge, de onde se tem uma vista de toda a costa basca. Dias de chuva são compensados visitando o Musée du Chocolat.

🏛 **Musée de la Mer**
Esplanade du Rocher-de-la-Vierge, 14 plateau de l'Atalaye. **Tel** 05 59 22 75 40. abr-out: diariam; nov-mar: ter-dom. 1º jan, 2ª-3ª semana de jan, 25 dez.
www.museedelamer.com

**Altar da Église St-Jean-Baptiste**

# St-Jean-de-Luz ❸

Pyrénées-Atlantiques. 14.000. Biarritz. 20 bd Victor Hugo (05 59 26 03 16). ter e sex. www.st-jean-de-luz.com

St-Jean é uma calma aldeia de pescadores fora de temporada e um fervilhante balneário turístico em agosto, com lojas que competem com a elegante rue du Faubourg St--Honoré, em Paris. No século XI, carcaças de baleia eram rebocadas para St-Jean para serem divididas por toda a aldeia. O porto natural protege a orla marítima, tornando-a uma das poucas praias seguras para a natação ao longo desta faixa do litoral.

Um acontecimento histórico importante ocorreu em

*Veja hotéis e restaurantes desta região nas pp. 585-8 e 640-3*

St-Jean-de-Luz, uma aldeia de pescadores que explode de animação no verão

St-Jean: o casamento de Luís XIV e da infanta Maria Teresa da Espanha, em 1660 – uma união que selou a tão esperada aliança entre a França e a Espanha, apenas para, no fim, envolver os dois países na Guerra da Sucessão Espanhola. A cerimônia teve lugar na Église **St-Jean-Baptiste**, ainda a maior e melhor das grandes igrejas bascas, uma maravilha composta de três galerias, com uma resplandecente peça de altar do século XVII e uma atmosfera de júbilo e fervor. A porta através da qual o Rei Sol conduziu sua noiva foi logo emparedada por pedreiros: observe a placa na rua marcando o lugar. A **Maison Louis XIV**, com mobílias contemporâneas, onde o rei ficou em 1660, vale uma olhada.

O porto é movimentado no verão, enquanto os restaurantes que ficam atrás dos mercados cobertos servem tigelas cheias de chipirons – lulas cozidas em sua própria tinta –, uma especialidade local. A Place Louis XIV é ótimo lugar para sentar e ver o mundo passar.

### 🏛 Maison Louis XIV
Place Louis XIV. **Tel** *05 59 26 27 58.*
◯ *abr-out: diariam.*
www.maison-louis-xiv.fr

### Arredores
Localizada do outro lado do rio Nivelle, **Ciboure** é a cidade natal do compositor Maurice Ravel. É caracterizada pelas casas de mercadores do século XVIII, ruas estreitas e íngremes, e restaurantes de frutos do mar. Uma caminhada pela costa conduz à aldeia vizinha de **Socoa**, onde o farol no rochedo oferece uma bela vista da costa até Biarritz.

Os bascos e suas tradicionais boinas

## Aïnhoa ❹

Pyrénées-Atlantiques. 🛈 *680.*
🛈 *La Mairie (05 59 29 92 60).*
www.ainhoa.fr

Um minúsculo município localizado na estrada que leva à fronteira com a Espanha, Aïnhoa foi fundada no século XII como ponto de parada no caminho para Santiago de Compostela *(pp. 400-1)*. Ainda sobrevivem a rua principal, com casas bascas caiadas, e uma igreja com galerias, da mesma época.

### Arredores
Há uma igreja similar na aldeia de Espelette, próxima daqui. Tipicamente bascas em seu estilo, as galerias ofereciam grande quantidade de assentos que separavam os homens das mulheres e das crianças. Espelette é o centro comercial dos *pottocks*, uma antiga raça local de pôneis, leiloados aqui no final de janeiro. É também o santuario da pimenta-vermelha, especialmente em outubro, quando ocorre um festival da pimenta.

Aos pés do desfiladeiro de St-Ignace está a aldeia montanhosa de **Sare**. Do desfiladeiro se pode alcançar o pico de la Rhune, seguindo os trilhos. Desse pico se tem a mais bela vista de todo o País Basco.

*Château* do século XI, em Espelette

Sauveterre-de-Béarn e o que resta da ponte fortificada sobre o Gave d'Oloron, a Pont de La Légende

## Orthez ❺

Pyrénées-Atlantiques. 11.000. *Maison Jeanne d'Albret, rue Bourg Vieux (05 59 38 32 84).* ter; nov-mar: mercado de foie gras: sáb. www.tourisme-bearn-gaves.com

Orthez é uma importante cidade comercial de Béarn, e sua ponte fortificada dos séculos XIII e XIV foi um ponto de cruzamento vital do rio, sobre o Gave de Pau, na Idade Média. Tem um espetacular mercado aos sábados pela manhã que funciona de novembro a março, vendendo *foie gras*, presuntos de Bayonne defumados e curados ao ar livre, e todos os tipos de produtos frescos. Belas construções se sucedem na rue Bourg Vieux, especialmente a casa de Jeanne d'Albret, mãe de Henrique IV, na esquina da rue Roarie. O entusiasmo de Jeanne pela fé protestante fez com que a região de Béarn participasse das Guerras Religiosas (1562-93).

## Sauveterre-de- -Béarn ❻

Pyrénées-Atlantiques. 1.400. *pl Royale (05 59 38 50 17).* sáb. www.tourisme-bearn-gaves.com

Uma atraente cidade-mercado, Sauveterre é digna de um pernoite. Tem vistas fantásticas ao sul do Gave d'Oloron, o gracioso arco isolado da ponte fortificada do rio, e o **Château de Nays**, do século XVI. Os pescadores reúnem-se aqui para os campeonatos mundiais anuais de pesca de salmão nas águas velozes do Oloron (abr-jul).

Não deixe também de visitar o **Château de Laàs**, a 9km de distância de Sauveterre pela D27. Lá há uma excelente coleção de arte decorativa e mobílias do século XVIII, principalmente a cama em que Napoleão dormiu (se é que dormiu) na noite da sua derrota em Waterloo. Há também um bonito parque com um labirinto.

**Château de Laàs**
Tel 05 59 38 91 53. abr-out: qua-seg (abr: à tarde, jul-ago: diariam).

O Château de Nays, em Sauveterre, na região de Béarn

## St-Jean-Pied- -de-Port ❼

Pyrénées-Atlantiques. 1.700. *14 pl du Général de Gaulle (08 10 75 36 71).* seg. www.pyrenees-basques.com

Antiga capital de Basse-Navarre, fica ao pé do desfiladeiro de Roncesvalles. Aqui os bascos subjugaram a retaguarda do exército de Carlos Magno em 778 e mataram seu comandante, Rolando, mais tarde glorificado na *Chanson de Roland*. Na Idade Média, esta cidade-fortaleza de arenito vermelho foi famosa como o último ponto de reunião antes de se entrar na Espanha, na estrada de peregrinos para Santiago de Compostela (pp. 400-1). Assim que um grupo de peregrinos despontava, os sinos da cidade tocavam para lhes mostrar o caminho, e eles cantavam em resposta.

Turistas e peregrinos, em todas as temporadas, ainda são os responsáveis pela renda de St-Jean. Eles entram a pé pela Porte d'Espagne, na cidade alta, e, no caminho, passam por cafés, hotéis e restaurantes. As fortificações merecem uma visita, assim como a fortaleza, com sua bela vista. Nas segundas-feiras a cidade recebe uma feira de artesanato, partidas de *pelota* (jogo basco) e, no verão, corridas de touros.

*Veja hotéis e restaurantes desta região nas pp. 585-8 e 640-3*

# Forêt d'Iraty ⑧

Pyrénées-Aquitaine. St-Jean-Pied-de-Port St-Jean-Pied-de-Port (08 10 75 36 71), Larrau (05 59 28 62 80).

Um planalto selvagem de bosques e vegetação rasteira, a Forêt d'Iraty é famosa pelas trilhas para caminhadas. Aqui, a antiga raça de pôneis bascos, os *pottocks*, permanece em estado quase selvagem. Essas criaturas não mudaram nada desde que os habitantes pré-históricos da região traçaram suas silhuetas nas pinturas rupestres locais.

O escritório de turismo de St-Jean-Pied-de-Port edita mapas de trilhas locais. A melhor começa no estacionamento de carros do Chalet Pedro, ao sul do lago do planalto de Iraty, e leva você ao longo da GR10 a pedras de 3 mil anos no lado oeste do pico d'Occabé.

# Oloron-Ste-Marie ⑨

Pyrénées-Atlantiques. 12.000. allées du Compte de Tréville (05 59 39 98 00). sex.
www.tourisme-oloron.com

Esta pequena cidade, situada na confluência dos vales do Aspe e do Ossau, desenvolveu-se a partir de um povoado celta-ibérico. Há enormes feiras agrícolas aqui em maio e setembro, e a cidade é conhecida pela produção das clássicas boinas francesas. A maior glória da cidade é a entrada da românica **Cathédrale Ste-Marie**, com suas cenas da Bíblia e dos Pireneus. A Espanha está bem do outro lado do desfiladeiro de Somport, no alto do vale montanhoso de Aspe, e a influência dos pedreiros espanhóis é evidente na **Église Sainte-Croix**, com sua abóbada em estilo mouro.

### Arredores
Suba o vale do Aspe e experimente um dos queijos de ovelha, ou mistos de vaca e ovelha, os mais famosos da região. Uma estrada secundária leva até Lescun, amontoada em torno de sua igreja, além da qual há uma série espetacular de picos dentados, coroados pelo Pic d'Anie, de 2.504m de altura. É um dos pontos mais belos dos Pireneus e também um dos últimos refúgios do urso-pardo-dos-pireneus, que vem desaparecendo por causa da atividade humana, principalmente a caça e a construção de casas e estradas.

## CULTURA BASCA

A maior parte do País Basco fica na Espanha, mas cerca de 10% está dentro da França. O povo basco tem seu próprio idioma, complexo, diferente das outras línguas europeias, e sua música, jogos e folclore são igualmente distintos. Os bascos franceses são menos ardentemente separatistas do que seus confrades espanhóis, mas ambos ainda estão profundamente ligados ao seu modo de vida peculiar.

*Pelote*, o tradicional jogo basco

Entrada da Cathédrale Ste-Marie

Vegetação acima da Forêt d'Iraty, desmatada para uso em navios franceses e espanhóis

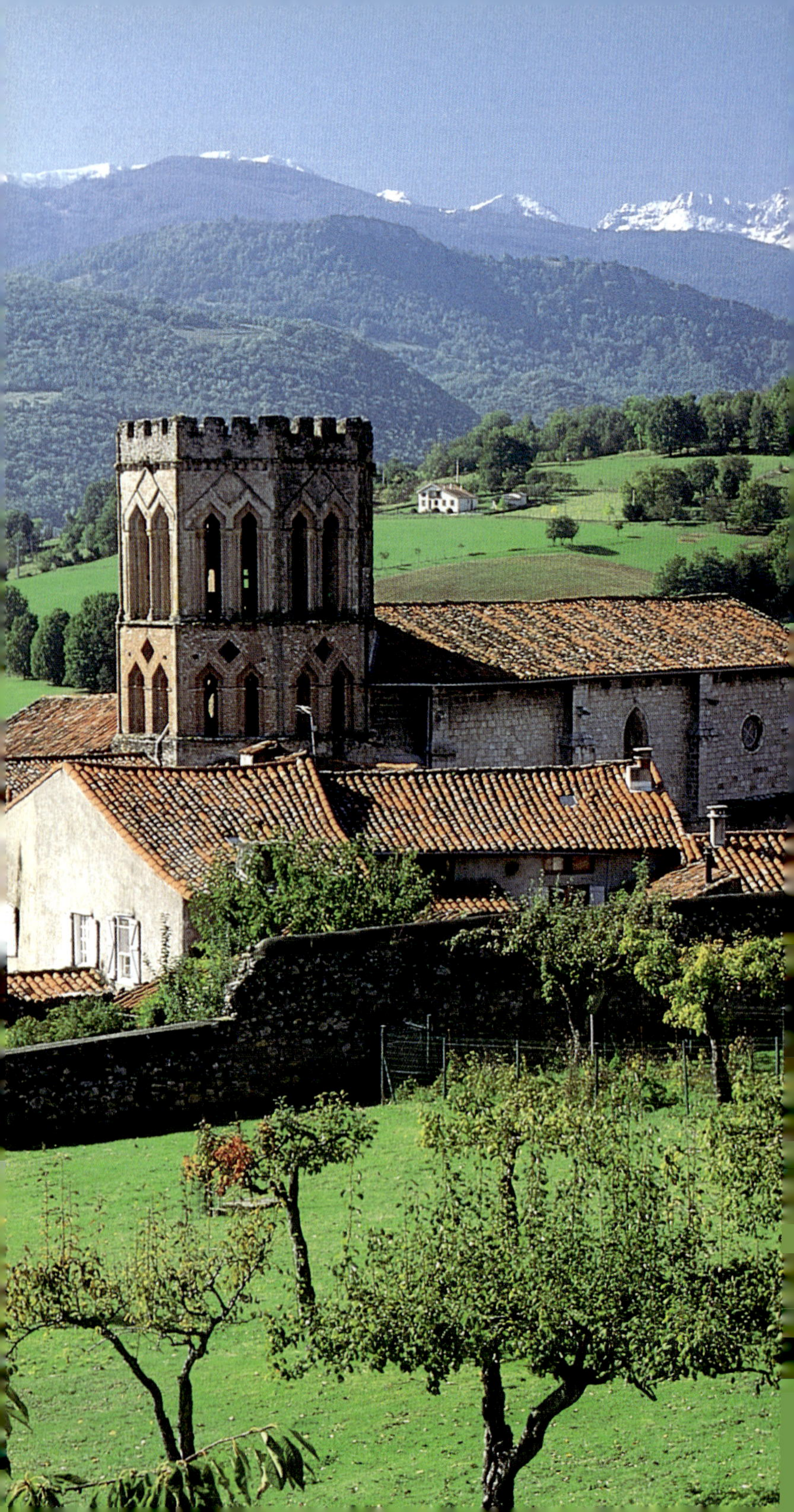

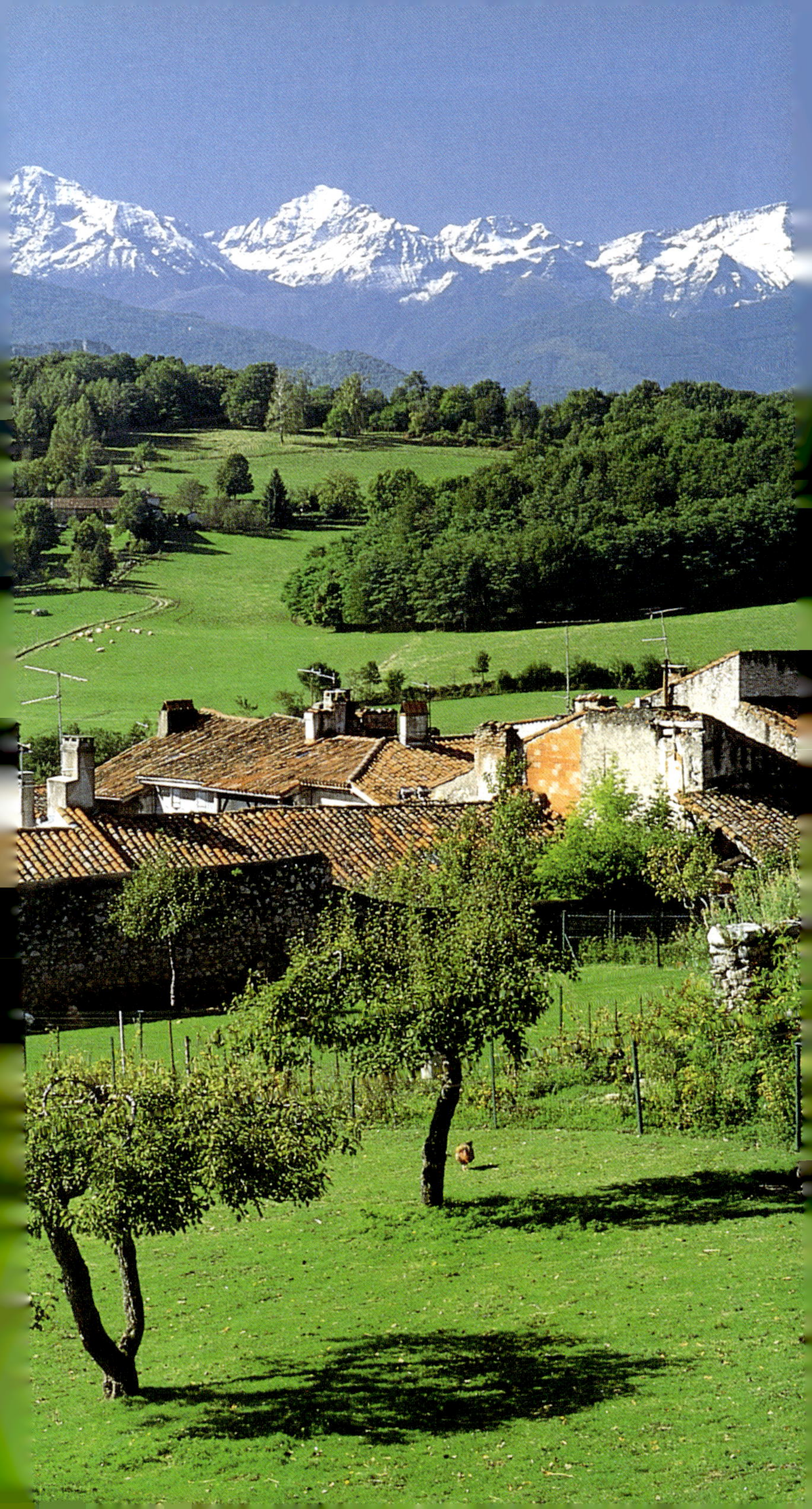

Tapeçaria Gobelin, no Château de Pau

# Pau ❿

Pyrénées-Atlantiques. 86.000.
✈ 🚉 🚌 pl Royale
(05 59 27 27 08). seg-sáb.
www.pau-pyrenees.com

Pau é uma cidade universitária animada, possui uma elegante arquitetura Belle Époque e parques arborizados. É a capital da região de Béarn e a maior e mais interessante cidade da região central dos Pireneus. O clima no outono e no inverno é suave, razão pela qual tem sido bastante procurado por estrangeiros, especialmente ingleses, desde o início do século XIX.

Pau é famosa por ser a terra natal do rei francês Henrique IV. Sua mãe, Jeanne d'Albret, fez um viagem de dezenove dias da Picardia para cá, no oitavo mês de gravidez, só para ter o filho em Pau. Ela cantou durante o trabalho de parto, convencida de que, se o fizesse, Henrique nasceria valente como ela. Logo que o bebê nasceu, teve seus lábios esfregados com alho e vinho Jurançon, seguindo o ritual tradicional.

O principal ponto turístico de Pau é o **Château de Pau**, reformado pela primeira vez no século XIV para o governante Gaston Phoebus (p. 463). Quatrocentos anos depois, o castelo foi bastante remodelado. Margarida de Navarra, irmã do rei da França, morou aqui no fim do século XVI e transformou a cidade em um centro de artes. As tapeçarias Gobelin do castelo, do século XVI, feitas por tecelões flamengos que trabalhavam em Paris, são fabulosas. (A Maison Carré, em Nay – 18km em direção a Lourdes –, expõe o importante acervo do Musée Béarnais. São artefatos que recriam a tradição, a história e a cultura de Béarn.)

Do lado de fora, o boulevard des Pyrénées oferece vistas maravilhosas de alguns dos picos nevados dos Pireneus, ao fundo. Daqui passe ao eclético **Musée des Beaux-Arts**, onde se encontra a excelente pintura *A bolsa do algodão, Nova Orleans*, de Degas. Destacam-se ainda *O juízo final*, de Rubens, e uma obra de El Greco.

**🏰 Château de Pau**
Rue du Château. **Tel** 05 59 82 38 02.
diariam. 1º jan, 1º mai, 25 dez. www.musee-chateau-pau.fr

**🏛 Musée des Beaux-Arts**
Rue Mathieu Lalanne **Tel** 05 59 27 33 02. qua-seg. alguns feriados. restrito.

# Tarbes ⓫

Hautes-Pyrénées. 46.500.
✈ 🚉 🚌 3 cours Gambetta
(05 62 51 30 31). qui.
www.tarbes.com

Tarbes, a capital da região de Bigorre, sedia uma importante feira agrícola. O **Jardin Massey**, projetado na virada do século XIX, encontra-se no centro da cidade e é um dos mais belos parques do sudoeste, com muitas plantas raras, como a "sassafra" norte-americana, e um claustro do século XIV, com belos capitéis esculpidos.

O jardim tem também um museu com acervo de arte europeia dos séculos XVI-XX.

A **Maison du Cheval** e o Haras National, com seus garanhões puro-sangue, são imperdíveis.

**🏛 La Maison du Cheval**
Chemin du Mauhourat. **Tel** 05 62 56 30 80. diariam à tarde. feriados. jul-ago e férias

# Lourdes ⓬

Hautes-Pyrénées. 15.700. 🚉 🚌
🏨 🛈 pl Peyramale (05 62 42 77 40). seg-sáb. www.lourdes-infotourisme.com

Lourdes, um dos grandes santuários da Europa, deve sua fama às visões da Virgem vivenciadas por uma menina de 14 anos, Bernadette Soubirous, em 1858. À procura de um milagre, 5 milhões de pessoas visitam anualmente a

Château de Pau, local onde nasceu Henrique IV, em 1553

◁ St-Lizier, ao pé dos Pireneus

# PIRENEUS

Grotte Massabielle, onde ocorreram as visões, e também a casa da rue des Petits-Fossés, onde morava a menina. O **Musée de Lourdes** dá informações sobre a vida de Bernadette e o santuário.

As **Grottes de Bétharram** oferecem passeios subterrâneos de barco e de trem, e o **Musée Pyrénéen** tem exposições sobre os alpinistas pioneiros dessa cadeia de montanhas.

### 🏛 Musée de Lourdes
Parking de l'Egalité. **Tel** 05 62 94 28 00. ⬜ abr-out: diariam; nov-mar: seg-sáb. 🖼 ♿

### 🏞 Grottes de Bétharram
St-Pé-de-Bigorre. **Tel** 05 62 41 80 04. ⬜ fev-fim mar: seg-sex tarde; fim mar-out: diariam. 🖼 ♿ www.betharram.com

**Peregrinos participam de uma missa ao ar livre em Lourdes**

### 🏛 Musée Pyrénéen
Château Fort, rue du Fort. **Tel** 05 62 42 37 37. ⬜ diariam. 🖼

## Parc National des Pyrénées ⓭

*pp. 460-1.*

## Luz-St-Sauveur ⓮

Hautes-Pyrénées. 🚶 1.200. 🚌 para Lourdes. 🚆 ℹ pl du 8 mai (05 62 92 30 30). 🛒 seg manhã. www.luz.org

Luz-St-Sauveur é uma cidade atraente e boa para relaxar, com uma igreja incomum construída no século XIV pelos Hospitalários de São João de Jerusalém (mais tarde os Cavaleiros de Malta), uma ordem criada para proteger os peregrinos. A igreja fortificada apresenta aberturas para os canhões que dão para a cidade e o vale, oferecendo proteção aos peregrinos a caminho de Santiago de Compostela.

**Arredores**
A cidade de **Cauterets**, elegante spa, é a base ideal para escalar, esquiar e andar pelas montanhas escarpadas da região de Bigorre.

**Gavarnie** é uma estação intermediária na rota para Santiago de Compostela. É uma boa trilha, acessível a pé ou em lombo de burro – vai da vila ao espetacular anfiteatro de rocha natural conhecido como **Cirque de Gavarnie**. Aqui, a maior queda-d'água da Europa, a 240m de altura, mergulha no espaço, cercada por onze picos de 3.000m de altura.

Os turistas podem agora dividir com os cientistas o **Observatoire Pic du Midi de Bigorre**. O acesso é por um teleférico, que parte de La Mongie, vai até Le Taoulet e depois até o topo da montanha. Outra alternativa é uma caminhada de 30min de Col de Tourmalet até o Pic.

Os franceses se orgulham deste observatório, que forneceu as imagens mais claras de Vênus e outros planetas do sistema solar captadas da superfície da Terra. O enorme telescópio de 2m também mapeou a Lua para as missões Apollo, da Nasa.

### 🏛 Observatoire Pic du Midi de Bigorre
**Tel** 08 25 00 28 77. ⬜ fev, mar, jun-ago: diariam; jan-mai, dez: qua-seg. ⬛ out-nov. 🖼 📷 🍴 www.picdumidi.com

**Formações calcárias espetaculares, nas Grottes de Bétharram**

---

### O MILAGRE DE LOURDES

Em 1858, uma menina chamada Bernadette Soubirous contou que vivenciou dezoito aparições da Virgem Maria na Grotte Massabielle, perto de Lourdes. Apesar de sua mãe e o juiz a proibirem de se aproximar da gruta, Bernadette Soubirous se sentiu guiada até ali, para uma fonte de água que teria grandes poderes curativos. A Igreja endossou os milagres em 1860 e, desde essa época, muitas pessoas atribuem suas curas à água milagrosa. Uma cidade religiosa de santuários e hospedarias cresceu ao redor da fonte, acompanhada por uma dinâmica indústria turística.

**A visão de Bernadette**

---

*Veja hotéis e restaurantes desta região nas pp. 585-8 e 640-3*

# Parc National des Pyrénées ⑬

O Parc National des Pyrénées, formalizado em 1967, estende-se por 100km ao longo da fronteira franco-espanhola. Aqui desfilam alguns dos mais grandiosos cenários da Europa, de campos repletos de borboletas a altos picos, cobertos de neve mesmo no verão. Variações de altitude e clima tornam o parque rico em flora e fauna. Uma das maneiras mais agradáveis de conhecê-lo é andando: dentro do parque há 350km de caminhos bem demarcados.

**Ibex dos Pireneus**

### Vallée d'Aspe
*Picos irregulares coroam este vale e o Cirque de Lescun. Uma rodovia que dá acesso ao túnel Somport foi construída aqui (p. 455).*

**Col du Somport**, o desfiladeiro de Somport (1.632m), adentra a Espanha e agora é atravessado por um túnel.

### Pic d'Anie
*Com 2.504m de altura, de calcário, tem vista para a planície de ricos pastos regados pela neve derretida. Na primavera, o chão se inflama com variedades pireneias de gencianas e aquilégias somente encontradas aqui.*

### Pic du Midi d'Ossau
*Uma difícil trilha conduz do lago de Bious-Artigues ao pé do Pic du Midi d'Ossau, circundando o formidável pico em forma de dente (2.884m).*

---

## PIRENEUS SELVAGENS

Os Pireneus abrigam uma rica variedade de criaturas selvagens, muitas delas exclusivas da região. O cabrito-montês, ou ibex, da família dos antílopes, ainda é abundante nos vales de Ossau e Cauterets. Entre as aves de rapina há os abutres-grifo, egípcio e barbado (nomes locais). Os predadores terrestres incluem o raro lince dos Pireneus, civetas, martas e arminhos. O desmã, pequeno animal aquático parente da toupeira, é encontrado em riachos.

**Lírios-dos-pireneus** *florescem nas pastagens das montanhas entre a primavera e o verão.*

**O lírio chapéu-de-turco** *(nome popular) floresce no meio do ar em encostas rochosas até 2.200*

# PIRENEUS

### Brèche de Roland
*A famosa fenda em pleno cume do Cirque de Gavarnie forma uma passagem para os alpinistas entre a França e a Espanha.*

## DICAS PARA ANDARILHOS

O parque é cortado por uma série de trilhas – todas com sinais indicando o tempo de percurso. No caminho, cabanas oferecem refeições e pernoites. Mapas e informações são obtidos no escritório do parque, em Cauterets (05 62 92 30 30), ou no de turismo, em Luz-St-Sauveur (05 62 92 81 60), ambos abertos o ano todo, ou visite www.parc-pyrenees.

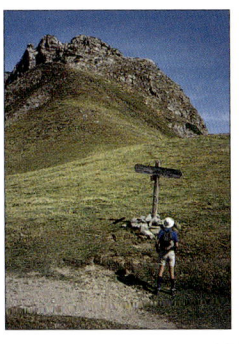

**Um andarilho no alto verão**

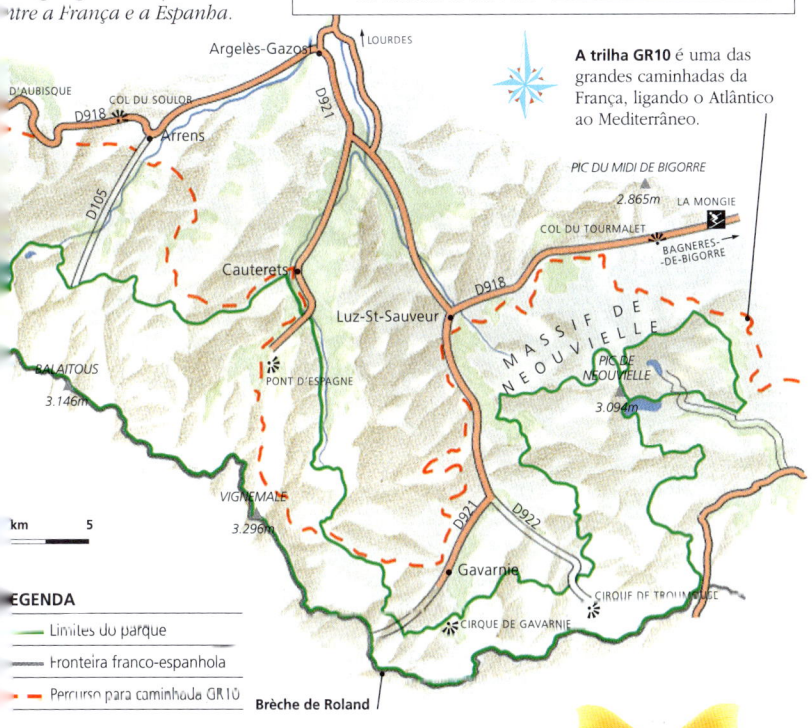

A trilha **GR10** é uma das grandes caminhadas da França, ligando o Atlântico ao Mediterrâneo.

### LEGENDA
- — Limites do parque
- — Fronteira franco-espanhola
- - - Percurso para caminhada GR10

**abutre-egípcio** *é encontrado em todos os Pireneus, principalmente nos penhascos rochosos.*

**Ursos-dos-pireneus** estão quase extintos, mas alguns ainda vivem nos vales de Ossau e Aspe.

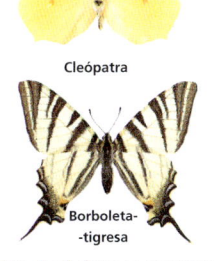

**Cleópatra**

**Borboleta-tigresa**

**Estas borboletas** *se encontram entre as diversas espécies coloridas das grandes altitudes.*

## Arreau ⑮

Hautes-Pyrénées. 865.
Château des Nestes (05 62 98 63 15). qui. www.vallee-aure.com

Arreau situa-se na confluência dos rios Aure e Louron. Pequena, movimentada, com casas de madeirame à vista, boas lojas e restaurantes, é o local para comprar os produtos básicos para passeios e pescarias. A cidade circunda um belo prédio da prefeitura, com um mercado logo abaixo. Ao lado está uma casa do século XVI, a Maison de Lys, cuja fachada é ornamentada com motivos de flor-de-lis.

### Arredores
St-Lary Soulan é uma estação de esqui próxima e uma ótima base para explorar todo o Massif du Néouvielle. Dirija-se à aldeia de Fabian e aos lagos acima dela, onde a GR10 (p. 461) e outras trilhas bem marcadas cruzam os picos. Aqui, podem-se ver águias-douradas voando sobre os campos nevados.

## St-Bertrand-de--Comminges ⑯

Haute-Garonne. 260.
Montrejeau, depois táxi. Les Olivetains, parvis de la Cathédrale (05 61 95 44 44). festival de música (meados jul-fim ago).

St-Bertrand, esta bela cidade situada no alto da montanha, é o local artístico e histórico mais notável dos Pireneus Centrais e a sede de um aclamado festival de música no

Claustro da Cathédrale Ste-Marie, em St-Bertrand-de-Comminges

verão (p. 37). Algumas das melhores esculturas da região adornam o portal da **Cathédrale Ste-Marie**. Os claustros romanos e góticos contêm sarcófagos, capitéis em baixo-relevo e estátuas dos quatro evangelistas.

As origens de St-Bertrand estão na planície abaixo, na cidade fundada pelo grande estadista romano Pompeu, em 72 a.C. Nessa época, ela tinha duas termas, um teatro, um templo e uma basílica. Todos foram destruídos por Gontran, neto de Clóvis (pp. 212-3), em 585, e seis séculos se passaram antes de o bispo de Comminges, Bertrand de l'Isle, enxergar no local um lugar potencial para uma nova catedral e um mosteiro. A cidade, que era relativamente desimportante em termos políticos, tornou-se um grande centro religioso.

Dentro da catedral, observe os 66 magníficos baixos-relevos do coro e a caixa do órgão, do século XVI. O túmulo de Bertrand de l'Isle está na extremidade do coro, com um altar a seu lado. O belo túmulo de mármore que está na capela da Virgem, diante da nave, pertence a Hugues de Châtillon, bispo local que financiou a conclusão da catedral no século XIV.

**Cathédrale Ste-Marie**
*Tel 05 61 89 04 91.* diariam. dom manhã. claustros.

Afresco na Cathédrale St-Lizier

## St-Lizier ⑰

Ariège. 1.500. pl de l'Eglise (05 61 96 77 77). www.ariege.com/st-lizier

St-Lizier fica em Ariège, região famosa por seus vales inclinados e panorama montanhoso selvagem. A aldeia remonta à época dos romanos e, na Idade Média, foi um importante centro religioso. St-Lizier possui duas catedrais – a mais bela é a **Cathédrale St-Lizier**, datada dos séculos XII-XIV, na cidade baixa. Seus destaques são os afrescos românicos e seu claustro de colunas entalhadas. A **Cathédrale de la Sède**, na cidade alta, tem a melhor vista.

A imponente Cathédrale Ste-Marie, do século XII, em St-Bertrand

*Veja hotéis e restaurantes desta região nas pp. 585-8 e 640-3*

# PIRENEUS

St-Lizier, com suas montanhas cobertas de neve ao fundo

## Foix ⑱

Ariège. 10.000. 29 rue Delcassé (05 61 65 12 12). sex e 1ª, 3ª e 5ª seg mês. www.tourisme-foix-varilhes.fr

Com suas muralhas e torres, Foix situa-se a quatro quadras da confluência dos rios Arget e Ariège. Na Idade Média, a dinastia de condes de Foix governava toda a área de Béarn. O conde Gaston Phoebus (1331-91) foi o mais brilhante, um poeta que se cercou de trovadores e escreveu um famoso tratado sobre caça. Foi também um político cruel, que condenou à morte seu irmão e seu filho.

Alguns dos prazeres da corte medieval são recriados na feira de verão da cidade, a maior do sudoeste. Em qualquer ocasião, o **Château de Foix**, do século XV, vale uma visita, pelo menos por sua vista. A restaurada **Église St-Volusien**, do século XIV, é encantadora em sua simplicidade.

### ⛫ Château de Foix
**Tel** 05 34 09 83 83. qua-seg; diariam feriados. 1º jan, 25 dez. www.sesta.fr/chateau-de-foix.html

### Arredores
A **Grotte de Niaux**, 15km ao sul de Foix, tem cavernas com pinturas pré-históricas.

### 🕳 Grotte de Niaux
**Tel** 05 61 05 10 10. somente com hora marcada. obrig.

## Montségur ⑲

Ariège. 100. 05 61 03 03 03. para o château (verão). www.montsegur.fr

Montségur é famosa como o último baluarte dos cátaros (p. 491). Do estacionamento até a base da montanha, um caminho leva ao pequeno castelo, ocupado no século XIII por *faidits* (aristocratas falidos) e pelas tropas cátaras. Os próprios cátaros viviam fora da fortaleza, em casas fixadas na rocha. Contestando a autoridade católica, as tropas cátaras marcharam sobre Avignonnet em 1243 e massacraram membros do tribunal da Inquisição. Em retaliação, um exército de 10 mil homens cercou Montségur por quase um ano. Capturados, 225 rebeldes cátaros se recusaram a converter-se e foram queimados na fogueira.

## Mirepoix ⑳

Ariège. 3.300. place du Maréchal Leclerc (05 61 68 83 76). seg e qui. www.tourisme-mirepoix.com

Mirepoix é uma cidade-bastide sólida (p. 445), com uma enorme praça principal – uma das mais belas do sudoeste –, cercada por arcadas amplas dos séculos XIII a XV e por casas com madeirame aparente.

A **catedral**, começada em 1317 e terminada em 1867, tem a mais larga nave gótica (22m) da França.

Visite a cidade nos dias de mercado, quando barracas vendem produtos locais.

A praça principal de Mirepoix, com arcadas

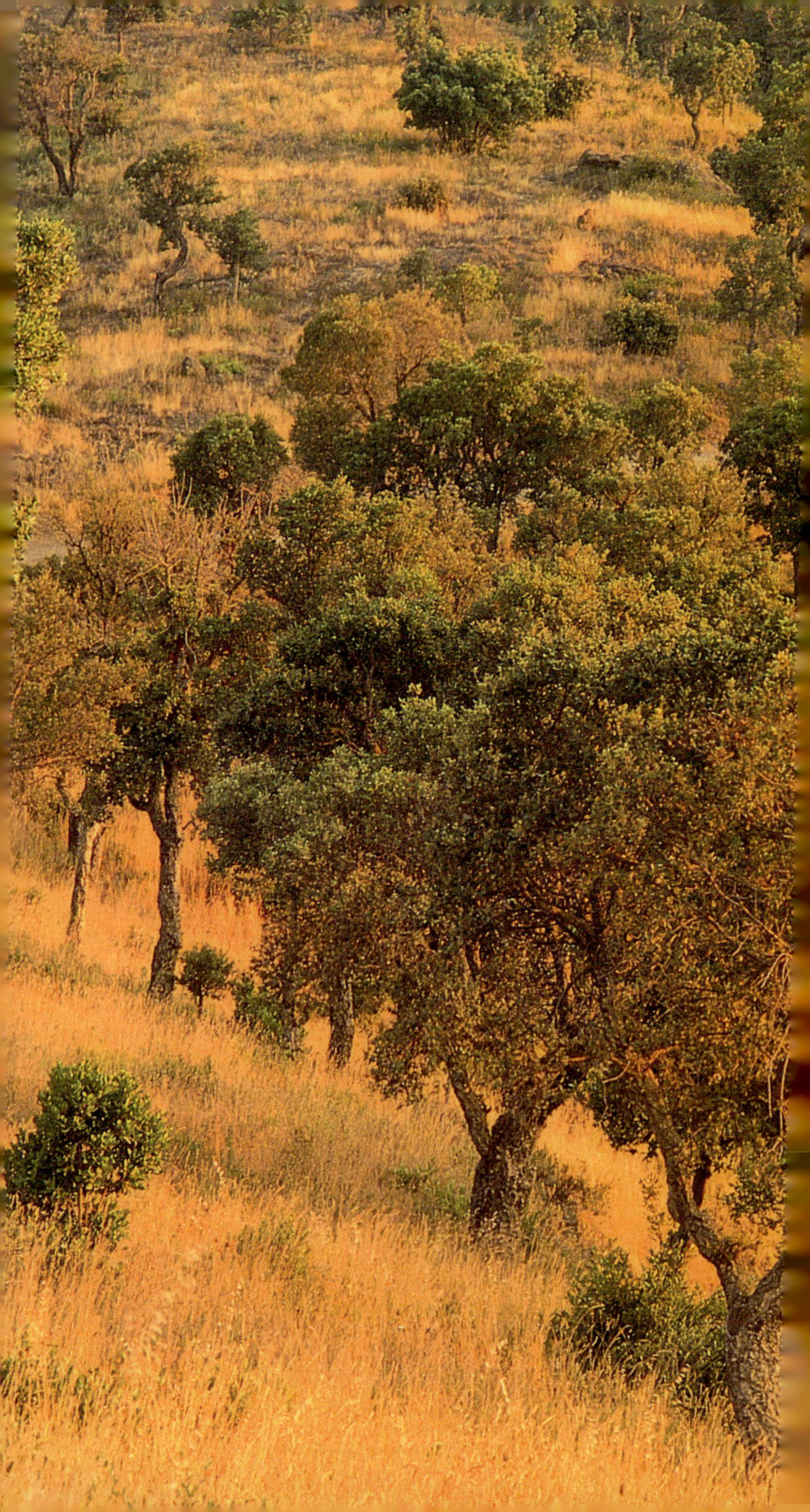

# SUL DA FRANÇA

INTRODUÇÃO AO SUL DA FRANÇA 466-475

LANGUEDOC-ROUSSILLON 476-497

PROVENÇA E CÔTE D'AZUR 498-531

CÓRSEGA 532-543

# Introdução ao Sul da França

O sul é a região mais popular da França nas férias. Milhares de visitantes vão todos os anos aos balneários da Riviera e cidades litorâneas modernas, no oeste. A agricultura é um dos alicerces da economia, produzindo frutas e uma abundância de vinho a bom preço. As novas indústrias de alta tecnologia de Nice e Montpellier refletem o papel da região no desenvolvimento do cinturão do sol da costa sul, enquanto a Córsega ainda preserva muito de sua beleza natural. O mapa mostra o melhor da região.

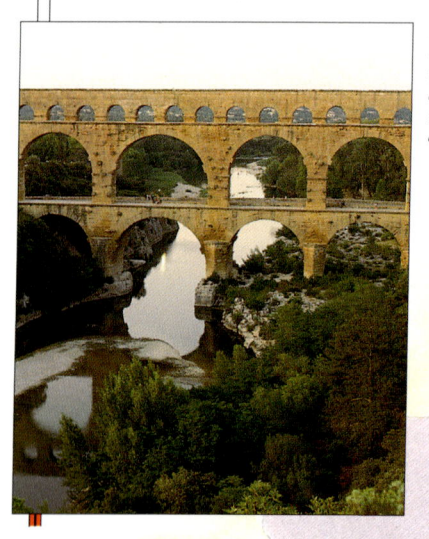

**Pont du Gard,** de 2 mil anos (p. 495), é uma importante amostra da engenharia romana. Trata-se de um elo-chave no aqueduto de 17km – com partes subterrâneas – que transporta água fresca da nascente em Uzès para Nîmes.

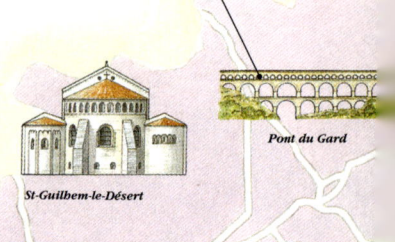

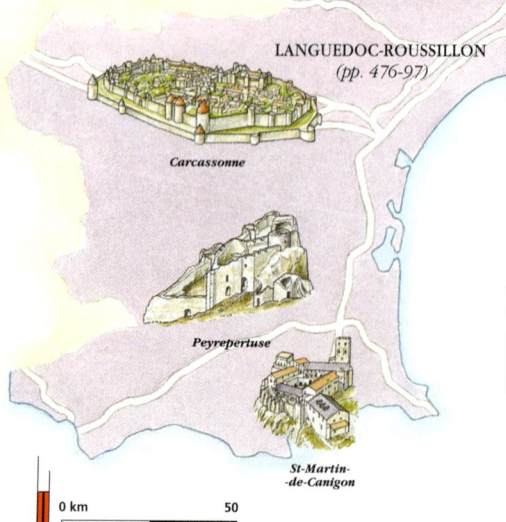

St-Guilhem-le-Désert

Pont du Gard

**LANGUEDOC-ROUSSILLON**
*(pp. 476-97)*

Carcassonne

Peyrepertuse

St-Martin-de-Canigon

0 km 50

**A Camargue** situa-se na boca do delta do Ródano, onde pântanos e mares continentais sustentam uma rica variedade de vida selvagem. Três centros de informações fazem boa introdução a esta frágil área e à sua população de flamingos rosados e cavalos brancos (pp. 510-1).

INTRODUÇÃO AO SUL DA FRANÇA | 467

**Avignon**, cercada por muralhas sólidas, tornou-se território pontifício quando os papas fugiram de Roma (pp. 504-5) no século XIV, instalando-se no Palais des Papes, cuja torre se impõe sobre a cidade. No verão, a cidade apresenta o popular Festival de Avignon.

*Palais des Papes, Avignon*

**PROVENÇA E CÔTE D'AZUR**
(pp. 498-531)

*Musée Matisse, Nice*

*Estátua de Giacometti, St-Paul-de-Vence*

*rgue*

**CÓRSEGA**
(pp. 532-43)

*Estátua de Napoleão, em Ajaccio*

0 km    50

**A Côte d'Azur** atrai amantes do sol e celebridades desde 1920 (pp. 474-5). A costa também oferece bons acervos de arte do século XX (pp. 472-3) e famosos eventos anuais, como o Festival de Cinema de Cannes e o Festival de Jazz de Antibes.

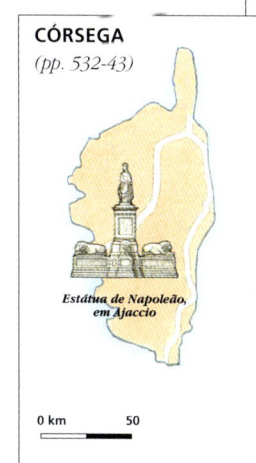

# A Cozinha do Sul da França

A cozinha da França mediterrânea tem frutos, legumes e verduras saborosos, peixe fresco e frutos do mar e carne magra dos pastos da montanha. Os pratos são enriquecidos por ingredientes-chave: óleo de oliva, alho e ervas aromáticas. Os mercados são uma festa colorida de produtos sazonais o ano inteiro. Seja um menu de piquenique, com presuntos locais, linguiças, pão e queijo para comer na praia, um almoço simples com salada de tomate e peixe ou cordeiro grelhado em um bistrô de aldeia, ou a sofisticada cozinha de um dos principais *chefs* da França, sempre há certeza de uma comida autêntica, deliciosa e saudável.

*Azeitonas e azeite de oliva locais*

*Enchovas em conserva de azeite de oliva, no Languedoc-Roussillon*

## LANGUEDOC-ROUSSILLON

Existe um forte sabor catalão na comida desta região de fronteira com a Espanha. Temperos e amêndoas dão um toque exótico aos frutos e legumes produzidos em abundância na planície do Roussillon e ao gado criado nos pastos dos Pireneus mediterrâneos. O peixe é abundante: Sète é o maior porto pesqueiro do Mediterrâneo francês, há grandes camas de ostras e mexilhões nas lagoas salgadas da costa, e o pequeno porto pesqueiro de Collioure é famoso por suas enchovas. Entre os pratos locais estão a *brandade de morue*, especialidade de Nîmes, lulas recheadas com enchovas e caracóis com alho e bacon. Roussillon é famosa pelos pêssegos e damascos, e as cerejas de Ceret são as primeiras colhidas na França. O leite de cabra é a principal fonte de queijo – o mais comum é o Pélardon, redondo, de casca laranja.

## PROVENÇA

Esta é a terra das azeitonas e do azeite de oliva verde. Eles estão em uma variedade de pratos, como o *aioli*, rica maionese de azeite de oliva e alho, servida com legumes ou peixe; a *tapenade*, um

*Seleção de frutos do mar mediterrâneos encontrados no sul da França* (Lagosta, Camarões, Perca-do-mar, Linguado, Lula, Mexilhões, Moluscos)

### PRATOS E ESPECIALIDADES REGIONAIS

A *cuisine du soleil*, "cozinha do sol", tem vários pratos clássicos, como a *Bouillabaisse*, um cozido de peixe com ingredientes que variam segundo o lugar, embora Marselha afirme ter a receita original. Frutos do mar (que incluem o *rascasse*, ou peixe-escorpião) são feitos no espeto com tomates e açafrão. O caldo de peixe é servido primeiro, com croûtons espalhados com *rouille*, uma picante maionese, e o peixe servido em seguida. Antes comida de pescador, é hoje um item de luxo que às vezes deve ser encomendado um dia antes. Uma versão mais simples é a *bourride*, sopa de peixe com bastante alho. Fortes cozidos ao vinho tinto, os *daubes*, são outra especialidade, com carne, e às vezes atum ou calamares. Outros clássicos são a *ratatouille* e a *salade niçoise*.

*Figos frescos*

**Artichauts à la barigoule**
*Pequenas alcachofras são recheadas com bacon e legumes, e cozidas no vinho.*

Ervas e temperos secos à venda em um mercado de Nice

purê de azeitonas, enchovas e alcaparras; e a *pissaladière*, um tipo de pizza feito com cebolas, azeitonas e enchovas, com um toque italiano. Legumes têm papel central: *courgettes* (abobrinhas) ou tomates recheados ao estilo Niçois com carne, arroz e ervas; alcachofras pequenas sautée com bacon; ou o aromático *pistou*, sopa de feijão e legumes com molho de manjericão e alho. O peixe mediterrâneo é muito apreciado, em geral apenas grelhado. A carne inclui caça e coelho, o cordeiro Sisteron, criado em pastos de alta montanha, e o cozido de carne bovina da Camargue, servido com o arroz vermelho local e nozes. Há muitas frutas maduras, como os suculentos figos, os fragrantes melões Cavaillon e os limões de Menton.

## CÓRSEGA

A cozinha da Córsega é uma versão robusta da dieta mediterrânea. As castanhas já foram a comida básica da ilha, e a farinha ainda é muito usada. A *charcuterie* é

Castanhas maduras na árvore, em uma floresta da Córsega

variada, com saborosos presuntos e salsichas, defumados, curados ou secos ao ar livre, do jeito tradicional. O javali é uma iguaria, cozido com castanhas no vinho tinto. Serve-se cabrito assado *(cabri roti)* como prato festivo, espetado com alho e alecrim. Carne de caça – coelho, pombo e perdiz – é também popular. Na costa há peixe e frutos do mar locais, incluindo linguado, lula, ouriço-do-mar e sardinha, esta última em uma deliciosa versão recheada com ervas e Brocciu, queijo macio estilo ricota. O mel local tem aroma de ervas da montanha e as geleias aproveitam imensa variedade de ingredientes.

### SOBRE O MENU

**Beignets des fleurs de courgette** Bolinho frito de flores de abobrinha.

**Estoficada** Bacalhau salgado cozido com tomate, batata, alho e azeitonas.

**Fougasse** Pão de azeite de oliva com recheio de azeitona.

**Ratatouille** Cozido de berinjela, tomate, abobrinha e pimentão.

**Salade Niçoise** Alface com ovo cozido duro, azeitonas, feijão-verde, tomate e enchova.

**Socca** Panquecas de grão-de-bico, especialidade de Nice.

**Tourte des blettes** Torta de acelga, uva-passa e pinhólis.

**Brandade de morue** *Bacalhau seco salgado cozido na água e batido com azeite de oliva e leite para formar um purê.*

**Boeuf en daube** *Filé marinado com vinho tinto, cebola e alho, e cozido com casca de laranja e tomate.*

**Crème catalane** *Sobremesa originária da Catalunha, é um creme de ovos coberto com açúcar flambado.*

# A Região Vinícola do Sul

Um grande arco, que vai de Banyuls, no extremo sul da França, até Nice, próximo à fronteira italiana, abrange os vinhedos mediterrâneos de Languedoc-Roussillon e Provença. Durante um século, esta área produziu vinho em massa – ainda muito de sua produção tem a qualidade do *vin de France*. Hoje, porém, produtores mais dinâmicos aplicam novas tecnologias às variedades tradicionais e clássicas da uva, para retomar o mais nobre legado do sudoeste francês, que vai de vinhos generosos e aromáticos, cheirando a pedra ressecada pelo sol, ao aroma de ervas silvestres e águas do Mediterrâneo.

**Placa de adega**

**LOCALIZE-SE**

Languedoc-Roussillon e Provença

**Coteaux du Languedoc**
*É uma extensa e variada* appellation *que vai de Narbonne em direção a Nîmes.*

**Os excelentes** *vinhos produzidos pela Mass de Daumas Gassac renderam à vinícola sua posição como Grand Cru de Languedoc.*

**Pare aqui** *para experimentar os vinhos das Côtes du Roussillon: brancos secos, rosés secos e tintos médios bem característicos, de muita personalidade.*

0 km  25

**LEGENDA**

- Colliroure e Banyuls
- Côtes de Roussillon
- Côtes de Roussillon Villages
- Fitou
- Corbières
- Minervois
- Coteaux du Languedoc
- Costières du Gard
- Coteaux d'Aix en Provence
- Côtes de Provence
- Cassis
- Bandol e Côtes de Provence
- Coteaux Varois
- Bellet

**Encostas acidentadas em Corbières**

# INTRODUÇÃO AO SUL DA FRANÇA

Colheita manual de uvas para o vinho tinto de Côtes de Provence

## REGIÕES VINÍCOLAS

Tanto na região de Provença, leste de Aix e Marselha quanto na região de Languedoc-Roussillon, a oeste, novas *appellations* de vinhos de qualidade, como o Cabardès (norte de Carcassonne), se somam aos nomes mais conhecidos.

**Bandol** é uma pequena appellation que baseia sua reputação de tintos de qualidade na Mourvèdre, uva tradicional do sul da França.

Os tintos, brancos e rosés **La Courtade** são produzidos pela Domaine de la Courtade, uma das três vinícolas situadas na Île de Porquerolles, na costa da Provença.

## FATOS IMPORTANTES SOBRE OS VINHOS DO SUL

### Localização e Clima
Um clima quente e ensolarado auxilia na produção de vinhos bastante alcoólicos. As planícies costeiras têm vinhedos, mas os melhores estão nas encostas de xisto e calcário.

### Variedades de Uva
Uvas produzidas em massa, como **Aramon**, estão sendo substituídas por **Syrah**, **Mourvèdre** e **Grenache**. **Cabernet Sauvignon**, **Merlot** e **Syrah** e as brancas **Chardonnay**, **Sauvignon Blanc** e **Viognier** são cada vez mais utilizadas para IGPs. Brancos doces e ricos são feitos da açucarada **Muscat**.

### Bons Produtores
*Corbières & Minervois*: La Voulte Gasparets, Saint Auriol, Lastours, Villerambert-Julien.
*Faugères*: Château des Estanilles, Château de la Liquiere.
*St Chinian*: Château Cazal-Viel, Domaine Navarre, Cave de Roquebrun.
*Coteaux du Languedoc e IGPs*: Mas Jullien, Château de Capitoul, Domaine de la Garance, Mas de Daumas Gassac, Pech-Celeyran. *Roussillon*: Domaine Gauby, Domaine Sarda Malet. *Provence:* Domaine Tempier, Château Pibarnon, Domaine de Trévallon, Mas de la Dame, Domaine Richeaume, La Courtade, Château Simone, Château Pradeaux, Château de Bellet.

# Artistas e Escritores do Sul da França

Os artistas e escritores têm ajudado a criar a imagem que temos do sul da França. Foi o poeta Stephen Liégeard, por exemplo, que batizou a Côte d'Azur, em 1887. Muitos escritores, franceses e estrangeiros, encontraram um refúgio no calor do sul. De Cézanne a Van Gogh, de Monet a Picasso, os pintores foram inspirados pela luz especial e pelas cores brilhantes desta região. Hoje ela é rica em museus de arte. Alguns dedicados a um só artista – como Matisse, Picasso e Chagall – e outros com coleções variadas, como os de Céret, Nîmes, Montpellier, St-Tropez, St-Paul-de-Vence e Nice *(pp. 482-527)*.

**Paleta de Monet**

**Picasso e Françoise Gilot no Golfe Juan, 1948**

**Estúdio de Paul Cézanne em Aix--en-Provence *(p. 511)***

## LUZ FESTIVA

Os impressionistas eram fascinados pelos efeitos da luz. Monet ficou extasiado pelo "brilho festivo da luz" do sul, que tornava as cores tão intensas que, segundo ele, não pareceriam reais se retratadas fielmente. Em 1883, Renoir veio com Monet para o sul, retornando frequentemente para pintar seus nus voluptuosos sob a luz dourada da região. Bonnard também estabeleceu-se aqui, pintando vistas sem-fim dos telhados vermelhos e das palmeiras.

Os pós-impressionistas Van Gogh e Gauguin chegaram à região em 1888. Cézanne, que nasceu em Aix, em 1839, analisou e pintou a estrutura da natureza, principalmente a paisagem da Provença e seu amado Mont-Ste-Victoire. O pontilhista Paul Signac veio para St-Tropez pintar o mar e o céu em uma paleta de pontos multicoloridos.

## OS ANIMAIS SELVAGENS

Os *fauves*, chamados de "feras" por suas cores artificialmente brilhantes e selvagens, conduziram um dos primeiros movimentos de vanguarda do início do século XX, fundado por Matisse em Collioure, em 1905 *(p. 29)*. Outros *fauves* foram Derain, Vlaminck, Marquet, Van Dongen e Dufy. Matisse visitou a Córsega em 1898, depois St-Tropez, e foi inspirado pela sensualidade da Provença ao pintar *Luxo, calma e volúpia*. Fixou-se em Nice, onde pintou sua grande série de odaliscas. "O que me faz ficar aqui são os belos reflexos coloridos de janeiro, a luminosidade da luz do dia", escreveu. A capela azul e branca que ele desenhou em Vence é uma das mais emocionantes de suas últimas obras *(p. 523)*.

***Girassóis*, de Vincent van Gogh (1888)**

# O PAÍS DE PICASSO

O sul da França é, sem dúvida, o país de Picasso. Suas ninfas e ouriços-do-mar, suas monumentais mulheres correndo pela praia, suas formas e cores, cerâmicas e esculturas são todos derivados das sombras e das cores brilhantes do sul.

Pablo Picasso nasceu em Málaga, na Espanha, em 1881, mas passou grande parte de sua vida no Mediterrâneo francês, desenvolvendo o cubismo com Braque em Céret, em 1911, e chegando a Juan-les-Pins, em 1920. Ele estava em Antibes quando a guerra começou, em 1939, e ali pintou *Pesca à noite em Antibes*. Retornou em 1946 e pôde utilizar o Palácio Grimaldi como estúdio. No local, agora, funciona um museu com obras suas *(p. 521)*. Em Vallauris, trabalhou produzindo cerâmicas e esculturas *(p. 522)*.

**Duas mulheres correndo na praia (1933), de Pablo Picasso**

## DIAS DE CAVIAR

Assim como F. Scott Fitzgerald descreveu a Era do Jazz, criou a imagem brilhante da vida na Riviera com *Suave é a noite*. Ele e Zelda chegaram aqui em 1924, atraídos, como muitos escritores expatriados, pelo clima quente e a vida barata. "Ninguém começa do nada no verão da Riviera, e o que quer que acontecesse parecia ter algo a ver com arte", escreveu ele. Eles passaram sua vila para outro norte-americano, Ernest Hemingway. Muitos outros escritores vieram para cá, incluindo Katherine Mansfield, D.H. Lawrence, Aldous Huxley, Friedrich Nietzsche, Lawrence Durrell e Graham Greene. Alguns, como Somerset Maugham, levavam um estilo de vida glamuroso, cercados por convidados exóticos. Colette foi uma das primeiras visitantes de St--Tropez, e, em 1954, Françoise Sagan captou o hedonismo da época em seu livro *Bom dia, tristeza*.

**Scott e Zelda Fitzgerald com sua filha Scottie**

## NOVO REALISMO

Na década de 1950, Nice produziu sua própria escola de artistas, os *Nouveaux Réalistes*, incluindo Yves Klein, Arman, Martial Raysse, Tinguely, César, Niki de Saint Phalle e Daniel Spoerri *(pp. 526-7)*. Eles exploraram as possibilidades dos objetos do cotidiano – como os violinos de Arman e os aparelhos de TV de Tinguely – e tinham uma abordagem despreocupada. "Vivemos em uma terra de férias, que nos dá a disposição do absurdo", disse Klein. Ele pintou telas azuis sólidas com sua cor pessoal, o Azul Klein Internacional, inspirando-se no Mediterrâneo.

## ESCRITORES DA PROVENÇA

As regiões da Provença e de Languedoc sempre possuíram uma identidade literária distinta, desde que os trovadores dos séculos XII e XIII compuseram suas poesias de amor na *langue d'oc* provençal, um idioma baseado no latim. No último século, muitos escritores regionais se inspiraram na paisagem e tradições locais. Foram influenciados pelo movimento de Felibrige do século XIX, conduzido pelo poeta Frédéric Mistral, vencedor do Prêmio Nobel. Alguns, como Daudet e Marcel Pagnol, cineasta que virou escritor, celebram o caráter provençal. Outros, como Jean Giono, exploram a relação entre natureza e humanidade.

**Frédéric Mistral, no *Petit Journal***

# Praias do Sul da França

A glamurosa costa mediterrânea é o principal local de férias da França. A leste, estão os grandes e tradicionais balneários da Riviera, como Menton, Nice, Cannes e Monte Carlo. A oeste, balneários menores, em angras e baías como St-Tropez e Cassis. Mais adiante, fica a reserva da Camargue, na boca do Rhône. A oeste do Rhône, fazendo uma majestosa curva que chega quase na divisa com a Espanha, fica a longa e arenosa praia de Languedoc-Roussillon, com balneários que vão de cidades litorâneas modernas a réplicas de aldeias de pescadores. As praias são arenosas a oeste de Antibes. Indo para leste, já são naturalmente de cascalho – toda a areia é importada. A maioria das praias é agora limpa, exceto em alguns pontos de Marselha e ao redor de Nice. As que ficam perto da cidade frequentemente cobram para entrar, mas são, em geral, bem equipadas.

**Logo do Carlton Hotel**

**Pôster ferroviário de Domergue, sobre a Côte d'Azur**

**Sète** *(p. 492)* é um porto marítimo com uma rede de canais. Para o sul, há 15km de praias arenosas e preservadas, com muito espaço, mesmo na alta temporada.

**Stes-Maries-de-la-Mer** *(p. 510)*, situada entre as dunas da Camargue, oferece praias de areia branca e uma de naturismo, 6km para o leste. Oferece também equitação.

**Cap d'Agde** (p. 487) *é um grande balneário moderno, de longas e douradas praias e todos os tipos de instalações esportivas. Tem o maior balneário de naturismo da Europa (20 mil visitantes).*

**La Grande-Motte** (p. 495) *é um enorme balneário, com excelentes instalações esportivas, famoso por sua estranha arquitetura zigurate.*

# INTRODUÇÃO AO SUL DA FRANÇA

**Na era vitoriana**, *a Côte d'Azur, ou Riviera, era o local de férias em moda da realeza e ricos da Europa. Vinham para jogar e fugir dos invernos do norte. Banhos de mar somente entraram em voga na década de 1920. Hoje a Riviera é movimentada o ano todo com as belas praias e vida noturna ainda como uma grande atração.*

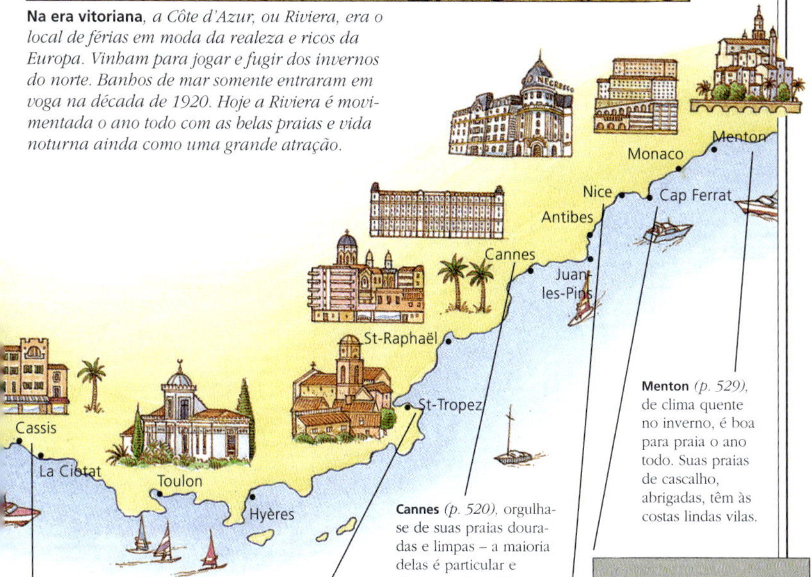

**Cassis** *(p. 513) é uma charmosa aldeia de pescadores com um cassino popular, penhascos brancos e lindas enseadas escondidas por perto.*

**Cannes** *(p. 520), orgulha-se de suas praias douradas e limpas – a maioria delas é particular e paga-se para entrar.*

**Menton** *(p. 529), de clima quente no inverno, é boa para praia o ano todo. Suas praias de cascalho, abrigadas, têm às costas lindas vilas.*

**St-Tropez** *(p. 516) tem praias douradas ocupadas, em sua maioria, por elegantes e caros "clubes".*

**Nice** *(p. 526), apesar de a costa da cidade ser visualmente muito atrativa, com um belo calçadão, a praia é rochosa e fica perto de uma avenida congestionada.*

**Cap Ferrat** *(p. 528) é uma península arborizada que tem subida íngreme de 10km pelo penhasco, com rápidas vistas de vilas e praias.*

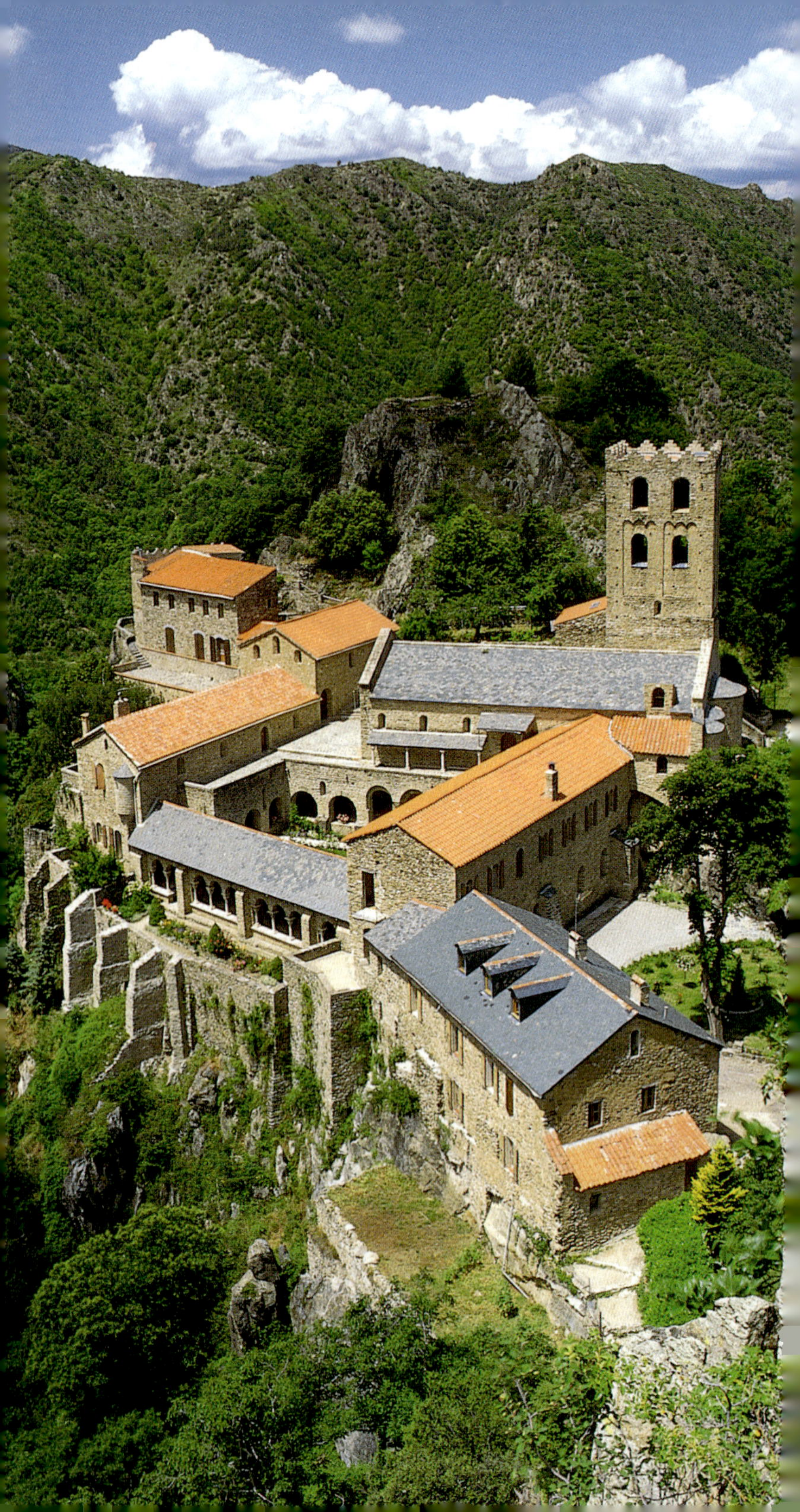

# LANGUEDOC-ROUSSILLON

AUDE · GARD · HÉRAULT · PYRÉNÉES-ORIENTALES

*As províncias de Languedoc e Roussillon vão das bases das montanhas dos Pireneus, na fronteira espanhola, até a foz do rio Ródano. Praias planas e lagoas da costa formam um cinturão de sol construído para acomodar milhões de veranistas por ano. É uma terra seca e queimada pelo sol, produtora de metade do vinho de mesa da França e dos primeiros pêssegos e cerejas da temporada.*

Além do prazer, esta região oferece muitas histórias, incluindo a da unificação de duas províncias. A anteriormente independente Languedoc outrora falava *occitan*, a língua dos trovadores, e ainda preza sua identidade única e separada. Roussillon foi possessão espanhola até o Tratado dos Pireneus, em 1659. Sua herança catalã é exibida em toda parte, desde os sinais da estrada até a dança da sardana, e o sabor da Espanha é evidente na popularidade das touradas, da *paella* e das fachadas pintadas com certa ostentação.

Esta faixa de litoral foi o primeiro lugar em que os romanos se instalaram na Gália, e seu legado conta com o grande anfiteatro em Nîmes e a grandiosa obra de engenharia da Pont du Gard. As abadias de St-Martin-du-Canigou, St-Michel-de-Cuxa e St-Guilhem-le-Désert são exemplos soberbos do início da arquitetura românica, não afetada pelo gótico nórdico. Os grandes castelos cátaros e a cidade medieval de Carcassonne, maravilhosamente restaurada, são testemunhas das batalhas sangrentas da Idade Média.

Em algumas partes, a região permanece selvagem e indômita: dos altos planaltos de Cerdagne até as montanhas selvagens de Corbières ou as terras altas e remotas do Haut Languedoc. Mas nela também se encontram as cidades mais jovens e progressistas da França: Montpellier, a antiga cidade universitária e capital da região, e Nîmes, com sua exuberante *feria* e suas touradas. Toda a área é caracterizada por um despreocupado convívio do antigo com o moderno, desde templos romanos e arquitetura pós-moderna até o uso de energia solar e as antigas abadias nas montanhas.

Um trecho ensolarado da costa, em Cap d'Agde

◁ A abadia de Saint-Martin-du-Canigou, incrustada no Mont Canigou

# Como Explorar Languedoc-Roussillon

Languedoc-Roussillon combina quilômetros de orla marítima suave com um interior acidentado. Suas limpas praias de areia são ideais para férias com a família, com uma variedade de balneários que vai de tradicionais aldeias de pescadores a *resorts* feitos sob encomenda. O interior é mais tranquilo, com vinhedos em Corbières e Minervois, e caminhadas pelas montanhas em Haut Languedoc e Cerdagne. O rico legado arquitetônico, que vai do romano ao românico, contrasta com a modernidade das principais cidades.

**Justa no canal, evento comum no verão de Sète**

## PRINCIPAIS ATRAÇÕES

- Aigues-Mortes ❷❹
- Béziers ❶❼
- Carcassonne ❶❺
- Cerdagne ❶
- Céret ❻
- Collioure ❽
- Corbières ❶❷
- Côte Vermeille ❼
- Elne ❾
- Golfe du Lion ❶❹
- La Grande-Motte ❷❸
- Minerve ❶❻
- Montpellier ❷❷
- Narbonne ❶❸
- Nîmes ❷❺
- Parc Régional du Haut Languedoc ❷⓿
- Perpignan ❶⓿
- Pézenas ❶❾
- Pont du Gard ❷❻
- Prieuré de Serrabone ❺
- St-Guilhem-le-Désert ❷❶
- St-Martin-du-Canigou ❹
- St-Michel-de-Cuxa ❸
- Salses ❶❶
- Sète ❶❽
- Villefranche-de-Conflent ❷

**Legenda dos símbolos** *no final do guia*

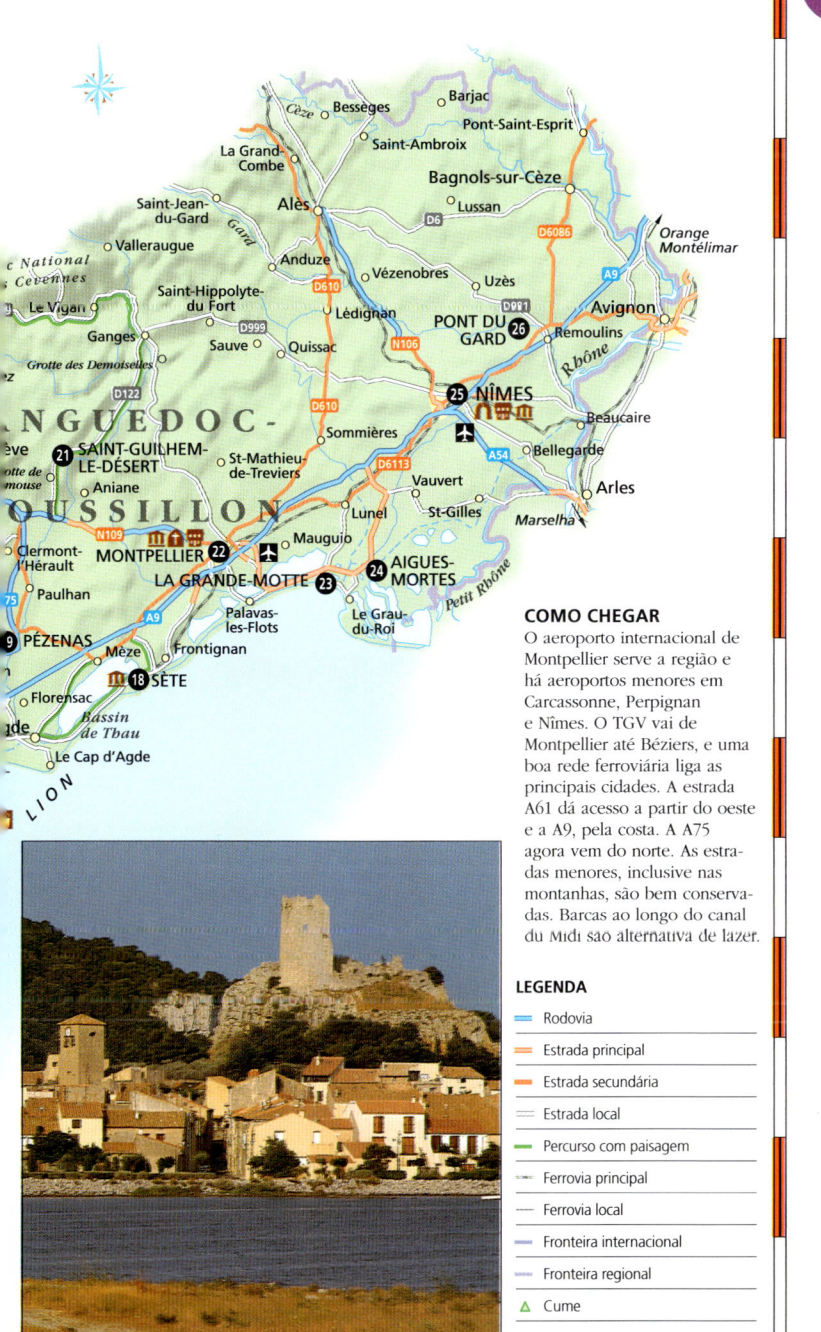

# LANGUEDOC-ROUSSILLON

## COMO CHEGAR

O aeroporto internacional de Montpellier serve a região e há aeroportos menores em Carcassonne, Perpignan e Nîmes. O TGV vai de Montpellier até Béziers, e uma boa rede ferroviária liga as principais cidades. A estrada A61 dá acesso a partir do oeste e a A9, pela costa. A A75 agora vem do norte. As estradas menores, inclusive nas montanhas, são bem conservadas. Barcas ao longo do canal du Midi são alternativa de lazer.

## LEGENDA

- Rodovia
- Estrada principal
- Estrada secundária
- Estrada local
- Percurso com paisagem
- Ferrovia principal
- Ferrovia local
- Fronteira internacional
- Fronteira regional
- △ Cume

0 km — 25

A torre de Barba-Roxa em ruínas, em Guissan, no Golfe du Lion

## Cerdagne ❶

Pyrénées-Orientales. 🚆 Perpignan.
🚌 🚆 Mont Louis, Bourg Madame.
ℹ️ Mont Louis (04 68 04 21 97 ou 04 68 04 21 18). www.mont-louis.net

A afastada Cerdagne, um Estado independente na Idade Média, está hoje dividida entre a Espanha e a França. Seus planaltos elevados oferecem pistas de esqui e áreas de caminhada entre lagos de montanha, pinheiros e castanheiras. Pegue o Trenzinho Amarelo para ver tudo isso em um só dia. As paradas incluem **Mont Louis**, uma cidade fortificada por Vauban, arquiteto militar de Luís XIV, que ainda acomoda tropas francesas; a imensa estação de esqui de **Font-Romeu**, **Latour-de-Carol** e a minúscula aldeia de **Yravals**, abaixo. Perto de **Odeillo** fica uma grande usina solar (45m de altura e 50m de largura), criada em 1969. Os espelhos curvos gigantes são bela vista no vale.

## Villefranche-de-Conflent ❷

Pyrénées-Orientales. 👥 240. 🚆
ℹ️ pl de l'Eglise (04 68 96 22 96).

Na Idade Média, a posição de Villefranche, no ponto mais estreito do vale do Têt, tornou-a uma fortaleza importante na defesa contra os mouros. Hoje ainda restam fragmentos das muralhas do século XI, juntamente com baluartes, portões e o alto Fort Liberia, acima da garganta, todos construídos por Vauban no século XVII. A **Église St-Jacques**, do século XII, possui belos capitéis esculpidos em baixo-relevo pelas oficinas de St-Michel-de-Cuxa e estátuas catalãs de madeira pintada, incluindo uma *Virgem e a Criança*, do século XIV. A porta de carvalho, do século XIII, foi embelezada por um complicado trabalho artesanal em ferro batido, uma habilidade que pode ser vista em muitas lojas da cidade. Das ruas de mármore rosa (local), é possível subir até as **Grottes des Canalettes**, uma soberba sala de concertos subterrânea. O Trenzinho Amarelo o levará até Cerdagne, ligue para agendar (0806 886 091).

## St-Michel-de-Cuxa ❸

Prades, Pyrénées-Orientales. **Tel** 04 68 96 15 35. ☐ diariam. dom. de manhã, feriados religiosos. 📷

Prades, uma pequena cidade de mármore rosa situada no vale do Têt, é característica do estilo local. A **Église St-Pierre** tem um campanário gótico de ferro batido e um interior em barroco catalão. Mas a cidade é reconhecida pela bela abadia pré-românica de St-Michel-de-Cuxa, que fica 3km adiante do vale, e pelo legado do violoncelista espanhol Pablo Casals. Casals passou muitos anos aqui, exilado da Espanha de Franco, e, todo mês de agosto, a abadia é sede do festival de música de Prades, em sua memória.

Um exemplo inicial da arquitetura monástica, a abadia de St-Michel-de-Cuxa foi fundada por monges beneditinos em 878 e rapidamente se tornou renomada por toda a França e Espanha. Arcos com orifícios que mostram a influência moura atravessam as paredes maciças da igreja da abadia, que foi consagrada em 974. O claustro de mármore rosa manchado, com seus capitéis maravilhosamente esculpidos em baixo-relevo, foram acrescentados mais tarde, no século XII.

Depois da Revolução, o edifício foi abandonado e seus

**Claustros da abadia de St-Michel-de-Cuxa**

**Estátua em St-Jacques, Villefranche**

---

### O TRENZINHO AMARELO

Chegue cedo para conseguir os melhores lugares nos vagões do *Le Petit Train Jaune*, que segue seu caminho em trilhos de bitola estreita através de gargantas e viadutos muito altos da Cerdagne, parando em pequenas estações ao longo do caminho. A linha foi construída em 1910 para melhorar o acesso às montanhas e agora opera para turistas. Seu percurso vai de Villefranche-de-Conflent e a Latour-de-Carol.

**O Trenzinho Amarelo, com vagões abertos, para os turistas de verão**

---

*Veja hotéis e restaurantes desta região nas pp. 588-90 e 643-6*

famosos baixos-relevos, pilhados. Em 1913, George Grey Bernard, um artista norte-americano, descobriu alguns desses capitéis em construções locais. Ele vendeu, em 1925, os baixos-relevos ao Metropolitan Museum of Art, situado em Nova York, onde formaram a base do Cloisters Museum – uma recriação fiel de uma abadia românica no inusitado cenário de Manhattan.

## St-Martin-du-Canigou ❹

Casteil. *Tel* 04 68 05 50 03.
◯ *(apenas visitas guiadas. visitas duram uma hora. horários variam com as estações) jun-set: diariam; out-mai: ter-dom.* ● *jan*

Saint-Martin-du-Canigou está situada em um local remoto, a um terço do caminho para o Pic du Canigou, encravada em uma rocha alta, alcançada apenas por jipe ou por uma subida de 40min a pé de Casteil ou alugando um jipe em Vernet-les-Bains. A abadia foi construída entre 1001 e 1026, e financiada por Guifred, conde de Cerdagne, que abandonou sua família e entrou para o mosteiro em 1035. Ele foi enterrado ali catorze anos depois, em uma tumba que ele próprio cavou na rocha e que ainda pode ser vista. A Igreja é do início do período românico, baseada em um projeto simples. Duas igrejas estão construídas uma sobre a outra, no modelo palatino, que torna a igreja inferior à cripta da construção superior.

O complexo da abadia é melhor visto de cima. Então, seu desenho irregular incrustado na rocha é emoldurado pelas montanhas – o conjunto é um tributo à ingenuidade e à vitalidade de seus primeiros construtores.

**Freira, em St-Martin**

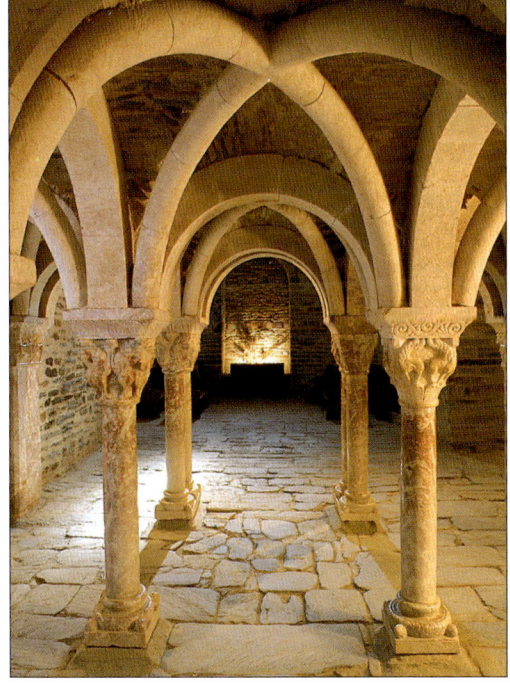

Capela do convento de Serrabone, com colunas de mármore

## Prieuré de Serrabone ❺

Boule d'Amont. *Tel* 04 68 84 09 30 *(escritório de turismo).* ◯ *diariam.* ● *1º jan, 1º mai, 1º nov, 25 dez.*

O convento de Serrabone fica encravado na face norte do Pic du Canigou, a montanha sagrada dos catalães. Quando a estrada (D618) se curva e se inclina perto de Serrabone, revela a simples torre quadrada e a abside redonda desta remota abadia românica, cercada por um jardim botânico de ervas locais e plantas silvestres.

Internamente, o edifício frio e austero do século XII é uma capela surpreendentemente elaborada, com colunas e arcos que parecem arder, feitos de mármore local estriado de vermelho e esculpido em baixo-relevo pelo anônimo Mestre de Cuxa, cujo trabalho aparece por toda a região. Observe as estranhas feras e a flora verde apresentadas nos capitéis, especialmente a rosa de Roussillon.

Claustro de St-Martin-du-Canigou, do século XI

## Céret ●

Pyrénées-Orientales. 8.000.
av Clémenceau (04 68 87 00 53).
sáb, ter à tarde jul-ago. Fête
des Cerises (mai-jun). www.ot-ceret.fr

Céret é a terra das cerejeiras, decorada por flores cor-de-rosa, no início da primavera e produtora das primeiras cerejas do ano. As fachadas azulejadas e pintadas e as construções com galerias dão um ar espanhol à cidade, que era popular com Picasso, Braque e Matisse. Céret é hoje conhecida pelo recentemente ampliado **Musée d'Art Moderne**, em um prédio de sofisticada arquitetura moderna. Possui um notável acervo artístico, que inclui os artistas catalães Tapiès e Capdeville, 50 peças doadas por Picasso, incluindo uma série de tigelas pintadas com cenas de touradas, e obras de Henri Matisse, Marc Chagall, Juan Gris e Salvador Dalí.

A herança catalã da cidade está evidente nas touradas regulares, realizadas na arena, e em seu festival de dança.

**🏛 Musée d'Art Moderne**
8 bd Maréchal Joffre. **Tel** 04 68 87 27 76. mai-set: diariam;out-abr: qua-seg. abr, mai, alguns feriados.
www.musee-ceret.com

### Arredores
De Céret, a D115 segue o vale do Tech até a cidade e spa

*Estátua de Aristide Maillol, Banyuls*

de **Amélie-les-Bains**, onde foram descobertos fragmentos de termas romanas. Adiante, em **Arles-sur-Tech**, a Église de Ste-Marie possui afrescos do século XII e um sarcófago ao lado da porta da igreja que, segundo a lenda local, produz gotas de água incrivelmente pura todos os anos.

*Bandeira catalã*

## Côte Vermeille ●

Pyrénées-Orientales. Perpignan.
Collioure, Cerbère. Collioure, Banyuls-sur-Mer. Collioure (04 68 82 15 47), Cerbère (04 68 88 42 36).
www.collioure.com

Aqui, os Pireneus encontram o Mediterrâneo. A estrada costeira, cheia de curvas, contorna enseadas, isoladas e pedregosas, e formações rochosas. A rocha *vermeille* (tingida de vermelho) dos promontórios dá o nome a esta faixa da costa – o que há de mais belo em Languedoc-Roussillon.

A Côte Vermeille estende-se até a Costa Brava, no norte da Espanha. **Argelès-Plage** é o maior centro de camping da Europa – com três praias de areia e um passeio orlado de palmeiras. O pequeno balneário de **Cerbère** é a última cidade francesa antes da fronteira e hasteia a bandeira catalã como sinal de lealdade. Ao longo da costa, vinhedos inclinados agarram-se nos lados das montanhas rochosas, produzindo vinhos fortes e suaves como o Banyuls e o Muscat. O terreno difícil torna a colheita um processo laborioso. As vinhas foram aqui plantadas pela primeira vez pelos gregos, que se estabeleceram no século VII a.C. – Banyuls tem adegas de vinho que datam de antes da Idade Média.

Banyuls é também famosa por ser a cidade natal de Aristide Maillol, escultor do século XIX cuja obra pode ser vista por toda a região. **Port Vendres**, com fortificações construídas pelo incansável Vauban (arquiteto de Luís XIV), é um porto pesqueiro. A enchova e a sardinha são as principais pescas.

*A espetacular Côte Vermeille, vista da estrada costeira ao sul de Banyuls*

*Veja hotéis e restaurantes desta região nas pp. 588-90 e 643-6*

Porto de Collioure, com uma praia de um lado e a Église Notre-Dame-des-Anges do outro

## Collioure ⓘ

Pyrénées-Orientales. 👥 3.000. 🚆 🚌 ℹ️ pl du 18 juin (04 68 82 15 47). 🛒 qua e dom. **www**.collioure.com

As cores de Collioure atraíram Matisse pela primeira vez em 1905: casas com reboco brilhante, ciprestes e barcos de pesca pintados em cores alegres, tudo banhado por um sol forte e lavado por um mar gentil. Outros artistas, incluindo André Derain, trabalharam aqui sob influência de Matisse e foram apelidados de *fauves* (feras) pelas experiências "selvagens" com as cores. Atualmente, galerias de arte e lojas de suvenires cobrem as ruas pavimentadas com pedras, mas este pequeno porto pesqueiro mudou pouco desde Matisse – as enchovas continuam a principal fonte de renda. Duas casas de salgar, que podem ser visitadas, são a evidência dessa tradição.

Três praias protegidas, ambas com pedras e areia, aninham-se em torno do porto, dominado pela muralha e pelo **Château Royal**. A muralha foi construída pelos Cavaleiros Templários no século XIII, e Collioure tornou-se o principal porto de entrada para Perpignan, permanecendo sob o domínio dos reis espanhóis até que a França a retomou, em 1659. As fortificações externas foram reforçadas dez anos mais tarde por Vauban, que, no processo, demoliu grande parte da cidade original. Hoje o castelo abriga exposições de arte moderna.

A **Église Notre-Dame-des-Anges**, do lado do porto de Collioure, foi reconstruída no século XVII para substituir a igreja destruída por Vauban. Um antigo farol foi incorporado à construção da nova igreja como campanário. No interior da igreja há pelo menos cinco altares barrocos de autoria de Joseph Sunyer e outros mestres catalães do gênero.

Em julho e agosto, Collioure fica congestionada de turistas, que se amontoam em suas ruas minúsculas. Longas filas de trânsito podem ocorrer, mas a construção de outra estrada, a D86, melhorou a situação.

**🏰 Château Royal**
**Tel** 04 68 82 06 43. ⏰ diariam. ⛔ 1º jan, 1º mai, 25 dez. 💶

## Elne ⓘ

Pyrénées-Orientales. 👥 8.000. 🚆 🚌 ℹ️ pl Sant-Jordi (04 68 22 05 07). 🛒 seg, qua e sex. **www**.ot-elne.fr

A antiga cidade de Elne acomodou Aníbal e seus elefantes em 218 a.C., em sua jornada épica até Roma, e foi uma das cidades mais importantes do Roussillon até o século XVI. Atualmente é famosa pela **Cathédrale Ste-Eulalie et Ste-Julie**, com seus soberbos claustros. O mármore leitoso com veias azuis foi transformado em excepcionais capitéis esculpidos em baixo-relevo, com muitas flores, figuras e arabescos. O lado esquerdo da catedral data do ano 1100. Os outros três são dos séculos XIII e XIV. Na frente da catedral podemse observar os vinhedos e pomares da planície ao redor.

Capitel esculpido em Elne, que mostra "O Sonho dos Reis Magos"

Entrada do Palais des Rois de Majorque, em Perpignan

## Perpignan ❿

Pyrénées-Orientales. 120.000. ✈ 🚂 🚌 ℹ️ *Palais des Congrès* (04 68 66 30 30). 🏠 *diariam.* www.perpignantourisme.com

A Perpignan catalã tem um ar distintamente sulista, com suas palmeiras na avenida do rio Têt, as fachadas das casas e das lojas pintadas em tons vibrantes de turquesa e rosa e as ruas do bairro árabe que vendem especiarias aromáticas, cuscuz e *paella*.

Hoje Perpignan é a animada capital de Roussillon e tem importante posição no cinturão de sol do Mediterrâneo. Mas a cidade alcançou seu apogeu nos séculos XIII e XIV sob o domínio dos reis de Majorca e de Aragão. Seu enorme **Palais des Rois de Majorque** ainda ocupa uma grande área na parte sul da cidade.

A forte identidade catalã de Perpignan é evidente durante as festas de verão, que duram duas semanas, quando a sardana é dançada na place de la Loge. Um importante símbolo catalão, é dançada com orgulho por jovens e velhos. Com os braços erguidos, círculos concêntricos de dançarinos acompanham o ritmo da música tocada por uma banda de sopro.

Uma das mais belas construções de Perpignan é a **Loge de Mer**, na frente da praça. Construído em 1397 para alojar a Bolsa Marítima, o prédio mantém seu estilo gótico original apenas no lado leste. O restante foi reconstruído no estilo renascentista, em 1540, com tetos de madeira entalhados e molduras de janelas trabalhadas. Há um *fast-food* no interior do edifício. Embora os visitantes fiquem às vezes ofendidos com isso, o resultado é que a Loge de Mer não se tornou uma silenciosa peça de museu, mas continua sendo o centro da vida de Perpignan – elegantes cafés amontoam-se em torno dela, produzindo um burburinho constante. Vizinho está o **Hôtel de Ville**, com sua fachada de seixos e portões de ferro batido. Seu pátio interno com arcadas tem partes que datam de 1315 e a escultura alegórica de Aristide Maillol *O mediterrâneo* (1950).

A leste está o labiríntico bairro da Cathédrale St-Jean, com pequenas ruas e praças que têm algumas belas construções dos séculos XIV e XV.

*Cristo Piedoso, em St-Jean*

### 🏛️ Cathédrale St-Jean

Pl de Gambetta. 🏠 *diariam.*
Coroada por um campanário de ferro batido, esta catedral teve sua construção iniciada em 1324 e finalizada apenas em 1509. É formada quase inteiramente de seixos do rio assentados com tijolo vermelho, em um estilo comum na região devido à escassez de outros materiais de construção.

Dentro do interior escuro, a nave é ladeada por peças de altar douradas e estátuas de madeira pintadas, com uma maciça pia batismal pré-românica de mármore. Um cemitério enclausurado está anexo à igreja e a capela do Cristo Piedoso,

---

### A PROCISSÃO ANUAL DE LA SANCH

Há uma atmosfera muito catalã em Perpignan durante a procissão de Sexta-Feira Santa da Confraria de La Sanch (Irmandade do Sangue Sagrado), originalmente dedicada ao conforto de prisioneiros condenados no século XV. Até hoje os membros da irmandade ainda vestem hábitos vermelhos ou negros, além de carregar relíquias sagradas e o crucifixo da capela do Cristo Piedoso para a catedral.

---

*Veja hotéis e restaurantes desta região nas pp. 588-90 e 643-6*

com seu precioso crucifixo de madeira, medieval, emocionantemente realista. A catedral substituiu a igreja de St-Jean-le-Vieux, do século XI, cuja soberba entrada românica pode ser vista à esquerda da entrada principal. Algumas áreas podem estar fechada por causa de restaurações.

### 🏛 Palais des Rois de Majorque

2 rue des Archers. **Tel** 04 68 34 48 29. diariam. 1º jan, 1º mai, 1º nov, 25 dez.

O acesso ao palácio fortificado do século XIII dos reis de Majorca é tão complicado hoje para os visitantes quanto foi para os soldados invasores. O conjunto de degraus em ziguezague dentro das fortificações de puro tijolo vermelho começou a ser construído no século XV e foi ampliado sucessivamente nos dois séculos seguintes. Finalmente se chega aos elegantes jardins e ao castelo. A entrada é pela Tour de l'Hommage. No alto da torre, tem-se visão panorâmica da cidade, das montanhas e do mar.

O palácio real foi construído em torno de um pátio central com arcadas. De um lado do pátio fica a Salle de Majorque, um grande salão com lareira tríplice e gigantescas janelas góticas. Do outro, duas capelas reais – construídas uma sobre a outra – mostram o que há de melhor no estilo gótico do sul: arcos ogivais, afrescos decorativos e um elaborado trabalho de azulejos, clara influência moura. O belo pórtico de mármore rosa da capela superior, a capela do Rei, é um típico do estilo

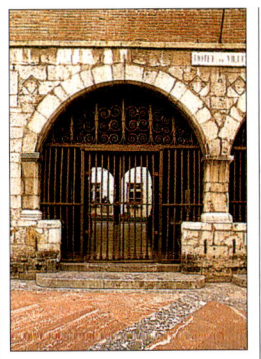

**Pátio interno do Hôtel de Ville**

românico de Roussillon, embora os capitéis esculpidos sejam góticos. Hoje o grande pátio é às vezes usado para concertos.

### 🏛 Musée Josep Deloncle de l'Histoire de la Catalogue Nord

Le Castillet. **Tel** 04 68 35 42 05. ter-dom. 1º jan, 1º mai, 1º nov.

A torre de tijolos vermelhos com campanário rosa do Castillet, construída para ser o portão de Perpignan em 1368, é tudo o que resta das muralhas da cidade. Durante certa época, foi uma prisão e atualmente aloja uma coleção de objetos artesanais catalães, implementos agrícolas, mobília de cozinha, teares e vasilhas de terracota esmaltadas usadas para armazenar água e óleo.

### 🏛 Musée Rigaud

16 rue de l'Ange. **Tel** 04 68 354340. ter-dom. feriados.

Esta magnífica mansão do século XVIII tem uma coleção de arte eclética, dominada por Hyacinthe Rigaud (1659-1743), nascido em Perpignan e pintor das cortes de Luís XIV e Luís XV. No primeiro andar, estão a sala de retratos com obras de David, Greuze e Ingres; uma sala com trabalhos de Dufy, Picasso e Maillol e a sala dos Primitivistas Catalães, com pinturas catalãs e espanholas dos séculos XIV a XVI. Destaca-se o *Retábulo da trindade* (1489), de autoria do Mestre de Canapost. Ele também representa o século XX, com Alechinsky, Appel e outros do grupo Cobra (fim dos anos 1940), o catalão Pierre Daura e pintores da região como Brune, Terrus e Violet.

**Torre da fortaleza, em Salses**

## Salses ⓫

Pyrénées-Orientales. 3.000. pl de la République (04 68 38 66 13). qua. www.salses.monuments-nationaux.fr

Parecendo um castelo de areia gigantesco na terra ocre dos vinhedos de Corbières, o **Forteresse de Salses** fica na antiga fronteira de Espanha e França. Guarda o estreito desfiladeiro entre as montanhas e as lagoas mediterrâneas, e foi construído pelo rei Fernando de Aragão entre 1497 e 1506, para defender a Roussillon espanhola. Suas paredes maciças e torres redondas são um exemplo clássico da arquitetura militar espanhola, destinada a desviar a nova ameaça imposta pela pólvora.

Destacam-se um estábulo para 300 cavalos e uma galeria subterrânea.

Do observatório acima do lago e da linha costeira, a vista é maravilhosa.

**Os seixos e o tijolo vermelho da Cathédrale St-Jean, em Perpignan**

Vinhedos cobrem o terreno montanhoso de Corbières

## Corbières ⓬

Aude. 🚆 Perpignan. 🚌 Narbonne, Carcassonne, Lézignan-Corbières. 🚗 Narbonne, Carcassonne, Lézignan-Corbières. 🛈 Lézignan-Corbières (04 68 27 05 42). www.lezignan-corbieres.fr/tourisme/

Ainda uma das partes mais agrestes da França, com poucas estradas e aldeias, Corbières é mais conhecida por seu vinho e castelos cátaros *(p. 491)*. Grande parte da terra é *garrigue* (coberta de vegetação rasteira), com aroma de madressilvas e giestas, com escarpas voltadas para o sul, limpas e plantadas com vinhas.

Ao sul estão os espetaculares castelos medievais de **Peyrepertuse** e **Quéribus**, este a última fortaleza cátara. As visitas guiadas pelo notável château cátaro em **Villerouge-Termenes** revela um pouco de seu passado turbulento. A oeste fica a região pantanosa e erma de Razès, no vale do alto Aude. Seu segredo é a aldeia de **Alet-les-Bains**, com bem preservadas casas de madeirame à vista e resquícios de uma abadia beneditina destruída nas Guerras Religiosas.

## Narbonne ⓭

Aude. 👥 52.000. 🚆 🚌 🛈 pl Roger Salengro (04 68 65 15 60). 🛒 qui e dom. www.mairie-narbonne.fr

Narbonne é uma cidade de porte médio, muito animada, que vive da região vinícola que a cerca. No norte da cidade, cortada pelo canal de la Robine, fica o bairro medieval, com lojas elegantes, bons restaurantes e uma das atrações mais curiosas de Narbonne: o **Horreum**. Este aglomerado subterrâneo de armazéns e calhas para o transporte de grãos data do século I a.C., quando a cidade era um importante porto e a capital da maior província romana da Gália.

A cidade prosperou na Idade Média, até o século XV, quando o porto se encheu de lodo e o curso do rio Aude teve de ser alterado, levando com ele a prosperidade de Narbonne. Na ocasião, foi abandonado um ambicioso projeto de catedral em andamento, baseado nas grandes catedrais góticas do norte. Vingou apenas a capela, iniciada em 1272, e ela se tornou a **Cathédrale St-Just et St-Pasteur**, que vemos hoje.

Apesar da mudança de planos, a catedral é enorme, realçada por esculturas do século XIV, belos vitrais e um órgão esculpido do século XVIII. Tapeçarias de Aubusson e Gobelin adornam as paredes, e a Capela da Anunciação aloja um tesouro de manuscritos, relicários enfeitados com pedras preciosas e tapeçarias.

O transepto inacabado forma agora um pátio, e entre a catedral e o adjacente **Palais des Archevêques** (Palácio dos Arcebispos) está o claustro, com quatro galerias abobadadas do século XIV.

Este enorme complexo de palácio e catedral domina o centro de Narbonne. Entre as maciças torres do século XIV do Palais des Archevêques está a prefeitura, com uma fachada neogótica de Viollet-le-Duc *(p. 200)*, o arquiteto que com tanta determinação restaurou a França medieval.

O palácio é dividido entre

Capela abobadada da Cathédrale St-Just et St-Pasteur, em Narbonne

### CANAL DU MIDI

De Sète a Toulouse, o canal du Midi segue seus 240km entre árvores, vinhedos e aldeias silenciosas. O complexo sistema de comportas, aquedutos e pontes é uma notável obra de engenharia do barão do imposto do sal de Béziers, Paul Riquet. Concluído em 1681, o canal estimulou o comércio de Languedoc e criou um elo vital entre o Atlântico e o Mediterrâneo pelo rio Garonne. Hoje lota de barcos de turistas nas férias (www.canal-du-midi.org).

**Águas tranquilas do canal du Midi**

*Veja hotéis e restaurantes desta região nas pp. 588-90 e 643-6*

LANGUEDOC-ROUSSILLON 487

A abadia cisterciense de Fontfroide (1093), a sudoeste de Narbonne

Palais Vieux (velho) e Palais Neuf (novo). Os museus mais importantes de Narbonne estão no Palais Neuf, à esquerda de quem entra pelas arcadas medievais da passagem, de l'Ancre. Do acervo do **Musée d'Archéologie et de Préhistoire** fazem parte fragmentos da herança romana de Narbonne, desde pedras fundamentais e partes de paredes originais até um conjunto de objetos domésticos, moedas, ferramentas e artigos de vidro. A **Chapelle de la Madeleine** é decorada com uma pintura de parede do século XIV e aloja uma coleção de vasos, sarcófagos e mosaicos gregos.

Nos antigos apartamentos dos arcebispos de Narbonne está o **Musée d'Art et d'Histoire**, que é tão interessante por seu mobiliário luxuoso e tetos ricamente decorados quanto por sua coleção de arte. Esta inclui algumas belas pinturas de artistas como Canaletto, Brueghel, Boucher e Veronese, assim como uma seleção de peças de louça.

Ao sul do canal de la Robine, há várias mansões belas, incluindo a **Maison des Trois Nourrices**, de estilo renascentista, na esquina da rue Edgard-Quinet. Nas proximidades estão o **Musée Lapidaire**, com fragmentos arquitetônicos da Narbonne galo-romana, e a **Basilique St-Paul-Serge**, em estilo gótico do século XIII. Este último prédio mantém a cripta e alguns sarcófagos de uma igreja anteriormente construída no local.

### Horreum
Rue Rouget-de-l'Isle. **Tel** 04 68 32 45 30. ⏰ meados jul-meados out: diariam; nov-meados jul: qua-seg. ● 1º jan, 1º mai, 1º e 11 nov, 25 dez.

### Musée d'Archéologie et de Préhistoire/Musée d'Art et d'Histoire
Palais des Archevêques. **Tel** 04 68 90 30 65. ⏰ meados jul-meados out: diariam; nov-meados jul: qua-seg. ● 1º jan, 1º mai, 1º e 11 nov, 25 dez.

### Musée Lapidaire
Eglise Notre-Dame de Lamourguié. **Tel** 04 68 90 30 65. ⏰ meados jul-meados out: diariam; nov-meados jul: qua-seg. ● 1º jan, 1º mai, 1º nov, 11 nov, 25 dez.

### Arredores
A sudoeste (13km) está a cisterciense **Abbaye de Fontfroide**, que tem um elegante claustro e se esconde em um vale cercado por ciprestes.

## Golfe du Lion ⓮

Aude, Hérault. ✈ 🚉 🚌 Montpellier. 🚆 Sète. 🛈 La Grande Motte (04 67 56 42 00). **www.ot-lagrandemotte.fr**

O litoral de Languedoc-Roussillon (100km) forma uma linha quase ininterrupta de praias de areia, com exceção do limite sul onde ela se transforma na rochosa Côte Vermeille. Desde a década de 1960, foram criados balneários com acomodações ecológicas, para famílias de classe média, algumas no estilo local e outras com formas imaginativas (hoje algumas parecem datadas).

As construções da marina **La Grande Motte** têm nítido estilo zigurate (*p. 495*). **Cap d'Agde** abriga o maior balneário naturista da Europa. No interior, a cidade de **Agde**, fundada pelos antigos mercadores gregos, exibe construções de basalto negro e uma catedral fortificada. **Port Leucate** e **Port Bacarès** são ideais para esportes aquáticos. Sète é mais antiga (*p. 492*). Outra atração são as calmas lagoas. Aquelas perto de Camargue servem de abrigo para milhares de aves.

Grande praia de areia de Cap d'Agde

# Carcassonne ⑮

Carcassonne é uma cidade medieval bem restaurada e protegida pela Unesco. Cenário de conto de fadas, suas fortificações coroam a margem íngreme acima do rio Aude, com uma vista para a Basse Ville. A posição estratégica da cidadela, entre o Atlântico e o Mediterrâneo, no corredor entre a Península Ibérica e o resto da Europa, levou à fundação desta vila, consolidada pelos romanos no século II a.C. Tornou-se chave nos conflitos militares medievais. Em seu auge, no século XII, foi governada pelos Trencavel, que construíram o castelo e a catedral. Avanços militares e o Tratado dos Pireneus, em 1659, mudaram a fronteira franco-espanhola e a tornaram obsoleta como ponto de defesa, levando-a a seu declínio. Graças ao empenho do arquiteto Viollet-le-Duc *(p. 200)*, ela foi restaurada no século XIX.

**A cidadela restaurada**
*A restauração foi polêmica. Para muitos, teria deixado La Cité nova demais, sem a aparência romântica das ruínas.*

**★ Le hâteau**
*Um forte dentro de um forte, o castelo em fosso, torres e, na muralha, galerias de defesa em madeira.*

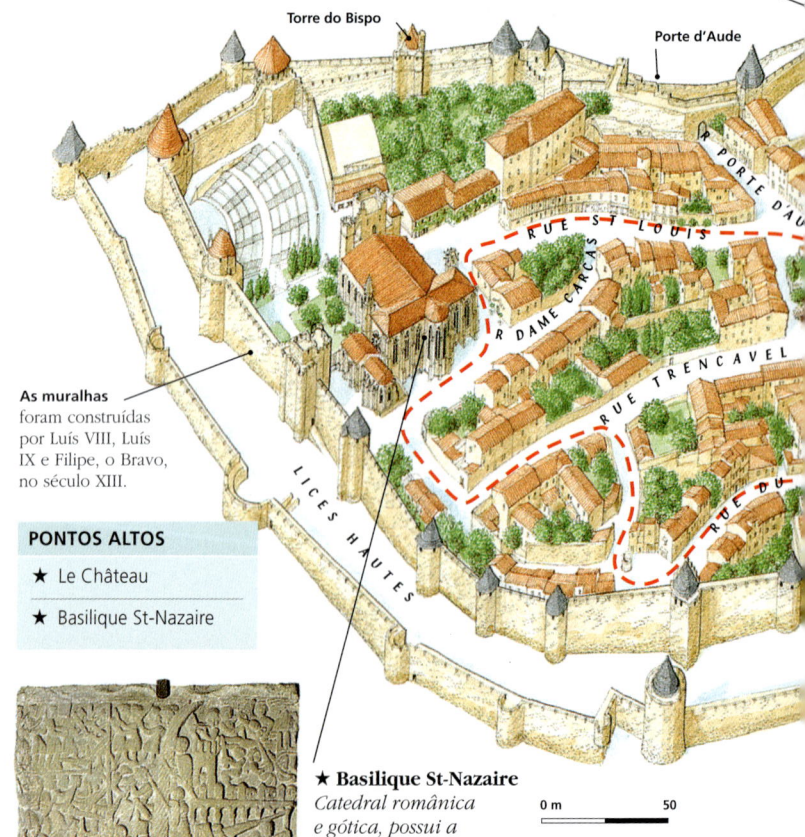

**Torre do Bispo**

**Porte d'Aude**

**As muralhas** foram construídas por Luís VIII, Luís IX e Filipe, o Bravo, no século XIII.

## PONTOS ALTOS

★ Le Château

★ Basilique St-Nazaire

**★ Basilique St-Nazaire**
*Catedral românica e gótica, possui a famosa Pedra do Cerco, que retrataria o cerco de Carcassonne pelos cruzados em 1209.*

0 m   50

**LEGENDA**

--- Percurso sugerido

*Veja hotéis e restaurantes desta região nas pp. 588-90 e 643-6*

LANGUEDOC-ROUSSILLON  489

## PERSEGUIÇÃO RELIGIOSA

Com sua posição estratégica, Carcassonne sempre esteve no centro de conflitos religiosos. Aqui, Raymond-Roger Trencavel concedeu refúgio aos cátaros (p. 491) em 1209, quando cercados por Simon de Montfort em sua cruzada contra a heresia. No século XIV, a Inquisição continuou a persegui-los. O quadro ao lado mostra prováveis vítimas na torre da Inquisição.

**Prisioneiros de Carcassonne, J.P. Laurens**

## PREPARE-SE

Aude. 49.000. 4km oeste de Carcassonne. Port du Canal du Midi. bd de Varsovie. 28 rue Verdun (04 68 10 24 30). ter, qui e sáb. Festival de Carcassonne (jul-ago); l'Embrasement de la Cité (14 jul); Fête du Sud (ago).
**Le Château**
diariam. 1º jan, 1º mai, 1º e 11 nov, 25 dez. www.carcassonne-tourisme.com

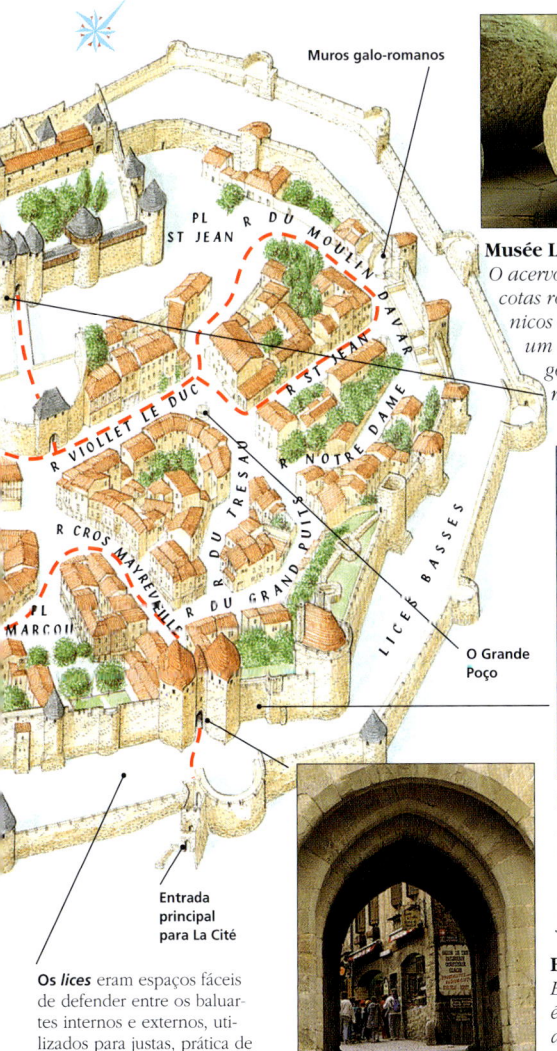

Muros galo-romanos

PL ST JEAN
R DU MOULIN D'AVAR
R VIOLLET LE DUC
R ST JEAN
R NOTRE DAME
R DU TRESAU
R CROS MAYREVILLE
R DU GRAND PUITS
PL MARCOU
LICES BASSES

O Grande Poço

Entrada principal para La Cité

Os *lices* eram espaços fáceis de defender entre os baluartes internos e externos, utilizados para justas, prática de arco e flecha e depósito de madeira e materiais.

### Musée Lapidaire
*O acervo inclui ânforas e terracotas romanas, murais românicos e fragmentos da catedral, um conjunto de janelas góticas e estes projéteis medievais de pedra.*

### Porte Narbonnaise
*Ladeadas por duas torres de arenito, de 1280, as defesas incluíam duas grades levadiças, dois portões de ferro, fosso e ponte levadiça.*

### Entrada da Cidade Velha
*Entrar em La Cité ainda é voltar no tempo, apesar dos turistas que lotam suas ruas e das abundantes lojas de suvenires.*

Béziers vista da Pont Vieux, com sua catedral medieval em destaque

## Minerve ⑯

Hérault. 120.
rue des Martyrs (04 68 91 81 43).
www.minerve-tourisme.fr

Nas colinas ressecadas e áridas do Minervois, cercadas de videiras e quase nada mais, Minerve aparece desafiadora em seu afloramento rochoso, na confluência dos rios Cesse e Briant. É "defendida" pela "Candela" (vela), nome que os locais deram à torre octogonal que restou do castelo medieval. Em 1210, a pequena cidade resistiu ao vingativo Simon de Montfort, carrasco dos cátaros, em um cerco de sete semanas que culminou com a execução de 140 cátaros. Eles foram queimados em um poste.

Hoje os visitantes entram em Minerve por uma ponte alta, que se estende sobre a garganta. Vire à direita e siga a rota dos cátaros, passando pelo arco românico da Porte des Templiers até a **Église St--Etienne**. Fora da igreja, há um pombo esculpido, símbolo do povo cátaro e, dentro da igreja, uma mesa de altar em mármore branco do século V, um dos artefatos mais antigos da região.

Um caminho de pedras segue o rio abaixo da cidade, em que a água abriu cavernas e duas pontes – a Grand Pont e a Petit Pont – na pedra calcária macia.

## Béziers ⑰

Hérault. 73.000.
29 av Saint Saëns. (04 67 76 84 00).
sex. www.beziers-tourisme.fr

Famosa por suas touradas e seu rúgbi, e pelo vinho da região que a cerca, hoje Béziers tem muitos outros pontos de interesse. Parece voltada para si própria, com suas ruas subindo até a sólida **Cathédrale St-Nazaire**, dona de belas esculturas, vitrais e afrescos. Em 1209 milhares de cidadãos foram massacrados na cruzada contra os cátaros. As tropas do papa receberam ordens para não fazer distinção entre católicos e cátaros. O comando foi: "Matem todos. Deus reconhecerá os seus!".

Estátua do engenheiro Paul Riquet nas allées Paul Riquet, em Béziers

O **Musée du Biterrois** exibe a história local, o vinho e o canal du Midi, construído no fim do século XVII por Paul Riquet, o filho mais famoso de Béziers *(p. 486)*. Sua estátua domina a allées Paul Riquet, ladeada por duas fileiras duplas de plátanos e grandes restaurantes com toldos, uma bela visão desta que é principalmente uma cidade de negócios.

**🏛 Musée du Biterrois**
Caserne St-Jacques. **Tel** 04 67 36 71 01. ter-dom. 1º jan, Páscoa, 1º mai, 25 dez.

### Arredores

Com vista para a planície de Béziers e as montanhas ao norte, fica Oppidum d'Ensérune, que é um magnífico povoado romano. O **Musée de l'Oppidum d'Ensérune** possui um bom acervo arqueológico celta, grego e romano, que vai de vasos a joias e armas. O Château de Raissac (entre Béziers e Lignan) abriga um curioso museu de faiança do século XIX em sua estrebaria.

**🏛 Musée de l'Oppidum d'Ensérune**
Nissan-lez-Ensérune. **Tel** 04 67 37 01 23. diariam; set-abr: ter-dom. feriados. limitado. http://enserune.monumentsnationaux.fr

**🏛 Château de Raissac**
Rte de Lignan sur Orr **Tel** 04 67 49 17 60. com hora marcada.
www.raissac.com

*Veja hotéis e restaurantes desta região nas pp. 588-90 e 643-6*

# Os Cátaros

Os cátaros (do grego *katharos*, puros) formavam, no século XIII, uma seita cristã que criticava a corrupção na Igreja. Dissidentes cátaros floresciam no Languedoc independente como expressão do separatismo, mas a rebelião foi rapidamente explorada para motivos políticos. Pedro II, de Aragão, ansiava por anexar Languedoc, e Filipe II, da França, uniu forças com o papa para aniquilar os hereges cátaros em uma cruzada liderada por Simon de Montfort em 1209. Isso deu início a mais de um século de matanças e torturas.

### CASTELOS CÁTAROS
Os cátaros refugiavam-se nos castelos fortificados de Corbières e Ariège. Peyrepertuse é um dos mais remotos e de mais difícil acesso até hoje: uma cidadela longa e estreita de pedra, cortada por uma montanha de mais de 609m de altura.

**Os cátaros** (também conhecidos como albigenses) *acreditavam no dualismo bem e mal. Consideravam o mundo material inteiramente mau. Para ser puros, eles deveriam renunciar ao mundo, ser pacíficos, vegetarianos e abster-se sexualmente.*

**A cruzada albigense** *foi violenta. O papa prometeu a terra dos hereges aos cruzados, com perdão antecipado por seus crimes. Em 1209, 20 mil cidadãos foram massacrados em Béziers e, no ano seguinte, 140 foram queimados em Minerve. Em 1244, 225 cátaros morreram defendendo uma de suas últimas fortificações em Montségur.*

### O PAÍS CÁTARO
Castelos e cidades que faziam parte da associação cátara concentram-se em Languedoc-Roussillon, o centro dos cátaros na Idade Média.

*O marcante Grand Hôtel (p. 590), no quai de la Résistance, em Sète*

## Sète ⓲

Hérault. 🏠 *43.500.* 🚌 🚆 ⛴ 🛈 *60 grand' rue Mario Roustan (04 99 04 71 71).* 📅 *qua e sex.* **www.ot-sete.fr**

Sète é um importante porto pesqueiro e industrial. O ambiente, no entanto, é mais descontraído do que em muitos locais no Mediterrâneo dedicados ao lazer, com suas lojas vendendo lâmpadas e hélices de navios e seus restaurantes à beira do porto cheios de marinheiros famintos devorando enormes pratos de mariscos, ostras e outros frutos do mar recém-pescados. A maioria dos restaurantes de Sète pode ser encontrada em um passeio ao longo do Grand Canal, com suas casas italianas pintadas em tons pastel, balcões de ferro batido com vista para a rede de canais e pontes de Sète. Animados torneios de justa aquática, datando de 1666, fazem parte do festival do santo padroeiro, em agosto.

O **Musée International des Arts Modestes** fica em um armazém reformado à beira do canal e mostra objetos do dia a dia (incluindo conhecidos designers contemporâneos) em novos contextos.

O **Cimetière Marin**, em Mont St-Clair, é onde o filho mais famoso de Sète, o poeta Paul Valéry (1871-1945), está sepultado. Há um pequeno museu, e a vista das montanhas e da costa é de tirar o fôlego.

*Cimetière Marin, em Sète, onde está sepultado o poeta Paul Valéry*

### 🏛 Musée International des Arts Modestes
23 quai du Maréchal de Lattre de Tassigny. **Tel** *04 99 04 76 44.* 📅 *abr-set: diariam; out-mar: ter-dom.* 🚫 *feriados.* 📷 ♿
**www.miam.org**

## Pézenas ⓳

Hérault. 🏠 *9.000.* 🚌 🛈 *Pl des Etats de Languedoc (04 67 98 36 40).* 📅 *sáb.*
**www.pezenas-tourisme.fr**

Pézenas é uma compacta e charmosa cidadezinha, desfrutada em agradáveis passeios por seus principais pontos turísticos, revelando uma abundância de pequenos detalhes. Esses resquícios comprovam o brilho de seu passado como sede do governo local nos séculos XVI-XVII. A cidade também acolheu muitas trupes de brilhantes músicos e artistas, incluindo a de Molière.

O melhor são os relances de belas casas através das entradas dos pátios, como o **Hôtel des Barons de Lacoste**, no nº 8 da rue François-Oustrin, com sua escadaria de pedra, e a Maison des Pauvres, no nº 12 da rue Alfred Sabatier, com três galerias e escadaria.

Procure a vitrine medieval na rua Triperie Vieille e, na **Porte Faugère**, do século XIV, observe as ruas estreitas do gueto judeu, com uma deprimente sensação de enclausuramento. Lojas vendendo antiguidades, artigos e livros de segunda mão encantam. Em toda a cidade, as vinhas estendem-se até onde a vista alcança.

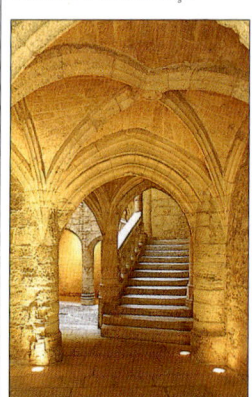

*O saguão em pedra do Hôtel des Barons de Lacoste, em Pézenas*

*Veja hotéis e restaurantes desta região nas pp. 588-90 e 643-6*

## Parc Régional du Haut Languedoc ⓴

Hérault, Tarn. ✈ Béziers. 🚆 Béziers, Bédarieux. 🚌 St-Pons-de-Thomières, Mazamet, Lamalou-les-Bains. 🛈 St--Pons-de-Thomières (04 67 97 38 22). www.parc-haut-languedoc.fr

O planalto de pedra calcária e as encostas arborizadas da alta Languedoc estão muito distantes da costa. Da Montagne Noire, região montanhosa entre Béziers e Castres, até as Cévennes, a paisagem é feita de remotas fazendas de ovelhas, formações rochosas com erosão e profundas gargantas de rios. Grande parte desta região foi denominada Parc Régional du Haut Languedoc, o segundo maior parque nacional da França depois de Ecrins.

A entrada é por **St-Pons--de-Thomières** e dá acesso à floresta, a trilhas na montanha para passeios a pé e de carro e a um centro de pesquisas da vida selvagem, no qual se pode avistar os *mouflons* (ovelha das montanhas), águias e javalis selvagens, que foram comuns na região.

Pegando a D908 em St-Pons e seguindo pelo parque, passa-se à aldeia de **Olargues**, com sua ponte do século XII sobre o rio Jaur. **Lamalou-les-Bains**, a leste do parque, é uma pequena estação de águas, com termas e um teatro Belle Époque restaurados, palmeiras e mansões cor-de-rosa.

Fora dos limites do parque, rumo ao nordeste, ocorrem curiosos fenômenos naturais. No **Cirque de Navacelles**, o rio Vis uniu-se a si próprio, isolando uma ilha inteira. Aqui se encontra a pacata aldeia de Navacelles, visível da estrada acima. A **Grotte des Demoiselles** (Gruta das Damas) é uma das mais belas em uma região cheia de grutas – anda-se sobre um mundo calcificado. Um teleférico leva os visitantes do pé ao topo da montanha.

A **Grotte de Clamouse** oferece também uma incrível experiência, com reflexos das poças e rios subterrâneos nos tetos das cavernas, com estalagmites se assemelhando a velas gotejantes.

**Grotte des Demoiselles**
St-Bauzille-de-Putois. **Tel** 04 67 73 70 02. ☐ *diariam.* ● *jan, 25 dez.* 
www.demoiselles.com

**Grotte de Clamouse**
Rte de St-Guilhem-le-Désert, St-Jean-de-Fos. **Tel** 04 67 57 71 05. ☐ *fev-meados nov: diariam.*
www.clamouse.com

Abside de St-Guilhem-le-Désert

## St-Guilhem-le--Désert ㉑

Hérault. 🏠 250. 🚌 🛈 *Maison Communale (04 67 57 44 33).*
www.saintguilhem-valleeheraut.fr

Envolta nas montanhas de Celette, St-Guilhem-le-Désert não é mais tão distante quanto na época em que Guilherme da Aquitânia veio para cá como ermitão, no século IX. Depois de uma vida como soldado, Guilherme recebeu um fragmento da dita Cruz Verdadeira do imperador Carlos Magno e fundou um mosteiro neste desfiladeiro acima do rio Hérault.

Foram encontradas ruínas da igreja que datam do século X, mas a maior parte da construção é um exemplo da arquitetura românica dos séculos XI e XII. Suas lindas capelas absidais dominam a aldeia, e a sua entrada esculpida leva à praça central.

Dentro da igreja há uma sombria nave abobadada que conduz à abside central iluminada pelo sol. Restam apenas duas galerias do claustro – o restante está em Nova York, juntamente com esculturas de St-Michel-de-Cuxa *(p. 480)*.

**Extraordinárias formações calcárias na Grotte de Clamouse**

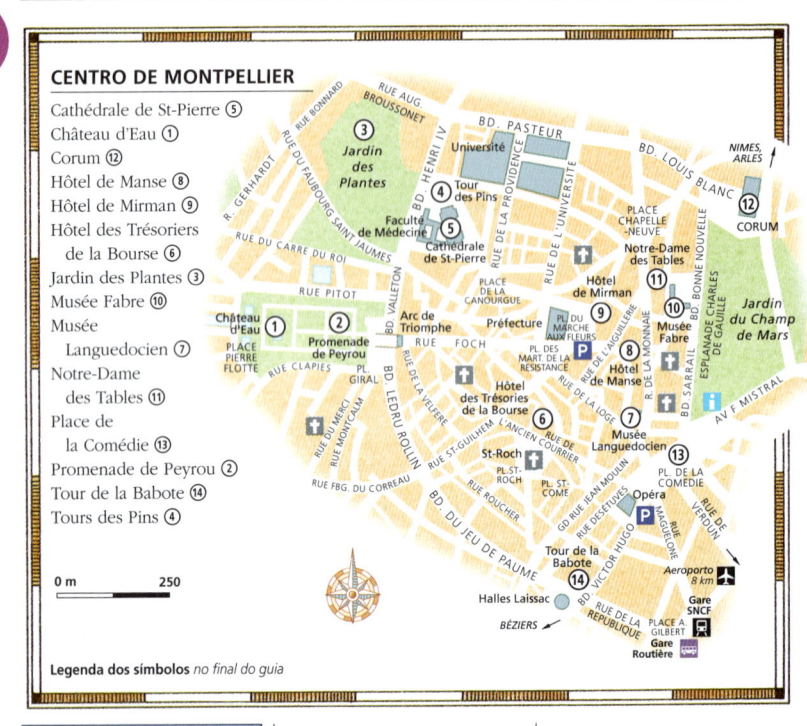

## CENTRO DE MONTPELLIER

- Cathédrale de St-Pierre ⑤
- Château d'Eau ①
- Corum ⑫
- Hôtel de Manse ⑧
- Hôtel de Mirman ⑨
- Hôtel des Trésoriers de la Bourse ⑥
- Jardin des Plantes ③
- Musée Fabre ⑩
- Musée Languedocien ⑦
- Notre-Dame des Tables ⑪
- Place de la Comédie ⑬
- Promenade de Peyrou ②
- Tour de la Babote ⑭
- Tours des Pins ④

*Legenda dos símbolos no final do guia*

**Café ao ar livre na Place de la Comédie, Montpellier**

## Montpellier ㉒

Hérault. 256.000. ✈ 🚆 🚌 ℹ
30 allée Jean de Lattré de Tassigny (04 67 60 60 60). diariam. *Festival International Montpellier Danse (jun-jul)*. www.ot-montpellier.fr

Montpellier é uma das mais animadas e avançadas cidades no sul do país, com um quarto de sua população com menos de 25 anos. Nas noites de verão, em época de aulas na universidade, mais parece um festival de rock do que a capital de Languedoc-Roussillon. O movimento concentra-se na **place de la Comédie**, que tem forma de ovo e é conhecida como "l'Oeuf" ("o ovo"), com seu teatro da ópera do século XIX, de frente para a Fonte des Trois Graces e cercada por animados cafés. Uma esplanada de plátanos e fontes leva ao **Corum**, centro de teatro e convenções sintonizado com os novos e admiráveis projetos arquitetônicos locais. O melhor da cidade é o conjunto residencial pós-moderno de Ricardo Bofill, conhecido como Antigone, que foi inspirado na Basílica de São Pedro, em Roma.

Montpellier foi fundada relativamente tarde nesta região de antigas cidades romanas, desenvolvendo-se no século X, em consequência do comércio de especiarias com o Oriente Médio. Sua escola de medicina foi fundada em 1220, em parte como resultado dessa troca de conhecimentos entre as duas culturas, e continua sendo uma das mais respeitadas da França.

A maior parte de Montpellier foi devastada pelas Guerras Religiosas no século XVI. Apenas a **Tour de la Babote** e as **Tours des Pins** permanecem nas fortificações do século XII. Há poucas igrejas bonitas, exceção feita à **Cathédrale St-Pierre** e à **Notre-Dame des Tables** – esta do século XVIII.

Da reconstrução da cidade no século XVII surgiram mansões com elegantes pátios, escadarias de pedras e sacadas. Exemplos abertos ao público incluem o **Hôtel de Manse**, na rue Embouque-d'Or; **Hôtel de Mirman**, perto da place des Martyrs de la Résistance; e **Hôtel des Trésoriers de la Bourse**. O Hôtel des Lunaret agora abriga o **Musée Languedocien**, que expõe artefatos românicos e pré-históricos.

Outra construção do século XVII abriga o recém-reformado **Musée Fabre**, com sua bela coleção de pinturas, principal-

## PONT DU GARD ← Paa Uzès

**Margem esquerda**

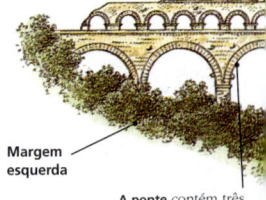

**A ponte** contém três fileiras de arcos contínuos.

*Veja hotéis e restaurantes desta região nas pp. 588-90 e 643-6*

mente francesas. Entre as melhores, a famosa *Bom dia, Monsieur Courbet*, de Courbet; *O verão*, de Berthe Morisot; e alguns quadros, inspirados na região, de Raoul Dufy.

Um bom local para observar a posição da cidade entre as montanhas e o mar é a **Promenade de Peyrou**, uma grande praça do século XVIII dominada pelo **Château d'Eau** e pelo aqueduto que servia a cidade. Logo ao norte há o **Jardin des Plantes**, os jardins botânicos mais antigos da França, criados em 1593. O **Mare Nostrum**, novo aquário no parque Odysseus, com mais de 350 espécies marinhas, é imperdível.

🏛 **Musée Languedocien**
7 rue Jacques Coeur. **Tel.** 04 67 52 93 03. seg-sáb: só à tarde. feriados.

🏛 **Musée Fabre**
39 bd Bonne Nouvelle. **Tel.** 04 67 14 83 00. ter-dom.

**Château d'Eau, Montpellier**

## La Grande-Motte ㉓

Hérault. 8.500. pl du 1er Octobre 1974 (04 67 56 42 00). dom (qui: meados jun-meados set). www.ot-lagrandemotte.fr

Os bizarros zigurates (construções em terraços) desta moderna marina mostram o desenvolvimento da costa de Languedoc-Roussillon. La Grande-Motte tem marinas e instalações para todos os tipos de esporte – tênis, golfe, esportes aquáticos –, ladeadas por praias e pinheirais. A leste ficam Le Grau-du-Roi, aldeia de pescadores, e Port-Camargue, com uma marina.

**La Grande-Motte**

## Aigues-Mortes ㉔

Gard. 6.200. pl St-Louis (04 66 53 73 00). qua e dom. www.ot-aiguesmortes.fr

O melhor acesso a esta cidade-fortaleza perfeitamente preservada é pelos pântanos salgados da Petite Camargue. Agora separada do mar por 5km, as imponentes fortificações deste porto importante no passado se tornaram uma experiência turística que vale visitar mais pelo conjunto do que por suas lojas. Aigues-Mortes (Águas Mortas) foi fundada por Luís XI no século XIII para consolidar seu poder no Mediterrâneo e erguida segundo um rígido sistema de construção. Subindo o **Tour de Constance**, chega-se aos muros retangulares que oferecem uma vista estupenda da Camargue.

**Arredores**
Atravessando-se as lagoas salgadas rumo ao norte, fica **St-Gilles-du-Gard**, também importante porto medieval no passado. Vale visitá-la pela fachada de sua igreja-abadia do século XII, magnificamente esculpida, fundada pelos monges da abadia de Cluny como santuário a São Gil e local de descanso na famosa rota de peregrinação a Santiago de Compostela *(pp. 400-1)*.

## Nîmes ㉕

*pp. 496-7.*

## Pont du Gard ㉖

Gard. 08 20 90 33 30. de Nîmes. www.pontdugard.fr

Não há fama que supere a primeira vista que se tem da Pont du Gard, uma construção de 2 mil anos. Os próprios romanos a consideravam o melhor testemunho da engenharia do Império Romano – com 49m de altura, esta foi a mais alta ponte construída por eles.

A Pont du Gard foi feita de enormes blocos de pedra, encaixados por um engenhoso sistema de roldanas. O substancial acúmulo de cálcio nas adutoras sugere que o aqueduto funcionou continuamente por 400 a 500 anos levando a água de Nîmes por 50km, a partir dos mananciais de **Uzès**. Esta cidade possui um mercado construído sob arcadas e torres medievais, inclusive a bela Tour Fenestrelle, do século XII. Há um museu ao lado (08 20 90 33 30).

Adutora — Para Nîmes →

Margem direita

**Inscrições romanas** incluem o relevo danificado de um falo, como símbolo de boa sorte.

**Algumas pedras** pesavam até 6t.

# Nîmes ㉕

O número um do mapa turístico de Nîmes é o ponto de ônibus projetado por Philipe Starck, a quem se devem também as obras na zona de pedestres. Nada surpreendente quando se percebe que a cidade está passando por um verdadeiro renascimento em termos de design. Os projetos arquitetônicos variam de residências bastante criativas a um brilhante complexo artístico. Tudo sob o comando de um dinâmico prefeito. Nîmes, importante rota do mundo antigo, é igualmente conhecida por suas antiguidades romanas. Entre elas, a que mais se destaca é o anfiteatro romano, o mais preservado de seu tipo. A cidade é famosa também por três festivais e pelas touradas. É uma boa época para visitar Nîmes, com seus museus, seu acervo arqueológico e a Cidade Velha, com as ruas estreitas e simpáticas praças.

**Arcos do anfiteatro romano**

## Nîmes Histórica

Nîmes sempre teve uma história turbulenta, tendo sofrido especialmente durante as Guerras Religiosas do século XVI, quando a românica **Cathédrale Notre-Dame et St-Castor** foi duramente atingida. Durante os séculos XVII e XVIII, a cidade prosperou com a produção têxtil, sendo o brim um dos produtos que mais se destacaram. Muitas das casas desse período foram restauradas, e exemplos elegantes podem ser notados na rue de l'Aspic, rue des Marchands e rue de Chapitre, na Cidade Velha. Logo na saída da cidade, fica o futurístico edifício de apartamentos **Nemausus I**.

O portão romano, a **Porte Augustus**, construído vinte anos antes do templo da **Maison Carrée**, foi no passado parte de um dos muros mais longos da cidade, em Gaul. Dos arcos originais que ainda restam, dois (grandes) eram para carroças e bigas e dois para pedestres.

Outro importante remanescente romano é o **Castellum**, onde a água chegava da Pont du Gard *(p. 495)* e era depois distribuída pela cidade por grossos tubos.

**Jarra do Musée Archéologique**

### 🌿 Jardin de la Fontaine
Quai de la Fontaine. ⬜ *diariam.* ♿

Quando os romanos chegaram em Nîmes, encontraram uma cidade estabelecida pelos gauleses, organizada em torno de uma nascente. Deram à cidade o

**Jardin de la Fontaine, com vista da cidade**

*Veja hotéis e restaurantes desta região nas pp. 588-90 e 643-6*

## PRINCIPAIS ATRAÇÕES

Carré d'Art/Musée d'Art Contemporain ⑥
Castellum ④
Cathédrale Notre-Dame et St-Castor ⑧
Jardin de la Fontaine ③
Les Arènes ⑩
Maison Carrée ⑤
Mont Cavalier ②
Musée Archéologique ⑨
Musée des Beaux-Arts ⑪
Porte Auguste ⑦
Tour Magne ①

LANGUEDOC-ROUSSILLON    497

nome do seu deus dos rios, Nemausus. Foram construídos jardins formais no século XVIII – resta uma rede de piscinas límpidas e terraços de pedra. Acima do jardim, no **Mont Cavalier**, há a **Tour Magne**, octogonal, parte importante dos muros romanos.

Escultura de Martial Raysse

### Maison Carrée
Place de la Maison Carrée.
*Tel 04 66 21 82 56.*
diariam.

Casa Quadrada, um nome muito prosaico para este templo romano, orgulho de Nîmes. Construído entre os séculos II e III d.C., é um dos mais bem preservados do mundo, com colunas coríntias de belas ranhuras e friso esculpido.

### Musée des Beaux-Arts
Rue Cité Foulc.
*Tel 04 66 67 38 21.* ter-dom.
1º jan, 1º mai, 1º nov, 11 nov, 25 dez.

Este museu abriga um acervo eclético de obras holandesas, francesas, italianas e flamengas – mais notadamente *Susana e os velhos*, de Jacopo Bassano, e *Bodas místicas de Sta. Catarina*, de Michele Giambono. O mosaico galo-romano *Bodas de Admetus*, descoberto em 1882, está no andar principal.

### Musée Archéologique
Musée d'Histoire Naturelle, 13 bis bd Amiral Courbet.
*Tel 04 66 76 74 80.*
ter-dom. 1º jan, 1º mai, 1º nov, 11 nov, 25 dez.

O acervo de antiguidades romanas – estátuas, cerâmicas, vidros, moedas e mosaicos – está agora no museu de história natural de Nîmes. Entre as peças expostas há menires da Idade do Ferro.

### Les Arènes
Bvd. des Arènes. *Tel 04 66 21 82 56.*
diariam. em dia de apresentação.

Todas as ruas levam ao anfiteatro Les Arènes. Construído no final do século I d.C., o desenho da arena oval e fileiras de bancos de pedra acomodam multidões de até 25 mil espectadores. Hoje voltou a ser usado e é perfeito para concertos, eventos esportivos e touradas.

**Legenda dos símbolos** *no final do guia*

### PREPARE-SE

Gard. 143.000. 12km sul-sudeste de Nîmes.
bd Talabot (SNCF: 36 35).
rue St-Félicité (0820 22 30 30). 6 rue Auguste (04 66 58 38 00). diariam.
Férias: de Pentecôte (Pentecostes), des Vendanges (set). www.ot-nimes.fr

Maison Carrée, agora um museu

### Carré d'Art/ Musée d'Art Contemporain
Pl de la Maison Carrée.
*Tel 04 66 76 35 35.*
ter-dom. 1º jan, 1º mai, 1º nov, 25 dez.

O complexo artístico de Nîmes, do arquiteto britânico Norman Foster, foi inaugurado em 1993. Cinco andares deste "templo" de aço e vidro, que foi construído em homenagem à Maison Carrée, são subterrâneos. O complexo abriga biblioteca, museu de arte contemporânea, enorme átrio de vidro e restaurante de cobertura. As 300 obras do acervo do museu cobrem os principais movimentos da arte da Europa dos anos 1960, inclusive trabalhos de Raysse, Boltanski e Lavier.

Tourada em Les Arènes, em Nîmes

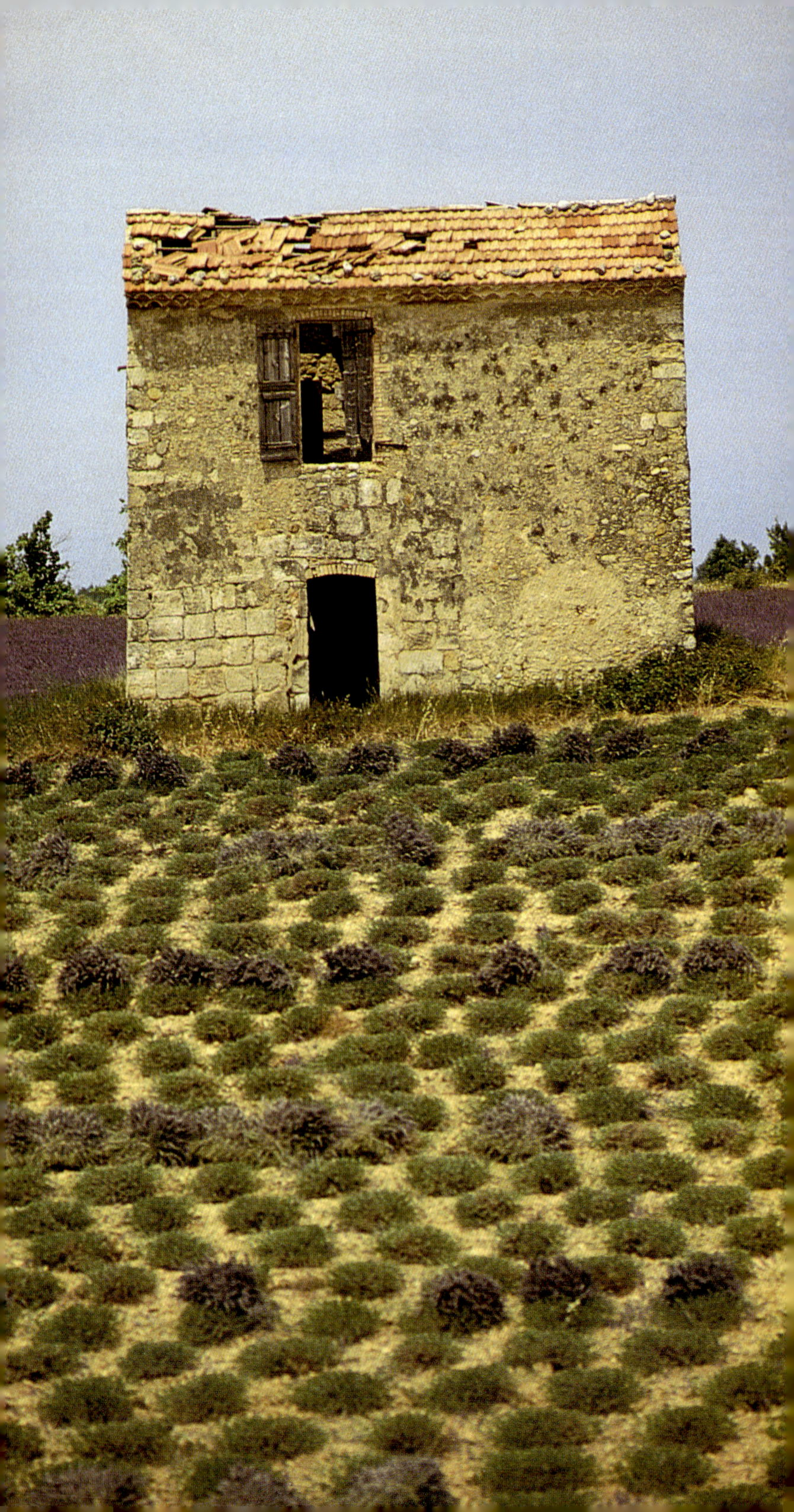

# PROVENÇA E CÔTE D'AZUR

BOUCHES-DU-RHÔNE · VAUCLUSE · VAR
ALPES-DE-HAUTE-PROVENCE · ALPES-MARITIMES

*Com suas colinas perfumadas de ervas e seus portos repletos de iates, a Provença é a região francesa que mais atiça a imaginação do visitante. A paisagem e a luz inspiraram artistas e escritores – de Van Gogh a Picasso, de Scott Fitzgerald a Pagnol.*

Os limites da Provença são definidos pela natureza: a oeste, o Ródano; ao sul, o Mediterrâneo; ao norte, onde terminam as oliveiras; e, a leste, os Alpes e uma fronteira que durante séculos ficou entre a França e a Itália. No interior, um terreno contrastante, com desfiladeiros, as planícies de Camargue, campos de alfazema e ótimas praias.

Visitantes deixaram sua marca. Em Orange e Arles, as construções da *província* romana ainda são utilizadas. Aldeias fortificadas como Eze foram construídas para resistir aos piratas sarracenos no século VI. No século XIX, europeus ricos procuravam calor no inverno na Riviera. Nos anos 1920, a alta sociedade passava lá o ano todo e suas vilas elegantes permanecem. A luz do sol cria sabores e cores intensas. Pimentas, alhos e azeitonas transformam as redes repletas de peixes do Mediterrâneo na vibrante síntese da cozinha provençal, a *bouillabaisse*.

A imagem da Provença banhada de sol é quebrada apenas quando o cortante vento mistral castiga a região. O vento forjou um povo tão forte quanto as oliveiras, pronto para aproveitar o máximo tão logo o sol volte a brilhar.

Cap Martin visto da aldeia de Roquebrune

◁ Campos de alfazema próximos às Gorges du Verdon

## Como Explorar a Provença

Esta região banhada de sol é o destino mais popular da França nos feriados. Os amantes do sol lotam as praias nos meses de verão. Há festivais de jazz, dança e ópera, touradas, cassinos e jogos de *boules*. O interior é um paraíso para os andarilhos e amantes da natureza, com planícies distantes, aldeias encravadas e desfiladeiros.

Promenade des Anglais, em Nice

### PRINCIPAIS ATRAÇÕES

- Aix-en-Provence ❶5
- Alpes-Maritimes ❹1
- Antibes ❷9
- Arles ❶3
- Avignon ❺
- Biot ❸1
- Cagnes-sur-Mer ❸2
- Camargue ❶4
- Cannes ❷7
- Cap d'Antibes ❷8
- Cap Ferrat ❸8
- Carpentras ❻
- Cassis ❶7
- Châteauneuf-du-Pape ❹
- Digne-les-Bains ❷3
- Èze ❸9
- Fontaine-de-Vaucluse ❼
- Fréjus ❷4
- Gordes ❽
- Gorges du Loup ❸3
- Grasse ❷6
- Hyères ❶9
- Îles d'Hyères ❷0
- Les Baux-de-Provence ❶1
- Luberon ❾
- Marseille ❶6
- Massif des Maures ❷1
- Menton ❹1
- Monaco ❹3
- Mont Ventoux ❶
- Nice ❸6
- Orange ❸
- Roquebrune-Cap-Martin ❹0
- St-Paul-de-Vence ❸5
- St-Raphaël ❷5
- St-Rémy-de-Provence ❶0
- St-Tropez ❷2
- Tarascon ❶2
- Toulon ❶8
- Vaison-la-Romaine ❷
- Vallauris ❸0
- Vence ❸4
- Villefranche-sur-Mer ❸7

*Legenda dos símbolos no final do guia*

## COMO CHEGAR

Nice tem o maior aeroporto da região. Pacotes incluindo voo e aluguel de carro são populares, embora mais recomendados para o turismo no interior. Normalmente, é possível evitar o trânsito da temporada nas rodovias de alta velocidade. As principais cidades litorâneas têm boas ligações por ônibus e trens. Bicicletas são alugadas na maioria das estações ferroviárias. A ferrovia vai de Nice a Digne-les-Bains, com belas paisagens. As montanhas têm estradas boas, mas sinuosas.

### LEGENDA

- Rodovia
- Estrada principal
- Estrada secundária
- Estrada local
- Percurso com paisagem
- Ferrovia principal
- Ferrovia local
- Fronteira internacional
- Fronteira regional
- △ Cume

**Belo cenário próximo à tranquila cidade-mercado de Forcalquier**

## Mont Ventoux ●

Vaucluse. ✈ *Avignon*. 🚆 *Avignon*.
🚌 *Carpentras*. ℹ *av de la Prom Saulten Provence (04 90 64 01 21).*

O nome significa "Montanha de Vento" em provençal. Uma variedade de fauna e flora é notada nas encostas mais baixas, mas somente o musgo sobrevive nos cumes, onde a temperatura de inverno cai a -27°C. O cume branco e sem vegetação dá a impressão de estar coberto de neve, mesmo no verão.

Aqui morreu, no Tour de France de 1967, o lendário ciclista britânico Tommy Simpson. Hoje uma estrada conduz ao cume com radio-farol, mas o passeio não deve ser feito com mau tempo. Com sol, a vista maravilhosa do alto compensa o esforço.

**Mosaico romano da Villa du Paon, em Vaison-la-Romaine**

## Vaison-la--Romaine ●

Vaucluse. 🏠 *6.100.* 🚆 ℹ *pl du Chanoine Sautel (04 90 36 02 11).* 🛒 *ter.* **www**.vaison-en-provence.com

Este local, às margens do Ouvèze, foi estabelecido na Idade do Bronze, mas seu nome surgiu há cinco séculos, como próspera cidade romana.

Embora a cidade do alto, dominada pelas ruínas de um castelo do século XII, tenha ruas estreitas e charmosas, casas de pedra e fontes, as principais atrações de Vaison estão no lado oposto do rio.

Hoje a **cidade romana** está dividida em dois distritos: Puymin e La Villasse. Em Puymin foram descobertos uma opulenta mansão, a Villa du Paon, e um teatro romano. Em 1992 o rio Ouvèze transbordou, tomando muitas vidas em Vaison e na área vizinha. Algumas ruínas foram danificadas, como a ponte romana, e estão sendo restauradas. Lá fica a românica **Cathédrale Notre--Dame-de-Nazareth**, com claustros medievais.

### 🏛 Roman City
Fouilles de Puymin e Musée Théo Desplans, pl du Chanoine Sautel. **Tel** *04 90 36 0211.* ⏰ *diariam.* ⏰ *jan-meados fev, 25 dez.*
🎫 📷 ♿ *restrito.* 🛒

## Orange ●

Vaucluse. 🏠 *30.000.* 🚆 🚌 ℹ *5 cours Aristide Briand (04 90 34 70 88).* 🛒 *qui.* **www**.otorange.fr

Orange é um próspero centro regional. Os campos, pomares e, principalmente, os grandes vinhedos do Vale do Rhône a tornam um importante mercado de produtos como uvas, azeitonas, mel e trufas. Os turistas devem explorar a área que cerca o Hôtel de Ville (século XVII), na qual belas ruas dão em praças tranquilas. Orange tem ainda dois dos maiores monumentos romanos da Europa.

### 🏛 Roman Theatre
Rue Madeleine-Roch. **Tel** *04 90 51 17 60.* ⏰ *diariam.* 🎫 📷 *entrada válida para Musée d'Orange.* ♿ *lim.* 🛒 📷
Do reinado de Augusto (século I d.C.), este bem preservado teatro possui acústica perfeita. Ainda é usado como local para concertos e peças de teatro. A parede de trás mede 36m de altura e 103m de largura. Em 2006, um imenso teto de vidro construído bem acima do teatro de modo a não afetar a acústica substituiu o teto original que havia sido destruído por um incêndio.

**Estátua de César Augusto no Teatro Romano, em Orange**

### 🏛 Triumphal Arch
Avenue de l'Arc de Triomphe.
O monumento de arcos triplos foi construído por volta de 20 d.C., com cenas de batalha e troféus militares. Inscrições sobre a glória de Tibério vieram depois.

### 🏛 Musée d'Orange
Rue Madeleine-Roch. **Tel** *04 90 51 17 60.* ⏰ *diariam.* 📷
Mostra a presença romana em Orange, incluindo mais de 400 fragmentos de mármore, cujo mais antigo data do reino do imperador Vespasiano, no século I a.C.

## Châteauneuf-du--Pape ●

Vaucluse. 🏠 *2.100.* 🚆 *Sorgues, depois táxi.* ℹ *pl du Portail (04 90 83 71 08).* 🛒 *sex.* **www**.paysprovence.fr

Aqui, no século XIV, os papas de Avignon resolveram construir um novo castelo *(château neuf)* e plantar os vinhedos dos quais é produzido um dos

**Vista através dos vinhedos Châteauneuf-du-Pape**

*Veja hotéis e restaurantes desta região nas pp. 590-4 e 646-50*

melhores vinhos dos Côtes du Rhône. Agora quase todas as portas desta bela cidadezinha parecem dar na adega de um *vigneron* (vinhateiro).

Após as Guerras Religiosas *(pp. 52-3)* tudo o que restou da fortificação papal foram alguns fragmentos das paredes e da torre. Mas as ruínas são fantásticas e oferecem linda vista em direção a Avignon e às terras altas de Vaucluse. Há vários festivais de vinho, como a Fête de la Véraison, em agosto *(p. 38)*, quando as uvas começam a amadurecer, e o Ban des Vendages, em setembro, quando as uvas estão prontas para a colheita.

## Avignon ❺

Vaucluse. 90.000. 41 cours Jean Jaurès (04 32 74 32 74). ter-dom. *Festival d'Avignon (3 semanas jul)* www.avignon-tourisme.com

Muralhas cercam uma das mais fascinantes cidades do sul da França. O enorme **Palais des Papes** *(pp. 504-5)* é a atração dominante, mas a cidade tem outras riquezas. Ao norte fica o **Musée du Petit Palais** (século XIII), no passado residência do arcebispo de Avignon. Agora um museu expõe escultura românica e gótica, quadros medievais de Avignon e escolas italianas, com obras de Botticelli e Carpaccio.

A rue Joseph-Vernet e a rue du Roi-René são ladeadas por muitas casas esplêndidas dos séculos XVII e XVIII. Há também notáveis Igrejas, como a **Cathédrale Notre-Dame-des-Doms**, com sua cúpula românica, e a **Église St-Didier**, do século XIV. O **Musée Lapidaire** contém estátuas, mosaicos e esculturas da Provença pré-romana. O **Musée Calvet** exibe uma diversidade de coisas, como achados romanos e peças de ferro rústico, além de oferecer uma visão geral da arte francesa dos últimos 500 anos, com obras de Rodin, Utrillo e Dufy.

Duas grandes coleções de arte moderna e contemporânea, as do **Musée Angladon** e da **Collection Lambert**, entraram no cenário cultural da cidade. O primeiro tem trabalhos de Van Gogh, Cézanne e Modigliani, e o segundo apresenta arte conceitual e minimalista.

A place de l'Horloge é o centro da vida social de Avignon, com cafés na calçada e um carrossel datado de 1900. Uma das ruas mais bonitas é a rue des Teinturiers. Até o século XIX, a chita em padrões alegres, chamados *indiennes*, era estampada aqui,

**Pont St-Bénézet e o Palais des Papes, em Avignon**

**Apresentação ao ar livre no Festival de Avignon**

inspirando os padrões provençais de hoje.

A **Pont St-Bénézet**, famosa ponte do século XII, foi quase toda destruída por enchentes que ocorreram em 1668. As pessoas dançavam na ilha sob a ponte, mas com o tempo, como diz a famosa canção, *sous* (sob) tornou-se *sur* (sobre).

O **Festival de Avignon** é o maior da França e inclui balé, teatro e concertos. O Festival Off apresenta 600 companhias de todas as áreas do *show business*.

**🏛 Musée du Petit Palais**
Pl du Palais. **Tel** 04 90 86 44 58. qua-seg. 1º jan, 1º mai, 25 dez. www.petit-palais.org

**🏛 Musée Lapidaire**
27 rue de la République. **Tel** 04 90 86 33 84. qua-seg. 1º jan, 1º mai, 25 dez.

**🏛 Musée Calvet**
65 rue Joseph Vernet. **Tel** 04 90 86 33 84. qua-seg. 1º jan, 1º mai, 25 dez.
limitado. www.musee-calvet.org

# Palais des Papes

Em decorrência de um conflito de facções da Igreja em Roma e incentivado pelo ardiloso Filipe IV, da França, o papa Clemente V transferiu a corte papal para Avignon em 1309. Aqui permaneceu até 1377, período em que seus sucessores transformaram o modesto prédio episcopal em um magnífico palácio. Sua fortificação foi vital na defesa contra bandos de mercenários. Atualmente não tem o luxo da vida da corte do século XIV e quase todo o mobiliário e as obras de arte foram saqueados ou destruídos com o passar dos séculos.

**Papa Clemente VI (1342-52)**

**O claustro de Benedito XII** inclui alas de hóspedes e funcionários e a capela beneditina.

Torre Trouillas

Campanário

**Arquitetura militar**
*O palácio e suas dez torres foram projetados como forte imbatível. No fim, cobria uma área de 15 mil m².*

### OS PAPAS DE AVIGNON

Sete papas "oficiais" reinaram em Avignon até 1377. Foram seguidos de dois "antipapas". O último, Benedito XIII, fugiu em 1403. Papas ou antipapas, poucos ficaram conhecidos por sua santidade. Clemente V morreu comendo esmeraldas em pó, prescritas como cura para indigestão. Clemente VI (1342-52) julgava que o luxo era a melhor forma de honrar a Deus. Petrarca ficou chocado com a "torpeza do universo" na corte papal. Em 1367, Urbano V tentou fazer com que a Cúria voltasse a Roma, o que ocorreu em 1377.

Torre La Gache
Torre de Canto
Portão Champeaux

**Benedito XII (1334-42)**

★ **Hall do Consistório**
*Os afrescos de Simone Martini (1340) saíram da catedral para substituir obras destruídas pelo fogo na recepção, em 1413.*

*Veja hotéis e restaurantes desta região nas pp. 590-4 e 646-50*

## PROVENÇA E CÔTE D'AZUR

### PREPARE-SE

Pl du Palais, Avignon.
**Tel** 04 90 27 50 00.
nov-meados mar: 9h30-17h45; meados mar-out: 9h-18h30; (jul-set: 9h-20h). Última admissão: 1h antes de fechar.
www.palais-des-papes.com

### O poder papal
*Mais parecendo a cidadela de um senhor da guerra do que um palácio papal, a fortificação reflete o clima inseguro da vida religiosa do século XIV.*

Torre dos Anjos

Aposentos do papa

### ★ Sala dos Alces
*Afrescos sobre caça e azulejos (século XIV) tornam a sala de Clemente VI a mais bonita do palácio.*

Grande pátio

### A CONSTRUÇÃO DO PALÁCIO

O palácio compreende o Palais Vieux (1334-42), simples, de Benedito XII, e o luxuoso Palais Neuf, de Clemente VI (1342-52). Dez torres, algumas com mais de 50m de altura, situadas nos muros, protegem suas quatro alas.

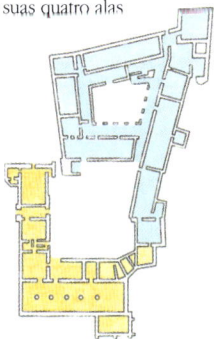

**A Grande Capela** tem 20m de altura, cobrindo uma área de 780m².

**O Hall de Audiências** é dividido em duas naves por cinco colunas com esculturas de animais em seus capitéis.

### PONTOS ALTOS

★ Sala do Consistório

★ Sala dos Alces

### LEGENDA

☐ Por Benedito XII (1334-42)

☐ Por Clemente VI (1342-52)

## Carpentras ❻

Vaucluse. 29.000.
**i** Maison de Pays 97 pl du 25 Août 1944 (04 90 63 00 78). sex.
www.carpentras-ventroux.com

Em 1320, Carpentras se tornou capital do condado papal de Venaissin e assim foi até 1791. Modernos bulevares substituem as antigas muralhas, restando apenas um portão original, a Porte d'Orange.

Na Idade Média, a cidade abrigava uma grande comunidade judaica. A **sinagoga** de 1367 é a mais antiga da França. O santuário foi restaurado.

Embora não perseguidos abertamente pelo poder papal, muitos judeus trocaram de fé, entrando para a **Cathédrale St-Siffrein** pelo Porte Juivre (Portão dos Judeus).

Os tribunais foram construídos em 1640 como palácio episcopal. A corte penal tem tabuletas entalhadas do século XVII das cidades locais. Na farmácia do Hôtel-Dieu os armários do século XVIII têm pinturas de figuras singulares. Mais arte e história regionais estão no **Musée Comtadin**.

**⭐ Sinagoga**
Pl de la Mairie. **Tel** 04 90 63 39 97.
seg.-sex. festas judaicas.

**🏛 Musée Sobirats**
Rue du Collège. **Tel** 04 90 63 04 92. qua.-seg. out-mar e feriados.

A margem do rio e uma roda-d'água, em Fontaine-de-Vaucluse

## Fontaine-de--Vaucluse ❼

Vaucluse. 650. **i** chemin du Gouffre (04 90 20 32 22).
www.oti-delasorgue.fr

A principal atração aqui é o manancial do rio Sorgue. É o mais forte da França, jorrando até 90 mil litros por segundo de um rio subterrâneo no pé de uma colina. Essa força movimenta a Moulin à Papier Vallis Clausa, uma fábrica que produz papel artesanal empregando as mesmas técnicas que eram usadas no século XV e hoje vende mapas, desenhos e luminárias. Há também diversos museus. Um é dedicado ao poeta Petrarca, que aqui viveu e escreveu, e o outro à Resistência francesa na Segunda Guerra Mundial.

## Gordes ❽

Vaucluse. 2.100. **i** pl du Château (04 90 72 02 75). ter.
www.gordes-village.com

São muitas as aldeias suspensas localizadas na região da Provença, mas esta é a que atrai mais visitantes. Dominada por um château do século XVI, forma um todo muito harmonioso. As curvas vielas medievais ficam no alto da montanha.

Logo ao sul, encontra-se o **Village des Bories**, um hábitat primitivo. *Bories* são pequenas cabanas em forma de colmeias, construídas de pedras secas sobrepostas. Acredita-se que tais técnicas de construção tenham origem na época neolítica. O conjunto foi habitado do século XVI ao início do século XX.

A **Abbaye de Sénanque**, ao norte de Gordes, é um dos monastérios românico-cistercienses mais belos da França.

**🏰 Château de Gordes**
*Tel* 04 90 72 02 75. diariam. 1º jan, 25 dez.

**🏠 Village des Bories**
Rte de Gorde. **Tel** 04 90 72 03 48. diariam. 1º jan, 25 e 31 dez.

## Luberon ❾

Vaucluse. ✈ Avignon. 🚌 Cavaillon, Avignon. Apt. **i** (04 90 71 32 01). (Cavaillon) www.cavaillon-luberon.fr

Uma enorme cadeia calcária, a Montagem du Luberon é uma das mais atraentes regiões da Provença. Erguendo--se a 1.125m, combina espaços selvagens e inabitados

Aldeia suspensa de Gordes

*Veja hotéis e restaurantes desta região nas pp. 590-4 e 646-50*

com pitorescas aldeias. Quase toda a área virou parque natural. Nele há mais de mil espécies de plantas e magníficas florestas de cedro e carvalho. A vida selvagem é variada, com águias, abutres, cobras, castores, porcos selvagens e os maiores lagartos da Europa.

No passado conhecidas como antro de assaltantes da estrada, as colinas de Luberon agora têm suntuosas residências de verão. A aldeia principal é **Bonnieux**, com sua igreja do século XII e muralhas do século XIII. Populares também são as aldeias de **Roussillon**, com edificações em vermelho ocre; **Lacoste**, com as ruínas do castelo do mal-afamado marquês de Sade; e **Ansuis**, com sua Église St-Martin do século XIV. **Ménerbes** atraiu o escritor Peter Mayle, cujos contos levaram a esta região pessoas do mundo inteiro.

**Ervas em St-Rémy-de-Provence**

## St-Rémy-de--Provence ❿

Bouches-du-Rhône. 10.700. pl Jean Jaurès (04 90 92 05 22). qua. www.saintremy-de-provence.com

Durante muito tempo, St-Rémy, com seus bulevares arborizados, fontes e ruas estreitas, teve dois motivos para fama. Vincent van Gogh passou um ano aqui, em 1889-90, no hospital St-Paul-de-Mausole. *Campo de trigo com ciprestes* e *Desfiladeiro* estão entre as obras que ele produziu aqui. St-Rémy foi também a cidade natal de Nostradamus, conhecido por suas profecias místicas. Mas, em 1921, St-Rémy encontrou nova fama quando arqueólogos escavaram as ruínas romanas em **Glanum**. Pouco resta da antiga cidade, saqueada em 480 d.C. pelos godos, mas o local impressiona. Perto das ruínas do arco romano há fundações de construções e um mausoléu com cenas da morte de Adônis.

🏛 **Glanum**
Tel 04 90 92 23 79. abr-ago: diariam; set-mar: ter-dom. 1º jan, 1º mai, 1º e 11 nov, 25 dez. www.glanum-monuments-nationaux.fr

## Les Baux-de--Provence ⓫

Bouches-du-Rhône. 480. Arles. La Maison du Roy (04 90 54 34 39). www.lesbauxdeprovence.com

Um dos lugares mais estranhos da Provença, a abandonada cidadela de Les Baux ergue-se como extensão natural de um grande planalto rochoso. O castelo em ruínas e casas antigas têm vista para o Val d'Enfer (Vale do Inferno), com suas estranhas rochas.

Na Idade Média, Les Baux abrigou poderosos senhores feudais que diziam descender do rei Baltasar. Era a mais famosa das Cours d'Amour provençais, nas quais trovadores louvavam as damas bem--nascidas. O ideal do amor na corte, eterno mas não correspondido, contrasta com a natureza guerreira dos senhores da cidadela.

A glória de Les Baux terminou em 1632. Tornara-se uma fortaleza protestante e Luís XIII ordenou sua destruição. As ruínas do **Château de Baux de Pro-**

**Cidadela medieval abandonada de Les Baux-de-Provence**

**vence** lembram o passado turbulento e oferecem vista espetacular. A aldeia sobrevivente abaixo tem uma pracinha, a **Église-St-Vincent** – do século XII – e a **Chapelle des Pénitents Blancs**, decorada pelo artista Yves Brayer. Veja o trabalho dele no **Musée Yves Brayer**.

Em 1821 a bauxita foi descoberta aqui, e recebeu o nome da cidade. Os depósitos foram intensamente explorados até se esgotarem, no início do século XX.

No sudoeste ficam as ruínas da **Abbaye de Mont-majour**, com sua igreja românica do século XII com cripta circular.

**Desfile do Tarasque, 1850**

## Tarascon ⓬

Bouches-du-Rhône. 14.000. Les Panaromiques, Av de la République (04 90 91 03 52). ter e sex. www.tarascon.org

Segundo a lenda, a cidade deve seu nome ao *tarasque*, monstro meio animal, meio peixe que aterrorizava o interior e que foi domesticado por santa Marta, sepultada na igreja daqui. Uma efígie do *tarasque* ainda desfila pelas ruas em junho (p. 37).

O **Château do Roi René**, do século XV, nas margens do Ródano, é a grande atração de Tarascon. Um dos melhores exemplos da arquitetura gótica militar da Provença, seu exterior sombrio não dá nenhuma indicação da beleza no interior: o pátio gótico flamengo, a escadaria em espiral e tetos pintados da sala de banquetes.

Na margem oposta fica Beaucaire, com seu castelo em ruínas cercado por jardins.

🏛 **Château du Roi René**
Bd du Roi René. Tel 04 90 91 01 93. diariam. alguns feriados.

# Arles ⓭

Poucas cidades da Provença combinam tão bem todos os charmes da região. Sua posição no Ródano a torna um portão natural e histórico para Camargue *(pp. 510-1)*. Suas ruínas romanas, como a arena e as termas de Constantino, são completadas pelos muros ocre e construções com telhas romanas. Baluarte da tradição e cultura provençal, seus museus estão entre os melhores da região. Van Gogh passou algum tempo aqui em 1888-9, mas Arles não é mais a cidade industrial que ele pintou. O turismo é seu principal negócio, e as atrações vão do Festival de Arles às touradas.

**Imperador Constantino**

**O Palais Constantine** foi no passado um grande palácio imperial. Agora restam apenas suas termas romanas, do século IV a.C. Notavelmente preservadas, dão uma ideia do luxo desfrutado por seus frequentadores.

**Musée Réattu**
*Este museu, no antigo quartel-general dos Cavaleiros de Malta, abriga esboços satíricos de Picasso, quadros do artista local Jacques Réattu (1760-1833) e esculturas de Ossip Zadkine, inclusive* A grande odalisca *(1932), acima.*

**Museon Arlaten**
*Em 1904, o poeta Frédéric Mistral utilizou o dinheiro de seu Prêmio Nobel para instalar este museu dedicado à sua amada Provença natal. Partes do acervo estão dispostas em cenários e até os funcionários do museu vestem a roupa tradicional de Arles.*

**Hôtel de Ville e entrada dos Cryptopórticos**

**O Espace Van Gogh**, no antigo hospital em que o artista foi tratado em 1889, é um centro cultural de sua obra.

**★ Église St-Trophime**
*Esta igreja combina um exterior nobre românico do século XII com magníficos claustros românicos e góticos. O portal principal é esculpido com santos e apóstolos.*

**Informação turística**

0 m        100

*Veja hotéis e restaurantes desta região nas pp. 590-4 e 646-50*

## LES ALYSCAMPS

Uma avenida com três fileiras de tumbas medievais em ruínas é o ponto principal destes "Campos Elíseos", no sudeste de Arles. Tornou-se cristã no século IV e foi um prestigiado cemitério até o século XII. Alguns sarcófagos foram vendidos e estão em museus, outros foram negligenciados. Mencionada no *Inferno*, de Dante, pintada por Van Gogh e Gauguin, é local de introspecção e inspiração.

*Les Alyscamps*, de Gauguin

## PREPARE-SE

Bouches-du-Rhône. 53.000. 25km noroeste de Arles. av Paulin Talabot. bd des Lices (04 90 18 41 20). qua e sáb. *Arles Festival (jul); Prémice du Riz (set).* **Musée Réattu** ter-dom. 1º jan, 1º mai, 1º nov, 25 dez. **Museon Arlaten** para reformas até 2014. www.museonarlaten.fr

### ★ Anfiteatro romano
*Este é um dos mais preservados monumentos da Provença romana. Cada arco é sustentado por colunas dóricas e coríntias. No verão há touradas na arena, que tem 21 mil lugares. A fileira superior oferece uma bela vista de Arles.*

Para estações de trem e ônibus

**Notre-Dame-de-la-Major** é a igreja onde os *gardians* (vaqueiros) de Camargue celebram a festa de seu santo padroeiro, São Jorge. Embora este prédio date dos séculos XII ao XVII, houve um templo romano neste local centenas de anos antes.

### ★ Teatro romano
*Um forte no passado, suas pedras foram usadas em outras construções. Hoje o teatro apresenta o Festival de Arles. Suas colunas restantes são chamadas de "duas janelas".*

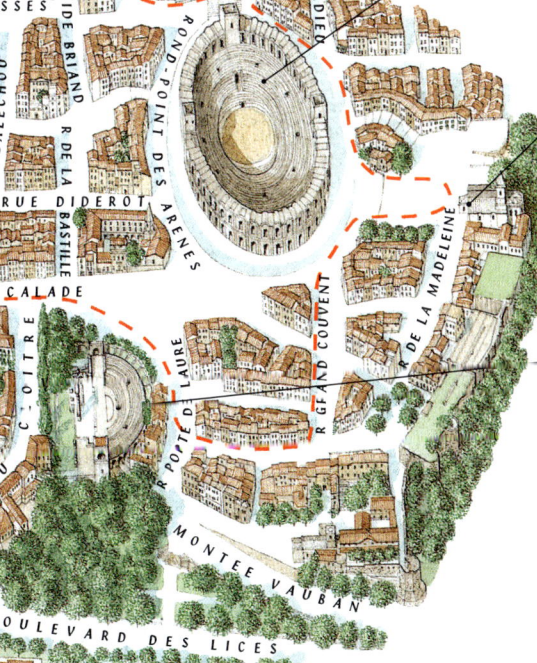

## PONTOS ALTOS
- ★ Anfiteatro romano
- ★ Teatro romano
- ★ Église St-Trophime

## LEGENDA
- - - - Percurso sugerido

## Camargue ⑭

O delta do Ródano formou os 112 mil hectares de pântanos, pastos, dunas e planícies salgadas que constituem a Camargue, mas é necessário muito esforço humano para sua preservação. A região agora mantém um frágil equilíbrio ecológico, com uma flora – incluindo tamargas e narcisos – e uma fauna – como a garça-real e o íbis – únicas. Os pastos servem às ovelhas, ao gado e aos pequenos cavalos árabes brancos, montados pelos *gardians* ou vaqueiros, uma comunidade forte que tradicionalmente vivia em cabanas de sapê *(cabanes)* e que ainda hoje faz sua parte, mantendo vivas as tradições da Camargue.

**O típico gardian**

**Pôr do sol sobre a Camargue**

### Touros negros
Na tourada provençal (course), os animais não são mortos. Um laço vermelho em forma de rosa é puxado com um gancho entre os chifres do touro.

### Les Stes-Maries-de-la-Mer
*A peregrinação cigana de maio a esta igreja fortificada marca a chegada lendária por barco, em 18 d.C., de Maria Madalena, santa Marta e a Virgem Maria. As estátuas da igreja retratam o evento.*

### Flamingos
*Estas aves vistosas são sempre associadas à Camargue, mas a região apresenta outras espécies diferentes, inclusive garças, martins-pescadores, corujas e aves de rapina. A área ao redor de Ginès é o melhor lugar para observá-las.*

Veja hotéis e restaurantes desta região nas pp. 590-4 e 646-50

## PREPARE-SE

Bouches-du-Rhône. ✈ Montpellier-Méditerranée 90km a leste. 🚆 🚌 av Paulin Talabot, Arles. 🛈 5 av Van Gogh, Saintes-Maries-de-la-Mer. **Tel** 04 90 97 82 55. 🎉 *Les Pèlerinages* (fim mai, fim out); *Festival du Cheval* (14 jul). **Musée Baroncelli**, rue Victor Hugo, Saintes-Maries-de-la Mer. **Tel** 04 90 97 87 60. ⏰ até novo aviso. Ligar para obter maiores informações. 🌐 www.saintesmaries.com

## LEGENDA

— Limites da reserva ecológica
- - - Percurso para caminhada
- - - Para caminhada e bicicleta

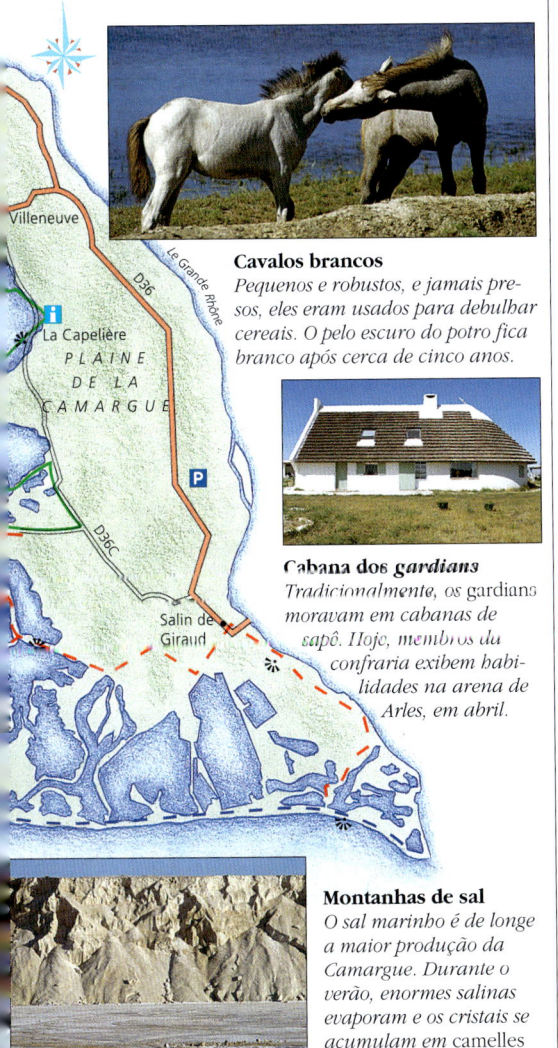

### Cavalos brancos
*Pequenos e robustos, e jamais presos, eles eram usados para debulhar cereais. O pelo escuro do potro fica branco após cerca de cinco anos.*

### Cabana dos gardians
*Tradicionalmente, os gardians moravam em cabanas de sapê. Hoje, membros da confraria exibem habilidades na arena de Arles, em abril.*

### Montanhas de sal
*O sal marinho é de longe a maior produção da Camargue. Durante o verão, enormes salinas evaporam e os cristais se acumulam em camelles de até 8m de altura.*

# Aix-en-Provence ⓯

Bouches du Rhône. 👥 135.000. 🚆 🚌 🛈 2 place du Général-de-Gaulle (04 42 16 11 61). 🛒 diariam. www.aixenprovencetourism.com

Fundada pelos romanos em 103 a.C., Aix foi frequentemente atacada, primeiro pelos visigodos, em 477 d.C., depois pelos lombardos, francos e sarracenos. Apesar disso, a cidade prosperou. No final do século XII foi a capital da Provença. Centro de arte e aprendizado, atingiu seu auge no século XV, no reinado do "Bom Rei" René, apresentado em obra de Nicolas Froment na **Cathédrale de St-Sauveur**, do século XIII, também famosa por suas portas de nogueira, seu batistério merovíngio e seus claustros românicos do século XVI.

Aix ainda é um centro das artes e de estudos e seus muitos museus incluem o **Musée Granet**, de belas-artes e arqueologia, e o **Musée des Tapisseries**, de tapeçarias, no Palais de l'Archevêché, local do Festival de Aix *(p. 37)*.

Aix é chamada de "a cidade das mil fontes". Três das melhores situam-se ao longo do cours Mirabeau. De um lado desta avenida há construções dos séculos XVII e XVIII com portas esculpidas e sacadas de ferro batido; do outro, os cafés, parte da vida social local. A Cidade Velha situa-se na place de l'Hôtel de Ville, com seu mercado de flores. A noroeste, o **Pavillon de Vandôme** abriga mobília e obras de Van Loo. Paul Cézanne nasceu aqui em 1839. O **Atelier de Cézanne** é mantido intacto desde seu falecimento, em 1906. O monte, Ste-Victoire, que inspirou muitos de seus quadros, fica 15km a leste.

### 🏛 Musée Granet
Pl St-Jean de Malte. **Tel** 04 42 52 88 32. ⏰ ter-dom. ⏰ 1º jan, 1º mai, 25 dez. 🎟 📷 ♿

### 🏛 Musée des Tapisseries
28 pl des Martyrs de la Résistance. **Tel** 04 42 23 09 91. ⏰ qua-seg. ⏰ jan. 🎟 📷

### 🏛 Atelier Cézanne
9 av Paul Cézanne. **Tel** 04 42 21 06 53. ⏰ diariam. ⏰ dez-fev: dom; alguns feriados. 🎟 📷
www.atelier-cezanne.com

Velho porto de Marselha, com vista para o quai de Rive Neuve

## Marseille ⓰

Bouches-du-Rhône. 900.000. 4 La Canebière (08 26 50 05 00). diariam.
www.marseille-tourisme.com

Povoado grego, fundado no século VII a.C., então chamado Massilia, Marselha foi cercada pelos romanos em 49 a.C. Tornou-se a "porta para o oeste" para boa parte do comércio oriental. O maior porto e a animada segunda maior cidade da França, possui ligações com o Oriente Médio e a África.

Ruas estreitas, praças tranquilas e belas fachadas do século XVIII contrastam com a agitação do boulevard Canebière e da Cité Radieuse, o complexo residencial radical de Le Corbusier.

O velho porto agora recebe apenas pequenas embarcações, mas seu mercado diário de peixes é famoso.

Marselha tem vários museus excelentes. Entre os da área do velho porto estão o **Musée des Docks Romains**, o **Musée d'Histoire de Marseille**, o **Musée de Vieux Marseille** e o **Musée de la Mode**.

O **Musée Cantini**, ao sul, abriga o acervo de arte do século XX pertencente ao escultor Jules Cantini. Inclui pinturas surrealistas, cubistas e fauvistas.

No lado oposto da cidade, fica o **Musée Grobet-Labadié**, com mobiliário, tapeçaria e instrumentos musicais raros.

Marselha possui uma extensa rede de bondes e criou um sistema de aluguel de bicicletas que permite às pessoas apanhar o veículo em um ponto da cidade e devolver em outro.

### 🏛 Musée des Beaux-Arts
Palais Longchamp, pl Aile Gauche.
**Tel** 04 91 14 59 30. ter-dom. até fim de 2012.
Este museu fica no belo Palais Longchamp. Entre as obras está a visão gráfica de Michel Serre sobre a praga em Marselha (1721), planos para a cidade de Pierre Puget e murais ilustrando as eras grega e romana.

### ⚓ Château d'If
**Tel** 04 91 59 02 30. abr-ago: diariam; set-mar: ter-dom.
O Château d'If encontra-se em uma pequena ilha 2km a sudoeste do porto. O forte foi construído em 1529 para guardar a artilharia, mas nunca foi usado militarmente, tornando-se posteriormente uma prisão. O livro de Alexandre Dumas *O conde de Monte Cristo* é passado aqui, e os turistas podem ver uma cela especial, completa, com um buraco de fuga. A maioria dos verdadeiros presos era de criminosos comuns ou prisioneiros políticos.

### 🏛 Notre-Dame-de-la-Garde
Construída entre 1853 e 1864, esta basílica neobizantina domina a cidade. Seu campanário, com 46m de altura, tem no alto uma enorme estátua dourada da Virgem. O interior luxuosamente decorado contém revestimentos de mármore e mosaicos coloridos.

### 🏛 Abbaye de St-Victor
De aparência semelhante a um forte, a abadia foi reconstruída no século XI, depois de destruída pelos sarracenos. Na Revolução Francesa, os rebeldes a utilizaram como quartel e prisão. Há uma cripta curiosa na igreja da abadia com uma capela original de catacumbas e diversos sarcófagos cristãos e pagãos. Todos os anos, em 2 de fevereiro, St-Victor se torna um lugar de peregrinação. Bolos em forma de barcos são vendidos para celebrar a lendária chegada de Santa Maria Madalena, São Lázaro e Santa Marta há 2 mil anos.

### 🏛 Cathédrale de la Major
Em estilo neobizantino, é a maior igreja francesa do século XIX (141m de comprimento e 70m de altura). Os túmulos dos bispos de Marselha ficam na cripta. Ao lado, fica a pequena

A Cité Radieuse, de Le Corbusier, em Marselha

*Veja hotéis e restaurantes desta região nas pp. 590-4 e 646-50*

Mercado de peixe, em Marselha

e bela Ancienne Cathédrale de la Major.

#### Vieille Charité
Rue de la Charité. **Tel** 04 91 14 58 80. ter-dom. feriados.
Em 1640, a construção de um abrigo "para os pobres e mendigos" de Marselha começou por decreto real. Cem anos depois, o hospital de Pierre Puget e a igreja abobadada foram abertos. Agora o prédio restaurado abriga o Musée d'Archéologie Egyptienne, com seu belo acervo de artefatos egípcios. No segundo andar fica o Musée des Arts Africains.

## Cassis ⓱

Bouches-du-Rhône. 8.000.
quai Moulins, Le Port (08 92 25 98 92). qua e sex. www.ot-cassis.com

Muitas das aldeias ao longo da costa foram reconstruídas, a ponto de perderem seu encanto natural, mas Cassis ainda se mantém como o pequeno porto pesqueiro que atraiu artistas como Dufy, Signac e Derain. Este é um local para se relaxar em um café à beira d'água, observando os pescadores ou artistas de rua, enquanto se saboreia um prato de frutos do mar e uma garrafa do vinho branco seco local, pelo qual Cassis é conhecida.

De Marselha a Cassis, o litoral forma estreitas enseadas, as **calanques**, com penhascos irregulares (alguns com 400m de altura) refletidos em ofuscante água turquesa. A vida selvagem é abundante, com muitas aves marinhas, raposas, martas, morcegos, grandes cobras e lagartos. A flora não fica atrás: são mais de 900 espécies de plantas, 50 delas classificadas como raras. As calanques de En-Vau e Sorminou são especialmente lindas.

## Toulon ⓲

Var. 170.000. Pl. Louis-Blanc (04 94 18 53 00). ter-dom. www.toulontourisme.com

Base naval, foi capturada por uma esquadra anglo-espanhola em 1793, mas audaciosamente tomada de volta pelo então desconhecido e jovem comandante Napoleão Bonaparte. O **Musée National de la Marine** é o centro dessa história. O **Musée d'Art de Toulon**, em um edifício renascentista, possui obras do fauvismo, minimalismo e realismo. A torre da antiga prefeitura é tudo o que resta do quai Cronstad anterior à guerra (reconstruído com o nome de quai Stalingrad). Na Cidade Velha há poucos prédios originais. O mercado de peixe pela manhã vale a visita.

#### Musée National de la Marine
Pl Monsenergue. **Tel** 04 94 02 02 01. diariam. ter (set-jun), 1º mai, 25 dez. restrito.
www.musee-marine.fr

#### Musée d'Art de Toulon
113 bd Maréchal Leclerc. **Tel** 04 94 36 81 00. ter-dom. jan, feriados.

Cap Canaille, de Paul Signac, pintado em Cassis, em 1889

## As Gorges du Verdon

As Gorges du Verdon apresentam um dos cenários mais impressionantes da Europa. O rio Verdon, escuro e verde, corre por um vale profundo de rochas retorcidas e picos em forma de cones. Em certos pontos, os desfiladeiros alcançam profundidades de 700m, passando por terras desabitadas entre o enorme anfiteatro natural de Moustiers-Ste-Marie e as ruas estreitas de Castellane. Não deixe de ver os Balcons de la Mescla (além da Pont de l'Artuby) e o Point Sublime. Vale desviar para o sudoeste de Moutier, passando pelo Musée de Préhistoire, em Quinson.

**Vista do desfiladeiro do Verdon**

**Aiguines ③**
Esta aldeia tem um atraente château do século XVII, com quatro torres. Daqui, tem-se uma bela vista do lago de Sainte Croix, artificial.

## Hyères ⓳

Var. 54.000.
av Ambroise Thomas (04 94 01 84 50). www.hyeres-tourisme.com
ter-dom.

Por volta do fim do século XVIII, Hyères tornou-se um dos primeiros balneários de tratamento de saúde da Côte d'Azur. Entre seus visitantes, contaram-se a rainha Vitória e os escritores Robert Louis Stevenson e Edith Wharton, no século XIX.

As principais atrações estão nas ruas medievais da Vieille Ville, que conduzem pela ampla place Massillon pavimentada com lajes de pedra a um castelo em ruínas e a uma vista panorâmica da costa.

A moderna Hyères mantém um charme da Belle Époque que a tornou procurada pelos cineastas amadores. Continua atraindo pessoas voltadas para a saúde e é importante centro de esportes aquáticos.

**Pesca ao largo de Porquerolles, a maior das Îles d'Hyères**

*Veja hotéis e restaurantes desta região nas pp. 590-4 e 646-50*

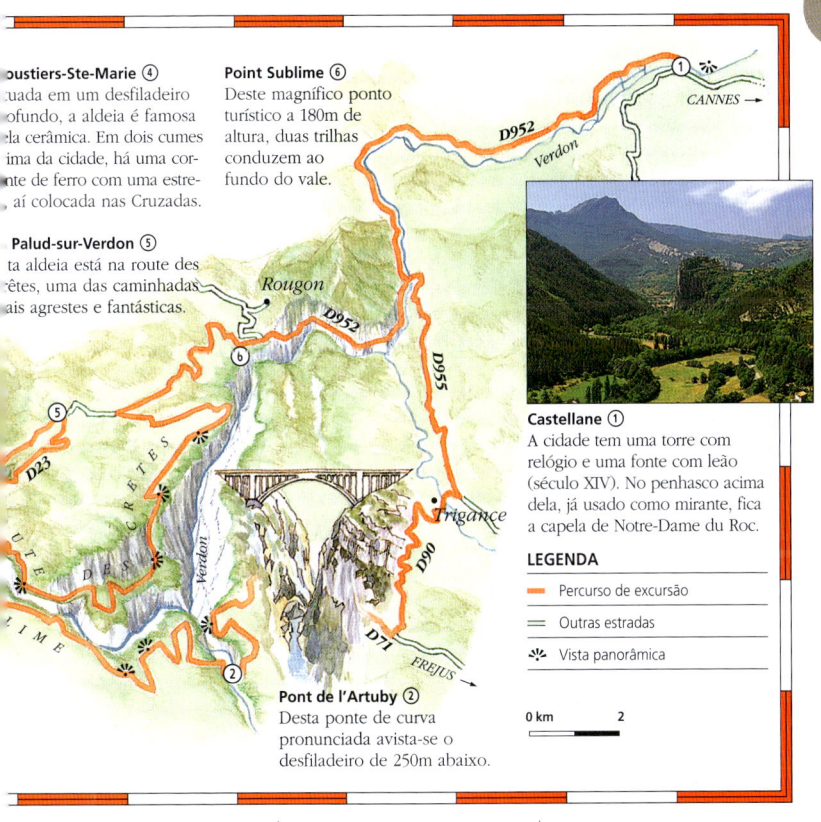

### Moustiers-Ste-Marie ④

Situada em um desfiladeiro profundo, a aldeia é famosa pela cerâmica. Em dois cumes acima da cidade, há uma corrente de ferro com uma estrela, aí colocada nas Cruzadas.

### Point Sublime ⑥

Deste magnífico ponto turístico a 180m de altura, duas trilhas conduzem ao fundo do vale.

### Palud-sur-Verdon ⑤

Esta aldeia está na route des Crêtes, uma das caminhadas mais agrestes e fantásticas.

### Castellane ①

A cidade tem uma torre com relógio e uma fonte com leão (século XIV). No penhasco acima dela, já usado como mirante, fica a capela de Notre-Dame du Roc.

### LEGENDA

— Percurso de excursão
= Outras estradas
※ Vista panorâmica

### Pont de l'Artuby ②

Desta ponte de curva pronunciada avista-se o desfiladeiro de 250m abaixo.

## Îles d'Hyères ⑳

Var. ✈ Toulon-Hyères. 🚆 🚌 ⛴ Hyères. ℹ Hyères (04 94 01 84 50). www.hyeres-tourisme.com

Localmente chamado Îles d'Or, pelo dourado de seus penhascos, a este charmoso trio de ilhas se tem acesso por barco, saindo de Hyères, Le Lavandou e, no verão, Cavalaire e Port-de-Miramar.

**Porquerolles**, a maior das três, mede 7km por 3km. É coberta por rica vegetação, muito da qual introduzida de uma variedade de climas exóticos, como por exemplo a árvore bellombra, mexicana.

A principal cidade da ilha, também conhecida como Porquerolles, mais parece um povoado colonial do norte da África do que uma aldeia provençal. Foi fundada em 1820, como cidade para os aposentados das mais respeitadas tropas de Napoleão.

Todas as praias da ilha acompanham o litoral norte. A longa e arenosa praia de Notre-Dame, uma das melhores praias da Provença, está localizada em uma baía protegida, cerca de uma hora a pé de Porquerolles.

Uma caminhada pelo sofisticado **Port Cros**, que ocupa uma área de 2,5km², tomará quase um dia. Aqui fica o ponto mais alto das ilhas, de 195m.

Port Cros é um parque nacional desde 1963. Reserva exclusiva da flora e fauna mediterrâneas, as águas que o cercam também são protegidas. Há, inclusive, uma rota de natação de 300m. Pode-se comprar um guia à prova d'água sobre a vida submarina.

Chega-se à selvagem **Île du Levant** de barco, saindo de Port-Cros. Sua principal atração é a colônia nudista mais antiga da França, Heliopolis, fundada em 1931. A metade leste da ilha, controlada pela Marinha francesa, é permanentemente fechada ao público.

## Massif des Maures ㉑

Var. ✈ Toulon-Hyères. 🚆 Hyères, Toulon or Fréjus. 🚌 Bormes-les-Mimosas. ⛴ Toulon. ℹ 1 pl Gambetta, Bormes-les-Mimosas (04 94 01 38 38). www.bormeslesmimosas.com

A densa selva de pinheiros, carvalhos e castanheiros cobrindo a serra de Maures provavelmente originou seu nome, que significa escuro ou triste. Estende-se por quase 65km entre Hyères e Fréjus.

A D558 ao norte de Cogolin leva ao centro dos Maures. No caminho está La Garde-Freinet, conhecida por sua indústria de rolhas para garrafas.

A noroeste de Cannet-des-Maures está a Abbaye Thoronet, românica, conhecida como uma das "Três Irmãs" da Provença. As outras duas são as abadias de Sénanque, em Vaucluse, e Silvacane, em Bouches-du-Rhône.

Cais em St-Tropez

## St-Tropez ㉒

Var. 🚗 6.000. 🚌 ℹ️ quai Jean Jaurès (04 94 97 45 21). 🏪 ter e sáb.
www.ot-saint-tropez.com

A geografia de St-Tropez preservou-a do desenvolvimento anterior da Côte d'Azur. Encravada na ponta de uma península, é a única cidade litorânea voltada para o norte e, portanto, não atraiu aqueles que buscavam uma estância de inverno quente e protegida. Em 1892, o pintor Paul Signac foi um dos forasteiros a responder a seu encanto preservado, incentivando amigos, como os pintores Matisse e Bonnard, a acompanhá-lo. Na década de 1920, a escritora parisiense Colette aqui também estabeleceu residência. St-Tropez começou a atrair os fãs de gente famosa, na esperança de poder ver de relance as celebridades.

Durante a Segunda Guerra Mundial, as praias que cercam St-Tropez foram cenário do desembarque de aliados, e parte da cidade foi severamente bombardeada. Nos anos 1950, parisienses jovens começaram a chegar, e a dupla Bardot-Vadim ajudou a criar a reputação da moderna St-Tropez como pátio de recreio da juventude dourada. O louco comportamento em público e os turbulentos romances de Roger Vadim, Brigitte Bardot, Sacha Distel e outros deixaram a ficção longe. Turismo em massa seguiu-se com os visitantes mais interessados em ver uma celebridade do que visitar o **Musée de l'Annonciade**, com seu importante acervo de obras de Signac, Derain, Rouault, Bonnard e outros. Brigitte tinha uma vila em La Madrague, mas os turistas invadiram sua privacidade e ela partiu.

Hoje há muito mais iates do que barcos pesqueiros no porto de St-Tropez, e seus cafés são a base ideal para observá-los. Outro centro de ação é a place des Lices, tanto pela turma das Harley-Davidson quanto pelo mercado da manhã. A pequena **Maison des Papillons** (casa das borboletas), com uma coleção de 20 mil espécies, está cada vez mais popular.

St-Tropez possui suas próprias praias pequenas, mas as melhores ficam fora da cidade, como a de Pampelonne, cheia de clubes de praia e restaurantes. A cidade não tem estação ferroviária, portanto, dirigir e estacionar podem ser um pesadelo no verão.

St-Tropez teria recebido seu nome por causa de um soldado romano martirizado como cristão pelo imperador Nero. Em maio, há uma *bravade* em sua homenagem – a imagem do santo é carregada pela cidade com tiros de mosquete.

Perto ficam duas pequenas cidades de caráter diferente, mas de igual encanto. **Port-Grimaud** foi construída apenas em 1966, mas devido à arquitetura e aos materiais tradicionais, parece muito antiga. Na maioria, suas "ruas" são canais, e muitas casas têm cais próprio. No alto das colinas, as ruas sinuosas de **Ramatuelle** foram restauradas à perfeição.

🏛 **Maison des Papillons**
9 rue Etienne Berny. **Tel** 04 94 97 63 45. ☐ abr-out e feriados e feriados escolares: seg-sáb. 🚫

🏛 **Musée de l'Annonciade**
Pl Grammont. **Tel** 04 84 17 84 10. ☐ qua-seg. ⬤ 1º jan, 8 mai, 1º nov. 🚫

Solução de estilo para os problemas de trânsito em St-Tropez

### BRIGITTE BARDOT

Em 1956, o filme de Brigitte Bardot *E Deus criou a mulher* foi filmado em St-Tropez por seu marido, Roger Vadim. Estabelecendo-se em St-Tropez, "BB", a deusa do sexo, mudou o destino da pequena aldeia de pescadores e talvez da Côte d'Azur, tornando-a o centro de seu estilo de vida hedonista. Em 1974, em seu 40º aniversário, comemorou seu afastamento do cinema no Club 55, na praia de Pampelonne, e agora dedica o tempo aos animais.

Brigitte Bardot, em 1956

*Veja hotéis e restaurantes desta região nas pp. 590-4 e 646-50*

PROVENÇA E CÔTE D'AZUR **517**

## Digne-les-Bains ㉓

Alpes-de-Haute-Provence.
17.500. pl de Tampinet
(04 92 36 62 62). qua, sáb.
www.ot-dignelesbains.fr

Esta encantadora cidade, um spa no sopé dos Alpes, aparece em uma passagem de *Os miseráveis*, de Victor Hugo. Um passeio no *Train des Pignes*, de Nice, oferece incríveis paisagens. Além das termas, as atrações de Digne incluem o festival da lavanda *(p. 38)* e o **Le Jardin des Papillons**, único jardim de borboletas da França.

🏛 **Le Jardin des Papillons**
St Benôit. **Tel** 04 92 31 83 34.
abr-set (marcar hora).
verão. www.proserpine.org

## Fréjus ㉔

Var. 53.000. 249 rue
Jean Jaurès (04 94 51 83 83). ter,
qua, sex e sáb. www.frejus.fr

A parte moderna de Fréjus tem sua importância diminuída por dois locais de significado histórico. As ruínas do porto romano do **Amphithéâtre** (fundado por Júlio César em 49 a.C.) não são tão completas quanto as de Orange ou Arles, mas têm incrível variedade. Há um anfiteatro, ruínas de um aqueduto, um teatro e parte do portão da muralha. O mar recuou com o tempo e há poucos restos do porto original.

A catedral, na place Formigé, marca a entrada da **Cité Épiscopale**. O encrave fortificado inclui o batistério do século V, um dos mais antigos da França, e o claustro da catedral, com seu teto medieval decorado com cenas do Apocalipse. Em 1959, Fréjus foi atingida por uma parede de água, quando estourou a barragem de Malpasset, cujas ruínas podem ser vistas ao norte.

🏛 **Amphithéâtre**
Rue Henri Vadon. **Tel** 04 94 51 34 31.
ter-dom. 1º jan, 1º mai, 25
dez.

🏛 **Cité Épiscopale**
58 rue de Fleury. **Tel** 04 94 51 26 30. jun-set: diariam. 1º jan, 1º
mai, 1º e 11 nov, 25 dez.
claustros.

### A CRIAÇÃO DE UM PERFUME

Os melhores perfumes começam como uma fórmula de óleos de essências extraídas da natureza. A combinação de aromas é criada por um perfumista chamado de "nariz", devido a seu excepcional olfato. Um perfume pode utilizar até 300 essências, todas extraídas se empregando vários métodos: destilação a vapor, extração por solventes voláteis e *enfleurage à froid* (para essências caras ou fortes). Por esse processo, florescências penetrantes descansam por meses em camadas alternadas com gorduras, até que estas se tornem saturadas. Os óleos são então "lavados" com álcool e, quando este evapora, o que resta é a essência do perfume.

Água de alfazema

Flor de Grasse

## St-Raphaël ㉕

Var. 40.000. 99 quai
Albert 1er (04 94 19 52 52).
www.saint-raphael.com

Deliciosamente localizado, St-Raphaël é um encantador balneário da Côte d'Azur, com arquitetura art nouveau e uma esplanada de palmeiras. Além de praias, oferece uma marina, um cassino, ruínas romanas, uma igreja do século XII e um museu que exibe tesouros resgatados de um navio romano naufragado, encontrado por Jacques Cousteau. Foi aqui que Napoleão desembarcou em 1799, vindo do Egito.

## Grasse ㉖

Alpes-Maritimes. 50.000.
Palais des Congrès, 22 cours
Honoré Cresp (04 93 36 66 66),
www.grasse.fr

Protegida por colinas, com vista para o mar, Grasse é cercada por campos de flores, alfazemas, mimosas, jasmins e rosas. Grasse é o centro da indústria mundial de perfumes desde o século XVI, quando Catarina de Medici lançou a moda de luvas de couro perfumadas. Naquela época, Grasse era também conhecida como centro de curtimento de couro. Os curtumes desapareceram, mas as casas de perfumes fundadas nos séculos XVIII e XIX ainda funcionam, embora hoje os perfumes de Grasse sejam feitos de flores importadas ou essências químicas. Fragonard e Molinard têm seus próprios museus, mas o melhor local para se aprender mais é no **Musée Internationale de la Parfumerie**, com um jardim de plantas aromáticas. Em Grasse nasceu Jean-Honoré Fragonard, o artista. A **Villa-Musée Fragonard** é decorada com murais de seu filho famoso. A única obra religiosa do artista está na **Cathédrale de Notre-Dame-du-Puy**, na Cidade Velha, com dois quadros de Rubens. A place aux Aires e a place du Cours são típicas de Grasse, cercadas por estreitas ruas em arcadas com escadarias e sacadas renascentistas.

🏛 **Musée International de la Parfumerie**
2 bd de Jeu du Ballon. **Tel** 04 97
05 58 00. seg, qua-dom.
nov; feriados.
www.musees
degrasse.com

🏛 **Villa-Musée Fragonard**
23 bd Fragonard.
**Tel** 04 93 36 80 20.
qua-seg. nov;
feriados.

Estátua em homenagem a Jean-Honoré Fragonard, em Grasse

Campos de alfazema próximos da Puimoisson, Alpes-de-Haute-Provence

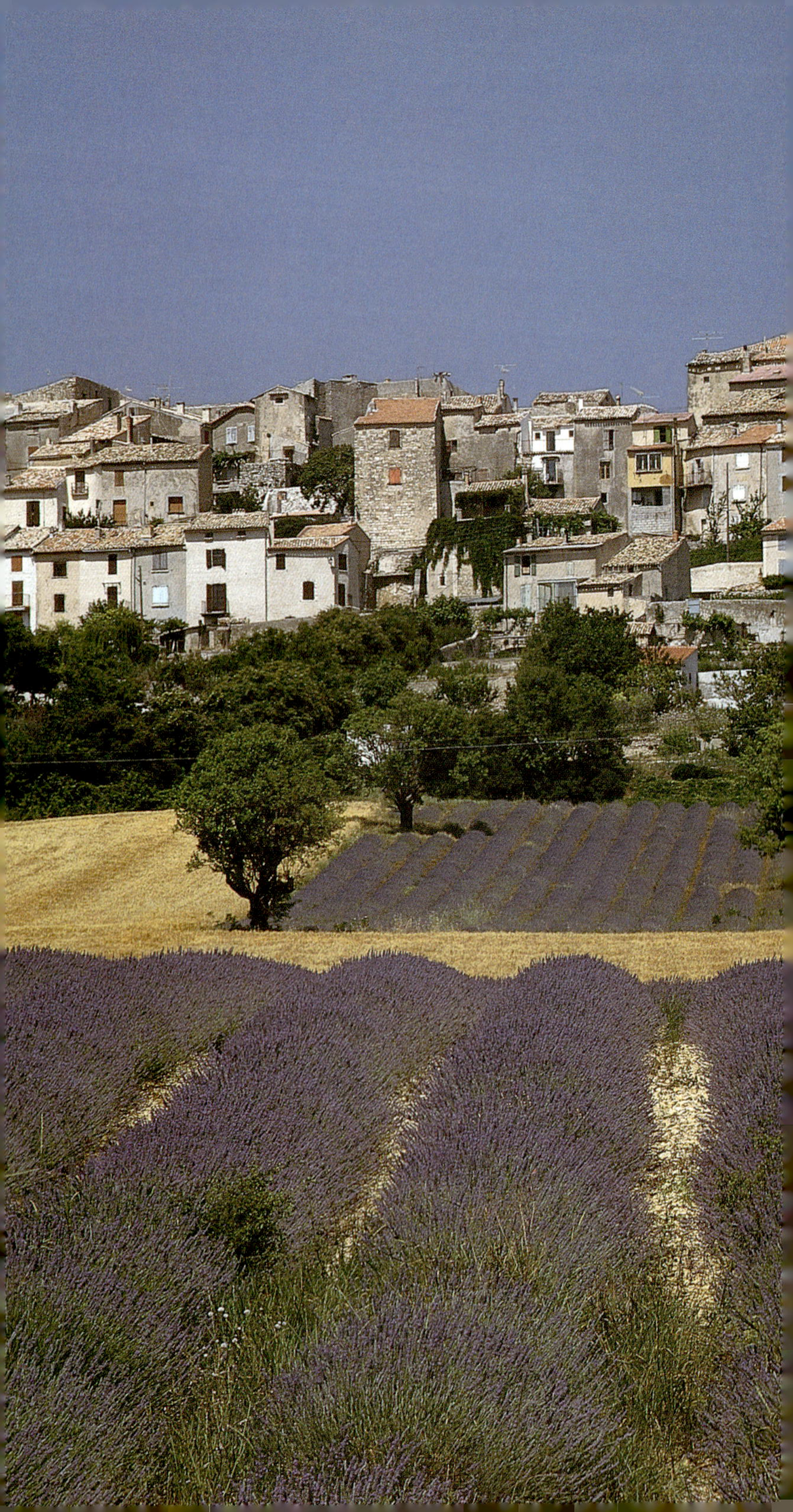

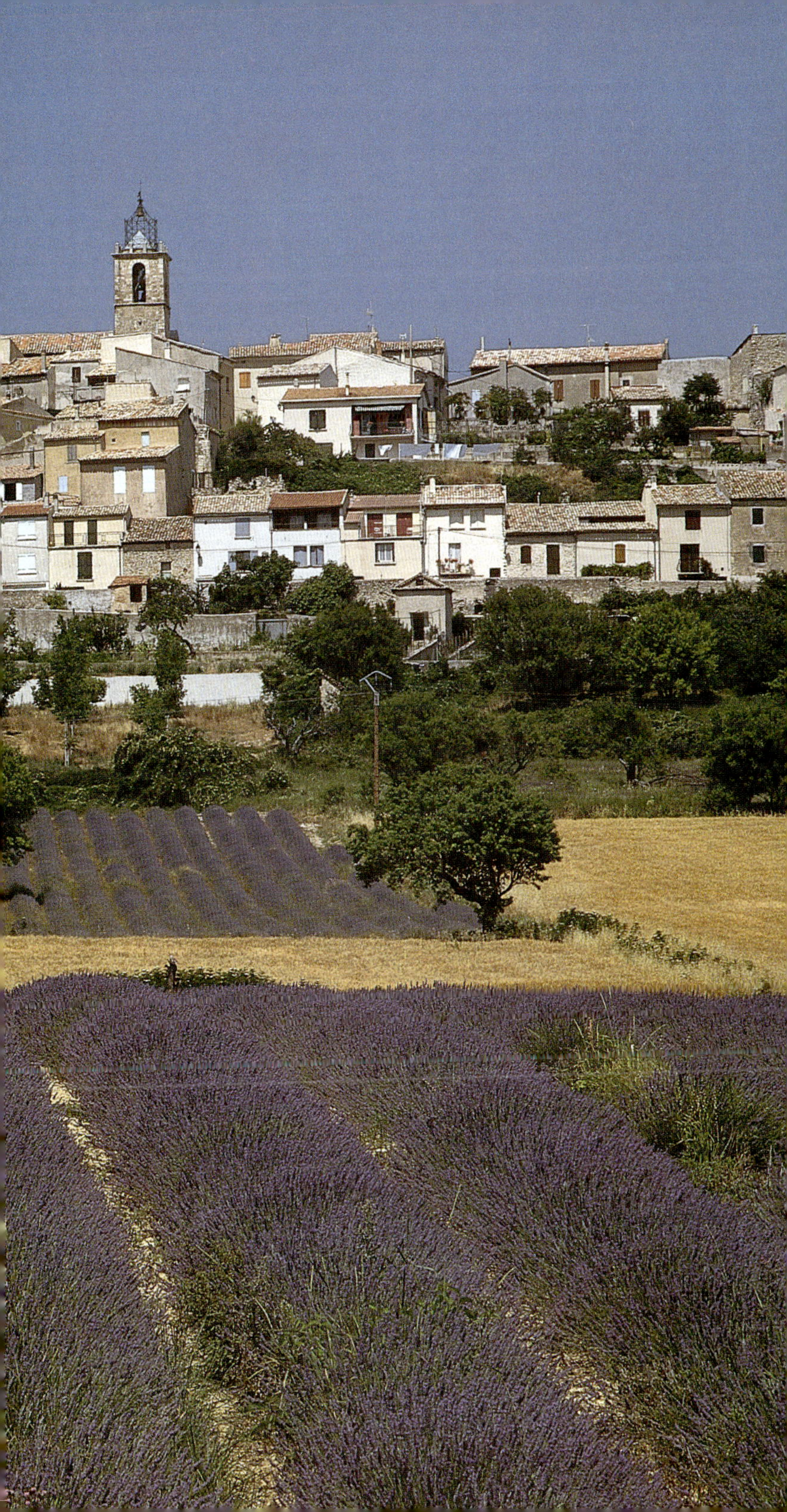

Alto verão na praia em Cannes, com o Carlton Hotel ao fundo

## Cannes ㉗

Alpes-Maritimes. 70.000. Palais des Festivais, 1 La Croisette (04 92 99 84 22). ter-dom. www.palaisdesfestivais.com

Assim como Grasse é sinônimo da indústria de perfumes, a maioria das pessoas associa Cannes a seus muitos festivais, principalmente o Festival Internacional de Cinema. Mas a cidade oferece muito mais, além desses eventos. Foi lorde Brougham, o chanceler britânico, quem deu importância a Cannes, embora Prosper Mérimée, inspetor de Monumentos Históricos, supostamente tenha visitado Cannes dois meses antes dele. Lorde Brougham aqui parou em 1834, impossibilitado de chegar a Nice devido a um surto de cólera. Tomado pela beleza e clima ameno do lugar, quando era apenas uma aldeia de pescadores, construiu aqui uma vila. Outros estrangeiros fizeram o mesmo e Cannes se tornou um importante balneário.

A Cidade Velha que lorde Brougham conheceu se concentra no bairro de Le Suquet, nas encostas do monte Chevalier. Parte do muro da Cidade Velha ainda pode ser vista na place de la Castre, dominada pela **Notre-Dame de l'Espérance**, construída nos séculos XVI e XVII em estilo gótico provençal. Uma torre de vigia do século XI é outra atração do bairro, e a prisão do castelo abriga o **Musée de la Castre**, onde estão os achados do barão Lyckama, explorador do século XIX.

O famoso **boulevard de la Croisette** é ladeado por jardins e palmeiras. Um lado é ocupado por luxuosas butiques e hotéis, como o Carlton, construído em estilo Belle Époque, cujas duas cúpulas foram inspiradas nos seios de La Belle Otero, famosa no *demi-monde* do século XIX. Em frente, ficam algumas das melhores praias desta costa. No passado uma das mais famosas vias do mundo, o *glamour* da Croisette parece ter desaparecido em meio à agitação do verão e dos festivais.

### Îles de Lérins

saída de: le quai des Îles. Horizon (04 92 98 71 36 para Ste M), Planaria (04 92 98 71 38 para Île St-H).

Próximo da costa de Cannes, ficam as ilhas de Lérins. O forte da **Île Sainte-Marguerite** é o local onde o misterioso

---

### FESTIVAL DE CINEMA DE CANNES

O primeiro Festival de Cinema de Cannes aconteceu em 1946 e por dez anos manteve-se como um evento pequeno e exclusivo, frequentado por artistas e celebridades que viviam na costa ou aí se encontravam. A chegada de "starlets", especialmente de Brigitte Bardot, em meados dos anos 1950, marcou a mudança de evento artístico para circo de mídia, mas Cannes continua o mercado internacional de produtores e distribuidores de filmes, conferindo grande prestígio aos ganhadores da *Palma de Ouro*. O Festival de Cinema anual ocorre no grande Palais des Festivais, inaugurado em 1982, com três auditórios, duas salas de exibição, salas de conferências, um cassino, boate e restaurante.

Gérard Depardieu e família chegam ao festival

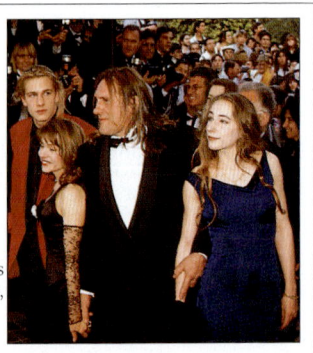

---

*Veja hotéis e restaurantes desta região nas pp. 590-4 e 646-50*

Homem da Máscara de Ferro foi preso. Uma das teorias mais difundidas é a de que ele tenha sido o irmão ilegítimo de Luís XIV. Os turistas podem ver a pequena cela onde ficou por mais de dez anos. **A Ile Saint-Honorat** possui uma torre do século XI na qual os monges se refugiavam durante os ataques dos sarracenos. Há também cinco capelas antigas. As duas ilhas oferecem ainda bosques para caminhadas, belas vistas e calmas enseadas, nas quais é possível nadar.

Ao lado do boulevard de la Croisette

## Cap d'Antibes ㉘

Alpes-Maritimes. Nice. 11 pl du Gén de Gaulle, Antibes. Nice. Antibes (04 97 23 11 11). www.antibesjuanlespins.com

Com suas suntuosas vilas e seus exuberantes jardins, esta península rochosa coberta de bosques é conhecida por seus visitantes habituais como "le Cap", símbolo da vida luxuosa da Riviera desde que Scott Fitzgerald e os norte-americanos ricos aqui se estabeleceram nos anos 1920. Um dos mais afortunados, o magnata Frank Jay Gould, investiu no balneário de Juan-les-Pins, que se tornou o foco da alta sociedade no Cap. Hoje lembranças da Era do Jazz continuam no festival de jazz, quando estrelas internacionais se apresentam (p. 37). No ponto mais alto da península, a capela dos marinheiros de **La Garoupe** possui um acervo de ex-votos e um ícone russo do século XIV. Perto fica o **jardin Thuret**, criado em 1856 para aclimatar plantas tropicais. Muito da flora exótica da região iniciou sua adaptação aqui.

🌿 **Jardin Thuret** *Tel 04 97 21 25 03.* seg-sex. feriados.

## Antibes ㉙

Alpes-Maritimes. 70.000. 11 pl du Général de Gaulle (04 97 23 11 11). ter-dom. www.antibesjuanlespins.com

A alegre cidade de Antibes foi fundada pelos gregos como Antipolis e colonizada pelos romanos. No século XIV, a posse da cidade pela Savoia foi disputada pela França, até que a tomaram em 1481. Depois disso, foram construídos o **Fort Carré** e o porto, reformado por Vauban, hoje um centro mediterrâneo de iatismo.

O château Grimaldi, antiga residência da família reinante de Mônaco, foi construído no século XII, mantendo sua torre românica; atualmente abriga o **Musée Picasso**. Em 1946, o artista utilizou parte do castelo como um ateliê e, em agradecimento, doou todas as

*A cabra* (1946), de Pablo Picasso

150 obras completadas durante sua permanência, inclusive *A cabra*. A maioria é inspirada em seu amor pelo mar, incluindo *A alegria de viver*.

No **Musée d'Histoire et d'Archéologique** há objetos resgatados de naufrágios da Idade Média ao século XVIII.

🏛 **Musée Picasso**
Château Grimaldi. *Tel 04 92 90 54 20.* ter-dom.

🏛 **Musée d'Histoire et d'Archéologie**
1 Bastion St-André. *Tel 04 92 90 56 87.* ter-dom. feriados.

Barcos a vela no porto de Antibes

## Vallauris ③⓪

Alpes-Maritimes. 31.000. *square 8 mai 1945 (04 93 63 82 58).* ter-dom. www.vallauris-golfe-juan.fr

Vallauris deve sua fama à influência de Pablo Picasso, que salvou sua indústria de cerâmica. Em 1951 a vila incumbiu Picasso de pintar um mural na capela não consagrada ao lado do castelo, e sua *Guerra e paz* (1952) é a obra principal do **Musée National Picasso**. Na praça principal há uma estátua de bronze, *Homem com uma ovelha*, doada por Picasso.

### 🏛 Musée National Picasso
Place de la Libération. **Tel** 04 93 64 71 83. qua-seg. 1º jan, 1º mai, 1º nov, 11 nov, 25 dez. só térreo. www.musee-picasso-vallauris.fr

## Biot ③①

Alpes-Maritimes. 9.000. *46 rue St-Sebastien (04 93 65 78 00).* ter. www.biot.fr

Típica aldeia, Biot conservou seu encanto e sempre atraiu artistas e artesãos. O mais conhecido é Fernand Léger, que aqui fez suas primeiras cerâmicas em 1949. Exemplos de suas obras estão no **Musée Fernand Léger**, fora da cidade. Sua parede externa tem um enorme mosaico do artista.

A cidade é também famosa pelo seu vidro de bolhas. A arte dos sopradores de vidro pode ser vista e adquirida na **Verrerie de Biot**.

### 🏛 Musée Fernand Léger
255 Chemin du Val-de-Pome. **Tel** 04 92 91 50 20. qua-seg. 1º jan, 1º mai, 25 dez. www.musee-fernandleger.fr

### La Verrerie de Biot
5 Ch des Combes. **Tel** 04 93 65 0300. diariam. jan, 25 dez.

**Ateliê de Renoir na Maison Renoir, Les Collettes, em Cagnes-sur-Mer**

## Cagnes-sur-Mer ③②

Alpes-Maritimes. 50.000. *6 bd Maréchal Juin (04 93 20 61 64).* ter-dom. www.cagnes-tourisme.com

Cagnes-sur-Mer divide-se em três distritos. O mais antigo e interessante é Haut-de-Cagnes, com suas ruas íngremes, passarelas cobertas e antigas edificações, inclusive diversas casas com arcos, da Renascença. Os demais distritos são Cagnes-Ville, a cidade moderna, na qual se concentram hotéis e lojas, e Cros-de-Cagnes, balneário pesqueiro à beira-mar e ancoradouro de iates. O **Château Grimaldi** em Haut-de-Cagnes foi construído no século XIV e reformado no século XVII, por Henri Grimaldi. Atrás dos muros do forte há um pátio sombreado. As colunas de mármore circundantes ocultam um museu dedicado à oliveira e um pequeno acervo de arte moderna mediterrânea. Há também um conjunto de quadros legados pela cantora Suzy Solidor. As 40 obras, todos retratos seus, são de artistas como Marie Laurencin e Jean Cocteau. No teto do hall de banquetes há um enorme afresco ilusionista da *Queda de Faetonte*, atribuído a Carlone, feito nos anos 1620.

Os doze últimos anos da vida de Pierre-Auguste Renoir foram passados em Cagnes, na **Maison Renoir, Les Colletes**. A casa é mantida quase como era quando ele morreu em 1919, contendo dez de suas obras.

**Fachada do Musée Fernand Léger em Biot, com mural do artista**

*Veja hotéis e restaurantes desta região nas pp. 590-4 e 646-50*

PROVENÇA E CÔTE D'AZUR

Fica no magnífico bosque de oliveiras, na qual se pode ver seu grande bronze *Vênus Victrix*.

**♣ Château Grimaldi**
*Tel* 04 92 02 47 30. dez-meados nov: qua-seg. 1º jan, 1º mai, 25 dez.

**🏛 Musée Renoir, Les Collettes**
*Tel* 04 93 20 61 07.
qua-seg. nov.

*A fazenda des Collettes* (1915) por Renoir, em Cagnes-sur-Mer

## Gorges du Loup ㉝

Alpes-Maritimes. Nice. Cagnes-sur-Mer. Grasse. Nice. Tourrettes-sur-Loup (04 93 24 18 93). www.tourrettessurloup.com

O rio Loup aparece nos Pré-Alpes atrás de Grasse e corta um profundo caminho descendo até o Mediterrâneo. Ao longo de seu percurso, há cascatas impressionantes e vistas maravilhosas. No alto ficam as aldeias pelas quais a região é famosa.

**Gourdon** deve muito de sua atração a suas casas antigas, agrupadas ao redor de um **Château** do século XIII, construído no local de uma fortaleza sarracena, encravada na encosta do penhasco. Seus jardins em terraço foram idealizados por Le Nôtre (*p. 179*), responsável pelos jardins de Versalhes.

**Tourrette-sur-Loup** é uma aldeia fortificada em que as muralhas são formadas pelas casas externas, famosa pelos perfumes e balas. O museu **Bastide aux Violettes** explora o papel da floricultura na economia e na história do vilarejo.

**♣ Bastide aux Violettes**
*Tel* 04 93 59 06 97. ter-sáb e dom à tarde.
**www**.tourrettessurloup.com

## Vence ㉞

Alpes-Maritimes. 20.000. pl du Grand Jardin (04 93 58 06 38). ter e sex. www.vence.fr

O ameno clima de Vence sempre foi sua maior atração; hoje é cercada por vilas de férias. Foi um importante centro religioso na Idade Média. A **Cathédrale**, construída no local de um templo de Marte, foi restaurada pelo bispo mais famoso de Vence, Antoine Godeau. Um sarcófago do século V serve como seu altar e há entalhes carolíngios nas paredes. Note as cadeiras do coro do século XV e a tumba de Godeau.

Nas muralhas da Cidade Velha, com portões dos séculos XIII e XIV, fica a place du Peyra, no passado um fórum romano. Sua fonte em forma de urna, de 1822, ainda oferece água doce. Em um extremo da cidade, a **Chapelle du Rosaine** foi construída de 1947-51 e decorada por Henri Matisse, em agradecimento às freiras que cuidaram dele enquanto estava doente. Em suas paredes, cenas bíblicas são reduzidas a simples linhas pretas, tingidas por manchas de luz dos vitrais. Matisse a considerava sua obra-prima.

**Telhado em cúpula, em Vence**

**🔒 Chapelle du Rosaire**
466 av Henri Matisse. *Tel* 04 93 58 03 26. seg-qui (seg-sáb feriados); ter e qui só de manhã. meados nov-meados dez e feriados.

**Dia de feira na Cidade Velha de Vence**

# Rua a Rua: St-Paul-de-Vence ③⑤

**Placa de um restaurante**

Situada em uma colina, uma das mais famosas e procuradas aldeias do interior de Nice, St-Paul-de--Vence foi no passado um posto da fronteira francesa, de frente para a Savoia. Suas muralhas do século XVI oferecem paisagens de ciprestes e *villas* de telhados vermelhos com palmeiras e piscinas. A aldeia foi bastante restaurada, mas suas ruas sinuosas e construções medievais são autênticas. Neste século tem atraído artistas, famosos e aspirantes. Hoje galerias e estúdios dominam a aldeia.

**Vista de St-Paul-de-Vence**
*A paisagem local é um dos temas favoritos dos artistas. Paul Signac, neoimpressionista (1863-1935), pintou esta vista de St-Paul.*

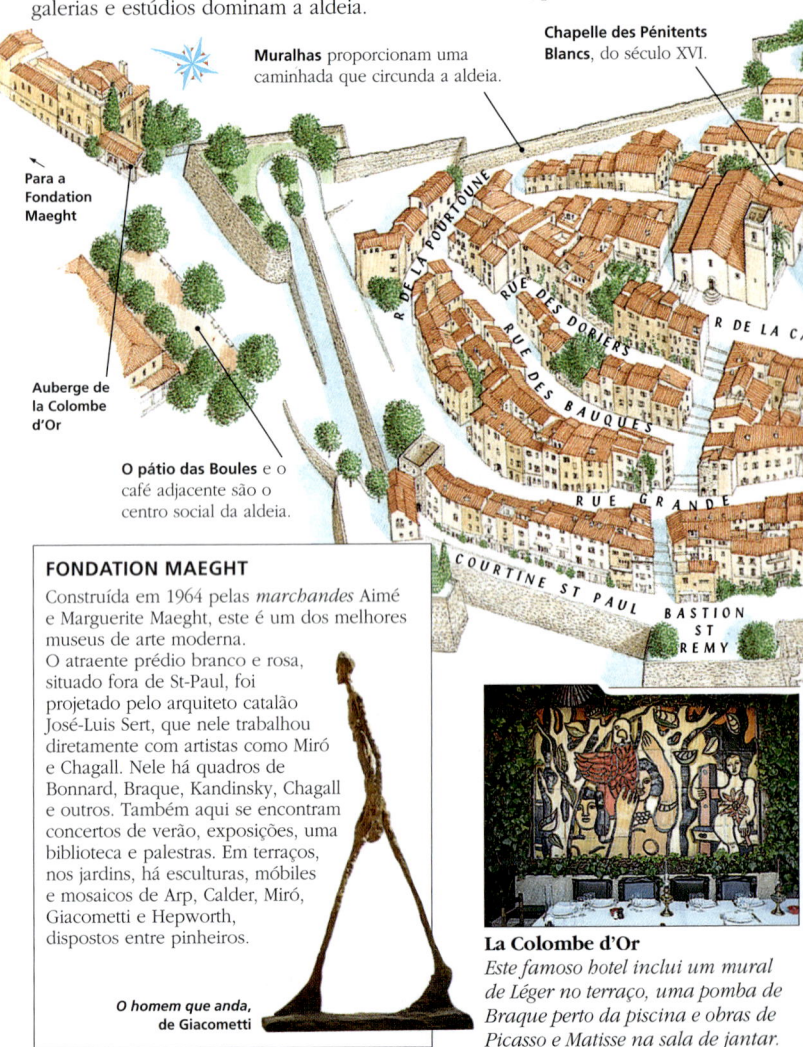

**Chapelle des Pénitents Blancs**, do século XVI.

**Muralhas** proporcionam uma caminhada que circunda a aldeia.

**Para a Fondation Maeght**

**Auberge de la Colombe d'Or**

**O pátio das Boules** e o café adjacente são o centro social da aldeia.

### FONDATION MAEGHT

Construída em 1964 pelas *marchandes* Aimé e Marguerite Maeght, este é um dos melhores museus de arte moderna.
O atraente prédio branco e rosa, situado fora de St-Paul, foi projetado pelo arquiteto catalão José-Luis Sert, que nele trabalhou diretamente com artistas como Miró e Chagall. Nele há quadros de Bonnard, Braque, Kandinsky, Chagall e outros. Também aqui se encontram concertos de verão, exposições, uma biblioteca e palestras. Em terraços, nos jardins, há esculturas, móbiles e mosaicos de Arp, Calder, Miró, Giacometti e Hepworth, dispostos entre pinheiros.

*O homem que anda, de Giacometti*

**La Colombe d'Or**
*Este famoso hotel inclui um mural de Léger no terraço, uma pomba de Braque perto da piscina e obras de Picasso e Matisse na sala de jantar.*

Veja hotéis e restaurantes desta região nas pp. 590-4 e 646-50

PROVENÇA E CÔTE D'AZUR | 525

### Église Collégiale
*Iniciada no século XII, seus tesouros incluem um retrato de Santa Catarina atribuído a Tintoretto.*

### PREPARE-SE

Alpes-Maritimes. 2.900. 840 ave Emile Hugues, Vence (04 93 58 37 60). 2 rue Grande (04 93 32 86 95). www.saintpauldevence.com **Fondation Maeght Tel** 04 93 32 81 63. www.fondation-maeght.com

**O Musée d'Histoire de Saint-Paul** tem trabalho em cera que mostra o passado da cidade.

**Le Donjon**, austera construção medieval utilizada como prisão até o século XIX.

### Grand Fountain
*Esta encantadora praça possui uma bonita fonte em forma de vaso.*

### Rue Grande
*As portas das casas dos séculos XVI e XVII exibem brasões.*

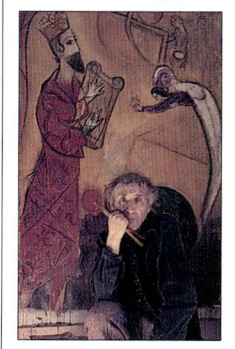

### ALDEIA DE CELEBRIDADES

O hotel Colombe d'Or (Pomba de Ouro) *(p. 594)* foi muito popular entre artistas e escritores que vinham à Riviera nos anos 1920. Entre os primeiros patronos, encontram-se Picasso, Soutine, Modigliani, Signac, Colette e Cocteau. Frequentemente pagavam por seus quartos e refeições com pinturas, resultando no acervo inestimável hoje visto por seus frequentadores. Os ricos e famosos continuaram vindo a St-Paul: Zelda e F. Scott Fitzgerald certa noite no jantar brigaram por causa de Isadora Duncan, e Yves Montand casou-se com Simone Signoret no terraço. Uma exposição de fotografias de visitantes famosos no Musée de St-Paul apresenta Sartre e Simone de Beauvoir, Greta Garbo, Sophia Loren, Burt Lancaster e Catherine Deneuve.

**O artista Marc Chagall (1887-1985), que se mudou para a cidade em 1950**

# Nice 36

Maior balneário da costa mediterrânea, quinta maior cidade da França e segundo aeroporto mais movimentado do país, Nice foi fundada pelos gregos e colonizada pelos romanos. Seu clima de inverno temperado e vegetação subtropical atraem visitantes há muito tempo. Até a Segunda Guerra Mundial, a cidade foi a favorita dos aristocratas, inclusive da viúva do czar Nicolau I, que aqui esteve em 1856, e da rainha Vitória, que a visitou em 1895. Esse brilhante passado contribuiu para que Nice se tornasse a capital da Côte d'Azur. Hoje é também um centro de convenções e pacotes turísticos. Nice tem bons museus, boas praias e uma atmosfera agradável nas ruas. Seu Carnaval tem dezoito dias, terminando na Terça-Feira Gorda, com fogos de artifício e a Batalha das Flores *(p. 39)*.

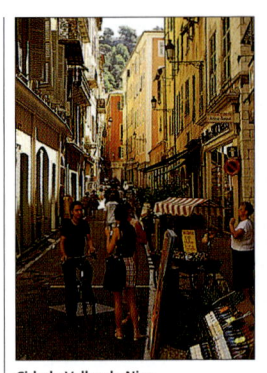

**Iates ancorados no porto de Nice**

**Cidade Velha de Nice**

### Como Explorar Nice

A promenade des Anglais, ao longo do litoral, foi construída por volta de 1830, com fundos levantados pela colônia inglesa. Hoje é uma estrada de 8km com oito pistas, com galerias, lojas e grandes hotéis como o **Negresco**, que refletem a prosperidade de Nice.

A cidade foi italiana até 1860, e as fachadas em tom pastel e sacadas da Cidade Velha confirmam a origem. Fica no sopé de uma colina ainda conhecida como château, pelo castelo que lá havia. O bairro está sendo amplamente restaurado e suas edificações altas e estreitas agora abrigam artistas, galerias, butiques e restaurantes. O mercado diário de flores no cours Saleya é imperdível.

O bairro **Cimiez**, nas colinas com vista para a cidade, é a área da moda de Nice. O velho mosteiro de Notre-Dame--de-Cimiez vale uma visita. Descendo a encosta da colina fica Les Arènes, ruínas do povoado romano com vestígios de grandes termas e um anfiteatro. O Musée Matisse está ao lado do museu arqueológico, onde há artefatos das escavações. Ao pé da colina de Cimiez fica o **Musée Chagall**.

Conheça a noite de Nice em um passeio guiado de bonde. O circuito inclui catorze obras de arte de alguns dos mais celebrados criadores da cena de arte contemporânea. Passagens podem ser reservadas com antecedência no escritório de turismo.

### 🏛 Musée Matisse

164 av des Arènes de Cimiez. **Tel** 04 93 81 08 08. ☐ qua-seg. ● alguns feriados. ♿ 🅿
www.musee-matisse-nice.org

Inspirado pela luz do Mediterrâneo, Matisse passou muitos anos em Nice. O museu, dentro e abaixo da Villa Arena, expõe vários desenhos, quadros, bronzes, tecidos e artefatos. Entre os destaques, *Natureza-morta com romãs* e seu último trabalho, *Flores e frutos*.

### 🏛 Palais Lascaris

15 rue Droite. **Tel** 04 93 62 72 40. ☐ qua-seg. ● alguns feriados.
Este palácio de estuque do século XVII é decorado com madeira trabalhada, tapeçarias flamengas e tetos ilusionistas atribuídos a Carlone. Seu acervo pequeno, porém encantador, inclui a reconstrução de uma farmácia do século XVIII.

### 🏛 Musée d'Art Moderne et d'Art Contemporain

Promenade des Arts. **Tel** 04 97 13 42 01. ☐ ter-dom. ● 1º jan, Páscoa, 1º mai, 25 dez. ♿ 🅿
www.mamac-nice.org

O museu ocupa um complexo original de quatro torres de mármore ligadas por passarelas de vidro. O acervo é particularmente forte de neorrealismo e pop art, com obras de Andy Warhol, Jean Tinguely e Niki de Saint--Phalle. Bem representados também os artistas da Escola de Nice, como César, Arman e Yves Klein.

**Nu azul IV (1952), de Henri Matisse**

*Veja hotéis e restaurantes desta região nas pp. 590-4 e 646-50*

PROVENÇA E CÔTE D'AZUR 527

Turistas descansam na promenade des Anglais, diante do mar azul

## PREPARE-SE

Alpes-Maritimes. 349.000. 7km sudoeste. av Thiers (36 35). 5 bd Jean Jaurès (04 93 85 61 81). quai du Commerce (3260). 5 prom des Anglais (08 92 70 74 07). ter-dom. Carnaval. www.nicetourism.com

### 🛈 Cathédrale Ste-Réparate
Esta construção barroca do século XVII é coroada por uma bela cúpula de azulejos. Seu interior é ricamente decorado com gesso, mármore e revestimento de madeira.

### 🏛 Musée Chagall
36 av du Docteur Ménard. **Tel** 04 93 53 87 20. qua-seg. 1º jan, 1º mai, 25 dez.
Este é o maior acervo em obras de Marc Chagall, com desenhos, quadros, esculturas, vitrais e mosaicos. Os melhores são as dezessete telas da *Mensagem Bíblica*.

### 🏛 Musée des Beaux-Arts
33 av des Baumettes. **Tel** 04 92 15 28 28. ter-dom. 1º jan, Páscoa, 1º mai, 25 dez. restrito. qui. www.musee-beaux-arts.org
O museu é a casa de uma princesa ucraniana do século XIX e exibe obras enviadas a Nice por Napoleão III depois que a Itália cedeu a cidade à França, em 1860, assim como obras de Dufy, Monet, Renoir e Sisley.

### 🏛 Palais Masséna
65 rue de France. **Tel** 04 93 91 19 10. qua-seg.
Instalado em uma *villa* italiana do século XIX, o Palais Masséna retrata a história de Nice, de 1800 a 1930.

### 🛈 Cathédrale Orthodoxe Russe St-Nicolas
De 1912, foi construída em memória de um filho do czar, que morreu aqui, em 1865. O exterior é de tijolos rosados e mármore cinza, com mosaicos elaborados. O interior possui ícones maravilhosos.

### 🏛 Musée des Arts Asiatiques
405 prom des Anglais. **Tel** 04 92 29 37 00. qua-seg. 1º jan, 1º mai, 25 dez. www.arts-asiatiques.com
Exposições de arte antiga e contemporânea de toda a Ásia, em uma construção de mármore branco e vidro projetada por Kenzo Tange.

---

**NICE**

Cathédrale Ste-Réparate ④
Hôtel Negresco ②
Musée d'Art Moderne et d'Art Contemporain ⑥
Musée Chagall ①
Palais Lascaris ⑤
Palais Masséna ③

Legenda dos símbolos *no final do guia*

Chapelle de St-Pierre, Villefranche

# Villefranche-sur--Mer ⑰

Alpes-Maritimes. 🚶 6.649. 🚉
🚌 🛈 *Jardin François Binon (04 93 01 73 68).* 🛥 *sáb e dom.*
www.villefranche-sur-mer.com

Uma das cidades mais bem situadas da costa, Villefranche fica no sopé das colinas, em forma de concha. A cidade tem vista para um lindo porto natural, profundo o suficiente para ser um porto naval. Fachadas italianas alinham-se ao longo da luminosa e animada área à beira-mar, com cafés e bares dos quais se observam os pescadores. Aqui também fica a medieval **Chapelle de St--Pierre** que, depois de guardar as redes de pescadores durante anos, foi restaurada em 1957 e decorada por Jean Cocteau. Seus afrescos representam imagens não religiosas e a vida de São Pedro.

Também vale uma visita a **Citadele St-Elme**, do século XVI, que incorpora a prefeitura e duas galerias de arte. Atrás do porto, as ruas são estreitas e sinuosas, com construções que parecem penduradas nas encostas. Atravessando-as, você tem uma visão do porto. A arqueada rue Obscure, do século XIII, sempre proporcionou à população abrigo nos bombardeios.

🏛 **Chapelle de St-Pierre**
Quai Amiral Courbet. **Tel** *04 93 76 90 70.* ☐ *meados dez-meados nov: ter-dom.* ● *25 dez.* 📷

# Cap Ferrat ⑱

Alpes-Maritimes. 🚶 2.000. ✈ *Nice.*
🚉 *Nice.* 🚌 *Beaulieu-sur-Mer.* 🚌
🛈 *59 ave Denis Femeria (04 93 76 08 90).* www.saintjeancapferrat.fr

A península de Cap Ferrat orgulha-se de algumas das mais suntuosas vilas da Riviera. De 1926 até o falecimento do autor, a mais conhecida era a Villa Mauresque, de Somerset Maugham, onde o escritor recebia celebridades, de Noël Coward a Winston Churchill.

Altos pinheiros e altos muros guardam a maioria das vilas, mas possivelmente a mais bonita delas estará aberta ao público. A **Villa Ephrussi de Rothschild** é uma mansão de terracota e mármore no alto do cabo. Pertenceu à baronesa Ephrussi de Rothschild, que a legou ao Institut de France, em 1943. Está mobiliada conforme ela a deixou, com porcelanas, itens que foram de Maria Antonieta, tapeçarias e quadros, e uma coleção de desenhos de Fragonard.

A cidade de **Beaulieu** situa--se onde o cabo encontra o continente, com vista para a baie des Fourmis. Uma agradável marina com clima excepcionalmente ameno e ótimos hotéis é o local de outra casa exclusiva, a extraordinária **Villa Kerylos**. Construída entre 1902 e 1908 para o arqueólogo Theodore Reinach, copiando uma antiga residência grega, contém mosaicos, afrescos e mobiliário.

🏛 **Villa Ephrussi de Rothschild**
Cap Ferrat. **Tel** *04 93 01 33 09.*
☐ *fev-início nov: diariam; começo nov-jan: seg-sex à tarde; fins de semana, férias escolares e feriados: diariam.* 📷
www.villa-ephrussi.com

🏛 **Villa Kerylos**
Imp Gustave Eiffel, Beaulieu. **Tel** *04 93 01 01 44.* ☐ *idem.* 📷
www.villa-kerylos.com

Villa Kerylos, em estilo grego, em Beaulieu, Cap Ferrat

*Veja hotéis e restaurantes desta região nas pp. 590-4 e 646-50*

Salão Luís XV da Villa Ephrussi de Rothschild, Cap Ferrat

## Eze ㊴

Alpes-Maritimes. 3.100.
pl Général de Gaulle (04 93 41 26 00). www.eze-riviera.com

Eze está pendurada acima do Mediterrâneo. Todos os verões, milhares de turistas passam pelo portão do século XIV. As edificações cuidadosamente restauradas, enfeitadas com flores, são quase todas lojas, galerias e ateliês de artesanato. No alto da aldeia, as ruínas do château estão cercadas pelas plantas tropicais do **Jardin Exotique**. A vista daqui é simplesmente maravilhosa.

Mais adiante, na Cornija Superior, fica o monumento alpino romano de **La Turbie** (pp. 46-7). A enorme estrutura de 6 a.C. domina a aldeia circundante, com bela vista de Mônaco e da Itália.

♣ **Jardin Exotique**
Rue du Château. **Tel** 04 93 41 10 30.
◯ diariam. ◉ 25 dez.

🏛 **La Turbie**
◯ abr-meados set: diariam; meados set-mar: ter-dom. ◉ feriados.
www.ville-la-turbie.fr

## Roquebrune-Cap- -Martin ㊵

Alpes-Maritimes. 12.000.
Nice. 218 av Aristide Briand (04 93 35 62 87). qua.
www.roquebrune-cap-martin.com

A aldeia medieval de Roquebrune tem vista para o cabo arborizado, onde há vilas frequentadas por pessoas famosas como Coco Chanel e Greta Garbo, no passado. Mas o cabo nem sempre foi gentil com seus convidados. O poeta W.B. Yeats morreu aqui em 1939 e o arquiteto Le Corbusier se afogou em 1965. Em 1467, Roquebrune acreditou que, representando cenas da Paixão, escaparia da peste. Desde então, todo ano, no mês de agosto, essa tradição é mantida.

Vista de Roquebrune

## Alpes-Maritimes ㊶

Alpes-Maritimes. Nice. Nice.
Peille. Nice. La Mairie,
Peille (04 93 91 71 71). www.peille.fr

No interior da Côte d'Azur ainda é possível encontrar aldeias tranquilas e preservadas, fora do percurso dos turistas. As pequeninas aldeias idênticas de **Peille** e **Peillon** são típicas. Ambas pouco mudaram desde a Idade Média, com ruas em degraus e arcos. Peille é ainda mais distante e tem seu próprio dialeto. O interior dos Alpes-Maritimes também foi preservado, com profundos desfiladeiros, rios, cachoeiras e planaltos açoitados pelo vento, a poucas horas da costa.

Destacam-se as rochas inscritas do **Vallée des Merveilles** e a vida selvagem do **Parc National du Mercantour**.

## Menton ㊷

Alpes-Maritimes. 30.000.
Palais de l'Europe, 8 avenue Boyer (04 92 41 76 76). diariam.
www.menton.fr

As praias de Menton, com os Alpes e as edificações douradas das vilas Belle Époque da Cidade Velha como pano de fundo, seriam o suficiente para atrair os visitantes. No século XIX, a rainha Vitória, poetas e escritores famosos frequentemente passavam as férias aqui. Jardins tropicais e frutas cítricas vicejam em seu clima perfeito, ameno até em fevereiro para o famoso festival do limão (p. 39).

Entre as atrações de Menton está a **Basílica St-Michel**, exemplo soberbo da arquitetura barroca em pedra amarela e rosada. A quadra em frente é pavimentada com um mosaico das armas dos Grimaldi. A **Salle de Mariages**, no Hôtel de Ville, foi decorada por Jean Cocteau em 1957. Desenhos, pinturas, cerâmicas e cenários de palco do famoso artista estão expostos no **Musée Jean Cocteau**, instalado em um forte do século XVII. Dentro do Palais Carnolés, o **Musée des Beaux-Arts** tem obras que vão da Idade Média até o século XX.

🏛 **Salle des Mariages**
Hôtel de Ville. **Tel** 04 92 10 50 00.
◯ seg-sex. ◉ feriados.

🏛 **Musée Jean Cocteau**
Vieux Port. **Tel** 04 93 57 72 30.
◯ qua-seg. ◉ feriados.

🏛 **Musée des Beaux-Arts**
3 av de la Madone. **Tel** 04 93 35 49 71. ◯ qua-seg. ◉ feriados.

Mosaico do Musée Jean Cocteau, em Menton

# Mônaco

Todos os viajantes que vão a Mônaco de carro deveriam tomar a Moyenne Corniche, uma das estradas mais lindas do mundo, com vista incomparável da costa mediterrânea. Chegando entre os arranha-céus do Mônaco de hoje é difícil imaginar a turbulência de sua história. Primeiramente uma colônia grega, depois tomada pelos romanos, foi comprada dos genoveses em 1297 pelos Grimaldi, que, apesar das amargas lutas familiares e pelo menos um assassinato político, ainda reinam como a monarquia mais antiga do mundo. Mônaco tem 1,9km² e, embora tenha aumentado em um terço com aterros, ainda ocupa uma área menor que a do Central Park de Nova York, nos Estados Unidos.

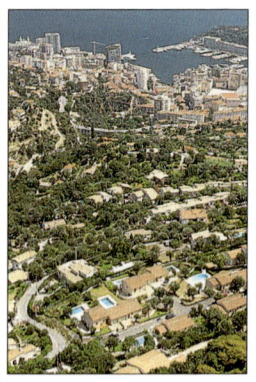

**Vista aérea de Mônaco**

**Cassino de Mônaco**

## Como Explorar Mônaco

Mônaco deve sua fama principalmente ao Grand Casino. Fonte de incontáveis lendas, foi instituído em 1878 por Carlos III, para salvar-se da falência. O primeiro cassino foi inaugurado em 1865, em um promontório estéril (posteriormente chamado de Monte Carlo em sua homenagem), do outro lado do porto da antiga cidade de Mônaco. O negócio foi tão bem-sucedido que, em 1870, Carlos pôde livrar seu povo de impostos. Hoje Mônaco é um paraíso fiscal para milhares de pessoas, e seus moradores têm uma das maiores rendas *per capita* do mundo.

Visitantes chegam de todo o mundo para o Grand Prix de Mônaco, em maio, e o Rally de Monte Carlo, em janeiro *(p. 39)*. Muitos dos maiores cantores se apresentam na temporada lírica. Há um festival de fogos de artifício (jul-ago) e um festival internacional de circo no fim de janeiro, bem como um balé de nível mundial e concertos. Há instalações para todos os tipos de atividades de lazer e muito para fazer, inclusive visitar o **Fort Antoine** e a **catedral** neorromânica.

### Grand Casino
Place du Casino. **Tel** 00 377 98 06 76 76. ☐ *diariam, a partir das 12h.* ♿
www.montecarloresort.com
Projetado em 1878 por Charles Garnier, arquiteto da Opéra de Paris *(p. 97)*, e cercado por jardins, o Grand Casino proporciona uma fantástica vista de Mônaco. Seu interior luxuoso, ainda decorado em estilo Belle Époque, lembra uma era em que este foi o local de encontro de grão-duques russos. Todos podem se arriscar nos caça-níqueis da Salon Blanc ou nas roletas dos Salons Européens. Mesmo as mais exclusivas salas de jogos podem ser visitadas, mediante pagamento, mas suas mesas são apenas para os grandes jogadores.

### Palais Princier
Place du Palais. **Tel** 00 377 93 25 18 31. ☐ *abr-nov: diariam.*
A cidade de Mônaco, sede do governo, é onde se encontra o Palais du Princier, do século XIII. O interior, com seu mobiliário e tapetes inestimáveis e

**Prédios de apartamento da moderna Monte Carlo**

*Veja hotéis e restaurantes desta região nas pp. 590-4 e 646-50*

## A FAMÍLIA REAL DE MÔNACO

Em abril de 2005 o príncipe Albert II assumiu o trono de Mônaco após a morte de seu pai, Rainier, que reinou por 55 anos. O príncipe Rainier III foi um governante efetivo, afeito aos negócios, e descendia de um Grimaldi que entrou na fortificação de Mônaco em 1297 disfarçado de monge. Sua mulher, a ex-atriz Grace Kelly, faleceu tragicamente em 1982. As filhas, Caroline e Stephanie, são o centro das atenções.

*Príncipe Rainier III, princesa Grace e princesa Caroline*

### PREPARE-SE

Monaco. 37.000. 7km sudoeste de Nice. av Prince Pierre (SNCF: 36 35). 2a bd des Moulins (00 377 92 16 61 66). diariam. Festival du Cirque (jan-fev); International Fireworks Festival (jul-ago); Fête Nationale Monégasque (19 nov). **www**.visitmonaco.com

---

seus magníficos afrescos, é aberto ao público apenas no verão. A troca da guarda acontece diariamente, às 11h55.

### 🏛 Musée des Souvenirs Napoléoniens et Archives Historiques du Palais

Pl du Palais. **Tel** 00 377 93 25 18 31. diariam. 1º jan, 1º mai, Grande Prêmio, nov, 25 dez.
Uma árvore genealógica na parede traça os elos familiares entre os Grimaldi e os Bonaparte. Também estão à mostra os objetos pessoais de Napoleão, bem como retratos.

### Musée Océanographique

Av Saint-Martin. **Tel** 00 377 93 15 36 00. diariam.
www.oceano.mc
Fundado em 1910, pelo príncipe Albert, este aquário com água do mar tem muitas espécies raras de plantas e animais marinhos. O museu abriga importante acervo científico, equipamento de mergulho e modelos de navios. O explorador oceanográfico Jacques Cousteau mantinha seu centro de pesquisa aqui.

*Guarda do Palais du Princier*

### 🌿 Jardin Exotique

62 bd du Jardin Exotique. **Tel** 00 377 93 15 29 80. diariam. 19 nov, 25 dez. www.jardin-exotique.mc
Estes jardins são considerados os melhores da Europa, com grande variedade de plantas tropicais e subtropicais. O museu de antropologia prova que ursos e mamutes viveram aqui.

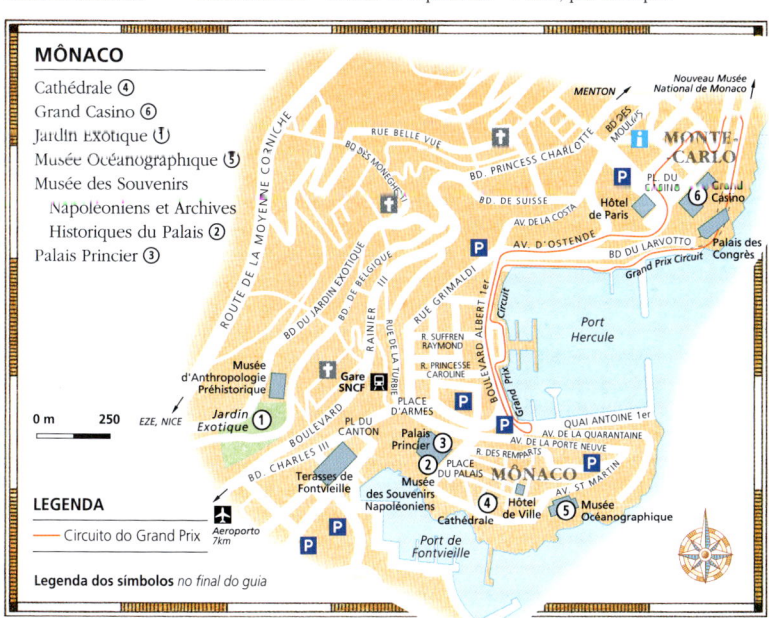

### 🏛 Nouveau Musée National de Monaco

17 av Princesse Grace. **Tel** 00 377 98 98 91 26. diariam. 1º jan, 1º mai, Grand Prix, 19 nov, 25 dez.
Este museu, instalado em duas mansões contíguas cercadas por jardins exuberantes, abriga exposições temporárias. Geralmente há duas por ano, com temas como fotografia e natureza, por exemplo.

---

### MÔNACO

Cathédrale ④
Grand Casino ⑥
Jardin Exotique ①
Musée Océanographique ⑤
Musée des Souvenirs
 Napoléoniens et Archives
 Historiques du Palais ②
Palais Princier ③

**LEGENDA**

— Circuito do Grand Prix

Legenda dos símbolos *no final do guia*

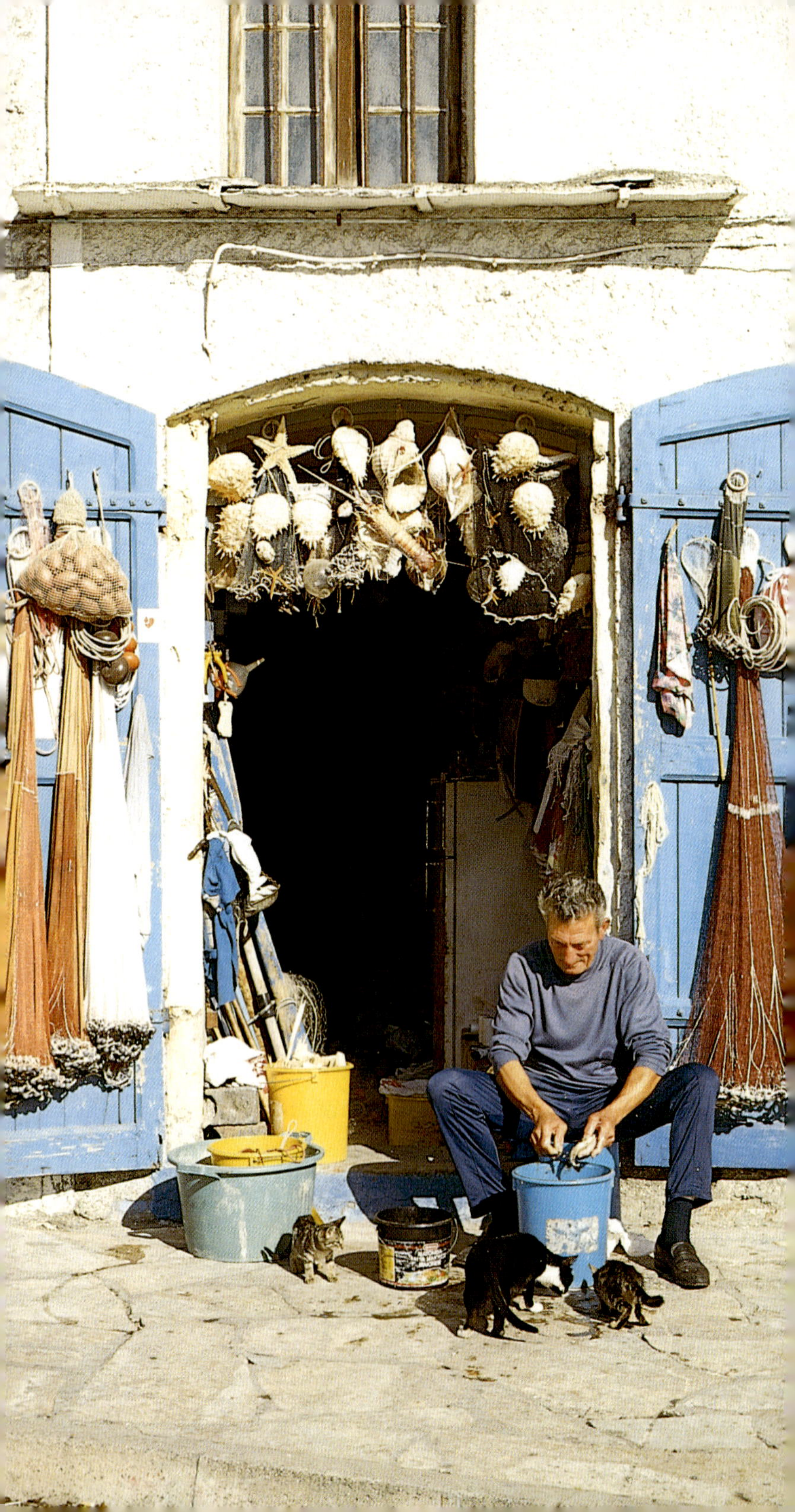

# CÓRSEGA

## HAUTE-CORSE · CORSE-DU-SUD

*Córsega, onde as pessoas conversam em sua própria língua, tem todos os atributos de um minicontinente. Há palmeiras tropicais, vinhedos, bosques de oliveiras e laranjais, florestas de castanheiras e pinheiros nativos, lagos alpinos e águas repletas de trutas. O mais marcante de tudo são os arbustos ressecados de cheiro forte, que Napoleão dizia poder sentir da vizinha ilha de Elba.*

Quarta maior ilha do mar Mediterrâneo, depois da Sicília, do Chipre e da Sardenha, a Córsega tem sido um problema e uma frustração para a França continental desde 1769, quando foi "vendida" a Luís XV pelos genoveses por 40 milhões de francos. Antes disso, após anos de luta, os corsos haviam desfrutado catorze anos de independência sob o respeitado comando de Pasquale Paoli. Compreensivelmente, sentiram-se traídos pelo acordo com os franceses e desde então ficaram ressentidos. Para os turistas que visitam a ilha – em julho e agosto, o número de turistas excede o dos habitantes na proporção de seis para um –, o relacionamento corso-francês pode não ter importância. Há, entretanto, um forte (às vezes até violento) movimento separatista, que intimida alguns turistas. De certa forma, a beleza selvagem da Córsega acabou sendo preservada de maneira diferente do que ocorreu no restante do Mediterrâneo.

Durante 200 anos, dos séculos XI ao XIII, a Córsega foi colônia da antiga república toscana de Pisa, cujos construtores levantaram belas igrejas românicas. Estas edificações, juntamente com os guerreiros de pedra megalítica em Filitosa, são os melhores monumentos da ilha. De resto, o lugar em que Napoleão nasceu tem costões bravos e picos montanhosos, e é um dos últimos recantos preservados do Mediterrâneo, pobre, despovoada, linda, antiquada e obstinadamente distante.

**Aldeia de Oletta, na região de Nebbio, perto de St-Florent**

◁ Um pescador com seus "amigos" em Bastia

# Como Explorar a Córsega

O principal atrativo da Córsega é sua paisagem: linda e agreste, com montanhas, florestas, *maquis* recendendo a mirta e quilômetros de praias arenosas. O final da primavera (quando as flores silvestres desabrocham) e início do outono são as melhores épocas para visitá-la – a temperatura é moderada e não há muitos turistas. A ilha é famosa por suas incríveis trilhas para caminhadas, algumas das quais se tornam pistas de esqui no inverno. Pode-se também esquiar nas montanhas em fevereiro e março.

**Porto de Calvi e cidadela do século XV**

## LEGENDA

- Estrada principal
- Estrada secundária
- Estrada local
- Percurso com paisagem
- △ Cume

## VENTOS DA CÓRSEGA

*A ilha é atingida por ventos de todas as direções. Os dois não mostrados aqui são o Mezzogiorno, que sopra ao meio-dia, e o Terrana, mais forte à meia-noite.*

- **Maestrale** (pode ser muito forte)
- **Tramontane** (vento frio que sopra do norte)
- **Grecale** (traz chuva no outono)
- **Ponente** (vento do oeste mais ameno)
- **Levante** (quente)
- **Libeccio** (seco no verão, traz chuva no inverno)
- **Sirocco** (vento com pó da África)

*Mar da Ligúria*

L'ÎLE ROUSSE ❹
Belgodère
CALVI ❺
Muro
Calenzana
Balagne
Girolata
Monte Cinto 2706m ❻
Calacuccia
GOLFE DE PORTO ❾
Porto
Evisa
Les Calanche
Piana
Soccia
Parc Naturel
CARGÈSE ❿
Vico
MAR MEDITERRÂNEO
Golfe de Sagonne
Sari-d'Orcino
Bocogr
Baste
Gravona
AJACCIO ⓫
Cauro
Golfe d'Ajaccio
Santa-Maria-Siché
Capo di Muro
Petreto-Bicchisano
FILITOSA ⓬
Casala
Olmeto
Golfe de Valinco
Propriano
Sante-L-de-Tal
SARTÈNE ⓭
Pianotolli-Calda

**Legenda dos símbolos** *no final do guia*

# CÓRSEGA

## PRINCIPAIS ATRAÇÕES

Ajaccio ⓫
Bastia ❷
Bonifacio ⓮
Calvi ❺
Cap Corse ❶
Cargèse ❿
The Castagniccia ❽
Corte ❼

Côte Orientale ⓯
Filitosa ⓬
Golfe de Porto ❾
L'Île Rousse ❹
The Niolo ❻
St-Florent ❸
Sartène ⓭

Os penhascos de Calanche, no golfo de Porto

## COMO CHEGAR

Ferryboats para automóveis (reservados com bastante antecedência) partem de Marselha, Nice e Toulon, e chegam a Bastia, L'Île Rousse, Calvi, Ajaccio, Propriano e Porto-Vecchio. Há ferryboats também da Sardenha para Bonifacio e Gênova, Livorno e La Spezia. Há aeroportos pequenos em Ajaccio, Bastia, Calvi e Figari. As ruas da Córsega são estreitas, sinuosas e lentas, mas as vistas de tirar o fôlego compensam. Para explorar a ilha, o carro é obrigatório, pois o transporte público é limitado. Leve combustível extra – os postos de gasolina são poucos.

0 km    20

A Cidade Velha de Corte, com sua cidadela no alto da montanha

## Cap Corse ❶

Haute-Corse. ✈ Bastia. 🚉 Bastia. 🚌 Bastia. 🛈 pl St-Nicolas, Bastia (04 95 54 20 40).
www.bastia-tourisme.com

Cap Corse é a ponta norte da Córsega, com 40km de comprimento, mas raramente com mais de 12km de largura, apontando com o dedo acusador em direção a Gênova.

Há duas estradas saindo de Bastia para o cabo: a D81, conduzindo para o leste pelas montanhas e unindo-se à D80 depois da aldeia vinícola de Patrimonio, e a D80, rumando norte ao longo do litoral leste até **Erbalunga e Macinaggio**. Nos dois casos, a estrada é estreita e sinuosa, um aperitivo do que o espera em quase todos os lugares da Córsega.

Da aldeia litorânea de **Lavasina**, a D54 leva ao leste, saindo da D80 com destino a Pozzo. Daí, são cinco horas, de ida e volta, a pé, até o cume (1.307m) do **Monte Stello**, o mais alto do cabo. A vista do topo toma St-Florent a oeste, o maciço central ao sul e a ilha italiana de Elba a leste.

Subindo a costa, a **Tour de Losse**, restaurada, é uma das diversas torres genovesas do século XVI ao longo da costa – parte de um elaborado sistema que permitiu a todas as cidades corsas ser avisadas duas horas antes de ocorrerem os ataques bárbaros.

O encantador porto pesqueiro do século XVIII de **Centuri**, próximo à ponta da península na costa oeste, é um ponto ideal para deliciosos frutos do mar. **Pino**, uma bonita aldeia, descendo pela encosta verde da montanha, mais ao sul, não tem hotéis, apenas uma linda igrejinha dedicada à Virgem, cheia de modelos de navios, lá colocados por marinheiros em agradecimento à sua proteção.

Seguindo para o sul ao longo do penhasco inferior, certifique-se de virar à esquerda, no alto da colina, para **Canari**. Uma das maiores aldeias desta área, Canari possui uma igreja pisana do século XII (Santa Maria Assunta), uma vista magnífica cruzando o mar e um convidativo hotel-restaurante. Todas as estradas secundárias nesta área arborizada parecem conduzir a algum lugar interessante. Há dúzias de pequenas aldeias pitorescas na redondeza, mas lembre-se de que daqui para a frente a paisagem se torna cada vez menos atraente, já que a estrada passará por antigas minas de asbesto e praias de areia escura abaixo do vilarejo de **Nonza**.

*A aldeia de Erbalunga na costa leste de Cap Corse*

## Bastia ❷

Haute-Corse. ✈ 39.000. 🚉 🚌 🚢 🛈 pl St-Nicolas (04 95 54 20 40). 🛒 ter-dom.
www.bastia-tourisme.com

Um próspero porto e capital administrativa da Córsega Superior, Bastia é diferente em estilo de sua calma rival da costa oeste, Ajaccio. A cidadela genovesa e as coloridas edificações italianas do século XIX circundando o velho porto são, para muitos, seu primeiro gosto do autêntico Mediterrâneo – como o foi há meio século e como continua em nossa imaginação.

O centro da vida de Bastia é a **place St-Nicolas**, de frente para o cais de onde chegam as balsas do continente e da Itália. Rumo ao sul, pelo litoral, chega-se à **place de l'Hôtel de Ville**, local de uma animada feira todas as manhãs. Nos limites da praça fica a **Chapelle de l'Immaculée Conception**, do início do século XVII, com seu interior decorado do século XVIII, e a **Église de St-Jean Baptiste**, de meados do século XVII, cuja fachada domina o Vieux Port.

Daqui é possível uma curta caminhada até a **citadela** do século XVI, onde vale ver mais duas igrejas: a rococó **Chapelle Sainte-Croix**, com seu impressionante *Cristo Negro*, tirado do mar por pescadores de Bastia em 1428, e **Sainte-Marie**, do século XV, com a *Virgem*, feita de 1t de prata.

*O Vieux Port de Bastia visto de Jetée du Dragon*

*Veja hotéis e restaurantes desta região nas pp. 594-5 e 650-1*

## St-Florent ❸

Haute-Corse. 1.500.
*Bâtiment Administratif (04 95 37 06 04).* 1ª qua do mês. **www.corsica-saintflorent.com**

St-Florent é um tipo St--Tropez corso – chique, rica, repleta de iates e lanchas. Sua cidadela, que abriga mostras de fotografia, data de 1439 e é um exemplo da arquitetura militar genovesa. A própria cidade é muito agradável para passear. Sua principal atração, a **Cathédrale de Santa Maria Assunta**, pisana do século XII, situa-se logo no continente, na estrada para Poggio-d'Oletta.

### Arredores

Um circuito de quatro horas de lazer, de carro, na região de **Nebbio**, que se estende em um anfiteatro em volta de St-Florent, poderá abranger: **Santo Pietro di Tenda**; **Murato**, famosa por sua magnífica **Église de San Michele de Murato**, construção românica pisana do século XII, feita de pedra branca e verde; passo de **San Stefano**, com o mar dos dois lados; **Oletta**, que produz um queijo especial feito de leite de ovelha; o passo **Teghime**; e finalmente a aldeia vinícola de **Patrimonio**, onde há um estranho menir de grandes orelhas datado de 900-800 a.C.

Ao longo da costa rumo oeste de St-Florent situa-se o estéril e inabitado **deserto des Agriates**. Se você puder enfrentar a distância de 10km – a pé, de bicicleta ou moto –, a praia de Saleccia é de longe a mais linda e deserta da ilha.

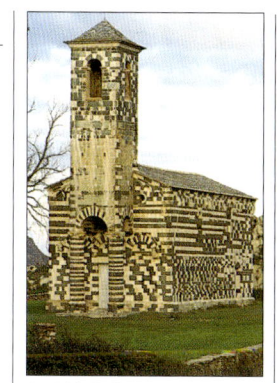

San Michele de Murato

## L'Île Rousse ❹

Haute-Corse. 2.400.
*av Calizzi (04 95 60 04 35).* diariam (verão); ter e sex (inverno) **www.balagne-corsica.com**

Fundada em 1758 por Pasquale Paoli, líder da Córsega independente, L'Île Rousse é hoje um importante balneário de férias e terminal de balsas. O centro da cidade é dominado por uma estátua de mármore do herói nacional da Córsega. No lado norte da praça fica o mercado coberto, com a Cidade Velha logo além.

Nos meses de verão, a L'Île Rousse fica superpovoada, e suas praias tornam-se uma massa de corpos sedentos de sol. Vale subir 10km pela costa até **Lozari**, que oferece um belo e reservado trecho de areia.

Legionário estrangeiro

### Arredores

Um modo muito agradável de descobrir a região de **Balagne** é tomar o bonde de L'Île Rousse até Calvi e voltar. Este serviço, irregular, funciona o ano todo (com mais frequência no verão), mais ou menos mantendo-se na orla e parando em Algajola, Lumio e várias aldeias pelo caminho.

## Calvi ❺

Haute-Corse. 5.500.
*Port de Plaisance (04 95 65 16 67).* diariam. **www.balagne-corsica.com**

Calvi é hoje uma cidade em parte militar, em parte de férias baratas. Sua cidadela do século XV é guardada por um regimento francês da Legião Estrangeira. Além do terminal das balsas, há um feio e aparentemente interminável camping e estacionamento de trailers. Calvi é a cidade natal de Cristóvão Colombo, segundo seus moradores, embora não haja comprovação de tal fato. Melhor motivo para a fama é a comida, muito boa e razoavelmente barata, segundo os padrões corsos. Há também um festival de jazz muito respeitado em Calvi, que ocorre todo ano no fim de junho. Fora da cidade, a **Chapelle de Notre-Dame de la Serra**, do século XIX, está gloriosamente situada no alto de uma colina, com vista para todas as direções.

A Chapelle de Notre-Dame de la Serra, 6km a sudoeste de Calvi

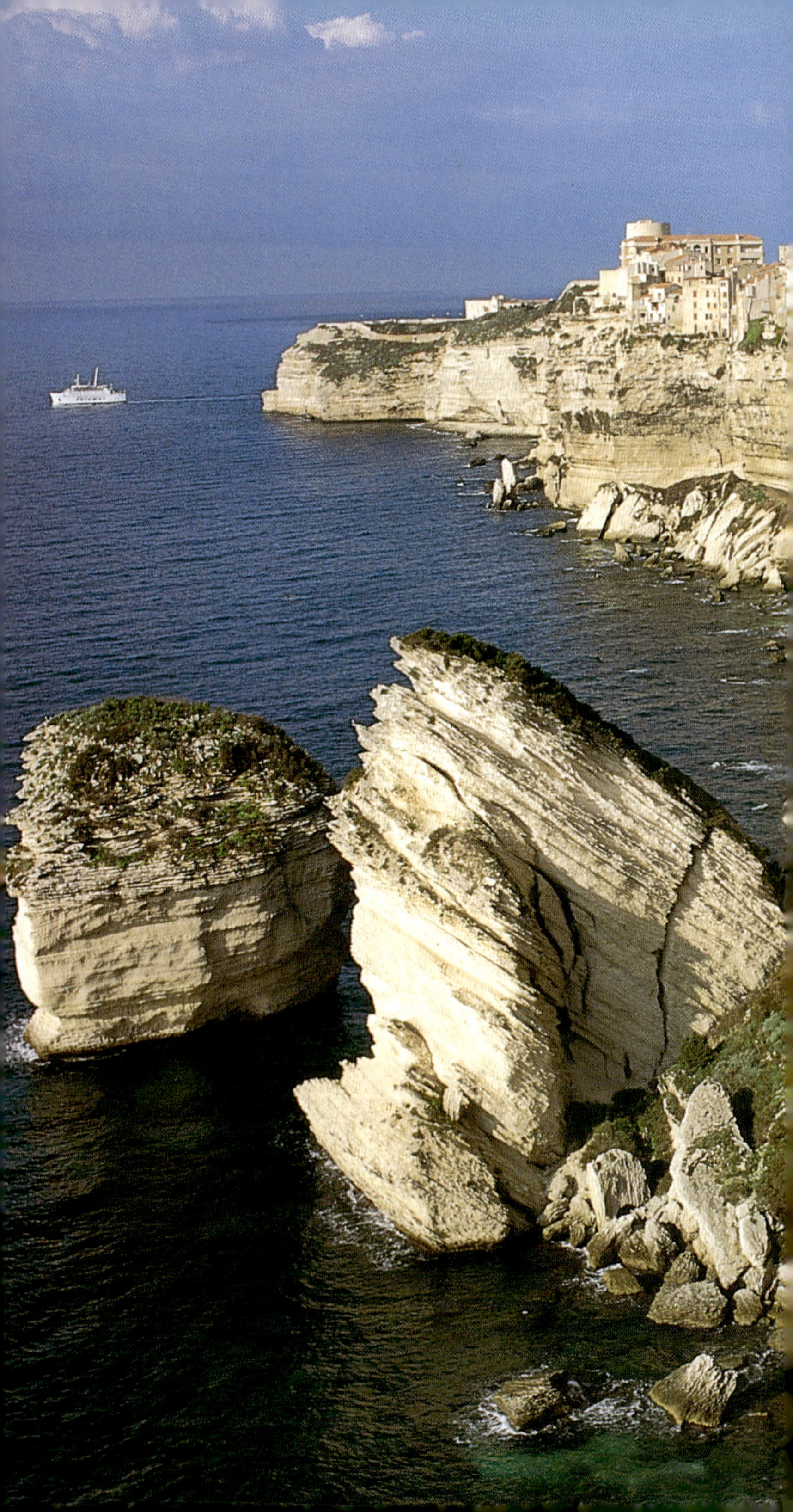

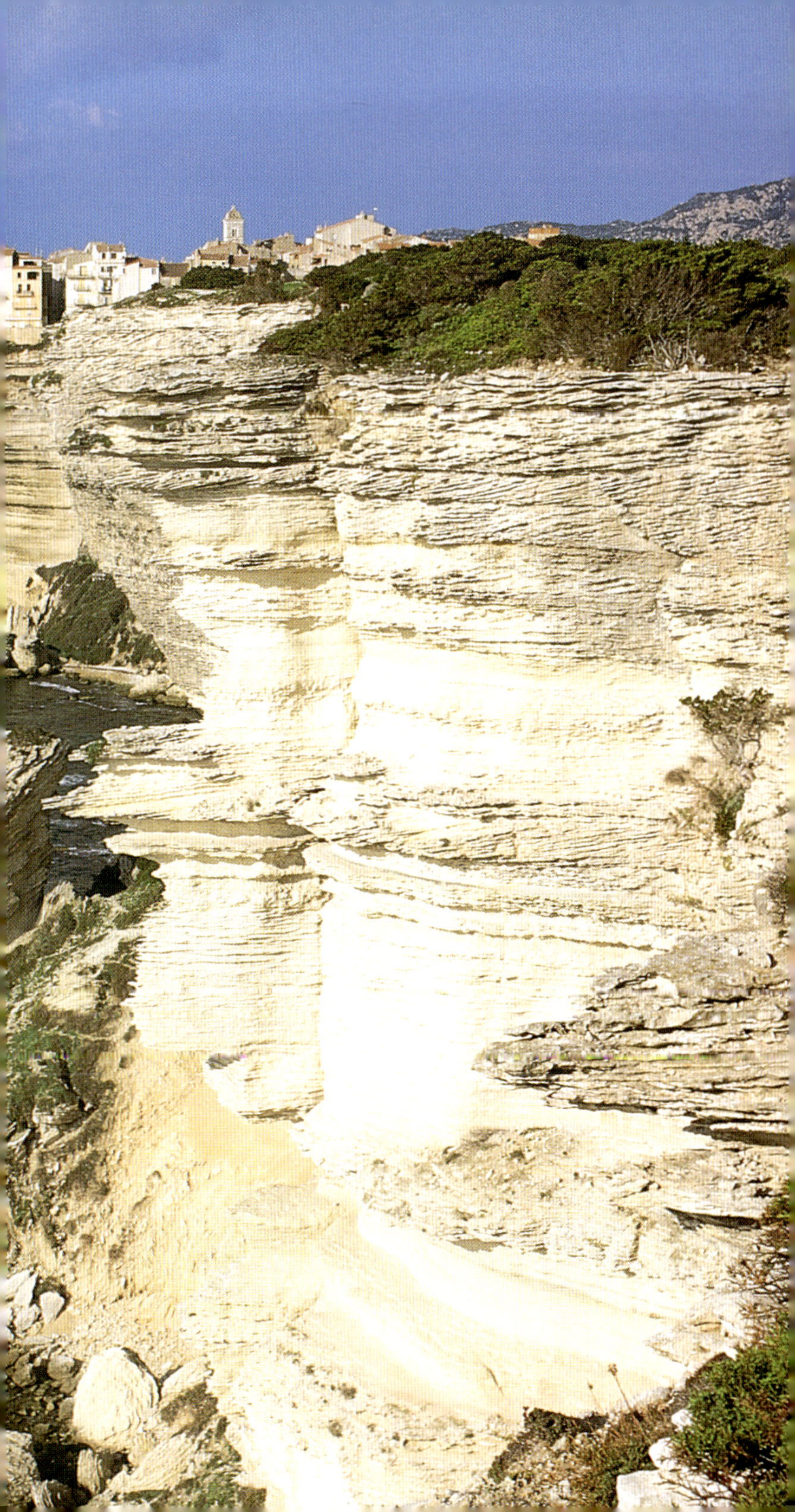

Corte, cidadela do século XV, vista ao amanhecer

## O Niolo ❻

Haute-Corse. 🚍 Corte. 🛈 Route de Cuccia (04 95 48 05 22).

O Niolo, a oeste de Corte, estende-se para o ocidente até o passo de Vergio e a bacia superior do Golo, e a leste até a Scala di Santa Regina. Inclui a montanha mais alta da Córsega, **Monte Cinto**, de 2.700m, e seu maior rio, o **Golo**, que encontra o mar ao sul de Bastia. Sozinho entre as várias regiões da Córsega, O Niolo persiste na pecuária como sua principal atividade econômica. A cidade principal, **Calacuccia**, é adequada para excursões ao monte Cinto. A estação de esqui próxima, **Haut Asco**, tem melhor acesso pela D147 de **Asco**, mas os aficionados podem caminhar de Calacuccia (8-9 horas). Ao sul, está a enorme floresta de **Valdu Niello**.

## Corte ❼

Haute-Corse. 🚶 5.000. 🚍 🚌 🛈 La Citadelle (04 95 46 26 70). 🛒 sex. www.centru-corsica.com

No centro geográfico da Córsega, Corte foi a capital escolhida pelo líder da independência Pasquale Paoli de 1755 a 1769 e hoje é sede da universidade da ilha. Na Cidade Velha fica a cidadela do século XV que abriga o **Museu di a Corsica**. A exibição aborda a vida tradicional da Córsega e antropologia.

Corte é a base ideal para explorar as áreas montanhosas circundantes, por situar-se exatamente a meio caminho ao longo da GR20, a trilha de 220km de Calenzana a Conca.

### 🏛 Museu di a Corsica
La Citadelle. **Tel** 04 95 45 25 45.
☐ abr-jun e out-nov: ter-dom; jul-set: diariam; nov-mar: ter-sáb.
⊘ feriados. ♿ 🛍 📷 🛒
www.musee-corse.com

### Arredores
Não perca as agrestes e lindas **Gorges da Restonica**, cerca de 12km fora da cidade, pela D623. Acima destas gargantas, caminhantes aventureiros podem desejar escalar o bem marcado percurso até o **Lac de Melo**, suprido pela neve, ou o **Lac de Capitello**, 30min adiante, no qual a neve permanece até o início de junho. O caminho – no inverno uma trilha de esqui de fundo – segue o rio.

Ao sul de Corte, a **Forêt de Vizzavona** é um bosque mesclado de faias e pinheiros, atravessado por regatos, repletos de trutas, e trilhas para caminhadas (a principal é a GR20). É um refúgio do calor no verão e uma desculpa para se descer do trem que sobe de Ajaccio ou Bastia, parando em Vizzanova.

## A Castagniccia ❽

Haute-Corse. 🚶 Bastia. 🚍 Corte, Ponte Leccia. 🚌 Piedicroce, La Porta, Valle-d'Alesani. 🛈 Folelli (04 95 35 82 54). www.castagniccia.net

A leste de Corte fica a região de Castagniccia (literalmente, "pequeno bosque de castanhas") de colinas e coberta de castanheiros, que a maioria dos corsos concorda ser o coração da ilha. Foi aqui que o líder Pasquale Paoli nasceu em 1725 e que as revoltas contra Gênova e depois França de fato se iniciaram em 1729. Infelizmente, muitas das aldeias nesta linda e remota área estão quase vazias, tendo seus habitantes se reunido aos cerca de 800 mil corsos (quase o triplo da atual população) que moram e trabalham na França continental ou na Itália. Parece difícil acreditar que no século XVII, quando as grandes florestas de castanheiros aqui introduzidos pelos genoveses estavam no auge de sua produção, esta era a mais próspera e populosa região da Córsega. A D71, que sai da Ponte Leccia (norte de Corte) para a costa leste, serpenteia por todo o centro da região de Castagniccia, e vê-la deve tomar grande parte do dia. Prepare um piquenique antes de partir, pois não há muito o que comer pelo caminho.

◁ Penhascos de calcário de Bonifacio (p. 543)

## Golfe de Porto

Corse-du-Sud. Ajaccio. Porto. Porto (04 95 26 10 55). www.porto-tourisme.com

Porto situa-se na extremidade do golfo de Porto, uma das baías mais lindas do Mediterrâneo, que por sua fauna e flora é considerada pela Unesco patrimônio da humanidade. A cidade tem uma magnífica torre de vigia genovesa – o lugar perfeito para ver o pôr do sol – e passeios de barco regulares (abr-out) para Calanche, Scandola e Girolata.

**Calanche** começa a 2km de Porto, na estrada para Piana. Estes 300m de penhascos de granito vermelho mergulham no mar e são de tirar o fôlego. Acessíveis apenas de barco ou a pé, as trilhas bem demarcadas iniciam-se em Tête du Chien e na Pont de Mezanu. Passagens de barco podem ser adquiridas no Hôtel Le Cynée, em Porto.

A leste de porto ficam as Gorges de la Spelunca, acessíveis por uma estrada pontuada por pontes genovesas.

A bela aldeia de **Piana**, logo ao sul de Porto, passando por magníficos arcos de granito, é uma boa base para visitar a região. Informações detalhadas sobre possíveis caminhadas nesta área podem ser obtidas aqui: vale a visita à enseada de **Ficajola**, logo abaixo de Piana – uma praia sem dúvida nenhuma deliciosa.

*A marina de Porto e a torre de vigia genovesa*

### Arredores

A estrada nas montanhas de Porto até Calvi oferece apenas um gostinho deste fantástico canto da Córsega – deve-se ir ao mar para vê-lo adequadamente (balsas de Porto e Galéria). **Girolata**, uma pequena aldeia ao norte de Porto, pode ser alcançada apenas por mar ou pela trilha de mulas (4h para ir e voltar a pé) de um ponto nitidamente demarcado 23km ao norte de Porto localizado na D81.

Na abertura do golfo de Girolata, a **Réserve Naturelle de Scandola**, instituída em 1975, é a primeira reserva de terra e mar da França, com mais de mil hectares de mar e penhascos, cavernas e maquis. A vida marinha abunda nestas águas limpas e protegidas. Entre as aves da reserva, estão a águia pesqueira, papagaios-do-mar e falcões.

### FLORES CORSAS

Para os amantes de flores silvestres, a Córsega é uma joia no Mediterrâneo. Grande parte da ilha é coberta por maquis, um emaranhado de arbustos aromáticos e árvores baixas que florescem a partir do final do inverno. Entre sua densa variedade, encontram-se vistosos heliântemos, que cobrem o chão com efêmeras pétalas cor-de-rosa ou brancas, e brilhantes giestas amarelas. As encostas de vegetação ou rochosas são bons locais para se encontrar jacintos e um tipo de lírio exclusivo da Córsega e da Sardenha.

Heliântemo

Giesta-espanhola

Lírio-do-mar

Jacinto

*A cidade de Piana, com Calanche ao fundo*

*Veja hotéis e restaurantes desta região nas pp. 594-5 e 650-1*

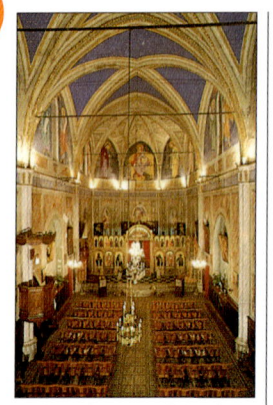

**Igreja ortodoxa grega de Cargèse**

## Cargèse ❿

Corse-du-Sud. 👥 *1.000*. 🚌 ℹ️ *rue du Docteur Dragacci (04 95 26 41 31)*. **www.**cargese.net

Cargèse olha para o mar de um promontório entre as baías de Sagone e Pero. É uma cidade pequena com uma estranha história: muitas das pessoas que aqui moram descendem dos refugiados gregos do domínio turco que receberam asilo na Córsega.

Alguns cidadãos ainda falam grego e sua igreja ortodoxa (grega) cheia de ícones está em frente à igreja católica, em uma atitude que no passado deve ter parecido de confronto. As antigas rivalidades se foram e hoje o celebrante ortodoxo e o padre católico frequentemente se revezam na missa.

Há muitas praias fantásticas nas redondezas, principalmente em **Pero** e **Chiuni**, logo ao norte, e em **Ménasina** e **Stagnoli**, ao sul.

## Ajaccio ⓫

Corse-du-Sud. 👥 *60.000*. ✈️ 🚌 🚢 🚆 ℹ️ *3 bd du Roi Jérôme (04 95 51 53 03)*. 🎉 *ter-dom*. **www.**ajaccio.tourisme.com

Em Ajaccio, uma ruidosa e agitada cidade pelos padrões corsos, nasceu Napoleão Bonaparte em 1769. Napoleão jamais retornou à Córsega depois de coroar-se imperador dos franceses, em 1804, mas a cidade – moderna capital da Córsega nacionalista – comemora seu aniversário todos os anos em 15 de agosto.

A **Cathédrale Notre-Dame de la Miséricorde**, do século XVI, onde Napoleão foi batizado em 21 de julho de 1771, abriga o quadro de Delacroix, *Virgem do Sagrado Coração*.

Algumas ruas adiante, a **Maison Bonaparte**, onde Napoleão nasceu e passou a infância, contém retratos da família, mobiliário da época e diversificada exposição.

Muito mais interessante é a magnífica coleção de arte reunida pelo inescrupuloso tio de Napoleão, cardeal Fesch, que alegremente saqueou igrejas, palácios e museus durante a campanha italiana, trazendo o que arrecadou para Ajaccio. Situado no Palais Fesch, do século XIX, o **Musée Palais Fesch** tem o mais belo acervo de arte primitiva da Itália na França, depois do Louvre. Destacam-se obras de Bellini, Botticelli, Tiziano e Veronese, Bernini e Poussin. Ao lado do Palais fica a **Chapelle Impériale**, construída em 1855 por Napoleão III para abrigar as sepulturas da família Bonaparte. Daqui, ande de volta ao longo do cais até Jetée de la Citadelle, de onde se tem incrível vista. A cidadela vizinha, do século XVI, é hoje ocupada pelo exército.

🏛 **Maison Bonaparte**
Rue St-Charles. **Tel** *04 95 26 26 26*. 🎉 *ter-dom*. 📷 ℹ️ **www.**museemaisonbonaparte.fr

🏛 **Musée Palais Fesch**
50 rue Cardinal Fesch. **Tel** *04 95 21 48 17*. 🎉 *qua-seg*. ♿ **www.**musee-fesch.com

### Arredores
Do quai de la Citadelle há passeios diários para as **Îles Sanguinaires**, na entrada do golfo de Ajaccio.

Em Vero, 21km a nordeste pela N193, fica o diferenciado parque **A Cupulatta**, com mais de 150 espécies de tartarugas terrestres e aquáticas.

**Menir em Filitosa**

## Filitosa ⓬

Centre Préhistorique de Filitosa, Corse-du-Sud. **Tel** *04 95 74 00 91*. 🎉 *abr-out: diariam*. 📷 🚻 ℹ️ **www.**filitosa.fr

Os guerreiros de pedra, com 4 mil anos, em tamanho natural, em Filitosa constituem a relíquia mais espetacular do homem megalítico na Córsega. Descobertos em 1946, estes menires de granito, com forma fálica, representam uma interessante progressão de meras silhuetas à escultura mais detalhada, com feições humanas. As cinco figuras mais recentes e sofisticadas (cerca de 1500 a.C.) encontram-se em volta

**Estátua de Napoleão, por Laboureur, na praça Maréchal Foch (Ajaccio)**

*Veja hotéis e restaurantes desta região nas pp. 594-5 e 650-1*

A Cidade Velha de Bonifacio, fortificada, com o porto em primeiro plano

de uma oliveira de mil anos. Outras descobertas, incluindo um guerreiro fortemente armado com escudo, elmo e espada, podem ser vistas no museu arqueológico local.

## Sartène ⓭

Corse-du-Sud. 🏠 3.600. 🚌 🚉
coeurs Soeur Amélie (04 95 77 15 40).
🏛 verão: diariam; inverno: sáb.

Sartène é uma cidade medieval fortificada, de ruas estreitas de paralelepípedos e casas de granito cinza, erguendo-se acima do vale Rizzanese. Fundada pelos genoveses no início do século XVI, sobreviveu a ataques dos piratas bárbaros e a séculos de feudalismo.

A cidade tem reputação de ser generosa, o que é reforçado todos os anos pela mais antiga e intensa cerimônia cristã da Córsega, o Catenacciu (literalmente, o "acorrentado") da Sexta-Feira Santa. Um penitente de capuz ver melho, descalço e acorrentado, arrasta uma cruz de madeira pela Cidade Velha, em uma reencenação da subida de Cristo ao Gólgota.

### Arredores
No centro da cidade, o **Musée de la Préhistoire Corse** contém um acervo de artefatos do período neolítico, da Idade do Bronze e da Idade do Ferro.

🏛 **Musée de la Préhistoire Corse**
Bd Jaques Nicolai. **Tel** 04 95 77 01 49. ☐ mai-set: diariam; out-abr: seg-sex. 🏛 ♿
**www**.prehistoire-corse.org

## Bonifacio ⓮

Corse-du-Sud. 🏠 2.700. 🚌 🚉
🛈 rue Fred Scamaroni (04 95 73 11 88).
🏛 qua. **www**.bonifacio.fr

Bonifacio é uma cidade no extremo sul da Córsega, situada em uma península de penhascos de pedra calcária e granito com paisagens fantásticas *(pp. 538-9)*. Seu bonito porto na base dos penhascos é o ponto central com cafés, restaurantes e butiques – todos bem caros – e barcos que partem regularmente para a vizinha ilha da Sardenha e a de Lavezzi, inabitada.

Do porto, uma escada conduz à Cidade Velha fortificada de Bonifacio. A cidadela, construída por genoveses conquistadores no fim do século XII, há muito é o ponto de defesa da cidade, e de 1963 a 1983 foi o quartel-general da Legião Estrangeira francesa. Desça até a ponta do promontório e veja os três velhos moinhos de vento e as ruínas de um mosteiro franciscano.

## Côte Orientale ⓯

Haute-Corse 🌊 Corse-du-Sud.
✈ *Bastia*. 🚌 *Aléria, Solenzara, Porto-Vecchio*. 🚢 *Bastia, Porto-Vecchio*. 🛈 *Aléria (04 95 57 01 51), Porto-Vecchio (04 95 70 09 58)*.

A planície, aluviana e um tanto sombria, estendendo-se de Bastia a Solenzara é uma rica área de cultivo desde 1945, ano em que foi finalmente drenada e ficou livre da malária. Recentemente, têm sido construídos diversos balneários de férias e hotéis ao longo da costa, aproveitando as longas e arenosas praias.

A principal atração em **Mariana** – de resto muito próxima do aeroporto Bastia-Poretta – é a catedral de Mariana, do início do século XII, conhecida como **La Canonica**. Perto, fica a **Église de San Perteo**, um pouco mais antiga.

Descendo a costa, o porto de Aléria, originalmente colônia grega e base para a conquista da Córsega pelos romanos em 259 a.C., é interessante por seu rico legado arqueológico. Logo fora da cidade, um museu instalado no Fort de Matra, do século XVI, apresenta a vida diária na Aléria romana.

Em direção à ponta sul da ilha, a cidade fortificada de **Porto-Vecchio**, construída pelos conquistadores genoveses da Córsega, é agora um balneário à beira-mar muito concorrido. O cenário é perfeito para férias no mar, com magnólias, florestas de sobreiros e fantásticas praias de areia branca, de fácil acesso, principalmente em **Palombaggia** e **Pinarello**.

O Golfo de Porto-Vecchio

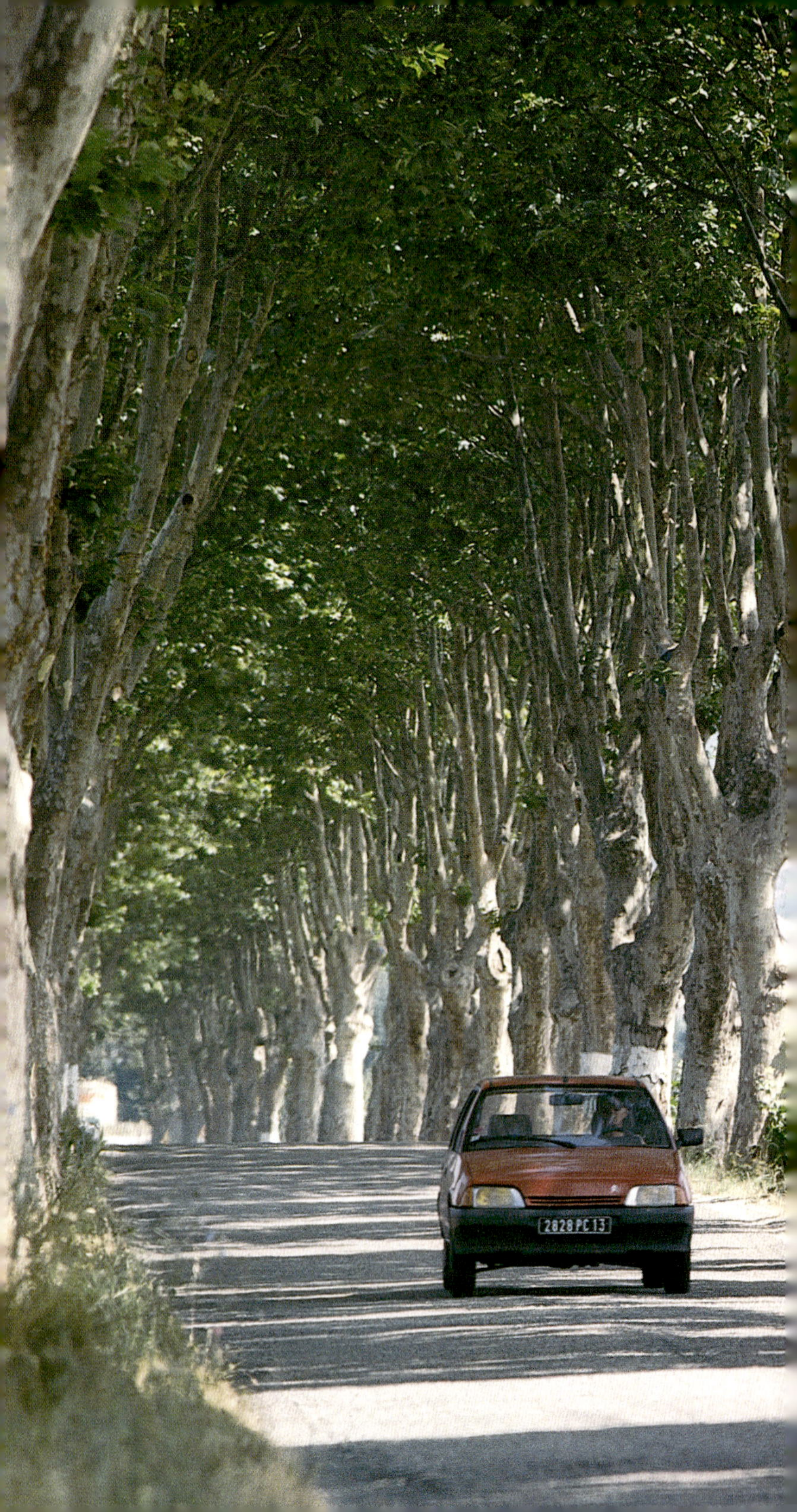
2828 PC 13

# INDICAÇÕES AO TURISTA

ONDE FICAR 546-595

ONDE COMER 596-651

COMPRAS 652-655

DIVERSÃO 656-659

INTERESSES ESPECIAIS E ATIVIDADES AO AR LIVRE 660-665

# ONDE FICAR

Muitos dos 22 mil hotéis registrados na França são charmosos e têm bom preço. Nestas quatro páginas estão resumidos os tipos de hotel oferecidos e dicas sobre o que esperar dos hotéis franceses. As páginas com a relação dos hotéis *(pp. 550-95)* descrevem alguns dos melhores do país em todas as categorias de preço e estilo, de eficientes hotéis das redes modernas aos pequenos e clássicos, dirigidos por famílias. Estão incluídos também *chambres d'hôte* (tipo *bed and breakfast*), que ocupam até fazendas e castelos, assim como os melhores albergues. É possível ainda conseguir informações sobre como alugar uma casa de campo, ou *gîte*, e como aproveitar ao máximo as férias em campings.

O Hôtel Euzkadi, em Espelette, nos Pireneus *(p. 589)*

## O CLÁSSICO HOTEL DE FAMÍLIA

Se você está viajando com dinheiro contado, um hotel pequeno, dirigido por família, encontrado praticamente em qualquer aldeia, é o ideal. Provavelmente será o ponto central da aldeia, com bar e salão de refeições muito procurados, se a comida for boa. O ambiente é totalmente informal, com crianças, gatos e cachorros à vontade. Nas dezenas de quartos do hotel, o charme antigo compensará a falta de alegria e, talvez, a pouca água quente do chuveiro.

O manual anual *Logis de France* traz os mais de 4 mil hotéis-restaurantes, na maioria de uma ou duas estrelas, dirigidos por famílias. Tendem a se localizar em pequenas cidades ou locais rurais – não existem em Paris. A maioria não passa de hospedaria à beira da estrada, mas você encontrará muitas casas de fazenda reformadas e hotéis baratos à beira-mar. Embora o *Logis* seja uma fonte de informação útil, a qualidade dos locais relacionados pode variar.

## O HOTEL CHÂTEAU

Muitas das mansões e châteaux da França foram transformados em hotéis de luxo. Incluem de tudo, desde edifícios renascentistas com belos gramados até castelos medievais. Há grandes hotéis em toda a França, especialmente no Loire, Savoie, Haute-Savoie e delta do Ródano. Os lugares listados no livreto **Relais et Châteaux** são recomendados.

Em geral, a comida é de primeira e os quartos, muito bem decorados. Variam de grandes suítes a acomodações simples, frequentemente em construções rurais reformadas, possibilitando usar camas com dosséis e antiguidades. Vive-se no luxo sem ir à falência.

## O HOTEL DO CENTRO

Toda cidade grande possui uma série de hotéis próximos às estações de trem ou portos. Vão de acomodações baratas a um ou dois hotéis grandes. Os hotéis mais famosos desse tipo são os de Paris e os de balneários da Riviera como Nice e Cannes. Note que muitos não têm restaurante ou lobby, sendo sempre bom verificar a qualidade do quarto antes da reserva.

## REDES DE HOTÉIS

Os hotéis das cadeias modernas servem como parada barata quando se viaja pela França. Muitos ficam nos arredores da cidade, perto das rodovias e grandes estradas. Os mais baratos são os motéis **Formule 1**, de uma estrela, sem sofisticação, oferecendo quartos com camas de casal ou solteiro, sem banheiro.

Entre as redes de duas estrelas, estão **Ibis, Campanile, Hotels Première Classe** e **Etap**. De três estrelas são **Novotel** e **Mercure**, ambas com acomodação com banheiro e usualmente permitindo estada grátis para uma criança, desde que toda a família durma em um quarto. O Novotel tem ainda estadia grátis para duas

Le Négresco, na Côte d'Azur *(p. 573)*

**Hotel Meurice, na região de Tuileries, em Paris (p. 555)**

pessoas com menos de 16 anos.

## O RESTAURANTE COM QUARTOS

Por toda a França, muitos bons restaurantes também oferecem acomodações. Geralmente os quartos combinam com o ambiente do restaurante e são cobrados de acordo. Às vezes, porém, bons restaurantes têm quartos simples no andar superior – grande achado para quem quer esbanjar na comida e economizar na acomodação. Consulte a lista de restaurantes (pp. 600-51).

## REFEIÇÕES E INSTALAÇÕES

Na alta temporada, muitos hotéis de balneários insistem na meia pensão ou *demi-pension* (taxa individual pelo quarto, jantar e café da manhã). Há também a pensão completa ou *pension*, incluindo o almoço. Embora seja uma opção mais barata, as refeições oferecidas são de cardápios fixos ou de opção limitada, sem os pratos mais interessantes.

Muitos hotéis menores e dirigidos por famílias não oferecem refeições aos domingos à noite e frequentemente não servem jantar depois das 21h nos outros dias. Os quartos geralmente têm cama de casal; – camas separadas devem ser mencionadas na reserva. Os hotéis intermediários têm a opção de banheiro no quarto. Mas uma curta caminhada até um banheiro separado pode reduzir o custo consideravelmente. Banheiro com banheira *(un bain)* é, em geral, mais caro do que com chuveiro *(une douche)* e *un cabinet de toilette* tem pia e bidê, sem banheira, chuveiro ou vaso sanitário. Se você não tem acomodação com *pension* ou *demi-pension*, o café da manhã é cobrado à parte. Vá então ao café local, mais barato e gostoso.

**Hôtel l'Abbaye, em Talloires, nos Alpes Franceses (p. 580)**

## CLASSIFICAÇÃO

Os hotéis franceses são classificados de um a cinco-estrelas (os mais luxuosos são classificados como *palace*). Hotéis com duas ou mais estrelas devem ter elevador, se necessário, telefone em todos os quartos e suítes em pelo menos 40% dos quartos. Os três-estrelas devem oferecer café da manhã no quarto e ter 80% de quartos com banheiro. Apenas os quatro e cinco-estrelas devem ter serviço de quarto, ar-condicionado e banheiro em todos os quartos.

## PREÇOS

Preços, com imposto e serviço incluídos, são cotados por quarto (fora acomodações *pension* e *demi-pension).* Em geral, há um pequeno extra para uma terceira pessoa em quarto para dois e pouco desconto para quem viaja sozinho.

Como regra, quanto mais alta a classificação em estrelas, mais se paga. Preços de um quarto de casal começam em 40 euros por noite em hotéis de uma estrela e chegam a 100 euros ou mais em hotéis de quatro estrelas. O custo também varia geograficamente. Áreas rurais, como as da Bretanha, são mais baratas. Por um quarto equivalente em áreas da moda, como Dordogne e Provença, você vai pagar 20% mais e outros 20% em Paris e na Côte d'Azur. Os preços variam ainda por temporada – as áreas litorâneas e alpinas elevam as tarifas em até 50% nos períodos de pico.

## RESERVAS

Faça reservas com muita antecedência para Paris e áreas turísticas muito procuradas em julho e agosto. Nos balneários, a maioria dos hotéis fecha de outubro a março, e nos resorts de esqui, em abril – se for viajar fora da temporada para esses lugares, verifique se os hotéis estarão abertos. Reservas podem ser feitas com cartão de crédito. Durante a viagem, procure os escritórios de turismo para reservar um quarto com até oito dias de antecedência.

O restaurante do Hôtel de la Cité, em Carcassonne *(p. 589)*

## BED AND BREAKFAST

As pensões tipo *bed and breakfast* francesas, chamadas *chambres d'hôte*, são de todos os tipos e formas, de pequenas casas de campo a sofisticados castelos, repletos de retratos da família e antiguidades, além de algumas *fermes-auberges (p. 597)*. Você estará em casas particulares e não deve esperar serviços de hotel. Muitas oferecem jantar *(table d'hôte)*, se requisitada, e você geralmente come *en famille*. Mais de 25 mil *chambres d'hôte* rurais estão registradas pela **Gîtes de France**. Procure pelas placas amarelas e verdes nas laterais da estrada.

Placas nas estradas também levam a muitas *bed and breakfast* não registradas, sobre as quais os centros de informação turística podem dar detalhes.

## ALOJAMENTOS INDEPENDENTES

A *gîte* é uma casa de campo, montada na casa da fazenda ou em suas dependências externas. É um modo popular e relativamente barato de se ver a França, principalmente fora das temporadas. Mas as reservas devem ser feitas com muitos meses de antecedência para as melhores *gîtes*.

**Gîtes de France** registra cerca de 45.000 *gîtes*, todas fiscalizadas e classificadas para indicar o nível de instalações. Todos os seus 95 escritórios regionais editam uma lista das *gîtes* de seu *département*. Tudo isso pode ser encontrado no escritório central de Paris, a **Maison des Gîtes de France**, que publica uma série de listas com detalhes sobre os lugares especializados. A **Clévacances**, outra organização confiável, publica listas com *gîtes* de boa qualidade em toda a França.

A França possui muitos outros tipos de alojamentos independentes: *villas* caras na costa sul, chalés em estações de esqui, apartamentos na cidade e no litoral. A brochura *Allo Vacances*, em francês, traz uma relação de imobiliárias. No Brasil, está disponível na **Maison de la France**, escritório de turismo do governo francês.

Símbolo da Gîtes de France

## CAMPINGS

Onze mil campings oficiais estão espalhados pelo interior da França. O manual *Camping à la Ferme* da Gîtes de France cobre os mais simples, em fazendas. A **Fédereation Française de Camping et de Caravaning (FFCC)** publica uma lista abrangente, atualizada todos os anos.

Os acampamentos têm classificação de uma a quatro estrelas. Locais de três e quatro estrelas são amplos, com muitas instalações e ligações elétricas para uma parte das barracas. Os de uma e duas estrelas sempre têm toaletes, telefone público e água corrente (às vezes somente água fria, nos de uma estrela). A falta de instalações adequadas é compensada pela tranquilidade e charme rurais. Alguns locais só aceitam visitantes com uma carteira de associado de uma das entidades internacionais de camping.

## ALBERGUES DA JUVENTUDE

Os albergues são uma opção econômica para quem viaja sozinho. Para os que viajam a dois, no entanto, hotéis baratos oferecem frequentemente preços equivalentes.

O Guia de Albergues traz os 220 albergues da França ligados à **FUAJ** (Féderation Unie des Auberges de Jeunesse). No Brasil, pode ser encontrado na **FBAJ** (Federação

Veranistas na piscina de um camping, na alta temporada

Brasileira de Albergues da Juventude) e vem em espanhol, inglês, francês e alemão. Está disponível também na **APAJ**, de São Paulo. Os albergues oferecem acomodação em dormitórios coletivos e são abertos a pessoas de todas as idades. Se você não for membro, terá de pagar uma pequena taxa toda vez que se hospedar em um albergue na França.

A **Ucrif** (Union des Centres de Rencontres Internationales de France) possui 63 centros ligados a instituições culturais espalhados pela França. Todos possuem acomodação de solteiro, casal ou em dormitório, além de restaurante.

Nas férias de verão, pode-se ficar em quartos de universidades. Entre em contato com o **Crous** (Centre Régional des Oevres Universitaires et Scolaires) para obter detalhes.

*Gîtes d'Étapes* são geralmente casas de fazenda com dormitórios próximas de trilhas de caminhadas. O manual *Gîtes d'Étapes* da Gîte de France traz cem desses locais.

O Carlton International Continental, em Cannes (p. 592)

### PORTADORES DE DEFICIÊNCIA

Grande número de associações publica guias com informações sobre acessibilidade. Entre elas, a **Association des Paralysés de France (APF)**, o **Groupement pour l'Insertion des Personnes Handicapées Physiques (GIHP)** e a Gîtes de France, que publica o guia *Accessibles*. No Brasil, o guia da Gîtes pode ser pedido na Maison de la France. A **APF** tem sua própria agência de turismo. **Les Compagnons du Voyage** (parte da SNCF/RATP) organiza transporte público, com ou sem acompanhantes, em toda a França. O site www.guide-accessible.com relaciona, região por região, empresas de transporte que oferecem acesso a cadeirantes.

### MAIS INFORMAÇÕES

A Maison de la France, no Brasil, produz folhetos em português, com informações e serviços. Revistas e informativos em francês dos escritórios de turismo da França também podem ser retirados sem custo na Maison. Às vezes há publicações em inglês.

Na França, escritórios locais de turismo são a melhor fonte de informação.

As **Loisirs Acceuil** são agências especiais de reservas que tiram dúvidas sobre hotéis, campings, *gîtes* e B&B. Há 53 *Loisirs Acceuil* na França.

## AGENDA

### REDES DE HOTÉIS

**Campanile**
Tel 0825 00 30 03 França.
www.campanile.com

**Etap**
Tel 0892 68 89 00 França.
www.etaphotel.com

**Formule 1**
Tel 0892 685 685 França
www.hotelformule1.com

**Hotel Premiére Classe**
Tel 0892 68 81 23 França.
www.premiereclasse.com

**Ibis**
Tel (11) 3747 70 80.
Tel 0892 686 686 França.
www.ibishotel.com

**Novotel**
Tel 0825 884 444 França.
www.accor.com

**Relais et Châteaux**
Tel 0825 825 180 França.
www.relaischateaux.com

### ALOJAMENTOS INDEPENDENTES

**Clévacances**
Tel 02 51 47 71 07.
www.clevacances.com

**Gîtes de France**
59, St-Lazare, 75009 Paris.
Tel 01 49 70 75 85 ou 08 91 16 22 22.
www.gites-de-france.fr

### ALBERGUES DA JUVENTUDE

**Crous**
39 ave G-Bernanos, 75231 Paris Cedex 05. Tel 01 40 51 36 00. www.crous-paris.fr

**APAJ (Associação Paulista de Albergues da Juventude)**
Tel (11) 3258 0388.
www.alberguesp.com.br

**FBAJ (Federação Brasileira de Albergues da Juventude)**
Tel (51) 3228 3802.
www.albergues.com.br

**FUAJ (Féderation Unie des Auberges de Jeunesse)**
27 rue Pajol, 75018 Paris.
Tel 01 44 89 87 27.
www.fuaj.fr

**UCRIF**
27, rue de Turbigo, 75002 Paris.
Tel 01 40 26 57 64.
www.ethic-etapes.fr

### CAMPINGS

**FUAJ (Féderation Française de Camping e Caravaning)**
78 rue de Rivoli, 75004. Paris. Tel 01 42 72 84 08.
Fax 01 42 27 27 021
www.ffcc.fr

### PORTADORES DE DEFICIÊNCIA

**APF**
17 bvd August Blanqui 75013 Paris.
Tel 01 40 78 69 00.
Fax 01 45 89 40 57.
www.apf.asso.com

**GIHP**
32 rue de Paradis, 74010 Paris.
Tel 01 43 95 66 36.
Fax 01 45 40 40 26
www.gihpnational.org

**Les Compagnons du Voyage**
34 rue Championnet, LAC CG25, 75018 Paris.
Tel 01 58 76 08 33.
www.compagnons.com

### MAIS INFORMAÇÕES

**Loisirs Accueil**
www.loisirs-accueil.fr

**Maison de la France São Paulo**
Av. Paulista, 509, 10º andar, cj. 1008
CEP 01311-000
São Paulo, SP.
Tel (11) 3372 5500.

# Como Escolher um Hotel

Os hotéis foram selecionados numa ampla faixa de preço, segundo instalações, qualidade e localização. Os quartos têm banheiro privativo, TV, ar-condicionado e acesso para cadeiras de rodas. A maioria dispõe de internet, e a sala de fitness pode ficar em outro local. Os hotéis estão separados por área. Veja os mapas das páginas 154-69.

**CATEGORIAS DE PREÇO**
Diária de quarto de casal padrão, com taxa de serviço e imposto incluídos, na alta estação e sem café da manhã, exceto quando indicado de outro modo:
€ menos de 80 euros
€€ 80-130 euros
€€€ 130-180 euros
€€€€ 180-250 euros
€€€€€ mais de 250 euros

## PARIS

### BEAUBOURG E LES HALLES Hôtel Britannique €€€€
*20 av Victoria, 75001* **Tel** *01 42 33 74 59* **Fax** *01 42 33 82 65* **Quartos** *40*  **Mapa** *13 A3*

O Britannique possui muitos hóspedes assíduos, que adoram sua localização central, próximo ao Châtelet. Conta com um ambiente acolhedor e eficientes funcionários. Um verdadeiro "hôtel de charme", com quartos ricamente decorados que remetem aos bons e velhos tempos. www.hotel-brittanique.fr

### CHAILLOT Hameau de Passy €€€
*48 rue de Passy, 75016* **Tel** *01 42 88 47 55* **Fax** *01 42 30 83 72* **Quartos** *32*  **Mapa** *5 B3*

No coração do bairro residencial de Passy, a um passo da Torre Eiffel e do Trocadero, o Hameau de Passy fica numa passagem particular, que é um oásis de verde. Os quartos dão para o jardim. O café da manhã, incluído na diária, pode ser servido no quarto. Dispõe de internet sem fio. www.paris-hotel-hameaudepassy.com

### CHAILLOT Concorde La Fayette €€€€
*3 pl du Général Koenig, 75017* **Tel** *01 40 68 50 68* **Fax** *01 40 68 50 43* **Quartos** *1000*  **Mapa** *1 C2*

O Concorde La Fayette é um hotel de fórmula-padrão num alto edifício high-tech (um dos poucos de Paris). Suas instalações incluem sala de ginástica, um bar no 33º andar, restaurantes e galeria de lojas. Os quartos oferecem esplêndidas vistas de Paris e do Bois de Boulogne. www.concorde-lafayette.com

### CHAILLOT Hôtel du Bois €€€€
*11 rue du Dôme, 75016* **Tel** *01 45 00 31 96* **Fax** *01 45 00 90 05* **Quartos** *41*  **Mapa** *2 D5*

A dois minutos do Arco do Triunfo e dos Champs-Elysées, o Hôtel du Bois é ideal para quem vai até as butiques de alta-costura. Por trás de uma fachada tipicamente parisiense o hotel possui um interior totalmente reformado pelo designer Michel Jouannet. A decoração é leve, com tecidos e pinturas coloridas. www.hoteldubois.com

### CHAILLOT Costes K €€€€€
*81 av Kléber, 75016* **Tel** *01 44 05 75 75* **Fax** *01 44 05 74 74* **Quartos** *83*  **Mapa** *2 D5*

Às vezes confundido com o Hôtel Costes, mais caro, este hotel fica a alguns passos da Torre Eiffel. Foi projetado e decorado pelo arquiteto espanhol Ricardo Bofill, que usou madeira de sicômoro, gesso, mármore e aço inoxidável para criar uma sensação de luxo. Os quartos têm ambiente calmo, em estilo oriental.

### CHAILLOT Hôtel Elysées Regencia €€€€
*41 av Marceau, 75016* **Tel** *01 47 20 42 65* **Fax** *01 49 52 03 42* **Quartos** *43*  **Mapa** *2 E4*

A cor é o tema central da decoração deste moderno hotel, localizado no coração da principal área de compras da cidade. Uma paleta de cores oferece as opções de quarto: azul, fúcsia, aniz, verde-lima e lavanda. O hotel ainda conta com um grande piano na área de recepção, bar e sala de massagem. www.regencia.com

### CHAILLOT Hôtel Keppler €€€€€
*10 rue Kepler, 75016* **Tel** *01 47 20 65 05* **Fax** *01 47 23 02 29* **Quartos** *39*  **Mapa** *2 E5*

Depois de grandes reformas, o Keppler se tornou um hotel quatro-estrelas bastante refinado. O teto alto contribui muito para ampliar o espaço, e equipamentos novos, como TVs de plasma com canais por assinatura e travesseiros antialérgicos, são muito bem-vindos. www.keppler.com

### CHAMPS-ELYSÉES Royal Magda Etoile €€€
*7 rue Troyon, 75017* **Tel** *01 47 64 10 19* **Fax** *01 47 64 02 12* **Quartos** *37*  **Mapa** *2 D3*

O Royal Magda Etoile fica a apenas alguns minutos da Etoile, em uma calma rua de paralelepípedos. Este belo hotel pintado em diferentes tons de creme é elegantemente decorado. Os quartos são pequenos, mas os funcionários compensam com simpatia e solicitude. Muito procurado por famílias. www.paris-hotel-magda.com

### CHAMPS-ELYSÉES Claridge-Bellman €€€€
*37 rue François 1er, 75008* **Tel** *01 47 23 54 42* **Fax** *01 47 23 08 84* **Quartos** *42*  **Mapa** *2 F5*

O Claridge-Bellman é uma versão miniatura do velho Claridge Hotel e é administrado por seus antigos gerentes. O hotel tem um ambiente bem tradicional. É calmo, sóbrio e dirigido com eficiência, e todo decorado com tapeçarias e antiguidades. www.hotelclaridgebellman.com

**Legenda dos símbolos** *no final do guia*

### CHAMPS-ELYSÉES Four Seasons George V

*31 av George V, 75008* **Tel** *01 49 52 70 00* **Fax** *01 49 52 71 10* **Quartos** *245*  €€€€€

*Mapa 2 E5*

Este lendário hotel, cheio de salões, mobília e arte antiga, perdeu um pouco do seu charme ao ser reformado. Mas ganhou um excelente restaurante, o Le Cinq, que ostenta sommelier e chef premiados. Tem também um grande spa. Decididamente luxuoso. **www.fourseasons.com/paris**

### CHAMPS-ELYSÉES Hotel Chambiges

*8 rue Chambiges, 75008* **Tel** *01 44 31 83 83* **Fax** *01 40 70 95 51* **Quartos** *34*  €€€€€

*Mapa 6 F1*

Um hotel elegante e aconchegante em uma rua bastante tranquila a cinco minutos de Champs-Elysées. Cores confortáveis e uma atmosfera parisiense encobrem o espaço todo. Nos dias quentes, desfrute do café da manhã no pátio florido. **www.hotelchambiges.com**

### CHAMPS-ELYSÉES Hôtel Vernet

*25 rue Vernet, 75008* **Tel** *01 44 31 98 00* **Fax** *01 44 31 85 69* **Quartos** *50*  €€€€€

*Mapa 2 E4*

Gustave Eiffel (arquiteto da Torre Eiffel) criou o delirante teto de vidro da sala de jantar deste hotel. O majestoso lobby tem painéis brancos e dourados, suntuosas cortinas de veludo vermelho e piso em mármore e tacos de madeira. Os quartos são grandes e silenciosos, com TV de tela plana e internet sem fio. **www.hotelvernet.com**

### CHAMPS-ELYSÉES Le Bristol

*112 rue du Faubourg-St-Honoré, 75008* **Tel** *01 53 43 43 00* **Fax** *01 53 43 43 01* **Quartos** *187*  €€€€€

*Mapa 3 A4*

Um dos melhores hotéis de Paris, o Bristol tem quartos grandes e suntuosamente decorados com antiguidades, além de magníficas banheiras de mármore. O restaurante serve a incrível culinária do chef Eric Frechon, premiado com três estrelas do guia *Michelin*. **www.hotel-bristol.com**

### CHAMPS-ELYSÉES Plaza Athénée

*25 av Montaigne, 75008* **Tel** *01 53 67 66 65* **Fax** *01 53 67 66 66* **Quartos** *191*  €€€€€

*Mapa 6 F1*

Última palavra em luxo, o lendário Plaza Athénée é uma opção popular de casais em lua de mel, aristocratas e clientes da alta-costura. O restaurante de Alain Ducasse é maravilhosamente romântico, e o Le Bar du Plaza é hoje o endereço mais quente de Paris para se beber. **www.plaza-athenee-paris.fr**

### CHAMPS-ELYSÉES San Régis

*12 rue Jean-Goujon, 75008* **Tel** *01 44 95 16 16* **Fax** *01 45 61 05 48* **Quartos** *44*  €€€€€

*Mapa 7 A1*

Desde que abriu em 1923 o luxuoso San Régis é popular entre o jet set, atraído por sua localização tranquila e central. Particularmente acolhedor, este hotel de luxo intimista é cheio de antiguidades e sofás superestofados. Alguns quartos têm sacadas com vistas maravilhosas para o topo dos telhados. **www.hotel-sanregis.com**

### INVALIDES E TORRE EIFFEL Grand Hôtel Levêque

*29 rue Cler, 75007* **Tel** *01 47 05 49 15* **Fax** *01 45 50 49 36* **Quartos** *50*  €€

*Mapa 6 F3*

O Levêque fica entre a Torre Eiffel e Invalides, numa rua para pedestres com um gracioso mercado de frutas e verduras. A bela localização não é a única atração – os quartos são bem arrumados e o hotel também oferece acesso à internet. **www.hotel-leveque.com**

### INVALIDES E TORRE EIFFEL Hôtel Bourgogne et Montana

*3 rue de Bourgogne, 75007* **Tel** *01 45 51 20 22* **Fax** *01 45 56 11 98* **Quartos** *32*  €€€€

*Mapa 7 B2*

Situado em frente à Assemblée Nationale, este hotel tem um ar de sobriedade. Entre os seus destaques estão um elevador antigo e um hall circular branco com sofás de cores vivas. Os quartos são decorados em estilo clássico, aristocrático. Tem muito estilo. **www.bourgogne-montana.com**

### INVALIDES E TORRE EIFFEL Hôtel de Suède St-Germain

*31 rue Vaneau, 75007* **Tel** *01 47 05 00 08* **Fax** *01 47 05 69 27* **Quartos** *39*  €€€€

*Mapa 7 B4*

Perto dos museus Orsay e Rodin, o Hôtel de Suède St-Germain oferece quartos elegantes, em estilo do final do século XVIII, em cores pálidas. Os hóspedes recebem calorosas boas vindas. Os quartos de luxo têm vista para o parque. Um adorável pequeno jardim para o café da manhã completa o quadro. **www.hoteldesuede.com**

### INVALIDES E TORRE EIFFEL Hôtel de Varenne

*44 rue de Bourgogne, 75007* **Tel** *01 45 51 45 55* **Fax** *01 45 51 86 63* **Quartos** *25*  €€€€

*Mapa 7 B2*

Escondido atrás da sóbria fachada do hotel há um estreito pátio ajardinado onde os hóspedes tomam seu café da manhã no verão. Os quartos, decorados no elegante estilo Luís XVI ou Imperial, são impecáveis. O hotel é popular entre funcionários do governo francês. **www.varenne-hotel-paris.com**

### INVALIDES E TORRE EIFFEL Duc de St-Simon

*14 rue de St-Simon, 75007* **Tel** *01 44 39 20 20* **Fax** *01 45 48 68 25* **Quartos** *34*  €€€€€

*Mapa 7 C3*

O Hôtel Duc de St-Simon é com méritos um dos hotéis mais procurados do lado sul do Sena. Instalado em uma elegante mansão do século XVIII decorada com antiguidades, ele está à altura de suas pretensões aristocráticas. **www.hotelducdesaintsimon.com**

### LUXEMBOURG Hôtel du Globe

*15 rue des Quatre-Vents, 75006* **Tel** *01 43 26 35 50* **Fax** *01 46 33 62 69* **Quartos** *14*  €€€

*Mapa 8 F4*

Ocupando um edifício do século XVII junto ao Jardin du Luxembourg, o popular Hôtel du Globe oferece excelentes acomodações. Os apartamentos reformados são decorados com móveis antigos e tecidos em cores vivas. O café da manhã é servido no quarto. Reserve com boa antecedência. **www.hotelduglobeparis.com**

### LUXEMBOURG Aviatic €€€€
105 rue de Vaugirard, 75006 **Tel** 01 53 63 25 50 **Fax** 01 53 63 25 55 **Quartos** 43     Mapa 8 E5

Fiel a seu passado parisiense e à longa tradição de hotel familiar, o Aviatic combina o estilo boêmio com o conforto moderno. Os apartamentos têm decoração individualizada, com mobília charmosa comprada em brechós e tecidos quentes e claros. Tem estacionamento, com taxa adicional. www.aviatic.fr

### LUXEMBOURG Hôtel Louis II €€€€
2 rue St-Sulpice, 75006 **Tel** 01 46 33 13 80 **Fax** 01 46 33 17 29 **Quartos** 22     Mapa 8 E4

Os charmosos e bem iluminados quartos do Louis II são decorados individualmente. As vigas de madeira expostas e a atenção aos detalhes são a marca registrada do hotel. Os quartos dão vista para a rua St-Sulpice ou para a rua Condé. As suítes do piso superior são particularmente lindas. www.hotel-louis2.com

### MARAIS Hôtel Caron de Beaumarchais €€€
12 rue Vieille du Temple, 75004 **Tel** 01 42 78 14 15 **Fax** 01 40 29 06 82 **Quartos** 19     Mapa 9 C3

Lindos tecidos em estilo século XVIII e lustres de cristal efeitam este elegante hotel. Os quartos são aconchegantes, mesmo não sendo muito pequenos, com vigas de madeira e muita personalidade. Também tem toques de século XXI, como internet sem fio e ar-condicionado. www.carondebeaumarchais.com

### MARAIS Hôtel de la Bretonnerie €€€
22 rue Ste-Croix de la Bretonnerie, 75004 **Tel** 01 48 87 77 63 **Fax** 01 42 77 26 78 **Quartos** 29     Mapa 9 C3

Paredes de pedra entalhada e uma sala de jantar com arcos no porão são alguns dos aspectos que dão charme ao Hôtel de la Bretonnerie, localizado numa mansão do século XVII. Seus espaçosos quartos, com vigas e mobília antiga, têm decoração individualizada. O serviço é caloroso. www.hotelbretonnerie.com

### MARAIS Hôtel des Deux-Iles €€€€
59 rue St-Louis-en-l'Ile, 75004 **Tel** 01 43 26 13 35 **Fax** 01 43 29 60 25 **Quartos** 17     Mapa 9 C4

É um privilégio poder ficar na Ile St-Louis, e esta mansão reformada do século XVII oferece um opção em conta para isso. Aqui a atmosfera é tranquila, os pequenos quartos são atraentes e o saguão tem uma lareira. www.deuxiles-paris-hotel.com

### MARAIS Hôtel du Bourg Tibourg €€€€
19 rue du Bourg-Tibourg, 75004 **Tel** 01 42 78 47 39 **Fax** 01 40 29 07 00 **Quartos** 30     Mapa 9 C3

Este ponto cheio de estilo foi decorado pelo grande arquiteto de interiores Jacques Garcia e é extremamente popular entre os visitantes elegantes de Paris. Os quartos são luxuosos e todos os banheiros são inteiramente em mármore preto. O belo pátio interno é um detalhe muito prazeroso. www.bourgtibourg.com

### MARAIS Hôtel Duo €€€€
11 rue du Temple, 75004 **Tel** 01 42 72 72 22 **Fax** 01 42 72 03 53 **Quartos** 58     Mapa 9 B3

Administrado por uma família há três gerações, o antigo hotel Axial Beaubourg passou por uma grande modernização. Sua decoração contemporânea e cheia de estilo prioriza os tons de marrom. Possui um simpático bar e um jardim japonês. A alguns passos de distância do Centre Pompidou. www.duo-paris.com

### MARAIS St-Paul-le-Marais €€€€
8 rue de Sévigné, 75004 **Tel** 01 48 04 97 27 **Fax** 01 48 87 37 04 **Quartos** 28     Mapa 10 D3

Perto da histórica place des Vosges, este hotel tem vigas de madeira e pedra antiga, com mobília simples e moderna. Peça um quarto que dê para o pátio para evitar o barulho de trânsito que vem da rue de Sévigné. www.hotelparissaintpaullemarais.com

### MARAIS Murano Urban Resort €€€€€
13 bd du Temple, 75003 **Tel** 01 42 71 20 00 **Fax** 01 42 71 21 01 **Quartos** 52     Mapa 10 D1

Moderno e clean, o Murano é o hotel mais luxuoso de Marais. Os quartos contam com ilustrações de ídolos pop do século XX e iluminação colorida que muda para satisfazer o gosto de cada hóspede. Os belíssimos bar e restaurante completam o visual glamouroso do hotel. www.muranoresort.com

### MARAIS Pavillon de la Reine €€€€€
28 pl des Vosges, 75003 **Tel** 01 40 29 19 19 **Fax** 01 40 29 19 20 **Quartos** 56     Mapa 10 D3

Um pouco recuado da maravilhosa place des Vosges, o Pavillon de la Reine é o melhor hotel do Marais. Incrivelmente romântico, o hotel tem um pátio tranquilo e apartamentos luxuosos, mobiliados com excelentes reproduções de antiguidades. www.pavillon-de-la-reine.com

### MONTMARTRE Regyn's Montmartre €€
18 pl des Abbesses, 75018 **Tel** 01 42 54 45 21 **Fax** 01 42 23 76 69 **Quartos** 22     Mapa 4 E1

Perto da Sacré-Coeur, este hotel tem manutenção impecável. Os quartos são decorados com padrões toile de Jouy e os do último andar oferecem vista para a Torre Eiffel. Dobrando a esquina fica o Café des Deux Moulins, na rue le Lepic 15, que aparece no filme O fabuloso destino de Amélie Poulain. www.paris-hotels-montmartre.com/regyns

### MONTMARTRE Relais Montmartre €€€
6 rue Constance, 75018 **Tel** 01 70 64 25 25 **Fax** 01 70 64 25 00 **Quartos** 26     Mapa 4 E1

No coração das ruas inclinadas e tortuosas de Montmartre fica este charmoso hotel, com seus delicados tecidos floridos, móveis antigos e vigas pintadas. Calmo, intimista e romântico, além de muito bem situado, em uma região repleta de restaurantes. www.hotel-relais-montmartre.com

**Categorias de preço** na p. 550   **Legenda dos símbolos** no final do guia

### MONTMARTRE Terrass Hôtel €€€€€
*12-14 rue Joseph-de-Maistre, 75018* **Tel** *01 46 06 72 85* **Fax** *01 42 92 34 30* **Quartos** *98*     **Mapa** *4 E1*

Hotel mais luxuoso de Montmartre, tem quartos confortáveis e ventilados, com toques art déco e muita cor. O ponto alto é o restaurante, de onde no verão os parisienses descolados têm uma vista soberba da cidade. **www.terrass-hotel.com**

### MONTPARNASSE Hôtel Apollon Montparnasse €€
*91 rue Ouest, 75014* **Tel** *01 43 95 62 00* **Fax** *01 43 95 62 10* **Quartos** *33*     **Mapa** *11 C3*

Perto do Parc des Expositions da Porte de Versailles, o Apollon Montparnasse é decorado com estátuas gregas e fina mobília. Os apartamentos são simples, mas bem equipados. Oferece estacionamento por uma taxa adicional. O hotel dispõe também de internet sem fio. **www.paris-hotel-paris.net**

### MONTPARNASSE Hôtel Delambre Montparnasse €€€
*35 rue Delambre, 75014* **Tel** *01 43 20 66 31* **Fax** *01 45 38 91 76* **Quartos** *30*     **Mapa** *12 D2*

Localizado a poucos passos do cemitério de Montparnasse, e próximo ao Jardin de Luxembourg e ao Quartier Latin, este hotel combina os estilos clássico e moderno. Os apartamentos têm mobília simples, com todas as comodidades modernas. **www.delambre-paris-hotel.com**

### MONTPARNASSE Hôtel Le Ste Beuve €€€€
*9 rue Ste Beuve, 75006* **Tel** *01 45 48 20 07* **Fax** *01 45 48 67 52* **Quartos** *22*     **Mapa** *12 D1*

O Ste-Beuve é um hotel pequeno, reformado, para quem tem gosto estético e para os frequentadores das galerias da Margem Esquerda. Há uma lareira no hall, os quartos têm decoração agradável em tons pastel, e algumas pinturas modernas criam um belo ambiente. **www.hotel-sainte-beuve.fr**

### MONTPARNASSE Villa des Artistes €€€€
*9 rue de la Grande Chaumière, 75006* **Tel** *01 43 26 60 86* **Fax** *01 43 54 73 70* **Quartos** *55*     **Mapa** *12 D2*

O Villa des Artistes busca recriar o auge artístico de Montparnasse, quando Modigliani, Beckett e Fitzgerald se hospedavam aqui. Os apartamentos são limpos, mas o ponto forte é o grande pátio com jardim e fonte, onde você pode tomar um tranquilo café da manhã. **www.villa-artistes.com**

### MONTPARNASSE Le St-Grégoire €€€€€
*43 rue de l'Abbé Grégoire, 75006* **Tel** *01 45 48 23 23* **Fax** *01 45 48 33 95* **Quartos** *20*     **Mapa** *7 C5*

O Saint-Grégoire é um elegante hotel residencial com quartos decorados de modo imaculado com mobília do século XIX. Reserve um quarto com um delicioso terraço privativo. No meio da sala de recepção há uma bela lareira. Há estacionamento, por uma taxa adicional. **www.paris-hotel-saintgregoire.com**

### OPÉRA Ambassador €€€€€
*16 bd Haussmann, 75009* **Tel** *01 44 83 40 40* **Fax** *01 42 46 19 84* **Quartos** *297*     **Mapa** *4 E4*

Um dos melhores hotéis art déco de Paris, o Ambassador foi reformado e recuperou a antiga glória, com grossos tapetes e mobília antiga. O térreo tem colunas de mármore róseo, lustres em cristal Baccarat e tapeçarias Aubusson. O restaurante, 16 Haussmann, é popular entre os gourmets de Paris. **www.ambassador.paris.radissonsas.com**

### OPÉRA Edouard VII Hotel €€€€€
*39 av de l'Opéra, 75002* **Tel** *01 42 61 56 90* **Fax** *01 42 61 47 73* **Quartos** *70*     **Mapa** *4 E5*

Único hotel na impressionante avenue de l'Opéra, o Edouard VII tem localização central, entre o Louvre e o Opéra Garnier, o que o torna ideal para passeios pela cidade. Reserve um quarto frontal para ter uma belíssima vista do Opéra. **www.edouard7hotel.com**

### OPÉRA Le Grand Hôtel Intercontinental €€€€€
*2 rue Scribe, 75009* **Tel** *01 40 07 32 32* **Fax** *01 42 66 12 51* **Quartos** *470*     **Mapa** *4 D5*

Muito perto do Opéra Garnier, este hotel é um suntuoso exemplo de bom gosto. Todos os quartos têm fotos com temas musicais que refletem a localização do hotel. O luxuoso restaurante, Café de La Paix, é renomado no bairro. **www.IHG.com**

### QUARTIER LATIN Hôtel des Grandes Écoles €€
*75 rue Cardinal Lemoine, 75005* **Tel** *01 43 26 79 23* **Fax** *01 43 25 28 15* **Quartos** *51*     **Mapa** *9 B5*

Este hotel é a junção de três pequenas casas em torno de um belo jardim, onde você pode tomar o café da manhã quando faz bom tempo. Todos os apartamentos são confortáveis, com papel de parede no tradicional estilo floral do século XVIII, e alguns dão para o pátio. Dispõe de internet sem fio. **www.hotel-grandes-ecoles.com**

### QUARTIER LATIN Hôtel Esmeralda €€
*4 rue St-Julien-le-Pauvre, 75005* **Tel** *01 43 54 19 20* **Fax** *01 40 51 00 68* **Quartos** *19*     **Mapa** *9 A4*

Um hotel boêmio muito apreciado, o Hôtel Esmeralda fica no coração do Quartier Latin. Com velhas paredes de pedra e vigas no teto, seu charme seduziu gente como Terence Stamp e Serge Gainsbourg. Os melhores quartos têm vista para a catedral de Notre-Dame. Não serve café da manhã. **www.hotel-esmeralda.fr**

### QUARTIER LATIN Hôtel des Grands Hommes €€€
*17 pl du Panthéon, 75005* **Tel** *01 46 34 19 60* **Fax** *01 43 26 67 32* **Quartos** *31*     **Mapa** *13 A1*

Professores da Sorbonne frequentam este tranquilo hotel familiar perto do Jardin du Luxembourg. Ele oferece uma grande vista do Panthéon a partir dos quartos do sótão, no último andar. Os apartamentos são confortáveis. Dispõe de internet sem fio. **www.hoteldesgrandshommes.com**

## QUARTIER LATIN Hôtel les Degrès de Notre-Dame €€€

*10 rue des Grands Degrès, 75005* **Tel** *01 55 42 88 88* **Fax** *01 40 46 95 34* **Quartos** *10* **Mapa** *9 B4*

Um local muito amistoso para ficar. O pessoal sabe receber bem e os painéis de madeira e a vigas de carvalho em volta do edifício tornam-no ainda mais especial. Os quartos são adoráveis, limpos, com acesso à internet. O bar-restaurante e o salão de chá servem comida muito boa a preço baixo. **www.lesdegreshotel.monsite-orange.fr**

## QUARTIER LATIN Hôtel de Notre-Dame €€€

*19 rue Maître Albert, 75006* **Tel** *01 43 26 79 00* **Fax** *01 46 33 50 11* **Quartos** *34* **Mapa** *9 B5*

Do pitoresco Hôtel de Notre-Dame pode-se ver a catedral de Notre-Dame e o Sena de um lado, e o Panthéon do outro. Mobília e equipamentos são funcionais, mas alguns quartos têm vigas ou uma velha parede de pedra. Seu principal apelo é a localização. O hotel tem sauna e internet sem fio. **www.hotel-paris-notredame.com**

## QUARTIER LATIN Hôtel du Panthéon €€€€

*19 pl du Panthéon, 75005* **Tel** *01 43 54 32 95* **Fax** *01 43 26 64 65* **Quartos** *36* **Mapa** *13 A1*

Este hotel é gerido pela mesma família responsável pelo Hôtel des Grands Hommes: as boas-vindas são igualmente calorosas e a decoração clássica é similar. Luxo e romantismo adicional podem ser encontrados no quarto 34 com sua divina cama com dossel. Há internet sem fio. **www.hoteldupantheon.com**

## ST-GERMAIN-DES-PRÈS Grand Hôtel des Balcons €€

*3 rue Casimir Delavigne, 75006* **Tel** *01 46 34 78 50* **Fax** *01 46 34 06 27* **Quartos** *50* **Mapa** *8 F5*

Embelezado com detalhes art nouveau, este hotel tem um belo hall com vitrais e impressionantes luminárias no estilo do século XIX, além de labris de madeira. A maioria dos apartamentos, tranquilos e bem decorados, dispõe de uma sacada. Dispõe de internet sem fio. **www.hotelgrandsbalcons.com**

## ST-GERMAIN-DES-PRÈS Hôtel des Marronniers €€€

*21 rue Jacob, 75006* **Tel** *01 43 25 30 60* **Fax** *01 40 46 83 56* **Quartos** *37* **Mapa** *8 E3*

Situado entre um pátio e um jardim, este hotel oferece muita tranquilidade. Os quartos são aconchegantes e decorados com tecidos rústicos. Os do lado do jardim, no quarto andar, oferecem memoráveis vistas dos telhados parisienses e da torre da igreja de St-Germain-des-Près. **www.hotel-marronniers.com**

## ST-GERMAIN-DES-PRÈS Hôtel du Quai Voltaire €€€

*19 quai Voltaire, 75007* **Tel** *01 42 61 50 91* **Fax** *01 42 61 62 26* **Quartos** *33* **Mapa** *8 D2*

Com vista para o rio, este hotel já foi o favorito de Blondin, Baudelaire e Pissarro, e foi cenário de diversos filmes. É melhor evitar os quartos que ficam de frente para o cais, pois estão mais expostos ao ruído do tráfego. Já os andares mais altos são mais tranquilos, e as vistas, maravilhosas. **www.quaivoltaire.fr**

## ST-GERMAIN-DES-PRÈS Hôtel d'Angleterre €€€€

*44 rue Jacob, 75006* **Tel** *01 42 60 34 72* **Fax** *01 42 60 16 93* **Quartos** *27* **Mapa** *8 E3*

Ex-sede da Embaixada Britânica, o Hôtel d'Angleterre preservou muitas de suas características originais, como a velha escadaria, o exótico jardim e o console de lareira do salão. Os apartamentos têm decoração individualizada; muitos deles possuem vigas expostas e maravilhosas camas com dossel. **www.hotel-dangleterre.com**

## ST-GERMAIN-DES-PRÈS Hôtel des Sts-Pères €€€€

*65 rue des Sts-Pères, 75006* **Tel** *01 45 44 50 00* **Fax** *01 45 44 90 83* **Quartos** *39* **Mapa** *8 E3*

Situado numa das velhas mansões aristocráticas de St-Germain-des-Près, este hotel tem quartos tranquilos e amplos – o melhor deles tem um belo afresco no teto. O bar do salão é frequentado por autores das editoras da área. **www.paris-hotel-saints-peres.com**

## ST-GERMAIN-DES-PRÈS Hôtel de l'Abbaye St-Germain €€€€€

*10 rue Cassette, 75006* **Tel** *01 45 44 38 11* **Fax** *01 45 48 07 86* **Quartos** *44* **Mapa** *8 D5*

Uma abadia do século XVII, a poucos passos do Jardin du Luxembourg, este charmoso hotel fez história como refúgio de artistas e escritores. Seus quartos e apartamentos finamente mobiliados foram decorados com bom gosto e equipados com conforto moderno. Para uma extravagância, há quatro apartamentos dúplex. **www.hotelabbayeparis.com**

## ST-GERMAIN-DES-PRÈS L'Hôtel €€€€€

*13 rue des Beaux-Arts, 75006* **Tel** *01 44 41 99 00* **Fax** *01 43 25 64 81* **Quartos** *20* **Mapa** *8 E3*

Uma orgia de luxo e exuberância, este hotel projetado por Jacques Garcia é gloriosamente decadente. Cada quarto é único; a suíte Oscar Wilde, onde o escritor irlandês morreu e que tem mobília da época, é a mais famosa. Tem também um belo spa e um restaurante com uma estrela no guia *Michelin*. **www.l-hotel.com**

## ST-GERMAIN-DES-PRÈS Lutétia €€€€€

*45 bd Raspail, 75006* **Tel** *01 49 54 46 46* **Fax** *01 49 54 46 00* **Quartos** *230* **Mapa** *8 D4*

O Lutétia é um esteio de glamour no lado sul do rio. O estilo do edifício é parte art nouveau e parte art déco, e ele foi totalmente reformado. Editores e gente chique que vai às compras são clientes regulares do restaurante. A localização é muito conveniente. **www.lutetia-paris.com**

## ST-GERMAIN-DES-PRÈS Relais Christine €€€€

*3 rue Christine, 75006* **Tel** *01 40 51 60 80* **Fax** *01 40 51 60 81* **Quartos** *51* **Mapa** *8 F4*

Sempre cheio, o Relais Christine é um bom exemplo de "hôtel de charme". Parte de um claustro de uma abadia do século XVI, o hotel é um paraíso tranquilo e romântico. Os quartos, especialmente os de luxo, são claros e espaçosos. Dispõe de internet sem fio. Reserve com boa antecedência. **www.relais-christine.com**

**Categorias de preço** *na p. 550* **Legenda dos símbolos** *no final do guia*

### TUILERIES Hôtel Louvre Ste Anne     🅽🅷🅴    €€€
*32 rue Ste-Anne, 75001* **Tel** *01 40 20 02 35* **Fax** *01 40 15 91 13* **Quartos** *20*     **Mapa** *8 E1*

Hotel pequeno e agradável, a cinco minutos do Louvre e da Opéra. Embora precise de uma reforma, o local oferece quartos limpos, funcionários solícitos e uma linda recepção, decorada com um belíssimo quadro. Popular entre os turistas japoneses, que adoram os restaurantes de sushi da vizinhança. **www.paris-hotel-louvre.com**

### TUILERIES Brighton     🅽🅴🅻    €€€€
*218 rue de Rivoli, 75001* **Tel** *01 47 03 61 61* **Fax** *01 42 60 41 78* **Quartos** *65*     **Mapa** *8 D1*

Um local para quem realmente conhece, o Brighton proporciona hospedagem na muito procurada rue de Rivoli sem cobrar os habituais preços estratosféricos. Os quartos têm um teto alto e bonito e grandes janelas que dão tanto para o Jardin des Tuileries como para o pátio. **www.espritdefrance.com**

### TUILERIES Hôtel du Louvre     🅽🅿🅷🅷🅴🅻    €€€€
*Pl André Malraux, 75001* **Tel** *01 44 58 38 38* **Fax** *01 44 58 38 01* **Quartos** *177*     **Mapa** *8 E1*

Primeiro hotel de luxo da França, o Hôtel du Louvre foi construído em 1855 por ordem de Napoleão III. Os exuberantes quartos têm vistas espetaculares: a Suíte Pissarro é de onde o artista pintou seu quadro da place du Théâtre Français. Os parisienses costumam frequentar a animada brasserie no almoço. **www.hoteldulouvre.com**

### TUILERIES Hôtel de Crillon     🅽🅿🅷🅷🅴🅻    €€€€€
*10 pl de la Concorde, 75008* **Tel** *01 44 71 15 00* **Fax** *01 44 71 15 02* **Quartos** *147*     **Mapa** *7 C1*

Com sua magnífica localização na deslumbrante place de la Concorde, o Crillon tem uma elegância insuperável. O hotel dispõe de uma ótima Suíte Royal com terraço, uma sala de jantar sublime e um charmoso bar projetado pela estilista de moda francesa Sonia Rykiel. **www.crillon.com**

### TUILERIES Meurice     🅽🅿🅷🅴🅻    €€€€€
*228 rue de Rivoli, 75001* **Tel** *01 44 58 10 10* **Fax** *01 44 58 10 15* **Quartos** *150*     **Mapa** *8 D1*

Este é um exemplo perfeito de restauração bem-sucedida, com excelentes réplicas da mobília e do trabalho em gesso originais. O pessoal é sempre prestativo, e o hotel oferece passeios personalizados de compras e aquisição de obras de arte. O spa é de primeira linha, o único local em Paris onde se encontram produtos da Valmont. **www.lemeurice.com**

### TUILERIES Ritz     🅽🅿🅷🅴🅻    €€€€€
*15 pl Vendôme, 75001* **Tel** *01 43 16 30 70* **Fax** *01 43 16 45 38* **Quartos** *162*     **Mapa** *4 D5*

Local lendário, o Ritz ainda faz jus à sua reputação, combinando elegância e decadência. A mobília e lustres Luís XVI são originais, e os arranjos florais são obras de arte. O Bar Hemingway é frequentado por literatos. **www.ritzparis.com**

## ÎLE DE FRANCE

### BARBIZON Hostellerie La Dague     🅿🅷🅷    €
*5 grande rue, 77630* **Tel** *01 60 66 40 49* **Fax** *01 60 69 24 59* **Quartos** *25*

Situado no bairro dos artistas, no coração da floresta, esta casa senhorial rústica coberta de hera tem localização romântica. É popular entre os parisienses, por isso reserve com antecedência. Os quartos são iluminados e têm belos arranjos florais; há também um anexo moderno. O restaurante tradicional francês é charmoso. **www.inter-hotel.fr**

### BELLEVILLE MamaShelter     🅽🅿🅷🅷🅴🅻    €
*109 rue de Bagnolet, 75020* **Tel** *01 43 48 48 48* **Fax** *01 43 48 49 49* **Quartos** *170*

Hotel-conceito projetado por Philippe Starck, oferece ótimos preços para reservas sem direito a cancelamento (reservas convencionais têm preço mais alto). Os modernos quartos são equipados com computadores iMac, lençóis de cetim e forno de micro-ondas. Possui também lounge bar e restaurante. **www.mamashelter.com**

### ENGHIEN-LES-BAINS Grand Hôtel Barrière     🅽🅿🅷🅷🅴🅻    €€€€€
*85 rue Général de Gaulle, 95880* **Tel** *01 39 34 10 00* **Fax** *01 39 34 10 01* **Quartos** *43*

No coração deste grande spa com vista para o lago, o Grand Hôtel faz jus ao nome. O interior foi projetado por Jacques Garcia. Os quartos são luxuosos, alguns em estilo Luís XV. O hotel tem um restaurante gourmet tradicional, teatro e cassino. **www.lucienbarriere.com**

### FONTAINEBLEAU Grand Hôtel de l'Aigle Noir     🅽🅷🅴    €€€€
*27 pl de Napoléon Bonaparte, 77300* **Tel** *01 60 74 60 00* **Fax** *01 60 74 60 01* **Quartos** *18*

Esta prestigiosa mansão dá para o castelo de Fontainebleau e seu grande parque. Os elegantes quartos são decorados em estilos que vão do Luís XIII ao Napoleão III. A conciergerie pode organizar uma série de atividades na área e o bar serve petiscos o dia inteiro. **www.hotelaiglenoir.com**

### MAFFLIERS Château de Maffliers     🅽🅿🅷🅷🅴🅻    €€
*Allée des Marronniers, 95560* **Tel** *01 34 08 35 35* **Fax** *01 34 08 35 00* **Quartos** *99*

Este castelo do século XIX fica no coração da floresta da L'Isle d'Adam, cercado por um imenso parque. Os quartos, modernos, contam com todas as comodidades modernas, inclusive internet sem fio. Há alguns quartos para não fumantes e outros com acesso para cadeira de rodas. Há bicicletas para passear pela floresta. **www.accorhotels.com**

### ROISSY-CHARLES-DE-GAULLE Sheraton Paris Airport €€€€
Term. 2, Aeroporto C. de Gaulle, Roissy, 95716 **Tel** 01 49 19 70 70 **Fax** 01 49 19 70 71 **Quartos** 252

Este belíssimo hotel da rede Sheraton encontra-se anexo ao terminal 2 do aeroporto: aqui não há risco de se atrasar para o voo! Os quartos são limpos e confortáveis, repletos de itens de conveniência e com janelas antirruído (o barulho dos aviões não incomoda os hóspedes). **www.sheratonparisairport.fr**

### ST-GERMAIN-EN-LAYE Pavillon Henri IV €€€
19-21 rue Thiers, 78100 **Tel** 01 39 10 15 15 **Fax** 01 39 73 93 73 **Quartos** 42

Este luxuoso hotel fica num alojamento histórico construído por Henrique IV. Foi aqui que nasceu Luís XIV em 1638, e também onde Dumas escreveu mais tarde *Os três mosqueteiros*. Oferece um maravilhoso panorama de Paris, e um restaurante para gourmets. Os quartos têm estilo. **www.pavillon-henri-4.com**

### ST PRIX Hostellerie du Prieuré €€€
74 rue Auguste Rey, 95390 **Tel** 01 34 27 51 51 **Fax** 01 39 59 21 21 **Quartos** 8

A apenas quinze minutos de trem da Gare du Nord, este antigo bistrô agora abriga oito quartos espaçosos, todos mobiliados individualmente. O "Pompadour" é especialmente grande e tem vista, a distância, de Paris. Um café da manhã farto é servido em um restaurante próximo. Serviço eficiente e amável. **www.hostelduprieure.com**

### ST-SYMPHORIEN LE CHÂTEAU Château d'Esclimont €€€€
28700 **Tel** 02 37 31 15 15 **Fax** 02 37 31 57 91 **Quartos** 53

Este magnífico castelo de conto de fadas do século XVI tem uma floresta particular, quadras de tênis, campo de golfe e um circuito para fitness. Os quartos, que ficam num edifício com torres, são muito bem arrumados e confortáveis. O restaurante requintado oferece serviço impecável. Aceitam-se cães. **www.grandesetapes.fr**

### VERSAILLES Hôtel de Clagny €€
6 impasse de Clagny, 78000 **Tel** 01 39 50 18 09 **Fax** 01 39 50 85 17 **Quartos** 18

A recepção neste tranquilo hotel perto da estação de trem é genuinamente amigável. Os quartos, limpos e com mobília simples, são impecáveis. Há numerosos restaurantes nas vizinhanças, e os proprietários do Hôtel de Clagny simplesmente adoram dar sugestões e orientação.

### VERSAILLES Trianon Palace €€€€
1 bd de la Reine, 78000 **Tel** 01 30 84 50 00 **Fax** 01 30 84 50 01 **Quartos** 199

Este é sem dúvida o mais esplêndido hotel da região. Construído no estilo Regência, o hotel oferece apartamentos de luxo magníficos. O restaurante, sob direção do chef britânico Gordon Ramsey, é uma verdadeira joia de requinte. Tem também um spa e um hammam (banho turco) para os hóspedes. **www.trianonpalace.fr**

## NORTE E PICARDIA

### AMIENS Hôtel de Normandie €
1bis rue Lamartine, 80000 **Tel** 03 22 91 74 99 **Fax** 03 22 92 06 56 **Quartos** 28

Este agradável hotel com fachada de tijolo vermelho e gesso fica numa rua tranquila perto da catedral e da estação de trem. Os quartos são espaçosos, com mobília moderna. O hotel tem convênio com Le T'Chiot Zinc, um restaurante tradicional barato. O estacionamento é cobrado à parte. **www.hotelnormandie-80.com**

### AMIENS Victor Hugo €
2 rue de l'Oratoire, 80000 **Tel** 03 22 91 57 91 **Fax** 03 22 92 74 02 **Quartos** 10

Este amigável hotel familiar perto da famosa catedral gótica tem uma Bíblia de pedra esculpida na fachada. Uma velha escada de madeira leva aos apartamentos. Constitui uma boa base para explorar a cidade e fica a uma distância confortável para ir a pé às compras, restaurantes e bares. **www.hotel-a-amiens.com**

### BERCK-SUR-MER Hôtel Neptune €
Esplanade Parmentier, 62600 **Tel** 03 21 09 21 21 **Fax** 03 21 09 29 29 **Quartos** 63

Este hotel moderno, excelente, fica de frente para o mar. Os quartos são arejados, e muitos deles têm vista para o mar. Há quartos totalmente equipados para hóspedes com deficiências. O restaurante, com sua vista impressionante, serve comida tradicional local, incluindo carne e frutos do mar. **www.hotelneptuneberck.com**

### BOULOGNE-SUR-MER Hôtel Hamiot €€
1 rue Faidherbe, 62200 **Tel** 03 21 31 44 20 **Fax** 03 21 83 71 56 **Quartos** 12

Este animado hotel-restaurante junto ao porto foi reformado, mas ainda tem quartos com um toque antigo, com paredes nuas, colchas coloridas e mobília escura. O sistema de vedação acústica é bom. O Grand Restaurant tem um menu excelente e uma bela vista; a Brasserie, mais barata, tem um agitado terraço. **www.hotelhamiot.com**

### CALAIS Kyriad €
Digue G Berthe, 62100 **Tel** 03 21 34 64 64 **Fax** 03 21 34 35 39 **Quartos** 45

Bem na praia, atrás de fileiras de cabines de banho antigas, fica este moderno hotel-restaurante. Os quartos acomodam até três pessoas e têm acesso para cadeira de rodas. O restaurante tem um menu variável. **www.hotel-plage-calais.com**

Categorias de preço *na p. 550* **Legenda dos símbolos** *no final do guia*

### CAMBRAI Château de la Motte Fénélon

*Square Château, 59400* **Tel** *03 27 83 61 38* **Fax** *03 27 83 71 61* **Quartos** *40*

Localizado no meio dos seus próprios jardins, este castelo da década de 1850 é belamente decorado e tem grandes quartos no prédio principal e quartos mais modestos nos anexos. Tem também quadra de tênis. O restaurante serve excelente cozinha tradicional numa adega com arcos de tijolo. **www.cambrai-chateau-motte-fenelon.com**

### CHANTILLY-GOUVIEUX Château de la Tour

*Chemin de la Chaussée, 60270* **Tel** *03 44 62 38 38* **Fax** *03 44 57 31 97* **Quartos** *41*

A apenas vinte minutos do aeroporto Charles de Gaulle, esta imponente residência fin-de-siècle e seu anexo são um paraíso de luxo situado numa grande extensão de terra. A sala de jantar tem um belo piso de madeira. Há um agradável terraço, e equipamentos para hóspedes com deficiências. **www.lechateaudelatour.fr**

### DOUAI La Terrasse

*36 Terrasse St-Pierre, 59500* **Tel** *03 22 85 04 43* **Fax** *03 22 8506 69* **Quartos** *24*

Este charmoso hotel possui um interior intimista. A paixão do dono por pintura fica clara por conta dos numerosos quadros que enfeitam as paredes do local. O excelente restaurante oferece opções de peixe, que variam de acordo com a pesca do dia, e a adega de vinhos também é ótima. **www.laterrasse.fr**

### DUNKIRK Hôtel La Réserve

*82 quai des Hollandais, 59140* **Tel** *03 28 66 50 21* **Fax** *03 28 66 74 44* **Quartos** *7*

Este pequeno e honesto hotel no centro da cidade é uma ótima base para quem deseja explorar a região. Os simpáticos quartos têm vista para a baía, e o restaurante que fica no térreo serve diversas opções de peixe a preços acessíveis.

### FÈRE-EN-TARDENOIS Château de Fère

*Rte de Fismes, 02130* **Tel** *03 23 82 21 13* **Fax** *03 23 82 37 81* **Quartos** *19 (mais 7 suítes)*

Atrás deste hotel do século XVI, situado numa vasta área, ficam as ruínas do castelo medieval de Anne de Montmorency. Cada quarto aqui é único, e as duas salas de jantar são esplêndidas – com uma deslumbrante adega de vinho que pode ser visitada. Tem equipamento completo para hóspedes com deficiências. **www.chateaudefere.com**

### GOSNAY La Chartreuse du Val de St Esprit

*1 rue de Fouquières, 62199* **Tel** *03 21 62 80 00* **Fax** *03 21 62 42 50* **Quartos** *63*

Na periferia de Bethune, este hotel fica num elegante castelo de 1764. Os quartos são espaçosos e têm vista para um parque cheio de árvores. Possui três restaurantes: o Chartreuse para gourmets, o Robert II para a cozinha tradicional e o Le Vasco para hóspedes adeptos da modernidade. **www.lachartreuse.com**

### HARDELOT PLAGE Hôtel du Parc

*111 av François 1er, 62152* **Tel** *03 21 33 22 11* **Fax** *03 21 83 29 71* **Quartos** *81*

Um hotel bonito, arejado e moderno. Possui quartos com sacadas ou varandas que apontam para belas paisagens. Localizado a menos de 30 minutos de carro da belíssima Le Touquet, próximo da costa e de dois campos de golfe. Possui também um bom restaurante. **www.hotelduparc-hardelot.com**

### LAON-VILLE HAUTE Hôtel La Bannière de France

*11 rue Franklin Roosevelt, 02000* **Tel** *03 23 23 21 44* **Fax** *03 23 23 31 56* **Quartos** *18*

Alojado numa estalagem de 1685, este hotel oferece uma boa base para explorar a cidade antiga de Laon. Os excelentes quartos têm todos os confortos modernos. A sala de jantar combina cozinha clássica com o charme do mundo antigo. **www.hoteldelabannieredefrance.com**

### LE TOUQUET Hôtel Be Cottage

*41 rue Jean Monnet, 62520* **Tel** *03 21 05 15 33* **Fax** *03 21 05 41 60* **Quartos** *25*

Este hotel contemporâneo está localizado no centro da cidade, perto da praia. Fica junto ao mercado coberto e à agitada rue St-Jean. Os quartos são espaçosos e modernos; há quartos para não fumantes. O restaurante muda seu cardápio diariamente e têm um bufê à noite. **www.hotelbecottage.com**

### LILLE Hôtel Kanai

*10 rue de Bethune, 59000* **Tel** *03 20 57 14 78* **Fax** *03 20 57 06 01* **Quartos** *31*

Uma elegante galeria enfeita a entrada deste hotel que foi totalmente reformado. Localizado próximo ao Christmas Market, o Kanai oferece quartos com decoração moderna a preços moderados. Possui uma biblioteca, com os jornais do dia. Crianças com menos de 13 anos não pagam. **www.hotelkanai.com**

### LILLE Alliance Couvent des Minimes

*17 quai du Wault, 59000* **Tel** *03 20 30 62 62* **Fax** *03 20 42 94 25* **Quartos** *83*

Este convento do século XVII adaptado combina elementos antigos e modernos. Tradicionais arcos flamengos de pedra rodeiam a sala de jantar com seu teto sensacional, ao passo que os quartos se beneficiam do melhor que há em design moderno. Alguns quartos têm equipamentos para hóspedes com deficiências. **www.alliance-lille.com**

### LONGPONT Hôtel de l'Abbaye

*8 rue des Tourelles, 02600* **Tel** *03 23 96 02 44* **Quartos** *11*

Localizado entre Soissons e Villers-Cotterets, este hotel deve seu nome à abadia do século XII que fica em frente a ele, e é praticamente tão antigo quanto ela. Os quartos são à moda antiga e confortáveis. O restaurante popular serve a cuisine du terroir, grelhados e carne de caça no inverno. **www.hotel-abbaye-longpont.fr**

### LUMBRES Moulin de Mombreux

Chemin de Mombreux, 62380  **Tel** 03 21 39 62 44  **Fax** 03 21 93 61 34  **Quartos** 24

Este romântico moinho do século XVIII, escondido dentro de seu próprio terreno às margens do rio Bléquin, encanta a todos que o visitam. Os hóspedes pegam no sono ouvindo o som de uma cascata. O restaurante é decorado com antiguidades e vigas expostas muito bonitas. www.moulindemombreux.com

### MAUBEUGE Hôtel Shakespeare

3 rue du Commerce, 59600  **Tel** 03 27 65 14 14  **Fax** 03 27 64 04 66  **Quartos** 35

Este é um hotel funcional e bem gerido, com pessoal atencioso, onde você pode ficar sem gastar muito. Ele tem uma fachada em estilo antigo com um terraço coberto onde fica o restaurante, que oferece uma variedade de grelhados. www.shakespearehotelmaubeuge.fr

### MONTREUIL Le Darnétal

Pl Poissonerie, 62170  **Tel** 03 21 06 04 87  **Fax** 03 21 86 64 67  **Quartos** 4

Um pequeno hotel na parte alta de Montreuil, com quartos em estilo antigo. O auberge é decorado com uma série de fotografias, objetos e ornamentos de cobre. Tem também um popular restaurante tradicional, especializado em pescados frescos; reserve com boa antecedência. www.darnetal-montreuil.com

### MONTREUIL Château de Montreuil

4 chaussée des Capucins, 62170  **Tel** 03 21 81 53 04  **Fax** 03 21 81 36 43  **Quartos** 18

Único relais château em Nord Pas de Calais, esta elegante casa senhorial fica dentro dos muros de defesa de Montreuil, que tempos atrás ficava sobre o mar, antes que este recuasse. Há belos jardins e um excelente restaurante, com ótima carta de vinhos. www.chateaudemontreuil.com

### REUILLY-SAUVIGNY L'Auberge le Relais

2 rue de Paris, 02850  **Tel** 03 23 70 35 36  **Fax** 03 23 70 27 76  **Quartos** 7

Uma boa base para visitar as adegas de champanhe que ficam logo após a fronteira, assim como em Epernay e em Reims, este hotel-restaurante tem quartos bonitos e em cores vivas e uma agradável estufa de plantas que dá para um adorável jardim. Tem também um excelente restaurante gourmet. www.relaisreuilly.com

### SARS-POTERIE Hôtel du Marquais

65 rue Général de Gaulle, 59216  **Tel** 03 27 61 62 72  **Fax** 03 27 57 47 35  **Quartos** 11

Originalmente parte de uma série de edifícios de fazenda, o local é agora um hotel aconchegante, gerido por uma família. O moderno jogo de cores complementa a mobília e as fotografias antigas. Em dias ensolarados, o café da manhã é servido no jardim. Tem uma quadra de tênis particular. www.hoteldumarquais.com

### ST OMER Hôtel St-Louis

25 rue d'Arras, 62500  **Tel** 03 21 38 35 21  **Fax** 03 21 38 57 26  **Quartos** 30

Esta construção de pedra já foi uma estrebaria, e você pode ver os arcos por onde cavalos e carruagens eram levados até os estábulos. O hotel, que fica bem localizado para quem vai visitar St-Omer, tem acesso para portadores de deficiência, e os quartos no anexo foram reformados. Tem também uma brasserie. www.hotel-saintlouis.com

### ST-QUENTIN Hôtel des Canonniers

15 rue des Canonniers, 02100  **Tel** 03 23 62 87 87  **Fax** 03 23 62 87 86  **Quartos** 7

Uma antiga residência deu lugar a este elegante e confortável hotel familiar. Apesar de estar situado no centro de St-Quentin, o hotel é muito silencioso. Os quartos são espaçosos e podem ser reservados para temporadas. Há quartos maiores para famílias. Em dias de sol o café da manhã é servido no jardim. www.hotel-canonniers.com

### VERVINS La Tour du Roy

45 rue du Général Leclerc, 02140  **Tel** 03 23 98 00 11  **Fax** 03 23 98 00 72  **Quartos** 22

Impregnado de história, este prestigioso castelo do século XVII com suas três torres foi o local do quartel-general do exército alemão em 1870, 1914 e 1940. O general de Gaulle hospedou-se aqui em 1956. O castelo tem quartos majestosos e um excelente restaurante. www.latourduroy.com

### WIMEREUX Hôtel St-Jean

1 rue Georges Romain, 62930  **Tel** 03 21 83 57 40  **Quartos** 24

Localizado no centro da cidade, este hotel foi estabelecido em um belo prédio antigo. Os quartos são decorados com cores vivas. Há um spa e uma sauna para os hóspedes, e um campo de golfe a 3km do local. O bar fica aberto 24 horas. As vagas para carros são limitadas: recomenda-se reservar. www.hotel-saint-jean.fr

# CHAMPAGNE

### BAZEILLES L'Auberge du Port

Rue de la Gare, 08140  **Tel** 03 24 27 13 89  **Fax** 03 24 29 35 58  **Quartos** 20

Este tranquilo hotel no campo, saindo da cidade histórica de Sedan, tem agradáveis jardins cheios de flores à beira do rio Meuse, tema que se reflete nos tecidos floridos dos quartos. O restaurante dá vista para o rio e para os campos em volta e tem uma linda varanda. Fechado 30 jul-29 ago. www.auberge-du-port.fr

**Categorias de preço** na p. 550  **Legenda dos símbolos** no final do guia

## CHALONS-EN-CHAMPAGNE Hôtel du Pot d'Etain  🆎 P  €€

*18 pl de la République, 51000* **Tel** 03 26 68 09 09 **Fax** 03 26 68 58 18 **Quartos** 30

Bem no centro de Châlons-en-Champagne no coração dos vinhedos da Champagne, este hotel está instalado num atraente edifício que data do século XV. Os quartos, reformados, são agradáveis, enfeitados com antiguidades. Você pode apreciar doces e croissants caseiros no café da manhã. **www.hotel-lepotdetain.com**

## CHAMPILLON Royal Champagne  P 11 🎾 🟰 ♿  €€€€€

*Bellevue, 51160* **Tel** 03 26 52 87 11 **Fax** 03 26 52 89 69 **Quartos** 25

Retiro ideal para entusiastas da Champagne, esta antiga estrebaria é agora um relais château com reputação de primeira classe como hotel e restaurante. Os quartos elegantes oferecem vistas soberbas dos vinhedos e do Vale do Marne. A carta de vinhos é um dos destaques. **www.royalchampagne.com**

## CHARLEVILLE-MÉZIÈRES Hôtel de Paris  P  €

*24 av Georges Corneau, 08000* **Tel** 03 24 33 34 38 **Fax** 03 24 59 11 21 **Quartos** 27

Le Paris fica a apenas cinco minutos do centro da capital das Ardennes francesas e de sua bela praça principal – a place Ducale. Tendo à frente uma residência burguesa, o hotel ocupa três edifícios separados. Os quartos modernos receberam isolamento acústico. Perto há bons restaurantes. **www.hoteldeparis08.fr**

## COLOMBEY-LES-DEUX-ÉGLISES La Grange du Relais  P 11 🟰 ♿  €

*26 route Nationale 19, 52330* **Tel** 03 25 02 03 89 **Fax** 03 25 01 51 81 **Quartos** 10

Uma excelente estalagem reformada, próxima à casa do general Charles de Gaulle e do memorial em sua homenagem. Pode-se utilizar o local como base para visitas à abadia Clairvaux e à champanheria favorita do general, a Drappier, em Urville. Os quartos, que ficam no local dos antigos estábulos, são silenciosos e espaçosos. **www.lagrangedurelais.fr**

## COURCELLES-SUR-VESLE Château de Courcelles  P 11 🟰 🎾 📺 🟰  €€€€

*8 rue du Château, 02220* **Tel** 03 23 74 13 53 **Fax** 03 23 74 06 41 **Quartos** 18

Hotel especial, este perfeito castelo Luís XIV é da década de 1690. Foi muito bem restaurado e agora tem um ótimo restaurante, uma carta de vinhos especial, 20 hectares de área de parques, boas instalações esportivas e acesso para portadores de deficiência. As árvores ainda mostram estilhaços da Primeira Guerra. **www.chateau-de-courcelles.fr**

## EPERNAY Hôtel de la Cloche  11  €

*3 pl Mendès-France, 51200* **Tel** 03 26 55 15 15 **Fax** 03 26 55 64 88 **Quartos** 19

Melhor escolha de hotel em conta em Epernay, o Hôtel de la Cloche fica a apenas alguns metros da Igreja de Notre--Dame e a uma curta caminhada da avenue de Champagne, onde as marcas famosas têm seus estabelecimentos. Os quartos são claros e com equipamento moderno. **www.hotel-la-cloche.com**

## EPERNAY Hôtel Villa Eugène  🆎 P 🟰 🎾 🟰  €€€

*82-84 av de Champagne, 51200* **Tel** 03 26 32 44 76 **Fax** 03 26 32 44 98 **Quartos** 15

Esta elegante residência do século XIX fica próxima às famosas champanherias de Epernay. O hotel foi reformado, e cada quarto possui uma decoração única, embora todos sejam bonitos, espaçosos e luxuosos. O café da manhã é servido em um ambiente agradável e iluminado por luz natural. **www.villa-eugene.com**

## ETOGES Château d'Etoges  P 11 🎾 🟰 ♿  €€€

*4 rue Richebourg, 51270* **Tel** 03 26 59 30 08 **Fax** 03 26 59 35 57 **Quartos** 28

Hoje um grande hotel privado (chambre d'hôte), o Château d'Etoges foi uma fortaleza medieval, convertida no século XVII num castelo de conto de fadas, com fontes muito admiradas por Luís XIV. O edifício foi tombado pelo monuments historiques. Há um excelente restaurante, e os hóspedes podem usar um bote para passear pelo fosso. **www.etoges.com**

## FAGNON Abbaye de Sept Fontaines  P 11 🎾  €€€

*Fagnon, 08090* **Tel** 03 24 37 38 24 **Fax** 03 24 37 58 75 **Quartos** 23

Originalmente um mosteiro do século XII, reconstruído em 1693, este château hotel já hospedou o marechal Foch, o imperador Guilherme II da Prússia e o general de Gaulle. Há um imenso gramado, uma área para crianças brincarem, um campo de golfe de dezoito buracos, um restaurante e um tranquilo terraço. **www.abbayeseptfontaines.fr**

## GIVET Les Reflets Jaunes  🆎 P 🎾 🟰  €

*2 rue Général de Gaulle, 08600* **Tel** 03 24 42 85 85 **Fax** 03 24 42 85 86 **Quartos** 17

Localizado perto de uma floresta no vale do Meuse, o Les Reflets Jaunes fica no centro desta cidade de fronteira perto da Bélgica. A cidade foi fortificada por Vauban e foi onde nasceu Edouard Méhul, autor da canção revolucionária *Le Chant du Départ*. Há restaurantes perto. **www.les-reflets-jaunes.com**

## HAYBES SUR MEUSE l'Ermitage Moulin Labotte  P 11  €

*52 rue Edmond Dromart, 08170* **Tel** 03 24 41 13 44 **Fax** 03 24 40 46 72 **Quartos** 10

No coração da floresta de Ardennes, este moinho do final do século XVIII abriga um hotel e um restaurante. As grandes rodas do moinho ainda enfeitam a sala de jantar. Os quartos são confortáveis e mobiliados no estilo tradicional. O restaurante serve cozinha local. **www.moulin-labotte.com**

## LANGRES Grand Hôtel de l'Europe  P 11  €€

*23 rue Diderot, 52200* **Tel** 03 25 87 10 88 **Fax** 03 25 87 60 65 **Quartos** 26

Uma antiga cocheira na rua principal desta atraente cidade, o Grand Hôtel de l'Europe fez uma reforma simples em seus quartos, mais tranquilos na parte de trás do hotel. O restaurante serve comida típica do campo. Langres foi o local onde nasceu Diderot, editor da famosa enciclopédia. **www.grand-hotel-europe-langres.federal-hotel.com**

## MAGNANT Le Val Moret

*Rue Maréchal Leclerc, 10110* **Tel** *03 25 29 85 12* **Fax** *03 25 29 70 81* **Quartos** *42*

Este lindo hotel moderno enfeitado de flores na A5 de Troyes até Dijon tem localização ideal para quem quer explorar a rota de Champagne em Aube e o parque infantil de Nigloland. O estacionamento é seguro. O restaurante é bom, com chef renomado e ótima carta de vinhos. **www.le-val-moret.com**

## MESNIL-ST-PÉRE Auberge du Lac - Au Vieux Pressoir

*5 rue du 28 Août 1944, 10140* **Tel** *03 25 41 27 16* **Fax** *03 25 41 57 59* **Quartos** *21*

Uma típica casa da região de Champagne, parte de madeira, em um vilarejo às margens do Lac d'Orient, o maior lago artificial da Europa, este hotel oferece excepcionais oportunidades de observar pássaros, sobretudo em abril e setembro. O hotel tem acesso para portadores de deficiência e um bom restaurante. **www.auberge-du-lac.fr**

## MOUSSEY Domaine de la Creuse

*10800* **Tel** *03 25 41 74 01* **Quartos** *5*

Magnífico chambre d'hôte rural em uma fazenda do século XVIII lindamente modernizada, típica desta parte de Aube-en-Champagne. Fica a dez minutos de carro do restaurante La Parentale, recentemente estrelado pelo *Michelin*. A combinação não poderia ser melhor para se explorar a bela região. **www.domainedelacreuse.com**

## REIMS Hôtel Crystal

*86 place Drouet d'Erlon, 51100* **Tel** *03 26 88 44 44* **Fax** *03 26 47 49 28* **Quartos** *31*

Este hotel dos anos 1920, que fica na parte mais movimentada de Reims, é surpreendentemente quieto, com quartos bem decorados. O lobby e o elevador conservam o estilo art déco e o café da manhã é servido num jardim durante o verão. Perto dali, na place Drouet Derlon, há muitos restaurantes. **www.hotel-crystal.fr**

## REIMS Hôtel de la Paix

*9 rue de Buirette, 51100* **Tel** *03 26 40 04 08* **Fax** *03 26 47 75 04* **Quartos** *169*

Este hotel fica no coração da cidade, a uma caminhada de distância da catedral, de ótimos restaurantes e da estação de trem. A bela varanda mescla a arquitetura do século XV com toques contemporâneos e é o local ideal para um drinque ou um café da manhã em dias de sol. Possui lounge e champanhe bar. **www.bestwestern-lapaix-reims.com**

## REIMS Château Les Crayères

*64 bd Henry Vasnier, 51100* **Tel** *03 26 82 80 80* **Fax** *03 26 82 65 52* **Quartos** *20*

Um castelo aristocrático com todo o luxo possível num parque de estilo inglês perto das crayères romanas – as adegas de vinho que os fabricantes de Champagne cavaram na greda branca. Um ótimo restaurante, um dos melhores da França. **www.lescrayeres.com**

## SEDAN Le Château Fort

*Port des Princes, 08200* **Tel** *03 24 26 11 00* **Fax** *03 24 27 19 00* **Quartos** *54*

Por muito tempo, ninguém sabia o que fazer com a maior fortaleza da Europa. Agora, restaurada dentro dos parâmetros dos monuments historiques, ela abriga um excepcional hotel, sob a bandeira do France Patrimoine. Alguns quartos têm acesso para portadores de deficiência, e do conjunto faz parte um bom restaurante. **www.hotelfp-sedan.com**

## SEPT SAULX le Cheval Blanc

*2 rue Moulin, 51400* **Tel** *03 26 03 90 27* **Fax** *03 26 03 97 09* **Quartos** *24*

Entre Reims e Chalons em Champagne, em meio a prestigiosos vinhedos, este excelente hotel é mobiliado de maneira agradável. Os quartos dão para os jardins do rio Vesle. O restaurante tem um terraço com flores. O hotel fecha em fevereiro e nas terças entre outubro e abril. **www.chevalblanc-sept-saulx.com**

## ST-DIZIER Hôtel de Champagne

*19 av Jean-Pierre Timbaud Marnaval, 52100* **Tel** *03 25 05 04 49 61* **Fax** *03 25 07 11 91* **Quartos** *30*

Este hotel acolhedor, localizado nos arredores da cidade, tem um alegre salão de café da manhã com um piano de cauda. Os quartos contam com mobília simples, mas são limpos, tranquilos e com acesso à internet sem fio. Tarifas especiais nos fins de semana. Bar e restaurante. **www.hotel-de-champagne.fr**

## TROYES Champs des Oiseaux

*20 rue Linard Gonthier, 10000* **Tel** *03 25 80 58 50* **Fax** *03 25 80 98 34* **Quartos** *12*

O melhor hotel em Troyes, localizado junto à catedral no centro da cidade. O charme desta construção restaurada dos sécs. XV e XVI, assim como seu excelente serviço, sempre impressiona. Os pátios com plantas e os quartos revestidos de madeira ajudam a tornar a estadia memorável. Petiscos são servidos. **www.champdesoiseaux.com**

## TROYES La Maison de Rhodes

*18 rue Linard Gonthier, 10000* **Tel** *03 25 43 11 11* **Fax** *03 25 43 10 43* **Quartos** *11*

O hotel, irmão do Champs des Oiseaux, quase tão grandioso, com uma arquitetura do século XVI incrivelmente bem restaurada, tem galerias e escadarias de tijolos e madeira. Embora seja mais novo, é bastante popular. Possui acesso para portadores de deficiência e um restaurante orgânico para clientes que fazem reserva. **www.maisonderhodes.com**

## VIGNORY Le Relais Verdoyant

*Quartier de la Gare, 52320* **Tel** *03 25 02 44 49* **Fax** *03 25 01 96 89* **Quartos** *7*

Perto do vilarejo de Vignory, esta fazenda convertida em hospedagem proporciona uma estadia relaxante. Fica a apenas alguns quilômetros de Colombey les Deux Eglises, onde uma grande cruz de Lorena marca o túmulo do General de Gaulle. Excelente restaurante a preços razoáveis. **www.le-relais-verdoyant.fr**

**Categorias de preço** *na p. 550* **Legenda dos símbolos** *no final do guia*

### WILLIERS Chez Odette

*Rue Principale, 08110* **Tel** *03 24 55 49 55* **Fax** *03 24 55 49 59* **Quartos** *9*

Perto da fronteira belga, este hotel aberto recentemente é cheio de contrastes – por fora parece um hotel familiar campestre com um bistrô, mas o seu interior é muito elegante, com decoração ultramoderna. Tem ainda um restaurante de alta gastronomia, um bistrô e bar. **www.chez-odette.com**

## ALSÁCIA E LORENA

### COLMAR Hôtel St-Martin

*38 grand' rue, 68000* **Tel** *03 89 24 11 51* **Fax** *03 89 23 47 78* **Quartos** *40*

Perto da fonte Schwendi, no centro da mais pitoresca cidade da Alsácia, este hotel é formado por três casas que datam dos séculos XIV e XVII e um pátio interno com uma escadaria renascentista e uma pequena torre. Perto ficam inúmeros bons restaurantes. **www.hotel-saint-martin.com**

### COLMAR Hostellerie Le Marechal

*4 pl Six Montagnes Noires, 68000* **Tel** *03 89 41 60 32* **Fax** *03 89 24 59 40* **Quartos** *30*

Esta luxuosa casa dos séculos XVI-XVII, às margens do rio Lauch na parte antiga da cidade, é a sede da Hostellerie Le marechal. Alguns quartos têm camas excepcionais e vista para o canal. O restaurante à luz de velas, A L'Echevin, dá para o canal. **www.le-marechal.com**

### DIEVE Hostellerie du Château des Monthairons

*26 rte de Verdun, Les Monthairons, 55320* **Tel** *03 29 87 78 55* **Fax** *03 29 87 73 49* **Quartos** *25*

Este grandioso castelo do século XIX, cercado de muralhas, fica ao sul de Verdun. Possui duas capelas, um cercado para garças e uma praia particular no rio Meuse. Os quartos do primeiro andar são decorados com antiguidades; os outros são modernos. O restaurante tem um terraço com bela vista para o campo. **www.chateaudesmonthairons.com**

### DRACHENBRONN Auberge du Moulin des 7 Fontaines

*1 Sept Fontaines, 67160* **Tel** *03 88 94 50 90* **Fax** *03 88 94 54 57* **Quartos** *10*

Escondido em meio à floresta, esta pousada é administrada pela família Finck dentro de um típico estilo rural alsaciano. Os quartos à moda antiga estão em um moinho reformado do século XVIII. Refeições a bom preço no terraço durante o verão. É um favorito entre aqueles que fazem trilhas. **www.auberge7fontaines.com**

### EGUISHEIM Hostellerie du Pape

*10 grand rue, 68420* **Tel** *03 89 41 41 21* **Fax** *03 89 41 41 31* **Quartos** *44*

Este hotel é uma antiga maison de vigneron, uma casa de um dono de vinhedo com balcões cobertos pelas vinhas. Leva este nome em honra do papa Leão IX, que nasceu no vilarejo em 1002. Sua estátua fica perto. O restaurante serve pratos tradicionais da região. **www.hostellerie-pape.com**

### GERARDMER Le Grand Hôtel

*Place du Tilleul, 88400* **Tel** *03 29 63 06 31* **Fax** *03 29 63 46 81* **Quartos** *90*

Possivelmente o hotel mais antigo de Gerardmer. Ainda assim, o luxo e a modernidade marcam presença. A charmosa decoração harmoniza bem com a região de Vosges. O hotel conta com um jardim, duas piscinas e três restaurantes. O famoso lago, as belas montanhas e a área de esqui ficam próximos. **www.grandhotel gerardmer.com**

### GUNDERSHOFFEN Le Moulin

*7 rue du Moulin, 67110* **Tel** *03 88 07 33 30* **Fax** *03 88 72 86 47* **Quartos** *12*

Uma adaptação bem-sucedida do que era um moinho movido à água resultou neste "hôtel de charme", no extremo norte de Vosges. Os quartos são autênticos e confortáveis. O Le Cygne, restaurante do hotel, é famoso por ser recomendado pelo guia *Michelin*. Próximo de Estrasburgo e da linha Maginot. **www.hotellemoulin.com**

### JUNGHOLZ Les Violettes

*Route de Thierenbach, 68500* **Tel** *03 89 76 91 19* **Fax** *03 89 74 29 12* **Quartos** *22*

Criativa reconstrução em arenito de um antigo hotel da Alsácia. O aconchego e o calor humano do local remetem a uma casa de família. Um salão totalmente envidraçado exibe a bela paisagem dos arredores. Possui um grande spa com saunas, duas piscinas e uma jacuzzi. O restaurante é imperdível. **www.les-violettes.com**

### KAYSERSBERG Hôtel Constantin

*10 rue Père Kohlman, 68240* **Tel** *03 89 47 19 90* **Fax** *03 89 47 37 82* **Quartos** *20*

Uma linda casa do século XVII restaurada, no centro da cidade antiga, abriga um hotel que foi modernizado, com seus quartos de estilo. O café da manhã é servido na estufa; para as outras refeições, pode-se ir ao Relais du Château, que fica ao lado e é de propriedade da mesma família. **www.hotel-constantin.com**

### LA PETITE PIERRE Aux Trois Roses

*19 rue Principale, 67290* **Tel** *03 88 89 89 00* **Fax** *03 88 70 41 28* **Quartos** *40*

Este hotel é uma casa do século XVIII no centro deste belo vilarejo no topo de uma colina. Alguns quartos têm balcões e ainda há um lounge para os hóspedes, com lareira. Um boa relação custo-benefício.Na sala de jantar são servidos pratos tradicionais da região dos Vosges. No vilarejo existe ainda a Maison du Parc. **www.aux-trois-roses.com**

### LAPOUTROIE Les Alisiers  🅿 🍽  €€
*5 rue du Faudé, 68650* **Tel** *03 89 47 52 82* **Fax** *03 89 47 22 38* **Quartos** *16*

Este atraente hotel fica em uma fazenda reformada que data de 1819. Os quartos de hóspedes reformados são decorados em estilo rural. O terraço tem uma fabulosa vista para as montanhas e os vales. No restaurante, além da boa comida, pode-se também aproveitar a vista. **www.alisiers.com**

### LUNEVILLE Château d'Adoménil  🅿 🍽 🎱 🚶 📋  €€€€
*54300* **Tel** *03 83 74 04 81* **Fax** *03 83 74 21 78* **Quartos** *14*

Este imponente Relais Château localiza-se em um grande parque às margens do rio Meurthe e não fica longe dos esplendores do século XVIII de Nancy. Os quartos são de estilo convencional, no castelo, e provençal, nos prédios exteriores. O restaurante é uma referência para os gourmets. **www.adomenil.com**

### METZ Grand Hôtel de Metz  🛏 🅿  €€
*3 rue des Clercs, 57000* **Tel** *03 87 36 16 33* **Fax** *03 87 74 17 04* **Quartos** *62*

Um hotel de estilo na zona pedestre no centro desta cidade elegante, mas subestimada, de arquitetura francesa e prussiana. O hotel é uma interessante mistura com uma entrada barroca e quartos rústicos, perto da catedral e do mercado coberto. Existem bons restaurantes à volta. **www.hotel-metz.com**

### NANCY Grand Hôtel de la Reine  🛏 🅿 🍽 📋  €€€
*2 pl Stanislas, 54000* **Tel** *03 83 35 03 01* **Fax** *03 83 32 86 04* **Quartos** *43*

Experimente o Ancien Regime na mais elegante praça neoclássica da Europa – a magnífica praça Stanislas, que foi restaurada. O hotel ocupa a casa construída em 1752 para o intendente de Stanislas, o duque de Lorena, último rei da Polônia. Entre os hóspedes famosos destaca-se o czar Alexandre I da Rússia. **www.hoteldelareine.com**

### OBERNAI Hôtel Restaurant des Vosges  🛏 🍽  €
*5 pl de la Gare, 67210* **Tel** *03 88 95 53 78* **Fax** *03 88 49 92 65* **Quartos** *20*

Um agradável e simpático hotel perto da estação de trem, que apresenta uma mistura de estilos antigo e moderno em atmosfera tradicional. Os quartos são muito bem cuidados. O restaurante é um misto de estilo tradicional alsaciano e bistrô. **www.hotel-obernai.com**

### REMIREMONT Hôtel du Cheval de Bronze  🚶  €
*59 rue Charles de Gaulle, 88200* **Tel** *03 29 62 52 24* **Fax** *03 29 62 34 90* **Quartos** *35*

Antiga estalagem situada atrás de arcadas do século XVII desta cidade ao sopé dos Vosges, este hotel simples é ideal para quem quiser visitar as montanhas dos Vosges. O Ballon d'Alsace fica a poucos minutos de carro, assim como o campo de batalha da Primeira Guerra Mundial, Hartmannswillerkopf. **www.hotelchevalbronze.com**

### SAVERNE Chez Jean  🛏 🅿 🍽  €€
*3 rue Gare, 67700* **Tel** *03 88 91 11 09* **Fax** *03 88 91 27 45* **Quartos** *25*

Esta tradicional casa de quatro andares em estilo alsaciano no centro da cidade era antigamente um convento. Os quartos são decorados com muito bom gosto ao estilo local. Bela vista das montanhas ao redor. Há uma sauna para uso dos hóspedes. O restaurante alsaciano S'Rosestiebele é no andar térreo. **www.chez-jean.com**

### SELESTAT Auberge des Allies  🍽  €
*39 rue des Chevaliers, 67600* **Tel** *03 88 92 09 34* **Fax** *03 88 92 12 88* **Quartos** *17*

Localizado na cidade antiga, parte deste hotel ocupa uma casa de 1537. A cidade tinha uma das melhores escolas da Europa; sua biblioteca tem a Cosmographiae Introduction, a primeira referência impressa sobre a América. Os quartos são pequenos e simples, com decoração antiquada.

### SELESTAT Hostellerie Abbaye de la Pommeraie  🛏 🅿 🍽 📋  €€€
*8 av Marechal Foch, 67600* **Tel** *03 88 92 07 84* **Fax** *03 88 92 08 71* **Quartos** *13*

Na antiga cidade de Selestat, famosa por sua biblioteca centenária, esta elegante construção do século XVII fazia parte da abadia medieval de Baumgarten. Os quartos são tudo o que você espera de um Relais Château, e os dois restaurantes são muito bons. **www.pommeraie.fr**

### STRASBOURG Au Cerf d'Or  🛏 🍽 🎱 🚶 📋  €€
*6 pl de l'Hôpital, 67000* **Tel** *03 88 36 20 05* **Fax** *03 88 36 68 67* **Quartos** *43*

Uma base a preços razoáveis para visitar as atrações da antiga Strasbourg, este hotel alsaciano de administração familiar reformou seus quartos. O hotel principal dispõe de quartos mais charmosos, mas o anexo tem uma pequena piscina e sauna. Perto daqui, à beira da água, vários restaurantes. **www.cerf-dor.com**

### STRASBOURG Hôtel Chut  🍽 ♿  €€€
*4 rue du Bain aux Plantes, 67000* **Tel** *03 88 32 05 06* **Fax** *03 88 32 05 50* **Quartos** *8*

Duas pitorescas casas do século XVI com vigas de madeira constituem este hotel, na histórica Petite France, na velha Estraburgo. Seu interior mistura o antigo e o moderno, e a atmosfera é de tranquilidade e paz. O restaurante é bom, e pode-se conseguir uma vaga para o carro. Um quarto tem acesso para cadeirantes. **www.hote-strasbourg.fr**

### VENTRON Les Buttes – L'Ermitage  🛏 🅿 🍽 📋 🚶 ♿  €€
*L'Ermitage Frère Joseph, 88310* **Tel** *03 29 24 18 09* **Fax** *03 29 24 21 96* **Quartos** *62*

Dois hotéis localizados no Parc Naturel Régionale des Ballons des Vosges, área protegida de Vosges, aos pés das montanhas. O Les Buttes tem um restaurante sofisticado, enquanto o Ermitage serve comida simples e tradicional. Estes hotéis são uma ótima base para quem quer praticar esqui ou caminhada. **www.frerejo.com**

**Categorias de preço** *na p. 550* **Legenda dos símbolos** *no final do guia*

# NORMANDIA

### AGNEAUX Château d'Agneaux
*Av Ste-Marie, 50180* **Tel** *02 33 57 65 88* **Fax** *02 33 56 59 21* **Quartos** *13*

Pequeno hotel do século XIII, localizado no vilarejo rural de Vire Valley. Os quartos preservam a identidade antiga do hotel, com móveis de época, pisos de taco e objetos de madeira. Possui dois restaurantes, que ficam nas casas medievais. Dicas de passeio são o monte St-Michel, a Cotentin Peninsular e as praias da Normandia. **www.chateau-agneaux.fr**

### ALENÇON Hôtel des Ducs
*50 av Wilson, 61000* **Tel** *02 33 29 03 93* **Fax** *02 33 29 28 59* **Quartos** *24*

Com localização central, em frente à estação de trem, este hotel é confortável e bem cuidado. Os quartos têm estilo moderno e mobília simples e despretensiosa. Os banheiros são limpos e funcionais. O belo jardim é um ótimo lugar para tomar o café da manhã, quando o clima permite. **http://hotel-centre-ville.hoteldesducs-alencon.fr**

### AUDRIEU Château d'Audrieu
*Le Château, 14250* **Tel** *02 31 80 21 52* **Fax** *02 31 80 24 73* **Quartos** *29*

Este castelo do século XVIII foi transformado em um luxuoso hotel em 1976. Perto de Bayeux, tem um imenso parque com paisagens maravilhosas. Os magníficos quartos de hóspedes são decorados com móveis de época. Possui um excelente restaurante para gourmets. O hotel fecha meados dez-meados fev. **www.chateaudaudrieu.com**

### BAGNOLES-DE-L'ORNE Le Manoir du Lys
*Route de Juvigny, 61140* **Tel** *02 33 37 80 69* **Fax** *02 33 30 05 80* **Quartos** *30*

Um charmoso hotel familiar, que conta com café da manhã para crianças, serviço de babá (reserve com 48 horas de antecedência) e serviço de transporte para a estação de Bagnoles sur Orne. Dentre as atividades disponíveis estão ciclismo, escalada e tênis, além de bilhar, tênis de mesa, golfe, culinária e cassino. **www.manoir-du-lys.fr**

### BAYEUX Hôtel Bellefontaine
*49 rue de Bellefontaine, 14400* **Tel** *02 31 22 00 10* **Fax** *02 31 22 19 09* **Quartos** *20*

Situado a alguns minutos do centro da cidade, e com vista para a magnífica catedral, este adorável château do século XVIII é cercado por um vasto parque. Os quartos são amplos (os que estão instalados onde ficavam os estábulos são recomendados para famílias). **www.hotel-bellefontaine.com**

### CABOURG Castel Fleuri
*4 av Alfred Piat, 14390* **Tel** *02 31 91 27 57* **Fax** *02 31 24 03 48* **Quartos** *22*

Hotel simples e aconchegante, com quartos pequenos, mas bem decorados. Também possui quartos grandes para famílias. Localizado no centro da cidade, a 200m da praia, em uma agradável área. O belíssimo jardim é mais um atrativo em favor deste simpático hotel. **www.castel-fleuri.com**

### CAEN Best Western Le Dauphin
*29 rue Gémare, 14000* **Tel** *02 31 86 22 26* **Fax** *02 31 86 35 14* **Quartos** *37*

Localizado em uma área central tranquila, este antigo convento foi reformado com bom gosto, conservando suas características originais, como as janelas em forma de arco e as paredes de pedra. Os quartos são confortáveis; há unidades para famílias e não fumantes. Restaurante gourmet e bufê para o café da manhã. **www.le-dauphin-normandie.com**

### CAEN Hôtel Mercure Porte de Plaisance
*1 rue Courtonne, 14000* **Tel** *02 31 47 24 24* **Fax** *02 31 47 43 88* **Quartos** *126*

Uma atmosfera de uma quieta elegância prevalece com toda a atenção dedicada aos hóspedes. Os quartos deste hotel, pertencente a uma rede, localizado do outro lado do porto, são confortáveis e de bom gosto. Há instalações para portadores de deficiência e cobra-se uma taxa à parte para o uso do estacionamento. **www.accorhotels.com**

### CAMBREMER Château les Bruyères
*Route du Cadran, 14340* **Tel** *02 31 32 22 45* **Fax** *02 31 32 22 58* **Quartos** *13*

Este belo château, que fica em um parque repleto de árvores, é um exemplo clássico da arquitetura do primeiro império. Os quartos possuem decoração individual, e alguns ficam em um prédio do século XVIII, vizinho à sede. Marcel Proust já se hospedou aqui. O restaurante é ótimo e oferece várias opções de sidra da região. **www.chateaulesbruyeres.com**

### CÉAUX Le Relais du Mont
*La Buvette, 50220* **Tel** *02 33 70 92 55* **Fax** *02 33 70 94 57* **Quartos** *28*

Ao sul de Avranches, este hotel dá para o oeste e você pode desfrutar o esplêndido pôr do sol sobre a baía do Mont St-Michel. O Le Reslais du Mont oferece quartos de bom tamanho e bem cuidados. Bem equipado, possui acomodação para famílias e um excelente restaurante. **www.relais-du-mont.fr**

### CHERBOURG Hôtel Renaissance
*4 rue de l'Eglise, 50100* **Tel** *02 33 43 23 90* **Fax** *02 33 43 96 10* **Quartos** *12*

Hotel com preço justo e bem administrado. Os quartos são lindos, e cada um recebe o nome de um tipo de flor. A localização é boa: próximo ao porto, às balsas que atravessam o canal e ao museu Cité de la Mer. Funcionários simpáticos. Vagas para carro limitadas. **www.hotel-renaissance-cherbourg.com**

### CRÉPON La Ferme de la Rançonnière

*Route d'Arromanches, 14480* **Tel** 02 31 22 21 73 **Fax** 02 31 22 98 39 **Quartos** 35

Uma bela casa de fazenda do século XIII, com um jardim interno, rodeado por portais arqueados. Os quartos e o restaurante possuem uma decoração de época. A 3km do mar. Há campos de golfe por toda a vizinhança. Velejar e passear de bicicleta também são opções na região. **www.ranconniere.fr**

### DEAUVILLE Hôtel Normandy Barrière

*38 rue J Mermoz, 14800* **Tel** 02 31 98 66 22 **Fax** 02 31 98 66 23 **Quartos** 290

Uma referência em Deauville, esta mansão em estilo anglo-normando é um luxuoso hotel, com quartos espaçosos e uma academia. No vasto salão de jantar Belle Époque são servidos clássicos da cozinha normanda. Embora renovado, não perdeu o charme dos anos 1920. **www.lucienbarriere.com**

### DOUAINS-PACY-SUR-EURE L'Etape de la Vallée

*1 rue Edouard Isambard, 27120* **Tel** 02 32 36 12 77 **Fax** 02 32 36 22 74 **Quartos** 15

Esta adorável villa nas margens do rio Eure é ideal para quem visita a vizinha Giverny. Escolha entre os aconchegantes quartos com vista para o rio, no prédio principal, ou os mais modernos e espaçosos, nos fundos. Há um adorável terraço em frente aos jardins ornamentais. O restaurante serve bons pratos tradicionais. **www.etapedelavallee.com**

### ETRETAT Domaine St-Clair

*Chemin de St Clair, 76790* **Tel** 02 35 27 08 23 **Fax** 02 35 29 92 24 **Quartos** 21

Situado magnificamente com vista panorâmica do vilarejo e dos penhascos de Etretat, este castelo anglo-normando do século XIX tem quartos confortáveis, alguns com spa particular. Cada quarto recebeu uma decoração diferente, e todos têm grandes camas e mobília de época. **www.hotelletretat.com**

### FÉCAMP Le Grand Pavois

*15 quai Vicomté, 76400* **Tel** 02 35 10 01 01 **Fax** 02 35 29 31 67 **Quartos** 35

Construído no cais, este hotel moderno tem um belo interior decorado com tema náutico. Os quartos são iluminados e espaçosos, e os da frente têm sacadas com vista para o porto. Conta com um piano-bar com música ao vivo em algumas noites. Há bons restaurantes a uma pequena caminhada daqui. **www.hotel-grand-pavois.com**

### FONTENAI-SUR-ORNE Le Faisan Doré

*Rte Paris, 61200* **Tel** 02 33 67 18 11 **Fax** 02 33 35 82 15 **Quartos** 16

Um hotel de bom tamanho na região da Suisse Normande, perto de Argentan. Os quartos mais quietos dão para um belo jardim. O bar dispõe de mais de 140 vinhos diferentes. As refeições são servidas no restaurante de decoração clara ou ao ar livre durante o verão. **www.lefaisandore.com**

### GRANDCHAMP MAISY Hôtel Duguesclin

*4 quai Henri Crampon, 14450* **Tel** 02 31 22 64 22 **Fax** 02 31 22 34 79 **Quartos** 25

Este simpático hotel moderno fica no passeio à beira-mar. Quartos simples e bem cuidados. O excelente restaurante é especializado em frutos do mar. Conta com estacionamento. O porto de pescadores é uma boa base para visitar as praias de desembarque do Dia D na Pointe du Hoc. **www.leduguesclin.eu**

### GRANVILLE Hôtel Michelet

*5 rue Jules Michelet, 50400* **Tel** 02 33 50 06 55 **Fax** 02 33 50 12 25 **Quartos** 19

O hotel fica perto das lojas, restaurantes e cassino deste charmoso porto histórico. O vistoso edifício em estilo colonial, renovado com bom gosto, tem quartos simples mas bem cuidados, alguns com vista. Conveniente para a praia e o centro de talassoterapia. Estacionamento gratuito. **www.hotel-michelet-granville.com**

### HONFLEUR La Ferme Siméon

*rue Adolphe Marais, 14600* **Tel** 02 31 81 78 00 **Fax** 02 31 89 48 48 **Quartos** 34

Esta antiga mansão rural era o centro dos artistas impressionistas da escola de Honfleur. Agora foi transformada em um hotel luxuoso, com restaurante e spa. Os quartos renovados são espaçosos e charmosos. O restaurante serve uma excelente comida. **www.fermesaintsimeon.fr**

### L'AIGLE Hôtel du Dauphin

*Pl de la Halle, 61300* **Tel** 02 33 84 18 00 **Fax** 02 33 34 09 28 **Quartos** 30

Uma elegante pousada de pedra de 1618. As cocheiras originais foram arrasadas durante o bombardeio de Aigles em 1944. Agora o hotel, que pertence à mesma família há mais de 60 anos, tem um restaurante, uma brasserie e uma loja. Os quartos são funcionais, e o lounge é confortável. **www.hotel-dauphin.fr**

### MACÉ Hôtel Île de Sées

*Vandel, 61500* **Tel** 02 33 27 98 65 **Fax** 02 33 28 41 22 **Quartos** 16

Um hotel rural cercado por um vasto parque no coração da Normandia rural. Esta antiga e tradicional fábrica de laticínios é hoje um simpático hotel, com quartos confortáveis em tons pastel. Um lugar ideal para descansar. A comida servida no confortável restaurante é deliciosa. **www.ile-sees.fr**

### MESNIL-VAL Hostellerie de la Vieille Ferme

*23 rue de la Mer, 76910* **Tel** 02 35 86 72 18 **Fax** 02 35 86 12 67 **Quartos** 34

Esta casa de fazenda do século XVIII, com diversos anexos remodelados, forma um complexo hoteleiro em estilo anglo-normando com o seu próprio parque perto da praia. Os quartos são em estilo romântico à antiga, com vigas de carvalho e belas vistas. O restaurante, de estilo rústico, serve frutos do mar. **www.vieille-ferme.net**

---

**Categorias de preço** *na p. 550* **Legenda dos símbolos** *no final do guia*

### MONT-ST-MICHEL Terrasses Poulard
€€€

*BP 18, 50170* **Tel** *02 33 89 02 02* **Fax** *02 33 60 37 31* **Quartos** *29*

Um antigo prédio localizado no coração do Mont-St-Michel, com uma magnífica vista da baía, da abadia e dos jardins. Os quartos são pequenos, mas limpos e confortáveis. Sob a mesma administração do hotel está o restaurante La Mère Poulard, especializado em omeletes. **www.terrasses-poulard.fr**

### MORTAGNE AU PERCHE Le Tribunal
€€

*4 pl Palais, 61400* **Tel** *02 33 25 04 77* **Fax** *02 33 83 60 83* **Quartos** *21*

Alguns quartos neste bonito hotel remontam ao século XIII. Trata-se de um estabelecimento bem cuidado, com quartos luxuosos e grandes banheiros. O ambiente é de uma confortável simplicidade. O restaurante serve pratos locais – no verão, as refeições são servidas no terraço.

### MORTAIN Hôtel de la Poste
€

*1 pl des Arcades, 50140* **Tel** *02 33 59 00 05* **Fax** *02 33 69 53 89* **Quartos** *25*

Na espetacular península de Cherbourg, esta vistosa casa do século XIX dá para o rio em Mortain. Agradável hotel administrado por uma família com quartos confortáveis e silenciosos e um bom serviço. Bom restaurante com excelente carta de vinhos. Acesso para portadores de deficiência e garagem privativa. **www.hoteldelaposte.fr**

### OUISTREHAM Hôtel de la Plage
€

*39-41 av Pasteur, 14150* **Tel** *02 31 96 85 16* **Fax** *02 31 97 37 46* **Quartos** *16*

Recentemente revitalizado por seus donos, este hotel familiar fica a uma caminhada de distância da praia. Os quartos são grandes e confortáveis. Oferece sauna. A oeste do hotel encontram-se ruínas de guerra, como a Pegasus Bridge; a leste, praias com atividades para a família, como kite surfing, sand yachting e vela. **www.hotel-ouistreham.com**

### PONT AUDEMER Belle-Île-sur-Risle
€€

*112 rte de Rouen, 27500* **Tel** *02 32 56 96 22* **Fax** *02 32 42 88 96* **Quartos** *24*

Localizado em uma ilha com seu jardim de árvores centenárias e roserais, o hotel tem academia, sauna e duas piscinas (uma coberta, outra ao ar livre). Os quartos são confortáveis e elegantes, ideais para descansar. Ótimo restaurante sob a rotunda do século19. Fechado meados nov-meados mar. **www.bellile.com**

### PONT DE L'ARCHE Hôtel de la Tour
€

*41 quai Foch, 27340* **Tel** *02 35 23 00 99* **Fax** *02 35 23 46 22* **Quartos** *18*

Esta atraente casa normanda do século XVIII fica à beira do rio, com as muralhas da cidade às suas costas. O seu interior revela uma típica arquitetura normanda com madeira e paredes de tijolos. Os quartos de bom tamanho são decorados individualmente. Jardim interno. Restaurantes por perto. **www.hoteldelatour.org**

### ROUEN Hôtel Notre-Dame
€

*4 rue de la Savonnerie, 76000* **Tel** *02 35 71 87 73* **Fax** *02 35 89 31 52* **Quartos** *28*

Esta foi a casa do bispo Cauchon, que acusou Joana d'Arc, até a sua morte em 1442. Este hotel está localizado entre a catedral e o rio Sena, com quartos espaçosos e decoração contemporânea. Os funcionários são atenciosos. Um bom bufê do café da manhã. Variedade de restaurantes por perto. **www.hotelnotredame.com**

### ROUEN Le Vieux Carré
€

*34 rue Ganterie, 76000* **Tel** *02 35 71 67 70* **Fax** *02 35 71 19 17* **Quartos** *14*

Hotel no centro da cidade perto do Musée des Beaux-Arts e a uma pequena caminhada da catedral. Esta edificação do século XVIII, de madeira, possui quartos de hóspedes intimistas e bem decorados. Atmosfera cordial e serviço atento. Pátio de cascalho coberto e salão de chá. **www.vieux-carre.fr**

### SAINT-LÔ Hôtel Mercure
€€

*5-7 av de Briovère, 50000* **Tel** *02 33 05 00 03* **Fax** *02 33 05 15 15* **Quartos** *67*

Do outro lado das muralhas da cidade, este hotel moderno e tranquilo conta com quartos confortáveis e bem proporcionais. O restaurante Le Tocqueville fica em um imenso salão com uma bela vista do rio Vire e serve especialidades regionais. Tem também um bar confortável. **www.mercure.com**

### ST-PATERNE Château de St-Paterne
€€€

*Le Château, 72610* **Tel** *02 33 27 54 71* **Quartos** *10*

O ninho de amor do século XV de Henrique IV fica em meio a um parque particular perto de Alençon. Mais do que um hotel, é um castelo de família, onde um menu fixo é servido *en famille* aos hóspedes, sob a luz de velas, na sala de jantar. Fechado meados dez-meados mar. **www.chateau-saintpaterne.com**

### ST-VAAST-LA-HOUGUE Hôtel de France et Fuchsias
€€

*20 rue de Maréchal Foch, 50550* **Tel** *02 33 54 40 41* **Fax** *02 33 43 46 79* **Quartos** *35*

Agradável hotel em estilo casa de campo perto do porto de pescadores de St-Vaast, conhecido por suas ostras. Quartos confortáveis em estilo campestre, a maioria com vista para um jardim exótico. O restaurante Des Fuchsias fica numa estufa e serve deliciosos pratos quentes com ostras. Bom bufê de café da manhã. Fechado jan-fev. **www.france-fuchsias.com**

### ST-VALERY-EN-CAUX La Maison des Galets
€€

*22 cour Le Perrey, 76460* **Tel** *02 35 97 11 322* **Fax** *02 35 97 05 83* **Quartos** *14*

Situado entre o porto e as montanhas, este confortável hotel oferece alguns quartos com vista para o porto. No interior, a combinação do antigo com o moderno cria um ambiente relaxante. O banheiro da "chambre bleu" tem uma gloriosa vista para o mar, assim como o restaurante, de onde se vê toda a orla. **www.lamaisondesgalets.com**

### VERNON Hôtel d'Evreux
*11 pl d'Evreux, 27200* **Tel** *02 32 21 16 12* **Fax** *02 32 21 32 73* **Quartos** *12*

Esta edificação tipicamente normanda no centro de Vernon é uma antiga estalagem com quartos ensolarados e mobília antiga. O restaurante, com uma lareira gigante, serve pratos tradicionais de maneira criativa. Estacionamento disponível. **www.hoteldevreux.fr**

## BRETANHA

### AUDIERNE Hôtel de la Plage
*21 bd Emmanuel Brusq, 29770* **Tel** *02 98 70 01 07* **Fax** *02 98 75 04 69* **Quartos** *22*

Hotel familiar, moderno e com bons preços, localizado na praia. Os quartos recebem decoração com motivos marinhos e oferecem uma linda vista da baía de Audierne. Pode-se jogar bilhar no bar. O restaurante de frutos do mar é excelente. Ao visitar esta região, não deixe de conhecer Finistère. **www.hotel-finistere.com**

### BÉNODET Domaine de Kereven
*Bénodet, 29950* **Tel** *02 98 57 02 46* **Fax** *02 98 66 22 61* **Quartos** *12*

Belos prédios construídos em um estilo típico de fazenda produtora de sidra do século XVIII. Com uma mobília simpática, os quartos oferecem vista privilegiada da região. A 1,5km de distância das famosas praias de Bénodet, e próximo da catedral da cidade de Quimper. Fechado dez-mar.

### BREST Hôtel de la Corniche
*1 rue Amiral-Nicol, 29200* **Tel** *02 98 45 12 42* **Fax** *02 98 49 01 53* **Quartos** *16*

Este moderno hotel, feito de pedra local no estilo bretão, fica na parte oeste da cidade perto da base naval. É ideal para passeios ao longo do mar. Os quartos têm uma decoração simples. O restaurante do hotel oferece menu exclusivo quatro noites na semana. É necessário reservar. **www.hotel-la-corniche.com**

### CARNAC Hôtel Tumulus
*Route du Tumulus, 56340* **Tel** *02 97 52 08 21* **Fax** *02 97 52 81 88* **Quartos** *23*

Este hotel fica próximo dos sítios pré-históricos que fizeram Carnac mundialmente famosa. Os elegantes quartos misturam o estilo gustaviano com o oriental. Em alguns pontos do hotel pode-se admirar a bela baía de Quiberon. Possui piscina, jardins, restaurante e spa. Fechado dez-fev. **www.hotel-tumulus.com**

### CHÂTEAUBOURG Moulin Ar Milin
*30 rue due Paris, 35221* **Tel** *02 99 00 30 91* **Fax** *02 99 00 37 56* **Quartos** *32*

Um moinho de água deu lugar a este "hôtel de charme" dividido em duas partes: o Hôtel de Moulin, no local do antigo moinho, e o mais recente Hôtel du Parc. Há cerca de cem tipos de árvore no parque, um lindo rio e uma quadra de tênis. O fino restaurante tem uma ótima carta de vinhos. Fechado 25 dez-início de jan. **www.armilin.com**

### DINAN Moulin de la Fontaine des Eaux
*Vallée de la Fontaine des Eaux, 22100* **Tel** *02 96 87 92 09* **Fax** *02 96 87 92 09* **Quartos** *5*

Situado num vale arborizado a cinco minutos do porto de Dinan, este moinho d'água do século XVIII renovado dá para um lago. É apenas um chambre d'hôte; não tem restaurante, mas serve café da manhã. Os quartos são simples; há acesso para portadores de deficiência. Estacionamento privativo. **www.dinanbandb.com**

### DINARD Hôtel de la Vallée
*6 av Georges V, 35801* **Tel** *02 99 46 94 00* **Fax** *02 99 88 22 47* **Quartos** *24*

Reformado e modernizado, este hotel tem ótima localização: próximo ao porto, mas longe da algazarra do resort. Os quartos frontais oferecem uma linda vista. O restaurante serve pratos típicos de Dinard: deliciosos tipos de frutos do mar, filés e patos. Fechado jan. **www.hoteldelavallee.com**

### DOL DE BRETAGNE Domaine des Ormes
*35120* **Tel** *02 99 73 53 00* **Fax** *02 99 73 53 55* **Quartos** *45*

Este hotel faz parte de um resort que possui um campo de golfe com dezoito buracos, aquaparque, escola de equitação e um parque de aventuras. Os quartos são charmosos – inclusive oito casas nas árvores com quartos, acessíveis por escadas de cordas! O restaurante serve cozinha tradicional francesa. **www.lesormes.com**

### FOUESNANT Hôtel l'Orée du Bois
*4 rue Kergoadig, 29170* **Tel** *02 98 56 00 06* **Fax** *02 98 56 14 17* **Quartos** *15*

Suítes simples, bem mobiliadas e com chuveiro privativo por ótimos preços; o quartos sem banheiro são uma barganha! A sala de café da manhã tem uma linda decoração com motivos marinhos, e em dias de sol pode-se utilizar o simpático terraço. A alguns minutos da praia de Cape Coz e de diversas trilhas litorâneas. **www.hotel-oreedubois.com**

### ÎLE DE GROIX Hôtel de la Marine
*7 rue du Général de Gaulle, 56590* **Tel** *02 97 86 80 05* **Fax** *02 97 86 56 37* **Quartos** *22*

Uma boa acolhida espera os hóspedes neste hotel no centro da linda ilha de Groix. Este relaxante esconderijo possui quartos charmosos que dão tanto para o mar como para o jardim. No restaurante, os pratos à base de pescados são preparados com esmero. **www.hoteldelamarine.com**

**Categorias de preço** *na p. 550* **Legenda dos símbolos** *no final do guia*

## LOCQUIREC Le Grand Hôtel des Bains   €€€
*15 rue de L'Eglise, 29241* **Tel** *02 98 67 41 02* **Fax** *02 98 67 44 60* **Quartos** *36*

Conveniente para quem vai visitar o Parque Regional Armorique, este spa-hotel Belle Époque possui jardins que levam a uma praia. Os quartos são em estilo contemporâneo, muitos com balcões. Tratamentos de beleza e de saúde disponíveis. O restaurante abre só para jantar. O chef usa produtos frescos, da região. **www.grand-hotel-des-bains.com**

## MORLAIX Hôtel de l'Europe   €€
*1 rue d'Aiguillon, 29600* **Tel** *02 98 62 11 99* **Fax** *02 98 88 83 38* **Quartos** *60*

Este hotel do Segundo Império, situado no centro da cidade, tem o seu interior ricamente decorado. Os quartos são bem equipados e com janelas antirruído. Cada quarto é diferente, do tradicional ao moderno. O serviço é esmerado. Conta com bufê para o café da manhã. A brasserie tem preços razoáveis. **www.hotel-europe-com.fr**

## PÉNESTIN SUR MER Hôtel Loscolo   €€
*La Pointe de Loscolo, 56760* **Tel** *02 99 90 31 90* **Fax** *02 99 90 32 14* **Quartos** *13*

Uma construção tradicional com telhado de ardósia, situada em um cabo com magnífica vista para o mar dos dois lados e possibilidades de passeios por perto. Os quartos são confortáveis; alguns têm terraço privativo. O café da manhã é copioso; tarifas meia pensão valem a pena. Ótimo restaurante. Fechado dez-mar. **www.hotelloscolo.com**

## PLÉVEN Manoir du Vaumadeuc   €€
*Le Vaumadeuc, 22130* **Tel** *02 96 84 46 17* **Fax** *02 96 84 40 16* **Quartos** *13*

Esta grande e antiga mansão fica na floresta de la Hunaudaye. A construção data do século XV, e no seu interior uma magnífica escadaria de granito leva aos quartos do primeiro andar. O parque arborizado que o cerca tem um lindo roseiral e um lago. Tem heliporto e estacionamento. **www.vaumadeuc.com**

## PLOUBAZLANEC Les Agapanthes   €
*1 rue Adrien Rebours, 22620* **Tel** *02 96 55 89 06* **Fax** *02 96 55 79 79* **Quartos** *21*

Na praça do vilarejo, este hotel do século XVIII tem o interior iluminado e moderno. Os quartos são limpos, confortáveis e decorados com tema náutico. Há um anexo com acomodações mais espaçosas, ideais para famílias. A maioria dos quartos, assim como o terraço, tem vista para a baía de Paimpol. **www.hotel-les-agapanthes.com**

## PLOUGONVELIN Hostellerie de la Pointe de Saint-Mathieu   €€
*Pointe de St-Mathieu, 29217* **Tel** *02 98 89 00 19* **Fax** *02 98 89 15 68* **Quartos** *23*

Localizado perto de um farol e das antigas ruínas de uma abadia, este hotel, um dia uma fazenda tradicional, tornou-se moderno. A casa da fazenda hoje abriga um restaurante sofisticado de frutos do mar. É um ótimo ponto para quem quer explorar a exuberante costa atlântica. **www.pointe-saint-mathieu.com**

## QUIBERON Hôtel Bellevue   €
*rue de Tiviec, 56173* **Tel** *02 97 50 16 28* **Fax** *02 97 30 44 34* **Quartos** *38*

Perto do mar, com cassino e centro de talassoterapia, este moderno hotel tem forma de "L" em torno da piscina aquecida. Quartos confortáveis, restaurante arejado e claro. O bufê do café da manhã é servido à beira da piscina ou no quarto (café da manhã continental). Estacionamento privativo. Somente meia pensão. **www.bellevuequiberon.com**

## QUIMPER Hôtel Gradlon   €€
*30 rue de Brest, 29000* **Tel** *02 98 95 04 39* **Fax** *02 98 95 61 25* **Quartos** *20*

A apenas dois minutos a pé do centro histórico da cidade, este hotel tem quartos charmosos e silenciosos – alguns dão para um jardim interno com fonte. Acesso para portadores de deficiência. Um café da manhã continental é servido na bela varanda. Salão confortável com lareira. **www.hotel-gradlon.com**

## RENNES Le Coq-Gadby   €€€€
*156 rue d'Antrain, 35700* **Tel** *02 99 38 05 55* **Fax** *02 99 38 53 40* **Quartos** *24*

Uma construção elegante do século XVII a apenas cinco minutos de carro do centro da cidade. Calmo e intimista, com decoração de época, assoalho lustrado e espelhos decorativos. Os quartos "Olympe", "Luís XV", "Luís XVI" e "Anglaise" são enormes e elegantes. Ao lado do hotel há spa e sauna. **www.lecoq-gadby.fr**

## ROSCOFF Hôtel Bellevue   €
*Bd Ste Barbe, 29681* **Tel** *02 98 61 23 38* **Fax** *02 98 61 11 80* **Quartos** *18*

Esta antiga casa bretã, a apenas alguns minutos da estação das balsas, tem bela vista do mar e do velho porto. Os quartos são um pouco acanhados, mas claros e silenciosos. Na parte de trás há um pátio ajardinado onde o café da manhã é servido em dias quentes. **www.hotel-bellevue-roscoff.fr**

## ST MALO Hôtel Elizabeth   €€
*2 rue des Cordiers, 35400* **Tel** *02 99 56 24 98* **Fax** *02 99 56 39 24* **Quartos** *17*

Este hotel situa-se atrás das muralhas da cidade antiga, a apenas dois minutos da estação das balsas. A construção tem uma fachada de pedra do século XVI. O interior, meio sombrio, é em estilo clássico. Os quartos são confortáveis e bem equipados. Os proprietários são simpáticos e a garagem é privativa. Fechado jan. **www.hotel-elizabeth.fr**

## ST THÉGONNEC Ar Presbital Coz   €
*18 rue de Gividic, 29410* **Tel** *02 98 79 45 62* **Fax** *02 98 79 48 47* **Quartos** *6*

Esta construção do século XVIII, antigamente um presbitério, tem seis espaçosos quartos rústicos com camas confortáveis. Não possui televisão. O café da manhã pode ser tomado no terraço. Mme Prigent, a proprietária, irá lhe preparar um jantar completo se for pedido até o meio-dia. Vasto jardim com estacionamento. **http://ar.presbital.koz.free.fr**

### VANNES Villa Kerasy

*20 av Favrel et Lincy, 56000* **Tel** *02 97 68 36 83* **Fax** *02 97 68 36 84* **Quartos** *15*

Muito charmoso, o Villa Kerasy tem como tema a Companhia Francesa das Índias Orientais e a rota das especiarias. Cada quarto representa um diferente porto. O spa é especializado em terapias ayurvédicas, que trabalham a revitalização, o relaxamento e o despertar espiritual. Fechado meados nov-meados dez. www.villakerasy.com

## VALE DO LOIRE

### AMBOISE Le Choiseul

*36 quai Charles-Guinot, 37400* **Tel** *02 47 30 45 45* **Fax** *02 47 30 46 10* **Quartos** *32*

Uma mansão do século XVIII coberta de hera situada em um jardim elegante, com vista para o Loire. Os confortáveis quartos têm decoração tradicional. O arejado restaurante serve uma culinária sofisticada. Aleias floridas para caminhar e quadras de tênis. www.grandesetapes.fr

### ANGERS Hôtel Mail

*8 rue des Ursules, 49100* **Tel** *02 41 25 05 25* **Fax** *02 41 86 91 20* **Quartos** *26*

Hotel charmoso em uma área silenciosa do centro da cidade, esta construção do século XVII fazia parte de um convento. Os quartos são bem decorados. Um excelente café da manhã é servido na sala de jantar. Pátio coberto com mesas. Os proprietários são acolhedores. www.hotel-du-mail.com

### ANGERS Hôtel Anjou

*1 bd de Maréchal Foch, 49100* **Tel** *02 41 21 12 11* **Fax** *02 41 87 22 21* **Quartos** *53*

O interior deste hotel no centro da cidade tem uma decoração eclética, com mosaicos art déco, ornamentos dos sécs. XVII e XVIII, tetos decorados e janelas em mosaicos. Os quartos são espaçosos e elegantes. O restaurante "Le Salamandre" é recomendado. Estacionamento disponível. www.hoteldanjou.fr

### AZAY LE RIDEAU Le Grand Monarque

*3 pl de la République, 37190* **Tel** *02 47 45 40 08* **Fax** *02 47 45 46 25* **Quartos** *24*

Em local calmo, este hotel compreende dois edifícios, uma antiga estalagem e um "hôtel particulier", separados por um pátio cercado de árvores. Quartos mobiliados tradicionalmente e banheiros funcionais. O restaurante tem decoração rústica e há um atraente terraço com vista para o parque. Fechado dez-fev. www.legrandmonarque.com

### AZAY LE RIDEAU Manoir de la Rémoniere

*La Chapelle Ste-Blaise, 37190* **Tel** *02 47 45 24 88* **Fax** *02 47 45 45 69* **Quartos** *6*

Um château do século XV, construído sobre uma antiga vila romana, próximo ao rio Indre e ao Château d'Azay-le-Rideau. Os espaçosos quartos têm um visual antigo e presenteiam os hóspedes com belas paisagens da região, incluindo ruínas galo-romanas. Oferece uma grande piscina, prática de arqueria e pesca. www.manoirdelaremoniere.com

### BEAUGENCY Hôtel de la Sologne

*6 pl St-Firmin, 45190* **Tel** *02 38 44 50 27* **Fax** *02 38 44 90 19* **Quartos** *16*

Esta típica construção de pedra de Sologne na praça principal dá para as ruínas da fortaleza do castelo de St-Firmin. Os quartos são pequenos mas confortáveis e claros, com decoração simples. O café da manhã é servido em um pátio florido. Estacionamento privativo disponível. www.hoteldelasologne.com

### BOURGES Le Bourbon

*bd République, 18000* **Tel** *02 48 70 70 00* **Fax** *02 48 70 21 22* **Quartos** *58*

Esta antiga abadia do século XVII no centro de Bourges abriga agora um confortável hotel. Os quartos espaçosos e claros são decorados de maneira moderna e elegante. Um impressionante bar de salão e um restaurante gastronômico na antiga capela de St-Ambroix. Tem estacionamento. www.alpha-hotellerie.com

### CHAMPIGNÉ Château des Briottières

*rte Marigné, 49330* **Tel** *02 41 42 00 02* **Fax** *02 41 42 01 55* **Quartos** *14*

Um castelo do século XVIII administrado por uma família em um parque de estilo inglês de 50 hectares. Quartos luxuosos, com camas de dossel e ricos estofados. Possui também um charmoso pavilhão com quartos duplos para famílias. Jantares românticos e aulas de cozinha para grupos estão à disposição; reserva necessária. www.briottieres.com

### CHARTRES Le Grand Monarque

*22 place des Epars, 28005* **Tel** *02 37 18 15 15* **Fax** *02 37 36 34 18* **Quartos** *55*

Esta estalagem do século XVI renovada, com maciças paredes de pedra, é administrada pela mesma família desde 1960; faz parte da cadeia Best Western. Os quartos são simples. Possui um agradável bistrô e um restaurante gastronômico, "Les Georges". Spa disponível para os hóspedes. www.bw-grand-monarque.com

### CHÊNEHUTTE-LES-TUFFEAUX Le Prieuré

*Le Prieuré, 49350* **Tel** *02 41 67 90 14* **Fax** *02 41 67 92 24* **Quartos** *36*

Este antigo convento do século XII tem magnífica vista do Loire. Os quartos no priorado têm decoração refinada e romântica, dois com lareira. Quartos mais modernos são encontrados nos bangalôs espalhados pelo parque. O elegante restaurante serve uma cozinha para gourmets com o que há de melhor dos produtos locais. www.grandesetapes.fr

**Categorias de preço** *na p. 550* **Legenda dos símbolos** *no final do guia*

## CHENONCEAUX Hostel du Roy

*9 rue du Dr Bretonneau, 37150* **Tel** *02 47 23 90 17* **Fax** *02 47 23 89 81* **Quartos** *30*

Um hotel-restaurante repleto de objetos, com uma lareira do século XVI e uma sala de jantar com troféus de caça dependurados. Os quartos bem equipados são simples e a atmosfera é relaxante. Tem um jardim com um bonito terraço. O restaurante serve pratos clássicos, incluindo caça, durante a temporada. **www.hostelduroy.com**

## CHENONCEAUX Hôtel du Bon Laboureur

*6 rue de Dr Bretonneau, 37150* **Tel** *02 47 23 90 02* **Fax** *02 47 23 82 01* **Quartos** *25*

Perto do famoso castelo, esta pousada tem o seu próprio parque. Os quartos ficam em uma área feita de pedra, do século XVIII. São pequenos mas bem equipados com banheiros modernos. Alguns têm instalações para portadores de deficiência. O restaurante, com vigas de carvalho, oferece bom cardápio. Fechado jan-meados fev. **www.bonlaboureur.com**

## CHINON Hostellerie Gargantua

*73 rue Voltaire, 37500* **Tel** *02 47 93 04 71* **Fax** *02 47 93 08 02* **Quartos** *8*

Este hotel, no antigo Palais du Bouillage, com telhado em ponta e uma pequena torre, é uma referência local. Os quartos são confortáveis. Cada um tem um tema, de Joana d'Arc a Richelieu até o período do Império. Agradável sala de jantar e terraço. Cozinha moderna e clássica. Fechado dez. **www.hotel-gargantua.com**

## CHINON Hôtel Diderot

*4 rue Buffon, 37500* **Tel** *02 47 93 18 87* **Quartos** *26*

As palmeiras e as oliveiras ao redor da edificação do século XVIII testemunham o clima ameno. Este hotel, situado numa rua calma perto do centro de Chinon, tem quartos silenciosos, simples e bem cuidados. O café da manhã é servido em uma sala de jantar rústica. Um estacionamento municipal gratuito fica ao lado. **www.hoteldiderot.com**

## CHINON Château de Marçay

*Le Château, 37500* **Tel** *02 47 93 03 47* **Fax** *02 47 93 45 33* **Quartos** *39*

Elegante hotel que fica neste castelo fortificado do século XV, renovado. Do quarto, pode-se desfrutar a paisagem do parque e dos vinhedos que o cercam. Atmosfera aristocrática e refinada, serviço e cozinha impecáveis. Fechado meados jan-meados mar. **www.chateaudemarcay.com**

## COUR-CHEVERNY Hôtels des Trois Marchands

*Pl de l'Église, 41700* **Tel** *02 54 79 96 44* **Fax** *02 54 79 25 60* **Quartos** *24*

Apenas a um quilômetro do castelo, esta antiga estalagem com jardim pertence à mesma família desde 1865. Os quartos são confortáveis, em estilo rústico. Tome seu café da manhã em uma das três salas de jantar estilo Luís XIII. Restaurante excelente. Estacionamento disponível.

## FONTEVRAUD-L'ABBAYE Le Prieuré St-Lazare

*38 rue St-Jean de l'Habit, 49590* **Tel** *02 41 51 73 16* **Fax** *02 41 51 75 50* **Quartos** *52*

A área ao redor deste hotel, que fica no antigo convento de St-Lazare, dentro do conjunto da famosa abadia real, é estupenda. Os quartos são decorados com elegância, em estilo moderno, contemporâneo. O restaurante, no antigo claustro, faz a alegria dos gourmets. Fechado meados nov-mar. **www.hotels-francepatrimoine.com**

## GENNES AUX NAULETS d'Anjou

*18 rue Croix de la Mission, 49350* **Tel** *02 41 51 81 88* **Fax** *02 41 38 00 78* **Quartos** *19*

Na extremidade do vilarejo, em uma propriedade privada, este hotel é quieto e confortável. A boa acolhida compensa a falta de interesse arquitetônico. Os quartos são simples e claros. O restaurante serve pratos da cozinha tradicional, sem surpresas. Salão de leitura e lounge. Fechado meados dez-jan. **www.hotel-lesnauletsdanjou.com**

## GIEN La Poularde

*13 qual de Nice, 45500* **Tel** *02 38 67 36 05* **Fax** *02 38 38 18 78* **Quartos** *9*

Localizado às margens do rio Loire, apenas a alguns passos do Musée de la Faïencerie, este hotel é bem funcional, mas um pouco sem graça. A casa do século XIX dispõe de quartos agradáveis, com mobília em estilo Luís Felipe. O restaurante serve excelente comida. **www.lapoularde.fr**

## LA CHARTRE SUR LE LOIR Hôtel de France

*20 pl de la République, 72340* **Tel** *02 43 44 40 16* **Fax** *02 43 79 62 20* **Quartos** *21*

Este hotel recoberto de hera, no centro da cidade, tem um lindo jardim que margeia o rio. Os quartos standard têm preços acessíveis. Decoração simples, mas confortável. O bar e a brasserie são básicos, mas a sala de jantar é agradável. Porções fartas de boa comida. Bonito terraço que dá para o jardim. Fechado 25 dez-final jan. **www.hoteldefrance-72.fr**

## LA FERTE ST-AUBIN Orée des Chênes

*Rte de Marchily, 45240* **Tel** *02 38 64 84 00* **Fax** *02 38 64 84 20* **Quartos** *26*

Este complexo de hotel e restaurante foi construído para refletir a arquitetura local. Situado em um vasto parque, a tranquilidade é garantida. Os confortáveis quartos são decorados com estilo. O excelente restaurante serve pratos regionais. É uma boa base para caminhadas e pesca. **www.chateaux-france.com/plessisbeauregard/**

## LE CROISIC Fort de l'Ocean

*Pointe du Croisic, 44490* **Tel** *02 40 15 77 77* **Fax** *02 40 15 77 80* **Quartos** *9*

Trata-se de uma construção em estilo Vauban, com muralhas do século XVII que protegem esta antiga fortaleza voltada para o mar. Nada restou do estilo militar. Os quartos têm classe e são aconchegantes, alguns com acesso para portadores de deficiência. O restaurante serve ótimos frutos do mar. **www.hotelfortocean.com**

### LE MANS Auberge de la Foresterie €
*Route de Laval, 72000* **Tel** 02 43 51 25 12 **Fax** 02 43 28 54 58 **Quartos** 40

Elegante e aconchegante, com belos jardins e um terraço à beira da piscina, para refeições em dias de sol. Acesso fácil de bonde ao centro histórico de Le Mans e à catedral. Crianças com menos de 13 anos podem ficar no mesmo quarto dos adultos gratuitamente. www.aubergedelaforesterie.com

### LOCHES Hôtel de France €
*6 rue Picois, 37600* **Tel** 02 47 59 00 32 **Fax** 02 47 59 28 66 **Quartos** 19

Numa antiga e elegante estalagem construída com a pedra típica da região, com o tradicional teto de ardósia, este hotel está situado perto do histórico portão medieval. Os quartos são simples, confortáveis e bem cuidados. O restaurante serve pratos da cozinha regional, como salmão de defumação caseira. http://h.france.loches.free.fr

### LOUE Hôtel Ricordeau €€
*13 rue de la Libération, 72540* **Tel** 02 43 88 40 03 **Fax** 02 43 88 62 08 **Quartos** 13

Antiga estalagem para viajantes, esta adorável construção de pedra tem quartos confortáveis com decoração individual. Alguns banheiros são voltados para o jardim que dá para o rio, onde há barcos para os hóspedes usarem. Café da manhã farto com frios, queijos, bolos, frutas e geleias caseiras. www.hotel-ricordeau.fr

### LUYNES Domaine de Beauvois €€
*Route de Cléré-les-Pins, 37230* **Tel** 02 47 55 50 11 **Fax** 02 47 55 59 62 **Quartos** 36

Esta mansão renascentista, construída por volta do século XV, dá para um lago. O parque é tão grande que existem placas pelo caminho. Os quartos são amplos e confortáveis, com luxuosos banheiros de mármore. Jante à luz de velas no aclamado restaurante. www.grandesetapes.fr

### MONTBAZON Château d'Artigny €€€
*Route de Monts, 37250* **Tel** 02 47 34 30 30 **Fax** 02 47 34 30 39 **Quartos** 65

Este castelo do século XX dá para o rio Indre. O seu grandioso e clássico exterior rivaliza com o interior formal no estilo Império. Os quartos são em estilo barroco suntuosos. O esplêndido restaurante sob uma rotunda serve especialidades regionais para gourmets. Excelente carta de vinhos. www.grandesetapes.fr

### MONTLOUIS SUR LOIRE Château de la Bourdaisière €€€
*25 rue de la Bourdaisière, 37270* **Tel** 02 47 45 16 31 **Fax** 02 47 45 09 11 **Quartos** 22

Um magnífico castelo transformado em local de hospedagem luxuosa. Gabrielle d'Estrées, amante de Henrique IV, nasceu aqui em 1565. Alguns dos elegantes e luxuosos quartos têm mobília do período. O pavilhão exterior abriga seis quartos. Os jardins são abertos ao público. Fechado jan-fev. www.chateaulabourdaisiere.com

### MONTREUIL-BELLAY Relais du Bellay €
*96 rue Nationale, 49260* **Tel** 02 41 53 10 10 **Fax** 02 41 38 70 61 **Quartos** 43

O edifício central, do século XVII, e o anexo decorado com estilo abrigam os quartos. Todos são silenciosos, alguns com acesso para portadores de deficiência. Piscina aquecida, sauna, banho turco, jacuzzi e academia. O hotel Splendid, que compartilha a mesma área, tem um restaurante. www.hotelrelaisdubellay.fr

### MUIDES SUR LOIRE Château de Colliers €€€€
*41500* **Tel** 02 54 87 50 75 **Fax** 02 54 87 03 64 **Quartos** 6

O castelo, a poucos minutos de carro a leste de Blois, é ao mesmo tempo grandioso e rústico. No século XVIII pertenceu ao governador da Luisiana. No seu topo, um quarto prazerosamente romântico, com mobília do período do Império e um terraço no telhado. Jantar apenas com reserva. www.chateau-colliers.com

### NANTES All Seasons €
*3 rue de Couëdic, 44000* **Tel** 02 40 35 74 50 **Fax** 02 40 20 09 35 **Quartos** 65

Este moderno hotel, mais funcional que atraente, faz parte da rede Accor. Situado numa movimentada praça no centro da cidade, é ideal para visitar as atrações locais. Os quartos são razoáveis e confortáveis. Alguns têm instalações para portadores de deficiência. Bom bufê de café da manhã. Estacionamento pago. www.accorhotels.com

### NANTES Amiral €
*26 bis rue Scribe, 44000* **Tel** 02 40 69 20 21 **Fax** 02 40 73 98 13 **Quartos** 49

Cinemas, teatro, restaurantes e a Passage Pommraye ficam bem perto deste hotel central. Os quartos têm proteção acústica nas janelas. A fachada é moderna e clara e os quartos são bem equipados e confortáveis. Café da manhã continental. www.hotel-nantes.fr

### NANTES Hôtel La Pérouse €€
*3 allée Duquesne, 44000* **Tel** 02 40 89 75 00 **Fax** 02 40 89 76 00 **Quartos** 46

Homenageando o navegador francês, este hotel chique de atmosfera zen data de 1993. Os quartos, com assoalho de madeira e mobília contemporânea, são razoavelmente silenciosos. O bufê de café da manhã é bom. Os hóspedes têm acesso gratuito à academia ao lado. www.hotel-laperouse.fr

### NOIRMOUTIER EN L'ILE Hotel Fleur de Sel €€
*rue des Saulniers, 85330* **Tel** 02 51 39 09 07 **Fax** 02 51 39 09 76 **Quartos** 35

Este hotel fica no centro de um enorme jardim em estilo mediterrâneo, com uma piscina. Alguns quartos são decorados em estilo inglês e dão para a piscina; outros são em estilo marinho, com terraço privativo. O chef é responsável pela moderna cozinha da Vendée. Fechado nov-meados mar. www.fleurdesel.fr

**Categorias de preço** *na p. 550* **Legenda dos símbolos** *no final do guia*

## ONZAIN Domaine des Hauts de Loire

*Route d'Herbault, 41150* **Tel** *02 54 20 72 57* **Fax** *02 54 20 77 32* **Quartos** *32*

Esta antiga instalação de caça, com uma grande área verde, tem quartos ricamente mobiliados, confortáveis e claros. Um lugar para descansar que vale o preço elevado. O chef prepara comida clássica e também o que há de mais moderno, tudo servido com excelentes vinhos locais. Quadras de tênis. Fechado dez-fev. **www.domainehautsloire.com**

## ORLÉANS Hôtel de l'Abeille

*64 rue Alsace Lorraine, 45000* **Tel** *02 38 53 54 87* **Fax** *02 38 62 65 84* **Quartos** *31*

Batizado em homenagem a Napoleão e sua emblemática abelha, este hotel é administrado pela mesma família desde 1920. O local celebra também Joana d'Arc. Os prédios no estilo neoclássico têm quartos bem decorados, além de uma ótima biblioteca. O terraço tem vista para a catedral. **www.hoteldelabeille.com**

## RESTIGNE Manoir de Restigné

*15 rte de Tours, 37140* **Tel** *02 47 97 00 06* **Fax** *02 47 97 01 43* **Quartos** *10*

Acomodado entre os vinhedos próximos a Bourgueil, este solar do século XVII restaurado com estilo oferece quartos espaçosos e elegantemente mobiliados com nomes de tipos de uva. Refeições são servidas na antiga adega e há ainda uma graciosa estufa de cultivar laranjas do século XVIII. Fechado jan-meados fev. **www.manoirderestigne.com**

## ROCHECORBON Domaine des Hautes Roches

*86 quai de la Loire, 37210* **Tel** *02 47 52 88 88* **Fax** *02 47 52 81 30* **Quartos** *14*

Cercado pelos vinhedos de Vouvray, perto de Tours, era uma antiga residência de monges. Completamente restaurado, possui todos os confortos modernos. Os quartos no subterrâneo, cavados na greda branca, são espaçosos e com estilo. Jantar no castelo ou no terraço. Fechado fev-mar. **www.leshautesroches.com**

## ROMORANTIN-LANTHENAY Grand Hôtel du Lion d'Or

*69 rue Georges Clémenceau, 41200* **Tel** *02 54 94 15 15* **Fax** *02 54 88 24 87* **Quartos** *16*

Esta antiga mansão renascentista é hoje uma parada gastronômica em uma cidade histórica. Por fora não impressiona, mas o interior é charmoso. Os luxuosos quartos levam a um pátio de cascalho. A decoração é autenticamente Napoleão III. Jardins em estilo formal. Fechado meados dez-começo jan. **www.hotel-liondor.fr**

## SALBRIS Domaine de Valaudran

*Route de Romorantin, 41300* **Tel** *02 54 97 20 00* **Fax** *02 54 97 12 22* **Quartos** *32*

Uma grande residência familiar, em meio a dois hectares de jardins, no coração de Sologne, deu lugar a este lindo hotel-pousada. Decorados no estilo contemporâneo, os quartos contrastam com o exterior clássico do hotel. Possui uma mesa de bilhar. O restaurante é bom: tradicional, serve verduras plantadas no próprio local. **www.hotelvalaudran.com**

## SAUMUR La Croix de la Voulte

*Route de Boumois, 49400* **Tel** *02 41 38 46 66* **Fax** *02 41 38 46 66* **Quartos** *4*

Esta mansão perto de Saumur remonta ao século XV. Construída com um cruzamento, ou croix, era uma referência para os caçadores reais. Os quartos são todos diferentes, dois com lareiras originais Luís XIV e mobília clássica. Quando o tempo permite, o café da manhã é servido à beira da piscina. **www.lacroixdelavoulte.com**

## SAUMUR Hôtel Anne d'Anjou

*32-34 quai Mayaud, 49400* **Tel** *02 41 67 30 30* **Fax** *02 41 67 51 00* **Quartos** *44*

A decoração desta mansão, situada entre o rio Loire e o castelo, é sofisticada e romântica. A elegante construção, de fachada imponente, grande escadaria e teto ornamentado, tem quartos decorados nos estilos Império e contemporâneo. O café da manhã é servido no pátio. **www.hotel-anneanjou.com**

## SILLÉ-LE-GUILLAUME Relais des Etangs de Guibert

*Neufchâtel-en-Saosnois, 72600* **Tel** *02 43 97 15 38* **Fax** *02 43 33 22 99* **Quartos** *15*

Ao norte de Le Mans, esta linda casa de campo de pedra está situada à beira da floresta num cenário romântico, com uma pequena torre que dá para os jardins floridos e um lago. Quartos decorados individualmente em tons quentes, alguns cujos tetos têm vigas aparentes originais. Simpático. **www.lesetangsdeguibert.com**

## SOUVIGNY-EN-SOLOGNE Ferme des Foucault

*Ménestreau-en-Villette, 45240* **Tel** *02 38 76 94 41* **Fax** *02 38 76 94 41* **Quartos** *3*

Bem no interior da floresta, na zona rural de Sologne, fica esta casa de fazenda de tijolos vermelhos e madeira. Os imensos quartos são confortáveis, com ótimos banheiros; um até tem lareira. Os outros quartos são decorados com pinturas da filha dos proprietários. Atmosfera amigável e repousante. **www.ferme-des-foucault.com**

## ST-LAURENT Nouan Hôtel Le Verger

*14 rue du Port-Pichard, 41220* **Tel** *02 54 87 22 22* **Fax** *02 54 87 22 82* **Quartos** *14*

Situada em um lugar ideal para visitar os famosos castelos do Loire e somente a 8km de Chambord, esta casa do século XIX tem um pátio interior e uma fonte. Os quartos são bem cuidados, espaçosos e silenciosos. Um parque arborizado garante uma estadia tranquila. **www.hotel-le-verger.com**

## ST-NAZAIRE Au Bon Acceuil

*39 rue Marceau, 44600* **Tel** *02 40 22 07 05* **Fax** *02 40 19 01 58* **Quartos** *17*

Este encantador hotel, num área tranquila do centro da cidade, teve a sorte de escapar da destruição da Segunda Guerra Mundial. Os quartos são simples, modernos e funcionais. O salão de jantar é um pouco sombrio, mas serve bons frutos do mar. Atmosfera acolhedora e amigável. Fechado 2 últimas sem jul. **www.au-bon-accueil44.com**

### ST-PATRICE Château de Rochecotte

*St-Patrice, Langeais, 37130* **Tel** *02 47 96 16 16* **Fax** *02 47 96 90 59* **Quartos** *35*

Situado perto de Langeais, o castelo do Príncipe Talleyrand foi completamente renovado e abriu como hotel em 1986. Em meio a um tranquilo e charmoso parque de 19 acres, o hotel dispõe de quartos amplos, todos com vista. O interior tem uma decoração suntuosa. Fechado meados fev-meados mar. **www.chateau-de-rochecotte.fr**

### TOURS Hôtel L'Adresse

*12 rue de la Rôtisserie, 37000* **Tel** *02 47 20 85 76* **Quartos** *17*

Completamente renovado, este hotel possui uma fachada discreta e elegante de residência urbana do século XVIII. Os quartos misturam um minimalismo moderno com arquitetura do século XVIII. Localizado no centro da cidade, fica próximo de bons restaurantes, do centro de conferências e da estação de trem. **www.hotel-ladresse.com**

### VOUVRAY Château de Jallanges

*9 Jallange, Vernou sur Brenne, 37210* **Tel** *02 47 52 06 66* **Fax** *02 47 52 11 18* **Quartos** *7*

Este imponente castelo de tijolos renascentista, hoje uma casa de família, possui quartos mobiliados com estilo. Os hóspedes podem fazer uma visita guiada da capela particular até o topo das pequenas torres de onde se tem uma vista esplêndida. É uma boa base para explorar a Touraine. **www.jallanges.com**

## BORGONHA E FRANCHE-COMTÉ

### ALOXE-CORTON Hôtel Villa Louise

*9 rue Franche, 21420* **Tel** *03 80 26 46 70* **Fax** *03 80 26 47 16* **Quartos** *11*

As videiras de Corton-Charlemagne são a tela de fundo desta região dominada por fabricantes de vinho, desde o século XVII. Os quartos do hotel são aconchegantes, com banheiro. Na área comum, há uma sala rústica com lareira. Degustação de vinho para os hóspedes, banho turco, solário e piscina aquecida. Fechado jan-fev. **www.hotel-villa-louise.fr**

### ARC-ET-SENANS La Saline Royale

*Arc-et-Senans, 25610* **Tel** *03 81 54 45 00* **Quartos** *30*

A experiência única de se hospedar em um museu, por toda sua herança arquitetônica, com o conforto dos dormitórios de alto padrão e a elegância do estilo Luís XVI. Há raridades, como uma obra-prima de Nicolas Ledoux do século XVIII, mas, para apreciá-las, é preciso fazer reserva com antecedência. Fechado jan-fev. **www.salineroyale.com**

### AUXERRE Le Parc des Maréchaux

*6 av Foch, 89000* **Tel** *03 86 51 43 77* **Fax** *03 86 51 31 72* **Quartos** *25*

Próximo do centro da cidade, este hotel foi construído em um elegante edifício que pertenceu a Napoleão III. Os quartos são decorados em tons de dourado e mobiliados no estilo imperial. Cada um recebe o nome de um marechal francês. Alguns têm vista para as árvores centenárias do parque. Ótimo bar. **www.hotel-parcmarechaux.com**

### BEAUNE Hôtel Grillon

*21 rte de Seurre, 21200* **Tel** *03 80 22 44 25* **Fax** *03 80 24 94 89* **Quartos** *20*

Charmoso hotel instalado em um jardim murado, a apenas quinze minutos a pé do centro de Beaune. Os quartos no edifício principal são aconchegantes, com mobília tradicional. Há um anexo com quartos mais amplos e modernos. O café da manhã é servido no jardim de inverno – ou no terraço, no verão. **www.hotel-grillon.fr**

### BEAUNE Hôtel Le Cep

*27 rue Maufoux, 21200* **Tel** *03 80 22 35 48* **Fax** *03 80 22 76 80* **Quartos** *64*

No coração da Cidade Antiga situa-se este elegante hotel, renovado no estilo renascentista. Diz a lenda que Luís XIV preferia ficar aqui do que na casa de hospedagem. Os quartos, alguns em estilo barroco, são decorados com antiguidades. Cada um deles leva o nome de um vinho local. **www.hotel-cep-beaune.com**

### BESANÇON Hôtel Charles Quint

*3 rue du Chapitre, 25000* **Tel** *03 81 82 05 49* **Fax** *03 81 82 61 45* **Quartos** *9*

Hotel charmoso, situado no centro histórico. A decoração da parte interior combina arquitetura do século XVIII com itens modernos. Os quartos são elegantes, mas sem exageros. Alguns têm terraço com vista para o jardim. O café da manhã é servido em um salão com paredes de madeira, ou na parte externa, em dias de sol. **www.hotel-charlesquint.com**

### BOUILLAND Le Vieux Moulin

*Le Village, 21420* **Tel** *03 80 21 51 16* **Fax** *03 80 21 59 90* **Quartos** *26*

Um moinho d'água reformado, situado no vale do Ródano, em um espetacular vilarejo da Borgonha. Moderno, confortável, com quartos simples e decoração idem. Vista para o rio ou para o campo. Sauna, jacuzzi e academia. Bom restaurante de cozinha contemporânea. Fechado jan-meados mar. **www.le-moulin-de-bouilland.com**

### CHABLIS Le Bergerand's

*4 rue des Moulins, 89800* **Tel** *03 86 18 96 08* **Fax** *03 86 18 96 09* **Quartos** *18*

Este popular bed and breakfast às margens do rio Serein é o local perfeito para se hospedar e selecionar os vinhos locais. Os quartos são vivamente decorados. A casa possui ainda um confortável lounge bar, sala de chás, hamman e jacuzzi. Café da manhã disponível. Cestas de piquenique podem ser requisitadas. **www.chablis-france.fr**

**Categorias de preço** *na p. 550* **Legenda dos símbolos** *no final do guia*

# ONDE FICAR

### CHABLIS Hostellerie des Clos — €€
*Rue Jules-Rathier, 89800* **Tel** 03 86 42 10 63 **Fax** 03 86 42 17 11 **Quartos** 36

O proprietário renovou este convento medieval no famoso vilarejo vinícola. Tem quartos amplos e modernos, um dos melhores restaurantes da região (estrela no guia *Michelin*). O terraço dá para um lindo jardim e para os vinhedos. Há quartos com acesso à cadeira de rodas. Fechado meados dez-meados jan **www.hostellerie-des-clos.fr**

### CHAGNY Lameloise — €€€
*36 pl d'Armes, 71150* **Tel** 03 85 87 65 65 **Fax** 03 85 87 03 57 **Quartos** 16

Hotel de luxo e restaurante de alto nível situados em uma elegante e antiga casa da Borgonha. Os quartos são amplos, e os banheiros, impecáveis. A decoração é refinada e clássica, com vigas de carvalho no teto, e móveis de época. O restaurante é excelente. Fechado meados dez-final jan. **www.lameloise.fr**

### CHAILLY-SUR-ARMANÇON Château de Chailly — €€€€€
*Rue Dessous, 21320* **Tel** 03 80 90 30 30 **Fax** 03 80 90 30 00 **Quartos** 45

Uma das fachadas deste castelo muito bem renovado é renascentista, enquanto outra lembra a herança medieval da construção. Acomodações luxuosas com quartos espaçosos e meticulosamente cuidados. Tem campo de golfe, tênis, jacuzzi, banho turco e quatro áreas para refeições. **www.chailly.com**

### DIJON Le Jacquemart — €
*32 rue Verrerie, 21000* **Tel** 03 80 60 09 60 **Fax** 03 80 60 09 69 **Quartos** 31

No coração da cidade, perto do Palais des Ducs e do Museu de Belas-Artes. Uma atraente casa do século XVIII com quartos de bom tamanho e mobília em estilo antigo. A decoração é sombria, mas de personalidade. Quieto e confortável. Café da manhã continental. **www.hotel-lejacquemart.fr**

### DIJON Hostellerie du Chapeau Rouge — €€€
*5 rue Michelet, 21000* **Tel** 03 80 50 88 88 **Fax** 03 80 50 88 89 **Quartos** 30

Charmoso hotel do século XVI, localizado no centro da cidade. O antigo piso de tacos e a lareira ainda existem, mas a decoração é contemporânea. Os quartos são decorados individualmente, e os temas vão de asiático a barroco; romântico a feng shui. Comida criativa e de qualidade é servida em um salão com paredes de vidro. **www.chapeau-rouge.fr**

### DOLE la Chaumière — €
*346 av du Maréchal-Juin, 39100* **Tel** 03 84 70 72 40 **Fax** 03 84 79 25 60 **Quartos** 19

Esta antiga casa de fazenda, longe do centro da cidade, antiga capital do Condado, tem uma mobília que se integra no ambiente. Elegante e confortável, dispõe de quartos bem cuidados e à prova de ruído que garantem um sono tranquilo. Excelente restaurante (estrela *Michelin*) com cozinha criativa. **www.la-chaumiere.info**

### GEVREY-CHAMBERTIN Hôtel les Grands Crus — €€
*Rte des Grands Crus, 21220* **Tel** 03 80 34 34 15 **Fax** 03 80 51 89 07 **Quartos** 24

Um hotel arejado e bem iluminado com magnífica vista para os vinhedos. Localizado no coração da Côte de Nuits, esta casa de campo construída em autêntico estilo da Borgonha tem quartos mobiliados de maneira tradicional que dão para o jardim. Um salão de estar agradável com lareira. **www.hoteldesgrandscrus.com**

### JOIGNY La Côte St-Jacques — €€€
*14 faubourg de Paris, 89300* **Tel** 03 86 62 09 70 **Fax** 03 86 91 49 70 **Quartos** 31

Hotel reformado, com vista para o rio Yonne, possui um lindo jardim cercado por água. Cores leves e harmoniosas somadas a móveis modernos criam o agradável ambiente do local. Oferece ainda spa, barco privado para hóspedes, lounge de inverno e lounge de verão com terraço. Excelente restaurante. **www.cotesaintjacques.com**

### LA BUSSIÈRE-SUR-OUCHE Abbaye de la Bussière — €€€€
*La Bussière-sur-Ouche, 21360* **Tel** 03 80 49 02 49 **Fax** 03 80 49 05 23 **Quartos** 15

Um mosteiro do século XII convertido em hotel, cercado por um parque tranquilo. Cada quarto tem vista para os jardins, com 52 tipos de árvores e um lago ornamental. Dois restaurantes estrelados pelo *Michelin* são comandados pelo premiado chef Olivier Elzer. Perfeito para visitar os vinhedos da Borgonha. **www.abbaye-dela-bussiere.com**

### LEVERNOIS Hostellerie de Levernois — €€€
*Rue du Golf, 21200* **Tel** 03 80 24 73 58 **Fax** 03 80 22 78 00 **Quartos** 26

Próxima de Beaune, no coração da região da Borgonha, fica esta mansão senhorial do século XIX. A propriedade é situada em um parque e cortada por um rio: tranquilidade garantida! Os quartos possuem motivos de época, com piso de madeira e azulejos da Borgonha. Um celeiro foi convertido em um agradável bistrô. **www.levernois.com**

### MALBUISSON Hôtel Le Lac — €
*31 Grand Rue, 25160* **Tel** 03 81 69 34 80 **Fax** 03 81 69 35 44 **Quartos** 54

Localizada sobre o lago de St-Point, nas montanhas do Jura, esta construção imponente e elegante de 1930 tem quartos bem decorados, alguns com vista para o lago. A atmosfera é agradável, embora o serviço seja um pouco ríspido – o que é normal para a região. Ótimo bufê de café da manhã. **www.hotel-le-lac.fr**

### MALBUISSON Le Bon Acceuil — €
*Rue de la Source, 25160* **Tel** 03 81 69 30 58 **Fax** 03 81 69 37 60 **Quartos** 12

Este simpático hotel fica entre a floresta e as margens do Lac St-Point. Possui quartos espaçosos e confortáveis com móveis simples de pinheiros e bordados decorativos. O restaurante serve uma excelente cozinha contemporânea, com ingredientes obtidos na região. Fechado meados dez-meados jan e 2 semanas em mar. **www.le-bon-accueil.fr**

## MARTAILLY-LES-BRANCION La Montagne de Brancion

*Col de Brancion, 71700* **Tel** 03 85 51 12 40 **Fax** 03 85 51 18 64 **Quartos** 19

A leste de Tournus, situado aos pés de um morro próximo a um vilarejo medieval, este hotel oferece a seu hóspede uma vista panorâmica de toda a região. Os quartos da ala leste têm vista para as montanhas Mâconnais e para os vinhedos. Os quartos são simpáticos, com móveis modernos, e o restaurante é imperdível. **www.brancion.com**

## NANS-SOUS-STE-ANNE A l'Ombre du Château

*6 rue du Château, 25330* **Tel** 03 81 86 54 72 **Fax** 03 81 86 43 29 **Quartos** 4

Localizado a sudoeste de Ornans, em um parque repleto de árvores. Estabelecido em um casarão de pedras, oferece quartos bem cuidados, recentemente revitalizados. O café da manhã é generoso, com diversos doces caseiros. Os donos norte-americanos adoram agradar. Fechado nov-abr. **www.frenchcountryretreat.com**

## NANTOUX Domaine de la Combotte

*2 La Combotte, 21190* **Tel** 03 80 26 02 66 **Fax** 03 80 26 07 84 **Quartos** 5

Perto de Beaune, esta propriedade vinícola bem equipada, com decoração moderna e administrada por uma família, oferece chambres d'hôtes. Quartos amplos e confortáveis, um com acesso para portadores de deficiência e outro para famílias. Os proprietários têm prazer em compartilhar a sua paixão por vinho e trufas. **www.lacombotte.com**

## NEVERS Clos Ste-Marie

*25 rue du Petit-Mouësse, 58000* **Tel** 03 86 71 94 50 **Fax** 03 86 71 94 69 **Quartos** 17

Depois de visitar as atrações de Nevers, busque descanso neste calmo e atraente hotel, localizado a cinco minutos do centro. Os simpáticos quartos são decorados com bordados e mobiliados com móveis antigos. O jardim é repleto de flores e pode ser apreciado durante um agradável café da manhã no terraço. **www.clos-sainte-marie.fr**

## NITRY Auberge de la Beursaudière

*5 & 7 rue Hyacinthe-Gautherin, 89310* **Tel** 03 86 33 69 70 **Fax** 03 86 33 69 60 **Quartos** 11

Situado entre as comunas de Auxerre, Chablis e Vézelay, este hotel foi estabelecido em um casarão do século XII. Os quartos recebem o nome de antigas profissões: Le Sabotier, La Dentellière, La Repasseuse. Destaque para os elegantes Le Vigneron e L'Ecrivain. O café da manhã é servido em uma antiga adega de vinhos. Fechado jan. **www.beursaudiere.com**

## NUITS-ST-GEORGES Hôtel la Gentilhommière

*13 vallée de la Serrée, 21700* **Tel** 03 80 61 12 06 **Fax** 03 80 61 30 33 **Quartos** 41

Este antigo pavilhão de caça do século XVI, com telhado de telhas típico da Borgonha, é hoje um belo hotel e um renomado restaurante. Os quartos são decorados em estilo clássico e as suítes em estilos que vão do colonial ao zen. Uma boa cozinha. O terraço dá para o rio. Fechado jan. **www.lagentilhommiere.fr**

## POLIGNY Hostellerie des Monts de Vaux

*Monts Vaux, 39800* **Tel** 03 84 37 12 50 **Fax** 03 84 37 09 07 **Quartos** 10

Administrado pela família Carrion desde 1967, este hotel ocupa uma estalagem nas cercanias de Poligny, com lindos jardins. Os quartos têm mobília antiga. Atmosfera refinada. O restaurante tem uma boa cozinha e vinhos do Jura. Possui quadra de tênis. **www.hostellerie.com**

## PORT-LESNEY Château de Germigney

*Le Parc, 39600* **Tel** 03 84 73 85 85 **Fax** 03 84 73 88 88 **Quartos** 19

Este hotel fica a apenas 6km de Arc-et-Senans, com seus jardins às margens do rio Loue. Este belo castelo tem quartos decorados com bom gosto e dispõe de recursos modernos. No anexo, os quartos são menores e não tão caros. Restaurante excepcional e piscina de água natural. Serviço cortês. **www.chateaudegermigney.com**

## SAULIEU Le Relais Bernard Loiseau

*2 rue d'Argentine, 21210* **Tel** 03 80 90 53 53 **Fax** 03 80 64 08 92 **Quartos** 33

Hotel renomado e ótimo restaurante erguidos pelo falecido Bernard Loiseau. Conforto moderno e decoração típica da Borgonha – paredes forradas de madeira, assoalho vermelho de madeira. Os sofisticados quartos têm lareira ou balcões que dão para jardins em estilo inglês. Serviço refinado. Fechado jan. **www.bernard-loiseau.com**

## ST-AMOUR-BELLEVUE L'Auberge du Paradis

*Le Plâtre-Durand, 71570* **Tel** 03 85 37 10 26 **Quartos** 8

Um jovem casal reformou este casarão com muito bom gosto. Os quartos recebem nomes de diferentes temperos e são decorados com estilo e originalidade. Os banheiros são integrados aos quartos. Alguns quartos têm sacada, com vista para os jardins. O café da manhã é ótimo, assim como o restaurante. Fechado jan. **www.aubergeduparadis.fr**

## ST-GERVAIS-EN-VALLIÉRE Moulin d'Hauterive

*Hameau de Chaublanc, 71350* **Tel** 03 85 91 55 56 **Fax** 03 85 91 89 65 **Quartos** 20

Não muito longe de Beaune, meio escondido na margem do rio Dheune, este moinho d'água restaurado foi construído no século XII pelos monges da abadia de Citaux. Cada quarto é único, decorado com antiguidades. O proprietário-chef serve uma criativa cozinha caseira. Um quarto com acesso à cadeira de rodas. **www.moulinhauterive.com**

## VALLÉE DE COUSIN Hostellerie du Moulins des Ruats

*9 rue des Isles Labaumes, 89200* **Tel** 03 86 34 97 00 **Fax** 03 86 31 65 47 **Quartos** 25

A apenas alguns quilômetros da cidade-forte de Avallon, em um vale do rio Cousin, fica este clássico hotel-restaurante. Os quartos são confortáveis e charmosos, e oferecem belas vistas do jardim ou do rio. Alguns têm terraço. O restaurante serve pratos clássicos. Fechado meados nov-meados fev. **www.moulindesruats.com**

**Categorias de preço** *na p. 550* **Legenda dos símbolos** *no final do guia*

### VÉZELAY L'Espérance  🅿🍽♨🏃🍴 €€€€€
*St-Père-sous-Vézelay, 89450* **Tel** *03 86 33 39 10* **Fax** *03 86 33 26 15* **Quartos** *34*

Os quartos estão divididos em três prédios: o principal possui mobília clássica, o Moulin tem um charme rústico e o Pré des Marguerites é contemporâneo, com terraços que dão para o jardim. Magnífico restaurante, vinhos excelentes e caros e serviço impecável. Fechado meados jan-meados mar. **www.marc-meneau-esperance.com**

### VILLENEUVE-SUR-YONNE La Lucarne aux Chouettes  🍽 €€
*7 quai Bretoche, 89500* **Tel** *03 86 87 18 26* **Fax** *03 86 87 18 26* **Quartos** *4*

Às margens do rio, quatro típicas casas da Borgonha do século XVII deram lugar a este sofisticado hotel. Todos os quartos têm vista para o rio e decoração individual: vigas de carvalho, camas com dossel, móveis antigos e banheiros pintados à mão são marcas daqui. Destaque para a sala de jantar e para o terraço. **www.lesliecaron-auberge.com**

### VONNAS Georges Blanc  🅿🍽♨🏃🍴 €€€€
*Pl Marché, 01540* **Tel** *04 74 50 90 90* **Fax** *04 74 50 08 80* **Quartos** *41*

Suntuoso hotel-restaurante numa casa de madeira e tijolos, cercada por um jardim. Os quartos luxuosos foram decorados por Pierre Chaduc. A atmosfera oscila entre refinamento e luxo; a decoração mistura Luís XIII e estilo rústico. A maioria dos banheiros tem jacuzzi. Spa com sauna. **www.lalucarneauxchouettes.fr**

### YONNE Hôtel d'Avallon Vauban  🅿🍴 €
*53 rue de Paris, 89200* **Tel** *03 86 34 36 99* **Fax** *03 86 31 66 31* **Quartos** *26*

Esta charmosa casa coberta de hera na rua principal de Yonne é uma ótima base para explorar a região. Os quartos têm mobília simples. Os dos fundos são mais silenciosos e oferecem vista para um belo jardim. O pátio é ótimo para saborear o café da manhã, quando o tempo está bom. **www.avallonvaubanhotel.com**

## MASSIF CENTRAL

### BEAULIEU-SUR-DORDOGNE Manoir de Beaulieu  🅿🍽🏃 €€
*4 pl Champ de Mars, 19120* **Tel** *05 55 91 01 34* **Fax** *05 55 91 23 57* **Quartos** *25*

Situado na principal quadra do vilarejo, este tradicional hotel foi fundado em 1913. Os quartos foram renovados e decorados em estilos diferentes; rústicos ou modernos, todos oferecem bom espaço e um banheiro limpo. O lounge bar é equipado com confortáveis poltronas de couro. **www.manoirdebeaulieu.com**

### BELCASTEL Du Vieux Pont  🅿🍽🍴 €€
*Le Bourg, 12390* **Tel** *05 65 64 52 29* **Fax** *05 65 64 44 32* **Quartos** *7*

Dormir ao som do murmúrio das águas do rio é apenas uma das atrações deste hotel despretensioso. Os quartos são espaçosos, arejados e claros, e todos dão para o rio. Atravessando a ponte medieval de pedregulho, chega-se a um restaurante bom e barato que pertence à mesma família proprietária do hotel. Fechado jan-meados mar. **www.hotelbelcastel.com**

### BÉNÉVENT L'ABBAYE Le Cèdre  🅿🍽♨📺♿ €
*Rue de l'Oiseau, 23210* **Tel** *05 55 81 59 99* **Fax** *05 55 81 59 98* **Quartos** *16*

Hotel e restaurante localizado a noroeste de Aubusson, em uma luxuosa região. A fachada do século XVIII, de granito, conduz a um interior contemporâneo. Os quartos podem ser românticos, com camas com dossel, ou funcionais. O belo jardim tem um terraço sombreado por um monumental cedro. Fechado jan-fev. **www.hotelducodre.fr**

### CHAMALIÈRES Hôtel Radio  📺🅿🍽🍴 €€
*43 av Pierre et Marie Curie, 63400* **Tel** *04 73 30 87 83* **Fax** *04 73 36 42 44* **Quartos** *26*

Construído nos anos 1930, este hotel art déco sobre uma colina com vista para Clermont-Ferrand conserva seus mosaicos originais, seus espelhos e a decoração de ferro, bem como rádios de todas as épocas. Quartos espaçosos com mobília de época, alguns com balcões. Restaurante de primeira classe e serviço cortês. **www.hotel-radio.fr**

### CONQUES Hôtel Ste-Foy  📺🅿🍽🏃🍴 €€
*Le Bourg, 12320* **Tel** *05 65 69 84 03* **Fax** *05 65 72 81 04* **Quartos** *17*

Em frente à famosa abadia deste charmoso vilarejo de Aveyron fica esta antiga e rústica hospedaria do século XVII. Paredes de pedra, teto baixo e vigas de carvalho se misturam a móveis elegantes e objetos modernos. Possui pátio interno e terraço. Não deixe de experimentar o restaurante. Fechado nov-Páscoa. **www.hotelsaintefoy.fr**

### LAGUIOLE Michel Bras  📺🅿🍽🏃🍴♿ €€€€€
*Route de l'Aubrac, 12210* **Tel** *05 65 51 18 20* **Fax** *05 65 48 47 02* **Quartos** *15*

Construído na encosta de um morro, com uma linda vista para as casas de Aubrac, este hotel-restaurante futurista é um dos mais aclamados da França. Os quartos são grandes, com janelas que vão do chão ao teto, e possuem decoração contemporânea e minimalista. O restaurante é o paraíso dos gourmets. Fechado nov-Páscoa. **www.michel-bras.fr**

### LIMOGES Hôtel Jeanne d'Arc  📺🅿 €€
*17 av du Général-de-Gaulle, 87000* **Tel** *05 55 77 67 77* **Fax** *05 55 79 86 75* **Quartos** *50*

Um surpreendente hotel com bom ambiente perto da estação de trem de Limoges e a poucos passos do centro. Este edifício foi renovado com bom gosto, não perdendo o seu ar do século XIX. Os quartos têm estilo e estão equipados como se espera de um hotel três-estrelas. **www.hoteljeannedarc-limoges.fr**

### LIMOGES Domaine de Faugeras

*Allée de Faugeras, 87000* **Tel** *05 55 34 66 22* **Fax** *555341805* **Quartos** *9*

Localizado em um parque particular próximo ao centro da cidade, esta mansão senhorial do século XVIII é um local extremamente tranquilo. Uma mistura bem-sucedida de herança cultural e modernidade. Quartos bem equipados. O lounge possui uma lareira. Há ainda um spa e uma brasserie. **www.domainedefaugeras.com**

### MENDE Hôtel de France

*9 bd Lucien-Arnault, 48000* **Tel** *04 66 65 00 04* **Fax** *04 66 49 30 47* **Quartos** *27*

Construído em uma estação de diligência de 1856, este hotel oferece quartos aconchegantes, confortáveis e cheios de estilo; alguns têm uma linda vista para os jardins. Relaxe em frente à lareira no inverno ou tome um delicioso café da manhã no terraço no verão. Administrado por uma simpática família. **www.hoteldefrance-mende.com**

### MILLAU Château de Creissels

*Rte de St-Afrique, 12100* **Tel** *05 65 60 16 59* **Fax** *05 65 61 24 63* **Quartos** *30*

A uma curta distância de Millau fica este castelo do século XII com incríveis vistas do vale do Tarn e do viaduto de Millau. Os quartos, em estilo da década de 1970, são confortáveis e silenciosos, com balcões que dão para os jardins. O restaurante, feito de pedra, serve pratos da região. Fechado jan-fev. **www.chateau-de-creissels.com**

### MONTSALVY Auberge Fleurie

*Pl du Barry, 15120* **Tel** *04 71 49 20 02* **Fax** *04 71 49 29 65* **Quartos** *7*

Este hotel localizado na parte sul de Auvergne possui uma fachada recoberta por heras. O preço é justo. O prédio possui um charme rústico, que é complementado por singelos bordados que enfeitam os quartos. Nos quartos maiores, as camas têm dossel. O restaurante oferece uma culinária criativa. Fechado meados jan-meados fev. **www.auberge-fleurie.com**

### MOUDEYRES Le Pré Bossu

*43150* **Tel** *04 71 05 10 70* **Fax** *04 71 05 10 21* **Quartos** *6*

Típicos chalés de pedra, no belíssimo interior de Auvergne. Os quartos recebem nomes de pássaros, e são modernos e confortáveis. A decoração é leve, e os móveis, importados da Ásia. Geleias caseiras são o destaque no café da manhã. No jantar, as verduras também são da casa. Fechado nov-Páscoa. **www.auberge-pre-bossu.com**

### PAILHEROLS Auberge des Montagnes

*Le Bourg, 15800* **Tel** *04 71 47 57 01* **Fax** *04 71 49 63 83* **Quartos** *23*

Nos flancos dos Monts du Cantal, esta hospedaria de montanha vale a pena. No inverno acendem-se as fogueiras; no verão, nada melhor do que o vasto jardim com um playground para as crianças. O restaurante atrai pessoas da região pela cozinha regional a bons preços. Tratamentos no spa. **www.auberge-des-montagnes.com**

### PERIGNAT-LES-SARLIEVE Hostellerie St-Martin

*Allée de Bonneval, 63170* **Tel** *04 73 79 81 00* **Fax** *04 73 79 81 01* **Quartos** *32*

Localizada poucos quilômetros ao sul de Clermont-Ferrand, esta linda abadia cisterciense do século XIV foi transformada em um confortável hotel, rodeado por um calmo parque. Oferece três tipos de quarto: standard (no edifício anexo); superior e deluxe (no prédio original). **www.hostelleriestmartin.com**

### PEYRELEAU Grand Hôtel de la Muse et du Rozier

*Rue des Gorges du Tarn, 12720* **Tel** *05 65 62 60 01* **Fax** *05 65 62 63 88* **Quartos** *38*

Hotel com um século de existência, localizado entre árvores e à margem de um rio. O clássico exterior contrasta com o interior moderno; objetos leves e paredes brancas criam uma atmosfera purista. Todos os quartos têm vista para o rio, que tem uma minipraia e um ótimo restaurante em suas margens. Fechado meados nov-abr. **www.hotel-delamuse.fr**

### PONTGIBAUD Hôtel Saluces

*Rue de la Martille, 15140* **Tel** *04 71 40 70 82* **Fax** *04 71 40 71 70* **Quartos** *8*

Localizada no centro da bela cidade renascentista, esta casa de campo dos séculos XV-XVI parece um pequeno castelo. É administrada por uma família e oferece uma amável acolhida. Os quartos são grandes, bem decorados, todos com banheira/chuveiro. Tem um bar e o chá da tarde é servido no salão. **www.hotel-salers.com**

### RODEZ La Ferme de Bourran

*Quartier de Bourran, 12000* **Tel** *05 65 73 62 62* **Fax** *05 65 72 14 15* **Quartos** *7*

Este pequeno hotel com quartos modernos situa-se em uma renovada casa de fazenda, em um morro, próximo a Rodez. Os confortáveis quartos são pintados em branco, cinza e tons claros. O lounge possui uma bela lareira. Nos dias de verão, o café da manhã é servido em um amplo terraço. **www.fermedebourran.com**

### SALERS Le Bailliage

*Rue Notre-Dame, 15410* **Tel** *04 71 40 71 95* **Fax** *04 71 40 74 90* **Quartos** *27*

O Bailliage é um lugares mais agradáveis para ficar nesta atraente cidade de montanha. No anexo, quartos mais baratos, mas todos confortáveis e simpáticos. Há um jardim e um restaurante onde se pode degustar o queijo de Salers. Fechado meados nov-meados mar. **www.salers-hotel-bailliage.com**

### ST-ALBAN-SUR-LIMAGNOLE Relais St-Roch

*Château de la Chastre, chemin du Carreirou, 48120* **Tel** *04 66 31 55 48* **Fax** *04 66 31 53 26* **Quartos** *9*

O austero edifício de granito rosado contrasta com a natureza que rodeia este hotel. Os quartos desta mansão do século XVIII recebem decoração clássica, com móveis antigos e tapeçaria. O lounge bar é aconchegante e oferece mais de 300 tipos de uísque. Os donos também administram o restaurante vizinho. Fechado nov-Páscoa. **www.relais-saint-roch.fr**

**Categorias de preço** *na p. 550* **Legenda dos símbolos** *no final do guia*

### ST-ARCONS-D'ALLIER Les Deux Abbesses     P ⊪ ⛱ ⚐    €€€€

*Le Château, 43300* **Tel** *04 71 74 03 08* **Fax** *04 71 74 05 30* **Quartos** *6*

Um pequeno povoado foi inteiramente restaurado para o projeto deste hotel. Os quartos são divididos em quatro chalés. Ruas de paralelepípedo ligam os chalés ao château, que abriga a recepção e a sala de jantar. Destaque para os banheiros: uma cuve de vinho serve como banheira e uma gamela como pia. Fechado nov-Páscoa. **www.lesdeuxabbesses.com**

### ST-BONNET-LE-FROID Le Clos des Cimes     P ⊪ ≣    €€€€€

*Le Bourg, 43290* **Tel** *04 71 59 93 72* **Fax** *04 71 59 93 40* **Quartos** *12*

Gourmets competem pelos quartos desta extraordinária pousada campestre. O prêmio é um quarto luxuoso com obras de arte originais e vistas estupendas do vale. A família Marcon administra o local com uma tremenda atenção para os detalhes. Prepare-se para ser mimado. Aulas de cozinha disponíveis. Fechado jan-Páscoa. **www.regismarcon.fr**

### ST-GERVAIS-D'AUVERGNE Castel-Hôtel 1904     P ⊪    €

*Rue de Castel, 63390* **Tel** *04 73 85 70 42* **Fax** *04 73 85 84 39* **Quartos** *15*

Os quartos têm preços acessíveis neste castelo com uma pequena torre e decoração de época, vigas de carvalho e assoalho encerado, assegurando uma atmosfera caseira. Todos estão voltados para um atraente pátio. Dois bons restaurantes: um rústico, outro grandioso. Fechado nov-Páscoa. **www.castel-hotel-1904.com**

### ST-MARTIN-VALMEROUX Hostellerie de la Maronne     P ⊪ ≋ TV ≣ &    €€

*Le Theil, 15140* **Tel** *04 71 69 20 33* **Fax** *04 71 69 28 22* **Quartos** *21*

Próximo de Salers, rodeado pelos vulcões de Auvergne, fica esta mansão senhorial do século XIX. Os quartos renovados apresentam decoração alegre, com móveis clássicos. Caminhe pelo parque por trilhas sugeridas ou descanse na casa da árvore. O restaurante é um dos melhores da região. **www.maronne.com**

### ST-PRIEST-BRAMEFANT Château de Maulmont     P ⊪ ≋ ⚐ TV    €€€

*Maulmont, 63310* **Tel** *04 70 59 14 95* **Fax** *04 70 59 11 88* **Quartos** *18*

Lindo château do século XIX, próximo ao parque, com belos jardins. Os aposentos são bem equipados e possuem decoração clássica, com móveis antigos. A sala de jantar é decorada com painéis de carvalho. A cozinha é tradicional e deliciosa. Passeios de barco e golfe disponíveis na região. Fechado meados nov-abr. **www.chateau-maulmont.com**

### VICHY Aletti Palace Hotel     ✎ ⊪ ≋ ≣    €€€

*3 pl Joseph-Aletti, 03200* **Tel** *04 70 30 20 20* **Fax** *04 70 98 13 82* **Quartos** *129*

O melhor hotel de Vichy com a sua grandeza da Belle Époque que vai da majestosa recepção aos candelabros de cristal. Os quartos foram modernizados, mas são tranquilos e proporcionais. Bom restaurante e uma piscina com terraço. Durante a Segunda Guerra Mundial o Aletti hospedou o Ministro da Guerra de Vichy. **www.hotel-aletti.fr**

### VITRAC Auberge de la Tomette     P ⊪ ≋ ⚐ TV    €€

*Le Bourg, 15220* **Tel** *04 71 64 70 94* **Fax** *04 71 64 77 11* **Quartos** *16*

Um belo refúgio campestre, com grandes jardins e área de jogos para crianças. Reformas recentes incluíram uma piscina aquecida, sauna e um banho turco. Os quartos são tranquilos e espaçosos; seis são para famílias. A cozinha também está à altura. Fechado nov-Páscoa. **www.auberge-la-tomette.com**

### YGRANDE Château d'Ygrande     P ⊪ ≋ ⚐ TV &    €€€

*Le Mont, 3320* **Tel** *04 70 66 33 11* **Fax** *04 70 66 33 63* **Quartos** *19*

Hotel de boa qualidade, meticulosamente renovado, instalado em um edifício do século XIX. Os quartos são bonitos e elegantes. O parque oferece caminhadas, ciclismo, passeios a cavalo e de barco. O hotel conta com academia, banho turco, sauna e bilhar. O restaurante serve produtos cultivados no local. Fechado jan-mar. **www.chateauygrande.fr**

## VALE DO RÓDANO E ALPES FRANCESES

### ANNECY Hôtel Palais de l'Isle     P ≣    €

*13 rue Perrière, 74000* **Tel** *04 50 45 86 87* **Quartos** *33*

Em frente ao Palais de l'Isle, este hotel lembra um palácio veneziano, às margens do canal de Thouin. Localizados em um prédio do século XVIII, os quartos reformados são confortáveis e bem equipados, com decoração moderna e cores neutras. Os melhores quartos são aqueles próximos do canal. **www.hoteldupalaisdelisle.com**

### BAGNOLS Château de Bagnols     ✎ P ⊪ ≋ ⚐    €€€€€

*Le Bourg, 69620* **Tel** *04 74 71 40 00* **Fax** *04 74 71 40 49* **Quartos** *21*

Em 1987 Lady Hamlyn restaurou este castelo ao norte de Lyon, em meio a vinhas Beaujolais, e criou um luxuoso hotel. A construção do século XIII tem pequenas torres, fosso e uma ponte levadiça. Os quartos são ricamente decorados com veludo, seda e antiguidades. Restaurante com estrela do *Michelin*. **www.chateaudebagnols.com**

### BRIANÇON Hôtel Cristol     P ⊪ ⚐    €

*6 rte d'Italie, 05100* **Tel** *04 92 20 20 11* **Fax** *04 92 21 02 58* **Quartos** *24*

Bem cuidado, hotel tradicional. Os belos quartos são modernos, arejados e claros; alguns têm sacada com vista para as fortificações de Vauban. O serviço é atencioso e crianças são bem recebidas. Em uma sala de jantar charmosa são servidos interessantes menus temáticos. **www.hotel-cristol-briancon.fr**

### CHALMAZEL Château de Marcilly Talaru 🅿 €€
*42920* **Tel** *04 77 24 88 09* **Fax** *04 77 24 87 07* **Quartos** *5*

A 900m de altitude, Chalmazel torna-se uma estação de esqui no inverno. Os quartos deste hotel condizem com a grandiosidade do antigo château medieval que existiu aqui. Camas com dossel e móveis clássicos. Banheiros bem equipados. Café da manhã incluso. Consulte o table d'hôte. **www.chateaudechalmazel.com**

### CHAMBÉRY Hôtel des Princes €€
*4 rue de Boigne, 73000* **Tel** *04 79 33 45 36* **Fax** *04 79 70 31 47* **Quartos** *45*

Situado na melhor parte da Cidade Antiga, perto da La Fontaine des Elephants, este charmoso e antiquado hotel tem quartos confortáveis, quietos, embora não muito espaçosos. O serviço é cortês e amigável. Há vários restaurantes na redondeza. **www.hoteldesprinces.eu**

### CHAMBÉRY Château de Candie €€€
*Rue du Bois de Candie, 73000* **Tel** *04 79 96 63 00* **Fax** *04 79 96 63 10* **Quartos** *35*

Localizado no vale de Chambéry, este esplêndido hotel oferece vista panorâmica das montanhas. Construído em uma edificação do século XIV, conta com quartos suntuosos decorados com elegância. Local tranquilo, com parque privado. O excelente restaurante prepara ótimos pratos clássicos. **www.chateaudecandie.com**

### CHAMONIX MONT BLANC Le Hameau Albert 1er €€€€
*119 impasse du Montenvers, 74402* **Tel** *04 50 53 05 09* **Fax** *04 50 55 95 48* **Quartos** *36*

Parte de um complexo hoteleiro que inclui o tradicional hotel Albert 1er, o autêntico Chalet Soli e o chique La Ferme. O grande hotel-chalé tem uma magnífica vista do Mont Blanc. Os quartos são elegantes, de bom tamanho, com móveis de design. Dois bons restaurantes, um com duas estrelas no *Michelin*. Tem sauna. **www.hameaualbert.fr**

### CHANTERMERLE-LES-GRIGNAN Le Parfum Bleu €€
*26230* **Tel** *04 75 98 54 21* **Fax** *04 75 98 54 21* **Quartos** *8*

O som das cigarras e o aroma de lavanda são as marcas registradas desta região. Construído em uma antiga casa de fazenda, o hotel oferece quartos confortáveis, cada qual com sua entrada privativa. O piso dos quartos é de pedra, e os móveis, básicos e modernos. Serve café da manhã. Consulte o table d'hôte. **www.parfum-bleu.com**

### CHONAS L'AMBALLAN Domaine de Clairefontaine €€
*Chemin des Fontanettes, 38121* **Tel** *04 74 58 81 52* **Fax** *04 74 58 80 93* **Quartos** *28*

Situado em um magnífico parque em um vilarejo ao sul de Vienne, entre árvores centenárias, esta antiga mansão tem os quartos mobiliados de maneira impecável. O anexo moderno possui quartos mais chiques com sacadas. O restaurante tem boa reputação, mas pode ser inconsistente. **www.domaine-de-clairefontaine.fr**

### CLIOUSCLAT La Treille Muscate €
*Le Village, 26270* **Tel** *04 75 63 13 10* **Quartos** *12*

Simpático hotel de Provençale, localizado em um vilarejo famoso por suas cerâmicas. Quartos com decoração individual: dentre as opções estão o vermelho Basque, o azul pastel e o africano. Os quartos com face sul têm varanda. A cozinha é típica da região. Café da manhã servido no jardim em dias de sol. Fechado jan-meados fev. **www.latreillemuscate.com**

### CORDON Le Cordonant €
*Les Darbaillets, 74700* **Tel** *04 50 58 34 56* **Fax** *04 50 47 95 57* **Quartos** *16*

Simpático hotel administrado por uma família nesta estação de esqui bem a oeste de Chamonix, o chalé bem cuidado tem um jardim. Os quartos são confortáveis, com bela mobília rústica. Os melhores quartos têm uma bela vista para o Mont Blanc. O restaurante serve cozinha alpina. Bons preços. **www.lecordonant.fr**

### DIVONNE-LES-BAINS Château de Divonne €€€
*115 rue des Bains, 01220* **Tel** *04 50 20 00 32* **Fax** *04 50 20 03 73* **Quartos** *34*

Desta charmosa mansão do século XIX em meio a um parque, não longe de Genebra, tem-se vista panorâmica do Mont Blanc e do Lago de Genebra. No seu interior, uma escadaria monumental. Quartos ricamente decorados. Possui quadra de tênis e acesso a um campo de golfe ali perto. Cozinha clássica. **www.chateau-divonne.com**

### EVIAN-LES-BAINS Hôtel Royal Palace €€€€€
*Rive Sud du Lac-du-Génève, 74500* **Tel** *04 50 26 85 00* **Fax** *04 50 75 38 40* **Quartos** *144*

Imponente hotel situado às margens do lago Léman. Quatro restaurantes, trilhas de jogging, spa, um jardim privativo e um clube para as crianças fazem parte do conjunto. Os quartos e as suítes são de bom gosto e têm impressionantes vistas do lago. **www.evianroyalresort.com**

### GRENOBLE Splendid Hôtel €
*22 rue Thiers, 38000* **Tel** *04 76 46 33 12* **Fax** *04 76 46 35 24* **Quartos** *45*

Hotel bem localizado em área central porém tranquila, com um jardim murado. Os quartos vão do clássico ao moderno, com alegres afrescos. Serviço eficiente. Café da manhã continental ou à la carte servido na sala de jantar ou no terraço do jardim. **www.royalparcevian.com**

### GRESY-SUR-ISÈRE La Tour de Pacoret €
*Montailleur, 73460* **Tel** *04 79 37 91 59* **Fax** *04 79 37 93 84* **Quartos** *11*

A torre do local foi construída em 1283, para defender o Combe de Savoie. O hotel é mais recente e oferece quartos cheios de estilo a seus hóspedes: todos têm nomes de flores e são decorados com cores quentes. A paisagem montanhosa da região pode ser admirada do terraço. Cozinha tradicional. **www.hotel-pacoret-savoie.com**

**Categorias de preço** *na p. 550* **Legenda dos símbolos** *no final do guia*

### LE POËT LAVAL Les Hospitaliers

*Vieux Village, 26160* **Tel** *04 75 46 22 32* **Fax** *04 75 46 49 99* **Quartos** *20*

Hotel bem restaurado no centro de um vilarejo medieval no topo de uma colina a leste de Montélimar. Os quartos, elegantemente mobiliados, são espaçosos e quietos. O restaurante oferece serviço de primeira classe, excelente cozinha e grande variedade de bons vinhos do vale do Ródano. **www.hotel-les-hospitaliers.com**

### LES DEUX ALPES Chalet Hôtel Mounier

*2 rue de la Chapelle, 38860* **Tel** *04 76 80 56 90* **Fax** *04 76 79 56 51* **Quartos** *46*

Hotel de qualidade, instalado em uma antiga fazenda alpina. Quartos modernos, porém aconchegantes, oferecem ao hóspede uma atmosfera romântica e diversos itens de conveniência. O hotel é constantemente renovado. O lounge conta com um bela lareira. Bom restaurante. Fechado mai-jun e set-meados dez. **www.chalet-mounier.com**

### LYON Hôtel des Artistes

*8 rue Gaspard-André, 69002* **Tel** *04 78 42 04 88* **Fax** *04 78 42 93 76* **Quartos** *45*

Perto da praça Bellecour, do rio Saône e ao lado do Theâtre des Célestins, este agradável hotel é um favorito entre os atores. Quartos agradáveis, amplos e claros. O café da manhã é servido em um salão decorado com um afresco no estilo de Jean Cocteau. **www.hotel-des-artistes.fr**

### LYON La Maison du Greillon

*12 Montée du Greillon, 69009* **Tel** *04 72 29 10 97* **Quartos** *5*

Este grande edifício já serviu de casa para o escultor Joseph Chinard, de Lyon. Hoje funciona como bed and breakfast, com jardim privativo, fonte e terraço. Oferece belas vistas para Croix-Rousse e Saône. Os quartos são bem conservados, com mobília clássica. Possui sala de jantar e cozinha para uso dos hóspedes. **www.legreillon.com**

### LYON Cour des Loges

*6 rue du Bœuf, 69005* **Tel** *04 72 77 44 44* **Fax** *04 72 40 93 61* **Quartos** *62*

Este luxuoso hotel ocupa quatro mansões renascentistas renovadas, em torno de um pátio central cercado por galerias, na Vieux Lyon. A recepção tem um estupendo teto de vidro. Os quartos elegantes mesclam os estilos contemporâneo e renascentista. O restaurante serve cozinha clássica. **www.courdesloges.com**

### MANIGOD Hôtel-Chalets de la Croix-Fry

*Rte du Col de la Croix-Fry, 74230* **Tel** *04 50 44 90 16* **Fax** *04 50 44 94 87* **Quartos** *10*

No alto de uma passagem de montanha, a leste de Annecy, este encantador hotel-chalé combina o rústico alpino com o conforto numa atmosfera agradável. O interior de madeira é charmoso e decorado no estilo da Savoia. Os quartos são confortáveis. Fechado maio e out-nov. **www.hotelchaletcroixfry.com**

### MEGÈVE Les Fermes de Marie

*163 chemin de Riante Colline, 74120* **Tel** *04 50 93 03 10* **Fax** *04 50 93 09 84* **Quartos** *71*

Chalés restaurados no estilo campestre, com o charme típico da região, móveis rústicos e cores básicas. Ambiente amigável, com serviço profissional. Oferece spa, sauna, jacuzzi, cabeleireiro, salão de jogos, academia e um ótimo restaurante. Fechado mai-jun. **www.fermesdemarie.com**

### MONTÉLIMAR Sphinx

*19 bd Desmarais, 26200* **Tel** *04 75 01 86 64* **Fax** *04 75 52 34 21* **Quartos** *24*

O charme antigo desta casa do século XVII atrai a atenção de seus hóspedes. Situada no centro histórico da cidade, é uma hospedaria tranquila e possui pátio e terraço particular. Relaxe e aproveite o ambiente descontraído de um estabelecimento caseiro e confortável. **www.sphinx-hotel.fr**

### PÉROUGES Hostellerie du Vieux Pérouges

*Pl du Tilleuil, 01800* **Tel** *04 74 61 00 88* **Fax** *04 74 34 77 90* **Quartos** *28*

Esta histórica pousada é o sonho de qualquer cineasta, resultado da renovação de uma construção do século XIII e situada num vilarejo medieval no topo de uma montanha. As quatro antigas casas estão em torno da praça do vilarejo, cada uma com decoração diferente. Cozinha ultraclássica com pratos regionais. **www.hostelleriedeperouges.com**

### ROMANS SUR ISÈRE Hôtel l'Orée du Parc

*6 av Gambetta, 26100* **Tel** *04 75 70 26 12* **Fax** *04 75 05 08 23* **Quartos** *10*

Depois de visitar o Palais Idéal du Facteur Cheval, dirija 25km ao sul para Romans e repouse neste charmoso hotel. Uma mansão do século XX renovada com bom gosto e que possui um parque, onde todos os quartos são para não fumantes e decorados de maneira moderna e elegante. **www.hotel-oreeparc.com**

### SERVAS Le Nid à Bibi

*Lalleyriat, 1960* **Tel** *04 74 21 11 47* **Fax** *04 74 21 02 83* **Quartos** *5*

Passe uma noite de paz nesta adorável pousada próxima a Bourg. Os quartos são aconchegantes, confortáveis e bem equipados, todos com banheiro privativo. Os hóspedes adoram o clima amigável do local. Delicioso café da manhã, com geleias caseiras, bolos e frios. Consulte o table d'hôte. **http://lenidabibi.com**

### ST-CYR-AU-MONT-D'OR L'Ermitage Hôtel

*Chemin de l'Ermitage Mont Cindre, 69450* **Tel** *04 72 19 69 69* **Fax** *04 72 19 69 71* **Quartos** *29*

A quinze minutos do centro de Lyon, esta moderna construção harmoniza diferentes materiais com sucesso: concreto, madeira, vidro, alumínio e pedra. Os quartos possuem luminárias curiosas e equipamentos modernos e oferecem uma linda vista do Fourvière. O restaurante no terraço serve pratos típicos de Lyon. **www.ermitage-college-hotel.com**

### ST-ETIENNE Mercure Parc de l'Europe

*Rue Wuppertal, 42000* **Tel** *04 77 42 81 81* **Fax** *04 77 42 81 89* **Quartos** *120*

Embora não seja charmoso, este hotel está localizado em um edifício grande, moderno e prático, próximo ao centro da cidade. Os quartos são alegres e bem conservados, com banheiros equipados. A decoração do interior tem como tema o teatro. Possui bar e restaurante, que serve produtos caseiros. **www.mercure.com**

### TALLOIRES Hôtel l'Abbaye

*Chemin des Moines, 74290* **Tel** *04 50 60 77 33* **Fax** *04 50 60 78 81* **Quartos** *33*

Este elegante hotel, que ocupa uma antiga abadia beneditina do século XVII, está muito bem localizado às margens do Lac d'Annecy. Cézanne costumava se hospedar aqui. Os amplos quartos possuem o teto decorado e móveis de época. Belo jardim e um bom restaurante. Fechado jan-meados fev. **www.abbaye-talloires.com**

### VAL D'ISÈRE Christiania

*Chef Lieu, 73152* **Tel** *04 79 06 08 25* **Fax** *04 79 41 11 10* **Quartos** *70*

Esplêndido chalé moderno com magnífica vista das colinas de esqui nesta estação de esqui dos ricos e famosos. Quartos luxuosos bem equipados, todos com balcões e decorados em elegante estilo alpino. Dê-se ao luxo de relaxar na academia e no spa. Maravilhoso bufê de café da manhã. **www.hotel-christiania.com**

### VALLON PONT D'ARC Le Clos des Bruyères

*Rte des Gorges, 07150* **Tel** *04 75 37 18 85* **Fax** *04 75 37 14 89* **Quartos** *32*

Situado nas Gorges d'Ardeche, este moderno hotel construído em estilo provençal tem quartos com balcão ou terraço voltados para a piscina. Dispõe de quartos para famílias. Alugue uma canoa e leve uma cesta de piquenique para explorar o rio e o campo. O restaurante é decorado com motivos náuticos. **www.closdesbruyeres.net**

## POITOU E AQUITÂNIA

### ARCACHON Hôtel Le Dauphin

*7 av Gounod, 33120* **Tel** *05 56 83 02 89* **Fax** *05 56 54 84 90* **Quartos** *50*

Este bem administrado hotel do século XIX é logo reconhecido por sua construção de tijolos brancos e vermelhos. Fica a poucas quadras do mar em um tranquilo bairro residencial. Os quartos, novos em folha, têm uma decoração simples e paredes brancas. **www.dauphin-arcachon.com**

### BONNEUIL-MATOURS L'Olivier

*11 rue du petit Bornais, 86210* **Tel** *05 49 02 73 53* **Quartos** *4*

Ótimo bed and breakfast na divisa de Forêt de Moulière, próximo do Futuroscope, Chauvigny, Châtellerault e Poitiers. Cada um dos quatro quartos possui seu próprio estilo. Um fica no sótão, e os outros dois têm cama com dossel. Sala de estar e sala de jantar para uso comum. Lindo jardim. **www.vienne-hotes-lolivier.com**

### BORDEAUX La Maison du Lierre

*57 rue Huguerie, 33000* **Tel** *05 56 51 92 71* **Fax** *05 56 79 15 16* **Quartos** *12*

Perto do chique Triângulo De Ouro de Bordeaux, este pequeno hotel foi renovado com elegância – sua atmosfera familiar lembra um chambre d'hôte. Os quartos têm estilo. O café da manhã caseiro é generoso e pode ser servido no pátio interno. É melhor reservar com antecedência. **www.maisondulierre.com**

### BORDEAUX La Maison Bord'Eaux

*113 rue Docteur Albert Barraud, 33000* **Tel** *05 56 44 00 45* **Fax** *05 56 44 17 31* **Quartos** *6*

Os amantes do vinho irão se apaixonar por este hotel-butique, que oferece uma grande variedade da bebida, em taças ou garrafas. Os donos também programam visitas de degustação para seus hóspedes. Os quartos ficam de frente para o jardim, onde as refeições são servidas. Possui estacionamento. **www.lamaisonbord-eaux.com**

### CAP-FERRET La Maison du Bassin

*5 rue des Pionniers, 33950* **Tel** *05 56 60 60 63* **Fax** *05 56 03 71 47* **Quartos** *7 (mais 4 quartos anexos)*

Ultrachique e muito requisitada, a instalação fica no final da península de Cap-Ferret. Ambiente colonial com madeira encerada, cadeiras de cana-da-índia e diversos objetos espalhados. Experimente um saboroso rum como aperitivo, antes de jantar na varanda tropical. Reservas apenas por telefone. **www.lamasiondubassin.com**

### CARSAC La Villa Romaine

*Saint Rome, 24200* **Tel** *05 53 28 52 07* **Fax** *05 53 28 58 10* **Quartos** *17*

Este luxuoso hotel ocupa um grupo de belas construções de pedra que ficam no lugar de uma villa galo-romana, perto de magníficos jardins aquáticos no coração de Périgord Noir. Os quartos, espaçosos e limpos, são equipados com todos os luxos modernos. **www.lavillaromaine.com**

### CIERZAC Le Moulin de Cierzac

*Rte de Cognac, 17520* **Tel** *05 45 83 01 32* **Fax** *05 45 83 03 59* **Quartos** *7*

A pouca distância de carro, ao sul de Cognac, fica este hotel-restaurante em uma mansão do século XVII, com vastos jardins. Quartos agradáveis com vigas aparentes e alguns com vista para o rio. O restaurante serve especialidades locais. Após o jantar, prove uma das muitas variedades de conhaque disponíveis. **www.moulindecierzac.com**

**Categorias de preço** *na p. 550* **Legenda dos símbolos** *no final do guia*

## COGNAC Les Pigeons Blancs  🅿🍴🎿 €€

*110 rue Jules-Brisson, 16100* **Tel** *05 45 82 16 36* **Quartos** *6*

No coração dos vinhedos do conhaque, esta hospedaria do século XVII oferece uma cálida acolhida e alguns quartos elegantemente decorados, com mobília de época; dois deles são para não fumantes. Excelente restaurante e jardim. Babá disponível. **www.pigeonsblancs.com**

## COULON Le Central  🅿🍴📋 €

*4 rue d'Autremont, 79510* **Tel** *05 49 35 90 20* **Fax** *05 49 35 81 07* **Quartos** *13*

Situado no misterioso pântano de Marais Poitevin, este tradicional hotel de vilarejo pertence à mesma família há três gerações. Os quartos, claros e limpos, são decorados com bom gosto. No térreo, um restaurante popular. É necessário reservar com antecedência. Acesso para portadores de deficiência. **www.hotel-lecentral-coulon.com**

## EUGÉNIE-LES-BAINS La Maison Rose  🅿🍴♨📺 €€€€

*334 rue René Vielle, 40320* **Tel** *05 58 05 06 07* **Fax** *05 58 51 10 10* **Quartos** *31*

O ilustre chef Michel Guérard atrai seguidores para Eugénie, um spa termal que data do século XVIII. Este, que é o mais modesto de seus cinco hotéis, tem um ambiente de casa de campo, do jardim com roseiral até os simpáticos quartos – nada muito especial, mas absolutamente imaculados. Fechado dez-jan. **www.michelguerard.com**

## EUGÉNIE LES BAINS Les Prés d'Eugénie  🅿🍴♨📺📋 €€€€€

*334 rue René Vielle, 40320* **Tel** *05 58 05 06 07* **Fax** *05 58 51 10 10* **Quartos** *32*

O aclamado hotel de Michel Guérard tem seis maravilhosas suítes, além dos quartos simples mas luxuosos. Esta mansão do século XIX é famosa pela "cuisine minceur" servida em seu restaurante, oferecendo aos hóspedes a opção de perder peso enquanto aproveitam uma das melhores cozinhas da França. **www.michelguerard.com**

## GRENADE-SUR-L'ADOUR Pain Adour et Fantaisie  🍴🎿📋♿ €€

*14-16 pl des Tilleuls, 40270* **Tel** *05 58 45 18 80* **Fax** *05 58 45 16 57* **Quartos** *11*

Este elegante hotel que dá para as arcadas da praça central de Grenade, de um lado, e para o rio, do outro, tem um dos melhores restaurantes da região. Combinando com a arquitetura do século XVII, painéis e assoalhos de madeira predominam no ambiente. Quartos espaçosos. **www.chateauxhotels.com/fantaisie**

## HOSSEGOR Les Hortensias du Lac  🅿♨ €€€

*1578 av du Tour du Lac, 40150* **Tel** *05 58 43 99 00* **Fax** *05 58 43 42 81* **Quartos** *24*

Situado numa floresta de pinheiros perto do oceano, com vista para o lago Hossegor, este hotel é ideal para repousar. Os quartos da casa dos anos 1930 são tranquilos, com cores neutras e madeira escura; todos têm terraço ou balcão. Esplêndido bufê com champanhe no café da manhã. Fechado meados nov-Páscoa. **www.hortensias-du-lac.com**

## LA ROCHELLE Les Brises  🏊🅿 €€

*Chemin de la Digue-Richelieu, rue Philippe Vincent 17000* **Tel** *05 46 43 89 37* **Fax** *05 46 43 27 97* **Quartos** *48*

Um hotel confortável e popular a poucos passos do velho porto e o movimentado centro da cidade. Vale a pena pagar um pouco a mais por um quarto de frente para o mar. Além de espaçosos, os quartos têm balcões com vista para o mar e as ilhas. **www.hotellesbrises.eu**

## LE BOIS-PLAGE-EN-RE Hôtel L'Océan  🅿🍴♨ €€€

*172 rue St-Martin, 17580* **Tel** *05 46 09 23 07* **Fax** *05 46 09 05 40* **Quartos** *29*

Neste hotel, na costa sul da Île de Ré, pode-se sentir a proximidade do mar. Palmeiras em vasos, guarda-sóis gigantes e um deque de madeira na parte exterior; no interior, os quartos são em tons pastel e com motivos marinhos. O menu do restaurante é uma seleção de peixes fresquíssimos. Massagem e tratamentos de beleza. **www.re-hotel-ocean.com**

## MAGESCQ Relais de la Poste  🅿🍴♨🎿📺📋 €€€€

*24 av de Maremne, 40140* **Tel** *05 58 47 70 25* **Fax** *05 58 47 76 17* **Quartos** *24*

Este pequeno e tranquilo hotel situado em uma estalagem do século XIX tem jardim e piscinas de vários formatos. Ele combina conforto, uma cozinha renomada, bons vinhos e tradição familiar. Você não está muito longe do mar, com Bayonne e Biarritz a pouca distância. Fechado meados nov-Natal. **www.relaisposte.com**

## MARGAUX Le Pavillon de Margaux  🅿🍴♨ €€

*3 rue Georges-Mandel, 33460* **Tel** *05.57.88.77.54* **Fax** *05.57.88.77.73* **Quartos** *14*

No centro do vilarejo de Margaux, este bonito hotel serve como base confortável para explorar os vinhedos do Medoc. Os quartos, que levam o nome dos castelos produtores de vinho locais, revelam estilo individual. Alguns têm antiguidades, outros cana-da-índia e motivos florais. **www.pavillonmargaux.com**

## MARTHON Château de la Couronne  🅿♨ €€€€€

*Château de la Couronne, 16380* **Tel** *05 45 62 29 96* **Quartos** *5*

Hotel-butique que já serviu como cenário para produções de TV e cinema. Oferece cinco suítes decoradas em um estilo contemporâneo, com obras de arte originais. Tudo contribui para a tranquilidade do hóspede: três salas de estar, cinema, sala de bilhar, sala de música e um grande parque particular. **www.chateaudelacouronne.com**

## NIEUIL Château de Nieuil  🅿🍴♨🎿📋 €€€

*16270* **Tel** *05 45 71 36 38* **Fax** *05 45 71 46 45* **Quartos** *14*

O rei Francisco I caçava no grande parque que cerca este maravilhoso castelo renascentista, com suas pequenas torres e escadaria. Noites tranquilas são uma garantia nos quartos elegantes e confortáveis. As antigas cocheiras abrigam hoje um excelente restaurante. **www.chateaunieuilhotel.com**

### POITIERS Château du Clos de la Ribaudière €€

*Chasseneuil Centre, Chasseneuil du Poitou, 86360* **Tel** *05 49 52 86 66* **Fax** *05 49 52 86 32* **Quartos** *39*

Próximo da cidade de Poitiers, este magnífico hotel e restaurante foi estabelecido em um château do século XVIII. Os quartos são espaçosos e sofisticados. Promoções especiais para casais incluem uma diária, refeições e uma partida de golfe ou uma visita ao Futuroscope. **www.ribaudiere.com**

### ROCHEFORT-SUR-MER La Corderie Royale €€€

*Rue Audebert, 17300* **Tel** *05 46 99 35 35* **Fax** *05 46 99 78 72* **Quartos** *50*

O melhor local para se hospedar em Rochefort. Confortável e conveniente, este hotel-restaurante situa-se às margens repletas de árvores do rio Charente, entre o porto de iates e uma fábrica de cordas (que deu nome ao hotel). O restaurante é ótimo para um bom almoço. **www.corderieroyale.com**

### ROYAN Domaine de St-Palais €€

*50 rue du Logis, St-Palais sur Mer, 17420* **Tel** *05 46 39 85 26* **Quartos** *4*

Este elegante refúgio situa-se na costa, próximo de Royan, ocupando um belíssimo edifício do século XVIII. Os quartos são cheios de estilo, sendo que dois deles têm vista para o jardim e os outros dois, para a floresta. O complexo também conta com apartamentos grandes para famílias. **www.domainedesaintpalais.eu**

### SABRES Auberge des Pins €€

*Route de la Piscine, 40630* **Tel** *05 58 08 30 00* **Fax** *05 58 07 56 74* **Quartos** *25*

Esta atraente casa de fazenda, dentro da floresta do Parque Regional de Landes, é uma escolha acertada. Aqui é possível desfrutar a vida no campo com o que ela tem de melhor: hospitalidade à moda antiga, quartos caseiros, lareira no inverno e cantos sossegados para ler um livro. Bom restaurante. **www.aubergedespins.fr**

### SEIGNOSSE La Villa de l'Etang Blanc €€€

*2265 rte de l'Etang Blanc, 40510* **Tel** *05 58 72 80 15* **Fax** *05 58 72 83 67* **Quartos** *10*

Este charmoso hotel fica em um parque com acesso direto a Etang Blanc. Os quartos elegantes foram decorados individualmente em estilo romântico. Um bom restaurante tem uma belíssima vista do lago. Ele serve pratos tradicionais da estação e o serviço é discreto e profissional. Fechado meados nov-abr. **www.villaetangblanc.fr**

### ST-EMILION Au Logis des Remparts €€€

*18 rue Guadet, 33330* **Tel** *05 57 24 70 43* **Fax** *05 57 74 47 44* **Quartos** *17*

Fora do auge da temporada, quando os preços caem, este modesto hotel é um bom lugar para se passar uma noite. Suas melhores atrações são um jardim com terraço e uma piscina. Os quartos não têm personalidade, mas as unidades dos fundos dão para os vinhedos. **www.logisdesremparts.com**

### ST-EMILION Hostellerie de Plaisance €€€€€

*Place du Clocher, 33330* **Tel** *05 57 55 07 55* **Fax** *05 57 74 41 11* **Quartos** *17 (mais 4 suítes)*

Um hotel de classe bem localizado, com vista para St-Emilion e os seus famosos vinhedos. Quartos luxuosos com todos os confortos imagináveis, incluindo magníficos banheiros. Alguns com terraços privativos. O serviço é de primeira e o restaurante, um dos melhores da região. **www.hostelleriedeplaisance.com**

### ST-LOUP-LAMAIRE Château de St-Loup sur Thouet - The Keep €€€€

*Château de St-Loup, 79600* **Tel** *05 49 64 81 73* **Fax** *05 49 64 82 06* **Quartos** *13*

Este château medieval cercado por um fosso é propriedade de um conde. Os aposentos são lindos. Alguns quartos têm cama com dossel. Destaque para a suíte Black Prince. Toda a área comum do château fica aberta para visitação pública durante o dia. A propriedade inclui um parque e uma estufa para cultivo de laranja. **www.chateaudesaint-loup.com**

### ST-SEURIN-D'UZET Blue Sturgeon €€

*3 rue de la Cave, 17120* **Tel** *05 46 74 17 18* **Quartos** *4*

Calmo, elegante e com decoração eclética. Este bed and breakfast localiza-se no vilarejo de St-Seurin-d'Uzet, famoso por ser o (provável) primeiro lugar a produzir caviar na Europa, na década de 1920. A região possui belas praias, e os famosos vinhedos de Médoc ficam em frente ao estuário da Gironda. Jantar mediante reserva. **www.bluesturgeon.com**

### TRIZAY Les Jardins du Lac €€

*3 chemin de Fontchaude, 17250* **Tel** *05 46 82 03 56* **Fax** *05 46 82 03 55* **Quartos** *8*

Bem administrado hotel a meio caminho entre Rochefort e Saintes. Um edifício moderno cercado por jardins, com um lago com trutas e floresta. Os quartos, arejados e bem cuidados, têm vista para o lago. As refeições são servidas ao ar livre quando o tempo permite. Agradável lugar para relaxar. **www.jardins-du-lac.com**

## PÉRIGORD, QUERCY E GASCONHA

### AGEN Hôtel Château des Jacobins €€€

*1 pl des Jacobins, 47000* **Tel** *05 53 47 03 31* **Fax** *05 53 47 02 80* **Quartos** *15*

Construído no começo do século XIX, este pequeno castelo coberto de hera e com um jardim murado é um oásis de calma no centro da cidade. Os quartos são elegantes, com móveis de estilo e candelabros. O estacionamento é seguro e existem muitos restaurantes à volta. **www.chateau-des-jacobins.com**

**Categorias de preço** *na p. 550* **Legenda dos símbolos** *no final do guia*

## ONDE FICAR

### ALBI La Regence George V € 
*27-29 av Maréchal Joffre, 81000* **Tel** *05 63 54 24 16* **Fax** *05 63 49 90 78* **Quartos** *20*

Hotel confortável e com preço acessível, próximo da estação de trem e do centro da cidade. Oferece quartos básicos e luxuosos, todos decorados com cores vivas e quentes. Possui também um terraço e um pequeno jardim. Serve apenas café da manhã, mas há muitos restaurantes na vizinhança. **www.laregence-georgev.fr**

### ALBI Hostellerie du Grand St-Antoine €€€
*17 rue St-Antoine, 81000* **Tel** *05 63 54 04 04* **Fax** *05 63 47 10 47* **Quartos** *44*

Administrado pela mesma família há cinco gerações, o Grand St-Antoine é um dos hotéis mais antigos da França. A 3km de distância do hotel, há uma piscina e uma quadra de tênis para os hóspedes. Estacionamento disponível, mas não incluso. O restaurante serve culinária do sudoeste. **www.hotel-saint-antoine-albi.com**

### BEYNAC-ET-CAZENAC Café de la Rivière €
*Bourg, 24220* **Tel** *05 53 28 35 49* **Quartos** *3*

Este renomado restaurante situado próximo ao rio Dordogne possui três quartos, que funcionam no sistema bed and breakfast. Possui um quarto de casal e dois com duas camas de solteiro; todos com piso de madeira, lençóis de linho e banheiro privativo. Internet sem fio gratuita. Fechado nov-abr. **www.cafedelariviere.com**

### BOURDEILLES Hostellerie Les Griffons €€
*24310* **Tel** *05 53 45 45 35* **Fax** *05 53 45 45 20* **Quartos** *10*

Todos os quartos desta mansão do século XVI possuem charme e estilo, com vigas expostas, pinturas e tecidos de cores vivas. Alguns quartos ficam no sótão, e outros têm vista para o rio. O restaurante serve jantar, e aos domingos, almoço. Fechado nov-meados abr. **www.griffons.fr**

### BRANTÔME Le Moulin de l'Abbaye €€€€€
*1 rte de Bourdeilles, 24310* **Tel** *05 53 05 80 22* **Fax** *05 53 05 75 27* **Quartos** *19*

Passar uma noite neste romântico moinho coberto por trepadeiras sobre o rio Dronne é um luxo. Os quartos ficam no moinho e em duas simpáticas casas antigas bem ali perto, mas todos com a mesma decoração sofisticada. Jardins com terraço ao longo do rio são o lugar ideal para o café da manhã. Fechado meados nov-abr. **www.moulinabbaye.com**

### CHAMPAGNAC-DE-BÉLAIR Le Moulin du Roc €€€€
*Av Eugène le Roy, 24530* **Tel** *05 53 02 86 00* **Fax** *05 53 54 21 31* **Quartos** *13*

Em um cenário mágico sobre o rio Dronne, perto de Brantôme, este luxuoso hotel fica quase oculto pela vegetação em um moinho d'água do século XVII, reformado. Além dos quartos suntuosos, decorados individualmente, tem um ótimo restaurante, uma piscina coberta e quadra de tênis. Fechado dez-mar. **www.moulinduroc.com**

### CHANCELADE Château des Reynats €€€
*Av des Reynats, 24650* **Tel** *05 53 03 53 59* **Fax** *05 53 03 44 84* **Quartos** *50*

A oeste de Périgueux, este charmoso castelo do século XIX garante uma agradável estadia. Os quartos-padrão no anexo "Orangerie" são claros e arejados, mas para ter a verdadeira atmosfera deve-se ficar nos quartos do castelo. Ótimo restaurante e jardins enormes. **www.chateau-hotel-perigord.com**

### COLY Manoir d'Hautegente €€€€
*Haute Gente, 24120* **Tel** *05 53 51 68 03* **Fax** *05 53 50 38 52* **Quartos** *17*

Não longe de Sarlat e das cavernas de Lascaux fica esta mansão que já foi o moinho e a ferraria da abadia. Agora se tornou um hotel administrado por uma família, com pesca, fogueira e bem cuidados jardins ao longo do rio. Meia pensão é obrigatória; a comida é excelente. Fechado nov-abr. **www.manoir-hautegente.com**

### CONDOM Le Logis des Cordeliers €
*Rue de la Paix, 32100* **Tel** *05 62 28 03 68* **Fax** *05 62 68 29 03* **Quartos** *21*

Hotel moderno com quartos modestos e a bom preço, no centro de Condom. Muitos dos quartos têm balcões com vista para a piscina. Não possui restaurante, mas pode-se comer muito bem no Table des Cordeliers, ao lado. Fechado jan. **www.logisdescordeliers.com**

### CORDES SUR CIEL Hostellerie du Vieux Cordes €€
*21 rue St-Michel, 81170* **Tel** *05 63 53 79 20* **Fax** *05 63 56 02 47* **Quartos** *21*

No topo da cidade medieval, com belas vistas do vale, este hotel ocupa um prédio de pedra com três andares e teto abobadado. O preço varia de acordo com o tamanho e o estilo dos quartos. Alguns têm decoração elaborada, enquanto os chamados "eco" são mais simples. O restaurante serve pratos com ingredientes locais. **www.vieuxcordes.fr**

### CUQ-TOULZA Cuq en Terrasses €€€
*Cuq le Château, 81470* **Tel** *05 63 82 54 00* **Fax** *05 63 82 54 11* **Quartos** *7*

Um casarão reformado do século XVIII, localizado no topo de um morro na região da Cocagne, entre Toulouse e Castres. Os quartos possuem vigas expostas. Em meio aos belíssimos jardins fica a charmosa piscina. O menu do restaurante oferece pratos com ingredientes adquiridos em fazendas da região. **www.cuqenterrasses.com**

### DOMME L'Esplanade €€
*Rue du Pont Carrel, 24250* **Tel** *05 53 28 31 41* **Fax** *05 53 28 49 92* **Quartos** *15*

À beira de um penhasco, os melhores quartos deste elegante hotel oferecem vista panorâmica do vale do Dordonha. A decoração dos quartos é opulenta, com grandes camas. Menos dramáticos mas bem confortáveis são os quartos disponíveis em outras alas deste bastião medieval. Fechado meados nov-mar. **www.esplanade-perigord.com**

### FIGEAC Château du Vigier du Roy
*52 rue Emile Zola, 46100* **Tel** *05 65 50 05 05* **Fax** *05 65 50 06 06* **Quartos** *9*

Esta antiga mansão, com uma torre do século XIV, já serviu de residência para um juiz representante do rei em Figeac. Todos os quartos possuem decoração no estilo medieval, com camas com dossel. O restaurante fica no salão da guarda. **www.chateau-viguier-figeac.com**

### GOUDOURVILLE Château de Goudourville
*82400* **Tel** *05 63 29 09 06* **Fax** *05 63 39 7 5 22* **Quartos** *6*

Este château localiza-se entre Agen e Moissac. Construído no século XI, oferece muita história e cultura a seus hóspedes. Os quartos – alguns deles enormes – são decorados com móveis do século XVIII e tapeçarias, e oferecem uma linda vista do vale, do vilarejo ou da ameia. **www.chateau-goudourville.fr**

### LACAVE Le Pont de l'Ouysse
*Le Pont de l'Ouysse, 46200* **Tel** *05 65 37 87 04* **Fax** *05 65 32 77 41* **Quartos** *14*

Este chique restaurante com quartos, situado num jardim à beira do rio, não muito longe de Rocamadour, tem um toque provençal. No seu interior, tons creme e ocre se mesclam, e os quartos e dois apartamentos são extremamente quietos. Já na quarta geração, a família Chambon criou um verdadeiro refúgio. Cozinha criativa. **www.lepontdelouysse.fr**

### LE BUGUE SUR VÉZÈRE Domaine de la Barde
*Route de Périgeux, 24260* **Tel** *05 53 07 16 54* **Fax** *05 53 54 76 19* **Quartos** *18*

Quartos elegantes estabelecidos em uma mansão senhorial do século XVIII (nove quartos), em um moinho desativado (oito quartos) e em uma ferraria (um quarto). A grande propriedade inclui belos jardins e uma piscina com hidromassagem. O hotel também oferece trilhas à beira do rio e pelo parque. **www.domainedelabarde.com**

### LECTOURE Hôtel de Bastard
*Rue Lagrange, 32700* **Tel** *05 62 68 82 44* **Fax** *05 62 68 76 81* **Quartos** *31*

Este elegante hotel é um dos melhores na região de Gers. Mobília de época e conforto moderno em uma casa do século XVIII. Pequeno jardim, deque para tomar sol e piscina. Uma refinada cozinha regional torna este restaurante eternamente popular. Fechado 22 dez-1º fev. **www.hotel-de-bastard.com**

### LES-EYZIES-DE-TAYAC Les Glycines
*24620* **Tel** *05 53 06 97 07* **Fax** *05 53 06 92 19* **Quartos** *24*

Pequeno hotel cheio de charme em Périgord Noir, próximo das cavernas com pinturas pré-históricas da região. Os melhores quartos (junior suites) possuem terraço privado e acesso direto ao jardim. Diferentes tipos de cestas de piquenique podem ser requisitadas na recepção. **www.les-glycines-dordogne.com**

### MARTEL Relais Ste-Anne
*Rue du Pourtanel, 46600* **Tel** *05 65 37 40 56* **Fax** *05 65 37 42 82* **Quartos** *21*

Atrás de uma discreta entrada fica uma encantadora construção antiga que já foi um internato de meninas, com capela e ampla área exterior. Tudo, dos belos quartos – alguns com terraço privativo – à piscina aquecida, favorece uma estadia repousante. Bom café da manhã. Fechado meados nov-mar. **www.relais-sainte-anne.com**

### MAUROUX Hostellerie Le Vert
*46700* **Tel** *05 65 36 51 36* **Fax** *05 65 36 56 84* **Quartos** *6*

Cercado por antigas árvores de cedro, este casarão do século XVII fazia parte de uma propriedade produtora de vinho, da região de Cahors. Os quartos são espaçosos, e suas paredes de pedra dão um charme especial. Faça uma reserva para jantar no belíssimo salão ou no florido terraço. Fechado nov-mar. **www.hotellevert.com**

### MERCUÈS Château de Mercuès
*46090* **Tel** *05 65 20 00 01* **Fax** *05 65 20 05 72* **Quartos** *30*

Dominando o vale do Lot fica este castelo do século XIII com uma pequena torre onde viviam os bispos da vizinha Cahors. Agora se tornou um luxuoso hotel com quartos gradiosos, jantar de gourmet sob candelabros ou no pátio, quadras de tênis e um grande parque. **www.chateaudemercues.com**

### MOISSAC Le Moulin de Moissac
*Esplanade du Moulin, 82200* **Tel** *05 63 32 88 88* **Fax** *05 63 32 02 08* **Quartos** *36*

Embora não seja uma construção atraente, este hotel em um antigo moinho compensa pela tranquilidade, pela localização à beira do rio, pelo serviço eficiente e pelos quartos bem equipados. Todos têm DVD/CD player, internet sem fio e máquina de fazer café. O centro de Moissac fica a pouca distância. **www.lemoulindemoissac.com**

### MONTCUQ EN QUERCY Domaine de St-Géry
*46800* **Tel** *05 65 31 82 51* **Fax** *05 65 22 92 89* **Quartos** *5*

Nos bem cuidados terrenos deste hotel crescem deliciosos cogumelos, que são servidos com orgulho no jantar. Cada quarto tem uma decoração única, sendo o mais interessante uma espécie de adega, com dois terraços. Nos demais quartos, pode-se escolher entre terraço privativo ou acesso direto ao jardim. **www.saint-gery.com**

### NONTRON La Maison des Beaux-Arts
*7 av du Général Leclerc, 24300* **Tel** *05 53 56 39 77* **Quartos** *5*

Apelidado de "House of Fine Arts", este hotel fica em um casarão do século XIX, na agradável comuna de Nontron. Seu interior possui decoração leve, e suas janelas oferecem belas paisagens. Ocasionalmente, cursos de pintura e desenho são ministrados aqui. Há também um apartamento para aluguel. **www.la-maison-des-beaux-arts.com**

**Categorias de preço** *na p. 550* **Legenda dos símbolos** *no final do guia*

### ROCAMADOUR Domaine de la Rhue  P 🏊  €€€
*46500* **Tel** *05 65 33 71 50* **Fax** *05 65 33 72 48* **Quartos** *14*

A poucos minutos de carro de Rocamadour fica este tranquilo hotel onde antes existiam cocheiras do século XIX. As pedras e vigas expostas dão aos espaçosos quartos uma outra dimensão ao charme rústico. Alguns têm terraço, outros, uma pequena cozinha. O restaurante mais perto fica em Rocamadour. **www.domainedelarhue.com**

### SARLAT Le Moulin Pointu  🍴 🏊  €
*Ste-Nathalene, 24200* **Tel** *05 53 28 15 54* **Fax** *05 53 28 15 54* **Quartos** *5*

Localizado nas redondezas de Sarlat, este bed and breakfast possui quartos aconchegantes, com acesso direto ao jardim que tem um lago e um riacho. O café da manhã costuma ser servido no terraço, próximo à piscina. O jantar deve ser requisitado com antecedência, e é compartilhado com os donos e os hóspedes. **www.moulinpointu.com**

### SEGUENVILLE Château de Seguenville  €€
*Cabanac Seguenville, 31480* **Tel** *05 62 13 42 67* **Fax** *05 62 13 42 68* **Quartos** *5*

Localizado em um morro próximo a Toulouse, este château oferece belas paisagens da região a seus hóspedes. Uma monumental escadaria leva aos quartos, decorados com cores vivas; alguns possuem banheiras e pias antigas. O terraço panorâmico serve tanto para o café da manhã como para o jantar. **www.chateau-de-seguenville.com**

### ST-AFFRIQUE-LES-MONTAGNES Domaine de Rasigous  P 🍴 🏊  €€
*Domaine de Rasigous, 81290* **Tel** *05 63 73 30 50* **Quartos** *8*

Esta simpática propriedade oferece paz em uma localização privilegiada: acesso fácil a Albi, Castres, Toulouse e Carcassonne. Possui um grande lounge, onde se pode degustar um chá próximo à lareira. O parque é repleto de árvores antigas. Aluga-se bicicletas. Fechado meados nov-meados mar. **www.domainederasigous.com**

### ST-CIRQ-LAPOPIE Le Château de St-Cirq Lapopie  🏊  €€€
*Le Bourg, 46330* **Tel** *05 65 31 27 48* **Quartos** *4*

Um château renovado, em meio a um dos mais belos vilarejos da França. Destaque para a piscina aquecida interna, construída sobre o grande rochedo que sustenta todo o vilarejo. Os quartos possuem uma bela decoração. Sem refeições. Fechado out-mai. **www.longitudehotels.com/en/hotel/chateau-de-saint-cirq-lapopie-description**

### ST-JEAN DE CORNAC Le Manoir de Saint Jean  P 🍴 🏊 ♿  €€€
*82200* **Tel** *05 63 05 02 34* **Fax** *05 63 05 07 50* **Quartos** *10*

Uma mansão do século XIX em Quercy Blanc foi transformada no Le Manoir de Saint Jean. O hotel é rodeado por pomares, vinhedos e campos antigos, e tem um belo terraço voltado para o jardim. O restaurante é conhecido pela culinária refinada. Cada quarto tem sua própria vaga de garagem coberta. **www.manoirsaintjean.com**

### ST-VIVIEN Auberge du Moulin de Labique  P 🍴 🏊  €€€
*St-Eutrope de Born, Villeréal, 47210* **Tel** *05 53 01 63 90* **Fax** *05 53 01 73 17* **Quartos** *6*

Este simpático casarão do século XVIII é decorado com móveis antigos, pinturas e harmoniosos papéis de parede. O terraço é um ótimo local para se tomar café da manhã ou saborear uma taça de vinho, ao som do moinho rodando. Os pratos servidos no jantar são elaborados com ingredientes caseiros. **www.moulin-de-labique.fr**

### TEYSSODE Domaine d'en Naudet  P 🏊 📺  €€
*81220* **Tel** *05 63 70 50 59* **Quartos** *4*

Um dos quartos deste hotel fica em uma antiga torre de observação; os demais localizam-se no renovado celeiro, que oferece uma bela vista do jardim e fica próximo da Roman road. O café da manhã costuma ser servido no panorâmico terraço. Quadras de tênis e campo de golfe próximos. Dispõe de internet sem fio. **www.domainenaudet.com**

### TOULOUSE Les Loges de St-Sernin  📺 🍽  €€
*12 rue St-Bernard, 31000* **Tel** *05 61 24 44 44* **Quartos** *4*

Hotel recentemente reformado, com quartos nos andares superiores. Muito confortável. Possui ótima localização, em uma rua próxima ao principal monumento de Toulouse, a Basilique St-Sernin, e a uma caminhada do centro. O dono é simpático e receptivo. **www.dormiratoulouse.net**

### TOULOUSE Hôtel des Beaux-Arts  ♿ P 🍴 🍽  €€€€
*1 pl du Pont Neuf, 31000* **Tel** *05 34 45 42 42* **Fax** *05 34 45 42 43* **Quartos** *19*

Por trás da bela fachada Belle Époque, ao lado da Pont Neuf, fica este hotel chique e com conforto moderno. Os quartos mais em conta ficam no lado menor – vale a pena escolher um maior e com vista para o rio. Para uma ocasião especial peça o quarto 42, com o seu pequeno terraço no meio do telhado. **www.hoteldesbeauxarts.com**

# PIRENEUS

### AÏNHOA Ithurria  P 🍴 🏊 🍽  €€€
*Pl du Fronton, 64250* **Tel** *05 59 29 92 11* **Fax** *05 59 29 81 28* **Quartos** *28*

Esta bonita pousada basca do século XVII era uma parada para os peregrinos que iam para Compostela. Em frente fica a quadra de pelota do vilarejo. Os quartos são confortáveis e bem decorados, e a acolhedora sala de jantar possui uma lareira, vigas de carvalho e um cardápio com as especialidades locais. Fechado dez-meados abr. **www.ithurria.com**

## ANGLET Château de Brindos  🅿🍴🛏📺📶  €€€€€
*1 allée du Château, 64600* **Tel** *05 59 23 89 80* **Fax** *05 59 23 89 81* **Quartos** *29*

Situada em um grande jardim com árvores, esta luxuosa casa de campo transformada em hotel oferece uma estadia agradável às margens de um lago. Academia de ginástica, sauna e hammam; a praia e o campo de golfe não ficam muito longe. Tome o seu café da manhã no cais do lago. www.chateaudebrindos.com

## ARBONNE Laminak  🅿🛏  €€
*Route de St-Pée, 64210* **Tel** *05 59 41 95 40* **Fax** *05 59 41 87 65* **Quartos** *12*

Um hotel simpático, com belos móveis. Situado em uma casa basca, possui belas paisagens em seus arredores. Três quartos têm terraço privativo, e um grande jardim enfeita a propriedade. Refeições leves podem ser requisitadas à noite. Existem oito campos de golfe na região. www.hotel-laminak.com

## ARGELÈS-GAZOST Hôtel le Miramont  🅿🍴🛏  €€€
*44 av des Pyrénées, 65400* **Tel** *05 62 97 01 26* **Fax** *05 62 97 56 67* **Quartos** *27*

Este charmoso hotel dos anos 1930 situa-se em meio a jardins muito bem cuidados, numa atraente cidade balneária (spa). Oito quartos, decorados com antiguidades, ficam numa casa separada, compartilhando tudo o que o hotel oferece no prédio principal. O chef Pierre Pucheau serve delícias dos Pireneus do Atlântico. www.hotelmiramont.com

## ARREAU Hôtel d'Angleterre  🅿🍴🛏👤  €€
*Rte Luchon, 65240* **Tel** *05 62 98 63 30* **Fax** *05 62 98 69 66* **Quartos** *17*

Esta pousada do século XVII, num bonito vilarejo com casas com telhados de ardósia, ao sopé dos Pireneus, oferece um bom restaurante, com quartos simples mas confortáveis, jardim, piscina, terraço e uma área para crianças. Boa base para se explorar a magnífica região. www.hotel-angleterre-arreau.com

## AURIGNAC Le Moulin  🅿  €
*Samouillan, 31420* **Tel** *05 61 98 86 92* **Quartos** *2*

Um moinho restaurado deu lugar a este hotel no vale de Garonne. Os quartos são temáticos: zen, elefante ou casa de campo francesa. A permanência mínima é de duas diárias, e há descontos para pacotes grandes. Ocasionalmente, o hotel também oferece meditação e palestras espirituais. O jardim é lindo. www.moulin-vert.net

## BEAUCENS Eth Berye Petit  🛏🅿👤  €
*15 route de Vielle, 65400* **Tel** *05 62 97 90 02* **Quartos** *3*

Bed and breakfast administrado por uma família, estabelecido em uma casa de fazenda do século XVIII, em um calmo vilarejo ao sul de Lourdes. Dois quartos são no sótão; o terceiro é maior e possui uma sacada com vista para as montanhas. Oferece menu fixo nos jantares de sexta-feira e sábado. www.beryepetit.com

## BIARRITZ Villa Le Goëland  €€€€
*12 plateau d'Atalaye, 64200* **Tel** *05 59 24 25 76* **Quartos** *4*

Esta casa de campo fica perto do centro da cidade e da praia. Oferece magníficas vistas de Port Vieux, da Rocher de la Vierge e da distante costa espanhola. Um dos quartos possui terraço privativo. A casa não oferece refeições, mas há ótimos restaurantes nas redondezas. www.villagoeland-biarritz.com

## BIARRITZ Hôtel du Palais  🅿🍴🛏👤📺📶  €€€€€
*1 av de l'Impératrice, 64200* **Tel** *05 59 41 64 00* **Fax** *05 59 41 67 99* **Quartos** *132*

A vedete de Biarritz, este hotel tem uma ambientação que lembra os dias mais agitados da Belle Époque. Magnífica piscina aquecida de água salgada, acesso direto à praia, campo de golfe, playground e uma piscina infantil complementam os encantadores quartos e o estupendo restaurante. www.hotel-du-palais.com

## CAMON Château de Camon  🅿🍴🛏  €€€
*Camon, 9500* **Tel** *05 61 60 31 23* **Quartos** *19*

Hotel instalado em uma grande abadia do século X, localizado em um vilarejo fortificado, com acesso fácil para Mirepoix e Montségur. Os quartos são clássicos e espaçosos. O restaurante só abre no jantar e utiliza ingredientes regionais típicos e da estação. No verão, as refeições são servidas no claustro. Fechado nov-meados mai. www.chateaudecamon.com

## ESPELETTE Hôtel Euzkadi  🅿🍴🛏📺  €
*285 rte Karrika Nagusia, 64250* **Tel** *05 59 93 91 88* **Fax** *05 59 93 90 19* **Quartos** *27*

Localizado numa área rural não muito longe das praias do Atlântico, este amigável e pequeno hotel dirigido por uma família tem um bonito terraço, bons quartos, uma grande piscina, quadras de tênis e estacionamento seguro. Os proprietários Michele e Andre Darriadou serve pratos da cozinha basca. www.hotel-restaurant-euzkadi.com

## ISSOR Les 3 Baudets  🛏🅿  €
*64570* **Tel** *05 59 34 41 98* **Quartos** *5*

Hotel localizado em uma tranquila fazenda do século XVIII, rodeado por árvores e campos entre Arette e Oloron-Ste-Marie. Um bom ponto de partida para explorar o centro-oeste dos Pireneus. Possui cinco quartos espaçosos e um restaurante que serve carnes grelhadas e sobremesas caseiras. www.3baudets-pyrenees.com

## LASSEUBE Maison Rancésamy  🅿🍴  €€
*Quartier Rey, 64290* **Tel** *05 59 04 26 37* **Quartos** *5*

Um paraíso campestre, localizado a noroeste de Oloron-Ste-Marie e administrado por simpáticos donos. Os quartos são confortáveis e as refeições (jantar, com menu fixo) são preparadas com capricho. Um ótimo local para relaxar e curtir a natureza. Utilize este hotel como base para explorar os Pireneus. www.missbrowne.free.com

**Categorias de preço** *na p. 550* **Legenda dos símbolos** *no final do guia*

## LOUHOSSOA Domaine de Silencenia

*64250* **Tel** *05 59 93 35 60* **Quartos** *5*

Próximo à estrada entre St-Jean-Pied-de-Port e Cambo-les-Bains fica este bed and breakfast com piscina e lago. Os aconchegantes quartos possuem decoração individual e todos têm cama com dossel. O local ainda oferece café da manhã e um excelente jantar com menu fixo. **www.domaine-silencenia.com**

## LOURDES Grand Hôtel de la Grotte

*66 rue de la Grotte, 65100* **Tel** *05 62 94 58 87* **Fax** *05 62 94 20 50* **Quartos** *83*

Um dos grandes hotéis na histórica cidade de peregrinação de Lourdes, perto da famosa gruta e da fortaleza, com amplos quartos decorados com luxo, no estilo Luís XVI – alguns com vista para a catedral. O restaurante oferece a opção de bufê ou de brasserie para o jantar. Fechado nov-meados abr. **www.hotel-grotte.com**

## MAUBOURGUET La Maison at Maubourguet

*40 rue de l'hotel de ville, 65700* **Tel** *05 62 31 71 19* **Fax** *05 62 31 71 19* **Quartos** *3*

Pequeno bed and breakfast administrado por ingleses em uma cidade pouco conhecida, ao norte de Tarbes. Ótimo ponto de partida para explorar a região oeste da Gasconha. Os donos são muito simpáticos. Quartos lindamente decorados. Jardim particular, com piscina. Estacionamento próximo. **www.maisonatmaubourguet.com**

## MIREPOIX La Maison des Consuls

*6 pl Maréchal Leclerc, 09500* **Tel** *05 61 68 81 81* **Fax** *05 61 68 81 15* **Quartos** *8*

Numa charmosa construção do século XIV, que antigamente era o tribunal do distrito, este hotel está situado em uma conhecida praça medieval no coração desta pitoresca pequena cidade. Os quartos são decorados com antiguidades. O café-bar serve o café da manhã e petiscos. **www.maisondesconsuls.com**

## MONEIN Maison Canterou

*Quartier Laquidée, 64360* **Tel** *05 59 21 41 38* **Quartos** *5*

Uma casa de fazenda tradicional com pátio interno em uma região que produz vinhos Jurançon, nas montanhas de Béarn. Todos os quartos são belamente decorados. "Palombière", embaixo dos beirais, é espaçoso e "Mansengou" tem uma sacada voltada para os Pireneus. "Cupidon" é para os românticos. Table d'hôte deve ser solicitada.

## ORTHEZ Reine Jeanne

*44 rue Bourg Vieux, 64300* **Tel** *05 59 67 00 76* **Fax** *05 59 69 09 63* **Quartos** *30*

Ocupando uma construção do século XVIII na histórica cidade de Béarnaise, ao longo do rio Gave de Pau, este hotel tem os pequenos quartos dispostos em volta de um pátio coberto, bem como uma ala moderna com quartos maiores. Restaurante de comida tradicional da região. **www.reine-jeanne.fr**

## PAU Bristol

*3 rue Gambetta, 64000* **Tel** *05 59 27 72 98* **Fax** *05 59 27 87 80* **Quartos** *22*

Inaugurado em 1903, este hotel tem localização central, o que faz dele uma ótima base para explorar Pau a pé. Os quartos são bem decorados. Alguns têm sacada e outros oferecem bela vista dos Pireneus. Banheiros equipados com chuveiro e uma grande banheira. Internet sem fio gratuita. **www.hotelbristol-pau.com**

## PAU Hôtel du Parc Beaumont

*1 av Edouard VII, 64000* **Tel** *05 59 11 84 00* **Fax** *05 59 11 85 00* **Quartos** *80*

Este hotel luxuoso e moderno, da rede Concorde, é muito bem situado perto do cassino de Pau e da avenida com palmeiras, tendo vista panorâmica dos Pireneus. Os quartos são decorados com luxo – possui ainda piscina aquecida, hidromassagem, sauna e hammam (banho turco). **www.hotel-parc-beaumont.com**

## SARE Ttakoinenborda

*Maison Ttakoinenborda, 64310* **Tel** *05 59 47 51 42* **Quartos** *4*

Tradicional casa de fazenda do século XVII, próxima da cidade de Sare, rodeada por natureza. Jantar com menu fixo, oferece especialidades bascas e pães caseiros. Ótimo ponto de partida para explorar o País Basco, a costa ou a fronteira espanhola. **http://guesthouse.sare.france.com**

## SARE Hôtel Arraya

*Pl du Village, 64310* **Tel** *05 59 54 20 46* **Fax** *05 59 54 27 04* **Quartos** *20*

Conforto moderno se alia ao charme europeu neste hotel que fica na rota de peregrinação para Compostela. Paredes de pedra branca parcialmente cobertas por folhagem, quartos rústicos decorados com cores bascas e um restaurante que serve especialidades regionais. Fechado nov-mar. **www.arraya.com**

## SAUVETERRE DE BÉARN La Maison de Navarre

*Quartier St-Marc, 64390* **Tel** *05 59 38 55 28* **Fax** *05 59 38 55 71* **Quartos** *7*

Esta mansão cor-de-rosa, localizada num belo vilarejo medieval, tem quartos amplos e arejados. Confortável, com preço bom e ideal para quem tem crianças. Zebulon, um asno de estimação, vive no jardim, e as praias do Atlântico não estão longe. Restaurante excelente. Fechado nov-abr. **www.lamaisondenavarre.com**

## ST-ÉTIENNE DE BAÏGORRY Hôtel Arcé

*Rte Col d'Ispeguy, 64430* **Tel** *05 59 37 40 14* **Fax** *05 59 37 40 27* **Quartos** *20*

Esta acolhedora pousada basca está instalada no vale de Aldudes, ao sopé dos Pireneus, ideal para explorar a região basca. A piscina fica no outro lado do rio, junto à quadra de tênis. Tem um agradável restaurante com terraço e quartos modernos. Fechada de meados nov-meados mar. **www.hotel-arce.com**

### ST-GIRONS Hôtel Eychenne

8 av Paul Laffont, 09200 **Tel** 05 61 04 04 50 **Fax** 05 61 96 07 20 **Quartos** 35

Esta antiga estalagem vem sendo administrada pela mesma família há sete gerações e os quartos – arejados e claros – e as áreas comuns estão cheias de antiguidades e relíquias de família. Mas o conforto é moderno e pode-se almoçar no jardim. **www.ariege.com/hotel-eychenne/**

### ST-JEAN-DE-LUZ La Devinière

5 rue Loquin, 64500 **Tel** 05 59 26 05 51 **Fax** 05 59 51 26 38 **Quartos** 10

Nesta charmosa construção do século XVIII, cada quarto é decorado de uma maneira diferente, com antiguidades, obras de arte e livros raros. Conta com um lounge-biblioteca com lareira e um piano de cauda e um salão para o café da manhã. Tem um pequeno jardim, mas não há restaurante. **www.hotel-la-deviniere.com**

### ST-JEAN-PIED-DE-PORT Hôtel les Pyrenees

19 pl du Général-de-Gaulle, 64220 **Tel** 05 59 37 01 01 **Fax** 05 59 37 18 97 **Quartos** 20

Esta estalagem do século XVIII fica no final do lado francês da passagem de Roncevaux, onde a rota dos peregrinos para Santiago cruza os Pirineus. Quartos imaculados, academia com uma piscina aquecida ao ar livre e um restaurante que oferece tanto menu gastronômico como econômico. **www.hotel-les-pyrenees.com**

### ST-LIZIER Villa Belisama

Rue Notre Dame, 09190 **Tel** 05 61 02 83 24 **Quartos** 3

Localizado em um vilarejo histórico próximo a St-Girons, este charmoso bed and breakfast funciona em uma antiga casa reformada (partes da casa são do século 12). Os quartos são grandes. Possui jardim, piscina e biblioteca com uma esotérica coleção. Café da manhã e jantar (menu fixo) devem ser requisitados. **www.ariege.com/belisama**

## LANGUEDOC-ROUSSILLON

### AIGUES-MORTES Hôtel des Croisades

2 rue du Port, 30220 **Tel** 04 66 53 67 85 **Fax** 04 66 53 72 95 **Quartos** 15

Situado logo depois das muralhas, ao lado do canal, este atraente hotel tem um belo jardim, quartos modernos e bem equipados e funcionários prestativos. A histórica Aigues Mortes fica perto dali, assim como as praias da Camargue. Estacionamento pago. **www.lescroisades.fr**

### AIGUES-MORTES Hôtel St-Louis

10 rue Amiral Courbet, 30220 **Tel** 04 66 53 72 68 **Fax** 04 66 53 75 92 **Quartos** 22

Quartos espaçosos com conforto moderno e localizado perto da famosa torre Constance fazem deste amigável hotel instalado em uma construção do século XVIII um dos melhores lugares para se hospedar em Aigues Mortes. Bom restaurante, um belo pátio e estacionamento coberto pago. Fechado meados out-Páscoa. **www.lesaintlouis.fr**

### BARJAC Hôtel Le Mas du Terme

Route de Bagnoles sur Ceze, 30430 **Tel** 04 66 24 56 31 **Fax** 04 66 24 58 54 **Quartos** 23

Entre seus próprios vinhedos e campos de lavanda, este antigo hotel-casa de fazenda de pedra, no coração da Ardèche, tem muita personalidade, redondezas encantadoras, quartos charmosos e áreas comuns, além de um bom restaurante. Para as crianças há equitação, pingue-pongue e boules. **www.masduterme.com**

### BEZIERS Hôtel le Champ-de-Mars

17 rue de Metz, 34500 **Tel** 04 67 28 35 53 **Fax** 04 67 28 61 42 **Quartos** 10

Este estabelecimento, dirigido por uma família, oferece quartos confortáveis e de bom tamanho. Localizado em uma calma rua, fica perto das atrações, restaurantes e cafés da histórica Beziers. Sua frente é adornada por cestas cheias de gerânios, enquanto a maior parte dos quartos dá para um jardim de flores, nos fundos. **www.hotelchampdemars.com**

### BEZIERS Clos de Maussanne

Route de Pezenas, 34500 **Tel** 04 67 39 31 81 **Quartos** 4

A suntuosa entrada deste hotel, sombreada por dois grandes plátanos, fica no final de uma simpática estrada bordeada por árvores. Os sofisticados quartos deste antigo convento têm piso de tacos, móveis contemporâneos e banheiros modernos. Alguns têm terraço voltado para a piscina. Consulte o table d'hôte. **www.leclosdemaussanne.com**

### BIZE-MINERVOIS La Bastide Cabezac

18-20 Hameau Cabezac, 11120 **Tel** 04 68 46 66 10 **Fax** 04 68 46 66 29 **Quartos** 12

Relaxe nesta charmosa hospedaria, que fica em meio a oliveiras e videiras. A fachada é simpática, pintada de ocre, com janelas azuis; no interior, quartos modernos e confortáveis, com cores vivas e mobília regional. O restaurante é excelente. Degustações de vinho acontecem frequentemente. **www.la-bastide-cabezac.com**

### BOUZIGUES La Côte Bleue

Av Louis Tudesq, 34140 **Tel** 04 67 78 31 42 **Fax** 04 67 78 35 49 **Quartos** 31

Este hotel moderno, perto do charmoso vilarejo de pescadores de Meze, à beira do calmo lago de Thau, dispõe de quartos em tons suaves e uma fantástica vista do mar, de seus balcões. Seu aclamado restaurante serve ostras, mariscos e crustáceos. **www.la-cote-bleue.fr**

**Categorias de preço** na p. 550 **Legenda dos símbolos** no final do guia

## BRIGNAC La Missare €

*9 rue de Clermont, 34800* **Tel** *04 67 96 07 67* **Quartos** *4*

As sacadas com esculturas e as paredes entalhadas contrastam com a rusticidade desta casa de fazenda do século XIX. Os quartos são aposentos anexos à casa principal. Decorados individualmente, contam com camas estilo Luís XV e objetos de arte ecléticos, colecionados pelos donos. **www.la.missare.free.fr**

## CARCASSONNE Des Trois Couronnes €€

*2 rue Trois Couronnes, 11000* **Tel** *04 68 25 36 10* **Fax** *04 68 25 92 92* **Quartos** *69*

Este hotel de negócios tem vista para as muralhas da medieval Carcassonne, do outro lado do rio Aude, e o restaurante no quarto andar tem uma imbatível vista dessas muralhas iluminadas à noite. Bons preços, mais bem equipado do que a maior parte dos hotéis locais da mesma categoria. **www.hotel-destroiscouronnes.com**

## CARCASSONNE Hôtel de la Cité €€€€€

*Pl August-Pierre Pont, 11000* **Tel** *04 68 71 98 71* **Fax** *04 68 71 50 15* **Quartos** *61*

O melhor hotel do Languedoc-Roussillon, com serviço imaculado, quartos com decoração opulenta, uma linda piscina, jardins planejados, ótimos restaurantes e uma localização única na parte medieval de Carcassonne, La Cité. Golfe, canoagem e rafting à disposição perto daqui. **www.hoteldelacite.com**

## CASTILLON DU GARD Le Vieux Castillon €€€€

*Rue Turion Sabatier, 30210* **Tel** *04 66 37 61 61* **Fax** *04 66 37 28 17* **Quartos** *32*

Um edifício restaurado neste vilarejo medieval, que foi transformado em um hotel com estilo, discreto, prestigioso, confortável e com uma comida maravilhosa. Le Vieux Castillon faz parte da rede Relais et Chateaux e é aconselhável reservar com antecedência. **www.vieuxcastillon.com**

## CÉRET La Terrasse au Soleil €€€

*1500 route de Fontfrede, 66400* **Tel** *04 68 87 01 94* **Fax** *04 68 87 39 24* **Quartos** *41*

Este hotel fica na ladeira acima do vilarejo de Céret (onde Picasso viveu e trabalhou) e tem bela vista do Mt-Canigou e dos Pireneus. O restaurante é conhecido por sua cozinha regional. Grande local para famílias que gostam de atividades, com belos quartos e todos os confortos. Fechado dez-mar. **www.terrasse-au-soleil.com**

## COLLIOURE Relais des Trois Mas €€€

*Route de Port-Vendres, 66190* **Tel** *04 68 82 05 07* **Fax** *04 68 82 38 08* **Quartos** *23*

Este adorável hotel é composto de várias construções antigas restauradas em meio a um jardim de pinheiros, com linda vista da Cote du Vermeille e do porto e da cidade de Collioure. A maior parte dos quartos tem terraços ou varandas viradas para o mar. O restaurante La Balette tem um belo cardápio tradicional. **www.relaisdestroismas.com**

## FERRIÈRES-LES-VERRERIES Mas de Baumes €€

*34190* **Tel** *04 66 80 88 80* **Fax** *04 66 80 88 82* **Quartos** *7*

Este belíssimo hotel fica num local de difícil acesso. Os quartos são temáticos: Barbara Cartland, oriental ou século XVIII. A decoração é contemporânea e combina bem com a elegância do antigo prédio de pedras. Embora descontraído, o ambiente é refinado. A culinária é original. Fechado nov-Páscoa. **www.oustaldebaumes.com**

## MOLITG-LES-BAINS Château de Riell €€€€

*66500* **Tel** *04 68 05 04 40* **Fax** *04 68 05 04 37* **Quartos** *22*

Belíssimo château em meio aos pinheiros. A parte interna é moderna, com piso de pedras, tons de ocre e um magnífico lounge. Quartos confortáveis e cheios de estilo. Alguns ficam fora do prédio principal. Culinária criativa e generosa é servida no restaurante, estilo taberna. Fechado nov-Páscoa. **www.chateauderiell.com**

## MONTPELLIER Hôtel du Palais €€

*3 rue Palais des Guilhem, 34000* **Tel** *04 67 60 47 38* **Fax** *04 67 60 40 23* **Quartos** *26*

O Hôtel du Palais fica em um atraente edifício centenário, no coração da parte antiga de Montpellier. Os quartos são pequenos, mas com toques acolhedores, como flores frescas. Uma boa escolha para uma curta estadia econômica. Vários restaurantes por perto. **www.hoteldupalais-montpellier.fr**

## MONTPELLIER New Hotel du Midi €€€

*22 bd Victor Hugo, 34000* **Tel** *04 67 92 69 61* **Fax** *04 67 92 73 63* **Quartos** *44*

Um edifício no estilo Hausmann, com características da Belle Époque, situado na place de la Comèdie. Os quartos, reformados e espaçosos, têm itens de conveniência e decoração em cores quentes, como chocolate, caramelo, amora e pistache. Boa localização, com diversos restaurantes na vizinhança. **www.new-hotel.com**

## NARBONNE Grand Hôtel du Languedoc €

*22 bd Gambetta, 11100* **Tel** *04 68 65 14 74* **Fax** *04 68 65 81 48* **Quartos** *40*

Este elegante hotel em um edifício do século XIX fica perto da catedral de Narbonne, das lojas do centro, dos mercados e museus. O popular restaurante ainda conserva traços de sua elegância da Belle Époque. Quartos espaçosos com pé-direito alto, ar-condicionado e janelas antirruído. **www.hoteldulanguedoc.com**

## NIMES Imperator-Concorde €€€€

*Quai de la Fontaine, 30000* **Tel** *04 66 21 90 30* **Fax** *04 66 67 70 25* **Quartos** *60*

Construído em 1929, este hotel recebeu hóspedes ilustres, como Ava Gardner e Hemingway. Os quartos são bem equipados, e a decoração varia: alguns são modernos, outros lembram a década de 1930. Todos têm vista para o jardim, repleto de cedros e palmeiras. O restaurante serve pratos criativos com ingredientes típicos. **www.hotel-imperator.com**

### NÎMES New Hôtel la Baume — €€€
*21 rue Nationale, 30000* **Tel** *04 66 76 28 42* **Fax** *04 66 76 28 45* **Quartos** *34*

Instalado em uma elegante casa do século XVII, la Baume é um dos lugares mais agradáveis para ficar em Nîmes. Perto das atrações, mescla o charme europeu com conveniências modernas. Alguns quartos estão tombados pelo Patrimônio Histórico. Não tem restaurante, mas um acolhedor café-bar. **www.new-hotel.com**

### PERPIGNAN Hôtel de la Loge — €
*1 rue des Fabriques d'en Nabot, 66000* **Tel** *04 68 34 41 02* **Fax** *04 68 34 25 13* **Quartos** *22*

Este hotel de preços razoáveis, no coração da parte medieval de Perpignan, fica em uma mansão catalã do século 16 com pátio de mosaicos e fonte. Todos os confortáveis quartos são suítes. Despretensioso e acolhedor, é ideal para uma curta estadia. **www.hoteldelaloge.fr**

### PERPIGNAN Villa Duflot — €€€
*Rond point Albert Donnezan, 66000* **Tel** *04 68 56 67 67* **Fax** *04 68 56 54 05* **Quartos** *25*

Hospedaria em estilo italiano, em meio a um parque privado, próxima a uma movimentada área urbana. O interior é elegante, iluminado por bay windows, com toques art déco e esculturas contemporâneas. Quartos confortáveis e práticos. O restaurante tem passagem para a piscina e serve pratos regionais. **www.villa-duflot.com**

### PRADES Castell Rose — €€
*Chemin de la Litera, 66500* **Tel** *04 68 96 07 57* **Quartos** *5*

Carismática e elegante, esta pousada fica próxima da abadia de St-Martin-du-Canigou. O prédio de mármore rosado possui uma bela galeria, com teto abobadado, e uma torre com vista para os jardins espanhóis e para o grande parque. Os quartos são agradáveis, decorados com móveis de época. Refinado e chique. **www.castellrose-prades.com**

### QUILLAN Hôtel Cartier — €
*31 bd Charles de Gaulle, 11500* **Tel** *04 68 20 05 14* **Fax** *04 68 20 22 57* **Quartos** *28*

Administrado por uma família, fica em um edifício art déco dos anos 1950, no centro de Quillan. Os quartos de cores neutras são limpos e confortáveis, quase espartanos. O restaurante é despretensioso e agradável, com preços razoáveis e popular tanto entre os habitantes locais como entre os visitantes. **www.hotelcartier.com**

### SAILLAGOUSE L'Atalaya — €€
*Llo, 66800* **Tel** *04 68 04 70 04* **Fax** *04 68 04 01 29* **Quartos** *13*

Localizada próxima a um morro, na região de Cerdagne, esta simpática pousada oferece uma vista privilegiada da Espanha. Os quartos são confortáveis e bem cuidados, com decoração individual. Bordados de qualidade e móveis cheios de estilo criam um ambiente de luxo. Piscina. Fechado nov e jan-mar. **www.atalaya66.com**

### SÈTE Grand Hôtel — €
*17 quai de Tassigny, 34200* **Tel** *04 67 74 71 77* **Fax** *04 67 74 29 27* **Quartos** *43*

Situado ao lado do famoso canal de Sète, este prédio do século XIX foi restaurado para recuperar a grandeza do passado, e seu restaurante em uma estufa é um dos melhores da cidade. Os quartos foram recentemente decorados e bem equipados – alguns têm balcões que dão para o canal. Serviço extremamente profissional. **www.legrandhotelsete.com**

### SOMMIÈRES Hôtel de l'Orange — €€€
*7 rue des Beaumes, 30250* **Tel** *04 66 77 79 94* **Quartos** *7*

Localizado na região de Cévennes, este charmoso hotel do século XVII oferece uma bela vista do vilarejo vizinho. Os quartos têm um tamanho bom, com móveis que vão do tradicional ao moderno. Os jardins são cuidadosamente enfeitados e convidam o hóspede a um passeio prazeroso. **www.hotel.delorange.free.fr**

### ST-CYPRIEN L'Ile de La Lagune — €€€€
*Bd de l'Almandin, Les Capellans, 66750* **Tel** *04 68 21 01 02* **Fax** *04 68 21 06 28* **Quartos** *22*

Um dos mais luxuosos hotéis da região, instalado em um prédio construído na década de 1990 em uma ilha no meio da lagoa. Um lindo complexo de arquitetura espanhola, com quartos práticos, bem ventilados e com sacada. O ótimo restaurante possui terraço. Praia particular. **www.hotel-ile-lagune.com**

### UZES Hostellerie Provençale — €€
*1-3 rue Grande Bourgade, 30700* **Tel** *04 66 22 11 06* **Fax** *04 66 75 01 03* **Quartos** *9*

Hotel pequeno e simpático, ideal para se explorar esta antiga cidade, especialmente em dias de feira de rua. O prédio antigo, com piso de azulejos vermelhos e móveis rústicos, contrasta com os modernos itens de conveniência. Alguns quartos têm jacuzzi. Na alegre sala de jantar, serve-se a comida típica de Provençale. **www.hostellerieprovencale.com**

## PROVENÇA E CÔTE D'AZUR

### AIX-EN-PROVENCE Hôtel St-Christophe — €€
*2 av Victor Hugo, 13100* **Tel** *04 42 26 01 24* **Fax** *04 42 38 53 17* **Quartos** *67*

Este maravilhoso hotel instalado em um casarão tem em seus quartos todas as conveniências modernas – reserve com boa antecedência para conseguir um com balcão. A decoração é em estilo art déco e no térreo há uma das melhores brasseries do gênero, com mesas também ao ar livre. Localização central. **www.hotel-saintchristophe.com**

**Categorias de preço** *na p. 550* **Legenda dos símbolos** *no final do guia*

## ONDE FICAR

### AIX-EN-PROVENCE Hôtel des Augustins     🗐    €€€
*3 rue de la Masse, 13100* **Tel** *04 42 27 28 59* **Fax** *04 42 26 74 87* **Quartos** *29*

Em um convento do século XII restaurado e com a sua recepção em uma capela do século XV, o Hôtel des Augustins oferece um oásis de tranquilidade no coração da agitada Aix. Os quartos são amplos e confortáveis, em tradicional estilo provençal. Não possui restaurante, mas há muitos deles por perto. **www.hotel-augustins.com**

### ANTIBES La Bastide de la Brague     🅿 🍴 🗐 ♿    €€
*55 av No. 6 La Brague, 06600* **Tel** *04 93 65 73 78* **Quartos** *5*

Um convidativo bed and breakfast familiar que serve refeições sob encomenda. Esta grande casa provençal oferece cinco quartos espaçosos e bem decorados, alguns com pátio privativo. O café da manhã pode ser saboreado no terraço externo, sob oliveiras, quando o tempo está bom. **www.bbchambreantibes.com**

### ANTIBES Mas Djoliba     🅿 🍴 🏊 🗐    €€€
*29 av Provence, 06600* **Tel** *04 93 34 02 48* **Fax** *04 93 34 05 81* **Quartos** *13*

Mas Djoliba é uma grande e antiga casa de fazenda situada no meio de muito verde, com palmeiras ao redor da piscina. Conveniente para visitar a antiga Antibes e as praias próximas, é perfeita para um fim de semana romântico ou férias prolongadas. Fechada final out-mar. Meia pensão obrigatória mai-set. **www.hotel-djoliba.com**

### ARLES Hotel de Amphithéâtre     🈂 🗐 ♿    €€
*5-7 rue Diderot, 16200* **Tel** *04 90 96 10 30* **Fax** *04 90 93 98 69* **Quartos** *33*

Hotel com preços acessíveis, beleza e ótima localização, próximo ao anfiteatro de Arles. Alguns quartos deixam a desejar, mas a decoração é linda, típica da região. As áreas comuns são ótimas, o serviço é impecável e o estacionamento vizinho oferece desconto para hóspedes. Bom para famílias. **www.hotelamphitheatre.fr**

### ARLES Hôtel Calendal     🈂 🗐 🍴    €€€
*5 rue Porte de Laure, 13200* **Tel** *04 90 96 11 89* **Fax** *04 90 96 05 84* **Quartos** *38*

Este tranquilo hotel no centro histórico de Arles, perto da arena romana, tem quartos bem decorados e com ar-condicionado, alguns com balcões voltados para a arena ou para o anfiteatro romano. O café da manhã é servido no jardim, à sombra das palmeiras. **www.lecalendal.com**

### ARLES Hôtel d'Arlatan     🅿 🏊 🗐 ♿    €€€
*26 rue du Sauvage, 13200* **Tel** *04 90 93 56 66* **Fax** *04 90 49 68 45* **Quartos** *47*

Esta antiga residência do século XV, dos condes d'Arlatan, é um dos mais bonitos hotéis históricos da região. Os quartos são decorados com antiguidades. Painéis de vidro no chão do salão revelam fundações romanas do século IV. Jardim murado e um terraço de pedra. **www.hotel-arlatan.fr**

### BEAULIEU SUR MER La Réserve de Beaulieu     📺 🅿 🍴 🏊 🈂 🗐    €€€€€
*5 bd du Général Leclerc, 06310* **Tel** *04 93 01 00 01* **Fax** *04 93 01 28 99* **Quartos** *39*

Um hotel luxuoso de frente para o mar, no coração de Beaulieu, próximo ao porto. Os quartos são elegantes, decorados em tons pastéis, e há uma piscina magnífica construída próximo ao mar. O restaurante recebeu duas estrelas do *Michelin* pela sua qualidade gastronômica. Fechado meados out-meados dez. **www.reservebeaulieu.com**

### BIOT Hôtel les Arcades     🍴    €€
*16 pl des Arcades, 06410* **Tel** *04 93 65 01 04* **Fax** *04 93 65 01 05* **Quartos** *12*

Esta pousada do século XV é um oásis de tranquilidade. Os quartos são pequenos e até estreitos, mas decorados com estilo. Os quartos mais altos têm terraço com vista para o mar. O bar serve o café da manhã e é também restaurante, onde você se senta com os boêmios locais e seus mascotes. **www.hotel-restaurant-les-arcades.com**

### BORMES-LES-MIMOSAS Domaine du Mirage     📺 🅿 🍴 🏊 🈂 🗐 ♿    €€€
*38 rue de la Vue des Iles, 83230* **Tel** *04 94 05 32 60* **Fax** *04 94 64 93 03* **Quartos** *33*

Hotel localizado próximo à baía de Le Lavandou, a dez minutos de carro das praias da Riviera. Construído no estilo vitoriano, possui piscina e quartos com sacada. No almoço, pratos leves são servidos na piscina, enquanto o jantar serve um menu rotativo. Funcionários prestativos. **www.domainedumirage.com**

### CANNES La Villa Tosca     ♿ 🗐    €€
*11 rue Hoche, 06400* **Tel** *04 93 38 34 40* **Fax** *04 93 38 73 34* **Quartos** *22*

Um grande hotel no estilo Beaux-Arts, localizado próximo à praia, à estação de trem e ao Palais des Festivals. Nos quartos, móveis antigos se misturam a itens contemporâneos, resultando em uma decoração original. Vale a pena pagar um pouco mais pelos quartos maiores (alguns com sacada). **www.villa-tosca.com**

### CANNES Hôtel Molière     ♿ 🗐    €€€
*5 rue Molière, 06400* **Tel** *04 93 38 16 16* **Fax** *04 93 68 29 57* **Quartos** *24*

Este edifício do século XIX fica perto da Croisette, a esplanada à beira-mar de Cannes, com quartos claros e confortáveis e balcões voltados para um atraente jardim onde o café da manhã é servido. Bons preços e muito requisitado. É melhor reservar com antecedência. **www.hotel-moliere.com**

### CANNES Hôtel Splendid     ♿ 🗐 ♿    €€€
*4 av Felix Faure, 06400* **Tel** *04 97 06 22 22* **Fax** *04 93 99 55 02* **Quartos** *62*

Este hotel que mais parece um bolo de noiva, com fachada Belle Époque, bem no centro de Cannes, tem uma vista fantástica do ancoradouro dos iates do topo de seu restaurante. Alguns quartos de frente para o mar contam com grandes balcões. Serviço muito bom e atmosfera amigável e acolhedora. **www.splendid-hotel-cannes.fr**

## CANNES Eden Hôtel  €€€€
*133 rue d'Antibes, 06400* **Tel** 04 93 68 78 00 **Fax** 04 93 68 78 01 **Quartos** 115

Este novo hotel-butique é claro, colorido e na moda, com um pouco dos anos 1960 complementando sua modernidade. Perto das elegantes ruas comerciais da cidade, conta com uma piscina aquecida, hidromassagem, academia e massagem. **www.eden-hotel-cannes.com**

## CANNES Carlton Inter-Continental  €€€€€
*58 la Croisette, 06414* **Tel** 04 93 06 40 06 **Fax** 04 93 06 40 25 **Quartos** 341

O melhor dos melhores, é aqui que se hospedam os astros do cinema. Durante o festival de cinema, a lista de espera é grande. Estilo art déco, instalações de luxo discreto nos quartos e nas áreas comuns, assim como uma praia privativa com cadeiras e guarda-sóis. **www.intercontinental.com/cannes**

## CAP D'ANTIBES La Garoupe et Gardiole  €€
*60-74 chemin de la Garoupe, 06160* **Tel** 04 92 93 33 33 **Fax** 04 92 67 61 87 **Quartos** 37

Pinheiros e ciprestes cercam o edifício cor-de-rosa dos anos 1920 deste adorável hotel (e razoável nos preços, para os padrões de Cap d'Antibes). Assoalho de madeira, vigas no teto e paredes brancas conservam um tom rural. Os quartos são claros e arejados. Terraço sombreado e bonita piscina. **www.hotel-lagaroupe-gardiole.com**

## CAP D'ANTIBES La Jabotte  €€
*13 av Max Maurey, 06160* **Tel** 04 93 61 45 89 **Quartos** 10

Um hotel pequeno e simpático. O La Jabotte costuma ser muito disputado no verão, graças a seus charmosos quartos, sua equipe hospitaleira e seus ótimos preços. Um aperitivo é servido como cortesia da casa, toda noite, no pátio. A praia fica a poucos passos do hotel. Fechado nov. **www.jabotte.com**

## CAP D'ANTIBES Hôtel du Cap (Eden Roc)  €€€€€
*Bd Kennedy, 06600* **Tel** 04 93 61 39 01 **Fax** 04 93 67 76 04 **Quartos** 120

Construído em 1870, é o melhor em Antibes; um refúgio dos ricos e famosos. Quase todos os quartos são luxuosas suítes ou apartamentos. Cabines ao longo do mar estão à disposição, além de uma enorme piscina aquecida de água salgada. Comida excelente, serviço cortês e conveniências de última geração. **www.hotel-du-cap-eden-roc.fr**

## CASSIS Les Jardins de Cassis  €€€
*Rue Auguste Favier, 13260* **Tel** 04 42 01 84 85 **Fax** 04 42 01 32 38 **Quartos** 36

O lugar mais agradável do pitoresco porto de Cassis, este hotel é muito requisitado, portanto convém reservar com antecedência. Os quartos, em um conjunto de prédios de cores pastel, são pequenos mas oferecem confortos como jacuzzis e uma piscina. Jardim de limoeiros e buganvíleas. Fechado dez-mar. **www.lesjardinsdecassis.com**

## CASTELLANE Nouvel Hôtel du Commerce  €€
*Pl de l'Église, 04120* **Tel** 04 92 83 61 00 **Fax** 04 92 83 72 82 **Quartos** 34

Este hotel, na pitoresca cidade de Castellane, é uma boa base para explorar a redondeza. Os quartos, bonitos, bem equipados e imaculados, dão para a praça do mercado ou para o penhasco que fica acima de Castellane. A varanda da sala de jantar é bonita e arejada. Fechado nov-1º mar. **www.hotel-fradet.com**

## EZE Château Eza  €€€€€
*Rue de la Pise, 06360* **Tel** 04 93 41 12 24 **Fax** 04 93 41 16 64 **Quartos** 11

Esta incrível construção é um conjunto de casas medievais no topo do "ninho de águia" de Eze. Antiga residência do príncipe Guilherme da Suécia, foi transformada em uma pequena joia, um hotel luxuoso com quartos elegantes e vistas deslumbrantes de seus terraços. Fechado nov-meados dez. **www.chateaueza.com**

## FONTVIEILLE Hôtel La Peiriero  €€
*36 av des Baux, 13990* **Tel** 04 90 54 76 10 **Fax** 04 90 54 62 60 **Quartos** 42

Este receptivo hotel familiar foi instalado em uma fazenda tradicional de Provençal, conhecida pelo nome de "mas". A comida, as cores e o ambiente são típicos da região. Relaxante no verão e aconchegante no inverno. Dispõe de uma área especialmente projetada para a diversão das crianças. **www.hotel-peiriero.com**

## JUAN LES PINS Hôtel des Mimosas  €€€
*Rue Pauline, 06160* **Tel** 04 93 61 04 16 **Fax** 04 92 93 06 46 **Quartos** 34

Palmeiras rodeiam este gracioso hotel, construído no final do século XIX, que oferece estilo e personalidade a um preço razoável. Tem uma apresentação muito bonita, com quartos confortáveis, simples e frescos. Peça um quarto mais tranquilo voltado para a piscina. Fechado set-mai. **www.hotelmimosas.com**

## LES ARCS SUR ARGENS Logis du Guetteur  €€€€
*Pl du Château, 83460* **Tel** 04 94 99 51 10 **Fax** 04 94 99 51 29 **Quartos** 13

Instalado na torre de um castelo do século XI – um marco imponente, acima do pequeno vilarejo – este confortável hotel é um bom lugar para se hospedar no verão ou no inverno, uma vez que fica a meia distância entre as praias do Mediterrâneo e as pistas de esqui alpinas. A vista da muralha é épica. **www.logisduguetteur.com**

## LES BAUX DE PROVENCE L'Hostellerie de la Reine Jeanne  €
*Grande rue, 13520* **Tel** 04 90 54 32 06 **Fax** 04 90 54 32 33 **Quartos** 10

Esta antiga casa no centro de um dos mais charmosos e visitados vilarejos da Provença tem doze quartos, um diferente do outro, decorados de maneira simples e atraente. Porém, não é adequado para crianças pequenas, e o estacionamento que fica perto é sempre um desafio. **www.la-reinejeanne.com**

---

**Categorias de preço** *na p. 550* **Legenda dos símbolos** *no final do guia*

## LES BAUX DE PROVENCE Auberge de la Benvengudo

*Vallon de l'Arcoule, 13520* **Tel** *04 90 54 32 54* **Fax** *04 90 54 42 58* **Quartos** *28*

Com quartos confortáveis e decoração luxuosa, um grande jardim e quadra de tênis, esta atraente casa de campo perto do vilarejo de Les Baux, no topo da montanha, é um dos mais charmosos lugares para se hospedar perto das Bouches du Rhône. Boa base para explorar a região. Fechado nov-mar. **www.benvengudo.fr**

## MARSELHA Sofitel Marseille Vieux Port

*36, bd Charles Livon, 13007* **Tel** *04 91 15 59 00* **Fax** *04 91 15 59 50* **Quartos** *134*

Este luxuoso hotel é decorado em estilo intimista, com madeiras escuras e móveis modernos. Oferece uma das melhores vistas do Vieux Port. Destaque para os 28 quartos com terraço. O restaurante fica no piso superior e oferece vista panorâmica para esta linda região da França. **www.accorhotels.com**

## MENTON Hôtel Aiglon

*7 av de la Madone, 06500* **Tel** *04 93 57 55 55* **Fax** *04 93 35 92 39* **Quartos** *28*

Não muito longe do mar, o Aiglon oferece todo o conforto, incluindo uma piscina aquecida e um jardim exuberante. Trata-se de um charmoso casarão do século XIX, bem decorado e com um bom restaurante com mesas no terraço sombreado por palmeiras. **www.hotelaiglon.net**

## MOUSTIERS STE-MARIE La Bastide de Moustiers

*Chemin de Quinson, 04360* **Tel** *04 92 70 47 47* **Fax** *04 92 70 47 48* **Quartos** *12*

Não longe de um dos vilarejos mais bonitos da região, La Bastide de Moustiers está instalado em um prédio do século XVII, mas conta com todo o conforto moderno. Rodeado por um lindo jardim, o hotel tem vista fabulosa das montanhas próximas e possui um bom restaurante. Quarto para portadores de deficiência. **www.bastide-moustiers.com**

## NICE Hôtel Windsor

*11 rue Dalpozzo, 06000* **Tel** *04 93 88 59 35* **Fax** *04 93 88 94 57* **Quartos** *57*

O Windsor disponibiliza uma série de serviços para os hóspedes. Tem uma piscina em um exótico jardim com palmeiras, playground para as crianças e centro de saúde e beleza com massagem e sauna. Alguns quartos são decorados por artistas locais. Possui bar e restaurante. **www.hotelwindsornice.com**

## NICE Hôtel Suisse

*15 quai Rauba Capéu, 06300* **Tel** *04 92 17 39 00* **Fax** *04 93 85 30 70* **Quartos** *42*

Este moderno hotel de Nice cobra um preço justo pelos serviços prestados. Localiza-se a poucos metros do mercado de Saleya. Não tem piscina, mas basta atravessar a rua para se chegar à praia. Algumas sacadas têm vista para a Baie des Anges. Os funcionários são amigáveis e solícitos. **www.hotel-nice-suisse.com**

## NICE La Pérouse

*11 quai Rauba-Capeu, 06300* **Tel** *04 93 62 34 63* **Fax** *04 93 62 59 41* **Quartos** *60*

La Pérouse tem a melhor vista de Nice. Situado na parte oriental final da Baie des Anges, no topo de uma colina entre a Promenade des Anglais e o porto. Os quartos virados para o mar têm pequenos terraços e são bem tranquilos. No verão o restaurante monta as mesas à sombra dos limoeiros. **www.hotel-la-perouse.com**

## NICE Le Negresco

*37 promenade des Anglais, 06000* **Tel** *04 93 16 64 00* **Fax** *04 93 88 35 68* **Quartos** *120*

O Negresco é a grande vedete dos hotéis da Riviera e sempre foi um ponto de referência na Promenade des Anglais desde que abriu em 1913, com uma lista interminável de hóspedes ricos e famosos. Decorado esplendidamente e repleto de obras de arte, tem um serviço perfeito e todo o conforto moderno. **www.hotel-negresco-nice.com**

## SEILLANS Hôtel des Deux Rocs

*Place Font d'Amont, 83440* **Tel** *04 94 76 87 32* **Fax** *04 94 76 88 68* **Quartos** *13*

Esta mansão provençal do século XVII na praça do vilarejo é bem familiar, decorada com antiguidades e tecidos tradicionais. Os quartos da frente são maiores e mais claros. Pratos da cozinha mediterrânea são servidos ao lado da fonte, na praça, durante o verão. Fechado jan-meados fev. **www.hoteldeuxrocs.com**

## ST-JEAN-CAP-FERRAT Hôtel Brise Marine

*58 av Jean-Mermoz, 06230* **Tel** *04 93 76 04 36* **Fax** *04 93 76 11 49* **Quartos** *16*

Este pequeno hotel é ideal para quem está à procura de um local para relaxar. Localizado entre o mar e as montanhas da costa, proporciona belas paisagens a seus hóspedes. Não possui piscina, mas a praia está a 50m de distância. Fechado nov-fev. **www.hotel-brisemarine.com**

## ST-JEAN-CAP-FERRAT Royal Riviera

*3 av Jean Monnet, 06230* **Tel** *04 93 76 31 00* **Fax** *04 93 01 23 07* **Quartos** *96*

Luxuoso hotel na bela região de St-Jean-Cap-Ferrat. Possui uma praia particular. Alguns quartos parecem pequenos pelo preço cobrado, mas o serviço impecável compensa. O prédio anexo em frente à piscina é chamado de L'Orangerie e tem dezesseis ótimos quartos. **www.royal-riviera.com**

## ST-PAUL-DE-VENCE Hostellerie des Remparts

*72 rue grande, 06570* **Tel** *04 93 32 09 88* **Fax** *04 93 24 10 47* **Quartos** *9*

No coração deste pitoresco vilarejo, oferece conforto moderno em um cenário medieval. Os quartos são decorados com antiguidades e têm vista maravilhosa. Conta com um pequeno terraço que dá para o jardim. O vilarejo é só para pedestres e o estacionamento fica a alguma distância. Fechado seg fora de temporada. **www.hostellerielesremparts.com**

### ST-PAUL-DE-VENCE La Colombe d'Or
Pl de Gaulle, 06570 **Tel** 04 93 32 80 02 **Fax** 04 93 32 77 78 **Quartos** 25

O lugar mais luxuoso para se hospedar em St-Paul, esta antiga casa de fazenda recebia pintores impressionistas, e originais de Picasso e Matisse podem ser vistos pendurados em suas paredes. Sua lista de hóspedes é notável, e convém reservar com antecedência. Restaurante de renome. www.la-colombe-dor.com

### ST-TROPEZ Lou Cagnard
Av Paul Roussel, 83990 **Tel** 04 94 97 04 24 **Fax** 04 94 97 09 44 **Quartos** 19

Ocupando uma antiga casa, este pequeno hotel fica a apenas um minuto a pé da praça mais agitada de St-Tropez, a place des Lices. Peça um quarto voltado para o jardim sombreado por amoreiras. Não tem ar-condicionado, e os quartos da frente são barulhentos quando as janelas estão abertas. Fechado dez-jan. www.hotel-lou-cagnard.com

### ST-TROPEZ Pastis Hôtel St-Tropez
61 av du Général Leclerc, 83990 **Tel** 04 98 12 56 50 **Fax** 04 94 96 99 82 **Quartos** 9

A cidade de St-Tropez chama a atenção por seu luxo exuberante. Este hotel, por outro lado, ganha por ser discreto: nove quartos decorados com arte contemporânea e uma mistura de móveis antigos e modernos. A piscina aquecida é cercada de palmeiras centenárias. Não há restrição de traje. www.pastis-st-tropez.com

### ST-TROPEZ La Ponche
Port des Pêcheurs, 83990 **Tel** 04 94 97 02 53 **Fax** 04 94 97 78 61 **Quartos** 18

Para aqueles que procuram um refúgio chique em St-Tropez, este conjunto de ex-cabanas de pescadores pode ser conveniente. Os quartos são grandes e muito chiques; dois deles adequados a famílias. Entre seus hóspedes famosos estão o pintor Pablo Picasso e a atriz Romy Schneider. Fechado nov-meados fev. www.laponche.com

### VENCE Mas de Vence
539 av Emile Hugues, 06140 **Tel** 04 93 58 06 16 **Fax** 04 93 24 04 21 **Quartos** 41

Este moderno estabelecimento pode não ser perfeito para quem deseja algo diferente, mas a sua arquitetura e suas cores na tradição provençal, além de ar-condicionado, quartos isolados, um pequeno jardim e um restaurante com terraço podem ajudar a estadia. www.azurline.com

### VILLEFRANCHE-SUR-MER Hôtel La Flore
5 bd Princess Grace de Monaco, 06230 **Tel** 04 93 76 30 30 **Fax** 04 93 76 99 99 **Quartos** 31

Este tradicional hotel, construído no início do século XX, passou por uma reforma e apresenta hoje um estilo típico da Provença. Os quartos são calmos e têm vista para o mar e para o famoso porto de Villefranche. Próximo da Citadelle e de uma série de ótimos restaurantes. www.hotel-la-flore.fr

### VILLEFRANCHE-SUR-MER Hôtel Versailles
7 bd Princesse Grace, 06230 **Tel** 04 93 76 52 52 **Fax** 04 93 01 97 48 **Quartos** 46

Este hotel moderno tem de tudo para uma estadia prolongada, incluindo piscina, restaurante especializado em cozinha provençal, um grande terraço e quartos com vista panorâmica. O inconveniente é que está situado junto à uma estrada movimentada. Estacionamento seguro. Fechado nov-meados mar. www.hotelversailles.com

# CÓRSEGA

### AJACCIO Hôtel Kallisté
51 cours Napoléon, 20000 **Tel** 04 95 51 34 45 **Fax** 04 95 21 79 00 **Quartos** 48

Bem no meio da movimentada Cours Napoléon, um hotel limpo e bem administrado, com quartos muito silenciosos. Balaústres de ferro forjado e paredes de pedra à vista dão um toque de rusticidade ao prédio de 1864. Apenas a alguns minutos das estações de trem e de ônibus. www.cyrnos.net

### AJACCIO Hôtel Les Mouettes
9 cours Lucien Bonaparte, 20000 **Tel** 04 95 50 40 40 **Fax** 04 95 21 71 80 **Quartos** 28

Este hotel, próximo do centro da cidade, possui praia particular e piscina. Os quartos são espaçosos, decorados em estilo clássico, em harmonia com a fachada do século XIX. Não há restaurante, mas pode-se pedir café da manhã e lanches. Fechado meados nov-meados mar. www.hotellesmouettes.fr

### BASTIA Hôtel Posta Vecchia
Quai des Martyrs de la Libération, 20200 **Tel** 04 95 32 32 38 **Fax** 04 95 32 14 05 **Quartos** 50

Convenientemente situado no coração da cidade, este hotel fica perto do agitado e colorido porto velho, com seus animados restaurantes. Peça um quarto da frente, para poder acompanhar o footing da tarde ao longo do cais arborizado. Estacionamento público em frente. www.hotel-postavecchia.com

### BASTIA Hôtel Pietracap
Rte San Martino, San Martino di Lota, 20200 **Tel** 04 95 31 64 63 **Fax** 04 95 31 39 00 **Quartos** 39

Hotel muito confortável em um belo cenário na estrada costeira de Bastia. Um grande parque com oliveiras centenárias separa o hotel do mar. Grande piscina ao ar livre. Estacionamento privativo. Fechado dez-abr. www.hotel-pietracap.com

**Categorias de preço** na p. 550 **Legenda dos símbolos** no final do guia

## BONIFACIO Hôtel le Royal

*8 rue Fred Scamaroni, 20169* **Tel** *04 95 73 00 51* **Fax** *04 95 73 04 68* **Quartos** *14*

Hotel movimentado na cidade antiga com vista para os penhascos e o mar. Os quartos, pintados recentemente, são em tom pastel. A catedral fica perto e uma escadaria leva até o animado passeio do cais. O pequeno trem turístico para em frente. O restaurante serve comida local. www.hotel-leroyal.com

## BONIFACIO Hôtel Résidence du Centre Nautique

*Quai Nord, Port de Plaisanc, 20169* **Tel** *04 95 73 02 11* **Fax** *04 95 73 17 47* **Quartos** *11*

Com sua decoração náutica, este é o único hotel de Bonifacio com vista para o porto. Os quartos dúplex são espaçosos e confortáveis. O restaurante tem ótima comida, embora o serviço não seja dos melhores. Possui estacionamento (raro no centro da cidade). Fechado out-mar. www.centre-nautique.com

## CALVI Hostellerie l'Abbaye

*Rte Santore, 20260* **Tel** *04 95 65 04 27* **Fax** *04 95 65 30 23* **Quartos** *43*

Este belo hotel coberto de hera foi instalado em uma abadia do século XVI. Sua localização é ideal, um pouco acima do porto, afastado da estrada e cercado por um jardim bem conservado. Uma caminhada de cinco minutos é o suficiente para chegar ao centro da cidade. Fechado nov-abr. www.hostellerie-abbaye.com

## CORTE Hôtel Dominique Colonna

*Vallée de la Restonica, 20250* **Tel** *04 95 45 25 65* **Fax** *04 95 61 03 91* **Quartos** *29*

É difícil imaginar um local mais idílico do que este pacífico vale, com uma pequena cachoeira. Os quartos têm decoração de bom gosto, no estilo contemporâneo. O serviço é impecável. Há um excelente restaurante de comida típica ao lado do hotel, e a vila de restaurantes fica a vinte minutos a pé. www.dominique-colonna.com

## ÎLE ROUSSE Best Western Hôtel Santa Maria

*Route du Port, 20220* **Tel** *04 95 63 05 05* **Fax** *04 95 60 32 48* **Quartos** *56*

Muito bem situado na estrada para Île Rousse, este charmoso hotel tem praia particular e fica perto da praça principal, com suas lojas e restaurantes. Todos os quartos possuem terraço com vista para o mar. O restaurante serve almoço em julho e agosto. www.hotelsantamaria.com

## PIANA Les Roches Rouges

*Route Porto, 20115* **Tel** *04 95 27 81 81* **Fax** *04 95 7 81 76* **Quartos** *30*

Construído em 1912, este esplêndido hotel conserva todo o charme da época. Grandes e simples, os quartos têm vista para a baía do Porto, considerada pela Unesco uma das cinco baías mais bonitas do mundo. Excelente sala de jantar com terraço e jardim. Fechado nov-mar. www.lesrochesrouges.com

## PORTO Le Maquis

*Porto, 20150* **Tel** *04 95 26 12 19* **Fax** *04 95 26 18 55* **Quartos** *6*

Um tranquilo hotel dirigido por uma família, nas proximidades da cidade, na estrada costeira para Calvi. O cardápio do charmoso restaurante é surpreendentemente sofisticado. Vista dramática sobre as montanhas. Quartos confortáveis, um belo jardim e estacionamento disponível. Fechado em dezembro e janeiro. www.hotel-lemaquis.com

## PORTO-VECCHIO Chez Franca

*Route de Bonifacio, 20137* **Tel** *04 95 70 15 56* **Fax** *04 95 72 18 41* **Quartos** *14*

Este moderno hotel está convenientemente situado entre a cidade e o porto. Os quartos foram renovados com muito cuidado. As magníficas praias de Guilia e Palombaggia ficam a alguns quilômetros dali. Constitui boa base para excursões a Zonza e Bavella. Fechado em dezembro. www.francahotel.com

## PROPRIANO Le Lido

*Av Napoléon, 20110* **Tel** *04 95 76 06 37* **Fax** *04 95 76 31 18* **Quartos** *11*

O Le Lido está localizado em uma praia de uma região peninsular. A decoração é simples, para não competir com a paisagem: piso de azulejos terracota e vigas de madeira expostas. Os quartos do térreo abrem para a praia. O ótimo restaurante serve lagosta assada no forno. Fechado nov-meados abr. www.le-lido.com

## SARTÈNE Hôtel St-Damianu

*Quartier San Damien, 20100* **Tel** *04 95 70 55 41* **Fax** *04 95 70 55 78* **Quartos** *28*

Este fabuloso hotel tem grandes quartos arejados com terraços que proporcionam uma vista fabulosa para o golfo de Valinco ou para as montanhas. Conta com uma enorme piscina com deque de madeira, jardim, banho turco, acesso para portadores de deficiência, estacionamento seguro e uma excelente sala de jantar. Fechado nov-abr. www.sandamianu.fr

## ST-FLORENT Hôtel Maxime

*Rte La Cathédrale, 20217* **Tel** *04 95 37 05 30* **Fax** *04 95 37 13 07* **Quartos** *19*

Um pouco afastado da rua, no caminho para a catedral de Santa Maria Assunta, do século XII, esta casa reformada é um oásis de calma a apenas um minuto a pé da agitação do moderno porto. Agradável, possui quartos arejados com vista para o mar no último andar.

## VIZZAVONA Hôtel du Monte D'Oro

*Col de Vizzavona RN 193, 20219* **Tel** *04 95 47 21 06* **Fax** *04 95 47 22 05* **Quartos** *24*

Este charmoso hotel, construído em 1880, parece o cenário de um romance de Agatha Christie. Situado na floresta que fica na estrada entre Ajaccio e Bastia, possui corredores com painéis de madeira, enorme sala de estar e uma sala de jantar sofisticada serve comida orgânica. Pode-se alugar um gîte (abrigo). Fechado nov-abr. www.monte-oro.com

# ONDE COMER

Os franceses consideram que comer bem faz parte de seu direito natural. Há poucos lugares onde as pessoas são tão conscientes sobre a sua *cuisine* e seu vinho. Críticas sobre restaurantes, assim como programas de culinária na televisão, são acompanhadas de perto. A oferta de produtos frescos e restaurantes é muito melhor na França do que em qualquer outro país europeu. Esta apresentação à listagem de restaurantes, organizados por região e cidade *(pp. 600-51)*, leva em consideração os diferentes tipos de restaurantes da França e dá dicas sobre onde comer, como ler o menu, como pedir – tudo o que é necessário saber para desfrutar uma refeição. No início do guia há um menu típico e uma introdução ao vinho francês *(pp. 24-7)*. As principais características de comida e vinhos estão no início de cada uma das cinco seções regionais.

## HÁBITOS ALIMENTARES

A refeição tradicionalmente farta ao meio-dia sobrevive mais nas regiões rurais. Nas cidades, o almoço francês tende a ser um sanduíche, uma salada ou um bife em um café, e o jantar é a refeição principal. O almoço é do meio-dia às 14h e o jantar de 20h às 22h – os últimos pedidos são aceitos 30 minutos antes de o restaurante fechar.

Alguns lugares familiares fecham nos fins de semana. Por isso pode ser difícil encontrar uma refeição fora do seu hotel aos domingos, salvo nas grandes cidades. Fora dos caminhos mais utilizados e nos balneários, os restaurantes e os hotéis fecham fora da estação. Portanto, é aconselhável telefonar antes.

Os hábitos alimentares dos franceses têm mudado. Com a crescente popularidade da cozinha das antigas colônias francesas, lugares com a culinária da África do Norte e do Vietnã são fáceis de encontrar, bem como restaurantes chineses. Os jovens recorrem aos hambúrgueres. Hoje os franceses também estão adotando uma alimentação mais saudável, razão pela qual há uma explosão de comidas *light*. Por outro lado, a proliferação dos *hypermarchés* (hipermercados) tem feito os congelados tomarem o lugar dos produtos frescos no menu dos franceses.

## COZINHA REGIONAL

Um dos grandes prazeres de viajar pela França é provar sua culinária regional. Em cada

**Típica varanda sofisticada de um restaurante na Provença**

*département* do país os menus quase sempre incluem as especialidades do lugar, que refletem os produtos locais e o tipo de agricultura. Uma boa maneira de ver a França gastronomicamente é pela divisão manteiga/azeite. No norte usa-se a manteiga; no sul, o azeite de oliva; e, no sudoeste, banha de ganso e de pato.

Cada região orgulha-se de sua cozinha. Mas os pratos mais conhecidos da França vêm de quatro regiões: a Alsácia, com suas tradições alemãs; o sudoeste, com o *cassoulet*, um ensopado de feijão-branco, tomates, linguiça e pato, um prato muito apreciado; os Alpes, que legaram a fondue à nação; e a Provença, com sua famosa *bouillabaisse*, uma sopa de peixe proveniente de Marselha.

A capital gastronômica da França é, no entanto, Lyon, que se orgulha de ter uma boa proporção de excepcionais restaurantes e excelentes bistrôs, chamados *bouchons*.

**La Cigalle, uma *brasserie* Belle Époque em Nantes *(p. 623)***

## RESTAURANTES

Os restaurantes franceses vão de pequenas casas caiadas com cadeiras de junco até majestosas salas de jantar em castelos, forradas com painéis de madeira e dirigidas por renomados chefs. Muitos hotéis têm excelentes restaurantes abertos aos não hóspedes – seleção que pode ser encontrada na lista de hotéis *(pp. 540-75).*

Os preços dos restaurantes de mesma categoria são mais ou menos uniformes em toda a França, exceto nas grandes cidades, nas quais podem ser mais caros. A qualidade da comida e do serviço é o que realmente determina o preço, e você pode gastar facilmente 150 euros por pessoa nos restaurantes de alta categoria.

Há vários os tipos de *cuisine*. A *haute cuisine* é o tradicional método de cozinhar, em que o sabor das comidas é realçado pelos molhos. A *nouvelle cuisine* desafiou esse método, conquistando principalmente os que optaram por molhos cremosos mais leves que ressaltam a textura e a cor dos ingredientes. A *cuisine bourgeoise* é a comida caseira francesa. A *cuisine des provinces* usa ingredientes muito especiais para preparar pratos tradicionalmente rurais. A *jeune cuisine française* é a última moda, na qual jovens chefs se rebelaram contra as tradições do *Michelin* e criaram seu próprio estilo de cozinhar.

## BISTRÔS

Ao sair para comer, é bem provável que os franceses frequentem o tipo mais comum de restaurante que existe – o bistrô. Eles variam muito. Os bistrôs urbanos são decorados de maneira formal, enquanto os do interior e de cidades menores são mais descontraídos. Geralmente oferecem refeições boas a preços razoáveis, com um menu tradicional que inclui uma entrada, ou *hors d'oeuvre*, *plats mijotés* (afervendados) e *grillades* (grelhados de peixe e carne), sempre seguidos de queijo e de alguma sobremesa.

O restaurante L'Excelsior, em Nancy, Lorena *(p. 614)*

## BRASSERIES

As *brasseries* surgiram na Alsácia e originalmente estavam ligadas às cervejarias. O nome brasserie quer dizer, de fato, cervejaria. Geralmente encontradas em cidades maiores, são lugares movimentados. Muitas têm uma barraca de mariscos frescos do lado de fora. Servem uma espécie de chope, direto da "torneira", assim como *vin de la maison* (vinho da casa) e uma variedade de vinhos regionais. Os menus incluem peixes simples e pratos de carnes grelhadas com especialidades alsacianas como *choucroute garnie* (chucrute com salsicha e porco).

Os preços equivalem aos dos bistrôs. As brasseries ficam abertas de manhã até a noite e servem comida o dia todo.

Camembert

## FERME-AUBERGES

No interior, é possível comer em simples hospedarias de fazenda, nas quais as refeições são boas e baratas, feitas com produtos frescos e compartilhadas com os donos da casa. Esses lugares são conhecidos na França como *ferme-auberges (p. 548).*

## CAFÉS

Os cafés são a alma da França. Qualquer cidade, por menor que seja, tem um café aberto desde manhã cedo até as 22h. Servem bebidas, café, chá, refeições simples, além de saladas, omeletes e sanduíches ao longo do dia. Neles, o café da manhã costuma ser mais barato do que nos hotéis.

Além de servir refeições ligeiras, os cafés são uma boa fonte de informação e oferecem ao viajante a oportunidade de observar os franceses no seu ambiente.

Nas vilas é possível que, ao longo do dia, toda a população entre e saia do único café do lugar. Já nas grandes cidades, os cafés atendem uma clientela específica, que inclui estudantes e trabalhadores. Os cafés mais famosos de Paris eram ponto tradicional de encontro de intelectuais e artistas para discutir suas ideias *(p. 142).*

Auberge du XII Siècle em Saché, no vale do Loire *(p. 624)*

Mesas na calçada de um café na Cidade Velha de Nice

## ANNEXES

Ao longo dos últimos anos, os *annexes* dos bistrôs vêm aparecendo nas grandes cidades, especialmente em Paris e Lyon, como uma nova categoria de restaurantes. São irmãos de outros bistrôs famosos, com *chefs* conhecidos, mas têm preços mais baixos. Muitos oferecem menu *formule prix-fixe* (de preço fixo) e a oportunidade de provar as delícias de uma cozinha famosa em um ambiente mais descontraído.

## FAST FOOD

Se você quer evitar as cadeias norte-americanas de fast-food, os bares de vinho e os salões de chá podem ser a solução para refeições leves. As cafeterias localizadas em alguns shopping centers têm comida saborosa a preços razoáveis.

## RESERVAS

Nas cidades maiores é sempre bom fazer uma reserva, especialmente de maio a setembro. Isso raramente se aplica aos cafés e ao interior. No entanto, em zonas rurais e balneários fora de estação é bom verificar se o restaurante está aberto o ano todo.
Se a reserva foi feita e seus planos sofreram alteração, é bom telefonar e cancelar. Os restaurantes menores precisam preencher todas as suas mesas para ter lucro. Se as reservas não aparecem, a sobrevivência de um restaurante pode estar seriamente ameaçada.

## COMO LER O CARDÁPIO E FAZER O PEDIDO

Quando o cardápio é apresentado, geralmente se pergunta ao cliente se deseja um aperitivo. Uma vez que muitos franceses não tomam álcool antes de uma refeição, pode-se pedir um Kir (vinho branco misturado com uma pitada de licor de passas), vermute, um vinho do Porto leve ou mesmo um refrigerante.
Ao abrir o menu, estão as entradas ou *hors d'oeuvre*. Os *plats* são os pratos principais e a maioria dos restaurantes oferecerá o *plat du jour* ou a especialidade do dia, geralmente pratos de estação ou locais. Uma seleção de pratos do menu clássico francês se encontra nas *pp. 24-5*.
Queijo é servido como prato separado, entre o prato principal e a sobremesa. O café é preto, a não ser que se peça especificamente *crème*. Como alternativa, se pode pedir uma *tissane*, ou chá de ervas.

## VINHO

Os restaurantes carregam no preço dos vinhos. Para conhecê-los, é melhor comprar em lojas especializadas. O vinho do lugar geralmente é servido em garrafas de mesa. Encomendar uma *demi* (500ml) ou um *quart* (250ml) é a maneira econômica de experimentar o vinho da região.
A lei francesa divide os vinhos em três classes em ordem crescente de qualidade: Vin de France, Indication Géographique Protégée (IGP) e Appellation d'Origine Contrôlée (AOC).
Os Vins de France mesclados raramente são servidos em restaurantes. Ao escolher um vinho regional (IGP para cima), é bom consultar as seções regionais deste guia e a introdução ao vinho francês *(pp. 26-7)*.
Quando em dúvida, peça o vinho da casa. Poucos restaurantes se arriscam oferecendo um vinho inferior e o preço é proporcional à qualidade.

## ÁGUA

Água da torneira é grátis e pode ser bebida. Os franceses se orgulham de suas águas minerais. As preferidas para as refeições são a Evian e a ligeiramente gasosa Badoit.

Le Moulin de Mougins *(p. 650)*

## COMO PAGAR

O Visa (V) é o cartão mais aceito na França. O Mastercard (MC) também é bem aceito, enquanto o American Express (AE) e o Diners Club (DC) tendem a ser aceitos apenas em locais mais sofisticados. De qualquer maneira, leve sempre

La Tour d'Argent, no Quartier Latin, em Paris *(p. 603)*

bastante dinheiro vivo, uma vez que no interior muitos restaurantes pequenos não aceitam cartões de crédito. Quando em dúvida, pergunte ao fazer sua reserva.

## SERVIÇO E GORJETAS

Uma refeição francesa é sem pressa. As pessoas não hesitam ficar quatro horas à mesa. Portanto, se tiver pressa, vá a um café ou a uma *brasserie*. Cobra-se quase sempre 12,5% a 15% pelo serviço, incluídos no preço da refeição, mas a maioria dos franceses deixa alguns centavos de euro em um café e 5% do total da conta em outros restaurantes. Nos grandes restaurantes, que se orgulham do serviço, uma gorjeta adicional de 5% a 10% é de bom-tom.

Dê 30 centavos de euro para as atendentes das toaletes e 50 ou 70 centavos de euro para as do vestiário.

## O QUE VESTIR

Mesmo à vontade, os franceses estão bem vestidos. Os turistas devem procurar manter o nível. Tênis, shorts, roupas de praia e agasalhos para esporte são inaceitáveis, a não ser em cafés e lugares à beira-mar.

Na lista de restaurantes há indicação dos estabelecimentos que exigem paletó e gravata *(pp. 600-651)*.

## CRIANÇAS

As crianças francesas desde pequenas estão acostumadas a frequentar restaurantes e, em geral, comportam-se bem. Consequentemente, as crianças são bem recebidas em quase toda a França. No entanto, poucos restaurantes oferecem cadeirões, pois se supõe que as crianças se comportem bem e não há muito espaço para cadeiras adicionais.

## ANIMAIS DE ESTIMAÇÃO

Os cães são sempre aceitos, a não ser nos restaurantes mais elegantes. Como os franceses adoram cães, você não deve se

O hotel-restaurante Eychenne em St-Girons, nos Pireneus *(p. 607)*

surpreender se seu vizinho de mesa for um cachorrinho (com o dono), sentado em uma *banquette*.

## FUMANTES

Apesar de todo o empenho para driblar as leis que proíbem fumar em restaurantes e cafés, os franceses tiveram que se curvar e aderir aos regulamentos recentemente determinados pelo governo.

Assim como em outros países europeus, desde 2007 a liberdade de fumar em locais públicos foi banida em toda a França.

O Hôtel Royal, em Evian-les-Bains, nos Alpes Franceses

## ACESSO A CADEIRAS DE RODAS

Embora os restaurantes dos hotéis modernos providenciem acesso a cadeiras de rodas, em outros lugares ainda há restrições. Ao fazer uma reserva, é preciso garantir uma mesa acessível e assistência, se necessário, ao chegar. A lista nas próximas páginas mostra restaurantes com acesso a cadeiras de rodas.

Na página 671 estão nome e endereço de algumas instituições que dão dicas aos portadores de deficiência que pretendem viajar para a França.

## COMIDA VEGETARIANA

A França é um país difícil para os vegetarianos, embora algum progresso tenha sido feito nos últimos anos. Nos restaurantes não vegetarianos a orientação dos pratos principais é quase toda para peixe e carne. No entanto, pode-se tentar as *entrées* e não ficar acanhado em pedir para servir determinado prato sem a carne, por exemplo.

Faça seu pedido com antecedência e os melhores restaurantes poderão preparar um prato vegetariano.

Somente cidades maiores e cidades universitárias têm restaurantes vegetarianos. Outros bons lugares para encontrar refeições vegetarianas são os cafés, pizzarias, *crêperies* e restaurantes orientais.

## PIQUENIQUES

O piquenique é o melhor jeito de desfrutar os produtos frescos, o pão do lugar, os queijos e a *charcuterie* de mercados e lojas encontrados em toda França *(pp. 652-3)*.

O piquenique é uma boa maneira de comer barato e aproveitar o campo. As áreas de piquenique estão muito bem sinalizadas ao longo das estradas principais da França e há, inclusive, cadeiras e mesas.

# Como Escolher um Restaurante

Os restaurantes recomendados nesta página e nas seguintes foram selecionados por seu bom preço ou qualidade excepcional. A tabela lista os restaurantes por região, pela ordem dos capítulos. As indicações de mapas referem-se ao Guia de Ruas de Paris, nas páginas 154-69.

**CATEGORIAS DE PREÇO**
Por pessoa, para uma refeição de três pratos, com meia garrafa de vinho da casa, taxas e serviço incluídos:
€ menos de 30 euros
€€ 30-45 euros
€€€ 45-60 euros
€€€€ 60-90 euros
€€€€€ mais de 90 euros

## PARIS

### BASTILLE Bistrot du Peintre €€
*116 ave Ledru Rollin, 75011* **Tel** 01 47 00 34 39 — Mapa 10 F5

Este bistrô simples, em um edifício da virada do século em estilo art déco, é popular entre artistas locais e pessoas da mídia, que frequentam pelo bom preço e pela agitação do terraço. A comida é simples mas boa, como o steak e os excelentes pratos de peixe, todos servidos com batatas fritas e vegetais.

### BASTILLE Le Bistrot Paul Bert €€
*18 rue Paul Bert, 75011* **Tel** 01 43 72 24 01

Este popular bistrô combina decoração vintage – com bar de zinco – com cozinha clássica. Os funcionários são amigáveis, o filé grelhado é o melhor da cidade, e o salão da casa está sempre repleto de parisienses e gourmets internacionais. A carta de vinhos é excelente.

### BASTILLE Le Repaire de Cartouche €€€
*8 bd Filles du Calvaire, 75011* **Tel** 01 47 00 25 86 — Mapa 10 D2

Rodolphe Paquin pode não ser tão popular quanto outros chefs parisienses, mas seu restaurante com dois andares no estilo campestre continua a oferecer boa comida por preços justos. A casa oferece um menu econômico e sofisticados pratos à la carte, como lièvre à la royale (lebre ao molho de vinho) e "cabeça de porco crocante".

### BEAUBOURG E LES HALLES Au Pied du Cochon €€
*6 rue Coquillière, 75004* **Tel** 01 40 13 77 00 — Mapa 8 F1

Esta brasserie que passou por uma boa reforma já foi popular entre a alta sociedade, que vinha ver o movimento do velho mercado e saborear a sopa de cebola. Embora voltado para turistas, este amplo local é divertido, e seu menu tem de tudo para todos (incluindo excelentes frutos do mar). Ainda é um dos melhores lugares após uma noitada.

### BEAUBOURG E LES HALLES Le Tambour €
*41 rue Montmartre, 75002* **Tel** 01 42 33 06 90 — Mapa 9 A1

Este restaurante é uma instituição do Les Halles. Decorado com lembranças parisienses engraçadas, serve até 3h (até 1h dom e seg), tornando-se o local frequentado pelos notívagos. O horário não diminui a qualidade da comida de bistrô, que é restauradora e abundante. Há também a linha filé com fritas.

### BEAUBOURG E LES HALLES Aux Tonneaux des Halles €€
*28 rue Montorgueil, 75001* **Tel** 01 42 33 36 19 — Mapa 9 A1

Um genuíno bistrô parisiense, o Aux Tonneaux des Halles é um dos últimos bistrôs desse tipo sobreviventes, com seu bar e uma das menores cozinhas de Paris. O serviço não é particularmente rápido, mas quando a comida é boa assim, isso passa a ser um detalhe. A carta de vinhos tem opções por bom preço.

### BEAUBOURG E LES HALLES Café Beaubourg €€
*43 rue Saint-Merri, 75004* **Tel** 01 48 87 63 96 — Mapa 9 B2

Com vista para a agitada praça do museu Beaubourg, o Café Beaubourg tem decoração elegante e contemporânea. Simples e confiável, embora com preço um pouco alto, a comida é garantida – variedade de tartares, carnes e peixes assados. O menu oferece ainda uma leve e saborosa salada Thai.

### BEAUBOURG E LES HALLES Le Hangar €€
*12 impasse Berthaud, 75003* **Tel** 01 42 74 55 44 — Mapa 9 B2

Muito frequentado por moradores da região, este calmo restaurante ao lado do museu de bonecas oferece uma culinária simples, porém sedutora. Destaque para o foie gras frito com purê de azeitona e para o delicioso bolo de chocolate. A decoração não impressiona, mas a comida compensa.

### BEAUBOURG E LES HALLES Chez la Vieille €€€
*1 rue de Bailleul, 75001* **Tel** 01 42 60 15 78 — Mapa 8 F2

Embora as porções estejam diminuindo nos restaurantes parisienses, este antigo bistrô oferece a seus clientes uma mesa repleta de patês, saladas e sobremesas (como musse de chocolate e tortas). Os pratos principais também são generosos. Destaque para o caldo de tripas e para o blanquette de veau (vitela ao molho branco).

**Legenda dos símbolos** *no final do guia*

### BEAUBOURG E LES HALLES Georges

*19 rue Beaubourg, 75004* **Tel** *01 44 78 47 99*

€€€€

*Mapa 9 B2*

No último andar do Centro Pompidou, o Georges oferece vistas impressionantes de seu imenso terraço. Este restaurante da moda tem pratos leves e inspirados, como o mil-folhas de caranguejo e cogumelos. Decoração minimalista, com muito aço e alumínio.

### CHAILLOT E PORTE MAILLOT Bistro le Goupil

*4 rue Claude Debussy, 75017* **Tel** *01 45 74 83 25*

€€

*Mapa 1 C1*

Um bistrô vintage nos limites de Paris. Muito frequentado por moradores da área, que adoram o entrecôte com perfeição, ou os pratos mais sofisticados, como o tamboril com alcachofra e cogumelos selvagens. O jovem chef aprecia o movimento do restaurante a partir de sua cozinha integrada. É essencial reservar.

### CHAILLOT E PORTE MAILLOT La Plage

*Port Javel, 75015* **Tel** *01 40 59 41 00*

€€

*Mapa 5 B5*

Com localização espetacular diante da Estátua da Liberdade na Île aux Cignes, o La Plage tem cozinha francesa e mediterrânea tão boa quanto a vista. O imenso terraço é ideal para a hora do almoço e também um local idílico para um jantar de verão à luz de velas. A decoração mistura madeira e tons pastel. O serviço pode ser lento.

### CHAILLOT E PORTE MAILLOT Chez Géraud

*31 rue Vital, 75016* **Tel** *01 45 20 33 00*

€€€

*Mapa 5 B3*

Géraud Rongier, o jovial proprietário, é adepto da cuisine du marché, usando o que estiver mais fresco no mercado a cada dia para criar pratos como ombro de cordeiro no espeto, sabodet sausage no molho de vinho tinto, arraia com mostarda ou pombo assado em molho de vinho do Porto. O mural foi especialmente criado para o restaurante.

### CHAILLOT E PORTE MAILLOT Oum El Banine

*16 bis rue Dufrenoy, 75016* **Tel** *01 45 04 91 22*

€€€

*Mapa 5 A1*

O proprietário deste pequeno restaurante marroquino neste elegante bairro residencial aprendeu sua arte com a mãe. Prove a ótima harira (sopa grossa, picante), as saborosas tahines, a pastilla (uma torta apetitosa) e o brik (triângulo de massa recheado). O couscous é servido com cinco opções de ragoût.

### CHAILLOT E PORTE MAILLOT Le Timgad

*21 rue Brunel, 75017* **Tel** *01 45 74 23 70*

€€€€

*Mapa 1 C3*

Como este é o mais conhecido e elegante restaurante magrebe de Paris há anos, é essencial reservar com boa antecedência. O cardápio é bem diverso, com pratos de tahine e couscous, e também especialidades como pombo grelhado, pastilla (torta marroquina) e michui, que deve ser encomendado com boa antecedência.

### CHAILLOT E PORTE MAILLOT Zébra Square

*3 pl Clément Ader, 75016* **Tel** *01 44 14 91 91*

€€€€

*Mapa 5 B4*

Parte do complexo do Hotel Square, este edifício moderno tem decoração minimalista, cheia de estilo, salpicada de listras de zebra. A comida criativa e moderna também tem estilo. O brunch de domingo é muito procurado. O local faz sucesso entre o pessoal da mídia e da moda.

### CHAMPS-ÉLYSÉES Granterroirs

*30 rue Miromesnil, 75008* **Tel** *01 47 42 18 18*

€€

*Mapa 2 B4*

Na parte mais fashion da Champs-Élysées, este restaurante rústico proporciona um contraste interessante. Com decoração campestre, possui compridas mesas de madeira, que são compartilhadas pelos clientes. Mais de 800 produtos, expostos nas prateleiras, podem ser utilizados nas saladas e sanduíches. Um prato quente diferente a cada dia. Somente almoço.

### CHAMPS-ÉLYSÉES Le Bœuf sur le Toit

*34 rue du Colisée, 75008* **Tel** *01 53 93 65 55*

€€€

*Mapa 3 A4*

Esta brasserie art déco é administrada pelo grupo Flo, dono de diversas brasseries históricas de Paris. Um dos restaurantes mais honestos da região da Champs-Élysées. Serve pratos clássicos, como o filé frito, a solha meunière e frutos do mar, além de especialidades como sopa de lagosta e tamboril cozido no vinho Sauterne.

### CHAMPS-ÉLYSÉES Savy

*23 rue Bayard, 75008* **Tel** *01 47 23 46 98*

€€

*Mapa 2 F1*

Inaugurado em 1923, este restaurante art déco possui mesas no estilo cabine e oferece a seus cliente a culinária generosa da região de Aveyron, do centro da França. Peça um suculento filé ou uma paleta de cordeiro, servida com fritas crocantes, acompanhado de um dos excelentes vinhos da adega, como o Mercury da Borgonha.

### CHAMPS-ÉLYSÉES Sens

*23 rue Ponthieu, 75008* **Tel** *01 42 25 95 00*

€€

*Mapa 3 A5*

Todo em cinza e prateados suaves, este novo restaurante faz de sua contemporaneidade um conceito, criando pela iluminação a aura urban-chic para atrair os descolados. Colunas de plástico similares a troncos de árvores sustentam o mezanino. No menu, pratos com influência asiática, como peixe grelhado com vegetais fritos no wok.

### CHAMPS-ÉLYSÉES Mini Palais

*Grand Palais, 1 av Winston Churchill, 75008* **Tel** *01 42 56 42 42*

€€€

*Mapa 3 A5*

O chef Eric Fréchon, premiado com estrelas do guia *Michelin*, preside a cozinha desta brasserie que funciona no Grand Palais. A culinária enfatiza produtos sazonais de alta qualidade e boa procedência. Não deixe de experimentar a sobremesa especial da casa, o rum baba gigante servido com creme de baunilha.

### CHAMPS-ÉLYSÉES La Fermette Marbeuf 1900

*5 rue Marbeuf, 75008* **Tel** *01 53 23 08 00*

**Mapa** 2 F5

Mosaicos, azulejos e ferro trabalhado da Belle Époque, fabulosos, foram descobertos atrás das paredes de fórmica deste bistrô dos Champs-Élysées. La Fermette Marbeuf também serve boa comida clássica, incluindo um menu-degustação com ampla opção de vinhos appellations contrôlées.

### CHAMPS-ÉLYSÉES Lasserre

*17 ave Franklin Roosevelt, 75008* **Tel** *01 43 59 02 13*

**Mapa** 7 A1

Construído em 1937 para a Feira Mundial, este restaurante imita o interior de um navio de luxo, e foi o favorito de Marc Chagall e Dalí. Combina decoração opulenta com vinhos excepcionais e cozinha refinada do chef Christophe Moret. Pratos inspirados em receitas do século XIX, como macarrão com trufas negras. Serviço impecável.

### CHAMPS-ÉLYSÉES Le Cinq

*31 ave George V, 75008* **Tel** *01 49 52 70 00*

**Mapa** 2 E5

É difícil imaginar um local mais apropriado para uma ocasião especial do que este suntuoso restaurante premiado pelo guia *Michelin* na avenida George V. A culinária é brilhante e foge do tradicional; ingredientes como wassabi e harissa estão presentes em alguns pratos. O preço fixo de €85 no almoço é razoável, considerando a qualidade da comida.

### CHAMPS-ÉLYSÉES Pavillon Ledoyen

*1 ave Dutuit, 75008* **Tel** *01 53 05 10 01*

**Mapa** 7 B1

A culinária no Pavillon Ledoyen é refinada. Delícias são habilmente preparadas com cuidado meticuloso e criatividade, como os muitos pratos com peixes e frutos do mar. Peça uma mesa no salão – uma recriação de churrascaria da década de 1950 – ou no terraço.

### ÎLE DE LA CITÉ E ÎLE SAINT-LOUIS Isami

*4 quai Orléans, 75004* **Tel** *01 40 46 06 97*

**Mapa** 9 C4

Ao entrar neste pequeno restaurante às margens do Sena, o cliente é informado pela hostess da casa que "só se serve peixe cru aqui". Isso explica o sucesso do Isami entre os japoneses e demais apreciadores de um sushi de qualidade (tão raro em Paris). Tem uma carta de saquês cuidadosamente selecionada.

### ÎLE DE LA CITÉ E ÎLE SAINT-LOUIS Mon Vieil Ami

*69 rue St-Louis en l'Ile, 75004* **Tel** *01 40 46 01 35*

**Mapa** 9 B4

O chef alsaciano Antoine Westermann administra este moderno bistrô com paredes de pedras, divisórias em vidro opaco e uma grande mesa que é compartilhada pelos clientes. Os legumes fornecidos pelo agricultor Joël Thiébault estão presentes em pratos criativos, com ocasionais ingredientes do norte da África, como o limão em conserva e o cuscuz.

### INVALIDES E TORRE EIFFEL Le Troquet

*21 rue François Bonvin, 75015* **Tel** *01 45 66 89 00*

É uma pequena joia situada inesperadamente numa rua residencial com vista da Torre Eiffel. Os moradores se regozijam na atmosfera acolhedora e devoram a culinária fabulosa do chef basco Christian Etchebest. O cardápio é escrito com giz em uma lousa no salão em estilo retrô.

### INVALIDES E TORRE EIFFEL Au Bon Accueil

*14 rue Monttessuy, 75007* **Tel** *01 47 05 46 11*

**Mapa** 6 E2

O Au Bon Accueil parece um bistrô com um terraço de frente para a Torre Eiffel, mas é na verdade um elegante restaurante haute cuisine, com decoração contemporânea e comida de qualidade. Para uma refeição econômica, experimente o menu com preço fixo no almoço e no jantar.

### INVALIDES E TORRE EIFFEL La Villa Corse

*164 bd de Grenelle, 75015* **Tel** *01 53 86 70 81*

**Mapa** 6 E5

Numa localização agradável, La Villa Corse é um dos melhores restaurantes da cidade para a culinária corso-mediterrânea, de temperos fortes. No cardápio, ensopado de javali, vitela com azeitonas, queijo brocciu e pão de castanhas – uma especialidade da cidade de Bonifacio. Boa seleção de vinhos corsos.

### INVALIDES E TORRE EIFFEL L'Arpège

*84 rue de Varenne, 75007* **Tel** *01 47 05 09 06*

**Mapa** 7 B3

O restaurante três-estrelas de Alain Passard perto do Musée Rodin é um dos mais bem conceituados de Paris. Tem uma notável decoração em madeiras claras e um serviço animado, bem como excelente comida. O cardápio é baseado nos melhores produtos sazonais, combinados com criatividade e harmonia. Não perca a torta de maçã.

### INVALIDES E TORRE EIFFEL Le Jules Verne

*2nd platform, Eiffel Tower, 75007* **Tel** *01 45 55 61 44*

**Mapa** 6 D3

De forma alguma uma armadilha para turistas: reservas para o Jules Verne na segunda plataforma da Torre Eiffel estão entre as mais disputadas em Paris. A decoração elegante, toda em preto, se adapta perfeitamente ao monumento, e a atraente e saborosa culinária é de fato muito boa.

### JARDIN DES PLANTES Marty Restaurant

*20 ave des Gobelins, 75005* **Tel** *01 43 31 39 51*

**Mapa** 13 B3

O Marty foi fundado por E. Marty em 1913 e é ainda dirigido pela mesma família. O interior é em autêntico estilo art déco, mas a culinária rouba o show. O cardápio oferece opções suculentas, como o pato assado ou a casserole de coelho, e pratos sazonais, como o gazpacho. Excelente crème brûlée.

**Categorias de preço** *na p. 600* **Legenda dos símbolos** *no final do guia*

## MARAIS Chez Hannah €

*54 rue des Rosiers, 75004* **Tel** *01 42 74 74 99*  Mapa 9 C3

O L'As du Fallafel pode ser mais famoso, mas o Chez Hannah serve um dos melhores sanduíches de falafel desta rua repleta de delicatessens judaicas. Eles vêm acompanhados de grão-de-bico crocante, molho tahini, berinjela e chilli, e podem ser apreciados em um animado salão de jantar ou embrulhados para viagem. O favorito dos locais.

## MARAIS Bistrot de L'Oulette €€

*38 rue des Tournelles, 75004* **Tel** *01 42 71 43 33*  Mapa 10 E3

Um restaurante minúsculo com comida de boa qualidade a preços razoáveis. O menu a preço fixo é particularmente compensador. A culinária do sudoeste é representada em pratos como confit de pato e cassoulet, e de sobremesa sopa de chocolate branco. Eles fazem um extraordinário pão caseiro de castanhas.

## MARAIS Chez Jenny €€

*39 bd du Temple, 75003* **Tel** *01 44 54 39 00*  Mapa 10 D1

Esta enorme brasserie na place de la République, com garçonetes usando trajes tradicionais, tem sido um bastião da culinária alsaciana desde a sua fundação há mais de 60 anos. O choucroute (chucrute) spéciale Jenny é por si só uma suculenta refeição, seguido por um sorbet e um licor de frutas.

## MARAIS Le Colimaçon €€

*44 rue Vieille du Temple, 75004* **Tel** *01 48 87 12 01*  Mapa 9 C3

O Colimaçon (caracol) do nome se refere ao centro do restaurante: uma escada em caracol. Um prédio tombado de 1732, tem as vigas de madeira originais no teto. Caracóis estão também no menu, junto com pernas de rãs em molho de tomate e salsa e blanquette de vitela, a especialidade da casa.

## MARAIS Les Philosophes €€

*28 rue Vieille du Temple, 75003* **Tel** *01 48 87 49 64*  Mapa 9 C3

Dentre os muitos cafés desta rua gerenciados por Xavier Denamour, o Les Philosophes é o mais procurado para refeições, por servir pratos de qualidade: o filé com fritas é excelente, e o tarte tatin de tomate é um dos destaques aqui. O terraço é perfeito para observar o público nas ruas. O serviço é jovial.

## MARAIS Le 404 €€€

*69 rue des Gravilliers, 75003* **Tel** *01 42 74 57 81*  Mapa 9 B1

Toda noite é uma festa neste restaurante norte-africano, com mesas baixas e pufes (há cadeiras no mezanino). O volume da música vai aumentando durante a noite, e depois de algumas horas todos os clientes estão dançando. A comida também é boa: experimente um tagine ou a especialidade da casa, o cuscuz.

## MARAIS Le Gaigne €€€

*12 rue Pecquay, 75004* **Tel** *01 44 59 86 72*  Mapa 9 C2

O chef Mickaël Gaignon especializou-se na haute cuisine antes de abrir este restaurante intimista, com um salão em tons creme e ameixa e pinturas nas paredes. Sua cozinha sazonal criativa prioriza a qualidade dos ingredientes, como no tartare de vieiras temperado com limão e servido com chicória vermelha.

## MARAIS L'Ambroisie €€€€€

*9 pl des Vosges, 75004* **Tel** *01 42 78 51 45*  Mapa 10 D3

Numa antiga joalheria restaurada pelo chef Bernard Pacaud, é um dos poucos restaurantes parisienses com três estrelas do guia *Michelin*. A culinária inclui lagostins feuillantine (lagostins enrolados com massa bem fina) com gergelim e escalope de vitela servido com alcachofras picadas. Reservas são aceitas com um mês de antecedência.

## MONTMARTRE Au Grain de Folie €

*24 rue la Vieuville, 75018* **Tel** *01 42 58 15 57*  Mapa 4 F1

Paris tem poucos restaurantes vegetarianos, e este tem um ambiente realmente aconchegante. Os pratos principais consistem em saladas com interessantes combinações de verduras e grãos (em sua maioria orgânicos). A torta de maçã é altamente recomendável, trate de deixar espaço.

## MONTMARTRE Hotel Amour €

*8 rue de Navarin, 75009* **Tel** *01 48 78 31 80*  Mapa 4 F2

O cardápio deste sóbrio e badalado bistrô, com decoração dos anos 1920, situado um pouco depois de Montmartre e da área fashion do neuvième, oferece pratos que combinam culinárias francesa e inglesa. Inclui macaroni cheese, hambúrguer e creme brulée. No verão, peça uma mesa no delicioso pátio externo.

## MONTMARTRE La Famille €€

*41 rue des Trois Frères, 75009* **Tel** *01 42 52 11 12*  Mapa 4 F1

A cozinha francesa contemporânea do La Famille é deliciosamente de vanguarda. Não se surpreenda se em seu prato o molho traçar um rosto sorridente. Excelentes pratos, como o salmão marinado com tomilho e alecrim. A decoração é minimalista.

## MONTMARTRE Le Wepler €€

*14 pl de Clichy, 75018* **Tel** *01 45 22 53 24*  Mapa 6 D1

Fundada em 1892, esta brasserie de estilo retrô fica aberta até tarde da noite. Bom lugar para o chá da tarde, os coquetéis na happy hour e as refeições antes ou depois dos espetáculos. Le Wepler serve apetitosas travessas grandes de frutos do mar, assim como sauerkraut, andouillette (linguiça) e confit de canard.

### MONTMARTRE Table d'Eugène €€€

*18 rue Eugène Sue, 75018 Tel 01 42 55 61 64* **Mapa 6 D1**

Um pouco fora da rota turística, este pequeno restaurante é considerado pelos parisienses um dos melhores de Montmartre. O chef Geoffroy Maillard prova seu valor com uma culinária criativa baseada em ingredientes sazonais de alta qualidade cuidadosamente selecionados. Tem uma excelente carta de vinhos de produtores independentes. Reserve.

### MONTPARNASSE Port Manech €

*52 rue du Montparnasse, 75014 Tel 01 43 21 96 98* **Mapa 12 D2**

Port Manech é um pedacinho da Bretanha em Paris. Experimente as saborosas panquecas como à provençal (cogumelos e manteiga de escargot), homogeneamente umedecidas com um pouco de sidra. Há uma ampla variedade de sobremesas baseadas em panquecas flambadas.

### MONTPARNASSE La Régalade €€

*49 ave Jean Moulin, 75014 Tel 01 45 45 68 58* **Mapa 11 C5**

Comida de gourmet a preço de barganha neste bistrô tradicional. Experimente foie gras de pato ensopado ou o bacalhau frito com vinagrete de alho-poró como prato principal, e como sobremesa a especialidade do chef, o suflê de Grand Marnier. O cardápio sazonal tem como base a cuisine du marché. Fazer reserva é essencial.

### MONTPARNASSE Le Timbre €€

*3 rue Sainte Beuve, 75006 Tel 01 45 49 10 40* **Mapa 12 D1**

Nascido em Manchester, Chris Wright administra este pequeno bistrô com cozinha anexa, próximo aos jardins de Luxemburgo. O menu descrito na lousa é tipicamente francês, com pratos criativos como a salada de lentilha com bochecha de porco ou o pargo com azeitonas. O prato de queijos britânicos faz homengem às origens do dono.

### MONTPARNASSE Restaurant l'Assiette €€€

*181 rue du Château, 75014 Tel 01 43 22 64 86* **Mapa 11 C4**

Gerenciado durante muito tempo pelo chef e apreciador de charutos Lulu, e muito frequentado por políticos socialistas, este bistrô intimista está desde 2008 sob o comando de David Rathgeber, aluno de Alain Ducasse. Pratos clássicos, como os arenques marinados com salada de batata quente e creme de caramelo, atraem jovens celebridades à casa.

### MONTPARNASSE La Cagouille €€€

*10-12 pl Constantin Brancusi, 75014 Tel 01 43 22 09 01* **Mapa 11 C3**

Este amplo local, na austera nova place Barncusi no distrito reformado de Montaparnasse, é um dos melhores restaurantes de pratos de peixe em Paris. Os peixes são servidos com simplicidade, com poucos molhos ou ornamentos. Iguarias sazonais inusitadas como os vendangeurs (vermelho minúsculo).

### MONTPARNASSE La Coupole €€€

*102 bd du Montparnasse, 75014 Tel 01 43 20 14 20* **Mapa 12 D2**

Esta brasserie famosa é popular entre fashionistas, artistas e pensadores desde sua criação em 1927. Dos mesmos proprietários da Brasserie Flo, tem um cardápio similar: frutos do mar, salmão defumado e boas sobremesas. A carne flambada é uma especialidade. Abertura do café da manhã às 2 horas da madrugada.

### OPÉRA Chartier €

*7 rue du Faubourg Montmartre, 75009 Tel 01 47 70 86 29* **Mapa 4 F4**

Apesar da impressionante decoração da década de 1900, o Chartier atende a clientes que não querem gastar muito, na maioria estudantes e turistas, embora alguns dos antigos frequentadores ainda o procurem pela sua culinária básica (ovos cozidos com maionese, patê da casa, frango assado e steak au poivre). O serviço é simples.

### OPÉRA La Bourse ou la Vie €€

*12 rue Vivienne, 75002 Tel 01 42 60 08 83* **Mapa 10 F5**

Possivelmente o melhor filé com fritas de Paris, este restaurante com decoração vermelha e amarela, no estilo da década de 1940, fica próximo da antiga bolsa de valores. A carne é de ótima qualidade e as batatas são fritas em gordura animal (banha); destaque para o filé com molho de pimenta em grãos. A trilha sonora é típica francesa.

### OPÉRA La Vaudeville €€

*29 rue Vivienne, 75002 Tel 01 40 20 04 62* **Mapa 4 F5**

Uma das sete brasseries das quais o proprietário é Jean-Paul Bucher, o atual rei das brasseries em Paris. Bons frutos do mar, o famoso salmão defumado de Bucher, muitos pratos de peixe, bem como os clássicos de brasserie, como pé de porco e andouillette (linguiça de tripa). Serviço rápido e simpático e ambiente barulhento garantem a diversão.

### OPÉRA Willi's Wine Bar €€

*13 rue des Petits-Champs, 75001 Tel 01 42 61 05 09* **Mapa 8 F1**

Este charmoso e aconchegante bar de vinhos oferece mais de 250 rótulos desde 1980. No cardápio, pratos como sopa-creme de aspargos com estragão, cordeiro assado no sal e, é óbvio, uma excelente carta de vinhos. O bar também vende obras de arte com vinho como tema.

### OPÉRA Un Jour à Peyrassol €€€

*13 rue Vivienne, 75002 Tel 01 42 60 12 92* **Mapa 10 F5**

A Commanderie de Peyrassol, uma das melhores vinícolas da Provença, administra este restaurante especializado em trufas, vinhos e outros produtos da região. Os dois salões mesclam rústico com moderno, em um clima típico da Provença, e pratos com aroma campestre, como os ovos mexidos com laços de trufa.

**Categorias de preço** *na p. 600* **Legenda dos símbolos** *no final do guia*

## OPÉRA Drouant

*16-18 pl Gaillon, 75002* **Tel** *01 42 65 15 16*     **Mapa** *4 E5*

Uma antiga brasserie alsaciana fundada em 1880 deu lugar a este restaurante contemporâneo administrado por Antoine Westermann (dono também do bistrô Mon Vieil Ami, *p. 602*). Peça o generoso hors d'oeuvres, à la carte, que serve pequenos pratos e tigelas de delícias. No piso superior há salas privadas para grupos.

## OPÉRA La Fontaine Gaillon

*1 rue de la Michodière, 75002* **Tel** *01 47 42 63 22*     **Mapa** *4 E5*

Instalado numa mansão do século XVII, Le Fontaine Gallon tem como um de seus proprietários o lendário ator de cinema Gerard Depardieu. O cardápio muda diariamente e pode incluir confit de canard, costeletas de cordeiro e morangos no vinho Anjou. Os interiores são confortáveis, e há uma boa carta de vinhos.

## QUARTIER LATIN Le Grenier de Notre-Dame

*18 rue de la Bûcherie, 75005* **Tel** *01 43 29 98 29*     **Mapa** *9 A4*

O Grenier de Notre-Dame foi aberto na década de 1970 e ainda mantém seu ar hippie original. Ingredientes em sua maioria orgânicos compõem os copiosos pratos, predominantemente macrobióticos, tais como a casserole vegetariana ou o escalope vegetariano com croutons. Boa seleção de vinhos a preços razoáveis, incluindo bons Bordeaux.

## QUARTIER LATIN Le Balzar

*49 rue des Ecoles, 75005* **Tel** *01 43 54 13 67*     **Mapa** *9 A5*

Há uma boa variedade de comida de brasserie aqui, mas a maior atração é o ambiente Rive Gauche. Garçons vestidos tradicionalmente abrem caminho em meio ao burburinho, rápidos no serviço, com decoração arquetípica de brasserie à altura: enormes espelhos e confortáveis cadeiras de couro estofado.

## QUARTIER LATIN Perraudin

*157 rue St-Jacques, 75005* **Tel** *01 46 33 15 75*     **Mapa** *12 F1*

As toalhas de mesa vermelhas e brancas e o bar e a cozinha com detalhes em zinco fazem do Perraudin um verdadeiro bistrô da década de 1900. No menu, pratos básicos como o carré de cordeiro com fritas, o carpaccio de filé com parmesão e o cremoso riz au lait (pudim de arroz). Reservas somente para 19h-20h. Há bar para espera (não costuma demorar).

## QUARTIER LATIN Le Petit Pontoise

*9 rue Pontoise, 75005* **Tel** *01 43 29 25 20*     **Mapa** *9 B5*

Um endereço muito frequentado no bairro, onde ervas e especiarias são usadas com inventividade e os pratos mudam diariamente. Um cardápio típico provavelmente seria composto por Risoto à la Truffe, seguido por um pato parmentier e foie gras frito e, por fim, um suflê quente de baunilha. Fazer reserva é recomendável.

## QUARTIER LATIN Le Pré Verre

*8 rue Thénard, 75005* **Tel** *01 43 54 59 47*     **Mapa** *9 A5*

Os irmãos Marc e Philippe Delacourcelle administram este bistrô, de paredes cor de ameixa, que utiliza ingredientes asiáticos em sua culinária – um dos pratos de destaque é o bacalhau assado com canela em pedaços e o purê de batatas defumado. Os vinhos vêm de pequenos produtores, e o salão de jantar é sempre animado.

## QUARTIER LATIN La Tour d'Argent

*15-17 quai de la Tournelle, 75005* **Tel** *01 43 54 23 31*     **Mapa** *9 B5*

Fundado em 1582, originalmente numa torre de pedra, o Tour parece ser eterno. Os jovens chefs contratados pelo proprietário Claude Terrail rejuvenesceram o cardápio clássico deste luxuoso restaurante, com a mais requintada das adegas. O bar no térreo é também um museu gastronômico. O cardápio do almoço é mais barato que o do jantar.

## SAINT-GERMAIN-DES-PRÉS Chez les Filles

*64 rue du Cherche Midi, 75006* **Tel** *01 45 48 61 54*     **Mapa** *7 C5*

Irmãs marroquinas dirigem este pequeno e animado restaurante, com sugestões exóticas para o chá da tarde. Tahines, saladas e cuscuz estão no cardápio do almoço e, à tarde, o chá de menta acompanha ótimos doces. O interior tem um ar marroquino com elementos de ferro fundido trabalhado e kilims.

## SAINT-GERMAIN-DES-PRÉS La Crèmerie

*9 rue Quatre Vents, 75006* **Tel** *01 43 54 99 30*     **Mapa** *8 E4*

Uma antiga loja de laticínios de 1880 deu lugar a esta pequena loja com teto de vidro pintado, que funciona como casa de vinhos desde a década de 1950. Os donos são um casal de arquitetos que priorizam os vinhos "naturais", servidos com pão e manteiga da Bretanha, embutidos da Espanha, salsichas da Ardèche e queijo burrata da Apúlia, na Itália.

## SAINT-GERMAIN-DES-PRÉS J'Go

*Rue Clement, 75006* **Tel** *01 43 26 19 02*     **Mapa** *8 E4*

Animada casa de vinhos de Toulouse que funciona também como rotisserie e serve um suculento cordeiro assado de Quercy, frango e porco negro de Bigorre assados inteiros. O menu fixo tem preço justo e serve patê, uma salada gigante e um delicioso cordeiro com feijão-branco. Também tem tapas acompanhadas de vinhos de qualidade (garrafa ou taça).

## SAINT-GERMAIN-DES-PRÉS L'Epigramme

*9 rue de l'Eperon, 75006* **Tel** *01 44 41 00 09*     **Mapa** *8 F4*

Com azulejos terracota, vigas de madeira e janelas que dão para um florido pátio, o L'Epigramme tem o charme da Margem Esquerda do Sena. Da cozinha envidraçada saem pratos impecáveis, típicos de um bistrô moderno, como o porco basco com chucrute de nabo. Prove os pratos da temporada. O atendimento é muito cortês.

### SAINT-GERMAIN-DES-PRÉS Polidor €€

*41 rue Monsieur le Prince, 75006* **Tel** *01 43 26 95 34*  **Mapa 8 F5**

Rimbaud e Verlaine já foram seus clientes: é a encarnação da Paris boêmia. O lugar manteve sua reputação por persistir numa culinária tradicional a preços baixíssimos. No cardápio, filé grelhado, daube de boeuf, vitela e várias tortas de sobremesa.

### ST-GERMAIN-DES-PRÉS Joséphine Chez Dumonet €€€

*117 rue du Cherche-Midi, 75006* **Tel** *01 45 48 52 40*  **Mapa 11 C1**

Poucos dos antigos bistrôs de Paris conservaram seus menus depois da Segunda Guerra Mundial. Isso explica a popularidade do Joséphine. Sirva-se de uma porção de arenques marinados antes de provar o soberbo steak tartare ou o ótimo cassoulet com costela. As sobremesas também são ótimas. A carta de vinho é vasta e cara.

### SAINT-GERMAIN-DES-PRÉS Le Procope €€€

*13 rue de l'Ancienne Comédie, 75006* **Tel** *01 40 46 79 00*  **Mapa 8 F4**

Aberto em 1686, o café mais antigo de Paris recebeu figuras literárias e políticas como Voltaire e Diderot. Hoje em dia ainda é um reduto da intelligentsia, que divide as mesas com os curiosos sobre este lugar histórico. Coq au vin (galinha cozida no vinho) é sua especialidade. As travessas de frutos do mar também são muito pedidas.

### TUILERIES Le Fumoir €€

*6 rue de l'Amiral Coligny, 75001* **Tel** *01 42 92 00 24*  **Mapa 4 F2**

Café durante o dia e animado bar-restaurante à noite, o Le Fumoir serve ótima comida com toques escandinavos que aparecem em ingredientes como oxicocos ou raízes fortes. Os coquetéis são ótimos, e há uma tranquila biblioteca nos fundos, com grandes poltronas de couro.

### TUILERIES Café Marly €€€

*93 rue de Rivoli, 75001* **Tel** *01 49 26 06 60*  **Mapa 8 E2**

Localizado em uma ala do Louvre, este restaurante poderá socorrê-lo quando seus pés estiverem pedindo descanso. Ele oferece muitas opções de saladas e hambúrgueres, além da cozinha francesa tradicional e contemporânea. Também há um café no terraço com vista para a calçada principal do Louvre.

### TUILERIES Le Grand Véfour €€€€€

*17 rue de Beaujolais, 75001* **Tel** *01 42 96 56 27*  **Mapa 12 F1**

Este restaurante do século XVIII é considerado por muitos o mais atraente de Paris. Os pratos criativos do chef Guy Martin incluem ravióli de foie gras com molho de trufas, e avelãs e chocolate com sorvete de caramelo e sal marinho.

## ÎLE DE FRANCE

### BARBIZON Hôtellerie du Bas-bréau €€€

*22 grande rue, 77630* **Tel** *01 60 66 40 05*

Embora fique numa rua central, o L'Angelus tem o ambiente rústico de um albergue. Seu nome vem da obra de arte de Millet pintada em Barbizon, e a culinária deste restaurante com boa apresentação é tradicional. As sopas são excelentes, sobretudo nas noites frias quando o salão que inclui uma lareira. Mesas no terraço quando o tempo está bom.

### BOULOGNE-BILLANCOURT Le Pré Catelan €€€€€

*Bois de Boulogne, Rte de Suresnes, 75016* **Tel** *01 44 14 41 14*

Instalado em uma mansão da época de Napoleão III, em uma localização charmosa no Bois de Boulogne, este restaurante premiado pelo guia *Michelin* serve haute cuisine digna dos reis. O chef Frédéric Aton busca a perfeição, com pratos como foie gras ao Porto, frito com lentilhas e acompanhado de molho cremoso de foie gras com trufas negras.

### DAMPIERRE Auberge Saint-Pierre €€

*1 rue de Chevreuse, 78720* **Tel** *01 30 52 53 53*

Esta hospedaria com fachada com vigas de madeira aparentes, em frente ao château de Dampierre, tem um salão rústico, convivial. O cardápio gourmet tem pratos excelentes, como o tartare de batatas com foie gras, salada de vieiras com rabanete, codorna recheada com lentilhas e coxa de galinha com recheio de foie gras.

### ISSY-LES-MOULINEAUX Les Symples de l'Os à Moelle €€

*18 ave de la République, 92130* **Tel** *01 41 08 02 52*

Este restaurante repete a fórmula vencedora do La Cave de l'Os à Moelle, um anexo do famoso bistrô L'Os à Moelle localizado no 15º arrondissement. Longas mesas acomodam os clientes, que se servem de diversos patês, sopas e saladas, seguidos por um generoso prato principal, um bufê de queijos e sobremesas... tudo por €25.

### ISSY-LES-MOULINEAUX L'Ile €€€

*Parc Île Saint-Germain, 170 quai Stalingrad, 92130* **Tel** *01 41 09 99 99*

No coração do parque Île St-Germain, com um amplo terraço sombreado por castanheiras, este restaurante é ótimo para um jantar ao ar livre nos meses quentes. No frio, a paisagem pode ser observada do jardim de inverno. Culinária fina tradicional, com clássicos revisitados, como salmão e vieira tártaros com manga e gengibre.

**Categorias de preço** *na p. 600* **Legenda dos símbolos** *no final do guia*

ONDE COMER  **607**

### LE-PERREUX-SUR-MARNE Les Magnolias €€€€
*48 ave de Bry, 94170* **Tel** *01 48 72 47 43*

Depois de trabalhar em vários restaurantes haute cuisine, o jovem chef Jean Chauvel decidiu se arriscar e abrir este criativo restaurante em um subúrbio pouco conhecido de Paris. Valeu a pena: o restaurante atrai apreciadores de gastronomia de todas as partes, que vêm provar os lindos pratos, explicados detalhadamente no menu.

### MAISONS-LAFFITTE Les Jardins de la Vieille Fontaine €€€
*8 ave Grétry, 78600* **Tel** *01 39 62 01 78*

Um ambiente elegante numa bela mansão branca perto do parque Maisons-Laffite. Cardápios sazonais oferecem culinária gastronômica de uma maneira despretensiosa. Pratos deliciosos e bem-apresentados, como mil-folhas de queijo de cabra e berinjela caramelizada ou bacalhau frito. Vinho a preços razoáveis.

### NEUILLY-SUR-SEINE Le Zinc Zinc €€
*209 ter ave du Général-de-Gaulle, 92200* **Tel** *01 40 88 36 06*

O Le Zinc Zinc é um bistrô do século XXI, que serve café da manhã, almoço, tapas e jantar com opções de pratos para todos os gostos. Você pode se sentar no bar para saborear um prático filé com fritas ou um embutido, mas também pode apreciar um jantar contemporâneo completo no salão de jantar pintado de vermelho e creme.

### PROVINS Aux Vieux Remparts €€€€
*3 rue Couverte, 77160* **Tel** *01 64 08 94 00*

Na parte medieval da cidade, este prédio com vigas aparentes na fachada abriga um restaurante e um hotel. O Aux Vieux Remparts é um restaurante de alta gastronomia que serve iguarias criativas, como camarões com caviar de berinjela, carpaccio de tamboril e bolo de chocolate com limão caramelizado.

### RAMBOUILLET Le Cheval Rouge €€
*78 rue du Général de Gaulle, 78120* **Tel** *01 30 88 80 61*

Este restaurante intimista fica perto do Château de Rambouillet. O chef, bem-humorado, prepara deliciosos pratos tradicionais, como foie gras, escargot e steak tartare. Na hora do almoço há um bufê com bom custo-benefício. Algumas mesas ficam em um jardim de inverno.

### RUEIL-MALMAISON Relais de St-Cucufa €€€
*114 rue Générale-de-Miribel, 92500* **Tel** *01 47 49 79 05*

Combinando uma inspiração bretã e italiana, os chefs apresentam um cardápio tradicional que inclui fricassée de morille com ovos pochês; salada de lagosta, toranja e abacate; travessa de frutos do mar grelhados; filé de boi e cordeiro assado. Desfrute o almoço no atraente jardim ou o jantar em frente ao fogo. Seleção clássica de vinhos.

### ST-GERMAIN-EN-LAYE Le Saint Exupéry €€€
*11 ave des Loges, 78100* **Tel** *01 39 21 50 90*

Em uma localização elegante, no hotel Ermitage des Loges, perto do château, este restaurante é frequentado pelos moradores locais. O jovem chef dá nova vida a pratos tradicionais, como bife com tupinambo frito, gratinado de vieira e chicória na brasa, e risoto de lula. O menu infantil tem um preço honesto.

### ST-OUEN Le Soleil €€€
*109 ave Michelet, 93400* **Tel** *01 40 10 08 08*

A alguns passos do mercado de pulgas de St-Ouen e a poucos minutos de carro do Stade de France, este charmoso bistrô tem um interior vibrante. O menu inclui confit de pato com berinjela apimentada ou opções mais clássicas, como o entrecôte Charolais. Deliciosa baba au rum de sobremesa. Bons vinhos, ligeiramente caros. Faça reserva.

### VERSAILLES La Terrasse €€€
*11 rue St-Honoré, 78000* **Tel** *01 39 50 76 00*

Um restaurante aprazível especializado na culinária do sudoeste. Num dia quente, seu amplo e sombreado terraço é uma dádiva. A decoração no interior é vibrante e kitsch. Entre as especialidades, alguns intrigantes pratos de foie gras, combinado com pão de gengibre, pato ou pêssegos ao mel.

### VERSAILLES Le Valmont €€€€
*20 rue au Pain, 78000* **Tel** *01 39 51 39 00*

Culinária refinada neste bistrô amarelo e azul abrigado atrás do mercado. O chef Philippe Mathieu apresenta um cardápio ambicioso com pratos como escalope de vitela deglaçado com vinagre Banyuls, St-Peter com erva-doce e gengibre e, para a sobremesa, fondant de chocolate. Bons vinhos em taça.

## NORTE E PICARDIA

### AIRE-SUR-LA-LYS Hostellerie des Trois Mousquetaires €€€
*Château de la Redoute, rte de Béthune, 62120* **Tel** *03 21 39 01 11*

A paz do campo e o charme de uma mansão do século XIX num amplo terreno com um lago. As cozinhas ficam a vista, o que é pouco comum, e servem uma imaginativa culinária clássica. O cardápio variado inclui pratos regionais. Um local muito frequentado por turistas britânicos. Faça reserva.

### AMIENS Le Pré Porus  🅿 🚶 ♿ 🍴  €€
*95 rue de Voyelle, 80000* **Tel** *03 22 46 25 03*

Restaurante simpático e popular, às margens do rio, em Somme. O menu, variado, oferece diversos pratos com peixes, além de carne da temporada grelhada e foie gras frito com manga. Um ótimo local para almoçar antes ou depois de visitar os históricos canais romanos e as plantações da região.

### AMIENS L'Aubergade  🅿 🚶 🍴 🍷  €€€€€
*78 rte Nationale, 80480* **Tel** *03 22 89 51 41* **Fax** *03 22 95 44 05*

Restaurante de aspecto mediterrâneo dirigido por Eric Boutte, um jovem chef que ganhou sua primeira estrela e está se tornando renomado. Após trabalhar nos melhores restaurantes de Paris, montou o seu restaurante em sua cidade natal. Seu ingrediente favorito é o pato. Outros pratos incluem vieiras fritas com foie gras e suflê de lima com ameixas secas.

### ARRAS La Faisanderie  🚶  €€€
*45 grand place, 62000* **Tel** *03 21 48 20 76*

Também na magnífica Grand Place, com suas espetaculares fachadas com cumeeiras em volutas, este restaurante está instalado numa construção do século XVII e seu salão tem um esplêndido teto em arcos de tijolos. A culinária é determinada pelo que o chef encontra no mercado. De longe, o melhor dos muitos restaurantes na praça.

### BEAUVAIS La Table de Céline  🚶  €€
*6 bis rue Antoine Caron, 60000* **Tel** *03 44 45 79 79*

Este restaurante tradicional é decorado com tons relaxantes e tem uma lareira no inverno, além de um agradável terraço para fazer as refeições ao ar livre no calor. Os pratos levam ingredientes como vieiras, camarões, foie gras de pato, salmão e cordeiro da região. Fechado seg-ter, qui, sex e sáb no almoço.

### BERGUES Le Bruegel  🚶 🍴  €
*1 rue du Marché aux Fromages, 59380* **Tel** *03 28 68 19 19* **Fax** *03 28 68 67 12*

Bergues fica bem perto de Dunquerque e é uma surpresa agradável. O Le Bruegel, muito frequentado por famílias, tem mesas compridas e garçons em trajes medievais. A construção pitoresca junto ao canal data de 1597, quando a Espanha dominava Flandres. Bochecha de porco com lentilhas e outros pratos flamengos estão na ordem do dia.

### BOULOGNE-SUR-MER La Matelote  🅿 🚶 📋 🍷 ♿ 🍴  €€€€
*80 bd Ste-Beuve, 62200* **Tel** *03 21 30 17 97* **Fax** *03 21 83 29 24*

Uma das estrelas em ascensão da gastronomia, é um restaurante de frutos do mar de alto nível à beira-mar, em frente ao centro Marítimo Nacional. O interior é elegante, ornamentado com temas marinhos e um motivo Luís XVI vermelho e dourado. Experimente a lagosta com corações de alcachofra e manjericão ou o tamboril com parmesão.

### CALAIS Histoire Ancienne  🚶 📋  €€
*20 rue Royale, 62100* **Tel** *03 21 34 11 20* **Fax** *03 21 96 19 58*

Um restaurante modernizado que conseguiu preservar sua imagem de bistrô à moda antiga, com um balcão de zinco e assentos em bancos no estilo antigo. Situa-se em frente ao Parc Richelieu. O cardápio bem preparado divide-se entre carnes grelhadas e pratos locais tradicionais.

### CALAIS Le Channel  🚶 📋 🍷  €€€
*3 bd de la Résistance, 62100* **Tel** *03 21 34 42 30* **Fax** *03 21 97 42 43*

Um bom restaurante de peixes junto ao porto, o iate clube e o Bassin du Paradis, com uma excelente vista dos barcos chegando e partindo. O restaurante é decorado com muito charme em madeira pintada. Tem uma carta de vinhos da qual se orgulha. O local ideal para se esperar o ferryboat.

### CAMBRAI LE JOLLY SAILOR  🚶 🍴  €
*11 rue de Douai, 59400* **Tel** *03 27 81 29 66*

Culinária tradicional simples e com bom custo-benefício é servida neste restaurante, que fica em um vibrante edifício amarelo com terraço e vista para o canal. O cardápio muda diariamente de acordo com os produtos que estão mais frescos no mercado. O ambiente é caloroso e acolhedor, e costuma haver apresentações de música ao vivo.

### CASSEL Estaminet T'Kasteel Hof  🚶 🍴  €
*Rue St-Nicolas, 59670* **Tel** *03 28 40 59 29*

Amplas vistas da plana paisagem rural deste estaminet (café despojado) que serve pratos tradicionais, frequentemente com queijos locais, acompanhados de cerveja. Foi aqui que o Grand Old Duke of York, filho de Jorge III, marchou seus 10 mil homens até o topo da colina (como diz uma canção).

### COMPIEGNE Bistro des Arts  🚶 📋 🍴  €
*35 cours Guynemer, 60200* **Tel** *03 44 20 10 10*

Um bistrô animado com refeições sofisticadas a bom preço. Localizado no centro da cidade, com ambiente artístico. Cadeiras e bancos de couro vermelho, mas sem toalhas de mesa. O cardápio de cada dia é posto na lousa conforme o que há no mercado. A culinária é a francesa tradicional e costuma incluir um prato de carne e um de peixe.

### COMPIEGNE Alain Blot  🅿 🚶 ♿ 🍴 🍷  €€€€
*21 rue Maréchal Foch, Rethondes, 60153* **Tel** *03 44 85 60 24* **Fax** *03 44 85 92 35*

O lema do proprietário é que os frutos do mar devem ser "uma simples expressão do mar". Este restaurante com estrelas do guia *Michelin*, com um delicioso salão e uma varanda que se abre para um jardim imaculado, é conhecido por sua gama de pratos clássicos, tais como perca grelhada com cebola-roxa caramelizada. Faça reserva.

**Categorias de preço** *na p. 600* **Legenda dos símbolos** *no final do guia*

## DOUAI La Terrasse

*36 terrasse St-Pierre, 59500* **Tel** *03 27 88 70 04* **Fax** *03 27 88 36 05*

Um excelente hotel e restaurante numa viela próxima ao Collegiale St-Pierre, com uma abrangente carta de vinhos com mais de mil referências. O opulento restaurante é decorado com pinturas. Experimente a inspiração do chef – salmão defumado recheado com aspargos, vieiras grelhadas e chouriço.

## DUNKIRK Estaminet Flamand

*6 rue des Fusiliers-Marins, 59140* **Tel** *03 28 66 98 35*

Tendo passado por muitas guerras, Dunquerque não é bonita para ser atração turística. Manteve, no entanto, suas tradições culinárias, exemplificadas aqui neste agradável estaminet (café despojado). Culinária flamenga autêntica e deliciosa, incluindo queijo maroilles, torta de cerveja, torta de açúcar.

## DUNKIRK L'Estouffade

*2 quai de la Citadelle, 59140* **Tel** *03 28 63 92 78* **Fax** *03 28 63 92 78*

Um pequeno restaurante muito frequentado, especializado em frutos do mar, com vista do porto. No verão há um terraço tranquilo que dá no cais, ao longo do porto comercial. Rodovalho é uma especialidade aqui. As sobremesas incluem especialidades de chocolate e frutas.

## LAON La Petite Auberge

*45 bd Brossolette, 02000* **Tel** *03 23 23 02 38*

O chef Willy Marc Zorn serve um menu criativo e exótico, com influências orientais distintas. Entre suas especialidades, foie gras de pato quente e carne de porco da região com polenta e pimenta Espelette. A extensa carta de vinhos tem mais de 200 rótulos de prestígio, e cada prato é acompanhado de uma garrafa.

## LILLE Au bout des doigts

*5 rue St-Joseph, 59000* **Tel** *03 20 74 55 95*

Um diferente conceito em jantar fora na França, as refeições neste restaurante são compostas de uma seleção de oito a dez pratos pequenos. Não há facas e você pode comer com os dedos. A culinária é baseada numa combinação de sabores, e os vinhos vêm de todas as partes do mundo. A decoração é contemporânea.

## LILLE La Ducasse

*95 rue de Solferino, 59000* **Tel** *03 20 57 34 10*

Esta tradicional brasserie no animado distrito de Halles é uma das mais famosas de Lille. Culinária regional e cerveja produzida em uma microcervejaria são os destaques, além do acordeonista que toca para os clientes acompanhado de uma caixa de música nas noites de sexta-feira. Escolha uma mesa no terraço se o clima permitir.

## LILLE Le Compostelle

*4 rue Saint-Etienne, 59800* **Tel** *03 28 38 08 30* **Fax** *03 28 38 08 39*

Fica ao lado da Grand Place este antigo albergue do século XVI no caminho do santuário de St-Jaques de Compostelle (Santiago de Compostela) no nordeste da Espanha. Hoje o albergue combina um charme à moda antiga com uma decoração contemporânea. O chef oferece uma boa combinação das culinárias regional e tradicional.

## MONTREUIL-SUR-MER Auberge de la Grenouillère

*Rue de la Grenouillère, La Madeleine-sous-Montreuil* **Tel** *03 21 06 07 22* **Fax** *03 21 86 36 36*

A 3km de Montreuil, esta fazenda da Picardia nas margens do Canche é decorada tradicionalmente com cobre, móveis antigos e pinturas de rãs desfrutando uma boa refeição. O cardápio moderno é complementado por uma boa carta de vinhos. Saborosa codorna recheada com lagostim e pernas de rãs. Ganhou a primeira estrela *Michelin* em 2008.

## POIX DE PICARDIE L'Auberge de la Forge

*14 rue du 49ème Régiment BCA, Caulières, 80290* **Tel** *03 22 38 00 91* **Fax** *03 22 38 08 48*

Um antigo local de escala no caminho de Amiens para Neufchatel, este albergue com fachada de vigas de madeira aparentes serve refeições fartas à moda antiga. O restaurante é elegante e atraente. A especialidade do chef é pato, de diversas maneiras. As endives gratinées, presunto com queijo maroilles, e endívias e vieiras também são boas.

## RECQUES-SUR-HEM Château de Cocove

*Ave de Cocove* **Tel** *03 21 82 68 29* **Fax** *03 21 82 72 59*

Este belo château do século XVIII, a meio caminho entre Calais e St-Omer, é um autêntico refúgio rural. Napoleão deu festas aqui enquanto esperava para invadir a Inglaterra. O restaurante fica nas antigas estrebarias de pedra, muito bem restauradas. Travessas de frutos do mar podem ser especialmente preparadas se pedidas com antecedência.

## ROEUX Le Grand Bleu

*41 rue Henri-Robert, 62118* **Tel** *03 21 55 41 74*

Um chalé de madeira abriga este popular restaurante onde pratos com peixe, como o turbot com fritas de berinjela, são a especialidade. O vinho é servido em taça ou garrafa. Peça uma mesa à janela e aprecie a vista do lago Le Grand Bleu, que, com o brilho do sol, se torna uma linda mancha azul na paisagem.

## ROYE La Flamiche

*20 pl de l'Hôtel de Ville, 80700* **Tel** *03 22 87 00 56* **Fax** *03 22 78 46 77*

Conhecido em toda a região como um restaurante gastronômico de prestígio (tem uma estrela *Michelin* desde 1964), este impecável estabelecimento é dirigido por Madame Klopp há muitos anos. Experimente as vieiras fritas, o tajine de enguias do Somme ou o local flamiche com alho-poró. No salão, uma exposição de esculturas e pinturas.

### SANGATTE Les Dunes

*Rte Nationale 48, Blériot Plage, 62231* **Tel** *03 21 34 54 30* **Fax** *03 21 97 17 63*

Este hotel e restaurante fica na praia Bleriot, de onde, em 1909, esse intrépido francês decolou em sua tentativa bem-sucedida de ser o primeiro homem a cruzar o canal num voo a motor. Hoje, este estabelecimento é muito conveniente para os usuários do Eurotúnel. Ótimos frutos do mar: experimente o cassoulet de mexilhões.

### SARS-POTERIES L'Auberge Fleurie

*67 rue Général de Gaulle, 59216* **Tel** *03 27 67 38 22* **Fax** *03 27 65 88 73*

Esta grandiosa sede de fazenda com jardins bonitos foi convertida num restaurante servindo a culinária francesa clássica em sua melhor forma. O lúcio numa base de repolho e bacon é bom, bem como os frutos do mar. No inverno, caça, javali e perdizes sempre figuram no cardápio.

### STEENVOORDE Auprès de mon Arbre

*932 rte d'Ecke, 59114* **Tel** *03 28 49 79 49*

Nesta cidade famosa por seus gigantes de Carnaval que desfilam todo ano através do centro, e pela torre de sua igreja com um alto campanário, este restaurante é bem conceituado. O proprietário foi chef de um conhecido restaurante de Lille antes de se instalar aqui no fim da década de 1990. Culinária francesa clássica e a flamenga tradicional.

### WIMEREUX Hôtel Atlantique

*Digue de mer, 1º andar, 62930* **Tel** *03 21 32 41 01* **Fax** *03 21 87 46 17*

Bem na promenade, com uma ótima vista do mar, como seria de esperar. O chef Alain Delpierre causa uma certa surpresa neste ambiente em estilo antigo. Vermelho numa salada com aceto balsâmico é uma das especialidades. Há também dezoito quartos reformados – peça um com vista para o canal.

# CHAMPAGNE

### AIX-EN-OTHE Auberge de la Scierie

*La Vove, 10160* **Tel** *03 25 46 71 26* **Fax** *03 25 46 65 69*

O Auberge de la Scierie é dirigido por um casal franco-austro-britânico que trabalhou junto no Savoy em Londres. A especialidade deles são os frutos do mar com um tempero marcadamente oriental. Este albergue, situado num terreno de 8 acres, tem também quartos, piscina e oferece cursos de culinária.

### ARSONVAL Hostellerie de la Chaumière

*Arsonval, 10200* **Tel** *03 25 27 91 02* **Fax** *03 25 27 90 26*

Já faz alguns anos que este hospitaleiro casal anglo-francês recebe clientes e hóspedes em seu restaurante e hotel com vista para o Aube. Fica perto da Route du Champagne. Os pratos incluem foie gras caseiro e alguns dos melhores rins e bacons da França. Salão rústico, com vigas de madeira.

### BAR-SUR-AUBE Le Cellier aux Moines

*Rue Général Vouillemont, 10200* **Tel** *03 25 27 08 01* **Fax** *03 25 01 56 22*

Como o nome sugere, esta enorme adega do século XII no centro desta aprazível cidade antiga (outrora a rota principal para a Suíça) foi convertida num restaurante tendo o vinhedo como tema. A equipe usa trajes de vignerons para grupos. Experimente a andouillete (linguiça de tripa) com o excelente queijo chaource local.

### BREVONNES Au Vieux Logis

*1 rue de Piney, 10220* **Tel** *03 25 46 30 17*

Este restaurante de primeira classe faz parte de um hotel totalmente reformado. O menu oferece a culinária clássica francesa, com pratos como escargot com creme de alho acompanhado do queijo local chaource. Uma boa opção para quem está na região, visitando os lagos artificiais e o Fôret de L'Orient.

### CHALONS-EN-CHAMPAGNE Les Temps Changent

*1 rue Garinet, 51000* **Tel** *03 26 66 41 09*

Procure pelo Hôtel d'Angleterre, no centro da cidade, e prove um jantar deste popular bistrô, que fica no hotel. O menu muda a cada dia e sempre utiliza ingredientes da época. Experimente a paleta de cordeiro assada com manjericão ou o delicioso suflê de maracujá acompanhado de um vinho, servido em taça ou garrafa.

### CHALONS-EN-CHAMPAGNE Au Carillon Gourmand

*15 bis pl Monseigneur Tissier, 51000* **Tel** *03 26 64 45 07*

No centro da cidade velha no bairro de Notre-Dame-de-Vaux, este acolhedor restaurante tem uma varanda que se abre para a rua. O plat du jour (prato do dia) é decidido de acordo com o que há de melhor no mercado no dia. Experimente o carpaccio de salmão ou o patê de pato com especiarias.

### CHAUMONT Les Remparts

*72 rue de Verdun, 52000* **Tel** *03 25 32 64 40*

Esta hospedaria reformada constitui-se em um restaurante, brasserie e hotel. O restaurante serve principalmente pratos com trufas e o queijo local langres. As refeições da Brasserie 1-2-3, localizada no mesmo prédio, são mais baratas. Ambas as casas oferecem uma bela vista para a paisagem da região.

**Categorias de preço** *na p. 600* **Legenda dos símbolos** *no final do guia*

### COMBEAUFONTAINE Le Balcon     P 🚶    €€€€

*1 pl 15 Juin 1940, 70120* **Tel** *03 84 92 11 13* **Fax** *03 84 92 15 89*

Este bom restaurante provincial à moda antiga, a meia hora de Langres, merece ser melhor conhecido. Experimente a sugestão do chef – o menu gourmand – e você ficará com o apetite e o bolso mais que satisfeitos. A brasserie oferece bons almoços nos dias da semana. Quartos também disponíveis.

### EPERNAY La Table Kobus     🚶 📖    €€€

*3 rue Dr Rousseau, 51200* **Tel** *03 26 51 53 53* **Fax** *03 26 58 42 68*

Uma excelente brasserie perto do centro dessa cidade que é a quintessência da Champagne. Uma singularidade: você pode trazer sua própria garrafa de champanhe para beber com sua refeição. O cardápio é o da culinária francesa clássica. A terrine de foie gras fait maison (caseiro) é particularmente recomendada.

### FOUCHERES Auberge de la Seine     P 🚶 🍴 🍷    €€

*1 faubourg de Bourgogne, 10260* **Tel** *03 25 40 71 11* **Fax** *03 25 40 84 09*

A perfeita imagem do albergue para diligência a meio caminho entre Côte des Bar e os vinhedos da Champagne. O restaurante em estilo Luís XIII se abre para um belo terraço à beira-rio. O chef, que comandou a cozinha de outros restaurantes estrelados na região, é especializado em lagosta

### JOINVILLE Le Soleil d'Or     P 🚶 📖 🍴 🍷    €€€

*9 rue Capucins, 52300* **Tel** *03 25 94 15 66* **Fax** *03 25 94 39 02*

Esta casa do século XVII, com apartamentos elegantes e um restaurante, era o lar da família Guise. O salão é decorado com estátuas de um convento do século XIV, e há uma agradável varanda. Um cardápio original que muda todos os dias.

### LANGRES La Pignata     🚶    €

*59 rue Diderot, 52200* **Tel** *03 25 87 63 70*

Restaurante italiano servindo pizzas e outros pratos saborosos, tais como vitela com molho milanês ou tagliatelle com frutos do mar, com vinho da casa. Fica no centro dessa histórica cidade fortificada. Passeie pelas velhas ruas apinhadas e tente localizar a primeira caserna destinada à Legião Estrangeira, em 1832.

### LANGRES L'Auberge des Voiliers     P 🚶 📖 🍴    €€

*Lac de la Liez, 52000* **Tel** *03 25 87 05 74*

Próxima à cidade histórica de Langres, esta casa oferece vista de um grande lago e dos muros da cidade. O restaurante principal serve pratos tradicionais "modernizados", como o foie gras com ruibarbo ou o filé de peixe lúcio com suflê de urtiga. A brasserie é mais barata e serve pratos simples.

### LE MESNIL-SUR-OGER Le Mesnil     🚶 📖 ♿ 🍷    €€€

*2 rue Pasteur, 51190* **Tel** *03 26 57 95 57* **Fax** *03 26 57 78 57*

Numa bela aldeia vinicultora no coração dos vinhedos da Champagne fica este restaurante gourmet, instalado em uma atraente casa antiga. O proprietário adora mostrar para os clientes suas excelentes adegas de vinho. A aldeia é onde fica o museu da videira e do vinho na Maison Launois.

### L'EPINE Aux Armes de Champagne     P 🚶 🍴 🍷    €€€€

*31 ave de Luxembourg, 51460* **Tel** *03 26 69 30 30* **Fax** *03 26 69 30 26*

Um estabelecimento de primeira linha, com restaurante e quartos de hotel, próximo à majestosa basílica Notre-Dame, do século XV. A culinária francesa clássica é preparada com verduras da horta do restaurante, em pratos como aspargo com molho de trufas e lascas de foie gras ou lagosta com damascos. Boas opções vegetarianas

### NOGENT-SUR-SEINE Au Beau Rivage     P 🚶 ♿ 🍴    €€€€

*20 rue Villiers-aux-Choux, 10400* **Tel** *03 25 39 84 22* **Fax** *03 25 39 18 32*

Este hotel e restaurante à beira rio é altamente recomendado, em particular desde que os apartamentos foram reformados. Um atraente terraço dá vista do salão para o Sena. É a tradicional cuisine gastronomique francesa, com foie gras e coelho num cardápio de dar água na boca.

### REIMS La Brasserie Boulingrin     🚶 📖 🍴 🍷    €€€

*48 rue Mars, 51100* **Tel** *03 26 40 96 22* **Fax** *03 26 40 03 92*

É uma famosa brasserie de Reims e um ponto de encontro habitual dos moradores locais. Manteve seus mosaicos art déco de alegres colhedores de uva (vendangeurs) da Champagne. Bons preços num lugar animado para comer, perto do mercado. Ostras e steak tartare estão entre as especialidades. Há também uma ampla variedade de champanhes.

### REIMS Le Café du Palais     🚶 🍴 🍷    €€€

*14 pl Myron Herrick, 51100* **Tel** *03 26 47 52 54*

A decoração desta casa foi "projetada" pelo dono Jean-Louis Vogt ao longo de muitos anos e possui pinturas, fotos e um famoso teto de vitral art déco, construído por Jacques Simon. Localizada no coração de Reims, esta brasserie é administrada por uma família desde 1930. Pratos excelentes, sobremesas ótimas e uma fina seleção de champanhes.

### REIMS L'Assiette Champenoise     P 🚶 📖 ♿ 🍴 🍷    €€€€€

*40 ave Paul Vaillant-Couturier, Tinqueux, 51430* **Tel** *03 26 84 64 64* **Fax** *03 26 04 15 69*

Uma estrela gastronômica refletida no preço. Pratos de lagosta são uma especialidade, e pombo e cordeiro estão também entre os favoritos do chef Arnaud Lallement. Instalado numa elegante maison de maître, o restaurante tem duas rosettes, e o hotel foi ampliado e modernizado. As atrações incluem um belo jardim e um terraço aprazível.

### ROCROI Hôtel-Restaurant le Commerce
*5 pl d'Armes, 08230* **Tel** *03 24 54 11 15*

Este restaurante à moda antiga e com boa relação qualidade/preço fica na praça central de um forte bem preservado, construído por Vauban em 1675. Serve pratos locais e tradicionais, como escargots, coq au vin ou coelho em sidra. Para sobremesa, île flottante (merengue), musse de chocolate ou profiteroles.

### SEDAN Le Saint-Michel
*3 rue Saint-Michel, 08200* **Tel** *03 24 29 04 61*

Situado atrás do Château Fort de Sedan, este restaurante funciona junto de um hotel e de uma loja que vende artesanato e alimentos produzidos na região. O cardápio tradicional apresenta especialidades da região das Ardenas, como javali, rins de porco e uma variedade de carnes defumadas e presuntos.

### SIGNY LE PETIT Au Lion d'Or
*Pl de l'Eglise, 08380* **Tel** *03 24 53 51 76* **Fax** *03 24 53 36 96*

No circuito das igrejas fortificadas, este restaurante e hotel tem na frente uma fachada de tijolos do século XVIII. O restaurante em estilo Luís XIII serve um foie gras delicioso com uma geleia de rosas silvestres. Peixes preparados com competência são outra especialidade deste estabelecimento bem administrado.

### ST-IMOGES La Maison du Vigneron
*Rte Départamentale 51, 51160* **Tel** *03 26 52 88 00* **Fax** *03 26 52 86 03*

Entre Reims e Epernay, numa aldeia no coração do Parc Régionale de la Montagne Noire et de Reims, fica este bom restaurante e casa de champanhe. Excelentes pratos regionais preparados com imaginação e, se você desejar, acompanhados pelas safras de champanhe do proprietário.

### STE MENEHOULD Le Cheval Rouge
*1 rue Chanzy, 51800* **Tel** *03 26 60 81 04* **Fax** *03 26 60 93 11*

Dois lugares para comer num só estabelecimento: o restaurante, com sua lareira característica, ou a brasserie, muito mais barata (especializada em pés de porco). Há também quartos. Monsieur Fourreau, o proprietário, exporta pés de porco para toda a Europa.

### TROYES Les Crieurs de Vin
*4 pl Jean Jaurès, 10000* **Tel** *03 25 40 01 01*

Um bar de vinhos a preços acessíveis com um ar agradavelmente boêmio, dirigido por dois fanáticos por vinho. Na frente eles vendem vinho para levar e na parte de trás o vendem para acompanhar o cardápio em estilo de bistrô. Muitas vigas expostas e mesas de madeira sem toalha. O cardápio francês tradicional é escrito numa lousa.

### TROYES Tartines et Bulles
*31 rue de la Cité, 10000* **Tel** *03 25 80 58 23*

Num ambiente atraente, este restaurante usa a produção local para fazer pratos bons e baratos, além das deliciosas sobremesas. A especialidade são as tartines gratinées (sanduíches tostados) feitas com queijo chaource local. As saladas são fartas. O vinho é servido em taça ou jarro e há também dois champanhes em taça.

### TROYES Au Jardin Gourmand
*31 rue Paillot de Montabert, 10000* **Tel** *03 25 73 36 13* **Fax** *03 25 73 36 13*

No coração da cidade velha, com seu emaranhado de casas com fachadas de vigas de madeira aparente, este charmoso restaurante agrada a todos que o visitam. A especialidade é a iguaria local, andouillette (linguiça de tripa). Agradável salão com paredes revestidas de madeira e terraço para comer ao ar livre no verão. Experimente o sorvete de alfazema.

### VILLEMOYENNE La Parentele
*32 rue Marcelin Lévêque, 10260* **Tel** *03 25 43 68 68* **Fax** *03 25 43 68 69*

Este restaurante ganhou renome por seu lagostim cozido em creme de coco e seu ravióli au foie gras. Em pouco tempo, os dois irmãos que decidiram investir no negócio da família ganharam a primeira estrela *Michelin*. Os especialistas dizem que a carta de vinhos da Champagne é perfeita.

## ALSÁCIA E LORENA

### BAERENTHAL L'Arnsbourg
*18 untermuhlthal, 57230* **Tel** *03 87 06 50 85* **Fax** *03 87 06 57 67*

Um dos poucos restaurantes com três rosettes na França, escondido numa bela clareira na floresta no norte de Vosges. O time de irmãos Jean-George e Cathy Klein conjuga pratos leves e imaginativos, como a grillade de foie gras de pato com limão cristalizado, acompanhados por ótimos vinhos.

### BITCHE Le Strasbourg
*24 rue Col. Teyssier, 57230* **Tel** *03 87 96 00 44* **Fax** *03 87 96 11 57*

Excelente hotel-restaurante à sombra da fascinante cidadela de Vauban, onde há um monumento à infantaria americana que libertou a cidade. Le Strasbourg tem um grande salão tradicional, com uma bela lareira branca moldada. A culinária aqui é tradicional, com foie gras e uma variedade de pratos de peixe.

**Categorias de preço** *na p. 600* **Legenda dos símbolos** *no final do guia*

### COLMAR La Table de Louise
*2 rue Edouard-Richard, 68000* **Tel** *03 89 24 00 00*

Esta brasserie possui decoração austera, porém moderna, com toques da Paris de 1900. Localizada na comuna de Colmar, oferece um menu vasto e tradicional, com pratos como o terrine de foie gras de ganso com chutney de abóbora. Situada a dois minutos do belo centro da cidade, repleto de construções de madeira.

### COLMAR Le Caveau de St-Pierre
*24 rue de la Herse, 68000* **Tel** *03 89 41 99 33*

Construído em 1568 nas fortificações medievais, este restaurante fica no bairro Pequena Veneza, ao qual se chega por uma passarela de madeira sobre o canal. Decoração tradicional com vigas pintadas. Entre as especialidades estão o filé cozido num molho do queijo munster local, pratos de peixe e choucrute (repolho picado servido com linguiça e bacon).

### ILLHAEUSERN L'Auberge de l'Ill
*2 rue de Collonges, 68970* **Tel** *03 89 71 89 00* **Fax** *03 89 71 82 83*

A Meca da cozinha alsaciana, e ainda sob direção da família Haeberlin, este restaurante mantém sua três rosettes há mais de 40 anos! Instalado às margens do rio Ill no coração da aldeia, com jardins e ninhos de cegonhas. Lagosta com quinua e temperos orientais, suflê de salmão, terrine de foie gras de ganso com trufas.

### KAYSERSBERG Restaurant Saint Alexis
*Restaurant Saint Alexis, 68240* **Tel** *03 89 73 90 38*

Escondida nas colinas acima dos vinhedos de Kayserberg e Riquewihr, esta antiga fazenda, instalada em meio a pomares de cerejeiras perto de uma capela datando em parte do século V, abriga um restaurante muito popular. Todo menu começa com uma sopa, seguido por torta de carne ou ensopado de frango ou caça, e omelete. Faça reserva.

### KAYSERSBERG Au Lion d'Or
*66 rue Général de Gaulle, 68240* **Tel** *03 89 47 11 16* **Fax** *03 89 47 19 02*

No centro da cidade velha, muita história cerca esta instituição excelente e despretensiosa, construída em 1521 e gerida pela mesma família desde 1764. Uma cabeça de leão entalhada decora a porta do restaurante. No salão cheio de caráter, uma grande lareira central é acesa no inverno. Pratos tradicionais incluem caça, foie gras e sauerkraut.

### LEMBACH Gimbelhof
*Rte Forestière, 67510* **Tel** *03 88 94 43 58*

Fazenda alsaciana modernizada perto da fronteira alemã, a 10km ao norte de Lembach e a uma hora de Strasbourg. Do outro lado do vale ficam as magníficas ruínas do château de Fleckenstein. Excelentes pratos locais. Estabelecimento profissional com preços modestos, frequentado tanto por alemães quanto por moradores locais. Faça reserva.

### LEMBACH Auberge du Cheval Blanc
*4 rue de Wissembourg, 67510* **Tel** *03 88 94 41 86* **Fax** *03 88 94 20 74*

Em uma estalagem do século XVIII, este restaurante de Lembach é o melhor do norte da Alsácia. O dono do local foi eleito pela conceituada Gault Millau como o chef promessa de 2009. Serve pratos regionais excelentes, além do melhor da alta cozinha francesa. Cardápios mais baratos podem ser solicitados.

### LES THONS Le Couvent des Cordeliers
*Les Thons, 88410* **Tel** *03 29 07 90 84*

Num belo ajuntado de mosteiros do século XV ao norte da renascentista Châtillon-sur Saône é onde fica este restaurante singular. O proprietário assa fatias de pernil defumado numa lareira central. Muito frequentado; reserve com boa antecedência e peça uma mesa no salão de baixo, "en bas". Há um museu gratuito.

### MARLENHEIM Le Cerf
*30 rue Général de Gaulle, 67520* **Tel** *03 88 87 73 73* **Fax** *03 88 87 68 08*

Na extremidade norte da Route des Vins, este antigo pouso de diligências, de propriedade da mesma família desde 1930, serve pratos tradicionais da Alsácia modernizados. Tem uma reputação de servir refeições fartas e honestas, até com repetições. Choucroute com leitão e foie gras frito. Quartos disponíveis.

### METZ Le Bistrot des Sommeliers
*10 rue Pasteur, 57000* **Tel** *03 87 63 40 20* **Fax** *03 87 63 54 46*

Uma experiência gastronômica sob uma aparência de brasserie. O chef foi o segundo na cozinha de um dos melhores restaurantes da França. Carta de vinhos notável, com 400 rótulos diferentes do país inteiro. Excelente culinária em estilo de bistrô, com uma clientela em que predominam executivos. Vol au vent de lagostim é uma especialidade.

### METZ Restaurant des Roches
*29 rue Roches, 57000* **Tel** *03 87 74 06 51* **Fax** *03 87 75 40 04*

Instalado no térreo de uma construção do século XVIII em frente ao mais antigo teatro da França, este restaurante é especializado em peixe – bass, dourado e rodovalho – e frutos do mar. Você pode escolher a sua lagosta num tanque de vidro. No verão há o terraço para uma refeição à beira do Moselle.

### NANCY Chez Tanesy
*223 Grande Rue, 54000* **Tel** *03 83 35 51 94*

Uma fachada discreta do século XVIII esconde um dos melhores restaurantes de Nancy. Os preços são acessíveis. A casa foi batizada em homenagem a seu chef, muito conhecido na região, e também responsável pela administração do estabelecimento. Destaque para as coquilles St-Jacques com trufa. Próximo à place Stanislas.

### NANCY L'Excelsior €€€
*50 rue Henri Poincaré, 54000* **Tel** *03 83 35 24 57*

Esta brasserie clássica de Nancy com decoração da Belle Époque e vitrais é um famoso ponto de encontro de artistas. Aberto em 1911, funciona até hoje com um serviço excelente, e é possível até reservar sua mesa pela internet. L'Excelsior serve pratos refinados com foie gras e choucroute garnie.

### OBERNAI La Cloche €
*90 rue Général Gouraud, 67210* **Tel** *03 88 49 90 43*

É numa casa do século XIV com o revestimento e as janelas originais que fica este restaurante em estilo de taverna. Situado no coração da cidade velha, oferece culinária alsaciana tradicional com queijo munster nos molhos. Sempre dois peixes no cardápio, e tarte flambée à noite. Serviço excelente. Reserve com boa antecedência.

### RIEDISHEIM Restaurant de la Poste €€€€
*7 rue Général de Gaulle, Riedisheim, 68400* **Tel** *03 89 44 07 71* **Fax** *03 89 64 32 79*

Num pouso de diligências datando de 1850, este restaurante com seus salões elegantes vem sendo mantido pela família Kieny por seis gerações. Você encontrará a cozinha alsaciana tradicional, tendo como especialidade o leitão, conforme as estações. Também são especialistas em cozinhar com chocolate.

### RIQUEWIHR Le Sarment d'Or €€€€
*4 rue du Cerf, 68340* **Tel** *03 89 86 02 86* **Fax** *03 89 47 99 23*

Numa bela casa do século XVII, abrigada numa tranquila rua renascentista desta aldeia maravilhosamente preservada, o salão do restaurante com vigas de madeira é decorado com elegância. A cozinha combina invenção e tradição. Kugelhopf quentinho para o café da manhã, da loja ao lado da família. Quartos disponíveis.

### SAVERNE Taverne Katz €€
*80 grand rue, 67700* **Tel** *03 88 71 16 56*

No centro da cidade em frente ao enorme château, esta taverna foi construída em 1605 e mantém-se esplendidamente preservada tanto dentro quanto fora, com um terraço florido tradicional e assoalho de tábuas de madeira no salão. A comida é francesa com um viés regional e inclui pato com foie gras e medalhões de coelho.

### STRASBOURG Pâtisserie Winter €
*25 rue du 22 Novembre, 67000* **Tel** *03 88 32 85 40* **Fax** *03 88 22 04 28*

Este é um bom lugar para o visitante comum de Strasbourg, que não dispõe de uma conta de despesas como membro do Parlamento Europeu. Refeições simples a preços razoáveis neste local no centro da cidade. Boas saladas e patisseries com cerveja ou vinho.

### STRASBOURG Au Crocodile €€€€€
*10 rue Outre, 67000* **Tel** *03 88 32 13 02* **Fax** *03 88 75 72 01*

Um dos melhores restaurantes da outra capital da França. Decoração elegante com painéis trabalhados de madeira polida e o famoso crocodilo trazido de uma campanha no Egito por um capitão alsaciano do exército francês. Serviço impecável e culinária leve e original. Uma carta de vinhos magnífica, abrangendo o mundo inteiro.

### VERDUN Hostellerie le Coq Hardi €€€€
*Ave de la Victoire, 55100* **Tel** *03 29 86 36 36* **Fax** *03 29 86 09 21*

Este tradicional, clássico hotel e restaurante provincial francês tem boa comida, uma ótima carta de vinhos e um salão elegante. Experimente a lasagne de langoustine e os escargots. A opção bistrô oferece refeições mais baratas e rápidas, como filé com fritas. Há um agradável terraço para o verão.

### WINDSTEIN Auberge des Deux Châteaux €
*33 rue des Châteaux, 67110* **Tel** *03 88 09 24 41*

O pequeno e excepcional hotel-restaurante localizado entre as ruínas de dois castelos medievais, dentro de um parque regional. Na D53, entre Jaegerthal e Dambach, suba pelo vale de Windstein e prossiga até chegar no topo. A comida servida aqui é alsaciana tradicional e as especialidades são carne de caça e tarte flambée. Belas vistas. Fechado dez-jan.

### WISSEMBOURG Daniel Rebert €
*7 pl du Marché aux Choux, 67100* **Tel** *03 88 94 01 66* **Fax** *03 88 54 38 78*

Daniel Robert é um dos melhores chocolatiers e patissiers da França. Um pouco ofuscado por sua luxuosa produção de doces e chocolates, há um discreto salon de thé, servindo almoços leves. Depois você pode escolher entre os doces e chocolates nas estonteantes vitrines.

## NORMANDIA

### ACQUIGNY Hostellerie d'Acquigny €€€
*1 rue d'Evreux, 27400* **Tel** *02 32 50 20 05*

Este antigo pouso de diligências abriga um restaurante charmoso. Os habitués apreciam os baratos menus fixos, mas vale a pena escolher à la carte: foie gras frito com frutas secas ou filé de bacalhau assado com chouriço e um cremoso molho de alho são boas pedidas. Carta de vinhos eclética e serviço animado.

**Categorias de preço** *na p. 600* **Legenda dos símbolos** *no final do guia*

### ALENCON Le Bistrot

*21 rue de Sarthe, 61000* **Tel** *02 33 26 51 69*

Clássico bistrô francês, com decoração antiga, fachada verde, toalhas de mesa vermelhas xadrez e pôsteres de filmes nas paredes. O menu muda regularmente e oferece pratos como a morcela e o filé mignon suíno com creme, muito procurados pelos moradores. A carta de vinhos tem preços razoáveis, e a adega é bem construída.

### AUMALE La Villa des Houx

*6 ave Général de Gaulle, 76390* **Tel** *02 35 93 93 30* **Fax** *02 35 93 03 94*

Antigamente uma gendarmerie (delegacia de polícia), é o lugar ideal para uma escala no caminho entre Rouen e Amiens. O cardápio oferece o sabor refinado da verdadeira culinária normanda com um toque moderno. Experimente o foie gras com crosta de frutas, seguido por codorna recheada e o suflê de calvados.

### BARNEVILLE-CARTERET Marine

*11 rue de Paris, 50270* **Tel** *02 33 53 83 31* **Fax** *02 33 53 39 60*

Neste restaurante, perto do porto, o chef Laurent Cesne prepara pratos inventivos como tartare de vieiras aromatizado com gengibre fresco e o cordeiro assado com tomate, azeitonas, rúcula e queijo parmesão. Salão moderno e confortável; serviço preciso e atencioso. Carta de vinhos à altura da comida.

### BAYEUX La Coline d'Enzo

*4 rue des Bouchers, 14400* **Tel** *02 31 92 03 01*

O destaque da casa são os peixes, principalmente o robalo assado na telha. Os pratos aqui são criativos. No almoço, a dica é a suggestion du jour (prato do dia), que tem um preço honesto. O restaurante possui decoração moderna e alegre que combina o velho e o novo. Faça reserva.

### BEUVRON EN AUGE Le Pavé d'Auge

*Les Halles, Beuvron en Auge, 14430* **Tel** *02 31 79 26 71* **Fax** *02 31 39 04 45*

O talentoso chef serve comida feita com produtos de origem local. O salão, no antigo mercado da aldeia, tem charme de sobra. O cardápio concentra-se em peixes, com poucas opções de carne e aves. Escolha entre ostras de Isigny ou langoustines grelhados, e então entre abrotéa ou rascasse cozido.

### BRIQUEVILLE-SUR-MER Couleurs Saveurs

*2 rte de Bretonnière, 50290* **Tel** *02 33 61 65 62*

Este restaurante na costa, ao norte de Granville, oferece uma surpreendente combinação de sabores em seu salão iluminado e moderno. Espere pratos como bife ou peixe assado com manteiga demi-sel, servidos com frutas cítricas e wasabi, ou cordeiro aupimentado com molho de açafrão e bolo com marmelada de grapefruit de sobremesa.

### CAEN Le Pressoir

*3 ave Henri-Chéron, 14000* **Tel** *02 31 73 32 71* **Fax** *02 31 26 76 64*

O premiado chef Ivan Vautier e sua esposa Sandrine comandam este restaurante excelente e contemporâneo, que usa os melhores ingredientes locais em inovações inspiradas na cozinha normanda. O cardápio à la carte é bem variado e há um com preços mais acessíveis. Fechado seg, dom jantar, feriados de fev e 23 jul-21 ago.

### CHERBOURG Le Faitout

*25 rue Tour-Carrée, 50100* **Tel** *02 33 04 25 04* **Fax** *02 33 04 60 36*

Um bastião da tradição, Le Faitout situa-se num bairro antigo da cidade. Este animado restaurante em estilo de bistrô serve pratos em estilo familiar por excelência. Não deixe de provar a deliciosa tainha, os frescos mexilhões Barfleur, sardinhas grelhadas e um confit de pato maravilhosamente crocante.

### COSQUEVILLE Au Bouquet de Cosqueville

*Hameau Remond, 50330* **Tel** *02 33 54 32 81* **Fax** *02 33 54 63 38*

Boas porções de produtos do mar frescos, como lagosta cozida em sidra, peixe e frutos do mar locais, são servidas neste restaurante rústico numa casa com a fachada coberta de hera no centro da aldeia. Os produtos locais mais frescos, selecionados meticulosamente. Saborosos crêpes e crème brulée de sobremesa. Ótima carta de vinhos.

### COURSEULLES SUR MER Paris

*Pl 6-Juin, 14470* **Tel** *02 31 37 45 07* **Fax** *02 31 37 51 63*

Um restaurante com boa relação custo-benefício neste tranquilo resort à beira-mar, ao norte de Caen, na Côte de Nacre. Serviço simpático no salão mobiliado com simplicidade, onde pratos de carne e produtos do mar simples são preparados com cuidado. O terraço e a varanda são protegidos das fortes brisas marítimas.

### DEAUVILLE Le Spinnaker

*52 rue Mirabeau, 14800* **Tel** *02 31 88 24 40* **Fax** *02 31 88 43 58*

Depois de um passeio pela promenade à beira-mar, vá para um dos melhores restaurantes de peixe da Normandia. Um atraente e moderno salão tem como especialidade pratos de peixe e frutos do mar, e também de carne grelhada. O delicioso canelone de lagostim e castanhas é uma boa escolha. Serviço atencioso e simpático. Fechado jan.

### DIEPPE Bistrot de Pollet

*23 rue Tête de Bœuf, 76200* **Tel** *02 35 84 68 57*

Pequeno e simpático restaurante em estilo de bistrô com as sugestões diárias do chef, dependendo do que foi pescado no dia, na antiga parte pesqueira do porto. Pratos de peixe simples e básicos: salada de hadoque, sardinhas grelhadas e linguado cozido. Carta de vinhos limitada. Lotado de moradores locais e habitués. Faça reserva.

### DOMFRONT Auberge Grand Gousier  €€€
*1 pl Liberté, 61700* **Tel** *02 33 38 37 25*

Domfront escapou da destruição durante os bombardeios de 1944, e este albergue de administração familiar testemunha isso, intacto no centro da cidade medieval com sua autêntica lareira original. A especialidade são as ostras quentes com molho cremoso de camembert. As porções são generosas, e a boa acolhida, sincera.

### DRUBEC La Haie Tondue  €€€€
*La Haie Tondue RN175, 14130* **Tel** *02 31 64 85 00*

Com a fachada coberta por plantas, este elegante restaurante possui um simpático terraço, com vigas normandas aparentes e outros detalhes de madeira. A culinária é tradicional, e há pratos como pitu frito com "caviar" de berinjela e vitela com molho de queijo. O preço é honesto.

### EVREUX La Croix d'Or  €€
*3 rue Joséphine, 27000* **Tel** *02 32 33 06 07*

Animada e popular brasserie na agradável cidade da catedral. Os moradores de Evreux dizem que a imperatriz Josefina de Beauharnais costumava comer aqui. O cardápio hoje é dedicado a enormes pratos de ostras e outros frutos do mar, assim como simples e deliciosas opções de pratos de peixe fresco.

### FALAISE l'Attache  €€€€
*Rte de Caen, 14700* **Tel** *02 31 90 05 38* **Fax** *02 31 90 57 19*

É recomendável fazer reservas para este restaurante no coração do Calvados. Um antigo local de escala remodelado com classe, com o salão decorado em tons relaxantes. O repertório clássico vem com uma dimensão acrescida – o chef usa plantas e ervas aromáticas há muito esquecidas para dar sabor a sua culinária. Serviço impecável.

### FECAMP La Marée  €€
*77 quai Bérigny, 76400* **Tel** *02 35 29 39 15*

Este animado restaurante no porto é frequentado tanto por moradores como por turistas, que vêm se esbaldar nos pratos de peixes e frutos do mar frescos. Todo o menu é dedicado aos pescados, com sopa de peixe caseira, peixes defumados e enormes pratos de frutos do mar. Tem um terraço ensolarado e uma boa carta de vinhos.

### FOURGES Moulin de Fourges  €€€€
*38 rue du Moulin, 27630* **Tel** *02 32 52 12 12* **Fax** *02 32 52 92 56*

Um belo moinho d'água a beira de um rio que com certeza teria agradado a Monet, que morava ali perto em Giverny. Produtos locais usados de forma inovadora para obter resultados surpreendentes. No inverno, o restaurante torna-se um simpático chalé montanhês, especializado em foundues. Bom ambiente e ótimos vinhos. Fechado seg.

### GISORS Le Cappeville  €€
*17 rue Cappeville, 27410* **Tel** *02 32 55 11 08* **Fax** *02 32 55 93 92*

Restaurante rústico na parte mais antiga da cidade, servindo a culinária normanda tradicional. O chef Pierre Potel demonstra suas habilidades criando pratos saborosos com os produtos locais. Experimente a suculenta vitela ou o ravióli com escargot. Conta com uma impressionante tábua de queijos. O La Cappeville tem um ambiente simpático, informal.

### GRANVILLE La Citadelle  €€
*34 rue du Port, 50406* **Tel** *02 33 50 34 10* **Fax** *02 33 50 15 36*

A ampla vista para a baía de St-Michel, a cozinha confiável e o panorama que se tem do terraço para o porto de pesca são suficientes para fazer com que se atravesse a ponte. Um salão elegante e moderno, onde se servem porções generosas. Os frutos do mar mais frescos da cidade, a maior porção de linguado e vieiras à normanda. Fechado jan.

### HONFLEUR Côte Resto  €€€€
*8 pl Saint-Catherine, 14600* **Tel** *02 31 89 31 33* **Fax** *02 31 89 90 17*

Atraente construção de madeira e tijolos com um terraço em frente à igreja. Frutos do mar esplendidamente frescos. A simplicidade é a norma, usando os melhores ingredientes. Experimente o milfolhas de beterraba e sardinha, chucrute de peixe com molho cremoso de açafrão. Você pode montar sua própria travessa de frutos do mar. Boa carta de vinhos.

### HONFLEUR La Ferme St-Siméon  €€€€€
*Rue A. Marais, 14600* **Tel** *02 31 81 78 00* **Fax** *02 31 89 48 48*

Um local luxuoso para se comer neste simpático porto de pesca. O restaurante deste hotel spa é conhecido por seus elaborados pratos de peixes, como o salmonete recheado com consommé de couve-flor e croque en bouche bouillabaise. O salão carrega um charme de Velho Mundo, e o teto, com vigas aparentes, é lindo. Excelente carta de vinhos.

### LA FERRIERE AUX ETANGS Auberge de la Mine  €€€
*Le Gué-Plat, 61450* **Tel** *02 33 66 91 10* **Fax** *02 33 96 73 90*

Nesta antiga cantina de mineiros, pratos normandos tradicionais são produzidos com originalidade: moleja de vitela com linguiça "andouille Vire" e peixe-cabra assado com ervas. Serve sobremesas deliciosas, como savarin (bolo de levedura embebido em calvados) e maçãs carameladas no espeto, além de uma excelente tábua de queijos. Fechado jan.

### LES ANDELYS La Chaine d'Or  €€€€
*27 rue Grande, 27700* **Tel** *02 32 54 00 31* **Fax** *02 32 54 05 68*

Reserve uma mesa neste restaurante para saborear delícias como lagostim com chutney de frutas cítricas, um trio de foie gras, linguado assado com risoto de azeitonas pretas ou confit de cordeiro Limousin. Ambiente romântico em um albergue do século XVIII nas margens do Sena. Tem quartos disponíveis. Fechado jan.

**Categorias de preço** *na p. 600* **Legenda dos símbolos** *no final do guia*

## LYONS LA FORET Restaurant de la Halle

*Pl Benserade, 27480* **Tel** *02 32 49 49 92*

Um gracioso e tradicional vilarejo normando cercado pela maior floresta de faias da Europa empresta grande charme a este bom restaurante regional, situado em frente ao antigo mercado. Cozinha simples, direta e deliciosa, especialmente o cordeiro com alecrim. Atendimento pomposo.

## MONT-ST-MICHEL Auberge St-Pierre

*Grande rue, 50170* **Tel** *02 33 60 14 03* **Fax** *02 33 48 59 82*

O cordeiro que pasta nos pântanos salgados, conhecido como agneau pré-salé, está no cardápio deste restaurante numa charmosa construção do século XV. Produtos do mar também são uma especialidade da casa. Experimente os favoritos, como caranguejo ou salmão. Ingredientes locais frescos são usados na preparação dos pratos tradicionais.

## MONT-ST-MICHEL La Mère Poulard

*Grande rue, 50170* **Tel** *02 33 89 68 68*

Uma brasserie de luxo no famoso Mont St-Michel, onde visitantes do mundo inteiro vêm para provar o famoso omelete Mère Poulard, preparado numa frigideira de cabo comprido sobre o fogo na lareira central. Também deliciosos são o agneau pré-salé (cordeiro que pastou nos pântanos salgados) e o porco assado no espeto.

## PONT AUDEMER Belle Isle sur Risle

*Belle Isle sur Risle, 27500* **Tel** *02 32 56 96 22*

Parte da cadeia Relais du Silence, este gracioso hotel e restaurante foi construído em uma elegante casa senhorial do século XIX, coberta de hera. O menu equilibra pratos de peixes e carnes, com criatividade no uso dos temperos. Aos sábados e em feriados públicos, um pianista dá o clima para o jantar.

## PONT L'EVEQUE Auberge de l'Aigle d'Or

*68 rue de Vaucelles, 14130* **Tel** *02 31 65 05 25* **Fax** *02 31 65 12 03*

Um pouso de diligências do século XVI bem preservado com um belo pátio oferece um ambiente atraente para uma refeição a bom preço, com escargots Pays d'Auge e galinha caipira cozida em molho de sidra. O cardápio muda com as estações para assegurar os melhores ingredientes locais. Serviço atencioso.

## PONT SAINT-PIERRE Hostellerie La Bonne Marmite

*10 rue René Raban 27300* **Tel** *02 32 49 70 24* **Fax** *02 32 48 12 41*

Um Logis de France de primeira não muito longe de Rouen, num antigo pouso de diligências. O salão é tão elegante quanto o prédio, com um teto caisson. Experimente o foie gras de canard à l'ancienne e salada quente de lagosta. A culinária normanda em sua melhor forma. A adega inclui alguns bons Bordeaux antigos.

## PUTANGES PONT ECREPIN Hôtel du Lion Verd

*Pl de l'Hôtel de Ville, 61210* **Tel** *02 33 35 01 86* **Fax** *02 33 39 53 32*

Este acolhedor hotel-restaurante fica nas margens do Orne. O cardápio oferece os ingredientes locais da Normandia com orgulho e uma abordagem inovadora. O resultado são terrines maravilhosos e substanciosos, cochon de lait (leitão) do vale do Auge, além de boas sobremesas caseiras, como torta de morango. Tem um menu de almoço com preços razoáveis.

## ROUEN Le 37

*37 rue St-Etienne-des-Tonneliers, 76000* **Tel** *02 35 70 56 65*

Atraente bistrô no centro da cidade, chique e zen, apresentando uma culinária com um toque mais moderno que sua famosa matriz, o Gill. Desfrute pratos saborosos como omelete de caranguejo com salada de rúcula e coxa de pato com legumes e tempero tailandês. De sobremesa, experimente o gratin de frutas cítricas com sorbet de tangerina. Reserve.

## ROUEN La Couronne

*31 pl Vieux Marché, 76000* **Tel** *02 35 71 40 90* **Fax** *02 35 71 05 78*

No mais antigo albergue da França, datando de 1345, o chef experiente e talentoso garante uma experiência inesquecível para você aqui, com pratos de gourmet clássicos como foie gras à milanesa, lagosta com molho de champinhom e pato à la Rouennaise. Bons queijos normandos.

## ROUEN Restaurant Gill

*8-9 quai de la Bourse, 76000* **Tel** *02 35 71 16 14* **Fax** *02 35 71 96 91*

Um restaurante altamente recomendado nos cais do Sena. Por quase vinte anos o chef Gilles Tournadre vem criando pratos sofisticados para seu elegante salão. Entre as especialidades estão o lagostim com chutney de tomates frescos, o pombo à la Rouennaise e o filé de badejo com marmelada de cebola. Carta de vinhos notável.

## STE-CECILE Le Manoir de l'Acherie

*Acherie, 50800* **Tel** *02 33 51 13 87* **Fax** *02 33 51 33 69*

Nesta antiga casa senhorial, com quartos numa capela reformada, os produtos da Normandia se destacam, como o creme de leite, maçãs, calvados e sidra. Prove o presunto e cordeiro ou cozidos lentamente em calvados, ou servidos num molho aromatizado com sidra. Até a torta de maçã é flambada nesse destilado de maçã. Boa tábua de queijos.

## TROUVILLE SUR MER Régence

*132 bd Fernand Moureaux, 14360* **Tel** *02 31 88 10 71* **Fax** *02 31 88 10 71*

Belo interior com espelhos e paredes do século XIX revestidas de madeira e decoradas por pintores impressionistas famintos. O serviço charmoso e o ambiente refinado dão uma sensação de elegância, a preços razoáveis. Não muito distante da costa, os bem apresentados pratos de peixe e frutos do mar são a especialidade da casa.

### VEULES LES ROSES Les Galets  🅿 🚶 ♿  €€€
*3 rue Victor Hugo, 76980* **Tel** *02 35 97 61 33* **Fax** *02 35 57 06 23*

Restaurante de tijolos aparentes perto da praia de seixos, típica da Côte d'Albâtre. Dentro, um confortável salão, e fora, um belo terraço. Se você quer fazer sua refeição à beira-mar, este é o lugar ideal, mas faça reserva. Pratos clássicos preparados com cuidado e opções vegetarianas sob encomenda.

### VILLERS BOCAGE Les Trois Rois  🅿 🚶  €€€
*2 pl Jeanne d'Arc, 14310* **Tel** *02 31 77 00 32* **Fax** *02 31 77 93 25*

Numa vasta praça cercada por um jardim e uma horta, este restaurante exibe todas as características do restaurante normando tradicional. Área de refeições espaçosa e elegante servindo porções generosas de pratos locais bem preparados, tais como tripa e peixe fresco. Serviço eficiente.

# BRETANHA

### AUDIERNE Le Goyen  🅿 🚶 ♿ 🍴 🍷  €€€
*Pl Jean-Simon, 29770* **Tel** *02 98 70 08 88* **Fax** *02 98 70 18 77*

Culinária clássica com produtos do mar neste hotel-restaurante em frente ao mar. Ostras deliciosamente frescas e travessas de frutos do mar são uma boa escolha. O cardápio inclui também peixe-cabra com risoto de legumes e molho de ervilhas, ou as coquilles St-Jaques (vieiras) fritas com crosta de café acompanhadas de endívia na laranja.

### AURAY L'Eglantine  🚶 🍴  €€
*17 place St-Saveur, 56400* **Tel** *02 97 56 46 55*

Instalado no cais do porto de Saint-Goustan, este restaurante oferece uma seleção de pratos de carne e peixe. Linguado e rodovalho frescos são preparados com simplicidade, enquanto outros peixes vêm acompanhados de molhos mais elaborados. Os pratos de frutos do mar são excelentes. Para os carnívoros, suculentos filés e pombo.

### BELLE ILE EN MER La Désirade  🚶 🍷 🍴  €€€€
*Le Petit Cosquet, 56360* **Tel** *02 97 31 70 70*

Este hotel-restaurante de ambiente familiar oferece cozinha britânica de fazenda a poucos minutos do mar. O chef é especialista em pratos preparados com ingredientes frescos, peixes e frutos do mar. Se quiser fazer um passeio pela costa desta magnífica ilha, é possível encomendar um piquenique no hotel.

### BREST Da Vinci  🚶 🍷  €
*6 rue Louis Pasteur, 29200* **Tel** *02 98 46 90 90*

Este restaurante italiano é uma alternativa agradável aos muitos restaurantes de frutos do mar da região. É administrado pelos mesmos donos de uma loja de artigos italianos no mercado de Halles. Massas e risotos são preparados no local e servidos com uma seleção de vinhos italianos. Reserve com boa antecedência.

### BREST La Fleur de Sel  🍷  €€€€
*15 bis rue de Lyon, 29200* **Tel** *02 98 44 38 65* **Fax** *02 98 44 38 53*

Um restaurante de centro da cidade moderno e elegante, com mobiliário simples e confortável. Os pratos são preparados com precisão. Experimente a raia com pasta de azeitonas pretas e pesto ou um parmentier de cordeiro. Qualidade por um bom preço, em especial a formule do almoço. O serviço é um pouco pomposo.

### CARANTEC Restaurant Patrick Jeffroy  🅿 🚶 ♿ 🍴 🍷  €€€€€
*20 rue Kélénn, 29660* **Tel** *02 98 67 00 47* **Fax** *02 98 67 08 25*

Uma vista magnífica da praia de Kéléen do restaurante deste fabuloso hotel da década de 1930. Frutos do mar em abundância. Culinária clássica e moderna combinada com perfeição. O terrine de caranguejo é servido com alcachofra e vinagrete de cebolinha, leite de coco e curry tailandês. Seleção abrangente de vinhos do vale do Loire.

### CARNAC La Calypso  🚶 🅿 ♿  €€€
*158 rte du Pô, 56340* **Tel** *02 97 52 06 14*

Com vista para o banco de ostras do Anse du Pô, este popular restaurante de frutos do mar é administrado por um simpático dono. As especialidades da casa são a lagosta ou o filé, assados no forno a lenha. Há sempre um prato com o peixe pescado no dia, além de outras opções de frutos do mar. É necessário fazer reserva.

### CONCARNEAU Le Petit Chaperon Rouge  🚶 🍴  €
*7 pl Duguesclin, 29900* **Tel** *02 98 60 53 32*

Seguindo o tema do Chapeuzinho Vermelho com suas cestinhas de palha e toalhas de mesa vermelha, esta crêperie perto do porto apresenta uma deliciosa seleção de recheios saborosos, salgados e doces, como o La Blandette (queijo de cabra, espinafre, presunto e creme) e Mère Grande (banana com mel flambada no rum).

### DINAN La Mère Pourcel  🍴 🍷  €€€
*3 pl des Merciers, 22100* **Tel** *02 96 39 03 80* **Fax** *02 96 39 49 91*

Este restaurante numa espetacular edificação gótica com vigas de madeira aparente é uma atração de Dinan, servindo porções generosas de culinária gourmet sazonal. O cordeiro de criação local está entre as opções, junto com pratos mais inovadores. Boa seleção de vinhos. As mesas ficam na rua pavimentada com seixos. Fechado jan.

**Categorias de preço** *na p. 600* **Legenda dos símbolos** *no final do guia*

### GUIMILIAU Ar Chupen   €

*43 rue de Calvaire, 29400* **Tel** *02 98 68 73 63*

Depois de admirar a igreja ricamente ornamentada, desça a rua até este restaurante numa casa de fazenda bretã remodelada. Tradicionais galletes rendadas, feitas com trigo-sarraceno, e crêpes são preparados ao gosto do freguês. As possibilidades de recheios parecem infinitas. Bom lugar para crianças e vegetarianos. Equipe simpática.

### HEDE L'Hostellerie du Vieux Moulin   €€

*Ancienne rte de St-Malo, 35630* **Tel** *02 99 45 45 70* **Fax** *02 99 45 44 86*

Construído no século XIX como parte de um complexo hidroelétrico, o restaurante tem vista do castelo de Hédé, com as ruínas do antigo moinho-d'água em seu terreno. Menus de almoço a bom preço, incluindo vieiras fritas, langoustines levemente grelhadas e pato suculento. Quartos disponíveis.

### LE CONQUET Le Relais de Vieux Port   €

*1 quai Drellach, 29217* **Tel** *02 98 89 15 91*

Você quase pode mergulhar seus pés na água ao sentar para escolher os recheios de seu crêpe. Frutos do mar são a especialidade da casa. Experimente um crêpe recheado com vieiras frescas ou camarões, acompanhado por salada verde. Deixe espaço para a sobremesa, em especial o Bonne Maman com maçã caramelizada e chantilly.

### LORIENT Le Neptune   €€

*15 ave de la Perrière, 56100* **Tel** *02 97 37 04 56* **Fax** *02 97 87 07 54*

O que as redes trazem ao vizinho porto pesqueiro de Keroman determinam o prato do dia neste restaurante. Interior moderno, com algumas mesas no belo jardim de inverno no fundo do salão. O cardápio inclui lagosta flambada e fricassée de tamboril. Porções generosas e serviço simpático.

### MORLAIX Brasserie de l'Europe   €€

*1 rue d'Aiguillon, 29600* **Tel** *02 98 88 81 15*

Uma autêntica brasserie no centro da cidade, próxima ao hotel de mesmo nome. Café da manhã, sanduíches e pratos quentes são servidos durante todo o dia, entre as 8h e as 21h30. Há um salão fechado para os dias de inverno e um agradável terraço para o verão.

### NOYAL-SUR-VILAINE Auberge du Pont d'Acigné   €€€

*Le Pont d'Acigné, 35530* **Tel** *02 99 62 52 55*

Próximo a Rennes, com vista para o rio Vilaine e para um simpático moinho, fica este encantador restaurante. O criativo menu utiliza produtos cultivados da época; destaque para a vitela aromatizada com alcaçuz e a entrada quente com lagosta, beterraba e estragão. Há também uma ótima seleção de sobremesas.

### PAIMPOL L'Islandais   €

*19 quai Morand, 22500* **Tel** *02 96 20 93 80* **Fax** *02 96 20 72 68*

Uma crêperie muito frequentada com vista para o movimentado porto de Paimpol. O chef apresenta uma boa seleção das tradicionais galettes bretãs, sempre muito apreciadas pelas crianças, e uma boa opção para vegetarianos. Frutos do mar em abundância, com ostras, mexilhões, langoustines e lagostas frescas.

### PERROS-GUIREC Le Gulf Stream   €€

*26 rue des Sept-Îles 22700* **Tel** *02 96 23 21 86* **Fax** *02 96 49 06 61*

Um hotel-restaurante excelente com preços razoáveis e um ambiente familiar aconchegante. Do salão de jantar se tem uma vista privilegiada da costa. Além de peixe e frutos do mar, o restaurante serve pratos tradicionais franceses de acordo com a estação. Há também uma variedade de bons vinhos.

### PLOUBALAY Le Gare   €€€

*4 rue des Ormelet, 22650* **Tel** *02 96 27 25 16*

Thomas Mureau, antigo dono do famoso Fleur de Sel em St-Malo, cria pratos com personalidade neste restaurante rústico. Destaque para as brochettes de St-Jacques acompanhadas de vinagrete com aroma de trufas e para o sablé bretão com abacaxi e coentro. As melhores mesas têm vista para o simpático jardim.

### QUIBERON Le Relax   €€

*27 bd Castéro, 56170* **Tel** *02 97 50 12 84*

Com belas vistas do mar e um bonito jardim, este restaurante com certeza o fará relaxar. Uma ampla seleção de peixe sazonal preparado soberbamente, bem como mexilhões, langoustines, caranguejos e ostras. Saboroso sauerkraut de frutos do mar. Boa adega e um sommelier que entende do assunto, sem ser pedante.

### QUIMPER L'Ambroisie   €€€

*49 rue Elie Fréron, 29000* **Tel** *02 98 95 00 02*

Situado no fim de uma das ruazinhas do centro de Quimper, a pouca distância da catedral. O L'Ambroisie oferece uma culinária simples e boa, com ingredientes de qualidade. Experimente o tamboril com crosta picante, o salmão defumado com aspargos e ovos poché, e finalize com a torta de frutas frescas com sorvete.

### RENNES Léon le Cochon   €

*1 rue du Maréchal Joffre, 35000* **Tel** *02 99 79 37 54*

Um restaurante popular, que tem o porco como tema, e fica melhor a cada dia. A salsicha de Morteau e os pés de porco continuam no menu, mas há opções novas, como o terrine de foie gras marinado em Jurançon, filé, pato, camarão e peixe. Pode-se encomendar e levar a maioria dos pratos, inclusive o foie gras.

### RENNES Le Tire-Bouchon €€
*2 rue du Chapitre, 35000* **Tel** *02 99 79 43 43*

Este descontraído restaurante oferece comida caseira e despretensiosa. Patê de carapau, filé assado com cenouras e um ótimo arroz-doce são apenas algumas das iguarias servidas. Os vinhos são selecionados pelo dono, que prefere os vins naturels. Localizado na esquina em frente ao posto de informações turísticas.

### ROSCOFF Le Surcouf €€
*14 rue Amiral Révellière, 29680* **Tel** *02 98 69 71 89* **Fax** *02 98 69 71 89*

Perto da igreja, este restaurante em estilo de brasserie serve a culinária regional. Os menus de preço fixo têm uma ampla seleção de ingredientes marinhos locais. Comece com um prato de mexilhões, caramujos, búzios e meia dúzia de ostras. Como prato principal, escolha uma lagosta no tanque ou a deliciosa caçarola de frutos do mar.

### ROSCOFF Le Temps de Vivre €€€€
*17-19 pl Lacaze-Douthiers, 29680* **Tel** *02 98 61 27 28* **Fax** *02 98 61 19 46*

O aclamado chef Jean-Yves Crenn faz maravilhas com verduras neste restaurante em frente ao mar. Frutos do mar são as especialidades: vieiras fritas com chicória refogada, chutney de frutas, gengibre e leite de coco. Boa seleção de vinhos. Equipe simpática.

### ST-BRIEUC Amadeus €€
*22 rue de Gouët, 22000* **Tel** *02 96 33 92 44* **Fax** *02 96 33 92 44*

Numa das construções mais velhas desta cidade histórica, este elegante restaurante gourmet é especializado em peixe – o carpaccio de vieiras com molho de azeite com baunilha e o filé de linguado são notáveis. A ampla escolha de sobremesas tentadoras inclui bolo de chocolate com Amaretto e biscoitos de manteiga bretões com frutas.

### ST-BRIEUC L'Air du Temps €€€
*4 rue du Gouët, 22000* **Tel** *02 96 68 58 40*

Recentemente incluído na lista de restaurantes da região, este bistrô está rapidamente estabelecendo uma boa reputação. O interior combina paredes de pedra de 200 anos com decoração moderna. Os pratos são servidos em prataria de ferro tratado. As coquilles St-Jacques são cozidas na mesa.

### ST-MALO La Corderie €€
*9 chemin de la Corderie, 35400* **Tel** *02 99 81 62 38*

Um restaurante de peixes em uma simpática casa. O menu muda de acordo com a pesca trazida pelos barcos. As coquilles St-Jacques são servidas com molho cremoso de algas marinhas. Pratos de carne, como o peito de pato com mel, também são destaque. Um lugar tranquilo com belas paisagens do ancoradouro e do Tour Solidor.

### ST-MALO Le Chalut €€€€
*8 rue de la Corne de Cerf, 35400* **Tel** *02 99 56 71 58* **Fax** *02 99 56 71 58*

Um dos melhores restaurantes de St-Malo. O chef se destaca em pratos de peixes e ingredientes bem escolhidos preparados com simplicidade. O peixe servido com molho de açafrão e o St-Peter com coentro são exemplos dos deliciosos pratos oferecidos. Boa seleção de queijos também. Recomenda-se reservar.

### VANNES Les Remparts €€€
*6 rue Alexandre-le-Pontois, 56000* **Tel** *02 97 47 52 44*

Refeições saborosas a preços razoáveis neste restaurante em frente às muralhas. O chef usa ingredientes locais com originalidade. Experimente o gravlax de salmão orgânico com raiz-forte ou uma das opções vegetarianas. Boa seleção de vinhos vendidos por taça, muitos de produtores orgânicos.

### VITRE La Taverne de l'Ecu €€€
*12 rue Baudairie, 35500* **Tel** *02 99 75 11 09* **Fax** *02 99 75 82 97*

Esta casa renascentista com vigas de madeira na fachada fornece um ambiente histórico para uma refeição num dos dois salões. O cardápio muda sazonalmente. Experimente a carne de veado com flan de nozes, o peixe com molho de azeda ou a coxa de coelho assado. Pão caseiro acompanha a refeição.

## VALE DO LOIRE

### AMBOISE Le Choiseul €€€€€
*36 quai C.Guinot, 37400* **Tel** *02 47 30 45 45* **Fax** *02 47 30 46 10*

Elegante mansão do século XVIII com um belo jardim e vistas do Loire do arejado salão. O cardápio sofisticado muda com as estações: na primavera uma refeição pode incluir porco assado picante e, no verão, peixes assados servidos com nhoque. Bons vinhos de Touraine e muitos outros vinhos regionais.

### ANGERS Ma Campagne €
*14 promenade de la Reculée, 49000* **Tel** *02 41 48 38 06*

Tradicional casarão em estilo campestre, a alguns minutos de caminhada do centro da cidade, à beira do rio. O terraço oferece bela vista do rio Maine. Alguns pratos oferecem ótimo custo-benefício. Como sobremesa, a pera coberta de chocolate é um destaque.

**Categorias de preço** *na p. 600* **Legenda dos símbolos** *no final do guia*

## ANGERS Le Lucullus  €€

*5 rue Hoche, 49000* **Tel** *02 41 87 00 44* **Fax** *02 41 87 00 44*

Este bonito restaurante construído em pedra tuffeau tem dois belos salões com teto em arcos. Pratos clássicos e especialidades regionais servidas com um toque a mais do chef. Experimente o saboroso flan de lagosta, com sorbet de manjericão acompanhado de velouté de lagosta, e o clássico filé com cogumelos morille.

## BEAUGENCY Le P'tit Bateau  €€€

*54 rue du Pont, 45190* **Tel** *02 38 44 56 38* **Fax** *02 38 46 44 37*

Perto do château, o P'tit Bateau é o restaurante mais atraente da cidade. Popular entre os moradores, oferece culinária tradicional num salão rústico com vigas aparentes e uma lareira central. Peixe fresco, caça na temporada e cogumelos selvagens fazem parte do cardápio. Há um terraço no pátio para os dias ensolarados.

## BLOIS Hôtel Restaurant Coté Loire  €

*2 pl de la Grève, 41000* **Tel** *02 54 78 07 86*

Restaurante e hotel do século XVI, com vista para o rio Loire. O menu, que é simples e tem preços acessíveis, muda regularmente. Algumas vezes, no almoço, há um menu unique. O Coté Loire é um ótimo local para se descansar durante as visitas ao château e às demais atrações de Loire.

## BLOIS L'Orangerie du Château  €€€€

*1 ave Jean Laigret, 41000* **Tel** *02 54 78 05 36* **Fax** *02 54 78 22 78*

Instalado no antigo jardim de inverno do château do século XV, com a comida e o vinho à altura do belo ambiente. O cardápio apresenta favoritos regionais numa abordagem criativa, como as vieiras fritas com nhoque de queijo de cabra ou o foie gras à milanesa com molho de beterraba. Tem uma boa carta de vinhos com produtores de Touraine.

## BOUCHEMAINE La Terrasse  €€

*4 pl Rouzebouc, 49080* **Tel** *02 41 77 11 96* **Fax** *02 41 77 25 71*

Situado numa aldeia na confluência dos rios Loire e Maine, este restaurante tem vista panorâmica. O cardápio apresenta enguias, lúcio, salmão e outros peixes de água doce frescos. Pratos clássicos são preparados com excelência, tais como o sandre au beurre blanc (lúcio na manteiga). Ironicamente, não há um terraço.

## BOURGES La Courcillière  €€

*Rue de Babylone, 18000* **Tel** *02 48 24 41 91*

Perto dos pântanos junto ao rio Yèvre, valem os vinte minutos de caminhada do centro da cidade, pelos peixes de água doce e pela culinária local – pratos clássicos como filé de lúcio, enguia ao vinho tinto ou um delicioso salmão. Salão tradicional com decoração moderna e terraço delicioso. Serviço atencioso.

## BOURGES Le Jacques Coeur  €€

*3 pl Jacques Coeur, 18000* **Tel** *02 48 26 53 01*

Este restaurante, com um pequeno salão, oferece pratos clássicos baseados nos melhores produtos da região. Entre as opções, filé de salmão com chicória no açafrão e um molho cremoso de lagostim, além de pombo en croute com foie gras, acompanhado de purê de alcachofra. Há uma boa seleção de queijos locais.

## BOURGUEIL Le Moulin Bleu  €€

*7 rue du Moulin-Bleu, 37140* **Tel** *02 47 97 73 13* **Fax** *02 47 97 79 66*

A casa junto a este bonito moinho azul tem dois salões com teto em arcos servindo pratos tradicionais num ambiente simpático. A culinária mantém-se fiel à região, com vitela criada em Touraine servida com um molho de manteiga de Vouvray. Bons produtores de Bourgueil na carta de vinhos. Fora de temporada abre somente sex e sáb à noite.

## BRACIEUX Le Rendez-vous des Gourmets  €€

*20 rue Roger Brun, 41250* **Tel** *02 54 46 03 87*

Este casarão foi comprado e reformado por Didier Doreau, antigo chef auxiliar do luxuoso vizinho, o Relais. A reforma foi um sucesso, e o novo restaurante serve culinária tradicional da região a preços acessíveis. O restaurante tornou-se muito popular; portanto, recomenda-se fazer reserva.

## CHARTRES Le Grand Monarque – Le Georges  €€€€

*22 pl des Epars, 28000* **Tel** *02 37 18 15 15* **Fax** *02 37 36 34 18*

Dentro deste magnífico local de escala do século XVII há um restaurante gourmet "le Georges" e uma brasserie servindo comida tradicional. A culinária é ambiciosa e saborosa, com pratos como lagostim com beterraba e cogumelos girolle, e robalo com confit de cebola e cogumelos cep. Sobremesas excelentes. Adega de primeira.

## CHENONCEAUX Hôtel Restaurant la Roseraie  €€

*7 rue du Docteur Bretonneau, 37150* **Tel** *02 47 23 90 09*

Um agradável hôtel de charme do século XVIII, próximo ao château. Seu tradicional restaurante serve culinária francesa clássica. O menu "dégustation" cobra um preço justo por ótimos pratos, como o terrine de peixe com legumes da horta, o rissolé de cordeiro com cogumelos e o delicioso creme de caramelo.

## CHINON Les Années 30  €€

*78 rue Haute St-Maurice, 37500* **Tel** *02 47 93 37 18* **Fax** *02 47 93 33 72*

Este elegante restaurantezinho no caminho do château está com um chef que trouxe de volta o encanto a seu cardápio. Stéphane Charles apresenta pratos como lagostim poché com temperos mexicanos e badejo com um exótico molho de frutas, abacaxi assado e batata-doce. Bons vinhos locais.

### CLISSON La Bonne Auberge €€€€

*1 rue Olivier de Clisson, 44190* **Tel** *02 40 54 01 90* **Fax** *02 40 54 08 48*

Um confortável albergue no centro da cidade com três salões atrativos, um deles num jardim de inverno com vista para o jardim externo. As especialidades aqui são a lasanha de foie gras, sea bass com batatas aromatizadas com trufas e uma torta de cèpes e vieiras. As sobremesas são delicadas, e o Muscadet é bom.

### CONTRES La Botte d'Asperges €€

*52 rue Pierre-Henri Mauger, 41700* **Tel** *02 54 79 50 49* **Fax** *02 54 79 08 74*

Aspargo da plantação local é o destaque do menu. O chef inspirado prepara delícias tais como a perna de coelho recheada com cogumelos e presunto curado, e para a sobremesa crème brûlée aromatizado com manjericão e tomilho. Carta de vinhos pequena mas bem selecionada. Pode-se também comprar comida para levar.

### DOUE-LA-FONTAINE Auberge de la Bienvenue €€€

*104 rte de Cholet, 49700* **Tel** *02 41 59 22 44* **Fax** *02 41 59 93 49*

Um albergue charmoso situado nessa cidade das rosas. O cardápio oferece preparações elaboradas e saborosas usando ingredientes favoritos, tais como terrine de foie gras preparado com vinho Coteaux du Layon local ou cordeiro de Aveyron selado. Outros pratos incluem produtos locais como o lúcio, lagostim e cogumelos selvagens.

### FONTEVRAUD-L'ABBAYE La Licorne €€€€

*Allée Sainte-Catherine, 49590* **Tel** *02 41 51 72 49* **Fax** *02 41 51 70 40*

Perto da esplêndida abadia, este restaurante muito frequentado tem um terraço no pátio e um elegante salão Luís XIV. O cardápio inclui criações como ravióli de lagostins em molho morel e, para a sobremesa, torta quente de chocolate com peras e calda de limão. Faça reserva.

### GENNES Auberge du Moulin de Sarré €

*Rte de Louerre, 49350* **Tel** *02 41 51 81 32*

Depois de conhecer o moinho-d'água do século XVI (o único ainda em funcionamento na região), prove o cardápio de fouées (folhados quentes feitos com a farinha do moinho) com recheios como queijo de cabra ou rillettes (patê de pato) ou o cardápio de truta fresca (pescada ali mesmo). Necessário fazer reserva.

### GIEN Restaurant la Poularde €€€€

*13 quai de Nice, 45500* **Tel** *02 38 67 36 05* **Fax** *02 38 38 18 78*

Um restaurante clássico às margens do Loire, servindo culinária tradicional num salão elegante, com louça de Gien. No cardápio, pratos como a perca assada com molho de vinho Chinon, a enguia com molho de açafrão, além das frutas da estação com creme de manga. Na temporada há caça no cardápio.

### LA FERTE IMBAULT Auberge à la Tête de Lard €€

*13 pl des Tilleuls, 41300* **Tel** *02 54 96 22 32*

Em um autêntico hotel-pousada do interior, completamente reformado, no coração de Sologne, fica este ótimo restaurante. O menu é tradicional, com opções como o javali e outros pratos típicos do interior e da temporada. Um bom ponto de descanso para os que visitam o Loire Châteaux. Fechado dom jantar; ter almoço; seg.

### LAMOTTE BEUVRON Hôtel Tatin €€€

*5 ave de Vierzon, 41600* **Tel** *02 54 88 00 03* **Fax** *02 54 88 96 73*

Este elegante hotel-restaurante serve pratos tradicionais feitos com ingredientes locais frescos. O cardápio inclui foie gras, salada de patê caseiro e queijo de cabra, lúcio, pombo, filé e a famosa tarte tatin. Há uma boa seleção de vinhos de Sancerre e Cheverny de qualidade.

### LANGEAIS Au Coin des Halles €€

*9 rue Gambetta, 37120* **Tel** *02 47 96 37 25*

Este restaurante pertence a Pascal Bouvier, antigo chef do ilustre Choiseul, em Amboise. A casa combina com sucesso um interior zen, uma excelente culinária e preços justos. O menu é variado e serve tainha, peixe lúcio de Loire, paleta de cordeiro, pato, sardinhas da Bretanha e foie gras. Próximo ao Château de Langeais.

### LE MANS Le Bistrot du Mans €

*12 rue Hippolyte Lecornué, 72000* **Tel** *02 43 87 51 00*

Tradicional brasserie, animada e movimentada, com decoração dos anos 1900. O vasto menu tem pratos clássicos como aspargos frescos embrulhados em salmão defumado servidos com molho hollandaise ou filé com molho de queijo azul. O café da manhã é servido até o meio-dia. Preços bons.

### LE MANS Le Nez Rouge €€

*107 grande rue, 72000* **Tel** *02 43 24 27 26*

Um restaurante com vigas de madeira na fachada na parte medieval de Le Mans. O jovem chef fez seu treinamento nos melhores restaurantes da França. Seus pratos são baseados nos ingredientes mais frescos, tais como lagosta e moleijas de vitela. O salão é íntimo e aconchegante, e há um terraço do outro lado da rua. Faça reserva.

### LEMERE L'Auberge de Jable €€

*le Clos de Jable, 37120* **Tel** *02 47 95 47 95*

Um belíssimo restaurante do interior, situado em uma imensa fazenda do século XV, com 20 hectares de terras e vinhedos. O casarão é administrado por um casal franco-americano, que pretende construir quartos para hospedagem. A decoração é elegante, assim como a comida. Moleijas e foie gras frito são servidos na parte externa no verão e à lareira no inverno.

**Categorias de preço** *na p. 600* **Legenda dos símbolos** *no final do guia*

### LES SABLES D'OLONNE L'Affiche €€

*21 quai Giné, 85100* **Tel** *02 51 95 34 74*

Os clientes lotam este pequeno restaurante de peixes: a comida é excelente, o menu é variado e o vinho é ótimo. Certifique-se de que você encontrou o restaurante certo: Quai é muito movimentada e tem muitos restaurantes, mas este serve os melhores frutos do mar e faz sucesso entre os locais. É essencial reservar.

### MALICORNE-SUR-SARTHE La Petite Auberge €€

*5 pl du Guesclin, 72270* **Tel** *02 43 94 80 52* **Fax** *02 43 94 31 37*

No verão, coma no terraço à beira-rio e fique vendo os barcos passarem; no inverno, refugie-se em torno da magnífica lareira medieval. Desfrute da culinária clássica num ângulo inovador, como as deliciosas vieiras tártaras com beterraba ou o veado cozido à perfeição com geleia de mirtilo.

### MONTBAZON La Chancelière Jeu de Cartes €€€

*1 pl des Marronniers, 37250* **Tel** *02 47 26 00 67* **Fax** *02 47 73 14 82*

Culinária moderna e sofisticada preparada com precisão. Este restaurante propõe pratos saborosos sem complicações, como o cremoso risoto de trufas richelieu ou o foie gras à milanesa com polenta, aromatizado com figos e limão. Carta de vinhos bem selecionada com bons produtores de Vouvray e Bourgeil.

### MONTOIRE-SUR-LE-LOIR Le Cheval Rouge €€€€

*Pl Foch, 41800* **Tel** *02 54 85 07 05* **Fax** *02 54 85 17 42*

Após visitar a capela e o alojamento do prior onde Ronsard (poeta francês do século XVI) passou seus últimos anos, aproveite a culinária clássica neste antigo local de escala. Desfrute pratos regionais bem preparados no atraente salão ou no terraço sombreado por uma árvore centenária.

### MONTSOREAU Diane de Méridor €€€

*12 quai Philippe de Commines, 49730* **Tel** *02 41 51 71 76* **Fax** *02 41 51 17 17*

Bela vista do château que foi o cenário do filme baseado na Dame de Montsoreau de Alexandre Dumas. Construído em pedra tuffeau, nesta cidade em localização elevada sobre o Loire, este restaurante é rústico, com vigas aparentes e uma lareira central. É especializado em pratos de peixes de água doce preparados com perfeição.

### NANTES La Cigale €€

*4 pl Graslin, 44000* **Tel** *02 51 84 94 94* **Fax** *02 51 84 94 95*

Esta ornamentada brasserie da Belle Époque data de 1895, quando era frequentada por escritores célebres e a elite de Nantes. A qualidade da culinária está à altura do interior excepcional. Ostras, carpaccio de salmão e carne à la planche (grelhada na chapa). Aberta o dia inteiro. Carta de vinhos abrangente.

### NANTES Les Temps Changent €€

*1 pl Aristide-Briand, 44000* **Tel** *02 51 72 18 01*

Chef excelente com uma proposta de culinária moderna. Este acolhedor restaurante oferece pratos franceses de qualidade que combinam ingredientes clássicos como besugo com sorbet de ervilhas e confit de cordeiro acompanhado por um molho de beringela com curry. Vinhos interessantes.

### NANTES Le Pressoir €€€

*11 quai de Turenne, 44000* **Tel** *02 40 35 31 10*

Mais que um simples bistrô, este restaurante é novidade no cais. O jovem chef apresenta pratos interessantes como o foie gras com terrine de rabada de boi, pot au feu de ganso e o pato selvagem com cebolinha. A carta de vinhos é abrangente, muitos servidos em taça. Faça reserva.

### NANTES L'Océanide €€€

*2 rue Paul Bellamy, 44000* **Tel** *02 40 20 32 28*

Restaurante de frutos do mar de primeira linha; um dos melhores de Nantes. Construído durante a Segunda Guerra Mundial – quando não era possível viajar –, possui interior semelhante ao de um navio. Próximo às catorze peixarias, dez açougues e dezesseis charcutiers do mercado Talensac, o L'Océanide tem ingredientes frescos garantidos!

### NOUAN-LE-FUZELIER Le Dahu €€

*14 rue Henri Chapron, 41600* **Tel** *02 54 88 72 88*

Este restaurante rústico, instalado em um celeiro reformado, fica em um adorável jardim no coração da zona rural de Solange. É território de caça, que aparece no cardápio na temporada ao lado de pratos de peixes, como o rodovalho com aspargos da região. Carta de vinhos bem selecionada, com orgânicos de Quenioux.

### ONZAIN Domaine des Hauts de Loire €€€€€

*Rte de Herbault, 41150* **Tel** *02 54 20 72 57* **Fax** *02 54 20 77 32*

Alta gastronomia é servida em um antigo chalé de caça rodeado por um parque. Pratos soberbos são apresentados pelo chef Rémi Giraud, como as batatas recheadas com caviar d'Aquitaine, a galinha-d'angola com ravióli de castanhas em molho de café e a lagosta com molho de rum e canela. Carta de vinhos clássica.

### ORLÉANS La Chancellerie €€€

*27 pl du Martroi, 45000* **Tel** *02 38 53 57 54*

Esta animada brasserie-restaurante foi construída por ordem do duque de Orléans em 1754. Era usada para abrigar as carruagens e mais tarde tornou-se a estação de ônibus. O interior tem pé-direito alto, um balcão de mármore, banquinhos de couro e detalhes em latão. São servidos pratos usuais, realçados por bons vinhos, lanches e saladas.

## ORLÉANS La Dariole €

*25 rue Etienne Dolet, 45000* **Tel** *02 38 77 26 67*

Pequeno restaurante e casa de chá, situado em um prédio do século XV com colunas de madeira, em uma das estreitas ruas do centro da cidade. Aberto durante o dia e nas noites de terça e sexta, a casa oferece um menu com carnes e frutos do mar que muda a cada quinze dias. Peça as coquilles St-Jacques com alecrim no espeto. Ótimos preços.

## ORLÉANS La Terrasse du Parc €€

*Ave du Parc Floral, 45100* **Tel** *02 38 25 92 24*

Quando o famoso restaurante Les Antiquaires fechou por conta de reformas no centro da cidade, o antigo dono, Philippe Bardau, decidiu abrir esta elegante casa no parque. Um salão super moderno, com grandes bay windows com vista para o parque e um terraço. Menu elegante e refinado. Faça reserva com 48 horas de antecedência.

## ROCHECORBON Les Hautes Roches €€€€

*86 quai Loire, 37210* **Tel** *02 47 52 88 88* **Fax** *02 47 52 81 30*

O salão neste château é decorado com cadeiras modernas, e a culinária é igualmente contemporânea. O chef prepara pratos irresistíveis, como a salada quente de foie gras e figos, o pombo racan, a carne charolais e o filé de St-Peter com molho béarnaise clássico. A adega tem vinhos maravilhosos dos melhores produtores locais.

## SACHE Auberge du XII siècle €€€€

*1 rue du Château, 37190* **Tel** *02 47 26 88 77* **Fax** *02 47 26 88 21*

Localizado em um prédio histórico, pertinho do museu Balzac, o salão tem ambiente rústico com vigas aparentes. Boas opções de menus de preço fixo com pratos clássicos, como pombo, vieiras assadas e rodovalho poché. Para a sobremesa, feuillantine de amoras.

## SANCERRE Auberge la Pomme d'Or €€

*Pl de la Mairie, 18300* **Tel** *02 48 54 13 30* **Fax** *02 48 54 19 22*

Este pequeno restaurante num antigo pouso de diligências serve pratos clássicos. A culinária saborosa emprega ingredientes sazonais da região. Desfrute a simplicidade do queijo de cabra de Chavignol, lúcio, pombo de Sologne com mel ou pato desfiado com vinagre de framboesa, complementado com uma taça de Sancerre.

## SAUMUR Auberge St-Pierre €€€

*6 pl St-Pierre, 49400* **Tel** *02 41 51 26 25* **Fax** *02 41 59 89 28*

Numa praça perto do château num antigo monastério do século XV, este restaurante acolhedor serve especialidades regionais preparadas com esmero. Os pratos incluem filé de perca e galinha cozidos no vinho do Loire. Acompanhe um queijo local com uma taça de vinho tinto frutado, como um St-Nicholas de Bourgeil.

## ST-OUEN LES VIGNES L'Aubinière €€€

*29 rue Jules Gautier, 37530* **Tel** *02 47 30 15 29* **Fax** *02 47 30 02 44*

Ao norte de Amboise, este restaurantezinho rústico se abre para um belo jardim que vai dar no rio. Desfrute as criações do chef Jacques Arrayet, que serve pratos notáveis como peixe-cabra ao vapor com purê de erva-doce e peito de galinha-d'angola recheado com chouriço e servido com tupinambos gratinados.

## THOUARCE Le Relais de Bonnezeaux €€€

*Rte Angers, 49380* **Tel** *02 41 54 08 33* **Fax** *02 41 54 00 63*

Este amplo e agradável salão fica numa estação de trem reformada com vista para os vinhedos – aqui é uma região de vinhos doces. Culinária imaginativa com ingredientes regionais em pratos como o pombo com molho Anjar e a especialidade da casa: enguia no vapor ao vinho Coteaux du Layon.

## TOURS L'Atelier Gourmand €€

*37 rue Etienne Marcel, 37000* **Tel** *02 47 38 59 87* **Fax** *02 47 50 14 23*

Um pequeno e charmoso restaurante numa construção do século XV na parte velha de Tours. Fabrice Bironneau apresenta um cardápio interessante a preços competitivos. Entre os pratos, carne cozida e cassoulet de cordeiro. Ambiente aconchegante e caseiro. Boa seleção de vinhos. Reserve com boa antecedência.

## TOURS L'Odéon €€

*10 pl de la Gare, 37000* **Tel** *02 47 20 12 65*

A pouca distância da estação de Tours, este restaurante em estilo art déco oferece pratos franceses regionais de qualidade, como salmão defumado, pato, pombo, e um menu especial só de pratos com lagosta. Há uma boa seleção de sobremesas francesas clássicas, e a carta de vinhos é abrangente.

## TOURS L'Arche de Meslay €€€

*14 rue Ailes in Parçay Meslay, 37210* **Tel** *02 47 29 00 07* **Fax** *02 47 29 04 04*

Valendo o desvio de 9km do centro da cidade, este restaurante refinado e contemporâneo tem um terraço ensolarado com a cozinha inteiramente à vista. Observe o chef preparando o delicioso lagostim assado ou bouillabaisse tourangelle (cozido de peixe regional). Há uma boa seleção de vinhos, vendidos por meia garrafa.

## TOURS La Rive Gauche €€€

*23 rue du Commerce, 37000* **Tel** *02 47 05 71 21*

Este restaurante conquistou reconhecimento nacional rapidamente. O cardápio variado apresenta pratos com combinações criativas, como pombo racan cozido com chá Lapsong Souchong. Os preços são razoáveis – o menu de almoço custa apenas €35. Cursos temáticos de culinária são ministrados aqui.

**Categorias de preço** *na p. 600* **Legenda dos símbolos** *no final do guia*

### TOURS La Roche Le Roy

*55 rte de St-Avertin, 37000 Tel 02 47 27 22 00 Fax 02 47 28 08 39*

No limite do centro da cidade, em um solar elegante, fica este restaurante estrelado pelo *Michelin* que serve cozinha clássica francesa de qualidade. Entre as especialidades, creme de lentilha com foie gras e uma versão especial do filé Rossini. Há uma boa seleção de vinhos do Loire e de Bordeaux.

### VALAIRE L'Herbe Rouge

*le Bourg, 41120 Tel 02 54 44 98 14*

Escondido na pequena Valaire, próximo de Chaumont-sur-Loire, fica este excelente bistrô. A decoração remete à década de 1950, com bancos de madeira e outros itens no mesmo estilo. Há um terraço para os dias de sol. A cozinha serve pratos tradicionais, como o patê de fígado de frango, o paupiette de veau (vitela recheada) e o clafouti. Bons vinhos da região.

### VENDOME La Vallée

*34 rue Barré-de-St-Venant, 41100 Tel 02 54 77 29 93*

Este restaurante serve pratos tradicionais bem preparados pelo chef Marc Georget, que respeita a qualidade dos ingredientes. Entre eles, aspargos do vale do Loire na estação, peixes da Bretanha e vitela de boa proveniência. Salão clássico, rústico. Bons vinhos regionais também.

### VIGNOUX SUR BARANGEON Le Prieuré

*2 rte de St-Laurent, 18500 Tel 02 48 51 58 80 Fax 02 48 54 56 01*

Pertod e Vierzon, este belo hotel-restaurante foi construído em 1862 para servir como o presbitério da aldeia. Culinária gourmet de alta qualidade é servida no elegante salão ou na varanda junto à piscina. Pratos como confit de pato com batatas sautée e tamboril frito com molho de lagosta.

### VOUVRAY La Cave Martin

*66 vallée Coquette, 37210 Tel 02 47 52 62 18*

Nesta aldeia vinícola, este restaurante construído com pedra tuffeau tem um cardápio rústico com andouillette (linguiça de tripa), confit de peito de pato e uma boa seleção de saladas. Comece com uma taça do vinho frisante local e termine com um Vouvray encorpado e doce com a sobremesa. Faça reserva.

## BORGONHA E FRANCHE-COMTÉ

### ARBOIS Jean-Paul Jeanet

*9 rue de l'Hôtel de Ville, 39600 Tel 03 84 66 05 67*

No centro da pitoresca Arbois, um antigo convento abriga este impressionante hotel e restaurante. O salão de jantar é elegante e rústico, com um belo terraço. Os funcionários, prestativos e animados. A culinária de Jean-Paul Jeanet está em constante evolução, criando pratos com paixão e harmonia. As sobremesas também são ótimas.

### ARNAY LE DUC Chez Camille

*1 pl Edouard Herriot, 21230 Tel 03 80 90 01 38*

Esta antiga casa de veraneio de um marechal da França possui um moderno salão de jantar, que serve tradicionais pratos da Borgonha, com destaque para carnes de caça. As fartas porções misturam culinária rústica com ingredientes contemporâneos. Destaque para o ótimo patê de coelho, a galinha-d'angola com faisão e o confit de repolho.

### AUTUN Les Ursulines

*14 rue de Rivault, 71400 Tel 03 85 86 58 58*

Situado acima dos baluartes da cidade antiga, com vistas incríveis dos campos de Morvan, este elegante restaurante serve alta gastronomia clássica. Entre os pratos, rodovalho com molho de lula, filé de pato com mel e um fondant de chocolate que derrete na boca. O amplo pátio é ótimo para jantar ao ar livre no verão.

### AUXERRE Le Jardin Gourmand

*56 bd Vauban, 89000 Tel 03 86 51 53 52 Fax 03 86 52 33 82*

Pratos criativos e ousados são oferecidos neste atraente salão na antiga residência de um vinicultor. Experimente o folhado de aspargos verdes com ovo poché e trufas brancas de Alba. O cardápio muda com a estação e a horta do chef. Queijos maravilhosos. Pátio agradável. Faça reserva.

### AVALLON Relais des Gourmets

*45-47 rue de Paris, 89200 Tel 03 86 34 18 90*

Um casarão tradicional, com duas salas de jantar, na bela cidade-forte de Avallon. A Salle des Oliviers possui teto de vidro, é clara e arejada e tem oliveiras plantadas. O menu oferece boas opções de carne e peixe, além de uma opção vegetariana. O bistrô da La Salle Bourguignonne possui um menu fixo com bons preços.

### BEAUNE La Ciboulette

*69 rue Lorraine, 21200 Tel 03 80 24 70 72 Fax 03 80 22 79 71*

Um delicioso bistrozinho frequentado pelos moradores locais; sempre um bom sinal. A decoração básica contrasta com o alto nível da cozinha. Pratos suculentos, como o filé com o pungente queijo epoisses. A melhor relação entre preço e qualidade na cidade. Comerciantes de vinho locais vêm aqui para fazer suas escolhas na excelente carta de vinhos.

## BEAUNE Le Bistro de L'Hôtel

*3 rue Samuel Legay, 21200* **Tel** *03 80 25 94 10*

Uma recepção calorosa o espera neste restaurante anexo ao L'Hôtel de Beaune, dentro dos muros da cidade. Ingredientes de alta qualidade são fornecidos por agricultores da região. O menu varia de acordo com a temporada, e a maioria dos pratos é francesa com influência italiana. Ótima carta de vinho. Terraço. Cursos e visitas disponíveis.

## BEAUNE L'Ecusson

*Pl Malmedy, 21200* **Tel** *03 80 24 03 82*

Piso de madeira e vigas de carvalho constroem o visual rústico deste restaurante. A culinária é ousada, assim como a personalidade do chef. Destaque para o filé Charolais com canelone de trufas da Borgonha. Para finalizar, experimente o sorvete de queijo époisse. Oferece ótimos vinhos da Borgonha em sua carta.

## BEAUNE Hostellerie de Levernois

*Rte de Cobertault, Levernois, 21200* **Tel** *03 80 24 73 58* **Fax** *03 80 22 78 00*

Esta bela mansão antiga com jardins formais fica numa idílica localização campestre. O restaurante clássico serve culinária "séria", como o risoto de escargot e pata de rã, carne charolais com molho de Pinot Noir, corte especial de cordeiro de sept heures ou ainda salmão defumado sobre folhas de videira. Vasta carta de vinhos. Serviço impecável.

## BELFORT Le Pot au Feu

*27 bis grand' rue, 90000* **Tel** *03 84 28 57 84* **Fax** *03 84 58 17 65*

Este restaurante sempre lotado numa adega com teto em arcos do século XVII serve pratos caseiros junto com uma culinária moderna e inovadora. Escolha o pot au feu, carne de boi cozida lentamente num ensopado de legumes, os rins de vitela fritos com cogumelos morille ou sushi de salmão com wasabi e molho de raiz-forte.

## BONLIEU La Poutre

*25 Grande Rue, 39130* **Tel** *03 84 25 57 77*

Uma charmosa casa de fazenda de 1740 abriga este rústico salão de jantar com paredes de pedras e vigas de carvalho. Atmosfera descontraída e comida caseira de qualidade, feita com especialidades regionais. Dentre os bonitos pratos estão o foie gras frito e ragu de lagostim. Boa localização para quem visita a espetacular Cascades du Hérisson.

## CHABLIS La Cuisine au Vin

*16 rue Auxerroise, 89800* **Tel** *03 86 18 98 52*

O proprietário Daniel Etienne Defaix, um dos responsáveis pelo desenvolvimento de Chablis, inaugurou este restaurante de cozinha tradicional da Borgonha. As receitas têm um toque contemporâneo. O menu tem grande número de pratos, entre eles presunto no osso e escargot com salsa.

## CHAGNY Lameloise

*36 pl d'Armes, 71150* **Tel** *03 85 87 65 65* **Fax** *03 85 87 03 57*

De propriedade da mesma família por mais de um século, o Lameloise é conhecido por seus pratos franceses clássicos. Culinária da Borgonha com maestria: galinha-d'angola e foie gras escaldados em um consommé e servidos com cerceri e marmelo caramelizados, biscoitos de baunilha com creme de pistache. Sabores puros e poderosos.

## CHAINTRE La Table de Chaintré

*Le Bourg, 71570* **Tel** *03 85 32 90 95* **Fax** *03 83 32 91 04*

Não muito longe de Mâcon, este conceituado restaurante é altamente recomendado, com um cardápio que muda semanalmente. Experimente o menu découverte com quatro pratos principais pequenos, queijo e sobremesa ou peça à la carte pratos como robalo, frango de Bresse e vieiras de Erquy. Tem ótimas sobremesas.

## CHALON-SUR-SAONE L'Air du Temps

*7 rue de Strasbourg, 71100* **Tel** *03 85 93 39 01* **Fax** *03 85 93 39 01*

Restaurante mobiliado com simplicidade, com sabores e cores que explodem no palato. O cardápio regional muda quinzenalmente e emprega ingredientes sazonais. O chef simplifica pratos clássicos, e entre as iguarias estão os escargots e o filé de vitela assado. Serviço simpático.

## CHAROLLES Restaurant Frédéric Doucet

*2 ave de la Libération, 71120* **Tel** *03 85 24 11 32*

O melhor restaurante de Charolais para se saborear um bom filé. Belo, elegante, no estilo provençal e próximo à igreja do vilarejo, serve culinária moderna com toques tradicionais. O talento do chef brilha em pratos como o linguado com anchovas de Collioure e a carne com queijo de cabra. As sobremesas são preparadas com carinho. Bons vinhos.

## CHASSAGNE-MONTRACHET Le Chassagne

*4 impasse Chenevottes, 21180* **Tel** *03 80 21 94 94* **Fax** *03 80 21 97 77*

Definitivamente o lugar certo para desfrutar uma taça de Chassagne é o restaurante Chassagne. Experimente a deliciosa lagosta fresca, o St-Peter com anchovas e feijão-branco, acompanhado com o Chardonnay local, ou veado com abóbora acompanhado de um bom Pinot tinto. A qualidade supera o preço.

## DIJON D'Zenvies

*12 rue Odebert, 21000* **Tel** *03 80 50 09 26*

Um bistrô contemporâneo, situado próximo a Les Halles, serve culinária simples e gourmet. O chef faz parte da nova geração, que permanece fiel à filosofia de produzir pratos honestos com bons ingredientes. Destaque para o foie gras com chutney, o filé com "real" Béarnaise, bacalhau com batatas amassadas e torta de chocolate. Boas opções de vinho, servidos em taça.

**Categorias de preço** *na p. 600* **Legenda dos símbolos** *no final do guia*

### DIJON Le Bistrot des Halles   🅿️ 🍽️ ♿ 🚻   €€

*10 rue Bannelier, 21000* **Tel** *03 80 49 94 15*

Na hora do almoço este bistrô em estilo 1900 fica lotado. Situado ao lado do mercado, atrai seus comerciantes e os executivos locais com sua torta de carne, jambon persillé ou boeuf bourgignon. O conhecido chef de Dijon, Jean-Pierre Billoux, que tem um restaurante mais sofisticado no centro de Dijon, supervisiona este bistrô.

### DIJON Le Chabrot   🍽️ 🚻 🍷   €€

*36 rue Monge, 21000* **Tel** *03 80 30 69 61* **Fax** *03 80 50 02 35*

O interior aconchegante, proprietário conversador e especialidades regionais tornam este restaurante popular. O Le Chabrot apresenta pratos tradicionais com um toque inovador, como o ravióli de escargot. Há uma boa seleção de vinhos da Borgonha, alguns em taça.

### DIJON Hostellerie du Chapeau Rouge   🍽️ 🛏️ 🍷   €€€€€

*5 rue Michelet, 21000* **Tel** *03 80 50 88 88*

O melhor local para se comer na cidade. O metódico e determinado chef leva seus clientes a passeios pelo mundo gastronômico com criações como o tamboril empanado com gergelim. Muitos pratos têm características asiáticas. A qualidade das carnes é excelente: destaque para o porco negro de Bigorre e o franqo de Bresse. Ótimas sobremesas

### DOLE La Chaumière   🅿️ 🌳 🚻   €€€€

*346 mal-Juin, 39100* **Tel** *03 84 70 72 40* **Fax** *03 84 79 25 60*

Você precisa ter a mente aberta e uma natureza curiosa para desfrutar da culinária deste restaurante encantador e elegante. Há pratos criativos e inusitados, como filé de badejo com tupinambo, espinafre, limão e coentro, ou nabo aromatizado no Campari com peito de pato, além do sorbet de azeitonas. Arrisque-se. Quartos disponíveis.

### FONTANGY Ferme Auberge de la Morvandelle   🅿️ 🌳 ♿   €

*Précy-sous-Thil, 21390* **Tel** *03 80 84 33 32*

Uma fazenda em atividade, que recebe clientes apenas no fim de semana. O salão é no celeiro remodelado, oferecendo uma autêntica experiência rural. A fazenda fornece muitos dos ingredientes para seus pratos caseiros, como a salada de fígado de galinha, galinha-d'angola assada e tortas de frutas. Faça reserva.

### GEVREY-CHAMBERTIN Chez Guy   🍽️ 🚻 🍷   €€€

*3 pl de la Mairie, 21220* **Tel** *03 80 58 51 51* **Fax** *03 80 58 50 39*

Um charmoso restaurante, com vigas de carvalho aparentes e um terraço para os dias de sol. Culinária local simples, como o coq au vin ou o joue de boeuf, ambos cozidos lentamente em vinho tinto. Também serve pratos contemporâneos como peixe com purê de pastinaca e avelã em um molho de lagosta. Boa seleção de vinhos a preços razoáveis. Bom serviço.

### IGUERANDE La Colline du Colombier   🅿️ 🌳 ♿ 🚻   €€€

*Colombier, 71340* **Tel** *03 85 84 07 24*

Michel e Marie-Pierre Troisgros reformaram esta antiga casa de fazenda, que tem uma linda vista para os campos e vilarejos dos arredores. A cozinha serve carne de vaca, vitela e produtos orgânicos. Simples e modernos, os pratos são preparados com cuidado e servidos em um charmoso e rústico salão de jantar.

### LONS-LE-SAUNIER Le Relais des Salines   🌳   €

*26 rue des Salines, 39000* **Tel** *03 84 43 01 57*

No coração de Jura fica esta animada brasserie que serve fartos pratos típicos da região das montanhas, em um ambiente acolhedor. Carnes, queijos e batatas são os destaques. Há também uma boa seleção de saladas. Vinhos Chardonnays, Poulsards e Savagnins, vendidos em jarra ou taça, dão as boas-vindas aos clientes.

### MAGNY-COURS Absolue Renaissance   🅿️ 🌳 🍽️ ♿ 🚻   €€

*2 rue de Paris, 58470* **Tel** *03 86 58 10 40*

Próximo ao circuito de Fórmula 1, este restaurante situa-se em um grande jardim com plantação própria. O menu consiste em pratos clássicos engrandecidos por toques contemporâneos. Dentre as opções de destaque está o trio de salmão: marinado, tártaro e defumado.

### MALBUISSON Le Bon Acceuil   🅿️ 🌳   €€€

*Rue de la Source, 25160* **Tel** *03 81 69 30 58*

Este restaurante possui uma das cozinhas mais criativas de Haut-Doubs. Os preços são acessíveis. O menu muda de acordo com as estações do ano, mas inova com pratos como tempurá de ostra com molho de beterraba e cordeiro assado com nhoque de batata. A sommelière é profunda conhecedora dos vinhos de Jura. Recomenda-se reservar.

### MONTFAUCON La Cheminée   🅿️ 🌳 ♿ 🚻   €€

*3 rue de la Vue des Alpes, 25660* **Tel** *03 81 81 17 48*

Como o próprio endereço sugere, a paisagem alpina ao redor deste restaurante é espetacular. Localizado a poucos quilômetros de Besançon, este casarão possui um salão de jantar confortável e rústico. Os pratos são feitos com ingredientes locais. Destaque para o cordeiro frito e o fricassée de lagosta.

### NEVERS Jean-Michel Couron   🍽️ 🍷   €€€€

*21 rue St-Etienne, 58000* **Tel** *03 86 61 19 28* **Fax** *03 86 36 02 96*

Restaurante elegante e aconchegante, com serviço atencioso e cozinha notável. Pratos preparados com maestria, empregando os melhores ingredientes para criar sabores perfeitamente equilibrados, como bifes Charolais com lentilhas e massa de avelã com parmesão. Sobremesas criativas e bons vinhos em taça.

### NITRY Auberge de la Beursaudière  🅿 🚶 ≡ 🍴 🍷  €€
*Chemin de Ronde, 89310* **Tel** *03 86 33 69 69* **Fax** *03 86 33 69 60*

Uma típica acolhida de Morvan, com a equipe usando trajes de camponês. As porções são generosas. O cardápio inclui andouillette de Clamecy (linguiça de tripa), jarrete de vitela, corniotte Morvandelle (torta com recheio de queijo), Côte de boeuf e tournedos (medalhão espesso de carne). Quartos disponíveis.

### NUITS-ST-GEORGES L'Alambic  🅿 🚶 ≡ ♿ 🍴 🍷  €€
*Rue de Général de Gaulle, 21700* **Tel** *03 80 61 35 00*

O L'Alambic fica em um famoso vilarejo produtor de vinho, e possui 450 qualidades em sua carta, sendo que 75 são de Nuits-St-Georges. A cozinha oferece pratos clássicos da Borgonha, servidos no belo salão de jantar cisterciense. No menu, pratos como fricassée de escargot, oeuf en meurette e codorna com ameixa e polenta.

### PORT LESNEY Le Bistro Pontarlier  🚶 ♿ 🍴 🍷  €€
*Port Lesney, 39600* **Tel** *03 84 37 83 27* **Fax** *03 84 73 88 88*

Um dos melhores restaurantes da região, este bistrô se estabeleceu em uma antiga escola de um belo vilarejo em crescimento devido à produção de vinho na área de Arbois. Está associado ao luxuoso hotel Château de Germigny e conta com os mesmos chefs e a mesma cozinha. Além de ser despretensioso, é menos caro. O clima de bistrô é excelente.

### PULIGNY-MONTRACHET La Table d'Olivier Leflaive  ≡ 🚶 ♿ 🍴 🍷  €€€
*Pl du Monument, 21190* **Tel** *03 80 21 37 65* **Fax** *03 80 21 33 94*

Este restaurante rústico leva o nome do fundador, que produz ele mesmo todos os vinhos. É especializado em almoços de degustação de vinhos, nos quais frios, frango de Bresse e queijos da Borgonha são oferecidos acompanhando os vinhos a serem provados, como o St-Aubin, Bourgogne Blanc e Puligny-Montrachet. Reservas necessárias.

### QUARRE LES TOMBES Auberge de l'Atre  🅿 🚶 ♿ 🍴  €€€€
*Les Lavaults, 89630* **Tel** *03 86 32 20 79* **Fax** *03 86 32 28 25*

O interior pitoresco deste restaurante na região de Morvan contrasta com a simplicidade rústica da construção. O salão tem um autêntico fogão antigo, ou âtre, e há um atraente terraço. Pratos clássicos, como o cordeiro assado com molho rosemary e o suflê aromatizado com marc de bourgogne.

### SAULIEU Le Relais Bernard Loiseau  🚶 ≡ ♿ 🍽 🍷  €€€€€
*2 rue d'Argentine, 21210* **Tel** *03 80 90 53 53* **Fax** *03 80 64 08 92*

Este restaurante continua sendo um dos melhores da França. O chef Patrick Bertron foi bem-sucedido em enfrentar o desafio, incentivado por Mme. Loiseau. Há interpretações imaginativas com maestria de pratos tradicionais como as vieiras à milanesa com palet de abóbora e mariscos. Sobremesas deliciosas. Carta de vinhos abrangente.

### SENS La Madeleine  🅿 ≡ 🍷  €€€€€
*1 rue Alsace-Lorraine, 89100* **Tel** *03 86 65 09 31* **Fax** *03 86 95 37 41*

Com duas estrelas do guia *Michelin*, aqui você encontra uma culinária elegante e refinada com grande atenção aos ingredientes. O cardápio sazonal oferece especialidades como o foie gras com compota de maçã e açafrão e uma musse de chocolate deliciosamente cremosa com calda de framboesa. Bons vinhos Chablis e o local Irancy. Faça reserva.

### ST-AMOUR BELLEVUE L'Auberge du Paradis  🅿 🚶 ♿ 🍴  €€€
*Le Plâtre Durand, 71570* **Tel** *03 85 37 10 26*

Este ótimo restaurante da Borgonha já funcionou como padaria e mercado. O chef trabalha com entusiasmo e personalidade. Combinações ousadas de temperos resultam em pratos brilhantes e sobremesas audaciosas, como o crème au chocolat com purê de maçã. O simpático salão de jantar é decorado com tecidos xadrez e tapetes marroquinos.

### ST-PÈRE SOUS VÉZELAY L'Espérance  🅿 ≡ ♿ 🍴 🍽 🍷  €€€€€
*St-Père sous Vézelay, 89450* **Tel** *03 86 33 39 10* **Fax** *03 86 33 26 15*

L'Espérance serve talvez a melhor comida da Borgonha, num elegante salão que se abre para um terraço com vistas esplêndidas. Marc Meneau, um dos melhores chefs da França, apresenta clássicos modernos como vieiras com limão ou trufas frescas e o suculento cordeiro de Quercy. Carta de vinhos clássica.

### ST-ROMAIN Les Roches  🚶 🍴  €€
*Pl de la Mairie, 21190* **Tel** *03 80 21 21 63*

Pequeno hotel-restaurante, situado na quadra principal deste vilarejo famoso por sua tradição com vinhos. A culinária é simples e sem frivolidades, assim como o salão de jantar. Saboreie uma taça de St-Romain Blanc com petiscos caseiros, e depois peça um dos fartos pratos, como o legítimo haché parmentier. Boa qualidade a preços honestos.

### TOURNUS Le Restaurant Greuze  🅿 🚶 ≡ ♿ 🍽 🍷  €€€€€
*1 rue A Thibaudet, 71700* **Tel** *03 85 51 13 52* **Fax** *03 85 51 75 42*

Com culinária e decoração ultraclássicas, o restaurante é todo ele um monumento ao passado. É o lugar ideal para desfrutar o melhor da cozinha clássica da França, como as vieiras com pot au feu de legumes, aromatizadas com citronela, o frango de Bresse ou o suculento filé de Salers-Charolais. Bons vinhos Mâconnais e Beaujolais.

### VERDUN-SUR-LE-DOUBS L'Hostellerie Bourguignonne – Didier Denis  🅿 🚶 🍴 🍷  €€€€
*2 ave Pdt-Borgeot, 71350* **Tel** *03 85 91 51 45* **Fax** *03 85 91 53 81*

Às margens do rio, no coração dessa região campestre, este estabelecimento rústico oferece cozinha despretensiosa e básica com ingredientes locais. Fazem um filé de boi charollais muito bom, além do cuscuz de frutos do mar com lagosta, vieiras e camarões, aromatizado com anis-estrelado e hortelã. Excelente carta de vinhos.

**Categorias de preço** *na p. 600* **Legenda dos símbolos** *no final do guia*

### VENOY Le Moulin de la Coudre

*2 rue des Gravottes, La Coudre, 89290* **Tel** *03 86 40 23 79*

Próximo a Auxerre, no centro de Yonne, fica este moinho restaurado, que abriga um hotel e um restaurante. Cozinha clássica com originalidade. O menu muda semanalmente, de acordo com os produtos da estação e a inspiração do chef. No inverno, pode-se tomar um ótimo café próximo à lareira, e no verão a dica é apreciar o jardim florido.

### VILLENEUVE SUR YONNE Auberge La Lucarne aux Chouettes

*7 quai Bretoche, 89500* **Tel** *03 86 87 18 26* **Fax** *03 86 87 22 63*

Reformado pela atriz Leslie Caron, este albergue do século XVII tem excelente localização junto ao rio Yonne. Comer no terraço é delicioso no verão. O salão é aconchegante com vigas aparentes. O cardápio apresenta pratos tradicionais, como a salada de escargots e cogumelos selvagens.

### VILLERS-LE-LAC Le France

*8 pl Cupillard, 25130* **Tel** *03 81 68 00 06* **Fax** *03 81 68 09 22*

A culinária é boa e inventiva, cheia de contrastes e no entanto simples. O chef tem sua própria horta de temperos e uma abrangente seleção de especiarias coletadas em suas viagens. O salão é arejado e elegante. Experimente o peito de pombo com molho de chocolate servido com cercefi aromatizado de alcaçuz. Tem sorbets refrescantes.

### VINCELOTTE Auberge des Tilleuils

*12 quai de l'Yonne, 82290* **Tel** *03 86 42 22 13*

Este lindo casarão às margens do rio oferece uma culinária repleta de sabores não somente da Borgonha, mas também de outras regiões da França, como o alho de Arleux, as lentilhas de Puy e a andouille de Vire. Experimente o suculento cordeiro recheado com polenta e temperado com ervas da Provença. Boa seleção de vinhos da Borgonha, inclusive Irancy.

### VONNAS Georges Blanc

*Pl Marché, 01540* **Tel** *04 74 50 90 90* **Fax** *04 74 50 08 80*

Um muito procurado santuário da boa comida com serviço fluente e um salão atulhado de antiguidades. O ambiente oscila entre o refinado e o rústico. Entre os pratos criativos criados pelos dois filhos de M. Blanc, frango de Bresse com foie gras e ravióli de lagosta com azeda. Vinhos excelentes.

## MASSIF CENTRAL

### ALLEYRAS Le Haut Allier

*Pont d'Alleyras, 43580* **Tel** *04 71 57 57 63* **Fax** *04 71 57 57 99*

Este hotel-restaurante aninhado na garganta de Allier vale uma visita por sua acolhida simpática e culinária criativa. Ingredientes locais estão presentes em pratos tradicionais como lombo de cordeiro de Saugues e, em outros mais inusitados, como a torta feita com presunto de Auvergne. Os menus fixos são muito compensadores.

### AUMONT-AUBRAC Restaurant Prouhèze

*2 rte du Languedoc, 48130* **Tel** *04 66 42 80 07* **Fax** *04 66 42 87 78*

O premiado chef usa apenas os ingredientes mais frescos para criar sabores elegantes e inusitados. Entre os destaques do menu, o assado de aligot (batatas com queijo) e o filé com vin jaune. Boa seleção de vinhos do Languedoc. O restaurante afiliado, o Le Compostelle, serve pratos tradicionais menos caros.

### BELCASTEL Vieux Pont

*Le Bourg, 12390* **Tel** *05 65 64 52 29*

Este criativo restaurante fica em frente a uma ponte medieval de paralelepípedos: o ar fresco e as águas do rio harmonizam com o rústico salão de jantar. Os pratos são preparados com talento e modernismo. Produtos de qualidade são utilizados na criação de pratos como o pombo Mont Royal com cèpes e a vitela de Aveyron. Faça reserva.

### BOUDES La Vigne

*Pl de la Mairie, 63340* **Tel** *04 73 96 55 66*

Na principal quadra deste pequeno vilarejo produtor de vinho fica um dos restaurantes mais criativos da região. O chef sempre busca novas ideias, e o menu muda constantemente; pratos como a musse de bacalhau e vieiras não são raros. Os queijos e sobremesas são elaborados cuidadosamente. Menu fixo com preços bons.

### BOUSSAC Le Relais Creusois

*40 Maison Dieu, rte de la Châtre, 23600* **Tel** *05 55 65 02 20* **Fax** *05 55 65 13 60*

Não desanime com o exterior incongruente ou a desalentadora decoração – a cozinha aqui é premiada. A inspiração do chef é ampla e abrangente, e produz pratos originais, como a perca com purê de pastinaca e o pato com sabugueiro. Algumas mesas têm vista para o belo vale do Petite Creuse. Telefone para saber se está aberto. Fechado jan-meados mar.

### BRIVE-LA-GAILLARDE Chez Francis

*61 ave de Paris, 19100* **Tel** *05 55 74 41 72*

Decorado como um autêntico bistrô parisiense, este pub retrô tornou-se uma referência em Brive. A comida é farta e bem preparada. Pratos tradicionais da região são revisitados – a minilula, o tupinambo ou o pot au feu de vitela. Boa seleção de vinhos do sul da França. Recomenda-se reservar.

### CLERMONT-FERRAND Le Caveau

*9 rue Philippe Marcombes, 63000* **Tel** *04 73 14 07 03*

Apesar da fachada não ser muito convidativa, o salão de jantar que fica no piso inferior é belíssimo. Os pratos são rústicos e tradicionais. Grandes pedaços de filé de Salers ou Aubrac e o coq au vin fazem deste local o paraíso dos apreciadores de carne. As sobremesas são boas, mas em menores porções. Faça reserva.

### CLERMONT-FERRAND Amphitryon Capucine

*50 rue Fontgiève, 63000* **Tel** *04 73 31 38 39*

Neste restaurante pequeno, com fachada de madeira, os comensais podem provar os melhores ingredientes locais da estação em um salão com lareira e vigas de carvalho. Pratos simples, bem preparados e sem pretensão, como o nhoque com lagostim assado e trufas. Bons vinhos do Languedoc e de Auvergne.

### CLERMONT-FERRAND Goûts et Couleurs

*6 pl Champgil, 63000* **Tel** *04 73 19 37 82*

A decoração geométrica, típica da década de 1980, contrasta com o antigo teto abobadado desta casa que já foi uma fábrica de espelho. A culinária criativa utiliza ingredientes de qualidade e cobra preços justos. Bons pratos de carne e peixe. Não deixe de provar as deliciosas sobremesas, como as madeleines de limão com gelatina de frutas cítricas e sorbet de margarita.

### COLLONGES-LA-ROUGE Auberge Le Prieuré

*Pl de l'Eglise, 19500* **Tel** *05 55 25 41 00*

Casarão típico do século XVIII, construído com pedras avermelhadas da região, com um lindo terraço. Serve pratos clássicos, simples e bem preparados, como o foie gras com confit de cebola, o peito de pato frito e a perca com molho lemon butter. Para um refeição rápida, escolha o casse croûte menu, que serve a entrada junto com o prato principal.

### FLORAC La Source du Pêcher

*Rue Remuret, 48400* **Tel** *04 66 45 03 01* **Fax** *04 66 45 28 82*

Charmoso restaurantezinho num moinho reformado de onde você pode ver peixes pulando enquanto come. Ingredientes locais têm lugar de honra – pato com mirtilos, cordeiro local, truta de Lozère e mel de flor de castanheira, conforme a estação. Excelente seleção de vinhos do Languedoc. Fechado nov-Páscoa.

### LAGUIOLE Michel Bras

*Rte de l'Aubrac, 12210* **Tel** *05 65 51 18 20* **Fax** *05 65 48 47 02*

Uma parede de vidro com vista de Aubrac neste restaurante três-estrelas no topo da colina. Michel Bras é renomado por sua culinária avançada. O peito de pombo frito, aromatizado com assa-fétida e servido com cebolas cévenne, zimbro e molho de laranja, é de outro mundo. Fechado nov-Páscoa.

### LE PUY-EN-VELAY Tournayre

*12 rue Chênebouterie, 43000* **Tel** *04 71 09 58 94*

Este agradável restaurante fica em um dos mais antigos hôtels particuliers de Le Puy-en-Velay, que data do século XII. Seu salão tem teto abobadado e paredes de pedra. O chef prepara culinária típica de Auvergne, além de pratos mais elaborados, como torta de lagosta ou de lagostim com cogumelos morille.

### LE PUY EN VELAY François Gagnaire

*4 ave Clément Charbonnier, 43000* **Tel** *04 71 02 75 55*

Sofisticado restaurante situado no Hôtel du Parc. O salão de jantar tem móveis simples, com gravuras coloridas de Raoul Dufy enfeitando as paredes. O chef, experiente, sabe exatamente o que quer: utilizar ingredientes da região com toques modernos. Destaque para o foie gras frito em uma cama de alcachofra e o rodovalho com cogumelos silvestres.

### LE ROUGET Hôtel des Voyageurs

*20 ave de 15 septembre 1945, 15290* **Tel** *04 71 46 10 14* **Fax** *04 71 46 93 89*

Situado 25km a sudoeste de Aurillac fica este hotel-restaurante de pedra de Cantal que serve pratos tradicionais bem preparados. O menu du terroir de preços razoáveis tem opções como risoto de camarão e o besugo acompanhado de quinua aromatizada com frutas cítricas. Boa seleção de vinhos.

### LIMOGES Chez Alphonse

*5 pl de la Motte, 87000* **Tel** *05 55 34 34 14* **Fax** *05 55 34 34 14*

Este animado bistrô serve culinária regional com ingredientes frescos comprados no mercado pelo próprio chef. Destaque para os pratos Limousin, geralmente à base de carne ou peixe. O menu com preço fixo vale a pena. O prato de queijos é grande e a musse de chocolate, boa. Faça reserva. Fechado 27 jul-10 ago; 29 dez-12 jan; dom.

### LIMOGES Chez François

*Pl de la Motte, 87000* **Tel** *05 55 32 32 79* **Fax** *05 55 32 87 39*

Preço imbatível e um ambiente acolhedor neste restaurante dentro do mercado de Limoges. Só abre para almoço. Chegue cedo para conseguir um lugar nas mesas comunais – ou prepare-se para esperar na fila. A comida nada tem de sofisticada, mas é bem preparada e saborosa. O cardápio único de três pratos muda diariamente.

### LIMOGES L'Amphitryon

*26 rue de la Boucherie, 87000* **Tel** *05 55 33 36 39* **Fax** *05 55 32 98 50*

Espaço contemporâneo e chique no coração da Limoges antiga. A comida é sofisticada e os sabores, delicados, de maneira apropriada à porcelana de Limoges em que é servida. Um prato favorito é o filé de boi de Limousin, enquanto as sobremesas se centram em torno de frutas da estação.

**Categorias de preço** *na p. 600* **Legenda dos símbolos** *no final do guia*

### MILLAU La Braconne                                        €

*7 pl Maréchal Foch, 12100* **Tel** *05 65 60 30 93*

Sob as arcadas de uma pitoresca praça fica este simpático restaurante, com um autêntico salão de jantar do século XIII. O terraço é muito bonito e possui cadeiras confortáveis. A cozinha serve pratos clássicos e saborosos, como o suculento pernil de cordeiro flambado. O clima caseiro faz deste local uma alternativa tranquila para uma refeição.

### MONTLUCON Le Grenier à Sel                                €€€€

*10 rue Ste-Anne, 03100* **Tel** *04 70 05 53 79* **Fax** *04 70 05 87 91*

Esta mansão com a fachada coberta de hera tem lareiras enormes e um salão elegante decorado em repousante tons pastel. Com tempo bom, as refeições podem ser servidas no encantador terraço. Experimente o canelone recheado com badejo e o lagostim com legumes da estação. Menus fixos a bom preço.

### MONTSALVY L'Auberge Fleurie                               €€

*Pl du Barry, 15120* **Tel** *04 71 49 20 02*

Um charmoso casarão com paredes cobertas por heras, vigas de carvalho e lareira. O chef dá atenção especial à apresentação de seus criativos pratos. O menu varia de acordo com os produtos da época e conta com pratos como carpaccio de lebre com erva-doce e manteiga com manjericão. Deliciosas sobremesas, como o merengue de chocolate.

### MOUDEYRES Le Pré Bossu                                    €€

*Le Bourg, 43150* **Tel** *04 71 05 10 70* **Fax** *04 71 05 10 21*

Restaurante com quartos que vale a pena procurar, pela localização tranquila e a culinária executada com perícia. Muitas das ervas e verduras – incluindo variedades antiquadas – vêm da horta. Há até mesmo um cardápio vegetariano – algo raro nesse canto da França. Só jantar. Fechado nov-abr.

### MOULINS Le Trait d'Union                                  €€€€

*16 rue Gambette, 3000* **Tel** *04 70 34 24 61*

Este bistrô contemporâneo e elegante situa-se no centro da cidade e serve comida que equilibra o clássico e o moderno. O chef, que já trabalhou com os melhores do país, presta homenagem à região em pratos como a vitela Monts du Forez e o clássico filê Rossini, além de uma seleção de queijos de cabra da região.

### MURAT Le Jarrousset                                       €€

*Rte de Clermont-Ferrand, 15300* **Tel** *04 71 20 10 69* **Fax** *04 71 20 15 26*

Cercado por jardins atraentes, um pouco a leste de Murat, está este discreto restaurante. O chef tira sua inspiração de ingredientes de alta qualidade, a maioria de proveniência local. O cardápio gastronômico muda a cada estação, permitindo muita criatividade.

### RODEZ Goûts en Couleurs                                   €€€

*38 rue Bonald, 12000* **Tel** *05 65 42 75 10*

Situado na cidade antiga, este charmoso restaurante é decorado com coloridas pinturas do proprietário. Pratos como o île flottante de trufas com alcaçuz e o rodovalho com escargot de Nadaillac provam a criatividade do chef. Conta com uma boa carta de vinhos e serviço cordial.

### ST-BONNET-LE-FROID Auberge des Cimes                      €€€€€

*Le Bourg, 43290* **Tel** *04 71 59 93 72* **Fax** *04 71 59 93 40*

Este restaurante no hotel Clos des Cimes tem três estrelas do guia *Michelin*. Dependendo da estação, você poderá se deleitar com cordeiro assado, leitão aromatizado com sálvia ou cogumelos perfumados. Tem uma incrível seleção de queijos de Auvergne e Ardeche, maturados no estabelecimento, além de deliciosas sobremesas. Fechado jan-meados mar.

### ST-JULIEN-CHAPTEUIL Vidal                                 €€€

*Pl du Marché, 43260* **Tel** *04 71 08 70 50* **Fax** *04 71 08 40 14*

Numa aldeia modorrenta cercada por altas montanhas, a família Vidal tem este restaurante acolhedor decorado com murais com vistas locais. Com pratos como foie gras servido em um bolo de gengibre e mirtilo, carne recheada e cordeiro de Velay. Fechado meados jan-fev.

### UZERCHE Restaurant Jean Teyssier                          €€

*Rue du Pont-Turgot, 19140* **Tel** *05 55 73 10 05* **Fax** *05 55 98 43 31*

O gosto do Mediterrâneo chegou a Corrèze através de pratos como o vol-au-vent com molho de roquefort, cordeiro cozido com purê de pastinaca e truta com abobrinha gratinada. Maravilhoso restaurante panorâmico com vista para o Vezère. Fechado meados fev-meados mar.

### VICHY Brasserie du Casino                                 €€

*4 rue du Casino, 03200* **Tel** *04 70 98 23 06* **Fax** *04 70 98 53 17*

Uma verdadeira instituição entre os restaurantes de Vichy, do outro lado da rua do Grand Casino. Um ambiente em elegante art déco – todo de madeira, espelhos e grandes bancos – para uma refeição de brasserie em alto estilo. Foie gras servido quente com vinagre balsâmico e a charlotte de framboesa estão entre os clássicos oferecidos.

### VICHY Jacques Decoret                                     €€€€€

*15 rue du Parc, 3200* **Tel** *04 70 97 65 06*

Este restaurante melhora a cada dia. Pratos criativos são preparados com precisão. Foie gras frito com caldo de bonito e lagostins cozidos com endro e raiz-forte são apenas algumas criações que comprovam o talento e a criatividade do chef.

## VALE DO RÓDANO E ALPES FRANCESES

### ANNECY Le Belvédère
*7 chemin Belvédère, 74000* **Tel** *04 50 45 04 90*

Este restaurante tem confortáveis cadeiras de couro, uma linda vista do lago e um agradável terraço. Apetitosas receitas contemporâneas são preparadas com elegância. O foie gras aromatizado com baunilha e servido com compota de figo é uma explosão de sabor. Sobremesas divinas, como a maçã cremosa com açafrão e sorbet caseiro.

### BOURG-EN-BRESSE Les Quatres Saisons
*6 rue de le République, 1000* **Tel** *04 74 22 01 86*

Restaurante acolhedor que serve pratos tradicionais, enriquecidos com toques modernos. O chef é um apaixonado por vinhos e por produtos da região, e os utiliza em pratos como tartare de vieiras, caranguejo e camarão com molho de wasabi, ou no filé de porco com mel, pimenta Szechuan e kumquat. Boa seleção de vinhos do Ródano e da Borgonha.

### CHAMBERY Château de Candie – L'Orangerie
*Rue de Bois de Candie, Chambéry le Vieux, 73000* **Tel** *04 79 96 63 00* **Fax** *04 79 96 63 10*

Um château do século XIV é o cenário deste elegante restaurante. Cozinha clássica é preparada com um toque contemporâneo em pratos como o tartare de vieiras com castanhas de caju, sashimi de robalo ou a rústica lebre com confit de limão. Fechado 2 semanas abr e 2 semanas nov.

### CHAMONIX La Calèche
*Rue Dr Paccard, 74400* **Tel** *04 50 55 94 68*

Um tradicional restaurante de montanha de Chamonix, administrado pela mesma família desde 1946. Aprecie especialidades saboianas como tartiflette, fondue e raclette, além das carnes grelhadas, no salão repleto de esquis antigos, relógios suíços, tachos de cobre e um bobsleigh das Olimpíadas de Inverno de 1924. Bons vinhos de Saboia.

### CHAMONIX Les Jardins du Mont Blanc
*62 Allée du Majestic, 74400* **Tel** *04 50 55 35 42*

Um hotel na montanha que oferece uma saborosa e moderna culinária alpina, com os melhores produtos da região. O chef busca pratos clássicos, como o bacalhau no sal, e os prepara com cuidado e precisão. As sobremesas também são magníficas. Costuma ser barulhento, especialmente quando há grupos grandes. Menu de almoço com bons preços.

### CHAMONIX Le Hameau Albert 1er
*119 impasse Montenvers, 74402* **Tel** *04 50 53 05 09* **Fax** *04 50 55 95 48*

Luxuoso hotel-restaurante savoyard nas montanhas, com vista para a Itália. A cozinha esplêndida de Pierre Carrier tenta o palato. A horta ao lado inspirou-o a criar pratos como o peixe acompanhado de batatas ratte e alcachofra com molho de vinho Château Chalon e o gratin de cerseli. Boa tábua de queijos.

### COLLONGES AU MONT D'OR Paul Bocuse
*40 quai de la Plage, 69660* **Tel** *04 72 42 90 90* **Fax** *04 72 27 85 87*

Paul Bocuse tornou-se uma instituição da culinária francesa, e é simplesmente insubstituível. Experimente iguarias como a sopa de trufa negra com massa, ou rodovalho cozido à perfeição em seu molho de beurre blanc, ou o lendário gratin de lagostin. Os vinhos são também esplêndidos. Reserve uma mesa com muita antecedência.

### COURCHEVEL Le Genépi
*Courchevel 1850, 73120* **Tel** *04 79 08 08 63*

Este restaurante é o que tem os melhores preços no luxuoso resort de esqui Courchevel 1850. Tanto os pratos das montanhas como os clássicos, como o carpaccio de pato com manjericão, o ravióli de lagosta e o coelho recheado, são preparados com requinte e servidos em um salão elegante e rústico.

### COURCHEVEL Le Chabichou
*Quartier des Chenus, 73120* **Tel** *04 79 08 00 55* **Fax** *04 79 08 33 58*

Reserve uma mesa junto às amplas janelas para desfrutar a vista das montanhas. Com duas estrelas do guia *Michelin*, o Chabichou oferece culinária exótica e criativa num dos restaurantes mais frequentados neste amplo resort. Ambiente refinado e pratos clássicos com um toque elaborado, como o pombo de Bresse recheado com foie gras, pera e cravo.

### EVIAN LES BAINS Histoire de Goût
*1 ave Général Dupas, 74500* **Tel** *04 50 70 09 98*

Restaurante e bar de vinho que serve comida de bistrô. Procure um lugar no bar, com detalhes em zinco, e escolha um dos 200 vinhos da casa; ou sente-se no salão de jantar abobadado, decorado com candelabros de ferro. O menu tem bons preços e inclui sempre uma opção vegetariana – recomenda-se o menu découverte.

### GRENOBLE Le Mas Bottero
*168 Cours Berriat, 38000* **Tel** *04 76 21 95 33*

Os pratos aqui refletem as raízes provençais do jovem chef e sua devoção aos produtos orgânicos. No cardápio, pratos saborosos como alcachofra com pistou de rúcula, pombo com uma crosta de avelã e salmão orgânico com aipo e maçã verde. No verão as mesas são montadas do lado de fora, sob uma antiga glicínia.

**Categorias de preço** *na p. 600* **Legenda dos símbolos** *no final do guia*

### GRENOBLE A Ma Table     🍽    €€€

*92 cours Jean-Jaurès, 38000* **Tel** *04 76 96 77 04* **Fax** *04 76 96 77 04*

Há mudanças regulares no menu, conforme os produtos locais da estação, neste pequeno e bem decorado restaurante. Culinária clássica preparada com maestria em pratos como pera caramelizada e torta de gorgonzola com peito de pato defumado, truta de Vercors ao molho de mostarda e cassoulet de pato com amêndoa e coco. Reserve.

### GRENOBLE Le Fantin Latour     P 🍽 & 🏠 T 🍷    €€€€€

*1 rue Général Beylié, 38000* **Tel** *04 76 01 00 97*

Este restaurante é extravagante: apéritifs servidos em bandejas cobertas por plantas selvagens e sobremesas decoradas com cristais. A cozinha também inova, utilizando combinações criativas de ervas e temperos, como no pombo ao molho de líquen e sálvia. Equipe eficiente.

### LA CLUSAZ La Scierie     🏠    €€

*321–331 rte du Col des Aravis, 74220* **Tel** *04 50 63 34 68*

Este restaurante fica no movimentado centro desta concorrida estação de esqui, instalado em uma antiga serraria. O chef criou um extenso menu com preços razoáveis, oferecendo desde frios e saladas típicos das montanhas até pratos mais elaborados, como filé de St-Peter com sálvia e risoto de parmesão.

### LAMASTRE Restaurant Barattéro     P 🌳 🏠    €€€€

*Pl Seignobos, 07270* **Tel** *04 75 06 41 50* **Fax** *04 75 06 49 75*

Um elegante restaurante com um jardim atraente, no Hotel Midi na bela cidade de Lamastre em Ardéche. Culinária clássica, como a salada de foie gras frito, frango de Bresse, lagostim com um molho intensamente aromatizado e suflê de castanha de Ardéche. A carta de vinhos se concentra em St-Joseph e St-Péray. Reserve.

### LARGENTIÈRE Le Chêne Vert     P 🌳 🏠    €€

*Rocher, 7110* **Tel** *04 75 88 34 02*

Tradicional hotel e restaurante Ardèchois situado no interior, próximo a Aubenas. Dentre as opções estão clássicos regionais como o foie gras servido com confit de figo ou o coelho assado com tomilho acompanhado por uma tartiflette Ardèchoise. Para finalizar, uma salada de frutas coberta com creme e infusão de baunilha de Bourbon.

### LE BOURGET-LE-LAC Beaurivage     P 🌳 & 🏠    €€€€

*Boulevard du Lac, 73370* **Tel** *04 79 25 00 38*

Localizado às margens do lago, este típico casarão possui um salão de jantar com passagem direta para um lindo terraço repleto de plátanos. A cozinha é clássica, com pratos como a lagosta assada, o risoto temperado com bouillabaisse e o peito de frango recheado com foie gras, servido com risoto. A paisagem do terraço é linda.

### LYON Brasserie Georges     🍽 & 🌳 🏠    €€

*30 cour Verdun, 69002* **Tel** *04 72 56 54 54* **Fax** *04 78 42 51 65*

Enorme e movimentado bistrô no centro da cidade com serviço rápido e um esplêndido interior art déco. O extenso cardápio inclui uma seleção de especialidades lionesas, tais como andouillette (linguiça de tripa) e batatas Dauphinoise, mas também uma variedade de pratos de peixe, sauerkraut e omeletes. Boas opções para crianças e vegetarianos.

### LYON La Gargotte d'Ivan     🌳 & 🏠    €€

*15 rue Royale, 69001* **Tel** *04 78 28 79 20*

Ao norte do Grand Théâtre fica a "Cantina do Ivan", um restaurante acolhedor, com decoração retrô, detalhes rococó e espelhos nas paredes. O jovem e talentoso chef prepara pratos quase gastronômicos a preços de bistrô. O menu inclui pratos clássicos com toques de originalidade. Possui uma pequena, porém boa, carta de vinhos, a preços acessíveis.

### LYON 33 Cité     P 🍽 & 🏠    €€€

*33 quai Charles de Gaulle, 69006* **Tel** *04 37 45 45 45*

Moderna brasserie localizada no centro da cidade, em frente à Cité Internationale. O elegante salão de jantar serve culinária clássica e contemporânea, preparada com carinho. Destaque para o millefeuille de caranguejo, o atum ligeiramente cozido com sementes de gergelim e o peito de pato "Rossini". Vinhos vendidos em garrafa ou taça.

### LYON L'Alexandrin     🍽 T    €€€€

*83 rue Moncey, 69003* **Tel** *04 72 61 15 69*

O jovem e talentoso chef desta casa cria ótimos pratos típicos de Lyonnais. Pratos com personalidade são preparados com perfeição, como a musse de peixe com um cremoso molho de lagostim, e o frango de Bresse cozido no vinagre. Os pratos vegetarianos também são ótimos, como o cocotte de legumes com castanhas.

### LYON Nicolas le Bec et Taka     & T 🍷    €€€€€

*14 rue Grolée, 69002* **Tel** *04 78 42 15 35* **Fax** *04 72 40 98 97*

Culinária de vanguarda, com toques audaciosos em pratos como pombo de Bresse caramelizado com uma calda de romã. O local é elegante e contemporâneo, e a carta de vinhos é excelente, com ótimas seleções de Borgonhas, mas cara. Fechado 2 semanas jan e 2 semanas ago.

### MEGEVE La Petite Ravine     P 🌳 🏠    €

*743 chemin de la Ravine, Demi Quartier Combloux, 74120* **Tel** *04 50 21 38 67*

Um típico restaurante de chalé alpino, com ambiente aconchegante. No inverno, praticantes de esqui vêm para relaxar e comer; no verão, turistas chegam para admirar a paisagem. O menu é limitado, mas de qualidade. Serve pratos tradicionais, como o fondue de queijo, o croûte au queijo beaufort e saladas. Ideal para a família.

## MEGÈVE La Taverne du Mont d'Arbois

*3001 rte Edmond de Rothschild, 74120 **Tel** 04 50 21 03 53*

Uma antiga taverna frequentada por residentes da região deu lugar a este restaurante que atrai a elite de Megève. O chef prepara receitas tradicionais, como o carpaccio de sargo e lagostim gratinado, além dos sempre pedidos raclette e fondue. Suas sobremesas também são excelentes.

## MORZINE La Chamade

*Morzine, 74110 **Tel** 04 50 79 13 91 **Fax** 04 50 79 27 48*

Restaurante alpino tradicional de administração familiar com um amplo cardápio. Pizzas assadas em forno a lenha, travessas de queijos e produtos regionais como o leitão e os frios. No cardápio, outras opções como a salada tomme, de Morzine, o coelho com lentilhas e um substancioso churrasco. Também há pratos vegetarianos disponíveis.

## ROANNE La Troisgros

*Pl Jean Troisgros, 42300 **Tel** 04 77 71 66 97 **Fax** 04 77 70 39 77*

La Troisgros é um dos restaurantes de maior prestígio na França, com uma decoração contemporânea elegante. No salão de linhas depuradas e ambiente zen, deleite-se com delícias como o filé de pato com cereja. Há também uma biblioteca especializada em gastronomia.

## ST-AGREVE Domaine de Rilhac

*Rilhac, 07320 **Tel** 04 75 30 20 20 **Fax** 04 75 30 20 00*

Situada numa região tranquila de Ardéche, nesta casa de fazenda recentemente reformada o chef Ludovic Sinz cria pratos clássicos numa abordagem inovadora. No cardápio, opções como a sopa de abóbora com escargot, chicória frita com vieiras e molho de castanha e, para finalizar, uma torta quente de chocolate.

## ST-ETIENNE Le Bistrot de Paris

*7 pl Jean Jaurès, 42000 **Tel** 04 77 32 21 50*

Este alegre bistrô fica em uma bela praça no centro da cidade. O cardápio muda diariamente, de acordo com os produtos mais frescos à disposição no mercado. Os pratos aqui têm ótimo custo-benefício, e há um agradável terraço para jantar no verão, enquanto se observa o movimento

## ST-MARTIN-DE-BELLEVILLE La Bouitte

*St-Marcel, 73440 **Tel** 04 79 08 96 77 **Fax** 04 79 08 96 03*

Num charmoso chalé alpino, este restaurante serve pratos inovadores usando ervas alpinas. Experimente os peixes da região, como o irresistível féra du lac Léman com canelone de alcachofra. Há também uma boa seleção de queijos e sobremesas. Cursos de culinária são ministrados no local.

## TAIN L'HERMITAGE Lycée Hotelier de l'Hermitage

*Rue Jean Monnet, 26600 **Tel** 04 75 07 57 14*

Nos subúrbios desta famosa cidade produtora de vinhos fica esta escola de aspirantes a chef, garçons e sommeliers. Os estudantes administram dois restaurantes que servem pratos clássicos. As noites de quinta-feira são temáticas. O menu muda constantemente, e os preços incluem aperitivo e vinho. Só abre durante o curso.

## TALLOIRES La Villa des Fleurs

*Rte du Port, 74290 **Tel** 04 50 60 71 14 **Fax** 04 50 60 74 06*

A cozinha deste charmoso chalé instalado em amplo terreno se concentra em peixes pescados no lago d'Annency, bem perto. Experimente o suculento peixe féra local ou a truta pochê. Pratos regionais tradicionais também são servidos. Com tempo bom, coma fora com a vista do lago. Serviço agradável. Quartos disponíveis.

## TOURNON Le Tournesol

*44 ave Maréchal Foch, 07300 **Tel** 04 75 07 08 26 **Fax** 04 75 07 08 26*

Elegante restaurante perto das margens do rio com vista panorâmica dos vinhedos Hermitage. O interior é chique e contemporâneo, e o jovem chef demonstra sua originalidade em pratos como foie gras com coulis de maçã ou salmão no xarope de bordo aromatizado com gengibre fresco. Sobremesas caseiras. Vinhos bem selecionados.

## URIAGE-LES-BAINS Les Terrasses d'Uriage

*Pl de la Déesse-Hygie, 38410 **Tel** 04 76 89 10 80*

Localizado em um típico resort termal, este simpático restaurante oferece pratos criativos com toques de excentricidade. O elegante salão de jantar do prédio que pertenceu a Napoleão III tem saída para um lindo parque. Prove a saborosa galinha-d'angola com azeda e queijo branco. As sobremesas são ótimas, e há uma vasta carta de vinhos.

## VALENCE Restaurant Pic

*285 ave Victor Hugo, 26000 **Tel** 04 75 44 15 32 **Fax** 04 75 40 96 03*

Restaurante refinado com cozinha inspiradora em um hotel de luxo. Lagosta com frutas vermelhas, salsão com pimentão verde realçaram a reputação deste estabelecimento não convencional, em constante evolução. Ótimos vinhos do Ródano. O restaurante tem cursos de culinária.

## VIENNE La Pyramide

*14 bd Fernand Point, 38200 **Tel** 04 74 53 01 96*

Um hotel-restaurante clássico da França, recomendado pelo guia *Michelin*. O profissionalismo reina supremo no salão e na cozinha. Produtos da região são utilizados em pratos como o foie gras frito temperado com pimenta-do-reino e o peixe féra du lac com purê de ervilha e molho de cogumelo shimeji. Ótima seleção de vinhos do Ródano.

**Categorias de preço** *na p. 600* **Legenda dos símbolos** *no final do guia*

# POITOU E AQUITÂNIA

### ANGOULEME Le Terminus
*3 pl de la Gare, 16000* **Tel** *05 45 95 27 13*

Restaurante moderno e chique onde a boa comida, serviço rápido e menus a bom preço compensam a localização numa movimentada rua principal. Produtos do mar ultrafrescos têm o lugar de honra, em particular o grelhado misto de peixe e o fricassée espanhol de tamboril. Deixe espaço para uma das tentadoras sobremesas.

### ARCACHON Chez Yvette
*59 bd du Général Leclerc, 33120* **Tel** *05 56 83 05 11*

Impossível encontrar produtos do mar mais frescos do que neste venerável restaurante de Arcachon, de propriedade de ex-criadores de ostras. Entre seus sucessos, lampreia à la bordelaise (peixe em forma de enguia cozido no vinho) e rodovalho assado, mas é difícil resistir às espetaculares travessas de frutos do mar. Melhor fazer reserva.

### ARCINS Le Lion d'Or
*11 rte de Pauillac, 33460* **Tel** *05 56 58 96 79*

Pequeno e acolhedor albergue de aldeia no coração dos vinhedos de Médoc ao norte de Margaux. Adorado pelos moradores locais que apreciam a tradicional culinária sazonal. Cordeiro pauillac é o favorito da primavera, enquanto no verão a ênfase é na caça. Sem menus fixos, mas os preços mantêm-se razoáveis.

### BORDEAUX Bistrot d'Edouard
*16 pl du Parlement, 33000* **Tel** *05 56 81 48 87*

Numa das praças mais bonitas de Bordeaux, este bistrô sem frescura oferece uma ampla variedade de baratos menus de preço fixo. Não espere cozinha de gourmet, mas a comida é confiável, abrangendo de tudo, de saladas, omeletes e pratos vegetarianos a peixes e especialidades regionais. No verão, mesas do lado de fora.

### BORDEAUX Le Café du Musée
*Musée d'Art Contemporain, 7 rue Ferrère, 33000* **Tel** *05 56 44 71 61*

Esplêndido local para almoçar no último andar do museu de arte contemporânea. Decoração moderna complementa pratos elegantes indo de foie gras e ostras a rolinhos primavera de pato e sashimi. O bufê de domingo é um must em Bordeaux. Serve também café, sobremesas e refeições leves até as 18h.

### BORDEAUX La Tupina
*6 rue Porte de la Monnaie, 33800* **Tel** *05 56 91 56 37* **Fax** *05 56 31 92 11*

O coração da La Tupina é a lareira central em cujo fogo carnes suculentas são grelhadas e, no inverno, um caldeirão de sopa fica borbulhando. É um lugar excelente para provar especialidades bordalesas como a lampreia em vinho, sável grelhado ou filhotes de enguia cozidos em azeite de oliva com alho e pimenta. Sobremesas simples, à moda antiga.

### COGNAC Les Pigeons Blancs
*110 rue Jules-Brisson, 16100* **Tel** *05 45 82 16 36*

De propriedade da mesma família desde o século XVII, este restaurante num antigo pouso de diligências é renomado por seu serviço, vinho e comida excelentes. O popular menu diário realmente muda todo dia. Não há como errar com o filé de robalo com baunilha Bourbon e um copo de conhaque VSOP. Carrinho de sobremesas fabuloso.

### COULON Le Central
*4 rue d'Autremont, 79510* **Tel** *05 49 35 90 20* **Fax** *05 49 35 81 07*

Um hotel-restaurante merecidamente popular no Marais. Entregue-se a pratos originais como cassoulet de escargot ou lasanha de coelho. Entre as opções mais tradicionais, foie gras e cordeiro com ervas e alho em abundância – um clássico absoluto. As porções são generosas. Faça reserva. Fechado fev.

### EUGENIE-LES-BAINS La Ferme aux Grives
*111 rue Thermes, 40320* **Tel** *05 58 05 05 06* **Fax** *05 58 51 10 10*

O mais "rústico" dos muitos aclamados restaurantes de Michel Guérad ainda serve comida sublime, mesmo no menu mais barato. Pratos do sudoeste normalmente pesados são reinventados para o gosto moderno, como as ostras servidas com fatias de gengibre e folhas frescas de coentro acompanhadas por um "chantilly" de chá verde.

### GRENADE-SUR-L'ADOUR Pain Adour et Fantaisie
*14-16 pl des Tilleuls, 40270* **Tel** *05 58 45 18 80* **Fax** *05 58 45 16 57*

Restaurante elegante, com estrelas no guia *Michelin*, dirigido por um ex-aluno de Michel Guérard. Um dos pratos que são sua marca registrada é o foie gras de pato aromatizado com o vinho jurançon local e zimbro. Peixe e frutos do mar mudam com as estações. Menu de almoço a bom preço e um romântico terraço à beira-rio para o verão.

### ÎLE D'OLORON L'Ecailler
*65 rue du Port, La Cotinière, 17310* **Tel** *05 46 47 10 31*

Na costa oeste da ilha, com vista para o porto de La Cotinière, este hotel e restaurante serve ótimos frutos do mar, inclusive lagostas de seu próprio aquário. Dentre as outras opções do menu estão o peixe assado e carnes como a costela de boi temperada com sal grosso. Um terraço e um pátio oferecem locais ao ar livre para jantar.

### JARNAC Restaurant du Château     P 🕺 ≡ & T 🍷    €€€€
*15 pl du Château, 16200* **Tel** *05 45 81 07 17* **Fax** *05 45 35 35 71*

Este restaurante perto do Château Corvoisier é renomado em toda a região de Cognac por produzir culinária regional de qualidade. Destaques são o tartare de lagostins, vieiras com vinagrete de manga e um refrescante suflê com um toque de conhaque para sobremesa e um conhaque como digestivo para arrematar.

### LA ROCHELLE Le Boute en Train     🕺 & 🍴    €€
*7 rue des Bonnes Femmes, 17000* **Tel** *05 46 41 73 74* **Fax** *05 46 45 90 76*

Uma acolhida calorosa é garantida neste animado bistrô francês onde todos os ingredientes frescos vêm do mercado ao lado. Como resultado, uma variedade de opções de sugestões do dia e um cardápio que muda com as estações. Por sorte, a musse de chocolate sempre está nele. Faça reserva.

### LA ROCHELLE Le Comptoir des Voyages     ≡ 🍴 T 🍷    €€
*22 rue St-Jean du Perot, 17000* **Tel** *05 46 50 62 60* **Fax** *05 46 41 90 80*

Uma contribuição à gastronomia de Coutanceau, dessa vez com um tema colonial – palmeiras em vasos, cadeiras de ratã e sabores do mundo todo. Do cardápio único você pode começar com carpaccio de atum vermelho com tartare de vegetais, seguido de carneiro assado com Guiness e, para sobremesa, pizza de chocolate. Simplesmente sublime.

### LANGON Claude Darroze     P 🕺 & T 🍷    €€€€
*95 cours du Général-Leclerc, 33210* **Tel** *05 56 63 00 48* **Fax** *05 56 63 41 15*

Dentro deste hotel-restaurante de aparência modesta você encontrará uma decoração refinada e uma das melhores comidas e vinhos da região. Dependendo da estação, você poderá se regalar com um delicioso caldo de lampreia e enguia, servido com alho-poró e um levíssimo suflê Grand Marnier. Mais de 600 vinhos.

### MARGAUX Le Pavillon de Margaux     P 🍴    €€€
*3 rue Georges Mandel, 33460* **Tel** *05 57 88 77 54*

Este bar de vinhos fica em um hotel em uma das principais cidades da região vinícola de Médoc e oferece queijos, frios e outros aperitivos. São servidas refeições em estilo table d'hôte (prato do dia, sem opções), somente com reservas, nos elegantes arredores do Château Marojallia, perto daqui.

### MIMIZAN Hôtel Atlantique     🕺    €€
*38 ave de la Côte d'Argent, 40200* **Tel** *05 58 09 09 42* **Fax** *05 58 82 42 63*

Um restaurante com preços modestos muito frequentado num hotel à beira-mar no canto norte da praia. Produtos do mar são a especialidade, com uma boa soupe de poisson e favoritos da gastronomia regional como o maigret de canard, confit de canard e javali com ameixas secas.

### MONT-DE-MARSAN Didier Garbage     P 🕺 ≡ & 🍴 T 🍷    €€€€
*RN 134, Uchacq-et-Parentis, 40090* **Tel** *05 58 75 33 66* **Fax** *05 58 75 22 77*

Um dos chefs em ascensão na França oferece cozinha landaise autêntica neste acolhedor e levemente rústico restaurante nos arredores de Mont-de-Marsan. São irresistíveis a lampreia, as enguias de água doce e pratos de peixe sabiamente preparados, além das carnes e sobremesas exuberantes. Há também um bistrô para refeições casuais.

### MONTMORILLON Le Lucullus     🕺 ≡ &    €€€
*4 bd de Strasbourg, 86500* **Tel** *05 49 84 09 09* **Fax** *05 49 84 58 68*

Um albergue campestre tradicional, onde a comida tem precedência. Os menus fixos mudam frequentemente e apresentam muitas escolhas, incluindo uma opção vegetariana. Prove o flan de caranguejo e aspargos ou o porco com molho de foie gras. A brasserie anexa oferece refeições mais baratas e informais.

### NIORT La Table des Saveurs     🕺 ≡ &    €€
*9 rue Thiers, 79000* **Tel** *05 49 77 44 35* **Fax** *05 49 16 06 29*

Apesar de ficar no centro da cidade e ter uma culinária de classe, este restaurante muito procurado oferece preços compensadores. Mesmo o menu mais barato inclui três pratos. A cozinha é regional, ou seja, muitos pratos de peixe, como o fricassée de linguado e os camarões Dublin Bay encharcados no licor Pineau local.

### PAULLIAC Château Cordeillan-Bages     P 🕺 ≡ & 🍴 T 🍷    €€€€€
*Rte des Châteaux, 33250* **Tel** *05 56 59 24 24* **Fax** *05 56 59 01 89*

Este popular restaurante em ascensão dos vinhedos de Bordeaux almeja sua terceira estrela no guia *Michelin*. O cordeiro Pauillac é sua marca registrada e pode ser precedido por um inventivo milk-shake de petit-pois e seguido por palitos de chocolate com menta servido em gelatina de chá verde ou torta de chocolate amargo.

### POITIERS Le Pince Oreille     🍷    €€
*11 rue des trois rois, 8600* **Tel** *05 49 60 25 99*

A música ao vivo (jazz, blues e swing) é tão boa quanto a comida e a bebida deste "café-show-restaurante" no centro da cidade. O menu oferece pratos tradicionais. Ótimas carnes, peixe e legumes são grelhados à la plancha, deixando a comida tenra e deliciosa. A casa também organiza degustações de vinho.

### POITIERS Les Bons Enfants     €€
*11 bis rue Cloche-Perse, 86000* **Tel** *05 49 41 49 82* **Fax** *05 49 46 05 38*

Restaurante charmoso, decorado com lembranças da sala de aula e antigas fotos escolares. A cozinha é tradicional, com especialidades como vitela com cogumelos girolle e echalotes, e musse de chocolate. As porções são generosas e o serviço, agradável, mas as mesas ficam muito próximas em um pequeno salão. Reserve com boa antecedência.

**Categorias de preço** *na p. 600* **Legenda dos símbolos** *no final do guia*

### ROCHEFORT La Belle Poule €€€€

*102 av du 11 Novembre, 17300* **Tel** *05 46 99 71 87* **Fax** *05 46 83 99 77*

Uma construção moderna que uma vasta lareira e muito verde tornam mais agradável. O chef emprega ervas e especiarias com efeitos esplêndidos em seus pratos de inspiração regional. Entre os favoritos, pombo assado com repolho recheado e vieiras assadas perfumadas com baunilha.

### ROYAN La Jabotière €€€

*Esplanade de Pontaillac, 17200* **Tel** *05 46 39 91 29* **Fax** *05 46 38 39 93*

Culinária moderna num restaurante à beira da praia remodelado. Experimente carpaccio de vieiras marinadas em suco de limão e confit de laranja ou fricassée de molejo de vitela servida com batata-doce gratinada, terminando com um suflê de maçã e damasco. No verão, o terraço fica lotado de clientes desfrutando o almoço a preços excelentes. Fechado jan.

### SABRES Auberge des Pins €€

*Rte de la Piscine, 40630* **Tel** *05 58 08 30 00*

Bela casa de fazenda landaise dirigida por uma família adorável. O salão com arcabouço em carvalho fornece a ambientação perfeita para a típica culinária landaise, indo dos saborosos aspargos e peixe fresco ao pato em todas as formas. Mas o melhor de tudo é o pombo desossado recheado com foie gras. Boa seleção de vinhos locais e armagnac.

### SAINTES Relais du Bois St-Georges €€€€

*Parc Atlantique, 132 Cours Genet, 17100* **Tel** *05 46 93 50 99* **Fax** *05 46 93 34 93*

Dois restaurantes de primeira classe, parte de um hotel nos arredores de Saintes com uma área enorme e bonita com gramados, quadra de tênis, piscina coberta, lago, campo de criquet e piano-bar. O restaurante gastronômico serve excelentes pratos de produtos do mar. O bistrô, La Table du Bois, é muito mais barato, servindo bons pratos locais.

### ST-EMILION L'Envers du Décor €€

*11 rue du Clocher, 33330* **Tel** *05 57 74 48 31* **Fax** *05 57 24 68 90*

Vignerons locais dividem o espaço com turistas neste delicioso pequeno bistrô e bar de vinhos. O cardápio abrange de omeletes e saladas a pratos regionais mais elaborados, ou pode-se escolher entre as sugestões do dia na lousa. Ganhador do prêmio para melhor carta de vinhos em sua classe na França.

### ST-MARTIN-DE-RE La Baleine Bleue €€€

*Quai Launay Razilly, Ilot du Port, 17410* **Tel** *05 46 09 03 30* **Fax** *05 56 09 30 86*

Impossível encontrar peixe mais fresco do que neste restaurante ao lado do porto. Os menus mudam de acordo com o que foi pescado no dia, mas entre os pratos regulares estão o carpaccio de vieiras, salmão defumado e bacalhau com confit de limão. Como sobremesa, prove os figos assados com sorvete picante.

### TALMONT L'Estuaire €€

*1 ave de L'Estuaire, 17120* **Tel** *05 46 90 43 85*

Situado próximo ao estuário da Gironda (daí o nome do local), este restaurante fica próximo do antigo vilarejo preservado de Talmont e sua linda igreja, no topo de um penhasco. O menu serve ótimos pratos tradicionais de peixe e frutos do mar. Oferece também um bar, uma casa de chá e sete quartos de hotel.

## PÉRIGORD, QUERCY E GASCONHA

### AGEN Mariottat €€€€

*25 rue Louis-Vivent, 47000* **Tel** *05 53 77 99 77* **Fax** *05 53 77 99 79*

É uma surpresa encontrar este elegante restaurante escondido numa rua secundária das mais banais, mas dentro da mansão do século XIX, com seus candelabros e teto alto, delícias o aguardam. O pato reina incontesto – assiete tout canard é a sua especialidade, junto com suculentas ameixas secas de Agen e frutas de verão.

### ALBI Le Jardin des Quatre Saisons €€

*19 bd de Strasbourg, 81000* **Tel** *05 63 60 77 76* **Fax** *05 63 60 77 76*

Um restaurante gourmet que não deixa sua conta no vermelho, aqui há apenas três menus de preço fixo no almoço, cada um com ampla seleção de pratos. A culinária do Le Jardin des Quatre Saisons é bastante sazonal, mas entre os favoritos sempre presentes você encontrará foie gras em diversas formas, pot au feu de frutos do mar e pombo assado.

### ALBI Le Vieil Alby €€

*23-25 rue Toulouse-Lautrec, 81000* **Tel** *05 63 38 28 23*

Este acolhedor hotel-restaurante a preços acessíveis é um bom lugar para provar os pratos típicos locais, como a salada de rabanete e fígado de porco, seguida por cassoulet ou talvez tripa cozida no estilo de Albi. Todas as sobremesas são caseiras. Com tempo bom, sente no belo pátio interno com teto removível.

### AUCH Le Papillon €€€

*Carrefour de l'Arçon "Au Petit Guilhem", Montaut-les-Creneaux, 32810* **Tel** *05 52 65 51 29*

Neste restaurante você pode fazer uma agradável caminhada após o almoço. Situado em um pequeno vilarejo à noroeste de Auch, o Le Papillon oferece quatro opções de refeição completa e pratos à la carte. Destaque para o cassoulet caseiro, o foie gras e as ótimas opções de peixe e frutos do mar. O jardim tem balanço para as crianças.

### BERGERAC La Flambée €€

*Rte de Périgueux, 49 ave Marceau-Fevry, 24100* **Tel** *05 53 57 52 23*

A casa oferece três opções de menu fixo, que têm entradas como o arenque defumado, o salmão defumado, ostras, foie gras, escargot e pernas de rã. A dica para o prato principal é o magret de canard. Para sobremesa, peça a torta de maçã. O hotel também é ótimo e possui piscina.

### BRANTOME Les Frères Charbonnel €€€

*57 rue Gambetta, 24310* **Tel** *05 53 05 70 15* **Fax** *05 53 05 71 85*

O restaurante do Hôtel Chabrol tem uma reputação muito merecida pela sua culinária regional de primeira e excelente serviço. Trufas pretas do Périgord acrescentam estilo às omeletes e à especialidade da casa, vol-au-vent de lúcio. Defrute-os no salão ou no terraço à beira-rio. Fechado fev.

### BRANTOME Le Moulin de l'Abbaye €€€€

*1 rte de Bourdeilles, 24310* **Tel** *05 53 05 80 22* **Fax** *05 53 05 75 27*

Desfrute com luxo de pratos inovadores como o foie gras de pato cozido em licor de nozes, neste antigo moinho transformado em um romântico ambiente às margens do rio Dronne. Entre as sobremesas deliciosas, gratin de morangos com chocolate branco. Um ambiente mágico e serviço impecável. Fechado nov-abr.

### CAHORS Auberge du Vieux Cahors €€

*144 rue St-Urcisse, 46000* **Tel** *05 65 35 06 05*

Culinária regional é o destaque no menu deste casarão do século XV, no centro histórico da cidade de Cahors. Dentre as especialidades estão o foie gras de pato, o carpaccio de carne temperado com trufas, o escargot da Borgonha e muitas opções de peixe. Possui algumas mesas no terraço.

### CAHORS Le Balandre €€€€

*5 ave Charles-de-Freycinet, 46000* **Tel** *05 65 53 32 00* **Fax** *05 65 53 32 26*

No restaurante do Hôtel Terminus a decoração da década de 1930 complementa a refinada culinária de Quercy. Pratos rústicos, como o cordeiro de Quercy assado e embebido em suco de zimbro, recebem uma paginação moderna. Ou prove canellone de pato com rillette de nozes. Na carta de vinhos destacam-se os de Cahors.

### CASTRES Café du Pont €€

*Les Salvages, 81100* **Tel** *05 63 35 08 21*

Les Salvages fica cerca de 6km ao noroeste de Castres, no caminho das formações rochosas de Sidobre. Este restaurante possui um terraço repleto de sombras às margens do rio Agout. Ingredientes da época e produtos da região predominam no menu. O piso superior oferece cinco quartos para hóspedes.

### CHAMPAGNAC-DE-BELAIR Le Moulin du Roc €€€€

*Champagnac-de-Belair, 24530* **Tel** *05 53 02 86 00* **Fax** *05 53 54 21 31*

Uma ambientação romântica à beira d'água e a culinária de primeira a preços acessíveis fazem este restaurante gourmet se destacar. O menu de almoço (não servido aos domingos) é particularmente compensador. Sopa gelada de ervas e peito de galinha-d'angola assado são apenas duas dentre as delícias à disposição.

### CONDOM La Table des Cordeliers €€€

*1 rue des Cordeliers, 32100* **Tel** *05 62 68 43 82* **Fax** *05 62 28 15 92*

Cozinha moderna preparada com talento e ingredientes locais de alta qualidade neste restaurante contemporâneo instalado nos claustros de um convento do século XIII. Dependendo da estação, prove a tartelette de cogumelos cèpe, o suculento pato e uma sobremesa de maçã com nougat gelado e uvas passas. Boa seleção de vinhos e armagnacs locais.

### CORDES-SUR-CIEL Bistrot Tonin'ty €€

*Hostellerie du Vieux Cordes, Haut de la Cité, 81170* **Tel** *05 63 53 79 20*

Este é um dos muitos restaurantes e hotéis da cidade medieval de Cordes sob o comando do mestre pâtissier Yves Thuries. Há um encantador quintal com uma antiga glicínia. No verão, mesas são colocadas no terraço, que tem uma linda vista para o vale. O menu conta principalmente com pratos de salmão e pato.

### DOMME L'Esplanade €€€€

*Le Bourg, 24250* **Tel** *05 53 28 31 41* **Fax** *05 53 28 49 92*

Serviço eficiente e acolhedor, pratos bem apresentados e um panorama imbatível do vale do Dordogne fazem com que os clientes sempre voltem a este hotel-restaurante. Peça uma mesa junto às janelas ou no terraço. Entre as especialidades, foie gras de canard com trufas da estação e a deliciosa trilogia de chocolate.

### FIGEAC La Cuisine du Marché €€€

*15 rue Clermont, 46100* **Tel** *05 65 50 18 55* **Fax** *05 65 50 18 55*

Numa antiga adega no coração do centro medieval de Figeac, este atraente restaurante se orgulha de usar apenas os ingredientes mais frescos. Destaque absoluto merece a sua ampla gama de pratos de peixe, embora haja muitos clássicos locais, todos preparados na cozinha aberta. Os menus de preço fixo valem a pena.

### FOURCES Château de Fources €€

*Fources, 32250* **Tel** *05 62 29 49 53*

Fources é um dos mais belos vilarejos da Gasconha. Seu château renascentista, em frente ao rio, abriga hoje um hotel-restaurante com um magnífico salão de jantar, com paredes feitas de grandes pedras. Há também mesas na parte externa. O hotel possui excelentes quartos, alguns com camas com dossel. É essencial reservar.

---

**Categorias de preço** *na p. 600* **Legenda dos símbolos** *no final do guia*

## FRANCESCAS Le Relais de la Hire

*11 rue Porte-Neuve, 47600* **Tel** *05 53 65 41 59* **Fax** *05 53 65 86 42*

O chef deste requintado restaurante de aldeia perto de Nérac faz amplo uso de sua horta de ervas e jardim de flores comestíveis para criar pratos que são um deleite para todos os sentidos. Experimente o tentador suflê de alcachofra com foie gras ou zander recheado com lagostim, seguido por sobremesas que quase são bonitas demais para serem comidas.

## GAILLAC Les Sarments

*27 rue Cabrol, 81600* **Tel** *05 63 57 62 61* **Fax** *05 63 57 62 61*

Os arcos de tijolo e vigas expostas desta adega do século XIV no coração da Gaillac antiga oferecem um ambiente surpreendente para a comida muito bem apresentada que tende para o tradicional, mas com toques imaginativos. Sobremesas particularmente gostosas. Boa oportunidade para provar os vinhos de Gaillac a preços razoáveis.

## ISSIGEAC La Brucelière

*Place de la Capelle, 24560* **Tel** *05 53 73 89 61*

Em uma charmosa vila a 15km de Bergerac fica esta antiga estalagem com um salão tradicional. O cardápio inclui produção local, com ênfase em frutos do mar como lagosta e lagostim. Os pratos são criativos com um toque exótico, e a atmosfera é relaxante. O terraço sombreado e espaçoso é voltado para o jardim.

## LACAVE Le Pont de l'Ouysse

*Le Pont de l'Ouysse, 46200* **Tel** *05 65 37 87 04* **Fax** *05 65 32 77 41*

Um chique restaurante com quartos não muito longe de Rocamadour. Fica numa bela localização à beira-rio, abrigado sob um imponente rochedo. Variações inventivas de pratos locais, como o caldo quente de fígado de pato com feijões Paimpol. Há menus de almoço a bons preços, mas mágico mesmo é jantar sob as árvores de noite.

## LES EYZIES-DE-TAYAC Au Vieux Moulin

*2 rue du Moulin-Bas, 24620* **Tel** *05 53 06 94 33* **Fax** *05 53 06 98 06*

Culinária regional a bons preços num moinho do século XVII, em seu rústico interior ou junto ao rio em jardins tranquilos e repletos de flores. Entre os pratos simples mas muito bem preparados, escolha entre escalope de foie gras com molho de trufas ou risoto de trufas, com casserole de pombo a seguir. Fechado nov-abr.

## MANCIET La Bonne Auberge

*Pl du Pesquerot, 32370* **Tel** *05 62 08 50 04* **Fax** *05 62 08 58 84*

A mesma família dirige este pequeno hotel-restaurante há mais de 40 anos, o que se vê na qualidade da criativa culinária do sudoeste. A travessa de especialidades locais é uma ótima introdução aos pratos de Gascon, e o cardápio muda regularmente. Fabulosa carta de armagnacs – alguns com mais de 100 anos.

## MARMANDE Le Moulin d'Ane

*Virazeil, 47200* **Tel** *05 53 20 18 25*

Culinária sazonal consistentemente excelente neste moinho-d'água do século XVIII restaurado, perto de Marmande. Pratos típicos do sudoeste, como a suculenta carne blonde d'Aquitaine, macios filés de peito de pato e torta de maçã embebida em armagnac. Não deixe de provar os tomates de Marmande, excepcionalmente rechonchudos e sumarentos.

## MONBAZILLAC La Tour des Vents

*Moulin de Malfourat, 24240* **Tel** *05 53 58 30 10* **Fax** *05 53 58 89 55*

Reserve uma mesa junto à janela ou no terraço para desfrutar a vista maravilhosa do vale do Dordogne na direção de Bergerac. Menus a bom preço oferecem especialidades locais, incluindo foie gras e pato, mas também peixe e frutos do mar. Há até uma opção vegetariana. Ofereça-se uma taça do doce Monbazillac com foie gras ou uma sobremesa.

## MONTAUBAN Au Fil de l'Eau

*14 quai de Dr Lafforgue, 82000* **Tel** *05 63 66 11 85* **Fax** *05 63 91 97 56*

Este edifício antigo abriga um restaurante moderno e espaçoso nas margens do rio. O cardápio é composto de pratos tradicionais como o foie gras frito com pão de gengibre, omelette aux truffes e filhotes de pato servidos com molho de vinho. Bons vinhos regionais.

## PÉRIGUEUX Le Clos Saint-Front

*5 rue de la Vertu, 24000* **Tel** *05 53 46 78 58* **Fax** *05 53 46 78 20*

É recomendável fazer reserva neste restaurante perto do museu de pré-história de Périgueux, com sua culinária inventiva e pouco cara e tranquilo jardim no pátio. Conforme a estação, você pode optar por cordeiro aromatizado com especiarias e alecrim ou linguado servido com uma compota de cebola, tomilho e limão. Recomenda-se reservar.

## PÉRIGUEUX L'Essentiel

*8 rue de la Clarté, 24000* **Tel** *05 53 35 15 15* **Fax** *05 53 35 15 15*

Outro restaurante no centro da cidade onde convém fazer reserva. As cores ensolaradas do sul complementam à perfeição os pratos do sudoeste, como foie gras assado com nhoque. Há também um belo jardinzinho. A carta de vinhos tem mais de cem opções.

## PUJAUDRAN Le Puits St-Jacques

*Pl de la Mairie, 32600* **Tel** *05 62 07 41 11* **Fax** *05 62 07 44 09*

Restaurante com estrelas do guia *Michelin* onde você pode se deleitar com foie gras frito com pão de gengibre ou bife mousin com confit de echalotes. Nem pretensioso, nem muito caro, se você optar por um dos menus fixos. Ambiente rústico chique, em tijolos vermelhos de Toulouse, e um pátio agradável.

### PUJOLS La Toque Blanche  🅿🚻📋♿🍴  €€€€
*Pujols, 47300* **Tel** 05 53 49 00 30

Renomado restaurante em um vilarejo medieval entre Agen e Villeneuve-sur-Lot. Para sua refeição, escolha o salão envidraçado, com ar-condicionado e vista panorâmica. O menu muda de acordo com a época, mas sempre prioriza produtos da região. Dentre as opções de sobremesa estão sorvetes e sorbets (sem leite). Há um hotel anexo.

### PUYMIROL Les Loges de l'Aubergade  🅿🚻📋♿🛏🍽🍴  €€€€€
*52 rue Royale, 47270* **Tel** 05 53 95 31 46 **Fax** 05 53 95 33 80

Um dos grandes restaurantes do sudoeste fica nesta bela casa de caça medieval no topo de uma colina. Aqui Michel Trama cria sublimes obras de arte, como a tatin de escargot com molho de tomate apimentado e lulas e lagostas servidas com molho de leite de coco.

### ROCAMADOUR Sainte Marie  🚻🛏  €€
*Pl des Senhals, 46500* **Tel** 05 65 33 63 07

Uma esplêndida vista do vale Alzou aguarda você no terraço deste hotel-restaurante, situado sobre uma rocha em Rocamadour. Pratos da região de Quercy e do sudoeste, elaborados com ingredientes frescos, estão no menu. Destaque para o cassoulet caseiro e o confit de canard. Oferece cardápio infantil. Menu "express" com bons preços no almoço.

### SARLAT La Couleurvrine  €
*1 pl de la Bouquerie, 24200* **Tel** 05 53 59 27 80

Hotel e restaurante estabelecido em uma das torres do antigo forte da cidade. Dentre as opções de entrada estão o foie gras de pato e o patê de lebre. Para prato principal, vieiras, tamboril frito, cogumelos rechados e venison. Como opção mais informal, o bistrô serve o prato do dia por um preço acessível. Há shows de jazz no início da noite.

### SORGES Auberge de la Truffe  🅿🚻📋🛏  €€€
*Le Bourg, 24420* **Tel** 05 53 05 02 05 **Fax** 05 53 05 39 27

Sorges se proclama a "capital" das trufas na França, e este albergue é o lugar perfeito para provar o "diamante negro" do Périgord. O cardápio de preços altos inclui trufas em todos os pratos. Mas há opções menos caras, com os menus fixos começando em preços razoáveis. Fins de semana de coleta de trufas são oferecidos.

### ST-MEDARD Le Gindreau  🅿🚻📋🛏🍽🍴  €€€€
*Le Bourg, 46150* **Tel** 05 65 36 22 27 **Fax** 05 65 36 24 54

Numa aldeia ao norte de Cahors, Alexis Pélissou criou um dos melhores restaurantes da região. Usando ingredientes locais de alta qualidade, ele reinventa pratos tradicionais para o gosto moderno. As refeições são servidas na antiga escola ou no terraço à sombra de castanheiros. Grande seleção de vinhos locais. Fechado 18-26 out e 20 dez-12 jan.

### TOULOUSE Brasserie Flo Les Beaux-Arts  🚻📋🛏  €€€€
*1 quai de la Daurade, 31000* **Tel** 05 61 21 12 12 **Fax** 05 61 21 14 80

Uma brasserie autêntica e movimentada servindo ampla variedade de pratos, de saladas e frutos do mar a favoritos do sudoeste. Para começar, você pode optar por um saboroso prato de vieiras assadas com cogumelos chanterelle, seguido por pot-au-feu de frutos do mar e sorvete de ameixas-pretas e armagnac.

### TOULOUSE Les Jardins de l'Opéra  🚻📋🍽🍴  €€€€
*1 pl du Capitole, 31000* **Tel** 05 61 23 07 76 **Fax** 05 61 23 63 00

Culinária gastronômica no que ela oferece de mais refinada no restaurante do Grand Hôtel de l'Opéra. Tons suaves e mesas muito espaçosas criam um ambiente adequadamente reverente para pratos como a lagosta inteira guarnecida com alga crocante ou figos cozidos em vinho de Banyuls e recheados com sorvete de baunilha. Serviço impecável.

### TURSAC La Source  🚻🛏  €€
*Le Bourg, 24620* **Tel** 05 53 06 98 00

Se você está procurando algum lugar para comer enquanto explora o vale do Vézère, experimente este restaurante pequeno e simpático. Entre os pratos simples e saborosos, sopa de cogumelos selvagens e torta de nozes. Há um menu vegetariano e algumas opções internacionais, para variar. Fechado ter e qua.

### VAREN Le Moulin de Varen  🅿🚻📋♿  €€
*Le Bourg, 82330* **Tel** 05 63 65 45 10

Um moinho reformado nas gargantas de Aveyron, perto da bela cidade de St-Antonin-de-Noble-Val. Não há serviço à la carte, mas muitas opções nos menus fixos, todos com preços valendo a pena. A comida é muito bem apresentada e o ambiente informal. Fechado jantar dom, seg.

# PIRENEUS

### AINHOA La Maison Oppoca  🛏  €€€
*Le Bourg, 64250* **Tel** 05 59 29 90 72

Hotel e restaurante situado no centro de um dos mais belos vilarejos do País Basco francês. O foie gras e o leitão assado estão no menu. Destaque para o famoso gâteau basque de sobremesa. O piso superior possui dez confortáveis quartos para hóspedes, com grandes camas.

**Categorias de preço** *na p. 600* **Legenda dos símbolos** *no final do guia*

## ASCAIN Atelier Gourmand €€€

*Place de Fronton, 64310* **Tel** *05 59 54 46 82*

Nos pés de uma igreja no pitoresco vilarejo Ascain, nos Pireneus, está este animado restaurante da moda. O cardápio inclui pratos populares bascos. Experimente tapas de dar água na boca, pipérade e axoa (um cozido basco apimentado) ou filé de pargo.

## AUDRESSEIN L'Auberge d'Audressein €€€

*Castillon, 09800* **Tel** *05 61 96 11 80*

Este hotel-restaurante utiliza as antigas instalações de uma oficina metalúrgica e possui pratos com nomes dos vales da região. Receitas típicas de Ariège estão no menu. Sete quartos de hóspedes oferecem vista para o rio, o vale e o vilarejo. Um ótimo lugar para aqueles que estão em busca de tranquilidade e vida simples do campo.

## AX-LES-THERMES L'Auzeraie €€

*1 ave Théophile Delcassé, 09110* **Tel** *05 61 64 20 70*

Hotel-restaurante com 33 quartos, localizado em uma calma cidade. Parada interessante para aqueles que viajam de Ariège para Andorra ou para a Espanha. No almoço de segunda a sexta-feira pode-se arriscar a sorte no econômico menu com entrée du jour e plat du jour. Também oferece menu infantil.

## BAGNERES DE LUCHON Les Caprices d'Etigny €€€

*30 bis allées d'Etigny, 31110* **Tel** *05 61 94 31 05*

Bela vista das montanhas das mesas deste salão em estilo de jardim de inverno. O cardápio dá ênfase ao cordeiro local e carne de boi grelhada sobre fogo a lenha, e a truta do Lac d'O ali perto é apresentada em vários estilos diferentes. A boa carta de vinhos dá ênfase aos melhores vinhos do sudoeste da França.

## BAREGES Auberge du Lienz (Chez Louisette) €€€

*Rte Lienz, 65120* **Tel** *05 62 67 17 14* **Fax** *05 62 92 65 15*

Uma boa escolha para uma refeição aprés-ski, ao pé das pistas locais, com vista espetacular do Pic du Midi de Bigorre. Entre os destaques do menu, cordeiro recheado com morels, truta e suflês suntuosos. A pièce de resistance é o presunto garbure – um prato robusto de presunto, bacon e repolho.

## BAYONNE Le Bayonnais €€

*38 quai des Corsaires, 64100* **Tel** *05 59 25 61 19* **Fax** *05 59 59 00 64*

Com um punhado de mesas no terraço e outras dentro, este pequeno restaurante tem uma merecida reputação por pratos imaginativos, como linguado com lentilhas, cabeça de porco com maçã e pastille com figos. Carta de vinhos bem selecionada, com ênfase nos vinhos regionais e nos mais importantes do resto da França.

## BAYONNE Auberge du Cheval Blanc €€€

*68 rue Bourgneuf, 64100* **Tel** *05 59 59 01 33*

Deixe de lado o menu fixo neste conceituado hotel no bairro à beira-rio de Petit Bayonne. O cardápio muda com as estações, com pratos locais, como o xamano (presunto e purê de batata), bons produtos do Atlântico, sopas e casseroles interessantes, e sobremesas deliciosas. Carta de vinhos respeitável. Fechado fev, 2 semanas em jul e ago, 2ª semana nov.

## BIARRITZ Chez Albert €€€

*Port des Pêcheurs, 64200* **Tel** *05 59 24 43 84* **Fax** *05 59 24 20 13*

Do terraço, uma vista esplêndida do pitoresco porto pesqueiro de Biarritz e das praias e rochedos em torno, fazendo com que seja muito frequentado este bom restaurante de frutos do mar. Chegue cedo para as melhores mesas. Travessas de frutos do mar, lagosta fresca, linguado, dourado, atum e sardinhas estão entre as delícias aqui. Fechado jan.

## BIARRITZ Le Sissinou €€€€

*5 ave Marechal Foch, 64200* **Tel** *05 59 22 51 50*

Dirigido pelo chef Michel Cassou-Debat – um veterano de alguns dos melhores estabelecimentos da França –, o Sissinou é um dos restaurantes mais falados de Biarritz. Elegante de forma minimalista. Maravilhosos pratos de peixe, como o carpaccio de atum e o vermelho em emulsão de pimentão-verde, e sobremesas convidativas.

## FOIX Le Phoebus €€€

*3 rue Irénée Cros, 09000* **Tel** *05 61 02 87 87*

Este restaurante nas margens do rio Ariège tem grandes janelas voltadas para a água, com vista para o castelo, que é iluminado à noite. Pombo assado e sopa fria de tomate com framboesa são duas das especialidades. Fechado seg, sáb almoço, dom jantar e 23 jul-23 ago.

## LARRAU Etchemaïté €€€

*Larrau, 64560* **Tel** *05 59 28 61 45* **Fax** *05 59 28 72 71*

Este albergue montanhês sob direção familiar tem uma localização espetacular e um aconchegante salão com lareira central e vistas maravilhosas. Entre os favoritos, pratos de cordeiro e pato guarnecidos com maçãs, cèpes ou foie gras; usualmente, há também boa seleção de frutos do mar e peixes do Atlântico. Carta de vinhos variada.

## LOURDES Le Magret €€

*10 rue des 4 Freres Soulas, 65100* **Tel** *05 62 94 20 55*

Um dos melhores locais para se comer no centro de Lourdes. O menu muda de acordo com a estação e oferece pratos como o porco negro de Gascon, o cordeiro dos Pireneus, o magret de canard (peito de pato) e vitela. Vinhos da região de Jurancon e Madiran acompanham as refeições. Há pratos vegetarianos.

### MIREPOIX Les Remparts €€€
*6 cours Louis Pons Tande, 09500* **Tel** *05 61 68 12 15*

O chef Nicolas Coutand serve pratos criativos inspirados na culinária tradicional mediterrânea e dos Pireneus. O restaurante tem dois salões: um é uma aconchegante adega reformada e o outro é amplo, com teto de vigas de madeira e pintura colorida. Robustos pratos clássicos da região. Menu para crianças disponível.

### MONTSÉGUR Costes €€
*Le Village, 09300* **Tel** *05 61 01 10 24*

Este simples café-restaurante é parte de um hotel dirigido por uma família sob o penhasco onde fica o castelo em ruínas de Montsegur. Ingredientes orgânicos e pratos locais, a maioria preparada em fogo de lenha aberto – caça, pato, cogumelos silvestres, porco e, claro, cassoulet. Ideal depois da subida até o castelo. Ligue para saber se abre no inverno.

### ORTHEZ Au Temps de la Reine Jeanne €€€€
*44 rue Bourg-Vieux, 64300* **Tel** *05 59 67 00 76* **Fax** *05 59 69 09 63*

Este estabelecimento rústico é parte de um confortável albergue campestre. O cardápio é igualmente rústico, com muitos pratos locais, incluindo vísceras e carne com gordura. Fígado, chouriço, leitão, foie gras, cassoulet e peixe-pescador estão todos presentes. Preço compensador.

### PAU Chez Pierre €€€
*16 rue Louis Barthou, 64000* **Tel** *05 59 27 76 86* **Fax** *05 59 27 08 14*

Chez Pierre é todo elegância do século XIX e se orgulha de seu ambiente antiquado de club que remonta ao auge de Pau como o refúgio dos expatriados britânicos. Culinária francesa regional clássica, com algumas surpresas, como o bacalhau com pimentões espelette e uma abrangente carta de vinhos.

### ST-BERTRAND-DE-COMMINGES L'Oppidum €
*Rue de la Poste, 31510* **Tel** *05 61 88 33 50*

Localizado em um antigo vilarejo abaixo da famosa catedral de St-Bertrand, este pequeno e receptivo hotel e restaurante serve comida simples e honesta. O menu conta com ensopados, garbure, foie gras e truta. Todos servidos com vinhos da região. Há quinze singelos quartos no piso superior.

### ST-GAUDENS La Connivence €€€
*Chemin Ample, Valentine, 31800* **Tel** *05 61 95 29 31*

O terraço com suas belas vistas é uma das principais atrações do La Connivence. O cardápio é tradicional, como o ambiente, mas as porções são generosas e a carta de vinhos, embora limitada, é bem selecionada. O serviço é rápido e simpático. Um local despretensioso para o almoço ou jantar. Fechado seg, sáb almoço e dom jantar.

### ST-JEAN-DE-LUZ Chez Pablo €€
*5 rue Mlle Etcheto, 64500* **Tel** *05 59 26 37 81*

Um dos mais antigos restaurantes deste balneário, é administrado pela mesma família desde 1932. Serve culinária basca tradicional com ingredientes sazonais, especialmente peixes e frutos do mar. Entre as boas opções, bolinhos de bacalhau, pimentas recheadas com bacalhau, camarão com arroz e lulas na tinta. Sobremesas caseiras. Fechado qua.

### ST-JEAN-DE-LUZ Restaurant Txalupa €€€
*Pl Corsaires, 64500* **Tel** *05 59 51 85 52*

Este é um dos restaurantes locais favoritos. Espere o que de melhor se pesca na costa Atlântica preparado em pratos como camarões grandes com molho picante de vinagre, sardinhas em salsa de tomate, ostras e vários outros moluscos, atum, bacalhau e tamboril. Carta de vinhos abrangente e sobremesas imaginativas. Faça reserva.

### ST-JEAN-DE-PIED-DE-PORT Relais de la Nive €
*2 pl Charles de Gaulle, 64220* **Tel** *05 59 37 04 22*

Um dos melhores locais para se comer no St-Jean-de-Pied-de-Port e também um dos mais movimentados, sempre cheio de viajantes. Esta brasserie-creperie fica entre a nova e a antiga ponte sobre os rios. Ela serve pratos a preços acessíveis e lanches rápidos como panquecas, sanduíches e sorvetes.

### ST-LARY SOULAN La Grange €€
*13 rte Autun, 65170* **Tel** *05 62 40 07 14*

Esta antiquada fazenda em St-Lary-Soulan no alto dos Pireneus é um lugar delicioso para almoçar. Um restaurante bem equipado e decorado atraentemente, com charme rústico de sobra. O cardápio tradicional inclui robustos pratos principais de carne, com caça, boi e cordeiro grelhados em fogo de lenha. Fechado nov-abr.

### ST-LIZIER De la Tour €€
*Rue du Pont, 09190* **Tel** *05 61 66 38 01*

Este restaurante fica próximo ao rio Salat e é o local mais conveniente para se comer no caminho para uma visita ao vilarejo histórico de St-Lizier. No menu, destaque para a truta da região de Couserans, o cordeiro, o pato, além dos patês e terrines caseiros. O menu do almoço servido nos dias de semana é bom e econômico. Possui também menu infantil.

### ST-SULPICE-SUR-LEZE La Commanderie €€€
*Pl de l'Hôtel de Ville, 31410* **Tel** *05 61 97 33 61* **Fax** *05 61 97 32 60*

Numa aldeia fortificada famosa por sua arquitetura medieval, La Commanderie tem fãs do mundo todo por sua cozinha inovadora. O chef Jean Pierre Crouzet cria pratos como o risoto de parmesão, siba em sua própria tinta frita no alho, pombo assado com alho e zimbro. Salão bonito e espaçoso. Fechado 2 semanas fev.

**Categorias de preço** *na p. 600* **Legenda dos símbolos** *no final do guia*

### SARE Baratxartea €

*J.B. Fagoaga, 64310* **Tel** *05 59 54 20 48*

Uma antiga casa basca é o cenário deste hotel e restaurante da bela cidade de Sare. O menu é elaborado com produtos caseiros: os legumes são do jardim, a charcuteria é preparada nos meses de inverno, os presuntos são curados no celeiro e as geleias também são produzidas na casa.

### TARBES L'Ambroisie €€€€

*48 rue Abbé Torné, 65000* **Tel** *05 62 93 09 34* **Fax** *05 62 93 09 24*

O melhor restaurante de Tarbes recebe aplausos por pratos indo do pombo assado ao foie gras em compota de pêssego. Instalado numa igreja do século XIX, o restaurante oferece um cardápio que muda regularmente, serviço vivaz e comida para se saborear longamente. A carta de vinhos apresenta os melhores da região de Madiran. Faça reserva.

## LANGUEDOC-ROUSSILLON

### AIGUES-MORTES Le Café des Bouzigues €€€

*7 rue Pasteur, 30220* **Tel** *04 66 53 93 95*

Em geral é fácil conseguir uma mesa neste grande bistrô tradicional. O cardápio é sobretudo mediterrâneo, com bastante frutos do mar da região, pratos provençais e vinhos a preços razoáveis da Provença e do Languedoc. Cordeiro com tomilho e alho e salada de pêssego estão entre os destaques.

### AIGUES-MORTES Marie Rosé €€€

*13 rue Pasteur, 30220* **Tel** *04 66 53 79 84*

Lindo restaurante localizado em um antigo presbitério com uma bela horta. O chef prepara pratos delicados no estilo provençal. Talento e profissionalismo aparecem em pratos como o flan violeta, o pargo com calamars à la plancha e o cordeiro de leite com alcachofras. Há também uma pequena seleção de ótimos vinhos.

### ANDUZE Auberge Les Trois Barbus €€€

*Rte de Mialet, Generagargues, 20140* **Tel** *04 66 61 72 12*

No âmago de Cevennes, acima do vale dos Camisards, com vistas espetaculares, este hotel-restaurante rústico tem como atração extra uma piscina onde os clientes podem dar um mergulho depois do almoço. Pratos tradicionais de Cevennes e Languedoc, bem como alguns mais aventurosos. Delicioso foie gras e trufas. Fechado fev-meados mar.

### ARLES SUR TECH Les Glycines €€

*Rue du Jeu de Paume, 66150* **Tel** *04 68 39 10 09* **Fax** *04 68 39 83 02*

Arles sur Tech é um lugar que merece uma visita com calma, e este hotel-restaurante é um excelente local para o almoço. Os preços são muito em conta, e há um belo terraço coberto e um cardápio que dá ênfase à cozinha regional e aos ingredientes locais, com muitos pratos de presunto, porco e linguiça. Fechado jan.

### BÉZIERS Octopus €€€€

*12 rue Boïledieu, 34500* **Tel** *04 67 49 90 00* **Fax** *04 67 28 06 73*

Em Béziers não faltam bons lugares para comer, mas o Octopus se destaca dentre eles. Com uma decoração contemporânea e chique, este restaurante dá uma impressão acolhedora. O cardápio moderno tem como contrapartida uma boa seleção de vinhos dos vinhedos de Languedoc-Roussillon.

### BIZE MINERVOIS La Bastide Cabezac €€€€

*18-20 hameau Cabezac, 11120* **Tel** *04 68 46 66 10*

Simpática estalagem do século XVIII com um elegante restaurante. O chef é animado e dinâmico e cria pratos delicados como a torta de pitu e o tamboril assado com cobertura de pinhão e temperado com curry, servido com arroz Camargue e um leve molho de capim-santo.

### CAP D'AGDE Le Brasero €€

*Port Richelieu, rue Richelieu, 34300* **Tel** *04 67 26 24 75* **Fax** *04 67 26 24 75*

Com vista para o porto, Le Brasero tem uma reputação merecida por frutos do mar a bons preços. Suas travessas de frutos do mar são generosas e variadas, e outras delícias marinhas incluem peixes grelhados de todos os tipos, enchovas frescas, lula, atum e peixe-espada. Pratos de carnes grelhadas também estão disponíveis. Faça reserva.

### CARCASSONNE Le Languedoc €€

*32 allée d'Iéna, 11000* **Tel** *04 68 25 22 17* **Fax** *04 68 25 04 14*

Este restaurante atrai pessoas que gostam que o ambiente e a culinária sejam tradicionalmente franceses, até um pouco antiquados. O cardápio apresenta todos os clássicos regionais, e Le Languedoc é um dos melhores lugares para o cassoulet – o suculento cozido de feijão-branco e linguiça que é o prato mais típico do Languedoc.

### CARCASSONNE Les Bergers d'Arcadie €€

*70 rue Trivalle, 11000* **Tel** *04 68 72 46 01*

Um pequeno e aconchegante restaurante próximo da entrada da magnífica fortaleza. A cozinha utiliza produtos de Languedoc e combina influências novas e modernas para produzir um menu interessante. Destaque para o foie gras escaldado e o cochon de lait caramelizado com mel e servido com cogumelos da época. Ótimas sobremesas.

### CARCASSONNE Le Parc Franck Putelat

*80 chemin des Anglais, 11000* **Tel** *04 68 71 80 80*

O chef e sua jovem equipe deram personalidade rapidamente a este excelente restaurante. A culinária é contemporânea e servida em um ambiente descontraído, porém refinado. Destaque para os espetaculares pratos de peixe, como o spider crab, o ouriço do mar e o caviar, preparados com simplicidade. Ótimas sobremesas. Menus fixos com bons preços.

### COLLIOURE La Balette

*114 rte de Port-Vendres, 66190* **Tel** *04 68 82 05 07* **Fax** *04 68 82 38 08*

Entre as especialidades deste animado restaurante, parte do Relais des Trois Mas, estão as enchovas de Collioure marinadas em vinagre de vinho Banjul, o terrine de foie gras e avelã, robalo com torta de chicória e pombo cozido no mel. Com vista do alto para a pitoresca baía de Collioure. Faça reserva no verão.

### COLLIOURE Le 5e Péché

*18 rue Fraternité, 66190* **Tel** *04 68 98 09 76*

Os melhores produtos da região de Catalogne, aliados à habilidade do chef japonês, fazem deste pequeno restaurante um sucesso. Uma série de pratos com inspiração japonesa são servidos, como o carpaccio de peixes frescos, o atum frito em panela com molho de Banyuls e o crème Catalane de alcachofras caramelizadas. Reserve.

### CUCUGNAN Auberge du Vigneron

*2 rue Achille Mir, 11350* **Tel** *04 68 45 03 00* **Fax** *04 68 45 03 08*

O salão fica na adega de um charmoso albergue no coração de uma atraente aldeia de Corbières. O cardápio tem influência catalã, com frutos do mar frescos e pato preparados numa variedade de maneiras, até com figos ou pêssegos. A carta de vinhos é despretensiosa, com uma boa seleção dos robustos tintos de Corbières.

### FONTJONCOUSE L'Auberge du Vieux Puits

*Ave St-Victor, 11360* **Tel** *04 68 44 07 37*

O pequeno vilarejo de Fontjoncouse, no interior de Corbière, ficou famoso por conta deste excelente restaurante. O chef Gilles Goujon é animado e ambicioso. O menu serve pratos simples, como a salada niçoise, e complexos, como o canelone recheado de lagosta. Carnes de caça na temporada. Excelentes vinhos.

### GIGNAC Restaurant Matthieu de Lauzun

*3 bd de l'Esplanade, 34150* **Tel** *04 67 57 50 83*

Neste restaurante, a oeste de Montpellier, o chef Matthieu de Lauzan prepara criativos pratos mediterrâneos com cuidado e harmonia. O tempurá de legumes e camarão e o gaspacho de pepino fazem sucesso. As sobremesas são deliciosas. Ótimos vinhos de novos produtores.

### LE BOULOU L'Hostalet de Vivès

*Rue de la Mairie, Vivès, 66490* **Tel** *04 68 83 05 52*

Próximo à cidade artística de Céret, este lindo casarão serve a típica culinária catalã. Muito procurado por residentes da região, oferece ótimas opções de pratos bem preparados a preços acessíveis. Os turistas também adoram. Descubra delícias da Catalunha, como o cargolade (escargot assado) e o coelho com aioli.

### MARAUSSON Parfums de Garrigues

*37 rue de l'Ancienne Poste, 34370* **Tel** *04 67 90 33 76*

Restaurante confortável, pintado em tons alegres, com um pátio fresco, no centro de um calmo vilarejo, próximo a Béziers. A elegante cozinha serve pratos do sudoeste, feitos com produtos da região, que têm o aroma perfumado de Garrigue. O menu oferece o crème de leite de cabra com ostras de Bouzigues e a vitela com legumes grelhados.

### MINERVE Relais Chantovent

*17 Grande Rue, 34210* **Tel** *04 68 91 14 18*

O terraço deste restaurante proporciona aos clientes uma magnífica vista do Gorges du Brian. Há diversos menus, cada um com um tema: regional, pato, ervas aromáticas e trufas. A carta de vinhos é extensa e tem muitos rótulos antigos de qualidade. É recomendável reservar.

### MONTPELLIER Petit Jardin

*20 rue Jean-Jacques Rousseau, 34000* **Tel** *04 67 60 78 78*

O cardápio tem inspiração local neste bonito restaurante no bairro histórico de Montpellier. O "Pequeno Jardim" fica abrigado da rua, e os clientes podem comer dentro, olhando o verde lá fora, ou no jardim em meio às flores, árvores frutíferas e ervas em vasos. Entre os pratos, sopa de peixe e cordeiro com alho e alecrim.

### MONTPELLIER Chez Boris

*20 rue de l'Aiguillerie, 34000* **Tel** *04 67 02 13 22*

O bistrô mais comentado da cidade. Situado próximo ao Musée Fabre, no centro da cidade, possui um clima amigável e descontraído. Serve pratos clássicos reinventados, como o cochon au lait (porco no leite) cozido com temperos. As porções são generosas, e pode-se pedir vinho em taça.

### MONTPELLIER LA DILIGENCE

*2 pl Pétrarque, 34000* **Tel** *04 67 66 12 21*

Um sofisticado restaurante no centro da cidade, localizado em uma praça histórica entre a place de la Comédie e a place de la Préfecture. O La Diligence ocupa um edifício do século XIV com graciosas abóbadas de pedra que é patrimônio histórico. Três opções de menus fixos: almoço, degustação ou gourmet. Boa carta de vinhos.

**Categorias de preço** *na p. 600* **Legenda dos símbolos** *no final do guia*

## MONTPELLIER Jardin des Sens

*11 ave St-Lazare, 34000* **Tel** *04 99 58 38 38* **Fax** *04 99 58 38 39*

Provavelmente o melhor restaurante da cidade. Sempre inovando, com especialidades regionais num viés diferente, terrine de lagosta com manga e melão, e algumas justaposições deliciosas como peito de pombo com molho de cacau. A carta de vinhos inclui os melhores vinhos das encostas de Corbières e do Languedoc.

## NARBONNE Le Table de St-Crescent

*Domaine St-Crescent, 68 ave Général Leclerc, 11100* **Tel** *04 68 41 37 37*

Um restaurante que impressiona, com um cardápio esplêndido, com influência sazonal, que combina os melhores ingredientes do Mediterrâneo com os do interior do Languedoc, com vinhos à altura. Ravioli de ostras de Leucate, pato assado com enchovas Collioure e muito mais. Perfeito para uma noite especial.

## NARBONNE Restaurant Le H

*Rte de Narbonne Plage, 11100* **Tel** *04 68 45 28 50*

Caminhando pela praia em direção ao centro da cidade, você encontrará este simpático restaurante, rodeado por diversos vinhedos da uva La Clape, na região vinícola de Gérard Bertrand. O salão de jantar é rústico e elegante, com paredes de pedra e vigas de madeira. O local perfeito para se saborear um carpaccio de pato ou um belo filé.

## NÎMES Le Cheval Blanc

*1 pl des Arènes, 30000* **Tel** *04 66 76 19 59*

Animado bar de vinhos que inclui uma brasserie clássica, com confortáveis bancos e alguns objetos art déco, situado no centro de Nîmes. A carta de vinhos, vasta, apresenta nomes famosos e também novidades do sul do Ródano e de Languedoc. Serve pratos típicos, como o brandade (peixe defumado com creme), pé de porco e côte de boeuf.

## NÎMES L'Orée du Parc

*755 rue Tour de l'Evèque, 30000* **Tel** *04 66 84 50 57*

O restaurante do hotel L'Orangerie fica no centro de um parque repleto de árvores centenárias, a quinze minutos a pé do centro histórico de Nîmes. Ambiente calmo e confortável, com um aconchegante jardim de inverno e um terraço para jantar no verão. Os pratos são tradicionais e sofisticados. Boa carta de vinhos.

## NÎMES Aux Plaisirs des Halles

*4 rue Littré, 30000* **Tel** *04 66 36 01 02* **Fax** *04 66 36 08 00*

Com uma carta particularmente boa de vinhos regionais do Languedoc, Corbières, Minervois, Provença e Herault, Aux Plaisirs des Halles é decorado em linhas sóbrias e modernas. Culinária francesa com influência provençal pelo chef Sebastien Granier. Fechado dom, seg; duas semanas em out-nov e alguns feriados.

## NÎMES Le Lisita

*2 bd des Arènes, 30000* **Tel** *04 66 67 29 15* **Fax** *04 66 67 25 32*

O Lisita é imperdível. É um dos restaurantes mais populares de Nîmes, servindo a culinária mais avançada com uma carta de vinhos notável. O ambiente é atraente também, com um design moderno a partir das velhas paredes de pedra nas duas salas e ainda um aprazível terraço em frente a Les Arènes. Fechado dom, seg.

## PERPIGNAN La Galinette

*23 rue Jean Payra, 66000* **Tel** *04 68 35 00 90*

Um salão de jantar espaçoso, refinado e com clima formal. Em contrapartida, o chef comanda a cozinha com paixão e ousadia. A especialidade da casa são os frutos do mar: camarão com coentro, torta de tainha e filé de peixe à la plancha. Um ótimo sommelier presta ajuda na seleção de um dos ótimos vinhos regionais oferecidos.

## PERPIGNAN Le Chap'

*18 bd Jean Bourrat, 66000* **Tel** *04 68 35 14 14*

Excelente restaurante, localizado em um ótimo hotel de Perpignan. A decoração do salão de jantar é contemporânea, e o menu, elegante e moderno. Dentre os deliciosos pratos estão o risoto à la chlorophyll e a torta de peixe com gengibre e capim-santo. Para os menos aventureiros, pratos clássicos também são oferecidos.

## PEZENAS L'Entre Pots

*8 ave Louis-Montagne, 34120* **Tel** *04 67 30 00 00*

Frequentado pelos residentes da região, este moderno restaurante, situado em um antigo armazém de vinhos, tem uma atmosfera intimista e agradável. A culinária é despretensiosa, mas de qualidade, e utiliza produtos da região e temperos de Garrigue. A carta de vinhos é pequena e prioriza os melhores da região de Languedocs. Faça reserva.

## PORT CAMARGUE Le Carré des Gourmets

*Pointe de la presqu'ile, 30240* **Tel** *04 66 53 36 37*

Este ótimo restaurante faz parte do complexo do hotel Le Spinaker. Um salão de jantar contemporâneo tem abertura para um simpático terraço, com vista para a marina. O chef combina com sucesso influências de Camargue e da Catalunha em pratos como a pata negra e o pombo recheado com pinhão. Ótimos vinhos de Languedoc.

## PORT-VENDRES La Côte Vermeille

*Quai Fanal, 66660* **Tel** *04 68 82 05 71* **Fax** *04 68 82 05 71*

Este esplêndido restaurante de frutos do mar tem uma ótima localização ao lado do cais com vistas do porto pesqueiro e da costa. Redes de pesca, armadilhas para lagostas e peixes empalhados adornam as paredes, e peixes frescos, moluscos, lulas e lagostas adornam os menus. Fechado qui jantar, dom jantar e seg.

### PRADES Le Jardin d'Aymeric

*3 ave Général de Gaulle, 66500* **Tel** *04 68 96 53 38*

Cozinha catalã refinada é preparada com ingredientes frescos e regionais e aromatizada com ervas das montanhas locais. O cardápio revisita pratos tradicionais como assado de carneiro com tomilho acompanhado de molho de salsa e fruit gratin da estação. Boa seleção e bom preço de vinhos regionais do Roussillon.

### QUILLAN Cartier

*31 bd Charles de Gaulle, 11500* **Tel** *04 68 20 05 14*

Hotel e restaurante familiar localizado em uma cidade onde se cruzam as rotas do leste dos Pireneus. O menu se concentra em pratos tradicionais e ingredientes regionais, como pato, foie gras, cassoulet, cogumelos silvestres e trufas. Os vinhos Limoux, Fitou e Corbières são os principais na carta da casa.

### SÈTE La Palangrotte

*Quai de la Marine, 34200* **Tel** *04 67 74 80 35* **Fax** *04 67 74 97 20*

Em Sète não há lugar mais agradável para provar as famosas ostras e demais moluscos da laguna Etang de Thau do que este alegre restaurante com tema marinho. Uma das melhores opções de frutos do mar da costa, melhor para o almoço do que para o jantar. Fechado seg, para jantar dom (exceto em jul, ago).

### SOURNIA Auberge de Sournia

*4 rte de Prades, 66730* **Tel** *04 68 97 72 82*

No coração dos Pireneus orientais fica este belo casarão, administrado por um animado e jovem casal. A comida é típica da região, com toques modernos. A especialidade da casa são pratos de pato; destaque para o saboroso peito de pato recheado com queijo de cabra. A casa também serve ótimas vieiras, tainhas e grandes camarões.

### ST. MARTIN DE LONDRES Les Muscardins

*19 rte Cevennes, 34380* **Tel** *04 67 55 75 90* **Fax** *04 67 55 70 28*

É surpreendente encontrar uma experiência gastronômica tão sofisticada numa cidadezinha do interior, mas Les Muscardins vale uma expedição especial por pratos como o tamboril com risoto aromatizado com flores de yucca e o carpaccio de vitela de Aubrac defumada. O ambiente é elegante. Boa seleção de vinhos regionais.

### UZES La Taverne

*Rue Sigalon, 30700* **Tel** *04 66 22 47 08*

Localizado em uma rua de pedestres no centro da cidade, este atraente restaurante tem teto abobadado e um belo terraço que é perfeito para as refeições no verão. Serve especialidades regionais, como brandade de Nîmes (pasta de bacalhau salgado) e filet de taureau de Camargue (bife de boi de Camargue). Conta com uma extensa carta de vinhos.

### VILLEFRANCHE DE CONFLENT Auberge St-Paul

*7 pl Église, 66500* **Tel** *04 68 96 30 95* **Fax** *04 68 96 05 60 30*

Originalmente uma capela do século XIII, este restaurante de aldeia tem um atraente terraço e um salão charmoso e rústico. O cardápio é cosmopolitano, com ingredientes locais frescos e uma sofisticada carta de vinhos, com boas safras de Borgonha e Roussillon. Fechado dom jantar, seg, ter.

### VIVES Hostalet de Vivès

*Rue de la Mairie, 66940* **Tel** *04 68 83 05 52* **Fax** *04 68 83 51 91*

Localizado em um pequeno vilarejo catalão a 7km de Céret, este restaurante fica em uma construção do século XII. A cozinha é simples, usando os ingredientes locais mais frescos para preparar pratos fartos como civet de boi e cogumelos recém-colhidos nas montanhas. Vinhos locais. Fechado meados jan-mar.

## PROVENÇA E CÔTE D'AZUR

### AIX-EN-PROVENCE Brasserie Léopold

*2 ave Victor Hugo, 13090* **Tel** *04 42 26 01 24* **Fax** *04 42 38 53 17*

Brasserie francesa clássica com dúzias de mesas e garçons ocupadíssimos, no térreo do confortável Hotel Saint-Christophe, no centro de Aix. Um lugar ótimo para uma refeição completa, um lanche ou apenas um drinque a qualquer hora do dia ou época do ano. Competente na cozinha regional e nos pratos tradicionais de brasserie.

### AIX-EN-PROVENCE Mas d'Entremont

*Quartier des Platrières, 13090* **Tel** *04 42 17 42 42* **Fax** *04 42 21 15 83*

A comida é imaginativa, a seleção de vinhos provençais, boa, e a localização, atraente, num luxuriante parque acima de Aix em Celony. Muitas carnes e peixes locais. No verão, coma no agradável terraço com uma bela vista. O salão tem grandes janelas panorâmicas para se contemplar o parque. Fechado dom jantar, seg almoço, nov-abr.

### AIX-EN-PROVENCE Yamato

*21 ave des Belges* **Tel** *04 42 38 00 20*

Administrado por Koji e Yuriko Somaya, este é o mais autêntico restaurante japonês de Aix-en-Provence. O jantar pode ser servido no jardim zen ou no arejado salão de jantar: ambos levam o cliente a uma viagem ao oriente. O sushi é excelente, assim como os pratos mais ousados, como o chawanmushi (enguia assada). Fechado seg-ter no almoço.

**Categorias de preço** *na p. 600* **Legenda dos símbolos** *no final do guia*

## AIX-EN-PROVENCE Le Clos de la Violette

*10 ave Violette, 13100* **Tel** *04 42 23 30 71* **Fax** *04 42 21 93 03*

Um endereço elegante numa mansão chique em meio a seus próprios jardins: tranquilo, íntimo, perfeito para uma noite romântica. As pessoas de fato se vestem bem para jantar aqui. A carta de vinhos é abrangente (e muito boa para vinhos locais e provençais) e o cardápio, provençal, com um toque moderno. Fechado seg.

## ARLES La Gueule du Loup

*39 rue des Arènes, 13200* **Tel** *04 90 96 96 69* **Fax** *04 90 96 96 69*

La Gueule du Loup ("a goela do lobo") é mais acolhedor do que sugere seu nome feroz, com um cardápio que muda virtualmente todo dia e serve requintada culinária provençal num ambiente charmosamente rústico. Serviço diligente e boa seleção de vinhos. Sua culinária não é ousada, mas é competente. Fechado para almoço dom, seg e jan.

## ARLES Lou Marques

*Bd Lices, 13631* **Tel** *04 90 52 52 52* **Fax** *04 90 52 52 53*

Lou Marques – o restaurante do venerando Hotel Jules Cesar – é um dos melhores para comer em Arles, com uma localização central, terraço agradável com mesas sob guarda-sóis brancos e um cardápio concentrado em pratos provençais clássicos. Ambiente sóbrio. Fechado seg, almoço sáb, jantar dom, mar.

## ARLES L'Atelier de Jean-Luc Rabanel

*7 rue des Carmes, 13200* **Tel** *04 90 91 07 69*

Este pequeno restaurante no centro de Arles é o lugar certo para os bons de garfo; uma sequência de sete pratos é servida no almoço (e no jantar, treze). Jean-Luc Rabanel trabalha quase exclusivamente com produtos orgânicos de sua própria horta, e cada prato é uma pequena obra de arte. Faça reserva ou visite o bistrô ao lado. Fechado seg-ter.

## AVIGNON La Fourchette

*17 rue Racine, 84000* **Tel** *04 90 85 20 93* **Fax** *04 90 85 57 60*

Muito apreciado localmente, La Fourchette é um pequeno restaurante com ambiente insólito com paredes decoradas com garfos antigos e cartazes de festivais. Cardápio provençal tradicional, com abordagem moderna em pratos como o peito de pato com alho e crepes de legumes. Excelente seleção de queijos. Fechado sáb, dom, ago. Reservas são necessárias.

## AVIGNON Le Petit Bedon

*70 rue Joseph-Vernet, 84000* **Tel** *04 90 82 33 98* **Fax** *04 90 85 58 64*

Le Petit Bedon, dentro das muralhas do bairro antigo de Avignon, tem boa reputação por pratos saborosos como os legumes aferventados com tapenade e pistou, bourride de loup (ensopado de tamboril) e purê de abobrinha com alho. Ambiente simpático. Vinhos provençais. Fechado dom, seg.

## AVIGNON Christian Etienne

*10 rue Mons, 84000* **Tel** *04 90 86 16 50* **Fax** *04 90 86 67 09*

A carta de vinhos é excelente para safras da Provença e Borgonha, a localização no coração da Avignon medieval perto do Palácio Papal é imbatível, e o mesmo se pode dizer da comida neste restaurante muito conceituado, com menus que dão ênfase a produtos locais preparados com imaginação. Fechado dom, seg (exceto em jul).

## AVIGNON La Mirande

*4 pl de la Mirande, 84000* **Tel** *04 90 14 20 20* **Fax** *04 90 86 26 85*

Um dos melhores lugares para comer em Avignon, com mesas do lado de fora sob oliveiras e as paredes iluminadas do Palais des Papes, ou num grandioso salão no que outrora era o palácio do cardeal. Cardápio e carta de vinhos são extensos e de se ficar atônito. Serviço simpático. Faça reserva. Fechado ter, qua; meados jan-meados fev.

## BIOT Les Terrailleurs

*11 rte Chemin Neuf, 06410* **Tel** *04 93 65 01 59*

Restaurante sofisticado servindo pratos suculentos em todos os sentidos que a palavra pode ter, aromatizados com trufas e ervas das montanhas em volta. O foie gras escalope é imperdível, e o cordeiro, um triunfo culinário. A carta de vinhos destaca alguns dos melhores rótulos da Provença. Fechado qua, qui, nov.

## BONNIEUX La Bastide de Capelongue Restaurant Edward Loubet

*84160* **Tel** *04 90 75 89 78* **Fax** *04 90 75 93 03*

Duas estrelas no *Michelin* mantêm este restaurante em vantagem na competição local. É indispensável reservar, especialmente durante o Festival de Cannes. O menu sazonal celebra os produtos e sabores dos montes de Luberon e da costa do Mediterrâneo em pratos como trufas en-croûte e carne de veado assada. Fechado qua, nov-mar.

## CAGNES Fleur de Sel

*85 Montée de la Bourgade, 06800* **Tel** *04 93 20 33 33*

Delicioso restaurantezinho servindo culinária despretensiosa a preços acessíveis, em especial nos menus fixos. Localização atraentemente rústica – o restaurante fica no coração da aldeia de Haut de Cagnes, ao lado da igreja medieval. Seleção adequada de vinhos baratos. Fechado para almoço qua, qui.

## CAGNES Entre Cour et Jardin

*102 Montée de la Bourgade, 06800* **Tel** *04 93 20 72 27*

Neste pequeno e charmoso restaurante no centro medieval de Cagnes, o chef/proprietário serve pratos regionais que seguem as estações. A comida é muito saborosa, e as porções, generosas. O serviço é simpático. Nas paredes caiadas há obras de artistas da região.

### CANNES Le Pastis €€
*28 rue du Commandandement André, 06400* **Tel** *04 92 98 95 40*

O Le Pastis mistura o visual de um café americano com o de um bistrô francês. Perfeito para uma refeição rápida a qualquer hora. O menu conta principalmente com pratos mediterrâneos como o daube à la niçoise (caldo de carne), mas também serve salada Caesar e tartare de filé. Próximo da maior rua de compras e da praia. Fechado dom almoço.

### CANNES Ondine €€
*15 bd de la Croisette, 06400* **Tel** *04 93 94 23 15*

Restaurantes de praia costumam ter poucas aspirações gastronômicas, mas o Ondine é uma exceção. O chef Jean-Pierre Silva vai ao mercado todos os dias para selecionar ingredientes para seus pratos. Destaque para os peixes, como a salada de caranguejo e o rodovalho com legumes de primavera. Excelente carta de vinhos. Fechado qua.

### CANNES La Cave €€€€
*9 bd de la République, 06400* **Tel** *04 93 99 79 87*

O La Cave existe desde 1989 e é frequentado tanto pelos habitantes locais quanto pelos turistas. Há muita variedade de pratos tradicionais e provençais elaborados com ingredientes da região. A carta de vinhos oferece mais de 350 opções e inclui uma excelente seleção de produtores locais. Fechado sáb almoço e dom.

### CANNES Le 38 €€€€
*38 rue des Serbes, 06400* **Tel** *04 92 99 79 60* **Fax** *04 93 99 26 10*

É difícil fazer uma refeição mais extravagante do que no chiquérrimo ambiente do Royal Gray, onde uma das melhores culinárias de Cannes aguarda os clientes – mas a um preço surpreendentemente acessível e com serviço cortês. A ênfase é nos sabores provençais e produtos do mar Mediterrâneo. Carta de vinhos extensa. Fechado dom, seg.

### CANNES La Palme d'Or €€€€€
*73 la Croisette, 06400* **Tel** *04 92 98 74 14*

As crianças não são proibidas de entrar neste restaurante das estrelas, nem é essencial usar uma gravata – mas clientes que não estiverem bem-vestidos podem se sentir pouco à vontade aqui. A culinária é imaginativa e soberba, com frutos do mar frescos e uma carta de vinhos impressionante, e de preços altos. Reservas são necessárias. Fechado dom, seg, jan-mar.

### CARPENTRAS Chez Serge €€€
*90 rue Cottier, 84200* **Tel** *04 90 63 21 24* **Fax** *04 90 60 30 71*

O Chez Serge é um achado surpreendente na modorrenta Carpentras – uma combinação do velho e do novo que se reflete em seu estilo e menu. A cozinha é internacional e criativa e há degustação de vinho em algumas noites. Os pratos com peixes frescos e cogumelos selvagens surpreendem.

### CASTELLANE Auberge du Teillon €€€
*Rte Napoléon – la Garde, 04120* **Tel** *04 92 83 60 88* **Fax** *04 92 83 74 08*

Agradável albergue no campo a 6km do movimentado ponto turístico que é Castellane. O cardápio é despretensioso e muda de acordo com as estações, dando ênfase a pratos provençais tradicionais preparados com simplicidade, incluindo salmão de defumação caseira. Quartos disponíveis. Fechado nov-mar; dom no jantar, seg (exceto jul-ago).

### CAVAILLON Restaurant Prévôt €€€€
*353 ave de Verdun, 84300* **Tel** *04 90 71 32 43*

Uma atração gastronômica no coração da cidade mercantil de Cavaillon, onde o chef Jean-Jacques Prevot é louco por melões – o restaurante os emprega como motivo decorativo e há até um menu fixo dedicado inteiramente à família das curcubitáceas. Recomenda-se o melão com vieiras. Boa seleção de vinhos. Fechado dom.

### CHATEAU-ARNOUX La Bonne Etape €€€€€
*Chemin du Lac, 04160* **Tel** *04 92 64 00 09* **Fax** *04 92 64 37 36*

Este charmoso albergue, situado numa cidade mercantil anódina, tem uma notável variedade de pratos e dá ênfase aos produtos locais frescos, em especial cordeiro. A carta de vinhos é extensíssima, com safras de quase todas as regiões francesas. Salão decorado com pinturas e tapeçarias. Fechado seg, ter set-jun, jan-meados fev.

### CHATEAUNEUF DU PAPE La Mère Germaine €€
*3 rue Commandant Lemaitre, 84230* **Tel** *04 90 83 54 37* **Fax** *04 90 83 50 27*

Cercado por vinhedos, este restaurante tem uma carta notável de vinhos locais e regionais. A culinária é a provençal clássica, as porções são generosas, os preços compensadores e o serviço simpático. Vá no almoço para desfrutar da vista. Fechado ter, qua e dom para jantar dom.

### COLLOBRIERES La Petite Fontaine €€
*1 pl de la République, 83610* **Tel** *04 94 48 00 12* **Fax** *04 94 48 03 03*

Este restaurante fica no centro de Collobrieres, uma aldeia montanhesa tranquila no coração do Massif des Moaures. Entre as especialidades, fricassée de galinha e alho, coelho com ervas frescas e pato com cogumelos selvagens, com vinhos da cooperativa vinícola local. Fechado seg, para jantar dom, nas duas últimas semanas de set.

### DIGNE-LES-BAINS La Chauvinière €€
*52 rue Hubac, 04000* **Tel** *04 92 31 40 03*

Este pequeno e tradicional restaurante fica na parte antiga da cidade. O chef utiliza os melhores produtos da estação, e o cardápio apresenta pratos frescos com foie gras e diversos itens caseiros de pâtisserie. O ambiente é convidativo e há bastante espaço no terraço para jantar ao ar livre.

**Categorias de preço** *na p. 600* **Legenda dos símbolos** *no final do guia*

### DIGNE-LES-BAINS Le Grand Paris  🅿️ ♿ 🍴   €€€€
*19 bd Thiers, 04000* **Tel** *04 92 31 11 15* **Fax** *04 92 32 32 82*

Este hotel restaurante um tanto grandiloquente tem um ar de formalidade que pode ser um pouco incômodo para alguns – para um ambiente mais informal, escolha o terraço. Comida clássica, como brandade (purê de batatas) com pimentão, cordeiro mignonette e pombo. Boa seleção de vinhos da Provença e Ródano. Fechado almoço seg-qui, dez-mar.

### EZE Troubadour  🍷   €€€
*4 rue du Brec, 06360* **Tel** *04 93 41 19 03*

Agradável restaurante tradicional no centro do labirinto de construções de pedra de Eze, ao qual só se chega a pé. O Troubadour tem três salas pequenas, abrigadas dentro de paredes medievais que oferecem um refrescante abrigo do sol de verão. Menus fixos e opções à la carte de culinária provençal clássica. Fechado dom, seg, meados nov-meados dez.

### FAYENCE Le Moulin de la Camandoule  🅿️ 🧒 🍽️ 🍴   €€€€
*Chemin de Notre-Dame, 83440* **Tel** *04 94 76 00 84* **Fax** *04 94 76 10 40*

O hotel-restaurante está instalado em um antigo lagar de azeite de oliva, e com isso se beneficiou com a tranquilidade e a atmosfera idílica do local. O chef Philippe Choisy oferece diversos menus e pratos à la carte de alta qualidade, os sabores da culinária provençal e ingredientes frescos de acordo com a estação. O almoço é servido no terraço. Fechado qua e qui.

### FAYENCE Le Castellaras  🧒 🍴 🍷   €€€€€
*Rte de Seillans, 83440* **Tel** *04 94 76 13 80* **Fax** *04 94 84 17 50*

Le Castellaras serve pratos que equilibram tradição e inovação: filé de cordeiro com molho de estragão; camarões marinados em azeite de oliva, limão e estragão; polenta em óleo de trufas. A carta de vinhos tem sobretudo opções dos vinhedos da Côtes de Provence. Fechado seg, ter (exceto jul-ago), jan. Faça reserva.

### GIGONDAS Les Florets  🅿️ 🧒 🍴 🍷   €€€€€
*Rte des Dentelles, 84190* **Tel** *04 90 65 85 01* **Fax** *04 90 65 83 80*

O terraço deste hotel-restaurante tem uma bela vista das Dentelles de Montmirail. Culinária regional bem apresentada, complementada por bons vinhos da região de Gigondas. O restaurante é movimentado; chegue cedo ou faça reserva. Fechado qua, jan-meados mar.

### GRASSE Bastide St-Antoine  🅿️ 🧒 🍽️ 🍴 🍷 ♿   €€€€€
*48 ave H. Dunant, 06130* **Tel** *04 93 70 94 94* **Fax** *04 93 70 94 95*

O esplêndido restaurante de Jacques Chibois é parte de seu delicioso hotel-butique no bairro St-Antoine de Grasse, com um cardápio que entusiasmará gourmets e apreciadores da culinária francesa mais inventiva – pato, trufas e uma abordagem imaginativa dos legumes. Há também uma excelente carta de vinhos, em sua maioria da Provença.

### JUAN LES PINS Les Pêcheurs  🍽️ 🍷   €€€€€
*10 bd Maréchal Juin, Cap d'Antibes, 06160* **Tel** *04 92 93 13 30* **Fax** *04 92 93 15 04*

O hotel Juan trocou recentemente seu famoso restaurante na cobertura por este mais luxuoso com toques hi-tech e um vasto terraço. A culinária do chef Francis Chauvau é deliciosa e criativa. Deleite-se com o robalo grelhado com limão e legumes marinados. Fechado ter, qua (exceto jul-ago).

### LA CADIERE D'AZUR Hostellerie Bérard  🅿️ 🧒 🍽️ 🍴 🍷 ♿   €€€€€
*Ave Gabriel Peri, 83740* **Tel** *04 94 90 11 43* **Fax** *04 94 90 01 94*

Este conceituado hotel-restaurante nos prédios reformados de um convento do século XI tem uma bela vista dos vinhedos de Bandol. Os proprietários e chefs Rene e Jean François Bérard fazem coisas maravilhosas com peixes e frutos do mar, incluindo uma sopa sublime de mexilhão com açafrão. Vinhos locais de Bandol. Fechado seg e ter, jan.

### MARSEILLE Chez Madie (Les Galinettes)  🧒 🍴   €€
*138 quai du Port, 13002* **Tel** *04 91 90 40 87* **Fax** *04 91 31 44 74*

Uma instituição marselhesa há várias gerações (é administrado agora pela neta do mesmo nome). Lendárias bouillabaisse, bourride e outros pratos de peixe são complementados por tripa e pés de porco. Definitivamente não para vegetarianos, nem para crianças enjoadas. Fechado dom.

### MARSEILLE Toinou  🧒 🍽️ 🍴   €€
*3 cours Saint-Louis, 13001* **Tel** *04 91 33 14 94*

Este é o local certo para se apreciar um prato de frutos do mar em Marseille. Situado em uma animada área, o Toinou existe há mais de 40 anos e já funcionou como restaurante de entregas. A casa ainda aceita encomendas, mas conta hoje com um belo salão de jantar. Para experimentar um pouco de tudo, peça o Toinou Spécial, que serve duas pessoas.

### MARSEILLE Les Arcenaulx  🍽️ 🍴 🍷   €€€
*25 cours d'Estienne d'Orves, 13000* **Tel** *04 91 59 80 30* **Fax** *04 91 54 76 33*

No antigo bairro de armazéns ao norte do Vieux Port, o Les Arcenaulx ocupa o local de uma editora do século XVII. Ótimo para começar ou terminar a noite, percorrendo os bares da vizinhança. Destaques para as vieiras com amêndoas grelhadas e o steak tartare. Fechado dom.

### MARSEILLE Restaurant Michel  🍽️ ♿   €€€€€
*6 rue des Catalans, 13007* **Tel** *04 91 52 30 63* **Fax** *04 91 59 24 05*

Bouillabaisse é a especialidade da casa nesta brasserie boa e movimentada. Outros pratos de peixe incluem *bourride*, sardinhas e o sempre confiável pescado do dia, fresco e simplesmente grelhado. Popular entre os moradores locais – chegue cedo para conseguir uma mesa. A carta de vinhos inclui nomes de Bandol e Cassis.

### MARTIGUES Le Miroir
*4 rue Marcel Galdy, 13500* **Tel** *04 42 80 50 45*

Em frente ao porto de pesca de Martigues e seus coloridos barcos de madeira, este restaurante é especializado em pratos de peixe. Espaçoso, possui seis salas de jantar e dois terraços (as mesas externas são ótimas). A comida é simples e saborosa, com pratos como mariscos com funcho e açafrão. Fechado sáb no almoço; dom, seg e qua no jantar; jan.

### MENTON Le Mirazur
*30 ave Aristide Briand, 06500* **Tel** *04 92 41 86 86*

Nascido na Argentina, o chef Mauro Colagreco é um talento que se estabeleceu em Menton, onde administra este restaurante moderno, com um jardim tropical particular. Os pratos são decorados artisticamente com ervas e flores colhidas nas montanhas da região. O menu fixo do almoço tem o preço justo. Fechado seg-ter, dez-fev.

### MÔNACO Maya Bay
*24 ave Princesse Grace, 98000* **Tel** *00 37 7 97 70 74 67* **Fax** *00 37 7 97 77 58 10*

O chef Olivier Streiff tem um penteado punk e delineador nos olhos e sua culinária tem o mesmo estilo rock'n'roll. Destaque para pratos como filhote de pato com banana, frutas secas, confit de maçã e baga de junípero assada. O salão de jantar é luxuoso e tropical. Há também um sushi bar. Fechado seg-dom; nov.

### MOUGINS Le Moulin de Mougins
*Notre-Dame-de-Vie, rte départementale 3, 06250* **Tel** *04 93 75 78 24* **Fax** *04 93 90 18 55*

O restaurante com estrelas do guia *Michelin* de Allain Llorca é o lugar para uma refeição especial, com uma culinária criativa que prepara frutos do mar de maneiras novas. Os vinhos incluem alguns dos melhores da Provença. O jardim do terraço é adornado com esculturas modernas. Fechado seg. Reservas são essenciais. Fechado seg e ter almoço, dom jantar.

### MOUSTIERS La Treille Muscate
*Pl de l'Église, 04360* **Tel** *04 92 74 64 31* **Fax** *04 92 74 63 75*

Comida excelente como o pistot de legumes neste agradável pequeno bistrô provençal, com ótima localização na praça principal de uma das mais belas aldeias da região. Com preços bons, várias opções de menus fixos e uma boa carta de vinhos, La Treille Muscat é especialmente agradável para um tranquilo almoço ao ar livre. Fechado qua, dez-fev.

### NICE Bistrot d'Antoine
*27 rue de la Préfecture, 06300* **Tel** *04 93 85 29 57*

Armand Crespo, que já trabalhou no Lou Cigalon, em Valbonne, é o responsável pelo renascimento deste bistrô. Ele mesmo compra os ingredientes para seus pratos, no mercado vizinho. Destaque para as carnes assadas: o pato magret ou os rins de vitela agradam todos os paladares. Boa seleção de vinhos. Fechado dom-seg; ago.

### VENCE Le Pigeonnier
*3 pl du Peyra, 06140* **Tel** *04 93 58 03 00*

Neste restaurante tradicional de cozinha local, o cardápio inclui uma grande seleção de pratos de peixe, frutos do mar e carne. No verão, os clientes podem aproveitar o terraço ensolarado, enquanto no inverno o salão é aquecido por uma grande lareira aberta. Fechado seg, dom no jantar (exceto jul e ago), nov, jan.

### VENCE Les Bacchanales
*247 ave de Provence* **Tel** *04 93 24 19 19*

Christophe Dufau ficou famoso pelo seu antigo restaurante, o Tourrettes-sur-Loup. O Les Bacchanales fica em um vilarejo escondido, nos subúrbios de Vence. Sua culinária é original, sem perfumarias. Destaque para a entrada de melão caramelizado com torta de ricota e o apimentado molho soubressate. Fechado ter-qua.

### VILLEFRANCHE-SUR-MER L'Oursin Bleu
*11 quai Courbet, 06230* **Tel** *04 93 01 90 12* **Fax** *04 93 01 80 45*

Um aquário borbulhante no hall indica que este alegre restaurantezinho dá ênfase aos peixes frescos. A localização é deliciosa, no cais, com mesas sob guarda-sóis no terraço e um salão decorado com antiguidades marítimas. O lugar ideal para um demorado e tranquilo almoço de verão. Fechado ter; jan; nov-mar.

## CÓRSEGA

### AJACCIO Pampasgiolu
*15 rue de la Porta, 20000* **Tel** *04 95 50 71 52.*

Faça reserva para este popular restaurante na cidade velha, com seus salões atraentes e rústicos e seu pequeno terraço. Experimente as travessas de spuntini (tira-gosto) de especialidades locais de peixe ou carne, ou opte pela vitela com azeitonas. Boas sobremesas incluindo fondant de castanha. Fechado dom; seg almoço.

### AJACCIO Le 20123
*2 rue su Roi du Rome, 2000* **Tel** *04 95 21 50 05*

Homenageando o vilarejo corso de Pila-Canale, este restaurante busca oferecer a seus clientes os sabores típicos daquela região. Você pode comer no terraço iluminado por lanternas, no salão de jantar repleto de peças decorativas ou na grande mesa coletiva na adega. Experimente a charcuterie e os bem-servidos caldos de carne. Fechado no almoço; seg.

**Categorias de preço** *na p. 600* **Legenda dos símbolos** *no final do guia*

## BASTIA Brasserie La Réserve €

*Port de Toga, 20600* **Tel** *04 95 31 05 35*

Em frente ao porto, esta moderna brasserie é muito procurada pelos moradores da região, e é ideal para um almoço simples e informal, com vista para os barcos que entram e saem do porto. O chef e a equipe são muito simpáticos. Comida ótima e porções generosas. Fechado dom.

## BASTIA A Casarella €€

*6 rue Ste-Croix, 20600* **Tel** *04 95 32 02 32*

Escondido em um labirinto de ruas na região do forte, esta é uma ótima casa para se experimentar a culinária da Córsega, com toques de elegância. Destaque para o brocciu (queijo fresco da região) cozido com foie gras. Outras especialidades incluem sardinha recheada, vitela assada com ervas e crème brûlée corso. Fechado sáb no almoço; dom.

## BONIFACIO Le Goeland Beach €€

*Plage de la Tonnara* **Tel** *04 95 73 02 51*

Localizada em uma reserva natural, a praia de Tonnara cria o clima paradisíaco que predomina neste restaurante. A especialidade da casa é o peixe assado em forno a lenha (cobrado por peso), mas pode-se também experimentar pratos típicos corsos, como a berinjela cozida com molho de tomate. O bar serve lanches o dia inteiro. Fechado nov-abr.

## CALVI Le Bout du Monde €€€

*Plage du Calvi, 20260* **Tel** *04 95 65 15 41*

Comida excelente neste lugar na beira da praia simpático mas com classe. Opções não faltam, entre travessas de frutos do mar, ravióli de langoustine, vieiras em manteiga de laranja, costela de boi grelhada ou enormes saladas, seguidos por torta de maçã caramelizada ou creme de castanhas. Fechado para jantar no inverno.

## CORTE U Museu €€

*13 Quart Quatre Fountains, 20250* **Tel** *04 95 61 08 36*

Ao pé da cidadela na cidade velha, este enorme restaurante tem vários salões, incluindo um terraço à sombra de árvores. Ampla variedade de pratos indo das pizzas, massas e saladas aos pratos corsos tradicionais, como feijão-branco com cordeiro, lasanha com recheio de brociu (um queijo corso) e carnes grelhadas com ervas. Fechado nov-abr.

## ÎLE ROUSSE A Siesta €€€€

*Promenade à Marinella, 20220* **Tel** *04 95 60 28 74* **Fax** *04 95 60 27 03*

Produtos do mar frescos são o orgulho deste badalado restaurante na praia. Em noites quentes as mesas são postas na própria praia para que você possa comer sob as estrelas caranguejos, lagostas ou bouillabaisse. Outras opções incluem ravióli de frutos do mar e carpaccio de peixe. Sobremesas e carta de vinhos excelentes. Fechado nov-mar.

## PORTO VECCHIO Le Lodge €€

*Quai Pascal Paoli, Port de Plaisance, 20137* **Tel** *04 95 22 47 93*

Este restaurante perto do porto atrai uma multidão de jovens, especialmente à noite, quando o clima é bem animado. A comida é tradicional e de boa qualidade, com porções generosas. O serviço é informal e simpático. No bar são servidos ótimos drinques. Fechado fev.

## PORTO VECCHIO Le Bistro €€€

*4 Quai Pascal Paoli, Port de Plaisance, 20137* **Tel** *04 95 70 22 96*

Animado local para comer na marina na cidade baixa. Belo salão e amplo terraço. Produtos do mar frescos com opções como vermelho com enchovas e tomates, dourado ou lagosta grelhada. Excelente tartare de carne de boi ou civet de javali, na estação. Há um novo bar de tapas e boas opções de crêpes suzettes. Fechado fev e dom.

## PORTO VECCHIO Casadelmar €€€€€

*Rte de Palombaggia* **Tel** *04 95 72 34 34*

Em um luxuoso e moderno hotel, próximo do centro de Porto Vecchio, este restaurante utiliza ingredientes regionais e da época, com muita elegância. Os pratos têm influência italiana, como o raviolini de carne e o tartare de filé com pecorino envelhecido e vinagre balsâmico 25 anos. O hotel também conta com um restaurante mais simples. Fechado nov-abr.

## PROPRIANO Chez Parenti €€€

*10 ave Napoléon* **Tel** *04 95 76 12 14* **Fax** *04 95 76 27 11*

Administrado desde 1935 pela família Parenti, este restaurante já funcionou como pousada de pescadores. Possui uma fachada simples e um lindo terraço com vista para o mar. A especialidade é o peixe fresco, mas ótimas carnes também são servidas. Não deixe de experimentar os queijos corsos. Fechado seg almoço, dom jantar; nov-abr.

## SARTENE Auberge Santa Barbara €€€

*Alzone (a 3km de Sartène pela estrada para Propriano), 20100* **Tel** *04 95 77 09 06* **Fax** *04 95 77 09 09*

Restaurante ao ar livre, de propriedade da mais destacada cozinheira corsa, Gisele Lovichi. Escolha entre a charcuterie caseira ou sopa do campo com sua salada de legumes, e pernil recheado ou lombo de cordeiro em ervas crocantes. Termine com fiadone, uma sobremesa feita com queijo corso, limões e ovos. Fechado da metade de out a mar.

## ST-FLORENT La Rascasse €€€

*Quai d'Honneur, 20217* **Tel** *04 95 37 06 99* **Fax** *04 95 35 00 08*

Culinária inventiva neste elegante restaurante de peixes numa localização excelente no porto. Instale-se confortavelmente no terraço e contemple os iates enquanto espera por sopa de peixe, risoto de frutos do mar ou lula grelhada. Prove a clássica bouillabasse ou uma lagosta grelhada e deixe espaço para uma das sobremesas. Fechado qua, exceto jul-ago.

# Compras

Fazer compras na França é uma delícia. Você sempre ficará tentado a levar alguma coisa, quer vá aos hipermercados ou lojas de departamentos, quer a mercadinhos ou lojas especializadas. A apresentação francesa e a qualidade dos artigos em oferta são sedutoras. Renomada por sua comida e vinho, a França também oferece moda, perfume, cerâmica, porcelana e cristais famosos. Esta seção traz indicações de horários de funcionamento e de mercadorias disponíveis. Há também sugestões sobre como comprar produtos regionais e também uma orientação geral para quem se interessa por perfumes e produtos de beleza.

**Azeite de Oliva de Baux**

**Nectarinas e melões frescos à venda em banca de mercado**

## HORÁRIO COMERCIAL

Lojas de alimentos abrem entre 7h e 8h e fecham perto do meio-dia para almoço. No norte, a pausa para almoço dura 2 horas; no sul, de 3 a 4 horas (nos balneários, ela é mais curta). Depois a maioria reabre até 19h ou mais.

Padarias abrem e fecham mais cedo, mas muitas ficam abertas até 13h para atender os compradores de baguete atrasados e servir lanche no almoço.

Supermercados e lojas de departamentos e a maioria dos hipermercados não têm pausa para almoço.

Lojas que não lidam com alimentos funcionam das 9h às 18h, de segunda a sábado. Muitos não abrem nas manhãs de segunda-feira.

A maioria das lojas de alimentos (e bancas de revistas) funciona domingo de manhã. Praticamente todo o comércio fecha nas tardes de domingo. Lojas menores podem ficar fechadas um dia por semana, em geral nas segundas-feiras. Nas regiões turísticas estão abertas todos os dias na alta estação.

## GRANDES ESTABELECIMENTOS

Os hipermercados (*hypermarchés* ou *grandes surfaces*) podem ser encontrados nos arredores das grandes cidades: procure os cartazes que indicam *centre commercial*. Entre os maiores, estão Carrefour, Casino, Auchan, Leclerc e Intermarché. Além da variedade normal de produtos à venda, a maioria tem também postos de gasolina com desconto.

As lojas de departamentos (*grands magasins*), como por exemplo Franprix e Monoprix, ficam localizadas nos centros das cidades. Redes maiores, como Printemps e Galeries Lafayette, dispõem também de unidades nos subúrbios.

**Padaria local, que vende artigos de confeitaria e pães**

## LOJAS ESPECIALIZADAS

Um dos prazeres das compras na França é que as lojas de alimentos ainda florescem, a despeito dos grandes supermercados. A *boulangerie*, para pães, frequentemente é também uma *pâtisserie*, que vende bolos e massas. O *traiteur* vende alimentos preparados. Lojas de queijo (*fromagers*) e outros pontos especializados em laticínios (*produits laitiers*) podem estar no mesmo endereço, enquanto a *boucherie* (açougue) e a *charcuterie* (frios e delicatessen) são, em geral, lojas separadas. Como mercearia generalista, vá a uma *épicerie* ou uma *alimentation*. *Épicerie fine* é o mesmo que delicatessen.

## MERCADOS

Este guia traz os dias de mercado – ou feira – em cada cidade. Pergunte por *le marché* para descobrir onde se localiza. Os mercados costumam fechar ao meio-dia e não reabrem à tarde.

Sempre procure os produtores locais, inclusive aqueles com apenas um ou dois produtos para vender, que costumam ser mais baratos e de melhor qualidade.

Por lei, as etiquetas de preço incluem a origem de todos os produtos – *pays* significa local. As galinhas de Bresse são postas à venda com uma etiqueta vermelha, branca e azul, indicando o nome do produtor, como prova de autenticidade.

Dê preferência a produtos da estação, tais como nozes frescas, os primeiros aspargos silvestres, as primeiras alcachofras ou os pequenos *fraises des bois* (morangos silvestres).

Nos mercados, compram-se condimentos, calçados e roupas, além de peculiaridades.

O calendário de mercados de estação regionais é grande na França. São especializados em produtos como trufas, presuntos, alho, *foie gras* e vivos. *Foires artisanales* às vezes acontecem ao mesmo tempo, vendendo artesanato local.

## PRODUTOS REGIONAIS

As especialidades regionais francesas podem ser encontradas também fora de sua área de origem, mas é mais interessante comprá-las nos respectivos locais, pois sua criação e sabor refletem as tradições, os gostos e o clima da região.

A Provença, no sul do país, orgulha-se da qualidade de seu azeite de oliva. O melhor é feito da primeira prensagem a frio e decantado todos os dias por uma semana. Se você não conseguir chegar até um nicho produtor de azeite de oliva na Provença, vá até alguma **Oliviers et Co** que tem filiais por todo o país e vende uma excelente seleção de azeites. Não perca uma das sessões de degustação para experimentar os sabores.

No norte, de clima temperado, o camembert é feito de leite normando fresco, curado por pelo menos três semanas.

Bebidas populares também estão ligadas a regiões definidas. *Pastis*, feito de anis, é popular no sul, enquanto *calvados*, feito de maçãs, vem da Normandia. O *Crème de Fruit de Dijon*, ingrediente secreto de muitos bons coquetéis ou sobremesas, vem em vários sabores (de pêssego a morangos silvestres), além do conhecido licor de groselha-preta, o **Crème de Cassis**. Visite os produtores locais para comprar boas versões desse denso xarope alcoólico.

A localização também influi na qualidade. A tradição culinária de Lyon (*pp. 380-1*), por exemplo, que é o principal centro gastronômico francês, vem da proximidade da cidade em relação ao gado de leite charolês, dos frangos e porcos de Bresse, da carne de Les Dombes e dos finos vinhos do vale do Rhône.

Além dos sachês de ervas secas da Provença e das réstias trançadas de alhos e cebolas, não esqueça de comprar o tempero apreciado por todos os que adoram a cozinha francesa – o sal da Île de Re (*p. 416*) ou Guerande. Se visitar a área, dê um pulo nas salinas e escolha os grãos brutos e farelentos em um mercado local. O Fleur de Sel é uma variedade delicada em flocos e o Sel Marin, um tipo de sal cinza, esfarelado.

**Linguiças e queijos, especialidades regionais em um mercado de Lyon**

**Pastis 51, bebida popular no sul**

**Ervas desidratadas provençais, para uso culinário e para fazer chá**

## PRODUTOS DE BELEZA

As mulheres francesas são conhecidas por sua beleza, e há uma infinidade de bons produtos de beleza na França. As grandes marcas francesas, como **Chanel** e **Guerlain**, são disponíveis no exterior, mas os fãs mais ardorosos de cosméticos devem vasculhar os balcões de produtos de beleza locais para achar produtos especiais vendidos apenas na França.

Se você é muito ligado em beleza, aproveite sua estada em Paris para ir até a Chanel, na rue Cambon, e a Guerlain, nos Champs Elysées, e comprar fragrâncias que só se encontram nestas lojas. No resto do país, marcas de supermercados como Evian, Eau Thermale d'Avène e Barbara Gould fazem muito sucesso entre editores de revistas de beleza. É o caso do demaquilante da Eau Thermale d'Avène, da espuma de limpeza Barbara Gould e do gel de limpeza facial Evian, presentes nos estojos de maquiagem de muita gente ligada em moda. Da mesma maneira, muitos parisienses elegantes prestigiam produtos como o óleo para o corpo *Huile Prodigieuse*, da Nuxe, que virou um *cult*, ou o *Vinotherapary Cabernet* para limpeza do corpo (com extrato de uva) da Caudalie e o creme anticelulite Elancyl.

As cápsulas Oenobiol, um suplemento para bronzeado, e a linha para cuidados com o cabelo da Phytomer são considerados absolutamente necessários pelos frequentadores da praia de St-Tropez para minimizar os estragos do sol na pele e nos cabelos.

Uma abordagem mais tradicional aos produtos franceses de toucador pode se inclinar para produtos como o *savon de marseilles* – sabonete tradicional feito com azeite de oliva.

Os mais fanáticos por fragrâncias devem ir até a Grasse (*p. 517*), capital mundial do perfume. Não deixe de visitar as três maiores fábricas de perfumes, **Fragonard**, **Molinard** e **Galimard**. Todas elas vendem fragrâncias ao público.

## ACESSÓRIOS

A moda francesa é famosa, mas não se limita às grifes e lojas mais conhecidas *(pp. 142-4)*. A melhor maneira de conseguir um visual francês é usar acessórios fabricados no país. Seguindo a tradição francesa de ofícios especializados de certas localidades, existem regiões que se esmeram na produção de acessórios.

Para começar, um guarda-chuva feito à mão de Aurillac *(p. 364)* é uma garantia de se proteger da chuva com estilo. Os mais conhecidos fabricantes de guarda-chuvas são **L'Ondée Au Parapluie D'Aurillac**, **Piganiol** e **Delos**, que os produzem sob medida com uma fotografia que você escolher para espantar os pingos d'água.

As melhores luvas são encontradas em Millau. Visite **L'Atelier Gantier** (o ateliê das luvas) e escolha um modelo de couro, costurado à mão, nas mais diversas cores. Dentro de um estilo mais informal podem-se encontrar cestas de vime coloridas em mercados e lojas de utensílios, que acrescentam um toque de charme. As butiques de praia são ótimos lugares para achar sarongs, contas e pulseiras para ir à *la plage* (a praia). As sandálias **K Jacques** de St-Tropez são um item indispensável para aqueles que gostam de estar sempre na moda.

Quando é hora de ir para as montanhas, as roupas de esqui da marca francesa Rossignol são uma boa pedida, mas somente no final da temporada. No auge da estação de esqui as lojas nestes *resorts* são muito caras. No entanto, assim que a neve começa a derreter, todo o equipamento de aluguel para esquiar fica mais barato e jaquetas e botas de esquiar e roupas para um *après* esqui ficam a um preço muito mais convidativo.

## UTENSÍLIOS DOMÉSTICOS

Se você está atrás de produtos para a casa, as melhores lojas são **IKEA**, **Alinea** e **Habitat**. A **Truffaut** vende mobília para o jardim, e a **Leroy Merlin** é o hipermercado de produtos para você reformar a sua casa.

É muito raro encontrar toda uma linha de itens para cozinha em uma loja especializada; em vez disso, procure a seção de produtos para cozinha das lojas de departamentos. Você encontra artigos de louça em lojas especializadas.

Viajar pela Normandia é uma boa desculpa para encontrar produtos de qualidade, até o *crème de chantilly*, e quem está interessado em toalhas de mesa e lingerie ficará satisfeito com a indústria de renda da região.

A renda de **Alençon** é muito cara e pode ser encontrada nas melhores lojas de Paris; a renda vendida em lojas de Argentan, Chantilly *(pp. 204-5)* e Bayeux *(págs 252-3)* tem preços mais acessíveis. Vale a pena comprar peças de renda para criar um visual diferente em uma blusa ou bolsa, já que a renda voltou de fato à moda.

É fácil encontrar cortinas e toalhas de mesa de renda. Basta pegar a "estrada da renda" e fazer um passeio pelos museus da renda e lojas de Alençon, Argentan, Caen *(pp. 253-4)*, Courseulles, Villedieu-les-Poêles e La Perrière.

Depois de comprar uma bela toalha de renda, você pode se dedicar ao magnífico mundo dos cristais. O mais famoso fabricante de cristais do país, **Baccarat**, tem um museu que exibe suas melhores criações e uma loja onde se pode comprar o melhor Baccarat. Um cristal francês mais acessível, mas ainda assim elegante, para ser usado no dia a dia, é da **Crystal d'arques**. Você pode fazer um passeio pelo pequeno museu que fica na própria fábrica e adquirir peças de cristal com desconto.

Você encontra cerâmica a melhores preços sobretudo perto de centros de produção como Quimper *(p. 274)*, na Bretanha, Aubagne, perto de Marseille, e Vallauris *(p. 522)*, perto de Grasse.

A porcelana de Limoges *(p. 356)* embeleza qualquer mesa: um conjunto de peças para jantar da loja da fábrica **Royal Limoges** é um bom investimento.

As incríveis tapeçarias **Aubusson** são caras e talvez não façam parte de seu roteiro durante as férias, mas se você se interessa por decoração, vale a pena visitar a tecelagem de Aubusson *(pp. 356-7)*.

Pequenos objetos podem ser mais divertidos de comprar. Não se esqueça de visitar os mercados locais em

### TAMANHOS

| Roupas infantis | | | | | | | |
|---|---|---|---|---|---|---|---|
| Brasil | 2 | 4 | 6 | 8 | 10 | 12 | 14 | 16+ |
| Europa | 2-3 | 4-5 | 6-7 | 8-9 | 10-11 | 12 | 14 | 14+ |
| **Calçados infantis** | | | | | | | |
| Brasil | 24-25 | 26-27 | 28 | 29 | 30 | 31 | 32 | 33 |
| Europa | 24 | 25½ | 27 | 28 | 29 | 30 | 32 | 33 |
| **Vestidos, saias e casacos femininos** | | | | | | | |
| Brasil | 38 | 40 | 42 | 44 | 46 | 46 | 50 | - |
| Europa | 38 | 40 | 43 | 44 | 46 | 48 | 50 | 52 |
| **Blusas e malhas femininas** | | | | | | | |
| Brasil | | 38 | 40 | 42 | 44 | 46 | 48 | 50 |
| Europa | | 40 | 42 | 44 | 46 | 48 | 50 | 52 |
| **Calçados femininos** | | | | | | | |
| Brasil | | 36 | - | 37 | - | 38 | - | 39 |
| Europa | | 36 | 37 | 38 | 39 | 40 | 41 | 44 |
| **Camisas masculinas** | | | | | | | |
| Brasil | 35 | 37 | 39 | 40 | 41 | 42 | 43 | 44 |
| Europa | 36 | 38 | 39 | 41 | 42 | 43 | 44 | 45 |
| **Calçados masculinos** | | | | | | | |
| Brasil | 39 | 40 | 41 | 42 | 43 | 44 | 45 | 46 |
| Europa | 39 | 40 | 41 | 42 | 43 | 44 | 45 | 46 |

As medidas são apenas para referência. Cada marca adota seu padrão de conversão. Informe-se ao adquirir o produto.

busca de guardanapos de algodão, panos de limpeza de linho e talheres para frutos do mar. Na Provença, concentre-se nos utensílios de cozinha coloridos e baratos – pratos pintados, tijelas de terracota são encontrados em abundância.

## VINHO

Para se comprar vinho diretamente das cooperativas ou dos vinicultores, siga as placas de degustação *(dégustation)* até os vinhedos *(domaines)*. Você deve comprar pelo menos uma garrafa, exceto onde é cobrada uma pequena taxa pela degustação. As cooperativas produzem e vendem os vinhos de pequenos produtores. Você pode adquiri-lo em tonéis de 5 e 10 litros *(en tonneau)* ou engarrafado. O vinho vendido *en tonneau*, quando aberto, deve ser consumido rapidamente. Os vendidos em garrafa são melhores para trazer para casa. Os vinhos engarrafados pelas cooperativas são taxados. **Nicolas** é o principal comercializador de vinho francês, com muitas filiais.

## OUTLETS DE FÁBRICA

O sistema de vendas francês é muito rígido *(p. 140)*, mas quem procura preços mais baixos sabe que as lojas de fábrica vendem alguns itens durante o ano todo. Os maiores outlets de fábrica ficam na cidade de Troyes e nas suas proximidades, em shoppings de outlets chamados **Marques Avenue** (Avenida das Marcas), **Marques City** (Cidade das Marcas) e **McArthur Glen**, um grande oulet americano. Lá vende-se de tudo, de ternos Yves Saint Laurent a perfuradoras Black and Decker, de talheres Cristofle a produtos para bebê Bonpoint. Os outlets de fábrica não têm o charme dos mercados e das lojas especializadas, mas constituem uma experiência diferente e compensam pelos preços que oferecem, sobretudo quando a intenção é renovar todo o guarda-roupa.

# AGENDA

### HIPERMERCADOS E LOJAS DE DEPARTAMENTOS

Para obter os endereços, visite os websites a seguir:

**Auchan**
www.auchan.fr

**Carrefour**
www.carrefour.fr

**Casino**
www.supercasino.fr

**Franprix**
www.franprix.fr

**Galeries Lafayette**
www.galerieslafayette.com

**Intermarché**
www.intermarche.com

**Leclerc**
www.e-leclerc.com

**Monoprix**
www.monoprix.fr

**Printemps**
www.printemps.com

### PRODUTOS REGIONAIS

**Crème de Cassis**
Gabriel Boudier
14 rue de Cluj
21007 Dijon
**Tel** 03 80 74 33 33

**Oliviers et Co**
Endereços no website
www.oliviers-co.com

### COSMÉTICOS

**Chanel**
31 rue Cambon
75008 Paris
**Tel** 01 42 86 26 00
www.chanel.com

**Fragonard**
20 bd Fragonard
06130 Grasse
**Tel** 04 93 36 44 65
www.fragonard.com

**Galimard**
73 route de Cannes
06130 Grasse
**Tel** 04 93 09 20 00
www.galimard.com

**Guerlain**
68 avenue des Champs Elysées 75008 Paris
**Tel** 01 45 62 52 57
www.guerlain.fr

**Molinard**
60 bd Victor Hugo 06130 Grasse
**Tel** 04 93 36 01 62
www.molinard.com

### ACESSÓRIOS

**L'Atelier Gantier**
21 rue Droite
12100 Millau
**Tel** 05 65 60 81 50

**Delos**
14 rue Rocher
15000 Aurillac
**Tel** 04 71 48 86 85
www.delos-france.com

**K Jacques**
32 rue Plages 83990
St-Tropez **Tel** 04 94 97 41 50
www.kjacques.com

**L'Ondée au Parapluie d'Aurillac**
27 rue Victor Hugo
15000 Aurillac
**Tel** 04 71 48 29 53

**Piganiol**
9 rue Ampère
15000 Aurillac
**Tel** 04 71 63 42 60

### UTILIDADES DOMÉSTICAS

**Alençon Lace Museum**
Cour carrée de la Dentelle
61000 Alençon
**Tel** 02 33 32 40 07

**Aubusson**
Manufacture Saint-Jean
3 rue Saint-Jean
23200 Aubusson
**Tel** 05 55 66 10 08

**Baccarat**
20 rue des Cristalleries
54120 Baccarat
**Tel** 03 83 76 60 06
www.baccarat.com

**Alinea**
www.alinea.fr

**Cristal d'Arques**
Zone industrielle
62510 Arques
**Tel** 03 21 95 46 47

**Habitat**
www.habitat.net

**Ikea**
www.ikea.com

**Leroy Merlin**
www.leroymerlin.fr

**Royal Limoges**
28, rue Donzelot
Acesso pelo Quai du Port du Naveix, 87000 Limoges
**Tel** 05 55 33 27 37
www.royal-limoges.fr

**Truffaut**
www.truffaut.com

### VINHOS

**Nicolas**
www.nicolas.com

### PONTAS DE ESTOQUE

**Marques Avenue**
Ave de la Maille 10800
Saint Julien les Villas
**Tel** 03 25 82 80 80
www.marquesavenue.com

**Marques City**
35 rue Danton
10150 Pont Sainte Marie
**Tel** 03 25 46 37 48
www.marquescity.fr

**McArthur Glen**
ZI des magasin d'usines du Nord 10150 Pont Sainte Marie **Tel** 03 25 70 47 10
www.mcarthurglen.fr

# Diversão na França

Paris é um dos centros mundias de diversão, mas o renome da França como centro de excelência em artes estende-se além da capital. Não importa se você quer ver uma peça de teatro, um filme, um espetáculo de dança moderna ou ouvir jazz ou tecno, o país oferece muitas escolhas. Os capítulos regionais deste guia dão uma ideia das atrações locais, e aqui você terá uma visão das tendências gerais. Grandes festivais como os de Avignon e Cannes são muito prestigiados pelos franceses, por isso reserve com antecedência. Para pequenos festivais e eventos locais, os sites dos escritórios de turismo têm a programação atualizada.

Vista noturna da espetacular ambientação do teatro de Avignon

## TEATRO

Ir ao teatro na França pode ser algo formal ou intimista, depende da sua escolha. A ida a um grande teatro exige traje a rigor, reservar um *souper* (jantar-ceia) em um restaurante próximo especializado em frequentadores de teatro e tomar champanhe de preço exorbitante no intervalo. Já uma ida a um teatro pequeno vai implicar roupa informal, ingressos baratos e uma atmosfera intimista.

Grandes astros e estrelas franceses do cinema frequentemente voltam aos palcos, como Gerard Depardieu e Fanny Ardant em *A fera na selva*, o que reflete a popularidade do teatro. Seja qual for o gênero, os franceses adoram uma noite *au théâtre*, quer se trate de uma farsa francesa ou de um festival de teatro de rua.

O maior festival de teatro da França é o de **Avignon** (p. 503), em julho, a maior parte ao ar livre. Ele também inclui balé, dramaturgia e concertos de música erudita. Durante o verão existem muitos teatros ao ar livre, normalmente gratuitos. Procure o posto de informação turística da cidade para saber sobre a programação.

Os franceses adoram circo. Em cidades pequenas, a época do verão costuma ser anunciada por um caminhão com alto-falante cruzando as ruas e convidando adultos e crianças para um passeio.

*Spectacles* de grandes proporções são outra forma popular de teatro, quer se tratem de grandes musicais ou de performances de *son et lumières*. Marionetes também são muito respeitadas na França, e os espetáculos desse tipo vão além das formas tradicionais.

## CINEMA

Os franceses se referem ao cinema como *La Septième Art*, o que revela o respeito que têm pelo gênero. Desde os irmãos Lumière e sua inovadora tecnologia até grandes sucessos atuais de crítica, como *The Chorus* e *Amelie* ou a *Nouvelle Vague*, a influência da França no cinema é importantíssima. Os franceses prestigiam produções locais, independentes, e as cidades menores defendem ativamente seus centros de produção cinematográfica. Por isso, quando for ao cinema, procure evitar os mastodontes como a UGC e a Gaumont e vá a uma pequena *salle de cinéma*. Se o seu domínio da língua não é suficiente para assistir a um filme francês, escolha uma V.O. *(Version Original)* de um filme em qualquer outra língua, que será exibido na língua original do filme. V.F. *(Version Française)* indica um filme dublado em francês. Como qualquer estrangeiro que viva na França sabe, ouvir uma voz em francês da boca de um ator conhecido de Hollywood pode comprometer o prazer de assistir a um grande lançamento.

Outra coisa que se deve ter em conta é a atitude dos franceses em relação a comer no cinema. Basicamente isso só é aceitável nas crianças. Embora os cinemas franceses tenham bancas que vendem pipoca e doces, só os estrangeiros são vistos mastigando nas partes mais tensas dos filmes. Por outro lado, alguns cinemas franceses têm bares e restaurantes anexos, para que os frequentadores possam ver o filme durante uma refeição.

Vários cinemas exibem minifestivais de diretores, com vários filmes mostrados um após o outro, atraindo estudiosos do cinema e gente curiosa para aprender mais.

Como mostra a fama de **Cannes** (p. 520), festivais de cinema são levados a sério pelos franceses. O Festival de Cannes é uma miscelânea de gente da mídia, do glamour da velha escola e de oportunidades de negócios. É uma experiência deslumbrante conseguir ingressos para quaisquer dos filmes ou festas, mas é difícil consegui-los,

Pôster do Festival internacional de Cinema de La Rochelle

Tapete vermelho e agitação no Festival de Cinema de Cannes

pois são apenas para convidados. Um modo mais fácil de experimentar o lado fabuloso do cinema é participar do festival de cinema americano e asiático de **Deauville** *(p. 255)*. Este evento é visto como uma grande plataforma de lançamento para filmes americanos independentes que procuram o mercado europeu e atrai grandes estrelas e diretores *cult*. A seção de competição do festival exibe dez filmes por ano. Deauville é charmosa e pequena, e apesar de ser difícil você trombar com alguma grande estrela a cidade dá a sensação de que isso é possível.

O festival de cinema de **La Rochelle** *(p. 416)*, segundo maior da França, não atrai grandes atores, mas os fãs de cinema não vão ficar desapontados com a ampla seleção de filmes.

Uma boa maneira de assistir a um filme na França é em algum festival ao ar livre. Há muitos eventos desse tipo no país (cheque a programação local). E se tiver a sorte de estar em Arles *(pp. 508-9)*, poderá ter uma experiência inesquecível na sua mostra anual de grandes filmes sobre Roma, projetados contra o fundo de um magnífico anfiteatro romano. Para detalhes, entre em contato com o **Théâtre Antique**.

## DANÇA

A dança é um modo de vida na França. De aulas formais a irrupções espontâneas de passos na praça da cidade, movimentar-se ao som da música é central em todo tipo de celebração. Para a maioria dos estrangeiros, a primeira experiência com dançarinos franceses se dá em um clube noturno, e quase sempre é acompanhada por uma expressão de surpresa. Mesmo nos clubes noturnos mais chiques, não é incomum ver gente de seus vinte e poucos anos se mexendo ao som do *le rock*, um jeito formal de dançar o rock and roll. Os jovens franceses aprendem o *le rock* antes de passar a frequentar festas, e uma noção básica dos passos é vital para ser considerado um bom dançarino.

O amor pelas sessões formais de dança começa cedo e segue pelo resto da vida: os chás-dançantes são parte do calendário social das pessoas mais velhas. Centros comunitários, quadras, restaurantes e clubes noturnos costumam dar *Thé Dansantes*, em geral no fim da tarde ou começo da noite.

Outra maneira de sentir a cultura francesa da dança é ir até uma *guingette*, uma festa em um barco ancorado, com um ambiente festivo à moda antiga. Aqui as pessoas dançam *quadrille* ou a *musette* ao som do acordeão. Embora as *guingettes* se agrupassem tradicionalmente pelo rio Marne, elas hoje estão por toda a França e vale a pena procurar uma delas se sua viagem levar você para perto de um afluente desse rio.

Em geral, dança-se muito à beira d'água na França. Quem quiser dançar no sul deve ir para perto dos cais de Bordeaux e Marselha.

E, é claro, uma vez por ano, nos dias 13 e 14 de julho, ocorre um evento de dança improvisada por todo o país, com os *Bals des Pompiers*. Os "Bailes dos Bombeiros" são uma instituição nacional, quando franceses de todas as idades vão até a estação local do Corpo de Bombeiros para comemorar o dia da Bastilha dançando ao som de tudo, de Piaf a hip-hop, até de manhã cedo.

Se preferi olhar em vez de dançar, há grandes festivais de dança que celebram as tradições de dança das diversas regiões. O **Gannat festival** de Auvergne *(p. 353)* é um ótimo exemplo de evento de dança regional, assim como o **Festival Interceltique de Lorient** *(p. 270)* dedicado à música e dança celtas. Os principais festivais internacionais de dança são os de **Montpellier** *(pp. 494-5)* e **Lyon** *(pp. 378-81)*. Neles você terá uma maravilhosa chance de apreciar o talento da dança contemporânea mundial.

Figurino e coreografia maravilhosos no festival de dança de Montpellier

## MÚSICA

O cenário musical francês vai muito além de Jonny Hallyday, embora seja preciso reconhecer que o velho roqueiro ainda é bom de vendas de discos, shows e prato cheio das revistas de fofocas. Na verdade ele é belga, mas os franceses o adotaram há muito tempo.

O cenário tampouco é só de Bob Sinclair, Daft Punk, Air e "Le French Touch". O fato de haver uma coexistência entre música disco e rock na lista dos mais vendidos na França revela que há espaço para todo o tipo de música. A *chanson* voltou com tudo nestes últimos anos, como revela o sucesso de Benjamim Biolay, que lidera este *revival*. A nova *chanson* francesa tem Biolay como seu artista máximo, mas existem outros cantores conhecidos como Vincent Delerm e Benabar.

Cantoras também estão em alta; basta ouvir Lara Fabian ou a estrela pop da TV, Chimène Badi, para confirmar isso.

Outro recente fenômeno musical francês veio com o filme *The Chorus* (*Les Choristes*, 2004), de grande bilheteria, que teve em sua trilha musical um sucesso de vendas e causou impacto em sua apresentação.

O evento que melhor simboliza a variedade da música francesa é a *Fête de la Musique*. Todos os anos, no dia 21 de junho, o país todo vibra aos acordes deste festival nacional da música.

Músicos amadores e profissionais sobem aos palcos nos vilarejos e cidades para se apresentar. A melhor maneira de aproveitar a festa é assistir ao maior número de "concertos" possível, não esquecendo que para aqueles que querem ser futuras estrelas do rock essa talvez seja a a única chance de brilhar, mesmo que não se saiba cantar. Qualidade musical à parte, o que mais impressiona na *Fête de la Musique* é o grande número de gêneros musicais que se consegue ouvir em algumas poucas ruas. De orquestras completas até um rapper solitário, você pode esperar ouvir de tudo, do acordeão até gaitas de fole, *chanson*, hip-hop e música eletrônica.

Se você preferir festivais mais especializados, vá a um dos eventos dedicados ao que há de melhor da música de câmera ao jazz.

Em julho, o **Festival das Francofolias**, em La Rochelle *(p. 416)*, reúne entusiastas da música francesa do mundo inteiro, assim como o **Jazz in Antibes** atrai os melhores músicos para esta elegante cidade litorânea *(p. 521)*. As **Choregies d'Orange**, o mais antigo festival de ópera da França, ocorrem em julho e agosto em um dos mais preservado anfiteatro romano, de acústica perfeita. O festival de órgão em **Aubusson** *(pp. 356-7)* tem como destaque o órgão da igreja de Sainte Croix, e **La Roque d'Antheron** continua a atrair uma multidão de admiradores da arte do piano. O **Festival internacional de Colmar** *(p. 227)* é um grande evento para os amantes da música clássica, e o **Aix Festival** *(p. 551)* é obrigatório para todos os que levam a música a sério, enquanto eventos com **Montpellier** *(pp. 494-5)* e **Radio France** atraem fãs da música do mundo todo.

## CLUBES

Bons clubes noturnos e festas para todos os gostos também ocorrem nas proximidades da capital francesa. Há bares, clubes e discos pelo país inteiro e os notívagos não vão se desapontar com a variedade de opções. Locais fora dos grandes centros podem ser divertidos e vale a pena até visitar eventos comunitários como festas ao ar livre e festivais.

Em geral, os clubes noturnos abrem tarde da noite e, mesmo em cidades menores, não começam a ferver antes da meia-noite. Os franceses preferem tomar alguns drinques em um local a sair de bar em bar. Não é considerado de bom-tom tomar vinho fora das refeições, embora o champanhe seja sempre bem-vindo. O mais comum é um grupo de amigos ir a um clube e dividir uma garrafa de destilado. Os clubes noturnos sempre oferecem diversas opções, mas quem opta pela garrafa compartilhada em geral consegue uma mesa somente para o seu grupo. As mesas costumam ser reservadas para quem compra uma garrafa de destilado: um simples gim tônica não garante um lugar à mesa. Por mais extravagante que isso possa parecer, é geralmente uma opção mais barata do que ordenar drinques individuais para quatro ou mais pessoas.

No que se refere ao modo de vestir, o moletom é terminantemente proibido e quanto mais bem-vestido, melhor a receptividade. Nos clubes de hip-hop e house as exigências são menores. Mas nas mais tradicionais *boites de nuit* (clubes noturnos) quanto mais bem-vestido, melhor. Nos clubes de acesso restrito, uma reserva de mesa para uma ceia pode contornar o problema, assim como mostrar ao segurança na porta que se está vestido com roupas de grife.

Para conhecer um dos clubes mais charmosos, deve-se ir ao **Les Planches**, nas cercanias de Deauville – um lugar superchique *(p. 255)*. Além de possuir uma piscina onde se podem encontrar figuras do show business às 3 da manhã, carros antigos são designados para levar a clientela até este clube sempre animado.

Nas montanhas, o **Le Privilege**, em Chamonix *(p. 322)*, e **Le Loft**, em Méribel são os bares mais animados dos Alpes.

A Côte d'Azur *(pp. 449-531)* é conhecida por sua animada vida noturna. **Les Caves du Roy**, no Hotel Byblos, e o **Nikki Beach**, em St-Tropez *(p. 516)*, são perfeitos para o *jet set*, enquanto o **Jimmyz**, em Mônaco *(pp. 530-1)*, é um lugar para encontrar quem realmente conta.

## ESPORTES PARA ASSISTIR

Por todo o país os entusiastas dos esportes têm várias opções para acompanhar diferentes modalidades esportivas. Se você não quiser esperar pelo grande final do **Tour de France**, em Paris, poderá ver a largada na Bretanha *(p. 424)*. Acompanhar o trajeto da corrida desde uma pequena localidade pode ser uma grande experiência (mas atenção: o Tour tem precedência e o trânsito fica interrompido por um bom tempo).

Se você prefere futebol, os melhores times, como o **Lyon** e o **Marseilles**, se apresentam nos estádios olímpicos.

Para quem gosta de surfar, a pedida é Biarritz *(p. 452)*, Lacanau *(p. 424)* e Hossegor *(p. 424)* onde se pode assistir aos campeonatos, enquanto os fanáticos por esqui podem ver a Copa Europeia em Les Trois Vallées *(p. 322)*.

Os golfistas têm o **PGA Open**, que ocorre perto de Paris, e o **LPGA in Evian**, que só fica atrás do US Open.

Para os cavaleiros, deve-se ir ao **Haras National de Pompadour**, um dos melhores da França, para competições equestres, *dressage* e provas de salto durante o ano todo. Para corrida de cavalos, o melhor lugar é a pista de corridas de **Chantilly**.

As 24 horas de **Le Mans** são uma instituição no mundo das corridas de carros, como também o **Grand Prix** de Mônaco *(pp. 530-1)*. O **French Grand Prix**, em Magny Cours, ao sul de Nevers *(págs 339-40)*, também vale a pena.

E ao visitar o país durante o verão não se deve deixar de assistir a uma partida do interessante jogo da *pétanque* (também conhecido por *boules*), que ocorre na praça de qualquer pequena cidade.

## AGENDA

### TEATRO

**Avignon Theatre Festival**
www.festival-avignon.com
*Tel 04 90 14 14 14*

### CINEMA

**Cannes Film Festival**
www.festival-cannes.fr

**Deauville Film Festival**
www.festival-deauville.com

**La Rochelle Film Festival**
www.festival-larochelle.org

**Théâtre Antique d'Arles**
Association Peplum
*Tel 04 90 93 19 55*
www.festivalpeplumarles.com

### DANÇA

**Festival Interceltique de Lorient**
*Tel 02 97 64 03 20.*
www.festival-interceltique.com

**Gannat Festival**
*Tel 04 70 90 12 67.*
www.gannat.com

**Lyon Festival**
*Tel 04 72 07 41 41.*
www.biennaledelyon.org

**Montpellier Festival**
*Tel 08 00 60 07 40.*
www.montpellierdanse.com

### MÚSICA

**Aix Festival**
*Tel 04 42 17 34 00.*
www.festival-aix.com

**Aubusson Festival**
*Tel 05 55 66 32 12.*
www.aorgue-aubusson.org

**Choregies d'Orange**
*Tel 04 90 34 24 24.*
www.choregies.asso.fr

**Colmar International Festival**
*Tel 03 89 20 68 97.*
www.festival-colmar.com

**Festival das Francofolies**
*Tel 05 46 28 28 28.*
www.francofolies.fr

**Jazz in Antibes**
*Tel 04 97 23 11 10.*
www.antibesjuanlespins.com

**Radio France e Montpellier Festival**
*Tel 04 67 02 02 01*
www.festivalradiofrancemontpellier.com

**La Roque d'Antheron**
*Tel 04 42 50 51 15.*
www.festival-piano.com

### CLUBES

**Les Caves du Roy**
Avenue Paul Signac
83990 St-Tropez
*Tel 04 94 97 16 02.*
www.byblos.com

**Jimmy'z**
Le Sporting Club,
Avenue Princesse Grace,
Monte Carlo
*Tel 00 377 98 06 73 73.*

**Le Loft**
Parc Olympique,
La Chaudanne
73550 Méribel
*Tel 04 79 00 36 58.*
www.leloftmeribel.com

**Nikki Beach**
Route de Epi Ramatuelle
83350 St-Tropez
*Tel 04 94 79 82 04*
www.nikkibeach.com

**Les Planches**
Les Longs Champs
14910 Blonville sur Mer
*Tel 02 31 87 58 09.*

**Le Privilege**
Rue des Moulins
74400 Chamonix
*Tel 04 50 53 29 10.*
www.barleprivilege.com

### ESPORTES PARA ASSISTIR

**Chantilly Racecourse**
Rue Plaine des Aigles,
Chantilly, Oise
*Tel 03 44 62 44 00*
www.france-galop.com

**French Grand Prix**
Magny Cours, 58170
*Tel 03 86 21 80 00.*
www.fia.com

**Grand Prix**
Automobile Club
de Monaco
*Tel 00 377 93 15 26 00.*
www.fia.com

**Haras National de Pompadour**
*Tel 08 11 90 21 31.*
www.haras-nationaux.fr

**LPGA in Evian**
www.evianmasters.com

**Le Mans**
*Tel 02 43 40 24 24.*
www.lemans.org

**Olympique Lyon**
350 av Jean Jaures
69007 Lyon
www.olweb.fr

**Olympique de Marseille**
3 bd Michelet
13008 Marseille.
www.om.net

**PGA Open**
www.pgafrance.net

**Tour de France**
www.letour.fr

# Interesses Especiais e Atividades ao Ar Livre

A França oferece extensa variedade de atividades de lazer e esportes, e é uma maravilhosa escolha para quem tem interesses especiais. Os franceses prezam muito a *art de vivre*, que inclui não só comer e beber bem, mas cultivar interesses especiais e hobbies. Para o melhor em diversão, esportes, festivais e eventos anuais, veja *França Mês a Mês (pp. 36-9)*. Informação sobre lazer e esportes para cada região está disponível nos escritórios de turismo indicados para cada cidade neste guia. As sugestões a seguir são para os interesses mais populares, e também para os mais incomuns.

Estudantes exibem seu talento no curso de culinária da Hostellerie Berard

## INTERESSES ESPECIAIS

Os escritórios de turismo do governo francês *(p. 669)* têm informação sobre companhias de viagem que oferecem férias com interesses especiais e podem enviar uma cópia do *The Traveller in France Reference Guide*.

Se você quer melhorar seu francês, há uma série de cursos de línguas disponíveis. Eles costumam ser combinados com outras atividades, como culinária ou pintura. Para mais informações, consulte o site da **Embaixada da França no Brasil** *(p. 664)*.

Os jovens podem optar por umas férias faladas em francês trabalhando meio período na restauração de locais históricos, pela **Union REMPART** *(Union pour la Réhabilitation et Entretien des Monuments et du Patrimoine Artistique)*.

Existe uma tentadora variedade de cursos de gastronomia, para introduzi-lo à cozinha francesa clássica ou na culinária de uma determinada região. Para cozinheiros experientes, há cursos especializados. Cursos de degustação de vinhos também são muito concorridos.

Há muitos cursos de arte e artesanato por todo o país, para todos os níveis, do iniciante ao artista experiente.

Os amantes da natureza podem visitar parques nacionais *(parcs nationaux)* e participar de viagens para observação de pássaros ou botânica em áreas como Camargue, Cévennes e a Córsega.

*Le Guide des Jardins en France*, publicado pela Actes Sud, é um guia útil para visitar os belos e numerosos jardins franceses.

## GOLFE

Existem campos de golfe por toda a França, especialmente ao longo das costas norte e sul e na Aquitânia. Os golfistas têm que apresentar um padrão mínimo e obter uma licença para poder jogar, por isso procure levar seu certificado de habilitação com você. Campos de alto nível oferecem clínicas de fim de semana ou mais extensas, voltadas para todos os níveis de experiência. A **Fédération Française de Golf** pode fornecer uma lista de todos os campos franceses.

Pacotes especiais para golfistas, incluindo hospedagem em hotéis de luxo podem ser ideais para golfistas de alto nível e seus parceiros não golfistas. O espetacular Hotel Royal e seu renomado campo de golfe **Evian Masters** é uma opção bem exclusiva. O campo de dezoito buracos com certeza agrada a todos os fãs do golfe. Há também um spa e cinco piscinas. O muro para escalar, as quadras de squash e tênis são um atrativo para os visitantes mais ativos.

No sul, a **American Golf School** oferece uma equipe de profissionais do golfe que se dedica a treinar crianças, iniciantes e também jogadores de bom nível em oito cursos e aulas particulares diferentes. Suas clínicas de verão e master classes têm muita procura.

O **Hotel des Mougins**, com seu endereço na "Avenue de Golf", fica localizado perto de dez prestigiosos campos de golfe, incluindo o Golf Country Club Cannes, o Royal Mougins Golf Club e o Golf d'Opio-Valbonne. O hotel pode organizar rodadas nos diversos clubes e oferece pacotes que incluem extras, como um almoço na sede do clube.

O **Golf Hotel Grenoble Charmeil** organiza torneios em três campos, incluindo o Grenoble International. Na

Pintura da pitoresca paisagem francesa

# INTERESSES ESPECIAIS

Bretanha, o **St-Malo Golf & Country Club** tem o interior de uma mansão do século XIX e um impressionante campo de golfe de 27 buracos, rodeado pela floresta Mesnil.

## TÊNIS

O tênis é um esporte muito popular na França, e quase toda a cidade tem quadras para alugar por hora. É uma boa ideia trazer seu próprio equipamento, pois às vezes não há como alugar.

## CAMINHADAS

Na França há mais de 60 mil km de trilhas de longa distância, conhecidas como *Grandes Randonnées* (GR), claramente demarcadas. Há também 80 mil km de trilhas mais curtas, as *Petites Randonnées* (PR).

Os caminhos têm dificuldade variável, desde longas vias para peregrinos, rotas alpinas e trilhas cortando os parques nacionais. Algumas *Grandes* and *Petites Randonnées* são abertas para *mountain bikes* e para passeios a cavalo.

Os *Topo Guides*, publicados pela **Féderation Française de la Randonnée Pédestre**, descrevem as trilhas, com detalhes sobre transportes, locais para pernoite e lojas de alimentos. Há também uma série voltada para famílias, a *Promenades et Randonnées*.

## CICLISMO

Para se orientar sobre o ciclismo na França, contate a **Fédération Française de**

*Mountain bike*, ótima nas explorações

Uma escapada para a floresta em Fontainebleau *(pp. 180-1)*

*Cyclisme*. Ciclistas mais dedicados podem realizar seu sonho passando as férias em uma etapa do Tour de France com a equipe **Velo Echappe** *Etape du Tour*. A empresa organiza dois tipos de aventura – um programa todo guiado ou uma opção autoguiada. Ela cuida de toda a papelada de inscrição dos participantes, e na opção guiada coloca você em um hotel a uma quadra do final da etapa. As inscrições para o passeio devem ser apresentadas até o final de março de cada ano para poder pedalar com os profissionais do Tour de France.

Já quem gosta de ciclismo mais suave pode escolher um passeio pelos vinhedos da França. Descer sem pedalar pela Route des Grands Crus na Borgonha pode ser um exercício de férias mais do que suficiente para alguns. A **Duvine Adventures** organiza passeios por vinhedos famosos como La Tache, Romanee-Conti e Nuit-St-Georges. O passeio inclui trechos planos e de montanha, além de oferecer excelentes almoços. Escritórios de turismo locais fornecem detalhes sobre instalações na área. O site da **Voies Vertes** fornece informações e roteiros de trilhas fáceis pelo adorável interior francês.

O *Gîtes de France (p. 549)* oferece pernoites nas vizinhanças de trilhas bem conhecidas.

## PASSEIOS A CAVALO

Há muitas empresas de renome que oferecem passeios a cavalo, de uma hora a um fim de semana prolongado, ou férias de uma semana ou mais. O melhor jeito de escolher é decidir que tipo de área rural você prefere ver da sela. Se sentir atração pelo Mont St-Michel *(pp. 256-61)* e pelas praias da Bretanha, então procure a **A La Carte Sportive**, que oferece estábulos com cavalos treinados em trilhas, para iniciantes e intermediários. Para cavaleiros mais experientes, passear por uma montanha de Camargue na região da Provença *(pp. 510-1)* é uma bela opção. A **Ride in France** também atende iniciantes e organiza passeios de três

Caminhadas pelas Gorges du Verdun, Provença *(pp. 514-5)*

dias por belíssimas paisagens, permitindo apreciar a fauna e a flora locais. Quem gosta de cavalos e tem inclinação por história, ou então gosta de luxo, pode achar interessante o pacote da empresa **Cheval et Châteaux**, que organiza passeios a cavalo por castelos do Loire. Os participantes não só irão apreciar a suntuosidade dos castelos da região, como poderão pernoitar neles por cortesia. Esta é uma maneira ideal de brincar de lorde ou lady da propriedade e ao mesmo tempo satisfazer a paixão por passeios a cavalo.

## ESPORTES DE MONTANHA

As montanhas francesas, em especial os Alpes e os Pireneus, oferecem uma ampla gama de oportunidades de praticar esportes. Além do esqui alpino de descida livre e o *ski de fond (cross-country)* no inverno, as montanhas são desfrutadas no verão por esquiadores que não aguentam esperar o inverno chegar e vão atrás então de alguns dos melhores locais na Europa para esqui em geleiras.

Os alpinistas podem entrar em contato com a **Féderation Française de la Montagne et de l'Escalade** para mais informações sobre os melhores locais para escalada.

Os fãs de esportes juntam-se às multidões de dedicados esquiadores e praticantes de *snowboard* que todo ano se dirigem para as serras francesas. As montanhas aqui oferecem condições para todos os níveis de habilidade, das crianças no clube infantil aos atletas *off-piste* que arriscam a vida, passando por praticantes de *snowboard, kitesurfers* e amantes da neve menos radicais que se satisfazem com uma pista de dificuldade moderada e uma refeição nos restaurantes nas encostas.

## ESQUI

Na França ficam algumas das melhores estações de esqui do mundo. A imensidão de algumas pode por si só ser intimidadora, especialmente para aqueles que insistem em percorrer todas as pistas no mapa. A área de esqui de Trois Vallées *(p. 322)*, por exemplo, é constituída por três vales que incluem as estações de Courchevel, Méribel, Val Thorens e Les Ménuires. Somadas, dão o assombroso total de 600km de pistas. Trois Valées é um excelente exemplo de como as estações de esqui francesas diferem enormemente em estilo. Estações superchiques tais como Courchevel e Méribel atraem esquiadores do mundo todo, frequentemente vestidos com a última moda em trajes de esqui e usando o mais recente equipamento. Nessas estações os hotéis – sobretudo aqueles considerados "in" – são caros, e comer e beber nos locais "para ver e ser visto" implica um rombo considerável no orçamento. Por outro lado, estações consideradas menos glamurosas, tais como Vals Thorens e Les Ménuires, podem ser usufruídas sem grifes e limites enormes no cartão de crédito.

A principal preocupação ao escolher uma estação deve ser a porcentagem de pistas que se ajustam à sua habilidade. Um iniciante pode ficar frustrado em uma estação destinada aos mais hábeis, com poucas pistas marcadas com círculos verdes. Do mesmo modo, um esquiador no nível intermediário e querendo desenvolver suas habilidades ficará desapontado com uma área de esqui repleta de encostas de descida fácil cheia de iniciantes desajeitados começando a praticar.

É importante levar em conta também o aspecto pitoresco da vila. Fanáticos de esqui podem ignorar a arquitetura de concreto de cidades como Flaine, mas aqueles que desejam aproveitar a viagem em todos os seus aspectos devem ir a algum lugar bonito como La Clusaz ou Megève *(p. 322)*.

A proximidade das acomodações à pista também deve ser avaliada. Muitos acham que vale mais a pena pagar um alto preço por acomodações perto das pistas do que ter de se arrastar de volta com botas pesadas depois de um dia de esqui.

Além de considerações óbvias como vida noturna, creches para crianças e a eficiência das redes de elevadores, pode também ser útil consultar os registros dos últimos anos do histórico da neve para a época que você está planejando sua viagem. O tempo pode ser imprevisível, por isso é bom verificar também a disponibilidade de equipamentos de fabricação de neve nas estações. Munido desses detalhes você estará em boas condições para escolher a melhor estação, mas lembre-se: embora os Alpes recebam mais atenção, os Pireneus também oferecem excelentes oportunidades para a prática de esqui.

## ESPORTES AERONÁUTICOS

Aprender a voar na França é relativamente barato. Informações sobre as diferentes escolas de pilotagem podem ser obtidas na **Fédération Nationale Aéronautique**. Há também muitas oportunidades para aprender asa delta, *paragliding* e *hang gliding*. Para mais informações, entre em contato com a **Fédération Française de Vol Libre**.

Se pilotar um avião parecer um certo exagero, você pode optar pela balonagem. A França teve um papel ilustre na história dos balões, sendo o país natal dos irmãos Montgolfier, os pioneiros dessa arte em 1783. A **Ballon de Paris** oferece um etéreo sabor de aventura em Paris em um voo a partir do **Parc Andre Citroen**, mas pairar à solta sobre o campo pode ser providenciado por várias companhias em todo o país. A **France Balloons** organiza voos sobre Fontainebleau *(pp. 180-1)* fora de Paris ou sobre os vinhedos da Burgúndia. Oferece também a oportunidade de apreciar os espetaculares *châteaux* do Loire de um balão. Na Provença, a **Hot Air Balloon** pode fazê-lo flutuar sobre as aldeias pitorescas, milharais e vinhedos do Lubéron *(pp. 506-7)*.

## ESPORTES AQUÁTICOS

*Rafting* em corredeiras, canoagem e o uso de caiaques são possíveis em muitos rios franceses, em particular no Massif Central. Mais informações sobre esses esportes e os melhores locais para praticá-los podem ser obtidas na **Fédération Française de Canoë-Kayak**.

A costa atlântica na região de Biarritz *(p. 452)* é um dos melhores lugares da Europa para a prática de surfe e windsurfe. Excelente windsurfe é possível também na Bretanha, sobretudo na encantadora aldeia de **Wissant**.

Surfistas que preferem fazê-lo sem vela vão a **Hossegor**

perto de Biarritz *(p. 452)*, atrás de suas ondas fantásticas. A prática do surfe aqui é de altíssimo nível, porém não indicada para principiantes, mas a cena pós-surfe garante a diversão para qualquer um que esteja mais interessado em se bronzear na praia ou remar na beira da água.

A cidade de Lacanau *(p. 424)* é local de campeonatos internacionais de surfe que atrai adeptos do mundo todo.

A vela e o esqui aquático são também muito populares. Contate a **Fédération Française de Voile** para mais detalhes. Aluguel de equipamento e escolas podem ser encontrados em muitos locais ao longo da costa e em lagos.

Se você gosta de velejar, há muitas empresas dispostas a satisfazê-lo. Uma ótima opção é alugar um *bareboat* (veleiro sem tripulação) da **Sunsail** para velejar ao longo da Côte d'Azur, embora seja recomendável só para aqueles que já têm certa experiência. A companhia oferece também passeios em barcos com tripulação ao longo da costa.

As opções para nadar em todo o país em geral são boas, embora as praias do sul possam ficar muito lotadas na alta temporada *(pp. 474-5)*.

## CAÇA E PESCA

Embora a caça seja um esporte popular na França, uma *permis de chasse* é necessária, pela qual paga-se uma taxa. Você vai precisar de uma cópia da licença de caça emitida em seu país e passar em um teste de francês, o que pode representar uma dificuldade para visitantes. Há variações regionais nas temporadas, dependendo do tipo de caça. Desde que a proibição de caça entrou em vigor na Inglaterra, muitas caçadas francesas agora consideram os caçadores ingleses um bem-vindo acréscimo a seu efetivo.

Todos os tipos de pesca, tanto em água doce quanto no mar, são possíveis, dependendo da área. Lojas de pescaria locais vendem a *carte de pêche*, que traz detalhes quanto aos regulamentos.

## NATURISMO

Há quase 90 centros de naturismo na França. A maioria se localiza no sul e sudoeste do país e também na Córsega. Detalhes podem ser obtidos nos centros de informações turísticas do governo francês *(p. 669)* ou na **Fédération Française de Naturisme.**

## EVENTOS PÚBLICOS

Para se juntar aos franceses na maneira em que eles desfrutam seu tempo livre, procure os jogos locais de futebol e rúgbi, corridas de ciclismo ou outros eventos esportivos adequados para espectadores.

Feiras sazonais especiais e *fêtes* locais com frequência combinam feiras de antiguidades e torneios de *boules* com shows de rock ou pop, resultando em um agradável dia ao ar livre.

## TRATAMENTOS EM SPA

A França é conceituada por suas técnicas de spa baseadas em água do mar, a talassoterapia. Várias cidades, *resorts* à beira-mar, centros, salões e hotéis oferecem tratamentos "thalasso".

A chique cidade costeira de Deauville *(p. 255)* recebe os mais abastados que querem fazer spa no **Algotherm Thalassotherapy Spa**. O **Sofitel Thalassa**, em Quiberon *(p. 278)* oferece tratamentos com água de primeira classe. Mais terapia com água pode ser encontrada perto das fontes em Vichy *(pp. 358-9)* no spa do **Les Celestins** e no **Evian Royal Resort** *(p. 391)*.

O vinho na França é considerado quase tão importante quanto a água, e não é nenhuma surpresa que um spa especializado em "vinoterapia" (ou terapia com vinho) tenha hordas de fãs fiéis. Vá ao spa do **Les Sources de Caudalie** entre os vinhedos perto de Bordeaux para um tratamento facial com uvas ou uma limpeza de pele com Cabernet.

Se você prefere nomes famosos, vá ao **Le Mas Candille**, onde fica o primeiro spa Shiseido na Europa continental. Os produtos usados são tão excepcionais quanto se poderia esperar de uma marca tão luxuosa, e as técnicas têm base oriental.

Por fim, se uma sessão de spa completamente indulgente é a sua noção de paraíso nas férias, permita-se uma extravagância indo ao novo **Four Seasons Terre Blanche**, na Provença. Durante meio dia você pode receber uma esfoliação com sal grosso e óleo de amêndoas, massagem com aromaterapia, tratamento facial com acupressura e massagem oriental na cabeça. Se preferir à la carte, há diversas opções, como um *eye-lifting* facial, uma massagem tonificante ou um banho de lama Oshadi.

Se sair da cidade está fora de questão, o spa **Valmont**, no **Hotel Meurice**, e o spa **Four Seasons**, no George V, oferecem a chance para a pausa de um spa perfeito bem no centro de Paris.

## IOGA

O belo interior da França constitui o cenário ideal para um restaurador retiro de ioga. O **Manolaya Yoga Centre** oferece programas relaxantes e divertidos de *hatha* ioga em Avignon, onde está sediado, e em toda a Provença. Para a mais dinâmica ioga *ashtanga*, procure **The Shala**, que possui retiros nas belas colinas de Cévennes.

Outra opção excelente é uma estadia no **Domaine de la Grausse** no sopé dos Pireneus, onde caminhar e visitar as cachoeiras, *châteaux* e aldeias medievais da região e até contemplar pinturas rupestres fazem parte do programa. Aqueles com alguma energia de sobra podem aproveitar as opções de andar de *mountain bike* e a cavalo, jogar golfe e pescar.

Fãs de ioga iniciantes e experientes são igualmente bem-vindos no **Europe Yoga Centre**, especializado na *hatha* e também *ashtanga* ioga. Retiros individuais e em grupo podem ser agendados no centro.

## GOURMET

Para *gourmets* que querem aprender a recriar alguns dos esplêndidos pratos desfrutados nos restaurantes franceses ou para os aficionados por vinho que desejam ampliar seus conhecimentos e também suas adegas, há excelentes opções. A quantidade de cursos de culinária disponíveis no país pode parecer intimidadora, por isso o primeiro passo é considerar seu nível de habilidade e o que espera alcançar com a experiência. De desastres na cozinha a aspirantes a *restauranteurs*, na França há cursos apropriados para todos.

Duas opções para *chefs* iniciantes são as "férias culinárias" do **Cook in France**, que dá mais ênfase à diversão do que à seriedade do trabalho na cozinha, e a escola de culinária de Rosa Jackson, **Les Petits Farcis**, em Nice *(pp. 526-7)*, na qual os alunos são levados a um tour pelas gloriosas bancas de produtos frescos da cidade, com ela explicando como escolher o melhor melão ou como cozinhar a alcachofra. A equipe do Cook in France oferece cursos especializados (como a arte de adequar o vinho à comida), além das aulas culinárias habituais, enquanto a escola de Rosa Jackson ensina a improvisar um cardápio baseado no que há de melhor no mercado do dia.

Para aqueles que aspiram a ser estrelas da culinária, a **Ecole de Cuisine** de Alain Ducasse, em Paris, organiza cursos de culinária e enologia. Há aulas diurnas e noturnas, ministradas em uma cozinha profissional ultramoderna muito bem equipada. Também em Paris, a **Ecole Ritz Escoffier** realiza oficinas para adultos e crianças no Ritz Hotel. As aulas duram de uma hora a meio dia e tratam de temas como a confecção de chocolate ou de doces.

Os enófilos podem achar interessante se associar aos **French Wine Explorers**, que proporcionam tours em vinhedos. Como alternativa, agendar aulas sobre vinho através do ministério do turismo francês pode ser uma ideia excelente. O **Wire Travel Guides** disponibiliza um site informativo para viajantes independentes que queiram conhecer as vinícolas recomendadas pelos especialistas em vinhos regionais.

## ARTE E ARTESANATO

A França é um local privilegiado para pessoas criativas que querem deixar tudo de lado para se expressar tendo uma bela paisagem em volta. Não importa se o seu método de expressão preferido é ficar escrevinhando solitário em um caderninho às margens de um rio ou aperfeiçoar sua técnica em pastel em uma *master class* de arte; em algum canto da França há algum lugar à sua espera.

O **Mas Saurine** oferece nos fins de semana aulas de pintura nos Pireneus, a 30 minutos de Perpignan. Forma grupos pequenos, levando em consideração os diferentes graus de habilidade e conhecimento e faz exposições.

Cursos de escultura em pedra e bronze são oferecidos na Normandia, perto de Honfleur, com a veterana escultora **Sally Hersh**. Alguns dos trabalhos da artista também estão à venda.

Para os que preferem ver a vida através de lentes, uma ótima opção é um dos cursos de fotografia que **Graham e Belinda Berry** oferecem em sua propriedade rural no sudoeste da França. Há aulas para todas as idades e níveis de conhecimento.

## AGENDA

### INTERESSES ESPECIAIS

**Embaixada da França no Brasil**
www.ambafrance-br.org

**Union REMPART**
1 rue des Guillemites, 75004 Paris.
**Tel** 01 42 71 96 55.
www.rempart.com

### GOLFE

**American Golf Academy**
**Tel** 06 81 54 96 42.
www.american-golf-academy.com

**Fédération Française de Golf**
68 rue Anatole France, 92300 Levallois Perret.
**Tel** 01 41 49 77 00.
www.ffgolf.org

**Golf Hotel Grenoble Charmeil**
38210 Saint Quentin sur Isère. **Tel** 04 76 93 67 28.
www.golfhotelgrenoble.com

**Hotel de Mougins**
205 av du Golf 06250 Mougins.
**Tel** 04 92 92 17 07.
www.hotel-demougins.com

**Hotel Royal e Evian Masters**
South Shore Lake Geneva 74500 Evian.
**Tel** 04 50 26 85 00.
www.evianroyalresort.com

**St-Malo Golf & Country Club**
Domaine de St-Yvieux 35540 Le Tronchet.
**Tel** 02 99 58 98 99.
www.saintmalogolf.com

### CAMINHADAS

**Fédération Française de Randonnée-Pédestre**
64 rue du Dessous des Berges, 75013 Paris.
**Tel** 01 44 89 93 90.
www.ffrandonnee.fr

### CICLISMO

**CTC**
Parklands, Railton Rd, Guildford, Surrey GU2 9JX Reino Unido.
**Tel** 0844 736 8450 (na Inglaterra).
www.ctc.org.uk

**Duvine Adventures**
www.duvine.com

**Fédération Française de Cyclisme**
5 rue de Rome, 93561 Rosny-sous-bois.
**Tel** 01 49 35 69 00.
www.ffc.fr

**Velo Echappe**
www.veloechappe.com

### HIPISMO

**A La Carte Sportive**
**Tel** 02 33 48 52 36.
www.carte-sportive-com.iowners.net

**Cheval et Châteaux**
www.cheval-et-chateaux.com

**Ride in France**
www.rideinfrance.com

# AGENDA

## ESPORTES DE MONTANHA

**Fédération Française de la Montagne et de l'Escalade**
8-10 quai de la Marne, 75019 Paris.
*Tel* 01 40 18 75 50.
www.ffme.fr

## ESQUI

Para obter informações sobre as estações de esqui, visite os seguintes websites:
www.flaine.com
www.laclusaz.com
www.megeve.com
www.les3vallees.com
www.courchevel.com
www.meribel.net
www.valthorens.com
www.lesmenuires.com

## ESPORTES AÉREOS

**Ballon de Paris**
Parc André Citröen
75015 Paris.
*Tel* 01 44 26 20 00
www.ballondeparis.com

**Fédération Française de Vol Libre**
4 rue de Suisse, 06000 Nice.
*Tel* 04 97 03 82 82.
www.federation.ffvl.fr

**Fédération Nationale Aéronautique**
155 av Wagram, 75017 Paris.
*Tel* 01 44 29 92 00.
www.ff-aero.fr

**France Balloons**
*Tel* 08 10 60 01 53
www.franceballoons.com

**Hot Air Balloon Provence**
www.montgolfiereprovence-ballooning.com

## ESPORTES AQUÁTICOS

**Fédération Française de Canoë-Kayak**
87 quai de la Marne, 94340 Joinville-le-Pont.
*Tel* 01 45 11 08 50.
www.ffck.org

**Fédération Française de Voile**
17 rue Henri Bocquillon, 75015 Paris.
*Tel* 01 40 60 37 00.
www.ffvoile.fr

**Hossegor Tourist Office**
Place des Halles – B.P. 6
40150 Hossegor.
*Tel* 05 58 41 79 00
www.ville-soorts-hossegor.fr

**Lacanau Tourist Office**
Place de L'Europe
33680 Lacanau.
*Tel* 05 56 03 21 01
www.medococean.com

**Sunsail**
www.sunsail.com

**Wissant Tourist Office**
Place de la Mairie
62179 Wissant.
*Tel* 08 20 20 76 00.
www.ville-wissant.fr

## NATURISMO

**Fédération Française de Naturisme**
www.ffn-naturisme.com

## SPAS

**Algotherm**
10 rue Alexander Fleming
14200 Herouville-Saint--Clair
*Tel* 02 31 06 16 26
www.algotherm.fr

**Evian Royal Resort**
Rive Sud du Lac de Génève
74501 Evian-les-Bains.
*Tel* 04 50 26 85 00.
www.evianroyalresort.com

**Four Seasons Provence**
Domaine de Terre Blanche
83440 Tourrettes
Var.
*Tel* 04 94 39 90
www.fourseasons.com

**Hotel Four Seasons George V**
31 Avenue George V
75008 Paris.
*Tel* 01 49 52 70 00
www.fourseasons.com

**Hotel Meurice**
228 rue de Rivoli
75001 Paris.
*Tel* 01 44 58 10 10
www.lemeurice.com

**Le Mas Candille**
Bd Clément Rebuffel, 06250 Mougins.
*Tel* 04 92 28 43 43
www.lemascandille.com

**Royal Parc Evian**
Rive Sud du Lac de Génève
74501 Evian-les--Bains.
*Tel* 04 50 26 85 00
www.royalparcevian.com

**Les Celestins Vichy**
111 Boulevard des Etats-Unis
03200 Vichy.
*Tel* 04 70 30 82 00
www.vichy-spa-hotel.fr

**Sofitel Thalassa Quiberon**
Pointe de Goulvars
BP 10802 Quiberon Cedex
56178 Quiberon.
*Tel* 02 97 50 20 00
www.thalassa.com

**Les Sources de Caudalie**
Chemin de Smith Haut Lafitte
33650 Bordeaux-Martillac.
*Tel* 05 57 83 83 83
www.sources-caudalie.com

## IOGA

**Domaine de la Grausse**
09420 Clermont France
*Tel* 05 61 66 30 53
www.yoga-in-france.com

**Europe Yoga Centre**
46800 St-Matre Lot.
*Tel* 05 65 21 76 20
www.europeyoga.com

**Manolaya Yoga Centre**
FFPY 39 rue de la Bonneterie, 84000 Avignon.
*Tel* 04 90 82 10 52
www.manolaya.org

**The Shala**
Les Pauses, St-André de Majencoules, Gard 30570.
www.theshala.co.uk

## GOURMET

**Cook in France**
*Tel* 05 53 30 24 05
www.cookinfrance.com

**Ecole de Cuisine**
64 rue du Ranelagh, 75016 Paris.
*Tel* 01 44 90 91 00.
www.ecolecuisinealainducasse.com

**Ecole Ritz Escoffier**
*Tel* 01 44 16 30 50.
www.ritzescoffier.com

**French Wine Explorers**
www.wine-tours-france.com

**Les Petits Farcis**
7 rue du Jésus
06300 Nice.
*Tel* 06 81 67 41 22
www.petitsfarcis.com

**Wine Travel Guides**
www.winetravelguides.com

## ARTE E ARTESANATO

**Graham e Belinda Berry**
46800 Montcuq.
*Tel* 05 65 31 49 72.
www.imagefrance.co.uk

**Mas Saurine**
Comi de l'Estrada, 66320 Joch.
*Tel* 04 68 05 85 66
http://mas-saurine.com

**Sally Hersh**
Reino Unido
*Tel* 01798 861 248
www.sallyhersh.com

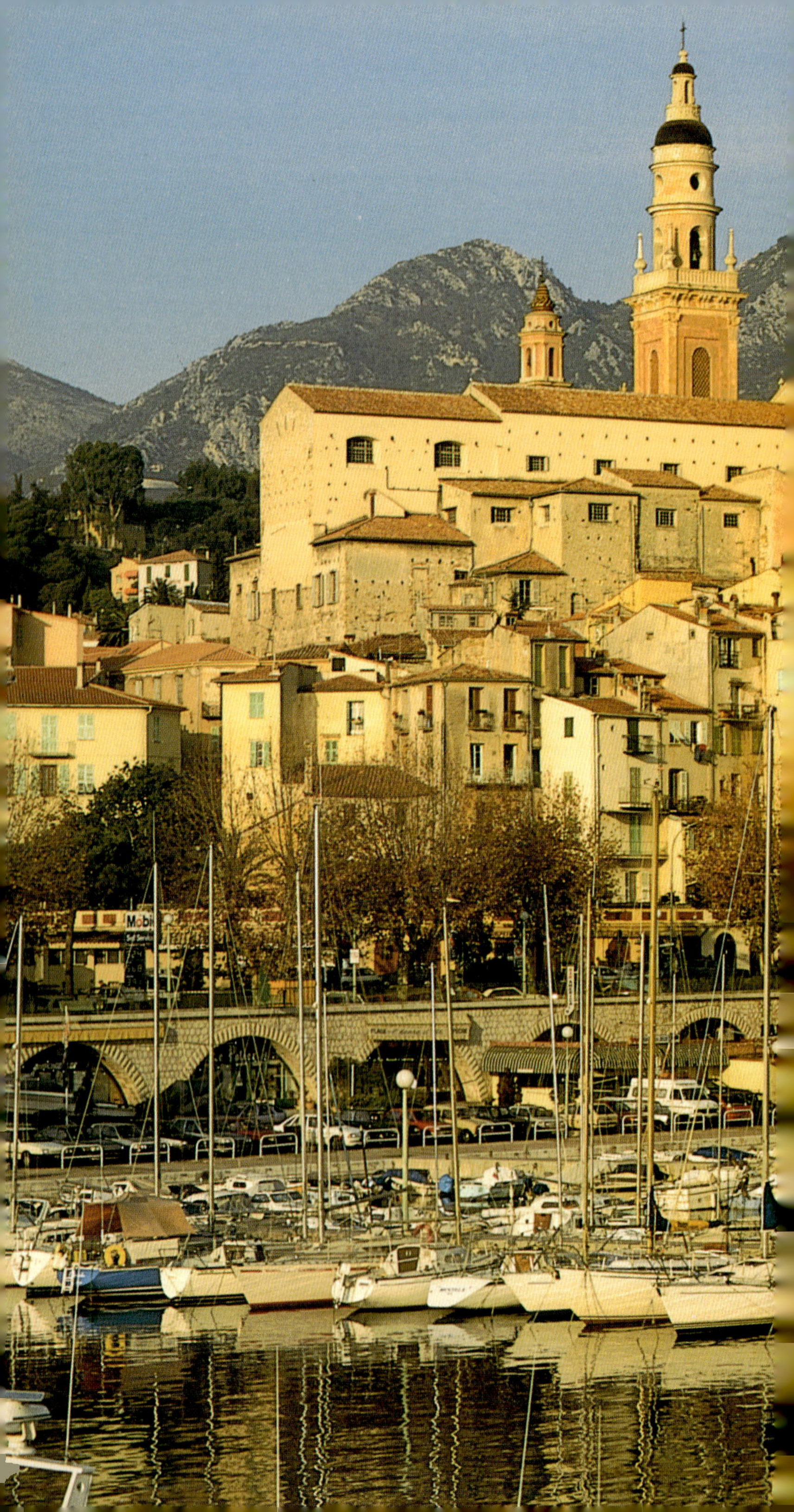
Mobil

# MANUAL DE SOBREVIVÊNCIA

INFORMAÇÕES ÚTEIS 668-677
INFORMAÇÃO DE VIAGEM 678-689

# INFORMAÇÕES ÚTEIS

A França orgulha-se de suas muitas atrações e tem ótimos centros de informação turística. Dentro e fora do país, os escritórios de turismo do governo francês são uma fonte inestimável de consulta sobre aspectos práticos de sua estadia no país. A maioria das cidades e dos povoados maiores tem um centro de turismo; endereços, telefones e (quando existem) sites dos centros de cada região constam deste guia. O turismo doméstico na França cria períodos de pico de "migração" sazonal nas férias, especialmente entre 14 de julho e 31 de agosto. Por isso, hotéis e restaurantes funcionam segundo a época do ano. Um pouco de planejamento prévio ajudará você a evitar os problemas do fechamento sazonal.

**FNOTSI**
Informação turística

## VISTOS E PASSAPORTES

Cidadãos brasileiros que pretendem permanecer menos de três meses na França não precisam de visto para entrar no país. É necessário apenas um passaporte válido e atualizado. No entanto, todos os cidadãos estrangeiros, inclusive brasileiros, estão sujeitos a apresentar documentos que comprovem o motivo da viagem à França ou ao espaço Schengen. Na passagem pela fronteira, o turista deverá apresentar, obrigatoriamente, comprovante de estadia e comprovante de meios de subsistência além do passaporte.

A França participa do acordo Schengen de controles de fronteira comuns. Se você entrar na área Schengen através de um país membro, poderá circular por todos os demais países membros. Para mais informações, consulte o site da embaixada francesa ou do consulado.

## ALFÂNDEGA

Residentes da UE podem levar qualquer quantidade de produtos entre países da UE sem pagar tarifas de alfândega, desde que os produtos sejam para uso pessoal. Os limites geralmente aceitos para esse fim incluem 800 cigarros, 90 litros de vinho e 110 litros de cerveja.

Pessoas de fora da UE podem pedir a restituição do imposto sobre as vendas (TVA) sobre muitos produtos franceses quando gastam mais de €175 em uma só loja em um dia. Para isso, peça um formulário *détaxe* na loja e tire seus produtos da UE em até três meses. Apresente o recibo na alfândega ao deixar o país e envie o recibo carimbado pelo correio, segundo as instruções. Há guichês de *détaxe* nos aeroportos e lojas grandes. Informações completas são encontradas na **Direction Générale des Douanes**.

Office de Tourisme na região francesa de Vence

## INFORMAÇÃO TURÍSTICA

Todas as cidades e muitos vilarejos têm *offices de tourisme*, onde se encontram mapas gratuitos úteis e informações sobre atrações e hospedagem locais. Muitos centros de turismo publicam guias úteis cobrindo trilhas para caminhadas e ciclismo, aluguel de bicicletas, gastronomia local, produtos agrícolas tradicionais e muito mais. Alguns centros regionais e de *départements* oferecem pacotes de viagens e hotéis a preços convidativos, e os centros de muitas cidades organizam passeios guiados interessantes e percursos temáticos.

Antes de embarcar para a França você pode obter informações no site oficial de turismo da França, **Atout France**, ou no escritório de turismo do governo francês (geralmente chamado Maison de la France). Para fazer um planejamento regional detalhado, o melhor é recorrer aos sites dos conselhos turísticos regionais (Comité Régional du Tourisme) ou dos *départements* (Comités Départementaux du Tourisme). Estes últimos trazem informações detalhadas e úteis. Há links para esses sites no FranceGuide.

## INGRESSOS

A maioria dos museus e monumentos na França cobra ingresso, geralmente entre €2 e €10. Geralmente há descontos para famílias e menores de 26 anos. Portadores de passaporte europeu têm acesso livre a exposições permanentes e atrações públicas.

Existem vários esquemas de descontos para quando se visitam diversas atrações. O principal é o Paris Museum Pass, que dá direito à entrada ilimitada em mais de 60 museus e monumentos em Paris e arredores, por dois, quatro ou seis dias. Ele pode ser comprado on-line (www.parismuseumpass.com). Outras localidades têm esquemas que também incluem uso irrestrito dos transportes na região. Procure nos sites de turismo locais.

**Colonne de la Grande Armée**
Placa de monumento de importância cultural

◁ Menton, na Côte d'Azur, com os Alpes ao fundo

O Arc de Triomphe du Carrousel e o museu do Louvre, em Paris

## HORÁRIOS DE FUNCIONAMENTO

Este guia lista os dias da semana em que as atrações ficam abertas. Museus e atrações nacionais geralmente fecham às terças, com algumas exceções que fecham às segundas. Os museus e atrações maiores costumam ficar abertos das 9h ou 10h às 18h, e às vezes até mais tarde uma noite por semana (geralmente quinta). Museus e igrejas menores podem fechar entre 12h30-14h.

Os horários de funcionamento podem variar segundo a época do ano, especialmente no caso de castelos, mansões e jardins. Alguns abrem diariamente no pico da temporada de julho a agosto e fecham ou abrem apenas nos fins de semana entre novembro e março.

Veja na p. 652 os horários de funcionamento de lojas, na p. 674, de bancos, e nas pp. 596-7, de restaurantes.

## IMPOSTOS E GORJETAS

Uma taxa de serviço de 12,5-15% é incluída em todas as contas de restaurante, e é de praxe arredondar a conta em alguns euros em restaurantes ou alguns centavos em cafés, especialmente se o atendimento for bom. Nos restaurantes mais sofisticados costuma-se dar gorjeta adicional de 5-10%.

A gorjeta habitual para taxistas é de 10% mais ou menos. Para porteiros de hotel, é de 75 centavos a 1 euro.

## PORTADORES DE DEFICIÊNCIA

A França está procurando melhorar o acesso a todos os seus serviços. Há vagas para portadores de deficiência em muitas ruas e todos os estacionamentos públicos. Elas podem ser ocupadas gratuitamente com um European Blue Badge. A SNCF (ferrovias francesas) lançou o esquema Accès Plus, pelo qual cadeirantes e pessoas com outros problemas de mobilidade podem reservar espaço e assistência gratuita. Procure informações na seção "Vie Pratique" do site da SNCF, em Services + *(p. 682)*.

Em Paris, alguns ônibus, algumas linhas RER e uma linha do metrô (nº 14) têm acesso para cadeirantes *(pp. 688-9)*. Todos os táxis são obrigados por lei a levar cadeirantes sem cobrança adicional *(p. 688)*.

Muita coisa já foi feita para melhorar o acesso às atrações, mas os trabalhos ainda estão em andamento, e o acesso a casas históricas e castelos menores pode ser difícil. O selo azul *Tourisme & Handicap* indica atrações, hotéis, restaurantes e outras instalações que satisfazem todos os critérios de acesso para portadores de deficiência. Muitos hotéis e *chambres-d'hôtes* (bed and breakfasts) têm quartos adaptados. Grandes agências de reservas, como a *Logis de France* ou a *Gîtes de France*, indicam esses lugares em seus sites.

O melhor lugar para obter informações sobre conveniências para portadores de deficiência na França é a **Association des Paralysés de France** (APF), que produz um folheto turístico anual, *Guide Vacances*. O site Infomobi traz informações abrangentes sobre transportes para portadores de deficiência em Paris e arredores. Os dois são publicados apenas em francês. No site da FranceGuide há mais informações.

## VIAGEM COM CRIANÇAS

As famílias que viajam à França se beneficiam de diversos descontos, incluindo ingressos de atrações gratuitos ou mais baratos para crianças. Menores de 4 anos andam de graça na maioria dos transportes públicos, e crianças de 4-11 anos (em Paris, 4-9) pagam meia passagem.

Algumas das grandes redes francesas de hotéis (especialmente Novotel) se especializam em receber famílias; muitos hotéis pequenos no campo e *chambres-d'hôtes* têm apartamentos familiares *(chambres familiales)* a preços convidativos. Se você passar dois dias ou mais em uma só área, uma *gîte*, com vários quartos e cozinha, pode valer muito a pena *(pp. 548-9)*.

Quase todos os restaurantes franceses recebem crianças; muitos têm cardápio infantil *(menu d'enfants)* por €5-€8.

O site da FranceGuide tem informações sobre atrações em todo o país, e sites de turismo locais informam sobre atrações e atividades familiares em cada região. Para mais sugestões, consulte sites como **France for Families** e **Kids in Tow**.

O Château de Versailles tem ótimo acesso para portadores de deficiência

## IDOSOS

Os idosos que visitam a França não pagam menos para conhecer museus e monumentos nacionais, mas alguns châteaux e atrações pertencentes a donos privados oferecem ingressos mais baratos para idosos. Só é possível obter descontos nos transportes públicos com passes múltiplos emitidos por algumas cidades e com a *Carte Senior* da SNCF, para maiores de 60 anos *(p. 682)*. Mas eles não adiantam muito para visitas curtas – apenas quando se faz muitas viagens. Passes ferroviários *(p. 682)* comprados de antemão fora da França podem valer mais a pena.

## ESTUDANTES

Estudantes de até 26 anos que possuam uma **International Student Identity Card** (ISIC) válida têm direito a muitos descontos, além dos que existem na França para todos os que têm até 25 anos. O Centre d'Information et de Documentation Jeunesse oferece mais informações (www.cidj.com). No Brasil, procure a **STB**.

## GAYS E LÉSBICAS

A França tem importantes comunidades gays e lésbicas que estão ganhando aceitação cultural cada vez maior. Em Paris, o distrito Marais é a maior "aldeia gay" do país, mas há clubes e serviços para gays por toda a capital. Há comunidades gays em muitas outras cidades, especialmente em Toulouse, Nantes, Montpellier e Nice. Sintonize a rádio FG (FM 98,2 MHz) ou consulte os classificados das revistas *Têtu* e *Lesbia* para informações de viagem para gays. Se precisar de ajuda, procure o **Centre Gai et Lesbien**, em Paris.

## VIAJAR COM ORÇAMENTO RESTRITO

O valor gasto para passar férias na França varia muito, dependendo do que se faz. De modo geral, porém, o gasto diário previsto para duas pessoas que se hospedem em um hotel básico (diária dupla média de €60), almoçando e jantando em restaurantes, visitando algumas atrações e usando o transporte público, será de €160 na maior parte do país, ou €80 cada uma.

Hospedar-se em Paris, na Côte d'Azur e em outros destinos sofisticados custa mais, mas regiões rurais menos visitadas como Normandia, interior da Bretanha e Lorena podem custar menos. As viagens na temporada de pico (jul-meados set) também têm cus-

**International Student Identity Card (ISIC)**

to alto, com diárias de hotel caras, especialmente nos lugares mais procurados. Dezembro e março, a temporada dos esportes de inverno, também podem ter custo alto, especialmente nos Alpes. Para gastar menos, viaje na baixa temporada, quando os hotéis custam menos. Mas os hotéis nas cidades podem ter diárias mais razoáveis em jul-ago, quando a maioria dos franceses sai em férias.

As *chambre-d'hôtes* (bed and breakfasts) são uma boa alternativa aos hotéis caros. Tradicionalmente, ficam no campo, mas estão surgindo também nas cidades, e o preço médio de um apartamento duplo confortável é €40, com café da manhã. Outra opção é uma *gîte*, na qual você pode fazer sua própria comida, mas que geralmente exige estadia mínima de um fim de semana ou uma semana.

No restaurante, peça o menu a preço fixo – pedir do menu à la carte será bem mais caro. Se sua refeição

Passageiros aguardam para embarcar na estação ferroviária Gare St-Charles, em Marselha

principal for o almoço, em lugar do jantar, você poderá aproveitar melhor os menus a preço fixo, ou *formules*. Para reduzir despesas ao conhecer atrações, opte por um City Pass, que dá direito a percursos ilimitados nos transportes locais, além de ingresso para os monumentos principais *(p. 689)*. Se pretende alugar um carro, reserve com antecedência pela internet para conseguir as melhores diárias.

## FUSO HORÁRIO

A França fica uma hora à frente do Horário Médio de Greenwich (GMT) e quatro horas na frente do horário de Brasília. O horário de verão no país vai de março a outubro.

Fila para conhecer a Torre Eiffel

## APARELHOS ELÉTRICOS

A rede elétrica na França é de 220 volts. Os plugues são do tipo padrão usado na maior parte da Europa, com dois pinos redondos, ou três no caso de aparelhos que precisam de fio terra. Porém, essas tomadas não são compatíveis com os modelos utilizados no Brasil (o espaço entre os dois pinos é maior que o das tomadas brasileiras). Apesar de a maioria dos hotéis disponibilizar adaptadores, o ideal é comprar uma das opções de adaptadores universais que são vendidos aqui no Brasil.

## TURISMO RESPONSÁVEL

A consciência ambiental vem crescendo rapidamente na França e em outros países. A **Echoway** é uma das maiores organizações francesas de ecoturismo, conscientizando para a importância do turismo responsável. A **Mountain Riders** promove o turismo de inverno sustentável nos Alpes, informando sobre como chegar às montanhas em transporte público e organizando caminhadas coletivas toda primavera para fazer a faxina das trilhas nas montanhas.

Na França existe uma rede de turismo rural consolidada faz tempo, em que oferece hospedagem em casas de fazenda através da agência central Gîtes de France *(p. 549)*. Há também entidades menores com postura ecológica mais definida, como a **Accueil Paysan**, uma rede de pequenos produtores que praticam agricultura sustentável de baixo impacto. Outra alternativa aos hotéis é acampar, e há mais de 9 mil campings totalmente equipados espalhados pelo país *(p. 548)*.

Os escritórios de turismo locais podem informar sobre iniciativas e atividades locais de turismo verde (*tourisme vert* ou *eco*). Muitas cidades menores têm feiras semanais (geralmente conhecidas como *marchés bio*) que vendem apenas produtos orgânicos e tradicionais, nas quais o visitante pode dar algo de volta à comunidade local. Os dias de feira são informados no guia.

## AGENDA

### EMBAIXADAS

**Embaixada da França no Brasil**
SES Av. das Nações, lt 4, qd 801, 70404-900 Brasília, DF.
*Tel* (61) 3222 3999.
www.ambafrance-br.org

**Embaixada do Brasil em Paris**
34, cours Albert 1er 75008
*Tel* 01 45 61 63 00.
www.bresil.org

**Consulado-Geral da França em São Paulo**
Av. Paulista, 1842, Torre Norte, 14º andar, São Paulo, SP.
*Tel* (11) 3371 5400.
http://saopaulo.ambafrance-br.org

**Consulado-Geral da França no Rio de Janeiro**
Av. Pres. Antônio Carlos, 58.
*Tel* (21) 3974 6699.
http://riodejaneiro.ambafrance-br.org

**Consulado-Geral da França em Recife**
Av. Conselheiro Aguiar, 2333, 6º andar
*Tel* (81) 3117 3290.
http://recife.ambafrance-br.org

### INFORMAÇÃO TURÍSTICA

**Atout France Brasil**
Av. Paulista, 509, 10º andar, cj 1008, São Paulo, SP.
*Tel* (11) 3372 5500.
www.franceguide.com.br

**Office du Tourisme et des Congrés**
25, Rue des Pyramides, 75001, Paris.
*Tel* 08 92 68 30 00.
www.parisinfo.com

### ALFÂNDEGA

**Direction Générales des Douanes**
*Tel* 08 11 20 44 44.
www.douane.gouv.fr

### GAYS E LÉSBICAS

**Centre Gai et Lesbien**
63 Rue Beaubourg, 75003 Paris.
*Tel* 01 43 57 21 47.

### PORTADORES DE DEFICIÊNCIA

**APF**
www.apf.asso.fr

**Infomobi**
www.infomobi.com

**Tourisme & Handicaps**
www.tourisme-handicaps.org

### FAMÍLIAS E ESTUDANTES

**France for Families**
www.france4families.com

**International Student Identity Card (ISIC)**
www.isic.org

**STB**
www.stb.com.br

### TURISMO RESPONSÁVEL

**Accueil Paysan**
*Tel* 04 76 43 44 83
www.accueil-paysan.com

**Echoway**
www.echoway.org

**FranceGuide**
www.franceguide.com

**Mountain Riders**
www.mountain-riders.org

# Segurança Pessoal e Saúde

De modo geral, a França é um lugar seguro para turistas, mas é sempre bom tomar algumas precauções, como cuidar de seus objetos e evitar lugares estranhos e áreas urbanas residenciais desertas à noite. Se você adoecer durante sua viagem, as farmácias costumam dar bons conselhos; no caso de problemas médicos graves, chame os serviços de emergência. Os consulados e departamentos consulares (p. 671) de sua embaixada também podem dar assistência em uma emergência.

*Placa de farmácia francesa*

*Gendarmes*

## POLÍCIA

A criminalidade violenta não é um grande problema na França, mas, como em qualquer país, precavenha-se contra furtos, sobretudo nas grandes cidades. Se você for assaltado, perder algum objeto ou for vítima de qualquer outro crime, faça a denúncia o quanto antes na delegacia (*commissariat de police*) mais próxima. Em uma emergência, ligue 17 para entrar em contato com a polícia, mas você ainda terá de ir à delegacia apresentar a denúncia. Nas cidades menores, os crimes são informados à *gendarmerie*, principal responsável pelo policiamento rural. A *mairie* (prefeitura) é um bom lugar para buscar ajuda, mas só abre no horário comercial.

Em qualquer delegacia de polícia você terá de registrar boletim de ocorrência (*PV*, ou *procès verbal*), identificando seus objetos perdidos ou roubados. Leve seu passaporte e, se for o caso, os documentos do seu carro. Guarde uma cópia do boletim de ocorrência para pedir restituição do seguro.

## ROUBOS, ACHADOS E PERDIDOS

A probabilidade e o impacto de furtos podem ser reduzidos com algumas precauções simples. Para começar, não deixe de fazer, antes de viajar, um seguro de viagem que abranja todos seus objetos. Chegando à França, evite bairros urbanos de alto risco e precavenha-se contra batedores de carteira, especialmente no metrô de Paris na hora do rush (sobretudo no momento em que as portas dos vagões estão fechando). Ao sentar-se à mesa de um café na calçada, deixe sua bolsa à vista e a seu alcance, de preferência em seu colo ou sobre a mesa, nunca no chão ou pendurada atrás da cadeira. Mantenha sua bolsa fechada e segure-a bem quando estiver andando, e nunca deixe malas sozinhas em estações de trem ou outros lugares. Guarde seus objetos de valor bem escondidos e carregue apenas o dinheiro vivo necessário para os gastos do dia.

No caso de objetos roubados ou perdidos, vale a pena voltar à delegacia onde você denunciou o incidente para verificar se a polícia recuperou alguns dos objetos. Além disso, todas as prefeituras francesas têm um guichê de achados e perdidos (*Bureau d'Objets Trouvés*), embora muitas vezes sejam ineficientes, e encontrar objetos pode levar tempo. Também há guichês de achados e perdidos nas estações ferroviárias maiores, que ficam abertos no horário comercial.

Se seu passaporte for roubado, avise o consulado (p. 671). Notifique seu banco sobre a perda de cartões de crédito ou débito, para evitar fraudes.

## SEGURO DE VIAGEM

Todos os viajantes na França devem ter um seguro de viagem abrangente que cubra qualquer eventualidade, incluindo possíveis despesas médicas e jurídicas, roubo, extravio de malas e outros bens pessoais, acidentes, atrasos de viagem e a opção de repatriação aérea imediata no caso de uma emergência médica importante. Os seguros de viagem padrões não cobrem esportes de inverno, portanto, se você pretende esquiar ou fazer outro esporte de aventura na França, pague um prêmio adicional para garantir sua proteção. Todos os seguros devem incluir um número de emergência que possa ser acionado 24 horas por dia.

## EMERGÊNCIAS

O telefone de todos os serviços de emergência é 112, mas na prática muitas vezes é mais rápido ligar para cada serviço em seus números tradicionais de dois dígitos. Em emergências médicas, chame o **Service d'Aide Médicale Urgence** (SAMU), que enviará uma ambulância. Mas o atendimento mais rápido às vezes é o dos

---

### AGENDA

#### EMERGÊNCIA

**Serviços de Emergência**
Tel 112.

**Ambulância (SAMU)**
Tel 15.

**Bombeiros (Sapeurs Pompiers)**
Tel 18.

**Polícia e Gendarmerie**
Tel 17.

**Sapeurs Pompiers** (bombeiros), que também prestam primeiros socorros e podem levá-lo ao hospital mais próximo – especialmente em áreas rurais, onde a central de bombeiros fica mais perto que o serviço de ambulância da cidade. Os paramédicos são chamados *secouristes*.

## HOSPITAIS E FARMÁCIAS

Cidadãos de países da União Europeia que tenham cartão de seguro-saúde europeu (EHIC) tem direito de usar o serviço nacional de saúde da França. Pelo sistema francês, o paciente paga todos os tratamentos e depois pede às autoridades de saúde o reembolso de quase todos os custos. Não franceses da UE que usam o serviço de saúde na França devem guardar o extrato de despesas *(feuille de soins)* fornecido pelo médico ou hospital. O extrato deve incluir etiquetas adesivas de medicamentos prescritos, coladas à receita pelo farmacêutico. É possível pedir o reembolso de 80% das despesas incorridas, seguindo as instruções dadas no cartão EHIC. É um processo que pode levar tempo, e às vezes é mais simples usar seguro de viagem privado. Quem não é cidadão da UE deve ter seguro médico privado completo quando vai à França e pagar pelo atendimento da mesma maneira, pedindo o reembolso total das despesas de sua seguradora. Consulte a sua operadora de viagem ou uma seguradora brasileira para mais informações.

Há hospitais públicos bem equipados em toda a França. Em todas as cidades grandes e pequenas há hospitais com setores de pronto-socorro (chamados *urgences* ou *service des urgences*) que dão atendimento a problemas médicos imediatos. Se seu hotel não souber indicar um hospital, chame o SAMU ou o corpo de bombeiros. Se precisar de um médico que fale inglês, seu consulado deve poder recomendar um na área.

Identificadas por uma placa iluminada de cruz verde, as farmácias são muitas e fáceis de encontrar. Os farmacêuticos franceses são altamente treinados e podem diagnosticar problemas de saúde menores e sugerir tratamentos. Farmácias fechadas ostentam cartazes que informam a localização da *pharmacie de garde* mais próxima que esteja aberta em um domingo ou à noite.

## DESASTRES NATURAIS

Incêndios florestais são um risco grande em muitas partes do país. Os ventos fortes podem propagar incêndios rapidamente no inverno ou verão; logo, não deixe de apagar bem cigarros e fogueiras de acampamentos. Mantenha distância de incêndios, já que sua direção pode mudar inesperadamente.

Antes de explorar um dos parques nacionais ou os parques naturais regionais *(parcs naturels)* da França, vá ao centro de informação do parque em questão para conhecer as regras e recomendações para cada área, e obedeça-as. Quando fizer caminhadas nas montanhas ou sair para velejar, informe a autoridade competente – o centro de informações do parque ou a autoridade portuária – da rota que pretende seguir e quando pretende retornar. Nunca caminhe em lugares isolados

**Viatura policial**

**Carro de bombeiros**

**Ambulância**

**Cartaz de perigo de incêndio**

nas montanhas nem atravesse pântanos inundados sem um guia experiente.

Durante a temporada de caça (set-fev, especialmente aos domingos), use roupas de cores bem visíveis quando sair para caminhar e evite áreas em que caçadores estejam escondidos à espreita de animais *(p. 663)*.

## SEGURANÇA NAS PRAIAS

Em toda a França há muitas praias boas onde raramente é perigoso entrar na água. No verão, muitas delas têm salva-vidas *(sauveteurs)*: sempre respeite as recomendações deles, nadando apenas em lugares supervisionados. Fique atento ao sistema de bandeiras coloridas que indica quando é seguro nadar. Uma bandeira verde quer dizer que é seguro entrar no mar; bandeiras cor de laranja indicam que pode ser perigoso e que apenas a parte da praia assinalada por bandeiras é segura. Portanto, nadar fora dessa área é contraindicado. Bandeiras vermelhas sinalizam perigo (ondas altas, areia movediça, correnteza forte), de modo que o banho de mar é proibido. Muitas praias ostentam bandeiras azuis, usadas em toda a União Europeia para indicar que a praia é limpa.

# Bancos e Moeda Local

Você pode levar à França qualquer valor em dinheiro, mas quantias superiores a €7.500 devem ser declaradas na chegada. O mesmo vale quando você deixa o país. Os travelers' cheques são a maneira mais segura de levar dinheiro ao exterior, mas cartões de crédito ou débito, com os quais se pode sacar dinheiro na moeda local, são a opção mais prática. Há guichês de câmbio em aeroportos, estações ferroviárias e alguns hotéis e lojas, mas em geral são os bancos que oferecem o câmbio melhor.

Caixa eletrônico em Paris

## SERVIÇOS BANCÁRIOS

A maioria dos bancos troca moeda estrangeira e travelers' cheques, mas as taxas de comissão variam. Vale a pena pesquisar para fazer o melhor negócio. Praticamente todas as agências bancárias têm caixas eletrônicos (ATMs) que aceitam os principais cartões de crédito e débito.

Travelers' cheques podem ser obtidos em seu banco ou da **American Express** (AmEx). Os cheques da AmEx são largamente aceitos, e não é cobrada comissão quando são trocados nas agências da empresa. No caso de roubo ou furto, os cheques são repostos imediatamente.

## HORÁRIOS DE ATENDIMENTO

Em Paris e em muitas outras cidades, os bancos geralmente abrem entre 9h ou 10h-17h seg-sex; algumas agências abrem também aos sábados. Em outros lugares os bancos geralmente fecham às segundas e abrem entre 8h ou 9h-12h30 e 14h-17h ter-sex, 8h ou 9h-12h30 aos sábados. Mas os horários variam de banco para banco e de agência para agência. Todos fecham nos domingos e feriados e muitos fecham às 12h do último dia útil antes de um feriado.

## CASAS DE CÂMBIO

Fora de Paris há poucas casas de câmbio independentes, exceto nas principais estações ferroviárias e em áreas de alta densidade turística. Nas casas de câmbio particulares, as taxas variam; cheque primeiro a comissão e as taxas mínimas.

## CARTÕES DE CRÉDITO E DÉBITO

Os principais cartões de crédito, como **Visa** ou **Mastercard**, são amplamente usados e essenciais para boa parte das transações maiores, como aluguel de carros. Muitas empresas francesas não aceitam cartões de crédito American Express.

Os cartões de crédito e débito franceses usam sistema de chip e senha; você precisa saber sua senha *(code personnel)*. Se você tiver um cartão americano que não usa a tecnologia de chip e senha, peça para passarem o cartão pela máquina.

Em vista das taxas altas de comissão cobradas pela troca de travelers' cheques, o jeito mais econômico e prático de sacar dinheiro na moeda local é fazê-lo em um caixa eletrônico. Lembre-se que os caixas podem ficar sem cédulas nos fins de semana. Se o caixa eletrônico não estiver funcionando, você pode sacar até €300 por dia no guichê de um banco. O **Banco do Brasil** e o **HSBC**, entre outros, possuem agências em Paris.

É preciso digitar sua senha nos leitores de cartão de crédito

## AGENDA

### CARTÕES DE CRÉDITO

**Visa**
www.visa.com.br

**Mastercard**
www.mastercard.com

**American Express**
www.americanexpress.com/br

### BANCOS

**American Express**
11 rue Scribe, 75009, Paris.
**Mapa** 4 D5.
**Tel** 01 47 77 70 00.
https://home.americanexpress.com

**Banco do Brasil**
29 avenue Kleber, 75116, Paris.
**Tel** 08 00 00 65 55.
www.bb.com.br/paris

**HSBC**
103 av Champs-Elysées, 75008, Paris.
**Mapa** 3 C5.
**Tel** 08 10 81 58 19.
www.hsbc.com.br

### TRAVELERS' CHEQUES

**American Express**
**Tel** 08 00 83 28 20.

## O EURO

A França foi um dos doze países que aderiram ao euro (€) em 2002. Sua moeda original, o franco francês, foi descartada em 17 de fevereiro de 2002.

Os países da UE que utilizam o euro como única moeda oficial são conhecidos como a zona do euro. Vários países membros da UE optaram por não aderir ao euro ou não satisfizeram as condições para a adoção da moeda única.

As cédulas de euro são idênticas em todos os países. Cada uma inclui imagens de monumentos e estruturas arquitetônicas fictícios e das doze estrelas da UE. Já as moedas têm um lado idêntico (o lado do valor) e o outro com uma imagem própria de cada país. Cédulas e moedas podem ser usadas em qualquer um dos países que aderiram ao euro.

### Cédulas
*As cédulas de euro vêm em sete valores. A cédula de €5 (cinza) é a menor, seguida pela de €10 (cor-de-rosa), €20 (azul), €50 (laranja), €100 (verde), €200 (amarela) e €500 (roxa). Todas as cédulas exibem as estrelas da União Europeia.*

Cédula de €5

Cédula de €10

Cédula de €20

Cédula de €50

Cédula de €100

Cédula de €200

Cédula de €500

Moeda de €2

Moeda de €1

50 cents

20 cents

10 cents

### Moedas
*Existem oito moedas de euro: as de €1 e de €2; 50 cents, 20 cents, 10 cents, 5 cents, 2 cents e 1 cent. As moedas de €2 e €1 são prateadas e douradas. As de 50 cents, 20 cents e 10 cents são douradas. As de 5 cents, 2 cents e 1 cent têm cor de bronze.*

5 cents

2 cents

1 cent

# Meios de Comunicação

As telecomunicações francesas são altamente eficientes. A maioria dos telefones fixos é fornecida pela France Télécom, também dona da empresa de telefonia celular internacional Orange. Há telefones públicos na maioria dos locais turísticos; geralmente funcionam com cartão telefônico *(télécarte)*. As agências de correios *(bureaux des postes)* são identificadas pelo cartaz azul sobre amarelo La Poste. Antigamente os correios eram conhecidos como PTT, e esse símbolo ainda é usado em sinalizações de ruas. Há jornais em línguas estrangeiras em grande parte das cidades maiores, e algumas emissoras de TV e rádio transmitem programas em outras línguas.

Caixa de correio amarela francesa

## LIGAÇÕES LOCAIS E INTERNACIONAIS

Todos os números telefônicos franceses têm dez algarismos; é preciso digitar todos os dez, mesmo que você esteja na mesma área. Nos telefones fixos, os dois primeiros dígitos indicam a região: 01 é para Paris e a Île de France; 02, o noroeste, 03, o nordeste, 04, o sudeste, e 05, o sudoeste. Os números de celulares franceses começam com 06, e o 08 indica um número de tarifa especial. No caso dos telefones fixos, as tarifas são mais baratas à noite, nos fins de semana e feriados. Evite fazer ligações de hotéis – a maioria cobra taxas adicionais pesadas.

Para ligar para a França do Brasil, disque 00 + código da operadora + 33 e omita o zero inicial do número de dez dígitos. Para ligar da França para o Brasil, disque 00 + 55 (código do Brasil). Pelo **BrasilDireto** da Embratel, você liga a cobrar da França para o Brasil e o pagamento é feito no Brasil em reais. Consulte o site da Embratel para mais informações.

## CELULARES

A cobertura de telefonia celular costuma ser boa em toda a França, mas os sinais podem ficar fracos em regiões montanhosas. Os celulares franceses usam as frequências de padrão europeu de 900 e 1.900 MHz. Celulares brasileiros podem funcionar na França, consulte sua operadora para mais informações. Porém, antes de viajar, cheque as tarifas de roaming com sua empresa de telefonia, já que fazer e receber ligações pode ter custo muito alto. Algumas companhias oferecem pacotes bem mais baratos para ligações no exterior.

Se você prevê usar seu celular com frequência, pode ser mais econômico comprar um celular francês pré-pago barato, de uma das principais empresas de telefonia locais, como **Orange France**, **Bouygues Télécom** ou **SFR**. As três têm lojas na maioria das cidades. Outra possibilidade é inserir um chip local em seu próprio aparelho, mas isso só funcionará se o aparelho não tiver sido bloqueado por sua empresa de telefonia.

## TELEFONES PÚBLICOS

Poucos telefones públicos *(cabine téléphonique)* ainda aceitam moedas, portanto você precisará de um cartão telefônico *(télécarte)*. Vendidos em *tabacs*, agências dos correios, estações de trem e algumas bancas de jornais, os cartões vêm com 50 ou 120 unidades telefônicas e são fáceis de usar. Ao entrar em uma cabine telefônica, o visor do telefone mostrará "*Decrochez*" (tire o telefone do gancho) e depois "*Introduisez votre carte*" (insira seu cartão). Em seguida, aparecerá no visor "*Patientez SVP*" e então "*Numérotez*", ou seja, digite o número desejado. No caso das ligações locais, uma unidade dura até seis minutos. Ao desligar, não se esqueça de levar seu cartão.

Os *bureaux de change* Travelex vendem um International Telephone Card que pode ser usado em vários países e oferece boa relação custo-benefício. Em alguns cafés ainda restam telefones públicos que aceitam moedas e fichas telefônicas. Em estações ferroviárias e agências dos correios há cabines telefônicas *(cabines)* nas quais você paga depois de fazer sua ligação. Essa pode ser uma opção mais barata no caso de telefonemas interurbanos.

## INTERNET

A internet é amplamente usada na França, mas, surpreendentemente, o país tem muito menos cibercafés que boa parte da Europa. Os cibercafés são abundantes em Paris, e geralmente há alguns na maioria das cidades e dos pontos turísticos, mas eles podem ser difíceis de encontrar em cidades pequenas e áreas rurais. É bem mais fácil acessar a internet se você levar seu laptop. Em Paris há áreas de conexão sem fio gratuitas em muitas estações de metrô, bibliotecas públicas e outros locais, e projetos semelhantes estão sendo lançados em outras cidades importantes. Hoje, muitos hotéis e até

Telefone público da France Télécom

mesmo *chambres-d'hôtes* oferecem conexões sem fio. Verifique se são gratuitas. A maioria dos hotéis usa um dos diversos serviços de internet por assinatura, como Orange France e **Meteor**, nos quais você compra um certo crédito de tempo e ganha um código de acesso. O crédito que sobrar poderá ser usado em qualquer outro lugar que empregar o mesmo serviço.

Para informações sobre rede sem fio, vá ao site do Orange WiFi. Se precisar usar uma conexão a cabo, lembre que o soquete do modem francês é incompatível com os plugues brasileiros. Existem adaptadores, mas pode ser mais fácil comprar uma entrada de modem francesa.

## CORREIO

O serviço postal francês é rápido e geralmente confiável. Há agências dos correios na maioria das cidades menores e agências centrais nas cidades grandes. Selos *(timbres)* podem ser comprados individualmente nas agências dos correios ou em um *carnet* de sete ou dez, mas o lugar mais prático para comprá-los é em um *tabac*, que também vende cartões telefônicos.

As agências dos correios geralmente abrem de 9h-17h seg-sex, muitas vezes fecham para o almoço, e de 9h-12h aos sábados. Logo que abrem, as agências costumam ficar mais cheias.

As cartas são postadas em caixas de correio amarelas, que costumam ter aberturas diferentes para cartas para a própria cidade em que você está, para o mesmo *département* e para outros destinos *(autres destinations)*. O site de **La Poste** traz todas as informações relativas aos correios. Consulte para saber mais.

## JORNAIS E REVISTAS

Jornais e revistas podem ser comprados em lojas específicas *(maisons de la presse)* ou bancas de jornais *(kiosques)*. Os jornais regionais tendem a ser mais populares que os jornais nacionais de Paris, como o conservador *Le Figaro*, o conceituado *Le Monde* ou o esquerdista *Libération*. Outros jornais estrangeiros frequentemente são encontrados no dia de sua publicação em balneários turísticos e nas cidades grandes.

As revistas semanais *Pariscope* (quinta-feira) e *L'Officiel des Spectacles* (quarta-feira) trazem as últimas notícias de entretenimento em Paris. A revista *Les Inrockuptibles* tem informações sobre música, cinema e outras artes do momento em toda a França. Muitas cidades menores têm revistas próprias de shows e cinema, em geral em francês e quase sempre gratuitas, que normalmente podem ser encontradas nos escritórios de turismo.

## TELEVISÃO E RÁDIO

A França utiliza sistema digital de TV. Há dezoito canais gratuitos, inclusive os nacionais *TF1* e *France 2*. O *Canal Plus* (ou *Canal +*) é um canal por assinatura que apresenta esportes ao vivo e uma boa gama de filmes em inglês com legendas em francês. Um filme exibido em sua língua original é *VO (Version Originale)*; filmes dublados em francês trazem a indicação *VF (Version Française)*. A maioria dos hotéis assina o *Canal +*, e muitos também têm TV a cabo e satélite, que geralmente inclui seções em língua inglesa como CNN, MTV e BBC World.

É possível ouvir rádios britânicas na França, como a *Radio 4* (198 ondas longas). A *BBC World Service* tem transmissões ao longo da noite, com jornais de hora em hora no mesmo comprimento de onda. A *Voice of America* pode ser encontrada na 90.5, 98.8 e 102.4 FM. A *Radio France International* (738 AM) tem um jornal diário em inglês entre 15h-16h.

**Jornais franceses**

## AGENDA

### TELEFONE E INTERNET

**BrasilDireto**
www.embratel.com.br

**Bouygues Télécom**
*Tel 1064 (de um telefone fixo).*
www.bouyguestelecom.fr

**Meteor**
www.meteornetworks.com

**Orange France**
*Tel 0810 555 421.*
www.orange.fr
www.orange-wifi.com

**SFR**
*Tel 1026.* www.sfr.fr

### CORREIOS

**La Poste**
www.laposte.fr

### TELEFONES ÚTEIS E CÓDIGOS

- **Brasil Direto**
  0800 99 00 55.
- **Lista telefônica**
  118 712.
- **Ligações internacionais**
  118 700.
  09 69 36 39 00 (em inglês)
- **France Telecom/Orange**
  0800 36 47 75.
- **Emergências**
  17.

**Placa de rua indicando La Poste**

# INFORMAÇÃO DE VIAGEM

A França tem transportes aéreos, rodoviários e ferroviários sofisticados. Voos diretos de todo o mundo chegam a Paris e a alguns aeroportos regionais. Paris é o centro de uma imensa rede ferroviária nacional e da rede de trens de alta velocidade europeus, tendo o trem Eurostar para Londres, o Thalys, para Bruxelas, e TGVs para Genebra e outros destinos. Rodovias seguem até os países vizinhos. A França também é servida por ferryboats.

*Voos de ida e volta para a França pela Air France*

## DE AVIÃO

Quase todas as companhias aéreas internacionais têm voos para a França. A maioria dos voos longos chega ao aeroporto Paris Charles de Gaulle, mas há voos para aeroportos em todo o país.

Do Brasil para a França, a **TAM** e a **Air France** oferecem voos diretos de São Paulo ou do Rio de Janeiro para o aeroporto Paris Charles de Gaulle. **Tap Air Portugal**, **Alitalia** e **KLM** também têm voos para Paris. Você pode utilizar outras empresas europeias, que fazem escalas nas diversas capitais do continente. Consulte os sites de venda de passagens na internet para verificar os melhores preços.

## AEROPORTOS DE PARIS

O aeroporto Paris Charles de Gaulle (CDG), a 30km da cidade, é o principal aeroporto de Paris. O acesso ao centro de Paris é feito pela linha B do RER, parte de CDG2 e leva 40 minutos até a Gare du Nord e 45 minutos até Châtelet-Les Halles. Há ônibus regulares do aeroporto para diferentes partes de Paris e para o parque temático Disneyland Paris. Ônibus da Air France fazem o percurso para o Arco do Triunfo, para a zona oeste de Paris e para Montparnasse; cada trajeto dura cerca de 45 minutos. Os ônibus RATP (Roissybus) partem a cada 20 minutos para a L'Opéra e levam 50 minutos para chegar. O táxi para o centro custa por volta de €30-€45.

O outro aeroporto principal de Paris, Orly, no sul da cidade, atende a voos domésticos e voos internacionais curtos. Ônibus especiais ligam o aeroporto à linha C do RER em Pont de Rungis, e um trem, Orlyval, liga o aeroporto à linha B do RER em Antony, de onde há trens para Châtelet-Les Halles que levam 35 minutos. Ônibus da Air France para o centro de Paris partem a cada 30 minutos; o Orlybus da RATP vai ao metrô Denfert-Rochereau, e o Jetbus liga Orly a Châtelet-Les Halles. Os táxis levam 25-45 minutos até o centro da cidade.

## PELO MAR

Há vários serviços regulares de ferryboat entre o Reino Unido e a Irlanda e a França. A rota mais rápida é Dover-Calais; a **P&O Ferries** faz até 25 travessias diárias e a viagem leva 90 minutos ou menos. A **Seafrance** também faz várias travessias por dia. A **Norfolkline** vai de Dover a Dunquerque em duas horas e tem algumas das passagens mais baratas. A operadora francesa **Transmanche Ferries/LD Lines** faz travessias entre Newhaven e Dieppe (cerca de 4 horas) e entre Portsmouth e Le Havre (8 horas, noturno). A maior operadora no oeste do Canal da Mancha é a **Brittany Ferries**, com trajetos de Portsmouth a Caen (7 horas, noturno), Poole a Cherbourg (6 horas, noturno), Portsmouth a St-Malo (10 horas, noturno), Plymouth a Roscoff (8 horas, noturno) e Cork a Roscoff (14 horas). De abril/maio a setembro/outubro, a Brittany Ferries opera ferryboats de alta velocidade nas rotas Poole-Cherbourg e Portsmouth-Cherbourg (4 horas e meia).

*O SNCM Ferryterrânée percorre o Mediterrâneo*

# INFORMAÇÃO DE VIAGEM

A **Condor Ferries** faz a travessia de Portsmouth a Cherbourg em 5 horas (somente de julho a setembro) e de Poole e Weymouth a St-Malo, via Jersey ou Guernsey (somente entre maio a setembro).

A **Irish Ferries** opera de Rosslare a Cherbourg (17 horas, durante a noite) e para Roscoff entre meados de maio e setembro (15 horas e meia). A SNCM opera ferryboats que partem de vários portos europeus (*p. 683*).

Logotipo do Eurotunnel

## DE TREM

Paris e suas seis estações principais são o grande centro da rede ferroviária francesa. Vindo da Bélgica, Holanda e norte da Alemanha, chega-se à Gare du Nord; de outras partes da Alemanha, à Gare de l'Est. Os trens da Suíça e Itália chegam à Gare de Lyons. Vindo da Espanha, você chega à Gare d'Austerlitz. Fora de Paris, outros importantes centros ferroviários incluem Lille, Tours, Bordeaux e Lyon.

Há pelo menos vinte trens **Eurostar** diários entre a estação St Pancras, em Londres, e a Gare du Nord, em Paris. A viagem pelo Túnel da Mancha leva 2 horas e 15 minutos. Vários trens também param em Ebbsfleet ou Ashford em Kent, Calais-Frethun, Lille e Disneyland Paris. Para mais informações sobre serviços ferroviários franceses, consulte as *pp. 680-2*.

## DE CARRO

Passageiros vindos do Reino Unido podem viajar à França de carro por ferryboat ou pelo serviço **Eurotunnel**, pelo Túnel do Canal. O Eurotunnel opera pelo menos quatro trens por hora durante o dia, e o trajeto leva 35 minutos. As passagens são comparáveis às dos ferryboats e, como nestes, variam segundo a estação do ano, o dia e a hora da viagem. No caso das travessias pelo Eurotunnel, pode-se comparecer e aguardar a próxima vaga disponível.

Os ônibus são uma alternativa de preço módico, e a **Eurolines** tem três a cinco partidas diariamente de Londres, para Bagnolet, na zona leste de Paris, além de linhas regulares que ligam a França a outros países europeus.

## VIAGEM ECOLÓGICA

Viajar na França sem voar ou dirigir é mais fácil do que em outros países, graças à ótima qualidade dos transportes públicos, especialmente a rede ferroviária SNCF. Trens diários partem de toda a Europa, ferryboats para o Reino Unido, Irlanda e destinos no Mediterrâneo, e a conexão Eurostar com Londres (*pp. 680-5*).

O governo francês lançou um programa "Ecomobility" que visa facilitar a baldeação de trens para ônibus locais, bicicletas e outros meios de transporte que não sejam carros. Ele inclui esquemas de ciclismo gratuito como o *Vélib'* em Paris e outras cidades (*p. 689*). Muitas regiões criaram **Voies Vertes**, trilhas de longa distância para ciclismo ou caminhadas, como a que beira o Loire de Orléans a St-Nazaire.

## AGENDA

### COMPANHIAS AÉREAS

**Air France**
Tel 4003 9955
(capitais e regiões metropolitanas Brasil)
Tel 0800 888 9955
(demais localidades Brasil)
Tel 0820 320 820 (França).
www.airfrance.com.br

**Alitalia**
Tel (11) 3218 7610
(São Paulo)
Tel 0800 704 0206
(outros estados).
www.alitalia.com.br

**KLM**
www.klm.com

**TAM**
Tel 4002 5700
(capitais)
Tel 0800 570 5700
(outras localidades)
www.tam.com.br

**TAP Air Portugal**
Tel 0300 210 6060
(Brasil).
www.tap-airportugal.com.br

**British Airways**
Tel 0825 825 400
(França).
www.britishairways.com

**Continental**
Tel 01 71 23 03 35
(França).
www.continental.com

**Qantas**
Tel 08 11 98 00 02
(França).
www.qantas.com

**Ryanair**
Tel 0892 232 375
(França).
www.ryanair.com

### FERRYBOAT

**Brittany Ferries**
www.brittany-ferries.com

**Condor Ferries**
www.condorferries.co.uk

**Irish Ferries**
www.irishferries.com

**Norfolkline**
www.norfolkline.com

**P&O Ferries**
www.poferries.com

**Seafrance**
www.seafrance.com

**Transmanche Ferries/LD Lines**
www.transmancheferries.com

### FERROVIAS

Veja também *p. 682*

**Eurostar**
Tel 0892 35 35 39
(França).
www.eurostar.com

### ESTRADAS

**Eurolines**
Tel 0892 899 091
(França).
www.eurolines.com

**Eurotunnel**
Tel 0810 630 304
(França).
www.eurotunnel.com

### VIAGEM ECOLÓGICA

**Train+Bicycle Travel**
www.velo.sncf.com

**Voies Vertes**
www.voiesvertes.com

# Como Circular de Trem

A ferrovia estatal francesa, Société Nationale des Chemins de Fer (**SNCF**), opera a rede ferroviária nacional mais abrangente da Europa. Seus serviços incluem TGVs de alta velocidade e longa distância, trens expressos, trens-leito e linhas férreas rurais que chegam a todos os cantos do país. As linhas fechadas por razões econômicas são substituídas pelos ônibus da SNCF. As viagens fora das linhas principais podem ser lentas, mas alguns percursos são mais rápidos quando se troca de trem em Paris.

Logotipo da SNCF

## PERCURSO DE TREM

A França sempre foi conhecida pela pontualidade de seus trens e mantém um alto nível de investimento no sistema ferroviário público, a SNCF. A empresa se orgulha de seus trens de alta velocidade TGV, que fazem o trajeto de Lille-Lyon ou Paris-Marselha em apenas três horas. Além disso, linhas expressas frequentes, velozes e confortáveis nos trajetos principais garantem um serviço abrangente entre cidades, enquanto as linhas regionais oferecem acesso a cidades menores e vilarejos. A SNCF é a maior operadora de ônibus da França, preenchendo as brechas em que linhas férreas foram fechadas.

Os trens-leito são uma maneira conveniente de percorrer grandes distâncias à noite, e motoristas podem viajar com seus carros em trens **Auto-Train**. A maioria dos trens de longa distância tem vagões-restaurante.

Mais informações sobre as ferrovias francesas são encontradas no site principal da SNCF (p. 682), onde também podem ser feitas reservas. Para reservar um trem de longa distância, consulte o site www.voyages-sncf.com. Também a **Rail Europe** tem um serviço de informações e reservas para viagens em toda a Europa. Para links úteis e um guia sobretudo o que diz respeito ao uso das ferrovias francesas e europeias, vá ao site **The Man in Seat 61**.

## FERROVIAS LOCAIS E PANORÂMICAS

Ao lado da rede ferroviária nacional, há várias ferrovias especiais que operam na região da França. Na Córsega, a **Chemins de Fer de la Corse** tem linhas de bitola estreita entre Calvi, Bastia e Ajaccio. É especialmente espetacular o trajeto de trem pela costa noroeste, entre L'Île-Rousse e Calvi. No verão, *trains touristiques* à moda antiga percorrem esta e outras linhas.

Na Provença, a empresa privada **Chemins de Fer de Provence** opera o *Train des Pignes* em uma rota montanhosa magnífica de 150km entre Nice e Digne-les-Bains. A SNCF também opera muitos outros *trains touristiques* em trechos especialmente panorâmicos de sua rede nacional. Geralmente são regiões de montanha no inverno e, no verão, ao longo do litoral e no campo. Os trens *Gentiane Bleu* vão de Dijon à neve invernal no Jura, e o *Train des Merveilles* vai de Nice aos Alpes em Tende. Para um guia de todos esses trajetos, visite o site www.trainstouristiques-ter.com.

Símbolo dos trens RER

Várias linhas férreas de propriedade privada ou local em vários pontos da França são mantidas por entusiastas que oferecem excursões durante parte do ano, muitas vezes em trens a vapor. A *Chemin de Fer de la Baie de la Somme* percorre a baía de Somme, na Picardia, e a *Chemin de Fer Touristique du Tarn* opera nos montes Tarn, perto de Albi. Quase todas essas companhias integram a associação **UNECTO**.

## TIPOS DE TRENS

Os trens da SNCF se dividem em vários tipos. Os trens TGV, ou de alta velocidade (*Train à Grande Vitesse*), são o orgulho da rede e andam a cerca de 300km/h por trilhos especiais. Existem quatro redes principais de percursos dos TGV: partindo de Paris para o norte, oeste, leste e sudeste, com centros adicionais em Lille, Lyon, Bordeaux e Marselha. Em alguns lugares os TGVs têm estações separadas, construídas longe dos centros das cidades. Os TGVs têm vagões de primeira e segunda classe, alguns com acesso à internet. É obrigatório reservar lugar em todos os trens TGV. As passagens podem ser compradas nas estações até pouco antes da partida, ou reservadas on-line com antecedência.

A rede TGV abrange vários serviços internacionais, in-

O trem para Le Montenvers faz um percurso especialmente panorâmico

cluindo o Eurostar, que liga a França ao Reino Unido; o Thalys, que faz o trajeto entre Paris e Bélgica, Paris e Holanda e Paris e Alemanha; o Lyria, que vai à Suíça; e o Artesia, que opera uma linha TGV para Turim e Milão e um trem convencional de Paris a Roma. Também há trens internacionais não TGV, especialmente o noturno Elipsos, de Paris a Madri e Barcelona.

Os trens **Corail** são trens expressos convencionais de longa distância com vagões modernos. Os trens Corail Téoz fazem trajetos diurnos, e os Corail Lunéa são trens-leito noturnos. Os trens Corail Intercités são mais rápidos, com menos paradas. Reservas são obrigatórias e podem ser feitas pela Rail Europe ou pela SNCF.

Com os trens Motorail, motoristas podem abreviar distâncias longas, viajando durante a noite com seu carro no trem. As rotas vão de Calais a Nice, via Avignon, e de Calais a Narbonne. Os AutoTrains vão de Paris a Nice, Narbonne e Bordeaux.

Os trens **TER** são serviços regionais que param em cada estação. Não é preciso reservar, e geralmente não se pode comprar passagens com antecedência. Mapas e informações sobre os trajetos de cada região são encontrados nas estações e no site da TER *(p. 682)*. A Transilien é a rede da TER para a região de Île-de-France, em volta de Paris, integrada com os trens suburbanos RER e o metrô.

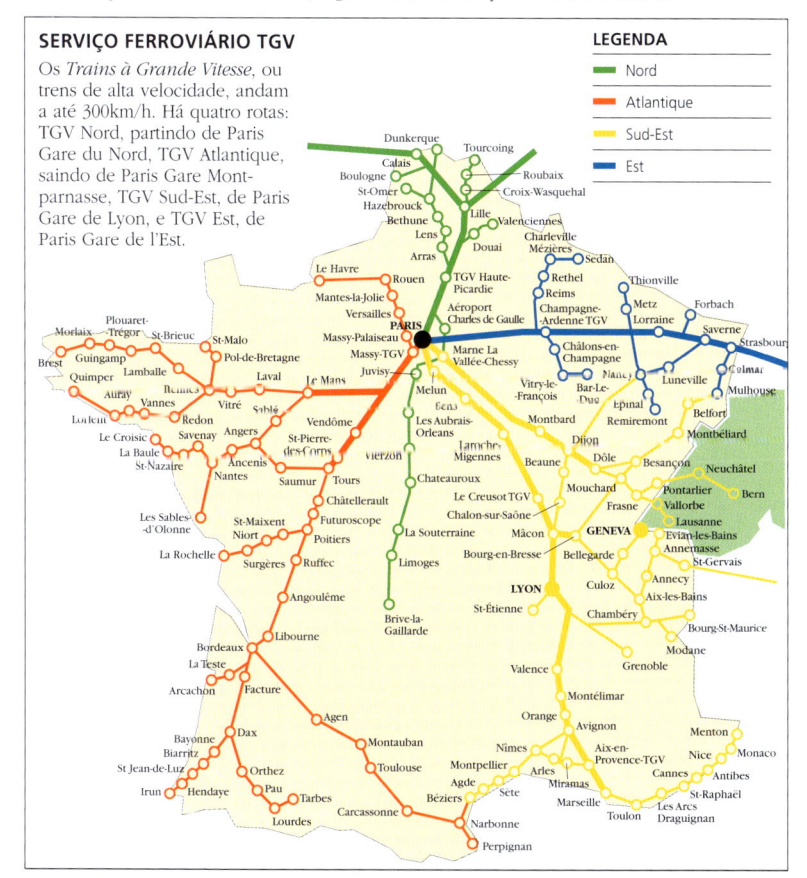

O TGV, com sua frente característica

## SERVIÇO FERROVIÁRIO TGV

Os *Trains à Grande Vitesse*, ou trens de alta velocidade, andam a até 300km/h. Há quatro rotas: TGV Nord, partindo de Paris Gare du Nord, TGV Atlantique, saindo de Paris Gare Montparnasse, TGV Sud-Est, de Paris Gare de Lyon, e TGV Est, de Paris Gare de l'Est.

### LEGENDA
- Nord
- Atlantique
- Sud-Est
- Est

**As máquinas automáticas de passagens na Gare de Lyon, em Paris**

## PASSAGENS E PASSES

Os preços das passagens variam segundo o tipo de trem. Todos os trens que podem ser reservados on-line (TGV, Corail, Motorail) têm duas ou três tarifas básicas para cada classe. As passagens mais baratas são as Prem's, mas precisam ser reservadas com muita antecedência e não aceitam modificações após o pagamento. Na maioria dos trens TER e alguns Corail, as passagens custam menos em horários que não são de pico *(périodes bleues)*; os horários de pico *(périodes blanches)* são 5h-10h seg e 15h-20h sex e dom.

A SNCF vende cartões de viagem que oferecem reduções de até 50% nas tarifas: a *Carte 12-25*, para jovens; a *Carte Senior*, para maiores de 60 anos; a *Carte Escapades*, para viajantes frequentes; e a *Carte Enfant +*, para pais com crianças pequenas. Mais detalhes podem ser obtidos no site da SNCF.

Para quem pretende fazer várias viagens de trem pela França, vale a pena investir em um passe ferroviário de viagens múltiplas, adquirido fora do país. Viajantes brasileiros podem comprar e reservar suas passagens antes de sair do Brasil, garantindo lugar nos trens franceses. Consulte sua agência de viagens para mais informações. Visitantes de fora da Europa podem comprar um France Railpass, que dá direito de 3 a 10 dias de viagens ilimitadas dentro de um mês, ou o **Eurail** Select Pass. Alguns trens, incluindo o TGV, cobram suplementos adicionais que costumam ser incluídos no preço. Para maiores informações, vá ao site da Rail Europe.

## RESERVA DE PASSAGENS

Passagens de trem podem ser adquiridas em qualquer estação SNCF, pelo telefone ou on-line. Na maioria das estações há guichês com funcionários e também máquinas automáticas de vendas de passagens *(billetterie automatique)*, que aceitam tanto dinheiro em espécie quanto cartões de crédito e têm instruções em inglês. As passagens para trens que exigem reservas (TGV e Corail) podem ser compradas com até 90 dias de antecedência e até cinco minutos antes da partida. Passagens compradas antes podem ser enviadas ao seu endereço, ou você pode pegá-las na estação.

Viajantes com problemas de mobilidade podem reservar assistência através do programa *Accès Plus*; mais informações on-line ou com a FranceGuide (pp. 668-71).

Antes de qualquer viagem de trem na França, é preciso validar a passagem em uma máquina *composteur*.

## HORÁRIOS

Os horários dos trens franceses são alterados duas vezes por ano, em maio e setembro, e podem ser consultados no site da SNCF. As estações fornecem horários regionais gratuitos da TER e informações sobre a rede TGV. Outros folhetos gratuitos trazem informações sobre viagens com crianças, tarifas reduzidas e viagens para portadores de deficiência.

## AGENDA

### VIAGEM DE TREM

**AutoTrain**
www.autotrain.voyages-sncf.com

**Corail**
www.coraillunea.com
www.corailteoz.com

**Eurail**
www.eurail.com

**Inter-Rail**
www.interail.net

**Rail Europe**
www.raileurope.com

**SNCF**
www.sncf.com

**TER**
www.ter-sncf.com

**The Man in Seat 61**
www.seat61.com

### FERROVIAS LOCAIS

**Chemins de Fer de la Corse**
www.train-corse.com

**Chemins de Fer de Provence**
www.trainprovence.com

**UNECTO**
www.trains-fr.org

**Máquina Composteur**
*As máquinas* composteur *(esq.) ficam nos saguões das estações e no início de cada plataforma. É preciso validar passagens e reservas separadamente, com o lado impresso para cima. A* composteur *perfurará sua passagem e imprimirá horário e data no verso. Se você não fizer isso, o inspetor do trem poderá lhe aplicar uma penalidade.*

# Como Circular de Barco

A França é margeada pelo Mediterrâneo e o Atlântico e oferece ótimas oportunidades para velejar, além de instalações muito boas. No interior, há uma rede extensa de rios, canais e outras vias navegáveis. Passear de barco por elas é a maneira ideal de conhecer algumas das paisagens rurais mais encantadoras do país. Ferryboats regulares e frequentes ligam a França continental à Córsega e a outras partes do Mediterrâneo e também às ilhas britânicas do Canal da Mancha, ao largo da Normandia.

Barcos atracados no Canal du Midi, em Roussillon

## FERRYBOAT

Ferryboats que transportam carros vão à Córsega partindo de Marselha, Nice e Toulon, e as principais operadoras são **SNCM** e **Corsica Ferries**. A **La Méridionale** oferece ferryboats entre Córsega e Sardenha, e a **Moby Lines** liga Córsega a Livorno e Gênova, na Itália. A **Grimaldi Ferries** faz trajetos entre França, Itália e Marrocos. Também há ferryboats entre a França e o norte da África; a SNCM faz viagens à Argélia e Tunísia, enquanto a **Comanav** tem um serviço de luxo de Sète ao Marrocos.

No Atlântico, **Manche-Îles Express** e **Compagnie Corsaire** partem de St-Malo e dos portos de Granville, Barneville-Carteret e Diélette, na Normandia, às ilhas britânicas do Canal da Mancha. Visite www.ferrylines.com para mais informações.

## VELEJAR NA FRANÇA

A França tem excelentes instalações para vela, com marinas espalhadas por todo seu litoral. Na costa Atlântica, os portos incluem Honfleur e St-Vaast-la-Hougue, na Normandia; St-Malo e Pleneuf-St-André, na Bretanha; e La Rochelle e Arcachon, na costa oeste. Entre os melhores no Mediterrâneo estão St-Cyprien, perto da fronteira da Espanha, Antibes, na Côte d'Azur, e os portos da Córsega. Na maioria das marinas há barcos para alugar por períodos curtos, e informações sobre normas podem ser obtidas no **Ministère de l'Ecologie**. A **Fédération Française de Voile** oferece informações atualizadas sobre as condições para velejar.

## PASSEIOS EM CANAIS E RIOS

Há muitas opções para explorar os rios e canais franceses, de passeios curtos de barco a cruzeiros de vários dias. O guia oficial do sistema é fornecido pela **Voies Navigables de France**. Muitas empresas oferecem cruzeiros pela França, como a **En Peniche**, que usa barcos tradicionais ou *peniches*, a **Locaboat** e a **Crown Blue Line**. Para embarcações estreitas no Canal du Midi, procure a **Minervois Cruisers**.

Há passeios pelos pântanos de Marais Poitevin, entre La Rochelle e Poitiers, e pelo Canal de Bourgogne, partindo de Dijon. A **Les Caminades** organiza passeios pelo rio Dordogne em barcos *gabarre* tradicionais. Para passeios no rio Sena, em Paris, p. 689.

## AGENDA

### FERRYBOAT

**Comanav**
*Tel* 04 67 46 68 00.
www.aferry.fr

**Compagnie Corsaire**
*Tel* 0825 138 100.
www.compagniecorsaire.com

**Corsica Ferries**
*Tel* 0825 095 095.
www.corsica-ferries.fr

**Grimaldi Ferries**
*Tel* 04 94 87 11 45 (na França).
www.grimaldi-lines.com

**La Méridionale**
*Tel* 0810 201 320.
www.lameridionale.fr

**Manche-Îles Express**
*Tel* 0825 133 050 (na França).
www.manche-iles-express.com

**Moby Lines**
*Tel* 00 49 (0)611 14020.
www.mobylines.com

**SNCM**
*Tel* 3260 (24 horas para todos os portos). www.sncm.fr

### VELAS

**Fédération Française de Voile**
www.ffvoile.net

**Ministère de l'Ecologie**
www.developpementdurable.gouv.fr

### PASSEIOS EM CANAIS E RIOS

**Voies Navigables de France**
www.vnf.fr

**Les Caminades**
*Tel* 05 53 29 40 95.
www.best-of-perigord.tm.fr

**Crown Blue Line**
*Tel* 04 68 94 52 72
www.crownblueline.com

**En-Peniche**
*Tel* 04 67 13 19 62.
www.en-peniche.com

**Locaboat**
*Tel* 03 86 91 72 72.
www.locaboat.com

**Minervois Cruisers**
www.minervoiscruisers.com

# Como Circular de Carro

A rede francesa de modernas rodovias *(autoroutes)* permite o acesso rápido e fácil a todas as partes do país. Mas você pode poupar dinheiro com pedágios e explorar a França com mais tranquilidade se usar outras estradas de boa qualidade que percorrem o país. Esta seção apresenta as duas alternativas e oferece instruções sobre como usar os pedágios *(péage)* nas rodovias e sobre os parquímetros franceses *(horodateurs)*, além de algumas das normas de trânsito válidas na França. Também há dicas sobre como obter previsões meteorológicas e de trânsito, onde alugar um carro e como conseguir mapas rodoviários.

Placas de sinalização

### DIRIGIR NA FRANÇA

Para dirigir na França, é obrigatório portar a carteira de habilitação dentro do prazo de validade. Além da habilitação, carregue sempre consigo no carro o seu passaporte, o documento de registro do veículo e um certificado de seguro. Também é necessário possuir um conjunto de lâmpadas adicionais, pelo menos um triângulo vermelho de aviso e um colete luminoso a ser utilizado no caso de parar em uma rodovia devido a alguma pane ou qualquer outra emergência. Se você for parado pela polícia e não estiver com esses equipamentos, poderá ser multado. O país de registro do carro deve ser exibido em um adesivo ou na placa do veículo.

É essencial fazer um seguro eficaz quando se dirige um carro na França. Ao alugar um veículo para percorrer o país, verifique com bastante atenção se há um seguro completo com cobertura de danos a terceiros. A extensão dessa cobertura dada varia de uma seguradora a outra, de modo que é melhor examinar sua apólice antes de viajar e, se for preciso, procurar cobertura adicional. A grande maioria das empresas costuma fornecer cobertura europeia completa por uma pequena taxa adicional. Também é aconselhável ter cobertura para panes feita com uma das redes que abrangem a Europa inteira, com telefones com atendimento em inglês.

### GASOLINA

Todos os postos têm gasolina e diesel sem chumbo (*gazole* ou *gas-oil*, ou ainda *gas-oil +, aditivado*). Muitos também vendem GLP (*GPL*). Os mais baratos são os ligados a grandes supermercados. Há amplos centros de serviços que funcionam 24 horas e aceitam pagamento com cartão de crédito.

### REGRAS DE TRÂNSITO

O uso do cinto de segurança nos bancos dianteiros e traseiros do carro é obrigatório, assim como cadeirinhas para crianças até 10 anos. É proibido falar ao celular enquanto dirige, mesmo que seja um modelo que dispensa o uso das mãos. Sob baixa visibilidade deve-se usar farol baixo, e motociclistas devem usar farol baixo sempre. Se não houver placas indicando algo diferente, a *Priorité à droite* significa que você deve dar preferência a quem entre na estrada vindo da direita, exceto em rotatórias. Faróis piscando indicam que o motorista está na preferencial. Consulte os sites da AA ou RAC *(p. 687)*.

### LIMITES DE VELOCIDADE E MULTAS

Os limites de velocidade na França são os seguintes:
• Nas autoroutes: 130km/h; 110km/h quando estiver chovendo.
• Em rodovias de pista dupla: 110km/h; 90-100km/h sob chuva.
• Outras estradas: 90km/h; 80km/h sob chuva.
• Em cidades e vilarejos: 50km/h.

Os limites de velocidade são mais baixos para veículos puxando um trailer.

São aplicadas multas por excesso de velocidade, não respeitar sinais de Pare, por ultrapassagem proibida e por exceder o limite de velocidade em mais de 40km/h. É proibido dirigir com mais de 0,05% de álcool no sangue.

### RODOVIAS

A maioria das rodovias na França cobra pedágio (*autoroutes à péage*). O site da **Société d'Autoroutes** *(p. 687)* traz os valores cobrados para cada trajeto. Há algumas rodovias sem pedágio, especialmente as próximas a grandes cidades como Paris (A3 e A86) e Lille, e alguns outros trechos, como a A84 entre Caen e Ren-

Placa em bomba aponta para *GPL* (GLP) ou *gazole* (gasolina)

# INFORMAÇÃO DE VIAGEM

Estrada panorâmica em volta do lago Mont Cenis

nes e a A75 ao sul de Clermont-Ferrand.

Boa parte da malha rodoviária inclui locais para descanso, postos de combustível a cada 40km e telefones de emergência a cada 2km.

## OUTRAS ESTRADAS

As estradas RN (*Route Nationale*) são a principal alternativa às rodovias em viagens de longa distância. Com frequência são mais bonitas, porém mais congestionadas. Para fugir das multidões, viaje pelas estradas D (*départementale*), que serpenteiam pela paisagem rural. Procure placas de *Bis/Bison Futée*, que indicam estradas mais calmas.

Evite viajar nos períodos de pico de férias francesas, conhecidos como *grands départs*. As piores épocas são os fins de semana em meados de julho e o início e final de agosto.

É útil conhecer algumas placas na chegada e saída das cidades. Siga as indicações *Centre Ville* para chegar ao centro e *Toutes Directions* (todas as estradas) para sair do centro até o lugar de onde partem estradas. Se seu destino não estiver sinalizado, siga placas de *Autres Directions*.

## RODOVIAS PANORÂMICAS

A densa malha francesa de *Routes Nationales* e estradas D percorre algumas das paisagens mais magníficas do país. As estradas panorâmicas mais famosas ficam nas regiões de montanha, como a estrada Col du Galibier, que passa sobre os Alpes a leste de Grenoble (N91, depois D902), mas há outras em todo o país. Algumas acompanham a linha do litoral, como as estradas ao longo da Côte d'Azur ou dos litorais da Bretanha e Normandia. Os escritórios de turismo *(p. 669)* trazem informações.

## CONDIÇÕES DAS RODOVIAS

O site *Bison Futé (p. 687)* da Autoridade Rodoviária Francesa traz informações essenciais para percorrer a França de carro, incluindo condições meteorológicas, requisitos para dirigir no inverno e obras em estradas. Visite também a www.autoroutes.fr.

Organizações como a **AA** e a **RAC** vendem roteiros, com opções panorâmicas e condições das estradas *(p. 687)*.

## PEDÁGIOS NAS *AUTOROUTES*

Peça um tíquete do guichê do pedágio e guarde-o até chegar ao pedágio de saída, onde você será cobrado segundo a distância percorrida e o tipo de veículo usado. Para pagar nos pedágios pequenos, basta jogar suas moedas no recipiente grande.

**Placa na Rodovia**
*Estas placas (esq.) indicam o nome e distância até o pedágio seguinte. Geralmente são azuis e brancas; algumas mostram as tarifas para carros, motos, caminhões e trailers.*

**Pedágio com Atendente**
*Quando você entregar seu tíquete em um pedágio com atendente, este lhe dirá o custo de sua viagem, e o preço será mostrado numa tela. Pague com moedas, cédulas ou cartão de crédito. Um recibo pode ser solicitado.*

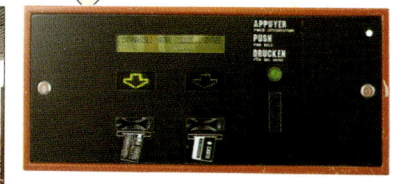

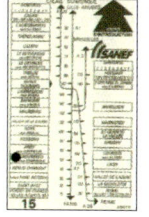

**Máquina Automática**
*Chegando ao pedágio de saída, insira seu tíquete na máquina, e o preço de sua viagem será mostrado em euros. Você pode pagar com moedas ou cartão de crédito. A máquina dará troco e pode emitir um recibo.*

## COMO USAR UMA MÁQUINA *HORODATEUR*

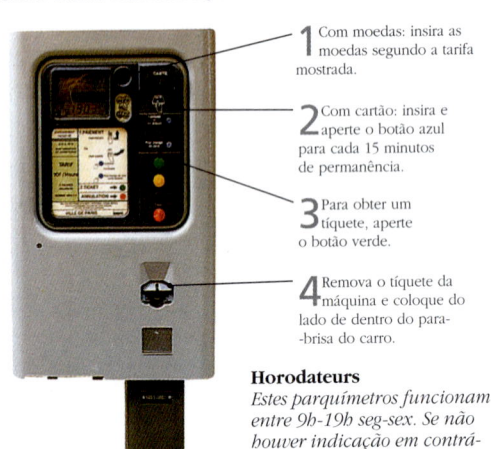

**1** Com moedas: insira as moedas segundo a tarifa mostrada.

**2** Com cartão: insira e aperte o botão azul para cada 15 minutos de permanência.

**3** Para obter um tíquete, aperte o botão verde.

**4** Remova o tíquete da máquina e coloque do lado de dentro do para-brisa do carro.

**Horodateurs**
*Estes parquímetros funcionam entre 9h-19h seg-sex. Se não houver indicação em contrário, o estacionamento é gratuito sáb e dom, feriados públicos e em agosto.*

## ESTACIONAMENTO

As normas de estacionamento variam segundo a cidade, mas a maioria delas tem parquímetros nas ruas *(horodateurs)*, com espaços para estacionar marcados em azul. Algumas máquinas aceitam um cartão de pagamento de estacionamento vendido em *tabacs*. O estacionamento em geral é permitido por até duas horas. As tarifas são baixas, e na maioria das cidades de interior o estacionamento é gratuito entre 12-13h30. Em ruas estreitas o estacionamento só é permitido em um lado da rua, que pode alternar em diferentes épocas do mês.

Encontrar lugar para parar é difícil nas cidades maiores, como Paris; é mais fácil recorrer a um estacionamento, indicado por uma placa "P" e pela palavra *libre* se tiver vagas.

## ALUGUEL DE CARROS

Todas as principais empresas de aluguel de veículos operam na França, além de empresas locais como **ADA** e **Rentacar**, que frequentemente têm preços muito competitivos. Quase sempre você conseguirá os melhores preços se reservar com alguma antecedência através de um dos serviços na internet como **Auto** **Europe** ou **Autos Abroad**. Os requisitos para alugar carros variam, mas normalmente é preciso ter mais de 21 anos e carteira de habilitação internacional. Será preciso mostrar sua carteira de habilitação, passaporte e cartão de crédito para fazer um depósito.

Os preços cotados devem incluir os impostos e milhagem ilimitada. Todos os contratos de locação incluem seguro básico. Adicionais como cadeirinhas, correntes para neve ou carro automático devem ser indicados no momento da reserva.

Antes de levar o carro, verifique a condição geral do veículo e cheque se tem um conjunto de lâmpadas adicionais, triângulo de aviso e colete luminoso, todos exigidos por lei na França *(p. 684)*.

## MAPAS

Cada capítulo deste guia começa com um mapa da região mostrando todas as atrações e as informações para circular nela. Para mapas adicionais, o excelente **Michelin Tourist and Motoring Atlas** é o mapa rodoviário mais abrangente disponível. Os mapas Michelin de capa vermelha que cobrem a França inteira são úteis para planejar viagens, assim como os mapas regionais de capa laranja. Há mapas Michelin de escala maior, com capa verde, apenas para algumas regiões da França, como Paris e a Riviera Francesa.

O **Institut Géographique National** (IGN) produz mapas de ótima qualidade em escalas diferentes. São especialmente úteis suas *Cartes de Randonnée*, uma excelente série de mapas para caminhadas, cobrindo todas as partes do país. Também são recomendados os mapas de cidades **Blay Foldex**.

Na França, todos os postos de combustíveis e bancas de jornais vendem mapas, e a maioria dos escritórios de turismo fornece bons mapas gratuitos. Nas grandes livrarias e algumas bancas de jornais aqui no Brasil, você pode encontrar uma seleção de mapas da França.

## CIRCULAR DE ÔNIBUS

Os trens franceses são tão velozes e confiáveis que não há muita demanda por ônibus interurbanos, e eles geralmente operam em áreas onde o serviço ferroviário é falho.

A **Eurolines** tem uma grande gama de ônibus internacionais de preço baixo, muitos dos quais fazem paradas na França. Esses ônibus são centralizados na estação rodoviária Porte de Bagnolet, em Paris (metrô Galliéni). A **Veolia Transport** opera uma extensa rede de ônibus que cobre a Île de France, enquanto a **Lignes d'Azur** oferece transporte rodoviário de qualidade na Côte d'Azur.

Os ônibus interurbanos locais são um meio de transporte importante, especialmente em áreas rurais. Eles chegam e partem de vilarejos da *gare routière* (rodoviária), que, muitas vezes, fica ao lado da estação ferroviária SNCF da cidade principal de cada *département*, ou área. Os ônibus operam sobretudo nos horários de pico, para levar pessoas à escola e ao trabalho.

## TÁXIS

Há serviços de táxi em todas as partes da França, mas na zona rural normalmente é preciso reservar um táxi pelo

Ciclistas de mountain bike nos Alpes

telefone. Hotéis, bares e restaurantes têm os telefones dos táxis locais. Nas cidades, você também pode procurar um ponto de táxi *(station de taxi)* diante das estações ferroviárias, dos aeroportos ou nos centros das cidades.

Todos os táxis usam taxímetros *(compteurs)*, mas os preços variam segundo a região. De modo geral, a bandeirada é de €2, mais €0,5 ou mais por quilômetro. Para percursos longos, é possível combinar um preço fixo.

## BICICLETAS

O ciclismo é muito popular na França, e as condições para andar de bicicleta vêm melhorando dentro do esquema "Ecomobility" patrocinado pelo governo *(p. 679)*. Foram criadas várias ciclovias e trilhas para caminhada **Voies Vertes** e estão sendo traçadas outras. Todo escritório de turismo local tem um folheto sobre as *véloroutes* próximas, e muitos desenvolveram os próprios, como a rede de ciclovias em volta dos châteaux do vale do Loire *(La Loire à Vélo)*. Informações podem ser obtidas nos escritórios de turismo locais e sites dos *département* na internet.

É possível levar bicicletas em quase todos os trens da **SNCF**, e em alguns percursos você pode reservar uma bicicleta de aluguel na estação de destino, no momento de reservar sua passagem. Em quase todas as cidades há locadoras de bicicletas que oferecem modelos comuns e mountain bikes *(VTT)*.

Os sites da Maisons de la France e da **Fédération Française de Cyclisme** trazem mais informações sobre ciclismo. A maioria das cidades tem esquemas de aluguel de bicicletas *(p. 689)*.

## VIAJAR DE CARONA

Não é fácil nem aconselhável tentar percorrer a França de carona. Mas existe um esquema seguro de partilha de carros *(covoiturage)* chamado Allostop (www.allostop.net), com filiais em muitas cidades, através do qual é possível combinar caronas a preços razoáveis.

# AGENDA

**INFORMAÇÕES GERAIS SOBRE CARROS**

**AA**
Tel 0800 085 7253.
www.theaa.com

**RAC**
Tel 0844 891 3111.
www.rac.co.uk

**Societé d'Autoroutes**
www.autoroutes.fr

**Zagaz**
www.zagaz.com (para preço de combustível).

**ALUGUEL DE CARRO**

**ADA**
Tel 0825 169 169.
www.ada.fr

**Autos Abroad**
www.autosabroad.com

**Auto Europe**
www.autoeurope.com

**Avis**
Tel 0820 050 505 (França), 0800 725 2847,
Tel (11) 2155-2847 (Brasil – São Paulo ou celular)
Tel 0800-725-2847 (Brasil – outras cidades)
www.avis.com.br

**Budget**
Tel 0844 544 3455 (França).
www.budget.com

**Europecar**
Tel 0825 358 358 (França).
www.europcar.com

**Hertz**
Tel 0825 861 861 (França).
Tel (11) 2246-4300 (Brasil – São Paulo)
Tel 0800-701-7300 (Brasil – outras cidades)
www.hertz.com.br

**National/Citer**
Tel 0800 131 211 (França).
www.nationalcar.com

**Rentacar**
Tel 0891 700 200.
www.rentacar.fr

**MAPAS**

**Blay Foldex**
www.blayfoldex.com

**Institut Géographique National**
www.ign.fr

**Michelin**
www.viamichelin.com

**Stanfords**
www.stanfords.co.uk

**ÔNIBUS**

**Eurolines**
Tel 0892 899 091.
www.eurolines.fr

**Lignes d'Azur**
www.lignesdazur.com

**Veolia Transport**
www.veolia-transport.com

**BICICLETAS**

**Fédération Française de Cyclisme**
Tel 01 49 35 69 00.
www.ffc.fr

**SNCF**
www.velo.sncf.com
(para viagens de bicicleta e trem – apenas na França).

**Voies Vertes**
www.voiesvertes.com

# Como Circular nas Cidades

A melhor maneira de conhecer os charmosos centros das cidades francesas é a pé. Mas, se você quiser percorrer muitos lugares em um dia, o melhor é usar os ótimos e variados transportes públicos. Paris e muitas outras cidades têm redes de bonde e metrô, em muitos casos integrados com trens e ônibus locais, e foram feitos esforços para criar sistemas de passagens que beneficiam o usuário. A França liderou o mundo no incentivo ao uso da bicicleta como alternativa ao carro nas cidades, com esquemas de aluguel de bicicletas de acesso fácil. Os escritórios de turismo de cada cidade dão informações completas sobre os serviços, incluindo mapas gratuitos.

**Bonde de Marselha que percorre o Boulevard Longchamp**

### METRÔ, RER E BONDES DE PARIS

A **RATP** opera catorze linhas de metrô subterrâneo. O metrô é a maneira mais prática de deslocar-se pela cidade, e na parte central de Paris você nunca estará longe de uma estação. Cada linha pode ser identificada por sua cor e seu número. A direção em que o trem está indo é indicada pelo nome da estação na frente do trem, que é sempre o da última estação na linha, de modo que vale a pena checar o mapa do metrô antes de embarcar. Há trens em cada linha entre 5h20-1h20 diariamente (até 2h20 aos sábados).

As linhas RER complementam a rede do metrô através de Paris e chegam até os subúrbios. Existem cinco linhas (A-E). As mais úteis para turistas são a B3, que sai do aeroporto Charles de Gaulle; a A4, que vai ao Disneyland Paris Resort; e a C5, para Versalhes.

Paris tem três linhas de bonde: Gare de St-Denis para Noisy-le-Sec, La Défense para Porte de Versailles e Pont du Garigliano para Porte d'Ivry.

### OUTROS SISTEMAS DE METRÔ E BONDE

As cidades de Lyon, Marselha, Toulouse, Lille e Rennes têm metrô. O metrô de Lille atende a toda a Grande Lille, conhecida como Lille-Métropole e que abrange cidades como Roubaix e Tourcoing. Os metrôs fazem conexão com os trens SNCF.

O metrô de Rouen tem duas linhas e é feito de trens de superfície (trens leves) que ligam a cidade aos subúrbios. Cerca de 22 outras cidades francesas usam bondes além de ônibus urbanos, e Paris também tem algumas linhas de bonde suburbanas com conexões com o metrô e o RER.

### ÔNIBUS

Há ônibus urbanos em todas as cidades. Em Paris, os ônibus da RATP possibilitam fazer turismo gastando pouco. Em todo o país, os ônibus geralmente operam de 6h até 24h; os percursos e horários são indicados nos pontos. A maioria das cidades também tem várias linhas de ônibus noturnas, e em Paris e Île-de-France há 42 percursos de ônibus Noctilien que funcionam a noite inteira. Um número crescente de ônibus de Paris e outras cidades tem rampa para cadeiras de rodas. Nos ônibus urbanos franceses o passageiro entra pela frente e desce pela porta traseira ou pela do meio. As passagens podem ser compradas do motorista ou de outros lugares com antecedência.

### TRENS LOCAIS

Linhas TER *(p. 681)* são operadas pela SNCF e integradas aos transportes locais em volta das cidades. Às vezes as passagens são intercambiáveis. Em volta de Paris, as linhas SNCF Transiliens formam o terceiro nível de serviços ferroviários, ao lado do metrô e do RER.

### TÁXIS

Em Paris e na maioria das cidades, os táxis têm uma luz em cima do veículo que fica branca quando o táxi está livre e laranja, ou desligada, quando está ocupado. Os táxis parisienses custam mais entre 17h-10h, seg-sáb, e durante o dia todo nos domingos e feriados, e custam mais para trajetos fora da região central de Paris. Muitos táxis aceitam cartões de crédito, mas apenas para valores acima de €15. Nos horários de pico, o melhor lugar para encontrar táxis em Paris é nos pontos de táxi *(station de taxis)* assinalados com placa azul T. Os pontos ficam nos principais cruzamentos e estações de trem. Embora sejam operados por várias empresas, hoje há um número único de telefone para os táxis de Paris. Os táxis franceses são obrigados a levar cadeirantes sem cobrar valor adicional, mas na região de Paris os **Taxis G7** fornecem serviço especializado para passageiros com problemas.

Em outras cidades os táxis também são operados por várias empresas. Há pontos nos aeroportos, estações de trem e nos centros. Os hotéis podem informar os telefones das empresas locais.

Um dos pontos Vélib', em Paris, para pegar uma bicicleta

## BICICLETAS

As cidades francesas estão fazendo esforços para incentivar o ciclismo urbano. Algumas ruas principais ficam fechadas ao tráfego aos domingos para dar lugar a ciclistas e patinadores. A câmara municipal de Paris criou um programa pró-ciclismo que é líder no mundo e espera contar com 600km de ciclovias até 2013. O ponto central do programa é o esquema **Vélib'**, pelo qual você pode pegar uma bicicleta básica em uma das centenas de estações Vélib' espalhadas por Paris e deixá-la em outra. Para isso é preciso comprar um cartão Vélib', disponível por um dia (€1) ou uma semana e que pode ser adquirido em máquinas nas estações Vélib' ou por assinatura anual. Outras cidades têm programas semelhantes com nomes diferentes (**Vélo'V** em Lyon, **Chti Vélo** em Lille, **Le Vélo** em Marselha).

## PASSAGENS

Em Paris, as passagens RATP são válidas para os ônibus urbanos, o metrô e o RER. É possível comprar passagens únicas ou em carnês de 10, a preços menores. Elas podem ser compradas nas estações de metrô e RER, aeroportos, escritórios de turismo e *tabacs*. Passagens únicas também podem ser compradas em ônibus, mas não valem para outros tipos de transporte.

Uma alternativa para turistas é o cartão ParisVisite, que garante transporte ilimitado em todos os sistemas por 1 a 5 dias, além de ingressos com desconto para as atrações. O cartão é vendido nas estações de metrô, RER e trem, nos escritórios de turismo e online.

Quase todas as cidades maiores oferecem algum tipo de passe a turistas, garantindo transportes ilimitados e outras vantagens.

## PASSEIOS DE BARCO NO RIO SENA

Um passeio de barco no Sena é uma das maneiras clássicas de conhecer Paris. As empresas **Bateaux-Mouches**, **Bateaux Parisiens** e **Vedettes du Pont-Neuf** oferecem cruzeiros pelo rio. O **Batobus** é uma opção mais flexível: você pode embarcar e desembarcar quantas vezes quiser ao longo do dia. Outra opção é conhecer um lado mais íntimo de Paris com um cruzeiro pelo canal St-Martin. Os escritórios de turismo oferecem informações completas.

Barcos de passeio navegam pelo rio Sena

## AGENDA

### AUTORIDADES DO TRANSPORTE

**Lille – Transpole**
www.transpole.fr

**Lyon – TCL**
*Tel 0426 10 12 12.*
www.tcl.fr

**Marseille – Le Pilote/RTM**
*Tel 04 91 91 92 10.*
www.lepilote.com

**Paris – RATP**
*Tel 3246.*
www.ratp.fr

**Rennes – STAR**
*Tel 0811 555 535.*
www.star.fr

**Rouen – TCAR**
*Tel 02 35 52 52 52.*
www.tcar.fr

**Toulouse – Tisséo**
*Tel 05 61 41 70 70.*
www.tisseo.fr

### TÁXIS

**Paris Taxis**
www.taxis-paris.fr

**Taxis G7**
*Tel 01 47 39 47 39;* táxis adaptados: *01 47 39 00 91 ou 3607.* www.taxisg7.fr

### BICICLETAS

**Vélib' (Paris)**
*Tel 01 30 79 79 30.*
www.velib.paris.fr

**Le Vélo (Marselha)**
*Tel 0800 001 225.*
www.levelo-mpm.fr

**Vélo'V (Lyon)**
*Tel 0800 083 568.*
www.velov.grandlyon.com

### PASSEIOS PELO SENA

**Bateaux-Mouches**
*Tel 01 42 25 96 10.*
www.bateaux-mouches.fr

**Bateaux Parisiens**
*Tel 0825 010 101.*
www.bateauxparisiens.com

**Batobus**
*Tel 0825 050 101.*
www.batobus.com

**Vedettes du Pont-Neuf**
*Tel 01 46 33 98 38.*
www.vedettesdupontneuf.com

# Índice Geral

Os números de página em **negrito** referem-se a temas principais

## A

*A Igreja de St-Bernard no Verão* (Utrillo) 29
À La Carte Sportive 664
À l'Ondée au Parapluie d'Aurillac 655
Abadie, Paul 134, 419, 431
Abbaye aux Dames (Caen) 254
Abbaye de Fontenay 317, **332-3**
Abbaye aux Hommes (Caen) 254
Abbaye Royale de Fontevraud **294**
Abbaye Royale de Fontevraud
  Música na **38**
Abbaye de Fontfroide 487
Abbaye d'Hautecombe 390
Abbaye de Jumièges 263
Abbaye de Montmajour 507
Abbaye de Noirlac 303
Abbaye de Nouaillé-Maupertuis **414**
Abbaye de Royaumont **172**
Abbaye de Ste-Foy (Conques) 316, 368-9
Abbaye de St-Philibert 344
Abbaye de St-Victor (Marseille) 512
Abbaye de St-Wandrille 263
Abbaye de Sénanques 506
Abelardo 50
Abri du Cap Blanc 435
Académie Française 30, 56
Accueil Paysan 671
ADA 687
Adaptadores elétricos 669
Adour, rio 425
Afonso II, rei da Espanha 400
Agde 487
Agen **440**
Agências de viagem 681
Água mineral 598
Aigues-Mortes **495**
Aiguines
  Gorges du Verdon tour 514
Ain 373
Ainhoa **453**
Air Canada 679
Air France 64, 679
Air Littoral 681
Aisne 193
Aix-en-Provence **511**
  festival 659
Aix-les-Bains **390**
Ajaccio **542**
Alacoque, Marguerite-Marie 345
Albergues 548-9
Albert 190
Albert II, príncipe de Mônaco (filho de Rainier III) 531
Albert I, príncipe de Mônaco 531
Albertville 322
Albi **444**
Albret, Jeanne d' 454, 458

Alechinsky, Pierre 485
Alençon Lace Museum (Alençon) 655
Aléria 543
Alet-les-Bains 486
Alexandre II, czar 131
Alexandre III, czar 109
Algotherm 665
Alfândega 668
Alise-Ste-Reine **334**
Allier 353
*O Almoço na relva* (Manet) 121
Alpais 50
Alpes-de-Haute-Provence 499
Alpes franceses **322-3**, 373
Alpes-Maritimes 499, **529**
Alphand, Adolphe 131, 134
Alsácia e Lorena 11, **219-33**
  arquitetura rural 34
  clima 41
  Como Explorar 220-1
  cozinha regional 186
  Rota do Vinho 219, **232-3**
Aluguel de carros 688-9
*Les Alyscamps* (Gauguin) 509
Amador, São 436, 437
Amboise 287, **301**
  Château d' **301**
Amboise, família 242
Ambulâncias 672-3
Amélie-les-Bains 482
A La Mère Catherine (Paris),
  Mapa Rua a Rua 132
American Airlines 679
American Express 674
Amiens 193, **200**
  Catedral 32, 184, 193, 200, **202-3**
Ana da Áustria 57, 91, 127
Ana da Bretanha
  casamento 295
  Château de Loches 300
  Josselin 281
  local de nascimento 290
  túmulo 173
Ancien Collège des Jésuites & Planetarium (Reims) 210
Ancy-le-Franc, Château d' **334**
Androuet du Cerceau, Jean 180
Angelico, Fra 102
Angers 287, **291**
  Château d' 242
Angevino, império 50, 51
Angles-sur-Anglin **414**
Ango, Jehan 263
Angoulême **419**
  Catedral 32
Aníbal 483
Animais domésticos em restaurantes 599
Anjony, Luís II d' 364
Annecy 373, 374, **390-1**
Anouilh, Jean 31
Ansuis 507

Antibes **521**
Antiguidades, lojas (Paris) **148**
Anzy-le-Duc 348
APF 549
Appel, Karel 485
Apt 507
Aquários
  Biarritz 452
  Charles Pérez (Roscoff) 275
  La Rochelle 416
  Musée Océanographique (Mônaco) 521
  Nausicaa (Boulogne) 196
Aquitânia *ver* Poitou e Aquitânia
Arbois 327, **349**
Arbrissel, Robert d' 294
Arc de Triomphe (Paris) 60, **107**
Arc de Triomphe du Carrousel (Paris) **99**, 100
Arc-et-Senans **350**
Arcachon 386, 414
Ardèche 373, **384-5**
Ardèche, Gorges de l' 385
Ardennes 207, 214
Les Arènes (Nîmes) 497
Argelès-Plage 482
Argentat 324
Argoat 269
Argonne **215**
Ariège 449, 491
Arles 499, **508-9**
Arles-sur-Tech 472
Armagnac **440**
Arman 473, 526
Arp, Jean 524
Arquitetura
  castelos do vale do Loire **242**
  Românica e gótica **32-3**
  rural **34-5**
Arras 193, 194, **199**
Arreau **462**
Ars-en-Ré 416
Arte
  artistas **28-9**
  lojas (Paris) 148
  pré-histórica 403
  Sul da França **472-3**
  Interesses especiais 664
Art Déco 64
Art Nouveau 62, 63
  Belle Époque 62, 63
  Escola de Nancy 224
  Musée d'Orsay (Paris) 121
  Nº 29 da avenue Rapp (Paris) **112**
Artois 193
Artois, conde d' 130
Artur, rei 281
*Ascensão de Maria Madalena* (Marochetti) 97
Asco 540
Aspe, Vallée d' 460
Assemblée Nationale Palais Bourbon (Paris) 77

# ÍNDICE GERAL

Assistência legal 670
Atelier Brancusi (Paris) 93
Atelier Gantier (Millau) 655
Atout France 668
Au Bec Fin 153
Aude 477
Au Lapin Agile (Paris)
   Mapa Rua a Rua 132
Aube 207
Aubert, bispo de Avranches 252, 256
Aubert, Jean 205
Aubeterre-sur-Dronne **419**
Aubrac, montanhas 343
Aubry, Martine 20
Aubusson **356-7**, 655
Auch **441**
Augusto, imperador 46-7, 502
Aulnay **416**
Aumale, duque de 205
Aurillac 364
Autoire **438**
Automóveis *ver* Carros
Autoroutes (rodovias) 684-5
Autun **339**
Auvergne 353, 362
   cozinha regional 319
   Madonas Negras **365**
   peregrinações e *ostensions* **359**
Auvergne, condes de 360
Auvillar **441**
Auxerre **330-1**
Avallon **335**
Avant-Garde, França na **64-5**
Aven Armand 367, 371
Aven d'Orgnac 385
Avenue des Champs-Elysées (Paris) **108**
   Mapa Rua a Rua 106
Avenue Rapp (Paris), Nº 29 **112**
Aveyron 353
Aveyron, Gorges de l' 353, 443
Avignon 467, **503-5**
   Festival de Teatro 37, 659
   Palais des Papes 503, **504-5**
Avis 687
Avoriaz 322
Avranches **252**
Avril, Jane 134
Azay-le-Rideau, Château d' 54-5, 242, **296**
Azéma 110

# B

Baccarat 131, 655
Badiou, Alain 31
Baerze, Jacques de 340
Bagnoles-de-l'Orne 255
*O Baile no Moulin de la Galette* (Renoir) 120
Les Bains (Paris) 153
Baker, Josephine 65
Balagne 537
Balajo (Paris) 153
Balazuc 385
Balenciaga 110
Balé (Paris) **151**, 153

Ballets Russes 65
Les Ballets Suédois 65
Ballon de Paris 662
Balmain, Pierre 110
Balsas 680, 681
A Balsa da Medusa (Géricault) 102
Balzac, Honoré de 30, 296
   Fougères 285
   túmulo 135
Bancos **672**
Bandol 471
Banheiros públicos 671
Banlieues Blues Jazz Festival (Saint-Denis) 36
Banyuls 482
Barbie, Klaus 67
Barbizon, Escola de 28, **181**
Barcos
   cruzeiros no Sena 79
   ferries 680, 681
Bardot, Brigitte **516**, 520
Barèges 449
Barillet-Deschamps 135
Barrage de la Rance 281
Bart, Jean 197
Barthes, Roland 31
Bartholdi, Frédéric 351, 380
Bas-Rhin 219
Basilique Notre-Dame de Fourvière (Lyon)
   Mapa Rua a Rua 379
Basilique St-Denis **172-3**
Basilique St-Rêmi (Reims) 210-1
Basilique Ste-Madeleine (Vézelay) **336-7**
Bassano, Jacopo 497
Basse-Seine **263**
Bassin de l'Arcachon 406, **424**
Bastia 533, **536**
   aeroporto 680-1
Bateaux Mouches (Paris) 79
Bateaux Parisiens (Paris) 79
Bateaux Vedettes (Paris) 79
Batobus (Paris) 78
Batedores de carteira 670
Batz, Charles de 441
Baudelaire, Charles 31, 61
   monumento 30
   túmulo 130
Bayeux 247, **252-3**
Bayeux, tapeçaria 237, 247, **252-3**
Bayonne 449, **452**
Beach, Sylvia 31, 122
Beaubourg (Paris) **81-93**
   mapa da área 81
Beaugency 287, **305**
Beaujeu,
   Um tour por Beaujolais 377
Beaujeu, Ana de 357
Beaujolais 373
   Um tour por Beaujolais **377**
Beaulieu 528
Beaulieu-en-Argonne 215
Beaumarchais, Pierre Augustin Caron de 31

Beaune 344
   Hôtel-Dieu **346-7**
Beauvais **200-201**
   Catedral 32, 184, 193, 200
Beauvoir, Simone de 31, 118, 525
   túmulo 139
Bechet, Sidney 64
Beckett, Thomas 180, 330
Beckett, Samuel 31
Bed and breakfast (hotéis) 548, 549
Belfort 351
Belle Époque **62-3**
Belle-Île-en-Mer **280**
Bellegambe, Jean, A Virgem Protegendo a Ordem Cisterciense 333
Bellini, Giovanni 342
Benedito, São 48, 303
Benedito XII, papa 504-5
Benedito XIII, antipapa 504
Beneditinos
   Abbaye de Nouaillé-Maupertuis 414
   Mont-St-Michel 259
   St-Michel-de-Cuxa 480-1
Benouville, François Léon 301
Bercy (Paris) **135**
Bergerac **434**
Berlioz, Hector 90, 115
   túmulo 134
Bernanos, George 30
Bernard, Emile 275, 285
   A Ronda Bretã 28
Bernard, George Grey 481
Bernardo, São 50, 51, **333**
   Abbaye de Fontenay 317, 332
   Abbaye de Royaumont 172
   Sarlat, sermões 433
Bernhardt, Sarah 63
Bernini, Gian Lorenzo 542
Beroud 63
Berry, Graham & Belinda 665
Berry, Jean, duque de 303, 361, 412
Berthelot, Gilles 242
Besançon 327, **350**
Betschdorf **233**
Beuvron-en-Auge 247, 255
Béziers **490**
Biarritz 449, **452-3**
Bibliotecas
   Bibliothèque Humaniste (Sélestat) 229
   Bibliothèque Nationale de France (Paris) **138**
Bicicletas *ver* Ciclismo
Biot **522**
Biscaia, baía de 427
Bistrô, annexes 598
Bistrôs 597
Blanchard, Jean Pierre 197
Blanche de Castela 172
Blanche da França 172
Blandine, St 47
Blasset, Nicolas, 202
Blériot, Louis 63, 197

Blois 287, **304-5**
Bofill, Ricardo 494
Bohier, Thomas 298
Boigne, conde de 390
Boileau, Louis-Auguste 110
Bois de Boulogne (Paris) **130**
Boltanski, Christian 497
Bombeiros 670-1
Bonaparte, Jerôme, túmulo 115
Bonaparte, Joseph, túmulo 115
Bonaparte, Napoleão
  *ver* Napoleão I
Bonifacio 540, **543**
Bonnard, Pierre 472, 524
Bonneuil-Matours 414
Bonnieux 507
Bordeaux 394, 405, **420-23**
  aeroporto 680-1
  agências de viagens 681
  Grand Théâtre 59
  Mapa Rua a Rua 420-1
  Prepare-se 421
  terminais de ônibus 685
  vinho, châteaux de 423
  vinho, comércio 421
  vinhos **398-9**
Borgia, César 503
Borgonha, duques da 54, 340, 343
Borgonha e Franche-Comté 12, **327-51**
  clima 41
  Como Explorar 328-9
  cozinha regional 318
  *départements* 677
  Época de ouro 343
  Franche-Comté **349**
  vinhos **320-21**
Bosch, Hieronymus 102
Botticelli, Sandro 205, 503, 542
Bouchardon, Edmé 115
Boucher, François 487
Bouches-du-Rhône 499
Boudin, Eugène 262, 265
  Musée Eugène Boudin (Honfleur) 262
  *Mulher com Sombrinha* 262
Bouillon, Godefroy de 358
Boulevard des Capucines (Paris), Mapa Rua a Rua 96
Boulevard St-Germain (Paris) **119**
  Mapa Rua a Rua 118
Boulevard St-Michel (Paris), Mapa Rua a Rua 124
Boulle, André-Charles 103
Boulogne, condes de 196
Boulogne-sur-Mer 193, **196**
Les Bouquinistes (Paris) 75
Bourbon, Pedro II, duque de 357
Bourbon, príncipe Luís Henrique de 204
Bourbon, dinastia 60, 68, 69
Bourdeille, Pierre de 430
Bourdeilles 429, **430**

Bourdelle, Emile Antoine 371, 433
  Eiffel, busto 113
  Palais de Tokyo (Paris), figuras 76
Bourg-en-Bresse **376**
Bourges **303**
Bourgueil 241
Bournes, Gorges de la 389
Bouts, Dirk 198
Brancion 345
Brancusi, Constantin
  Atelier Brancusi (Paris) 93
Branicki, conde 301
Brantôme **430**
Braque, Georges 91, 482
  Colombe d'Or (St-Paul-de-Vence) 524
  Jardins du Trocadéro (Paris) 110
  Le Duo 93
Brasserie Lipp (Paris)
  Mapa Rua a Rua 118
Brasseries 597
  La Bravade (St-Tropez) 36
Brayer, Yves 444
  Musée Yves Brayer (Les Baux-de-Provence) 507
Brèche de Roland 461
Bredon, abade Duran de 442
Brest **272**
Bretanha 11, **269-85**
  clima 40
  comida regional 239
  Como Explorar 270-1
  *départements* 677
  monumentos pré-históricos **279**
  sítios megalíticos 279
  tradições **243**
  vida selvagem da costa **244-5**
Breton, André 64, 383
Bresse 373
Brest **272**
Briançon **387**
Briçonnet, Catherine 298-9
Brionnais 327, **348**
British Tank Memorial 190
Brittany Ferries 681
Broederlam, Melchior 340
Brosse, Salomon de 127
Brouage **417**
Brougham, lorde 520
Brouilly
  Um tour por Beaujolais 377
Bruand, Libéral 114-5
Brueghel, Pieter 487
Brunet, P. Virgem Maria e Menino 133
Bruno, São 389
Brune 485
Budget 689
Bueil, Jean de 242
Buffon, conde de 134
Buland, Jean-Eugène 274
Buñuel, Luis 64
Bureaux de change 672
*Os burgueses de Calais* (Rodin) 197
Bussy-Rabutin, Château de 334-5
Butte de Vauquois 215

## C

Cabarés, Paris **151**, 153
Cabourg 255
*A cabra* (Picasso) 521
Cachorros, em restaurantes 599
Cadeira de rodas, acesso à *ver*
  Deficientes físicos
Caen 247, **253-4**
  mapa 254
Café de Flore (Paris)
  Mapa Rua a Rua 118
Café da manhã 25
Cafés 597
  Paris **152**
Cagnes-sur-Mer **522-3**
Cahors **438-9**
Cajarc
  Um tour por dois rios 439
Calacuccia 540
Calais 193, **196-7**
Calanches 535, 541
Calanques 513
Calder, Alexander 524
  Móbile em Dois Planos 92
Calvados 247
Calvi 534, **537**
Calvino, João 54, 201
Camargue 466, 499, **510-1**
  arquitetura rural 35
Câmbio, casas de 672
Caminhadas 661, 664
  Alpes franceses 323
  Parque Nacional dos Pireneus 461
*O Campanário de Douai* (Corot) 28
Campanile 549
Campings 548
Camping e Caravaning, Féderation Française de 549
Camus, Albert 31, 444
Canal da Mancha
  travessia **197**, 680-1
  Eurotúnel 67, 680-1
Canal du Midi **486**
Canal St-Martin (Paris) **135**
Canaletto 487
Canari 536
Cancale **283**
Cannes 475, **520-1**
  Festival de Cinema de 37, **520**, 659
Cantal 353
Cantal, queijo **363**
Cantini, Jules
  Musée Cantini (Marseille) 512
Cap Blanc-Nez 196
Cap d'Agde 474, 477, 487
Cap d'Antibes **521**
Cap Canaille (Signac) 513
Cap Corse **536**
Cap Ferrat 475, **528**
Cap Ferret 424
Cap Fréhel 281

Cap Martin 499
Capassin 384
Capbreton 424
CAPC Musée d'Art Contemporain (Bordeaux) 422
  Mapa Rua a Rua 421
Capdeville 482
Capeto, Hugo 49, 68
Capetos dinastia dos 43, 68
Capitello, Lac de 540
Caravaggio 265
Carcassonne 477, **488-9**
Cargèse **542**
Caribert 68
Carlomano 68
Carlone, Carlo Innocenzo 522, 526
Carlos Magno, imperador **48**, 49, 68
  derrota em Roncesvalles 454
  relicário de Conques 369
  St-Guilhem-le-Désert 493
Carlos I, o Calvo, rei 68
Carlos II, o Gordo, rei 68
Carlos III, príncipe de Mônaco 530
Carlos III, o Simples, rei 68
Carlos IV, o Justo, rei 69
Carlos V, imperador 103
Carlos V, o Sábio, rei 69, 103
  Museu do Louvre (Paris) 101
  Palais de Justice (Paris) 84
  túmulo 172
Carlos VI, o Tolo, rei 53, 69
Carlos VII, o Vitorioso, rei 53, 69
  Amboise 301
  Château de Loches 300
  coroação 212
  Joana d'Arc 294, 300
Carlos VIII, rei 69
  casamento 295
  Château du Moulin 307
Carlos IX, rei 54, 69, 302
Carlos X, rei 61, 69
  coroação 212
  Guerras Religiosas 454
Carlos, o Bravo, duque da Borgonha 343
Cariu, Jacques 110
Carmontelle, Louis 131
Carnac **278**
  megálitos 44, 236, 278, 279
Carné, Marcel 135
Carolíngios, dinastia dos 48, 68
Carona 685
Carpaccio 503
Carpeaux, Jean-Baptiste
  A Dança 120-1
  Fontaine de l'Observatoire (Paris) 127
  Os Quatro Cantos do Mundo 72
Carpentras **506**
Carros **686-9**
  aluguel 688-9
  condições das estradas e previsões do tempo 687, 689

Carros *(cont.)*
  estacionamento 688
  gasolina 686
  leis das estradas 686
  limites de velocidade e multas 686
  mapas 688-9
  rodovias e estradas 687
  viajando na França 686
Cartier, Jacques 55, 282
Cartões de crédito 672
  em hotéis 547
  em restaurantes 598
  Mastercard 672
Carvallo, Dr. Joachim 296
Casas, arquitetura rural **34-5**
Casals, Pablo 480
Cascades du Hérisson **349**
Caso Dreyfus 62, 63, 90
Cassel 198
Cassis 475, **513**
Castagniccia **540**
Castellane, Gorges du Verdon 515
Castelos
  cátaros 491
  *ver* Châteaux
Castres **444**
Catacumbas (Paris) **139**
Cátaros **491**
  Béziers 490
  Carcassonne 489
  castelos 491
  Corbières 486
  Minerve 490
  Montségur 463
Catedrais **50-1**
  Aix-en-Provence 511
  Ajaccio 542
  Albi 444
  Amiens 32, 184, 193, 200, **202-3**
  Angers 291
  Angoulême 32, 419
  Auch 441
  Autun 339
  Auxerre 330
  Avignon 503
  Bayeux 253
  Bayonne 452
  Beauvais 32, 184, 193, 200
  Besançon 350
  Béziers 490
  Blois 305
  Bordeaux 422
  Bourges 303
  Cahors 438-9
  Châlons-sur-Marne 207, 216
  Chartres 307, **308-11**
  Clermont-Ferrand 360-1
  Condom 440
  Coutances 250
  Dax 425
  Dijon 342
  Elne 483
  Estrasburgo 185, 230

Catedrais *(cont.)*
  Évreux 266
  Fréjus 517
  Grasse 517
  Langres 217
  Laon 33, 193, 205
  Le Mans 291
  Le Puy-en-Velay 365
  Lyon 378
  Mariana 543
  Marselha 512-3
  Metz 223
  Mirepoix 463
  Montpellier 494
  Moulins 357
  Nantes 290
  Narbonne 486
  Nevers 33, 338
  Nice 527
  Nîmes 496
  Notre-Dame (Paris) **86-7**
  Noyon 193, 201
  Oloron-Ste-Marie 455
  Orléans 302-3
  Périgueux 431
  Perpignan 484-5
  Poitiers 412-13
  Quimper 274
  Reims 32, 207, 210, **212-13**
  Rennes 284
  Rodez 366
  Rouen 264, **267**
  St-Bertrand-de-Comminges 462
  St-Florent 537
  St-Lizier 462-3
  St-Malo 282
  Senlis 193, 204
  Sens 330
  Toul 222
  Tours 297
  Tréguier 278
  Troyes 216
  Vaison-la-Romaine 502
  Valence 384
  Vannes 280
  Vence 523
  Vienne 382
  Vitré 285
Catarina de Médici 54, 293, 517
  Château d'Amboise 301
  Château de Blois 304
  Château de Bourdeilles 430
  Château de Chenonceau 298-9
Catherine Opalinska, rainha 303
Caudebec-en-Caux 263
Causse Méjean 371
Cauterets 459
Cavernas
  Ardèche 385
  Aven Armand 367, 371
  Gouffre de Padirac 403, **438**
  Grotte de Clamouse 493
  Grotte des Demoiselles 493
  Grotte de Pech-Merle 438
  Grottes des Canalettes 480

# ÍNDICE GERAL

Cavernas *(cont.)*
  Lascaux 45, 402, 403, 427
  Lascaux II 434
  Les Eyzies 434
  Lourdes 459
  moradias pré-históricas 292
  pinturas 403
  Sudoeste da França **402-3**
Cavaleiros de Malta 459
Cavaleiros Templários 223, 367, 483
Cavalos de Marly (Coustou) 103
Cavalos
  Corridas de Cavalos de Chantilly **204**
  Haras du Pin (haras nacional da França) 255
  La Maison du Cheval (Tarbes) 458
  passeios 661, 664
Cegonhas brancas **223**
Célé, vale,
  Um tour por dois rios **438-9**
Celles-sur-Belle 409
Cellini, Benvenuto 54, 103
Celtas 45
Cemitérios
  Cimetière de Montmartre (Paris) **134**
  Cimetière du Montparnasse (Paris) **139**
  Cimetière du Père Lachaise (Paris) **135**
  Memorial Thiepval 190
Cendrars, Blaise 65
Centre Gai et Lesbien (Paris) 671
Centre des Renseignements des Douanes 669
Centro da França e Alpes **315-91**
  Os Alpes franceses **322-3**
  Borgonha e Franche-Comté **327-51**
  cozinha regional **318-19**
  *départements* 677
  Geologia do Massif Central **324-5**
  mapa 316-17
  Massif Central **353-71**
  Vale do Ródano e Alpes Franceses **373-91**
Centuri 536
Cerbère 482
Cerdagne 477, **480**
Cerdagne, Guifred, conde de 481
Céret **482**
César, Júlio 43, 46
  Alise-Ste-Reine 334
  Fréjus 517
  Lyon 378
César 473, 526
Cévennes 353, 367, 370-71
Cézanne, Paul 91, 98, 472
  Ateliê de Cézanne (Aix-en-Provence) 511
  Musée d'Orsay (Paris) 121
Chabannes, Jacques II de 358
Chablis 327, 331

Chagall, Marc 472, 482, 524, 525
  Catedral de Metz, vitrais da 223
  Musée Chagall (Nice) 526, 527
  Opéra Garnier, teto 97
  Reims, catedral, vitrais 213
Chalgrin, Jean 107
Châlon-sur-Saône 345
Châlons-en-Champagne 207, **216**
Chalus, Pierre de 123
Chambéry 373, **390**
Chambord
  Château de 237, 287, **302-3**
Chamonix-Mont Blanc 322, 373
Champ-de-Mars (Paris) **112**
Champanhe 10, **207-17**
  arquitetura rural 34
  clima 41
  Como Explorar 208-9
  cozinha regional 186-7
  *départements* 677
  igrejas de madeira **215**
  vinhos **188-9, 210-11**
Champagne, condes de 217
Champlitte **350**
Champs-Elysées e Invalides (Paris) **105-15**
  Mapa Rua a Rua 106-7
Chanel (Paris) 655
Chanel, Coco 65, 529
Chantilly 193, **204-5**
  corridas de cavalos **204,** 659
Chaos de Montpellier-le-Vieux 367, 370
Chapaize 345
Chapelle des Lombards (Paris) 153
Chaplin, Charles 225
Charente 405
Charente-Maritime 405
Charleville-Mézières 214
Charroux 415
Chartres 287, **307-9**
  Catedral 307, **308-11**
Chartres, duque de 131
Chartreuse 373, **389**
Chartreuse de Champmol (Dijon) 342
Château, hotéis 546
Chateaubriand, François René de 282, 283
Châteaugiron 285
Châteauneuf-du-Pape **502-3**
Châteaux (castelos)
  Adhémar 386
  Amboise **301**
  Ancy-le-Franc **334**
  Angers 242, 291
  Anjony 364
  Annecy 391
  Arlay 349
  Ausone 423
  Azay-le-Rideau 54-5, 242, **296**
  Bazoches 335
  Beauregard 306
  Blois 304
  de Bonaguil 439

Châteaux (castelos) *(cont.)*
  Bordeaux, châteaux de vinhos 423
  Boulogne 196
  Bourdeilles 430
  Brest 272
  Brézé 292
  Busquielle 438
  Bussy-Rabutin 334-5
  Chambord 237, 287, **302-3**
  Chantilly 193, 204-5
  Chaumont 242, 306
  Chenonceau 287, **298-9**
  Cheval Blanc 423
  Cheverny 307
  Chinon 294
  Clisson 290
  Collioure 483
  Combourg 283
  Compiègne 193, 201
  Cordès 362
  Dampierre **178**
  des Ducs de Bretagne 290
  des Ducs de Savoie 390
  Ducal (Caen) 254
  Duingt 391
  Dunois 305
  Eau (Montpellier) 495
  Epoisses 335
  Figeac 423
  Foix 463
  Fontainebleau **180-81**
  Fougères 285
  Gaillard 266
  Gataudière 417
  Gourdon 523
  Grignan 386
  Grimaldi (Cagnes-sur-Mer) 522, 523
  de Guédelon 330
  Gruaud-Larose 423
  Haut-Barr 233
  Haut-Koenigsbourg **228-9**
  Hautefort 430
  d'If (Marseille) 512
  Josselin 281
  Laàs 454
  Lafite-Rothschild 423
  Langeais **295**
  Lapalisse **358**
  Latour 423
  Limarque 438
  Loire Valley **242**
  Malmaison **173**
  Margaux 423
  Marqueyssac 435
  Montauban 443
  Montcontour 300
  Montpoupon 297
  Montrésor 301
  Montreuil-Bellay 292
  du Moulin 307
  Moulins 357
  Mouton-Rothschild 423
  Murol 360

# ÍNDICE GERAL

Châteaux (castelos) *(cont.)*
  Nays 454
  d'O 255
  Oiron 408
  Palmer 423
  Pau 458
  Pierreclos 348
  Pierrefonds **201**
  Plessis-Bourré 291
  Puyguilhem 430
  Raissac 490
  Rambouillet **178**
  Ratilly 330
  Ripaille 391
  Rochers-Sévigné 285
  St-Fargeau 330
  St-Malo 282
  Saumur 19, 287, 292
  Sceaux **178**
  Sedan 214-5
  Serrant 291
  de Sologne **306-7**
  Suze-la-Rousse 387
  Tanlay **331**
  Tarascon 507
  Thoiry 178
  Thoury 358
  Touffou 414
  Tournon-sur-Rhône 384
  Turenne 363
  Ussé 242, 287, **295**
  Vaux-le-Vicomte 171, **178-9**
  Vendôme 306
  Versailles **174-7**
    cronologia 177
    jardins 174-5
    planta 176-7
    Prepare-se 175
  Vieux Château Certan 423
  Villandry 287, 288, **296**
  Villesavin 307
  Vincennes **138**
  Vitré 285
  Vogüé 385
Châtillon, Hugues de 462
Châtillon-sur-Seine **334**
Chaumont **217**
Chaumont, Château de 242, 306
Chauvigny **414**
Chemetov, Paul 135
Chemins de Fer de Corse 685
Chemin de Fer de Provence 685
Chenonceaux, Château de 287, **298-9**
Cher 287
Cherbourg 247, **250**
Cheval, Ferdinand 383
Cheval et Châteaux 664
Chevreuse, duque de 178
Childeberto I, rei 68
Childeberto II, rei 68
Childerico I, rei 68
Childerico II, rei 68
Childerico III, rei 68
Chilperico I, rei 68

Chilperico II, rei 68
Chinon **294-5**
Chirac, Jacques 21, 66, 67
Chiroubles
  Um tour por Beaujolais 377
Chopin, Frédéric 98
  túmulo 135
Chorégies d'Orange 659
Churchill, Winston 528
Chuvas 40-1
Ciclismo 661, 664, 685
Cidades-Bastides **445**
CIDJ (centros da juventude) 669
La Cigale (Paris) 153
Cimabue 102
Cimetière *ver* Cemitérios
Cinema 656-7, 659
  Cannes, festival de Cinema 37, **520**
  Paris **152**, 153
Cirque de Gavarnie 459
Cirque de Navacelles 493
Cisterciense, ordem 49, **333**
  Abbaye de Fontenay **332-3**
  Abbaye de Noirlac 303
  Abbaye de Royaumont **172**
Cité de l'Achitecture et du Patrimoine (Paris) **111**
Cité de la Mer (Cherbourg) 250
Cité de la Musique (Paris) 153
Cité des Sciences et de l'Industrie (Paris) **136-7**
Citer 689
Citroën 689
Claude Lorrain, estátua de 224
Claudel, Camille 413
Cláudio, imperador 47
Clemente V, papa 504
Clemente VI, papa 504-5
Clement-Tonnerre, duque de 334
Clermont-Ferrand **360-1**
  mapa 361
Clévacances 549
Climat de France 549
Clima **40-1**
Cliquot, François-Henri 413
Clisson 290
Clisson, Olivier de 201
Clotário I, rei 68
Clotário II, rei 68
Clotário III, rei 68
Clotilde, rainha 331
Clouet, irmãos 205
Clóvis, rei dos francos 48, 68
  batismo 49, 210, 212, 213
Clóvis I, rei 68
Clóvis II, rei 68
Clóvis III, rei 68
Clubes 658-9
  Paris **151**, 153
Cluny 48-9, 327, **345**, 400
Cocteau, Jean 139
  Ballets Russes 65
  Chapelle de St-Pierre (Villefranche-sur-Mer) 528
  Château Grimaldi (Cagnes-sur-Mer) 522

Colombe d'Or (St-Paul-de-Vence) 525
  Musée Jean Cocteau (Menton) 529
  Palais Royal (Paris) 99
  Salle des Mariages (Menton) 529
Códigos postais 626
Coeur, Jacques 303
Cognac 405, **418-19**
Col du Somport 460
Colbert, Jean Baptiste 56-7
  Château de Sceaux 178
  funeral 906
  Rochefort 416-7
Colette 30, 473
  Colombe d'Or (St-Paul-de-Vence) 525
  Musée Colette (La Puisaye-Forterre) 330
  Palais Royal (Paris) 99
  St-Tropez 516
Collioure **483**
Collonges-la-Rouge **363**
Colmar **227**
  International Festival 659
Colombe d'Or (St-Paul-de-Vence) 524, 525
Colombey-les-Deux-Églises 217
Colombo, Cristóvão 537
Columbano, Santo 48
*Com o arco negro* (Kandinsky) 93
Combourg **283**
Combustível 686
Comédie des Champs-Elysées (Paris) 153
Comédie Française (Paris) 56, 57, 153
Comidas e bebidas
  Armagnac **440**
  café da manhã 25
  Centro da França e Alpes 318-9
  cozinha regional 596
  maçãs 255
  menu clássico francês **24-5**
  mercados **149**, 652-3
  Nordeste da França 186-7
  Oeste da França 238-9
  Paris, lojas **146-7**
  piqueniques 599
  produtos regionais 653, 655
  queijo Cantal **363**
  sidra 255
  Sul da França **468-9**
  Sudoeste da França **396-7**
  *ver* Restaurantes, Vinho
Comminges, Festival de 37
Comuna de Paris 124
Comunicações **674-6**
Compagnie Marocaine de Navigation 681

Les Compagnons du Voyage 549
Compiègne 193, **201**
Concarneau **274**
Conciergerie (Paris) 79, 81, **83**
   Mapa Rua a Rua 82
Condé, grande príncipe de 204
Condom **440**
Condor Ferries 681
Confolens **415**
Conques 353, **368-9**, 401
Constable, John 452
Constantino, imperador 47, 409
Corbières 470, 477, **486**, 491
Corday, Charlotte 83, 98
Cordes 428, **444**, 445
Cormatin 345
Corneille, Pierre 31
   túmulo 99
Corniche des Cévennes **367**
Corot, Jean-Baptiste-Camille, 452
   *O campanário de Douai* 28
   Montmartre 132
   Musée des Beaux-Arts (Reims) 210
   Musée Municipal des Beaux-Arts (Agen) 440
Corot, JP 107
Correio 676
Corrèze 353, 427
Corse-du-Sud 533
Córsega 13, **533-43**
   clima 41
   *départements* 677
   Como Explorar 17, 467, **534-5**
   cozinha regional 469
   flores 541
Corsica Ferries 681
Corte 535, **540**
Costa Atlântica
   Culinária regional 397
Costa Esmeralda *ver* Côte d'Emeraud
Côte d'Albâtre 247, 248, **262-3**
Côte d'Argent 406, **424**
Côte d'Azur *ver* Provença e Côte d'Azur
Côte de Beaune 327
Côte d'Emeraude 299, **281**
Côte Fleurie 247, **255**
Côte de Granit Rose 269, 271, **278**
Côte de Nacre 247, **252**
Côte d'Opale 193
Côte d'Or 321, 327, 344
Côte Orientale **543**
Côte Sauvage 417
Côte Vermeille **482**
Cotentin 247, **250**
Côtes d'Armor 269
Côtes du Rhône 373, **384**
Cotte, Robert de 213, 230
Cougnac 403
Coulon 407, 409
Couperin, François 85
Courant d'Huchet 424

Courbet, Gustave 443
   *Os penhascos de Etrêtat depois de uma tempestade* 28
   *O espelho de Ornans* 351
   local de nascimento 350-1
   *Moças da cidade dando esmola a uma pastora em um vale perto de Ornans* 29
   Musée Courbet (Ornans) 351
   Musée Fabre (Montpellier) 495
   Musée d'Orsay (Paris) 121
   Palais des Beaux-Arts (Lille) 198
   Petit Palais (Paris) 109
Courchevel 322, 373
Cousteau, Jacques 517, 531
Coustou, Guillaume, *Cavalos de Marly* 103
Coutances **250-1**
Couture, Thomas 121
Couze Chambon, vale 362
Coward, Noël 528
Coysevox, Antoine 177
Cranach, Lucas 102, 210
Crau, arquitetura rural 35
*La Création du Monde* 64-5
Crème de Cassis (Dijon) 655
Cresson, Edith 20, 67
Crêt de Châtillon 391
Creuse 353
Crèvecour-en-Auge 255
CRICR 689
Crime 670
Cristal d'Arques 655
*O Cristo Amarelo* (Gauguin) 275
Critérium International de la Première Neige (Val d'Isère) 39
CROUS 549
Crowne Plaza Biarritz American Golf School 664
Crypte Archéologique (Paris) **84**
   Mapa Rua a Rua 82
Cultura Basca 449, **455**
   arquitetura rural 34
A Cupulatta (Córsega) 542
Curie, Marie 63
   túmulo 125
Curie, Pierre 63
   túmulo 125

# D

Dagoberto I, rei 48, 68, 172
Dagoberto III, rei 68
Daguerre, Louis 61
Dalí, Salvador 64, 482
   Espace Montmartre Salvador Dalí (Paris) 132
Dambach-la-Ville 229
   Alsace, Rota do Vinho da 232
Dames de la Meuse 214
Dampierre, Château de **178**
*A dança* (Carpeaux) 120-1
Dança 657
   Paris **151**, 153
Danton, Georges Jacques 98

Darcel 135
Dargilan, gruta 367
D'Artagnan **441**
Daudet, Alphonse 473
Daumier, Honoré 121
Daura, Pierre 485
David, Jacques-Louis 61, 485
   Musée des Beaux-Arts (Reims) 210
   retratos de Napoleão 173, 176
David d'Angers
   Musée David d'Angers (Angers) 291
   Panthéon (Paris) 125
Dax **425**
De Castellane 211
De Gaulle, Charles 21, 66
   Colombey-les-Deux-Églises 217
   França Livre 65
Deauville 255
   Festival du Cinéma Américain 38, 659
Debré, Olivier 297
La Défense (Paris) 66-7, **130**
Deficientes físicos 669
Degas, Edgar 121, 390, 458
   *Jovem dançarina de 14 anos* 120
Delacroix, Eugène 61, 109, 381
   *Caça aos leões* 121
   *Jacó lutando com o anjo* 122, 127
   *Medeia* 198
   Musée Eugène Delacroix (Paris) 119, **122**
   *Virgem do Sagrado Coração* 542
Delaunay, Robert 495
   Torre Eiffel 29
Delaunay, Sonia 65
Deleuze, Gilles 31
Delos (Aurillac) 655
Delville Wood 191
Deneuve, Catherine 525
Depardieu, Gérard 520
*Départements* 676-7
Der-Chantecoq, Lac du 207
Derain, André 472, 483
Derrida, Jacques 31
Descartes, René 31, 56, 307
   túmulo 118, 122
Descontos
   estudantes 669
   passagem de trem 682-3
Deserto des Agriates 537
Desnoyer, François 495
Despiau, Charles 381
Les Deux Magots (Paris)
   Mapa Rua a Rua 118
Deux-Sèvres 405
Dia D, desembarque **251**, 252
Diaghilev, Sergei 65
Diana de Poitiers 102, 293, 331
   Château d'Ancy-le-Franc 334
   Château de Chenonceau 298-9
Dick's Tea Bar 659

# ÍNDICE GERAL

Diderot, Denis 103, 217
  túmulo 99
Dieppe **263**
Dieulefit 386
Digne-les-Bains **517**
Dijon 327, **340-42**
  Festival Internacional de Comida e Vinho de Dijon 38
  Mapa Rua a Rua 340-1
Dinan 269, **283**
Dinard 281
  Festival de filmes ingleses 38
Dinheiro **672-3**
Dionísio, São (St-Denis) 172
Dior, Christian 251
Discothèque les Caves du Roy 659
Disneyland Resort Paris **178**
Distel, Sacha 516
Diversão 656-9
  compra de ingressos 150, 153
  cafés 152
  cinema 152, 153
  clubes e cabarés 151, 153, 658
  dança 151, 153, 657
  esporte 152, 153
  filmes 656-7, 659
  guias de programas 150
  música 658
  música clássica **150-1**, 153
  Paris **150-3**
  rock, jazz e world music 151, 153
  spectator sport 659
  teatro 150, 153, 656, 659
Dix, Otto, *Retrato da jornalista Sylvia von Harden* 93
*Doutor Paul Gachet* (Van Gogh) 121
Dole **349**
Domaine de la Grasse (Clermont) 665
Dombes 373, **376**
Dôme, igreja (Paris) 77, 114, **115**
Domfront 255
Domme **435**
Domfront, memorial da Guerra 185, 222
Domme **435**
Dordogne, vale 427, **435**
  cavernas 402
  *ver* Périgord, Quercy e Gasconha
Doré, Gustave 295
Douamont, memorial da Guerra 185, 222
Douarnenez **273**
Doubs 327
Drôme 373
*Duas mulheres correndo na praia* (Picasso) 473
Du Barry, Madame 98
Dufy, Raoul 444, 472, 485, 503
  Caminhada no Molhe em Nice 29
  Musée d'Art Moderne de la Ville de Paris 110
  Musée des Beaux-Arts (Rouen) 265
  Musée Eugène-Boudin (Honfleur) 262
  Musée Fabre (Montpellier) 495

Duguay-Trouin, René 282
Dumas, Alexandre 255, 441, 512
  túmulo 125
Duncan, Isadora 525
Dune du Pilat 414
Dunquerque 193, **197**
Le Duo (Braque) 93
Dupin, madame 298-9
Dupuis, Nicolas 91
Dürer, Albrecht 102
Durga Sadhini Centre 665
Durrell, Lawrence 473
Duvine Adventures 664

# E

Easyjet (linhas aéreas) 681
Ebersmunster 229
Ebhardt, Bodo 228
École de Cuisine (Paris) 665
École Militaire (Paris) **112**
École de Nancy 224
École Nationale d'Equitation (Saumur) 292
École Nationale Supérieure des Beaux-Arts (Paris) **122**
Ecole Ritz Escoffier (Paris) 665
Eduardo, o Príncipe Negro 356, 414
Eduardo III, rei da Inglaterra 197
Église et Couvent des Cordeliers (Nancy) 224
Église Notre-Dasme (Cunault) 292
Les Egouts (Paris) **112**
Eguisheim **227**
  Rota do Vinho Alsácia 232
Eiffel, Gustave 62, 113
Eisenhower, Dwight 210
Eleonora da Aquitânia **51**
  Abbaye Royale de Fontevraud 294
  casamento com Henrique II 305, 295, 388
  Cathédrale St-Pierre 413
Elne **483**
Elysée-Montmartre (Paris) 153
Embaixadas 669
Ennery, Adolphe d' 111
Entrada para o porto em La Rochelle (Signac) 28
Entraygues 366
Épernay 207, **211**
Ephrussi de Rothschild, baronesa 528
Epoisses, Château d' 335
Erasmo 102, 229
Erbalunga 536
Erhart, Gregor 102
Escola de Fontainebleau 334
Escola de Troyes 207
Escritores na França **30-31**
  Sul da França **472-3**
*A escuta* (Miller) 90
Espace IGN 689
Espace Montmartre Salvador Dalí (Paris)
  Mapa Rua a Rua 132

Espagnac-Ste-Eulalie,
  Um tour por dois rios 439
Espalion 324, 366
Espelette 450, 453
  Festival do Pimentão Vermelho 38
*O espelho de Ornans* (Courbet) 351
Espinay, família 242
Esplanade des Quinconces (Bordeaux)
  Mapa Rua a Rua 421
Esportes
  Paris **152**, 153
  Interesses especiais e atividades ao ar livre 660-65
  Esportes para assistir 659
Esportes aeronáuticos 662, 665
Esportes aquáticos 662-3, 665
Esqui na neve 35, 312, 628
  Critérium International de la Première Neige (Val d'Isère) 39
Estacionamento 688
Estaing 366
Estátua da Liberdade (Paris) 76
Estrasburgo 219, **230-31**
  aeroporto 680-81
  Catedral 185, 230
  Festival de Música 37
  mapa 230-31
  terminais de ônibus 685
Estudantes, informações para 669
Etiqueta 668
Eugênia, imperatriz 201, 452
Eure 247
Eure-et-Loir 287
Euro (moeda) 673
Eurodrive 689
Eurolines 685
Europa Jazz Festival (Le Mans) 36
Europcar 689
Eurostar 681, 685
Eurotúnel 681
Évian-les-Bains 391
Évreux **266**
Exibição Internacional (1925) 64
Eyck, Jan van 343
Eze 499, **529**

# F

Fabre, Jean-Henri 366
Fainsilber, Adrien 136, 231
Falaise d'Aval 262-3
Farmácias 671
Farol Eckmühl 273
Fast-food, restaurantes 598
Fauves 29, 472, 483
*A fazenda des Colletes* (Renoir) 523
Fécamp 262-3
Fédération Française de Camping et de Caravaning 549

Fédération Française de
  Canoë-Kayak 665
Fédération Française de
  Cyclisme 664
Fédération Française de Golfe 664
Fédération Française de la
  Montagne et de l'Escalade 665
Fédération Française de Naturisme
  665
Fédération Française de la
  Randonnée Pédestre 664
Fédération Française de Voile 665
Fédération Française de Vol Libre
  665
Fédération Nationale Aéronautique
  665
Felibrige, movimento 473
Félix V, antipapa 391
Fernando, rei de Aragão 485
Feria (Arles) 36
Feria (tourada), Dax 38
Feriados 39
Ferme-auberges 597
Ferme-Musée de la Forêt 373,
  376
Ferrer, São Vicente 280
Ferry, Jules 62
Fesch, cardeal 542
Festas e Festivais **36-9**
  Féria de Mont-de-Marsan 37
  Festival d'Amiens **36**
  Festival de Arte Lírica (Aix-en-
    -Provence) 37
  Festival de la Bande Dessinée
    (Angoulême) **39**
  Festival das Catedrais na Picardia
    38
  Festival du Cirque (Mônaco) **39**
  Festival Internacional de
    Jardinagem (Chaumont sur Loire)
    37
  Festival Internacional de Jazz
    (Antibes e Juan-les-Pins) 37
  Festival Joana d'Arc (Orléans) 36
  Festival da Lavanda (Digne) 38
  Festival do Limão (Menton) 39
  Festival de Pâques (Deauville) 36
  Fête du Jasmin (Grasse) 38
  Fête de Mimosa (Bormes-les-
    -Mimosas) 39
  Fête de la Musique 37
  Fête de St-Jean 37
  Fête de St-Louis (Sète) 37
  Fête de la Transhumance 37
  Fête de la Véraison (Châteauneuf-
    -du-Pape) 38
  Floréal Musical 36
  Francofolies 37
  Grandes Eaux Musicales
    (Versailles) 37
  Semana Internacional de Vela
    (La Rochelle) 37
  Parada do Orgulho Gay (Paris)
    37
  Peregrinação Cigana (Stes-Maries-
    -de-la-Mer) 37

Fiat, torre (Paris) 67
Ficajola 541
Figeac
  Um tour por dois rios 439
Filiberto, duque de Savoia 376
Filipe, o Bravo, duque da
  Borgonha, 342, 343, 488
Filipe, o Bom, duque da Borgonha
  342-3
Filipe I, rei 68
Filipe II, rei 491
Filipe III, rei 69
Filipe IV, o Justo, rei 51, 69, 504
Filipe V, rei 69
Filipe VI, rei 52
Filipe-Augusto, rei 50, 51, 69
  Musée du Louvre (Paris) 100, 101
  Notre-Dame (Paris) 87
Filitosa 533, **542-3**
Filme *ver* Cinema
Filosofia 31
Finistère 269
Fogo, florestas 671
Fitzgerald, F. Scott 64, 473, 521, 525
Fitzgerald, Zelda 473, 525
Flandre Maritime **198**
Flaubert, Gustave 30, 61, 62, **265**
  Château de Chenonceau 298
  Musée Flaubert (Rouen) 265
  Trouville 255
Fleurie
  Um tour por Beaujolais 377
Fleury, Rohault 134
Flores
  alpinas 323
  corsas 541
*Flores do campo* (Janmot) 381
FNAC 153
Foch, marechal
  túmulo 115
Foire aux Sorcières (Bué) 38
Foix 449, 463
Folies-Bergères (Paris) 153
Folies Pigalle (Paris) 153
Font de Gaume 403
Font-Romeu 480
Fontaine de Médicis (Paris)
  Mapa Rua a Rua 127
Fontaine de l'Observatoire (Paris)
  **127**
Fontaine-de-Vaucluse **506**
Fontainebleau, Château de **180-1**
*Fonte de Moisés* (Sluter) 342
*Fonte Stravinsky* (Tinguely e
  Saint Phalle) 93
Fontenay, Abbaye de 327, **332-3**
Fontenay, Aubert de 91
Fontevraud, Abbaye Royale de **294**
Forcalquier 501
*A força* (Lamourdieu) 425
Florestas, incêndios 671
Forêt de Bercé 307
Forêt de Compiègne 201

Forêt d'Iraty 451, **455**
Forêt de Lyons 266
Forêt de Paimpont **281**
Forêt de Vizzavona 540
Forez 353
Fórmula 1 549
Fort La Latte 281
Fort National (St-Malo) 282
Fort de Vitry-la-Ferté 215
Forteresse de Salses 485
Foster, sir Norman 497
Forum des Halles (Paris) 90
Foucault, Michel 31
Fougères 269, **285**
Fouquet, Nicolas 178-9
Four Seasons Provence 665
Fragonard (Grasse) 655
Fragonard, Jean-Honoré 102
  Villa-Musée Fragonard (Grasse)
  517
A França Gótica **50-1**
  arquitetura **32-3**
A França pré-histórica **44-5**, 278, **279**
  Filitosa **542-3**
  Grotte de Pech-Merle **438**
  Lascaux II **434**
  Les Eyzies **434**
  Túmulos de Bougon 409
France, Stade de (Paris) 153
Franche-Comté *ver* Borgonha e
  Franche-Comté
Franchini, Gianfranco 92
Francisco I, rei 69, 54-5, 114
  Amboise 301
  Château de Chambord 237, 302-3
  Château de Fontainebleau 180,
    181
  Le Havre 262
  local de nascimento 419
  Museu do Louvre 100
  salamandra, emblema 54, 242,
    302, 303, 433
  St-Germain-en-Laye 173
  vida na corte durante a
    Renascença 293
Francisco II, rei 54, 69
  Amboise 301
  Orléans 302
  túmulo 290
Franck, César 115
Frederick de Hohenstaufen,
  imperador 228
Frederico Barba-Roxa,
  imperador 51
Fréjus **517**
Frente Nacional 67
Froissart, Jean 52
Froment, Nicolas 511
FUAJ (Fédération Unie des
  Auberges de Jeunesse) 549
Fulbert, cônego 50
Fumantes, em restaurantes 599
Funicular, Montmartre
  (Paris) 133

Fuso horário 669
Futebol, final da copa de (Paris) 37
Futuroscope **413**

# G

Gabriel, Jacques-Ange 98, 112
Gachet, Paul 121
Gainsbourg, Serge
  túmulo 139
Galerias *ver* Museus e galerias
Galerie Nationale du Jeu de Paume
  (Paris) **98**
Gália Romana **46-7**
  Alise-Ste-Reine 334
  Arles 509
  Autun 339
  Crypte Archéologique (Paris) 84
  Fréjus 517
  Glanum 507
  Nîmes 496-7
  Orange 502
  Périgueux 431
  Pont du Gard **494-5**
  St-Romain-en-Gal **382-3**
  Sens 330
  Vaison-la-Romaine 502
  Vienne 382
Galimard (Grasse) 655
Gallé, Emile 224
Galliera, duquesa Maria de Ferrari
  110
Gambetta, Léon 438
Gannat Festival 659
Garbo, Greta 525, 529
Gard 477
Garnier, Charles
  Cassino (Mônaco) 530
  Opéra National Garnier (Paris)
    63, 97, 422
Gasconha *ver* Périgord, Quercy e
  Gasconha
Gasolina 686
Gau, Franz Christian 115
Gauguin, Paul **275**, 472
  *Les Alyscamps* 509
  *O Cristo Amarelo* 275
  Maison de Marie Henry
    (Le Pouldu) 275
  Musée des Beaux-Arts (Rennes)
    285
  Musée d'Orsay (Paris) 121
  Pont-Aven 275
Gavarnie 459
Gavrinis 281
Gehry, Frank 135
Genet, Jean 31
Genebra, lago 373, 391
Gengis Khan 191
Genoveva, Santa 123
  estátua de 127
La Géode (Paris) 136, 153
Geologia, Maciço Central **324-5**
Gérard, François 61, 173
Gérardmer **225**

Géricault, Théodore 61, 381
  *A balsa da Medusa* 102
  Montmartre 132
  Musée des Beaux-Arts (Rouen)
    265
Germano, São 331
Gers 427
Giacometti, Alberto 139, 524
Giambono, Michele 497
Gide, André 30
GIHP 549, 669
Gillespie, Dizzy 64
Gilot, Françoise 472
Giono, Jean 30, 473
Giotto 102
*Girassóis* (Van Gogh) 472
Girault, Charles 106, 108-9
Girolata 541
Gironde 405
Giscard d'Estaing, Valéry 66
Gislebertus 339
*Gîtes* 548
Gîtes de France 549
Giverny 67, **266**
Glanum 507
Godard, Jean Luc 66
Godeau, Antoine 523
Goethe, Johann Wolfgang von 31
Golfe 660-61, 664
Golf Hotel Grenoble Charmeil 664
Golf Hotel du Prieure (Le
  Tronchet) 664
Golo, rio 540
Gontran 462
Gonzaga, família 338
Gordes **506**
Gorges de l'Ardèche 385
Gorges de l'Aveyron 353, **443**
Gorges de la Bournes 389
Gorges de la Restonica 540
Gorges du Loup 523
Gorges du Tarn 316, 354, **370-1**
Gorges du Verdon 499
  tour de **514-5**
Gotescalk, bispo de Le Puy 364
Gouffre de Padirac 403, **438**
Goujon, Jean 101
Gould, Frank Jay 521
Gourdon 523
Gourmet 664
Governo francês 676-7
Goya, Francisco José de
  Musée Bonnat (Bayonne) 452
  Musée Goya (Castres) 444
  Musée Municipal des Beaux-Arts
    (Agen) 440
  Palais des Beaux-Arts (Lille) 198
Grace, princesa de Mônaco 110,
  531
Grand Casino (Monaco) 530
Grand Palais (Paris) 77, **109**
  Mapa Rua a Rua 106
Le Grand Rex (Paris) 153
Grand Roc 403

Grand Siècle **56-7**
Grand Théâtre (Bordeaux) 422
  Mapa Rua a Rua 420
La Grande Arche (Paris) 22, 66, 130
*A grande odalisca* (Zadkine) 508
Grande Prêmio da França 659
Grande Prêmio de Mônaco 36
Grandes Eaux Musicales (Versailles)
  37
Grands Causses 353, **367**
Grands Goulets 389
Granville **251**
Grasse **517**
Grande Paris, mapa 15
El Greco 458
Greco, Juliette 118
Greene, Graham 31, 473, 526
Grenoble 373, **388-9**
  Festival de Jazz 36
  mapa 388
Greuze, Jean-Baptiste 485
  Musée Greuze (Tournus) 345
Grévin (Paris) **97**
Grignan **386**
Grimaldi, família 530, 531
Grimaldi, Henri 522
Gris, Juan 482-3
Gris-Nez, cabo 196
Grotte de Clamouse 493
Grotte des Combarelles 434, 435
Grotte des Demoiselles 493
Grotte de Font de Gaume 434, 435
Grotte de la Madeleine 385
Grotte Massabielle (Lourdes) 459
Grotte du Pech-Merle
  Um tour por dois rios 438
Grotte de Villars 430
Grottes de Bétharram (Lourdes)
  459
Grottes des Canalettes
  (Villefranche-de-Conflent) 480
Gruissan 479
Grünewald, Mathias 227
**Guebwiller 226**
  Rota do Vinho, Alsácia 232
Guerlain (Paris) 655
Guerra dos Cem Anos (1337-1453)
  **52-3**, 405, 427
Guerra, Primeira I 43, 63, 193
  Batalha do Somme **190-1**
  Verdun **222**
Guerra, Segunda 43, **65**
  Desembarque do dia D **251**, 252
Guerras Religiosas (1562-93) 54, 55,
  405, 427, 449
Guesclin, Bertrand du 283
Guilherme II, kaiser 185, 228
Guilherme, o Conquistador, rei da
  Inglaterra 49
  Abbaye de Jumièges 263
  Bayeux, tapeçaria 237, 247, **252-3**
  Caen 247, 253, 254
Guilherme, o Piedoso, duque da
  Aquitânia 345, 493

Guimard, Hector 63, 121, 130
Guimet, Emile 111
Guimiliau **276**, 277
Guise, duque de 304
Guyot, Georges Lucien 110

# H

Les Halles (Paris) *ver* Forum des Halles
Haras du Pin 255
Harden, Sylvia von 93
Hardouin-Mansart, Jules
　Château de Dampierre 178
　Château de Sceaux 178
　Dôme, igreja (Paris) **115**
　Hôtel des Invalides (Paris) 114
　Palais du Tau (Reims) 213
　Place Vendôme (Paris) 98
　St-Louis-les-Invalides (Paris) 115
　Versailles 174, 175
Haroldo II, rei da Inglaterra 252, 257
Haussmann, barão Georges-Eugène **108**
　Bois de Boulogne (Paris) 130
　Boulevard St-Germain (Paris) 119
　Les Egouts (Paris) 112
　modernização de Paris 61, 95
　Parc des Buttes-Chaumont (Paris) 135
　Place de l'Opéra (Paris) 97
Haut Asco 540
Haut-Folin 338
Haut Koenigsbourg, Château du 185, 219, **228-9**
Haut Languedoc 477
Haut-Rhin 219
Haut-Saône 327
Haute-Corse 533
*Haute-couture* 136
Haute-Garonne 427, 449
Haute-Loire 353
Haute-Marne 207
Haute-Savoie 373
Haute-Vienne 353
Haute-Seine **266**
Hautefort **430**
Hautes-Alpes 373
Hautes-Pyrénées 449
Hauteville família 250
Heem, Jan Davidsz de 365
Heloísa 50
Hemingway, Ernest 31, 64, 122, 139, 473
Henrique I, rei 68
Henrique I, rei da Inglaterra 294
Henrique II, rei 54, 69
　Château de Chambord 302
　Château de Chenonceau 298
　Château de Fontainebleau 181
　e Diane de Poitiers 293
　Musée du Louvre (Paris) 101
　Rocroi 214
　St-Germain-en-Laye 173

Henrique II, rei da Inglaterra 50, 51, 294
　casamento 305
　Niort 409
　Poitiers 412, 413
Henrique III, rei 54, 69
　Château d'Angers 242
　assassinato 55, 304
　casamento 298
　Orléans 302
　Pont Neuf (Paris) 83
Henrique IV, rei 55, 69, 304, 307
　cerco de Cahors 439
　Châlons-en-Champagne 216
　Château de Fontainebleau 181
　Edito de Nantes 290
　local de nascimento 449, 458
　Orléans 302
　Place des Vosges (Paris) 91
　Pont Neuf (Paris) 83
　St-Germain-en-Laye 173
　Tours 296
Henrique V, rei da Inglaterra 53, 264
Henrique VI, rei da Inglaterra 86
Hepworth, Barbara 524
Hérault 477
Hérouard, Jean 138
Hertz 689
Hippodrome de Longchamp (Paris) 153
História **43-69**
Hitler, Adolf 201
Hittorff, Jacques 106
Holbein, Hans 102
Honfleur 247, **262**
Horários de funcionamento 668
　bancos 672
　lojas 652
Horodateur, máquinas 688
Hospitais 670-1
Hossegor 424
Hossegor Tourist Office 665
Hotéis **546-95**
　albergues 548-9
　*bed and breakfast* 548, 549
　clássico hotel familiar 546
　classificação 547
　deficientes físicos 549
　hotel do centro 546
　hotel em castelo 546
　preços 547
　redes de hotéis 546-7, 549
　refeições e instalações 547
　reservas 547
　restaurantes com quartos 547
Hôtel Byblos des Neiges (Courcheval) 665
Hôtel-Dieu (Beaune) **346-7**
Hôtel Dieu (Paris)
　Mapa Rua a Rua 83
Hôtel des Invalides (Paris) **114**
Hôtel de Lamoignon (Paris)
　Mapa Rua a Rua 88

Hôtel Meurice (Paris) 665
Hôtel des Monnaies (Paris) 78
Hôtel des Mougins (Mougins) 664
Hotel Four Seasons George V (Paris) 665
Hotel Royal e Evian Masters (Evian) 664
Hôtel de Sens (Paris) **85**
Hôtel de Soubise (Paris) **90**
Hôtel de Sully (Paris)
　Mapa Rua a Rua 89
Hôtel de Ville (Paris) **89**
Hôtel de Voguë (Dijon)
　Mapa Rua a Rua 340
Houdon, Jean-Antoine 103
Hoverspeed 681
Huelgoat 272
Huet 300
Hugo, Victor
　Dignes-les-Bains 517
　local de nascimento 350
　Maison de Victor Hugo (Paris) 89, **91**
　novelas 30
　peças 31
　Sainte-Clotilde (Paris) 115
Huguenotes 427
Hugo, São, 348
Hunspach 219
Huxley, Aldous 473
Hyères 514

# I

Ibex 387
Ibis 549
Igreja Católica *ver* Religião
*Igreja em Auvers-sur-Oise* (Van Gogh) 29
Igreja ortodoxa grega 123, 542
Igreja ortodoxa russa 137, 527
Igrejas
　Champanhe, igrejas de madeira **215**
　Conjuntos paroquiais 276-7
　horário de funcionamento 668
　*ver* Catedrais; Religião e cidades
Île d'Aix 417
Île d'Arz 280
Île de Bréhat 244, 271, **278**
Île de la Cité (Paris) 76, **81-93**
　mapa da área 81
　Mapa Rua a Rua 82-3
Île de France 10, **171-81**
　*départements* 677
　mapas 73, 171
Île du Levant 515
Île aux Moines 280
Île de Noirmoutier 290, 291
Île d'Oléron **417**
Île d'Ouessant **272**
Île de Ré 405, 407, 416
L'Île Rousse **537**
Île Saint-Honorat 521

# ÍNDICE GERAL

Île St-Louis (Paris) 79, **85**
Île Sainte-Marguerite 520-21
Île Tristan 273
Île d'Yeu 290-91
Îles de Lérins 520-21
Îles d'Hyères **515**
Îles Sanguinaires 542
Ílle-et-Vilaine 269
Iluminismo 30, 43, **58-9**
Impressionismo 62, 472
Indre 287
Indre-et-Loire 287
Ingres, Jean-Auguste
  Musée Bonnat (Bayonne) 452
  Musée Condé (Chantilly) 205
  Musée Hyacinthe-Rigaud (Perpignan) 485
  Musée Ingres (Montauban) 443
  Petit Palais (Paris) 109
Institut du Monde Arabe (Paris) **139**
Intercelta, festival (Lorient) 38
Interesses especiais 660-65
Internet 675
Intérpretes 670
Invalides (Paris) ver Champs-Elysées e Invalides
Les Invalides (Paris) ver Hôtel des Invalides
Inverno na França **39**
Ionesco, Eugène 31
Isabella de Portugal 343
Isabelle d'Angoulême 294
Isèzère 373
Issoire **359**

## J

Jacob, Max 274
*Jacó lutando com o anjo* (Delacroix) 122, 127
Jacobinos 59, 446
Jacquerie, revolta camponesa 52
James, Henry 302
Janmot, Louis
  *Flores do campo* 381
Jardins
  Bois de Boulogne (Paris) **130**
  Champ-de-Mars (Paris) 112
  Château de Chenonceau 298
  Château de Fontainebleau 180
  Château de Vaux-le-Vicomte 179
  Château de Villandry 296
  Jardin Exotique (Mônaco) 531
  Jardin du Carrousel (Paris) 100
  Jardin de la Fontaine (Nîmes) 496-7
  Jardin du Luxembourg (Paris) 117
    Mapa Rua a Rua 126
  Jardin des Plantes (Paris) **138**
  Jardin Thuret (Cap d'Antibes) 521
  Jardin des Tuileries (Paris) 78, **98-9**
  Jardins des Champs-Elysées (Paris)
    Mapa Rua a Rua 107
  Jardins du Trocadéro (Paris) **110**

Jardins (cont.)
  Square Jean XXIII (Paris) 83
  Versailles **174-5**
  Villandry 287
  *ver* Parques e reservas naturais
Jaussely, Léon 138
La Java (Paris) 153
Jawlensky, Alexeï von, *A Medusa* 381
Jazz 64
  festivais 36-7
  Paris **151**, 153
Jazz in Antibes 659
Jazz Vienne 37
Jeannin, Pierre 339
Jimmy'z 659
Joana d'Arc 52, 53, **300-301**
  Beaugency 305
  Château de Chinon 294
  Compiègne 201
  Loches 300
  Orléans 302-3
  Poitiers 412
  queimada na fogueira 264
  Reims Cathedral 212
  Festival (Orléans) 36
João, rei da Inglaterra 294
João II, o Bom, rei 69, 414
João Batista, São 202
Jornais 675
Josefina, imperatriz 60
  Château de Malmaison 173
  Palais de l'Elysée (Paris) 108
Josselin **281**
Jospin, Lionel 21
*Journées du Patri* 38
*Jovem dançarina de 14 anos* (Degas) 120
Joyce, James 31, 122
Judeus
  em Carpentras 506
  Musée d'Art et d'Histoire du Judaïsme (Paris) 90
*Juízo Final* (Weyden) 347
Juliano, imperador 47
Juliénas
  Tour por Beaujolais 377
Jumièges 247
Jura 327
  arquitetura rural 34

## K

K Jacques (St-Tropez) 655
Kandinsky, Wassily 524
  *Com o arco negro* 93
Klein, Yves 473, 526
Kristeva, Julia 31

## L

La Bégude-de-Mazenc 386
La Bourboule 353, 362
Laboureur, estátua de Napoleão 542
La Brosse, Guy de 138
La Bruyère 359

La Buissière Yoga Retreat Centre (Duravel) 665
Labyrinth, Chartres Cathedral 309
Lac et Forêt d'Orient 217
Lacanau-Océan 424
Lacanau Tourist Office 665
La Cathédral en Couleurs (Amiens) 202, 203
Lacave 403
La Chaise, Père de 135
La Chaise-Dieu **364**
La Chartre-sur-le-Loir 307
La Clayette 348
Lacoste 507
La Couvertoirade 367
Lacroix, Christian 67
La Devinière 295
La Fage 403
Lafaille, Clément 416
La Ferté-Loupière 330
La Flèche 307
La Fontaine, Jean de 90
La Grande Motte 474, 487, **495**
Lalique, René 121
Laloux, Victor 120
L'Alpe d'Huez 387
La Malène 371
Lamalou-les-Bains 493
Lamartine, Alphonse de 31, 348, 390
La Méridionale 683
Lamourdieu, Raoul, *A força* 425
La Mouthe 403
Lampaul-Guimiliau **276**
Lancaster, Burt 525
Landelle, Charles, *A república* 43
Les Landes 405, **425**
  arquitetura rural 34
  floresta **425**
Langeais, Château de **295**
Langlois, Henri 111
Langres **217**
Languedoc-Roussillon 13, **477-97**
  clima 41
  Como Explorar 478-9
  cozinha regional 468
  *départements* 677
Lanvin, Jeanne 99
Laon 193, **205**
  catedral 33, 205
Lapalisse, Château de **358**
La Palud-sur-Verdon
  Gorges du Verdon 515
La Plagne 322
Laprade, Albert 138
La Puisaye-Forterre **330**
La Roche, Raoul 130
La Rochelle 394, 405, **416**
  Film Festival 659
La Roque d'Antheron 659
La Roque-Gageac 427
Larressingle **440**
Lascaux 45, 402, 403, 427
Lascaux II **434**
Lascelles, Roger 689
O Lasserre (Paris)
  Mapa Rua a Rua 106

Latour-de-Carol 480
La Turbie 529
Laurencin, Marie 522
Laurens, J.P.
   *Os prisioneiros de Carcassonne* 489
Lautenbach 226
Lauzerte 445
Laval, Pierre 65
Lavardin 306
Lavasina 536
Lavier, Bertrand 497
Lavirotte, Jules 112
Lawrence, D.H. 473
Le Bourg d'Oisans **387**
Le Breton, Gilles 181
Le Brun, Charles 87, 91
   Château de Vaux-le-Vicomte 179
   Versailles 176-7
Le Corbusier 529
   Cité Radieuse (Marseille) 512
   Fondation Le Corbusier (Paris) **130**
   Ronchamp **351**
Ledoux, Claude-Nicolas 350
Le Duc, François 409
Le Faou 272
Legentil, Alexandre 134
Léger, Fernand
   La Colombe d'Or, mural (St-Paul-de-Vence) 524
   *La Création du Monde* 64-5
   Musée Fernand Léger (Biot) 522
Le Grand, Alexandre 262
Le Havre **262**
Leilão de vinhos e Les Trois Glorieuses (Beaune) 38
Le Lude 307
Léman, Lac 373, **391**
Le Mans 287, **291**, 659
   24 Horas de Le Mans 37
Lemercier, Jacques 99
Le Moiturier, Antoine 102, 335
Lemordant, J.J. 274
Le Noble, Ambroise 430
Le Nôtre, André **179**
   Avenue des Champs-Elysées (Paris) 108
   Castres 444
   Château de Chantilly 193, 204
   Château de Cordès 362
   Château de Dampierre 178
   Château de Sceaux 178
   Château de Vaux-le-Vicomte 179
   Château Gourdon 523
   Jardin des Tuileries (Paris) 99
   St-Germain-en-Laye 173
   túmulo 99
   Versailles 174-5
Lentilles 215
Leão IX, papa 227

Leonardo da Vinci 54-5, 452
   Château de Chambord 302, 303
   *Mona Lisa* 102
   túmulo 301
L'Epine **215**
Le Poët Laval 375, 386
Le Pouldu **275**
Le Puy du Fou 290
Le Puy-en-Velay 353, **364-5**
   Catedral 32
   peregrinos 401
Le Puy "Roi de l'Oiseau" 38
Le Revard 390
Le Touquet 193, **196**
Les Andelys 249, 266
Les Arcs 322
Les Baux-de-Provence **507**
Les Celestins Vichy 665
Les Combarelles 403
Les Eyzies 403, 427, **434**
Les Islettes 215
Les Ménuires 322
Les Roches-l'Evêque 306
Les Sables d'Olonne 290
Les Stes-Maries-de-la-Mer 510
Lesbahy, Philippa 242, 296
Lesseps, Ferdinand de 62
Le Sueur, Eustache 87
Le Touquet 193, **196**
Le Vau, Louis
   Château de Vaux-le-Vicomte 179
   Versailles 174, 177
Levignacq 425
Liberdade, A Chama da (Paris) 77
Lido (Paris) 153
Liégeard, Stephen 472
Lignes d'Azur 687
Lille **198**
   aeroporto 680-81
Limbourg, Paul e Jean de 53
Limoges **356**
Limousin 353
Limoux, carnaval de 39
Lion, Golfe du 479, **487**
Lisieux 255
L'Isle, Bertrand de 462
Lison, Source du 351
Liszt, Franz 90
Literatura **356**
   artistas e escritores no sul da França **472-3**
Livardois 353
Livros
   Paris, livrarias **145**
Loches 300
Lochnagar, cratera de 190
Lock, F.P. 689
La Locomotive (Paris) 153
Locronan **273**
Loir, rio **306-7**
Loir-et-Cher 287
Loire, vale do **386-313**, 373
   castelos **242**
   clima 40
   Como Explorar 288-9
   cozinha regional 239
   *départments* 677
   vinhos **240-41**

Loire-Atlantique 287
Loiret 287
Loiseau, Bernard 338
Lojas **652-5**
   accessórios 143, 144
   arte e antiguidades 148
   comida 146-7
   de departamentos **141**
   estabelecimentos maiores 652
   horários 140, 652
   liquidações 140, 655
   livros 145
   lojas especializadas 145, 652
   mercados 149, 652-3
   moda 140-144, 654, 655
   Paris **140-9**
   presentes e suvenires 145
   produtos de beleza 653, 655
   produtos regionais 653, 655
   utilidades domésticas e artigos de cozinha 145, 654-5
   vinho 147, 655
Loren, Sophia 525
Lorena *ver* Alsácia e Lorena
Lorraine, duques de 224
Lot 427
Lot, vale do 353, **366**
   arquitetura rural 34
   Um tour por dois rios **438-9**
Lot-et-Garonne 427
Lotário 68
Loti, Pierre
   Maison de (Rochefort) 417
Loue, Vallée de la 351
Louis, Victor 422
Loup, Gorges du **523**
Lourdes 36, 449, **458-9**
Louvre (Paris) *ver* Museu do Louvre
Lozari 537
Lozère 353
LPGA em Evian 659
Lubéron **506-7**
Luís I de Anjou 292
Luís I, o Piedoso, rei 68
Luís II, o Gago, rei 68
Luís III, rei 68
Luís IV, o Estrangeiro, rei 68
Luís V, rei 68
Luís VI, o Gordo, rei 68, 173
Luís VII, rei 51, 68
   casamento 305
   Château de Fontainebleau 180
Luís VIII, rei 69, 488
Luís IX, rei (São Luís) 51, 69
   Abbaye de Royaumont 172
   Angers 242
   Carcassonne 488
   Sainte-Chapelle (Paris) 84
   Sens 330
Luís X, rei, 69

# ÍNDICE GERAL

Luís XI, a Aranha, rei 69
  Aigues-Mortes 495
  Amboise 301
  Château de Langeais 295
  Saintes 418
  Tours 296
Luís XII, rei 69
  túmulo 173
Luís XIII, rei 56, 57, 69, 430
  Château de Fontainebleau 181
  Les Baux-de-Provence 507
  Place des Vosges (Paris) 91
  Versailles 174
Luís XIV, rei 43, 56-7, 69, 502
  casamento 452-3
  Château de Chambord 237, 302, 303
  Château de Vaux-le-Vicomte 179
  Corniche des Cévennes 367
  Dole 349
  Dôme, igreja (Paris) 115
  estátuas de 380
  Franche-Comté 327
  Hôtel des Invalides (Paris) 114
  e Maria Mancini 417
  Neuf-Brisach 227
  Palais Royal (Paris) 99
  St-Germain-en-Laye 173
  St-Roch (Paris) 99
  Val-de-Grâce (Paris) 127
  Versailles 97, **174-7**
Luís XV, rei 58, 69
  Compiègne 193, 201
  Córsega 533
  École Militaire (Paris) 112
  joias da Coroa 103
  Panthéon (Paris) 125
  Place de la Concorde (Paris) 98
  Sèvres, porcelana de 178
  Versailles 174-5, 177
Luís XVI, rei 69
  Champ-de-Mars (Paris) 112
  Château de Rambouillet 178
  Compiègne 201
  execução 58, 59, 97, 98
  Tréguier 278
  Versailles 177
Luís XVIII, rei 69
  Jardin du Luxembourg (Paris) 126
  Versailles 175
Luís Filipe, rei 61, 69, 115
  Place de la Concorde (Paris) 98
  Versailles 177
Luísa de Lorena 298, 299
Lully, Giovanni Battista 56
Lumière, irmãos 63, 96
  local de nascimento 350
Lurçat, Jean 356
  Musée Jean Lurçat (Angers) 291
Lutyens, sir Edwin 190
Luxembourg Quarter (Paris)
  Mapa Rua a Rua 126-7
Luxey 425
Luz-St-Sauveur **459**
Lycklama, barão 520

Lyon 373, **378-81**
  aeroporto 680-81
  agências de viagens 681
  Festival 659
  mapa 380
  Mapa Rua a Rua **378-9**
  terminal rodoviário 685
Lyons-la-Forêt 266
Lyotard, Jean-François 31

# M

McArthur Glenn (Ponte Sainte Marie) 655
Maçã, Festival da (Le Havre) 38
Maçãs, Normandia 255
Maciço Central 12, **353-71**
  clima 41
  comida regional 319
  Como Explorar 354-5
  *départements* 677
  geologia **324-5**
Macinaggio 536
Maclou 282
Mâcon **348**
La Madeleine (Paris) **97**
  Mapa Rua a Rua 96
Madonas Negras, Auvergne **365**
Maeght, Aimé e Marguerite 524
  Fondation Maeght (St-Paul-de-Vence) **524**
Magazines 675
Maginot, linha 207
Maillol, Aristide 381, 482, 484, 485
  Musée Maillol (Paris) **115**
Maine-et-Loire 287
Maintenon, Madame de 56, 175, 409
Maison des Arts de Créteil (Paris) 153
Maison Carrée (Nîmes) 497
Maison Radio France (Paris) 76
Maison de Victor Hugo (Paris) **91**
  Mapa Rua a Rua 89
Male, Émile 300
Malmaison, Château de **173**
Malraux, André 359
  túmulo 125
Manche 247
Mancini, Marie 417
Manet, Edouard
  *O almoço na relva* 121
Mansfield, Katherine 31, 473
Mantegna, Andrea 297
Mapas
  Alsácia e Lorena 220-1
  Alsácia, Rota do Vinho 232-3
  Arles 508-9
  artistas na França 28-9
  As regiões da França 16-17
  Beaujolais 377
  Bordeaux 420-21
  Bretanha 270-71
  Borgonha e Franche-Comté 328-9
  Caen 254

Mapas *(cont.)*
  Castelos de Sologne **306-7**
  Cataro, país 491
  Cavernas do Dordogne 402
  Centro da França e Alpes 316-7
  Champanhe 208-9
  Clermont-Ferrand 361
  Córsega 17, 467, 534-5
  *départements* 677
  Desembarque do Dia D 251
  Dijon 340-41
  Estrasburgo 230-1
  Europa 14
  França 14-15
  França em 8.000 a.C. 44
  França em 58 a.C. 46
  França em 751 48
  França em 1270 50
  França em 1429 52
  França em 1527 54
  França em 1661 56
  França em 1789 58
  França em 1812 60
  França em 1871 62
  França em 1919 64
  França hoje 66
  Gorges du Tarn 370-71
  Gorges du Verdon 514-15
  Grande Paris 15
  Grenoble 388
  Île de France 73, 171
  Languedoc-Roussillon 478-9
  Loire, vale do 288-9
  Lyon 378-9, 380
  Maciço Central **354-5**
  Mônaco 531
  Montpellier 494
  Neuf-Brisach 226
  Nice 527
  Nîmes 496-7
  Nordeste da França 184-5
  Norte e Picardia 194-5
  Normandia 248-9
  Oeste da França 236-7
  Parc National des Pyrénées 460-61
  Paris 72-3
  Paris: Champs-Elysées 106-7
  Paris: Champs-Elysées e Invalides 104-5
  Paris: Fora do Centro 129
  Paris: Guia de Ruas 154-69
  Paris: Île de la Cité 82-3
  Paris: Île de la Cité, Marais e Beaubourg 81
  Paris: Quartier Latin 124-5
  Paris: Margem Esquerda 117
  Paris: Luxembourg 126-7
  Paris: Marais 88-9
  Paris: Montmartre 132-3
  Paris: Opéra 96-7
  Paris: St-Germain-des-Prés 118-19
  Paris: Sena 75-9
  Paris: Tuileries e Opéra 95

Périgord, Quercy e Gasconha 428-19
Pireneus 450-51
Paroquiais, conjuntos 277
Poitiers 413
Poitou e Aquitânia 406-7
Praias do sul da França 474-5
Provença 500-501
Rennes 284
rodoviários 688-9
Rouen 264-5
Sarlat **432-3**
Sítios megalíticos da Bretanha
Sudoeste da França 394-5
Sul da França 466-7
TGV, serviço de trem 683
Tours 297
Um tour por dois rios **438-9**
Vale do Ródano e Alpes franceses 374-5
Vinhos Bordeaux 398-9
Vinhos Bourgogne **320-21**
Vinhos Champagne 188-9
Vinhos da França 26
Vinhos do Loire 240-41
Vinhos do Sul 470-71
Marais (Paris) **81-93**
  mapa da área 81
  Mapa Rua a Rua 88-9
Marais Poitevin 291, 407, **408-9**
Marat, Jean-Paul 83
Maratona Internacional de Paris 36
Marcel, Etienne 52
Marché aux Fleurs et Oiseaux (Paris)
  Mapa Rua a Rua 82
Marché aux Puces de St-Ouen (Paris) **134**
Marcilhac-sur-Célé
  Um tour por dois rios 438
Marco Zero (Paris),
  Mapa Rua a Rua 82
Marennes 417
Margarida da Áustria
  túmulo 139
Margarida de Bourbon 376
Margarida de Foix
  túmulo 290
Margarida de Navarra 419, 458
Marguerite de Bourgogne 331
Maria Antonieta, rainha 59, 528
  Bois de Boulogne (Paris) 130
  Château de Rambouillet 178
  Conciergerie (Paris) 83
  execução 98
  Versailles 177
Maria de Médici 56, 127
Maria Luísa, rainha 201
Maria Teresa, rainha 57
  casamento 452-3
  Versailles 177
Mariana 543
Marivaux, Pierre Carlet de 31
Marmottan, Paul 130

Marmoutier 33, 233
Marne 207
Marne, rio 216
Marochetti, Carlo
  *Ascensão de Maria Madalena* 97
Marques Avenue (Saint Julien les Villas) 655
Marquet, Albert 472
Marqueze 425
Marselha **512-13**
  aeroporto 680-81
  história 45
  praga 58
  terminais de ônibus 685
Marsy, Balthazar, Fonte de Latona 174
Martelo, Carlos, 48, 412
Marta, Santa 507
Martinho, São, bispo de Tours 296-7
Martini, Simone 504
Mary, rainha dos escoceses 302, 430
Le Mas Candille 665
Massif des Maures **515**
Mastercard 672
Matilda, rainha 247, 253, 254
Matisse, Henri 64, 139, 472
  Chapelle du Rosaire (Vence) 523
  Collioure 483
  La Colombe d'Or (St-Paul-de-Vence) 524
  Musée d'Art Moderne (Céret) 482
  Musée d'Art Moderne de la Ville de Paris 110
  Musée Henri de Toulouse-Lautrec (Albi) 444
  Musée Matisse (Nice) 526
  Musée d'Orsay (Paris) 121
  Musée Picasso (Paris) 91
  *Nu Azul II* 526
  *Paisagem em Collioure* 29
  *Tristeza do Rei* 92
Maugham, Somerset 31, 473
  Villa Mauresque (Cap Ferrat) 528
Maupassant, Guy de 262
  túmulo 185
Mauriac, François 30
Max Linder Panorama (Paris) 153
Mayle, Peter 507
Mazarino, cardeal 56, 57, 417
Médecin, Jacques 526
*Medeia* (Delacroix) 198
Médicos 670
*A Medusa* (Jawlensky) 381
Megálitos 278-9
  Carnac 236
  Filitosa **542-3**
Megève 322, 373
Méjean 367, 371
Melle **409**
Melo, Lac de 540
Mémorial de Caen (Caen) 254
Ménasina 542
Ménerbes 507
Ménez-Meur 272

Ménez-Hom 272
Menier, família 299
Menton 475, **529**
Menu
  clássico francês **24-5**
  como ler 598
Mercados 149, 652-3
  Marché aux Fleurs et Oiseaux (Paris)
    Mapa Rua a Rua 82
  Marché aux Puces de St-Ouen (Paris) **134**, 149
  Mercados de pulgas 149
  Sarlat 432
Mercier 211
Mérimée, Prosper 520
Merovich 68
Merovíngia, dinastia 48, 68
Merson, Luc Olivier 134
Merveilles, Vallée des 529
Mestre de Canapost 485
Mestre de Cuxa 481
Mestre de Moulins 339, 357
Metz 219, **223**
Meurthe-et-Moselle 219
Meuse 219
Meuse, Vallée de la 207, **214**
Michelângelo 55, 103
Michelin 689
Mignard, Pierre 127
Milhaud, Darius 65
Miller, Henry 435
Miller, Henri de
  *A escuta* 90
Millet, Aimé 62, 334
Millet, Jean-François 250
  *Primavera em Barbizon* 181
Mimizan-Plage 424
Minerve **490**
Mimos (Périgueux) 38
Minitel 674
Mirabeau, Comte de 90
Mirepoix **463**
Miró, Joan 91, 92, 112, 524
*Miserere* (Rouault) 335
Mistinguette 75
Mistral, Frédéric 31, 473, 508
Mitterrand, François 21, 67
MK2 Bibliothèque (Paris) 153
Moby Lines 681
*Móbile em dois planos* (Calder) 92
*Moças da cidade dando esmolas uma pastora em um vale perto de Ornans* (Courbet) 29
Moda
  bretã (roupas típicas) 243
  *haute-couture* 142
  lojas **140-4**, 654, 655
  Musée Galliera (Musée de la Mode et du Costume, Paris) **110**
  nos restaurantes 599
  tamanhos 654

## ÍNDICE GERAL

Modigliani, Amedeo 98, 139, 525
  *Retrato de uma mulher* 133
*A modista* (Toulouse-Lautrec) 434
Moedas 67, 672-3
Moët & Chandon 211
Moillon, Isaac 346
Moirax 440
Moissac 395, 427, **442-3**
Moles, Arnaud de 441
Molière 31, 56, 492
  *O Burguês Fidalgo* 302
  funeral 90
Molinard (Grasse) 655
Molsheim 229
  Rota do Vinho, Alsácia 232
*Mona Lisa* (Leonardo da Vinci) 102
Mônaco **530-31**
  mapa 531
Monastère de la Grande Chartreuse 389
Mosteiros **48-9**
Monet, Claude 472
  Catedral de Rouen, pinturas 264, 265, **267**
  Giverny 67, **266**
  Musée Marmottan-Claude Monet (Paris) **130-31**
  Musée de l'Orangerie (Paris) **98**
  Ninfeias 98
  *Ninfeias azuis* 121
  paleta 472
Monflanquin 445
Monnaie de Paris 78
Mont Aigoual 325
Mont Aiguille 389
Mont Louis 480
Mont Malgré Tout 214
Mont-de-Marsan **425**
  Féria de 37
Mont-St-Michel 236, 247, 252, **256-9**
  abadia 258-9
  cronologia 256
  planta 259
  Prepare-se 257
Mont Ventoux **502**
Montagne de Dun 348
Montaigne, Michel Eyquem de 31
Montand, Yves 525
  túmulo 135
Montauban **443**, 445
Montbray, bispo Geoffroi de 250
Montbron, Jacquette de 430
Monte Carlo 530
Monte Carlo, rally 39
Monte Cinto 540
Mont Sainte-Odile 229
Monte Stello 536
Montélimar **386**
Montfort, Simon de 489, 490, 491
Montgolfier, irmãos 59
Monthermé 209, 214
Montier-en-Der 208
Montluçon **357**
Montmartre (Paris)
  Mapa Rua a Rua 132-3
  vinhedo 132

Montmorency, Anne de 172, 204
Montmorillon **415**
Montoire-sur-le-Loir 306
Montparnasse (Paris) **139**
Montpellier 477, **494-5**
  aeroporto 680-81
  Festival 659
  mapa 494
Montpellier-le-Vieux 367, 370
Montrésor **301**
Montreuil 196
Montreuil-Bellay **292**
Monts du Cantal 353, **364**
Monts Dômes 353, **362**
Monts Dore 343, **362**
Montségur **463**
Montsoreau 287
Moore, Henry 112
Morbihan 269
Morbihan, Golfe du **280-81**
Moreau, Gustave
  Musée Gustave Moreau (Paris) **131**
Morisot, Berthe 495
Morny, Duc de 255
Morrison, Jim
  Túmulo 135
Morvan 327, **338**
Morzine 322
Mosquée de Paris 139
Moselle 219
Moulin, Jean 65
Moulin Rouge (Paris) **134**, 153
Moulin-à-Vent
  Um tour por Beaujolais 377
Moulin du Verger (Puymoyen) 419
Moulins **357**
Mount Canigou 477
Montanha, esportes de 662, 665
Monumento aux Girondins (Bordeaux)
  Mapa Rua a Rua 421
Moustiers-Ste-Marie
  Gorges du Verdon, tour 515
Moutier d'Ahun 324, 356-7
Moutiers 330
Movimentos políticos de maio de 1968 20, 67
Mucha, Alphonse 63
Mugler, Thierry 22
*Mulher lendo* (Picasso) 90
*Mulher com sombrinha* (Boudin) 262
Mulhouse **225**
  aeroporto 680-81
*A muralha* (Tremblot) 133
Murat, Caroline 108
Murato 537
Museus e galerias
  Atelier Brancusi (Paris) 93
  Atelier de Cézanne (Aix-en-Provence) 511
  Bastide aux Violettes (Tourrettessur-Loup) 523
  Bibliothèque Humaniste (Sélestat) 229

Museus e galerias *(cont.)*
  Bibliothèque Municipale (St-Omer) 197
  La Boisserie (Colombey-les-Deux-Églises) 217
  CAPC Musée d'Art Contemporain (Bordeaux) 422
  Carré d'Art/ Musée d'Art Contemporain (Nîmes) 497
  Centre Guillaume-le-Conquérant-Tapisserie de Bayeux 253
  Centre National de la Bande Dessinée et de l'Image (Angoulême) 419
  Le Château-Musée (Dieppe) 263
  compra de ingressos 668
  La Citadelle Souterraine (Verdun) 222
  La Cité de la Mer (Cherbourg) 250
  Cité des Sciences et de l'Industrie (Paris) **136-7**
  Clos-Lucé (Amboise) 301
  Collection Lambert (Avignon) 503
  La Coupole (St-Omer) 197
  Ecomusée d'Alsace 225
  Ecomusée d'Ouessant 272
  Ecomusée du Pays de Rennes 285
  L'Estran-La Cité de la Mer (Dieppe) 263
  Ferme Musée du Cotentin 250
  Ferme-Musée de la Forêt 373, 376
  Fondation Claude Monet (Giverny) 266
  Fondation Maeght (St-Paul-de-Vence) 524
  Galerie Nationale de la Tapisserie (Beauvais) 201
  Galerie Nationale du Jeu de Paume (Paris) **98**
  Grand Palais (Paris) **109**
  Grévin (Paris) **97**
  Historial de la Grande Guerre (Vallée de la Somme) 199
  Hôtel Gouin (Tours) 297
  Hôtel du Petit Louvre (Troyes) 216
  Hôtel Sandelin (St-Omer) 197
  Le Magasin (Grenoble) 388, 389
  Maison Bonaparte (Ajaccio) 542
  Maison des Canuts (Lyon) 381
  La Maison du Cheval (Tarbes) 458
  Maison Jeanne d'Arc (Orléans) 302
  Maison Louis XIV (St-Jean-de-Luz) 453
  La Maison du Marais Poitevin 409
  Maison Musée du Pouldu 275
  Maison de Pierre Loti (Rochefort) 417
  Maison de Victor Hugo (Paris) 89, **91**
  Les Maisons Satie (Honfleur) 262
  Manufacture St-Jean (Aubusson) 356

Museus e galerias *(cont.)*
  Médiathèque François Mitterrand (Poitiers) 413
  Mémorial de Caen (Caen) 254
  Musée Africain (Île d'Aix) 417
  Musée Airborne (Cotentin) 250
  Musée Alexandra David-Néel (Digne-les-Bains) 517
  Musée Alésia (Alise-Ste-Reine) 334
  Musée Alsacien (Estrasburgo) 231
  Musée de l'Ancien Evêché (Grenoble) 388, 389
  Musée Anglodon (Avignon) 503
  Musée Animé du Vin (Chinon) 294-5
  Musée de l'Annonciade (St-Tropez) 516
  Musée des Antiquités Nationales (St-Germain-en-Laye) 173
  Musée d'Aquitaine (Bordeaux) 422
  Musée Archéologique (Vannes) 280
  Musée Archéologique (Dijon) 342
  Musée Archéologique (Nîmes) 497
  Musée Archéologique (St-Romain-en-Gal) 383
  Musée d'Archéologie et de Préhistoire (Narbonne) 487
  Musée Archéologique Grenoble Saint-Laurent 388
  Musée de l'Armagnac (Condom) 440
  Musée de l'Armée (Paris) 114
  Musée d'Art (Cluny) 345
  Musée d'Art Americain (Giverny) 266
  Musée d'Art et d'Archéologie (Senlis) 204
  Musée d'Art Contemporain (Dunquerque) 197
  Musée d'Art et d'Histoire (Belfort) 351
  Musée d'Art et d'Histoire (Narbonne) 487
  Musée d'Art et d'Histoire du Judaïsme (Paris) **90**
  Musée d'Art et d'Industrie (St-Etienne) 383
  Musée d'Art Moderne (Céret) 482
  Musée d'Art Moderne (St-Etienne) 383
  Musée d'Art Moderne (Troyes) 216
  Musée d'Art Moderne et d'Art Contemporain (Nice) 526
  Musée d'Art Moderne et Contemporain (Estrasburgo) 231
  Musée d'Art Moderne de la Ville de Paris (Paris) **110**
  Musée d'Art Naïf Max Fourny (Paris) 133
  Musée d'Art de Toulon (Toulon) 513

Museus e galerias *(cont.)*
  Musée des Arts Asiatiques (Nice) 527
  Musée des Arts Décoratifs (Bordeaux) 422
  Musée des Arts Décoratifs (Lyon) 380-1
  Musée des Arts Décoratifs (Paris) **99**
  Musée des Arts et Traditions Populaires (Champlitte) 350
  Musée des Automates et Poupées d'Autrefois (Mônaco) 531
  Musée de l'Automobile (Le Mans) 291
  Musée de l'Avallonnais (Avallon) 335
  Musée Bargoin (Clermont-Ferrand) 360
  Musée Basque (Bayonne) 452
  Musée des Beaux-Arts (Arras) 199
  Musée des Beaux-Arts (Blois) 304
  Musée des Beaux-Arts (Bordeaux) 422
  Musée des Beaux-Arts (Caen) 254
  Musée des Beaux-Arts (Chartres) 307
  Musée des Beaux-Arts (Dijon) 340, 342
  Musée des Beaux-Arts (Dunquerque) 197
  Musée des Beaux-Arts (Lyon) 380, **381**
  Musée des Beaux-Arts (Marselha) 512
  Musée des Beaux-Arts (Menton) 529
  Musée des Beaux-Arts (Nancy) 224
  Musée des Beaux-Arts (Nice) 527
  Musée des Beaux-Arts (Nîmes) 497
  Musée des Beaux-Arts (Orléans) 302
  Musée des Beaux-Arts (Pau) 458
  Musée des Beaux-Arts (Quimper) 274
  Musée des Beaux-Arts (Reims) 210
  Musée des Beaux-Arts (Rennes) 285
  Musée des Beaux-Arts (Rouen) 265
  Musée des Beaux-Arts (Tours) 297
  Musée des Beaux-Arts (Valence) 384
  Musée des Beaux-Arts et d'Archéologie (Besançon) 350
  Musée des Beaux-Arts et Archéologie (Vienne) 382
  Musée des Beaux-Arts et de la Dentelle (Calais) 196-7
  Musée des Beaux-Arts de Limoges 356
  Musée Bigouden (Pont l'Abbé) 273
  Musée du Bitterois (Béziers) 490

Museus e galerias *(cont.)*
  Musée des Blindés (Saumur) 292
  Musée Bonnat (Bayonne) 452
  Musée de Bretagne (Rennes) 285
  Musée Calvet (Avignon) 503
  Musée Cantini (Marselha) 512
  Musée Carnavalet (Paris) 88, **91**
  Musée de la Castre (Cannes) 520
  Musée Catalan (Perpignan) 485
  Musée de la Céramique (Rouen) 265
  Musée Chagall (Nice) 526, 527
  Musée du Château (Dinan) 283
  Musée du Château (Sedan) 215
  Musée du Château des Rohan (Saverne) 233
  Musée Christian Dior (Granville) 251
  Musée de la Civilisation Gallo-Romaine (Lyon) 378
  Musée du Cloître de Notre-Dame-en-Vaux (Châlons-en-Champagne) 216
  Musée de Cluny (Paris) 124
  Musée Cognacq-Jay (Paris) 88
  Musée Colette (La Puisaye-Forterre) 330
  Musée Compagnonnage (Tours) 297
  Musée Comtois (Besançon) 350
  Musée Condé (Chantilly) 205
  Musée de la Correrie (St-Pierre-de-Chartreuse) 389
  Musée de la Cour d'Or (Metz) 223
  Musée Courbet (Ornans) 351
  Musée de la Coutellerie (Thiers) 359
  Musée du Cristal de Baccarat (Paris) **131**
  Musée Crozatier (Le Puy-en-Velay) 365
  Musée Dapper (Paris) **110**
  Musée Dauphinois (Grenoble) 388
  Musée David d'Angers (Angers) 291
  Musée Départemental Breton (Quimper) 274
  Musée Départemental de l'Oise (Beauvais) 200
  Musée Départemental de la Tapisserie (Aubusson) 356
  Musée Despiau-Wlérick (Mont-de-Marsan) 425
  Musée des Docks Romains (Marselha) 512
  Musée de l'École de Nancy (Nancy) 224
  Musée de l'École Rurale (Trégarven) 272
  Musée Eugène-Boudin (Honfleur) 262

Museus e galerias *(cont.)*
  Musée Eugène Delacroix (Paris) 119, **122**
  Musée Fabre (Montpellier) 494-5
  Musée Faure (Aix-les-Bains) 390
  Musée Fernand-Léger (Biot) 522
  Musée du Flacon à Parfum (La Rochelle) 416
  Musée Flaubert (Rouen) 265
  Musée Français du Chemin de Fer (Mulhouse) 225
  Musée Galliera (Paris) **110**
  Musée Goya (Castres) 444
  Musée Granet (Aix-en-Provence) 511
  Musée de Grenoble (Grenoble) 388-9
  Musée Greuze (Tournus) 345
  Musée Grévin (Paris) **97**
  Musée Grobet-Labadié (Marselha) 512
  Musée de la Guerre (Calais) 197
  Musée Gustave Moreau (Paris) **131**
  Musée Henri de Toulouse-Lautrec (Albi) 444
  Musée d'Histoire et d'Archéologie (Antibes) 521
  Musée d'Histoire de Marseille (Marselha) 512
  Musée d'Histoire de Saint-Paul (St-Paul-de-Vence) 525
  Musée d'Histoire Naturelle (Cherbourg) 250
  Muséum d'Histoire Naturelle (La Rochelle) 416
  Musée Historique (Mulhouse) 225
  Musée Historique (Estrasburgo) 231
  Musée Historique Lorraine (Nancy) 224
  Musée de l'Homme (Paris) 111
  Musée de l'Hospice Comtesse (Lille) 198
  Musée de l'Hôtel de Berny (Amiens) 200
  Musée Hôtel de Ville (Avranches) 252
  Musée de l'Huître, du Coquillage et de la Mer (Cancale) 283
  Musée Hyacinthe-Rigaud (Perpignan) 485
  Musée de l'Impression sur Etoffes (Mulhouse) 225
  Musée des Impressionnismes (Giverny) 266
  Musée de l'Imprimerie (Lyon) 380-1
  Musée d'Ingres (Montauban) 443
  Musée International des Arts Modestes (Sète) 492
  Musée Internationale de la Parfumerie (Grasse) 517
  Musée Jean Calvin (Noyon) 201
  Musée Jean Cocteau (Menton) 529
  Musée Jean Lurçat (Angers) 291

Museus e galerias *(cont.)*
  Musée Josep Deloncle de l'Histoire de la Catalogne Nord (Perpignan) 485
  Musée Languedocien (Montpellier) 494-5
  Musée Lapidaire (Avignon) 503
  Musée Lapidaire (Narbonne) 487
  Musée Lapidaire (Vienne) 382
  Musée Ledoux Lieu du Sel (Arc-en-Senans) 350
  Musée de la Libération (Cherbourg) 250
  Musée de Lourdes (Lourdes) 459
  Musée du Louvre (Paris) 60, 78, **100-103**
  Musée Magnin (Dijon) 341
  Musée Maillol (Paris) **115**
  Musée Malraux (Le Havre) 262
  Musée de la Marine (Honfleur) 262
  Musée de la Marine (Paris) 111
  Musée de la Marine (Rochefort) 417
  Musée Marmottan-Claude Monet (Paris) **130-31**
  Musée Matisse (Nice) 526
  Musée Mémorial de la Bataille de Normandie (Bayeux) 253
  Musée Memorial de Fleury (Verdun) 222
  Musée de la Mer (Biarritz) 452
  Musée de la Mine (Ronchamp) 351
  Musée des Minéraux et de la Faune (Le Bourg d'Oisans) 387
  Musée de la Mode (Marselha) 512
  Musée du Montmartre (Paris), Mapa Rua a Rua 133
  Musée Municipal (Avranches) 252
  Musée Municipal (Évreux) 266
  Musée Municipal (Flandre Maritime) 198
  Musée Municipal (Orange) 502
  Musée Municipal (Pont-Aven) 273
  Musée Municipal des Beaux-Arts (Agen) 440
  Musée des Musiques Populaires (Montluçon) 357
  Musée Municipal Frédéric Blandin (Nevers) 339
  Musée Napoléonien (Île d'Aix) 417
  Musée National Adrien-Dubouché (Limoges) 356
  Musée National des Arts Asiatiques Guimet (Paris) **111**
  Musée National de la Marine (Toulon) 513
  Musée National de l'Automobile (Mulhouse) 225
  Musée National d'Ennery (Paris) **111**

Museus e galerias *(cont.)*
  Musée National du Moyen Age **122-3**
  Musée National Picasso (Vallauris) 522
  Musée National de Préhistoire (Les Eyzies) 434, 435
  Musée National de la Renaissance **172**
  Musée Naval (St-Tropez) 516
  Musée de Normandie (Caen) 254
  Musée du Nouveau Monde (La Rochelle) 416
  Musée du Noyonnais (Noyon) 201
  Musée Océanographique (Monaco) 531
  Musée de l'Oeuvre de Notre--Dame (Estrasburgo) 231
  Musée de l'Olivier (Nyons) 386
  Musée de l'Opéra (Paris), Mapa Rua a Rua 97
  Musée de Oppidum l'Enserune 490
  Musée de l'Orangerie (Paris) 78, **98**
  Musée d'Orsay (Paris) 72, 78, **120-21**
  Musée Palais Fesch (Ajaccio) 542
  Musée de Paul Charnoz (Paray-le-Monial) 345
  Musée du Pays du Châtillonnais 334
  Musée de la Pêche (Concarneau) 274
  Musée du Petit Palais (Avignon) 503
  Musée des Phares et Balises (Phare du Créac'h) 272
  Musée de Picardie (Amiens) 200
  Musée Picasso (Antibes) 521
  Musée Picasso (Paris) 88, **90-91**
  Musée Portuaire (Dunquerque) 197
  Musée du Préhistoire (Carnac) 278
  Musée de la Préhistoire Corse (Sartène) 543
  Musée Pyrénéen (Lourdes) 459
  Musée Réattu (Arles) 508
  Musée de la Reddition (Reims) 210
  Musée Régional du Cidre et du Calvados (Cotentin) 250
  Musée Régional des Arts et Traditions Populaires (Nancy) 224
  Musée Renoir, Les Collettes (Cagnes-sur-Mer) 522-3
  Musée de la Résistance (Grenoble) 388, 389
  Musée de la Résistance (St-Brisson) 338
  Musée de la Résistance et de la Déportation (Limoges) 356

Museus e galerias *(cont.)*
　Musée Rêve et Miniatures
　　(Brantôme) 430
　Musée Rimbaud
　　(Charleville-Mézières) 214
　Musée Rodin (Paris) **115**
　Musée Rolin (Autun) 339
　Musée Sainte-Croix (Poitiers) 413
　Musée St-Germain 331
　Musée St-Rémi (Reims) 211
　Musée Le Secq des Tournelles
　　(Rouen) 265
　Musée Sobirats (Carpentras) 506
　Musée des Souvenirs
　　Napoléoniens et Archives
　　Historiques du Palais (Mônaco)
　　531
　Musée Stendhal (Grenoble) 388
　Musée du Tabac (Bergerac) 434
　Musée de la Tapisserrie
　　Contemporaine (Angers) 291
　Musée des Tapisseries
　　(Aix-en-Provence) 511
　Musée du Temps (Besançon)
　　350
　Musée Thomas-Henry
　　(Cherbourg) 250
　Musée des Tissus (Lyon) 380, 381
　Musée d'Unterlinden (Colmar)
　　227
　Musée des Ursulines (Mâcon) 348
　Musée des Vallées Cévenoles
　　(St-Jean-du-Gard) 367
　Musée Vauban (Neuf-Brisach)
　　227
　Musée de la Vénerie (Senlis) 204
　Musée de Vieux Granville
　　(Granville) 251
　Musée du Vieux Marseille
　　(Marseille) 512
　Musée du Vin de Bourgogne
　　(Beaune) 344
　Musée Vivant du Cheval
　　(Chantilly) 205
　Musée Wagon de l'Armistice
　　(Compiègne) 201
　Musée Yves Brayer
　　(Les Baux-de-Provence) 507
　Les Musées de Sens (Sens) 330
　Museon Arlaten (Arles) 508
　Museu di a Corsica (Corte) 540
　Musée National d'Histoire Naturelle
　　(Paris) 138
　Observatoire Pic du Midi de
　　Bigorre 459
　Palais Bénédictine (Fécamp) 262,
　　263
　Palais des Beaux-Arts (Lille) 198
　Palais de la Découverte (Paris)
　　106, 109
　Palais Lascaris (Nice) 526

Museus e galerias *(cont.)*
　Palais de la Porte Dorée (Paris)
　　**138**
　Palais Masséna (Nice) 527
　Pavillon des Vendôme
　　(Aix-en-Provence) 511
　Petit Palais (Paris) 107, **108-9**
　Pompidou Centre (Paris) **92-3**
　Pont Transbordeur (Rochefort) 417
　Samara (Vallée de la Somme) 199
　Villa-Musée Fragonard (Grasse)
　　517
Música 658
　clássica **150-51**, 153
　festivais 36-8
　rock, jazz e world music 64, **151**,
　　153
"Musicades" (Lyon) 38

# N

Nancy 219, **224**
Nantes 287, **290**
　aeroporto 680-81
Napoleão I, imperador 43, **60-61**,
　69, 417
　Arc de Triomphe (Paris) 107
　Arc de Triomphe du Carrousel
　　(Paris) 99, 100
　Château de Fontainebleau 180, 181
　Château de Laàs 454
　Château de Malmaison 173
　Château de Pierrefonds 201
　Cimetière du Père Lachaise 135
　Colonne de la Grande Armée
　　(Boulogne) 196
　Compiègne 201
　coroação 103
　École Militaire (Paris) 112
　Île d'Aix 417
　local de nascimento 533, 542
　Musée Napoléonien (Île d'Aix)
　　417
　Musée des Souvenirs
　　Napoléoniens (Mônaco) 531
　Notre-Dame (Paris) 86
　St-Raphaël 517
　La Sorbonne (Paris) 123
　Toulon 513
　túmulo 115
　testamento 90
Napoleão II 61
Napoleão III, imperador **60-61**, 62,
　69, 108
　Alise-Ste-Reine 334
　Bois de Boulogne (Paris) 130
　Chapelle Impériale (Ajaccio) 542
　Château de Pierrefonds 201
　Compiègne 193, 201
　Galerie Nationale du Jeu de Paume
　　(Paris) 98
　Musée des Antiquités Nationales
　　(St-Germain-en-Laye) 173
　Musée des Beaux-Arts (Nice) 527
　Opéra National Garnier (Paris)
　　63, 97
　Panthéon (Paris) 125
　Sedan 214
　Vichy 538

Narbonne **486-7**
Natal 39
Natoire, Charles-Joseph 90
Naturismo 663
Nausicaa (Boulogne) 196
Nebbio 537
Neoimpressionismo 28
Nero, imperador 516
Nerra, Foulques 295, 301
Neuf-Brisach **226-7**
　mapa 226
Nevers **338-9**
　Catedral 33, 338
New Morning (Paris) 153
Nice 475, 500, **526-7**
　aeroporto 680-81
　agências de viagens 681
　Carnaval de Nice e Batalha das
　　Flores 39
　Jazz Festival 37
　terminais de ônibus 685
Nietzsche, Friedrich 473
Nièvre 327
Nijinsky, Vaslav 97
　túmulo 134
Nikki Beach 659
Nîmes 477, **496-7**
　Arena 47
　Feria 37
　mapa 496-7
Nîmes-le-Vieux 367
*Ninfeias* (Monet) 98
*Ninfeias azuis* (Monet) 121
O Niolo **540**
Niort **409**
Nocret, Jean 56
Nogushi 112
Nominoë, duque da Bretanha 280
Nonza 536
Nord 193
Norte e Picardia 10, **193-205**
　arquitetura rural 34
　clima 41
　Como Explorar 194-5
　cozinha regional 187
　*départements* 677
Norfolkline 681
Normandia 11, **247-67**
　arquitetura rural 34
　clima 40
　Como Explorar 248-9
　cozinha regional 238
　*départements* 677
　desembarques do Dia D **251**, 252
Normandia, duques da 266
North Sea Ferries 681
Nordeste da França **183-233**
　Alsácia e Lorena **219-33**
　Batalha do Somme **190-1**
　cozinha regional 186-7
　*départements* 677
　mapa 184-5
　Norte e Picardia 193-205
　vinhos Champagne **207-17**

# ÍNDICE GERAL

Nostradamus 507
Notas, dinheiro 673
Notre-Dame (Dijon)
 Mapa Rua a Rua 340
Notre-Dame (Paris) 73, **86-7**
 Mapa Rua a Rua 83
 vista do Sena 79
Notre-Dame-de-la-Garde (Marseille) 512
Nouvel, Jean 139, 380
Novotel 549
Noyon 193, **201**
Nuits-St-Georges 329
*Nu Azul IV* (Matisse) 526
Nyons **386-7**

## O

Obelisco (Paris) 95
Obernai **229**
 Rota do Vinho, Alsácia 232
Observatoire Pic du Midi de Bigorre 459
Odalisca (Pradier) 381
Odéon Théâtre de l'Europe (Paris) 153
Odila 229
Odo, bispo de Bayeux 252, 253
Odo, conde de Paris 68
Oeste da França **235-313**
 Bretanha **269-85**
 cozinha regional 238-9
 *départements* 677
 mapa 236-7
 Normandia **247-267**
 Vale do Loire **286-313**
Offenbach, Jacques 134
Oise 193
Olargues 493
Oletta 533, 537
Oloron-Ste-Marie **455**
Olympia (Paris) 153
Olympique Lyon 659
Olympique de Marseille 659
Ônibus, viagem de 685
Opéra National Bastille (Paris) 91, 153
Opéra National Garnier (Paris) 62-3, **97**, 153
 Mapa Rua a Rua 96
Opéra Quarter (Paris)
 Mapa Rua a Rua 96-7
 *ver* Tuileries e Opéra
Oradour-sur-Glane 356
Orange 499, **502**
Orcival 359, **361**
Orléans 287, **312-3**
 mapa 312
Orléans, duques de 58, 99
Orléans, Luís de 201
Orly, aeroporto 679

Ornans **350-1**
Orne 247
Orthez **454**
Ossuaire de Douaumont 222
Otan 65, 66
Otero, La Belle 520
Outono na França **38**
 Atividades ao ar livre 660-65

## P

P&O 681
Pablo Casals, festival (Prades) 38
Padirac 403
Pagnol, Marcel 473
Paimpol 278
Paimpont 281
*Paisagem de Collioure* (Matisse) 29
Palais Abbatial (Paris), Mapa Rua a Rua 119
Palais de Chaillot (Paris) 76, 104, **110-11**
Palais de la Découverte (Paris), 109
 Mapa Rua a Rua 106
Palais de la Défense (Paris) 67
Palais des Ducs (Dijon)
 Mapa Rua a Rua 340
Palais de l'Elysée (Paris) **108**
Palais Idéal du Facteur Cheval **383**
Palais de Justice (Paris) **84**
 Mapa Rua a Rua 82
Palais du Luxembourg (Paris) **127**
 Mapa Rua a Rua 126
Palais Omnisports de Paris-Bercy (Paris) 135, 153
Palais des Papes (Avignon) **504-5**
Palais du Parlement de Bretagne (Rennes) 284
Palais de la Porte Dorée (Paris) **138**
Palais Princier (Mônaco) 530-31
Palais Rohan (Strasbourg) 230
Palais des Rois de Majorque (Perpignan) 484, 485
Palais Royal (Paris) **99**, 153
Palais du Tau (Reims) **213**
Palais de Tokyo (Paris) 76
Palombaggia 543
Panthéon (Paris) 117, **125**
Paoli, Pasquale 533, 537, 540
Papado em Avignon 504
Parada do Orgulho Gay (Paris) 37
Paradis Latin (Paris) 153
Paray-le-Monial **345**
Parc Astérix **205**
Paris 10, **71-169**
 arte e antiguidades 148
 aeroporto Charles de Gaulle 678
 aeroporto de Orly 679
 agências de viagens 681
 Carnaval 39
 Champs-Elysées e Invalides **105-15**
 clima 40
 comida e bebida 146-47
 compras 140-9

Paris *(cont.)*
 diversão **150-3**
 Fora do Centro **129-139**
 Guia de Ruas **154-69**
 Île de la Cité, Marais e Beaubourg **81-93**
 mapa 72-3
 Mapas Rua a Rua
  Champs-Elysées 106-7
  Île de la Cité 82-3
  Luxembourg 126-7
  Marais 88-9
  Montmartre 132-3
  Opéra 96-7
  Quartier Latin 124-5
  St-Germain-des-Prés 118-9
 Meia Maratona Internacional 36
 Paris-Plage 37
 presentes e suvenires 145
 Revolução Francesa 59
 Rive Gauche **117-27**
 terminais de ônibus 685
 Tuileries e Opéra **95-103**
 presentes e suvenires 145
 vista do Sena **75-9**
Paris Convention and Visitors Bureau Headquarters 669
Parques e reservas naturais
 Parc André Citroën (Paris) 139
 Parc de Bercy (Paris) 135
 Parc des Buttes-Chaumont (Paris) **135**
 Parc des Princes (Paris) 153
 Parc du Golfe (Vannes) 280
 Parc de la Villette (Paris) 132
 Parc National des Ecrins 387
 Parc National du Mercantour 529
 Parc National des Pyrénées **460-61**
 Parc National de la Vanoise 323
 Parc Naturel Régionel d'Armorique 269, **272**
 Parc Naturel Régional de Normandie-Maine 233
 Parc Ornithologique du Teich 424
 Parc Pierre et Lumière (Saumur) 292
 Parc Régional du Haut Languedoc **493**
 Parc Régional de Lorraine 223
 Parc Régional du Queyras 323, 387
 Parc Emmanuel Liais (Cherbourg) 250
 Parc Monceau (Paris) **131**
 Parc Montsouris (Paris) **138**
 Réserve Naturelle de Scandola 541
 *ver* Jardins
Parques temáticos
 Disneyland Paris **178**
 Futuroscope (Poitiers) **413**
 Micropolis (Saint Léons) 366
 Parc Astérix **205**
Parthenay 405, **408**

Partido Comunista 64
Pas de Calais 193
Pas de Peyrol 364
Pas de Souci 370
Pascal, Blaise 31
  Tour St-Jacques (Paris) 89
  túmulo 123
Las Passages (Paris) **97**
Passerelle des Arts (Paris) 78
Pássaros
  cegonhas brancas **223**
  Dune du Pilat 424
  Parc des Oiseaux
    (Villars-les-Dombes) 376
  Parc Ornithologique du Teich 424
Pasteur, Louis 62, 349
Patrimônio 537
Pau 449, **458**
Pauillac **423**
Pays d'Auge 247-8, **255**
Pays Bigouden 269, **273**
Pech-Merle 403
Pedro II, rei de Aragão 491
Pei, I.M. 101
Peille 529
Peillon 529
Pelouze, Madame 298, 299
*Os penhascos de Etrêtat depois de uma tempestade* (Courbet) 28
*O pensador* (Rodin) 115
Pepino, o Breve 48, 68, 369
Peregrinações **359**
  Caminho de Santiago **400-1**
  Lourdes 458-9
  Ostensions 359
  Rocamadour 436
Perfumes **517**
Pérignon, Dom 211
Périgord, Quercy e Gasconha 12, **427-47**
  clima 40
  Como Explorar 428-9
  cozinha regional 396-7
  *départements* 677
Périgueux 427, **431**
Pero 542
Pérouges **376**
Perpignan **484-5**
Perrault, Charles 295
Perrault, Claude 101
Perret, August 262
Peste negra 52
Pétain, marechal 63, 65
Le Petit Journal St-Michel (Paris) 153
Petit Palais (Paris) 77, **108-9**
  Mapa Rua a Rua 107
Petrarca 31, 504, 506
Peugeot 62, 689
Peyrepertuse 486, 491
Pézenas **492**
PGA Open 659
Philibert, Saint 344

Phoebus, Gaston 458, 463
Piaf, Edith 65
Piana 541
Piano, Renzo 92, 93, 381
Pic d'Anie 455, 460
Pic du Midi d'Ossau 460
Picabia, Francis 65, 440
Picardia *ver* Norte e Picardia
Picasso, Pablo 64, 139
  *As banhistas* 98
  *A cabra* 521
  Colombe d'Or (St-Paul-de-Vence) 524, 525
  *Duas mulheres correndo na praia* 473
  *Mulher lendo* 90
  Musée d'Art Moderne (Céret) 482
  Musée des Beaux-Arts (Rennes) 285
  Musée National Picasso (Vallauris) 522
  Musée Picasso (Antibes) 521
  Musée Picasso (Paris) 88, **90-91**
  Pompidou Centre (Paris) 92
  Sul da França 472, **473**
  Vallauris 522
Piqueniques 599
Pierrefonds, Château de **201**
Piganiol (Aurillac) 655
Pinarello 543
Pino 536
Pireneus 13, 427, **449-63**
  clima 40
  comida regional 397
  Como Explorar 450-1
  *départements* 677
  Parc National des Pyrénées **460-61**
Pisanello 102
Pissarro, Camille 131
Places (praças)
  Place de la Bastille (Paris) **91**
  Place de la Bourse (Bordeaux)
    Mapa Rua a Rua 420
  Place de la Concorde (Paris) 95, **98**
  Place de l'Opéra (Paris)
    Mapa Rua a Rua 97
  Place St-Sulpice (Paris)
    Mapa Rua a Rua 126
  Place du Tertre (Paris)
    Mapa Rua a Rua 132
  Place des Vosges (Paris) **91**
    Mapa Rua a Rua 89
  Place Vendôme (Paris) **98**
Les Planches 659
Planetários
  Paris 136
  Reims 210
Plantagenet, Geoffrey 294
Plantagenetas **294**
Plomb du Cantal 364
Poesia 31
Point Sublime 370
  Gorges du Verdon 515

Pointe de la Torche 273
Pointe du Raz 244, **273**
Poitiers 95, 405, **412-13**
  mapa 413
Poitou e Aquitânia 12, **405-25**
  clima 40
  Como Explorar 406-7
  *départements* 677
Polícia 670, 671
Pollock, Jackson 92
Pompadour, Madame de 58
  batismo 90
  École Militaire (Paris) 112
  Palais de l'Elysée (Paris) 108
  Sèvres, porcelana de 178
Pompeu, estadista 462
Pompidou, Georges 66
Pompidou, Centre (Paris) 66, 73, **92-3**
Pompon, François 381
Poncé 307
Poncé-sur-le-Loir 307
Ponts (pontes)
  Pont Alexandre III (Paris) 75, 77, **109**
    Mapa Rua a Rua 107
  Pont d'Arc 385
  Pont de l'Artuby
    (Gorges du Verdon) 515
  Pont-Aven **275**
  Pont-Aven School 274, 275, 285
  Pont Bir-Hakeim (Paris) 76
  Pont au Change (Paris) **80**
  Pont de la Concorde (Paris) 76, 78
  Pont du Gard 466, 477, **494-5**
  Pont Grenelle (Paris) 76
  Pont du Guetin 339
  Pont Neuf (Paris) **83**
  Pont-en-Royans 375, 389
Pontilhismo 28
Pôr do sol, Auvergne (Rousseau) 28
Porcelana
  Sèvres **178**
Porquerolles 514-5
*A porta do Inferno* (Rodin) 120, 121
Port Bacarès 487
Port-Blanc 278
Port-Clos 278
Port-Cros 515
Port-Grimaud 516
Port Leucate 487
Port du Rosmeur 273
Port Vendres 482
Portes d'Enfer 415
Porto, Golfe de 535, **541**
Porto-Vecchio 543
Pot, Philippe 102
Pound, Ezra 122
Poussin, Nicolas 205, 381, 542
Prada 143
Prades (Languedoc-Roussillon) 480
Prades (Massif Central) 325
Pradier, James 115
  *Odaliscas* 381

# ÍNDICE GERAL

Praias, sul da França **474-5**
Pré-históricas, moradias **292**
Preminger, Otto 301
Presqu'île de Quiberon **278**
Prieuré de Serrabone **481**
Primaticcio 181, 334
Primevère 549
*Primavera em Barbizon* (Millet) 181
Primavera na França **36-7**
*Prisioneiros de Carcassonne*
 (Laurens) 489
Le Printemps des Arts (Nantes) 37
Prix de l'Arc de Triomphe
 (Longchamp) 38
Procissão de la Sanch **484**
Produtos de beleza 653, 655
Proust, Marcel 30, 63, 255
Provença e Côte d'Azur 13, 467,
 **499-531**
 arquitetura rural 35
 artistas e escritores **472-3**
 clima 41
 Como Explorar 500-501
 cozinha regional 468-9
 *départements* 677
 praias 474-5
Provins **179**
Puget, Pierre 103, 512, 513
Pulliat, Victor 377
Putman, Andrée 99
Puy de Dôme 353, 362
Puy-du-Fou Pageant 37
Puy Mary 353, 355, 364
Puy de Sancy 362
Pyrénées-Atlantiques 449
Pyrénées-Orientales 477

## Q

*Quadriga* (Récipon) 109
Quai Voltaire (Paris) **119**
Quartier des Chartrons (Bordeaux)
 Mapa Rua a Rua 421
Quartier Latin (Paris) 117
 Cais 75
 Mapa Rua a Rua 124-5
Quarton, Enguerrand 102
*Os quatro cantos do mundo*
 (Carpeaux) 72
Queijos
 Cantal **363**
 Centro da França 318
Quercy *ver* Périgord, Quercy e
 Gasconha
Quéribus 486
Quiberon 278
Quimper 269, **274**

## R

Rabelais, François 30, 54, **295**
 local de nascimento 295
 Universidade de Poitiers 412
 Vouvray 300
Racine, Jean 31, 56, 57
 túmulo 123

Rádio 675
Rail Europe 685, 689
Rafael 55, 205
Raimundo VII, conde de Toulouse
 444
Rainier III, príncipe de Mônaco 531
Ramatuelle 516
Rambouillet, Château de **178**
Rameau, Jean-Philippe 90
Ravaillac, François 83
Ravel, Maurice
 local de nascimento 453
Ravy, Jean 87
Ray, Man 65
Raysse, Martial 473, 497
Realista, escola 28
Réattu, Jacques
 Musée Réattu (Arles) 508
Récamier, Madame 61
Récipon, George
 *Quadriga* 109
Reichelt 113
Reims 207, **210-11**
 Catedral 32, 207, 210, **212-13**
Reinach, Theodore 528
Reis e imperadores da França **68-9**
Relais et Châteaux 549
Religião
 Caminho de Santiago **400-401**
 Conjuntos paroquiais **276-7**
 Madonas Negras **365**
 Milagre de Lourdes 459
 Papas de Avignon 504
 peregrinações e *ostensions* **359**
 Procissão de la Sanch **484**
 *ver* Igrejas
Rembrandt 102, 452
Rémi, St (São Remígio) 210, 211
Renascença na França **54-5**
 vida na corte durante a **293**
Renault 689
Les Rendezvous de l'Erdre (Nantes)
 38
René d'Anjou 292, 511
Rennes 269, 271, **284-5**
 Mapa 284
Reno, rio 219
Renoir, Auguste 472
 *O baile no Moulin de la Galette*
 120
 *A fazenda des Collettes* 523
 Musée Marmottan-Claude Monet
 (Paris) 131
 Musée Municipal de l'Evêche
 (Limoges) 356
 Musée de l'Orangerie (Paris) 98
 Musée d'Orsay (Paris) 121
 Musée Picasso (Paris) 90
 Musée Renoir, Les Collettes
 (Cagnes-sur-Mer) 522-3
Renoir, Jean 64
*La République* (Landelle) 43
Reservas naturais *ver* Parques e
 reservas naturais

Restaurantes **596-651**
 acesso à cadeira de rodas 599
 água 598
 animais domésticos 599
 *annexes* (bistrô) 598
 bistrôs 597
 brasseries 597
 cafés 597
 comida regional 596
 comida vegetariana 599
 como ler o menu e pedir 598
 como pagar 598-9
 como se vestir 599
 crianças 599
 fast-food 598
 ferme-auberges 597
 fumantes 599
 gorjetas 599
 hábitos alimentares franceses 596
 Menu francês clássico **24-5**
 reservas 598
 restaurantes com salões 547
 serviço e gorjetas 599
 vinho 598
 *ver* Comidas e Bebidas
*Retrato da jornalista Sylvia von*
 *Harden* (Dix) 93
*Retrato de mulher* (Modigliani) 133
Revin 214
Revistas 625
 de programas 150
Revolução Francesa (1789) 43, **58-9**
Rhenanus, Beatus 229
Ribeauville **228**
 Rota do Vinho, Alsácia 232
Ricardo I, duque da Normandia 256
Ricardo Coração de Leão, rei da
 Inglaterra 51
 Abbaye Royale de Fontevraud
 294
 Château Gaillard 266
 Château Chinon 295
 Niort 409
 Poitiers 412
 túmulo 264
Richelieu, cardeal 56
 batismo 90
 Brouage 417
 Palais Royal (Paris) 99
 La Rochelle 416
Riemenschneider, Tilman 102
Rigaud, Hyacinthe 177
 Musée Hyacinthe-Rigaud
 (Perpignan) 485
Rimbaud, Arthur 31, 214
Riom 361
Riquet, Paul 490
Riquewihr 221, **228**
 Rota do Vinho, Alsácia 232
Ritz, César 98
Rive Gauche (Paris) **117-27**
 mapa da área 117
 Mapa Rua a Rua 124-5, 126-7
Riviera *ver* Provença e Côte d'Azur

Robbe-Grillet, Alain 30
Robert, Hubert 384
Roberto II, o Piedoso, rei 68
Robespierre, Maximilien de 59, 98
Rocamadour 395, 427, **436-7**
Rocher des Quatre Fils d'Aymon 214
Roche à Sept Heures 214
Roche de Solutré 327, 348
Roche Sanadoire 362
Roche Tuilière 362
Rochefort 405, **416-7**
Rock, música (Paris) **151**, 153
Rocroi 207, **214**
Ródano, vale do, e Alpes franceses 12, **373-91**
   Alpes franceses 374-5
   arquitetura rural 34
   clima 41
   delta do Ródano 510
   *départements* 677
   Como Explorar 374-5
   culinária regional 319
   Pontes do Ródano **383**
Rodez 366
Rodin, Auguste
   *Os burgueses de Calais* 197
   busto de Victor Hugo 91
   estátua de Claude Lorrain 224
   memorial em Verdun 222
   Musée d'Art Moderne (Troyes) 216
   Musée des Beaux-Arts (Lyon) 381
   Musée Calvet (Avignon) 503
   Musée Faure (Aix-les-Bains) 390
   Musée Rodin (Paris) **115**
   *O pensador* 115
   *A porta do Inferno* 120, 121
Rogers, Richard 92
Rohan, princesa de 90
Rohan, família 281
Roissy-Charles-de-Gaulle (CDG) aeroporto 678
Rolin, Nicolas 346
Roland Garros, Stade (Paris) 153
Rolando 454
Românica, arquitetura **32-3**
Romance (literatura) 30
Ronchamp 351
*A ronda bretã* (Bernard) 28
Rondelet, Guillaume 125
Ronsard, Pierre de 31
Roquebrune-Cap-Martin **529**
Roquefort-sur-Soulzon 367
Roquesaltes 367
Roscoff **275**
Rosso Fiorentino 181
Rothschild, baronesa Hélène de 110
Rouault, Georges,
   *Miserere* 335
Roubo 670
Rouen 247, **264-5**
   Catedral 264, **267**
   mapa 264-5

Rouffignac 403, 435
Roupas *ver* Moda
Rousseau, Henri "Le Douanier" 523
   Musée de l'Orangerie (Paris) 98
   Musée d'Orsay (Paris) 121
   Musée Picasso (Paris) 91
Rousseau, Jean Jacques 31, 58, 59
   Les Charmettes (Chambéry) 390
   túmulo 125
Rousseau, Théodore 181
   *Pôr do sol, Auvergne* 28
Roussillon 507
Route de Combe-Laval 389
Rota do Vinho (Alsácia) 219, 221, **232-3**
Route Panoramique 384
Routes des Crêtes **224**, 225
Royal Limoges 655
Royan **418**
Royer, Jean 297
Rubens, Peter Paul 198, 452, 458, 517
Rude, François 342
Rue de Buci (Paris)
   Mapa Rua a Rua 119
Rue la Fontaine (Paris) **130**
Rue des Francs-Bourgeois (Paris)
   Mapa Rua a Rua 88
Rue de l'Odéon (Paris) 122
Rue des Rosiers (Paris),
   Mapa Rua a Rua 88
Rue Verrerie (Dijon)
   Mapa Rua a Rua 341
Rugby 36
Ruskin, John 202
Ruysdael, Salomon 365
Ryanair 681

## S

Sacro Império Romano 327
Sacré-Coeur (Paris) **134**
   Mapa Rua a Rua 133
Sagan, Françoise 473
St-Alexander-Nevsky (Paris) **131**
St-Amand 330
St-Amand-de-Coly **431**
St-Benoît-sur-Loire **303**
St-Bertrand-de-Comminges **462**
Sainte-Chapelle (Paris) **84-5**
   Mapa Rua a Rua 82
St-Christophe 348
St-Cirq-Lapopie
   Um tour por dois rios 438
Sainte-Clotilde (Paris) **115**
St-Come d'Olt 366
St-Dénis Pregando aos Gauleses (Vien) 99
St-Emilion 399, **422-3**
St-Etienne **383**
St-Etienne-du-Mont (Paris) **123**
St-Eustache (Paris) **90**
St-Florent **537**
St-Foy 368, 369
St-Germain-de-Livet 255

St-Germain-des-Prés (Paris) **122**
   Mapa Rua a Rua 118
St-Germain-des-Prés Quarter (Paris)
   Mapa Rua a Rua 118-9
St-Germain-en-Laye **173**
St-Gervais-St-Protais (Paris) **85**
St-Gilles-du-Gard 495
St-Guilhem-le-Désert 477, **493**
St-Jacques-des-Guérets 307
St-Jean-de-Côle **430**
St-Jean-de-Luz 449, 451, **452**
St-Jean-Pied-de-Port **454**
   Basque Fête 38
St-Julien-de-Jonzy 348
St-Julien-le-Pauvre (Paris) **123**
   Mapa Rua a Rua 125
St-Lary Soulan 462
St-Lizier 449, **462-3**
St-Louis-en-l'Île (Paris) 85
St-Louis-les-Invalides (Paris) **114-5**
St-Maixent-L'École 409
St-Malo 269, **282-3**
   Marinheiros de **282**
Stes-Maries-de-la-Mer 474
St-Martin-de-Canigou 477, **481**
St-Martin-de-Ré 405, 416
St-Michel (Dijon)
   Mapa Rua a Rua 341
St-Michel-de-Cuxa 477, **480-81**
St-Nectaire **360**
St-Omer **197**
St-Parize-le-Châtel 339
St-Paul-de-Vence **524-5**
Saint-Phalle, Nikki de 473, 526
   Fonte Stravinsky 93
St-Pierre de Montmartre (Paris),
   Mapa Rua a Rua 133
St-Pons-de-Thomières 493
St-Raphaël **517**
St-Rémy-de-Provence **507**
St-Roch (Paris) **99**
St-Romain-en-Gal **382-3**
St-Sauveur 339
St-Savin **415**
St-Séverin (Paris) **122**
   Mapa Rua a Rua 124
St-Sulpice (Paris) **127**
   Mapa Rua a Rua 126
St-Thégonnec **276**, 277
St-Trivier-de-Courtes 373
St-Trojan 417
St-Tropez 19, 475, **516**
St-Wandrille 247
Saintes 405, **418**
Salers 324, **363**
Salle Gaveau (Paris) 153
Salle Pleyel (Paris) 153
Salses **485**
Sambin, Hugues 340, 342
San Stefano, passo de 537
Sand, George 30, 122
Santenay 327
Santiago de Compostela
   peregrinações para 336, **400-401**, 405

# ÍNDICE GERAL

Santo Pietro di Tenda 537
Saône-et-Loire 327
Saône, vale do 327
Sare 453
Sarlat **432-3**
   mapa 432-3
Sartène **543**
Sarthe 287
Sartre, Jean-Paul 31, 65
   Café de Flore (Paris) 118
   Maio de 1968, revolta 67
   St-Paul-de-Vence 525
   túmulo 139
Satie, Erik 65
   Les Maisons Satie (Honfleur) 262
Saúde **670-1**
Saulieu **338**
Saumur **292**
   Château de 19, 287, 292
Sauveterre-de-Béarn **454**
Saverne 219, **233**
Savoie 373
Saxe, marechal de 302
Sceaux, Château de **178**
Schongauer, Martin 227
Scott, sir Walter 300
Sedan 207, **214-5**
Sées 255
Segurança pessoal **670-1**
Seguros
   assistência legal 670
   carros 686
   viagem 670
Seine-Maritime 247
Sena, rio 247
   Basse-Seine **263**
   Paris vista do **75-9**
   passeios 79
Sélestat 229
Semur-en-Auxois 50, **335**
Semur-en-Brionnais 348
*A senhora com o unicórnio*, tapeçaria 123
Senlis 193, **204**
Sens **330**
Serlio, Sebastiano 334
Serre, Michel 512
Sert, José-Luis 524
Sérusier, Paul 275
Sète 474, 478, 487, **492**
Seurat, Georges 121
Sévigné, Madame de
   Château de Grignan 386
   Château des Rochers-Sévigné 285
   Musée Carnavalet (Paris) 91
   Vichy 358
Sèvres, porcelana de **178**
Showcase (Paris) 153
Sibelius, Jean 119
Sidras da Normandia 255
Signac, Paul 472
   *Cap Canaille* 513
   Colombe d'Or (St-Paul-de-Vence) 525
   *Entrada do porto de La Rochelle* 28
   St-Tropez 516
   *Vista de St-Paul-de-Vence* 524

Signoret, Simone 525
   túmulo 135
Simpson, Tommy 502
Sisley, Alfred 98, 131, 390, 440
Six Nations Rugby Tournament 36
Sixt-Eurorent 689
Sluter, Claus 343
   *Fonte de Moisés* 342
SNCF (trem) 685
SNCM 681
Société Française des Traducteurs 670
Socoa 453
Sodexa 689
Sofitel Thalassa Quiberon 665
Sol, horas de 40-1
Solidor, Suzy 522
Sologne, castelos de **306-7**
Sologne, rio 287
Somme *(département)* 193
Somme, batalha do **190-1**
Somme, rio
   estuário do 193
   vale do 193, 195, **199**
Sorbon, Robert de 123
   La Sorbonne (Paris) **123**, 124
Sorel, Agnès 300
Soubirous, Bernadette 458-9
Soufflenheim 233
Soufflot, Jacques-Germain 125
Soulac-sur-Mer 424
Soulages, Pierre 368
Soutine, Chaïm 98, 525
Spoerri, Daniel 473
Spreckelsen, Otto von 130
Square Jean XXIII (Paris),
   Mapa Rua a Rua 83
Square Willette (Paris),
   Mapa Rua a Rua 133
Stade de France (Paris) 153
Stade Roland Garros (Paris) 153
Stagnoli 542
Stanislas Leczinski, rei da Polônia 224, 302
Starck, Philippe 66, 99, 496
Stella, Frank 383
Stendhal 30
   Musée Stendhal (Grenoble) 388
Stephanie, princesa de Mônaco 531
Stevenson, Robert Louis **366**, 367, 514
Sudoeste da França **393-463**
   O Caminho de Santiago **400-1**
   cavernas **402-3**
   cozinha regional **396-7**
   *départements* 677
   mapa 394-5
   Périgord, Quercy e Gasconha **427-47**
   Pireneus **449-63**
   Poitou e Aquitânia **405-25**

Sul da França **465-543**
   artistas e escritores **472-3**
   Córsega **533-43**
   cozinha regional **468-9**
   *départements* 677
   Languedoc-Roussillon **477-97**
   mapa 466-7
   praias **474-5**
   Provença e Côte d'Azur **499-531**
   vinhos **470-1**
Suger, abade de St-Dénis 103
Suisse Normande **255**
Sully, bispo de 86
Sunyer, Joseph 483
Surcouf, Robert 282
Suze-la-Rousse 386-7

## T

Tain l'Hermitage 384
Taizé 345
Talloires 391
Talmont-sur-Gironde **418**
Tange, Kenzo 527
Tanlay, Château de **331**
Tapiès, Antoni 482
Tarascon **507**
   Festival 37
Tarbes 449, **458**
Tarn *(département)* 427
Tarn, Gorges du 316, 353, 354, **370-71**
Tarn-et-Garonne 427
Taulignan 386
Táxis 685
Teatro 31, 656, 659
   Paris **150**, 153
Theatre Antique 659
Teghime, passo 527
Telefones na França 674, 675
   celular 675
Televisão 675
Temperaturas 40-1
Tempo, previsão do 687
Tênis 660-61, 665
   Aberto de Tênis da França 37
Teresa de Lisieux, Santa 255
Terrus, Etienne 485
Tiago, o Maior, São 400
TGV (Train à Grand Vitesse) 19, 67
   mapa 683
Thatcher, Margaret 67
Théâtre des Champs-Elysées (Paris) 153
Théâtre du Châtelet (Paris) 153
Théâtre d'Edgar (Paris) 153
Théâtre du Grévin (Paris) 153
Théâtre National de Chaillot (Paris) 153
Théâtre National de la Colline (Paris) 153
Théâtre du Rond Point (Paris),
   Mapa Rua a Rua 106
Théâtre de la Ville (Paris) 153
Théâtres Romains (Lyon)
   Mapa Rua a Rua 378

Thiepval, memorial 190
Thierri III, rei 68
Thierri IV, rei 68
Thierry, Alexandre 115
Thiers **359**
Thonon-les-Bains 391
Thouars **408**
Tíquetes
  diversão 150, 153
  trens 684
Tignes 322
Tinguely, Jean 473, 526
  *Fonte Stravinsky* 93
Tinta' Mars (Langres) 36
Tintoretto 443, 525
Tombées de la Nuit (Rennes) 37
Tonnerre **331**
*Torre Eiffel* (Delaunay) 29
Torre Eiffel (Paris) 72, **113**
  vista do Sena 76
Toul 219, **222-3**
Toulon **513**
Toulouse 427
  aeroporto 680-1
  agências de viagens 681
  terminais de ônibus 685
Toulouse-Lautrec, Henri de **444**
  *A modista* 444
  Moulin Rouge (Paris) 134
  Musée Henri de Toulouse-Lautrec (Albi) 444
  Musée d'Orsay (Paris) 121
Tour d'Auvergne, Henri de la 363
Tour de France 37, 659
Tour de Losse 536
Tour du Mont Blanc 323
Tour St-Jacques (Paris) **89**
Tour Solidor (St-Malo) 282
Tournon-sur-Rhône 383, **384**
Tournus **344-5**
Tourrettes-sur-Loup 523
Tours 287, **296-7**
  mapa 297
Tours e excursões de carro
  Beaujolais **377**
  Castelos de Sologne **306-7**
  Gorges du Verdon **514-5**
  Rota do Vinho, Alsácia **232-3**
  Um tour por dois rios **438-9**
Tours d'Elven 280
Tradições bretãs **243**
Trens **682-4**
  privados **684**, 685
  TGV (*Train à Grande Vitesse*) 19, 67, 683
  O Trenzinho Amarelo 480
Transmanche Ferries 681
Tratamento médico 670
Travellers' cheques 672
Tréguier **278**
Tremblot, F.
  *A muralha* 133

Trencavel, Raymond-Roger 489
O Trenzinho Amarelo (Cerdagne) **480**
Trévou-Tréguignec 278
*Tristeza do Rei* (Matisse) 92
Les Trois Vallées 322
Troménie (Locronan) 37
Troo 306
Trouville 255
Troyes 184, **216-7**
Truffaut, François 66
  túmulo 134
TT Leasing 689
Tuileries e Opéra (Paris) **95-103**
  mapa da área 95
  Mapa Rua a Rua 96-7
Túmulo de Bougon 409
La Turbie 46-7
Turckheim 220
  Rota do Vinho, Alsácia 232
Turenne **363**
Turística, informação 668, 669
Tzara, Tristan 64

# U

UCRIF 549
Unesco 287, 350, 415, 541
Unesco (Paris) **112**
Union REMPART 664
União Europeia 20, 43, 66, 67
Universal, Exibição (1889) 62, 113
Universal, Exibição (1900) 108
Urbano V, papa 504
Ussé, Château d' 242, 287, **295**
Utrillo, Maurice 132
  *A igreja de St-Bernard no verão* 29
  Musée Calvet (Avignon) 503
  túmulo 134
  Musée de l'Orangerie (Paris) 98
Uzerche **362**
Uzès 495

# V

Vadim, Roger 516
Vaison-la-Romaine **502**
Val-de-Grâce (Paris) **127**
Val d'Isère 322
Val Thorens 322
Valdu Niello 540
Valence **384**
Valéry, Paul 31, 110
  túmulo 492
Vallauris **522**
Valois, dinastia 68-9
Valois, duques de 327
Vals-les-Bains **385**
Van Dongen, Kees 472
Van Dyck, Sir Anthony 198, 443, 452
Van Eyck, Jan 102
Van Gogh, Vincent 117
  Arles 508
  *Doutor Paul Gachet* 121
  Igreja em Auver-sur-Oise 29
  St-Rémy-de-Provence 507
  *Girassóis* 472

Van Goyen, Jan 198
Van Loon 511
Vanguarda *ver* Avant-Garde, França
Vannes 269, **280**
Var 499
Vau, Louis de 85
Vauban, Sébastien le Prestre de
  Antibes 521
  Belfort 351
  Besançon 350
  Briançon 387
  Château de Bazoches 335
  Collioure 483
  Fort National (St-Malo) 282
  memorial 115
  Mont Louis 480
  Neuf-Brisach 226-7
  Port Vendres 482
  Rocroi 214
  Toul 222
  Villefranche-de-Conflent 480
Vaucluse 499
Vaux-le-Vicomte, Château de **1 78-9**
Vedettes de Paris 79
Vegetariana, comida 599
Velay 353
Velázquez, Diego de Silva y 265
Velo Echappe 661
Velocidade, limites 686
Vence **523**
Vendée 287, **290-91**
Vendôme **306**
Veolia Transport 687
Verão na França **37-8**
Vercingetorix 46, 334
Vercors 373, **389**
Verdon, Gorges *ver* Gorges du Verdon
Verdun 219, **222**
Verne, Júlio 200
Veronese 487, 542
Versace 143
Versailles
  Palácio de **174-7**
Versalhes, tratado de (1919) 63, 177
Verzenay 208
Vézelay 316, 327, 401
  Basilique Ste-Madeleine 336-7
Viagem, informações de **678-89**
  aérea **678-81**
  Alsácia e Lorena 221
  Borgonha e Franche-Comté 329
  Bretanha 271
  carona 685
  carro **686-9**
  Champanhe, região de 208
  ciclismo 685
  Córsega 535
  Languedoc-Roussillon 479
  Massif Central 354
  Normandia 249
  Norte e Picardia 195
  Périgord, Quercy e Gasconha 428
  Pireneus 450
  Poitou e Aquitânia 406
  Provença e Côte d'Azur 501
  táxis 685
  trens **682-4**
  Vale do Loire 289
  Vale do Ródano e Alpes franceses 375

# ÍNDICE GERAL

Viagens aéreas 681
Viagens, agências de 681
Vichy **358-9**
Vichy, governo de 43, 65, 359
Victor, Michel-Louis, estátua de Santa Genoveva 127
Victoria Coach Station (Londres) 685
Vida selvagem
  Cabrito-montês 387
  Camargue 510
  Cévennes 371
  costa da Bretanha **244-5**
  Pireneus **460-1**
Vieille Charité (Marseille) 513
Vien, conde Joseph-Marie
  *St-Dénis pregando aos gauleses* 99
Vienne **382**, 405
Vierny, Dina 115
Villa Ephrussi de Rothschild (Cap Ferrat) 528
Villa Kerylos (Beaulieu) 528
Village des Bories 506
Villandry, Château de 287, 288, **296**
Villard-de-Lans 389
Villars-les-Dombes 376
Villefranche de Conflent **480**
Villefranche-sur-Mer **528**
Villerouge-Termenes 486
Villié-Morgon
  Um tour por Beaujolais 377
Vinhedos *ver* Vinho
Vinho
  Beaune, leilões **346**
  Bordeaux **398-9**, 421
  Bourgogne **320-1**
  Champagne **188-9**, **210-11**
  Châteaux de vinhos Bordeaux 423

Vinho *(cont.)*
  como é feito 27
  compra 655
  Côtes du Rhône **384**
  Francês **26-7**
  Loire **240-1**
  lojas em Paris 147
  restaurantes 598
  Rota do Vinho, Alsácia **232-3**
  rótulos 26
  Sul da França **470-71**
Violet 485
Viollet-le-Duc, Eugène **200**
  Amiens, catedral 202
  Carcassonne 488
  Château de Pierrefonds 201
  Narbonne 486
  Notre-Dame (Paris) 73, 86, 87
  Sainte-Chapelle (Paris) 84
  Vézelay 336, 337
*Virgem Maria e o Menino* (Brunet) 133
*A Virgem protegendo a Ordem Cisterciense* (Bellegambe) 333
Virgin Megastore (Paris) 153
*Vista de St-Paul-de-Vence* (Signac) 524
Vistos de entrada 668
Vitória, rainha da Inglaterra 514, 526, 528
Vitrais, Catedral de Chartres **310-1**
Vitré 269, **285**
Vix, tesouro 307, 472
Vogüé 385
Voltaire 31, 58, 103
  Quai Voltaire (Paris) 119
  túmulo 125
Vosges 219, 224
  arquitetura rural 34

Vouvray **300**
Voyages Asa 549
Vries, Adrian de 102
Vulcania 362, 364

# W

Wagner, Richard 119
Warens, Madame de 390
Warhol, Andy 383, 526
Watteau, J.A. 102
Webb, capitão M. 197
Wederkinch 76
Wellington, duque de 342
Weyden, Rogier van der 53, 342, 343, 346
  *O Juízo Final* 347
Wharton, Edith 514
Wilde, Oscar 119
Wilmotte, Jean-Michel 99, 383
Windsor, duque de 528
World music, Paris **151**, 153
Wurtemberg, Counts of 228

# Y

Yeats, W.B. 529
YHA (albergues da juventude) 549
Yoga 663, 665
Yonne 327
Yravals 480
Yvoire 391

# Z

Zadkine, Ossip
  *A grande odalisca* 508
Zagaz 687
Zénith (Paris) 153
Zola, Emile 30, 62, 210
  Caso Dreyfus 63
  túmulo 125
Zoológico, Château de Thoiry 178
Zouave (Paris) 77

# Agradecimentos

A **PUBLIFOLHA** gostaria de agradecer a Josimar Melo, enófilo e crítico gastronômico da Folha de S.Paulo, pela consultoria sobre vinhos; a José Gayegos, consultor do Senac-Esmod, pela tabela de equivalência de tamanhos entre o vestuário brasileiro e francês; e ainda a Cristina Adams, bióloga, pela consultoria sobre vida selvagem.

DORLING KINDERSLEY agradece às pessoas mencionadas a seguir, que contribuíram na preparação deste livro.

## Principais Colaboradores
John Ardagh, Rosemary Bailey, Judith Fayard, Lisa Gerard-Sharp, Robert Harneis, Alister Kershaw, Alec Lobrano, Anthony Roberts, Alan Tillier, Nigel Tisdall.

## Colaboradores e Consultores
John Ardagh, escritor e locutor, é autor de muitos livros sobre a França, entre eles *France Today* e *Writers' France*.

Rosemary Bailey escreveu vários guias sobre regiões francesas, como a *Borgonha*, *O vale do Loire* e a *Côte d'Azur*.

Alexandra Boyle escritora, trabalha como editora na Inglaterra e França há 20 anos.

Elsie Burch Donald, jornalista e escritora, é autora de *The French Farmhouse*.

David Burnie escreveu mais de 30 livros sobre ciências naturais, entre eles *How Nature Works*.

Judith Fayard, norte-americana residente na França, dirigiu o escritório de Paris da revista *Life* durante 10 anos, e atualmente é editora da revista *Town & Country*. Ela escreve para vários jornais, incluindo o *The Wall Street Journal*.

Lisa Gerard-Sharp é escritora e apresentadora. Escreveu vários guias sobre a França e a Itália.

Robert Harneis é correspondente do jornal em língua inglesa *French News*.

Colin Jones é professor de História na Exeter University. Entre seus trabalhos estão *The Longman Companion to the French Revolution* e *The Cambridge Illustrated History of France*.

O australiano Alister Kershaw é escritor e apresentador. Mora no vale do Loire há 30 anos.

O escritor norte-americano Alec Lobrano, residente em Paris, é o editor europeu da revista *Departures* e colaborador dos jornais *International Herald Tribune*, *Los Angeles Times* e *The Independent*.

Anthony Roberts, tradutor e escritor, mora na Gasconha há 15 anos. É colaborador de várias publicações, entre elas *The Times*, *World of Interiors* e *Architectural Digest*.

Anthony Rose trabalha como correspondente do jornal *The Independent* e é co-autor de *The Grapevine*.

Jane Sigal escreveu dois livros sobre culinária francesa, *Normandy Gastronomique* e *Backroom Bistros, Farmhouse Fare*.

Alan Tillier é o principal colaborador do *Guia Visual - Paris*. Ele mora na cidade há mais de 20 anos, trabalhando como correspondente de várias publicações, como *International Herald Tribune*, *Newsweek* e *The Times*.

Nigel Tisdall, escritor especializado em viagens, é autor de guias sobre a Bretanha e a Normandia.

Patricia Wells é crítica de gastronomia do jornal *International Herald Tribune* e autora dos livros *Food Lovers Guide to Paris* e *Food Lovers Guide to France*.

## Outros Colaboradores
Nathalie Boyer, Caroline Bugler, Ann Cremin, Jan Dodd, Bill Echikson, Robin Gauldie, Adrian Gilbert, Peter Graham, Marion Kaplan, Jim Keeble, Alexandra Kennedy, Rolli Lucarotti, Fred Mawer, Lyn Parry, Andrew Sanger, Katherine Spenley, Clive Unger-Hamilton, Roger Williams.

## Fotografias Adicionais
Jo Craig, Andy Crawford, Michael Crockett, Mike Dunning, Philip Enticknap, Philippe Giraud, Steve Gorton, Alison Harris, John Heseltine, Roger Hilton, Andrew Holligan, Paul Kenwood, Oliver Knight, Eric Meacher, Neil Mersh, Roger Moss, Robert O'Dea, Ian O'Leary, Tony Souter, Alan Williams, Peter Wilson.

## Ilustrações Adicionais
Dinwiddie Maclaren, John Fox, Nick Gibbard, Paul Guest, Stephen Gyapay, Kevin Jones Associates, Chris Orr, Robbie Polley, Sue Sharples.

## Cartografia Adicional
Colourmap Scanning Limited; Contour Publishing; Cosmographics; European Map Graphics; Meteo-France. Guias de ruas: ERA Maptec Ltd (Dublin), adaptados com autorização da Shobunsha (Japão), responsáveis pela pesquisa e mapeamento originais.

## Pesquisa Cartográfica
Jennifer Skelley, Rachel Hawtin (Lovell Johns); James Mills-Hicks, Peter Winfield, Claudine Zarte (Dorling Kindersley Cartography).

## Projeto e Assistência Editorial
Peter Adams, Azeem Alam, Elizabeth Ayre, Laetitia Benloulou, Steve Bere, Sonal Bhatt, Uma Bhattacharya, Hilary Bird, Anna Brooke, Arwen Burnett, Cate Craker, Maggie Crowley, Alison Culliford, Lisa Davidson, Simon Davis, Emer FitzGerald, Helen Foulkes, Fay Franklin, Tom Fraser, Anna Freiberger, Rhiannon Furbear, Catherine Gauthier, Camilla Gersh, Eric Gibory, Emily Green, Vinod Harish, Robert Harneis, Elaine Harries, Victoria Heyworth-Dunne, Paul Hines, Nicholas Inman, Rosa Jackson, Sarah

Jackson-Lambert, Stuart James, Laura Jones, Nancy Jones, Kim Laidlaw Adrey, Cécile Landau, Maite Lantaron, Delphine Lawrance, Jude Ledger, Siri Lowe, Francesca Machiavelli, Carly Madden, Hayley Maher, Nicola Malone, Lesley McCave, Ella Milroy, Malcolm Parchment, Lyn Parry, Helen Partington, Shirin Patel, Alice Peebles, Alice Pennington-Mellor, Marianne Petrou, Pollyanna Poulter, Pete Quinlan, Salim Qurashi, Marisa Renzullo, Philippa Richmond, Nick Rider, Ellen Root, Baishakhee Sengupta, Shailesh Sharma, Kunal Singh, Shruti Singhi, Cathy Skipper, Andrew Szudek, Helen Townsend, Dora Whitaker, Fiona Wild, Nicholas Wood, Irina Zarb.

**Assistência Especial**
Mme Jassinger, Departamento de Imprensa da Embaixada Francesa; Peter Mills, Christine Lagardère, French Railways Ltd.

**Referências Fotográficas**
Altitude, Paris; Sea and See, Paris; Editions Combier, Maçon; Thomas d'Hoste, Paris.

**Permissões de Fotografia**
Dorling Kindersley gostaria de agradecer às seguintes permissões para fotografar estabelecimentos: Caisse Nationale des Monuments Historiques et des Sites; M. A. Leonetti, the Abbey of Mont St-Michel; Chartres Cathedral; M. Voisin, Château de Chenonceau; M. P Mistral, Cité de Carcassonne, M. D. Vingtain, Palais des Papes, Avignon; Château de Fontainebleau; Amiens Cathedral; Conques Abbey; Fontenay Abbey; Moissac Abbey; Vézelay Abbey; Reims Cathedral e todos os outros museus, igrejas, hotéis, restaurantes, lojas, galerias e pontos turísticos muito numerosos para citar individualmente.

**Créditos das Fotos**
a - acima; b - embaixo; c - centro; e - esquerda; d - direita; a - alto.

As obras de arte foram reproduzidas com permissão dos seguintes detentores de direitos: © ADAGP, Paris e DACS, Londres 2011: 29c, 29cdb, 30be, 63ae, 64-65, 65ae (d), 90a, 93cda, 93cb, 93be, 93bd, 99a, 213b, 351a, 335bd, 482a, 508ca, 522b, 524bc, 524bd, 529bd; ©ARS, NY e DACS, Londres 2011: 92c; ©DACS, Londres 2011: 93a, 381bd, 422a; © Succession H. Matisse/DACS, Londres 2011:29be, 92be, 526bd; © Succession Picasso/DACS, Londres 2011: 88cc, 90b, 473a, 521a.

Fotos produzidas com o auxílio da EPPV e do CSI: 136-7; Foto da Euro Disneyland ® Park e Euro Disneyland Paris ® 178cd; Os personagens, obras arquitetônicas e marcas registradas são propriedade da The Walt Disney Company. Todos os direitos reservados; cortesia da Maison Victor Hugo, Ville de Paris: 91a; Musée National des Châteaux de Malmaison et Bois-Preau: 173b; Musée de Montmartre, Paris: 133a; Musée National de la Legion d'Honneur: 60a; © Sundancer: 142be.

Os editores agradecem ainda às seguintes pessoas, companhias e bancos de imagens pela permissão de reproduzir suas fotos:

AIR FRANCE: D Toulorge 678ae; ALAMY IMAGES: Andy Arthur 420bc, Sébastien Baussais 674ad, Directphoto.org 669bd, David R. Frazier Photolibrary, Inc 672ce, Glenn Harper 96ae, Philippe Hays 675cb, Hemis/Camille Moirenc 18, Neil Juggins 682ae, Michael Juno 239c, Justin Kase Zfivez 673ad, a la poste 676ad, 670b, Jack Sullivan 673cd, vario images GmbH & Co.KG/Rainer Unkel 676be; ALPINE GARDEN SOCIETY/CHRISTOPHER GREY-WILSON: 160bc, 460bd, AGENCE PHOTO AQUITAINE: D. Lelann 421ae; ANCIENT ART AND ARCHITECTURE COLLECTION: 47 cdb, 50c, 50cb, 52bd, 57be, 252-3b, 335be, 382a, 434a, 438b; PHOTO AKG, BERLIN: 45cda, 46be, 58bc, 55cdb, 402a, 403b; ARCHIVES PHOTOGRAPHIQUES, PARIS/DACS: 422a; pela especial gentileza de www.artinswfrance.com: 660b; ATELIER BRANCUSI/CENTRE GEORGES POMPIDOU, PARIS: Bernard Prerost 93bd; ATELIER DU REGARD/A ALLEMAND: 442ce, 442cd, 442b.

HOSTELLERIE BERARD: 660ce; BIBLIOTHÈQUE NATIONALE, DIJON: 49cb; F. BLACKBURN: 461be; GERARD BOULLAY/PHOTOLA: 87be, 87cda; BRIDGEMAN ART LIBRARY: Albright Knox Art Gallery, Buffalo, New York 275bd; Anthony Crane Collection 211bd; Bibliothèque Nationale, Paris 50cd-51ca, 52a, 53cd, 69be; British Library, London 52be, 68bd, 292c, 293bd, 293ae; Bonhams, London 59ac, 62ae; Château de Versailles, France 69ad; Christies, London 29c, 513b; Giraudon 28ad, 28ae, 56cd-57ce, 57ae, 59ae, 69bc, 181b, 334c, 343c, 365a; Guildhall Library, Corporation of London 417b; Hermitage, St Petersburg 29bc; Index 472b; Kress Collection, Washington DC 293be; Lauros-Giraudon 46a, 69bd; Musée des Beaux Arts, Quimper 243c; Musée Condé, Chantilly 50ae, 57ad, 68be, 69ac, 69ae, 69cb, 204a, 293c; Musée d'Orsay, Paris 28cb; Musée du Quai Branly, Paris 112cb; Paul Bremen Collection 255a; Sotheby's New York 55ae; V&A Museum, London 338b; Walters Art Gallery, Baltimore, Maryland 356a; JOHN BRUNTON: 514b; MICHAEL BUSSELLE: 182-3 CAMPAGNE, CAMPAGNE: 350a, C. Guy 325a; Lara 191cd; B. Lichtstein 217b, 324ce; Pyszel 190be; CNMHS, PARIS/DACS: Longchamps Delehaye 213ae; CASTELET/GROTTE DE CLAMOUSE: 493b; CEPHAS: Stuart Boreham 260-1; Hervé Champollion 322ad, 334a, 350b, Mick Rock 38c, 398ae, 398ce, 471a, 518-9; JEAN LOUP CHARMET: 47b, 50bd, 52ceb, 58a, 62ce, 62ceb, 63ae, 63ca, 64be, 64bd, 65cdb, 214b, 243b, 265bd, 269b, 274a, 281b, 300bd, 343bd, 358b, 359a, 361c, 401cd, 401bd, 421b, 475a, 507a, CHATEAU DE LA LIQUIERE: 470ca; CHATEAU MARGAUX: 26cb, 26bc; CITÉ DES SCIENCES ET L'INDUSTRIE: Michel Lamoureux 136ca; NASA/ESA 136ad, 137bd; Sylvain Sonnet 136ceb; BRUCE COLEMAN: Udo Hirsch 371bd; Flip de Nooyer 387bd; Hans Reinhard 323ae, 323ad; COLLECTION CDT GARD: 325be; CDT LOT: 439b; PHOTOS EDITIONS COMBIER, MÂCON: 203a; CORBIS: Gary Braasch 469c; Michael Busselle 13ce; Ray Juno 10ce, Patrice Latron 684bd, Reuters 657ae, Robert Harding World Imagery/Charles Bowman 685ae; JOE CORNISH: 116, 234-5, 370bd, 448.

DANSMUSEET, STOCKHOLM/PETER STENWALL: 64cd-65ce; E. Donard; 35ad, 35c, 35ce, 35bc; EDITIONS D'ART DANIEL DERVEAUX: 400cd-401ce; PHOTO DASPET,

Avignon: 504be; Doherty: 245ac; Domaine De La Courtade: 471cd; Domaine Sarda Malet: 470cb; Domaine Tempier: 471ce. ET Archive: 300be; Cathedral Treasury, Aachen 4a; 48ce; Musée Carnavalet, Paris 61ae; Museum of Fine Arts, Lausanne 55bd; Musée d'Orsay, Paris 61cda; Musée de Versailles 56b; 299be; National Gallery, Scotland 58bd; Victoria and Albert Museum, London 53ae; 343be; European Commission: 675; Mary Evans Picture Library: 9c, 46bd, 50be, 51c, 53b, 54ae, 56cea, 58c, 62b, 63cd, 63bd, 65bd, 113ce, 177b, 183c, 191a, 197b, 235c, 279a, 291b, 293ad, 301be, 315c, 366b, 393c, 455a, 465c, 473b, 508ae, 545c, 667c; Explorer 31b, 54ceb.

Festival d'Avignon: Marc Chaumeil 656ce; Festival International du Film de la Rochelle: 656bd; Photo Flandre, Amiens: 193b; FNOTSI: 668ac.
Getty Images: Axiom Photographic Agency/Ian Cumming 283ae, AFP/Jean Ayissi 689ae, De Agostini Picture Library 484a, Manfred Mehlig 680be, National Geographic/Ed George 683, Panoramic Images 151bd, Sergio Pitamitz 689be, Peter Scholey 669ae, WireImage/Tony Barson 67bc; Giraudon, Paris: 8-9, 15a, 29cda, 29bd, 46ca, 48ae, 48ceb, 49ae, 50ce, 52cd-53ce, 56ae, 56ceb, 58ce, 60ce, 60cd-61ce, 333bd, 347bd, 369b, 491cb MS Nero EII pt.2 fol. 20V0; Lauros-Giraudon 44ae, 44bc, 45a, 45cdb, 45cb, 45bd, 47ac, 49ad, 51cdb, 55cd, 60ceb, 60bd, 351b, 491ce; Musée d'Art Moderne, Paris 29ad; Musée de Beaux Arts, Quimper 28ce; Gîtes de France: 548cb; Ronald Grant Archive: 21b, 66ceb. La Halle Saint Pierre: Untitled Stavroula Feleggakis 133bd; Sonia Halliday Photographs: Laura Lushington 309ad; Robert Harding Picture Library: 30be, 37ad, 39ad, 39ce, 43b, 112bd, 240ae, 243ad, 322bce, 322bd, 323bd, 349a, 400cea, 437cd, 461ad, 489b, C. Bowman 452a; Explorer, Paris 39cd, 67bd, 101bd, 179b, 362a, 371ad, 460cb, 461ae, 484b, 497bd, 660b, 671ce; R. Francis 86ceb; D.Hughes 392-3; W.Rawlings 49bd, 67ae, 237ae, 256b; A.Wolfitt 26ad, 170; Hemispheres Images: Hervé Hughes 259bd; John Heseltine: 139c; Honfleur, Musée Boudin: 262b; David Hughes: 367a, 367b; The Hulton Deutsch Collection: 191bd, 301bd, 473c, 516b; FJ Mortimer 190ae. The Image Bank: Peter Miller 372; Images: 323c, 460ce, 460ad. Jacana: F Gohier 460ae; JM Labat 461bc; Trevor Jones: 204b.

Magnum Photos ltd: Bruno Barbey 20b, 31ad, 36be; R Capa 472ad; P Halsman 525b; The Mansell Collection: 31ae, 282a, 295b, 459b, 504ae; Mas Daumas Gassac: 470cd; John Miller: 224b, 336ad, 407b; Montpellier Danse Festival: 657bd; Musée de l'Annonciade, St-Tropez: 524ad; Musée d'Art Moderne et Contemporain de Strasbourg: Edith Rodeghiero 231a; Musée des Beaux Arts, Carcassonne: 489ae; Musée des Beaux Arts, Dijon: 343ae; Musée des Beaux Arts de Lyon: 381ad, 381be, 381bd; Musée de la Civilisation Gallo-Romaine, Lyon: 47cd, 378ce; Musée Departmental Breton, Quimper: 274be; Musée Flaubert, Rouen: 265be; Museum National d'Histoire Naturelle, Paris: 138c; Courtesy of the Musée Matisse, Nice: 526b; Musée National d'Art Moderne, Paris: 92ceb, 93a, 93cd, 93cb, 335bd; Succession Henri Matisse 92be; Musée Réattu, Arles: M Lacanaud 508ca; Cliché Musée de Sens/J.P. Élie: 330ae; Musée Toulouse-Lautrec, Albi: 444b.

Network Photographers: Barry Lewis 338a; Rapho/Mark Buscail 661ae; Rapho/De Sazo 661ad.
Office de Tourisme de Vence: 668c; Orient-Express Hotels Trains & Cruises: 548ae; OTC Marseille: 688cca. Photolibrary: Duncan Maxwell 2-3; Jean-Marc Romain 673cdb, Widmann Widmann/F1 Online 674be; Pictures Colour Library: 402b, 426, 544, 666-7; Michel le Poer Trench: 30bc; Centre Georges Pompidou: Bernard Prerost 93b; Popperfoto: 251c; La Poste: 677be; Pyrenees Magazine/DR: 400be.
Redferns: William Gottlieb: 64ceb; Restaurant de La Tour d'Argent: 598bd; Retrograph Archive: M. Breese 474ae, 474ad; Réunion des Musées Nationaux: Musée des Antiquités Nationales 403c; Musée Guimet 111a; Musée du Louvre 57ca, 101be, 102a, 102be, 102bd, 103ae, 103c, 103b; Musée Picasso 88ce, 90b, 473a; Musée de Versailles 179a; RF Reynolds: 245bc. M Reynard 674b; Rex Features: Sipa 22a; Rocamadour: 437a; Roger-Viollet: 113ac; Foundation Royaumont: J Johnson 172a; Réunion des Musées Nationaux: Le Duo (1937) by Georges Braque, Collections du Centre Pompidou, Musée Nationaux d'Art Moderne, 93da.

Sipa Press: 132be; Photo SNCM/Southern Ferries: 678bd; SNCF - Societe National des Chemins de Fer: 680ae, 682bc, Fabro & Leveque 683ad; Spectrum Colour Library: P Thompson 249el; Frank Spooner Pictures: Bolcina 37b; Uzan 66bd; Simon 67ca; Gamma Press 39b, 67cdb; STA Travel Group: 670ad; Jean Marie Steinlen: 404; Tony Stone Images: 322c, 326; Sygma: 531a; C de Bare 36a; Walter Carone 150a; P Forestier 314-5; Frederic de la Fosse 520b; D Goldberg 21c; L'Illustration 108ae; T Prat 436c; L de Raemy 66bd. Editions Tallandier: 42, 44cb, 47ae, 48bd, 48bd-49be, 51a, 51b, 52ce, 53ad, 54bd, 58ceb, 58be, 58cd-59ce, 59cdb, 59be, 61ad, 61cdb, 61bd, 63be, 63bc, 64cea, 64cdb, 65ac, 65ad; Telarci 49cd; Tourist Office Semuren-Auxois: 335a; Collection L. Treillard: © Man Ray Trust/ADAGP, Paris and DACS, London 2011 65ae(d). Jean Vertut: 44bd-45be; Visual Arts Library: 28b; View Pictures: Paul Rafferty 135b. World Pictures: 323be. ZEFA: 178c, 351a; O. Zimmerman/Musée d'Unterlinden 6800 Colmar: 227a.

Guarda anterior: todas as fotos especiais exceto The Image Bank rcb; Pictures Colour Library cd; Jean Marie Steinlein ce; Tony Stone Images rca.

Guarda anterior: todas as fotos especiais exceto Joe Cornish be.

Capa:
Frente - Corbis: Robert Harding World Imagery.
Verso - Dorling Kindersley: May Alexander ceb; John Hesletine be; Rough Guides/David Abram cea; Getty Images: Taxi/Shaun Egan te.
Lombada - Corbis: Robert Harding World Imagery t.

Todas as outras imagens © Dorling Kindersley. Para informações adicionais, acesse www.DKimages.com

# Frases

## EM EMERGÊNCIAS

| Português | Francês | Pronúncia |
|---|---|---|
| Socorro! | Au secours! | osscur! |
| Pare! | Arrêtez! | arreté! |
| Chame um médico! | Appelez un médecin! | apelêz âmedçâ! |
| Chame uma ambulância! | Appelez une ambulance! | apelêzin âmbulânce! |
| Chame a polícia! | Appelez la police! | apelêla políss! |
| Chame os bombeiros! | Appelez les pompiers! | apelêle pôpier! |
| Onde fica o telefone mais próximo? | Où est le téléphonele plus proche? | u é le têlêfône ê pli próxe? |
| Onde é o hospital mais próximo? | Où est l'hôpital le plus proche? | u é lopitall lê pli próxe? |

## COMUNICAÇÃO ESSENCIAL

| Português | Francês | Pronúncia |
|---|---|---|
| Sim | Oui | uí |
| Não | Non | nô |
| Por favor | S'il vous plaît | síl vu plé |
| Obrigado | Merci | merci |
| Com licença | Excusez-moi | exxkizêmoa |
| Bom dia | Bonjour | bôjur |
| Até logo | Au revoir | ô rev'oar |
| Boa noite | Bonsoir | bôsoar |
| Manhã | Le matin | lê matâ |
| Tarde | L'après-midi | laprémidi |
| Noite | Le soir | léssoar |
| Ontem | Hier | iér |
| Hoje | Aujourd'hui | ôjurduí |
| Amanhã | Demain | d'mâ |
| Aqui | Ici | icí |
| Lá | Là | la |
| Qual? | Quel, quelle? | kéll, kéll? |
| Quando? | Quand? | kâ? |
| Por quê? | Pourquoi? | purkoa? |
| Onde? | Où? | u? |

## FRASES ÚTEIS

| Português | Francês | Pronúncia |
|---|---|---|
| Como vai? | Comment allez-vous? | comâtalêvu? |
| Muito bem, obrigado. | Très bien, merci. | trébiâ, merci. |
| Prazer em conhecê-lo. | Enchanté de faire votre connaissance. | âchâtê de fér vôtre conêssâce. |
| Até já. | A bientôt. | a biâtô |
| Está bom | Voilà qui est parfait. | voalá qui é parfé |
| Onde está/estão...? | Où est/sont...? | u é...?...sô? |
| Qual a distância para...? | Combien de kilometres d'ici à...? | combiâ de quilométre dissi a? |
| Qual o caminho para...? | Quelle est la direction pour...? | quél é la direction pur...? |
| Você fala inglês? | Parlez-vous anglais? | parlê vu anglé? |
| Eu não entendo. | Je ne comprends pas. | jê nê - compriâ pá. |
| O(a) sr(a) pode falar devagar, por favor! | Pouvez-vous parler moins vite, s'il vous plaît! | puvêvu parlê moâ vit, sil vu plé! |
| Desculpe-me. | Excusez-moi. | ekscuzêmoa. |

## PALAVRAS ÚTEIS

| Português | Francês | Pronúncia |
|---|---|---|
| grande | grand | grâ |
| pequeno | petit | p'tí |
| quente | chaud | chô |
| frio | froid | froá |
| bom | bon | bô |
| ruim | mauvais | môvé |
| suficiente | assez | assê |
| bem | bien | biâ |
| aberto | ouvert | uvér |
| fechado | fermé | fermê |
| esquerda | gauche | gôch |
| direita | droit | droá |
| siga em frente | tout droit | tu droá |
| perto | près | pré |
| longe | loin | loâ |
| para cima | en haut | â ô |
| para baixo | en bas | â bá |
| cedo | de bonne heure | de bônér |
| tarde | en retard | â rrêtár |
| entrada | l'entrée | lâtrê |
| saída | la sortie | la sortí |
| toalete | la toilette, le WC | la toalétt, le V.C |

## FALANDO AO TELEFONE

| Português | Francês | Pronúncia |
|---|---|---|
| Gostaria de fazer um interurbano. | Je voudrais faire un interurbain. | jê vudré fér ân interurbâ. |
| Gostaria de fazer uma chamada a cobrar. | Je voudrais faire une communication avec PCV. | jê vudré fér unecomunicacion avec PCV. |
| Ligo outra vez mais tarde. | Je rappelerai plus tard. | jê rapélêrê plu tár. |
| Posso deixar recado? | Est-ce que je peux laisser un message? | éss quê jê pê lêsseê un message? |
| Não desligue, por favor. | Ne quittez pas, s'il vous plaît. | nê kitê pâ. sil vu plé. |
| O sr. pode falar mais alto? | Pouvez-vous parler un peu plus fort? | Puvê vu parlê un pê plu fór? |
| chamada local | la communication locale. | la comunicacion locall |

## FAZENDO COMPRAS

| Português | Francês | Pronúncia |
|---|---|---|
| Quanto custa, por favor? | C'est combien, s'il vous plaît? | sé combiâ síl vu plé? |
| Gostaria ... | Je voudrais... | jê vudré... |
| O sr. (a sra.) tem...? | Est-ce que vous avez...? | éss què vuzavê... |
| Estou só olhando. | Je regarde seulement. | jê regardd séllêmâ. |
| O sr. (a sra.) aceita cartão de crédito? | Est-ce que vous acceptez les cartes de crédit? | ess què vuz axcêpêtê lê carte dê crédí? |
| Aceita traveller's cheques? | Est-ce que vous acceptez les cheques de voyages? | ess què vuz axcêpêtê lê chéque de voaiage? |
| A que horas abre? | A quelle heure vous êtes ouvert? | a quéll bêr vuzêttvêer? |
| A que horas fecha? | A quelle heure vous êtes fermé? | a quéll bêr vuzét fermê? |
| este | celui-ci | celui ci |
| aquele | celui-là | celui la |
| caro | cher | chér |
| barato | pas cher, bon marché | paschér, bon marchê |
| tamanho (roupas) | la taille | la tâille |
| tamanho (sapatos) | la pointure | la poâture |
| branco | blanc | blâ |
| preto | noir | noar |
| vermelho | rouge | rugge |
| amarelo | jaune | jonne |
| verde | vert | vér |
| azul | bleu | blê |

## TIPOS DE LOJAS

| Português | Francês | Pronúncia |
|---|---|---|
| açougue | la boucherie | la buchêrí |
| agência do correio | la poste, le bureau de poste, le PTT | la poste, le burô de póste, lê pêtêtê. |
| agência de viagens | l'agence de voyages | lajance de voaiage |
| banco | la banque | la bânke |
| cabeleireiro | le coiffeur | le coifeur |
| delicatessen | la charcuterie | la charcuterí |
| farmácia | la pharmacie | la farmací |
| jornaleiro | magasin de journaux | le magazan de jurnô |
| livraria | la librairie | la librêrí |
| loja de antiguidades | le magasin d'antiquités | lê magazâ dantikités |
| loja de calçados | le magasin de chaussures | le magazan de chaussure |
| loja de doces | la pâtisserie | la patisserí |
| loja de laticínios | la crémerie | la crémerí |
| loja de presentes | le magasin de cadeaux | le magazan de cadô |
| loja de queijos | la fromagerie | la fromagerí |
| magazine | le grand magasin | le grân magazan |
| mercado, feira | le marché | le marchê |
| mercearia | l'alimentation | lalimentacion |
| padaria | la boulangerie | la bulângerí |
| peixaria | la poissonnerie | la poassonerí |
| verdureiro | le marchand de légumes | le marchan de légume |
| supermercado | le supermarché | le supermarchê |
| tabacaria | le tabac | le tabá |

## EM PASSEIOS

| Português | Francês | Pronúncia |
|---|---|---|
| abadia | l'abbaye | labeí |
| biblioteca | la bibliothèque | la biblioteq |
| catedral | la cathédrale | la catedrall |
| estação de trem | la gare | a gar |

| | | |
|---|---|---|
| escritório de informação turística | les renseignements touristiques, le syndicat d'initiative | lê ransénbeman turistiques, le sandicat diniciative |
| fechado | fermeture | fermetur |
| feriado | jour férié | jur fêrié |
| galeria de arte | la galerie d'art | la galerí dár |
| igreja | l'église | leglíze |
| jardim | le jardin | le jardan |
| museu | le musée | le musê |
| prefeitura | l'hôtel de ville | lotél de vile |
| terminal rodoviário | la gare routière | la gar rutiér |

## NO HOTEL

| | | |
|---|---|---|
| Tem quarto vago? | Est-ce que vous avez une chambre? | ess quê vuz avê ine chambre? |
| quarto duplo, com cama de casal | la chambre à deux personnes, avec un grand lit | chambre a dêu persone avek ã gran lí ? |
| com duas camas separadas | la chambre à deux lits | la chambre a dêu lí |
| quarto individual | la chambre à une personne | la chambre a ine persónne |
| quarto com banheiro/ chuveiro | la chambre avec salle de bains, une douche | la chambre avek sale de bãn, une duche |
| carregador | le garçon | le gárçon |
| chave | la clef | la clê |
| Fiz uma reserva. | J'ai fait une réservation. | jê fé une reservacion. |

## NO RESTAURANTE

| | | |
|---|---|---|
| O senhor tem mesa livre? | Avez-vous une table libre? | avêvu une table libre? |
| Quero reservar uma mesa. | Je voudrais réserver une table. | jê vudrê reserver une table. |
| A conta, por favor. | L'addition, s'il vous plaît. | ladicion sil vu plé. |
| Sou vegetariano. | Je suis végétarien. | jê sui vegetarian. |
| cardápio | le menu, la carte | le mení, la carte, |
| cardápio de preço fixo | le menu à prix fixe | le mení a prí fix |
| carta de vinho | la carte des vins | la carte dê vãn |
| couvert | le couvert | le cuvér |
| garçonete/ garçom | Serveuse/ serveur | servêuze, servêur |
| garrafa | la bouteille | la butéile |
| faca | le couteau | le cutô |
| garfo | la fourchette | la furchéte |
| colher | la cuillère | la cuièr |
| café da manhã | le petit déjeuner | le p'tí déjeunê |
| almoço | le déjeuner | le déjeunê |
| jantar | le dîner | le dinê |
| prato principal | le plat principal | le plá prancipal |
| entrada | l'entrée, le hors d'oeuvre | lontrê, le ór déuvre |
| prato do dia | le plat du jour | le plá di jur |
| bar de vinho | le bar à vin | le bar a vãn |
| café | le café | le café |
| malpassado | saignant | sênban |
| ao ponto | à point | a poãn |
| bem passado | bien cuit | bián cuí |

## INTERPRETANDO O CARDÁPIO

| | | |
|---|---|---|
| l'agneau | cordeiro | lanbô |
| l'ail ? | alho | láii |
| la banane | banana | la banaane |
| le beurre | manteiga | ê béurr |
| la bière | cerveja | la biér |
| à la pression | chope | a la pression |
| le bifteck, le steack | filé | lê biftêk, lesstêk |
| le boeuf | carne de vaca | lê bêuf |
| bouilli | cozido | bouíí |
| le café | café | le café |
| le canard | pato | lê canár |
| le chocolat | chocolate | lê chocolá |
| le citron | limão | lê citron |
| le citron pressé | suco de limão fresco | le citron prêssê |
| le cocktail | coquetel | lê coktél |
| les crevettes | camarões | lê crevête |
| les crustacés | crustáceos | lê crustacê |
| cuit au four | assado (forno) | cuí ô fur |
| le dessert | sobremesa | lê dessêr |
| l'eau | água | lô |
| l'eau minérale | água mineral | lô minerale |
| les escargots | caracóis | lêzescargô |
| les frites | batatas fritas | lê frite |
| le fromage | queijo | lê fromage |
| le fruit frais | fruta fresca | lê fruí fre |
| les fruits de mer | frutos do mar | lê fruí de mér |
| le gâteau | bolo | lê gatô |
| la glace | gelo, sorvete | la glace |
| grillé | grelhado | griíé |
| le homard | lagosta | lê omár |
| l'huile | óleo | luile |
| le jambon | presunto | le jambom |
| le lait | leite | lê lé |
| les légumes | vegetais | lê légume |
| la moutarde | mostarda | la mutarde |
| l'oeuf | ovo | léuff |
| les oignons | cebola | lezonbon |
| les olives | azeitona | lezolive |
| l'orange | laranja | loranje |
| l'orange pressée | suco de laranja fresco | loranje prêssê |
| le pain | pão | le pãn |
| le petit pain | pãozinho | lê p. tí pãn |
| poché | pochê | pochê |
| le poisson | peixe | lê poasson |
| le poivre | pimenta | le poavre |
| la pomme | maçã | lapóme |
| les pommes de terre | batatas | lê póme dê térr |
| le porc | carne de porco | lê pór |
| le potage | sopa | le potage |
| le poulet | frango | le pulé |
| le riz | arroz | lê rí |
| rôti | assado (panela) | rotí |
| la sauce | molho | la sôce |
| la saucisse | linguiça fresca | la sóssice |
| sec | seco | sék |
| le sel | sal | lê sél |
| la soupe | sopa | la supe, |
| le sucre | açúcar | lê sucre |
| le thé | chá | lê tê |
| le toast | torrada | lê toast |
| le vin blanc | vinho branco | lê vãn blan |
| le vin rouge | vinho tinto | lê vãn ruge |
| le vinaigre | vinagre | lê vinégre |

## NÚMEROS

| | | |
|---|---|---|
| 0 | zéro | zêrô |
| 1 | un, une | ãn |
| 2 | deux | dêu |
| 3 | trois | troa |
| 4 | quatre | katre |
| 5 | cinq | çank |
| 6 | six | sis |
| 7 | sept | sét |
| 8 | huit | uit |
| 9 | neuf | néuf |
| 10 | dix | dis |
| 11 | onze | onze |
| 12 | douze | duze |
| 13 | treize | trêze |
| 14 | quatorze | katorze |
| 15 | quinze | kanze |
| 16 | seize | séze |
| 17 | dix-sept | dissête |
| 18 | dix-huit | dizuit |
| 19 | dix-neuf | diznéuf |
| 20 | vingt | van |
| 30 | trente | trante |
| 40 | quarante | karant |
| 50 | cinquante | çankante |
| 60 | soixante | çoassante |
| 70 | soixante-dix | çoassante diss |
| 80 | quatre-vingts | katre van |
| 90 | quatre-vingt-dix | katre van diss |
| 100 | cent | çan |
| 1.000 | mille | mil |

## HORAS E DIAS DA SEMANA

| | | |
|---|---|---|
| um minuto | une minute | une minute |
| uma hora | une heure | une êur |
| meia hora | une demi-heure | une dêmi êur |
| segunda-feira | lundi | landi |
| terça-feira | mardi | mardí |
| quarta-feira | mercredi | mercredí |
| quinta-feira | jeudi | jeudí |
| sexta-feira | vendredi | vandredí |
| sábado | samedi | sam'dí |
| domingo | dimanche | dimanche |

**GUIA VISUAL** ◉ **Folha de S.Paulo**

# TÍTULOS PUBLICADOS

## Guias Visuais
### Os guias que mostram o que os outros só contam

África do Sul • Alemanha • Argentina • Austrália • Áustria • Barcelona e Catalunha • Berlim
Brasil • Califórnia • Canadá • Caribe • Chile e Ilha de Páscoa • China • Costa Rica • Croácia
Cuba • Egito • Espanha • Estados Unidos • Estônia, Letônia e Lituânia • Europa • Flórida
França • Holanda • Ilhas Gregas e Atenas • Índia • Inglaterra, Escócia e País de Gales
Irlanda • Istambul • Itália • Japão • Jerusalém e a Terra Santa • Las Vegas • Londres • Madri
México • Nova York • Nova Zelândia • Paris • Peru • Portugal, Madeira e Açores • Praga
Roma • São Francisco e Norte da Califórnia • Suíça • Turquia • Vietnã e Angkor Wat
Walt Disney World® Resort & Orlando

## Guias Visuais de Bolso
### Guia e mapa – A cidade na palma da mão

Amsterdã • Barcelona • Berlim • Boston • Bruxelas, Bruges, Antuérpia e Gent • Edimburgo
Las Vegas • Lisboa • Londres • Madri • Melbourne • Milão • Nova York • Paris • Praga • Roma
São Francisco • São Petersburgo • Sevilha • Sydney • Toronto • Vancouver • Veneza

## Guias de Conversação para Viagens
### Manual prático para você se comunicar

Alemão • Árabe • Chinês • Espanhol • Europa • Francês • Grego • Holandês
Inglês • Italiano • Japonês • Portuguese • Russo • Tailandês • Tcheco • Turco

## Guias de Conversação Ilustrado
### Essencial para a comunicação – Livro e CD

Alemão • Chinês • Espanhol • Francês • Inglês • Italiano

Acompanhe os próximos lançamentos no site da Publifolha
**www.publifolha.com.br**

# Centro de Paris

**CHAMPS-ELYSÉES E INVALIDES**
*pp. 104-115*
*Guia de Ruas de Paris 1-3, 6, 7*

**RIVE GAUCHE**
*pp. 116-127*
*Guia de Ruas de Paris 7-9, 12, 13*

## LEGENDA

- Principal atração
- M Estação de metrô
- RER Estação RER
- Ponto de ônibus
- P Estacionamento
- Hospital com pronto-socorro

0 m — 500